Kurzlehrbücher
für das juristische Studium

Kühl/Reichold/Ronellenfitsch
Einführung in die Rechtswissenschaft

Einführung in die Rechtswissenschaft

Ein Studienbuch

von

Dr. iur. Dr. phil. Dres. h. c. Kristian Kühl

o. Professor an der Universität Tübingen

Dr. iur. Hermann Reichold

o. Professor an der Universität Tübingen
ehem. Richter am Staatsgerichtshof
für das Land Baden-Württemberg

Dr. iur. Michael Ronellenfitsch

o. Professor an der Universität Tübingen
Hessischer Datenschutzbeauftragter

3. überarbeitete Auflage, 2019

C.H.BECK

Es haben bearbeitet:

Reichold: Teile A. und B.
Ronellenfitsch: Teil C.
Kühl: Teil D.

www.beck.de

ISBN 978 3 406 73832 6

Wilhelmstraße 9, 80801 München
Druck und Bindung: Druckhaus Nomos
In den Lissen 12, 76547 Sinzheim

Satz: Jung Crossmedia Publishing GmbH
Gewerbestr. 17, 35633 Lahnau

Umschlaggestaltung: Martina Busch, Grafikdesign, Homburg Saar

Gedruckt auf säurefreiem, alterungsbeständigem Papier
(hergestellt aus chlorfrei gebleichtem Zellstoff)

Vorwort

Rechtswissenschaft – gebräuchlich ist auch die Bezeichnung „Jura“ – heißt das Fach, das man studieren muss, wenn man einen der typischen juristischen Berufe wie Richter oder Rechtsanwalt anstrebt. Gelehrt wird dieses Fach an Universitäten – private „law schools“ sind noch selten – von den Fachbereichen Rechtswissenschaft(en), die vielerorts auch (noch) Juristische Fakultäten heißen. In das Fach Rechtswissenschaft will dieses „Kurzlehrbuch“ einführen. Damit tritt es in Konkurrenz zu Einführungsvorlesungen an rechtswissenschaftlichen Fachbereichen bzw. Juristischen Fakultäten. In diesem Fall erlaubt das Kurzlehrbuch einen Vergleich mit der entsprechenden Vorlesung. Es gibt aber auch viele Fachbereiche bzw. Fakultäten, die keine solche Einführungsvorlesung anbieten, sondern gleich mit dem Stoff der drei Hauptfächer – Zivilrecht, Öffentliches Recht, Strafrecht – beginnen. In diesen Fällen ergänzt das Kurzlehrbuch das Angebot der Fachbereiche bzw. Fakultäten. Diese Ergänzung scheint uns für Erstsemester besonders deshalb wichtig, weil ohne sie das „Programm“ vielen Anfängern angesichts der ihnen gebotenen Stofffülle in den drei Hauptfächern und – meist – noch in einem Grundlagenfach wie etwa Rechtsgeschichte den Überblick über die Grundstrukturen des Rechts erschwert. Hier kann ein Gesamtüberblick helfen, das in Spezialvorlesungen Gehörte richtig einzuordnen und Zusammenhänge herzustellen. Neben dieser Hilfestellung will das Kurzlehrbuch auch Schüler(innen) vor dem Abitur bei ihrer Entscheidung, welches Fach sie studieren sollen, helfen.

Der Titel des Kurzlehrbuchs – „Einführung in die Rechtswissenschaft“ – bringt auch zum Ausdruck, dass es sich als Fortsetzung des ebenso genannten Kurzlehrbuchs von Jürgen Baumann versteht. Er gab den Anstoß für eine 9. Auflage seines Werks, das er erfolgreich von der 1. Auflage 1967 bis zur 8. Auflage 1989 allein bearbeitet hat. Dass es jetzt über 20 Jahre bis zur Neuauflage gedauert hat, ist vor allem deshalb bedauerlich, weil er diese Neuauflage nicht mehr erleben konnte. Der Hauptgrund für diese Verzögerung liegt darin, dass sich bald herausstellte, dass es heutzutage kaum noch einen Rechtswissenschaftler gibt, der es sich zutraut, in das gesamte Rechtssystem einzuführen; zu sehr haben sich die o. g. drei Hauptfächer verselbstständigt. Immerhin ist die Neuauflage wie die Vorauflagen von Baumann in Tübingen entstanden: alle drei Autoren sind Professoren an der Juristischen Fakultät der Universität Tübingen.

Dass bei der Individualität von Professoren unterschiedliche Texte herauskommen mussten, war von Anfang an klar. Die Unterschiede liegen aber nicht in der Sache, sondern in der Darstellungsweise. So sind die Beispielfälle bei Reichold aus dem Text „herausgezogen“, sonst aber in den Text integriert. Der Vorteil der Aufspaltung auf 3 Autoren liegt in deren besonderer Vertrautheit mit ihrem Hauptfach. Diese Kompetenz überbieten sie hier dadurch, dass sie die Grundlagen bzw. Grundstrukturen ihres Faches hervorheben und Verbindungen mit den anderen Hauptfächern betonen. Nur so kann ein „vertiefter Überblick“ entstehen und die „Quadratur des Kreises“ gelingen. Dem/der ein Jura-Studium planenden Schüler(in) und dem Jura-studierenden Erstsemester soll jedenfalls das geboten werden, was ihm die Entscheidung für ein Jura-Studium oder den Beginn dieses Studiums erleichtert. Das war auch schon das Anliegen von Jürgen Baumann im Vorwort zur 1. Aufl. 1967: „Wichtig war mir allein, dem Studenten des 1. Semesters das zu geben, was er am dringendsten braucht.“ Dass die

Spuren von Baumann vor allem noch im Teil C. Strafrecht zu erkennen sind (dort mehrfach als „Vorauflage" zitiert), liegt daran, dass er „Strafrechtler" war.

Für seine wesentliche Mitarbeit bei der Aktualisierung des zivilrechtlichen Teils sei meinem Mitarbeiter Tim Gühring herzlich gedankt.

Tübingen, im Februar 2019

Kristian Kühl
Hermann Reichold
Michael Ronellenfitsch

Inhaltsverzeichnis

Abkürzungsverzeichnis

a. A. (aA)	andere Ansicht
a. a. O.	am angegebenen Ort
ABGB	Allgemeines Bürgerliches Gesetzbuch (Österreich)
Abs.	Absatz
Abwandl.	Abwandlung
AcP	Archiv für die civilistische Praxis
ADHGB	Allgemeines Deutsches Handelsgesetzbuch
AEUV	Vertrag über die Arbeitsweise der Europäischen Union
a. F.	alte Fassung
AG	Aktiengesellschaft/Amtsgericht
AGB	Allgemeine Geschäftsbedingungen
AGBG	Gesetz über Allgemeine Geschäftsbedingungen
AGG	Allgemeines Gleichbehandlungsgesetz
AIDS	Acquired Immune Deficiency Syndrome
AktG	Aktiengesetz
allg.	allgemein/e
a. M.	andere Meinung
Anm.	Anmerkung
AOG	Arbeitsordnungsgesetz (1934)
APR	Allgemeines Persönlichkeitsrecht
ArbG	Arbeitsgericht
ArbGG	Arbeitsgerichtsgesetz
ArbR	Arbeitsrecht
Art.	Artikel
AT	Allgemeiner Teil
AUD	Australische Dollar
Aufl.	Auflage
Az.	Aktenzeichen
BAG	Bundesarbeitsgericht
BauR	Baurecht
Bd.	Band
BDSG	Bundesdatenschutzgesetz
BetrVG	Betriebsverfassungsgesetz
BFH	Bundesfinanzhof
BGB	Bürgerliches Gesetzbuch
BGB-Info-VO	BGB-Informationspflichten-Verordnung
BGBl.	Bundesgesetzblatt
BGH	Bundesgerichtshof
BGHSt	Entscheidungen des Bundesgerichtshofs in Strafsachen
BGHZ	Entscheidungen des Bundesgerichtshofs in Zivilsachen
BMJ	Bundesministerium der Justiz
BR	Bürgerliches Recht
BRAK	Bundesrechtsanwaltskammer
BRAO	Bundesrechtsanwaltsordnung
BRD	Bundesrepublik Deutschland
BSG	Bundessozialgericht
b2b	business to business
b2c	business to consumer
BT	Besonderer Teil
BVerfG	Bundesverfassungsgericht
BVerfGE	Entscheidungen des Bundesverfassungsgerichts

BVerwG	Bundesverwaltungsgericht
BWahlG/BWG	Bundeswahlgesetz
bzw.	beziehungsweise
c. i. c.	culpa in contrahendo
ca.	circa
CAD	Kanadische Dollar
c2c	consumer to consumer
d. h.	das heißt
DDR	Deutsche Demokratische Republik
DFL	Deutsche Fußball Liga
dgl.	dergleichen
DJT	Deutscher Juristentag
Dr.	Doktor
DRiG	Deutsches Richtergesetz
e. V.	eingetragener Verein
EDV	Elektronische Datenverarbeitung
eG	eingetragene Genossenschaft
EG	Europäische Gemeinschaft
EGBGB	Einführungsgesetz zum Bürgerlichen Gesetzbuch
EGV	Vertrag zur Gründung der Europäischen Gemeinschaft
EGZPO	Einführungsgesetz zur Zivilprozessordnung
etc.	et cetera
EU	Europäische Union
EuGH	Europäischer Gerichtshof
EuGRZ	Europäische Grundrechtezeitschrift
EUV	Vertrag über die Europäische Union
EU-Zahlungsverzugs-RL	Europäische Zahlungsverzugsrichtlinie
EWG	Europäische Wirtschaftsgemeinschaft
f.	folgende (Seite)
FAZ	Frankfurter Allgemeine Zeitung
FernAbsG	Fernabsatzgesetz
FernAbsRL	Fernabsatzrichtlinie
ff.	folgende (Seiten)
FG	Finanzgericht
GBO	Grundbuchordnung
GbR	Gesellschaft bürgerlichen Rechts
GesR	Gesellschaftsrecht
GG	Grundgesetz
ggf.	gegebenenfalls
GmbH	Gesellschaft mit beschränkter Haftung
GmbHG	Gesetz betreffend die Gesellschaften mit beschränkter Haftung
GoA	Geschäftsführung ohne Auftrag
GOBT	Geschäftsordnung des Bundestages
GRCh	Grundrechte-Charta der Europäischen Union
GuV	Gewinn- und Verlustrechnung
GVG	Gerichtsverfassungsgesetz
GWB	Gesetz gegen Wettbewerbsbeschränkungen
HGB	Handelsgesetzbuch
HI-Virus	Humanes Immundefizienz-Virus
Hk-BGB	Handkommentar zum Bürgerlichen Gesetzbuch
h. M.	herrschende Meinung

Hrsg.	Herausgeber
Hs.	Halbsatz
IAS	International Accounting Standards
idF	in der Fassung
IGH	Internationaler Gerichtshof
i. H. v.	in Höhe von
insb.	insbesondere
IPR	Internationales Privatrecht
i. S. d.	im Sinne der/s
IStGH	Internationaler Strafgerichtshof
i. S. v.	im Sinne von
i. V.	in Vertretung
i. V. m.	in Verbindung mit
IuK-Technologie	Informations- und Kommunikationstechnologie
JA	Juristische Arbeitsblätter
Juris-PK	Juris-Praxiskommentar
JuS	Juristische Schulung
JZ	Juristenzeitung
Kap.	Kapitel
Kfz	Kraftfahrzeug
KG	Kommanditgesellschaft
km	Kilometer
Komm.	Kommentar
krit.	kritisch
KSchG	Kündigungsschutzgesetz
KunstUrheberG (KunstUrhG)	Kunsturhebergesetz
LadschlG	Ladenschlussgesetz
LAG	Landesarbeitsgericht
lat.	lateinisch
LG	Landgericht
Lkw	Lastkraftwagen
LSG	Landessozialgericht
m. Anm.	mit Anmerkung
m. a. W.	mit anderen Worten
MHG	Gesetz zur Regelung der Miethöhe
Mot.	Motive
MS	Motorschiff
Neubearb.	Neubearbeitung
n. F.	neue Fassung
NJW	Neue Juristische Wochenschrift
NJW-RR	Neue Juristische Wochenschrift Rechtsprechungsreport
Nr.	Nummer
NS-Unrechtsstaat	Nationalsozialistischer Unrechtsstaat
oHG	offene Handelsgesellschaft
OLG	Oberlandesgericht
OVG	Oberverwaltungsgericht
OWiG	Ordnungswidrigkeitengesetz
P.	Punkte
p. a.	pro anno

PC	Personal Computer
PersonenstandsG	Personenstandsgesetz
PIN	Persönliche Identifikationsnummer
Pkw	Personenkraftwagen
Prof.	Professor
ProstG	Prostitutionsgesetz
RAG	Reicharbeitsgericht
RG	Reichsgericht
RGBl.	Reichsgesetzblatt
RGZ	Entscheidungen des Reichsgerichts in Zivilsachen
Rn.	Randnummer
Rü/Sta	Rüthers/Stadler, BGB AT
S.	Satz/Seite
SchR	Schuldrecht
SG	Sozialgericht
SGB	Sozialgesetzbuch
SMG	Schuldrechtsmodernisierungsgesetz
s. o.	siehe oben
sog.	so genannte/n/r
st. Rspr.	ständige Rechtsprechung
StGB	Strafgesetzbuch
StPO	Strafprozessordnung
str.	strittig
StVG	Straßenverkehrsgesetz
StVO	Straßenverkehrsordnung
s. u.	siehe unten
SV	Sachverhalt
UB	Universitätsbibliothek
USA	Vereinigte Staaten von Amerika
USD	Amerikanische Dollar
UWG	Gesetz gegen den unlauteren Wettbewerb
v.	von/vom
VerschollenheitsG	Verschollenheitsgesetz
VG	Verwaltungsgericht
VGH	Verwaltungsgerichtshof
vgl.	vergleiche
VwGO	Verwaltungsgerichtsordnung
WEG	Wohnungseigentumsgesetz
WGG	Wegfall der Geschäftsgrundlage
WRV	Weimarer Reichsverfassung
WS	Wintersemester
z.	zu
z. B.	zum Beispiel
ZGB	Schweizer Zivilgesetzbuch
ZGS	Zeitschrift für das Gesamte Schuldrecht
ZIP	Zeitschrift für Wirtschaftsrecht
zit.	zitiert
ZPO	Zivilprozessordnung
ZR	Zivilrecht
ZRP	Zeitschrift für Rechtspolitik

Literaturverzeichnis

Arzt, Gunther Die Strafrechtsklausur, 7. Aufl. 2006

Arzt, Gunther/*Weber,* Ulrich/*Heinrich,* Bernd/*Hilgendorf,* Eric Strafrecht BT, 2. Aufl. 2009

Bader, Johann/*Ronellenfitsch,* Michael VwVfG – Verwaltungsverfahrensgesetz, Online-Kommentar, Stand 2011

Bamberger, Hein Georg/*Roth,* Herbert (Hrsg.) Kommentar zum Bürgerlichen Gesetzbuch: BGB (Bd. 2), 4. Aufl. 2018

Baumann, Jürgen Einführung in die Rechtswissenschaft, 8. Aufl. 1989 (zitiert als „Vorauflage")

Baur, Jürgen F./*Stürner,* Rolf Sachenrecht, 18. Aufl. 2009

Beulke, Werner Strafprozessrecht, 12. Aufl. 2012

Braun, Johann Der Zivilrechtsfall, 5. Aufl. 2012

Brox, Hans/*Walker,* Wolf-Dietrich Allgemeiner Teil des BGB, 41. Aufl. 2017

Brox, Hans/*Walker,* Wolf-Dietrich Allgemeines Schuldrecht, 42. Aufl. 2018

Brox, Hans/*Walker,* Wolf-Dietrich Besonderes Schuldrecht, 42. Auflage 2018

Bürge, Alfons Römisches Privatrecht, 1999

Dahrendorf, Ralf Auf der Suche nach einer neuen Ordnung, 2 Aufl. 2003

Däubler, Wolfgang BGB kompakt, 3. Aufl. 2008

Deutsch, Erwin/*Ahrens,* Hans-Jürgen Deliktsrecht, 6. Aufl. 2014

Di Fabio, Udo Die Kultur der Freiheit, 2005

Doehring, Karl Allgemeine Staatslehre, 3. Aufl. 2004

Ebert, Udo Strafrecht AT, 3. Aufl. 2001

Engel, Christoph/*Schön,* Wolfgang (Hrsg.) Das Proprium der Rechtswissenschaft, 2008

Flume, Werner Das Rechtsgeschäft, 4. Aufl. 1992

Fuchs, Maximilian/*Pauker,* Werner Delikts- und Schadensersatzrecht, 9. Aufl. 2017

Grigoleit, Hans Christoph/*Auer,* Marietta Schuldrecht III, 2. Aufl. 2016

Gropp, Walter Strafrecht AT, 3. Aufl. 2005

Gursky, Karl-Heinz 20 Probleme aus dem Bereicherungsrecht, 6. Aufl. 2008

Gursky, Karl-Heinz Klausurenkurs im Sachenrecht, 12. Aufl. 2008

Haft, Fritjof Strafrecht AT, 9. Aufl. 2004

Hassemer, Winfried Einführung in die Grundlagen des Strafrechts, 2. Aufl. 1990

Hattenhauer, Hans Europäische Rechtsgeschichte, 4. Aufl. 2004

Herberger, Maximilian/*Martinek,* Michael/*Rüssmann,* Helmut/*Weth,* Stephan (Hrsg.) juris Praxiskommentar BGB, 8. Aufl. 2016/17

Hillenkamp, Thomas 40 Probleme aus dem Strafrecht Besonderer Teil, 12. Aufl. 2013

Jakobs, Günther Strafrecht AT, 2. Aufl. 1991

Jauernig, Othmar (Hrsg.) Komm. z. BGB, 16. Aufl. 2015

Jescheck, Hans-Heinrich/*Weigend,* Thomas Lehrbuch des Strafrechts AT, 5. Aufl. 1996

Jestaedt, Matthias/*Lepsius,* Oliver (Hrsg.) Rechtswissenschaftstheorie, 2008

Kaiser, Günther Kriminologie – Ein Lehrbuch, 3. Aufl. 1996

Kaiser, Günther Kriminologie – Eine Einführung in die Grundlagen, 10. Aufl. 1997

Kaiser, Günther/*Kerner,* Hans-Jürgen u. a. (Hrsg.) Kleines Kriminologisches Wörterbuch, 3. Aufl. 1993

Kaiser, Günther/*Schöch,* Heinz Kriminologie, Jugendstrafrecht, Strafvollzug, 7. Aufl. 2010

Kleinheyer, Gerd/*Schröder,* Jan (Hrsg.) Deutsche und europäische Juristen aus neun Jahrhunderten, 6. Aufl. 2017

Köhler, Michael Strafrecht AT, 1997

Kramer, Ernst A. Juristische Methodenlehre, 5. Aufl. 2016

Krey, Volker/*Hellmann,* Uwe/*Heinrich,* Manfred Strafrecht BT 2, 16. Aufl. 2012

Kühl, Kristian Freiheitliche Rechtsphilosophie, 2008

Kühl, Kristian Strafrecht AT, 7. Aufl. 2013

Kühl, Kristian Strafrecht BT – Höchstrichterliche Entscheidungen, 2002

Kühne, Hans-Heiner Strafprozessrecht, 8. Aufl. 2010

Kunz, Karl-Ludwig Kriminologie, 5. Aufl. 2008

Küper, Wilfried Strafrecht BT: Definitionen mit Erläuterungen, 8. Aufl. 2010

Lackner, Karl/*Kühl,* Kristian Strafgesetzbuch, 28. Aufl. 2014

Lange, Barbara Jurastudium erfolgreich, 8. Aufl. 2015

Lange, Hermann/*Schiemann,* Gottfried Fälle zum Sachenrecht, 6. Aufl. 2008

Larenz, Karl/*Canaris,* Claus-Wilhelm Lehrbuch des Schuldrechts, Allgemeiner Teil (Bd. 1), 14. Aufl. 1987

Leipold, Dieter BGB I: Einführung und Allgemeiner Teil, 9. Aufl. 2017

Looschelders, Dirk Schuldrecht – Allgemeiner Teil, 15. Aufl. 2017

Looschelders, Dirk Schuldrecht – Besonderer Teil, 13. Auflage 2018

Maurach, Reinhart/*Schroeder,* Friedrich-Christian/*Maiwald,* Manfred Strafrecht BT 1, 10. Aufl. 2009

Maurach, Reinhart/*Schroeder,* Friedrich-Christian/*Maiwald,* Manfred Strafrecht BT 2, 10. Aufl. 2012

Maurer, Hartmut Allgemeines Verwaltungsrecht, 17. Aufl. 2009

Medicus, Dieter/*Petersen,* Jens Allgemeiner Teil des BGB, 11. Aufl. 2016

Medicus, Dieter Gesetzliche Schuldverhältnisse, 5. Aufl. 2007

Medicus, Dieter/*Lorenz,* Stephan Schuldrecht I – Allgemeiner Teil, 21. Aufl. 2015

Medicus, Dieter/*Lorenz,* Stephan Schuldrecht II – Besonderer Teil, 17. Aufl. 2014

Medicus, Dieter/*Petersen,* Jens Grundwissen zum Bürgerlichen Recht, 10. Aufl. 2014

Medicus, Dieter/*Petersen,* Jens Bürgerliches Recht 26. Aufl. 2017

Meier, Bernd-Dieter Kriminologie, 4. Aufl. 2010

Meier, Bernd-Dieter Strafrechtliche Sanktionen, 3. Aufl. 2009

Meyer-Goßner, Lutz/*Schmitt,* Bertram Strafprozessordnung, 57. Aufl. 2014

Möllers, Thomas M. J. Juristische Arbeitstechnik und wissenschaftliches Arbeiten, 9. Aufl. 2018

Naucke, Wolfgang Strafrecht – Eine Einführung, 10. Aufl. 2002

Oechsler, Jürgen Vertragliche Schuldverhältnisse, 2. Aufl. 2017

Olzen, Dirk/*Matiies,* Martin Zivilrechtliche Klausurenlehre, 8. Aufl. 2015

Oppermann, Thomas/*Classen,* Dieter/*Nettesheim,* Martin Europarecht, 4. Aufl. 2009

Otto, Harro Grundkurs Strafrecht – Allgemeine Strafrechtslehre, 7. Aufl. 2004

Otto, Harro Grundkurs Strafrecht – Die einzelnen Delikte, 7. Aufl. 2005

Prütting, Hanns Sachenrecht, 36. Aufl. 2017

Reichold, Hermann Arbeitsrecht, 6. Auflage 2019

Rengier, Rudolf Strafrecht BT I, 16. Aufl. 2014

Repgen, Tilman/*Lobinger,* Thomas/*Hense,* Ansgar Vertragsfreiheit und Diskriminierung, 2007

Roxin, Claus Strafrecht AT – Höchstrichterliche Entscheidungen, 1998

Roxin, Claus Strafrecht AT I, 4. Aufl. 2006

Roxin, Claus/*Arzt,* Gunther/*Tiedemann,* Klaus Einführung in das Strafrecht und Strafprozessrecht, 6. Aufl. 2013

Roxin, Claus/*Schünemann,* Bernd Strafverfahrensrecht, 27. Aufl. 2012

Rüping, Hinrich Das Strafverfahren, 3. Aufl. 1997

Rüping, Hinrich/*Jerouschek,* Günter Grundriss der Strafrechtsgeschichte, 6. Aufl. 2010

Rüthers, Bernd Entartetes Recht, 1988

Rüthers, Bernd/*Fischer,* Christian/*Birk,* Axel Rechtstheorie, 10. Aufl. 2018

Rüthers, Bernd/*Stadler,* Astrid Allgemeiner Teil des BGB, 19. Aufl. 2017
Sachs, Michael (Hrsg.) Grundgesetz: GG Kommentar, 5. Aufl. 2009
Savigny, Friedrich Carl v. System des heutigen Römischen Rechts (Bd. I), 1840
Schäfer, Gerhard/*Sander,* Günther M./*Gemmeren,* Gerhard v. Praxis der Strafzumessung, 4. Aufl. 2008
Schmalz, Dieter Methodenlehre, 4. Aufl. 1998
Schmidt, Karsten Gesellschaftsrecht, 4. Aufl. 2002
Schönke, Adolf/*Schröder,* Horst Strafgesetzbuch, 29. Aufl. 2013
Schröder, Jan Recht als Wissenschaft, 2. Aufl. 2012
Schroeder, Friedrich-Christian/*Verrel,* Torsten Strafprozessrecht, 5. Aufl. 2011
Schulze, Reiner (Hrsg.) Bürgerliches Gesetzbuch (BGB) Handkommentar, 9. Aufl. 2017
Schwab, Dieter/*Löhnig,* Martin Einführung in das Zivilrecht, 20. Aufl. 2016
Schwind, Hans-Dieter Kriminologie, 22. Aufl. 2013
Seelmann, Kurt/*Demko,* Daniela Rechtsphilosophie, 6. Aufl. 2014
Staudinger, Julius v. *Staudingers* Komm. z. BGB, Eckpfeiler des Zivilrechts, Neubearb. 2018
Stratenwerth, Günter/*Kuhlen,* Lothar Strafrecht AT I, 6. Aufl. 2011
Streng, Franz Strafrechtliche Sanktionen, 3. Aufl. 2012
Ulsamer, Gerhard (Hrsg.) Lexikon des Rechts, 2. Aufl. 1996
Volk, Klaus Strafprozessrecht, 7. Aufl. 2010
Weber, Max Wirtschaft und Gesellschaft, 5. Aufl. 1990
Weizsäcker, Carl Friedrich v. Der Mensch in seiner Geschichte, 1993
Werle, Gerhard Völkerstrafrecht, 3. Aufl. 2012
Wesel, Uwe Fast alles, was Recht ist – Jura für Nichtjuristen, 9. Aufl. 2014
Wessels, Johannes/*Beulke,* Werner/*Satzger,* Helmut Strafrecht AT, 43. Aufl. 2013
Wessels, Johannes/*Hettinger,* Michael Strafrecht BT 1, 37. Aufl. 2013
Wessels, Johannes/*Hillenkamp,* Thomas Strafrecht BT 2, 36. Aufl. 2013
Westermann, Harm Peter/*Staudinger,* Ansgar BGB-Sachenrecht, 13. Aufl. 2017
Westermann, Harm Peter Grundbegriffe des BGB, 17. Aufl. 2013
Wieacker, Franz Das Sozialmodell der klassischen Privatrechtsgesetzbücher, 1953
Wieacker, Franz Privatrechtsgeschichte der Neuzeit, 2. Aufl. 1967/1996
Wieling, Hans Josef Bereicherungsrecht, 4. Auflage 2007
Wolf, Manfred/*Neuner,* Jörg Allgemeiner Teil des Bürgerlichen Rechts, 11. Aufl. 2016
Wolf, Manfred/*Wellenhofer,* Marina Sachenrecht, 32. Auflage 2017
Zippelius, Reinhold Juristische Methodenlehre, 11. Aufl. 2012

A. Allgemeine Einführung *(Reichold)*

1. Kapitel. Rechtwissenschaft im Überblick

Literatur: *Baumann,* Einführung in die Rechtswissenschaft, 8. Aufl. 1989; *Braun,* Der Zivilrechtsfall, 5. Aufl. 2012; *Engel/Schön* (Hrsg.), Das Proprium der Rechtswissenschaft, 2008; *Hattenhauer,* Europäische Rechtsgeschichte, 4. Aufl. 2004; *Lange,* Jurastudium erfolgreich, 8. Aufl. 2015; *Möllers,* Juristische Arbeitstechnik und wissenschaftliches Arbeiten, 9. Aufl. 2018; *Rüthers/Fischer/Birk,* Rechtstheorie, 10. Aufl. 2018; *Schröder,* Recht als Wissenschaft, 2. Aufl., 2012; *Seelmann/Demko,* Rechtsphilosophie, 6. Aufl. 2014; *Wesel,* Fast alles, was Recht ist – Jura für Nichtjuristen (Studienausgabe), 1994; *Zippelius,* Juristische Methodenlehre, 11. Aufl. 2012.

§ 1. Erste Begegnung mit dem Recht oder: Warum und wozu Juristen gebraucht werden

I. Die Wahrnehmung von Rechtsproblemen

Wer sich dem Thema Recht nähert, denkt weniger an die Rechtswissenschaft, sondern häufig an ein konkretes Rechtsproblem, das ihn schon einmal persönlich beschäftigt hat. Der erste Verkehrsunfall z. B. bringt schockartig die Erkenntnis, dass Unfallgegner, Polizei bzw. Verkehrsbehörde oder Kfz-Versicherung plötzlich mit Forderungen bzw. Strafmaßnahmen auf uns einstürmen. Wir fragen uns – egal, ob Opfer oder Täter: „Bin ich schuld am Verkehrsunfall? Hätte ich den Schaden vermeiden können? Welche rechtlichen und finanziellen Folgen kommen auf mich zu?“ 1

Ein Verkehrsunfall, die Trennung vom Ehepartner, eine Kündigung durch den Arbeitgeber oder das Überhandnehmen der Schulden bei der Bank vermitteln dem juristischen Laien häufig erste handfeste Erfahrungen, die zu einer Wahrnehmung von „Rechtsfragen“ führen. Dabei dringt er notgedrungen in eine Welt ein, die ihm fremd ist und häufig auch fremd bleiben wird: in die *Welt der juristischen Konfliktlösung,* die die Bekanntschaft mit Behörden, Rechtsanwälten und Gerichten bringt und die auf dem Verständnis von *Rechtstexten* beruht, die ihm ebenso häufig fremd sind und fremd bleiben werden. 2

Fall 1: Verkehrsunfall

Nach einem Verkehrsunfall, bei dem sie vor einer auf Rot umschaltenden Ampel auf den vor ihr plötzlich bremsenden Kastenwagen aufgefahren war, erhält Studentin Almut zweifach Post: 3
(1) Von der für den Unfall zuständigen Verkehrsbehörde. Hier muss sie sich eine Anhörung wegen einer Verkehrsordnungswidrigkeit gefallen lassen.
(2) Von ihrer eigenen Kfz-Versicherung. Hier muss sie den Unfall detailliert schildern.
A, die sich keiner Schuld bewusst ist und vor Ort mit dem Unfallgegner lediglich die Personalien und die Versicherungsdaten ausgetauscht hatte, möchte jetzt von Rechtsanwältin Hurtig wissen, wie sie sich gegen drohende rechtliche und finanzielle Konsequenzen effektiv zur Wehr setzen kann.
Frage: Welche Maßnahmen wird die Rechtsanwältin H wohl zuerst ergreifen?

Bei jedem größeren Verkehrsunfall müssen sich die Beteiligten wie in *Fall 1* mit zwei systematisch verschiedenen Rechtsfragen befassen: 4

(1) Strafe: Eine Ordnungswidrigkeit oder gar Straftat im Straßenverkehr wird von einer *öffentlich-rechtlich* zuständigen *Behörde* (Verkehrsbehörde oder Staatsanwaltschaft) geahndet; hier schreitet also der Staat „von Amts wegen" ein und verhängt nach Maßgabe der polizeilichen Ermittlungen ein Bußgeld bzw. eine Strafe, wie es die Normen des OWiG bzw. des StGB in den entsprechenden Rechtstexten vorsehen.

(2) Schadensersatz: Ein Schaden am fremden Fahrzeug (Sachschaden) oder beim anderen Verkehrsteilnehmer selbst (Personenschaden) wird in der Regel von der eigenen *Kfz-Versicherung* ersetzt, so dass der Verursacher selbst nicht *direkt* zahlen muss (wohl aber für den gegebenenfalls *eigenen* Sachschaden, soweit nicht auch dafür eine Vollkaskoversicherung eintritt). Freilich wird der Schadensfall den Versicherungsbedingungen gemäß die Prämie des Unfallverursachers deutlich in die Höhe treiben, so dass dieser *indirekt* doch an den Kosten seines Unfalls beteiligt wird.

Kurz gefasst 1:

5 Die eigene Wahrnehmung von Rechtsproblemen sorgt für erste Erfahrungen mit unterschiedlichen rechtlichen Konfliktlösungen: Beim Verkehrsunfall können z. B. sowohl *öffentlich-rechtliche* „Strafen" wegen des Verstoßes gegen Regeln der StVO als auch *privat-rechtliche* „Ersatzansprüche" zwischen den Unfallbeteiligten bzw. ihren Versicherungen fällig werden. Beide rechtlichen Konsequenzen betreffen *verschiedene* rechtliche Sanktionen, die Ausdruck *verschiedener* rechtlicher Zwecke und Systeme sind: Öffentliches Recht einerseits, Privatrecht andererseits (dazu näher → § 4 I, Rn. 1, § 14).

II. Der Umgang mit Rechtsproblemen

6 Juristische Laien werden gerne darauf verzichten, sich mehr als notwendig mit der fremden Welt juristischer Konfliktlösung zu befassen. Sie können darauf verweisen, dass sie entweder, *„wenn es hart auf hart kommt"* – gegebenenfalls abgesichert durch eine Rechtsschutzversicherung –, den Rechtsanwalt mit der Lösung des Konflikts betrauen; oder aber sie trauen sich die Konfliktlösung selbst zu. So kann sich der Käufer eines Markenartikels im Internet durch dortige Hinweise oder Widerrufsbelehrungen selbst darüber informieren, dass er als „Verbraucher" besondere Rechte im so genannten „Fernabsatz" hat. Menschen in unserer (Halb-)Wissensgesellschaft können sich mit durchschnittlicher Bildung ohne weiteres zutrauen, ermuntert durch Internet-Quellen oder sonstige Medien, persönliche Ratgeber oder auch die Gesetzestexte, von ihrem Widerrufsrecht selber Gebrauch zu machen und z. B. die ihnen nicht passende Ware wieder zurück an den Absender zu schicken. Dafür brauchen sie keinen Rechtsanwalt, jedenfalls solange der Internet-Versandhändler die Ware ohne weiteres zurücknimmt und keine weiteren Rückabwicklungsfragen auftreten.

Fall 2: Internet-Kauf

7 Student Bernd möchte genau wissen, aufgrund welcher Rechtsnormen er das seiner Ansicht nach nicht passende PC-Zubehör, das er im Internet beim Händler C erworben und zugeschickt bekommen hat, wieder zurückgeben kann. Er fragt weiter, was mit seinem bereits überwiesenen Kaufpreis passiert.

Frage:

(1) In welchem Gesetz werden die betreffenden Normen stehen?

(2) Welche Normen weisen den Weg für Antworten auf die Fragen von Bernd?

8 *Fall 2* zeigt, dass im „privaten" Rechtsverkehr, also bei der Abwicklung von Geschäften zwischen Verbrauchern und Unternehmern wie hier beim Kauf über das Internet, die

Rechtsanwendung auch *ohne Einschaltung staatlicher Behörden* durch „Selbsthilfe" der informierten Verbraucher gelingen kann, solange nicht atypische Störungen in der Rückabwicklung auftreten. Falls der Händler aber z. B. die Rücksendung nicht akzeptiert und die Rückzahlung nicht leistet, kommt es möglicherweise doch zur Einschaltung von Rechtsanwälten oder Gerichten, um das Widerrufsrecht des Käufers im Fernabsatz auch *durchsetzen* zu können.

Eine aktuelle Studie von *Hommerich* und *Kilian* hat dazu ermittelt, dass im Zeitraum 2002 bis 2006 die Bearbeitung von Rechtsproblemen immerhin für 51 % der deutschen Bevölkerung (befragt wurden nur Individualpersonen, keine Unternehmen) mehrmals oder zumindest einmal eine Rolle spielte. Bei 70 % dieser Gruppe stammte das einzige oder wichtigste Problem aus den Bereichen Erwerbstätigkeit/Ausbildung, Wohnen/Eigentum, Familien- und Verkehrsrecht. Rechtsprobleme rund um die Familie werden deutlich häufiger benannt, wenn es um die Zuziehung eines Rechtsanwalts geht. Rechtsprobleme aus der Teilnahme am Privatrechtsverkehr (z. B. Probleme mit Handwerkern oder Werkstätten oder im Versandhandel) werden dagegen sehr häufig ohne anwaltliche Inanspruchnahme bewältigt. Bei einer geschlechtsspezifischen Betrachtung zeigt sich, dass Frauen bei rechtlichen Problemen im familiären Umfeld signifikant häufiger als Männer davon absehen, einen Anwalt einzuschalten (Quelle: *Hommerich/Kilian,* Die Deutschen und ihre Rechtsprobleme – Ergebnisse einer ersten empirischen Annäherung, NJW 2008, 626ff., insb. 631). 9

III. Die Lösung von Rechtsproblemen

Wer, wenn nicht Juristen, könnten uns bei der Lösung von Rechtsproblemen helfen? 10 Für diese uns naheliegende Folgerung bedarf es eines gewissen zivilisatorischen Reifegrads von Staat und Gesellschaft, der nicht selbstverständlich und – auch im 21. Jahrhundert – nicht jederzeit und überall vorzufinden ist. Zwar gehören gewisse Verhaltensregeln und Sozialnormen zu jeder menschlichen Gesellschaft, doch müssen diese nicht zwingend zur Ausbildung eines spezifisch *juristischen* Regelsystems führen (vgl. *Rüthers/Fischer/Birk,* § 8). Im Folgenden geht es daher um genau jene kulturellen Voraussetzungen, die es braucht, um „wissenschaftlich" ausgebildete Juristinnen und Juristen in ihre heutige Schlüsselrolle bei der Regelsetzung und Konfliktlösung in modernen Gesellschaften zu bringen.

1. Recht als soziale Verhaltensordnung: Spielregeln und Rechtsregeln

Konflikte treten ständig auf, wo Menschen in Beziehungen zueinander treten. Wer 11 Kinder beim Spielen beobachtet, erlebt häufig, wie schnell der Frieden in Streit übergeht, wie schnell das „Recht des Stärkeren" sich gegen schwächere Mitspieler durchsetzt, wie wirksam aber auch die Freude am gemeinsamen Spiel sich gegen Störungen behaupten kann. Der Sandkasten der Kleinen kann als ein vereinfachtes Abbild der „Spielfelder" ihrer großen Mitmenschen gelten, nicht nur in Sport und Spiel, das nach *Spielregeln* ausgetragen und von einem Schiedsrichter geleitet wird, sondern auch im Berufs- und Geschäftsleben; dort gibt es besondere *Rechtsregeln* zur Lösung von Konflikten und teils eigene Schlichtungs- und Schiedsstellen (z. B. Sportgerichte, Bühnenschiedsgerichte, landesrechtliche Gütestellen, vgl. dazu § 15a EGZPO). Im Übrigen gewährleisten die allgemeinen *staatlichen Gerichte* eine autoritative und endgültige Streitbeilegung durch alle Instanzen hindurch. Rechtsfreie Räume sind letzten Endes nur da möglich, wo ein Mensch in völliger Isolation lebt, so wie Adam vor der Erschaffung von Eva im Paradies oder Robinson Crusoe auf seiner Insel, bevor Freitag kam (vgl. *Cicero,* „De legibus" 1,42: *„ubi societas ibi ius" – „wo es eine Gesellschaft gibt, da gibt es Recht"*).

2. Historischer Exkurs: „from status to contract" (Maine)

12 Leben Menschen zusammen, können sie in homogenen Gemeinschaften auch ohne eine Vielzahl von „Rechtsregeln" existieren, solange ihre Verhaltensregeln durch klaglose Befolgung funktionieren: Der Dorf- oder Stammesälteste wird im Zweifel kraft seiner feststehenden Autorität abweichendes Verhalten bestrafen. Gerade religiös geprägte Gemeinschaften halten Regeln wie z. B. die berühmten Zehn Gebote des Alten Testaments (Exodus 20, 1) für *gottgegeben:* Recht wird dann „geglaubt" und schon deshalb befolgt (zu *Martin Luthers* Position vgl. *Seelmann,* § 1 Rn. 13). Alle Gesellschaften jeder Epoche kennen also „Recht", d. h. sie haben Vorstellungen vom richtigen Verhalten, dessen Befolgung durch eine an den Regelverstoß gebundene Sanktion (Strafe) gesichert wird. Beim „Recht" handelt es sich insofern um eine *anthropologische Konstante,* die jede Gesellschaft schon aus Gründen ihrer friedensstiftenden Organisation und der Legitimation sozialer Herrschaft braucht (vgl. *Ernst* in *Engel/Schön,* S. 3f.; *Willoweit,* JZ 2010, 373, 377).

13 Der britische Gelehrte *Henry Sumner Maine (1822–1888)* hat in seinem wegweisenden, 1861 erschienenen Werk „Ancient Law" dank einer sorgfältigen Analyse der frühen Rechtsideen primitiver Gesellschaften nachgewiesen, dass späteres, fortgeschrittenes Recht nur dann wirklich zu verstehen und auch weiter zu entwickeln ist, wenn seine Ursprünge entdeckt und analysiert worden sind. Dabei unterschied *Maine* progressive und statische Gesellschaften. Nur die „progressiven" Kulturnationen wie das Römische Reich und das Britische Empire seien imstande gewesen, ihr Recht weiter zu entwickeln. Dazu bedurfte es zum einen rechtlicher Fiktionen, die dort Kontinuität herstellen, wo eine rechtliche Regel eine Veränderung erfahren hat; zum zweiten der *„aequitas"*, eines Systems grundlegender Gerechtigkeitsregeln, die neu entstehendes Recht in den Zusammenhang bestehender Normen einordnen und systematisieren helfen; drittens der Gesetzgebung, die als Organ der gesamten Gesellschaft auftritt und damit neues Recht legitimiert. All diese Instrumente sind bereits von den römischen Juristen entwickelt und zu höchster Wirksamkeit verfeinert worden: die im römischen *ius gentium* (d. h. des Verkehrsrechts zwischen Römern und Nichtrömern) vorgenommene andauernde Einebnung oder Beseitigung von Ungleichmäßigkeiten wird von *Maine* als methodische Revolution mit unabsehbaren Folgen bezeichnet. Parallel dazu beobachtete er rechtssoziologisch die Emanzipation des einzelnen, selbstverantwortlichen Individuums als Rechtssubjekt aus den Bindekräften der traditionellen Familie, des vom allmächtigen *pater familias* beherrschten „ganzen Hauses". In diesem Vorgang erkennt *Maine* das entscheidende Bewegungsmoment moderner Gesellschaften: Traditionelle Gemeinwesen sind – rechtsgeschichtlich betrachtet – „eine Ansammlung von Familien", moderne dagegen eine „Ansammlung von Individuen". Diese säkulare Modernisierungslinie bezeichnete er als „Bewegung vom Status zum Vertrag – *from status to contract*". Die wegweisende Formulierung bewährt sich bis heute in vielen Zusammenhängen.

3. Recht als staatlich gesetzte „gerechte" Verhaltensordnung: die Rechtsstaatsidee

a) Notwendigkeit des Rechtsstaats

14 „Rechts"-Ordnungen können zwar auch als Hackordnung nach dem „Recht des Stärkeren" daherkommen (z. B. im Sandkasten, wo der Stärkste „siegt"); doch verstehen wir darunter eher den fein ausgewogenen Interessenausgleich in unzähligen Gesetzen und anderen Normen. Ohne eine ausgewogene Rechtsordnung gilt häufig das Faustrecht, das Recht des Stärkeren, Einflussreicheren, Mächtigeren, eben die Hackordnung wie im Tierreich. Ohne Rechtsregeln sind Geld und Beziehungen mehr wert als Menschenrechte und Menschenwürde. Das hat schon der große babylonische König *Hammurabi* fast 2000 Jahre vor Christus erkannt, als er in seiner Gesetzessammlung formulierte:

> „Sache des Königs ist es, den Schwachen gegen den Starken zu schützen".

Damit rückt die *Rolle des Staates* in den Mittelpunkt, der das Recht nicht nur zu einem 15 geregelten und gewaltfreien Ablauf des staatlichen und gesellschaftlichen Lebens braucht, weil er den sozialen Frieden und die soziale Kontrolle durch Rechtsregeln von der Staatsverfassung bis hin zur Straßenverkehrsordnung organisieren muss, sondern weil er auch soziale Akzeptanz benötigt. Auf dem Gang durch mehr als zweitausend Jahre Rechtsphilosophie begegnet man grob gesprochen vier Funktionen von Recht (vgl. *Wesel,* S. 406; differenzierend *Rüthers/Fischer/Birk,* § 3):

Schaubild 1: Die vier Funktionen von Recht

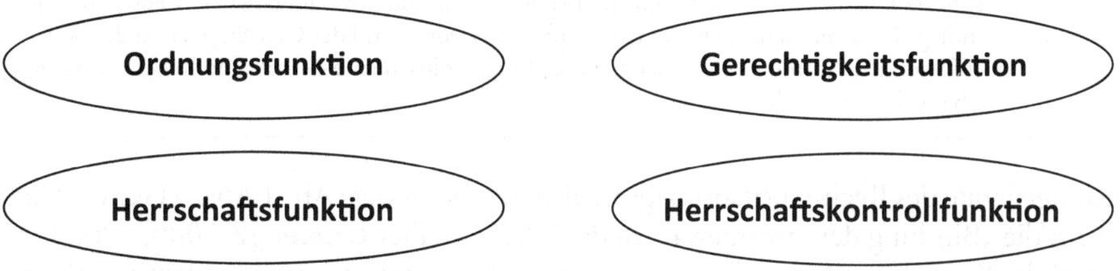

In dieser Gegenüberstellung wird deutlich, dass Ordnung kein Selbstzweck sein kann, 16 sondern nur als „gerechte“ Ordnung eine Steuerungsfunktion auch sinnvoll wahrnehmen kann (Beispiel: Straßenverkehr). Ebenso dient Recht nicht alleine der Herrschaftsstabilisierung, also nicht nur den Mächtigen, sondern auch der Herrschaftskontrolle, also den Schwachen (Beispiel: Grundrechtskontrolle durch Verfassungsgericht). Jedenfalls im ausgebauten Rechts(wege)staat mit demokratischer Verfassung gibt es kaum eine Alternative zu einer als „gerecht“ empfundenen Staats- und Rechtsverfassung, weil nur diese auf Dauer von den ihr unterworfenen Bürgern als sinnvoll und richtig akzeptiert werden kann. Wir nennen das die Idee des **„Rechtsstaats“:** Danach muss sich in modernen demokratischen Gesellschaften eine wertgebundene *„materielle“* Verfassung in der verbindlichen Selbstverpflichtung der Staatsorgane auf die Einhaltung und Gewährleistung unveräußerlicher Menschen- und Bürgerrechte beweisen und deren gerichtliche Durchsetzbarkeit garantieren.

Im August 1789 wurde das in der französischen Nationalversammlung beispielgebend 17 wie folgt formuliert:

> Art. XVI. Jede Gesellschaft, in der die Garantie dieser Rechte nicht erfolgt und die Gewaltenteilung nicht festgeschrieben ist, hat keine Verfassung.

Mit diesem Text war laut *Hattenhauer* ein „bezwingendes rechtstheoretisches wie po- 18 litisches Programm entworfen“ worden. Menschen- und Bürgerrechte sowie die Gewaltenteilung ermöglichen erst eine „richtige“ Verfassung, mit der man „Staat machen“ kann! Obwohl dieses Programm in der Verfassungswirklichkeit stets verletzt und pervertiert wurde, blieb es stets und bis heute „ein Stachel im Fleisch aller politischen Macht“ (*Hattenhauer,* Rn. 1641).

b) Der deutsche Rechtsstaat unter dem Grundgesetz

Die deutsche Verfassung, das Grundgesetz von 1949, fügt sich nahtlos in die 200jäh- 19 rige „Konstitutionalisierung“ der Staaten Europas ein, die mit der französischen Verfassung von 1791 ihren Anfang genommen hatte. Aufbauend auf der Weimarer Reichsverfassung von 1919 konnten die Beratungen des Grundgesetzes nach den schrecklichen Erfahrungen des NS-Unrechtsstaats gar nicht anders, als diese „materielle" Verfassungstradition ganz besonders zu beherzigen. Die alle politischen Lager überwölbende Maxime des Parlamentarischen Rats war das „*Nie wieder*": Nie wieder die Selbstzerstörung der Demokratie, nie wieder die Negation aller rechtlichen Bindungen durch eine terroristische Staatsgewalt. Das lässt sich nicht nur in der Präambel, sondern vor allem in **Art. 1 GG** ablesen:

(1) Die Würde des Menschen ist unantastbar. Sie zu achten und zu schützen ist Verpflichtung aller staatlichen Gewalt.
(2) Das Deutsche Volk bekennt sich darum zu unverletzlichen und unveräußerlichen Menschenrechten als Grundlage jeder menschlichen Gemeinschaft, des Friedens und der Gerechtigkeit in der Welt.
(3) Die nachfolgenden Grundrechte binden Gesetzgebung, vollziehende Gewalt und Rechtsprechung als unmittelbar geltendes Recht.

20 Kerngedanke des Rechtsstaatsprinzips ist also, wie besonders Art. 1 Abs. 3 GG verdeutlicht, die „Bindung der Staatsgewalt an das Recht" (näher *Grimm,* JZ 2009, 596). Obwohl der Staat in modernen Gesellschaften das Recht selbst setzen, es damit auch immer wieder verändern kann, darf er sich „Rechtsstaat" nur nennen, wenn er „nach Regeln" und „durch Regeln" herrscht: **Herrschaft nach Regeln ist das Gegenteil von Willkürherrschaft.** Herrschaftsausübung nach rechtlichen Vorgaben verhindert willkürliche Machtausübung der Exekutive (als „vollziehende" Gewalt) z. B. in Gestalt des „Führerbefehls" oder kraft „Selbstentmachtung" des Parlaments (zum sog. Ermächtigungsgesetz des NS-Staats vom 24.3.1933 vgl. *Bickenbach,* JuS 2008, 199; zu den Rechtslehren im NS-Staat – „Des Führers Wille ist des Volkes Gesetz" – vgl. *Rüthers,* Entartetes Recht, 1988, S. 48). In einem geordneten Staatswesen darf z. B. der Polizist keine Ehen scheiden und der Standesbeamte keine Fahrzeuge kontrollieren, der Strafrichter das Parlament nicht auflösen und das Parlament seinerseits nicht Verbrecher bestrafen (sog. „Gesetzmäßigkeit der Verwaltung", vgl. näher § 27 Rn. 22 ff.).

21 Freilich braucht der Rechtsstaat nicht nur *formelle,* sondern auch *materielle* Rechtsgrundsätze. Nicht allein, *dass* es Gesetze gibt, die dem Bürger Rechtsschutz garantieren sowie den Staat selbst auf die Einhaltung seiner Kompetenzordnung verpflichten, ist für den Rechtsstaat wesentlich. Wichtiger noch ist die Bindung von Staat und Gesellschaft an Gesetze, die nicht beliebige, sondern *richtige, d. h. gerechte Inhalte* haben. Nach unserem heutigen Rechtsverständnis in einer pluralistischen Gesellschaft hängt dabei alles davon ab, dass der Rechtsstaat und seine Verfassung auf Gerechtigkeitsvorstellungen aufbauen, die den *Selbstwert des Individuums* und seine daraus folgende *Freiheit und Gleichheit* anerkennen (vgl. *Dreier,* Rechtswissenschaft 2010, 11, 28: „Freiheit ohne Identifikationspflicht"; *Grimm,* JZ 2009, 596, 598). Das unterscheidet ihn von jenen Staaten, in denen es nur die *eine vorgegebene* Wahrheit z. B. eines theokratischen Gottesstaats, eines rassistischen Menschenbilds oder einer sozialistischen Funktionärsdiktatur gibt – der Mensch ist da Untertan der Staatsideologie, er wird fast so etwas wie eine entbehrliche Restgröße.

22 Die Rechtsstaatsidee der Aufklärung sagt dieser totalitären Anmaßung den Kampf an: Nicht etwa existiert der Mensch des Staates wegen, sondern es gilt umgekehrt: **der Staat ist um des Menschen willen da** (so lautete der ursprüngliche Textvorschlag des Herrenchiemseer Konvents 1948 zu Art. 1 GG). Diese Idee hat das Grundgesetz beherzigt, wenn es nach der Menschenwürde-Garantie des Art. 1 GG die *Freiheit* der

Person (Art. 2) und die *Gleichheit* vor dem Gesetz (Art. 3) als vorrangige Grundrechte voranstellte, also Grundrechte betonte, die eine freie und gleiche Gesellschaft erst ermöglichen:

Art. 2 GG
(1) Jeder hat das Recht auf die freie Entfaltung seiner Persönlichkeit, soweit er nicht die Rechte anderer verletzt und nicht gegen die verfassungsmäßige Ordnung oder das Sittengesetz verstößt.
(2) Jeder hat das Recht auf Leben und körperliche Unversehrtheit. Die Freiheit der Person ist unverletzlich. In diese Rechte darf nur auf Grund eines Gesetzes eingegriffen werden.

Art. 3 GG
(1) Alle Menschen sind vor dem Gesetz gleich.
(2) Männer und Frauen sind gleichberechtigt. (Seit 1994:) Der Staat fördert die tatsächliche Durchsetzung der Gleichberechtigung von Frauen und Männern und wirkt auf die Beseitigung bestehender Nachteile hin.
(3) Niemand darf wegen seines Geschlechtes, seiner Abstammung, seiner Rasse, seiner Sprache, seiner Heimat und Herkunft, seines Glaubens, seiner religiösen oder politischen Anschauungen benachteiligt oder bevorzugt werden. (Seit 1994:) Niemand darf wegen seiner Behinderung benachteiligt werden.

Vor gut 200 Jahren ging es zunächst darum, bürgerliche Freiheiten wie vor allem Eigentums-, Berufs- und Gewerbefreiheit gegen die Privilegien von Monarchie und Klerus durchzusetzen. Dem folgte die Proklamation **„gleicher Freiheit“:** Eine ständisch-hierarchische Gesellschaft der Ungleichen sollte umgebaut werden in ein demokratisches Staatsvolk mit allgemeinem und gleichem Wahlrecht. Erst war die individuelle *Freiheit* der Bürger als politisches Staatsbürger- und wirtschaftliches Marktbürgerrecht im Blick, der danach die *Gleichheit* als Ausdruck gesellschaftlicher Bindung und solidarischer Verpflichtung auf dem Fuße folgte: daher der Schlachtruf der französischen Revolution *„Liberté, Egalité, Fraternité“* – in dieser Reihenfolge (vgl. *Di Fabio,* Die Kultur der Freiheit, 2005, S. 96ff., 111). Der soziale Rechtsstaat der Moderne hat aus dieser Geschichte seine Lehren gezogen und versucht, Freiheit mit Gleichheit und Brüderlichkeit insoweit zu versöhnen, als den Starken Spielräume eröffnet, aber auch Steuern und Abgaben zugemutet werden, um menschenwürdige Lebensverhältnisse kraft Umverteilung auch für die Schwachen zu ermöglichen. Die Steuer ist Preis der Freiheit und ermöglicht Sozialleistungen zugunsten der Schwächeren. Ein Staat, der wirtschaftliche Freiheit garantiert, muss sich durch Steuern finanzieren, die er von den Starken nimmt (*Paul Kirchhof,* FAZ Nr. 259 v. 7.11.2009, S. 33). 23

c) Die Europäische Union als Rechtsgemeinschaft

Die *politisch* effektivste Form der Herrschaft des Rechts gegenüber ungezügelter Macht stellt wohl die Einbindung der Völker Europas in eine *Europäische Rechtsgemeinschaft* dar, wie sie durch die „Europäische Union (EU)“ Wirklichkeit geworden ist. Entstanden aus der 1957 gegründeten EWG (Europäische Wirtschaftsgemeinschaft), ist die EU mit ihren derzeit 28 Mitgliedern von Belgien bis Zypern zweifellos eines der erfolgreichsten Friedensprojekte der Moderne. Aggressive Nationalismen sind desto leichter zu überwinden, je stetiger die Wirtschafts- und Wohlstandsentwicklung im größten Binnenmarkt der Welt die Vorteile des friedlichen Zusammenlebens schlagend beweist. Durch die Unterzeichnung des Lissabon-Vertrags am 13.12.2007, der allerdings erst zwei Jahre später (als letzter Mitgliedstaat ratifizierte 24 am 3.11.2009 die *Tschechische Republik* den Verfassungsvertrag) im Dezember 2009 in Kraft trat (näher *Mayer,* JuS 2010, 189), bekannte sich das Vereinte Europa nun auch zu Grundrechten nach dem Vorbild des Grundgesetzes. Aus der Wirtschaftsgemeinschaft ist endgültig eine *Wertegemeinschaft* geworden. Der Grundrechtskatalog der durch **Art. 6 Abs. 1 EUV** inkorporierten Grundrechte-Charta belegt dies im ersten Artikel:

> Die Würde des Menschen ist unantastbar. Sie ist zu achten und zu schützen.

25 Von Anfang an zeigte sich die „Europäische Union", die nach dem Maastricht-Vertrag 1992 als neues Dach über EG-Vertrag und verschiedene gemeinsame Politikfelder gezogen wurde, heute dagegen als **harter Kern** (Schaubild 2) des europäischen Rechts fungiert, ihrer *historischen* Bedeutung bewusst: Immerhin wurde die Teilung des europäischen Kontinents in Ost und West überwunden! Jetzt konnte sie sich auch deutlich zu den „Grundsätzen der Freiheit, der Demokratie und der Achtung der Menschenrechte und Grundfreiheiten und der *Rechtsstaatlichkeit*" bekennen. Fast könnte es scheinen, dass die Europäische Rechtsgemeinschaft den deutschen Weg insoweit nachahmt, als die starke Gerichtsbarkeit des Europäischen Gerichtshofs (EuGH) in Luxemburg für die europäische Einigung fast mehr zuwege gebracht hat als langwierige und hoch streitige politische Diskurse: Dem rechtlichen Prozess wird wohl auch in Europa mehr zugetraut als dem politischen – auch hier rangiert der Rechtsstaat vor der Demokratie (so *Grimm* für die deutsche Entwicklung, vgl. FAZ Nr. 117 v. 22.5.2009, B 8).

→→→ Impuls zur Diskussion um das „Lissabon"-Urteil des BVerfG vom 30.6.2009:
Welche Zukunft hat das überstaatliche Projekt Europa? Sollte es eines Tages zu den „Vereinigten Staaten von Europa" kommen? Oder deuten Vorkommnisse wie der „Brexit" auf eine anderweitige Entwicklung hin?

26 Die Europäische Union ist stark geworden als überstaatliche (supranationale) Organisation, die den Protektionismus und die einzelstaatliche Lenkung der Wirtschaft erfolgreich bekämpft hat zugunsten eines nach liberalen Prinzipien funktionierenden einheitlichen Binnenmarkts. Fast 80% unseres Wirtschaftsrechts kommt inzwischen seinem Ursprung nach aus Brüssel. Doch sollten sich die Planungsstellen in der EU-Kommission auch nicht überschätzen: Einem europäischen „Superstaat" würden die Bürger Europas wegen seiner Abstraktheit und Bürgerferne wohl kaum ihre Stimme geben. Es verwundert daher nicht, dass die Wahlbeteiligung bei den Wahlen zum Europäischen Parlament in den Mitgliedstaaten deutlich schwächer ausfällt als bei den Wahlen zu den Regional- bzw. Landesparlamenten. Europas Bürger beziehen ihre Identität vorrangig aus ihrer regionalen Herkunft, die stärkere sprachlich-kulturelle Wurzeln aufzuweisen vermag als schon ihre jeweilige Nationalität; jedenfalls beziehen sie ihre Identität nicht aus der EU-Bürgerschaft. Mit Verfassungsrichter *Di Fabio* ist daher zu betonen, dass die EU ihre besondere Gestalt „nur als *ausgewogen gefügte Ordnung der Freiheit*" findet: „Freiheit der Bürger, der Familien, der Unternehmen, der Sozialpartner, hinreichende Handlungsfreiheit der Staaten, eingefügt in eine einheitliche Kooperationsordnung und eine Politik gemeinsamer Projekte, die nicht immer gleich neue Behörden, Zuständigkeiten und Gesetze erfordern, sondern gute Ideen und persönliches Engagement" (Quelle: FAZ Nr. 168 v. 22.7.2006, S. 8). So hat der 2. Senat des *Bundesverfassungsgerichts (BVerfG)* auch in seiner „Lissabon"-Entscheidung vom 30.6.2009 die Zentralisierung Europas mit dem Leitsatz 3 wie folgt in seine Schranken gewiesen:

> „Die europäische Vereinigung auf der Grundlage einer Vertragsunion souveräner Staaten darf nicht so verwirklicht werden, dass in den Mitgliedstaaten kein ausreichender Raum zur politischen Gestaltung der wirtschaftlichen, kulturellen und sozialen Lebensverhältnisse mehr bleibt. Dies gilt insbesondere für Sachbereiche, die die Lebensumstände der Bürger, vor allem ihren von den Grundrechten geschütz-

ten privaten Raum der Eigenverantwortung und der persönlichen und sozialen Sicherheit prägen, sowie für solche politischen Entscheidungen, die in besonderer Weise auf kulturelle, historische und sprachliche Vorverständnisse angewiesen sind, und die sich im parteipolitisch und parlamentarisch organisierten Raum einer politischen Öffentlichkeit diskursiv entfalten." (BVerfG v. 30.6.2009, Leitsatz 3, abgedruckt in NJW 2009, 2267).

Schaubild 2: Die Europäische Vertragsstruktur nach Lissabon

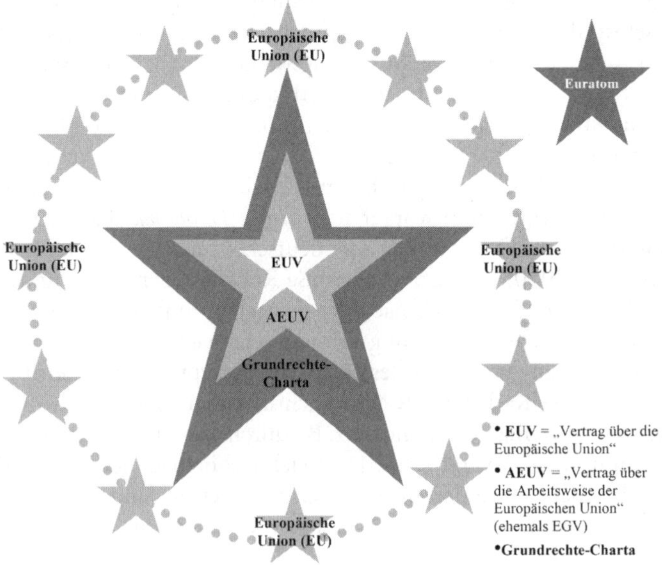

4. Recht aus der Sicht des Richters

Die Rolle des Richters ist Gradmesser für die Bedeutung von Juristen in Staat und Gesellschaft. Je mehr Konflikte er zu entscheiden hat, je öfter er angerufen wird, desto stärker ist die Gesellschaft „verrechtlicht". Der Streit um seine Befugnisse ist immer auch ein Streit über Sinn und Zweck der Konfliktlösung nach einem abstrakten Normenprogramm. Nach der Vorstellung von *Montesquieu* sollte der Richter nur „Mund des Gesetzes" sein *(„la bouche, qui prononce les paroles de la loi"),* also dem Regelungswillen des Souveräns Wirkung verschaffen, ganz ohne „Eigensinn". Wie die Göttin Justitia müsste er bei seinem Spruch eine Binde vor den Augen haben, um sich „ohne Ansehen der Person" auf die Abwägung der Argumente der streitenden Parteien konzentrieren zu können. Fraglich ist, ob das heute noch eine wirklich passende Beschreibung der Funktion des Richters ist. 27

a) Hüter der Verfassung

Seine „politische" Bedeutung ist heute wegen der rechtsstaatlichen Verfassungen in Deutschland und Europa größer denn je. Diese wollten und mussten auch „Entwürfe für die Zukunft" sein *(Dieter Grimm).* Als sie aufgeschrieben wurden, hatten sie ihre Bewährungsprobe noch vor sich und übten sich häufig in wenig präzisen Formulierungen. Wichtig war dann aber, ob sie sich in staats- oder sozialpolitischen Krisen – notfalls auch gegen die Politik – bewähren konnten, ob sie durch starke Richter gehütet, gepflegt und weiterentwickelt wurden. Die Weimarer Reichsverfassung von 1919 scheiterte nicht nur an ihrer schwachen Akzeptanz in Politik und Gesellschaft, 28 sondern auch an mangelnder „Justiziabilität", d. h. an fehlender rechtswirksamer Durchsetzung. Das Grundgesetz von 1949 hat daraus seine Lehren gezogen und das politik-unabhängige **Bundesverfassungsgericht** als den „Hüter der Verfassung" etabliert. Damit wurde es zum „stärksten Verfassungsgericht der Welt" (*Wesel,* S. 66). Und die Bundesrepublik Deutschland hatte in ihrer Geschichte auch das Glück, dass Konflikte nicht *über* die Verfassung, sondern nur *im Rahmen* der Verfassung ausgetragen wurden. So hatten die Urteile des Verfassungsgerichts in aller Regel befriedende Wirkung, selbst dann, wenn ein abgesprochenes, d. h. „geplantes" Misstrauensvotum des Bundestags vorzeitige Bundestagswahlen ermöglichen sollte (BVerfG v. 25.8.2005, NJW 2005, 2669) oder die Übertragung von Kompetenzen an die Europäische Union in Frage stand (BVerfG v. 30.6.2009, NJW 2009, 2267). Die in 60 Jahren erworbene Wertschätzung der Richter im deutschen Verfassungsstaat erlaubt die Rede vom „Verfassungspatriotismus", wie sie von *Dolf Sternberger* 1979 in der FAZ formuliert wurde und worauf sich *Jürgen Habermas* dann 1986 in der politisch-philosophischen Debatte um die deutsche Identität bezog (näher *Dreier,* Rechtswissenschaft 2010, 11, 32f.). Der große Rückhalt, den das Grundgesetz in der Bevölkerung besitzt, und der auch nach der deutschen Einheit 1990 nur wenige Veränderungen der deutschen Verfassung erforderlich machte, ist der wertbestimmten und realitätsbezogenen Auslegung des (durchaus interpretationsbedürftigen) Verfassungstextes durch die Karlsruher Richter zuzuschreiben. Der durch die Rechtsprechung angestoßene Verfassungswandel (z. B. durch das „Recht auf informationelle Selbstbestimmung", vgl. BVerfGE 65, 1) ist viel nachhaltiger gewesen als der Wandel durch die zahlreichen Textänderungen des Grundgesetzes. Sind Richter deshalb nun eher kreative „Baumeister" als denkende „Diener" der Verfassung?

b) Diener oder Gestalter der Gesetze?

29 Recht galt im Mittelalter, weil es hergebracht, alt, anerkannt und damit gut war. Das änderte sich im 17. Jahrhundert. Mit *Thomas Hobbes'* „Leviathan" (1651) wurde die Formel *„auctoritas, non veritas facit legem" („Macht, nicht Wahrheit schafft Gesetze")* zum Motto für die Machbarkeit des Rechts – Rechtspolitik wurde möglich. Seit es den absoluten Herrscher, den Souverän gibt, formt er die Gesellschaft durch seine Gesetze und bildet das Personal aus, das er zur Normdurchsetzung braucht: Er gründet Universitäten und lässt dort Juristen ausbilden (näher *Hattenhauer,* S. 483ff.). Anders war das noch bei den römischen Juristen, die mit ihrem Blick auf den Einzelfall, auf Vertrag und Prozess geniale Konfliktlöser aus der juristischen Praxis waren, also Lebenserfahrung mitbrachten (vgl. *Bürge,* Römisches Privatrecht, 1999, S. 87ff.). Doch gab es damals wie heute den Richter als autoritative Instanz, der sich je nach Einzelfall mehr oder weniger als programmtreuer Diener der Gesetze oder entscheidungsfreudiger Konfliktlöser im Dienste der Gerechtigkeit verstand. Die Anwendung der Gesetze auf den Einzelfall erfordert heute in einer komplexen Gesellschaft mit sich rasch wandelnden Lebensverhältnissen hohe Sach- und Fachkompetenz, gepaart mit Einfühlungsvermögen und dem Mut zur auch unbequemen Entscheidung. Selbst wenn die Legislative Gesetze wie am Fließband produzierte, könnte sie niemals darauf vertrauen, dass die Jurisdiktion diese auch anwenden könnte im Stile eines *„Subsumtionsautomats"*. Der Richter ist schon deshalb mehr Gestalter als Diener des Gesetzes, weil anders die Lückenhaftigkeit der Gesetze ihn als „Mund des Gesetzes" im Einzelfall meist sprachlos machen würde!

Deshalb bindet Art. 20 Abs. 3 GG die Rechtsprechung an **„Gesetz und Recht".** Das „Gesetz" alleine reicht zur gerechten Entscheidung nicht immer aus, es muss das „Recht" hinzutreten: Als Summe aller im Grundgesetz oder der einfach-rechtlichen Dogmatik versammelten Prinzipien soll es die richterliche Entscheidungsfindung im Einzelfall leiten.

Schaubild 3: Rechtswege und Instanzen in Deutschland

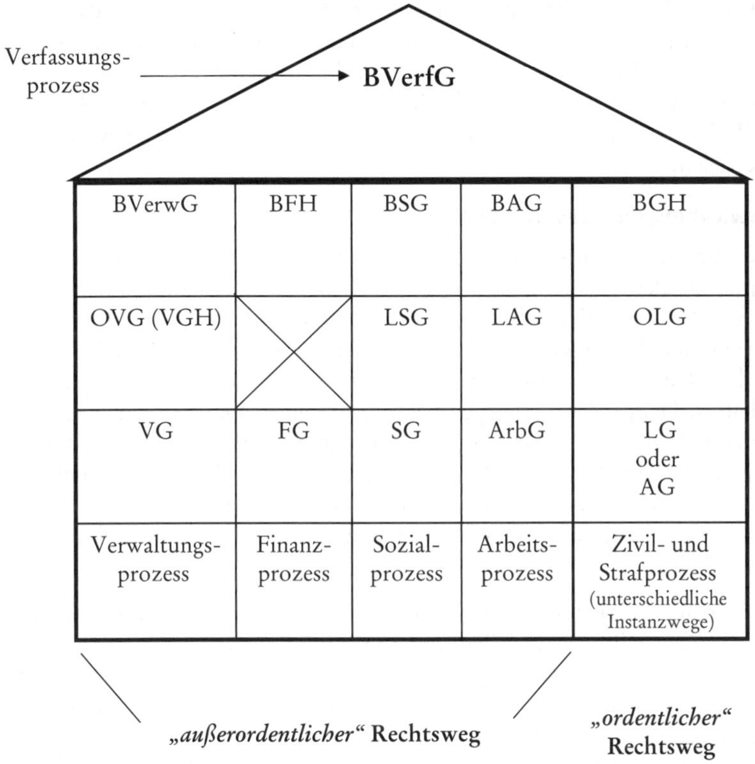

Gesetzesauslegung und Rechtsfortbildung gehen daher Hand in Hand. Bei allem 30
Streit um die Einzelheiten der Bindung des Richters an Gesetz und Recht (vgl. nur *Hassemer,* ZRP 2007, 213; *Hirsch,* JZ 2007, 853; *Rüthers,* JZ 2006, 53; *Wenzel,* NJW 2008, 345) darf in einem Rechtsstaat darauf vertraut werden, dass ein gerichtliches Verfahren, das einen judiziellen Dialog zwischen Anwälten und Richtern sowie die Kontrolle durch höhere Instanzen ermöglicht, eine annähernd gerechte Entscheidung zwar nicht garantiert, aber wahrscheinlich macht: **„Legitimation durch Verfahren"** nannte das *Niklas Luhmann.* Die Jurisprudenz als Wissenschaft vom Recht soll wissenschaftlich ausgebildeten Richterinnen und Richtern die methodengerechte Entscheidung *lege artis* erleichtern (näher unten Rn. 62ff.). Ihnen ist die rechtsprechende Gewalt anvertraut (lies Art. 92 GG). Die Norm des Art. 95 Abs. 1 GG zählt die verschiedenen in Deutschland eingerichteten **Gerichtsbarkeiten** (das übergeordnete BVerfG erfährt in Art. 93, 94 GG eine eigene Regelung) auf: die „ordentlichen" (seit 1871 bestehenden) Gerichte sowie die (jüngeren) Verwaltungs-, Finanz-, Arbeits- und Sozialgerichte. Während die ordentlichen Gerichte alle Strafsachen und die all-

gemeinen Zivilsachen behandeln, kümmern sich die anderen Gerichtsbarkeiten um ihre Spezialmaterien. Die ordentliche Gerichtsbarkeit beansprucht dabei eindeutig die meisten Kapazitäten: Hier arbeiten gut drei Viertel der in Deutschland tätigen Richter. Jede Gerichtsbarkeit hat ihr eigenes **höchstes Bundesgericht** und einen dahin führenden **Instanzenzug.**

5. Recht aus der Sicht des Rechtsanwalts

31 Der Blick des Rechtsanwalts auf das Recht ist naturgemäß ein ganz anderer als der des Richters. Der Rechtsanwalt soll die Interessen des Mandanten möglichst wirkungsvoll vertreten – er ist dessen *Interessenvertreter.* Für ihn ist es nicht damit getan, den Fall zu begutachten oder zu entscheiden. Vielmehr muss er sein Augenmerk darauf richten, durch Rechtsausübung oder Rechtsgestaltung das vom Mandanten gewünschte Resultat zu erzielen.

a) Entwicklung der Anwaltschaft

32 Rechtsberater und Rechtsvertreter gibt es schon sehr lange. Dieser Stand bildete sich in der Antike aus der Notwendigkeit heraus, sich vor Gericht rhetorisch perfekt zu verteidigen. So bildete sich eine Schicht von Berufsrednern, die gegen Bezahlung die Verteidigung vor Gericht übernahm. Auch im römischen Reich fielen Anwälte vornehmlich durch ihre Redekunst auf (man denke nur an *Cicero*). Die frühe Geschichte der Anwaltschaft in Deutschland hingegen liegt im Dunkeln. Der Sachsenspiegel von 1225 jedoch enthält einige Regelungen, in denen sich anwaltliche Tätigkeit widerspiegelt. Auch hier tritt der Anwalt mehr als Sprachrohr gegenüber dem Gericht denn als Rechtsberater in Erscheinung. Bezeichnet wird der Anwalt in diesen alten Texten als *„Vorspreke"*, ein Begriff, der sich in der schweizerischen Berufsbezeichnung des *Fürsprechers* erhalten hat.

33 Erst die **Professionalisierung des Rechts** in Deutschland durch die Übernahme des römischen Rechts führte zur Schaffung von Funktionen, die von studierten Juristen besetzt werden mussten. Die so genannten *Prokuratoren* übernahmen die Vertretung gegenüber dem Gericht. Um das Recht den Rechtsuchenden zu erläutern und sie bei außergerichtlichen Geschäften zu betreuen, gab es die *Advokaten.* Diese Zweiteilung der Anwaltschaft wurde nie ganz strikt eingehalten und ist spätestens seit der napoleonischen Zeit weitgehend verschwunden. Spätestens jetzt bildete sich das Berufsbild des umfassend tätigen Rechtsanwalts heraus, doch hat sich z. B. im angelsächsischen Rechtssystem diese Zweiteilung erhalten (*Solicitor* und *Barrister*). Die immer stärkere Verrechtlichung der Gesellschaft und die nicht enden wollende Normenflut haben zu einem immer höheren Bedarf an rechtlicher Beratung geführt. Aber auch die Möglichkeit, sich nach Abschluss der juristischen Ausbildung einfach als Rechtsanwalt zuzulassen und eine eigene Kanzlei zu eröffnen, haben zu einer stetig steigenden Zahl von Rechtsanwälten geführt. Waren kurz nach dem Zweiten Weltkrieg in Deutschland nur etwas über 12 000 Anwälte zugelassen, so hat sich diese Zahl in etwas über 50 Jahren mehr als verzehnfacht. Im Jahr 2009 waren in Deutschland 150 377 Rechtsanwälte zugelassen. Heute kommt auf 500 Einwohner ungefähr ein Rechtsanwalt.

Schaubild 4: Anzahl zugelassener Rechtsanwälte in Deutschland

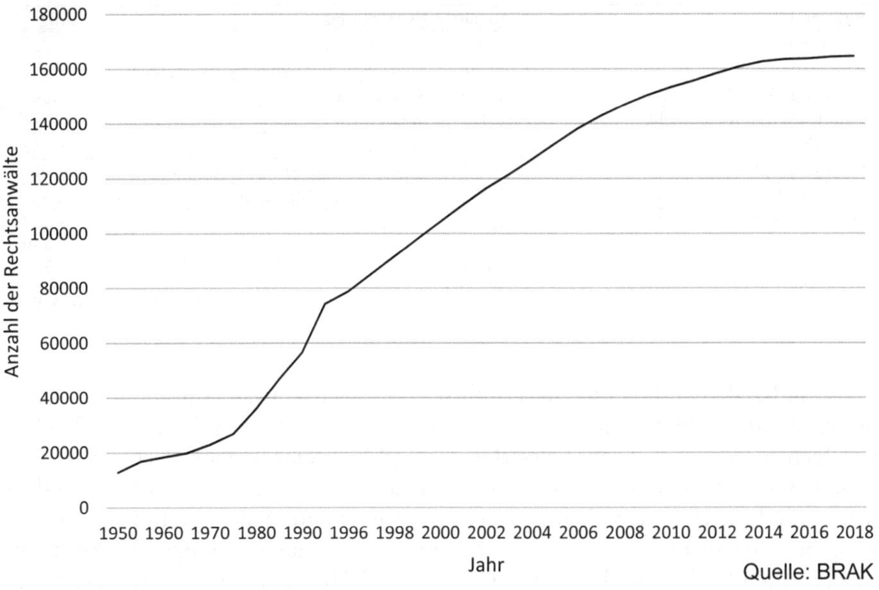

Diese gewaltige Zunahme hat zur Folge, dass es für junge Juristen heute nicht ganz so einfach ist, als Rechtsanwalt wirtschaftlichen Erfolg zu haben. Will man sich direkt nach der juristischen Ausbildung selbstständig machen, genügt es nicht mehr, einfach ein Schild vor die Tür zu hängen und auf Kundschaft zu warten. Die Gründung einer eigenen Kanzlei setzt unternehmerisches Geschick und hohes Durchhaltevermögen voraus. Viele Berufsanfänger, die diesen Weg wählen, erzielen in den ersten Jahren Einnahmen nur knapp über dem Existenzminimum. Hingegen zahlen große Kanzleien für sehr gut qualifizierte Berufseinsteiger Jahresgehälter von über 100 000 Euro. Das spiegelt die hohe Nachfrage nach gut ausgebildeten Juristen wider. Von einer Stagnation auf dem Arbeitsmarkt kann also keine Rede sein. Allerdings ist eine fundierte juristische Ausbildung Voraussetzung für den Erfolg als Anwalt, egal ob selbstständig oder als Angestellter. 34

b) Der Anwalt als Berater und Gerichtsvertreter

War der Rechtsanwalt in den fünfziger Jahren des 20. Jahrhunderts meist Einzelkämpfer und Generalist, der in seiner Kanzlei darauf wartete, dass Mandanten an seine Tür klopften, um diesen Fall dann alleine oder mit ein, zwei Mitarbeitern zu bearbeiten, so schließen sich Rechtsanwälte heute zu immer größeren Sozietäten zusammen und spezialisieren sich auf Gebiete wie Wirtschaftsrecht oder Insolvenzverwaltung. Die steigende Komplexität juristischer Sachverhalte macht es nahezu unmöglich, sich auf allen Rechtsgebieten gleich gut auszukennen. Der hieraus folgende Zwang zur Spezialisierung zeigt sich auch im Trend zur *Fachanwaltschaft.* Diese Bezeichnung darf geführt werden, wenn der Rechtsanwalt auf einem Spezialgebiet vertiefte theoretische und praktische Kenntnisse bewiesen hat; sie soll den Rechtsuchenden zeigen, dass es sich bei diesem Anwalt um einen Spezialisten der Materie handelt. Knapp ein Viertel der Rechtsanwälte in Deutschland führt einen Fachanwaltstitel. 35

Schaubild 5: Fachanwaltsbezeichnungen und die Zahl ihrer Träger

Bezeichnung	Anzahl	Bezeichnung	Anzahl
Agrarrecht	165	Medizinrecht	1.717
Arbeitsrecht	10.601	Miet- und Wohnungseigentumsrecht	3.691
Bank- und Kapitalmarktrecht	1.165	Sozialrecht	1.842
Bau- und Architektenrecht	2.927	Steuerrecht	4.942
Erbrecht	1.919	Strafrecht	3.553
Familienrecht	9.529	Transport- und Speditionsrecht	206
Gewerblicher Rechtsschutz	1.172	Urheber- und Medienrecht	381
Handels- und Gesellschaftsrecht	1.750	Verkehrsrecht	3.987
Informationstechnologierecht	601	Versicherungsrecht	1.428
Insolvenzrecht	1.697	Verwaltungsrecht	1.551

Stand: 01.01.2018; Quelle: BRAK

36 Die grundsätzlichen Pflichten und Aufgaben des Rechtsanwalts sind in Deutschland in der Bundesrechtsanwaltsordnung (BRAO) geregelt. Nach § 3 Abs. 1 BRAO ist der Rechtsanwalt der unabhängige **Berater und Vertreter** in allen Rechtsangelegenheiten. Stand früher die Vertretung des Mandanten vor Gericht im Vordergrund, so macht die beratende Tätigkeit des Rechtsanwalts heute den Hauptteil seiner Aufgabe aus. Vor allem Unternehmen, aber zunehmend auch vermögende Privatleute suchen einen Rechtsanwalt auf, um sich z. B. vor Abschluss eines Vertrags rechtlich beraten zu lassen. Der Vertrag ist so abzufassen, dass nach Möglichkeit zukünftiger Streit bereits im Vorfeld vermieden wird. Die rechtsberatende Tätigkeit des Rechtsanwalts soll somit zur Streitvermeidung führen – das Kind soll gar nicht erst „in den Brunnen fallen"!

37 Bei der Vertretung seines Mandanten, sei es vor Gericht oder außergerichtlich gegenüber dem Gegner, liegt die Hauptaufgabe des Rechtsanwalts meist gar nicht darin, den Fall rechtlich zu bewerten. Anders als der Richter, dem im besten Fall ein von zwei gegnerischen Rechtsanwälten vorgetragener Sachverhalt vorliegt, den er zu entscheiden hat, hat der Anwalt zunächst nur die Angaben seines Mandanten. Der ist in der Regel juristischer Laie und kann nicht beurteilen, welche Angaben sein Anwalt für die richtige Bearbeitung des Falles braucht. Der Rechtsanwalt muss zunächst einmal ermitteln, was überhaupt passiert ist – er muss das rechtlich Erhebliche vom Unerheblichen trennen. Dann erst beginnt die eigentliche juristische Arbeit, die sich oft auf eine einfache Subsumtion des Sachverhalts unter das Gesetz beschränkt (dazu § 3). Kommt der Rechtsanwalt zum Ergebnis, dass der vom Mandanten geschilderte Sachverhalt die behauptete Rechtsposition stützt, so wird er in die „Offensive" gehen und sich an den Gegner wenden. Dieser sieht die Sache naturgemäß oft ganz anders und wird seinerseits einen Anwalt nehmen. Falls dann keine außergerichtliche Einigung erfolgt, kommt es vor Gericht bei gut plädierenden Anwälten oft zu einer Situation, die in einem bekannten jüdischen Witz wie folgt erzählt wird:

Der Richter hört dem Anwalt des Klägers aufmerksam zu und meint schließlich: „Du hast recht." Nachdem der Anwalt des Beklagten den gleichen Sachverhalt aus seiner Sicht ganz anders geschildert hat, sagt der Richter nach längerem Nachdenken: „Du hast recht." Die Frau des Richters, die im Publikum saß, stellt ihren Mann in der Verhandlungspause zur Rede: „So geht das nicht: Entweder hat der eine oder der andere recht – beide können nicht gleichzeitig recht haben." Daraufhin schaut der Richter seine Frau an und sagt: „Du hast auch recht."

Die Auflösung des Paradoxons bleibt dem Richter vorbehalten: er hat das Recht zu kennen und dem Recht entsprechend zu entscheiden *(„iura novit curia" – „das Gericht kennt das Recht")*. 38

IV. Aufgabe und Funktion des Rechts

Nach den ersten Informationen zur juristischen Konfliktlösung, zur rechtsstaatlichen Verfassung und zu den juristischen Akteuren soll eine Summe gezogen werden: Wie lassen sich Aufgabe und Funktion des Rechts allgemein beschreiben? Soweit wir die Lösung von Rechtsproblemen aus einem entwickelten juristischen Regelsystem erwarten, haben wir uns bereits auf einen Begriff von Recht eingelassen, der zur Vergewisserung im Folgenden von *Konventionen* („Verkehrssitte") und *Moralanschauungen* („Naturrecht") abgegrenzt werden soll. Denn sowohl Konventionen wie auch Moralanschauungen sind als „soziale Normen" genauso wie Rechtsregeln geeignet, menschliches Verhalten in einer Gesellschaft zu steuern (*Braun,* JuS 1994, 727; *Rüthers/Fischer/Birk,* Rn. 97). „Das gehört sich so", hörte man früher von seinen Eltern. Was unterscheidet „soziale Normen" also vom Recht? 39

1. Recht und Konvention („Verkehrssitte")

Vor allem *Max Weber (1864–1920)* hat das Recht in seinem Hauptwerk „Wirtschaft und Gesellschaft" (1922) mit anderen Sozialordnungen, die er mit den Begriffen „Sitte" und „Konvention" kennzeichnete, verglichen (vgl. *Seelmann,* § 3 Rn. 5 f.; *Wesel,* S. 401 f.). Dabei erkannte er klar die entscheidende Besonderheit einer „Recht" genannten Ordnung, nämlich dass diese *„äußerlich garantiert ist durch die Chance physischen und psychischen Zwangs"* (Wirtschaft und Gesellschaft, 5. Aufl. 1990, S. 17). Aus Bräuchen und Gewohnheiten, die sich in einer Gemeinschaft gebildet haben und von Juristen „Verkehrssitte" genannt werden, ergibt sich nicht ein rechtlich, sondern allenfalls ein *gesellschaftlich* gefordertes Verhalten. Nur dann, wenn wie in § 157 BGB (vgl. auch § 346 HGB – „Handelsbräuche") eine *Rechtsnorm* ihre Berücksichtigung bei der „Auslegung von Verträgen" verlangt, können solche Sitten rechtlich relevant werden – aber auch dann nicht als „Recht", sondern als die richterliche Entscheidung mitbestimmender „tatsächlicher Faktor" (BGH NJW 1966, 503). 40

> **§ 157 BGB** (Auslegung von Verträgen)
> *„Verträge sind so auszulegen, wie Treu und Glauben mit Rücksicht auf die* ***Verkehrssitte*** *es erfordern."*

Konventionen und Bräuche sind also *nicht* mit Hilfe staatlichen Zwangs durchsetzbar, z. B. dann, wenn Maßnahmen gegen Gäste in Frage stehen, die mit einer dem festlichen Anlass (Hochzeit, Beerdigung, Staatsempfang etc.) nicht angemessenen („unwürdigen") Kleidung auftreten. Hier kann keinesfalls die Polizei gerufen werden: diese steht nur für gesetzlich bestimmte Gefahrenabwehr zum Schutz der öffentlichen Sicherheit und Ordnung bzw. zur Verbrechensverfolgung zur Verfügung (näher § 26 I). Der verärgerte Gastgeber mag sein privates Hausrecht bemühen und den lästigen Gästen durch sein Personal („Türsteher") im Wege der Selbsthilfe den Zugang verweigern – mehr als das ist „rechtlich" nicht möglich.

Fall 3: Versetzte Gäste

41 Gastgeber M hat seine Gäste auf den 25. Juli zum sommerlichen Abendessen eingeladen, „vergisst" dann aber den Termin im Hinblick auf die lange zuvor gekauften Opernkarten. So „versetzt" er seine Gäste, die ohne Chance auf Einlass bei ihm vor dem Haus erscheinen und verärgert wie hungrig das Weite suchen müssen.

Frage: Können die Gäste Schadensersatz, z. B. für aus Anlass der Einladung gekaufte Blumen, verlangen?

42 Dennoch bestehen zwischen Konventionen und Recht enge Zusammenhänge:

- Das Recht entwickelt sich oft aus Konventionen („Handelsbrauch");
- durch lang andauernde *und* einheitliche Übung kann Gewohnheitsrecht entstehen (wie z. B. beim sog. „kaufmännischen Bestätigungsschreiben" im Handelsrecht);
- Konventionen, deren Geltung allgemein als verbindlich anerkannt wird, werden vom Gesetzgeber häufig ins Gesetz übernommen (und damit *rechts*-verbindlich und durchsetzbar, so z. B. in § 362 HGB: Schweigen des Kaufmanns kann als Vertragsannahme gelten).

Schaubild 6: Entstehung von Rechtsnormen kraft „Evolution"

*Handels**brauch*** → *Handels**gewohnheitsrecht*** → ***Gesetz** (z.B. § 362 HGB)*

Anmerkung: Der Unterschied zwischen Handelsbräuchen und dem Handelsgewohnheitsrecht ist schwierig zu bestimmen. Gewohnheitsrecht gilt „von selbst" und ist **Rechts**frage (d. h. im Prozess vom Richter von Amts wegen zu beachten), während Handelsbräuche bloß als Rechts**tatsachen** zur Auslegung von Vertragserklärungen dienen und vom Richter nur beachtet werden, wenn sie von den Parteien vorgetragen werden (vgl. § 346 HGB).

2. Recht und Moral („Naturrecht")

a) Recht als „ethisches Minimum"

43 Bei der „Moral" (Sittlichkeit) denkt man zunächst an die *innere Gesinnung* des Menschen, während „Recht" (und Konvention) das *äußere Verhalten* des Menschen bestimmen (vgl. *Rüthers/Fischer/Birk,* § 10). Schon der Gedanke an verwerfliche Taten kann unmoralisch sein, doch verbietet z. B. das Strafrecht natürlich nur die Tat selbst (ggf. auch schon den Versuch dazu, vgl. § 23 Abs. 1 StGB, und bestimmte Vorbereitungshandlungen, vgl. etwa § 30 Abs. 2 StGB). So lässt sich argumentieren, dass es dem Recht gleichgültig sei, *warum* es beachtet werde, solange es tatsächlich beachtet wird. Das Motiv, aufgrund dessen z. B. die Verkehrsregeln eingehalten werden, ob aus Gewissensgründen oder nur aus der Angst vor der Geldbuße, könnte dem Rechtsstaat eigentlich egal sein. *Kant* nannte das den Unterschied zwischen „Moralität" und „Legalität" (*Dreier,* JZ 2004, 745; *Seelmann,* § 3 Rn. 14). Damit benannte er ein Ewigkeitsproblem des modernen Rechtsstaats: Wo Recht nur als *Außensteuerung* durch Androhung von Zwang funktioniert („Legalität"), ohne auf eine moralische *Innensteuerung* bei den Adressaten bauen zu können („Moralität"), also nicht auf ein gewisses Pflicht- bzw. Rechtsethos setzen kann, wird seine Steuerungswirkung fraglich und gerät der Rechts- und Sozialstaat in Turbulenzen (näher *Braun,* JuS 1994, 727). **Recht verkörpert nicht nur ein „ethisches Minimum", sondern ist darauf auch**

bei seinen Adressaten angewiesen. Es reicht aus, auf die öffentliche Diskussion zu Themen wie Steuerhinterziehung oder Sozialbetrug hinzuweisen, um die Aktualität der *Kant*'schen Rechtsphilosophie auch heute noch zu erkennen.

Das Thema erfährt zunehmende Bedeutung wegen der ungeheuren **Normenflut** des 44
Regulierungsstaats im 21. Jahrhundert und der damit wachsenden Spannung zwischen dem (positiven, d. h. „gesetzten") Gesetzesrecht und der Gerechtigkeit (vgl. *Rüthers/Fischer/Birk,* § 9 D; *Seelmann,* § 3 Rn. 11 ff.; *Wesel,* S. 387 ff.). Das deutsche Grundgesetz hat auch deswegen die Rechtsprechung an *„Gesetz und Recht"* gebunden (s. o. Rn. 29), wohl wissend, dass sich einfaches Recht und höhere Gerechtigkeit – die häufig auch als (unveräußerlich gedachtes) *„Naturrecht"* bezeichnet wird (vgl. *Rüthers/Fischer/Birk,* § 11; *Seelmann,* § 8) – nicht immer und nicht ohne weiteres zur Deckung bringen lassen. Es mag in alten Zeiten und weniger entwickelten Kulturen so etwas wie eine homogene „Sozialmoral" im Sinne bestimmter sittlicher Grundwerte gegeben haben (s. o. Rn. 12), in der sich Religion, Recht und Moral noch bruchlos zusammenfügten. Heute fällt es schwer, eher technischen Regeln wie z. B. der Straßenverkehrsordnung oder dem Baugesetzbuch so etwas wie eine „moralische" Qualität zuzuerkennen. Juristen wollen ihr Handwerkszeug „Recht" heute auch deshalb nicht mit moralischen Prämissen aufladen, um es von heterogenen Gewissenslagen pluraler Gesinnungen unabhängig zu machen und es damit zu rationalisieren, d. h. für den Anwender berechenbar zu machen (zur Entkoppelung von Recht und Religion vgl. etwa *Roellecke,* JZ 2004, 105). *„Recht soll vernünftig und funktional sein, auf die Moral dahinter kann es nicht ankommen"*, so meinen viele Juristen. Anders könnte der moderne Regulierungsstaat, der viele Menschen unterschiedlichster kultureller Prägung durch eine rechtliche „Außensteuerung" auf gewisse Verhaltensregeln verpflichten muss, seine Steuerungsaufgaben nicht hinreichend erfüllen.

Doch auch das greift zu kurz: Recht ohne Moral könnte in blanken Nihilismus und 45
den Zynismus des totalen Staates abgleiten; reine Zweckmäßigkeit könnte sich als Diktatur von Technokraten leicht über den Menschen und seine Grundrechte erheben. Zu erinnern ist an den Grundsatz „Der Staat ist um des Menschen willen da" (s. o. Rn. 22). Ohne jeden Bezug zu den Menschen- bzw. Grundrechten kann eine rein „technisch" verstandene Rechtsordnung leicht außer Kontrolle geraten. Somit geht es bei diesem vielschichtigen Thema im Wesentlichen um die richtige Zuordnung von Recht und Moral, sowohl beim Gesetzgeber als auch beim Bürger: **Zwar ist beides zu trennen, doch bedingt es sich auch gegenseitig** („verschieden, aber nicht geschieden" *[A. Kaufmann],* vgl. *Baumann,* § 1 I).

Die Lösung liegt wohl darin, dass der moderne Rechtsstaat

- seine Rechtsregeln in einem verfassungsrechtlich geordneten Verfahren erzeugt (Legitimation durch demokratisches Gesetzgebungsverfahren) und
- diese Regeln auch durch die staatlichen Instanzen, vor allem seine Gerichte, als geltendes Recht in Übereinstimmung mit der Verfassung durchsetzt und ggf. auf seine Richtigkeit überprüft (Legitimation durch geordnete Rechtsdurchsetzung und -überprüfung).

Damit fördert er auch die Akzeptanz solcher Rechtsregeln bei den Adressaten. Freilich bedarf es dazu eines Mindestmaßes an „sozialer Homogenität" in der Gesellschaft. Denn im Diskurs über diese Regeln, in der Fähigkeit und Bereitschaft zu Verständigung und Toleranz beweist sich heutige Bürgertugend (vgl. *Dreier,* Rechtswissenschaft 2010, 11: „Der freiheitliche Verfassungsstaat als riskante Ordnung", insb. S. 34ff.).

Kurz gefasst 2:

46 Recht und Moral verhalten sich zueinander wie zwei schneidende Kreise: Ein Kernbestand von Rechtsregeln deckt sich mit interkulturell verankerten Moralanschauungen (z. B. im Strafrecht), eine Mehrzahl von Rechtsnormen ist dagegen moralfrei (z. B. im Straßenverkehr); es dominieren Zweckmäßigkeitsüberlegungen, freilich notwendig abgeleitet aus bzw. gebunden an Prinzipien des Grundgesetzes. Im Konflikt zwischen religiöser Moral und staatlichem Recht (Beispiel: Verweigerung ärztlich notwendiger Behandlung des Kinds kann zur Strafbarkeit der Eltern führen) obsiegt im Zweifel die allgemein verbindliche „rechtliche" Lösung. Das ändert nichts daran, dass eine funktionsfähige Rechtsordnung ein Minimum als verbindlich anerkannter moralischer Normen voraussetzt: **Recht verkörpert jedenfalls ein „ethisches Minimum", braucht aber für seine Akzeptanz auch einen Rest ethisch-moralischer „Innensteuerung" bei den Adressaten.**

b) Historischer Exkurs: Die Emanzipation des Rechts von der Moral seit Christian Thomasius

47 Die Rechts- und Philosophiegeschichte zeigt uns mit der Diskussion um Naturrecht bzw. Vernunftrecht den langen Weg zur Emanzipation des Rechts aus religiös geprägten Glaubenssätzen, kürzer: die Emanzipation der Jurisprudenz von der Theologie. *Christian Thomasius (1655–1725)* etwa musste als „Vater der deutschen Aufklärung" seine Lehren mit der Ausweisung aus seiner Vaterstadt Leipzig (1690) bezahlen. Sein auf Naturrecht gegründetes Streiten gegen Hexenwahn und Papismus hob das Kirchen-, Straf- und Zivilrecht sowie die Methodenlehre auf eine neue Stufe. Nach der Ausweisung setzte er es wirkungsvoll in Halle fort, wo er für die Universitätsgründung 1694 und den Aufstieg der Universität maßgeblich verantwortlich war (zu ihm und *Christian Wolff* vgl. *Hattenhauer,* Rn. 1379 u. 1414ff.; *Schröder,* S. 103f., 134ff.; *Wieacker,* Privatrechtsgeschichte der Neuzeit, 2. Aufl. 1967/1996, S. 312ff.). *Thomasius* verschaffte in Konsequenz seiner Naturrechtslehren dem Individuum einen Freiraum in Glaubens- und Gewissensfragen, den der Staat trotz seiner Zwangsbefugnisse in äußeren Dingen nicht beeinträchtigen sollen dürfe. So könne Ketzerei nur Irrtum, nicht aber strafbarer Fehler des Willens sein. Auch die Äußerung ketzerischer Gedanken könne nicht strafbar sein, da man äußern dürfe, was man glaube. Jeder dürfe sich von dem Ketzer distanzieren, nicht aber die staatliche Strafgewalt zu Hilfe rufen, da Glaube tatsächlich unerzwingbar sei (näher *Hof* in *Kleinheyer/Schröder* (Hrsg.), Deutsche und europäische Juristen aus neun Jahrhunderten, 5. Aufl. 2008, S. 440, 442ff.). Mit der Verpflichtung der Staatsgewalt auf die Einforderung lediglich „äußerlicher" Pflichten trennt *Thomasius* erzwingbares Recht von unerzwingbarer Moral: Nur was den sozialen Frieden stört, was andere beeinträchtigt, darf für ihn Gegenstand rechtlicher Sanktionen sein (so im 1705 erschienenen Hauptwerk „Fundamenta Juris Naturae et gentium", Buch I, 4. Kap. § 90, zitiert nach *Seelmann,* § 3 Rn. 13). Nur diesbezüglich besteht eine Berechtigung des Herrschers zur positiven Setzung von Recht. Das Naturrecht dagegen ist unerzwingbar, es bindet nur das Gewissen. Darin erweist sich *Thomasius* als Vorläufer von *Immanuel Kant (1724–1804),* der die Rechtspflichten von den Tugendpflichten unterschied und damit ebenfalls den Staat in seine Schranken wies: Rechtspflichten betreffen nämlich nur „das äußere und zwar praktische Verhältnis einer Person gegen eine andere" und auch hierbei nur insoweit, als Eingriffe in die Freiheit des anderen nur zur Wahrung eines allseitig gleichen Maßes an Freiheit erlaubt sind (Metaphysik der Sitten, Einleitung in die Rechtslehre, S. 336f., zitiert nach *Seelmann,* § 3 Rn. 15; vgl. ferner *Rüthers/Fischer/Birk,* § 9 B; *Seelmann,* § 7; *Wesel,* S. 393ff. zu verschiedenen Gerechtigkeitslehren).

Fall 4: „Edelmannswort" (nach RGZ 117, 121)

48 Graf v. S., Eigentümer eines großen Landguts, verspricht seinem Betriebsleiter (B) für seine vorzüglichen Dienste die Übereignung eines Hausgrundstücks. Als B ihn später bittet, die Übertragung des Hauses zu veranlassen, erklärt ihm der Graf, es eile nicht, das Haus werde B sicher bekommen, B habe sein festes Versprechen. Außerdem habe er noch nie sein Wort gebrochen. Als auch daraufhin nichts geschieht, verlangt B nach einiger Zeit, dass das Versprechen des S notariell beurkundet werde. Dieses

Anliegen weist der Graf mit den Worten zurück: „Die notarielle Beurkundung ist doch reine Formsache. Mein Edelmannswort ist mehr wert als der Vertrag irgendeines Notars".
Da der Graf sein „Edelmannswort" nicht hält, verklagt ihn B auf Übereignung des Hausgrundstücks.
Frage: Hat die Klage Aussicht auf Erfolg?

c) Moral und Gesetzgebung

Veränderungen der „Sozialmoral" können eine Änderung des Rechts herbeiführen, 49
wie sich besonders an der Entwicklung des **Sexualstrafrechts** belegen lässt. Während ein „moralisierender" Gesetzgeber zu unklaren Generalklauseln („Unzucht") neigt und damit richterlichem Volksempfinden freien Lauf lässt, bevorzugt das moderne Recht präzise und subsumtionsfähige Begriffe. So lässt sich der Begriff der „Unzucht" im besonders wortlaut-strengen Strafrecht heute gar nicht mehr auffinden; vielmehr werden jetzt „Straftaten gegen die sexuelle Selbstbestimmung" in den Normen der §§ 174ff. StGB präziser definiert, als das beim dunklen Begriff der „Unzucht" jemals der Fall war.

Beispiel (BGHSt 6, 46): Mit Beschluss vom 17.2.1954 hat der Große Senat für Strafsachen entschieden, dass eine strafbare „Kuppelei" (Förderung der Unzucht, §§ 180, 181 StGB a. F.) vorliege, wenn eine Mutter es ihrer 20-jährigen Tochter und deren Verlobtem gestattet, gemeinsam im Zimmer der Tochter zu übernachten. Die Straftatbestände der Kuppelei wurden in Anpassung an die geänderten Moralanschauungen 1974 aufgehoben.
(*Anm.:* Das Volljährigkeitsalter wurde anno 1954 erst mit 21 erreicht).

Auch das **Bürgerliche Recht** verweist an einigen Stellen ausdrücklich auf die „guten 50
Sitten" (§§ 138, 826 BGB) oder auf „Treu und Glauben" (§ 242 BGB). „Gute Sitten" wurden herkömmlich definiert als „Anstandsgefühl aller billig und gerecht Denkenden" (RGZ 80, 221). Damit war der Rechtsuchende auf entsprechend vage Vorstellungen von „sittlicher" Handlungsweise im Rechtsverkehr angewiesen. Das konnte jeder Richter anders sehen, doch Rechtssicherheit sieht anders aus. In den meisten aktuellen Kommentierungen zu § 138 BGB (vgl. nur Jauernig/*Mansel,* BGB, 15. Aufl. 2014, § 138 Rn. 6) wird daher heute zu Recht betont, dass das ethische Minimum weitestgehend den **Grundwerten der geltenden Rechtsordnung** und damit insbesondere der objektiven Wertordnung des GG zu entnehmen sei (sog. „Drittwirkung der Grundrechte" im Privatrecht), nicht dagegen den wechselnden Moralanschauungen oberster Richter. Neue „Tugendvorschriften" im AGG, im allgemeinen „Gleichbehandlungsgesetz" von 2006, die z. B. Diskriminierungen wegen der ethnischen Herkunft, wegen des Geschlechts oder der Behinderung verbieten, gebieten allerdings einer buchstäblich entfesselten Gesellschaft eine neue „Moralität" in Gesetzesform.

3. Funktion des Rechts zwischen Rechtssicherheit und Einzelfallgerechtigkeit

Ziel jeden Rechts ist eine „richtige", d. h. gerechte Regelung. Die im Grundgesetz ver- 51
körperten **Grundwerte** (z. B. Menschenwürde, Recht auf Leben und Freiheit, Persönlichkeitsrecht, Gleichberechtigung etc.) entsprechen weitgehend einem gesicherten Bestand von Menschenrechten bzw. Gerechtigkeitsvorstellungen. Die Befugnisse des Bundesverfassungsgerichts ermöglichen eine Homogenisierung dieser Grundwerte mit dem einfachen Recht (s. o. Rn. 28).

Aber: Was im **Einzelfall** gerecht ist, lässt sich selten (erst recht nicht anhand der Ver- 52
fassung) ganz genau sagen und kann nur in der Abwägung der widerstreitenden Inter-

essen vom Richter ermittelt werden. Daher lautet eine etwas zynische Richterweisheit: „Bei mir bekommen Sie nicht Ihr Recht, sondern nur ein Urteil".

Beispiel: Im *Fall 4* („Edelmannswort", Rn. 48) wäre es wohl gerecht gewesen, wenn B einen *rechtlich durchsetzbaren* Anspruch auf das Grundstück erworben hätte.

a) Schaffung von Rechtssicherheit

53 Wesentliche Aufgabe des Rechts (vor allem: des Gesetzgebers) ist die Aufstellung **verbindlicher Regeln** für das Zusammenleben in der Gemeinschaft. Der einzelne Bürger sollte den Gesetzen entnehmen können, welche Rechtsfolgen sein Handeln auslöst. Idealtypisch wissen die Adressaten, wozu sie berechtigt und verpflichtet sind und können ihr Verhalten danach einrichten. Im Falle eines Prozesses wird die Entscheidung „voraussehbar". Dadurch sollen unnötige und kostspielige Rechtsstreitigkeiten vermieden werden.

54 *Aber:* Schon *Goethe* (ein gelernter Jurist) bemerkte: Wenn man alle Gesetze studieren sollte, hätte man gar keine Zeit, diese zu übertreten. Rechtssicherheit lässt sich heute, im Zeitalter höchst komplizierter Steuer-, Sozial- und Technikregeln, erst recht nur für Rechtskundige bzw. gut Beratene herstellen. Selbst professionelle Rechtsberater verzweifeln heute über kurzatmige „Korrektur"- oder „Anpassungsgesetze" besonders im Steuer-, Sozial- und Arbeitsrecht. Auch im noch recht jungen Rechtsgebiet des Verbraucherschutzes wird eine „Reform in Permanenz" beklagt. Dass ein Grundlagengesetz wie das BGB 100 Jahre überdauert hat, liegt an seiner abstrakten und präzisen Fassung, die dennoch bis heute vielfach novelliert (modernisiert) werden musste.

b) Gewährung von Einzelfallgerechtigkeit

55 Die Anwendung des Rechts soll zu einem **gerechten Interessenausgleich** zwischen Bürgern bzw. zwischen Staat und Bürger führen. Das Recht soll eine gerechte Lösung *jeden* Einzelfalles ermöglichen. Diese Schlichtungs- und Entscheidungsaufgabe obliegt dem Richter, der nach Art. 97 Abs. 1 GG „unabhängig und nur dem Gesetze unterworfen" ist (s. o. Rn. 29).

56 *Aber:* An der gerechten Einzelfallentscheidung hindert häufig die Überlastung der Gerichte. In einer „rechthaberischen" Gesellschaft fällt es immer schwerer, die Fülle von Rechtsstreitigkeiten einerseits effizient, andererseits gerecht („richtig") zu entscheiden. Die Ressourcen des ausgebauten Rechts(wege)staats erscheinen bedroht durch überbordende Streitlust ihrer Bürger. So lässt sich ein Wende-Zitat aus dem Jahr 1989 wie folgt abwandeln: *„Wir suchten Gerechtigkeit – fanden aber nur den Rechtsstaat".*

c) Konflikt zwischen Rechtssicherheit und Einzelfallgerechtigkeit

57 So kommt es zur ständigen Spannung zwischen Rechtssicherheit und Einzelfallgerechtigkeit. Gerade einfache Gesetze werden der komplizierten Lebenswirklichkeit nur noch sehr selten gerecht. Je bedeutender die wirtschaftlichen oder politischen Interessen sind, die auf dem Spiel stehen, desto weniger findet man sich mit einer „klaren" Rechtslage ab und probiert „sein Glück" (abgesichert häufig durch eine Rechtsschutzversicherung) auf dem (beschwerlichen) Instanzenweg.

Beispiel: Im *Fall 4* („Edelmannswort“, Rn. 48) ergibt sich aus den gesetzlichen Vorschriften, dass der Vertrag nichtig ist und B daher keinen Anspruch auf Übereignung des Grundstücks gegen Graf von S hat. Diese *klare* Rechtsfolge ergibt sich aus der Anwendung der gesetzlichen Vorschriften (§§ 518 Abs. 1 S. 1, 311b Abs. 1 S. 1, 125 S. 1 BGB). Die darin getroffenen Rechtsfolgen bei Nichtbeachtung der gesetzlichen Form führen zu einer hohen **Rechtssicherheit.**
Fraglich ist aber, ob dieses Ergebnis auch **gerecht** ist. Dazu hat die Rechtsprechung entschieden, dass ein gesetzlicher Formzwang aus Gründen der Einzelfallgerechtigkeit durchbrochen werden kann. Zur Vermeidung „schlechthin untragbarer Ergebnisse“ soll eine Nichtbeachtung gesetzlicher Formvorschriften ausnahmsweise nach § 242 BGB (Treu und Glauben) unbeachtlich sein. Eine solche Unschädlichkeit des Formmangels kommt aber nur in **seltenen Ausnahmefällen** in Betracht, weil sonst die Formvorschriften ausgehöhlt und die Erfordernisse der Rechtssicherheit missachtet würden.
So hat der BGH in einem dem Fall „Edelmannswort“ ganz ähnlichen Sachverhalt (BGHZ 48, 396) entschieden, dass die Nichteinhaltung der Form des § 311b Abs. 1 S. 1 BGB ausnahmsweise (trotz Kenntnis der Formbedürftigkeit durch beide Parteien) unbeachtlich war.

Das Problem des modernen Rechtsstaats ähnelt ein wenig der Situation im Straßen- 58
verkehr. Es wurzelt nicht im materiellen Recht, sondern im Verfahrensrecht. So wie sich die große Verkehrsmobilität häufig selbst lahmlegt (Staugefahr!), nähert sich der ausgebaute Rechts(wege)staat zunehmend der Grenze seiner Kapazitäten (Verfahrensdauer!). Ein massiertes Anrufen der Gerichte führt leicht zur Missachtung des Einzelfalls und zur Erstarrung in Verfahrensroutine (Beispiel: Straßenverkehrsordnungswidrigkeiten).

Kurz gefasst 3:

Recht ist ein geordnetes System von Regeln über das äußere Verhalten des Menschen im sozialen Zusammenleben: es verbietet und gebietet bestimmte Verhaltensweisen. Seine wesentliche gesellschaftliche Funktion ist die friedliche Austragung und verbindliche Schlichtung von Interessenskonflikten zwischen Bürgern bzw. Staat und Bürgern. Recht ist somit maßgeblicher Ordnungsfaktor unserer Gesellschaft, weil die Mechanismen sozialer Steuerung und Kontrolle uns heute, nachdem Moral, Sitte und Konvention keine Verbindlichkeit mehr beanspruchen können, allesamt in den Formen des Rechts entgegentreten. Recht muss daher in letzter Konsequenz auch erzwingbar sein, bedarf allerdings der Legitimation durch ein demokratisches Gesetzgebungsverfahren und durch eine geordnete Rechtsdurchsetzung und -überprüfung bis hinauf zum Bundesverfassungsgericht bzw. zum Europäischen Gerichtshof.

V. Die Jurisprudenz als Wissenschaft vom Recht

Wie lässt sich nun die „Wissenschaft vom Recht“ angemessen beschreiben? Wenn un- 59
sere Republik häufig als von Juristen dominiertes Staatswesen beschrieben wird, sollte deren Denk- und Entscheidungsmethodik von größter Wichtigkeit und als *„Herrschaftswissen“* z. B. für Politiker geradezu unverzichtbar sein. Kritische Juristen meinen daher, Recht sei nicht nur Interpretation des Gesetzes, sondern *„Interpretationsherrschaft“* (*Wesel*, S. 28). Daran ist richtig, dass Juristen sich wesentlich mit Texten befassen und diese zu verstehen suchen. Doch beschränkt sich Rechtswissenschaft darauf nicht alleine. Das hat zu tun mit dem hier gewählten Oberbegriff: mit der „Jurisprudenz“ und ihrem Verhältnis zur Wissenschaft (näher *Rüthers/Fischer/Birk*, § 7).

1. Jurisprudenz – eine Wissenschaft?

Jurisprudenz heißt wörtlich übersetzt *„Rechtsklugheit“*. Daraus ergibt sich bereits, dass 60
Juristen nicht nur Interpreten und „Textwissenschaftler“, sondern auch Gestalter und – im Idealfall – lebenskluge Praktiker sind, wenn sie Verträge aufsetzen oder Ge-

setze entwerfen, Streitigkeiten schlichten oder neue Regulierungstechniken wie z. B. im Bereich der „Bundesnetzagentur“ für die Energiewirtschaft entwickeln (vgl. nur *Hoffmann-Riem,* JZ 2007, 645, 647). Juristen müssen deshalb nicht nur Texte, sondern auch Politik und Wirtschaft, Gesellschaft und neue Technologien verstehen. Prinzipiell müssten sie „Alleskönner bzw. -versteher“ sein, um diese Lebenswirklichkeiten juristisch begleiten oder „regulieren“ zu können. Schon 1970 hatte deshalb der Deutsche Juristentag (DJT) darauf Wert gelegt, dass die Ausbildung den Juristen in die Lage zu versetzen habe, *„die Wechselwirkung zwischen Recht und Wirklichkeit zu erfassen, die sozialen Hintergründe rechtlicher Regelungen zu erkennen und zu verarbeiten“* (Verhandlungen des 48. DJT, Bd. II Teil P, 1970, S. 314).

Schaubild 7: „Jurisprudenz“ als praktisches Fach

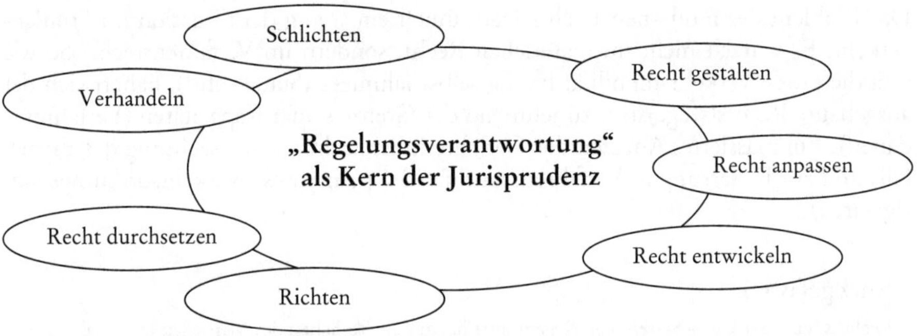

61 Kern der juristischen Profession ist die Verantwortung für rechtliche Regelungen, seien es Erb- oder Eheverträge, Unternehmenstransaktionen, völkerrechtliche Abkommen, Tarifverträge, Finanzmarktgesetze oder kommunale Benutzungsordnungen. Auch der Richter verantwortet durch sein Urteil oder die gütliche Einigung eine den konkreten Streit beendende Entscheidung, in Strafsachen beeinflusst er ganz massiv menschliche Schicksale. Letztendlich sollen Juristen also **entscheiden:** sie sind Akteure der Gesellschaft und nicht nur Beobachter.

2. Zur Eigenständigkeit der juristischen Methode

62 Doch was hat die von Juristen geforderte Regelungsverantwortung mit „Wissenschaft“ zu tun? Leitbild der Wissenschaftstheorie sind ja die Naturwissenschaften mit ihren unbestreitbar großen Erfolgen in der Erkenntnis von erforschbaren Tatsachen und Umweltbedingungen. Rechtswissenschaftler dagegen machen keine Experimente, schreiben keine Modelle, nutzen keine Statistiken, falsifizieren keine Hypothesen. Sie sind vielmehr Beobachter der *„sozialen“* und nicht der „realen“ Wirklichkeit. Sie ziehen aus ihren Erkenntnissen regulative Folgerungen in Gestalt von autoritativen Texten – sie sind damit „Quellenforscher und Pragmatiker“ zugleich (so der Jurist und Historiker *Theodor Mommsen* 1874, zit. nach *Schön* in *Engel/Schön,* S. 313). Damit gehören sie zwar in die Nähe der Geistes- und Sozialwissenschaften, können damit aber von Erkenntnisziel und -methode her nicht hinreichend erfasst werden. Der große Physiker und Philosoph *Carl Friedrich von Weizsäcker (1912–2007)* erkannte als gemeinsames Forschungsthema der „Sozialwissenschaften“ die menschliche Gesellschaft und erachtete speziell die Entdeckung des „Legalitätsprinzips“ (s. o. Rn. 16) durch die Jurisprudenz als „den größten Fortschritt der neuzeitlichen Politik“ (in: Der Mensch

in seiner Geschichte, 1991, S. 168). Als Spezialisten für „positives" Recht seien Juristen zugleich Beobachter und Gestalter von Staat und Gesellschaft und stünden wissenschaftsgeschichtlich zwischen Theologie einerseits und Ökonomie/Politologie/Soziologie andererseits (vgl. *Rüthers/Fischer/Birk,* § 7 D). In der Tat stehen Juristen zwischen **Sein und Sollen** und verwirklichen ihre Wissenschaft in Gestalt von **Regelungstexten,** die auf gesellschaftliche Wirkung und Durchsetzung zielen. Es handelt sich kurz gesagt um eine höchst praktische Normwissenschaft mit eigenständiger, von den empirischen (beschreibenden) Sozial- und Wirtschaftswissenschaften im Kern unabhängiger Methodik.

Schaubild 8: Rechtswissenschaft als praktische Normwissenschaft

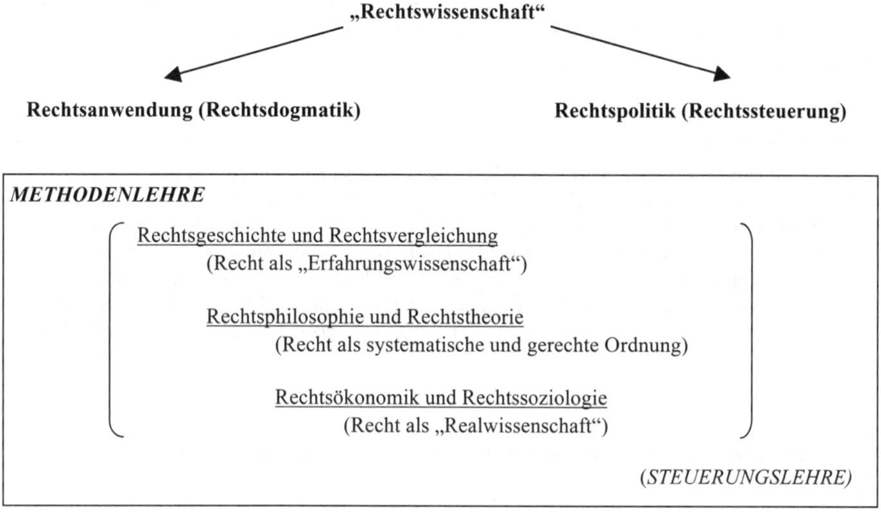

63 Die Regelungsverantwortung von Juristen bedarf wissenschaftlicher Unterstützung einerseits durch eine **Methodenlehre,** auf die wir bei der Rechtsanwendung zur Entwicklung der *„Rechtsdogmatik"* zurückgreifen, andererseits durch eine **Steuerungslehre,** auf die wir bei der Rechtsgestaltung als *„Rechtspolitik"* zurückgreifen. Doch gilt nur die Methodenlehre, d. h. die Anleitung über das *Verfahren, das geltende Recht zu ermitteln* (*Schröder,* S. 1), als originär juristische Wissenschaft. Sie ist nahezu ausschließlich bis heute Inhalt der tradierten universitären Ausbildung. *Jan Schröder* hat in seinem Buch „Recht als Wissenschaft" ihre Geschichte von der frühesten Neuzeit bis ins 19. Jahrhundert geschrieben und damit sichtbar gemacht, wie lange und mit welchen Schattierungen die „Theorien der wissenschaftlichen Rechtsfindung" durch gelehrte Juristen ihren Schülern vermittelt wurden – eine mächtige Wissenschaftstradition bis heute. Als Grundlagenfächer dazu assistierten und assistieren vornehmlich *Rechtsgeschichte* und *Rechtsvergleichung:* sie halfen und helfen, den Erfahrungsschatz juristischer Lösungsmodelle aus aller Welt und allen Zeiten für neue, z. B. „europataugliche" Rechtsmodelle auszuloten (zur Entwicklung eines „Europäischen Privatrechts" vgl. etwa *Jansen,* JZ 2006, 536). *Rechtsphilosophie* und *Rechtstheorie,* die voneinander nicht einfach zu trennen sind, stehen demgegenüber auf einer höheren Abstraktionsstufe für die eigentliche „Rechtswissenschaftstheorie", die sowohl anwendungsbezogene Interpretations- und Wertungswissenschaft als auch steuerungsorientierte Hand-

lungs- und Entscheidungswissenschaft umgreift (näher *van Aaken* in *Jestaedt/Lepsius* (Hrsg.), Rechtswissenschaftstheorie, 2008, S. 79, 84ff.). Schließlich kümmern sich *Rechtsökonomik und Rechtssoziologie* um die Ermittlung empirisch feststellbarer Rechtswirklichkeiten, womit sowohl Wirkungen wie auch Voraussetzungen von Rechtsregelungen in den Blick genommen werden (Beispiel Kriminologie). Die Rechtswissenschaften werden damit quasi *sozialwissenschaftlich* in Richtung einer Real- oder Wirklichkeitswissenschaft ergänzt, was eine wichtige Voraussetzung für **Rechtsgestaltung** und **-steuerung** (z. B. im Bereich der Sanktionen für jugendliche Straftäter) darstellt. Die wissenschaftliche Anleitung von Rechtspolitik und Rechtspraxis wird zunehmend wichtiger, kann sich jedoch im akademischen Unterricht noch wenig durchsetzen (vgl. nur *Eidenmüller,* JZ 1999, 53; *Hoffmann-Riem,* JZ 2007, 645). Eine „Steuerungslehre" lässt sich als juristische Wissenschaftsmethode derzeit allenfalls für das öffentliche Regulierungsrecht und die Kriminalpolitik formulieren, muss aber vorerst noch „in Klammern" geschrieben werden.

Kurz gefasst 4:

Juristen vermitteln zwischen **Sein und Sollen** und verwirklichen ihre Wissenschaft in Gestalt von **Regelungstexten,** die auf gesellschaftliche Wirkung und Durchsetzung zielen. Es handelt sich um eine **Normwissenschaft** mit eigenständiger, von den empirischen (beschreibenden) Sozial- und Wirtschaftswissenschaften im Kern unabhängiger Methodik. Die im Mittelpunkt der Ausbildung stehende sog. **Rechtsdogmatik** bemüht sich um eine systematische Rechtsanwendungslehre. Doch wird Jurisprudenz als Verständnislehre zunehmend ergänzt durch eine auch sozialwissenschaftlich betriebene Steuerungslehre, der es um effektive Rechtsgestaltung und -setzung im politisch-gesellschaftlichen Raum geht.

3. Juristische Dogmatik als Verständnislehre vom positiven Recht

64 Im juristischen Studium ist häufig von der „Rechtsdogmatik" die Rede, ein laut *Bernd Rüthers* „oft gebrauchtes, aber selten und dann meist spärlich erklärtes Wort" (*Rüthers/Fischer/Birk,* Rn. 309). Dogmen gelten meist als „Glaubenssätze", die unverrückbar scheinen und keiner Diskussion unterliegen. Darum geht es der juristischen Dogmatik aber gerade nicht, sie will ja Wissenschaft sein und etwas anderes erreichen, nämlich „das geltende Recht mit rationaler Überzeugungskraft erklären" (*Rüthers/Fischer/Birk,* Rn. 311). Dazu gibt der Gesetzgeber des 21. Jahrhunderts mit ständigen „Innovationen" auch allen Anlass (vgl. Rn. 44). Trotz vieler moderner Gesetze reicht eine strikte Orientierung „am Gesetz" meistens nicht aus, um alle Streitfälle und Rechtsfragen des Alltags durch „einfache" Subsumtion zu lösen. Der Richter ist deshalb mehr Gestalter als Diener der Gesetze (Rn. 29). Ihm reicht die geschriebene Norm alleine meistens nicht zur gerechten Entscheidung aus, er muss sie interpretieren und womöglich im denkenden Gehorsam auf seinen Fall fortbilden. Dazu benötigt er neben der Kenntnis der **Normen** auch dogmatische **Prinzipien,** die dem Rechtssystem und seinen Gesetzen zugrunde liegen und die Weiterentwicklung auch für neue Fragen ermöglichen. Dadurch erst wird die Jurisprudenz zur „Wissenschaft".

a) Rechtsanwendung als „Handwerk" am Problem

65 In einem ersten Schritt versucht der Rechtsanwender konkrete Rechtsfragen anhand des Gesetzes und dazu geschriebener Erläuterungsbücher, der so genannten „Kommentare", zu lösen. Dazu ein einfaches

Beispiel: § 147 Abs. 1 Satz 2 BGB. Nach § 147 Abs. 1 Satz 1 BGB kann ein Vertrag unter *„Anwesenden"* nur durch sofortige Annahme des Antrags zustande kommen. Satz 2 ergänzt: *„Dies gilt auch von einem mittels Fernsprechers oder einer sonstigen technischen Einrichtung von Person zu Person gemachten Antrag".* Der Wortlaut weist auf die Entstehung der Vorschrift im 19. Jahrhundert hin. Doch kann der Rechtsanwender dennoch bei verständiger Auslegung diese Norm im 21. Jahrhundert auch auf eine Videokonferenz (unmittelbare Verständigung von Person zu Person) beziehen, nicht dagegen auf eine E-Mail-Nachricht (keine unmittelbare Verständigung). Streitig ist z. B. die Frage, ob auch ein Internet-Chatforum die *unmittelbare* Verständigung ermöglicht. Nach Sinn und Zweck des Gesetzes kommt es dann darauf an, ob auf beiden Seiten die Personen bei der Übermittlung am Gerät sitzen und dies voneinander wissen, die technische Einrichtung also wie beim Telefonieren für einen unmittelbaren „sinnlichen Kontakt" nutzen (vgl. *Juris*-Praxiskommentar zum BGB/*Backmann,* § 147 Rn. 8).

Der Gesetzestext des § 147 Abs. 1 S. 2 BGB beschreibt einen vergleichsweise ein- 66
fachen („technischen") Sachverhalt. Er ermöglicht eine klare Interpretation, die Kommentare zu dieser Norm geben dazu schnell Aufschluss. Doch sind damit nur kleine Teilfragen gelöst, hier z. B. die Frage, ob der Vertragsschluss unter Anwesenden oder Abwesenden erfolgt. Der Abschluss eines Vertrags kann auch weit komplexere Fragen aufwerfen. Für den Unternehmenskauf z. B. reicht die Anwendung eines einzelnen Paragraphen bei weitem nicht aus.

Das Handwerk des Juristen beginnt also zunächst mit Detailfragen nach der Aus- 67
legung eines Gesetzes, für die er als **„Handwerkszeug"** braucht:

- Kommentare, d. h. nach einzelnen Paragraphen eines Gesetzes gegliederte Anmerkungen zum Gesetz. Es werden sein Inhalt und dessen Auslegung näher erläutert, die vertretenen Ansichten werden dargestellt und wichtige Entscheidungen genannt, bzw.
- Datenbanken, die uns z. B. über *„juris"* oder *„beck-online"* einem Kommentar entsprechende Informationen zu einzelnen Stichwörtern und Gesetzesparagrafen „online" an die Hand geben, dazu auch noch maßgebende Entscheidungen im Volltext anbieten, und: der größte Vorteil von Datenbanken ist ihre Aktualität.

Wer dagegen nicht allein konkrete Gesetzesauslegung sucht, sondern umfassendere 68
Rechtsfragen oder -komplexe verstehen will, z. B. weil er sich fragt, ob man es allein mit den Regeln des Kaufrechts im BGB schaffen kann, ein ganzes Unternehmen zu verkaufen, der muss diese komplexeren rechtlichen Vorgänge im Überblick studieren, um auf der Basis gewisser Grundkenntnisse in einem zweiten Schritt entsprechend konkrete Antworten zu bekommen. Er kann diese finden in

- Handbüchern und Monographien, die einen Rechtskomplex wie z. B. „Unternehmenstransaktionen" in zivil- und gesellschaftsrechtlicher, steuer- und arbeitsrechtlicher Hinsicht im Überblick und von den Strukturen her für die Praxis erklären, oder in
- Fachzeitschriften, die sich in großer Vielzahl und Bandbreite unterschiedlich nach Thema und Zielgruppe entweder an Spezialisten oder an Generalisten, aber auch an Studierende wenden, um einen aktuellen Überblick über den Problemkreis und seine verschiedenen rechtlichen Aspekte zu gewinnen.

b) Rechtserklärung und -entwicklung als wissenschaftliche Aufgabe

Der Rechtspraktiker braucht ebenso wie der praktizierende Arzt freilich eine Grund- 69
lagenausbildung, die ihn dazu befähigt, seine Alltagsaufgaben nach den allgemein anerkannten Regeln der „juristischen Kunst" zu bewältigen. Genauso wie der Mediziner kann auch der Jurist seine Profession als Handwerk wie als Kunst begreifen. Der

große römische Jurist *Ulpian* prägte bereits eingangs der „Digesten" des Kaisers *Justinian* den Satz (vgl. *Rüthers/Fischer/Birk,* Rn. 343; *Zippelius,* § 3 I):

„Ius est ars boni et aequi"
(„Das Recht ist die Wissenschaft vom Guten und Gerechten")

70 Traditionell bezieht man juristische Kunst auf die Notwendigkeit, sich vor Gericht rhetorisch perfekt zu verteidigen (oben Rn. 32). Dabei zählt nicht allein geschliffene Redekunst, die ja auch blenden kann, sondern vor allem die Güte des Arguments. Nicht nur das kunstvolle Plädoyer, auch die scharfsinnige Argumentation in Schriftsätzen und die überzeugende Urteilsbegründung adeln das juristische Handwerk. Es bedarf daher einer wissenschaftlichen Grundlage. Die Universitäten tun das nicht nur durch ihre Vorlesungen, Seminare und Übungen, sondern z. B. auch durch sog. *„moot courts"*, in denen nationale und internationale Gerichtsverhandlungen und große Rechtsfälle durch Studierende im Work-Shop-Verfahren simuliert werden. Die universitäre Lehre kümmert sich nicht nur um das Erlernen des Handwerks, sondern auch um die Vermittlung von Wertungen und Werten: *„ars boni et aequi"* ist das Recht nur dann, wenn *„gute und angemessene"* Lösungen gefunden werden, wenn abgewogen, differenziert und sachnah argumentiert wird. Allzu „einfache" Lösungen für Rechtsfälle stehen dagegen unter Generalverdacht.

71 Schließlich kann auch auf die vertikale und horizontale **Vertiefung des Rechts und seiner Grundlagen** nicht verzichtet werden, um Recht als „Wissenschaft" bezeichnen zu können: In den Grundlagenfächern Rechtsgeschichte, Rechtsphilosophie, Rechtstheorie sowie Rechtsökonomie und in den internationalen Fächern (Völkerrecht, Rechtsvergleichung, Internationales Privatrecht etc.) lässt sich ein guter Überblick gewinnen über die Vielzahl von juristischen Lösungen und Gedanken zu ein und derselben Sachfrage, wie z. B. die höchst unterschiedlichen Regeln des Immobilienkaufs in Deutschland und den USA bezeugen: Hier gibt es ein Grundbuch, einen Notar und den öffentlichen Glauben an den Registerinhalt (§ 892 BGB), dort kein einheitliches Grundstücksrecht, ein juristisch unverbindliches Landregister, keinen notariell beglaubigten Kaufvertrag, ein späteres „Closing" beim Anwalt und die Übertragung des Eigentums mit Übergabe einer Urkunde („deed"). Wer wollte bestreiten, dass allein im Aufzeigen solcher Unterschiede schon der Anfang einer „Wissenschaft" liegt?

„Wissenschaft" hat besondere Erkenntnisquellen, die ausgehend vom positiven Recht im In- und Ausland die

- Gesetzesmaterialien, d. h. die Erläuterungen, Motive und Begründungen im Gesetzgebungsverfahren erforscht, sich um
- Rechtsprechungsanalyse und deren systematische Erfassung und Auswertung kümmert, und schließlich in
- wissenschaftlichen Abhandlungen in Monographien, Festschriften, Tagungsbänden und Zeitschriften zu den verschiedenen juristischen Fächern die wesentliche Aufgabe der Bestandsaufnahme, Systematisierung, Erklärung und Fortentwicklung des Rechts vorantreibt.

4. Auslegungs- und Interpretationsmethoden im Überblick

72 Der maßgebliche Sinn des Gesetzes muss durch Gesetzesauslegung ermittelt werden. Dazu stehen in Anlehnung an *Friedrich Carl von Savignys (1779–1861)* „System des

heutigen Römischen Rechts" (Bd. I, 1840) traditionell vier Auslegungskriterien zur Verfügung (vgl. näher *Rüthers/Fischer*/Birk, § 22 A. I).

a) Auslegung nach dem Wortsinn (grammatische Auslegung)

Ausgangspunkt jeder Auslegung ist der Wortlaut des Gesetzes („jede Auslegung be- 73
ginnt beim Wort"). Dabei können allgemeiner und juristischer Sprachgebrauch allerdings voneinander abweichen. So ist z. B. fraglich, was ein „Haustier" gemäß § 833 Satz 2 BGB ist.

Fall 5: „Bienenüberfall" (nach RGZ 158, 388)

Ein Bienenschwarm eines berufsmäßigen Imkers hatte ein Pferdefuhrwerk überfallen und die Pferde 74
getötet. Fraglich ist die Haftung des Tierhalters (hier: des Bienenzüchters) aus § 833 Satz 1 BGB (versuchen Sie, die einzelnen Voraussetzungen aus dem Gesetzestext zu ermitteln). Die Haftung würde ggf. nicht eintreten, wenn die Bienen „Haustiere" i. S. d. § 833 Satz 2 BGB wären:
„Die Ersatzpflicht tritt nicht ein, wenn der Schaden durch ein Haustier verursacht wird, das dem Beruf, der Erwerbstätigkeit oder dem Unterhalt des Tierhalters zu dienen bestimmt ist …".
Frage: Kann sich der auf Schadensersatz für die toten Pferde verklagte Imker entlasten mit dem Argument, die Bienen seien für ihn Gegenstand seiner Erwerbstätigkeit und damit „Haustiere" im Sinne des § 833 Satz 2 BGB?

Das Reichsgericht hat sich damals zur Begründung seines Urteils auf den „gewöhn- 75
lichen Sprachgebrauch" bezogen, fand aber auch weitere (andere) Auslegungsargumente für seine Entscheidung. Dennoch gilt: Der allgemeine Sprachgebrauch bezeichnet den Rahmen, innerhalb dessen die gesuchte Bedeutung sich befinden muss. Das Wortlautargument ist daher ein erstes, aber meist nicht das entscheidende Auslegungsargument.

b) Auslegung nach der Entstehungsgeschichte (historisch-genetische Auslegung)

Die historische Auslegung berücksichtigt die Beweggründe des Gesetzgebers beim Erlass 76
des Gesetzes. So können z. B. die „Motive" (erster Entwurf des BGB nebst Begründung) und die „Protokolle" (zweiter Entwurf zum BGB nebst Begründung) zur Auslegung der Vorschriften des BGB herangezogen werden. Darin liegt im Grunde genommen die erste Frage jeder sinnvollen gesetzestreuen Auslegungslehre: „Was wollten die Normsetzer mit der Rechtsnorm bewirken?" (*Rüthers/Fischer/Birk,* Rn. 720). Das Argument zählt kurz nach Entstehung des Gesetzes viel, doch mit seiner zunehmenden Alterung immer weniger. Doch orientiert sich die Rechtsprechung immer so lange an den maßgebenden Argumenten der Entstehungszeit, wie diese nach ihrem Sinn und Zweck auch unter veränderten Umständen Verbindlichkeit beanspruchen können.

So hat das RG im Fall „Bienenüberfall" auch darauf hingewiesen, dass bei der Beratung des Gesetzes im Reichstag 1908 Anträge, wonach die Biene in der neuen Fassung des § 833 BGB ausdrücklich zu erwähnen und als Haustier zu bezeichnen sei, abgelehnt worden sind.

c) Auslegung nach dem Bedeutungszusammenhang (systematisch-logische Auslegung)

Jede Vorschrift ist im Gesetzeszusammenhang und in ihrem Verhältnis zu anderen Be- 77
stimmungen auszulegen. Der einzelne Rechtssatz muss von seinem systematisch-logi-

schen Kontext her erschlossen werden, so z. B. die Frage des „sonstigen Rechts" in der Grundnorm des Deliktsrechts.

Beispiel: § 823 Abs. 1 BGB („sonstiges Recht"). Aus der Formulierung „Eigentum oder ein sonstiges Recht" in § 823 Abs. 1 BGB ergibt sich, dass das „sonstige Recht" i. S. d. § 823 Abs. 1 BGB dem Eigentum *ähnlich* sein muss. Wesentliches Kennzeichen des Eigentums ist, dass es gegenüber *jedermann* wirkt, also ein absolutes Recht ist, vgl. § 903 S. 1 BGB. Die Verletzung eines Rechts, das nur gegenüber einer bestimmten anderen Person besteht (relatives Recht), genügt daher nicht, um den objektiven Tatbestand des § 823 Abs. 1 BGB zu verwirklichen.

78 Wenn eine allgemeine Regelung im gleichen Abschnitt dann von einer spezielleren Norm ergänzt wird, stellt sich die weitere Frage des Verhältnisses beider Normen zueinander. Meist wird die speziellere Norm der allgemeinen Nom vorrangig sein, so wie z. B. die Norm des § 824 BGB (Kreditgefährdung) in ihrem speziellen Regelungsbereich (Äußerungsrecht) dem allgemeineren § 823 Abs. 1 BGB vorgeht: *„lex specialis derogat legi generali"* (vgl. *Zippelius,* § 7 C S. 31; *„Das spezielle Gesetz verdrängt allgemeine Regeln"*).

d) Auslegung nach dem Sinn und Zweck (teleologische Auslegung)

79 Eine gesetzliche Vorschrift ist vor allem nach ihrem Sinn und Zweck *(ratio legis)* auszulegen, den der Gesetzgeber damit im aktuellen Kontext der Entscheidung verfolgt bzw. als „sachgemäße" Regelung verfolgen würde („objektiv"-teleologische Auslegung). Diese „objektive" Auslegungstheorie trifft sich häufig mit dem Ergebnis der historischen Auslegung (Rn. 76), kann aber je nach den (neuen) Sachgesetzlichkeiten im Umkreis der Norm auch zu neuen Wertungen führen, die sich häufig als richterliche *Rechtsfortbildung* darstellen (weil der historische Gesetzgeber das Regelungsproblem als solches nicht in seinen Regelungsplan aufgenommen hat). Das führt in der Begründungspraxis der Gerichte leicht zu einer gewissen Beliebigkeit bei der Unterscheidung von „Auslegung" und „Fortbildung" des Rechts. „Aus-legung" sollte nicht mit „Ein-legung" verwechselt werden. So formuliert z. B. *Kramer:* „Nur die objektiv-teleologische Interpretation und Rechtsfortbildung erlaubt, so scheint es, die kontinuierliche Anpassung der Gesetze an aktuelle Erfordernisse, an neue ‚Normsituationen'" (Juristische Methodenlehre, 1998, S. 99). Daran kritisiert *Rüthers,* dass rational nachvollziehbar und damit „wissenschaftlich" nur eine Methode sei, die zuerst und vor allem die *historisch-genetische* Methode als Instrument der Gesetzesauslegung verfolgt, um dann, in einem zweiten Schritt, jede zeit- bzw. systembedingte Abweichung von diesem Ergebnis mit Blick auf die Sach- bzw. Einzelfallgerechtigkeit als *objektiv-teleologisch* begründete *Rechtsfortbildung* zu kennzeichnen; die Überzeugungskraft der neu geschaffenen Norm des Richterrechts ist dann abhängig von der Qualität ihrer Begründung (*Rüthers/Fischer/Birk,* § 22 F, insb. Rn. 796, 801 ff. in Auseinandersetzung mit der „objektiven" Theorie von *Larenz/Canaris*). Die so verstandene „objektive" Teleologie des Gesetzes erlaubt im Regelfall konsensfähige, weil sach- und zweckangemessene Ergebnisse, soweit der Richter die dem Gesetz eigene Vernünftigkeit hinreichend zur Geltung bringt.

Beispiel: Verkauf außerhalb der Ladenöffnungszeiten – muss der Käufer zahlen? Wer als Geschäftsmann außerhalb der Ladenöffnungszeiten Waren verkauft, verstößt gegen §§ 3, 24 Ladenschlussgesetz (LadSchlG). Damit kann er wegen einer Ordnungswidrigkeit mit Geldbuße bestraft werden (vgl. *Lösungshinweise Fall 1*). Doch steht damit nicht fest, ob diese Sanktion des öffentlichen Rechts abschließend ist. Ist auch der Kaufvertrag unwirksam? § 134 BGB verweist darauf, dass sich die Sanktion auch auf den *privat-*

rechtlichen Kaufvertrag, der außerhalb der Öffnungszeiten geschlossen wird, beziehen könnte: er könnte **nichtig** sein! So muss nach Sinn und Zweck des LadSchlG gefragt werden. Eine *teleologische* Auslegung des „Verbotsgesetzes" LadSchlG ergibt, dass nicht Kaufverträge als solche, sondern nur die Art und Weise ihres Zustandekommens (außerhalb der Ladenöffnungszeiten) verhindert werden sollen. Sinn und Zweck der Verbotsnorm (LadSchlG) sollen nur den Verkäufer, nicht aber den Käufer „bestrafen" – dieser darf also die Ware behalten, muss aber dafür auch den Kaufpreis entrichten (vgl. Wortlaut des § 134 BGB: „... *ist nichtig, wenn sich nicht aus dem Gesetz ein anderes ergibt"*).

Schaubild 9: Die vier Methoden der Gesetzesauslegung

Grammatikalische Auslegung	**Historisch-genetische Auslegung**	**Systematisch-logische Auslegung**	**Teleologische Auslegung**
Es wird zunächst auf die Bedeutung des **Wortlauts** eines Tatbestandsmerkmals abgestellt, z. B. „Haustier" in § 833 Satz 2 BGB	Es wird dann auf die Motive des historischen Gesetzgebers anhand der Gesetzesberatungen etc. abgestellt, sog. „Wille des Gesetzgebers"	Bei der systematisch-logischen Auslegung wird die **Stellung** eines Tatbestandsmerkmals bzw. einer Norm innerhalb eines **Normensystems** hinterfragt	Das wichtigste Kriterium der Gesetzesauslegung orientiert sich an **Sinn und Zweck** des Gesetzes zum Zeitpunkt der aktuellen Entscheidung („Telos" – griech. „Ziel"); führt ggf. auch zur Rechtsfortbildung

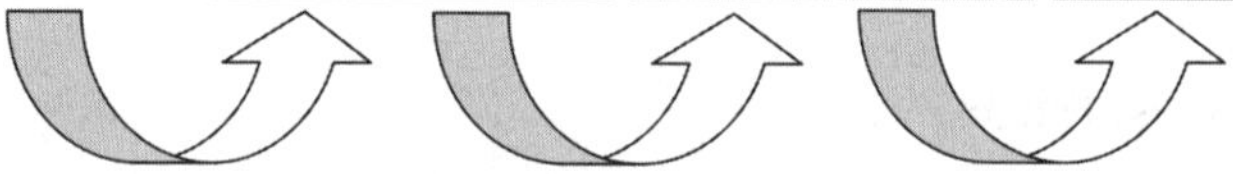

Lösungshinweise zu den Fällen in § 1

Lösungshinweise Fall 1:

(1) Die Behörde wird Almut vorwerfen, eine **Ordnungswidrigkeit** gemäß §§ 4 Abs. 1 S. 1, 49 Abs. 1 Nr. 4 StVO in Verbindung mit § 24 StVG begangen zu haben. Die Anhörung gemäß § 55 OWiG dient der Ermittlung des Sachverhalts. Zur Verhängung eines **Bußgelds** muss die Behörde Almut nachweisen, dass sie den Auffahrunfall „verschuldet" hat. 80
Almut darf zu den Vorwürfen schweigen („Niemand muss sich selbst belasten"), aber Rechtsanwältin H. wird die Gelegenheit zur Anhörung dennoch nutzen, um so viele entlastende Momente wie möglich zu Gunsten von Almut vorzubringen. Dazu ist der Unfallhergang aus Almuts Sicht zu schildern. Im besten Fall kommt die Behörde zu dem Ergebnis, dass keine Ordnungswidrigkeit vorliegt. Dann stellt sie das Verfahren ein. Sie kann aber auch aus Opportunitätsgesichtspunkten einstellen, wenn kein öffentliches Interesse an der Verfolgung besteht. Andernfalls erlässt die Behörde einen **Bußgeldbescheid** (§ 65 OWiG), gegen welchen **Einspruch** nach § 67 Abs. 1 OWiG eingelegt werden kann. Über diesen Einspruch entscheidet dann das zuständige Amtsgericht.
(2) Der Versicherung geht es um die **zivilrechtliche Haftung** von Almut. Als Haftpflichtversicherung muss sie für den **Schaden** aufkommen, den Almut verursacht hat. Gegenüber der Versicherung ist Almut aufgrund ihres Versicherungsvertrages zur Auskunft verpflichtet.
Nach § 823 Abs. 1 bzw. Abs. 2 BGB haftet Almut für den entstandenen Schaden, wenn sie an dem Unfall „schuld" ist. Für Unfälle im Straßenverkehr gibt es aber noch eine spezielle Haftungsgrundlage, die §§ 7, 18 StVG. § 7 StVG regelt die Ersatzpflicht des Fahrzeughalters, § 18 StVG die Ersatzpflicht des Fahrzeugführers.
Rechtsanwältin H. wird versuchen, darzulegen, dass Almut den Unfall nicht verschuldet hat. Eine Haftung wird sich aufgrund der **„Betriebsgefahr"** des Fahrzeugs nicht ganz ausschließen lassen. Wichtig für Almut ist es insbesondere, dass H. erreicht, dass der Versicherer Almut nicht wegen vorsätzlicher Unfallbegehung in Regress nimmt.

Lösungshinweise Fall 2:

81 (1) Es handelt sich um eine Situation im „privaten Bereich". Weder Käufer noch Verkäufer sind staatliche Institutionen. Es handelt sich also um einen Fall aus dem Zivilrecht, dem sog. Bürgerlichen Recht. Die maßgeblichen Normen finden sich daher im **Bürgerlichen Gesetzbuch** (BGB).
(2) Zunächst einmal ist zwischen Bernd und dem PC-Händler ein **Kaufvertrag** im Sinne des **§ 433 BGB** zustande gekommen. Es handelt sich aber um einen besonderen Kaufvertrag, einen **Fernabsatzvertrag** nach **§ 312c Abs. 1 BGB.** Dies ist ein Vertrag über die Lieferung einer Ware (hier das PC-Zubehör) unter Verwendung eines Fernkommunikationsmittels (hier die Internetverbindung, über die Bernd seine Bestellung abgeschickt hat) und zwischen einem Verbraucher (Bernd) und einem Unternehmer (PC-Händler).
Beim Fernabsatzvertrag hat der Verbraucher gemäß **§ 312g Abs. 1 Var. 2 BGB** ein Widerrufsrecht, durch dessen Ausübung er den Vertragsschluss „rückgängig" machen kann. Nach **§ 355 Abs. 2 BGB** muss er den Widerruf innerhalb von zwei Wochen erklären. Diese Frist beginnt allerdings erst zu laufen, wenn der Unternehmer alle seine Informationspflichten (vgl. § 312d Abs. 1 S. 1 BGB i.V.m. § 356 Abs. 3 BGB) erfüllt hat.
Übt Bernd nun sein Widerrufsrecht aus, so besteht zwar zwischen ihm und dem Händler kein Kaufvertrag mehr, sein Geld hat er damit aber noch nicht zurück. Die Rechtsfolgen eines ausgeübten Widerrufs richten sich nach den **§§ 355 Abs. 3, 357 Abs. 1 BGB.** Hiernach muss der Verkäufer Bernd den bereits bezahlten Kaufpreis erstatten. Bernd seinerseits muss dem Verkäufer die gelieferten Waren zurückgeben.
Dieser alltägliche Fall illustriert, dass selbst einfache Sachverhalte nur durch das Zusammenspiel verschiedener gesetzlicher Vorschriften gelöst werden können.

Lösungshinweise Fall 3:

82 Der Gast hat keinen rechtlich durchsetzbaren Anspruch auf das Essen. Durch die Einladung ist kein rechtlich bindender Vertrag, sondern lediglich eine (rechtlich nicht durchsetzbare) „Gefälligkeit" entstanden. Ein Erfüllungsanspruch besteht ebenso wenig wie ein Schadensersatzanspruch. Es besteht nur eine gesellschaftliche Konvention („Sitte"), Einladungen zu erfüllen. Wer diese als Gastgeber missachtet, kann allenfalls durch gesellschaftliche „Sanktionen" geächtet werden – er ist zukünftig „unten durch" bei seinen Gästen, muss aber keine **rechtlichen** Konsequenzen befürchten.

Lösungshinweise Fall 4:

83 Es wäre moralisch richtig gewesen, wenn der Graf sein Versprechen gehalten hätte („Ein Mann, ein Wort" – „versprochen ist versprochen").
Aber: Besteht eine rechtliche Verpflichtung zur Übereignung des Grundstücks?
Eine solche kann sich nur aus einem zwischen S und B geschlossenen Schenkungsvertrag ergeben:
(1) S und B haben sich geeinigt, dass B das Grundstück unentgeltlich erhalten soll (= übereinstimmende Willenserklärungen, die zum Abschluss eines Schenkungsvertrages führen; § 516 Abs. 1 BGB);
(2) Aber: Wirksamkeitshindernis – Nichtigkeit des Vertrages?
Die Einigung ist aber nach § 125 S. 1 BGB nichtig, da die gesetzlichen Formvorschriften der §§ 311b Abs. 1 S. 1, 518 Abs. 1 S. 1 BGB (notarielle Beurkundung) nicht eingehalten wurden, so das Reichsgericht vom 21. Mai 1927, RGZ 117, 121.
Allerdings könnte man mit BGHZ 48, 396 auch vertreten, dass ein gesetzlicher Formzwang aus Gründen der Einzelfallgerechtigkeit zur Vermeidung „schlechthin untragbarer Ergebnisse" durchbrochen werden kann. Ausnahmsweise könnte hier also die Nichteinhaltung der Form des § 311b Abs. 1 S. 1 BGB (trotz Kenntnis der Formbedürftigkeit durch beide Parteien) nach § 242 BGB unbeachtlich sein.

Lösungshinweise Fall 5:

84 Das Gesetz enthält keine ausdrückliche Angabe darüber, welche Tiere „Haustiere" sind. Nach dem gewöhnlichen Sprachgebrauch sind „Haustiere" nur solche „zahmen Tiere, die in der Hauswirtschaft zu

dauernder Nutzung oder Dienstleistung gezüchtet und gehalten zu werden pflegen und dabei aufgrund von Erziehung und Gewöhnung der Beaufsichtigung und dem beherrschenden Einfluss des Halters unterstehen". Da dies bei Bienen nicht möglich ist, sind diese **keine** Haustiere. Der verklagte Imker kann sich also nicht auf die Entlastungsnorm des § 833 S. 2 BGB berufen (so Urteil des Reichsgerichts vom 19. November 1938, RGZ 158, 388).

2. Kapitel. Studium und Anwendungspraxis des Rechts

§ 2. Einführung in das richtige Studieren

Wer ein Buch mit dem Titel „Einführung in die Rechtswissenschaft" in die Hand nimmt, hat mit einiger Wahrscheinlichkeit den Gedanken, Rechtswissenschaft zu studieren. Dabei wird er sich vorrangig für die **„Inhalte"** der Rechtswissenschaft interessieren, doch sollen im Folgenden noch wichtige Informationen zur Juristenausbildung und zum **„richtigen Studieren"** gegeben werden (dazu ausführlich *Lange,* Jurastudium erfolgreich, 7. Aufl. 2012). Vorauszuschicken ist, dass bei allen – normalen – Schwierigkeiten mit dem Studium der Rechtswissenschaft nicht vergessen werden darf, dass sich Jura-Studierende (wie oben in § 1 dargelegt) immer bewusst sein sollten, dass sie es nicht allein mit „trockenen" Paragraphen, sondern vor allem mit Menschen und ihren Konflikten zu tun haben werden. So unterschiedlich diese Menschen sind, so abwechslungsreich ist die Tätigkeit des Juristen. Der Beruf des Juristen ist damit tatsächlich „so spannend wie das Leben" und das lässt sich heute auch in einem gut organisierten Studium schon andeutungsweise erleben. 1

I. Die „Uni" als neue Welt: ein Erfahrungsbericht

Einer meiner Assistenten in Tübingen hat für seine Arbeitsgemeinschaften über sein Studium in den 90er Jahren folgenden eher kritischen Erfahrungsbericht verfasst (seitdem hat sich in Tübingen einiges zum Besseren verändert, doch mögen die Grundaussagen auch heute noch Geltung beanspruchen): 2

„Mein Studium in Tübingen begann ich mit hohen Erwartungen und viel Motivation. Ich dachte, eine Uni habe mit Wissenschaft zu tun. Diesem Anspruch entsprechend würde doch bestimmt alles super organisiert sein, man würde sich bestimmt toll um mich kümmern und mir sagen, wo es lang geht – schließlich hatte ich ja das Abitur bestanden und das hielt ich damals noch für eine große Leistung. Die Realität sah dann leider ganz anders aus. Am ersten Tag bekam ich zwar eine große Menge Flyer zugesteckt. Diese beantworteten auch jede Menge Fragen – bloß stellten sich mir diese Fragen noch gar nicht. Außerdem gab es damals noch nicht einmal einen „Studienstart-Tag" so wie heute. 3
Am zweiten Tag gingen dann die Vorlesungen los und irgendwie sah das auch nicht danach aus, als ob alle nur darauf gewartet hätten, gerade mir etwas beizubringen. Irgendwo da vorne erzählte irgendjemand irgendetwas, aber keiner von den anfangs noch 300 Zuhörerinnen und -hörern schien zuzuhören. Alle quatschten nur mit den Nachbarn, was die Dozenten aber auch nicht weiter störte. Die kamen, erzählten etwas und gingen wieder. So ging das eine Woche lang.
Dann kamen die ersten Fallbesprechungen. Leider brachten auch diese keine Änderung. Die Teilnehmerzahl war zwar kleiner als in der Vorlesung, aber das Verhalten der Teilnehmer und der Dozenten wurde nicht anders. Irgendwie war ich auch nach zwei Wochen nicht schlauer als am Anfang. Meine Motivation und meine Erwartungen waren allerdings bei Null angelangt – irgendetwas schien schief zu laufen …
Vielleicht hast du jetzt geglaubt, hier kommt nun das Happy End und ich erzähle dir, wie ich das Studium super in den Griff bekommen habe. Damit liegst du völlig falsch. Sechs Semester schleppte sich das Studium weiter vor sich hin. Irgendwie wurden die nötigen Scheine erschlagen – aber auch danach

hatte ich nichts wirklich verstanden. Also machte ich es wie viele andere und ging ein Jahr zum „Repetitor" – einem privaten Examensvorbereiter. Dort zahlte ich sehr viel Geld und bekam dafür das, was ich von der Uni erwartet hatte und dort nicht ausreichend bekam: didaktisch geschulte Dozenten und gut strukturiertes Lehrmaterial. Dennoch: Richtig glücklich war ich auch da nicht. Ich war wieder zurück in der Schule – ein bisschen anders hatte ich mir das Studieren dann doch vorgestellt!

Während des ganzen Studiums gab es aber immer auch ein paar Leute, die keine Angst vor Klausuren oder Hausarbeiten hatten. Sie besuchten die wenigen guten Vorlesungen und saßen ansonsten im Seminar, im Theologicum oder in der Universitätsbibliothek, lasen dort Bücher, erstellten oder studierten Karteikarten oder schrieben Übungsklausuren. Wenn ihr Stammplatz einmal von jemand anderem belegt war, waren sie sichtlich irritiert. Nun waren das aber auch keine alleinkämpfenden Streber, die einem nie geholfen hätten. Nein – wenn man sie bei Hausarbeiten was fragte, nahmen sie sich Zeit und erklärten das Problem. Das schien ihnen sogar Spaß zu machen. Einzelkämpfer waren sie auch deshalb nicht, weil sie sich untereinander trafen und „Lerngruppen" abhielten. Seltsamerweise waren es gerade diese Leute, die dann immer die wenigen guten Noten in Hausarbeiten und Klausuren, die es überhaupt gab, abräumten. Zum Repetitor gingen sie später auch nicht und die besten Examina haben sie trotzdem geschrieben. Irgendwie hatten diese Leute das Studium im Griff.

Was will ich damit sagen? Als ich an die Uni kam, dachte ich, es würde so weiter gehen wie in der Schule. Man würde mir meinen „Stundenplan" geben und dann würde es los gehen – welch ein Irrtum!"

II. Lehren und Lernen an der Universität

4 Das Lehren und Lernen an der Universität unterscheidet sich ganz gewaltig vom Lehren und Lernen an der Schule. In der **Schule** gab es Frontalunterricht einer Lehrerin oder eines Lehrers vor einer Klasse mit ca. 30 Schülern. Daneben war noch Einzelarbeit in der Form des Hausaufgaben-Lösens zu verrichten. Ausschließliche Aufgabe der Lehrer war es, den Schülern etwas beizubringen. Die Lehrer besaßen zumindest didaktische Grundkenntnisse. Eine persönliche Betreuung war durch eine relativ geringe Zahl von Schülern pro Lehrer gewährleistet. Es gab jeweils ein vorgegebenes Lehrbuch. In diesem und im Unterricht wurde der gesamte Prüfungsstoff präsentiert. Anwesenheitspflicht und laufende Leistungskontrollen waren weitere Charakteristika des Schulunterrichts. Hatte man schlechte Noten, dann kümmerte sich der Lehrer speziell um einen, zumindest bemühte er sich darum.

5 Lehre und Lernen an der Schule lässt sich somit als **aufgezwungene Rundumbetreuung** charakterisieren. Das System der kürzeren Bachelor-Studiengänge in den meisten natur- und geisteswissenschaftlichen Studienfächern hat sich diesem Modus heute wieder angenähert. Doch wird die juristische Ausbildung, die zum Staatsexamen führt, von diesem „System" derzeit noch nicht erfasst.

Schaubild 10: Unterschiede zwischen Schule und Universität

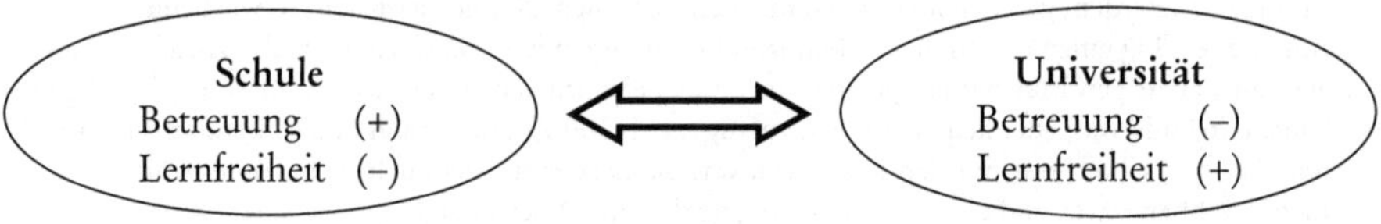

6 An der **Universität** gibt es für Studienanfänger unterschiedliche Lehrveranstaltungen. Vorlesungen werden von Professoren vor bis zu 300 Studenten gehalten. An den von den Assistenten (sog. akademischer „Mittelbau") gehaltenen Fallbesprechungen nehmen bis zu 30 Studenten teil. Eine Anwesenheitspflicht gibt es nicht, auch wenn so genannte „Sitz"-Scheine für die Teilnahme an der Zwischenprüfung verlangt werden. Die Lehre macht neben der Forschung nur einen (geringen) Teil des Aufgabenbereichs

von Professoren und Assistenten aus. Für die Karriere als Wissenschaftler zählen didaktische Kenntnisse wenig. Kein Professor wird z. B. nach Tübingen berufen, weil er gute Vorlesungen hält. Was im Wissenschaftsbetrieb zählt, sind wissenschaftliche Veröffentlichungen und hohe fachliche Reputation. Daran arbeiten die Uni-Mitarbeiter hauptsächlich. Als Wissenschaftler arbeiten sie nach dem Prinzip *„publish or perish"* („schreib und veröffentliche oder stirb"). Mit dem Vorhandensein von didaktischen Kenntnissen kann deshalb nicht bei allen Lehrenden gerechnet werden. Es gibt kein vorgegebenes Lehrbuch, sondern eine große Auswahl an unterschiedlichen Büchern, wobei einem nicht gesagt wird, mit welchem zu lernen sei. Auch wird kaum einmal der gesamte Prüfungsstoff in den Lehrveranstaltungen behandelt. Doch bemüht man sich heute stärker als früher, die begleitenden Lehrmaterialien zur Vorlesung ins Internet zu stellen und seitens des Studiendekans auch auf konkrete Beschwerden der Studierenden einzugehen. Schließlich gibt es an den Jura-Fakultäten auch Studienkommissionen mit Studierenden-Vertretern, die den Studiendekan unterstützen.

Kurz gefasst 5:

Verglichen mit dem Lehren und Lernen an der Schule zeichnet sich das Lehren und Lernen an der Universität zum einen durch einen Mangel an Betreuung, zum anderen durch ein Höchstmaß an Lernfreiheit aus. Damit muss man als vormals gut betreuter Schüler erst einmal zu recht kommen.

Auch darin lässt sich eine Erklärung dafür finden, warum viele Studierende mit dieser 7
für sie neuen Situation Schwierigkeiten haben und wegen schwacher Prüfungsleistungen bald ihr Studium abbrechen. Die Erwartungshaltung, dass man schon zurechtkomme, wenn man sich weiter wie früher in der Schule verhalte, wird enttäuscht. Ein Studium zu beginnen ist also wie der **Sprung eines Nichtschwimmers in tiefes Wasser.** Es verwundert nicht, dass viele untergehen. Gut ein Drittel der Studierenden bricht das Studium schon vor der Ersten Juristischen Prüfung ab, von den anderen zwei Dritteln erzielt ein Drittel nicht annähernd ein Prüfungsergebnis, das wirklich gute Berufschancen verspricht. Wer schwimmen kann, kommt dagegen problemlos – und vielleicht sogar noch viel besser als in der Schule – mit den Anforderungen zurecht.

III. Eigenverantwortung in einem ganz besonderen Fach – wie geht das?

Befragt man Studierende zu Beginn des ersten Semesters, welche Ziele sie nach dem 8
ersten Semester erreicht haben wollen, so erhält man häufig folgende Antworten:

- „Spaß haben/Herausfinden, ob mir Jura Spaß macht"
- „Leute kennen lernen"
- „Vorgegebene Studienziele erreichen".

Diese Antworten zeigen zunächst, dass viele Studierende keine Vorstellung vom Recht 9
als Wissenschaft haben. Das verwundert nicht, da Recht kein Fach ist, das in der Schule gelehrt wird (*Schulfächer wie **„Wirtschaft und Recht"** oder **Sozial- bzw. Gemeinschaftskunde** können das wissenschaftlich-juristische Handwerk im Regelfall nicht hinreichend vermitteln – umso mehr lohnt sich ein Blick in dieses Buch*). Des öfteren wird Jura auch nicht als Wunsch-, sondern als „Verlegenheitsstudium" gewählt. Hinzu kommt und vielleicht entscheidend ist aber, dass Studienanfänger die Vorstellung haben, es würde alles so weitergehen wie in der Schule. Das ist, wie gesagt, ein großer Irrtum.

10 Dabei ist die Klarstellung wichtig, dass „mangelnde Intelligenz" oder „Faulheit" keineswegs die Ursache für schwache Prüfungsergebnisse und Studienabbruch sein müssen. Ebenso sind umgekehrt überdurchschnittliche Intelligenz und Strebsamkeit keine Garantie für ein erfolgreiches Studium – obwohl natürlich Recht, als Wissenschaft betrieben, hohe Anforderungen an die Intelligenz stellt. Auch soll nicht dem Vorurteil das Wort geredet werden, dass Juristen nur „auswendig lernen" müssten. Im Gegenteil: *Gesetzestexte stehen jedem Studierenden in jeder juristischen Prüfung zur Verfügung!* Wer das Abitur mit halbwegs guten Noten bestanden hat, ist intellektuell grundsätzlich in der Lage, den in den juristischen Prüfungen gestellten Anforderungen gerecht zu werden. Er muss nur wissen, dass er für sein Studium vor allem **Sprach-** und **Textkompetenz** sowie **logisches Denkvermögen** benötigt *(gute Noten in Deutsch, Latein und Mathematik gelten geradezu als Empfehlung für die Jura-Eignung!).* Für den späteren Erfolg im Berufsleben sind neben den „passenden" Abschlussnoten auch noch **Schlüsselqualifikationen** wie Kommunikationsfähigkeit, Rhetorik, Schlichtungskompetenz, Team- und Kritikfähigkeit etc. hilfreich, da man es dort nicht nur mit Recht, sondern vor allem mit Menschen zu tun hat – so genannte *„soft skills"* sind daher heute auch Inhalt der universitären Ausbildung (vgl. *Lange,* Kap. 15).

11 Die Lernfreiheit ist es, die in der Vorstellung weiter Teile der „nicht-akademischen" Bevölkerung das Bild vom *„faulen* Studenten" hervorruft: Studieren ist nicht wie „arbeiten gehen", wo man gesagt bekommt, was man zu tun hat und seine Arbeitszeit „runter reißen" muss. Hieran ist schon die Vorstellung falsch, dass Studenten nicht „arbeiten" müssten. Viele sind aus wirtschaftlichen Gründen dazu gezwungen, neben dem Studium noch einer „normalen" Tätigkeit nachzugehen und dies, obwohl ein Studium anders als „in die Schule gehen" ein Vollzeitjob ist. Umso wichtiger ist daher ein ausgefeiltes **Zeitmanagement** beim Absolvieren eines eigenverantwortlich gestalteten Studiums. Nicht nur aus diesem Grund ist die Vorstellung, dass es Studenten leicht haben, ganz falsch. Denn die mit einem Studium verbundene Schwierigkeit ist gerade, dass man nicht gesagt bekommt, was man zu tun hat. Diese fehlende Betreuung und Anleitung muss durch Eigenleistung kompensiert werden. Man muss also nicht nur sehr viel tun, man muss auch noch selbst herausfinden, was man tun soll.

Schaubild 11: Richtiges Studieren an der Universität

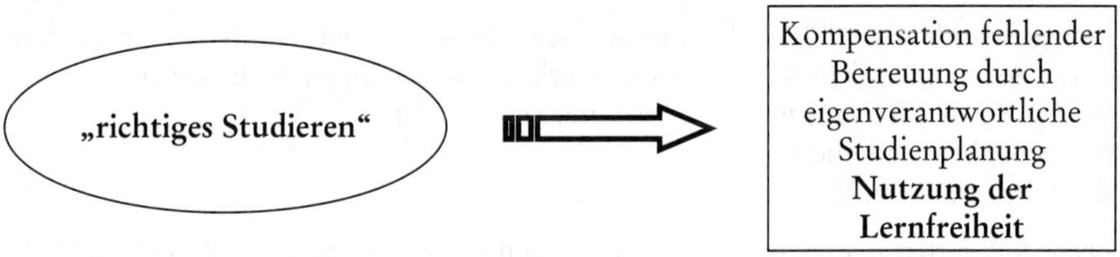

IV. Schikane oder gute Absicht?

12 Vielleicht mag man jetzt immer noch denken: Schön an der Uni ist die **Lernfreiheit** (soweit trotz der „Bachelorisierung" noch möglich). Muss das auch heißen, dass die Betreuung so schlecht sein muss? Man könnte doch einen gut gemachten „schulartigen" Unterricht anbieten, aber die Teilnahme daran den Studierenden freistellen. Wer so denkt, hat noch immer nicht ganz verstanden. Denn hinter der fehlenden Betreuung steckt System: Die Studierenden sollen „Wissenschaftler" werden. Sie sollen

selbstständig denkende und handelnde Menschen werden. Auch dahinter steckt ein bestimmter Gedanke. Bekanntlich hat die sozialistische Planwirtschaft ja nicht besonders gut funktioniert. Warum nicht? Es fehlte an der Freiheit der Marktbürger, mit neuen Ideen und Erfindungen neue Angebote am Waren- und Dienstleistungsmarkt zu generieren. Kreativität lässt sich eben nicht „von oben" planen. Ein System, in dem es keine Bevormundung gibt, sondern jeder das tun kann, was er für sich selber für vorzugswürdig hält, scheint besser zu funktionieren – wahrscheinlich deshalb, weil die Menschen wirklich selbst am besten wissen, was gut für sie ist (solange sie sich an gewisse Spielregeln halten). Das ist auch der Grundgedanke der **Privatautonomie,** der gleich zu Beginn der Zivilrechtsvorlesung auf dem Programm steht (vgl. näher § 5).

Gäbe es nur „Schulunterricht" an der Uni, würde dieses Ziel nicht erreicht. Hinter der 13
fehlenden Betreuung steckt also Methode: Wer mit der Lernfreiheit nicht umgehen kann, wer nicht fähig ist, sein Studium eigenverantwortlich in die Hand zu nehmen, der wird mit Sicherheit auch kein guter Wissenschaftler oder Freiberufler oder Unternehmensjurist. Er soll dann auch gar nicht an der Uni bleiben. Wer später zum Repetitor und damit wieder in die Schule geht – der hat in den Augen der Uni sogar versagt.

Wer den Stil dieses Textes als oberlehrerhaft empfindet, zeigt schon mal, dass er an der Uni richtig ist. Wer denkt: „Sag mir nicht, was ich tun soll. Ich weiß es zwar nicht, aber ich werde es schon selbst herausfinden", macht einen guten Anfang. Denn das, was hier steht, steht deshalb fast nirgendwo sonst, weil man das gerade selber herausfinden soll …

V. Motivation als Schlüssel zum eigenverantwortlichen Handeln

Wenn also Eigenleistung und Eigenverantwortung für das, was man tut, der Schlüssel 14
zum richtigen Studieren ist, dann stellt sich die Frage: Was ist der Schlüssel zur Erbringung der Eigenleistung? Nach allgemeiner Erfahrung dürfen wir annehmen, dass dies die **Motivation** ist. Woher kommt die Motivation?

Vom bayerischen Kabarettisten *Karl Valentin* stammt der schöne Spruch:
„Ach bittschön, können Sie mir vielleicht sagen, wo ich hin will?"

So entsteht natürlich keine Motivation. Vielmehr braucht es dafür klare Zielvorstel- 15
lungen, hinter denen man selber auch steht. Motivation entsteht aus dem Zusammenhang zwischen der Setzung eines Ziels und dem Beobachten der eigenen Fortschritte, die man bei der Verfolgung dieses Ziels macht (vgl. *Lange,* S. 11, 150, 349ff.). Dabei ist es wichtig, sich **realistische** und in einem überschaubaren Zeitraum **erreichbare** Ziele zu setzen. Gemessen an weit entfernten Zielen lässt sich selten ein Fortschritt feststellen. Unrealistische Ziele frustrieren nur, weil man sie nicht erreichen kann. Besser ist die Fußballweisheit: das nächste Spiel ist immer das schwerste. Es geht im ersten Semester somit nicht um Fernziele wie die Staatsexamina oder den juristischen Beruf. Das Ziel sollte vielmehr die erste wesentliche Prüfung sein, die abzulegen ist.

Schaubild 12: Die Motivationspyramide

16 In der Schule gab es mit den Klausuren ständig **Leistungskontrollen.** Mit überschaubarem Aufwand wurden machbare Ziele gesteckt – diese zu erreichen, motivierte ständig aufs Neue. Im nicht „bachelorisierten" Studium sind Leistungskontrollen dagegen eher dünn gesät. Grund hierfür ist zunächst wieder die Lernfreiheit. Die Erfahrung zeigt: **Gelernt wird, was geprüft wird.** Würde jetzt auch im Jura-Studium alle vier Wochen eine Leistungskontrolle durchgeführt, würde dies alle dazu zwingen, genau das zu lernen, was in der Prüfung drankommt. Die Lernfreiheit wäre wieder dahin …

17 Universitäten mit dem „klassischen" Prüfungssystem verlangen die erfolgreiche Teilnahme an der *Übung für Anfänger* in den drei Kernfächern Zivilrecht, Strafrecht und Öffentliches Recht. Anstelle dessen gibt es inzwischen viele Fakultäten, die bereits mit *Abschlussklausuren* am Ende einer Vorlesung arbeiten. Damit immerhin lässt sich der komplexe und vom Umfang her gewaltige Prüfungsstoff ein wenig reduzieren.

Dem Lernstoff in den drei Grundlagenfächern kann man sich auf zwei Arten nähern:
- Vom Allgemeinen zum Besonderen, also durch einen Blick von oben auf ihn hinunter: Das verschafft Überblick;
- oder vom Besonderen zum Allgemeinen, also beginnend mit einem genaueren Blick auf einen bestimmten konkreten Teil von unten, das ermöglicht notwendige Detailkenntnisse.

18 Problematisch dabei ist, dass dem Studierenden der Überblick wenig hilft, wenn er die einzelnen Teile nicht kennt, die dann aber abgeprüft werden (können). Andererseits ist ein einzelner Teil nicht ohne weiteres für sich genommen verständlich, wenn man nicht weiß, wie dieser Teil mit den übrigen Teilen, die man auch noch nicht kennt, zusammenpasst und welche Funktion er im „System" ausübt. So ist z. B. der „Allgemeine Teil" im Strafrecht wichtig für die Grundlehren, doch braucht es genauso Detailkenntnisse z. B. zum Straftatbestand des Diebstahls (§ 242 StGB). Auch hier hilft nur eines: **unablässige Beschäftigung mit dem Recht.** Früher oder (eher) später fügt sich dann alles zu einem Gesamtbild zusammen.

19 In diesem Zusammenhang stellt sich ein weiteres Problem: Die Rechtswissenschaft verfügt (wie andere Wissenschaften auch) über eine **Fachsprache,** die man sich – trotz der recht „deutschen" Sprachtradition im Recht – nur mit Mühe als Studienanfänger aneignet. Oft verwenden Dozenten auch in Lehrveranstaltungen für Anfänger ganz

selbstverständlich Abkürzungen und Fremdworte wie *culpa in contrahendo* (c. i. c.), Wegfall der Geschäftsgrundlage (WGG), *dolus eventualis, error in persona vel in objecto* usw. Hier hilft nur eines: Diese Begriffe müssen gelernt und „verstanden" werden. Der ehrfürchtige Studienanfänger wird sich oft im Hörsaal denken:

„Ich verstehe zwar nichts, aber es muss ein kluger Kopf sein, der da spricht".

Das ist eine sehr verständliche, auf Dauer aber nutzlose Einstellung. Der Dozent sollte 20
von Anfang an darauf hingewiesen werden, dass bestimmte Begriffe und Zusammenhänge auf Anhieb unverständlich sind und deshalb „einfacher" erklärt werden müssen! Wer's dann besser versteht, sollte im Gespräch mit den Kommilitonen gleich versuchen, das „Fachchinesisch" in die normale Umgangssprache zu übersetzen: Wer die juristische Fach- bzw. Schriftsprache für sich in eine juristische **„Sprechsprache"** umwandeln kann, in der man sich so fachkundig wie über das letzte Spiel der Fußball-Nationalmannschaft unterhalten kann – der hat schon gewonnen: Wer über Rechtsprobleme im eigenen „Sprechcode" reden kann, versteht auch mehr davon!

Schaubild 13: Fachsprache Jura: Kompliziertheit versus Verständlichkeit

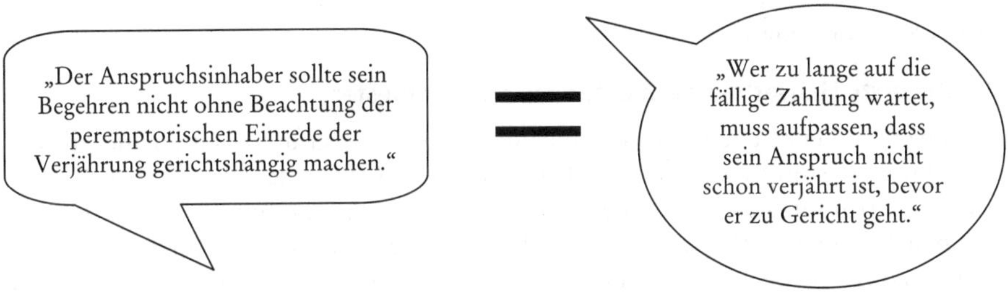

Sich nur mal zwei Wochen richtig irgendwo mit dem Ergebnis „reinzuknien", dass 21
man wieder einen Abschnitt vom Rechtsstoff endgültig „intus" und endgültig kapiert hätte, ist auch nicht übermäßig sinnvoll. **Recht zu verstehen ist ein kontinuierlich „schleichender" Prozess.** Das bedeutet, dass man sich über einen langen Zeitraum mit dem Stoff und der dahintersteckenden „Denke" befassen muss, ohne dabei sogleich gravierende Fortschritte verzeichnen zu können. Man läuft ständig im Kreis und kommt immer wieder an derselben Stelle an (wenn es gut läuft, aber auf einem „höheren" Level). Auch aus diesem Grund ist es nicht sehr sinnvoll, im Jurastudium schon nach vier Wochen Studium die erste Leistungskontrolle durchzuführen. Bis dahin hat man noch nicht viel verstanden und daher gibt es nichts außer ersten „Begrifflichkeiten", die abgeprüft werden könnten.

Kurz gefasst 6:

Studierende kommen häufig an die Uni in der falschen Erwartung, Schule vorzufinden. Diese Erwartung wird schnell enttäuscht. Soweit nicht schnell erfasst wird, wie Studieren „funktioniert", kann ohne starke Motivation und konkrete Zielsetzung aufgrund der Komplexität des Stoffs leicht ein großes Loch entstehen – ohne jede Perspektive für ein erfolgreiches Studium. Studienabbruch ist dann die Folge.

Hinzu treten neue Erfahrungen mit der besonders kritischen **juristischen Notengebung:** *„sehr gut"* (16 bis 18 Punkte) und *„gut"* (13 bis 15 P.) sind kaum vergebene Spitzennoten, wer *„vollbefriedigend"* (10 bis 12 P.) oder *„befriedigend"* (7 bis 9 P.) erhält, gehört schon zu den erfolgreichen Studierenden, wer mit *„ausreichend"* (4 bis 6 P.) abschneidet, liegt im Durchschnitt, und wer mit „mangelhaft" (1 bis 3 P.) bewertet wird, liegt anfangs durchaus im Trend: Das juristische Handwerk bei gutachtlichen Lösungen von Rechtsfällen ist nicht auf Anhieb so leicht zu erlernen!

Beispiel: Durchschnittlich ausgefallene Übung im Zivilrecht für Anfänger im Wintersemester 2017/2018 an der Universität Tübingen:
Notenverteilung 1. Klausur:

0	**1**	**2**	**3**	**4**	**5**	**6**	**7**	**8**	**9**	**10**	**11**	**12**	**13**	**14**	**15**
0	6	15	33	36	21	17	22	11	15	7	3	3	2	1	1
27,98 % (nicht bestanden)	3,1 %	7,77 %	17,10 %	18,65 %	10,88 %	8,81 %	11,40 %	5,7 %	7,77 %	3,63 %	1,55 %	1,55 %	1,04 %	0,52 %	0,52 %

Notenverteilung Hausarbeit:

0	**1**	**2**	**3**	**4**	**5**	**6**	**7**	**8**	**9**	**10**	**11**	**12**	**13**	**14**	**15**
4 (2,53 %)	4	12	15	18	15	18	22	14	13	5	5	4	6	1	2
22,15 % (nicht bestanden)	2,53 %	7,59 %	9,49 %	11,39 %	9,49 %	11,39 %	13,92 %	8,86 %	8,23 %	3,16 %	3,16 %	2,53 %	3,8 %	0,63 %	1,27 %

Und die Skala geht (theoretisch) bis 18 Punkte!

VI. Die erste Hausarbeit als Ziel für das erste Semester

22 Auch wenn im ersten Semester schon beim Erwerb sog. „Grundlagenscheine" die ersten Prüfungsleistungen erbracht werden (z. B. in der Rechtsgeschichte-Klausur), in denen man noch mit schulischen Lerntechniken auskommt, kommen erst mit den sog. „kleinen Scheinen" originär juristische Prüfungsarbeiten auf den Anfänger zu (ggf. auch in Form von Semesterabschlussklausuren im Zivilrecht, Strafrecht, Öffentlichem Recht). Darin besteht dann die wesentlich neue und spezifisch juristische Prüfungsform: **das gutachtliche Lösen von Rechtsfällen.** Das aber muss neu erlernt werden, schulische Lerngewohnheiten helfen da gar nicht mehr weiter.

23 Das erste Ziel, das man sich setzen sollte, ist daher die erste Hausarbeit, die in der Regel in der vorlesungsfreien Zeit (nicht: „Semesterferien") nach dem ersten Semester zu schreiben ist. *(Für den Fall, dass Hausarbeiten nicht mehr als Prüfungsleistung zu Beginn des Studiums verlangt werden, gilt das Gleiche für die Vorbereitung auf die ersten Klausuren mit gutachtlicher Falllösung).* Das kann je nach Uni zuerst das Strafrecht oder das Zivilrecht sein, vielleicht auch das Öffentliche Recht. In diesen drei Kernfächern des Rechts wird man bis zum Ende des Studiums auf die Probe gestellt: zuerst „kleiner" Schein *(Anfängerübung)*, dann „großer" Schein *(Fortgeschrittenenübung)*, schließlich Erste Juristische Prüfung. Auch da beschränkt sich der Staatsexamensteil auf diese drei Kernfächer, während die Universitätsprüfung je nach Uni und der eigenen Vorliebe der Studierenden unterschiedliche Schwerpunkte abprüft (z. B. Europäisches Wirtschaftsrecht, Unternehmensrecht, Arbeits- und Sozialrecht, Zivilprozessrecht, Internationales Privatrecht, Kriminologie, Steuerrecht, Rechtsgeschichte, Gewerblicher Rechtsschutz etc.).

Es gibt keine Patentlösung. Problembewusstsein hilft aber beim Umgang mit dem Problem:
1. Schritt: Setzung des richtigen realistischen Ziels: Erstellung der Hausarbeit bzw. Klausur nach dem ersten Semester in einem der Kernfächer.
2. Schritt: Erwerb der hierzu notwendigen Fähigkeiten während des ersten Semesters.

Schaubild 14: Kenntnisse zur Anfertigung einer Hausarbeit

Erste wesentliche Prüfungsleistung, die erbracht werden muss:
Erstellung einer Hausarbeit
(selbstständige Lösung eines Falles)

Dafür wird benötigt: Fähigkeit zum wissenschaftlichen Arbeiten

- Erste Kenntnisse des Rechts
- Analyse des Sachverhalts
- Beherrschung der Falllösungstechnik
- Beherrschung des juristischen Handwerkszeugs
  - selbständiger Umgang mit Literatur bzw. Online-Datenbank
  - Fähigkeit zur Darstellung rechtlicher Probleme
  - Fähigkeit zur Zusammenarbeit mit Kommilitonen
- Umgang mit PC und Textverarbeitungsprogramm

Was eine Hausarbeit bzw. Klausur im Einzelnen fordert, kann hier nur angedeutet 24
werden. Nur so viel: Unter den Studierenden ist bis zum Examen die Denkweise verbreitet, der Schlüssel zum Erfolg sei es, alle „Fälle" zu kennen. Sie gehen davon aus, dass sie die Prüfung dann bestehen, wenn sie den „Fall" kennen, der drankommt. **Das ist ein Irrtum:** Der Fall, der in der Prüfung drankommt, ist immer ein bisschen anders als der Fall, den z. B. der Bundesgerichtshof (BGH) entschieden hat. Auswendiglernen ist daher gerade nicht der Schlüssel zum Erfolg. Von den Studierenden wird vielmehr verlangt, dass sie Zusammenhänge verstanden haben und darstellen können. Es hilft also nicht die Kenntnis, dass der BGH den Fall in bestimmter Weise entschieden hat. Vielmehr muss man verstanden haben, warum er dies so getan hat. Dann kann man auch abweichende Fälle **„lege artis"** – nach den Gesetzen der juristischen Kunst – lösen (dazu näher *Lange,* Kap. 9, S. 240 ff.; *Möllers,* Juristische Arbeitstechnik, §§ 2, 3).

VII. Was kann ich tun?

Vielleicht vermissen Sie noch immer ganz konkrete Hinweise, was zu tun ist? Das wird 25
auch so bleiben. Denn auch das muss jeder selbst herausfinden. Grund dafür, dass hier keine verbindlichen Empfehlungen gegeben werden, ist, dass es ganz unterschiedliche **Lerntypen** gibt. Manche lernen gut in Vorlesungen, andere können nur allein gut lernen, wieder anderen liegt Partner- oder Kleingruppenarbeit besonders gut. Manche können nur zu Hause lernen, manche nur in der UB, manche haben etwas erst verstanden, wenn sie es anderen erklären können. Das geht so weit, dass dem einen ein Lehrbuch gut gefällt, der andere damit aber nur deshalb nicht arbeiten kann, weil ihn das Schriftbild stört.

Aus diesem Grund kann doch noch ein **erster Tipp** gegeben werden: Jeder muss für 26
sich „finden, was wirkt." Wer nach der fünften Vorlesung immer noch nicht weiter ist, der sollte nicht mehr hingehen. Wer in einem Lehrbuch eine Sache gut erklärt findet, der sollte anfangen, es einmal von vorne zu lesen, usw. Ziel muss also sein, dass jeder seinen Lerntyp herausfindet. Dazu gehört vor allem festzustellen, welche „Sozialformen des Lernens" für die Leserin/den Leser jeweils individuell die beste Wirkung bringen:

Schaubild 15: Sozialformen des Lernens

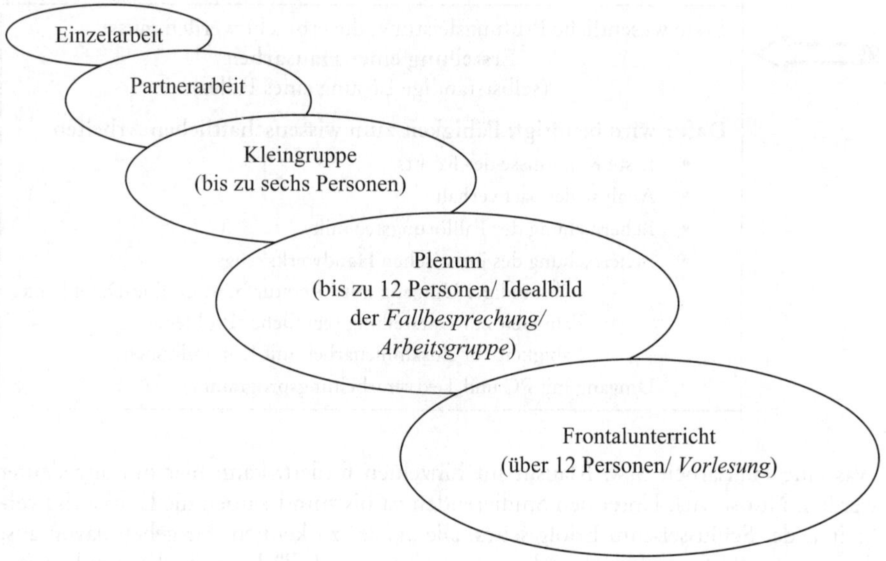

27 Die Unterscheidung zwischen diesen Sozialformen beruht darauf, dass Gruppen bis zu sechs Personen noch selbstorganisationsfähig sind, d. h. es wird kein Moderator benötigt, der z. B. entscheidet, wer, wann und wie lange jeweils reden darf. Das Lehren und Lernen in Gruppen bis zu sechs Personen kann daher von jedem selbst organisiert werden. In Gruppen bis zu 12 Personen ist noch eine Zusammenarbeit möglich, wenn die Gruppe von einem Moderator geleitet wird. Ab ca. 13 Personen ist nur noch Frontalunterricht möglich. Jede der genannten Sozialformen hat Vor- und Nachteile. Im Frontalunterricht werden die Teilnehmer beispielsweise in dem Sinne „gefordert", dass sie jederzeit damit rechnen müssen, sich zu beteiligen. Die Gefahr „abzuschalten" ist dennoch sehr groß. (Die Lehrform der Vorlesung stammt aus Zeiten, da Bücher unbezahlbar waren und ihr Inhalt den Studenten nur durch „Vorlesen" vermittelt werden konnte.) Vorlesungen verkommen sehr schnell zu einem bloßen Anlass, soziale Kontakte zu pflegen. Andererseits gibt es vielleicht Studierende, die denken, wer eine Vorlesung hält, muss schon wirklich kompetent sein – da lohnt es sich bestimmt, aufmerksam zuzuhören. Der Typ aus der Fallbesprechung dagegen muss erst noch zeigen, ob er gut ist. Auf das, was der sagt, muss ich daher nicht so achten …

Kurz gefasst 7:

Studieren ist also ein „Beruf", den man erlernen muss. Studierfähigkeit zu erwerben, setzt eigene Anstrengung und aktives Engagement voraus. Dieser „Beruf" sollte als Projekt für einen möglichst gelungenen Start in das Berufsleben sehr ernst genommen werden. Dabei zählt nicht nur das „Büffeln" in Einzelkämpfer-Manier, sondern auch die richtige „Sozialform" des Lernens mit den Kommilitonen.

§ 3. Recht als praktische Wissenschaft

I. Der Prüfungsfall als Simulation der Praxis

Für den Erfolg in juristischen Prüfungen und vor allem im Staatsexamen maßgeblich 1
ist nicht das angehäufte Wissen über abstraktes „Recht“, sondern die Anwendung des Wissens auf einen ganz konkreten Rechtsfall. Junge Juristinnen und Juristen sollen daher keine „Themenarbeiten“ wie in der Schule schreiben, sondern konkrete „Rechtsfälle“ nach den Regeln der Methodenlehre lösen. Das folgt aus dem Charakter der Jurisprudenz als *praktischer* Wissenschaft (vgl. § 1 V 2, 3, Rn. 62ff.; näher *Braun,* Zivilrechtsfall, § 1 II). Das Studium einer praktischen Wissenschaft soll dazu befähigen, praktische Probleme mittels theoretischen Wissens zu lösen. Dabei kommt es nicht auf das Wissen als solches an, sondern auf dessen zielgerichteten Einsatz. So wie Mediziner nicht nur die genaue Kenntnis des menschlichen Körpers und seiner Organe brauchen, um eine Operation trotz aller Risiken und Nebenwirkungen erfolgreich zu bewältigen, sondern auch das handwerkliche Know-How eines Operateurs mit Skalpell und Stopfer, reicht Juristen nicht die genaue Übersicht über die Inhalte eines Gesetzbuchs, um einen Fall zu lösen: sie müssen ihre handwerklichen Fähigkeiten gerade anhand der *Lösung eines praktischen Falls* beweisen. Das wird sogar dann von den Studierenden gefordert, wenn sie die konkreten Rechtsnormen, geschweige den konkreten Fall gar nicht genau kennen: Zur Bewältigung der gestellten Fallfrage soll sie ihr *strukturelles Wissen* und ihre *methodische Schulung* auch dann befähigen, wenn – wie in der Prüfungsklausur – ein Kommentar zur genaueren Kenntnis der einschlägigen Normen nicht zur Verfügung steht. Dahinter steckt die nicht oft genug zu wiederholende Erfahrung jedes Jura-Kandidaten, dass sich in Prüfungen gestellte Fälle kaum jemals wiederholen: *Deshalb darf nicht der Fall „gelernt“, sondern es müssen die Probleme erfasst werden!*

Schaubild 16: Vom theoretischen zum praxisorientierten Wissen

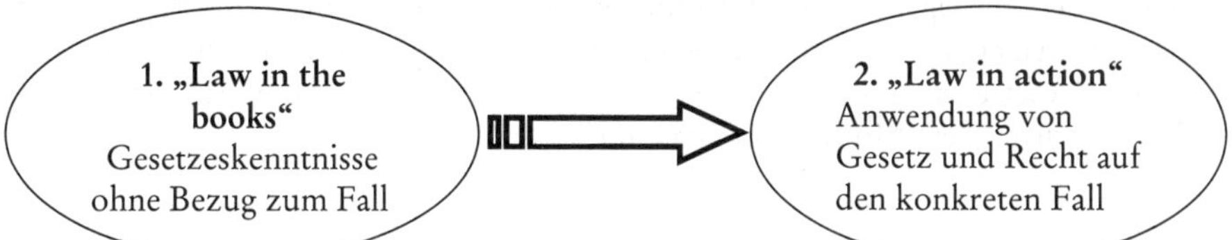

Die besondere Schwierigkeit der juristischen Falllösung, die darin besteht, nicht ein- 2
fach nur irgend etwas theoretisch zu wissen, sondern zielsicher die besonderen Fallprobleme zu erkennen und möglichst auch zu lösen, lässt sich bis in die Abschluss-Examina beobachten:

„In 221 Prüferberichten aus der Ersten Juristischen Staatsprüfung in Bayern werden 111 mal Mängel in der juristischen Arbeitsweise, 74 mal ‚Abspulen‘ von Wissen, teilweise ohne Bezug zum Sachverhalt oder unter Biegung des Sachverhaltes, 55 mal unzureichende Begründungen, 42 mal Fehler bei der Erfassung des Sachverhaltes gerügt. Fehlende ***Grund****kenntnisse im Pflichtstoff werden in nahezu der Hälfte, sprachliche Defizite in jeder zehnten Stellungnahme beklagt“* (*Heino Schöbel,* JuS 2004, 847, 849 Fn. 29).

II. Auch noch die Rechtsprechung?

3 Wer tiefer in den Rechtsstoff eindringt und in Zeitschriften und Entscheidungssammlungen wichtige Entscheidungen der obersten Gerichte (z. B. BVerfG, BGH, BAG, BVerwG → *Schaubild 3,* § 1 III 4b, Rn. 29) nachliest, wird sich zwar erstmal an die Sprache der Gerichte gewöhnen müssen, doch bald erkennen, dass die Jurisprudenz ohne Kenntnis der wesentlichen Rechtsprechung zu einem Problem nicht sinnvoll betrieben werden kann. Die Kommentare sind auch deshalb so wichtig, weil sie die aktuelle Interpretation einer Rechtsnorm anhand der so genannten herrschenden Meinung (h. M.) erklären können. Dazu zitieren sie schon mal einen Leitsatz des BGH bzw. des BVerfG. Gerade der Rechtsanwalt muss sich auch dann an der höchstrichterlichen Rechtsprechung orientieren, wenn er diese für falsch hält. Er haftet sogar, wenn er seinen Mandanten in Unkenntnis der Judikatur falsch berät (*Braun,* § 1 III).

4 Was bedeutet das für das Studium der Rechtswissenschaft? Müssen wir neben den wichtigen Normen im BGB, im GG, im StGB auch noch die dazu ergangene Rechtsprechung kennen? Auch wenn manche Kommilitonen mit deklamierten Leitsätzen aus der Rechtsprechung ihre umfassende Gelehrsamkeit gerne demonstrieren, kann hier „Entwarnung" gegeben werden. Zum Prüfungsstoff zählen zwar die in der jeweiligen Prüfungsordnung aufgeführten Fächer, vor allem die Pflichtfächer im Zivilrecht, Öffentlichen Recht und Strafrecht. Dazu müssen nicht nur Gesetze erlernt und verstanden werden, sondern auch das dahinterstehende dogmatische System und dessen Struktur (vgl. § 1 V 3, Rn. 64ff.). Doch sicher zählt dazu nicht das Auswendiglernen von Leitsätzen (so auch *Braun,* S. 8). Eine verständige und methodengerechte Interpretation des Gesetzes kann zusammen mit einem ordentlichen Grundwissen den Prüfling auch dann zu einer „vertretbaren" Lösung führen, wenn diese Lösung von der aktuellen Rechtsprechung nicht geteilt wird. Der Korrektor wird eine gut begründete Lösung auch dann positiv bewerten, wenn sie nicht genau der „Musterlösung" entspricht. Gefragt ist nämlich nicht zwingend nur die „herrschende" Meinung, sondern vor allem die eigenständige Meinung des Bearbeiters. Solange er die Probleme der Arbeit erst mal erkannt und sich dann auch noch um Argumente für seine Lösung anhand des Gesetzes bemüht hat, hat er schon „gewonnen". Bis dahin ist es freilich ein weiter Weg nach dem Motto *„trial and error"*…

Kurz gefasst 8:

Recht als praktische Wissenschaft erfordert ein problemorientiertes Denken anhand konkreter Fälle. Dazu gehören zunächst Grundkenntnisse in den Pflichtfächern, die in der Regel im Grundstudium erworben werden und ständig vertieft werden müssen. Wenn daraus nicht nur Anhäufung von Detailwissen, sondern systematisches und strukturelles „juristisches" Denken entsteht, können im weiteren Studium auch schwierigere Fälle ohne genauere Detailkenntnis gelöst werden. Für eine Falllösung in der *Klausur* ist die Kenntnis der wesentlichen Rechtsprechung in der Regel nicht erforderlich (anderes gilt allerdings für *Hausarbeiten,* vgl. § 2 VI, Rn. 23 → *Schaubild 14*).

III. Fallbearbeitung und Falllösung

5 Weil also die wesentlichen Leistungsnachweise im juristischen Studium die Fähigkeit zur Lösung eines konkreten Rechtsfalls bewerten, muss die Methode der Fallbearbeitung und -lösung als elementares „Handwerkszeug" von Beginn an konsequent erlernt, geübt und verfeinert werden. Dazu bedarf es neben den materiellen Rechts-

kenntnissen vor allem der einwandfreien Beherrschung der deutschen Schriftsprache und einer exakten und folgerichtigen Strukturierung (d. h. Gliederung, Aufbau, Stringenz) der Fallbearbeitung.

1. Sachverhalt und Fallfrage

Zuerst müssen Sachverhalt und Fallfrage richtig erfasst werden (näher *Braun,* § 6 I, II; 6
Lange, Kap. 9 III; *Möllers,* § 2 I). Fehler passieren in diesem Anfangsstadium der Fallbearbeitung häufig und können leicht zur Themenverfehlung und damit zum mangelhaften Ergebnis führen. Klar ist erst mal, dass der Sachverhalt genau nach Personen, Rechtsakten und sonstigen Verhaltensweisen verstanden bzw. dokumentiert und am besten schriftlich nach Art einer Personen- und Zeittabelle erfasst werden muss. Anders als in der Praxis (→ *Fall 1:* Lösung ist hier abhängig vom Ermittlungsergebnis des Unfallhergangs!) kann im Studium der in der Klausur/Hausarbeit gestellte Sachverhalt als *„unstreitig"* bzw. „ausermittelt" gelten, so dass z. B. der mitgeteilte Blutalkoholwert des Autofahrers in einer Strafrechtsklausur von Bearbeitern genauso als „richtig" zu unterstellen ist wie das Alter des minderjährigen Käufers in der Zivilrechtsklausur. Ein typischer Klausur-Sachverhalt schließt regelmäßig mit „konkreten" Fragen etwa wie folgt:

Schaubild 17: Typische Fallfragen in Zivilrecht, Öffentlichem Recht und Strafrecht

Weniger häufig ist die offene Fragestellung *„Wie ist die Rechtslage?"* Solche allgemeinen 7
Formulierungen sind unbeliebt und gefürchtet, weil sie nicht klar auf eine Rechtsfolge hinweisen, sondern eine umfassende Begutachtung erfordern. Hier ist für die Bearbeitung die Frage noch entscheidender, auf welches rechtliche „Interesse" der Sachverhalt hinausläuft, welches Begehren also im Mittelpunkt steht. Denn auch bei der offenen Fragestellung sind nur solche Rechtsfragen zu klären, die zur Beantwortung des geschilderten Rechtsschutzbegehrens sachdienlich erscheinen (zusätzliche Bearbeitervermerke des Aufgabenstellers sind besonders zu beachten). Wo z. B. die Eigentumslage im Streit steht, kann es in der Regel nicht um Schadensersatzfragen gehen. *Medicus* (Grundwissen, Rn. 9f.) weist außerdem darauf hin, dass die „kargen" von den „ausführlichen" Sachverhalten zu unterscheiden sind. Doch sollte immer klar sein, dass der Sachverhalt die rechtlich relevanten Umstände zur Falllösung in *erschöpfender* Weise enthält, so dass vom Bearbeiter nichts hinzugedichtet oder weggelassen werden darf. Danach, d. h. nach der Lektüre des Sachverhalts und des Erfassens der Fallfrage, entscheidet sich meistens schon das „Schicksal" der Fallbearbeitung: In den nächsten Minuten wandert der Blick des Bearbeiters zwischen Sachverhalt und einschlägigen Rechtsnormen hin und her: es beginnt die juristische Arbeit „am Problem" (vgl. § 1 V 3a, Rn. 65; *Rüthers/Fischer/Birk,* § 20 B II), möglichst ohne Vorurteile und -festlegungen und unter Beibehaltung des gesunden praktischen Menschenverstands!

2. Aufbau der Falllösung

8 Mindestens eine halbe Stunde, in komplexen Fällen sogar noch länger kann es dauern, bis Falltext und Aufgabenstellung erfasst und verstanden sind. Manches klärt sich erst noch im Lauf der Ausarbeitung, was nicht schlimm ist, solange die *Grobgliederung* stimmt und vor allem die *Probleme* des Falls entdeckt werden. Das fällt gerade am Anfang des Studiums wegen des fehlenden „Gespürs" ganz schwer. Die Sachverhaltsskizze muss also in eine Gliederung übergehen, die sich möglichst an den (echten) Problemen der Klausur orientiert, d. h. an den fallentscheidenden Normen nicht vorbeigeht. Damit wird die weitere Ausarbeitung des schriftlichen Gutachtens vorprogrammiert.

Schaubild 18: Typischer Aufbau der Falllösung in Zivilrecht, Öffentlichem Recht und Strafrecht

Wir fragen typischerweise im

Zivilrecht	***Öffentliches Recht***	***Strafrecht***
→ Anspruchsprüfung: *„Wer will was von wem woraus?"*	→ Rechtmäßigkeitsprüfung staatlichen Handelns bzw. subjektive Beschwer: *„Ist Gesetz bzw. Verwaltungshandeln formell u. materiell rechtmäßig?"*	→ Strafbarkeitsprüfung *„Wer hat sich wie strafbar gemacht?"*

(dazu näher *Lange,* Kap. 9 IV; *Möllers,* § 2 II; *Rüthers/FischerBirk,* § 20 B).

a) Zivilrecht: Anspruchsprüfung

9 Die „Anspruchsprüfung" muss nach Personen und Anspruchszielen unterscheiden. Einfach sind Zwei-Personen-Beziehungen, d. h. wenn der Sachverhalt nur einen Anspruchssteller (Kläger) und einen Anspruchsgegner (Beklagter) kennt. So ist in *Fall 4 (Edelmannswort)* klar, dass der B den G auf Übereignung des Hausgrundstücks in Anspruch nimmt. Für die Falllösung müssen dann *Anspruchsgrundlagen* für dieses Begehren gefunden werden. Dazu muss über die Frage nachgedacht werden, ob sich der Graf „bindend" zur Übereignung verpflichtet hat. Sein „festes Versprechen" nutzt nichts, wenn die Übereignung des Grundstücks einer bestimmten Form bedarf. Dazu muss die Norm des § 311 b Abs. 1 BGB gefunden werden (allgemeines Schuldrecht), möglichst in Verbindung mit dem Vertragstyp Schenkung, vgl. §§ 516, 518 BGB (besonderes Schuldrecht). Wer sich dagegen nur im Sachenrecht umsieht, z. B. bei § 985 BGB, hat die Fragestellung nicht richtig verstanden. Denn der Anspruchsteller B hat noch gar kein Eigentum (er will es erst erlangen), so dass er den Anspruch aus § 985 BGB nicht geltend machen kann. Also muss wie folgt gefragt werden:

Wer (B) will *was* (Übereignung) von *wem* (G) *woraus* (Vertrag)?

- Als Anspruchsgrundlage könnte ein Vertrag in Betracht kommen. Das „feste Versprechen" könnte ein Schenkungsversprechen sein. Der Graf könnte sich dementsprechend nach § 516 I BGB einseitig zu der unentgeltlichen Zuwendung des Grundstücks verpflichtet haben.
- Doch bedarf es zur Wirksamkeit des Versprechens nach § 518 I (Schenkungsrecht) bzw. § 311 b I BGB (allg. Schuldrecht) jeweils der notariellen Beurkundung. Diese

ist hier nicht erfolgt. Damit liegt Nichtigkeit wegen Formmangels vor, vgl. § 125 S. 1 BGB (Allg. Teil).

- *Ergebnis:* B hat keinen Anspruch auf Übereignung nach § 516 I BGB (vgl. § 1 Rn. 83: *Lösungshinweise Fall 4*).

Allgemein formuliert geht die Anspruchsprüfung also immer von der Frage mit den **„4 W's"** aus: Wer (Anspruchssteller) will was (Anspruchsinhalt) von wem (Anspruchsgegner) woraus (Anspruchsgrundlage)? Die Anspruchsprüfung vollzieht sich sodann – zumindest gedanklich – in drei Schritten: Erstens ist zu prüfen, ob der **Anspruch entstanden** ist, also ob die Voraussetzungen der Anspruchsgrundlage vorliegen und ob Einwendungen entgegenstehen, die bereits die Entstehung des Anspruchs verhindern. Zu solchen sog. rechtshindernden Einwendungen gehört z. B. die Formnichtigkeit, § 125 S. 1. Als zweiter Schritt fragt sich, ob der bereits entstandene **Anspruch nicht untergegangen** ist, etwa durch Erfüllung des Anspruchs (§ 362 Abs. 1) oder weil der Kaufgegenstand nach Vertragsschluss zerstört wurde (vgl. § 275 Abs. 1). Besteht ein Anspruch und ist er auch nicht untergegangen, fragt sich drittens, ob der **Anspruch** gerichtlich **durchsetzbar** ist. Die bekannteste Einrede ist wohl die der Verjährung (§ 214 Abs. 1). 9a

b) Öffentliches Recht: Formelle und materielle Rechtmäßigkeitsprüfung

Der Aufbau einer öffentlich-rechtlichen Arbeit unterscheidet sich deutlich von zivilrechtlichen Aufgaben, weil neben der materiellen (d. h. „inhaltlichen") Prüfung meistens auch eine *formelle* (d. h. „prozessuale" bzw. „kompetenzielle") Prüfung erforderlich ist. Dann wird gefragt nach der *Zulässigkeit* z. B. eines Organstreitverfahrens vor dem Bundesverfassungsgericht (vgl. Art. 93 Abs. 1 Nr. 1 GG), wenn sich also etwa Bundeskanzler und Bundestag um ihre verfassungsrechtlichen Kompetenzen laut Grundgesetz streiten, oder es geht um die Frage der Zulässigkeit einer Klage zum Verwaltungsgericht (vgl. §§ 40, 42 VwGO) z. B. wegen eines negativen Baubescheids der Baubehörde. Erst nach Eröffnung des Rechtswegs, der jeweils vorrangig zu prüfen ist *(„Zulässigkeit")*, kann die „materielle" Frage nach Rechtmäßigkeit oder Unrechtmäßigkeit des Verwaltungsakts oder sonstiger Maßnahmen von Hoheitsträgern in Angriff genommen werden *(„Begründetheit")*. Doch gibt es in Anfängerklausuren z. B. im Staats- bzw. Verfassungsrecht auch einfachere Fragen wie die nach den Kompetenzen des Bundespräsidenten bei der Ausfertigung von Gesetzen. 10

Sachverhalt:

Um die Bürger effektiver vor den Gefahren des Tabakrauchens zu schützen, plant die Bundesregierung die Einführung eines bundesweiten Rauchverbots. Hierzu wird § 1 des „Bundesnichtraucherschutzgesetzes" um eine Ziffer 4 ergänzt, die wie folgt lautet: 11

„(1) Das Rauchen ist nach Maßgabe der Abs. 2 und 3 verboten
1. (...)
4. in Arbeitsstätten mit Publikumsverkehr sowie Arbeitsstätten, in denen mehr als eine Person beschäftigt ist."

Diesen Gesetzesentwurf übergibt der Bundeskanzler informell dem Fraktionsvorsitzenden der Regierungspartei im Bundestag, der diesen als Gesetzesvorschlag der Fraktion einbringt. Nach der dritten Lesung stimmt der Bundestag dem Gesetzesvorschlag mit großer Mehrheit zu. Auch der Bundesrat erklärt seine Zustimmung. Nur der Bundespräsident, der selbst starker Raucher ist, hat Bedenken gegen das Gesetz. Er hält die damit verbundene Einschränkung der persönlichen Freiheit der Raucher für mit dem Grundgesetz nicht vereinbar und weigert sich, das Gesetz zu unterschreiben.

Fallfrage: Muss der Bundespräsident das Änderungsgesetz unterzeichnen?

Lösung:

12 *Vorüberlegung zum Umfang des Prüfungsrechts:*
Eine Pflicht des Bundespräsidenten zur Unterschrift könnte sich aus Art. 82 I 1 GG (Ausfertigung des Gesetzes) ergeben. Danach hat er ein nach den Vorschriften des Grundgesetzes zustande gekommenes Gesetz auszufertigen und zu verkünden. Eine Verweigerung der Unterschrift wäre nur gerechtfertigt, wenn dem Bundespräsidenten ein *Recht zur Prüfung des Gesetzes* zustünde. Dies ist durch Auslegung des Art. 82 I GG zu ermitteln.

a) Aus dem *Wortlaut* des Art. 82 I 1 GG ergibt sich, dass der Bundespräsident nur solche Gesetze ausfertigen darf, die nach den Vorschriften des Grundgesetzes zustande gekommen sind. Hieraus ergibt sich unstreitig, dass der Bundespräsident Gesetze auf ihre *formelle* Verfassungsmäßigkeit hin zu überprüfen hat und diese, wenn er zu einem negativen Ergebnis gelangt, nicht ausfertigen darf. Ob sich dieser Prüfungsauftrag hingegen auch auf die *materielle* Verfassungsmäßigkeit eines Gesetzes erstreckt, kann dem Wortlaut nicht entnommen werden.

b) Auch die *Entstehungsgeschichte* der Vorschrift ist unergiebig. Der Parlamentarische Rat wollte 1948/49 zwar keinen so starken Präsidenten wie in der Weimarer Verfassung, hat aber zu den konkreten Aufgaben des Präsidenten keine weiterführenden Angaben gemacht.

c) Bei der *systematischen Auslegung* muss die Vorschrift des Art. 82 I 1 GG im Lichte der Art. 1 III GG, Art. 20 III GG und Art. 61 GG gesehen werden. Hiernach sind alle Verfassungsorgane an die Verfassung gebunden. Somit sind alle an der Gesetzgebung Beteiligten zur Achtung des Grundgesetzes verpflichtet und müssen damit auch das Recht haben, das zu erlassende Gesetz auf seine Verfassungsmäßigkeit zu prüfen. Dies gilt auch für den das Gesetz ausfertigenden Bundespräsidenten. Allerdings ist der Bundestag schon wegen seiner demokratischen Legitimation das primäre Gesetzgebungsorgan. Durch die Verabschiedung eines Gesetzes bringt der Bundestag zum Ausdruck, dass er dieses für verfassungsmäßig hält. Sieht der Bundespräsident dies anders, so führt dies zu einem Kompetenzkonflikt, der dahingehend zu lösen ist, dass die Auffassung des Bundestages grundsätzlich Vorrang genießt. Der Bundespräsident ist an die vom Bundestag vertretene Auffassung hinsichtlich der Verfassungsmäßigkeit in der Regel gebunden. Nur bei evidenten Verfassungsverstößen kann der Bundespräsident die Ausfertigung des Gesetzes ablehnen.

d) Dies wird auch durch die *Auslegung nach Sinn und Zweck* bestätigt. Das oberste Staatsorgan soll nicht auf eine Tätigkeit eines „Staatsnotars" beschränkt sein. Aufgrund der demokratischen Legitimation des Bundestages hat sich der Bundespräsident bei der Prüfung von dessen Entscheidungen allerdings zurückzuhalten. Somit ist auch nach Sinn und Zweck das Prüfungsrecht des Bundespräsidenten auf *evidente* Verfassungsverstöße beschränkt.

→ Der Bundespräsident kann die Ausfertigung des Gesetzes also verweigern, wenn dieses formell verfassungswidrig oder materiell evident verfassungswidrig ist.

13 1. *Formelle Verfassungsmäßigkeit des Gesetzes*
Ein Bundesgesetz ist formell verfassungsgemäß, wenn der Bund die Gesetzgebungskompetenz hat und dass in den Art. 76 ff. GG geregelte Verfahren eingehalten wurde.

a) *Gesetzgebungskompetenz:* Nach Art. 70 I GG haben grundsätzlich die Länder die Gesetzgebungskompetenz, wenn diese dem Bund nicht ausdrücklich zugewiesen ist. Vorliegend kommt nur eine konkurrierende Kompetenz des Bundes aus Art. 74 GG in Betracht. Denkbar wären das Recht der Genussmittel (Art. 74 I Nr. 20 GG) oder das Recht der Betäubungsmittel und Gifte (Art. 74 I Nr. 19 GG). Vorzugswürdig ist aber Art. 74 I Nr. 12 GG, der dem Bund die Gesetzgebungskompetenz für das Arbeitsrecht einschließlich des Arbeitsschutzes zuweist. Durch die Verwendung des Begriffs der Arbeitsstätte im Gesetzestext hat der Gesetzgeber zum Ausdruck gebracht, dass die Vorschrift in besonderem Maße dem Schutz der Beschäftigten dient. Demnach kann hier von einer Regelung des Arbeitsschutzes gesprochen werden.

b) *Gesetzgebungsverfahren:* Nach Art. 76 II GG sind Gesetzesvorlagen der Bundesregierung zunächst dem Bundesrat zuzuleiten. Um dies zu umgehen, hat hier der Bundeskanzler die Regierungsfraktion gebeten, den Gesetzesentwurf als den ihren aus der Mitte des Bundestags einzubringen. Hierdurch könnten die Beteiligungsrechte des Bundesrats verkürzt worden sein. Die verfassungsrechtliche Bewertung dieses Vorgehens ist umstritten. Einerseits kann man den Abgeordneten nicht verbieten, sich Regierungsvorlagen zueigen zu machen und dann als eigenen Gesetzesentwurf einzubringen. Andererseits sollte das Beteiligungsrecht des Bundesrats nicht beschnitten werden. Der Bundesrat kann die durch die „verkappte" Regierungsvorlage erfolgte Verletzung seiner Rechte im Organstreitverfahren gelten machen. Doch hat diese Umgehung keine Auswirkungen auf die Verfassungsmäßigkeit des Gesetzes, da auch den Bundestagsabgeordneten ein Initiativrecht zusteht. Zudem hat der Bundesrat hier das Verfahren nicht beanstandet, sondern der Vorlage zugestimmt.

c) *Zwischenergebnis:* Das Gesetz ist formell verfassungsgemäß.

2. *Materielle Verfassungsmäßigkeit des Gesetzes* 14
Das Nichtrauchergesetz könnte das Grundrecht der Raucher auf freie Entfaltung ihrer Persönlichkeit (Art. 2 I GG) verletzen. Rauchen gehört zu den von Art. 2 I GG geschützten Rechten. Allerdings ist das Grundrecht aus Art. 2 I GG in vielfacher Hinsicht beschränkt. Es besteht hier ein einfacher Gesetzesvorbehalt. Da durch das Nichtraucherschutzgesetz die Gesundheit der sonst dem Passivrauchen ausgesetzten Arbeitnehmer geschützt werden soll, könnte der Eingriff in die allgemeine Handlungsfreiheit der Raucher gerechtfertigt sein. Inwieweit das Recht auf Gesundheit das Grundrecht der allgemeinen Handlungsfreiheit überwiegt, ist eine Frage, bei deren Entscheidung der Gesetzgeber einen großen Ermessensspielraum hat. Da mithin eine Einschränkung des Rechts zu rauchen gesetzlich möglich ist, liegt zumindest *kein evidenter* Verfassungsverstoß vor. Eine detaillierte Prüfung ist entbehrlich, da der Bundespräsident nur bei einem evidenten Verfassungsverstoß die Unterzeichnung des Gesetzes ablehnen kann.
Nach diesem eingeschränkten Prüfungsmaßstab ist das Gesetz daher jedenfalls verfassungsgemäß.
3. *Ergebnis:* Der Bundespräsident darf die Ausfertigung des Gesetzes nicht verweigern.

c) Strafrecht: Strafbarkeitsprüfung

Anders als im Zivilrecht fragt man im Strafrecht nicht nach Ansprüchen, sondern nach 15 der Strafbarkeit der einzelnen Beteiligten. Bei mehreren Handlungsabschnitten empfiehlt sich eine chronologische Gliederung nach Tatkomplexen. Dabei müssen die Straftatbestände des Besonderen Teils jeweils auf den Sachverhalt in Anwendung gebracht und in der Reihenfolge (1) Objektiver/Subjektiver Tatbestand, (2) Rechtswidrigkeit, (3) Schuld geprüft werden. Das Delikt mit der höchsten Strafandrohung ist voranzustellen, vgl. das folgende Beispiel:

Sachverhalt:

Anton ist schon lange auf das Erbe seines Onkels Oskar aus. Deshalb beschließt er, Oskar zu töten. Er 16 besorgt sich eine einschüssige Pistole und legt sich auf dem üblichen Spazierweg seines Onkels auf die Lauer. Als dieser wie geplant vorbeikommt, drückt Anton ab. Wegen der schon anbrechenden Dämmerung kann er aber nur schlecht zielen und trifft Oscar daher nicht, wie geplant, in den Kopf, sondern nur in die Schulter. Anton erkennt, dass sein Plan fehlgeschlagen ist, wirft seine Waffe weg und verlässt den Tatort.
Fallfrage: Wie hat sich Anton strafbar gemacht?

Lösung:

I. Strafbarkeit wegen Totschlags, § 212 StGB 17

1. *Tatbestand:* Dazu müsste A einen anderen Menschen getötet haben. O hat den Angriff aber überlebt. Damit ist der von § 212 StGB vorausgesetzte Taterfolg nicht eingetreten.
2. *Ergebnis:* Eine Strafbarkeit wegen Totschlags nach § 212 StGB scheidet mangels Vollendung des Delikts aus.

II. Strafbarkeit wegen versuchten Totschlags, §§ 212, 22, 23 StGB 18
Vorprüfung: Das Delikt ist nicht vollendet (s. o.). Die Strafbarkeit des Versuches ergibt sich aus §§ 23 I, 12 I StGB i. V. m. der Strafdrohung des § 212 StGB („Verbrechen", § 12 I StGB).

1. *Tatbestand:*
   a) *Tatentschluss (§ 22 StGB):* Dazu müsste A entschlossen gewesen sein, einen anderen Menschen zu töten. Er wollte O töten und ging auch davon aus, ihn tödlich verletzen zu können. Er war daher zur Tötung des O entschlossen. Der notwendige Tatentschluss für den versuchten Totschlag ist damit gegeben.
   b) *Unmittelbares Ansetzen (§ 22 StGB):* A müsste zur Tatbegehung bereits unmittelbar angesetzt haben. Spätestens in dem Moment, in dem er den Schluss auf O abgab, hatte er die Schwelle zum „Jetzt geht es los" überschritten und keine wesentlichen Zwischenschritte zur Tatvollendung mehr zu vollziehen. Somit hatte A unmittelbar zur Tatbegehung angesetzt.
2. *Rechtswidrigkeit:* Rechtfertigungsgründe sind nicht ersichtlich. Die Tat war daher rechtswidrig.
3. *Schuld:* Anhaltspunkte für eine Schuldunfähigkeit des A oder Entschuldigungsgründe sind nicht ersichtlich. Die Tatbegehung erfolgte daher auch schuldhaft.
4. *Strafbefreiender Rücktritt (§ 24 StGB):* Da A alles aus seiner Sicht Notwendige zur Herbeiführung des Taterfolgs bereits getan hatte, ist der Versuch beendet. Mangels eines zweiten Schusses hatte er auch keine andere Möglichkeit, den Erfolg zu erreichen. Der Versuch ist damit fehlgeschlagen. Für einen strafbefreienden Rücktritt hätte es nach § 24 StGB seines Bemühens bedurft, den tatbestandsmäßigen Erfolg zu verhindern. Hierfür ist nichts ersichtlich. Ein Rücktritt des A scheidet daher aus.
5. *Ergebnis:* A hat sich wegen versuchten Totschlag nach §§ 212, 22, 23 StGB strafbar gemacht.

19 **III. Strafbarkeit wegen versuchten Mordes, §§ 211, 22, 23 StGB**

A müsste bei der Tatbegehung eines der in § 211 II StGB genannten Mordmerkmale erfüllt haben. In Betracht kommen hier die Merkmale der Habgier und der Heimtücke.

1. *Habgier:* Aus Habgier tötet, wer durch die Tötung eines Menschen unmittelbar oder mittelbar wirtschaftliche Vorteile zu erlangen versucht. A wollte hier O beerben. Dessen Tötung sollte also vorwiegend dazu dienen, dem A in Form des Erbes einen materiellen Vorteil zu verschaffen. Dies war auch das dominierende Motiv. A handelte daher aus Habgier.
2. *Heimtücke:* Heimtückisch handelt, wer die Arglosigkeit und die daraus folgende Wehrlosigkeit des Opfers bewusst zur Tötung ausnutzt. O rechnete auf seinem abendlichen Spaziergang nicht mit einem Angriff. Er war infolgedessen nicht in der Lage, sich vor dem Schuss des A zu schützen. Er war damit arg- und wehrlos. Diese Arg- und Wehrlosigkeit hat sich A zur Begehung seiner Tat gerade auch zunutze gemacht. Damit handelte A auch heimtückisch.
3. *Ergebnis:* Damit hat A zwei Mordmerkmale erfüllt. Seine Tat ist daher als versuchter Mord nach §§ 211, 22, 23 StGB strafbar.

20 **IV. Strafbarkeit wegen Körperverletzung, § 223 StGB**

1. *Tatbestand*

a) *Objektiver Tatbestand:* Dazu müsste A eine andere Person körperlich misshandelt oder an der Gesundheit geschädigt haben. Erforderlich ist hierzu eine üble, unangemessene Behandlung, die zu einer nicht unerheblichen Beeinträchtigung des körperlichen Wohlbefindens oder der körperlichen Unversehrtheit führt oder aber das Hervorrufen eines pathologischen Zustandes, der eines Heilprozesses bedarf. Bei einem Schuss in die Schulter ist beides gegeben. Dieser Verletzungserfolg beruht auch kausal auf der Schussabgabe des A und ist ihm auch objektiv zuzurechnen. Der objektive Tatbestand ist damit erfüllt.

b) *Subjektiver Tatbestand:* A müsste auch Vorsatz gehabt haben. Vorsatz ist das Wissen und Wollen von der Tatbestandsverwirklichung. Hier wollte A den O eigentlich töten. Sein Vorsatz war damit eigentlich nicht auf eine Körperverletzung gerichtet. A wusste aber, dass die Tötung mittels Schusswaffe ohne eine Verletzung der angegriffenen Person nicht möglich ist. In seinen Vorsatz war daher die Körperverletzung des Oskar mit aufgenommen. Damit ist auch der subjektive Tatbestand erfüllt.

2. *Rechtswidrigkeit:* Mangels ersichtlicher Rechtfertigungsgründe war die Tat auch rechtswidrig.
3. *Schuld:* Da für eine Schuldunfähigkeit des A nichts spricht bzw. Entschuldigungsgründe nicht ersichtlich sind, handelte er auch schuldhaft.
4. *Ergebnis:* A hat sich daher auch wegen Körperverletzung gemäß § 223 StGB strafbar gemacht.

V. Strafbarkeit wegen gefährlicher Körperverletzung, §§ 223, 224 I Nr. 2 StGB 21
A müsste bei der Körperverletzung eine Waffe oder ein gefährliches Werkzeug verwendet haben. Bei der von ihm verwendeten Schusswaffe handelt es sich um eine Waffe im technischen Sinn. Der Qualifikationstatbestand des § 224 I Nr. 2 StGB ist damit erfüllt. Der Einsatz der Schusswaffe erfolgte auch willentlich, so dass die Erfüllung des Qualifikationstatbestands in den Vorsatz des A mit aufgenommen war.
Ergebnis: A ist daher wegen gefährlicher Körperverletzung nach §§ 223, 224 I Nr. 2 StGB strafbar.

VI. Konkurrenzen 22
Der versuchte Totschlag tritt wegen Spezialität hinter den versuchten Mord zurück. Gleiches gilt für die einfache Körperverletzung im Verhältnis zur gefährlichen Körperverletzung. Die versuchten Tötungsdelikte stehen zu den vollendeten, vorsätzlichen Körperverletzungsdelikten in Tateinheit nach § 52 StGB.

VII. Endergebnis: 23
A hat sich also wegen versuchten Mordes in Tateinheit mit gefährlicher Körperverletzung nach §§ 211, 22, 23, 223, 224 I Nr. 2, 52 StGB strafbar gemacht.

3. Normgeleitete Ausarbeitung der Lösung

a) Gutachtenstil

Die juristische Prüfungsleistung besteht nicht nur darin, das zutreffende Ergebnis zu 24
finden, sondern den Sachverhalt in stringenter Prüfungsreihenfolge nach geltendem Recht „vertretbar" zu begutachten. Darin ist sie vergleichbar einer mathematischen Rechenaufgabe: Es kommt nicht auf das Ergebnis, sondern auf dessen Herleitung an. Ein Gutachten zeichnet sich dadurch aus, dass dieses Ergebnis *am Ende* der vom Sachverhalt aufgeworfenen und systematisch richtig geordneten Rechtsfragen steht: *„A hat sich also wegen versuchten Mordes in Tateinheit mit gefährlicher Körperverletzung strafbar gemacht".* Im Gegensatz zum Gutachten stellt der Richter in seinem Urteil das Ergebnis an den Anfang, um es dann zu begründen. Während der „Gutachter" eine Hypothese voranstellt, die er dann auf ihre Richtigkeit prüft – „A *könnte* sich wegen gefährlicher Körperverletzung strafbar gemacht haben, *wenn* er bei der Körperverletzung eine Waffe oder ein gefährliches Werkzeug verwendet hat" –, stellt der „Richter" im Urteil sein Prüfungsergebnis an den Anfang, das er sodann zu begründen hat: „A *hat* sich wegen einer gefährlichen Körperverletzung strafbar gemacht, *weil* er bei der Körperverletzung eine Schusswaffe verwendet hat."

Schaubild 19: Gutachtenstil versus Urteilsstil

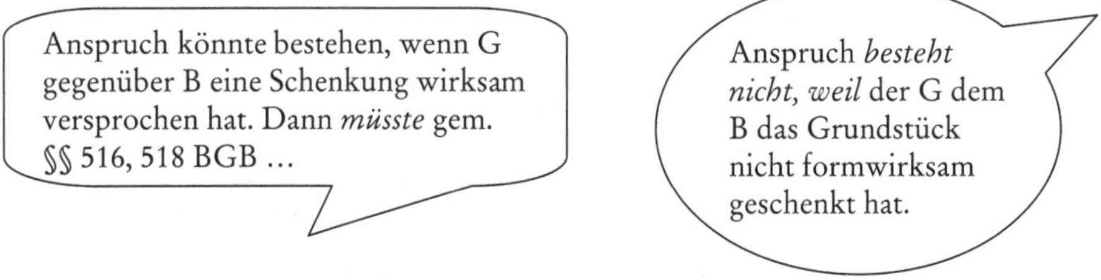

b) Normbenennung und Subsumtion

Die typische Falllösung besteht aus einer Prüfungskette (vgl. *Lange,* Kap. 9 IV 4, 25
S. 245 ff.): Bei komplexeren Fällen muss nicht nur eine einzige Norm, sondern müssen verschiedene Normen jeweils auf die einzelnen Sachverhaltsteile so in Anwendung ge-

bracht werden, dass die „große" Lösung als Endergebnis aus vielen „kleinen" Subsumtionsschritten gefolgert werden kann. Dazu müssen (1) die zutreffenden Normen für die Falllösung gefunden, (2) der Sachverhalt der Rechtsnorm „unterstellt", d. h. *„subsumiert"* werden, ohne (3) die „echten" Probleme der Rechtsanwendung zu übersehen. Am Beispiel des relativ einfachen *Falles 5 („Bienenüberfall"* – vgl. § 1 V 4a, Rn. 74) lässt sich dieses Vorgehen gut demonstrieren. Hier steht nur die Norm des § 833 BGB zur Diskussion. Doch enthält diese Norm zwei voneinander unabhängige Tatbestände, so dass in einem ersten Schritt Satz 1 (Haftung des Tierhalters) geprüft werden muss, bevor in einem zweiten Schritt die Entlastungsnorm des Satz 2 (Privilegierung des Nutztiers) zu untersuchen ist.

26 Anhand des Beispiels in *Schaubild 20* wird deutlich, dass es in einer Falllösung ganz einfache, weil *evidente* Subsumtionsschritte gibt (dass die Biene ein „Tier" i. S. d. § 833 S. 1 BGB ist, liegt auf der Hand!), die man in einer Falllösung keinesfalls ausführlich begründen sollte, andererseits aber auch schwierige, weil durch das Gesetz nicht hinreichend geklärte Subsumtionsmanöver: Zur Auslegung des § 833 S. 2 BGB in Bezug auf einen Bienenschwarm musste deshalb auch das Reichsgericht am 19.11.1938 letztinstanzlich entscheiden (RGZ 158, 388, vgl. auch *Schmalz,* Methodenlehre, Rn. 333ff.). Nur aufgrund solch *schwieriger Auslegungsfragen,* die es in jeder Prüfungsarbeit zu erkennen und zu lösen gilt, kann beurteilt werden, ob die Prüflinge ihr Handwerkszeug – hier: die vier klassischen Auslegungsmethoden (vgl. § 1 V 4, Rn. 72ff.) – auch beherrschen und auf den Fall in Anwendung bringen können. Würde mangels Problembewusstseins der Kandidat/die Kandidatin z. B. die Anwendung des „Haustier"-Begriffs auf die Bienen schlichtweg ohne Begründung verneinen, wäre zwar das Ergebnis richtig, es würde aber die substantiell erforderliche Begründung fehlen. Allein darauf kommt es an, um als Jurist/in erfolgreich zu sein: *auf die nach verständiger Auslegung des Gesetzes in der Sache überzeugende Begründung.* Selbst eine möglicherweise „klare" Gesetzesauslegung darf nicht ohne hinreichende Berücksichtigung des konkreten Sachverhalts einfach wie eine mathematische Schlussfolgerung im Sinne einer *„Subsumtionsautomatik"* vollzogen werden. Die Subsumtion ist keine bloße Angelegenheit der Logik. Je nachdem, wie offen die Konfliktlösung durch das Gesetz angelegt ist (so z. B. die Frage der „sozialen Rechtfertigung" einer arbeitsrechtlichen Kündigung nach dem offenen Wertungsprogramm des § 1 Kündigungsschutzgesetz), gibt es für einen Konflikt fast nie nur eine richtige Lösung, weil man mit unterschiedlicher Gewichtung der gesetzlichen Wertungen auch unterschiedliche Ergebnisse begründen kann (vgl. *Rüthers/Fischer/Birk,* Rn. 688ff.; *Schwab/Löhnig,* Einführung in das Zivilrecht, Rn. 13ff.).

Über die abstrakte juristische Begrifflichkeit und ihre lebensfernen Interpreten kann man sich auch lustig machen, wie das der bayerische Schriftsteller und promovierte Jurist *Ludwig Thoma* z. B. in seiner kleinen Erzählung „Der Vertrag" tut:

„Der königliche Landgerichtsrat Alois Eschenberger war ein guter Jurist und auch sonst von mäßigem Verstande. Er kümmerte sich nicht um das Wesen der Dinge, sondern ausschließlich darum, unter welchen rechtlichen Begriff dieselben zu subsumieren waren. Eine Lokomotive war ihm weiter nichts als eine bewegliche Sache, welche nach bayrischem Landrechte auch ohne notarielle Beurkundung veräußert werden konnte, und für die Elektrizität interessierte er sich zum ersten Mal, als er dieser modernen Erfindung in den Blättern für Rechtsanwendung begegnete und sah, dass die Ableitung des elektrischen Stromes den Tatbestand des Diebstahlsparagraphen erfüllen könne".

Schaubild 20: Subsumtion des „Bienenüberfall"-Falls unter § 833 BGB

Gutachtenstil:

Obersatz (§ 833 S. 1 BGB) Wird durch ein Tier [...] eine Sache beschädigt, so ist derjenige, welcher das Tier hält, verpflichtet, dem Verletzten den daraus entstehenden Schaden zu ersetzen.	**These:** Zu prüfen ist, ob der Eigentümer der Pferde aufgrund der Tötung seiner Tiere durch die Bienen gegen den Imker einen Anspruch auf Schadensersatz gem. § 833 S. 1 BGB hat. **Voraussetzung:** Dies setzt nach § 833 Abs. 1 S. 1 voraus, dass durch ein *Tier* eines *Tierhalters* ein Mensch getötet oder verletzt oder eine *Sache beschädigt* wurde.
Untersatz Der Bienenschwarm eines berufsmäßigen Imkers hat ein Pferdefuhrwerk überfallen und die Pferde getötet.	**Sachverhalt:** Der Bienenschwarm eines berufsmäßigen Imkers hat hier ein Pferdefuhrwerk überfallen und die Pferde getötet. **Subsumtion:** Bienen = *Tier* Imker = *Tierhalter* Pferde = *Sache*, vgl. § 90a S. 3 BGB Eigentümer der Pferde = *Verletzter* Tötung = *Schaden*

➡ **Schlussfolgerung 1:** Der Imker ist verpflichtet, dem Eigentümer der Pferde den Wert der toten Pferde zu ersetzen (Schadensumfang vgl. §§ 249 ff. BGB).

Obersatz der Gegennorm (§ 833 S. 2) Die Ersatzpflicht tritt nicht ein, wenn der Schaden durch ein Haustier verursacht wird, das dem Beruf der Erwerbstätigkeit oder dem Unterhalt des Tierhalters zu dienen bestimmt ist und ...	**These:** Die Ersatzpflicht könnte gem. § 833 S. 2 BGB entfallen **Voraussetzung:** Voraussetzung hierfür ist, dass der Schaden durch ein *Haustier* verursacht wurde, das dem Beruf, der Erwerbstätigkeit oder dem Unterhalt des Tierhalters *zu dienen bestimmt* ist und entweder der Tierhalter bei der Beaufsichtigung des Tieres die im Verkehr erforderliche *Sorgfalt* beobachtet oder der Schaden *auch bei Anwendung dieser Sorgfalt* entstanden sein würde.
Untersatz Der Bienenschwarm dient dem Imker als Lebensunterhalt.	**Sachverhalt:** Der Bienenschwarm dient dem Imker als Lebensunterhalt. **Subsumtion:** **Aber:** Handelt es sich auch um ein „Haustier" i.S.d. § 833 S. 2? **Auslegung Biene = Haustier?** a) Wortsinn: sehr zweifelhaft b) *Historie*: 1908 Bienen entgegen Antrag nicht in das Gesetz aufgenommen c) Systematik: Für Haftungsfrage unergiebig d) *Normzweck*: Imker kann Bienen nicht „halten" bzw. beaufsichtigen; somit könnte er sich faktisch meist exkulpieren, was mit Sinn und Zweck des § 831 S. 1 (Gefährdungshaftung) nicht vereinbar wäre e) Ergebnis: Bienen sind keine Haustiere i.S.d. § 833 S. 2 ***Subsumtion – Fortsetzung (mangels Haustier nicht mehr zu prüfen):*** *Unterhalt des Tierhalters zu dienen bestimmt = (+)* *Exkulpation oder fehlende Kausalität = keine Angaben*

➡ **Schlussfolgerung 2:** Bienen können nach Auslegung b)/d) nicht als „Haustier" i. S. d. § 833 S.2 BGB betrachtet werden, der Imker muss also Schadensersatz leisten.

c) Lückenausfüllung durch Analogie

27 Eine Subsumtion ist nur möglich, wenn eine „einschlägige" gesetzliche Regelung vorhanden ist. Das ist aber keineswegs der Regelfall. Jede Gesetzesordnung ist lückenhaft, zumal in unserer dynamisch sich verändernden Gesellschafts- und Wirtschaftsordnung (vgl. § 1 IV 3, Rn. 51 ff.). Doch entbindet das den Richter nicht davon, die an ihn herangetragenen Konflikte zu entscheiden. Er ist deshalb häufiger *Gestalter* als Diener des Gesetzes, weil anders die Lückenhaftigkeit der Gesetze ihn als „Mund des Gesetzes" sprachlos machen könnte (vgl. § 1 III 4b, Rn. 29). Die Unvollkommenheit des Gesetzes tritt nicht nur in *Generalklauseln* (vgl. §§ 138, 242, 314, 626 BGB, § 1 KSchG) zutage, sondern auch in unbeabsichtigten *Regelungslücken.* Der Rechtsanwender ist dann gehalten, diese Lücke möglichst sorgfältig nach dem „Plan des Gesetzes" zu schließen. Damit begibt er sich auf das Gebiet der *Rechtsfortbildung* und muss diese durch besonders gewissenhafte Begründung überzeugend rechtfertigen. Schon die *Feststellung* von Lücken bedarf kritischer Überprüfung, weil sie als Eingangstor der richterlichen Rechtsfortbildung freien Lauf lässt (näher *Rüthers/Fischer/Birk,* § 23 C, insb. Rn. 873 ff.). Näher liegt erstmal die Vermutung, dass der Gesetzgeber den nicht geregelten Fall *bewusst* ungeregelt lassen wollte, so dass der sog. „Umkehrschluss" berechtigt ist: *Weil* der Gesichtspunkt im Gesetz nicht geregelt ist, soll er gerade rechtlich irrelevant sein (vgl. *Rüthers/Fischer/Birk,* Rn. 899 f.; *Schwab/Löhnig,* Einführung in das Zivilrecht, Rn. 100).

Beispiel: Im Fall des „Bienenüberfalls" (*Schaubild 20,* Rn. 25) könnte der Richter versucht sein, trotz der nicht möglichen Gleichsetzung eines Bienenschwarms mit einem nützlichen „Haustier" dennoch eine „analoge" Anwendung des § 833 S. 2 BGB zur Haftungsentlastung des Imkers zu bejahen. Zwar passt der Wortlaut nicht, doch bräuchten die Imker ebenfalls die Haftungsentlastung – so könnte argumentiert werden. Damit würde man sich aber über die restriktiven Voraussetzungen der Norm und damit über den Gesetzesplan einer grundsätzlich geltenden Gefährdungshaftung für Tierhalter hinwegsetzen. Eine Gesetzeslücke ist hier nicht erkennbar, die „analoge" Anwendung scheidet folglich aus. Berechtigt ist vielmehr der Umkehrschluss: *Weil* die Bienen nicht zu beaufsichtigen und keine „Haustiere" sind, kann eine Haftungsentlastung für Imker nicht greifen.

28 Gesetzlich vorgeschrieben ist diese Vermutung im **Strafrecht:** Nach Art. 103 Abs. 2 GG, § 1 StGB kann ein Täter nur bestraft werden, wenn die Strafbarkeit zum Zeitpunkt der Tat „gesetzlich bestimmt war" *(nulla poena sine lege – „keine Strafe ohne Gesetz"),* d. h., wenn eine durch „Auslegung" feststellbare Strafbarkeit im StGB festgeschrieben war (z. B. können sog. „Stalking"-Fälle erst seit 2007 strafrechtlich verfolgt werden, vgl. den Tatbestand des § 238 StGB – „Nachstellung"). Eine Bestrafung kraft „analoger" Anwendung einer StGB-Norm (Strafbarkeits-„Lücke") scheidet dagegen aus, sie verstieße gegen das Rechtsstaatsprinzip.

Schaubild 21: Analogie als lückenfüllende Rechtsfortbildung

Gedankenschritt 1: Ist eine passende Rechtsnorm für den konkreten Fall vorhanden? Ist diese Rechtsnorm nach „Auslegung" auch anwendbar?

Gedankenschritt 2: Falls Rechtsnorm nicht anwendbar auf konkreten Fall:

	Umkehrschluss (REGEL)		*Analogie (AUSNAHME)*
Kriterium:	Plangemäße Regel	**oder**	Planwidrige Regelungslücke

Gedankenschritt 3: Hätte Gesetzgeber Anwendung der „an sich" nicht passenden Regel auf konkreten Fall nach teleologischer Auslegung gewollt?

Wenn ja → planwidrige Lücke (+) → „analoge" Anwendung (+)
(nur bei sorgfältiger Begründung möglich!)

Das Schaubild macht deutlich, dass eine Rechtsfortbildung durch Analogie eine gewis- 29
senhafte Prüfung des gesetzgeberischen Plans erforderlich macht. Dies soll am Beispiel des § 670 BGB gezeigt werden. Das BGB gewährt in **§ 670** dem unentgeltlich Beauftragten einen „Aufwendungsersatzanspruch" gegenüber seinem Auftraggeber. So kann auch der ehrenamtliche Stammesführer bei den Pfadfindern für seine Freizeit- und Materialkosten vom Stamm (organisiert als eingetragener Verein) nach dem Maßstab der „Erforderlichkeit" Ersatz verlangen. Was aber, wenn ein Unfall auf der Freizeit passiert und die Versicherung nicht zahlt? Fällt das unter „Aufwendungen" oder muss der ehrenamtliche Stammesführer dann selber zahlen?

Fall 6: Pfadfinderfall (vgl. BGHZ 89, 153 = NJW 1984, 789)

Stefan ist als Stammesführer bei den Pfadfindern „Rover Tübingen e. V." ehrenamtlich aktiv. Während 30
einer Freizeit im Schwarzwald fällt seine neue Uhr, die leider nicht wasserfest ist, in die Kinzig. S möchte nun wissen, ob er von dem Pfadfinderverein Tübingen e. V. gem. § 670 BGB Ersatz für den erlittenen Schaden verlangen kann.

4. Ergebnis

Laut *Dieter Medicus* soll die Lösung von Fällen „vollständig, ökonomisch und gedank- 31
lich widerspruchsfrei sein" (Grundwissen, Rn. 15):

- Vollständig, insoweit alle Fragen, auf die es ankommt, umfassend zu erörtern sind;
- Ökonomisch, insoweit nichts Unwesentliches ausgeführt werden darf, insbesondere der Sachverhalt nicht nacherzählt und die Gesetzesnorm nicht abgeschrieben werden sollen;
- Gedanklich widerspruchsfrei, insoweit der Lösungsaufbau sich in konsequenter Weise hin zu einem folgerichtigen Ergebnis verdichten soll.

Nicht vergessen werden sollten dabei abschnittsweise niederzulegende *Zwischenergeb-* 32
nisse, die sich als konsequente Zusammenfassung der erzielten Teilergebnisse beim Korrektor schon deshalb gut machen, weil sie Konsequenz und Schlüssigkeit der Lösung belegen. Wer freilich sich von Anfang an bei seiner Lösung nicht recht sicher fühlt, sollte Ergebnisse erst dann formulieren, wenn er auch das Ende absehen kann.

Bekanntlich reicht dafür häufig die Zeit nicht, was schlimmstenfalls zu widersprüchlichen Ergebnissen und einer wenig überzeugenden Lösung führt. Soweit noch Zeit genug ist, sollte das Gesamtergebnis in einem Schluss-Satz festgestellt werden, der die anfänglich gestellte Fallfrage („Wie hat sich A strafbar gemacht?") aufgreift und abschließend beantwortet (*Lange,* Kap. 9 IV 6, S. 277 ff.).

Kurz gefasst 9:

Fallbearbeitung und Falllösung müssen den vorgegebenen (unstreitigen) Lebenssachverhalt anhand der Fallfrage einer sorgfältigen rechtlichen Begutachtung „de lege lata", d. h. nach aktueller Rechts- und Gesetzeslage unterziehen. Dabei ist im Gutachtenstil mit Hypothesen zu arbeiten, die nach Subsumtion des Lebenssachverhalts unter die in Frage kommenden Normen zu bejahen oder zu verneinen sind. Die juristische Kunst besteht darin, „die Norm sachgerecht und den Sachverhalt normgerecht zu machen" (*Baumann,* § 4 II 2). Besonderer Wert ist auf überzeugende Argumente bei der Lösung schwieriger Auslegungsfragen zu legen, was freilich erst ein entsprechendes Problembewusstsein voraussetzt – dieses wiederum ist meist erst Ergebnis eines intensiven Studiums!

IV. Unterschiedliche Ergebnisse?

33 Fragt der Rechtssuchende den Rechtsanwalt um Rat, so möchte er von diesem eine möglichst sichere Prognose darüber haben, wie die Gerichte seinen Fall entscheiden werden. Darin zeigt sich die Bedeutung der „Durchsetzbarkeit" als Kennzeichen des Rechts (vgl. § 1 IV 1, Rn. 40). Soll das Recht im Wege – äußerstenfalls – der Zwangsvollstreckung durchgesetzt werden, bedarf es dazu des Urteils eines – äußerstenfalls – letztinstanzlichen Gerichts. *Entscheidend dafür, was geltendes Recht ist, ist damit die Ansicht der (höchstrichterlichen) Rechtsprechung.* Die höchstrichterliche Rechtsauffassung muss dabei keineswegs mit der Rechtsauffassung der Mehrheit der Rechtswissenschaftler übereinstimmen. Dies ist Grund für die Unterscheidung zwischen den Begriffen „ständige Rechtsprechung" (st. Rspr.) einerseits oder „herrschende Meinung" (h. M.) bzw. „andere Meinung" (a. M.) in der Literatur und Rechtswissenschaft andererseits.

34 Was ist nun aber die *„herrschende Meinung"*? Dies zu bestimmen fällt schwer, weil bereits wieder strittig sein kann, was genau die herrschende Meinung ausmacht. Dabei sitzen die Richter kraft ihrer Autorität gewöhnlich am längeren Hebel – eine gefestigte und höchstrichterliche Rechtsprechung zählt schon sehr viel, jedenfalls für die Beratungspraxis des Rechtsanwalts. Doch verhält sich die Rechtsprechung auf Dauer nur selten ablehnend gegenüber der herrschenden Meinung in der Rechtswissenschaft. Regelmäßig schließt sie sich ihr früher oder später an – oder es verhält sich umgekehrt. Doch vorher tobt der *„Kampf um die herrschende Meinung"* – bis zum abschließenden Urteil der höchsten Instanz. Weil das, was als „herrschende Meinung" gilt, früher oder später auch die tatsächlich geltende Rechtsauffassung werden kann, ist jeder Wissenschaftler zunächst mal bemüht, seine Meinung zur „herrschenden Meinung" zu machen. Freilich setzt das voraus, dass er die offenen Probleme der Rechtsanwendung sozusagen vorausahnt („antizipiert") und damit der Rechtsprechung passende Vorlagen für deren Konfliktfälle liefern kann. In der Folge streiten ambitionierte Wissenschaftler um die Meinungsführerschaft, was die Rechtswissenschaft häufig zu einer „Abschreibewissenschaft" werden lässt. Wird irgendwo behauptet, dass es bereits eine herrschende Meinung gebe, dann bestehen gute Aussichten, dass andere Autoren diese unbesehen übernehmen. Deshalb sollten solche Deklarationen auch nicht ohne

gründliche Prüfung von Literatur und Rechtsprechung übernommen werden. Unterschiedliche Ergebnisse machen jedenfalls das Salz in der Suppe der Rechtswissenschaft aus – auch schon für die Studierenden!

Lösungshinweise zu den Fällen in § 3

Lösungshinweise Fall 6:

(1) Die Norm des § 670 BGB gilt nur für „Aufwendungen", d. h. für freiwillige Vermögensopfer im Interesse eines anderen. Die Norm passt daher eindeutig nicht auf erlittene Schäden, weil diese nicht freiwillig, sondern unfreiwillig „passieren"; eine solche Auslegung scheitert schon am entgegenstehenden Wortlaut. 35

(2) Fraglich ist, ob der Ausschluss von Schadensersatzansprüchen im Plan des Gesetzgebers lag. Tatsächlich wurde diese von den Vätern des BGB streitig erörterte Frage (trotz eines entsprechenden Gesetzesvorschlags, vgl. Prot. II, 369) nicht geregelt, vielmehr der Rechtswissenschaft und Rechtsprechung zur Klärung überlassen. Der Gesetzgeber hat die Regelungslücke also *bewusst* nicht geschlossen.

(3) Der Richter kann demnach diese Lücke für „planwidrig" halten, muss dies aber nicht. Eine Rechtsfortbildung bedarf aber jeweils einer überzeugenden Begründung. Hier lässt sich nach im Ergebnis herrschender Meinung („h. M.") die „analoge" Anwendung des § 670 BGB auch auf *erlittene Schäden* damit begründen, dass die mit dem Auftrag typischerweise verbundenen Risiken des Stammesführers dem Auftraggeber prinzipiell zuzurechnen sind. Soweit er nicht grob fahrlässig gegen seine Sorgfaltspflichten verstößt, darf er „in aller Regel nicht mit dem vollen Risiko der im Interesse des Geschäftsherrn ausgeübten Tätigkeit belastet werden; deshalb kann ihm ein Anspruch auf Ersatz oder Freistellung von solchen Nachteilen zustehen, die er bei der Durchführung des Auftrags unfreiwillig erleidet" (BGH v. 5.12.1983 – II ZR 252/82, BGHZ 89, 153).

B. Zivilrecht *(Reichold)*

3. Kapitel. Allgemeine Grundsätze

Literatur: *Baumann,* Einführung in die Rechtswissenschaft, 8. Aufl. 1989; *Braun,* Der Zivilrechtsfall, 5. Aufl. 2012; *Däubler,* BGB kompakt, 3. Aufl. 2008; *Jauernig* (Hrsg.), Komm. z. BGB, 16. Aufl. 2015; *Medicus/Petersen,* Allgemeiner Teil des BGB, 11. Aufl. 2016; *Medicus/Petersen,* Grundwissen zum Bürgerlichen Recht, 10. Aufl. 2014; *Medicus/Lorenz,* Schuldrecht I, 21. Aufl. 2015; *Oechsler,* Vertragliche Schuldverhältnisse, 2. Aufl. 2017; *Olzen/Maties,* Zivilrechtliche Klausurlehre, 8. Aufl. 2015; *Rüthers/Stadler,* Allgemeiner Teil des BGB, 19. Aufl. 2017; *Schwab/Löhnig,* Einführung in das Zivilrecht, 20. Aufl. 2016; *Staudingers* Komm. z. BGB, Eckpfeiler des Zivilrechts, Neubearb. 2018; *Wesel,* Fast alles, was Recht ist – Jura für Nichtjuristen (Studienausgabe), 1994; *Westermann,* Grundbegriffe des BGB, 17. Aufl. 2013.

§ 4. Gegenstand und Bedeutung des Zivilrechts

I. Begriff und Abgrenzung vom öffentlichen Recht

1. Zivilrecht (Privatrecht, Bürgerliches Recht)

1 Der Begriff des Zivilrechts ist dem römischen *„ius civile"* nachgebildet und meint damit diejenigen Rechtsnormen, die der Verhaltensordnung und -steuerung einer aus gleichen und freien Bürgern bestehenden *Zivilgesellschaft („civitas")* dienen. Die Zivilrechtsordnung gilt für jede natürliche und juristische Person (vgl. § 7 I, Rn. 1, 13 f.) gleichermaßen; es handelt sich damit um den Teil des Rechts, der für jeden Menschen und jede Organisation wirksam ist, soweit nur Rechtsfähigkeit besteht (näher § 5 II 2 a, Rn. 11 ff.). Um den Gegensatz zum Öffentlichen Recht zu betonen, spricht man synonym auch von **„Privatrecht".** Auch dieses Begriffspaar ist uns überliefert vom römischen Recht: *„Publicum ius est quod ad statum rei Romanae spectat, privatum quod ad singulorum utilitatem"* (*„Das öffentliche Recht betrifft die Belange des römischen Staates, das private Recht den Nutzen des Einzelnen", vgl. Ulpian,* Digesten 1, 1, 1, 2). Freilich wäre es zu einfach, das System des Privat- oder Zivilrechts nur dem „privaten" Nutzen zuzuordnen. *Uwe Wesel* bezeichnet es weitergehend als „Grundgesetz des täglichen Funktionierens einer liberalen Wirtschaftsgesellschaft", das sich in der Dreifaltigkeit *„Rechtssubjekt, Eigentum, Vertrag"* verkörpere (S. 107). Das Zivilrecht kümmert sich also nicht nur um private Vermögensangelegenheiten, sondern, gestützt von den Freiheitsrechten des Grundgesetzes (vgl. § 1 III 3 b, Rn. 22 f.), auch um eine funktionierende Gesellschaftsordnung „von unten", weil es auf die Initiativkräfte bürgerschaftlichen und marktwirtschaftlichen Engagements vertraut und dem entsprechende Rechtsinstitute zur Verfügung stellt. Der Staat muss hier aber nur eine Rahmengesetzgebung – wichtig vor allem im Wettbewerbsrecht (GWB, UWG, vgl. § 6 I 4, Rn. 13) – vorhalten; dagegen darf er nicht durch übermäßiges eigenes Handeln Innovationskraft und Kreativität der Zivilgesellschaft „von unten" lähmen. Das Bundesverfassungsgericht bestätigt diese Sicht, wenn es davon spricht, dass die Privatautonomie „Strukturelement einer freiheitlichen Gesellschaftsordnung" sei (BVerfG v. 7.2.1990, BVerfGE 81, 242, 245 = NJW 1990, 1469).

2 Das Deutsche Richtergesetz (DRiG) scheint allerdings vom Dualismus Zivilrecht – Öffentliches Recht abzuweichen, wenn es in der Norm des § 5 a Abs. 2 Satz 2 nicht zwei, sondern *vier* Pflichtfächer für das juristische Studium in allen Bundesländern festschreibt:

„Pflichtfächer sind die Kernbereiche des *Bürgerlichen Rechts,* des *Strafrechts,* des *Öffentlichen Rechts* und des *Verfahrensrechts* einschließlich der europarechtlichen Bezüge, der rechtswissenschaftlichen Methoden und der philosophischen, geschichtlichen und gesellschaftlichen Grundlagen."

Hier lässt sich der Begriff des „Bürgerlichen Rechts" gleichsam abhaken als ein Teilgebiet des Zivil- bzw. Privatrechts, genauer: als dessen Kernbereich und Grundlegung (vgl. *Rüthers/Stadler,* § 1 Rn. 4; a. A. *Däubler,* Kap. 2 Rn. 12f., der Zivilrecht mit dem engeren „Bürgerlichen Recht" gleichsetzt). Die historische Kodifikation des „Bürgerlichen Gesetzbuchs" (BGB), das zum 1.1.1900 in Kraft trat, steht für den Kernbereich des Zivilrechts und muss bis heute von den Studierenden im Kern beherrscht werden. Erst vom BGB aus lassen sich alle Spezial- und Sonderprivatrechte erschließen und voll verstehen (näher § 6 I, Rn. 1 ff.). 3

Schaubild 1: Bürgerliches Recht als Grundlage und Kern des Zivilrechts

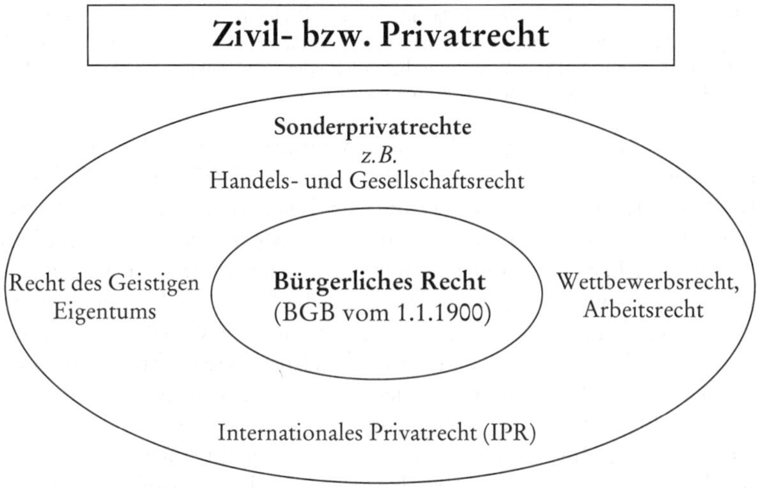

2. Öffentliches Recht (Strafrecht, Verfahrensrecht)

a) Recht hoheitlichen Handelns

Folgt man der hier vertretenen Zweiteilung („Dualismus") der Rechtsordnung, muss man in § 5a Abs. 2 S. 2 DRiG auch Strafrecht und Verfahrensrecht dem „Öffentlichen Recht" zuordnen. Das erstaunt zunächst mal, weil gerade das „Strafrecht" als traditionelles drittes Pflichtfach eine große eigenständige Tradition und Systematik aufweist. Das entspricht auch der oben § 3 III (Rn. 5ff.) bereits ausgebreiteten Prüfungspraxis der Universitäten in *drei Kernfächern.* Nicht viel anders steht es mit der Bedeutung der Prozessordnungen, wie sie im „Verfahrensrecht" auf die Studierenden (erst nach dem Erwerb der kleinen Scheine) zukommen. Dennoch ist es richtig, in die grundlegende systematische *Zweiteilung* zwischen dem Recht des staatlichen und des privaten Handelns auch das Strafrecht und das Verfahrensrecht einzubeziehen: In beiden klassischen Bereichen dominiert ja *hoheitliches Handeln.* Der strafende Staat und der das Recht durchsetzende Staat stellen zwei besonders wichtige Staatsfunktionen dar und bedürfen dazu einer vom Grundgesetz abgeleiteten strikten gesetzlichen Grundlage (vgl. *Baumann,* § 2 II 1b). Dass z. B. die Zivilprozessordnung (ZPO) dem Zivilrecht und damit auch privatautonomen Willenserklärungen zur gerichtlichen Durch- 4 setzung verhilft, ändert daran nichts. Denn materielles Zivilrecht setzt sich nicht immer von alleine durch. Es bedarf der Rechtsordnung als „Korrelat“ (*Flume,* Das Rechtsgeschäft, 4. Aufl. 1992, S. 1f., 10f., 18) und muss gegebenenfalls durch ein Prozessurteil und die darauf folgende Zwangsvollstreckung zu Lasten der unterlegenen Prozesspartei *real durchgesetzt* werden – es wird damit durch das „öffentliche“ Recht der Vollstreckung in das Vermögen des Unterlegenen (konkret durch Handlungen z. B. des Gerichtsvollziehers) erst verwirklicht.

b) Unterschiedliche Rechtswege

5 Auch die fünf unterschiedlichen Gerichtsbarkeiten (vgl. *Schaubild 3,* § 1 III 4b, Rn. 29) scheinen dem Dualismus des Rechtssystems zu widersprechen: Der sog. „ordentliche“ Rechtsweg vermischt sogar laut § 13 Gerichtsverfassungsgesetz (GVG) Zivil- und Strafsachen:

> „Vor die ordentlichen Gerichte gehören die bürgerlichen Rechtsstreitigkeiten, die Familiensachen und die Angelegenheiten der freiwilligen Gerichtsbarkeit *(Zivilsachen)* sowie die *Strafsachen,* für die nicht entweder die Zuständigkeit von Verwaltungsbehörden oder Verwaltungsgerichten begründet ist oder auf Grund von Vorschriften des Bundesrechts besondere Gerichte bestellt oder zugelassen sind.“

6 Zur Erklärung für diese „Mischung“ brauchen wir die Rechtsgeschichte. Mit den sog. „Reichsjustizgesetzen“ wurde das Verfahrensrecht 1877 (mit Wirkung zum 1.10.1879) im 1871 gegründeten Deutschen Reich (noch vor der Schaffung des BGB) vereinheitlicht – jedoch nur in Bezug auf die sog. *ordentliche* Gerichtsbarkeit in Zivil- und Strafsachen. Es gab damals nur die Instanzenzüge vom Amtsgericht zum Landgericht bzw. vom Landgericht über das Oberlandesgericht zum Reichsgericht (heute: Bundesgerichtshof). Nur davon handelt auch das Gerichtsverfassungsgesetz. Zivil- und Strafsachen waren von Anfang an klar abzugrenzen: „Strafe“ kann nicht verwechselt werden mit „Schadensersatz“, der Staatsanwalt nicht mit dem Rechtsanwalt (vgl. *Fall 1,* § 1 I Rn. 3). Für die *außerordentliche* Gerichtsbarkeit, die in § 13 GVG mit dem Verweis auf die Zuständigkeit der Verwaltungsgerichte nach § 40 Verwaltungsgerichtsordnung (VwGO) und andere „besondere Gerichte“ erwähnt wird, gab es im 19. Jahrhundert nur ganz vereinzelte Ansätze (z. B. das Preußische Oberverwaltungsgericht seit 1875). Soweit der Staat damals wirtschaftlich tätig war, bewegte er sich auf „Augenhöhe“ mit den Untertanen und unterwarf sich der ordentlichen Gerichtsbarkeit (das erklärt z. B. die Regelung in Art. 14 Abs. 3 S. 4 GG). Wurde er aber befehlend im Über- und Unterordnungsverhältnis tätig, hielt man sein Handeln nicht für justiziabel, d. h. nicht für gerichtlich überprüfbar: Der dem Untertanen „hoheitlich“ übergeordnete Staat könne ja nicht vor einem Gericht dem Untertanen als Prozesspartei auf gleicher Augenhöhe begegnen, wurde argumentiert. Erst mit dem Grundgesetz anno 1949 wurde ein Konzept von fünf Gerichtsbarkeiten (mit mindestens zwei Instanzenzügen) geschaffen, vgl. Art. 95 GG. „Außerordentlich“ werden die Verwaltungs-, Finanz-, Sozial- und Arbeitsgerichtsverfahren deshalb genannt, weil hier ursprünglich nicht (staats-) unabhängige Richter die Streitigkeiten beurteilten, sondern dies anfangs von Fach- bzw. Magistratsbeamten erledigt wurde. So gibt es auch jeweils eigene Prozessordnungen. Die Arbeitsgerichtsbarkeit und ihre Prozessordnung (ArbGG) stehen wegen ihrer Nähe zum Zivilrecht der Zivilprozessordnung (ZPO) aber wesentlich näher als die drei öffentlich-rechtlichen Gerichtsbarkeiten, die sich an der VwGO orientieren. Die Strafprozessordnung (StPO) ist schließlich seit 1877 bis heute ebenso eigenständig geblieben und fortentwickelt worden wie die ZPO und das GVG.

c) Grenzfälle

Die Grenzen zwischen öffentlichem und privatem Recht werden aber verwischt, wenn der Staat seine Aufgaben (also im öffentlichen Interesse liegende Aufgaben) auf Private überträgt (sog. *materielle* Privatisierung) oder die Aufgaben weiterhin selbst, jedoch in den Formen des Zivilrechts erfüllt (sog. *formelle* Privatisierung). Auch da, wo der Staat wie ein Privater handelt (sog. Verwaltungsprivatrecht), wird die Reichweite des spezifischen öffentlichen (Verwaltungs-)Rechts zurückgedrängt. Gleichzeitig erleidet das Privatrecht einen Qualitäts- und Bedeutungswandel, weil nunmehr das öffentliche Interesse in der Form von „Regulierungen" in das Privatrecht einfließt (näher § 5 I 3, Rn. 8). Das wird z. B. im Arbeitsrecht sichtbar, wenn der Arbeitgeber unzulässige Diskriminierungen in seiner Belegschaft verhindern soll, vgl. §§ 1, 7, 12 AGG („Allg. Gleichbehandlungsgesetz" von 2006), und damit letztlich Art. 3 GG in einer privatrechtlichen Vertragsbeziehung (Arbeitsverhältnis) zu verwirklichen hat. Auch wenn er die Lohnsteuer für seine Arbeitnehmer „an der Quelle" für den Staat abführt, handelt er quasi als „Staatsdiener". Staat und Gesellschaft verschränken sich im Regulierungsstaat in teils verwirrender Weise (vgl. § 1 IV 2a, Rn. 44f.). Für die Fallbearbeitung bedeutet das, dass auch im Privatrechtsfall durchaus einmal Grundrechte eine Rolle spielen können, während im Verwaltungsrechtsfall auch die BGB-Vertragstypen bekannt sein müssen. Egal, welcher Abgrenzungstheorie man folgt – ob der Interessen-, Subjektions- oder Subjektstheorie (näher § 14 I, Rn. 2) –, lässt sich damit allein noch nicht die Rechtswegfrage klar entscheiden. 7

Beispiel „Abrechnungssoftware für Zahnärzte" (BGHZ 123, 57): Die Beklagte, als Kassenzahnärztliche Vereinigung eine „Körperschaft des öffentlichen Rechts", hatte eine Software-Firma damit beauftragt, zur Vereinfachung ihres Abrechnungsverfahrens mit den Zahnärzten eine passende EDV-Software zu erstellen. Die erheblichen Kosten wurden aus den Mitgliedsbeiträgen der Zahnärzte bestritten. Nach ersten Praxistests sollte die Software sämtlichen Zahnärzten des Bezirks unentgeltlich zur Verfügung gestellt werden. Dagegen wendet sich der klagende Software-Hersteller, weil die Zahnärzte nunmehr kein Interesse mehr an den von ihm angebotenen, vergleichbaren EDV-Programm haben könnten, dessen Abnahme ca. 8 000 Euro kostet. Er beantragt vor dem zuständigen Landgericht, es wegen des „unlauteren Verdrängungswettbewerbs" der Beklagten zu verbieten, das näher bezeichnete Softwarepaket ihren Mitgliedern kostenlos zur Verfügung zu stellen. Die beklagte Körperschaft rügt u. a. die Unzulässigkeit des Rechtswegs. **Fraglich** ist hier schon der **Rechtsweg.** Nach § 13 GVG müsste eine „bürgerliche Rechtsstreitigkeit" vorliegen, wenn das „ordentliche" Landgericht in Zivilsachen (hier: Kammer für Handelssachen, vgl. § 95 Abs. 1 Nr. 5 GVG) zuständig sein soll. Die beklagte Kassenzahnärztliche Vereinigung ist aber eine Körperschaft des öffentlichen Rechts, deren Rechtsbeziehungen zu ihren Mitgliedern und zu den Krankenkassen durch das Sozialrecht (SGB V) öffentlich-rechtlich geregelt werden, vgl. §§ 75ff., 295 SGB V, § 51 SGG. Doch sind ihre gesetzlich geregelten Pflichten hier *nicht* betroffen. Vielmehr handelt sie „schlicht-hoheitlich", d. h. *nicht* im Rahmen ihres gesetzlich geregelten Auftrags. Dann muss aber ihr Verhalten im Verhältnis zur Klägerin und zu anderen Software-Herstellern wegen der beanstandeten wettbewerblichen Auswirkungen als **bürgerlich-rechtlich** qualifiziert werden: Es unterfällt dem Wettbewerbsrecht und verstößt gegen § 1 UWG a. F. (BGH v. 8.7.1993 – I ZR 174/91, BGHZ 123, 157 = NJW 1993, 2680).

Der Fall zeigt, dass das öffentliche Recht als staatlich *gebundenes* Handeln im Zweifel dem Zivilrecht als dem „allgemeinen" Verhaltensrecht selbst dann den Vorrang einräumen muss, wenn eine der öffentlichen (mittelbaren) Verwaltung zugehörige Einrichtung – und nicht ein Privatrechtssubjekt! – sich über ihre Kompetenzen hinausbewegt und in den allgemeinen Wirtschaftsverkehr eingreift. Damit hat sie ihre sozusagen öffentlich-rechtlich „gebundene" Existenz abgestreift und sich in den allgemeinen Raum des privatwirtschaftlich dominierten Wettbewerbs begeben: die Konsequenzen regelt daher das Zivilrecht. 8

3. Der wesentliche Unterschied

9 Dass die „ordentliche Gerichtsbarkeit" Straf- und Zivilsachen zusammen verwaltet, wogegen Arbeitsrecht ebenso wie Finanz- und Sozialrecht getrennt von ihren „Mutter"-Gerichtsbarkeiten Zivil- bzw. Verwaltungsrecht organisiert werden, steht so zwar im Grundgesetz (Art. 95 GG), entspricht aber keiner zwingenden sachlichen Notwendigkeit. Dieses Rechtswegesystem lässt sich (wie ausgeführt) nur historisch erklären. Der Blick über die Grenzen zeigt, dass eine derartige Differenzierung verschiedener sachverständiger Gerichtskörper keineswegs zwingend ist. Der Europäische Gerichtshof sieht sich ebenso zuständig für alle Rechtsfälle (jeder Fachgerichtsbarkeit) wie das Bundesverfassungsgericht. Zwar wirbt die deutsche Justizministerin zusammen mit den juristischen Berufsverbänden und -kammern mit dem Gütesiegel *„Law – Made in Germany"* (Berlin 2009) und der Schlagzeile: *„Die deutschen Gerichte – unabhängig, schnell und kostengünstig"*. Doch steht und fällt die Qualität der Gerichte nicht zwingend mit der Beibehaltung dieses komplexen Rechtswege-Systems.

10 Der wesentliche Unterschied zwischen dem öffentlichen und dem privaten Recht spiegelt sich weniger in den verschiedenen Rechtswegen als im tradierten Rechtsdenken in Kontinentaleuropa wider. Er beruht auf dem **gravierenden Unterschied zwischen gesellschaftlicher Freiheit und staatlicher Bindung.** Mit *Dieter Medicus* lässt sich sagen, dass im Privatrecht „regelmäßig die *freie,* keinem Begründungszwang unterliegende *Entscheidung*" dominiert, „im öffentlichen Recht dagegen die *gebundene Entscheidung*" (BGB AT, Rn. 4). In einer freiheitlichen Gesellschaft, in der jede staatliche Gewalt durch das Rechtsstaatsprinzip gezügelt wird (vgl. § 1 III 3a, Rn. 14ff.), obliegt dem öffentlichen Recht daher (nur) Organisation und Kontrolle staatlich gebundenen Handelns, während das Privatrecht als allgemeines „Verkehrsrecht" zwischen Privaten individuelle Freiheit „durch Geselligkeit" (*Dieter Suhr,* EuGRZ 1984, 529) regelt, nicht nur im Sinne der Freiheit des Eigentümers (Freiheit, für sich allein zu bleiben), sondern auch im Sinne *gesellschaftlicher Verbundenheit* (Freiheit, sich für frei gewählte Zwecke gesellschaftlich/politisch/wirtschaftlich zu organisieren). Das Privatrecht sichert so nicht nur Eigentum (in den Grenzen von Art. 14 GG), sondern auch Selbstorganisation in Wirtschaft und Gesellschaft wie Politik (in den Grenzen von Art. 2, 9, 12, 20 GG). Das Grundgesetz statuiert mit seinen Freiheitsgrundrechten den „Vorrang des Privatrechts" im Bereich der gesellschaftlichen Sphäre. Um diesen Vorrang zu nutzen, bedarf es des Gebrauchs der Institutionen des Privatrechts, insbesondere des Vertragsrechts, das „Freiheit auf Gegenseitigkeit" ermöglicht.

Schaubild 2: Wesentlicher Unterschied zwischen Öffentlichem und Privatrecht

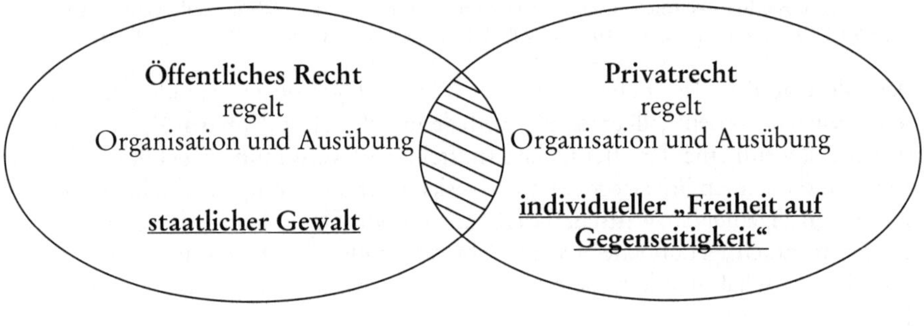

II. Zivilrecht und politisch-wirtschaftliches System

1. „Unpolitische" Regelungstechnik

11 Das BGB hält sich bewusst zurück mit programmatischen Aussagen. So heißt es zu Beginn des Zweiten Buchs („Recht der Schuldverhältnisse") in der Norm des § 241 Abs. 1 nur:

> „Kraft des Schuldverhältnisses ist der Gläubiger berechtigt, von dem Schuldner eine Leistung zu fordern. Die Leistung kann auch in einem Unterlassen bestehen."

12 Und die Norm des § 311 Abs. 1 formuliert ergänzend zum *vertraglichen* Schuldverhältnis:

> „Zur Begründung eines Schuldverhältnisses durch Rechtsgeschäft sowie zur Änderung des Inhalts eines Schuldverhältnisses ist ein Vertrag zwischen den Beteiligten erforderlich, soweit nicht das Gesetz ein anderes vorschreibt."

13 Mit diesen „technischen" (und ein wenig leblosen) Begriffen konnte das BGB seit dem 1.1.1900 eine weitgehende Kontinuität seines Inhalts durch verschiedene politische Systeme – vom Kaiserreich über die Weimarer Republik und den Nationalsozialismus bis zur Bundesrepublik Deutschland (bis zum 1.1.1976 auch in der DDR) – bewahren. Es ist dennoch nicht „unpolitisch". Seine Grundregeln setzen eine politische Ordnung voraus, in der Individualrechte wie z. B. Freiheit des Eigentums und des Vertragsschlusses garantiert sind (s. o. § 1 III 3b, Rn. 21). Die Langlebigkeit auch der anderen großen Zivilgesetzbücher wie z. B. des Code Civil von 1804 und des österreichischen ABGB von 1811 lässt sich nur damit erklären, dass unter fast allen politischen Systemen der industrialisierten Staaten eine bürgerliche „Wirtschaft der Gesellschaft" mit universellen rechtstechnischen Instrumenten ihre Geschäfts- und Vermögensinteressen jeweils befriedigen konnte. Dabei wusste die Zivilrechtswissenschaft auch im 19./20. Jahrhundert noch von den großartigen Erkenntnissen und Rechtsfiguren des römischen Rechts zu profitieren. Doch war die Absonderung vom öffentlichen, d. h. dem eigentlich „politischen" Recht, so etwas wie eine „Überlebensbedingung" für das technisch formulierte Zivilrecht (*Schwab/Löhnig,* Rn. 56f.). Auch wenn ein Zivilist wie *Wolfgang Zöllner* formulierte: „Je mehr Privatrecht, desto weniger Staatsbevormundung" (vgl. JuS 1988, 329), so war damit auch die umgekehrte historische Erfahrung in totalitären Systemen des 20. Jahrhunderts mit eingeschlossen: „Je mehr Staatsbevormundung, desto weniger Privatrecht" (vgl. *Rüthers/Stadler,* § 2 III: „systemgebundene Dienstfunktion" des Privatrechts). Der NS-Staat wollte nicht ohne Grund „das der materialistischen Weltordnung dienende römische Recht" durch ein „deutsches Gemeinrecht" ablösen (*Rüthers/Stadler,* § 2 Rn. 6). Auch im Staatssozialismus und anderen Diktaturen steht das Funktionieren des Privatrechts bis heute unter dem totalitären Regimen immanenten „Systemvorbehalt": Jedwedes politisches „Vergemeinschaftungsrecht" kann in Systemen ohne bürgerliche Grundrechte das Privatrecht systematisch austrocknen und damit gesellschaftliche Initiative „von oben" entmachten.

2. Vertrag und Wettbewerb als Kern einer „Kontraktsgesellschaft"

a) Vertragsverhältnisse

14 Der durch §§ 241 Abs. 1, 311 Abs. 1 beschriebene Kern des vertraglichen Schuldverhältnisses stellt eine *Rechtsbeziehung* zwischen (mindestens) zwei Personen auf der Ebene der *Gleichordnung* her: Der Vertrag spielt eine herausragende Rolle in einer Marktwirtschaft. Er ermöglicht Tauschvorgänge, Güterumsatz und die Erbringung von Dienstleistungen nicht nach Maßgabe einer hierarchisch gesteuerten Planwirtschaft *(Statusordnung),* sondern nach Maßgabe einer privatautonom „von unten" gesteuerten Wettbewerbswirtschaft *(Vertragsordnung).* Lebendiges Zivilrecht bedarf also einerseits einer Gesellschaft, die mit Privatautonomie umzugehen versteht („Seins"-Bedingung), andererseits eines Rechtsstaats, der auch in seiner Ordnungs- und Rechtspolitik die Entwicklung *„from status to contract"* eindeutig vorantreibt („Sollens"-Bedingung, s. o. § 1 III 2, Rn. 12f.). Dazu zählt maßgeblich die rechtsverbindliche Sicherung marktwirtschaftlichen Handelns, wie sie im Vertrag über die Europäische Union (EUV) und im Grundgesetz jeweils ermöglicht wird.

15 „Vertrag" und „Eigentum" sind seit *Max Weber (1864–1920)* konstitutive Prinzipien der bürgerlichen **„Kontraktsgesellschaft".** Die liberale Ideologie konnte noch vor 100 Jahren die „Wirtschaft der Gesellschaft" vom (angeblich) wirtschaftspolitisch neutralen Staat absondern, um ein BGB der *formal* gleichberechtigten Wirtschaftsbürger als Grundgesetz der Kontraktsgesellschaft zu rechtfertigen. In Wirklichkeit galt: Wer damals nicht zum erlesenen Kreis der *„beati possidentes"* (der „glücklichen Besitzer") gehörte, hatte kaum Gelegenheit, die Grundfreiheiten des Privatrechts (Vertrags-, Eigentums- und Testierfreiheit) überhaupt sinnvoll zu gebrauchen (vgl. *Wieacker,* Das Sozialmodell der klassischen Privatrechtsgesetzbücher, 1953). Privatrecht hatte damals eine andere gesellschaftliche Funktion als heute: Als umfassende Berechtigungs- und Verpflichtungsordnung galt sie real nur für emanzipierte Marktbürger *(homo oeconomicus),* kannte dagegen keine „Arbeitnehmer" oder „Verbraucher" als besondere Zielgruppe. Die Unsensibilität für soziale Schieflagen wurde dem BGB seit seiner Entstehung als Zeichen seines „bürgerlichen" Klassencharakters angekreidet. *Uwe Wesel* (S. 121) meint, das Problem von Gleichheit *und* Freiheit vor dem Gesetz sei bis heute nicht gelöst. Fraglich ist aber, ob dies in der Gesellschaft des 21. Jahrhunderts noch immer konstitutiv für wirksames Privatrecht ist. Ein wesentlicher Unterschied zwischen damals und heute darf nämlich nicht übersehen werden:

Kurz gefasst 1:

Funktionierendes Privatrecht setzt vor allem **funktionierenden Wettbewerb** voraus. Vertragsfreiheit degeneriert (nur) dann zur Willkürfreiheit des Stärkeren, wenn der Schwächere dessen Vertragsdiktat nicht ausweichen kann, indem er auf alternative Vertragspartner ausweicht. Die Entfesselung des Wettbewerbs als Vorbedingung einer funktionierenden Privatrechtsordnung ist auf breiter Front erst seit ca. 20 Jahren zu beobachten (Stichwort: „Globalisierung" der Märkte) und führt daher erst heute dazu, dass das BGB auch eine „universale" Geltung für alle Bürger bekommt.

b) Wettbewerbsverhältnisse

16 Üblicherweise enden Betrachtungen zur gesellschaftlichen Funktion des Zivilrechts bei der Betonung der elementaren Funktion vertraglicher Beziehungen für das Sozialwesen. Viel zu lange ausgeblendet wurde aber die *ökonomische Funktion* des Vertragsrechts. Denn

allein eine ökonomische Betrachtung ermöglicht die soeben formulierte These, dass ein *funktionierender Markt* der **„sozialste" Verteiler** der knappen Güter ist. Über die richtigen Rahmenbedingungen des Wirtschaftens – das reicht von einer demokratischen Gesetzgebung bis hin zu einem strikt gehandhabten Wettbewerbsrecht (GWB) –, so behauptet es der Ordoliberalismus, könnte das Vertragsrecht demnach zurückkehren zum Formalmodell des BGB und wäre im Großen und Ganzen entlastet von problematischen „sozialen" Erwägungen des Einzelfalls. Auch *Claus-Wilhelm Canaris* betont, dass „Wettbewerb ein Musterbeispiel für eine spezifisch *prozedurale* Konzeption" sei, die mittelbar auch zu gerechten Ergebnissen führe (AcP 200 (2000), 273, 294).

Daran ist richtig und wichtig, dass das Schuld- und Vertragsrecht erst durch eine pri- 17
vatrechts-freundliche Wirtschaftsordnung (Vorrang der Markt- vor der Planwirtschaft) zur vollen Entfaltung kommt. Zivilrecht bedarf also einer gesetzlichen Ausgestaltung zu seiner Entfaltung, ist aber *nicht beschränkt* auf wirtschaftliche Funktionen. Es muss auch ohne echten Wettbewerb funktionieren. Wettbewerbssituationen scheiden z. B. sehr häufig bei langfristigen Miet- oder Arbeitsverhältnissen aus, erst recht im Erb- und Familienrecht. Umso mehr bedarf es hier einer wertenden **„sozialen"** Rechtsordnung als Korrelat. Auch eine weit verstandene Ökonomik als Verhaltenswissenschaft des *„homo oeconomicus"* kann daher den Juristen nicht davon entlasten, seine eigenen normativen Prinzipien bei Rechtssetzung (Rechtspolitik) und Rechtsanwendung (Rechtsdogmatik) zur Geltung zu bringen – freilich gut beraten von einer ökonomischen Realwissenschaft (dazu *Eidenmüller,* JZ 1999, 53 sowie oben § 1 V 2, Rn. 62).

3. „Verbraucher" kommen in den Blick des BGB

Angestoßen durch Richtlinien der EU, nimmt das deutsche BGB seit dem Jahre 2000 18
auch den „Verbraucher" als besonderen Adressaten des Zivilrechts in den Blick. Darin zeigt sich nicht nur ein Kernstück europäischer Binnenmarkt-Philosophie, sondern auch der Einfluss des modernen Sozialstaats. Es kann dem Zivilrecht nämlich nicht gleichgültig sein, ob und inwieweit seine Regeln auch tatsächlich greifen, ob die Vertragsfreiheit auch zu hinreichender Vertragsgerechtigkeit führt, kurz: ob die Vertragsfreiheit des BGB auch **„sozial-verträglich"** erscheint. Mit den kritischen Worten von *Uwe Wesel* (S. 121): *„Mit dem Vertrag macht man es selbst, was und wie man es will, mit wem und wann man will – wenn alles gut geht."*

Am Beispiel des Verbraucherschutzes zeigen sich sozialer Wandel und politische Funk- 19
tion des Zivilrechts ganz deutlich: 100 Jahre lang gab es im Ersten Buch des BGB als Adressaten nur *„natürliche Personen"*, d. h. jeder Mensch war mit Vollendung der Geburt gleichermaßen rechtsfähig, vgl. § 1, und *„juristische Personen"*, d. h. jede durch Registrierung rechtlich zugelassene Organisation wie der „nicht wirtschaftliche Verein" (§§ 21 ff.) oder die „rechtsfähige Stiftung" (§§ 80 ff.) war einer natürlichen Person als Akteur des Zivilrechts gleichgestellt. So wurde suggeriert, dass jeder Mensch und jede rechtsfähige Organisation gleiche Regeln verdient, weil beide gleichermaßen **frei und gleich** seien (vgl. § 5 II 2). Das war eine schöne Idee des Liberalismus, die der gesellschaftlichen Wirklichkeit von Anfang an nicht gerecht wurde. So tauchten, zunächst in Sondergesetzen wie dem Abzahlungsgesetz (heute: Teilzahlungsgeschäft, vgl. § 506 Abs. 3), immer häufiger gesetzliche Normen auf, die auf rechtstatsächliche Unterschiede zwischen den Adressaten des BGB reagierten und ein Recht des „schwächeren" Vertragspartners etablierten, wie es sich jetzt im Begriff des „Verbrauchers" einerseits und des „Unternehmers" andererseits im BGB nachlesen lässt:

> **§ 13 BGB**
> „Verbraucher ist jede natürliche Person, die ein Rechtsgeschäft zu Zwecken abschließt, die überwiegend weder ihrer gewerblichen noch ihrer selbständigen beruflichen Tätigkeit zugerechnet werden können."
>
> **§ 14 BGB**
> (1) „Unternehmer ist eine natürliche oder juristische Person oder eine rechtsfähige Personengesellschaft, die bei Abschluss eines Rechtsgeschäfts in Ausübung ihrer gewerblichen oder selbständigen beruflichen Tätigkeit handelt."

20 Im BGB wird damit seit 2000 anerkannt, dass Vertragsbeziehungen *(nur)* zwischen Unternehmern und Verbrauchern (vgl. z. B. § 241 a – unbestellte Leistungen, § 312 b – sog. „Haustürgeschäfte", § 312 c – Fernabsatzgeschäfte, § 474 – Verbrauchsgüterkauf, § 491 – Verbraucherdarlehensvertrag, § 650 i – Verbraucherbauvertrag (neu seit 1. 1. 2018)) *anders* zu behandeln sind als Vertragsbeziehungen zwischen zwei Unternehmern bzw. solche zwischen zwei Verbrauchern. Im *„Business-Deutsch"* heißt das dann:

Schaubild 3: Verbraucherschutz ja oder nein?

2	**B**	**C**
B	B 2 B („business to business") Verbraucherschutz: NEIN	B 2 C ("business to consumer") Verbraucherschutz: JA
C	C 2 B („consumer to business") Verbraucherschutz: JA	C 2 C („consumer to consumer") Verbraucherschutz: NEIN

21 Damit wird der besondere „Sozialschutz" des schwächeren, nicht-professionellen Marktteilnehmers gegenüber dem stärkeren, professionellen Marktteilnehmer vom BGB im 21. Jahrhundert anerkannt, freilich nur in bestimmten gesetzlich geregelten Fällen. Nur der „Verbraucher" kann z. B. nach § 241 a unbestellte Buchsendungen einfach liegen lassen, weil er sich laut Gesetz darum nicht kümmern muss: Durch die Lieferung unbestellter Sachen eines Unternehmens an einen Verbraucher „wird ein Anspruch gegen diesen nicht begründet." Das gilt sogar für den Rechtsprofessor, wenn der als Endverbraucher unbestellte Bücher nach Hause bekommt. Das BGB muss hier ungeachtet der jeweiligen individuellen Kenntnisse je nach **Rolle und Zweck** des Geschäfts typisieren. So macht es einen Unterschied, ob der selbstständige Rechtsanwalt einen Dienstwagen anschafft – dann gilt kein Verbraucherschutz, der Anwalt agiert hier in seiner Rolle als selbstständiger Freiberufler –, oder ob er sich für seine Familie einen großen Van leistet – hier handelt er in seiner Rolle als Familienvater und „Verbraucher"! Andersherum müssen z. B. Studierende, die unter sich einen

Gebrauchtwagen verkaufen, darauf achten, dass hier der Schutz der §§ 474ff. (Verbrauchsgüterkauf) nicht greift, weil es ja keinen „Unternehmer"-Verkäufer gibt.

Kurz gefasst 2:

Das BGB kann im 21. Jahrhundert nicht allein auf die formale Vertragsfreiheit zwischen den Marktakteuren vertrauen, um die wohltätige Funktion des Wettbewerbs als „sozialsten" Verteiler knapper Güter zu entfalten. Denn Wettbewerb funktioniert bis heute nicht, ohne dass wesentliche Regeln beachtet und wesentliche Voraussetzungen erfüllt werden. Dazu gehört auch der (vorsorgende) Schutz von unerfahrenen Marktteilnehmern („Verbrauchern") im Verkehr mit Unternehmern, wie er sich im BGB z. B. durch die Gewährleistung von Widerrufsrechten nach Vertragsabschluss in bestimmten Situationen (z. B. Haustürgeschäfte, Fernabsatz, E-Commerce, vgl. § 355) manifestiert.

III. Zivilrecht und Europarecht

Das Verbraucherschutzrecht ist bestes Beispiel für die „Europäisierung" des Zivilrechts. Ausgehend vom 22
entsprechenden Politikbereich der EU, wie er in Art. 12 AEUV jetzt als sog. „Querschnittklausel" festgeschrieben *(„Den Erfordernissen des Verbraucherschutzes wird bei der Festlegung und Durchführung der anderen Unionspolitiken und -maßnahmen Rechnung getragen")* und in Art. 169 AEUV näher ausgeführt wurde, beeinflusst er vor allem das allgemeine Zivilrecht. Die bislang bedeutendste BGB-Reform durch das sog. *„Schuldrechtsmodernisierungsgesetz"* (SMG) vom 26.11.2001 (BGBl. I S. 3138) ist auf europarechtliche Reformimpulse zurückzuführen. Angestoßen vor allem durch die Verbrauchsgüterkauf-Richtlinie 1999/44/EG vom 25.5.1999, hat sich der deutsche Gesetzgeber zu einer „großen" systematischen Neuordnung des allgemeinen und besonderen Schuldrechts entschlossen, die zum 1.1.2002 in Kraft getreten ist (vgl. nur *Däubler-Gmelin,* NJW 2001, 2281; *Heldrich,* NJW 2001, 2521; *Knütel,* NJW 2001, 2519). Diese Fortentwicklung des deutschen Schuldrechts kann – nach naturgemäß sehr kontroversen Diskussionen (vgl. nur *Artz,* NJW 2001, 1703; *Gsell/Rüfner,* NJW 2001, 424 sowie Beiträge in JZ 2001, 473ff.) – wohl als insgesamt gelungene Weiterentwicklung der deutschen Zivilrechtsdogmatik als Antwort auf europarechtliche Herausforderungen gelten. Doch zeigen andere deutsche Gesetze wie insbesondere das *Allgemeine Gleichbehandlungsgesetz* (AGG) vom 14.8.2006, dass wenig reflektierte Umsetzungsmaßnahmen der „politisch" inspirierten EU-Richtlinien das deutsche Zivilrecht nachhaltig und tiefgreifend verunsichern (vgl. Kritik von *Honsell,* Staudinger/Eckpfeiler, B Rn. 40.).

Das Verfahren der **Richtlinien-Gesetzgebung** ist Spiegelbild des europäischen *„Mehr-* 23
Ebenen-Systems". Es gliedert sich in verschiedene Phasen der Gesetzgebung in Brüssel einerseits, den Mitgliedstaaten andererseits. Dabei bleiben nach Vollendung der EU-Gesetzgebung auch für nationale Umsetzungsmaßnahmen noch Spielräume, wie das folgende Schaubild zeigt:

Schaubild 4: Verbraucherrechte-Richtlinie 2011/83/EU und ihre deutsche Umsetzung

24 Sobald eine deutsche Norm des Zivilrechts auf eine EU-Richtlinie zurückgeht, hat das beachtliche Konsequenzen für

- die **Auslegung** der Norm, weil eine möglichst „europafreundliche" Auslegung nach Sinn und Zweck der europäischen Rechtsquelle vom Rechtsanwender zu beachten ist, sowie
- die **gerichtliche Zuständigkeit** über die gültige Auslegung, weil der deutsche BGH nicht mehr die letzte Instanz ist, sondern die Streitfrage dem Europäischen Gerichtshof (EuGH) in Luxemburg vorlegen muss.

25 Daraus folgt eine „schleichende" Europäisierung des Zivilrechts, weil die Interpretation auch der *deutschen* Gesetze mit europäischem Ursprung dem *EuGH* obliegt, der sich eher vom *„effet utile"*, d. h. dem EU-politischen Zweck leiten lässt, als sich von fein gesponnener deutscher Rechtsdogmatik beeindrucken zu lassen. So hat der EuGH z. B. für das modernisierte deutsche Kaufrecht festgestellt, dass beim Verbraucherkauf es dem Käufer nicht zugemutet werden könne, bei Nacherfüllung durch Neulieferung die mangelhafte Sache nicht nur zurück zu geben, sondern auch noch dafür Nutzungsersatz (d. h. Gebrauchsvorteile während Nutzung der mangelhaften Sache, vgl. § 100) an den Verkäufer zu leisten (EuGH NJW 2008, 1433 – *Quelle*-Fall; darauf reagierte BGH NJW 2009, 427). Der Gesetzgeber hat das EuGH-Urteil schnell aufgearbeitet und prompt seit 16.12.2008 in die Norm des § 474 Abs. 2 einen neuen Satz 1 eingefügt *(bitte nachlesen!)*. Ein weiteres Beispiel für die „schleichende

Europäisierung" sind die Aus- und Einbaukosten bei der Nachlieferung. Der Käufer einer mangelhaften Sache konnte nach traditioneller Auffassung keinen Ersatz für den Ausbau einer mangelhaften und den Einbau einer mangelfreien Sache aus dem Nacherfüllungsanspruch (vgl. § 439 a. F.) verlangen. Nachdem der EuGH im Fall einer Spülmaschine aber entschied, dass der Verkäufer auch diese Kosten zu tragen habe (EuGH NJW 2011, 2269), entschloss sich der BGH zunächst für eine „gespaltene Auslegung": Beim Verbrauchsgüterkauf (B2C) sei § 439 a. F. richtlinienkonform anzuwenden, so dass der Verkäufer auch die Aus- und Einbaukosten zu tragen habe; bei allen anderen Kaufverträgen gelte dies nicht (vgl. BGH NJW 2013, 220, 222). Der Gesetzgeber reagierte und schuf mit Wirkung zum 1.1.2018 den neuen § 439 Abs. 3, der den Nacherfüllungsanspruch nunmehr bei *allen* Kaufverträgen auf Aus- und Einbaukosten erstreckt.

Gibt es auch bald ein **Europäisches Zivilgesetzbuch?** Bisher schien trotz der aufwändigen wissenschaftlichen Arbeiten am sog. *„Draft Common Frame of Reference"* (zu diesem EU-„Netzwerk" vgl. *Ernst,* AcP 208 (2008), 248; *Martinek,* Staudinger/Eckpfeiler, A Rn. 195 ff.; *Pfeiffer,* AcP 208 (2008), 227; *Schulte-Nölke,* NJW 2009, 2161; *Stadler,* JZ 2010, 380; *Zimmermann,* NJW 2009, 3401) ein solches Ergebnis noch ferne. Doch wird tatsächlich von der EU-Kommission die Vorlage eines „einheitlichen europäischen Vertragsrechts" geplant. Damit einher könnte ein fundamentaler Politikwechsel in der EU-Rechtsangleichung gehen. Bislang gab es rund 15 Richtlinien, die zur Verwirklichung des Binnenmarkts tiefgreifende Reformen des BGB veranlasst hatten (Rn. 22 f.), jedoch im Grunde ineffizient blieben: Grenzüberschreitende Geschäfte machen in vielen Marktsektoren im Verhältnis zu reinen Inlandsgeschäften nur einen kleinen Bruchteil aus. Eine solche fundamentale „Europäisierung" wurde zunehmend unbeliebter, nicht nur in Deutschland. Deshalb soll ein neues einheitliches europäisches Vertragsrecht nur noch *fakultativ* gelten: Eine EU-Verordnung soll ein neues *„28. Regime"* neben den 27 nationalen Vertragsrechten etablieren. Es würde nur dann wirksam werden, wenn das die Parteien eines Vertrages *wünschten.* Aus Sicht der nationalen Rechtsordnungen wäre diese Alternative der deutlich mildere Weg einer EU-Rechtsetzung im sensiblen Kernbereich der Privatautonomie und des Vertragsrechts. Die Kommission möchte dies praktisch mittels eines *„Blue Button"* umsetzen, mit dessen „Anklicken" z. B. im Internet-Handel jeder Käufer das EU-Vertragsrecht wegen seiner Verbraucherfreundlichkeit einfach anwählen und damit nationale (Kollisions-) Rechtsordnungen gleichzeitig abwählen könnte (vgl. *Schulte-Nölke,* ZGS 2010, 289 – Editorial). 26

IV. Materielles Recht, Prozessrecht und Zwangsvollstreckung

1. Durchsetzung von Recht

Der reale Wert einer Rechtsordnung erweist sich erst bei der *Durchsetzbarkeit* von Forderungen zwischen Bürgern und/oder Organisationen etc. Es ist ein großer Standortvorteil, wenn der Schutz der Rechte, die aus dem Eigentum und dem Vertrag folgen, durch ein verlässliches Rechtswesen – gerade auch z. B. für ausländische Investoren – gesichert erscheint. Das Recht darf nicht nur im Gesetzblatt verkündet, sondern es muss auch tagtäglich durchgesetzt werden *(„law in action").* Wer z. B. am russischen oder asiatischen Markt seine Geschäfte macht, erfährt sehr schnell, dass eine Durchsetzung vertraglicher Rechte auf dem Gerichtsweg keineswegs überall funktioniert. Seit sich die Planwirtschaften auf den Weg zur Marktwirtschaft begeben haben, wird offenkundig, dass sich Treu und Glauben im Geschäftsverkehr maßgeblich an den „Kletterstangen" eines *kodifizierten* Vertrags- und Haftungsrechts ausrichten, für deren Durchsetzung auch rechtsstaatliche *Instanzen* sorgen müssen. Fehlt es daran, herrscht Kadijustiz nach dem Vorbild des Dorfrichters Adam (*Heinrich v. Kleist* 1806: „Der zerbrochne Krug"). **Kurz: Eine stabile und verlässliche Zivilrechts- und Gerichtsverfassung stellt einen großen ökonomischen Vorteil im globalen Standortwett-** 27

bewerb dar. *„Law – Made in Germany"* (vgl. Rn. 9) macht wegen seiner rechtsstaatlichen Gewährleistung durch Behörden und Gerichte einen international anerkannten Vorteil des Standorts Deutschland aus. Zwar steht das *„materielle"* Recht, das sich in den Inhalten des BGB findet, für Studierende zunächst einmal im Vordergrund, doch bedarf es in der Rechtspraxis auch seiner Durchsetzung durch ein *„formelles"* Prozess- und Vollstreckungsrecht.

2. Materiell: Schuld und Haftung

28 Beginnen wir beim „materiellen" Recht. Derjenige, welcher z. B. die Zahlung des Kaufpreises für das neue Auto schuldet (vgl. § 433 Abs. 2), heißt im BGB „Schuldner" (vgl. § 241 Abs. 1, Rn. 11). Im Gegenzug schuldet der Autoverkäufer nach Abschluss des Kaufvertrags die Lieferung der Ware, vgl. § 433 Abs. 1. Mit der strafrechtlichen „Schuld" darf die zivilrechtliche „Schuld" aber keinesfalls verwechselt werden. Der BGB-Schuldner haftet (nur) mit seinem Vermögen für die Schuld. Kann er nicht zahlen, muss er nicht ins Gefängnis, sondern die Vollstreckung in sein Vermögen dulden. Das vom BGB vorausgesetzte Prinzip der *unbeschränkten* Vermögenshaftung lautet:

Wer schuldet, haftet auch – nicht in Person, aber mit seinem ganzen Vermögen!

29 Ursprünglich haftete im römischen und auch im germanischen Recht der Schuldner primär mit seiner *Person* – er wurde schlimmstenfalls in den „Schuldturm" geworfen oder in die Knechtschaft verkauft. Vernünftiger ist es in einer entwickelten Wirtschaft, anstelle der persönlichen „Verstrickung" (*obligatio* = Fesselung) die *Vermögenshaftung* zu setzen. Nach heutiger Auffassung hat, wer eine schuldrechtliche Verpflichtung eingeht, im Falle der Nichterfüllung mit allem, was ihm gehört, dafür einzustehen. Die Haftung ist zwar von der Schuld, dem „Leisten-Sollen", begrifflich zu trennen, sie folgt ihr aber „wie ein Schatten nach" (so *Larenz,* Schuldrecht I, 13. Aufl. 1982, S. 23).

30 Der Schuldner haftet nur dann *beschränkt* auf einen Vermögensteil, wenn das gesetzlich oder vertraglich *ausdrücklich* vorgesehen ist. Das ist z. B. der Fall bei der beschränkten Haftung des Erben für Nachlassverbindlichkeiten im Falle der Nachlassverwaltung (§ 1975): Die Haftung ist hier gegenständlich auf den Nachlass beschränkt. Auch die „persönliche" Haftung des Kommanditisten im Gesellschaftsrecht ist „bis zur Höhe seiner Einlage" beschränkt (§ 171 Abs. 1 Hs. 1 HGB). Der BGH hat in einer Grundsatzentscheidung (BGH NJW 1999, 3483) betont, dass eine als „Gesellschaft bürgerlichen Rechts *mit beschränkter Haftung*" bezeichnete Gruppe nicht allein wegen dieser „Firmierung" – gesetzlich vorgesehen ist dies nur bei der GmbH (Gesellschaft *mit beschränkter Haftung*), nicht aber bei der BGB-Gesellschaft (vgl. §§ 705 ff.) – die beabsichtigte Haftungsbeschränkung herbeizuführen vermag: Eine Haftungsbeschränkung bedarf hier *ausdrücklicher* Individualvereinbarung.

3. Formell: Klage und Vollstreckung

31 Zahlt der Schuldner nicht freiwillig, so gibt ihm die Rechtsordnung die Möglichkeit, vor dem zuständigen Gericht auf die versprochene Leistung zu klagen (sog. „Erkenntnisverfahren"). Damit wird das „formelle" Recht des Zivilprozesses nach der ZPO aktiviert. Wer eine „materielle" Forderung nach § 241 Abs. 1 geltend machen kann, kann diesen „Anspruch" (*lies* Definition in § 194 Abs. 1) auch vor Gericht einklagen. Das heißt aber nicht, dass jede Klage „auf Geldleistung" geht. Regelmäßig wird mit der

häufigen **Leistungsklage** die versprochene Leistung selbst vor Gericht zugesprochen oder abgewiesen (Prinzip der *Naturalkondemnation*), z. B.

- Verurteilung zur Übergabe und Übereignung des verkauften Pkw Marke …, Fahrgestell-Nr … nebst den Kfz-Papieren an den Käufer,
- Verurteilung zur Unterlassung der Äußerung, der Kläger XY laviere ständig in der Nähe zum geschäftlichen Absturz und kenne nichts anderes als einen ruinösen Wettbewerb,
- Verurteilung auf Zahlung des Kaufpreises in Höhe von Euro … aufgrund des Kaufvertrages vom ……….. zuzüglich … % Zinsen seit …

Die Realisierbarkeit einer Forderung ist aber – selbst bei stattgebendem Urteil – im Falle der *Vollstreckung* noch abhängig von der Vermögenslage des Schuldners (vgl. „Vollstreckungsverfahren"). Der Gerichtsvollzieher kann keinesfalls immer mit einem Vollstreckungserfolg rechnen. Deshalb ist z. B. bei Darlehensverträgen ab einem nennenswert hohen Betrag die Bestellung von *dinglichen Sicherheiten* (z. B. Grundschulden) auf dem Grundstück des Schuldners üblich. Dadurch tritt neben die allgemeine Vermögenshaftung eine besondere **Sachhaftung:** Der dingliche Gläubiger (häufig eine Bank als Kreditgeber) hat die Gewissheit, aus dieser Sache vorrangige Befriedigung zu erlangen, falls seine Darlehensforderung nicht anderweit erfüllt wird. 32

Aufgrund der grundsätzlichen **Einklagbarkeit** einer Forderung (§ 241 Abs. 1) und ihrer Absicherung durch die Vermögenshaftung handelt es sich um ein grundsätzlich *geldwertes* Recht. Sie ist daher, wirtschaftlich gesehen, ein *Aktivposten* in der Bilanz des Gläubigers, selbst dann, wenn Fälligkeit noch nicht eingetreten ist. Der Gläubiger kann die Forderung dadurch „zu Geld machen", dass er sie an einen Dritten veräußert oder sie durch Sicherungsabtretung an seine eigenen Gläubiger zu seinem eigenen Vorteil (Kreditgewährung etc.) verwertet. 33

Kurz gefasst 3:

Im Zivilrecht meint *„Schuld"* die rechtsverbindliche Verpflichtung zur Erbringung der versprochenen Leistung. *„Haftung"* meint den Zugriff des Gläubigers einer Forderung auf das Schuldnervermögen in den Grenzen des Zwangsvollstreckungs- bzw. Insolvenzrechts (z. B. Pfändungsfreigrenzen, Pfändungsschutz des Arbeitnehmers etc.).

§ 5. Privatautonomie und Vertragsfreiheit

I. Historische Prägung des BGB und seine Aktualisierung

1. Entstehung des BGB (1874–1896)

Das *Bürgerliche Gesetzbuch (BGB)* vom 18. 8. 1896 ist am 1. 1. 1900 in Kraft getreten und war damit in doppelter Hinsicht ein „Jahrhundertgesetz": Es wurde nicht nur zu Beginn des 20. Jahrhunderts in Kraft gesetzt, es hatte auch epochale Bedeutung. Nach Jahrhunderten der Rechtszersplitterung sollte eine **Kodifikation** die seit 1871 neu gewonnene politische Einheit der deutschen Nation unterstreichen. Was um die Jahrhundertwende die meisten Deutschen beseelte, war ein ausgesprochenes *Nationalgefühl* (*Honsell,* Staudinger/Eckpfeiler, B Rn. 10). Der nationale *„code civil"* galt als unverzichtbares Element des **Nationalstaats.** 1

Dabei prägte die *Pandektenwissenschaft* (abgeleitet von „Pandekten", griech. für „allumfassende Sammlung", synonym lat. „Digesten"), d. h. die auf dem römischen Institutionensystem aufbauende Systemati- 2 sierung und Abstrahierung des Rechtsstoffs, die Gestalt des neuen, fein ausziselierten Gesetzbuchs maßgeblich. Seit 1874 (vgl. „Motive" 1888 in 5 Bänden) bzw. 1890 (vgl. „Protokolle" 1895 in 7 Bänden) berieten zwei Kommissionen, zusammengesetzt vor allem aus Rechtspraktikern wie z. B. dem Richter *Gottlieb Planck (1824–1910),* aber auch Wissenschaftlern wie z. B. *Bernhard Windscheid (1817–1892),* in großer Ausführlichkeit und Präzision das BGB. Der prägende erste Entwurf wurde als „ein in Gesetzesparagraphen gebrachtes *Windscheid*sches Pandektenlehrbuch" bezeichnet (*Schröder* in: *Kleinheyer/Schröder,* S. 460). Der hohe wissenschaftliche Rang der deutschen Pandektistik, wie sie durch die „historische Rechtsschule" *(v. Savigny)* als Wissenschaft des gemeinen Rechts *(ius commune)* erreicht worden war, sorgte für strenge Begrifflichkeit und einen fast vollständigen Verzicht auf in Gesetzesform gegossene Kasuistik – für *Franz Wieacker (1908–1994)* Zeichen „rühmenswerter Übersichtlichkeit und Bündigkeit" (Privatrechtsgeschichte der Neuzeit, S. 475). Gemeinsame Merkmale der Rechtsverhältnisse wurden in zwei allgemeinen Teilen (1. Buch: AT, 2. Buch: Schuldrecht AT) rigoros vor die Klammer gezogen (näher *Medicus,* BGB AT, Rn. 19). Damit wurde zwar ein „fachjuristisches Meisterwerk" (*Wieacker,* a. a. O. S. 483) geschaffen, das weltweit Nachahmung fand, doch ging das auf Kosten von Anschaulichkeit und einer sensibleren sozialen Gerechtigkeit. Verständlich nur für den gelehrten Juristenstand, konnte das BGB so nie zu einem „Volksgesetzbuch" werden, bewahrte aber seine Systematik bis heute nahezu unversehrt (*Baumann,* § 3 I 1 c: „rechtspolitische und gesetzgeberische Großtat"). Durch die strenge Begrifflichkeit der Kodifikation konnte zudem richterlicher Willkür schon im Ansatz begegnet werden. Nach dem klassischen Diktum von *Franz Wieacker* war das BGB von 1896 „das spät geborene Kind der Pandektenwissenschaft und der nationaldemokratischen, insoweit vor allem vom Liberalismus angeführten Bewegung seit 1848" (Sozialmodell der klassischen Privatrechtsgesetzbücher, 1953, S. 9).

3 Das deutsche BGB musste eine Epoche überwinden, die durch Absolutismus, ständische Gliederung, Polizeistaat und Feudalismus, kurz: durch große rechtliche Ungleichheit und willkürliche Machtausübung der herrschenden Stände (Adel und Klerus) gekennzeichnet war. Das „Preußische Allgemeine Landrecht" von 1794 hatte noch 100 Jahre zuvor genau diese ständische Ordnung als „lex lata" festgeschrieben: Bindung des Bauern an die Scholle, Zunftverfassung in den Städten, Züchtigungsrecht des Gutsherrn gegenüber seinem Gesinde usw. Das politische Programm des Liberalismus, das sich in Deutschland seit der Paulskirchenversammlung 1848/49 wirkungsmächtig artikulierte, forderte dagegen den Staat als Vereinigung gleicher und freier Bürger, forderte den Gesellschaftsvertrag und unveräußerliche Grundrechte, forderte Freiheit und Eigentum, forderte Vereinigungs- und Wirtschaftsfreiheit (näher *Schwab/Löhnig,* Rn. 59 ff.). Das war vor über 100 Jahren schon revolutionär und bereitete einer aufgeklärten Bürger- und Marktgesellschaft den Weg. Was heute kaum einen Leser mehr aufregt, barg vor über 100 Jahren noch Sprengstoff:

§ 1 (Beginn der Rechtsfähigkeit)
„Die Rechtsfähigkeit des Menschen beginnt mit der Vollendung der Geburt."

4 Was ist an dieser Definition der Rechtsfähigkeit „revolutionär"? Entscheidend ist nicht, was da steht, sondern was vom Gesetzgeber hier weggelassen und damit für selbstverständlich erklärt wurde: dass *jeder Mensch von Geburt an mit gleichen Rechten* ausgestattet ist. Jeder Mensch hat die gleiche Rechtsfähigkeit (nicht zu verwechseln mit *„Geschäftsfähigkeit",* vgl. § 8 II 1, Rn. 19) und kann diese auch nicht durch Strafurteil oder den Eintritt ins Kloster verlieren. Das Schweizer ZGB hat das in § 1 Abs. 2 etwas deutlicher formuliert: *„Für alle Menschen besteht demgemäß in den Schranken der Rechtsordnung die gleiche Fähigkeit, Rechte und Pflichten zu haben."* So verschwand in den Gesetzbüchern der Aufklärung die durch Geburt vermittelte Zugehörigkeit zum Adels-, Bürger- oder Bauernstand als Kategorie des Zivilrechts. An die Stelle eines zum Teil unterschiedlichen Privatrechts der Stände trat das **Zivilrecht als Recht *aller***

Staatsbürger (*Schwab/Löhnig,* Rn. 114). Das BGB war ein progressiv-liberales Modellgesetz, insoweit es bürgerlich-rechtliche Freiheiten in Gesetzesform fasste (näher II.). Sonst gab es ja keine Gewährleistung von „Grundrechten". Dennoch war es natürlich seiner Zeit verhaftet und keineswegs „zeitlos", wenn es z. B. um die patriarchalische *Ordnung der Familie* ging. So bestimmte anno 1900 z. B. die Norm des § 1354: *„Dem Manne steht die Entscheidung in allen das gemeinschaftliche eheliche Leben betreffenden Angelegenheiten zu; er bestimmt insbesondere Wohnort und Wohnung."* Bedenkt man, dass das Wahlrecht der Frauen erst 1918 kam und die Weimarer Reichsverfassung (WRV) 1919 in Art. 109 Männern und Frauen nur *„grundsätzlich"* dieselben staatsbürgerlichen Rechte und Pflichten zuerkannte, bevor dann 1949 im Grundgesetz der eindeutige Satz *„Männer und Frauen sind gleichberechtigt"* in Art. 3 Abs. 2 neue Regelungen zur Gleichberechtigung im BGB veranlasste, so verwundert es nicht, dass gerade im Bereich des Ehe- und Familienrechts das BGB schon im 20. Jahrhundert die bedeutendsten Veränderungen erfahren hat. Mit den trockenen Worten *Uwe Wesels* galt zunächst: „Die ehelichen Interessen waren die des Mannes. Mit anderen Worten: der Frau war jede Berufstätigkeit verboten, es sei denn, ihr Mann hätte sie erlaubt" (*Wesel,* S. 163).

2. Wandlungen des BGB bis heute

a) Familienrecht: Wandel der Werte

Mit seinen „technischen" Begriffen, z. B. im allgemeinen Schuldrecht oder im Berei- 5
cherungs- und Deliktsrecht, konnte das BGB zwar eine weitgehende Kontinuität seines Inhalts durch verschiedenste politische Systeme in Deutschland bewahren (vgl. § 4 II 1, Rn. 13), doch musste es gerade im Familienrecht den *grundlegenden Veränderungen der Sozialmoral* schon im Laufe des 20. Jahrhunderts deutlich Rechnung tragen. Die Verfasser des BGB waren 1896 von der christlichen Ehemoral als sozialer Institution ausgegangen, sie sahen daher einen patriarchalischen Aufbau in Ehe und Familie vor und folgten bei der Scheidung dem auf protestantischen Vorstellungen beruhenden Verschuldensprinzip (*Honsell,* Staudinger/Eckpfeiler, B Rn. 33). Eine liberalere Handhabung des Ehe- und Familienrechts setzte sich sehr langsam durch. Zunächst konnte die Ehefrau 1957 überhaupt erst „vermögensfähig" werden – dank Zugewinngemeinschaft und *eigenem* Verfügungsrecht über ihr in die Ehe eingebrachtes Vermögen. Das änderte noch nichts am Leitbild der „Hausfrauenehe", bis 1976 das Zerrüttungsprinzip bei der Ehescheidung (keine „schmutzige Wäsche" mehr im Scheidungsverfahren, ein Trennungsjahr reichte aus) und der Versorgungsausgleich eingeführt wurden. Die Reform von 1976 machte Unterhaltsrechte und -pflichten nicht mehr von einer „Schuld" abhängig, sondern von der wirtschaftlichen Leistungsfähigkeit der geschiedenen Ehepartner. Das Rollenbild der Ehefrau und Mutter *ohne Berufstätigkeit* prägte den nachehelichen Unterhalt und belastete den Verdiener, wohingegen heute auch der geschiedenen Mutter Berufstätigkeit zugemutet wird: Seit 2008 ist die Mutter oder der betreuende Vater verpflichtet, schon nach Vollendung des *dritten* Lebensjahres des Kindes wenigstens in Teilzeit wieder berufstätig zu sein (vgl. § 1570 Abs. 1). Grundsätzlich gilt im 21. Jahrhundert folgendes (zeitgemäße) Prinzip für das nacheheliche Unterhaltsrecht:

§ 1569 (Grundsatz der Eigenverantwortung)
„Nach der Scheidung obliegt es jedem Ehegatten, selbst für seinen Unterhalt zu sorgen. Ist er dazu außerstande, hat er gegen den anderen Ehegatten einen Anspruch auf Unterhalt nur nach den folgenden Vorschriften."

6 Der Grundsatz der Eigenverantwortung steht erst seit 2008 so im BGB. Jetzt erst ist das Familienrecht *„liberal"* geworden, ohne aber *soziale* Belange der schwächeren Seite zu vernachlässigen. Faktisch hat der Gesetzgeber mit der Emanzipation der Frau Ernst gemacht und den besonders intensiven Schutz der Mutterrolle nach der Scheidung beendet. *„Dem geschiedenen Ehegatten obliegt es, eine angemessene Erwerbstätigkeit auszuüben"*, wie § 1574 Abs. 1 ergänzt. Nach dem früheren „Altersphasen"-Modell bestand für die Mutter während der Betreuung von Kindern bis zum Alter von *acht* Jahren noch überhaupt keine Erwerbsobliegenheit. Doch bleibt es beim Grundsatz der „nachehelichen Solidarität" (§ 1569 S. 2), soweit die Ehefrau den Nachweis der Bedürftigkeit nach Maßgabe der §§ 1570ff. führen kann (näher *Martinek*, Staudinger/Eckpfeiler, A Rn. 131ff.).

b) Schutz des Schwächeren: Wandel der Funktion

7 Der eher formale Rechtsstaat wandelte sich im Lauf des 20. Jahrhunderts zunehmend in Richtung eines **sozialen Rechtsstaats.** Mit dem Ausbau des demokratischen Gemeinwesens wurde immer deutlicher, dass die Gewährleistung von Vertragsfreiheit alleine noch nicht zu „gerechten" Ergebnissen führt. Hinzu kam die Drittwirkung der Grundrechte auf das Bürgerliche Recht (vgl. § 1 III 3b, Rn. 19ff.). In einer sozialen Demokratie bemühten sich Politiker auch immer eifriger, auf ihre Wähler zu achten und vor allem die „kleinen Leute" im Alltag besser zu schützen gegen Übervorteilung und schlechte Geschäfte. Im Ehe- und Familienrecht war die Rückbindung an den gesellschaftlichen Wertewandel immer offenkundig – bei allem Streit um Art und Ausmaß der rechtlichen „Aufweichung" der Ehe (z. B. zunächst durch das Lebenspartnerschaftsgesetz von 2001, seit 1.10.2017 durch gleichgeschlechtliche Ehe („Ehe für alle"), vgl. EheRÄndG, BGBl. I, S. 2787). Doch auch im Vertragsrecht wurde mit Blick auf die Schwächeren und das Sozialstaatsgebot des Grundgesetzes die *soziale Aufgabe des Privatrechts* entdeckt und entwickelt: der „Verbraucher" kam in den Blick (vgl. § 4 II 3, Rn. 18f.). *John F. Kennedy* entdeckte nach dem Motto *„We are all consumers"* einst den Verbraucherschutz als Wahlkampf-Thema. Gerade der Wohlfahrtsstaat europäischen Musters sah sich zunehmend in der Pflicht, in die Vertragsverhältnisse zugunsten der *schwächeren Partei* einzugreifen, um den sozialen Frieden nicht zu gefährden.

7a Das **BGB** kannte zwar schon Ansätze zu einem Schutz des Wohnungsmieters (vgl. § 566) und verpflichtete auch den Dienstgeber zu Arbeitsschutzmaßnahmen (vgl. § 618), wollte aber besondere Schutzbedürfnisse nur in Sondergesetzen wie dem Abzahlungsgesetz (1894, Regelung des Ratenkaufs) oder der Gewerbeordnung (1891, Recht der gewerblichen Arbeit) anerkennen. Selbst eine wichtige Materie wie die Regelung der *Allgemeinen Geschäftsbedingungen (AGB)* wurde 1977 zunächst einem Sondergesetz überantwortet. Der Schutz des schwächeren **Arbeitnehmers** wurde einerseits durch Ausbau des BGB z. B. in §§ 613a (Betriebsübergang), 622 (Kündigungsfristen), andererseits durch Spezialgesetze wie das *Kündigungsschutzgesetz*, das *Tarifvertragsgesetz* oder neuerdings auch das *Mindestlohngesetz* vorangetrieben. Der Schutz des Wohnungsmieters wurde zunehmend und maßgeblich im BGB selbst verankert (Ausnahme war das Gesetz zur Regelung der Miethöhe – MHG). Allen Rechtspolitikern war bewusst, dass vor allem Mietvertrag und Arbeitsverhältnis wegen ihres *Dauerschuldcharakters* nicht der Vertragsfreiheit überlassen bleiben konnten, sondern zum Schutz des schwächeren Teils **zwingend** durch Gesetz oder Kollektivvertrag (Tarifvertrag) geregelt werden müssten. So wurde im Lauf des 20. Jahrhunderts immer deutlicher, dass das auf Vertragsfreiheit vertrauende liberale Gesellschaftsmodell des BGB sich bei existenziell wichtigen Vertragsverhältnissen wie z. B. den Miet- und Arbeitsverhältnissen, aber auch im Verbraucherschutz von einer quasi *öffentlich-rechtlich regulierten Vertragsgesetzgebung* verdrängt sah – echtes „Privatrecht", wird deshalb häufig beklagt, befinde sich auf dem Rückzug (so *Honsell,* Staudinger/Eckpfeiler, B Rn. 44; diff. *Medicus,* BGB AT, Rn. 179ff.).

3. Zukunft des Zivilrechts im 21. Jahrhundert

Der Kritik ist zuzugeben, dass das BGB durch Überregulierung und Konzeptionsschwächen an Stimmigkeit und Schlüssigkeit verloren hat. Freilich hat es durch die *Schuldrechtsreform 2001* (vgl. § 4 III, Rn. 22) auch Sondergesetze wie das AGBG oder das FernAbsG integriert und damit an **Lebensnähe** gewonnen. Wer sich Vorschriften wie die §§ 312c bzw. 312d (Fernabsatzvertrag, Unterrichtungspflichten) ansieht, kann ohne weiteres den Ärger über die technokratische Gesetzessprache nach EU-Vorgaben verstehen, wie sie vom deutschen Gesetzgeber in den letzten 20 Jahren allzu oft unkritisch ins BGB übernommen wurde. Andererseits hat die insgesamt gelungene Schuldrechtsreform gezeigt, dass europäische Anstöße auch zu einer stimmigen Modernisierung des BGB führen können (soweit nationale Instanzen eine dogmatisch reflektierte Umsetzung hinbekommen). Zivilrecht stellt sich heute in seiner den schwächeren „Verbraucher/Mieter/Arbeitnehmer" schützenden gesetzlichen Ausgestaltung häufig als **Regulierungsrecht** ohne größere Spielräume für Privatautonomie dar. Doch ist das nichts wirklich Neues. Liberales Privatrecht gab es nie in Reinkultur. Beim Grundstückskauf spielten schon immer öffentliches Baurecht, strenges Sachen- und Grundbuchrecht sowie Steuerrecht zusammen, bei der Wohnungsmiete gab es im 20. Jahrhundert lange Zeit Mietpreisbindung und Wohnungszwangswirtschaft. 8

Regulierung durch *strenges, d. h. zwingendes* Zivilrecht ist auch künftig durchaus vereinbar mit einer freiheitlichen Bürger- und Marktgesellschaft. Es ist auch flexibler als jede öffentlich-rechtliche Regulierung. Denn damit wird eine **soziale Ausgleichsfunktion** erfüllt, die von den Akteuren der Zivilgesellschaft *selbst* wahrgenommen wird, diese an faire Regeln bindet und behördliches Einschreiten tendenziell überflüssig macht. So müssen sich professionelle Marktteilnehmer wie die Unternehmen z. B. an kundenfreundliche Informations- und Nachbesserungsregeln gewöhnen, die den schwächeren Marktbürger vor Übervorteilung und Ausgrenzung schützen sollen. Das *AGG (Allg. Gleichbehandlungsgesetz)* dient der Einbeziehung aller Menschen in das Marktgeschehen ohne Rücksicht auf Herkunft, Nation, Religion, Geschlecht, Alter, Behinderung usw. Die **Marktgesellschaft mündiger Bürger** braucht im 21. Jahrhundert solche Regeln, um in einer pluralen und unübersichtlichen Welt ungezügelten Freiheiten Schranken zu ziehen und deutlich prekäre Ungleichgewichte zulasten des schwächeren Marktteilnehmers auszugleichen. Vor allem da, wo es gar keinen Wettbewerb gibt oder geben kann, bedarf es einer wertenden **„sozialen"** Rechtsordnung als Korrelat. Der große Soziologe *Ralf Dahrendorf (1929–2009)* hat zutreffend darauf hingewiesen, dass moderne Bürgergesellschaften auf die Wechselwirkung von *Demo-* 8a *kratie* einerseits und *Rechtsstaatlichkeit* andererseits geradezu angewiesen sind – das muss sich auch auf die Ausgestaltung des Zivilrechts auswirken:

„Politische Demokratie ohne das Netzwerk der Bürgergesellschaft schwebt entweder in der Luft, oder sie wird überfordert. Es ist ein Kernstück der funktionierenden Demokratie, dass die Bürger von ihr nicht alles verlangen. Sie soll einen verlässlichen Rahmen setzen, aber im übrigen die Bürgergesellschaft sich selbst überlassen – so wie die Bürgergesellschaft nicht ständig nach staatlichen Regeln oder Steuergeldern rufen soll" (Auf der Suche nach einer neuen Ordnung, 2003, S. 111).

9 Die **Herrschaft des Rechts** ist die andere Seite einer „Verfassung der Freiheit" *(von Hayek).* Wo die Demokratie versagt, stellt die *rule of law* eine unentbehrliche Rückfallposition dar. Ein modernes Zivilrecht mit gesellschaftlicher Akzeptanz muss daher jenseits politischer Mehrheiten die soziale Ausgleichsfunktion wahrnehmen, um die Ordnung der Freiheit nicht dem allzu freien Kräftespiel der Mächtigen zu überlassen. Doch müssen die „Kosten" der Regulierung in einem angemessenen Verhältnis zum „Ertrag" stehen, um nicht Zivilrecht ohne Überzeugungs- und Wirkkraft zu produzieren, das keine Akzeptanz in der Bürger- und Marktgesellschaft findet. Gerade bei der Umsetzung der Diskriminierungsverbote im Arbeits- und Zivilrecht durch die Regelungen des AGG 2006 führte regulativer Überschwang zu unverhältnismäßigen Einschränkungen der Privatautonomie (näher *Repgen/Lobinger/Hense,* Vertragsfreiheit und Diskriminierung, 2007; *Honsell,* Staudinger/Eckpfeiler, B Rn. 47).

Kurz gefasst 4:

Das Zivilrecht hat im 21. Jahrhundert durch kluge **Regulierung** die wichtige Aufgabe des **sozialen Ausgleichs** in der Bürger- und Marktgesellschaft als wesentlich „gesellschaftliche" Funktion zu erfüllen. Dabei bleibt es nicht stehen bei der Regelung geschäftlicher oder privater Vermögensfragen, sondern kümmert sich um eine funktionierende Gesellschaftsordnung „von unten", die durch zwingende Regelungen den Schutz des schwächeren Marktteilnehmers gewährleisten kann. Ein solches Zivilrecht übernimmt zwar „öffentliche" Aufgaben, doch organisiert es damit einen gesellschaftlichen Rahmen für eine sozialverträgliche „Freiheit auf Gegenseitigkeit" (vgl. § 4 I 3, Rn. 10 → *Schaubild 2*).

II. Grundprinzipien der Privatautonomie

1. Begriff und Begründung

10 Wer von Privatautonomie redet und diesen Begriff in den Mittelpunkt des Zivilrechts stellt, bekennt sich damit zum leitenden Grundwert des Privatrechts. Mit den Worten des großen Juristen *Werner Flume* (1908–2009) lässt er sich so beschreiben: „Privatautonomie nennt man das Prinzip der Selbstgestaltung der Rechtsverhältnisse durch den einzelnen nach seinem Willen" (Das Rechtsgeschäft, 4. Aufl. 1992, S. 1). Sie ist als Teil der allgemeinen Handlungsfreiheit nach Art. 2 Abs. 1 GG auch verfassungsrechtlich geschützt. Ihr Kernbestandteil ist die Vertragsfreiheit. Freilich wird sie nur in den Grenzen der Rechtsordnung anerkannt. Bei der rechtlichen Anerkennung von „Rechtsgeschäften" (so die Überschrift vor § 104) greifen der Rechtsfolgewille der Privatpersonen und der Regelungswille der staatlichen Instanzen ineinander. Die Rechtsordnung akzeptiert die Rechtsfolgen privatautonomer Gestaltung deshalb, weil sie damit die Selbstbestimmung des Menschen als Leitwert der Zivilrechtsordnung anerkennt (*Flume* a. a. O. S. 2). Der Selbstbestimmung korrespondiert die Selbstverantwortung des Menschen, was etwa zur Folge hat, dass dessen Vermögenshaftung als Folge von eingegangenen Verpflichtungen für das BGB selbstverständlich ist (vgl. § 4 IV 2, Rn. 28).

Die Anerkennung der „Selbstherrlichkeit" des Einzelnen brachte *Flume* mit dem Diktum *„stat pro ratione voluntas" („anstelle einer Begründung entscheidet der Wille")* auf den Punkt: Anders als die öffentliche Hand muss der Privatmann seine rechtlichen Entscheidungen nicht „vernünftig" treffen – er darf auch unvernünftige Preise zahlen und unsinnige Geschäfte machen. Doch gibt es Grenzen bei der Anerkennung „schlechter" Verträge, etwa wenn Irrtum oder Täuschung zum Vertragsabschluss geführt haben (§§ 119, 123) oder wenn der Vertragsinhalt sich als sittenwidrige Übervorteilung der schwächeren Partei darstellt (§ 138). Im Folgenden sollen wesentliche Freiheiten im BGB mit ihren wesentlichen Einschränkungen im Überblick dargestellt werden, und zwar nach einem „Ja, aber – Prinzip", das die Anerkennung der Privatautonomie in den Grenzen der Rechtsordnung verdeutlichen soll. 10a

2. Gleiche Freiheit: Natürliche und juristische Personen

a) Natürliche Person

Schon bevor das Menschenwürde-Postulat des Art. 1 GG für die deutsche Rechtsordnung als Fundamentalsatz eingeführt wurde, bekannte sich das BGB in schlichter Weise zur gleichen Freiheit aller Menschen durch § 1 (vgl. Rn. 3). Rechtsfähigkeit steht allen „natürlichen" Personen mit Vollendung der Geburt zu, was heißen soll, dass jeder Mensch in gleicher Weise fähig ist, Träger von Rechten und Pflichten zu sein. So kann schon ein ganz kleiner Erdenbürger bereits Grundstückseigentümer sein, ohne denken, lesen oder schreiben zu können. „Zur Rechtsfähigkeit gehört nichts weiter als das Menschsein" (*Westermann,* S. 18). Doch muss die Rechtsordnung natürlich den Reifegrad jedes Menschen berücksichtigen, wenn es um dessen rechtliche Handlungsfähigkeit geht. Dazu gehören Willens- und Einsichtsfähigkeit, die ein kleines Kind nicht haben kann. Daher relativieren § 2 (Eintritt der Volljährigkeit) zusammen mit den §§ 104ff. den Stellenwert der Rechtsfähigkeit: Volle Geschäftsfähigkeit und damit volle rechtliche Handlungsfähigkeit erlangen Menschen erst mit dem 18. Geburtstag, beschränkte Geschäftsfähigkeit schon mit dem 7. Geburtstag (§§ 106ff., näher § 7 I 1 c, Rn. 7). 11

Schaubild 5: Natürliche Person

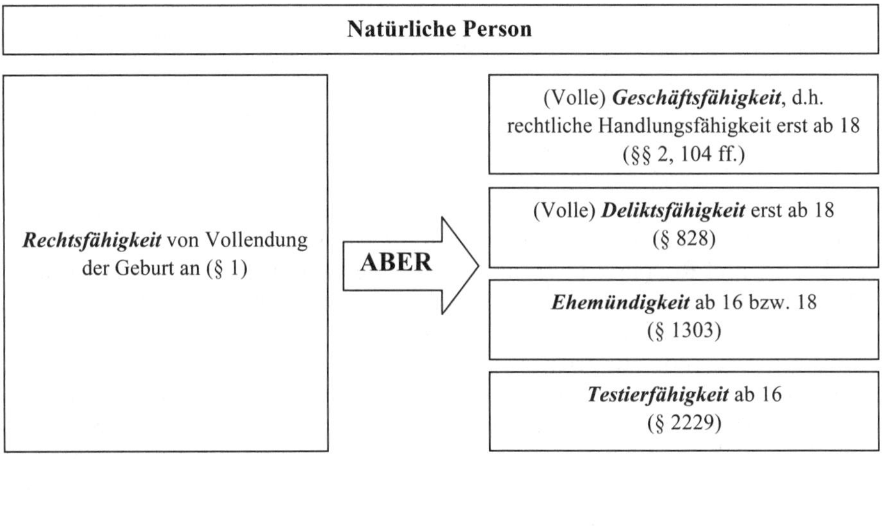

b) Juristische Person

12 Im BGB ist beginnend mit dem § 21 auch die Vereinigungsfreiheit geregelt, wenn es heißt, dass der „nicht wirtschaftliche Verein“ (sog. Idealverein) durch Eintragung in das Vereinsregister Rechtsfähigkeit erlangt. Damit wurde, lange bevor das Grundgesetz in Art. 9 Abs. 1 (Art. 124 WRV 1919) die „Vereinigungsfreiheit“ als Grundrecht anerkannte, durch das BGB auch die Rechtsfähigkeit von Organisationen anerkannt. Nicht nur Menschen, auch Organisationen können also Träger von Rechten und Pflichten sein. Doch bedarf es dafür einer „Geburt kraft Eintragung“ im einschlägigen Vereins- oder Handelsregister (näher *Däubler,* Kap. 4, Rn. 84ff.). Ohne natürliche Personen als Gründer gibt es keinen Verband (vgl. §§ 56ff.); ist er entstanden, entwickelt er aber ein machtvolles Eigenleben (zum Streit um das „Wesen“ der juristischen Person vgl. *Schwab/Löhnig,* Rn. 134ff.).

Schaubild 6: Juristische Person

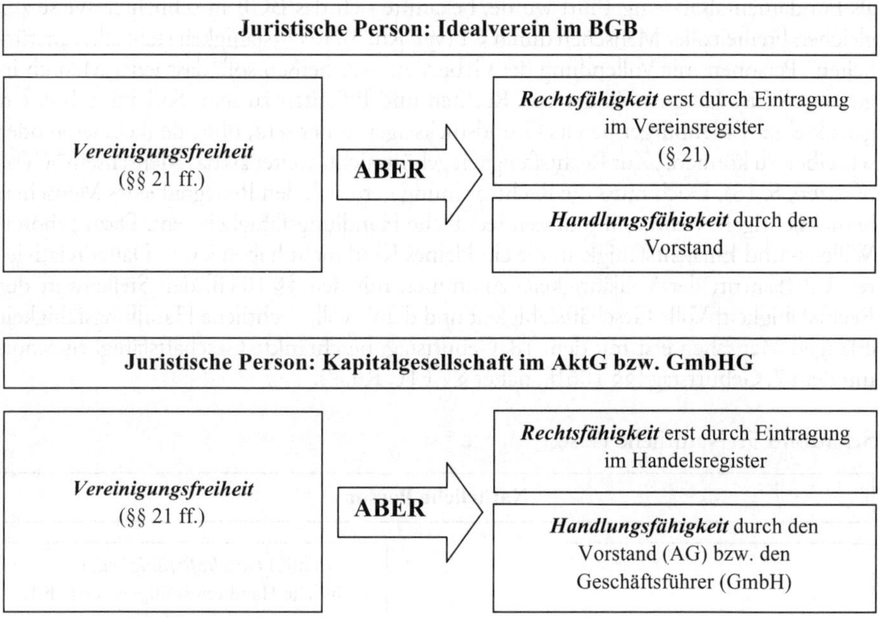

13 Grund für diese wichtige „Zweckschöpfung“ des Rechts waren in erster Linie die Erfordernisse der industriellen Revolution im 19. Jahrhundert: Ohne eine Sammlung von Kapital und Ressourcen war die Errichtung großer arbeitsteiliger Unternehmen z. B. für Schiffsexpeditionen, die Erschließung von Kolonien, den Eisenbahnbau und die Montan- und Stahlindustrie nicht möglich. Im „Allgemeinen Deutschen Handelsgesetzbuch“ von 1861 war bereits die wichtigste wirtschaftliche juristische Person, die **Aktiengesellschaft** („Actienverein“), geregelt worden. Wie der Idealverein brauchte jede AG zunächst (bis 1870) eine staatliche Genehmigung (Konzession), bevor ihre Gründung nach einem Normativsystem, d. h. durch gesetzliche Anforderungen an das Statut und das Haftungskapital (näher *Westermann,* S. 27), standardisiert wurde. Die AG als Kapitalgesellschaft verkörperte das Erfolgsgeheimnis des Kapitalismus.

Dank vieler Geldgeber (Aktionäre) konnte viel Kapital eingesammelt und deren Haftungsrisiko auf die eingelegte Summe beschränkt werden: der Aktionär kann nicht mehr als sein investiertes Geld verlieren. Die AG als Großunternehmen kann aber, vertreten durch den Vorstand, mit viel Kapital auch große Projekte wie z. B. Energie- oder Verkehrsprojekte bewältigen und damit Risiken eingehen, die ein Einzelkaufmann oder eine Personengesellschaft wegen des hohen Kapitaleinsatzes nie wagen würden.

Der Verein ist als solcher aber nicht handlungsfähig – er braucht dazu gesetzliche Vertreter wie den Vorstand, vgl. § 26. Dieser kann über das Vereinsvermögen verfügen und z. B. seinen Sportplatz modernisieren lassen, soweit genügend Geld in der Vereinskasse ist und die Mitgliederversammlung dem Projekt zugestimmt hat. Der 1. Vorsitzende Ernst Meyer modernisiert dann aber nicht als „Ernst Meyer" den Sportplatz, sondern als Vertreter des FC Frankonia. Im Grundbuch steht als Eigentümer des Sportplatzes ebenfalls nicht „Ernst Meyer", sondern der FC Frankonia „e. V.": als eingetragener Verein ist der Sportverein juristische Person und kann damit genauso Eigentümer sein wie eine natürliche Person. Er haftet auch mit seinem Vereinsvermögen wie eine natürliche Person (*lies* § 31: ein Vertreter des Vereins muss in dieser Funktion einen Schaden verursacht haben). 14

3. Vertragsfreiheit

Obwohl der „Vertrag" schon Gegenstand des Allgemeinen Teils des BGB ist (Überschrift vor § 145), hat die Vertragsfreiheit ihr wichtigstes Wirkungsfeld im **Schuldrecht:** Die für das „Vermögensrecht" wesentlichen Entscheidungen fallen meistens schon im Schuldrecht und werden im Sachenrecht sozusagen „zementiert": der schuldrechtlichen („obligatorischen") *Verpflichtung* folgt die sachenrechtliche („dingliche") *Verfügung* (unten 4). Durch § 311 Abs. 1 wird verdeutlicht, dass es im Grundsatz *jeder Person freisteht, die sie betreffenden Rechtsverhältnisse rechtsgeschäftlich frei zu gestalten und ihr damit auch rechtliche Verbindlichkeit (Klagbarkeit) beizulegen.* Vertragsfreiheit kann – wie die Privatautonomie insgesamt – aber nur innerhalb eines gesetzlichen Rahmens gewährt werden, der mehr oder weniger strenge Grenzen (z. B. Minderjährigenschutz, Formvorschriften, gesetzliche Verbote usw.) für ihren Gebrauch markiert. Wesentlich ist, dass die Vertragsfreiheit aber nicht wie im Staatssozialismus unter einen „Vorbehalt" öffentlich-rechtlicher Wirtschaftslenkung gestellt werden kann, sondern im Kern verfassungsrechtlich durch Art. 2 Abs. 1 GG gewährleistet ist. 15

a) Abschlussfreiheit

Zur Vertragsfreiheit gehört die Freiheit jeder Person, darüber zu entscheiden, *ob* überhaupt und *mit wem* sie einen Vertrag abschließen will. Niemand ist gezwungen, etwas zu kaufen oder zu verkaufen, eine Wohnung zu vermieten oder einen bestimmten Mitarbeiter einzustellen. Ausnahmen bedürfen einer ausdrücklichen gesetzlichen Anordnung (sog. Kontrahierungszwang) oder sind Folge einer Monopolstellung oder einer öffentlich-rechtlichen Regulierung (z. B. Beförderungspflicht im öffentlichen Personennahverkehr). Die Diskriminierungsverbote im AGG sollen freilich gerade professionelle Marktteilnehmer, also z. B. große Warenhausketten davor abschrecken, ihre Verkaufsangebote aus verbotenen Gründen wie Herkunft, Nation, Religion, Geschlecht, Alter, Behinderung etc. nicht jedem Käufer in gleicher Weise zugänglich zu machen. Jedenfalls das typische „Massengeschäft" (*lies* § 19 Abs. 1 Nr. 1 AGG!) darf 16 nicht zur verbotenen Diskriminierung führen und kann ggf. sogar einen Kontrahierungszwang als Rechtsfolge nach sich ziehen (lies § 21 Abs. 1 AGG, dazu *Schwab/Löhnig*, Rn. 561a/b; *Thüsing/v. Hoff*, NJW 2007, 21). Abschlussfreiheit bedeutet seit Erlass des AGG also nicht mehr ohne weiteres „Willkürfreiheit" *(„stat pro ratione voluntas")*. Zwar kann der bayerische Metzger trotz AGG wohl nicht gezwungen werden, seine Weißwürste auch an „Preußen" zu verkaufen, wenn diese ihm nicht genehm sind. Doch sorgt hier schon der funktionierende Wettbewerb für die marktgerechte Antwort der Kunden und letzten Endes für eine Lieferung unabhängig vom Ansehen der Person. Anders stellt sich das Problem dar, wenn z. B. ein besonders böser Kritiker vom Theater als Zuschauer nicht zugelassen würde. Zugunsten des Theaterkritikers ließe sich wohl ein Kontrahierungszwang aus Art. 5, 12 GG begründen („Drittwirkung des Grundgesetzes"): Die Abschlussverweigerung ist sittenwidrig, weil die Meinungsfreiheit konstitutiver Bestand dieser Gesellschaft ist und der Kritiker letztlich mit Berufsverbot belegt würde (näher *Schwab/Löhnig*, Rn. 559 ff.).

b) Inhaltsfreiheit

17 Zur Vertragsfreiheit gehört auch die Gestaltungsfreiheit bei der Bestimmung des Vertragsinhalts. Grundsätzlich gilt für das BGB auch heute noch die ordo-liberale Regel, wonach nicht der Staat, sondern der Marktbürger primär für die Herstellung eines gerechten Inhalts seiner Verträge verantwortlich zeichnet; doch fordert das einen Aushandlungsprozess – nur an dessen Ende kann der Vereinbarung eine „Richtigkeitsgewähr" zukommen. Die Rechtsordnung ergänzt aber individuelle Verhandlungen durch (gesetzlich geprägte) objektive Erwartungen an die Hauptpflichten der Parteien und die gerechte Abwägung der Vertragsrisiken. So fordert der Kaufvertrag als „essentialia" die Leistung einer mängelfreien Sache vom Verkäufer und die Zahlung sowie Abnahme der Sache vom Käufer, vgl. § 433 (näher *Oechsler*, Rn. 57). Wegen der massenhaften Geschäftsabschlüsse zwischen Unternehmen und Verbrauchern, die regelmäßig nicht gleichgewichtig ausgehandelt werden können, führte der Gesetzgeber 1977 wegen der einseitigen Stellung vorformulierter Vertragsbedingungen zudem die AGB-Inhaltskontrolle ein: Ein weiteres Abrücken vom Idealmodell des Aushandelns ohne gesetzliche Vorgaben. Übrig geblieben ist trotz allem die Preisfindung: Den „gerechten Preis" wollen und können die Richter auch mittels **Inhaltskontrolle** nicht ermitteln (*lies* die schwierig zu verstehende Norm des § 307 Abs. 3 S. 1!). So können heute wohl Privatpersonen grundsätzlich noch regeln, was sie wollen, doch setzt auch ihnen die Rechtsordnung deutliche Grenzen, indem sie etwa

- einen *„numerus clausus"* (sog. **Typenzwang**) der Rechtsformen wie im Gesellschafts- oder Immobilienrecht vorsieht: Eine „GmbH" kann nur gründen, wer die gesetzlich vorgesehenen Gründungsvoraussetzungen erfüllt und ins Handelsregister eingetragen wird; eine Grundschuld kann nur als Kreditsicherung bestellt werden, wenn sie als dingliches Recht an einem Grundstück in Abteilung III des Grundbuchs eingetragen wird usw., oder
- Unwirksamkeitsfolgen bei einseitiger, ggf. grob belastender **Fremdbestimmung** vorsieht, z. B. bei verbots- oder sittenwidrigen Geschäften (§§ 134, 138) oder bei einseitig vorformulierten *Allgemeinen Geschäftsbedingungen* (§§ 305 ff., vgl. *Westermann*, S. 49 ff.), sowie
- Anfechtungsrechte bei (Inhalts-)Irrtum, Betrug oder Drohung vorsieht (§§ 119 ff.).

18 Beim Widerruf des **Verbrauchers** (z. B. §§ 312, 355) darf der Vertrag dagegen ohne Betrachtung seines Inhalts wegen der besonderen Situation beim *Vertragsabschluss* (z. B. beim „Haustürgeschäft" oder im Fernabsatz) rückgängig gemacht werden.

Für den *Unternehmer* als professionellen Marktteilnehmer gelten darüber hinaus eine 19
Fülle von rechtlichen Vorgaben für seine Vertragsgestaltung in öffentlich regulierten Bereichen wie z. B. der Energie- und Verkehrswirtschaft oder des Bank- und Versicherungsgewerbes.

Schaubild 7: Vertragsfreiheit

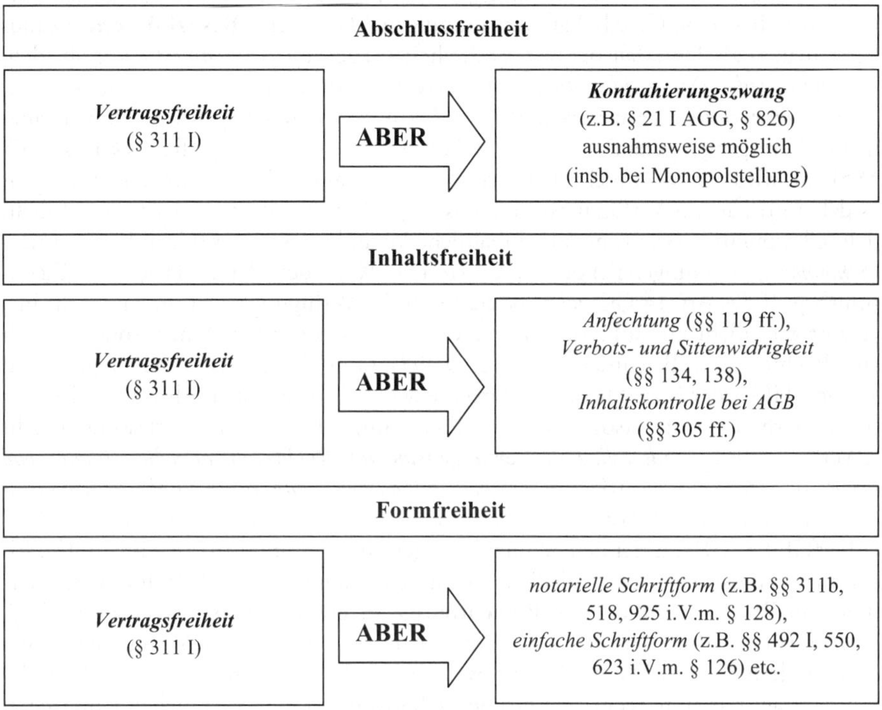

c) Formfreiheit

Das BGB hat sich auch bei Formfragen „liberal" gezeigt. Schon um den modernen Ge- 20
schäftsverkehr nicht zu behindern, sollte nicht jeder noch so kleine Kaufvertrag „beurkundet" werden müssen (zu den BGB-Motiven vgl. *Medicus,* AT, Rn. 613). Für eine wirksame **Willenserklärung** (Überschrift vor § 116) reicht es aus, wenn der Wille eines Menschen nur irgendwie nach außen sichtbar gemacht wird – auch eine Handbewegung bei einer Versteigerung erfüllt z. B. diesen Zweck (vgl. § 8 I 2, Rn. 5 *Fall 1 „Weinversteigerung"*). Doch muss die Rechtsordnung bei besonders schwerwiegenden rechtsgeschäftlichen Entscheidungen wie z. B. beim Grundstückskauf (*lies* § 311 b Abs. 1, vgl. § 1 IV 2b, Rn. 48 *Fall 4 „Edelmannswort"*) oder bei der Veräußerung des gesamten Vermögens (*lies* § 311 b Abs. 3) oder bei der Schenkung (*lies* § 518 Abs. 1) darauf achten, dass die Tragweite des Rechtsgeschäfts z. B. durch die **notarielle Beurkundung** allen Beteiligten hinreichend klar wird: Hier geht es vor allem um *Aufklärungs-* und *Warnfunktion* der Schriftform, aber auch um die *Beweis-* und *Kontrollfunktion* (näher *Rüthers/Stadler,* § 24 I). Ganz neue technische Möglichkeiten haben inzwischen, 100 Jahre nach dem Inkrafttreten des BGB, auch die Formvorschriften im Allgemeinen Teil erfasst, wie sich den Normen des § 126 a („Elektronische Form"

nach dem strengen Signaturgesetz) und des § 126b („Textform“ – ihr wird schon durch eine „E-Eail“ genügt, näher § 8 II 2a, Rn. 32) entnehmen lässt.

4. Verfügungsfreiheit

21 Die Freiheit des Eigentümers, mit seiner „Sache nach Belieben (zu) verfahren und andere von jeder Einwirkung aus(zu)schließen“, wie es in § 903 steht, ist so etwas wie das Grundgesetz einer alt-liberalen Marktgesellschaft, wie sie dem BGB historisch vorgeschwebt hat: eine Gesellschaft von mündigen Markt- und **Besitzbürgern.** Daraus leitet man – als Unterfall der Vertragsfreiheit – auch die *Verfügungsfreiheit* ab, d. h. *„das Recht jeder Person, über die ihr zustehenden Rechte und Güter zu verfügen, soweit diese nicht ausnahmsweise unverfügbar sind“* (so *Schwab/Löhnig,* Rn. 415). Was aber heißt „Verfügung“ genau? Der Begriff kommt im Allgemeinen Teil (§§ 135–137, 185) vor, wird aber dort nicht definiert. Wie das Zitat des § 903 schon andeutet, geht es dabei primär um Verfügungsrechte des Eigentümers mit *sachenrechtlichem* Inhalt, d. h. Übertragung, Belastung oder inhaltliche Veränderung seines (Grund-)Eigentums (*Schiemann,* Staudinger/Eckpfeiler, C Rn. 15). Wie auch der umfassendere Eigentumsbegriff des Art. 14 GG zeigt, bezieht sich das Verfügungsrecht im Zivilrecht insgesamt aber nicht nur auf „Sachen“ wie Grundstücke oder Maschinen, sondern auch auf „Rechte“ wie z. B. Forderungen (vgl. § 398), GmbH-Geschäftsanteile (vgl. §§ 14, 15 GmbHG) oder gewerbliche Schutzrechte wie Patente, Markenrechte oder Lizenzen sowie Urheberrechte (sog. *geistiges* Eigentum). Das Bundesverfassungsgericht (BVerfG) stellt *„grundsätzlich alle* ***vermögenswerten Rechte,*** *die dem Berechtigten von der Rechtsordnung in der Weise zugeordnet sind, dass er die damit verbundenen Befugnisse nach eigenverantwortlicher Entscheidung zu seinem privaten Nutzen ausüben darf“* (BVerfGE 83, 201), unter den Schutz der Eigentumsgarantie (Art. 14 Abs. 1 GG). Eigentum umfasst daher prinzipiell alle privat genutzten Güter und Rechte, wird allerdings im BGB als **umfassende Berechtigung an einer „Sache“** enger gefasst (vgl. *Schwab/Löhnig,* Rn. 292; vgl. §§ 7 II, Rn. 16, 11 I 1a, Rn. 2). Die Verfügungsfreiheit ist auch deshalb ein wichtiger Begriff, weil sie eine besonders für die Abwicklung des Kaufvertrags relevante **rechtstechnische Bedeutung** bei der wesentlichen Unterscheidung von Verpflichtungs- und Verfügungsgeschäft entfaltet (näher § 11 II 2a, Rn. 8).

a) Verpflichtungsgeschäft

22 Wer nach dem Modell der §§ 241 Abs. 1, 311 Abs. 1 ein vertragliches Schuldverhältnis begründet, ist erst einmal nur eine rechtliche Verpflichtung eingegangen, die noch der Erfüllung bedarf. Bei den besonders wichtigen *Austauschverträgen,* z. B. dem Kauf- oder dem Werkvertrag, ist sogar eine *gegenseitige* Verpflichtung (sog. „Synallagma“) nach dem Motto *„do, ut des* – ich gebe, damit du gibst“ entstanden. Das Recht des **Gläubigers** auf die Leistung („Forderung“) steht der Pflicht des **Schuldners** zur Erbringung der Leistung („Schuld“) gegenüber. Schuld und Forderung stehen sich also wie zwei Seiten einer Medaille gegenüber – und zwar wechselseitig.

Schaubild 8: Das Verpflichtungsgeschäft am Beispiel des Kaufvertrags

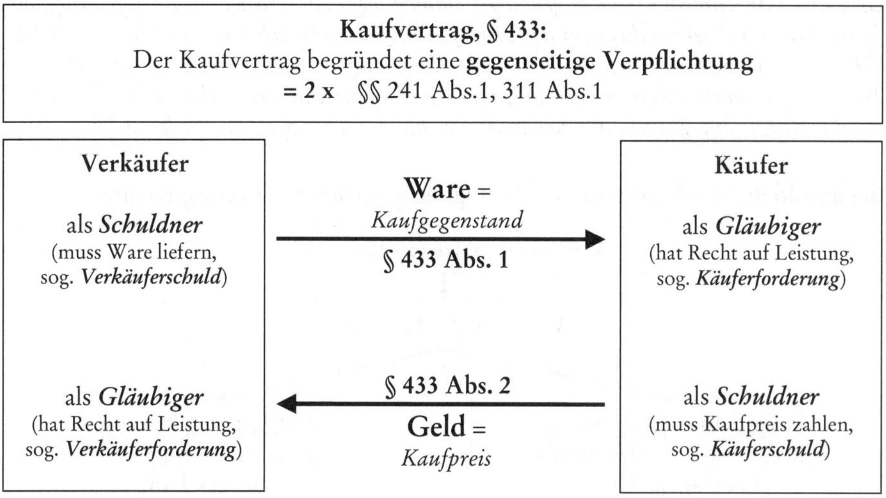

b) Verfügungsgeschäft

Während das Verpflichtungsgeschäft eine Transaktion wie den Warenkauf sozusagen 23
„programmiert", indem vertragliche Rechtspflichten begründet werden, **verändern *Verfügungsgeschäfte* unmittelbar die Rechtslage:** Erfüllung tritt laut § 362 Abs. 1 durch das *„Bewirken"* der Leistung ein. Beim Kaufvertrag geschieht das typischerweise durch die *Übereignung* beweglicher oder unbeweglicher Sachen, die im *Sachenrecht* geregelt ist. Durch die Kaufpreiszahlung allein wird der Käufer noch nicht *Eigentümer* der gekauften Sache – damit hat er erst mal nur seine Zahlungspflicht erfüllt (vgl. § 362 Abs. 1). Vielmehr bedarf es dazu eines eigenständigen Rechtsgeschäfts von Seiten des Verkäufers, der *Verfügung* über den Kaufgegenstand. Das verkaufte Auto etwa muss dem Käufer nach § 929 S. 1 *übereignet* werden: Erst durch die Erfüllung dieses „Doppeltatbestands" **Einigung** (Willensmoment) und **Übergabe** (Realakt) wird die Eigentumslage *unmittelbar* verändert – und tritt Erfüllung der schuldrechtlichen Pflichten des Verkäufers ein (vgl. § 362). Die sachenrechtliche Terminologie spricht auch nicht von Verkäufer und Käufer: Wer eine Sache überträgt, ist „Veräußerer"; wer es erhält, ist „Erwerber".

c) Trennungs- und Abstraktionsprinzip

Juristisch sollen aber Verpflichtungs- und Verfügungsgeschäft streng genommen 24
nichts miteinander zu tun haben – obwohl damit einheitliche Lebenssachverhalte zerrissen werden. Rein systematisch ergibt sich das beim Kauf aus der strengen Trennung von Schuld- und Sachenrecht. Das sog. „Trennungs- und Abstraktionsprinzip" gibt deshalb immer wieder Anlass zur Kritik (näher *Rüthers/Stadler,* § 16 IV). Der Kaufvertrag wird als *Verpflichtungsgeschäft* („relative" Beziehung) im Schuldrecht (§§ 433ff.) geregelt, die daraus erwachsende dingliche Rechtsfolge, der **Eigentumserwerb** als sog. *Erfüllungsgeschäft,* ist aus den §§ 873ff., 925ff. (Grundstücke) bzw. den §§ 929ff. (bewegliche Sachen) abzulesen **(Trennungsprinzip).** Dass in dieser „Trennung" bzw. „Abstraktion" nicht nur für den BGB Anfänger Gefahren lauern, braucht nicht extra betont zu werden. *Uwe Wesel* (S. 115) übte einst sarkastische Kritik: *„Wenn ich Montag*

morgens zum Zeitungskiosk gehe und den SPIEGEL mit DM 4,50 bezahle, vier Markstücken und fünf Groschen, sind es genau genommen sogar elf Verträge. Ein Kaufvertrag, obligatorisch. Und zehn Übereignungsverträge, dinglich, nämlich über jeweils einen SPIEGEL, vier Markstücke und fünf Groschen. Die dinglichen sind natürlich alle abstrakt. Wer will nun noch widersprechen, wenn jemand kommt und meint, die Rechtswissenschaft sei eine Kunst, mit Worten, die niemand versteht, etwas zu sagen, was jeder weiß?"

Schaubild 9: Verpflichtungs- und Verfügungsgeschäfte als „Rechtsgeschäfte"

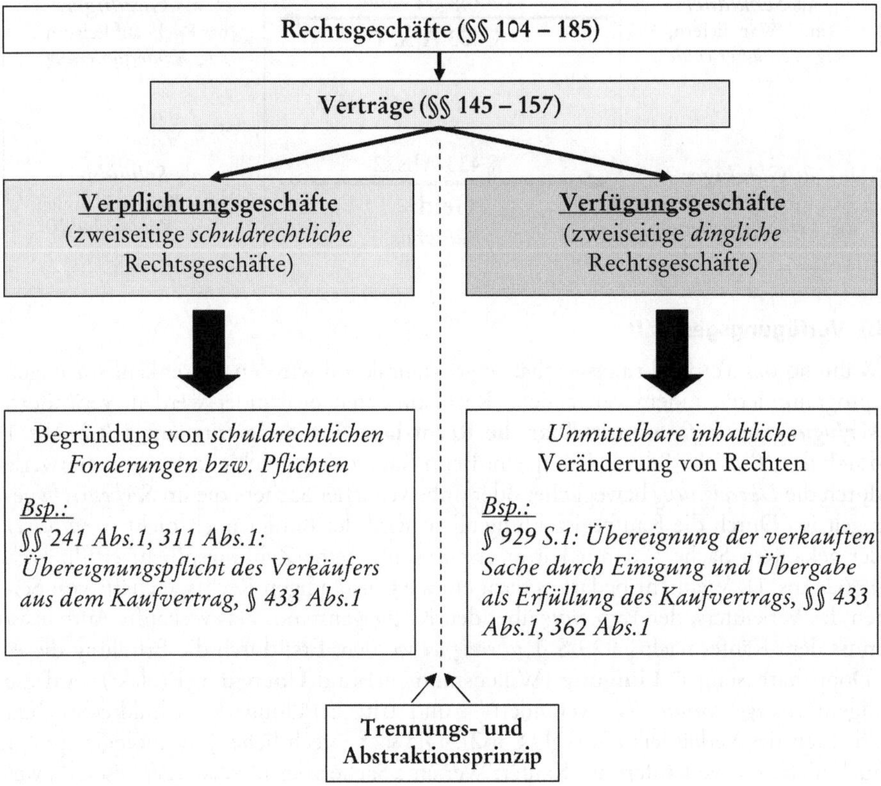

25 Die so persiflierte juristische Konstruktion eines einfachen Handkaufs – Zeitschrift gegen Geld – wird erst dann plausibler, wenn sich die einzelnen Handlungsabschnitte des Rechtsgeschäfts und Eigentumserwerbs auseinanderziehen wie z. B. beim Grundstückskauf. Da kann zwischen Abschluss des Kaufvertrags, Auflassung, Kaufpreiszahlung und Eintragung im Grundbuch bedeutend mehr Zeit verstreichen. Die differenzierte Betrachtung nach dem **Abstraktionsprinzip** erlangt dann hohe Bedeutung, z. B. wenn die Übereignung an die Zahlung des Kaufpreises gebunden werden soll. Aufgrund dieses *stilprägenden Merkmals* der deutschen Zivilrechtswissenschaft kann die Eigentumslage verlässlich beurteilt werden, ohne dass es auf die **Wirksamkeit** des *Kausalgeschäfts* (z. B. Kaufvertrag) ankäme. Fehlt dann für die Verfügung, z. B. wegen Minderjährigkeit, der rechtliche Grund, kann allerdings der Verkäufer vom Empfänger nach § 812 verlangen, dass dieser an ihn zurückverfügt. So ist trotz unwirksamen Vertrags die Verfügung auch an den Minderjährigen (*lies* § 107!) wegen rechtlichen

Vorteils erstmal wirksam (BGH NJW 2005, 415: Erwerb eines belasteten Grundstücks), bevor die Rückübereignung aus § 812 verlangt werden kann. Das Fehlen der „causa" begründet nur einen Anspruch, keinen automatischen „Rückfall" des Rechts, das Gegenstand der Verfügung war (*Schiemann,* Staudinger/Eckpfeiler, C Rn. 16f.).

d) Testierfreiheit

Auch die Testierfreiheit, d. h. das Recht jeder Person, *„für den Fall ihres Todes über die* 26
Rechtsnachfolge der ihr gehörigen Rechte und Güter zu entscheiden" (so *Schwab/Löhnig,* Rn. 415), ist ein Fall der Verfügungsfreiheit. Wer nach §§ 1937, 2247 ein eigenhändiges Testament verfasst, hat eine „einseitige Verfügung von Todes wegen" getroffen, die die Rechtslage **mit Eintritt des Todes unmittelbar** verändert. Das Vermögen des Erblassers wird dem/den im Testament Bedachten mit *dinglicher* Wirkung übereignet, vgl. § 1922 Abs. 1: „Mit dem Tode einer Person (Erbfall) geht dessen Vermögen (Erbschaft) als Ganzes auf eine oder mehrere andere Personen (Erben) über". Diese *letztwillige* Verfügung des Erblassers kommt sogar ganz ohne „causa" (schuldrechtliche Begründung) aus. Mit den Worten von *Gottfried Schiemann:* „Die letztwillige Verfügung ist gleichsam endgültig sich selbst genug" (a. a. O. C Rn. 16).

Schaubild 10: Verfügungsfreiheit

Sachenrecht

Verfügungsfreiheit → **ABER** → *Typenzwang* bei Veräußerung, Belastung, Aufhebung etc. (z.B. §§ 873, 925, 929), bei unbeweglichen Sachen gilt *Eintragungspflicht* im Grundbuch

Zessionsrecht (Abtretung von Forderungen)

Verfügungsfreiheit → **ABER** → „Schuldrechtliche" Verfügung *ohne Formzwang* (§ 398 ff., 413) zwischen Zedent und Zessionar, Grundsatz der individuellen Bestimmtheit des übertragenen Rechts

Erbrecht

Verfügungsfreiheit → **ABER** → *Schriftform des Testaments* (§ 2247)

§ 6. Rechtsquellen

I. BGB und Sonderprivatrechte

1. Inhalt und Gliederung des BGB und der konkrete Fall

Arbeitshinweis: Das BGB muss jetzt (allerspätestens) von der Leserin oder dem Leser in die Hand genommen und gelesen werden.

a) Gliederung der fünf Bücher

1 Beginnen wir mit dem Inhaltsverzeichnis. Es zeigt uns in der Grobgliederung **fünf „Bücher“:** den Allgemeinen Teil, das Schuldrecht, das Sachenrecht, das Familienrecht und das Erbrecht. Diese Gliederung geht zurück auf die Vorarbeiten der sog. *Pandektisten* („Historische Rechtsschule“ um *Hugo, Heise, Puchta* und *Savigny,* vgl. § 5 I 1), die im 19. Jahrhundert das überkommene römische System der *„Institutionen“,* in dem das Zivilrecht in *personae* (Personenrecht), *res* (Vermögensrecht) und *actiones* (Zivilprozessrecht) eingeteilt war, anders, d. h. „wissenschaftlicher“ systematisierten (*Medicus/Lorenz,* SchR I, § 4 Rn. 33 ff.). Im Allgemeinen Teil (§§ 1–240) und im allgemeinen Teil des Schuldrechts (§§ 241–432) wurden allgemeine Lehren *„vor die Klammer“* gezogen, in die dann das besondere Schuldrecht, Sachen-, Familien- und Erbrecht in vier weiteren Büchern gestellt wurden. Während die römischen Juristen (und ihnen folgend Österreichs ABGB und Frankreichs code civil) bei der Systematisierung die Einheit des **Lebenssachverhalts** vor Augen hatten, ließen die Pandektisten und mit ihnen die Väter des BGB dies nur noch im Familien- und Erbrecht gelten (Einheit der Tatbestände: Beziehungen der Ehegatten, der Eltern und ihrer Kinder einerseits, Folgen des Todes einer Person andererseits).

Schaubild 11: Die zwei Gliederungsprinzipien des BGB

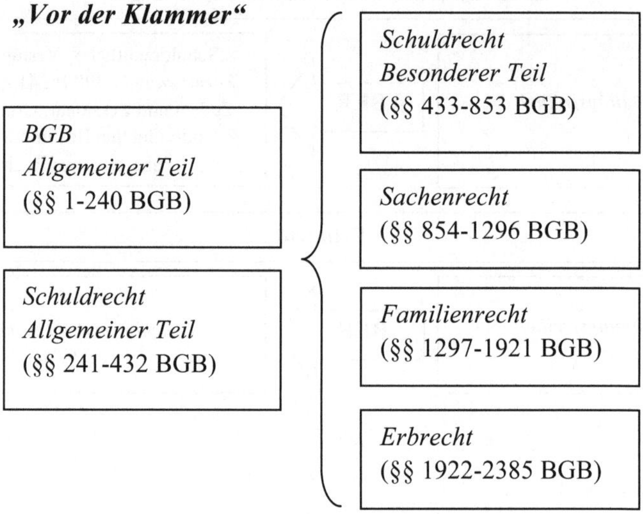

2 Im Schuld- und Sachenrecht hingegen geht es um die systematische Einheit der Rechtsfolgen: Im Schuldrecht sind Gläubiger und Schuldner durch das Schuldverhält-

nis *relativ („bilateral")* verbunden; sie „schulden" einander ein bestimmtes Verhalten und können dies auch mit Hilfe der Rechtsordnung durchsetzen. Das Schuldrecht ermöglicht damit die Freiheit des **„Sich-Betätigen-Dürfens"** *(Fikentscher)* und ist wesentliches Signum einer dynamischen Marktgesellschaft (vgl. § 4 II 2a, Rn. 14). Im Sachenrecht werden dagegen *absolut (gegenüber jedermann)* geltende dingliche Rechte begründet und durchgesetzt. Das Recht sorgt hier für einen – eher statischen – Bestandsschutz, für das **„Haben-Dürfen"** *(Fikentscher).*

Wesentlich bleibt, dass dank der hohen Kunst der Abstraktion die vor die Klammer 3
gezogenen *allgemeinen Regelungen* des BGB (so z. B. das Recht des Zugangs der Willenserklärung, der Stellvertretung, der Verjährung usw.) nicht nur für das Bürgerliche Recht, sondern für das gesamte Zivil- bzw. Zivilprozessrecht und dessen Sonderprivatrechte wie Handels- und Gesellschaftsrecht, Wettbewerbsrecht, Arbeitsrecht, Insolvenzrecht usw. *verbindliches Recht* werden konnten. Seitdem gilt der Grundsatz, dass dann, wenn ein Sonderprivatrecht nicht besondere Regelungen aufstellt *(lex specialis),* „im Zweifel" die allgemeinen Regeln des BGB gelten *(lex generalis).*

b) Blättern im BGB

Der Aufbau des BGB strapaziert durch seine die Einheit des Lebenssachverhalts zerrei- 4
ßende Systematik das Verständnis des Lesers. So gehören die Definitionsnormen der *„Sachen"* (§§ 90–103) im Ersten Buch (AT) eigentlich zum Dritten Buch *„Sachenrecht"* (§§ 854ff.); doch finden sie auch schon im Zweiten Buch (Schuldrecht) ab und an Verwendung. Die Übersetzung konkreter Sachverhalte in die abstrakte Sprache des BGB fällt dem Leser zunächst schwer, schwerer als im etwas übersichtlicheren StGB. Der Allgemeine Teil stellt mit seinen Begriffen und Regelungen „quasi den Gipfel der gesetzgebungstechnischen Verallgemeinerung" dar (*Rüthers/Stadler,* § 1 Rn. 10). Eine Vorlesung zum „Einstieg" in das BGB (z. B. Grundkurs Zivilrecht I) kann daher nicht einfach vom „Gipfel" namens AT her beginnen, sondern braucht die Verknüpfung mit dem Lebenssachverhalt „unten", z. B. mit dem Warenkauf, um die *Anwendung* des Gesetzes auf Alltagsprobleme darzulegen. Schon am einfachen Falleispiel zeigt sich, dass die einschlägigen Normen des BGB in den verschiedenen Abschnitten gesichtet und richtig geordnet werden müssen, um Durchblick zu gewinnen.

Beispiel „Notebook"-Bestellung (nach *Westermann,* Kap. 2 I): Der 17-jährige Volker kauft mit Einwilligung seiner Eltern ein Notebook mit Drucker beim Fachhändler X. Er schreibt bei seiner schriftlichen Bestellung am 15. April an X ausdrücklich, dass er die Geräte pünktlich zum 1. Mai benötige, um seine Arbeit im Bundeswettbewerb „Jugend forscht" pünktlich abgeben zu können. Die Sendung mit den Geräten trifft aber erst am 15. Mai ein. Volker mietet sich daher für die Zwischenzeit kostenpflichtig ein Notebook. Als der Drucker dann endlich eintrifft, erweist er sich in der verbleibenden kurzen Zeit als untauglich für den Ausdruck der Arbeit, vor allem wegen des fehlenden Handbuchs zur Installation. V muss seinen Text ersatzweise im Copy-Shop ausdrucken. V verlangt jetzt die ihm entstandenen Miet- und Druckkosten von X als Schadensersatz.

Jetzt heißt es „Blättern im BGB": Hier greifen wohl Regeln über die Geschäftsfähig- 5
keit (§§ 104ff.), über den Vertragsschluss (§§ 145ff.), über den Schadensersatz wegen Pflichtverletzung und wegen Schuldnerverzug (§§ 280ff.), über den Fernabsatz (§§ 312c ff.), über Mängelgewährleistung beim Kauf (§§ 434ff.) und über den Verbraucherkauf (§§ 474ff.) ineinander. Wir haben jetzt von vorne nach hinten gelesen. Das allcinc hilft wenig. Für die Lösung wird eine Lektüre *von „hinten" nach „vorne"* bessere Dienste leisten, also vom Speziellen zum Allgemeinen (*Medicus,* AT, Rn. 37).

Denn speziellere Normen verdrängen häufig die allgemeineren Normen. Für den Prüfungsaufbau brauchen wir erstmal die Fallfrage *„Wer will was von wem woraus?"* und eine Anspruchsgrundlage (vgl. § 3 III 2a, Rn. 9). Dann fragen wir weiter, ob überhaupt ein Vertrag zwischen V und X zustande gekommen ist. Beim Thema „Schadensersatz" denken wir an das allgemeine Schuldrecht, das Kaufrecht, vielleicht sogar an das Deliktsrecht (§ 823 Abs. 1). Ganz „schlaue" Studierende sehen im Sachverzeichnis nach …

6 **ABER:** Die juristische Kunst besteht darin, „die Norm sachgerecht und den Sachverhalt normgerecht zu machen" (*Baumann,* § 4 II 2).

- Sachverhalt? Wir beachten also nach der Stoffsammlung noch mal genau den *Sachverhalt,* einen möglicherweise entstandenen Kaufvertrag über Notebook und Drucker im Fernabsatz zwischen einem 17-jährigen Verbraucher und einem Unternehmer X, der nicht rechtzeitig bzw. mangelhaft erfüllt wurde;
- Fallfrage? Und wir fragen dabei *(nur!)* nach Ansprüchen des V auf *Schadensersatz* für die entstandenen Miet- und Druckkosten, müssen uns also für eine Ausarbeitung nicht um die Prüfung anderer Rechte wie Nacherfüllung, Widerruf oder Rücktritt kümmern.

c) Anspruchsgrundlage?

7 Nach dem Blättern im BGB müssen die Normen nach der Fallfrage gesichtet und geordnet werden (von hinten nach vorne). Also suchen wir zuerst eine Anspruchsgrundlage entsprechend der Fallfrage: *V will Schadensersatz von X woraus?*

(1) Deliktsrecht	*§ 823 I?* Nein, eine „deliktische" Handlung von X ist nicht ersichtlich, es liegt nur ein Vermögensschaden, aber nicht eine *Eigentums*verletzung vor, § 823 I (-);
(2) Schuldrecht BT	*§ 437 Nr. 3?* Ja, soweit Kaufvertrag wirksam entstanden und Voraussetzungen des § 437 Nr. 3 erfüllt sind (+);
(3) Schuldrecht AT	*§§ 280, 286?* Ja, Kaufvertrag ist vertragliches Schuldverhältnis (+);
(4) Verhältnis zwischen	*§ 437 Nr. 3 und §§ 280ff.?* § 437 Nr. 3 verweist neben § 440 auf die im Schuldrecht AT geregelten Rechtsfolgen der §§ 280 ff. („Rechtsfolgenverweisung"), ist zwar vorrangige „lex specialis", bedarf aber der *Ergänzung* durch die jeweils passende Schadensnorm.

d) Prüfungsreihenfolge?

8 Jetzt brauchen wir eine schlüssige Prüfung aufeinander aufbauender Tatbestandselemente nach der maßgebenden Norm des § 437 Nr. 3 und der dort zitierten weiteren Normen. Darin liegt die echte und eigentliche Herausforderung für die Klausurlösung. Das kann und muss auch dauern, weil ja letztlich die gesamte Lösung schon von der Struktur und den Inhalten her zu durchdenken und danach aufzubauen ist. Immerhin gibt die **Anspruchsgrundlage** gewisse Prüfungspunkte schon klar an die Hand.

Schadensersatz gem. § 437 Nr. 3 erfordert

- einen wirksamen Kaufvertrag, § 433?
  a) VERTRAG? Vertragsschluss durch Antrag und (konkludente) Annahme, vgl. § 433 i. V. m. §§ 145, 151 (311 I)
  b) ALTER? V ist trotz Minderjährigkeit (Alter 17) kraft der Einwilligung seiner Eltern handlungsfähig, vgl. §§ 106, 107 (i. V. m. §§ 182 ff.)

c) FERNABSATZ? Möglicher Widerruf nach §§ 312g, 355 i.V. m. § 312c wurde von V nicht ausgeübt *(Schweigen des Sachverhalts – SV – muss ernst genommen, d. h. akzeptiert werden)*

also: Kaufvertrag wirksam (+)

- einen Mangel, § 437 Eingangssatz; hier: Sachmangel i. S. d. §§ 434, 477 i.V. m. §§ 13, 14, 474 I?
  a) SACHMANGEL? SV spricht von Untauglichkeit des Druckers, vor allem wegen fehlender Anleitung, was jedenfalls als Instruktionsfehler ausreicht, vgl. § 434 I 2 Nr. 2 i.V. m. § 434 II 2 (TATFRAGE, SV unklar, müsste im Prozess weiter aufgeklärt werden);
  b) VERBRAUCHERKAUF? Es handelt sich um einen „Verbrauchsgüterkauf", § 474 I, so dass das Vorliegen eines Sachmangels „bei Gefahrübergang", wie es § 434 I zu Beginn fordert, in den ersten sechs Monaten zugunsten des Verbrauchers V (§ 13) nach §§ 474, 477 vermutet wird.

also: Sachmangel (+)

- einen Schaden aufgrund Pflichtverletzung, § 280 I?
- ACHTUNG: Schaden besteht aus verschiedenen Positionen: (a) Mietkosten, die bei rechtzeitiger Lieferung nicht entstanden wären, (b) Druckkosten wegen „untauglichem" Drucker. Beide Positionen müssen *getrennt* geprüft werden!
  a) MIETKOSTEN: kausal auf Verzögerung der Lieferung zurückzuführen, daher sind Verzugsregeln anwendbar, §§ 280 I, II i.V. m. § 286 II Nr. 1 („Fixschuld" war vereinbart, Mahnung also nicht erforderlich); für Entlastung des X nach § 286 IV keine Anhaltspunkte, daher wohl Verzögerungsschaden nach § 280 II (+);
  b) DRUCKKOSTEN: Schadensersatz *neben* der Leistung wird bei sog. *Mangelfolgeschäden,* vgl. § 280 I, bejaht, nämlich dann, wenn der Schaden über den mangelbedingten Minderwert der Sache (Drucker) selbst hinausgeht, hier: Kosten im Copy-Shop als Folgeschaden, § 280 I (+);
  c) Schadensersatz *statt* der Leistung, vgl. §§ 280 I, III, 281, 440 wird nicht geltend gemacht, weil V Notebook und Drucker offenbar behalten möchte, Nacherfüllung im eigentlichen Sinn auch nicht eingefordert wird;

also: 2 × Pflichtverletzung (+), sowohl wegen einstweiliger Untauglichkeit des Druckers, § 280 I, als auch wegen Verzögerung der Lieferung, §§ 280 II, 286.

- einen von X zu vertretenden Schaden, §§ 280 I 2 i.V. m. 276?
- SV sagt nichts über „Verschulden" des X gem. § 276 II aus; bei der Verzögerung der Leistung wird kein Entlastungsgrund zugunsten X genannt, bei der Untauglichkeit des Druckers ebenfalls nicht; so wird das Vertreten-Müssen nach der Beweislastregel des § 280 I 2 vermutet, soweit SV keinen Entlastungsbeweis zugunsten des X *ausdrücklich* benennt. Auch hier muss Schweigen des SV ernst genommen werden, so dass Vertreten-Müssen von X unterstellt werden kann (das ist Sinn von „Beweislast"-Regeln!).

also: Vertreten-Müssen (+)

Endergebnis: V kann Schadensersatz von X aus § 437 Nr. 3 i.V. m. §§ 280 I, II fordern.

e) Ausarbeitung der Lösung

9 Soweit die Skizze alle wesentlichen Normen erfasst und auch noch eine schlüssige Prüfungsreihenfolge eingehalten wird (es gibt aber in der Regel *nicht nur eine einzige* richtige Reihenfolge!), ist schon ganz viel gewonnen. Der Studierende sollte danach bei der Ausarbeitung der Lösung an den wesentlichen Problemstellen der Arbeit noch gute und überzeugende Argumente für seine Lösung bereithalten. Die Argumente können indes nur so gut sein wie der Sachverhalt. Wer einen so kurzen Sachverhalt wie im Fall der *Notebook-Bestellung* zu bearbeiten hat, darf der Versuchung nicht nachgeben, wegen der Kargheit der Informationen etwas zum geschriebenen Text hinzu zu dichten. So wird z. B. über das „Verschulden" des X an der Verzögerung und am Mangel selber nichts gesagt. Ein „perfekter" Sachverhalt sähe sicher anders aus: Der müsste dem Falllöser alles über die Gründe der Verzögerung oder des Mangels sagen. Doch kann das genau so in der Rechtspraxis passieren. Ebenso wie der Richter, der trotz Beweiserhebung keine Klarheit über den Ablauf der Ereignisse erhält, muss sich die Falllösung auch bei einem kurzen Sachverhalt mit den *Beweislast-Regeln* behelfen, die das BGB durch seine Formulierungen aufstellt, um auch im Fall des *„non liquet"* (d. h. der unklaren Beweislage) dennoch eine Entscheidung zu ermöglichen. Bestes Beispiel ist der im *Notebook*-Fall einschlägige Wortlaut des § 280 Abs. 1 S. 2:

> „Dies gilt nicht, wenn der Schuldner die Pflichtverletzung nicht zu vertreten hat."

10 Diese merkwürdige, zweifach negative Formulierung zeigt dem kundigen Juristen, wer für das Verschulden die **Beweislast** trägt: Der Schuldner, hier X, muss die Tatsachen dafür vortragen und beweisen, „dass er *die Pflichtverletzung nicht zu vertreten hat*". Das Gesetz weist ihm durch diese Formulierung die Darlegungs- und Beweislast zu. Er muss sich also z. B. durch den Vortrag entlasten, dass der Drucker auch ohne Handbuch durch einfache Montageanweisung am Gerät ganz einfach hätte installiert werden können etc. Soweit er das nicht tut bzw. soweit solches im Sachverhalt nicht mitgeteilt wird, muss „im Zweifel" *sein Vertreten-Müssen* unterstellt werden – zugunsten des Käufers V, dem es anders als X ja auch an Sachkunde fehlen darf. Diese Risikoverteilung zulasten des Verkäufers ist also gesetzlich gewollt und gibt dann bei Nichtaufklärung zugunsten des X den Ausschlag.

Kurz gefasst 5:

Der hohe Abstraktionsgrad der allgemeinen Teile im BGB (BGB AT, Schuldrecht AT) zwingt den Fallbearbeiter dazu, seinen Sachverhalt *„von hinten nach vorne" normgerecht* zu machen. So muss z. B. im Fall vertraglicher Ansprüche der Vertragstypus aus dem Besonderen Schuldrecht zusammengeführt werden mit den Vorschriften des Vertragsschlusses im Allgemeinen Teil des BGB, um sodann bei Fragen der Nicht- oder Schlechterfüllung wieder von hinten (Schuldrecht BT) nach vorne (Schuldrecht AT) aufzubauen. Diese Arbeitsweise bewährt sich auch in Fällen, bei denen man wie im Handels- oder Arbeitsrecht auf *sonderprivatrechtliche Gesetze* außerhalb des BGB zurückgreifen muss. Denn auch hier gilt: Was im Sonderprivatrecht nicht ausdrücklich geregelt ist, wird nach den allgemeinen Regeln des BGB entschieden.

2. Handels- und Gesellschaftsrecht

11 Das älteste Sonderprivatrecht ist das „Recht des Kaufmanns", das seit 1861 zusammen mit dem Recht der Handelsgesellschaften zuerst im ADHGB, dann später im (an das BGB angepassten) HGB *(Handelsgesetzbuch)* von 1897 dem Bedürfnis nach besonders für den Geschäftsverkehr geeigneten Sonderregeln nachzukommen hatte. Für die besonders

wichtigen Gesellschaftsformen der *Aktiengesellschaft* (*AG*, vgl. § 5 II 2b, Rn. 13), der *Gesellschaft mit beschränkter Haftung (GmbH)* sowie der *Genossenschaft* (*eG*, d. h. „eingetragene" Genossenschaft) wurden aber bald Sondergesetze außerhalb des HGB für notwendig gehalten. Das HGB enthält bis heute die Regeln für das Sonderrecht des Kaufmanns, der definiert wird als Betreiber eines *„Handelsgewerbes"* (vgl. § 1 HGB). Handelsgewerbe ist jeder Gewerbebetrieb, der *„nach Art oder Umfang einen in kaufmännischer Weise eingerichteten Geschäftsbetrieb"* erfordert, vgl. § 1 Abs. 2 HGB. Kein Handelsgewerbe üben die so genannten Freiberufler aus (z. B. Ärzte, Architekten, Rechtsanwälte, Notare). Für diese Berufsgruppe gilt das HGB also nicht – damit auch nicht die Eintragungspflicht in das Handelsregister, die Pflicht zur Führung einer „Firma" als Geschäftsbezeichnung, die besonderen Vertretungsregeln der Prokura usw. Das HGB enthält Grundregeln zur *rechtlichen Organisation und Struktur von Unternehmen* für Einzelkaufleute und Personengesellschaften, insbesondere die offene Handelsgesellschaft (oHG) und die Kommanditgesellschaft (KG). Die Regeln der Außen- und Innenbeziehungen von **„Unternehmensträgern"** werden teils strikt (wegen des Schutzes der Gläubiger im Handelsverkehr wird z. B. *„persönliche* Haftung" der Gesellschafter nach § 128 HGB für die Schulden der Gesellschaft angeordnet), teils nachgiebig (z. B. bei der Organisation der Geschäftsführung im Innenverhältnis der Gesellschafter) festgeschrieben. Nicht vergessen werden darf auch der heute (aufgrund von EU-Richtlinien) aktuellste Teil, das im Dritten Buch des HGB europäisierte Recht der Buchführung und des Jahresabschlusses von Unternehmen (sog. **Bilanzrecht**). Die ordnungsgemäße Buchführung (§§ 238, 239 HGB) und Bilanzierung (Gewinn- und Verlustrechnung, GuV, vgl. § 242 HGB) wird dem Kaufmann und den Handelsgesellschaften zur Rechtspflicht gemacht. Zudem werden damit verlässliche Grundlagen für die Besteuerung des Unternehmens geschaffen.

3. Arbeitsrecht

So wie das Handels- und Gesellschaftsrecht z. B. an die Vertretungs- und Haftungsregeln des BGB anknüpft, diese für den geschäftsgewandten und rechtskundigen Kaufmann bzw. Gesellschafter aber „verschärft", geht das Arbeitsrecht aus von den Regeln des *Dienstvertrags (§§ 611ff.)*, „entschärft" diese aber durch verschiedene Sondergesetze im Individual- und Kollektivarbeitsrecht zum Schutze des strukturell benachteiligten Arbeitnehmers. Bei Schaffung des BGB waren die Fabrikarbeiter nur durch die *Gewerbeordnung 1891* erfasst und mit ersten Arbeitsschutzmaßnahmen (z. B. Sonntagsruhe, Jugend- und Mutterschutz) bedacht worden. Bismarcks Sozialversicherungsgesetze schützten sie gegen die Risiken von Arbeitsunfällen, Krankheit, Invalidität und Altersarmut. Der echte *Arbeitnehmerschutz* durch kollektive Interessenvertretungen im Arbeitsverhältnis selbst wurde erst durch die Weimarer Reichsverfassung 1919 ermöglicht: Gewerkschaften und Betriebsräte wurden durch die Verfassung (Art. 159, 165 WRV) anerkannt, auch der Acht-Stunden-Arbeitstag wurde zur (häufig durchbrochenen) Regel. In der betrieblichen Praxis aber galten noch immer Befehl und Gehorsam als Leitlinie, der NS-Staat tat sich bei der Abschaffung der Gewerkschaften und Betriebsräte daher nicht schwer. Das Grundgesetz garantierte 1949 dann – anknüpfend an Art. 159 WRV – die **Koalitionsfreiheit** in Art. 9 Abs. 3 GG, das *Tarifvertragsgesetz* setzte im gleichen Jahr die zwingende Wirkung von Tarifnormen für Arbeitgeber und Arbeitnehmer (bei beiderseitiger Mitgliedschaft in ihren Verbänden) einfach-gesetzlich um. Das *Betriebsverfassungsgesetz* von 1952 (wesentlich fortentwickelt 1972) ergänzte die „Berufsgesetzgebung" der Koalitionen nach dem Industrieverbandsprinzip durch die „Betriebsgesetzgebung" von Arbeitgeber und Betriebsrat in Gestalt von sog. Be- 12 triebsvereinbarungen (vgl. § 77 BetrVG). Schließlich schränkte das *Kündigungsschutzgesetz* von 1951 die Kündigungsfreiheit nach BGB deutlich ein, so dass der Arbeitgeber nur bei „sozial gerechtfertigten" Kündigungen aus personen-, verhaltens- oder betriebsbedingten Gründen das existenzsichernde Arbeitsverhältnis beenden konnte. Im *Teilzeit- und Befristungsgesetz* wird seit 2001 auch die den Kündigungsschutz umgehende Befristung eines Arbeitsverhältnisses nur eingeschränkt zugelassen.

4. Wettbewerbsrecht

13 Das Wettbewerbsrecht stellt eine rechtliche Rahmenordnung für den erwünschten *Wettbewerb zwischen Unternehmen* in einer Marktwirtschaft bereit. Solange es nicht durchsetzbare Regeln und Rechte gibt, herrschen die Gesetze des Dschungels und das Recht des Stärkeren. Dem muss ein sozialer Rechtsstaat, wenn er eine Marktwirtschaft organisiert, zum Nutzen aller vorbeugen: Wettbewerb ist zwar erwünscht als *effektivster Verteiler knapper Güter* – er ist aber kein stabiles, sich selbst erhaltendes Ordnungsprinzip. Er bedarf daher der Aufsicht und Kontrolle durch unabhängige Behörden (Kartellbehörden) und Gerichte nach Maßgabe von Wettbewerbspolitik und -gesetzgebung, die zunehmend durch **EU-Wettbewerbsregeln** (vgl. Art. 101 ff. AEUV) gesteuert wird. Das seit 1896 geltende *„Gesetz gegen den unlauteren Wettbewerb" (UWG)* ist das älteste deutsche Wettbewerbsgesetz. Es sollte von Anfang an unlautere Wettbewerbshandlungen verhindern und täuschende Angaben über Warenangebote und Dienstleistungen wie bei „irreführender" Werbung (§ 5 UWG) verbieten. Mit seinen Sondertatbeständen wie etwa der unzumutbaren Belästigung (z. B. Telefon- oder E-Mail-Werbung, vgl. § 7 UWG) stellt das UWG ein „Sonderdeliktsrecht" dar (vgl. Rechtsfolgen §§ 8 ff. UWG). Als **Grundregel** gilt: *„Unlautere geschäftliche Handlungen sind unzulässig, wenn sie geeignet sind, die Interessen von Mitbewerbern, Verbrauchern oder sonstigen Marktteilnehmern spürbar zu beeinträchtigen"* (§ 3 Abs. 1 UWG). Das *„Gesetz gegen Wettbewerbsbeschränkungen" (GWB)* ist das zweite wesentliche deutsche Wettbewerbsgesetz, das inzwischen inhaltlich weitgehend den EU-Wettbewerbsregeln nach Art. 101 ff. AEUV gleichgeschaltet ist. Das deutsche wie das europäische *Kartellrecht* verbieten Beschränkungen des Wettbewerbs durch Unternehmen, die miteinander im Wettbewerb stehen, z. B. durch das Kartellverbot (keine Preisabsprachen!) oder durch die Fusionskontrolle (keine „Elefantenhochzeit"!). Im Ergebnis geht es GWB und UWG gleichermaßen darum, den Wettbewerb zwischen den Unternehmen vor Beeinträchtigungen und Beschränkungen zu schützen, wobei durch das GWB eher die *Freiheit* des Marktzugangs (insb. durch behördliche Strukturkontrolle), durch das UWG mehr die *Fairness* des Wettbewerbs (insb. durch Verhaltenskontrolle) geschützt werden. Beide Rechtsgebiete unterscheiden sich auch durch ihre Mittel: Im UWG wird die Steuerung ausschließlich durch private Rechtsmittel erreicht (Konkurrenten- oder Verbraucherschutzklagen), während im Kartellrecht auch Behörden wie das Bundeskartellamt in Bonn für die Einhaltung der Wettbewerbsordnung Sorge tragen.

5. Recht des geistigen Eigentums

14 In enger Beziehung zum Wettbewerbsrecht stehen die einzelnen Gesetze, die das Sonderprivatrecht des Geistigen Eigentums verkörpern (internat. *„Intellectual Property"*). Sie schützen **geistige Leistungen** sowohl im *gewerblichen* (z. B. Patent- und Gebrauchsmustergesetz, Designgesetz (früher: Geschmacksmustergesetz) – seit 1876 –, Markengesetz) als auch im *künstlerischen* Bereich (z. B. Urheberrechtsgesetz – seit 1901). Der so genannte Gewerbliche Rechtsschutz gewährt genauso wie der Urheberrechtsschutz dem Inhaber und Schöpfer der Leistungen das Recht auf *Ausschließlichkeit:* Ihm wird ein **„Monopol auf Zeit"**

verliehen, das einen Unterlassungsanspruch gegen Dritte bzw. (bei erlaubter Nutzung) einen Anspruch auf Lizenzgebühr gewährt. Technische Innovationen waren schon immer maßgeblich für essentielle Wettbewerbsvorteile, immer aber auch bedroht durch Innovationen der Konkurrenten. Daher benötigt man den wettbewerblichen Leistungsschutz durch Sondergesetze oder durch das UWG im Randbereich (vgl. § 4 Nr. 9 UWG). Das Geistige Eigentum an den Leistungsergebnissen der Erfinder, Schöpfer und Tüftler nennt man auch *Immaterialgüterrecht,* weil es heute genauso wichtig sein kann wie *materielles* Eigentum. Mit den Lizenzen für die Übertragung der Fußball-Bundesligaspiele kassiert die Deutsche Fußball-Liga (DFL) beispielsweise Millionen. So werden auch illegale Mitschnitte, Imitate und Produktpiraterie als Ausprägungen „geistigen Diebstahls" heute stärker verfolgt denn je – mit wechselnden Erfolgen. Dabei schützt z. B. die *Marke* geschäftliche Kennzeichnungen („Audi quattro") und geografische Herkunftsangaben („Nürnberger Bratwürste"), aber auch Symbole wie den Mercedes-Stern. Sie soll es dem Verbraucher ermöglichen, die damit verbundene Ware oder Dienstleistung zweifelsfrei zu erkennen und mit ihr Qualitätsvorstellungen zu verbinden (Herkunfts- und Unterscheidungsfunktion). Mit dem 1995 in Kraft getretenen „*Markengesetz*" werden sowohl warenbezogene (Produktname), personengebundene (Künstlername) und unternehmensgebundene Kennzeichen (z. B. Restaurant „Zirbelstube") vor missbräuchlicher Benutzung durch Nichtberechtigte geschützt. Genauso unterliegen Werktitel dem Schutz (z. B. „Focus"). Das *Patent* schützt eine technische Erfindung bzw. ein technisches Verfahren mit bedeutendem Abstand zum Stand der Technik (z. B. langlebige Energiespar-Leuchtmittel) bis zu 20 Jahre lang, das *Gebrauchsmuster* eine Erfindung niedrigerer Stufe (z. B. den selbstklebenden Briefumschlag) bis zu zehn Jahre. Ob ein *einheitliches* Patent für die gesamte Europäische Union geschaffen werden kann, wird derzeit auf EU-Ebene heftig diskutiert; die Sprachenvielfalt ist dabei eine ganz große Hürde. Das *Design* muss nicht unbedingt etwas mit Geschmack zu tun haben (man denke nur an die geschützten „Barbie"-Puppen), doch muss z. B. geschütztes Spielzeug unverwechselbaren Charakter aufweisen. Es schützt Design zwei- oder dreidimensionaler Erscheinungsform (z. B. Verpackung, Oberflächenstruktur, auch grafische Symbole) bis zu 20 Jahre.

II. Gesetzesrecht, Gewohnheitsrecht und Richterrecht

Rechtsquellen, wie sie hier bislang anhand des BGB und wichtiger ausgewählter Son- 15
derprivatrechte *inhaltlich* vorgestellt wurden, werden *formell* in aller Regel mit dem geschriebenen Gesetzesrecht gleichgesetzt. Doch stellt das Gesetzesrecht nicht die einzige Rechtsquelle dar. Im Zivilrecht spielen darüber hinaus auch noch das Gewohnheits- und das Richterrecht eine wesentliche Rolle (näher *Rüthers/Fischer/Birk,* Rechtstheorie, § 6). Im modernen Rechtsstaat ist die **Verfassung** als Grundnorm der Rechtsquellenlehre für den Rechtsanwender maßgeblich. Als Rechtsquelle werden von Art. 20 Abs. 3 GG „Gesetz und Recht" anerkannt (vgl. § 1 III 4b, Rn. 29), über das *geschriebene Gesetz* also hinausgehend auch *Gewohnheitsrecht* und grundlegende Rechtsprinzipien, die bei *richterlicher Rechtsfortbildung* wirksam werden können. Grundmerkmal aller Rechtsquellen ist ihre allgemeine Geltung: Es muss sich um Regeln handeln, die für eine *Vielzahl* von Fällen und für eine *unbestimmte* Zahl von Personen aufgestellt worden sind **(abstrakt-generelle Regeln).** Die abstrakt-generelle Rechtsnorm, z. B. in § 433 für den Sachkauf, schließt aber im *Zivilrecht* nicht eine konkretere Vereinbarung zwischen den Vertragspartnern aus; so kann der Autoverkäufer mit dem Käufer Einzelheiten wie z. B. den Zeitpunkt der Übergabe einzelvertraglich regeln. Solche Einzelheiten bei der Erfüllung des Kaufvertrags möchte das Gesetz gerade nicht selbst regeln; es setzt nur einen groben Rechtsrahmen, der durch Vereinbarungen ausgefüllt werden soll.

1. Gesetztes „positives" Recht

Der Begriff „positives" Gesetz kommt vom lateinischen „*ponere – setzen, stellen, legen*". 16
Das „positive" Recht meint also „gesetztes" Recht, was im Verfassungsstaat nur durch die dazu ermächtigten staatlichen Organe erfolgen kann (zur Verteilung der Gesetzgebungskompetenz zwischen Bund und Ländern vgl. Art. 30 i. V. m. Art. 70ff. GG). Das „Bürgerliche Recht" ist z. B. nach Art. 74 Abs. 1 Nr. 1 GG Gegenstand der konkurrierenden Gesetzgebung, was wegen Art. 72 Abs. 1 GG einen traditionsbedingten *Vorrang* der

Bundesgesetzgebung durch Bundestag und Bundesrat gegenüber Landesgesetzen bedeutet. Landesrechtliche Ergänzungen spielen im Zivilrecht nur eine geringe Rolle. Ganz anders aber verhält es sich mit dem Einfluss der **EU-Gesetzgebung:** So haben die EU-Richtlinien zum Verbraucherschutz nicht nur die „Gesetzgebung" im BGB maßgeblich beeinflusst, vgl. nur den Untertitel „Besondere Vertriebsformen" (§§ 312 bis 312g), sondern auch noch *Informationspflichten* z. B. für Unternehmen im Fernabsatz vorgeschrieben, die der Gesetzgeber in *Art. 246 EGBGB* („Einführungsgesetz" zum BGB – Nr. 21 in der *Schönfelder*-Textsammlung) eingearbeitet hat. Wer Art. 240ff. EGBGB zur Durchführung der verschiedensten Informations- und Belehrungspflichten bei unterschiedlichsten Verbraucherverträgen inklusive beigegebener Muster durchliest, weiß etwas genauer über die ins kleinste Detail gehenden Vorschriften nach Brüsseler Muster Bescheid und wird sich denken können, dass schon deshalb die Rechtsabteilungen der betroffenen Unternehmen laufend durch juristischen Nachwuchs verstärkt werden müssen.

2. Rangordnung des „positiven" Rechts

17 Die Vielzahl der Rechtsquellen gerade in einem supranationalen Rechtsraum wie der Europäischen Union (sog. „Mehr-Ebenen-System", vgl. § 1 III 3c, Rn. 24) nötigt dazu, eine formale „Rangordnung" der unterschiedlich erzeugten Rechtssätze je nach Regelungsebene aufzustellen. Die Lehre vom Stufenbau der Rechtsordnung stammt von *Merkl* und ist mit ihrer Übernahme durch *Kelsen* (dazu *Rüthers/Fischer/Birk,* § 6 C II) herrschend geworden. Sie kann auch für die Rechtssätze des Zivilrechts eine erste Orientierung ermöglichen.

Schaubild 12: Stufenbau der Rechtsordnung

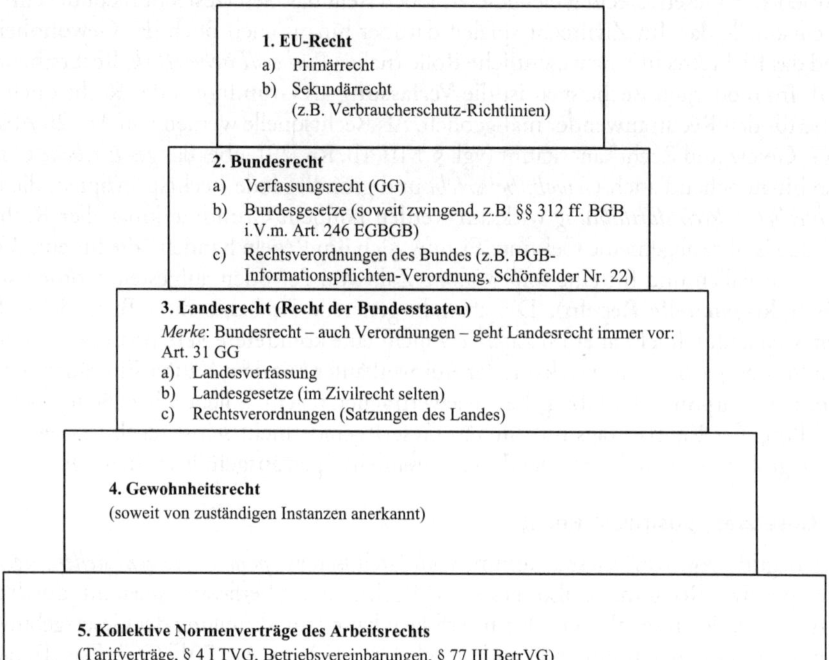

3. Gewohnheitsrecht (ungeschriebenes Recht)

18 Das Gewohnheitsrecht setzt nach herrschender Auffassung eine dauerhafte *tatsächliche* Übung in einer Rechtsgemeinschaft voraus, die auch von dieser als *rechtsverbindlich* betrachtet wird (näher *Rüthers/Fischer/Birk,* Rn. 232ff.). In einem vom geschriebenen Recht dominierten modernen Rechtsstaat müssen solche Rechtssätze zwar die Ausnahme bleiben. Doch wie oben § 1 IV 1 (Rn. 42) in *Schaubild 5* erläutert, können sich z. B. Handelsbräuche zum „Handelsgewohnheitsrecht" entwickeln, das dann auch für den Richter als „Rechtsfrage" maßgeblich sein kann. So hat sich z. B. das so genannte „kaufmännische Bestätigungsschreiben" als *ergänzendes* Handelsgewohnheitsrecht zum Vertragsschluss des BGB AT entwickelt. Danach gilt der nach (echten) Vertragsverhandlungen zwischen zwei Kaufleuten i. S. d. HGB oder Personen, die wie solche am Geschäftsleben teilnehmen (vgl. § 14), abgeschlossene Vertrag mit demjenigen Inhalt als geschlossen, den das „redlich" abgefasste Bestätigungsschreiben mitteilt, soweit der Empfänger des Schreibens dem Inhalt *nicht unverzüglich* (vgl. § 121 S. 1) widerspricht (*Medicus,* AT, Rn. 440). Damit wird unter professionellen Marktteilnehmern (nicht dagegen unter Verbrauchern!) der Vertragsschluss deutlich erleichtert: Schon das „Schweigen" des Empfängers – nach BGB AT keineswegs eine „Willenserklärung" – macht den Vertrag perfekt, weil das Vertrauen des redlichen Absenders auf die zutreffend wiedergegebenen vertraglichen Vereinbarungen als *Handelsgewohnheitsrecht* gilt. Das ändert nichts daran, dass in einem modernen Rechtsstaat das Gewohnheitsrecht der Bestätigung durch den Richter bedarf, um auch *rechtsverbindlich* sein zu können. Spätestens die zuständige höchste Instanz – im Handelsrecht also der BGH in Zivilsachen – kann dieses „Gewohnheitsrecht" auch neu ausgestalten und macht damit wahr, was bereits *Max Weber (1864–1920)* rechtssoziologisch festgestellt hatte: dass alles Gewohnheitsrecht im Grunde dann doch *„Juristenrecht"* sei (Rechtssoziologie, 2. Aufl. 1967, S. 209ff.). Ähnlich steht es im *Arbeitsrecht,* wo der Arbeitgeber sich schon durch die mindestens dreimalige „faktische" Gewährung von gleichförmigen Sozialleistungen an die gesamte Belegschaft für die Zukunft quasi-vertraglich bindet (sog. „betriebliche Übung", vgl. *Reichold,* ArbR, § 3 Rn. 50).

4. Richterrecht, richterliche Rechtsfortbildung

19 Grundsätzlich sollte der Richter nach *Montesquieu* nur „Mund des Gesetzes" sein (vgl. § 1 III 4, Rn. 27), also dem Regelungswillen des Souveräns Wirkung verschaffen, ganz ohne „Eigensinn". Im ausgebauten Rechtsstaat von heute besteht aber kein Zweifel daran, dass Richter eher kreative Baumeister als nur denkende Diener des Gesetzes sind – und wohl auch sein müssen. Dennoch gilt in der *Theorie* der Rechtsquellen-Lehre zunächst einmal der Grundsatz, dass Richterrecht **nur als „Rechtsfortbildung"** und nicht als „Rechtsschöpfung" legitim ist. Der Richter wendet das Recht an, konkretisiert es und bildet es fort (insb. zur Schließung von Lücken, vgl. zur *teleologischen* Auslegung § 1 V 4d, Rn. 79). Seine Entscheidung wirkt nur für den von ihm zu entscheidenden Fall und schafft kein über diesen Fall hinausgehendes Recht. Er hat die von der Gesetzgebung vorgegebenen Gesetzeszwecke in „denkendem Gehorsam" zu verwirklichen.

19a Freilich kann das in der *Praxis* keineswegs immer durchgehalten werden. Wenn z. B. der Gesetzgeber wie im **Arbeitskampfrecht** verfassungswidrig keine gesetzlichen Leitlinien in Ausfüllung von Art. 9 Abs. 3 GG aufgestellt hat, wäre es glatte Rechtsverweigerung, wenn Bundesarbeitsgericht und Bundesverfassungsgericht sich nicht ersatzweise um Rechtsregeln kümmern würden, die sie allgemeinen Rechtsgrundsätzen wie z. B. dem sog. „Verhältnismäßigkeitsprinzip" (Ausprägung des Rechtsstaatsprinzips) entnehmen müssen (näher *Rüthers/Fischer/Birk,* § 23; *Sachs,* GG, Art. 20 Rn. 145ff.). Nur dann, wenn der Gesetzgeber also einen Regelungsplan entworfen hat, darf der Richter diesen nicht aufgrund eigener rechtspolitischer Vorstellungen verändern – auch dann nicht, wenn er sein Ergebnis wie meist kraft „Auslegung" finden muss, um eine offene Rechtsfrage zu lösen. *Bernd Rüthers* hat hier zutreffend auf die maßgebliche „historisch-genetische" Auslegung verwiesen, die nicht vorschnell „objektiv teleologisch" nach herrschendem Zeitgeist vorzunehmen ist (FAZ Nr. 137 v. 17.6.2010, S. 7: „Richter ohne Grenzen"; ferner *Schwab/Löhnig,* Rn. 105ff. und § 1 V 4d, Rn. 79). Historische Erfahrungen zeigen uns, dass der so genannte „objektivierte" Wille der Gesetzgebung häufig vom jeweils entscheidenden Gericht erst „erfunden" wird. Darin liegt auch der Unterschied des Richterrechts zum Gewohnheitsrecht. Eine ständige höchstrichterliche Rechtsprechung kann Gewohnheitsrecht nur begründen, wenn dem eine *tatsächliche Übung* mit breiter Akzeptanz in den beteiligten Verkehrskreisen zugrunde liegt; dies war zum Beispiel bei der Anerkennung der sog. *Sicherungsübereignung* gegen den Willen des historischen Gesetzgebers der Fall (vgl. Jauernig/*Berger,* BGB, § 930 Rn. 20 sowie § 11 IV 2 Rn. 46ff.). Eine höchstrichterliche Grundsatzentscheidung begründet daher kein Gewohnheitsrecht, wirkt aber unzweifelhaft auf die Praxis der Untergerichte ein, die sich der Rechtsprechung der Obergerichte in aller Regel anschließen. Entscheidungen der Obergerichte binden damit zwar nicht rechtlich, aber *faktisch* – bei Nichtbeachtung besteht die Gefahr der Aufhebung bei Einlegung von Rechtsmitteln: Kein Richter wird gerne „aufgehoben"…

Kurz gefasst 6:

Das Zivilrecht arbeitet im Bürgerlichen Recht und in seinen Sonderprivatrechten in aller Regel mit dem geschriebenen Gesetz *(lex scripta)* als Rechtsquelle. Dabei ist bei kollidierenden *zwingenden* Rechtssätzen *(lex stricta)* der Stufenbau der Rechtsordnung zu beachten. Nachgiebige Gesetze *(lex dispositiva)* können durch vertragliche Regelungen in den Grenzen der Rechtsordnung (vgl. § 5 II 1 Rn. 10) abbedungen werden. Soweit *Gewohnheitsrecht* sich für bestimmte Verkehrskreise wie im Handels- oder im Arbeitsrecht durch langjährige Übung und ein entsprechendes Rechtsbewusstsein herausgebildet hat, bedarf es richterlicher Anerkennung. Das *Richterrecht* kann wegen Art. 20 Abs. 3 GG nur dann als Rechtsquelle gelten, wenn der Gesetzgeber wie im Arbeitskampfrecht einen wesentlichen Sachverhalt überhaupt ungeregelt gelassen hat („Lückenproblem").

III. Subjektives und objektives Recht

20 Privatrecht erschöpft sich keineswegs darin, objektive Rechtssysteme, wie sie sich etwa in den fünf Büchern des BGB darstellen, in einer systematisch-abstrakten Logik zusammenzustellen und daraus ein Lehrgebäude zu errichten. Das alleine wäre *„l'art pour l'art".* Vielmehr erwachsen daraus auch „Berechtigungen" und „Ansprüche" – das ist wesentlich für die Rechtspraxis. Objektives Recht wird aus den (oben benannten) Rechtsquellen geschöpft und begründet subjektive Rechte für die Akteure der Bürger- und Marktgesellschaft. Beide Begriffe beschreiben die zwei Seiten der Medaille „Recht" und sind insbesondere für die „Organisation und Ausübung individueller Freiheit auf Gegenseitigkeit" (vgl. § 4 I 3 *Schaubild 2,* Rn. 10), d. h. für ein vitales Zivilrecht, von elementar wichtiger Bedeutung.

1. Recht im objektiven Sinn: die Rechtsordnung

Das „objektive Recht" ist also die Summe aller geltenden Rechtsnormen und regelt im Bereich des Privatrechts abstrakt die sog. *Privatrechtsverhältnisse,* also 21

- die Rechtsbeziehung von Personen zueinander und
- das Verhältnis von Personen zu Gegenständen.

Während z. B. die Schuldverhältnisse des Zweiten Buchs im BGB beim Kauf- oder Arbeitsvertrag gegenseitige Rechte und Pflichten gem. §§ 433, 611 begründen, die sich z. B. als Zahlungspflicht des Käufers bzw. Arbeitgebers und als Leistungspflicht des Verkäufers bzw. Arbeitnehmers beschreiben lassen („Verpflichtung", vgl. § 5 II 4a, Rn. 22) und damit gleichzeitig auch *subjektive* Rechte verleihen, geht es im Dritten Buch des BGB um die sachenrechtlichen Beziehungen von Personen zu Gegenständen („Verfügung", vgl. § 5 II 4b, *Schaubild 8,* Rn. 22). Das lässt sich grafisch über alle Bücher des BGB hinweg wie im Schaubild 13 zusammenfassen. 22

Schaubild 13: Die Privatrechtsverhältnisse im BGB

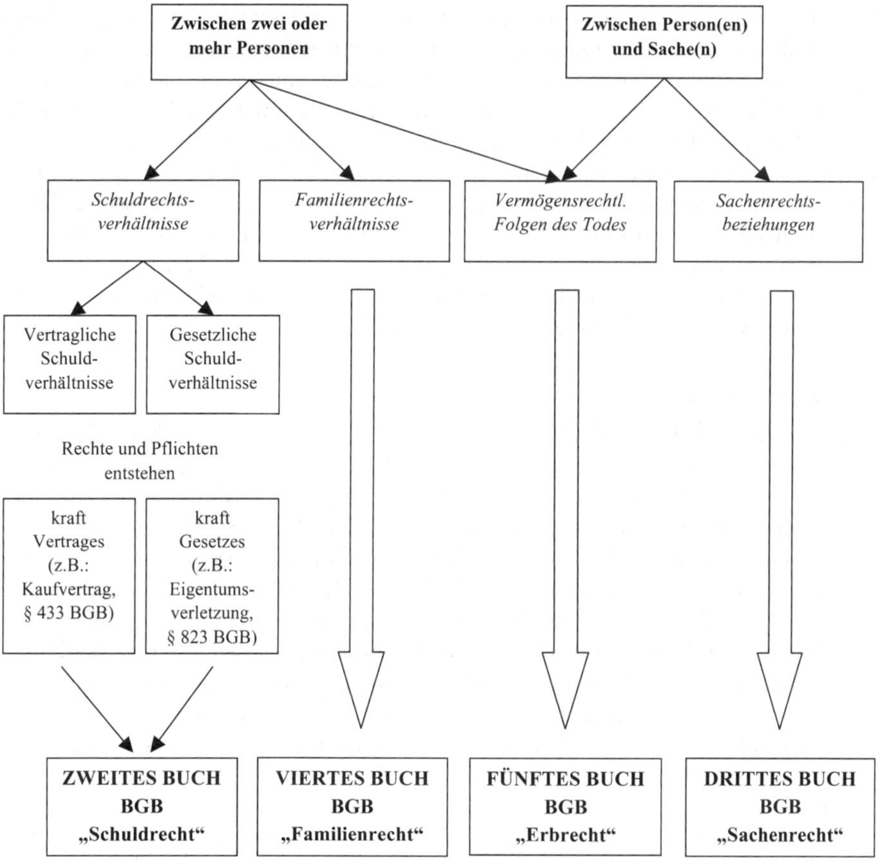

2. Recht im subjektiven Sinn: die Berechtigung

23 Wenn das „objektive" Recht sagt, dass ein Vertragsverhältnis durch Angebot und Annahme nach §§ 145 ff. zustande kommt, folgert das „subjektive" Recht daraus, dass der Käufer einen **„Anspruch"** auf Lieferung der gekauften Sache gegen den Verkäufer hat. Damit ist ein Grundstein des Privatrechts, genauer: der Prototyp der „relativen" Berechtigung, bezeichnet: *„Das Recht, von einem anderen ein Tun oder Unterlassen zu verlangen"*, nennen wir einen (relativen) „Anspruch". Diese Legaldefinition findet sich in § 194 Abs. 1, wo es um die Verjährung des Anspruchs geht (unten 3).

> **Achtung:** *Legaldefinition* meint eine vom Gesetzgeber selbst gegebene (in Klammern gesetzte) Erläuterung eines Rechtsbegriffs *(sollte vom Leser im Gesetz selbst gekennzeichnet werden!).*

24 Die subjektive Berechtigung hat eine bewegte Theoriegeschichte (näher *Medicus,* AT, Rn. 70 ff.; *Rüthers/Fischer/Birk,* § 2 C II; *Schwab/Löhnig,* Rn. 182). Ob nun als „rechtlich geschütztes Interesse" *(v. Jhering)* oder als „Anspruchs- und Gestaltungsrecht" *(Windscheid),* immer wird damit eine durchsetzbare, d. h. einklagbare Rechtsposition bezeichnet, die sich für einzelne Personen aus dem objektiven Recht ergibt. Doch müssen die genauen Konturen des rechtlichen Schutzes dem Zweck der Norm *(ratio legis)* entnommen werden. So hat z. B. der Eigentümer einer Sache das Recht, andere von der Einwirkung darauf auszuschließen, nur im Rahmen der Gesetze und der Rechte Dritter, vgl. § 903 S. 1. Deshalb muss er sowohl die öffentlich-rechtlichen Baubeschränkungen beachten wie auch z. B. mietvertragliche Rechte Dritter. Der wichtige Anspruch des Eigentümers auf *Herausgabe* seines Eigentums gegen den Besitzer findet z. B. nach §§ 985, 986 seine Grenze im vertraglichen Recht zum Besitz z. B. beim Mieter mit einem wirksamen Mietvertrag (beachte auch § 566 Abs. 1: Veräußerung des Grundstücks bricht nicht bestehenden Mietvertrag). Praktisch bedeutsam ist der Unterschied zwischen *absoluten* und *relativen* Rechten.

a) Absolute Rechte

25 Diese *starken* subjektiven Rechte geben dem Inhaber Rechte gegenüber **jedermann,** bieten also einen umfassenden Rechtsschutz. Wesentlich dafür ist vor allem die Kernbestimmung des *Deliktsrechts,* also die Norm des § 823 Abs. 1 *(bitte lesen!):* Danach ist zum Schadensersatz verpflichtet, wer vorsätzlich oder fahrlässig „das Leben, den Körper, die Gesundheit, die Freiheit, das Eigentum *oder ein sonstiges Recht eines anderen* widerrechtlich verletzt". Hier stellt sich die Frage, welche Bedeutung der offene Begriff des „sonstigen" Rechts neben den besonders benannten Rechten der körperlichen Unversehrtheit und des Eigentums haben soll. Er muss sich messen lassen an der besonderen Wertigkeit dieser benannten Rechtspositionen, so dass es nicht um „jede" subjektive Berechtigung gehen kann, sondern nur um andere **absolute** Rechte – nur diese genießen anders als „relative" Rechte den Schutz des allgemeinen Deliktsrechts in der „Jedermann-Beziehung". Geschützt werden neben körperlicher Unversehrtheit und Freiheit

- das allgemeine Persönlichkeitsrecht und seine Ausprägungen aus Art. 1, 2 GG i. V. m. § 823 I (vgl. § 12 – Namensrecht, Recht am eigenen Bild nach KunstUrheberG usw.),
- persönliche Familienrechte, z. B. aus dem elterlichen Sorgerecht der §§ 1626 ff.,

- Herrschaftsrechte aus dinglichen Rechten wie dem Eigentum (§ 903) oder dem Pfandrecht (§§ 1204, 1113), aber auch aus dem Recht am Unternehmen (Art. 14 GG), nicht aber aus dem „Besitz“ als solchem, der ja nur tatsächliche Sachherrschaft meint (vgl. § 854, näher § 11 Rn. 5), solange nicht dem Besitzer eigentumsgleiche Abwehrrechte zustehen,
- Ausschließlichkeitsrechte aus dem Immaterialgüterrecht, d. h. aus Urheberrechten und gewerblichen Schutzrechten, insbesondere Patent- und Markenrechte (s. o. I 5, Rn. 14).

Werden diese absoluten Rechte verletzt, so können sie zu Beseitigungs-, Unterlassungs- und Schadensersatzansprüchen gegen den Störer aus §§ 823 Abs. 1, 1004 führen. Im Elternrecht wird heute weniger ein „absolutes“ Recht als vielmehr eine Erziehungspflicht dem Kind gegenüber gesehen: „Sorge“ hat hier weniger mit unumschränkter Herrschaft als mit verantwortlicher Erziehung zu tun. 26

b) Relative Rechte

Relative Rechte bestehen nicht gegenüber jedermann, sondern nur gegenüber *bestimmten* Personen in einer „Sonderverbindung“. Sie verkörpern sich im vertraglichen oder gesetzlichen Schuldverhältnis als 27

- Forderungsrechte, die den Schuldner gegenüber dem Gläubiger zu einem bestimmten Verhalten verpflichten, vgl. §§ 194 Abs. 1, 241 Abs. 1 (Tun oder Unterlassen). Sie begründen zweiseitige (relative) Rechtsverhältnisse und können daher durch Dritte nicht verletzt werden – ein „absoluter“ Rechtsschutz scheidet hier also aus;
- Gestaltungsrechte, die dem Berechtigten die Befugnis geben, auf eine bestehende Rechtslage *einseitig* einzuwirken und diese umzugestalten, z. B. indem er durch *Anfechtung* wegen Irrtums (§§ 119ff., 142) eine Willenserklärung beseitigen oder durch *Kündigung* ein Dauerschuldverhältnis wie z. B. das Arbeitsverhältnis beenden kann (§§ 620 Abs. 2, 623, 626). Diese Gestaltungsrechte setzen in der Regel einen besonderen Gestaltungsgrund voraus, z. B. einen „wichtigen Grund“ zur fristlosen Kündigung (§ 626) oder einen Irrtum (§ 119) bzw. eine Täuschung (§ 123) zur Anfechtung. Sie sind aus Gründen der Rechtssicherheit auch an Fristen gebunden (siehe sogleich 3 a).

Fall 1 (nach *Medicus*, AT, Rn. 63):

Käufer K sieht im Schaufenster des Verkäufers V einen alten Bauernschrank. Prompt kauft K den Schrank, lässt ihn aber noch bei V stehen, bis dieser seine Dekoration im Schaufenster wechselt. Am folgenden Tag schleudert der Lkw des D in das Schaufenster und zerstört den Schrank.
Frage: Kann K **absolute** Rechte gegen D geltend machen?

3. Zeitliche Grenzen der subjektiven Rechte

Zu beachten sind vor allem *zeitliche* Grenzen zur Geltendmachung subjektiver „relativer“ Rechte, die ihre Ausübung aus Gründen der Rechtssicherheit beschränken. Dabei sind die Ausschlussfristen von den Verjährungsregeln zu unterscheiden. 28

a) Ausschlussfristen

Ausschlussfristen sind besonders „gefährlich“, weil mit ihrem Ablauf das vom Gesetz gewährte einseitige *Gestaltungsrecht* ganz untergeht. So kann eine Irrtumsanfechtung, 29 die nicht *unverzüglich,* d. h. „ohne schuldhaftes Zögern" (wichtige *Legaldefinition* in § 121 S. 1!), nach der Kenntnis vom Anfechtungsgrund geltend gemacht wird, die angefochtene Erklärung in keiner Weise mehr beeinträchtigen. Für die Anfechtung wegen arglistiger Täuschung oder widerrechtlicher Drohung (§ 123) ist dagegen eine deutlich längere Frist von *einem Jahr* vorgesehen, vgl. § 124 Abs. 1. Auch der den Verbraucher schützende *Widerruf* muss in den Fristen von §§ 356ff. erklärt werden – es handelt sich hier um ein besonders ausgestaltetes Rücktrittsrecht. Im Arbeitsrecht ist die besonders wichtige Frist zur Einlegung einer *Kündigungsschutzklage* nach § 4 S. 1 KSchG ebenfalls als (prozessuale) Ausschlussfrist geregelt: Legt der gekündigte Arbeitnehmer nicht innerhalb von *drei Wochen* nach Zugang der schriftlichen Kündigung Klage beim zuständigen Arbeitsgericht ein, gilt die Kündigung als von Anfang an wirksam (so § 7 KSchG). Auch *vertragliche „Verfallklauseln"* werden im Arbeitsverhältnis mit kurzen Monatsfristen zur Geltendmachung von Rechten aus dem Arbeitsvertrag nach dessen Beendigung vereinbart, um den Arbeitgeber vor späteren Beweisproblemen zu bewahren (vgl. *Reichold,* ArbR, § 8 Rn. 39f.).

b) Verjährung von Ansprüchen

Fall 2:

30 Student S hat ein teures Buch beim Antiquariat A bestellt, es jedoch im Juli 2008 ohne Rechnung zugeschickt bekommen. S denkt sich nichts dabei und freut sich über das „Schnäppchen". Erst vier Jahre später (Juli 2012) trifft die Rechnung von A ein. Der pflichtbewusste S zahlt die Summe, erfährt aber wenig später von seinem Jura studierenden Kommilitonen X, dass der Anspruch bereits verjährt gewesen sei. Empört fordert S von A das gezahlte Geld zurück – zu Recht?

Ist ein „Anspruch" im Sinne von § 194 Abs. 1 verjährt, kann er gegen den Schuldner nicht mehr durchgesetzt werden, *soweit sich der Schuldner darauf beruft.* Wegen ihrer für die im BGB verankerten „Ansprüche" grundsätzlichen Bedeutung wurden die Verjährungsregeln im Allgemeinen Teil zwischen §§ 194 und 218 ausführlich geregelt. Ihre Kenntnis ist nicht nur für die Rechtspraxis sehr wichtig, sondern auch examensrelevant (näher *Rüthers/Stadler,* § 9 II).

31 Zweck der Verjährung ist die Förderung der Rechtssicherheit und des Rechtsfriedens, demzufolge man „in Folge der verdunkelnden Macht der Zeit" (Mot. I, 291) dem Schuldner nicht mehr die Schwierigkeit einer nachhaltigen und andauernden Beweissicherung bei Alltagsgeschäften zumuten möchte. Längere Untätigkeit des Gläubigers beim Geltend-Machen seiner Forderungen wird damit gleichzeitig bestraft. Die Verjährung schützt auf diese Weise Parteien und Gerichte vor durch längeren Zeitablauf schwer zu erbringenden Darlegungs- und Beweislasten. Die **Regelverjährung** beträgt nach der Reform des Verjährungsrechts 2001/02 nur noch **drei Jahre** gegenüber früher 30 Jahren, vgl. § 195. Wegen der dramatischen Fristenverkürzung der Regelfrist musste ein „subjektives" System für den wichtigen *Beginn* der kurzen Verjährungsfrist eingeführt werden. Entscheidend ist jetzt nach § 199 Abs. 1, dass

- der Anspruch (objektiv) entstanden, d. h. fällig geworden ist und eingeklagt werden kann,
- der Gläubiger von den anspruchsbegründenden Umständen und der Person des Schuldners (subjektive) Kenntnis erlangt hat (oder ohne grobe Fahrlässigkeit erlangt haben müsste).

Ist das in ein und demselben Jahr der Fall – woran z. B. bei normalen Zahlungsforderungen in der Regel nicht zu zweifeln ist –, beginnt die Verjährung mit dem **Schluss des Jahres,** also mit Ablauf des 31.12. (sog. Ultimo-Verjährung). Aus diesem Grund herrscht in den Unternehmen Mitte bis Ende Dezember häufig Alarmstimmung und in Kanzleien Hochbetrieb: Offene Rechnungen müssen gegebenenfalls mit Mahnbescheid zur *Hemmung der Verjährung* nach § 204 Abs. 1 Nr. 3 gerichtshängig gemacht werden (einfache schriftliche Mahnungen können den Eintritt der Verjährung nicht aufhalten, vgl. Katalog der Hemmungsgründe in § 204!). 32

Der Verjährungsbeginn ist damit zwar „kenntnisabhängig", doch können die Fristen auch nicht ohne jedes Ende nach hinten verlängert werden. Die Absätze 2–5 des § 199 regeln daher *kenntnisunabhängige* **Maximalfristen,** was besonders bei Ansprüchen aus Schadensersatz z. B. wegen Gesundheitsverletzung wichtig ist. Hier können sowohl die Schadensfolgen z. B. eines Verkehrsunfalls (Spätschäden) als auch die Identität des Schädigers selbst längere Zeit unbekannt bleiben. Die Maximalfrist von 30 Jahren sorgt hier dafür, dass die subjektive Frist des § 199 Abs. 1 auch erst 10 Jahre nach dem Unfall noch beginnen kann, wenn also der Gesundheitsschaden erst entdeckt oder der Unfallverursacher erst ermittelt worden ist. 33

Zusammenzufassen ist, dass die eingetretene Verjährung zwar ein Leistungsverweigerungsrecht begründet, jedoch nicht die Forderung als solche erlöschen lässt. Wer dennoch wie im Beispiel S die Forderung des Verkäufers erfüllt, hat durchaus „rechtens" gehandelt, freilich auf das ihm gegebene „Gegenrecht" aus § 214 Abs. 1 – einerlei, ob aus Unkenntnis oder bewusst – verzichtet. Ein guter Rechtsanwalt wird daher immer Rechtsfragen der Verjährung in sein Kalkül ziehen, bevor er zu Gericht geht. 34

Kurz gefasst 7:

Subjektive Rechte verleihen dem Marktbürger die Rechtsmacht, ihre Ansprüche gegebenenfalls auch per Klage vor den Gerichten durchsetzen zu können. Der einzelne Anspruch oder die einzelne Forderung sind Ausschnitt aus der vom objektiven Recht ermöglichten subjektiven „Berechtigung". Die absoluten Rechte im Sinne von § 823 Abs. 1 unterscheiden sich von den relativen Forderungs- und Gestaltungsrechten dadurch, dass sie gegen *jedermann* wirken bzw. von *jedermann* verletzt werden können. Als Grenze der Ausübung von Gestaltungsrechten sind Ausschlussfristen, als Grenze der Ausübung von Forderungsrechten sind Verjährungsregeln zu beachten. Besonders wichtig ist die Legaldefinition des **„Anspruchs"** in § 194 Abs. 1. Während nur ein konkreter „Anspruch" verjähren kann, „erlöschen" die Gestaltungsrechte nach Verstreichen der Ausschlussfristen.

IV. Allgemeines Prüfungsschema von Ansprüchen

Die Verwirklichung eines Anspruchs setzt ganz allgemein voraus, dass 35

- der Anspruch entstanden,
- der Anspruch nicht wieder erloschen (z. B. durch Anfechtung, Rücktritt, Widerruf etc., sog. *rechtsvernichtende* Einwendungen) und
- der Anspruch auch noch rechtlich durchsetzbar ist (z. B. keine Verjährung oder Zurückbehaltungsrecht, §§ 273, 320, 1000, sog. *rechtshemmende* Einwendung).

Arbeitshinweis: Dieses einfache Schema sollte als allgemeines Prüfungsschema für jeden (insb. vertraglichen) Anspruch des Zivilrechts in jeder Klausur oder Hausarbeit einem prinzipiell zutreffenden Aufbau das grobe Gerüst geben.

Lösungshinweise zu den Fällen in § 6

Lösungshinweise Fall 1:

36 K könnte nur dann absolute Rechte geltend machen, wenn er bereits *Eigentümer* des Schranks geworden wäre. Dann müsste der Schrank gem. §§ 929, 930 bereits an K *übereignet* worden sein (vgl. § 5 II 4, Rn. 21).

K hatte den Schrank aber nicht nach § 929 S. 1 von V übergeben bekommen. Der Schrank stand noch bei V im Schaufenster. Dennoch könnte K Eigentümer nach § 930 durch Vereinbarung eines sog. „Besitzkonstituts" geworden sein (K wäre dann „mittelbarer" Eigenbesitzer und V „unmittelbarer" Fremdbesitzer, vgl. § 868, z. B. als Verwahrer). Das ist „Tatfrage". Wäre der Eigentumsübergang nach § 930 zu bejahen, dann hätte der K als Eigentümer ein *absolutes Recht* am Schrank und könnte entsprechenden Schadensersatz *direkt* vom Zerstörer D fordern.

Andernfalls wäre V noch Eigentümer, doch könnte K sich nach §§ 326 III, 295 als Folge der „Unmöglichkeit" der Lieferungspflicht des V (§§ 275 I, IV) die Ansprüche des V gegen D auf Schadensersatz abtreten lassen.

Lösungshinweise Fall 2:

37 Zuerst ist nach der Anspruchsgrundlage für die Forderung des S zu fragen. Das vertragliche Schuldverhältnis (Kauf im Fernabsatz) ist ja auf den ersten Blick erfüllt (§§ 433, 362), Leistung und Gegenleistung sind ausgetauscht. Doch meint S, wegen der verjährten Forderung „ohne Rechtsgrund" gezahlt zu haben. Daher können gesetzliche Ansprüche aus *ungerechtfertigter Bereicherung* (**§ 812 I 1,** 1. Variante „Leistungskondiktion") in Betracht kommen:

- S müsste „etwas" – den Kaufpreis – an A „geleistet" haben. Das ist zweifellos zu bejahen.
- Fraglich ist, ob die Zahlung „ohne rechtlichen Grund" erfolgt ist. Das ist zu verneinen, weil der Kaufvertrag laut Sachverhalt wirksam zustande gekommen war.
- *Forderung verjährt?* a) Beginn der Verjährung gem. § 199 I am 1.1.2009, weil objektive Entstehung der Forderung und subjektive Kenntnis des A in 2008 zu bejahen; b) Eintritt der Verjährung gem. § 195 nach drei Jahren am 1.1.2012, 0 Uhr; c) keine Sonderregeln *(lex specialis)* beachtlich, weil kurze Verjährung nach Kaufrecht (§ 438) nur für Gewährleistungsansprüche wegen Sachmängeln greift.
- *Einfluss der Verjährung?* S hätte laut § 214 I die Zahlung verweigern können, weil er sich damit auf die *EINREDE* der Verjährung berufen hätte, die ein dauerhaftes Gegenrecht begründet. Er hat das aber nicht getan. Weil die Verjährung den Anspruch des A nicht (materiell) erlöschen lässt, sondern ihn bei Geltendmachung nur hemmt, ordnet § 214 II an: Wer die verjährte Forderung in Unkenntnis seines Leistungsverweigerungsrechts bezahlt hat, hat dennoch nicht ohne Rechtsgrund gezahlt (vgl. § 813 I)!

§ 7. Rechtssubjekte, Rechtsobjekte

I. Rechtssubjekte

1. Natürliche Personen

a) Rechtssubjektivität von der Geburt bis zum Tod

1 Das BGB benennt als Träger von subjektiven Rechten gleich zu Beginn die natürlichen und juristischen Personen. Dabei wird in § 1 für den Beginn der *Rechtsfähigkeit* schlicht auf die Vollendung der Geburt abgestellt, was aber trotz aller Verkürzung doch heißen soll, dass *jeder Mensch in gleicher Weise fähig ist, Träger von Rechten und Pflichten zu sein* (vgl. § 5 II 2 a, Rn. 11). Die Schlichtheit des § 1 verstellt leicht den Blick darauf, dass Unterschiede oder Differenzierungen unter Menschen nach Intellekt, Alter, Reifegrad, Herkunft oder Rasse für ihre Rechtsstellung von vorneherein abwegig sind,

weil Rechtsfähigkeit „des Menschen" gleiche Freiheit und gleiche Teilhabe für jeden Menschen am Rechtsverkehr impliziert (vgl. *Rüthers/Stadler,* § 14 Rn. 3). Das entspricht gleichzeitig dem obersten Grundwert des Grundgesetzes, der die Menschenwürde für unteilbar hält: Zur Menschenwürde gehört untrennbar das Subjekt-Sein; als Objekt wäre der Mensch nur Sklave wie im römischen Recht (*Medicus,* AT, Rn. 1043). Die deutsche Geschichte lehrt, dass Antisemitismus und Rassismus schnell auf die schiefe Ebene der „selektiven Rechtsfähigkeit" und damit zu Entrechtung, Entwürdigung, Vernichtung führen können (vgl. *Rüthers/Stadler,* § 14 Rn. 6). Das Reichsarbeitsgericht (RAG) hat z. B. am 24.7.1940 zur Frage *„Hat der jüdische Arbeiter Anspruch auf Lohn für Wochenfeiertage und nationale Feiertage?"* u. a. wie folgt Stellung genommen:

> „Die Gestaltung des Arbeitsverhältnisses in dem Arbeitsordnungsgesetz (AOG) vom 20.1.1934 (RGBl. I S. 45) als eines auf den Gedanken der Treue und Fürsorge und der sozialen Ehre gegründeten Gemeinschaftsverhältnisses (§§ 1, 2, 35 AOG) und der Gedanke von Führer und Gefolgschaft in dem Betriebe (...) entspricht germanischer, besonders deutsch-rechtlicher Anschauung. An solcher Gemeinschaft kann der Jude, dem jene Anschauung fremd ist, nach seiner ganzen, auf die Förderung persönlicher Interessen und die Erlangung wirtschaftlicher Vorteile gerichteten rassischen Veranlagung keinen Anteil haben, und es ist ihm nach seiner Natur verwehrt, sich als Glied in diese Gemeinschaft einzufügen und sein Denken und Handeln nach der Gefolgschaftsidee auszurichten. Daraus ergibt sich die notwendige Folge, dass das AOG, insbesondere seine tragenden Grundgedanken, sowie die sonstigen im besonderen in neuerer Zeit getroffenen arbeitsrechtlichen Bestimmungen nicht ohne weiteres und uneingeschränkt auf einen jüdischen Arbeiter Anwendung finden können" (RAG 23, 275, 276f.).

Für die **Vollendung der Geburt** wird auf den vollständigen Austritt des Neugeborenen aus dem Mutterleib und entsprechende Lebenszeichen abgestellt. Das ungeborene Kind (Leibesfrucht) ist also nicht rechtsfähig. Doch gibt es rechtliche „Vorwirkungen" im Fall der Lebendgeburt. So gilt für das *Erbrecht* das zur Zeit des Erbfalls noch nicht lebende, aber „bereits gezeugte" Kind *(nasciturus)* als *vor dem Erbfall* geboren und damit erbfähig, vgl. § 1923 Abs. 2 (Kunstgriff der „Fiktion"). Stirbt also der Vater eines Kindes noch vor dessen Geburt, kann das Kind dennoch mit der Geburt Erbe des Vaters werden. Wird die Leibesfrucht z. B. durch einen Verkehrsunfall der hochschwangeren Mutter geschädigt und muss das geborene Kind deshalb mit Missbildungen leben, kann die Mutter aber nicht „eigenen" Schaden geltend machen. Vielmehr werden dem Kind selber von der Rechtsprechung *eigene* Ansprüche gegen den Schädiger eingeräumt: der Verletzungs*erfolg* ist ja nach Geburt am lebenden Menschen eingetreten. Die vorgeburtlichen Schädigungen begründen also einen „eigenen" konkreten Schaden ganz ohne Kunstgriffe (vgl. *Medicus,* AT, Rn. 1049; *Schwab/Löhnig,* Rn. 123). Doch kennt das BGB weitere „Kunstgriffe" auch bei den (Versorgungs- oder Erb-)Regelungen der §§ 844 Abs. 2 S. 2, 1777 Abs. 2, 2043 Abs. 1, 2108 Abs. 1 und 2178, um Vorwirkungen zugunsten des *nasciturus* zu erzeugen. Bekanntlich ist das Strafrecht zum Schutz des werdenden Lebens weitaus rigoroser als das Zivilrecht, vgl. die Normen der §§ 218ff. StGB. 2

Dass die Rechtsfähigkeit allein (!) **mit dem Tod endet,** steht nicht ausdrücklich im BGB, ergibt sich aber aus dem Menschenwürde-Bekenntnis des Grundgesetzes und wird vom Erbrecht vorausgesetzt, vgl. § 1922 Abs. 1: *„Mit dem Tode einer Person"* tritt der Erbfall ein und geht das Vermögen des Verstorbenen (inklusive der Schulden!) auf die Erben über. Ab welchem Zeitpunkt der Mensch genau tot ist, ist nicht nur unter Medizinern streitig. Die juristische Literatur (vgl. nur *Rüthers/Stadler,* § 14 Rn. 12) stellt maßgeblich auf den Hirntod ab (OLG Frankfurt/M. NJW 1997, 3099), doch 3 kann ausnahmsweise auch der irreparable Herz-Kreislauf-Stillstand maßgebend sein. Mit *Medicus* ist im Hinblick auf Rechtsfähigkeit und Erbfolge der *letzte* in Betracht kommende Zeitpunkt zu wählen: Es sollte verhindert werden, dass ein unerwartet „Wiederbelebter" als schon beerbt gilt (*Medicus,* AT Rn. 1052). Künstlich das Leben verlängernde Apparaturen der Medizintechnik können vom Sterbenskranken durch wirksame **Patientenverfügung** abgelehnt werden. Allerdings muss die Verfügung bei voller Geschäftsfähigkeit („Einwilligungsfähigkeit") unterzeichnet worden sein, vgl. die Definition in § 1901a Abs. 1: „*Hat ein einwilligungsfähiger Volljähriger für den Fall seiner Einwilligungsunfähigkeit schriftlich festgelegt, ob er in bestimmte, zum Zeitpunkt der Festlegung noch nicht unmittelbar bevorstehende Untersuchungen seines Gesundheitszustands, Heilbehandlungen oder ärztliche Eingriffe einwilligt oder sie untersagt* ***(Patientenverfügung),*** *prüft der Betreuer, ob diese Festlegungen auf die aktuelle Lebens- und Behandlungssituation zutreffen. Ist dies der Fall, hat der Betreuer dem Willen des Betreuten Ausdruck und Geltung zu verschaffen. Eine Patientenverfügung kann jederzeit formlos widerrufen werden*". Daraus ergibt sich, dass Betreuer oder Bevollmächtigte des Erkrankten auch gegen ärztliche Prognosen dem Patientenwillen Geltung verschaffen dürfen (vgl. *Höfling,* NJW 2009, 2849). Der Gesetzgeber hat den Vorrang der Patientenverfügung mit Gesetz vom 17.7.2017 noch einmal unterstrichen, vgl. § 1906a Abs. 1 S. 1 Nr. 3 BGB. Zur sog. Todeserklärung wegen „Verschollenheitsvermutung" (VerschollenheitsG 1951) nach Naturkatastrophen oder Flugzeugabstürzen vgl. *Rüthers/Stadler,* § 14 Rn. 13. Geburt und Tod eines Menschen sind in die Personenstandsbücher einzutragen (vgl. § 60 PersonenstandsG).

b) Rechtssubjektivität und Handlungsfähigkeit

4 Rechtssubjektivität nach § 1 bedeutet noch nicht rechtliche Handlungsfähigkeit. *Volle* Geschäftsfähigkeit und damit volle rechtliche Handlungsfähigkeit erlangen Menschen erst mit dem 18. Geburtstag, *beschränkte* Geschäftsfähigkeit schon mit dem 7. Geburtstag (§§ 106ff.). Die Rechtsordnung muss die Fähigkeit zur vernünftigen Willensbildung bei Privatrechtssubjekten voraussetzen, um deren „Willenserklärungen" als Grundstein ihrer privatautonomen Rechtsgestaltung anerkennen zu können: Was Kinder oder geistig behinderte Menschen erklären, soll daher für den Rechtsverkehr nicht maßgeblich sein. Sie brauchen *gesetzliche Vertretung* durch ihre Eltern, den Vormund oder den Betreuer (vgl. §§ 1626ff., 1793ff., 1896ff.). Doch kann nicht nur „rechtsverbindliches" Handeln, sondern auch „tatsächliches" Handeln Rechtsfolgen äußern:

Fall 3 (nach *Westermann,* Kap. 3):

Der 10-jährige Kevin kauft sich von gespartem Geld einen Fußball, mit dem er kurz danach eine Scheibe im Nachbarhaus mit sattem Spannschuss zerstört und einen entsprechenden Schaden verursacht (weitere Beispiele vgl. § 8 II 1, Rn. 20ff.).

5 Rechtlich sind hier zwei verschiedene Fragen zu klären:

- Hat K sich den Fußball rechtswirksam kaufen können? (dazu vgl. c);
- Muss K für den von ihm verursachten Schaden haften? (dazu vgl. d).

Damit sind die zwei wesentlichen Seiten der rechtlichen Handlungsfähigkeit benannt: Geschäftsfähigkeit und Deliktsfähigkeit.

> **Merke:** *Geschäftsfähigkeit* bedeutet, durch **eigene Willenserklärungen** Rechtsfolgen selbstbestimmt herbeiführen zu können (Ehemündigkeit und Testierfähigkeit sind spezielle Ausprägungen, vgl. § 5 II 2a *Schaubild 5* – Rn. 11).
> *Deliktsfähigkeit* bedeutet, durch **eigenes Tun oder Unterlassen** haftungsrechtliche Verantwortung übernehmen zu können.

Das Gesetz legt hier unterschiedliche Maßstäbe an: Ob jemand eine Willenserklärung 6
abgeben kann, wird im BGB-AT geregelt (§§ 104ff.: Rechtsgeschäfte – Geschäftsfähigkeit); ob jemand für einen von ihm angerichteten Schaden haften muss, wird im letzten Titel des BGB-Schuldrechts geregelt (§§ 823ff.: Unerlaubte Handlungen – insb. Deliktsfähigkeit, vgl. § 827f.).

c) (Beschränkte) Geschäftsfähigkeit

Aus §§ 104ff. ergeben sich die Ausnahmen von der Regel der Geschäftsfähigkeit eines 7
jeden Menschen. Privatautonomie funktioniert nämlich nur mit einem Mindestmaß an geistiger Reife und Einsichtsfähigkeit. Deshalb wird nach Alter bzw. Gesundheitszustand differenziert, um eine **typisierende abgestufte Regelung** einzurichten, die von kompletter Geschäftsunfähigkeit (§§ 104, 105) über beschränkte Geschäftsfähigkeit (§§ 106–113) bis zur vollen Geschäftsfähigkeit ab 18 (§ 2) führt – mit einer erst 2002 eingefügten Zwischenstufe für Alltagsgeschäfte volljähriger Geschäftsunfähiger (§ 105a). Der 10-jährige Kevin aus unserem Beispiel wird also nach § 106 als *beschränkt geschäftsfähiger* Minderjähriger eingestuft. Volljährig wird er mit der Vollendung des 18. Lebensjahres, vgl. § 2, also am Tag seines 18. Geburtstags (um null Uhr, vgl. § 187 Abs. 2 S. 2). Beschränkt geschäftsfähig wurde er am Tag seines 7. Geburtstags (um null Uhr), vgl. §§ 104 Nr. 1, 106. Kevin darf zwar am Rechtsverkehr teilnehmen, bedarf aber aufgrund seiner Unreife besonderen Schutzes. Dabei gilt wie beim Schutz der Geschäftsunfähigen nach § 104 der wichtige Grundsatz:

> **Merke:** Der Schutz Geschäftsunfähiger bzw. beschränkt Geschäftsfähiger genießt **absoluten Vorrang** vor dem Vertrauensschutz des Rechtsverkehrs, so dass die §§ 106–113 zwingend auch zugunsten „erwachsen" wirkender Jugendlicher gelten: Hier ist „Sein" wichtiger als „Schein"!

Während die Willenserklärung des Geschäftsunfähigen nach § 105 Abs. 1 rechtlich 8
ein „Nichts" ist, d. h. unheilbar nichtig, kommt es bei einem 10-Jährigen wie Kevin – wie so oft – „darauf an": Grundsätzlich sollen nach Sinn und Zweck der §§ 107, 108 die Eltern als Träger des Sorgerechts entscheiden, in welchem Rahmen sie Geschäftsaktivitäten ihrer minderjährigen Kinder zulassen bzw. steuern wollen. Sie können vorher zustimmen („Einwilligung", vgl. §§ 107, 183) oder nachher genehmigen (§§ 108, 184). Bekannt ist die Szene beim Bäcker, wenn das Kind mit dem Zettel in der Hand die Semmeln kauft: Von einer Einwilligung der Eltern ist hier „konkludent" auszugehen, die Bäckersfrau darf von der Wirksamkeit des Kaufvertrags nach § 107 ausgehen (möglich ist auch das Handeln als Vertreter, vgl. § 165). Ist das Kind noch keine sieben Jahre alt, kann es aber nur „Bote" der Eltern sein (vgl. § 8 IV 1a, Rn. 74).

Geschäftsunfähigkeit kann sich auch ergeben aus einer *dauerhaften* **krankhaften Stö-** 9
rung der Geistestätigkeit, § 104 Nr. 2. Das schließt freilich „lichte Momente" *(lucida intervalla)* nicht aus, in denen ausnahmsweise Geschäftsfähigkeit vorliegt (in der Praxis

schwer nachzuweisen). Nichtigkeit tritt nach § 105 Abs. 2 auch bei nur *vorübergehender* Störung der Geistestätigkeit ein, wenn z. B. Erklärungen im Zustand der Volltrunkenheit oder des Drogenrauschs abgegeben werden. Der BGH hat etwa „partielle" Geschäftsunfähigkeit bei sexueller Abhängigkeit von Telefonsex-Gesprächen angenommen (BGH NJW-RR 2002, 1424). Dagegen kann es keine „beschränkte" oder „relative" Geschäftsfähigkeit für besonders schwierige oder für besonders belastende Geschäfte geben, auch nicht etwa pauschal für alte Menschen. Genau aus diesem Grund hat man seit 1992 die **Betreuung** (früher: Vormundschaft) in den §§ 1896ff. eingeführt, die es erlaubt, einem hilfsbedürftigen Erwachsenen ohne Rücksicht auf seine Geschäftsfähigkeit eine Hilfsperson zuzuordnen, die ihn im Rechtsverkehr vertritt. Gegen den freien Willen des Volljährigen darf ein Betreuer aber nicht bestellt werden, vgl. § 1896 Abs. 1 a. Ansonsten gilt der Grundsatz der Erforderlichkeit, § 1896 Abs. 2. Die Bestellung des Betreuers hat *keinen Einfluss* auf die Geschäftsfähigkeit des Betroffenen. Nur wenn zur Abwendung „einer erheblichen Gefahr" erforderlich, kann zusätzlich zur Betreuung ein „Einwilligungsvorbehalt" angeordnet werden, der Willenserklärungen des Betreuten – ausgenommen höchstpersönliche Geschäfte wie z. B. Verfügungen von Todes wegen – einer Gegenzeichnung des Betreuers unterwirft und damit dem Betreuten in etwa die Stellung eines beschränkt Geschäftsfähigen zuweist, vgl. § 1903.

10 Weniger gelungen erscheint die – gut gemeinte, aber schlecht gemachte – **Regelung des § 105a.** Geistig behinderte Menschen sollen danach geringwertige Alltagsgeschäfte rechtlich wirksam tätigen können, z. B. Brötchen oder Postkarten kaufen, U-Bahn fahren, zum Friseur gehen. Die harte Nichtigkeitsfolge des § 105 soll gehandicapte Menschen im Alltag nicht „spürbar" treffen. Doch wurde nicht bedacht, dass die Wirksamkeitsfiktion nach dem „Bewirken" der beiderseitigen Leistungen, die eine Rückabwicklung des Bargeschäfts ausschließen soll, auch das *Erfüllungsgeschäft* ergreifen muss – wie also stellt sich die Eigentumslage dar? Und: Kann der behinderte Mensch etwa nicht den faulen Apfel als „mangelhafte" Ware zurückgehen lassen? So stellt sich die neue Norm als wenig sinnvolle Ergänzung der alten Rechtslage dar, in der man bereits früher Kleingeschäfte Geschäftsunfähiger unter Rückgriff auf dessen „lichte Momente" für wirksam halten konnte (vgl. *Casper,* NJW 2002, 3425; *Heim,* JuS 2003, 141; *Rüthers/Stadler,* § 23 Rn. 5 a).

d) (Beschränkte) Deliktsfähigkeit

11 Ganz anders ist die Situation bei der „unerlaubten Handlung" nach § 823 Abs. 1. Hier geht es nicht um die Folgen einer Willenserklärung, sondern um die Folgen einer schädigenden Handlung und um einen „Verletzungserfolg". Es wird nur der schuldhaft und rechtswidrig herbeigeführte „Erfolg" mit der (gesetzlichen) Verpflichtung zum **Schadensersatz** bestraft – das setzt die Fähigkeit zur *Selbstverantwortung* voraus. Das BGB hat daher in den Normen der §§ 827, 828 eine ähnlich abgestufte Regelung wie in den §§ 104ff. gefunden. § 827 regelt ähnlich wie § 104 Nr. 2 die (krankhafte) Bewusstseinsstörung volljähriger Täter, während § 828 die Altersgrenzen sieben bzw. zehn (für die besonders kritische Situation im Straßenverkehr) bzw. achtzehn benennt. Dabei ist der Norm des § 828 Abs. 3 zu entnehmen, dass hier eine *„beschränkte Deliktsfähigkeit"* zwischen sieben (zehn) und 18 ähnlich wie in den §§ 106ff. eingerichtet wurde. Fraglich ist danach, ob der halbwüchsige Jugendliche *„bei der Begehung der schädigenden Handlung nicht die zur Erkenntnis der Verantwortlichkeit erforderliche Einsicht"* hatte (näher *Reichold* in: Juris-PK BGB, § 828 Rn. 4: gleitender „objektiver" Maßstab der Einsichtsfähigkeit je nach Altersstufe).

12 Zu beachten sind trotz ähnlicher Tatbestände aber doch auch die **Unterschiede** zwischen Geschäfts- und Deliktsfähigkeit: Während es bei der „Handlungsverantwor-

tung" um die Prüfung der Einsichtsfähigkeit bei der jeweils *konkreten* Verletzungshandlung geht, entscheidet bei der „Geschäftsverantwortung" jeweils allein die Art des vom Minderjährigen abgeschlossenen Geschäfts (rechtlich nachteilig oder neutral oder vorteilhaft). Das Gesetz will also für die Geschäftsfähigkeit einen starren, objektiv bestimmbaren Maßstab, für die Deliktsfähigkeit dagegen einen anpassungsfähigen, konkreten Maßstab. Im Übrigen sollte nicht vorschnell der häufig auf Baustellen zu lesenden Bestimmung *„Eltern haften für ihre Kinder"* juristisch geglaubt werden: Das Gesetz, das ja Entlastungsmöglichkeiten der Eltern in § 832 Abs. 1 S. 2 ausdrücklich benennt, lässt sich nicht durch eine solche „Allgemeine Geschäftsbedingung" einfach zugunsten des Eigentümers verändern. Im Zweifel gilt das Gesetz, nicht die einseitig gestellte AGB (vgl. §§ 307ff.).

2. Juristische Personen

Wie bereits oben § 5 II 2b (*Schaubild 6* Rn. 12) betont wurde, ist die juristische Per- 13
son eine für entwickelte Gesellschaften notwendige „Zweckschöpfung": Ihr kommt damit eigene *Rechtspersönlichkeit* zu. Die Selbstorganisation in einer freien Gesellschaft und Wirtschaft braucht solche **„Körperschaften"** mit eigener Handlungs-, Haftungs- und Vermögensfähigkeit. Auch die Einrichtungen der öffentlichen Hand bedienen sich dieser Konstruktion: Anstalten des öffentlichen Rechts wie das ZDF oder Körperschaften des öffentlichen Rechts wie die Universitäten oder Gebietskörperschaften wie Bund, Länder und Gemeinden sind juristische Personen des öffentlichen Rechts (mit jeweils eigener gesetzlicher Rechtsgrundlage). Nach der **„Geburt" kraft Eintragung** ins Vereins-, Handels- oder Genossenschaftsregister müssen juristische Personen durch natürliche Personen als *Handlungsorgane,* d. h. als Vereinsvorstand, als GmbH-Geschäftsführer oder AG-Vorstand die Körperschaft im Rechtsverkehr vertreten werden. Vor allem bei der Aktiengesellschaft (vgl. § 5 II 2b, Rn. 13) gibt das Aktiengesetz eine ausführliche, großenteils zwingende Organisation der Handlungs- und Haftungsverfassung (Hauptversammlung, Aufsichtsrat, Vorstand) per Gesetz vor. Wichtig ist bei alledem der Vorteil der **Haftungsbegrenzung:** Ebenso wie die juristische Person *eigene Rechte* hat, die von ihren Organvertretern wahrgenommen werden, hat sie auch *eigene Pflichten;* so schließt der GmbH-Geschäftsführer oder der Vereinsvorsitzende in dieser Funktion Verträge nicht für die eigene Person, sondern *ausschließlich für und gegen* das GmbH- bzw. Vereinsvermögen ab. Er verfügt über „fremdes" Vermögen, bedarf deshalb immer auch der Kontrolle durch die Verbandsmitglieder (die ökonomische Theorie nennt dies ein *„principal-agent"*-Problem: Der handelnde *„agent"* bedarf der Aufsicht durch den *„principal"* durch geeignete institutionelle Arrangements). Selbst der „Ein-Mann"-GmbH-Geschäftsführer/Gesellschafter wählt diese Rechtsform, um das Geschäfts- sauber vom Privatvermögen trennen zu können (von „Gesellschaft" kann hier wortwörtlich nicht mehr die Rede sein!).

Keine juristischen Personen sind dagegen die auf *persönliche Zusammenarbeit* aufbauenden **Personen-** 14
gesellschaften des bürgerlichen Rechts (§§ 705ff.: Gesellschaft bürgerlichen Rechts) und des Handelsrechts (offene Handelsgesellschaft, Kommanditgesellschaft, §§ 105ff. HGB, vgl. § 6 I 2, Rn. 11). Nach der ursprünglichen Idee des Gesetzgebers sollten diese Personenverbände in gesamthänderischer Verbundenheit ihre Angelegenheiten regeln. Dazu bedarf es im „geselligen" Bereich keiner Registrierung. Wer z. B. mit seinen Freunden eine Kegelgruppe aus zehn bis zwölf Personen organisiert und dazu eine Kegelkasse mit regelmäßigen Beiträgen einrichtet, kann sich wohl als „Innengesellschaft" nach §§ 705ff. verstehen, nicht aber als professionelle „Außengesellschaft" mit werbender Tätigkeit und steuerlich relevanten Einnahmen – beides lässt sich mit der Grundform der Gesellschaft bürgerlichen Rechts erreichen, die *gar*

keine Eintragung in einem Register braucht (so z. B. Anwalts-Sozietät, Handwerker-GbR). Der „Innen-GbR" geht es nach § 705 letztlich nur um den gemeinsamen Zweck der Freizeitgestaltung; die Kegelkasse gilt als Gesellschaftsvermögen, das „gemeinschaftlich" zu verwalten ist (vgl. § 709) und das erst bei der Beendigung der Kegelaktivitäten unter den Mitgliedern verteilt wird (§§ 726, 730 ff.). Vorher aber bleibt es bei der *„gesamthänderischen Bindung"* (§ 719) des Gesellschaftsvermögens: Es kann nicht einfach unter die Mitglieder verteilt werden! Das Gesamthands-Konzept geht davon aus, dass bei der Personengesellschaft Träger der Rechte und Pflichten die **Gesellschafter „in ihrer Verbundenheit"** sind. Entsprechend lange zögerte man, auch hier eine „Gruppe" als Träger des Gesellschaftsvermögens anzuerkennen und dieser „Gruppe" rechtliche Selbstständigkeit zuzugestehen. Erst seitdem *Werner Flume (1908–2009)* dieses Konzept 1977 im ersten Band seines Grundlagenwerks über den AT des BGB überzeugend formuliert hat, gab es einen deutlichen Umschwung von der Vielheits- zur Einheitstheorie (näher *K. Schmidt,* GesR, § 58 IV, V). Inzwischen wird die GbR-**Außengesellschaft** (ebenso wie die oHG/KG, vgl. ausdrücklich § 124 HGB) auch von der Gesetzgebung als „rechtsfähig" anerkannt, vgl. § 14 Abs. 2: *„Eine* ***rechtsfähige*** *Personengesellschaft ist eine Personengesellschaft, die mit der Fähigkeit ausgestattet ist, Rechte zu erwerben und Verbindlichkeiten einzugehen"*. Damit wird zwar eine missglückte Begriffsbildung (zutr. Jauernig/*Mansel,* BGB, § 14 Rn. 2) im Sinne einer „Tautologie" geschaffen – Träger von Rechten und Pflichten sind immer rechtsfähig: Die Norm des § 14 stellt nicht klar, *wann* das der Fall bei Personengesellschaften ist, sondern stellt nur fest, dass es solche gibt! –, doch wird jedenfalls im Anschluss an die Rechtsprechung des BGH klargestellt, dass es *rechtsfähige Personengesellschaften* geben kann, **ohne dass diese als juristische Personen anerkannt werden** (vgl. Formulierung in § 14 Abs. 1: *„Unternehmer ist eine natürliche oder juristische Person* ***oder*** *eine rechtsfähige Personengesellschaft ..."*). Zum Problem vgl. näher BGHZ 146, 341 = NJW 2001, 1056 sowie *Karsten Schmidt,* NJW 2001, 993; *Ulmer,* ZIP 2001, 585; krit. *Stürner,* JZ 2003, 44).

Kurz gefasst 8:

Natürliche Personen werden mit der Vollendung der Geburt, juristische Personen mit Eintragung in einem öffentlichen Register rechtsfähig. Die allgemeine und gleiche Rechtsfähigkeit jedes Menschen durch § 1 ist die Umsetzung des Menschenwürdepostulats im Zivilrecht. Bei der Eintragung einer juristischen Person erfolgt keine inhaltliche, sondern nur eine „formale" normative Kontrolle des Registergerichts (Normativsystem). Die volle rechtliche Handlungsfähigkeit erlangen natürliche Personen erst mit der Volljährigkeit (§ 2). Ausnahmen von der mit 18 erlangten Geschäfts- und Deliktsfähigkeit gelten nur für dauerhaft geistig Erkrankte. Die „Betreuung" von hilfsbedürftigen Menschen lässt deren Geschäftsfähigkeit nicht entfallen. Den juristischen Personen (e. V., AG, GmbH, eG) wird durch die Verleihung der eigenen Rechtspersönlichkeit gestattet, sowohl gegenüber ihren Mitgliedern als auch im Außenverhältnis als *verselbständigte Träger von Rechten und Pflichten* aufzutreten. Dadurch sind sie unabhängig von einem Mitgliederwechsel und haften ihren Gläubigern nur mit dem „eigenen" Vermögen (Trennungsprinzip). Demgegenüber können zwar auch Personengesellschaften „rechtsfähig" sein (oHG, KG, Außen-GbR, vgl. § 14 Abs. 2); sie stellen jedoch keine juristische Person mangels körperschaftlichen Charakters dar, sondern handeln durch ihre Gesellschafter in ihrer gesamthänderischen Verbundenheit und mit persönlicher Haftung.

II. Rechtsobjekte

15 Rechtssubjekte sind immer nur Träger, nicht „Gegenstand" von Herrschaftsrechten wie dem Eigentum (vgl. § 6 III 2a, Rn. 25). Andere Rechtssubjekte als natürliche und juristische Personen gibt es nicht. Es gibt nach heutiger Anschauung schon „naturrechtlich" kein Recht *am* Menschen, sondern nur Rechte *des* Menschen an Gütern. Daran hat auch die vom Tierschutz motivierte Unterscheidung des Tieres von der Sache seit 1990 nichts geändert, vgl. § 90 a: *„Tiere sind keine Sachen. Sie werden durch besondere Gesetze geschützt. Auf sie sind die für Sachen geltenden Vorschriften entsprechend anzuwenden, soweit nicht etwas anderes bestimmt ist."* Es gibt juristisch nur ein „Entweder-Oder": Wer nicht unverfügbares Rechtssubjekt ist, muss als **Rechtsobjekt** sich im Zweifel den Verfügungsrechten einer Marktgesellschaft unterwerfen und Rechtssubjekten zuordnen lassen. Dazu zählen auch „Tiere", soweit sie als Nutztiere oder Haustiere der Haltung zugänglich sind (vgl. § 833). Rechtsobjekte sind die körperlichen

(§ 90) und unkörperlichen Gegenstände, also alle „Rechte" (Forderungen, Immaterialgüterrechte etc.). Die §§ 90 ff. definieren einige, aber nicht alle Arten von verfügbaren Sachen. Vor allem fehlt die für das Sachenrecht wichtige Unterscheidung zwischen „beweglichen" und „unbeweglichen" Sachen *(Immobilien).* Die Körperlichkeit der Sachen ermöglicht die klassische, vom BGB in § 903 formulierte Herrschaftsausübung des Eigentümers. Das ist eigentlich alles Gegenstand des Dritten Buchs „Sachenrecht", wird aber im BGB AT abstrakt vorweggenommen und definiert. Besondere **wirtschaftliche** Bedeutung kommt den Sachen deshalb zu, weil sie Grundlage des „Realkredits" darstellen: Jeder Häuslebauer weiß, dass er von der Bank nur dann einen nennenswerten Kredit vorgestreckt bekommt, wenn er sein Grundstück mit einer entsprechenden Summe der Bank als Sicherheit überschreibt (*Immobiliarkredit,* der in der Regel als *Grundschuld* im Grundbuch zugunsten der Bank eingetragen wird; erstrangige Grundschulden sichern die besten Zinsen, vgl. §§ 873, 1191 ff., insb. § 1192 Abs. 1a beachten!). Kann der Häuslebauer seine (langfristigen) Rückzahlungspflichten nicht bedienen, muss er mit einer Verwertung seines Grundstücks (z. B. Zwangsversteigerung) rechnen.

16 Im Interesse der **Rechtsklarheit** geht das BGB von der „Einzelsache" aus: Allein daran kann nach dem Spezialitätsprinzip des Sachenrechts die Übereignung durch *Einigung und Übergabe* (§ 929 S. 1) erfolgen. Auch „Sacheinheiten" fallen unter diesen Sachbegriff (z. B. eine als Waffeltüte verkaufte Packung mit vielen einzelnen Süßigkeiten). „Sachgesamtheiten", wie z. B. Bibliotheken oder Warenlager, können aber nicht mehr „in toto" nach § 929 S. 1 übereignet werden. Der Notar muss auch bei der Übereignung eines Grundstücks möglichst exakt bezeichnete Katasterflächen zur Definition des Übereignungsgegenstands benennen (§§ 873, 925). Dennoch ist aus ökonomischen Gründen der Verkauf wirtschaftlicher Einheiten wie eines ganzen **Unternehmens** sehr erwünscht. Dem tragen Regelungen über Bestandteile (§§ 93 ff.) und Zubehör (§§ 97, 98, vgl. auch § 311 c) einer Sache Rechnung. Auch „wesentliche Bestandteile" einer Sache oder eines Grundstücks (z. B. das damit *fest verbundene* Gebäude) werden definiert. Darin zeigt sich übrigens deutlich die landwirtschaftliche Prägung des Verkehrs- und Sachenrechts am Ende des 19. Jahrhunderts. Ein „Unternehmen" zu verkaufen, setzt eine ganz besondere Mühewaltung voraus: Als Sach- und Rechtsgesamtheit kann es zwar schuldrechtlich „als Ganzes" verkauft werden (§§ 433, 453: Sach- und Rechtskauf); doch bedarf es für das Verfügungsgeschäft, also für die *sachenrechtliche Übereignung,* besonders aufwändiger Aufzählungskataloge mit sämtlichen übergehenden Rechtsobjekten, soweit nicht einfach die Übertragung der Gesellschaftsanteile am Unternehmen als „Rechtskauf" erfolgt.

17 Die folgende Übersicht nach *Rüthers/Stadler,* § 11 Rn. 16, bringt die Differenziertheit der verfügbaren Rechtsobjekte deutlich zum Ausdruck:

Schaubild 14: Übersicht über die verschiedenen Rechtsobjekte

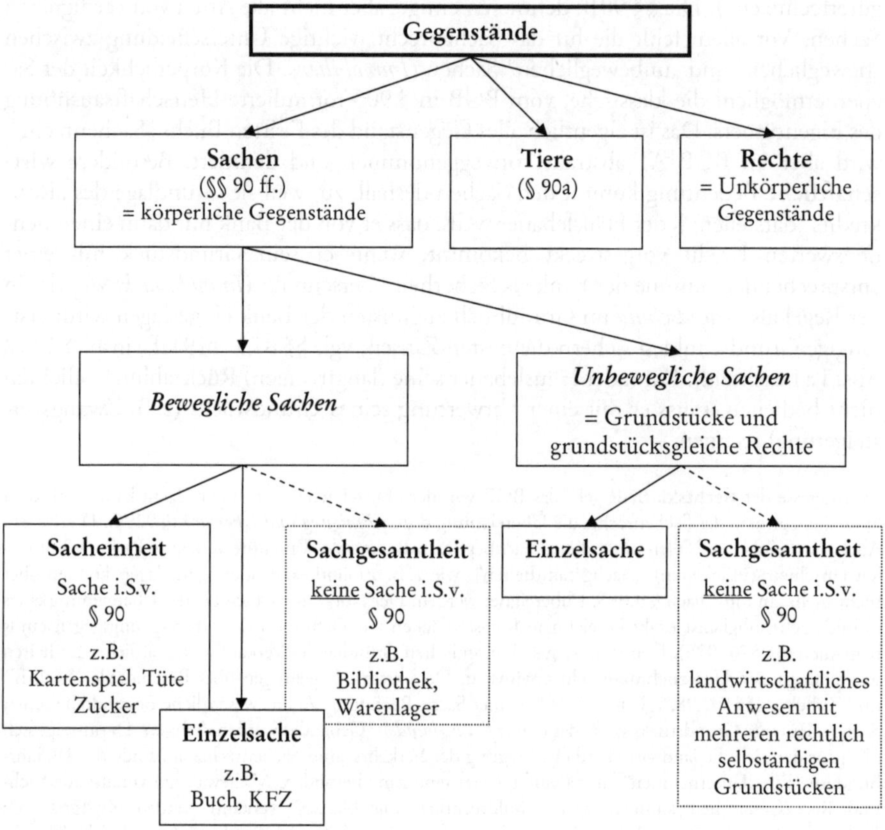

Lösungshinweise zu den Fällen in § 7

Lösungshinweise Fall 3:

18 **1. Zu Kevins Fußball-Kauf:**

Für den Kaufvertrag bräuchte K die Einwilligung oder Genehmigung der Eltern, weil ein „lediglich rechtlicher Vorteil" im Sinne von § 107 nicht bejaht werden kann: „Rechtlich" besteht ein Nachteil wegen der Zahlungspflicht für K, mag der Ball auch noch so günstig erworben worden sein (wirtschaftliche Vorteile zählen für § 107 gerade nicht!). So könnte der Vertrag also – ohne Einwilligung – erstmal schwebend unwirksam sein, bis nach § 108 Abs. 1 die (wahrscheinliche) Genehmigung der Eltern den Vertrag wirksam machte. Freilich muss hier der mögliche Ausweg nach § 110 („Taschengeld-Paragraph") gesehen werden: Soweit K den Kauf mit zur freien Verfügung überlassenem Taschengeld „bewirkt", d. h. erfüllt hat, kann man den Fußball-Kauf als fiktiv von den Eltern gestattet ansehen (vgl. Formulierung „*gilt* als von Anfang an wirksam": Gesetzgeber hat Fiktion aufgestellt, um Einwilligung zur Erleichterung von Alltags-Bargeschäften zu unterstellen). So wäre der *Kaufvertrag* wegen § 110 wohl als wirksam zu betrachten, und auch das – davon zu trennende! – *Verfügungsgeschäft* nach § 929 S. 1 (vgl. § 5 II 4c, Rn. 24: Trennungs- und Abstraktionsprinzip) ist schon deshalb wirksam, weil die Eigentümerstellung für Kevin nach § 107 einen rechtlichen (!) Vorteil darstellt (str. wegen fehlender Empfangszuständigkeit, falls § 110 nicht greift, vgl. *Medicus,* AT, Rn. 566).

2. Zu Kevins Glasscheibentreffer: 19
K ist mit zehn Jahren nicht deliktsunfähig nach § 828 I, die Spezialregel des § 828 II findet mangels Straßenverkehrs-Unfall auch keine Anwendung, so dass der gleitende Maßstab des § 828 III hier wohl zum Ergebnis führt, dass K „nicht verantwortlich" wegen altersbedingter Unreife sein dürfte. Fraglich ist, ob die Eltern wegen § 832 (Aufsichtspflichtverletzung) oder wegen § 829 (Billigkeitshaftung) ersatzweise haften, was ohne nähere Angaben keineswegs naheliegt. „Praktisch" wäre das Problem durch eine Familienhaftpflicht-Versicherung zu lösen, zu deren Abschluss aber keiner gezwungen ist.

4. Kapitel. Recht der Schuldverhältnisse

Literatur: *Brox/Walker,* Allgemeiner Teil des BGB, 41. Aufl. 2017; *Brox/Walker,* Allgemeines Schuldrecht, 42. Aufl. 2018; *Wolf/Neuner,* Allgemeiner Teil des Bürgerlichen Rechts, 11. Aufl. 2016; *Leipold,* BGB I: Einführung und Allgemeiner Teil, 9. Aufl. 2017; *Looschelders,* Schuldrecht, Allgemeiner Teil, 15. Aufl. 2017; *Medicus/Petersen,* Allgemeiner Teil des BGB, 11. Aufl. 2016; *Medicus/Lorenz,* Schuldrecht I, 21. Aufl. 2015; *Schwab/Löhnig,* Einführung in das Zivilrecht, 20. Aufl. 2016; *Staudinger,* Komm. z. BGB, Eckpfeiler des Zivilrechts, Neubearb. 2018.

Das Schuldrecht nimmt im BGB den weitaus größten Teil ein. Ausdrücklich ist zwar 1
nur das Zweite Buch (§§ 241–853) mit „Recht der Schuldverhältnisse" überschrieben. Der Sache nach enthalten aber auch die restlichen vier Bücher eine Vielzahl von Vorschriften, die dem Schuldrecht zuzuordnen sind. So enthält der mit „Rechtsgeschäfte" überschriebene Abschnitt 3 des Ersten Buchs Regelungen, die für den Abschluss rechtsgeschäftlich begründeter Schuldverhältnisse wesentlich sind. Auch aus den Vorschriften des Sachen-, Familien- und Erbrechts können (außervertragliche) Schuldverhältnisse entstehen, die sich dann nach den Vorschriften des Zweiten Buchs richten.

Schuldverhältnis im *weiteren* Sinn nennen wir ein Rechtsverhältnis zwischen mindes- 2
tens zwei Personen, das dazu führt, dass zumindest eine der Personen gegenüber der anderen zur *Leistung* oder zur *Rücksichtnahme* verpflichtet ist, vgl. § 241. Das Schuldverhältnis selbst ist demnach noch kein „Anspruch" (vgl. § 6 III 2, Rn. 23), kann aber selbstverständlich solche „Ansprüche" in einer Vielzahl von Richtungen erzeugen. Zur Erläuterung der Entstehung und der Rechtsfolgen eines Schuldverhältnisses bietet sich als Beispiel der **Kaufvertrag** an, den jede Leserin und jeder Leser schon in einer Vielzahl von Fällen abgeschlossen hat, vom Kauf einer Brezel beim Bäcker bis zum Kauf einer Bluse im Modehaus, ohne dass sich dabei in der Regel besondere Rechtsprobleme ergeben haben werden. Doch wird auch der Kauf eines börsennotierten Unternehmens prinzipiell nach denselben Regeln abgewickelt. Grundlage (= Definitionsnorm) ist immer § 433, der die Hauptleistungspflichten der Vertragsparteien eines Kaufvertrages grob umreißt (vgl. § 5 II 4a *Schaubild 8,* Rn. 22). Hiernach ist der Verkäufer verpflichtet, dem Käufer die Kaufsache zu übergeben und das Eigentum an ihr zu verschaffen, während der Käufer dem Verkäufer die Sache abzunehmen und den vereinbarten Kaufpreis zu bezahlen hat. Zwei Regelungen, die auf den ersten Blick auch für den Laien verständlich und eigentlich so selbstverständlich sind, dass man meinen möchte, dies müsse man doch gar nicht gesetzlich regeln. Die rechtliche Tragweite dieser zwei Sätze wird erst bei der Beschäftigung mit vertraglichen Schuldverhältnissen im BGB AT bzw. im Schuldrecht AT verständlich. Deshalb mustern wir im Folgenden die Wirksamkeitsvoraussetzungen eines Kaufvertrags und anderer Verträge von der allgemeinen Rechtsgeschäftslehre bis zu den wichtigsten Spezialitäten des Kauf- und Werkvertragsrechts exemplarisch durch.

§ 8. Die Willenserklärung als Grundlage des Rechtsgeschäfts

1 Damit aus einem Schuldverhältnis Rechte und Pflichten entstehen können, muss es erst einmal wirksam zustande kommen. Die Regelungen über den **Vertragsschluss** finden sich im BGB AT (§§ 145ff.). Der vor § 104 den Abschnitt überwölbende Oberbegriff „Rechtsgeschäft" ist der allgemeinere Begriff, wechselt sich jedoch im Normtext oft mit dem vor § 116 folgenden Begriff der „Willenserklärung" ab. Beide Begriffe werden synonym gebraucht. Doch ändert sich das, sobald zu *einem* Rechtsgeschäft *mehrere* Willenserklärungen gebraucht werden, nämlich beim **„Vertrag":** Der kommt laut §§ 145ff. durch „Antrag" und „Annahme" zu Stande. Man spricht auch von Angebot und Annahme (näher § 9 I 1, Rn. 5). **Willenserklärungen,** die sich von anderen Äußerungen x-beliebiger Art („Wie finden Sie das Wetter?") dadurch unterscheiden, dass sie auf eine verbindliche **Rechtsfolge** abzielen, sollen also Konsequenzen haben. Die Willenserklärung ist **Grundelement** jeden Rechtsgeschäfts, sie soll daher kurz analysiert und erklärt werden.

I. Tatbestand und Wirksamwerden

2 Eine Willenserklärung setzt sich aus einer objektiven und einer subjektiven Komponente zusammen, die sich beide im Begriff selbst wiederfinden. Um wirksam zu werden, muss sie in der Regel einem Empfänger „zugehen".

Schaubild 15: Tatbestand der Willenserklärung

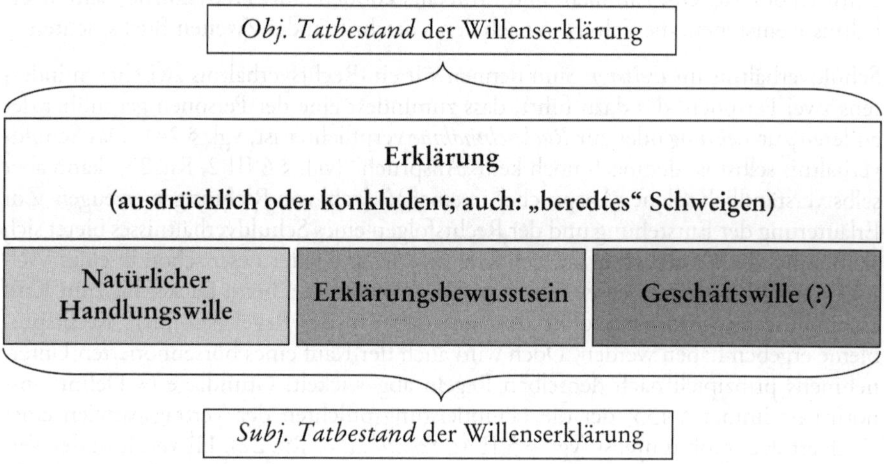

1. Objektiv: „Erklärung"

3 Zunächst muss objektiv eine „Erklärung" vorliegen. Das bestimmt sich aus der Sicht eines vernünftigen *Empfängers* der Erklärung. Wird vom Erklärenden ausdrücklich gesagt, was er will, bestehen in der Regel keine Probleme. Eine Erklärung kann aber auch durch **schlüssiges Verhalten** („konkludent") abgegeben werden. Eine konkludente Erklärung kann etwa angenommen werden, wenn eine Person in einen Zug einsteigt. Der objektive Betrachter darf hieraus im Wege der **Auslegung** (§§ 133, 157, näher § 9 I 1b, Rn. 10f.) schließen, dass diese einen Beförderungsvertrag abschließen will, also eine auf Eingehung eines solchen Vertrages gerichtete „Erklärung" durch ihr *spre-*

chendes Verhalten abgibt. Damit muss (mindestens fahrlässig) bei dem Erklärungsempfänger das Vertrauen auf einen bestimmten Erklärungsinhalt geweckt worden sein (BGH NJW 1995, 953; dazu krit. *Habersack,* JuS 1996, 585). Allerdings kann im bloßen Schweigen grundsätzlich keine Erklärung gesehen werden. Eine Ausnahme wird nur beim so genannten **„beredten Schweigen"** gemacht, wenn wiederum dem Verhalten des Schweigenden ausnahmsweise Erklärungswert zugemessen werden kann. Dazu bedarf es aber ganz besonderer Anhaltspunkte im Sachverhalt. Ausnahmsweise interpretiert auch das Gesetz ein Schweigen als Zustimmung oder Ablehnung (sog. **„Schweigen an Erklärungs statt"**, z. B. §§ 108 II 2, 177 II 2).

2. Subjektiv: „Wille"

In subjektiver Hinsicht muss beim Erklärenden auch der *innere Wille* vorhanden sein, eine Rechtsfolge herbeizuführen. Dieses subjektive Element lässt sich in drei Unterkategorien aufteilen: 4

- Zunächst einmal muss sich der Erklärende bewusst sein, dass er überhaupt eine Handlung vornimmt. Es muss der sog. **natürliche Handlungswille** vorliegen. Dieser fehlt z. B. bei Schlafenden oder Bewusstlosen. Jemand, der im Schlaf spricht, ist sich dessen in der Regel nicht bewusst und möchte während des Schlafs auch keine Erklärung abgeben. Ihm fehlt der Handlungswille.
- Weiterhin erforderlich ist das sog. **Erklärungsbewusstsein,** d. h., dass der Erklärende mit seiner Handlung auch eine rechtserhebliche Mitteilung bezweckt haben muss. Daran fehlt es, wenn der Erklärende zwar eine bewusste Handlung vornimmt und diese auch zu Kommunikationszwecken einsetzen will, damit aber eigentlich *keine Rechtsfolgen* herbeiführen wollte, etwa wenn der Erklärende sich am Kopf kratzt, was vom Empfänger als ein zustimmendes Winken verstanden wird.
- Letztes subjektives Element ist der sog. **Geschäftswille,** also der Wille, nicht nur irgendein Rechtsgeschäft, sondern auch ein ganz *konkretes Geschäft* abzuschließen.

Fall 4:

Weinliebhaber Detlef Dauermüde nimmt zum ersten Mal an einer Weinversteigerung teil. Nach dortiger Sitte ist es üblich, Gebote per Heben der Hand abzugeben. Seinem Namen entsprechend und durch gähnende Langeweile bei der Versteigerung fällt D in einen Sekundenschlaf und träumt dabei von einem Tarzanfilm. Um es diesem gleich zu tun, hangelt D sich im Traum durch wildes Gestikulieren der Arme von Baum zu Baum. Er erhält den Zuschlag für ein Fass Wein. 5

Abwandlung 1: Nach kurzer Zeit erwacht D wieder und sieht an einem entfernten Tisch Manfred Merlot, einen Freund aus dem Fußballverein, und winkt diesem zu. Er erhält den Zuschlag für ein Fass Wein. D hat nicht mitbekommen, dass das Heben der Hand rechtserhebliche Bedeutung bei einer Weinversteigerung hat.

Abwandlung 2: Nachdem D nunmehr zwei Zuschläge erhalten halt, erkennt er endlich das Prinzip der Weinversteigerung. Als Fan italienischer Sportwagen war es ihm schon immer ein Anliegen, einen „Maserati" zu haben. Da ihm der Preis sehr günstig vorkommt, hebt D beim Aufruf eines „Frascati" erneut die Hand und erhält den Zuschlag für ein Fass dieses italienischen Weißweins.

Frage: Muss D den Preis für die drei Fässer bezahlen?

Ist tatsächlich ein Vertragsschluss gewollt und kommt er zustande, so liegen alle drei subjektiven Elemente unproblematisch vor. Das ist der **Regelfall.** Der Jurist als „Pathologe" widmet sich aber den „kranken" Fällen, wenn eines der Elemente fehlt. Unbestritten liegt mangels eines Handlungswillens gar *keine bewusste* Erklärung vor: Hier 6 muss eine Willenserklärung ausscheiden. Anders sieht es aus, wenn das Erklärungsbewusstsein oder gar nur der Geschäftswille fehlen.

7 (1) Für den – maßgeblichen – Erklärungsempfänger sind „ungewollte" Erklärungen nämlich in der Regel als solche gar nicht erkennbar. Würde man das Vorliegen einer Willenserklärung wie im Fall 4 (1. Abwandlung) schon wegen fehlenden Erklärungsbewusstseins grundsätzlich verneinen, hätte man nur den „Willen" des Erklärenden gewichtet, nicht aber das möglicherweise berechtigte Vertrauen des Erklärungsempfängers auf die „Erklärung". Der kann nur nach §§ 133, 157 von seinem *Empfängerhorizont* aus die „Erklärung", d. h. den objektiven Tatbestand, nach dem *erkennbaren* „wirklichen" Willen (§ 133) bzw. der Verkehrssitte (§ 157) gewichten. Er kann dem Erklärenden nicht ins Gehirn sehen und seine Gedanken erraten. Deshalb geht die herrschende Meinung (h. M.) davon aus, dass eine Willenserklärung schon dann vorliegt, wenn der **Adressat** das Verhalten als Willenserklärung aufgefasst hat und dies auch nach den ihm erkennbaren Umständen durfte (vgl. § 157). Das **Verkehrsinteresse** spricht für die Maßgeblichkeit der Auslegung vom **„objektiven Empfängerhorizont"** her, fordert vom Empfänger aber auch eine gewisse „Auslegungssorgfalt" (*Schiemann,* Staudinger/Eckpfeiler, C Rn. 52; *Wolf/Neuner,* § 35 I). Vom Erklärenden wird verlangt, dass er mit einem solchen „Missverständnis" bei Anwendung der gebotenen Sorgfalt hätte rechnen müssen und dieses auch hätte vermeiden können (vgl. nur *Medicus,* AT, Rn. 323ff.; *Rüthers/Stadler,* § 17 Rn. 9ff.; *Schwab/Löhnig,* Rn. 566f.).

8 (2) Der fehlende „Geschäftswille" kann schon nach dem Gesetz nicht den Tatbestand einer Willenserklärung verhindern: Die Anfechtungsregeln (vgl. Rn. 48ff.) setzen nämlich eine Diskrepanz von Wille und Erklärung voraus. Daraus ergibt sich zwar die Möglichkeit einer Irrtumsanfechtung nach § 119 Abs. 1 mit der Folge einer rückwirkenden Unwirksamkeit (§ 142). Doch setzt die Anfechtung ja gerade voraus, dass zunächst – trotz des aus Sicht des Anfechtenden falsch zustande gekommenen Geschäftsinhalts – der Vertrag wirksam zustande gekommen war.

3. Bedeutung der „Auslegung" für Abgrenzungsfragen

9 Auch für die Frage, „ob überhaupt" eine Willenserklärung vorliegt, müssen bei normativer Prüfung die allgemeinen Auslegungsregeln §§ 133, 157 beachtet werden, die jeweils *zusammen* in Anwendung zu bringen sind, wenn es um die Abgrenzung etwa zur **„Gefälligkeit"** oder zur **„geschäftsähnlichen Handlung"** geht.

> **Achtung:** Jede Willenserklärung ist sowohl in Bezug auf das „Ob" (Qualität) als auch auf das „Wie" (Inhalt) nach **§§ 133, 157** „auszulegen": Zu fragen ist nach dem „wirklichen Willen" (§ 133), wie er sich, ausgehend vom Empfängerhorizont, nach „Treu und Glauben mit Rücksicht auf die Verkehrssitte" (§ 157) als **normativ maßgeblicher Inhalt** der Erklärung darstellt.

10 Maßgeblich für die Willenserklärung ist bekanntlich, dass (1) eine Rechtsfolge herbeigeführt werden soll, weil diese (2) gewollt ist. Damit sind solche Erklärungen, die nicht auf einen rechtlichen Erfolg ausgerichtet sind, gar keine Willenserklärungen. Dies trifft auf **Gefälligkeiten** zu: Wenn beispielsweise Freunde zum Essen eingeladen werden, so gibt man damit zweifelsohne eine Erklärung ab. Aus dieser soll aber nicht folgen, dass der Freund rechtlich „verpflichtet" sei, zum Essen zu erscheinen. Kommt

dieser nicht, so mag dies zwar unhöflich sein, rechtliche Konsequenzen ergeben sich daraus aber nicht (vgl. § 1 IV 1, Rn. 41: *Fall 3*).

Keine Willenserklärungen sind auch solche Erklärungen, deren Rechtsfolgen kraft Gesetzes eintreten, ohne dass der Erklärende diese Folgen kennen oder gewollt haben muss (**geschäftsähnliche Handlungen** oder Erklärungen). Dies ist etwa bei der *Mahnung* der Fall: Der Gemahnte kommt auch dann in Verzug (§ 286 Abs. 1 S. 1), wenn der Mahnende diese Rechtsfolge gar nicht so genau kennt. Ähnliches gilt für Fristsetzungen (so § 281 Abs. 2 S. 1), Aufforderungen (so §§ 108 Abs. 2, 177 Abs. 2) und die Erhebung der Verjährungseinrede (BGHZ 156, 271). In all diesen Fällen spricht man von „geschäftsähnlichen Handlungen". Da es für diese keine gesetzlichen Regelungen gibt, wendet man die Vorschriften über die Willenserklärung entsprechend („analog") an. Also ist z. B. auch eine Anfechtung möglich. Die Unterscheidung zwischen Willenserklärung und geschäftsähnlicher Handlung ist daher „akademischer" Natur und ohne Auswirkungen auf die Rechtspraxis. 11

4. Zugang

Die meisten Willenserklärungen sind **empfangsbedürftige Willenserklärungen,** die nicht schon mit der **Abgabe,** sondern erst dann wirksam werden, wenn sie ihrem Adressaten **zugehen,** *lies* § 130 Abs. 1 S. 1. Der Empfänger muss also Kenntnis vom Inhalt der Erklärung erlangen, was unmittelbar einleuchtet, da niemand das Angebot zum Abschluss eines Vertrages annehmen kann, ohne von diesem Angebot überhaupt zu wissen. Nicht zugehen müssen nur **nicht empfangsbedürftige** Willenserklärungen wie z. B. das Testament („einseitige" Verfügung von Todes wegen, vgl. § 5 II 4d, Rn. 26). Die Norm des § 130 regelt auch nicht die gegenüber **Anwesenden** mündlich (auch über Telefon) abgegebene Erklärung, weil es für „selbstverständlich" gehalten wurde, dass diese dann zugeht, wenn sie vom Empfänger akustisch oder optisch „richtig verstanden" wurde (sog. Vernehmungstheorie). Der Erklärende muss aber auch damit rechnen können, richtig verstanden zu werden. Bei offenkundig seiner Sprache nicht mächtigen Empfängern ist das nicht der Fall, ein Zugang kommt dann nicht in Betracht („Sprachrisiko" trägt dann der Erklärende, vgl. *Reichold* in Juris-PK BGB, § 130 Rn. 33). 12

Schaubild 16: Wirksamkeit einer Willenserklärung durch Zugang

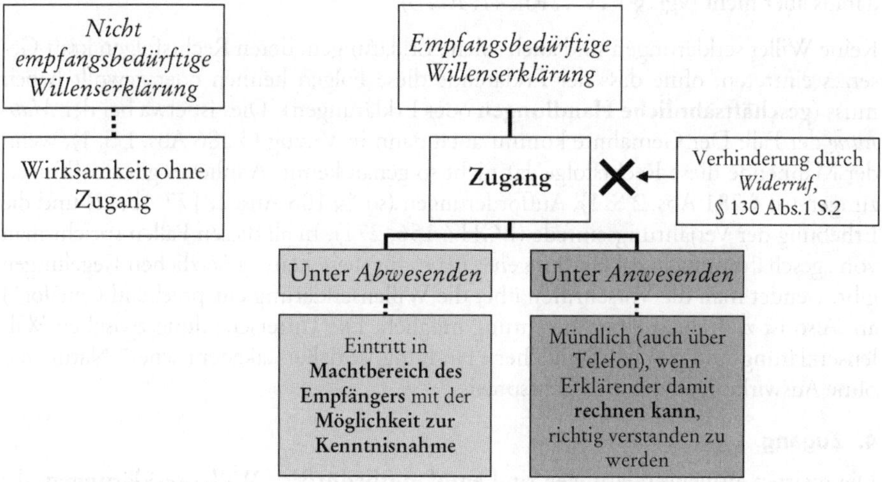

13 **Normativ geregelt** ist die Frage des Zugangs bei Willenserklärungen **gegenüber Abwesenden.** „Abgegeben" ist die Erklärung in dem Moment, in dem der Erklärende alles getan hat, damit die Erklärung *ohne sein weiteres Zutun* beim Empfänger ankommen kann, z. B. wenn ein Brief in den Postbriefkasten geworfen, bei einem Fax die „Senden-Taste" gedrückt und bei einer E-Mail auf „Senden" geklickt wurde. Wie man aber weiß, kann auch die Post einmal einen Brief verlieren oder eine E-Mail kann in den unendlichen Weiten des Internets verschwinden. Das **Übermittlungsrisiko** (Transportrisiko) bleibt solange beim Absender, bis die Erklärung in den Machtbereich des Empfängers gelangt, also z. B. in dessen Briefkasten eingelegt wird. Doch liegt der „Zugang" nach § 130 Abs. 1 erst vor, wenn dieser auch die **Möglichkeit der Kenntnisnahme** hat und unter normalen Umständen auch damit zu rechnen ist, dass er Kenntnis nimmt.

Fall 5:

14 Der langjährige Briefmarkensammler Bernd hat ein Faxgerät in seiner Wohnung installiert, um so mit anderen Sammlern in Kontakt treten zu können und Handel zu betreiben. Nach Eingang vieler Faxnachrichten ist jedoch die Tintenpatrone des Geräts vollkommen entleert. Aus diesem Grund gibt das Gerät nur noch weiße Seiten aus, darunter auch die Faxnachricht von Sammler Stefan, der dem Bernd ein Angebot zum Verkauf einer seltenen Briefmarke machen wollte.
Frage: Darf S darauf vertrauen, dass B in kurzer Zeit eine Entscheidung über das Angebot trifft, und andernfalls die Briefmarke einem anderen Sammler anbieten?

15 *Nicht* erforderlich für die Wirksamkeit der Willenserklärung ist also, dass der Empfänger die Erklärung tatsächlich liest. *Es genügt, dass er sie hätte lesen können.* Zugegangen ist daher z. B. ein Brief, wenn damit zu rechnen ist, dass der Briefkasten regelmäßig geleert wird. Für den *exakten Zeitpunkt* des Zugangs kommt es aber maßgeblich darauf an, zu welchem Zeitpunkt der Empfänger gewöhnlich seinen Briefkasten leert. Bei Privatpersonen wird man davon ausgehen können, dass diese das mindestens einmal täglich machen, aber nicht gerade um Mitternacht. Bei Behörden hingegen ist nicht anzunehmen, dass dort *samstags* jemand die Post öffnet. Entsprechendes gilt auch bei

Fax und E-Mail. Wird eine E-Mail-Adresse *geschäftlich* genutzt, kann man nicht annehmen, dass diese regelmäßig auch am Wochenende abgerufen wird. Bei einer *privaten* E-Mail-Adresse kommt es auf die individuellen Nutzungsgewohnheiten des Empfängers an, die sich auch in die Nachtzeit verlagern können. Sogar wenn die E-Mail im *Spam-Ordner* des Empfängers landet, kann von ihm mitunter erwartet werden, dass er von ihr Kenntnis nimmt (vgl. *LG Bonn,* MMR 2014, 709).

Verweigert der Empfänger die Annahme der Erklärung, etwa indem er den Postboten 16
wieder wegschickt oder seinen Briefkasten zuklebt, so wird der Zugang trotzdem „fingiert", d. h. trotz tatsächlich fehlendem Zugang wird dieser dennoch bejaht. Die Erklärung gilt als zu dem Zeitpunkt zugegangen, zu dem sie ohne die **Zugangsvereitelung** tatsächlich zugegangen wäre. Dies gilt aber nicht, wenn der Empfänger die Erklärung *berechtigt* zurückgewiesen hat, etwa weil er sonst Strafporto hätte bezahlen müssen. Wirft der Zusteller beim sog. **Übergabe-Einschreiben** nur den Benachrichtigungszettel ein, weil er den Empfänger persönlich nicht antrifft, ist ein „Zugang" der Sendung nicht erfolgt: Allein durch die Benachrichtigung hat der Empfänger ja keine Möglichkeit, den Inhalt der Willenserklärung zu erschließen. Eine „Fiktion" des Zugangs nach Ablauf der Abholfrist ist ebenfalls abzulehnen.

Mit dem Zugang beim Empfänger wird die Erklärung **wirksam.** Will der Erklärende 17
das noch verhindern, muss er dem Empfänger vor Zugang oder zumindest gleichzeitig damit einen **Widerruf** der Erklärung zukommen lassen, vgl. § 130 Abs. 1 S. 2. Wurde also beispielsweise eine Willenserklärung per Post versandt, so kann der Erklärende deren Wirksamkeit verhindern, indem er dem Empfänger ein schnelleres Fax-Schreiben des Inhalts sendet, dass der Inhalt des Briefs gegenstandslos sei.

II. Wirksamkeitsvoraussetzungen

Eine Willenserklärung, die alle Tatbestandsmerkmale aufweist und auch zugegangen 18
ist, kann trotzdem unwirksam bzw. nichtig sein. So muss der Erklärende *geschäftsfähig* sein, die Erklärung ggf. gesetzlichen Formvorschriften entsprechen und nicht gegen Gesetz oder die guten Sitten verstoßen.

1. Geschäftsfähigkeit

Nach § 105 Abs. 1 ist die Willenserklärung eines Geschäftsunfähigen **nichtig.** Wäh- 19
rend jeder Mensch von Geburt an rechtsfähig ist (vgl. § 5 II 2a, Rn. 11), muss er für die Erlangung der vollen rechtsgeschäftlichen Handlungsfähigkeit *(Geschäftsfähigkeit)* volljährig sein (§ 2) und darf nicht dauerhaft an krankhaften Störungen der Geistestätigkeit leiden (§ 104, vgl. § 7 I 1 b, Rn. 4 ff.). Um die geistig gehandicapten Personen vor riskanten oder nachteiligen Rechtsgeschäften zu bewahren, können diese selbst keine wirksame Willenserklärung abgeben. Eine Ausnahme von dieser absoluten Nichtigkeitsfolge gilt für volljährige Geschäftsunfähige, die Geschäfte des täglichen Lebens mit geringwertigen (Bar-)Mitteln tätigen (§ 105 a, vgl. § 7 I 1 c, Rn. 8).

Fall 6:

Henry leidet an Schizophrenie. In einem geistig klaren Augenblick begibt er sich zu Gabriel und 20
schließt mit diesem einen Vertrag über die Erstellung eines Testamentes. G soll hierfür 5 000,– Euro erhalten.
Frage: Ist der Vertrag wirksam?

21 Jeder Geschäftsunfähige hat daher einen **gesetzlichen Vertreter,** der an seiner Stelle zur Abgabe von Willenserklärungen befugt ist. Bei Minderjährigen sind das in der Regel die Eltern (§ 1629 Abs. 1 S. 2). Kinder und Jugendliche zwischen dem siebten und 18. Lebensjahr sind **beschränkt geschäftsfähig** (§ 106 i. V. m. § 2). Ihre Willenserklärungen sind grundsätzlich nur mit der **Einwilligung** des gesetzlichen Vertreters wirksam (§ 107). Eine ohne diese Einwilligung abgegebene Willenserklärung ist **schwebend** unwirksam (§ 108 Abs. 1). Doch können die Eltern noch nachträglich das Geschäft genehmigen (§ 108 Abs. 1 i. V. m. § 184 Abs. 1). Lehnen sie das ab, so gilt die Willenserklärung als von Anfang an unwirksam.

Fall 7:

22 Der 14-jährige Lausbub Lukas bestellt telefonisch bei der örtlichen Pizzeria eine Pizza Pastorella. Diese möchte er an seine Adresse geliefert bekommen. Als der Lieferservice vor der Haustür steht, öffnet L's Vater. Nach Schilderung des Sachverhalts verweigert dieser die Zahlung des Kaufpreises für die Pizza. **Frage:** Hat die Pizzeria P einen Anspruch auf Bezahlung des Kaufpreises?

23 Eine Ausnahme von diesem Grundsatz bietet der sog. **Taschengeldparagraph** (§ 110). Hiernach sind solche Rechtsgeschäfte wirksam, die der Minderjährige mit von seinem gesetzlichen Vertreter oder einem Dritten mit dessen Zustimmung überlassenem Geld bezahlt. Eigentlich ist das keine Ausnahme von der Grundregel des § 107, da die Überlassung von Geldmitteln eine *konkludente* Einwilligung des gesetzlichen Vertreters darstellen kann. Die Besonderheit liegt aber darin, dass das Geschäft erst dann wirksam wird, wenn der Minderjährige seine rechtsgeschäftliche Verpflichtung tatsächlich *vollständig* erfüllt *(„bewirkt")*. Lässt er sich aber auf Ratenzahlung ein, so bleibt das Geschäft schwebend unwirksam, bis die letzte Rate bezahlt ist (vgl. auch Bsp. *Kevins Fußballkauf,* § 7 I 1 b, Rn. 4). Weitere Besonderheiten gelten für Minderjährige, die schon beruflich tätig sind. Sie dürfen nach § 113 Abs. 1 S. 1, wenn ihnen ihr gesetzlicher Vertreter die Aufnahme eines **Arbeitsverhältnisses** erlaubt hat, auch alle hierfür nötigen weiteren Willenserklärungen mit der Folge unbeschränkter Wirksamkeit abgeben.

Schaubild 17: Geschäftsfähigkeit

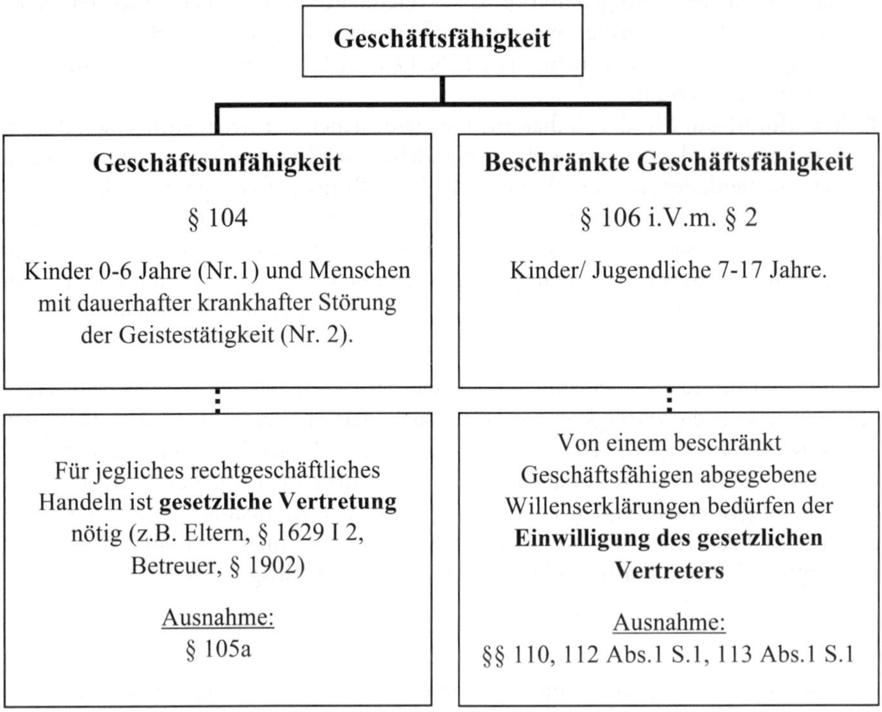

2. Formgebote

Im BGB gilt grundsätzlich der Grundsatz der **Formfreiheit** als Ausprägung der Vertragsfreiheit (vgl. § 5 II 3c, Rn. 20). Verträge müssen also nicht schriftlich abgefasst werden. Eine mündliche Einigung genügt vollkommen. Auch durch schlüssiges *(konkludentes)* Verhalten kann nach Auslegung ein Vertrag zustande kommen. Doch sieht das BGB für bestimmte Ausnahmefälle einen **Formzwang** vor, mit dem folgende Zwecke verfolgt werden: 24

- **Aufklärungs- und Kontrollfunktion:** Bei besonders wichtigen Geschäften ist die *notarielle Form* vorgeschrieben (z. B. § 311 b Abs. 1 S. 1: Grundstückskauf), um einerseits Aufklärung, andererseits Kontrolle für die betroffene Öffentlichkeit zu gewährleisten. So ist z. B. die Gründung einer Aktiengesellschaft oder GmbH ein Vorgang, der für das Geschäftsleben von großer Bedeutung ist und im Handelsregister auch öffentlichkeitswirksam wird. Aber auch die Eheschließung bleibt wegen des besonderen personenstandsrechtlichen Status nicht allein Privatsache der Ehegatten, sondern soll durch Mitwirkung des Standesbeamten (§§ 1310 ff.) die besondere Wertschätzung der Institution Ehe nach außen dokumentieren. 25
- **Dokumentations- und Beweisfunktion:** Ein wesentlicher Grund für die Schriftform – auch bei der Abfassung privater Vereinbarungen – ist die Dokumentation der vereinbarten Punkte zur Verhinderung von späterem Streit. Bei bloß mündlich abgeschlossenen Rechtsgeschäften kann es leicht zu Meinungsverschiedenheiten über den Inhalt des Geschäfts kommen. Soweit es sich nicht um einfache Massengeschäfte handelt, empfiehlt sich die schriftliche Niederlegung des Vertrags schon 26

aus Gründen der Rechtssicherheit und der Beweisführung, ganz unabhängig von den gesetzlichen Formgeboten (§ 127: „Vereinbarte Form"). Das BGB stellt auch hierfür „einfache" Formen wie die Textform nach § 126b zur Verfügung; in den „komplexen" Formvorschriften (§§ 126, 126a, 128f.) wird diese Beweisfunktion aber erst recht erfüllt.

27 ■ **Warnfunktion:** Mit der Einhaltung von gesetzlichen Formvorschriften soll der Erklärende weiterhin vor übereiltem Handeln geschützt werden. Es soll wie beim Verbraucherdarlehen (§§ 492, 494) oder beim Bürgschaftsversprechen (§ 766) verhindert werden, dass jemand durch unbedachte mündliche oder schlüssige Erklärung ein Rechtsgeschäft eingeht, dessen Folgen er gar nicht überblicken kann. Das ist auch bei besonders werthaltigen Transaktionen wie der Verfügung über das gesamte eigene Vermögen so wesentlich, dass der Notar eingeschaltet wird (§§ 311b Abs. 3; 518).

28 *Ob* eine bestimmte Form einzuhalten ist, legt das Gesetz bei den speziellen Regelungen zum jeweiligen Vertragstyp fest. Dort steht dann beispielsweise: *„Zur Gültigkeit des Bürgschaftsvertrags ist schriftliche Erteilung der Bürgschaftserklärung erforderlich"* (§ 766 S. 1). Was die Erfüllung dieser Formvorschrift im Einzelnen betrifft, regeln dann die **allgemeinen** Regeln im AT (§§ 126ff.). Die Rechtsfolge für einen Verstoß gegen gesetzliche Formvorschriften ist in § 125 S. 1 normiert: Ein ohne Einhaltung der vorgeschriebenen Form geschlossenes Geschäft ist **nichtig.**

Fall 8:

29 Immobilienverkäufer Ingo und Polizist Peter vereinbaren den Verkauf eines Grundstücks zu einem Preis von 100 000,– Euro. Um die Notarkosten für die Beurkundung des Kaufvertrags zu senken und weniger Grunderwerbssteuer zahlen zu müssen, halten die beiden bei der Beurkundung einen Kaufpreis in Höhe von 75 000,– Euro im Kaufvertrag fest.
Frage: Ist ein wirksamer Kaufvertrag über das Grundstück zustande gekommen? Wenn ja, zu welchem Kaufpreis?

a) Formtypen

30 Die unterschiedlichen Formtypen sind die Schriftform (§ 126), die elektronische Form (§ 126a), die Textform (§ 126b), die notarielle Beurkundung (§ 128) und die öffentliche Beglaubigung (§ 129). Wie man sieht, hat der Gesetzgeber auf die Entwicklung der modernen Kommunikationsmedien reagiert und neue Formtypen geschaffen. Hierdurch sollte verhindert werden, dass der elektronische Rechtsverkehr behindert wird.

Schaubild 18: Formtypen

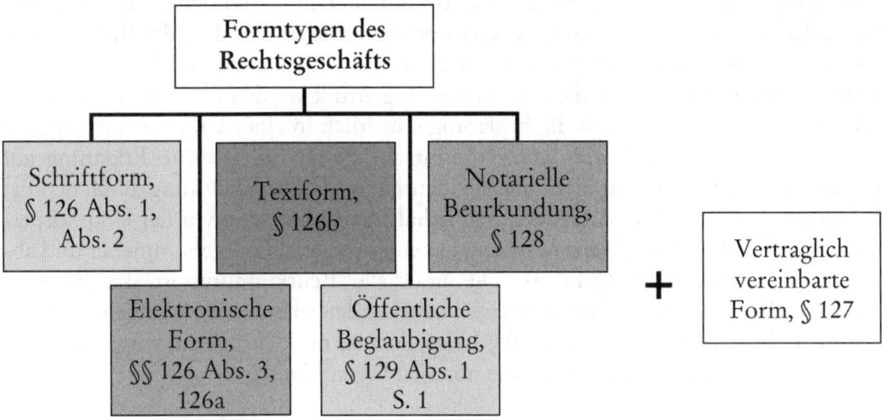

aa) Schriftform, Textform, Elektronische Form. Für die gesetzliche Schriftform 31
muss nach § 126 Abs. 1 der Aussteller die Urkunde **eigenhändig durch Namensunterschrift** unterzeichnen. Nicht erforderlich ist es, dass der ganze Text „eigenhändig“, d. h. *handschriftlich,* abgefasst ist. Auch ein mit dem Computer oder der Schreibmaschine verfasster Text wahrt die Schriftform, wenn die Unterschrift von Hand geleistet wird. Nicht genügend hingegen ist die maschinenschriftliche Wiedergabe der Unterschrift. Unterschrift ist in diesem Zusammenhang wörtlich zu verstehen: Die Unterschrift muss den Text räumlich abschließen. Es genügt nicht, wenn sich beispielsweise oberhalb des Textes der handschriftliche Namenszug des Erklärenden befindet (eine „Oberschrift“ ist keine Unterschrift, vgl. *BGH* NJW 1991, 487).

Solch „eigenhändige“ Schriftform ist im 21. Jahrhundert der IuK-Technologie nicht immer „praktisch“. So 32
kann eine E-Mail der Schriftform nicht genügen, aber auch eine per Fax übermittelte Urkunde, auf der sich die eigenhändige Unterschrift des Ausstellers befindet, genügt dem Formerfordernis nicht, da beim Empfänger nur eine Kopie und nicht das Original eingeht. Aus diesem Grund wurde die **„Textform“** erfunden, um weniger wichtige Texte wie bei den Informationspflichten im Verbraucherschutz rein *elektronisch* ohne eigenhändige Unterschrift generieren zu können, vgl. § 126b. Es genügt, dass es sich um eine „lesbare Erklärung“ handelt, *„in der die Person des Erklärenden genannt ist“,* und die *„auf einem dauerhaften Datenträger abgegeben“* wird. Der oft gelesene Zusatz „Dieses Schreiben wurde maschinell erstellt und trägt daher keine Unterschrift“ gilt als Abschluss des Textform-Dokuments. Die ebenso aktuelle **„Elektronische Form“** nach § 126a, der Schriftform ebenbürtig (§ 126 Abs. 3), ist wegen des hohen technischen Aufwands der Verschlüsselung nach dem **Signaturgesetz** ebenfalls unpraktisch (von der Signaturvergabestelle müssen Signaturschlüssel und -prüfschlüssel beantragt und zugeteilt werden), wird sich aber zunehmend trotz Chipkarte und PIN-Nummer jedenfalls im Geschäftsverkehr durchsetzen. Weil auch die Kommunikation mit staatlichen Stellen im Internet immer öfters eine solche Signatur erfordert, verfügen zumindest Rechtsanwälte heute in der Regel über eine elektronische Signatur (vgl. *Rossnagel,* NJW 1998, 3312; *Rüthers/Stadler,* § 24 Rn. 17; *Schiemann,* Staudinger/Eckpfeiler, C Rn. 149).

Soll ein **Vertrag** schriftlich geschlossen werden, z. B. ein arbeitsrechtlicher Auflösungsver- 33
trag nach § 623, so müssen die Erklärungen beider Seiten in einer Urkunde *zusammengefasst* sein. Ausnahmsweise genügt es, dass zwei gleich lautende Urkunden aufgenommen werden und jede Seite auf dem für die Gegenseite bestimmten Exemplar unterschreibt. Dienen die Formvorschriften nur dem Schutz **einer Vertragsseite,** so genügt es, wenn deren Erklärung schriftlich abgegeben wird. So muss beispielsweise nur das Schenkungsversprechen notariell beglaubigt werden, nicht hingegen die Annahme der Schenkung.

34 **bb) Öffentliche Beglaubigung, notarielle Beurkundung.** Bei der *öffentlichen Beglaubigung* wird die Leistung der Unterschrift durch den Erklärenden durch einen Notar beglaubigt (§ 129 Abs. 1 S. 1). Dieser bestätigt, dass er sich der **Identität** des Unterzeichnenden vergewissert hat und dass dieser tatsächlich auch in seiner Gegenwart **unterschrieben** hat. Damit diese Voraussetzung erfüllt werden kann, ist es selbstverständlich ohnehin nötig, dass die Erklärung schriftlich in einer Urkunde niedergelegt ist. Bei der *notariellen Beurkundung* nimmt der Notar die gesamte Erklärung auf (§ 128). Er bestätigte damit nicht nur die Identität und Unterzeichnung durch den Erklärenden, sondern auch, dass dieser den **Inhalt** der Urkunde so vor der Urkundsperson abgegeben hat. Die gleiche Wirkung hat ein vor Gericht aufgenommener und abgeschlossener **Vergleich** (§ 127a). Die notarielle Beurkundung ist die strengste Formvorschrift. Ist eine Urkunde notariell beurkundet, so erfüllt sie sämtliche anderen Formvorschriften der §§ 126ff. Ist also beispielsweise nur Schriftform vorgeschrieben, so schadet es nicht, wenn die Urkunde notariell beglaubigt wird.

b) Rechtsfolgen der Missachtung von Formvorschriften

35 Von dem Grundsatz der **Nichtigkeit** des gegen Formvorschriften verstoßenden Rechtsgeschäfts (§ 125 S. 1) gibt es einige Ausnahmen, die sich mit dem Schutzzweck von Formvorschriften erklären lassen. So dient beispielsweise die Formvorschrift des §§ 311b Abs. 1 (notarielle Beurkundung bei Grundstückskauf) dem Schutz vor Übereilung bei solch wichtigen Geschäften. Soll der Kaufvertrag dann *„erfüllt"* werden, bedarf es der Auflassung und der Eintragung des Käufers ins Grundbuch (§§ 873, 925). Wenn es dazu kommt, sieht die Norm des § 311b Abs. 1 *Satz 2* die Wirksamkeit des gesamten Vertrags trotz Verstoßes gegen das Formerfordernis vor – ein in Anbetracht von § 125 befremdliches Ergebnis! Zu erklären ist das damit, dass die Eintragung ins Grundbuch ebenfalls ein Akt mit staatlicher Beteiligung ist, so dass nicht behauptet werden kann, dass jemand übereilt die Eintragung eines anderen ins Grundbuch veranlasst hätte. Ist dies also geschehen, kann der **Schutzzweck der Norm** – die Warnfunktion – in § 311b Abs. 1 letzten Endes doch als erfüllt angesehen werden.

36 Ist ein Rechtsgeschäft nach § 125 S. 1 **nichtig,** so kann es keine Rechtswirkungen entfalten. Sind die versprochenen Leistungen bereits ausgetauscht, so sind diese nach § 812 Abs. 1 S. 1 zurückzugewähren. Da die Nichteinhaltung des Formerfordernisses möglicherweise erst nach Jahren entdeckt wird, kann die strikte Nichtigkeitsfolge aber zu unbilligen Ergebnissen führen. Es sind Fälle denkbar, in denen die Berufung auf die Formvorschrift durch eine Vertragspartei gegen die Grundsätze von Treu und Glauben (§ 242) verstößt. Dies muss aber auf **Ausnahmefälle** beschränkt bleiben, wenn das Ergebnis anderenfalls schlechthin untragbar wäre (vgl. § 1 IV 2b, *Fall 4 – Edelmann-Fall,* Rn. 48).

c) Vertraglich vereinbarte Formvorschriften

37 Wo gesetzliche Formvorschriften fehlen, sind die Parteien frei, vertraglich die Pflicht zur Einhaltung einer bestimmten Form zu **vereinbaren.** Dabei müssen sie sich nicht an die gesetzlich geregelten Formtypen halten, sondern können auch eigene Regeln aufstellen. Auch hier gilt der Grundsatz der Vertragsfreiheit. In der Regel wird auch „vertraglich" die Pflicht zur Einhaltung der Schriftform vereinbart, um Rechtssicherheit zu schaffen. Für die vereinbarte Schriftform sieht § 127 Abs. 2 einige **Erleichterungen** vor. So wird die Schriftform bei einem Vertragsschluss auch durch Briefwech-

sel und Übermittlung per Fax gewahrt. Auch die Rechtsfolge bei Verletzung der Formvorschrift unterscheidet sich von der Verletzung gesetzlicher Formvorschriften. Nach der Auslegungsregel des § 125 S. 2 hat der Verstoß gegen gewillkürte Formvorschriften nur *„im Zweifel"* die Nichtigkeit zur Folge. Diese Rechtsfolge tritt also nur ein, wenn ein hiervon abweichender Wille der Parteien nicht festgestellt werden kann. In der Regel werden die Parteien tatsächlich die Nichtigkeit wollen, sonst hätten sie ja keine Formvorschrift vereinbart. Allerdings kann bei längerer Vertragsdauer das gegenseitige Vertrauen das Formgebot überlagert haben, so dass die Parteien die Schriftformabrede nicht mehr für maßgeblich halten.

3. Gesetzes- oder Sittenverstoß

Einer der Grundpfeiler des BGB ist die Vertragsfreiheit (vgl. § 5 II 3, Rn. 15). Dieser 38
aus der allgemeinen Handlungsfreiheit des Art. 2 Abs. 1 GG folgende Grundsatz kann aber nicht absolut gelten. Die Vertragsfreiheit muss dort ihre Grenzen finden, wo sie „die Rechte anderer verletzt, die verfassungsmäßige Ordnung gefährdet oder gegen das Sittengesetz verstößt" (Art. 2 Abs. 1 GG). Es gibt also Rechtsgeschäfte, die **von der Rechtsordnung missbilligt** werden. Dies kann sich sowohl auf ihr **Zustandekommen** als auch auf den **Inhalt** beziehen. Neben einigen Sonderregeln befinden sich die hierfür vom Gesetzgeber gewählten Instrumente in den §§ 134ff. Sonderregelungen haben als *leges speciales* natürlich Vorrang. Teilweise verbieten sie die Vornahme des Rechtsgeschäfts nicht, versagen ihm aber die volle rechtliche Wirksamkeit. So ist es beispielsweise nicht verboten, unter Privatleuten ein Glücksspiel zu veranstalten. Allerdings kann der Gewinn nicht eingeklagt werden, es handelt sich um eine **unvollkommene Verbindlichkeit,** vgl. § 762 Abs. 1 S. 1. Wurde der Gewinn aber bereits ausgezahlt, so kann er auch nicht mehr zurückgefordert werden. Der Gesetzgeber drückt hier seine Missbilligung gegenüber dem Glücksspiel darin aus, dass der Gewinner sich nicht staatlicher Hilfe bedienen kann, um seinen Gewinn zu realisieren. Allerdings geht die Missbilligung nicht soweit, dass die Vornahme des Rechtsgeschäfts ganz verboten wird.

Fall 9:

Faulenzer Felix ist des Arbeitens müde geworden. Um dennoch ein angenehmes Leben in Saus und 39
Braus zu führen, hat er es auf das Vermögen seiner Großtante Gertrud abgesehen, das im Todesfall der Tante auf F als einzigen Erben übergehen würde. Aus diesem Grund vereinbart er mit Mafioso Mirco, dass dieser G gegen Bezahlung mittels eines gezielten Pistolenschusses aus der Welt schaffen soll.

Frage: Ist zwischen F und M ein wirksamer Vertrag zustande gekommen? Ist dieser vor Gericht einklagbar?

a) Verstoß gegen gesetzliches Verbot

Nach § 134 ist ein Rechtsgeschäft, das **gegen ein gesetzliches Verbot verstößt, nichtig.** 40
Doch sagt die Norm nichts darüber aus, *welche* Rechtsgeschäfte verboten sind. Die Vorschrift regelt nur die zivilrechtliche Konsequenz für Verstöße gegen gesetzliche Sanktionsnormen vor allem im Strafrecht oder in anderen öffentlich-rechtlichen Gesetzen (z. B. Gesetz zur Bekämpfung der Schwarzarbeit). Zivilrechtliche Sanktionsnormen selber, die wie z. B. § 123 die Anfechtung wegen arglistiger Täuschung bei Vertragsschluss ermöglichen, brauchen die **Blankettnorm des § 134** nicht – sie sind von

Voraussetzungen und Rechtsfolgen her spezieller. Deshalb bedarf das Gesetz einer besonders sorgfältigen Auslegung nach „Sinn und Zweck“ des jeweiligen **Verbotsgesetzes.** Nach der h. M. ist jedes Gesetz ein „Verbotsgesetz“, das die rechtsgeschäftliche Umsetzung eines von ihm verbotenen Vorgangs nach seinem Sanktionszweck nicht dulden kann – es geht § 134 letztlich um die **Widerspruchsfreiheit der Rechtsordnung** (*Medicus,* AT, Rn. 647). Das liegt etwa auf der Hand, wenn wie bei der *Hehlerei* nach § 259 StGB der Handel mit gestohlener Ware unter Strafe gestellt wird – aus § 134 folgt, dass der Kaufvertrag zwischen Dieb und Hehler über die gestohlene Ware *nichtig* ist. Ebenso wird es jedem einleuchten, dass ein „Auftragskiller“ nicht nach vollbrachter Tat seinen Lohn vor Gericht einklagen kann. Doch ist es bei anderen Gesetzen deutlich schwieriger zu entscheiden, ob, wie der Wortlaut des Gesetzes sagt, *„sich nicht aus dem Gesetz ein anderes ergibt“.* Zum Betreiben einer Gaststätte bedarf es einer behördlichen Genehmigung. Betreibt jemand ohne diese Genehmigung eine Kneipe, so ist dies eine Ordnungswidrigkeit. Das Ausschenken von Getränken ohne die entsprechende Genehmigung ist somit durch das Gaststättengesetz öffentlich-rechtlich verboten. Doch sind deshalb auch die mit den Gästen geschlossenen *Bewirtungsverträge* nach § 134 nichtig? Damit wäre weder den Gästen noch der Behörde gedient, die zur Genehmigung von Gaststätten zuständig ist. Die Nichtigkeit des Rechtsgeschäfts ist durch das Verbot weder geboten noch gerechtfertigt.

41 Aus diesem Grund ist jeweils zu prüfen, ob der **Zweck des Verbots** einen derartigen Eingriff in die Vertragsfreiheit rechtfertigt (vgl. *Schwab/Löhnig,* Rn. 666). Die Rechtsprechung geht nach der pragmatischen Regel vor, dass bei einem Verstoß **beider Vertragsparteien** gegen das Gesetz vieles für die Nichtigkeit spricht. Bei Verstößen nur einer Seite ist die Nichtigkeit eher die Ausnahme (BGH NJW 2000, 1186). Sie tritt nur ein, wenn das Verbotsgesetz gerade die andere Seite vor solchen Verstößen schützen soll oder wenn der Zweck des Gesetzes nur durch die Nichtigkeit erreicht werden kann. Gerade bei Schwarzarbeit muss deshalb sehr genau darauf geachtet werden, ob nur der Werkunternehmer einseitig gegen das Gesetz verstößt, oder ob auch der Auftraggeber einvernehmlich daraus seinen Nutzen ziehen will. Das *„Schwarzarbeitsbekämpfungsgesetz“* möchte in erster Linie die Arbeitslosigkeit bekämpfen und das Beitragsaufkommen des Fiskus und der Sozialkassen sichern. Ob dazu die zivilrechtliche Nichtigkeit des gesamten Werkvertrags beitragen kann, ist lebhaft umstritten, wird aber jetzt auch vom BGH deutlich bejaht (vgl. BGH NJW 2014, 1805; BGHZ 198, 141; ferner *Kern,* JuS 1993, 193; *Medicus,* AT, Rn. 651; *Rüthers/Stadler,* § 26 Rn. 9).

b) Sittenwidrigkeit

42 Das BGB erklärt nicht nur verbotene Rechtsgeschäfte für nichtig. Nach § 138 Abs. 1 sind auch solche Rechtsgeschäfte nichtig, die **gegen die guten Sitten verstoßen.** Was „gute Sitten“ sind, sagt das Gesetz nicht. Dies ist auch kein „juristischer“ Begriff, sondern ein Begriff der **„Sozialmoral“** (vgl. § 1 IV 2c, Rn. 49). Was vor 100 Jahren als unsittlich empfunden wurde, mag heute alltäglich geworden sein. Am anschaulichsten macht dies das Beispiel des sog. „Geliebtentestaments“, bei dem der Ehegatte als Erbin nicht seine Ehefrau, sondern eine Dame einsetzt, mit er eine außereheliche Beziehung unterhält: Sowohl die öffentliche Meinung als auch die Rechtsprechung sind heute deutlich zurückhaltender mit der Bewertung solcher Verhältnisse als „sittenwidrig“ als noch in früheren Jahren. Nach einer gängigen Definition soll gegen die guten Sitten verstoßen, was dem „Anstandsgefühl aller billig und gerecht Denkenden“ widerspre-

che (Mot. II, 125). Das ist schon deshalb irreführend, weil die erforderliche *rechtliche* Wertung nicht durch ein *Gefühl* ersetzt werden kann (*Schiemann,* Staudinger/Eckpfeiler, C Rn. 174). Im Ergebnis lässt sich nur konstatieren, dass sittenwidrig ist, was das entscheidende Gericht für sittenwidrig hält. Doch besteht Konsens, dass eine Orientierung an der objektiven Werteordnung des Grundgesetzes und an bewährten Fallgruppen eine gewisse Objektivierung ermöglicht, die einer rationalen Rechtsordnung anhand der Drittwirkung der **Grundrechte** auch gut ansteht. Besonders bekannt geworden ist die Rechtsprechung zur Sittenwidrigkeit von Bürgschaftserklärungen **naher Angehöriger.** Wer für sein Bankdarlehen keine Realsicherheiten beibringen kann, muss der Gläubigerbank Bürgschaftserklärungen stellen, auch wenn sie „nur" der Ehegatte oder das erwachsene Kind unterzeichnen (§§ 765, 766). Wenn auf diese Weise aufgrund hoch emotionaler Bindungen eine hohe Belastung für Personen entsteht, die im Sicherungsfall ohne nennenswertes Vermögen in die hoffnungslose Überschuldung getrieben würden, schreiten BGH und BVerfG mit dem Verdikt der Sittenwidrigkeit ein: Bei einem *groben Missverhältnis* zwischen Bürgenhaftung und erwartbarer wirtschaftlicher Leistungsfähigkeit des Bürgen (**„krasse Überforderung"**, die sich z. B. darin zeigt, dass schon die laufend fälligen Kreditzinsen nicht vom Bürgen erbracht werden könnten) liegt Sittenwidrigkeit nach § 138 Abs. 1 vor, wenn weitere „erschwerende Umstände" wie die Übernahme aus familiärer Verbundenheit („seelische Zwangslage") ohne jegliches Eigeninteresse oder ein krasses Ungleichgewicht bei der Verhandlung hinzutreten; diese Umstände müssen dem Gläubiger auch zurechenbar, von ihm also bewusst in Kauf genommen worden sein (BGH NJW 2000, 363; 2003, 968; 2005, 972; BVerfGE 89, 214 = NJW 1994, 36).

c) Sonderfall: Wucher

In § 138 Abs. 2 hält das Gesetz ein Beispiel für ein sittenwidriges Rechtsgeschäft be- 43
reit. Hier wird das wucherische Rechtsgeschäft beschrieben, dass stets gegen die guten Sitten verstößt, wenn zwei Tatbestandsvoraussetzungen vorliegen:

- *Objektiv* muss ein auffälliges Missverhältnis zwischen dem Wert der Leistung und dem Wert der Gegenleistung bestehen – es muss sich also um einen gegenseitigen Vertrag handeln;
- *Subjektiv* muss der Wucherer die Zwangslage, Unerfahrenheit, den Mangel an Urteilsvermögen oder eine erhebliche Willensschwäche der anderen Vertragspartei ausgebeutet haben.

Ein auffälliges Missverhältnis liegt vor, wenn Leistung und Gegenleistung eindeutig 44
ungleichwertig sind. Maßstab ist der marktübliche Preis. Dieser muss so weit überschritten werden, dass schon darin ein Indiz dafür zu sehen ist, dass sich die benachteiligte Partei nicht freien Willens für das Rechtsgeschäft entschlossen hat. Die Zwangslage kann wirtschaftlicher, gesundheitlicher oder sogar seelischer Art sein und muss zu einer starken Bedrängnis führen. Je krasser das Missverhältnis zwischen Leistung und Gegenleistung ist, umso weniger Anforderungen werden an den Ausbeutungstatbestand gestellt. In ähnlicher Weise wird die Sittenwidrigkeit der Angehörigen-Bürgschaft geprüft, die aber mangels eines *gegenseitigen* Leistungsaustauschs der Regel des § 138 Abs. 1 unterfällt (s. o. Rn. 42).

Fall 10:

45 Die in Geldangelegenheiten unbeholfene Katharina hat einen finanziellen Engpass. Sie sucht daher den Kredithai Hans auf und möchte einen Darlehensvertrag abschließen. K und H vereinbaren für das Darlehen einen Zinssatz für 32,75 % p. a., weil K darüber hinaus auch keine anderweitigen Sicherheiten bieten kann.

Frage: Ist ein wirksamer Darlehensvertrag zustande gekommen, aus dem H einen Anspruch auf Zahlung der Zinsen hat?

III. Beseitigung von Willenserklärungen

46 Ist eine Willenserklärung durch Abgabe und Zugang (s. o. Rn. 12) wirksam erklärt, so ist der Erklärende auch an diese gebunden (vgl. § 145). Bei geschlossenen Verträgen gilt der Grundsatz *„pacta sunt servanda" („Verträge sind einzuhalten")*. Nicht selten bereut man aber das abgeschlossene Geschäft und möchte sich davon wieder lösen. Kann der Vertragspartner nicht zur **einvernehmlichen Aufhebung** des Rechtsgeschäfts bewegt werden (z. B. Aufhebungs- bzw. Auflösungsvertrag), müssen die **einseitigen Lösungsrechte** („Gestaltungsrechte", vgl. § 6 III 2b, Rn. 27) geprüft werden, die allerdings nur nach Maßgabe des Gesetzes eingesetzt werden können. Nach der ursprünglichen Systematik des BGB sind zwei Konstellationen zu unterscheiden: einerseits die **rückwirkende Vernichtung** der zum Vertragsschluss führenden Willenserklärung durch Anfechtung, andererseits die **nachträgliche Lösung vom Vertrag** durch Rücktritt oder Kündigung. Während die Anfechtung dazu führt, dass ein Vertrag mangels Willenserklärung rückwirkend gar nicht zustande gekommen ist, führen Rücktritt und Kündigung zu einer schuldrechtlichen Abwicklung des Vertrags. Die EU-Verbraucherpolitik hat ein weiteres Instrument geschaffen: den **Widerruf des Verbrauchers.** Dieser stellt in etwa ein Mittelding dar: Der Widerruf führt zwar zum Wegfall der Bindungswirkung der Willenserklärung, die Vertragsrückabwicklung erfolgt aber nach schuldrechtlichen Grundsätzen, so dass man das Widerrufsrecht ein besonders ausgestaltetes Rücktrittsrecht nennen kann (h. M., vgl. Hk-BGB/*Schulze*, § 355 Rn. 2; Jauernig/*Stadler*, BGB, § 355 Rn. 3).

1. Anfechtung

47 Da die erfolgreiche Anfechtung einer Willenserklärung diese rückwirkend nichtig macht (§ 142 Abs. 1), erlaubt das Gesetz die Anfechtung nur in ganz besonderen Fällen. Die Anfechtungsmöglichkeit soll die **Willensfreiheit des Erklärenden** schützen. Sie kommt daher nur in Betracht, wenn die Erklärung unter **Willensmängeln** leidet. Zu unterscheiden sind zwei wesentlich unterschiedliche Anfechtungsgründe: die Anfechtung wegen Irrtums (§§ 119, 120) und die Anfechtung wegen Täuschung oder Drohung (§ 123). Während bei ersterer Konstellation der Willensmangel auf einem Fehler des Erklärenden beruht, weshalb er auch den Vertrauensschaden des ahnungslosen Erklärungsempfängers nach § 122 Abs. 1 zu erstatten hat, rührt der Willensmangel bei der zweiten Konstellation aus der Sphäre des Erklärungsempfängers oder eines Dritten.

a) Anfechtung wegen Irrtums

48 Die Anfechtung wegen eines Irrtums ist in den §§ 119, 120 geregelt. Man kann die dort genannten Irrtümer in vier Kategorien aufteilen: **Inhaltsirrtum** (§ 119 Abs. 1 Var. 1), **Erklärungsirrtum** (§ 119 Abs. 1 Var. 2), **Eigenschaftsirrtum** (§ 119 Abs. 2)

und **Übermittlungsirrtum** (§ 120). Schon daraus ergibt sich, dass nicht jeder Irrtum des Erklärenden zur Anfechtung berechtigen kann. Ein Irrtum ist zunächst einmal eine Fehlvorstellung des Erklärenden. Um den Erklärungsempfänger nicht mit allen Fehlvorstellungen des Erklärenden zu belasten, sind nur solche Irrtümer beachtlich, die nicht nur auf einseitigen Erwartungen und Absichten beruhen, sondern sich auch konkret auf den Inhalt der Willenserklärung auswirken. Alle anderen Irrtümer, insbesondere so genannte **„Motivirrtümer"**, sind an sich unbeachtlich und berechtigen grundsätzlich nicht zur Anfechtung.

Schaubild 19: Anfechtung einer Willenserklärung

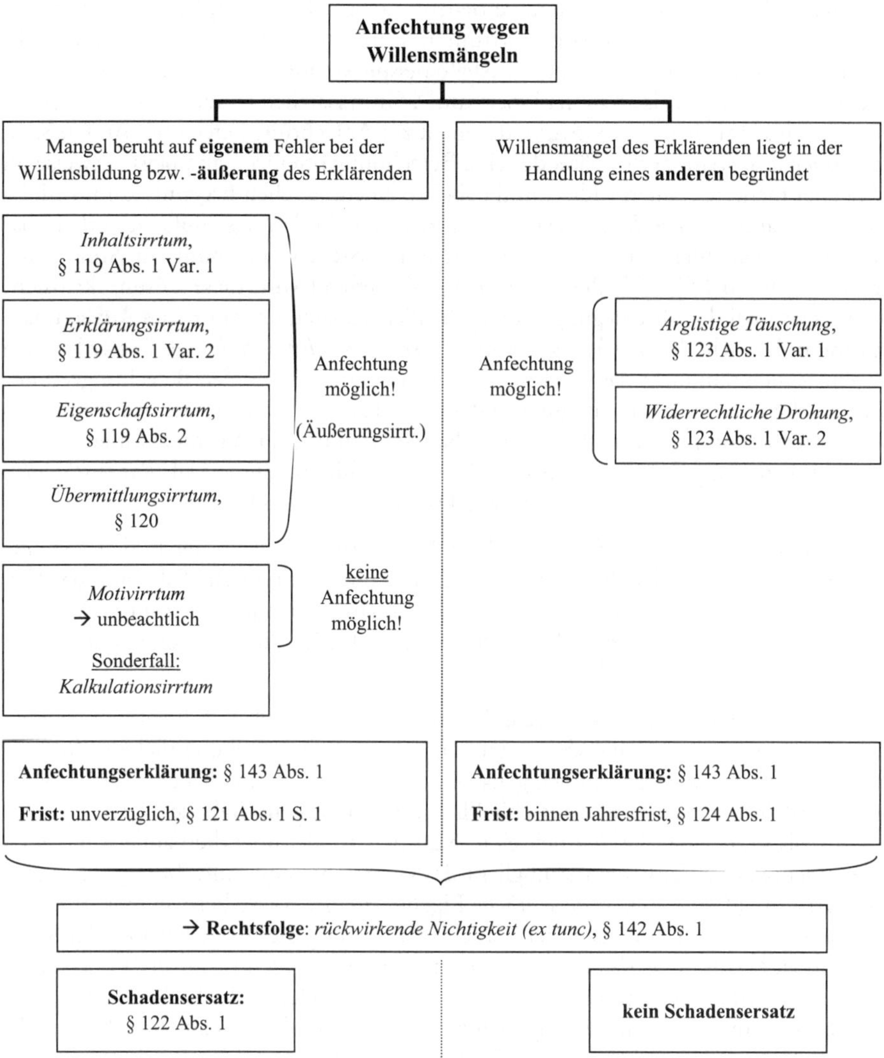

Achtung: Zur Anfechtung berechtigen nur Irrtümer, die unmittelbar bei der **Willensäußerung** unterlaufen. Irrtümer über den Beweggrund (sog. Motivirrtum), die zur konkreten Willensbildung veranlasst haben und ihr deshalb meist vorausgehen, berechtigen dagegen – mit Ausnahme des Eigenschaftsirrtums nach § 119 Abs. 2 – nicht zur Anfechtung. Für § 119 Abs. 1 entscheidend ist das **unbewusste Auseinanderfallen** von (subjektivem) Willen und (objektiver) Erklärung.

49 Ein **Inhaltsirrtum** nach § 119 Abs. 1 Var. 1 liegt vor, wenn der Erklärende objektiv mit seiner Erklärung eine andere Aussage macht, als er subjektiv eigentlich wollte (vgl. *Fall 4 Abwandl. 2:* Irrtum bei der Handbewegung mit der Vorstellung „Maserati" = „Frascati"). Der Erklärende sagt oder tut zwar genau das, was er sagen oder tun wollte, doch misst er dem eine andere Bedeutung bei, als der Empfänger objektiv verstehen durfte (sog. „Verlautbarungsirrtum"). Verrechnet sich der Erklärende vor Abgabe seiner Erklärung und nennt er deshalb beispielsweise einen zu niedrigen Preis, so bezeichnet man dies als „Kalkulationsirrtum". Grundsätzlich handelt es sich dabei um einen unbeachtlichen Motivirrtum, der nicht zur Anfechtung berechtigt. Anders sieht es jedoch aus, wenn der Erklärende seine Berechnung offenlegt, also beispielsweise im Angebot mehrere Zahlen addiert und dabei zu einem falschen Ergebnis kommt. Dieser so genannte *offene Kalkulationsirrtum,* der dem Erklärungsempfänger erkennbar war, soll einen Inhalts- oder Erklärungsirrtum darstellen und somit zur Anfechtung berechtigen (so RGZ 64, 266; 162, 198). Zutreffend wird diese Lösung kritisiert, weil es sich bei der Offenlegung widersprüchlicher Daten um ein reines **Auslegungsproblem** handelt. *Die Auslegung hat aber Vorrang vor der Anfechtung:* Entweder man wollte gemeinsam nicht das falsche Ergebnis, sondern die richtigen Berechungsgrundlagen gelten lassen (dann Einigung), oder die Erklärung ist auch nach Auslegung widersprüchlich und damit nichtig oder es handelt sich um einen gemeinsamen Irrtum, der zur Anpassung des Vertrags nach § 313 Abs. 2 führen könnte (vgl. *Rüthers/Stadler,* § 25 Rn. 42 ff.; *Schiemann,* Staudinger/Eckpunkte, C Rn. 189).

50 Ein **Erklärungsirrtum** nach § 119 Abs. 1 Var. 2 liegt vor, wenn der Erklärende eine Erklärung dieses Inhalts überhaupt nicht abgeben wollte. Typische Fälle sind das Versprechen, Verschreiben oder Vertippen (sog. „Erklärungshandlungsirrtum"). Wer zum Beispiel einem Zahlendreher (320 statt 230) zum Opfer fällt, hat sich bei der Erklärungshandlung geirrt und darf deshalb anfechten.

51 Einen Sonderfall bildet der **Eigenschaftsirrtum** nach § 119 Abs. 2. Eigentlich handelt es sich hier um einen Willens*bildungs*irrtum, also um einen unbeachtlichen Motivirrtum. Der Erklärende sagt nämlich genau das, was er will und weiß auch um die Folgen seiner Erklärung. Er irrt sich ausschließlich über die **Eigenschaft** des Vertragsgegenstands, also z. B. über die Echtheit eines Kunstwerks oder über die Laufleistung eines Gebrauchtwagens. Trotzdem ermöglicht das Gesetz ihm eine Anfechtung, wenn sich sein Irrtum auf eine *verkehrswesentliche* Eigenschaft der Sache bezogen hat, d. h. auf solche Eigenschaften, die nach der Verkehrsanschauung die Wertschätzung der Sache wesentlich bestimmen. *Keine* Eigenschaft der Sache hingegen ist ihr Preis oder Wert, da es sich hierbei um marktabhängige und daher wandelbare, der Sache nicht „anhaftende" Merkmale handelt. Unerheblich ist es also, wenn der Verkäufer denkt, der übliche Preis für die Kaufsache sei 500 Euro, während dieser tatsächlich bei 10 000 Euro liegt. *Beachtlich* hingegen ist der Irrtum, wenn der Verkäufer denkt, die Sache sei billiger Modeschmuck, während sie in Wirklichkeit aus massivem Gold besteht.

Eine **Anfechtung wegen falscher Übermittlung** nach § 120 ist dann möglich, wenn bei der Übermittlung einer Willenserklärung deren Inhalt verändert wird. Typisches Beispiel ist der mit einem Auftrag losgeschickte **Bote,** der die mitgegebenen Worte unterwegs vergisst und deshalb etwas ganz anderes als gewollt kauft. Der Auftraggeber kann dann anfechten. Allerdings findet § 120 auch auf solche Fälle Anwendung, in denen aufgrund technischer Fehler bei der Übermittlung die ursprünglich abgegebene Erklärung verfälscht worden ist, z. B. wenn aufgrund eines technischen Defekts bei einem Fax oder einer E-Mail ein Teil nicht übermittelt wird. 52

Fall 11:

Landwirt Ludwig verkauft an Immobilienmakler Igor einen Acker für 400,– Euro pro Quadratmeter und glaubt, ein gutes Geschäft gemacht zu haben. Kurz darauf erfährt er, dass Grundstücke dieser Art und Lage schon seit längerem für 500,– Euro pro Quadratmeter gehandelt werden. 53
Abwandlung: L verkauft nur deswegen so preiswert, weil ihm entgangen ist, dass der Acker von der Gemeinde inzwischen zu Bauland erklärt wurde.
Frage: Kann L seine Willenserklärung jeweils anfechten?

Ein besonderes Problem wirft der sog. **Rechtsfolgenirrtum** auf, der vorliegt, wenn der Erklärende sich über die *kraft Gesetzes* eintretende Folge seiner Erklärung irrt. Für eine Anfechtung maßgeblich sind aber nur die Folgen, die eintreten, weil sie als gewollt erklärt worden sind. Ein Irrtum hierüber ist eindeutig ein Inhaltsirrtum. Problematisch ist der Irrtum bei Erklärungsfolgen, die unabhängig vom Willen des Erklärenden eintreten, wie beispielsweise der Verzug als Folge einer Mahnung (§ 286) oder die Gewährleistungspflicht als Folge einer mangelhaften Warenlieferung (§§ 437 ff.). Ein solcher Irrtum ist grundsätzlich **unbeachtlich.** Das Gesetz soll einen gerechten Ausgleich zwischen den Interessen der Beteiligten ermöglichen. Knüpft es an eine Erklärung eine bestimmte Rechtsfolge, so ist diese für jedermann verbindlich. Wenn der Erklärende diese Folge nicht kannte, soll er sich nicht mit Hilfe der Anfechtung dieser Wirkung des Gesetzes entziehen können. 54

b) Anfechtung wegen arglistiger Täuschung oder widerrechtlicher Drohung

Anders als bei der Anfechtung wegen Irrtums, wo der Mangel in der Willensbildung in der Sphäre des Erklärenden zu suchen ist, ist es für die Anfechtung nach § 123 erforderlich, dass der Willensmangel durch eine vorwerfbare Handlung eines anderen hervorgerufen wurde. Dies ist auf zwei Arten denkbar, nämlich durch **Täuschung** oder durch **Drohung.** 55

Voraussetzung für die Anfechtung nach § 123 Abs. 1 Var. 1 ist eine **arglistige Täuschung** des Erklärenden, die für seine Erklärung *ursächlich* („kausal") geworden ist. Eine Täuschung liegt vor, wenn der Täuschende beim Erklärenden einen Irrtum hervorruft. Dies geschieht grundsätzlich durch aktives Tun. Hat ein Verkäufer wie beim Gebrauchtwagenhandel allerdings Aufklärungspflichten zu beachten, so kann es genügen, wenn er einfach schweigt und einen bestehenden Irrtum beim Erklärenden nicht aufklärt. Problematisch ist, wann eine Täuschung *„arglistig"* ist. Dazu reicht es schon aus, dass der Täuschende zumindest mit bedingtem Vorsatz handelte. Sogar Erklärungen „ins Blaue hinein" können vorsätzlich sein. In Anbetracht der heutigen Werbelandschaft könnte man versucht sein, jede bewusst irreführende Aussage zur Anfechtung zu nutzen, so dass nur eine geringe Anzahl von Verträgen überhaupt wirksam werden könnte. Für die Sachmängelhaftung spielen solche öffentlichen Anpreisungen tatsächlich eine Rolle, vgl. § 434 Abs. 1 S. 3, für die Täuschungsanfechtung dagegen 56 kaum, weil nur konkrete Äußerungen des Verkäufers bei Vertragsschluss und nicht vage Werbeäußerungen im Vorfeld den Kunden „kausal" im Sinne des § 123 Abs. 1 sein werden: die Täuschung muss den Kunden zu seiner Erklärung **„bestimmt"** haben.

Fall 12:

57 Karl kauft beim Gebrauchtwagenhändler Gabriel ein Auto, dessen Kilometerzähler bei 10 000 km stehen geblieben ist. Tatsächlich weist der Wagen bereits eine Laufleistung von über 50 000 km auf. Dies verschweigt G dem K.

Abwandlung: Die Verkaufsgespräche wurden nicht von G selbst, sondern von dessen Angestellten Albert geführt, der alleine über die tatsächliche Laufleistung Bescheid wusste.

Frage: Kann K seine auf Abschluss des Kaufvertrags gerichtete Willenserklärung wegen arglistiger Täuschung anfechten?

58 Eine Erklärung, die nur aufgrund **widerrechtlicher Drohung** abgegeben wurde, ist nach § 123 Abs. 1 Var. 2 ebenfalls anfechtbar. Eine Drohung liegt vor, wenn ein Übel angedroht wird für den Fall, dass der Erklärende eine bestimmte Erklärung nicht abgibt. Keine Drohung liegt vor, wenn absolute Gewalt *(vis absoluta)* eingesetzt wird, dem Erklärenden beispielsweise der Stift geführt wird – dann hat er selber gar nicht gehandelt; mangels Handlungswille (s. o. Rn. 4) liegt schon keine Willenserklärung vor. Eine Warnung ist ebenso wenig eine Drohung wie das Verlangen einer Erklärung als Bedingung zur Befreiung aus einer Notlage. Der Drohende muss ein künftiges Übel in Aussicht stellen, auf welches er zumindest vorgeblich Einfluss haben muss. Dies ist z. B. dann der Fall, wenn ein Gläubiger durch Drohung mit einer Strafanzeige für ein Verhalten des Schuldners, das mit dem Rechtsgeschäft nichts zu tun hat, den Abschluss einer besonderen Sicherung (z. B. Bürgschaft) verlangt.

c) Erklärung der Anfechtung

59 Bei der Anfechtung handelt es sich um ein **Gestaltungsrecht** (vgl. § 6 III 2b, Rn. 27). Der Anfechtungsberechtigte ist also frei in der Entscheidung, ob er dieses Recht auch nutzen will. Im Nachhinein kann sich ja herausstellen, dass ein Irrtum für den Erklärenden einen besseren Vertrag geschaffen hat als ursprünglich beabsichtigt. Nach § 143 Abs. 1 bedarf es also einer **Erklärung** gegenüber dem Vertragspartner zur Geltendmachung der Anfechtung, wobei jede Äußerung reicht, wonach z. B. „der Vertrag nicht gelten kann, weil ich mich geirrt habe" – auch hier muss eine verständige Auslegung nach §§ 133, 157 die gewollte Anfechtung herausdestillieren (der Begriff „Anfechtung" muss also gar nicht fallen). Zu beachten ist die **Ausübungsfrist** bei der Anfechtungserklärung, §§ 121, 124, die der Rechtssicherheit dient. Es handelt sich um „Ausschlussfristen", nach deren Ablauf das Gestaltungsrecht untergeht (vgl. § 6 III 3a, Rn. 29). Bei einer Anfechtung wegen Irrtums muss die Anfechtung **unverzüglich,** d. h. ohne schuldhaftes Zögern erfolgen, vgl. § 121 Abs. 1 S. 1 *(wichtige Legaldefinition für das ganze Zivilrecht!).* Sobald der Erklärende also bemerkt, dass er einem Irrtum unterlegen ist, muss er sich schnellstmöglich überlegen, ob er seine Erklärung anficht. Er muss sich zwar *nicht sofort,* aber so bald wie möglich entscheiden. Bei schwierigen Rechtsfragen darf er auch erst noch Rechtsrat beim Anwalt einholen. Eine über drei Wochen nach Kenntnis vom Anfechtungsgrund erklärte Anfechtung wird aber in der Regel wohl verspätet sein.

60 Da der arglistig Täuschende oder widerrechtlich Drohende Erklärungsempfänger deutlich weniger schutzwürdig ist als bei Anfechtung wegen Irrtums, ist bei einer Anfechtung nach § 123 eine deutlich längere Frist vorgesehen. Nach § 124 Abs. 2 kann

die Anfechtung binnen eines Jahres nach Kenntnis von der Täuschung oder nach Beendigung der durch Drohung bewirkten Zwangslage erklärt werden.

d) Rechtsfolgen der Anfechtung

Die Anfechtung führt nach § 142 Abs. 1 zur **rückwirkenden Nichtigkeit** der abgegebenen Erklärung. Eine anfechtbar abgegebene Willenserklärung kann zwar grundsätzlich wirksam bleiben, da es dem Erklärenden ja freisteht, ob er die Anfechtung erklärt oder nicht. Doch durch Ausübung des Anfechtungsrechts wird sie als von Anfang an *(ex tunc)* unwirksam betrachtet, d. h., die Willenserklärung ist ersatzlos weggefallen mit der Folge, dass auch der Vertrag, auf dessen Abschluss die Willenserklärung gerichtet war, nichtig ist. Alle bereits zur Erfüllung des Vertrags gemachten Leistungen sind **ohne Rechtsgrund** erfolgt, so dass eine Rückabwicklung nach § 812 Abs. 1 S. 1 Var. 1 durch die Herausgabe der jeweils empfangenen Leistung zu erfolgen hat. 61

Bei der Anfechtung wegen **Irrtums** liegt der Grund für die Anfechtbarkeit in einem Versehen des Erklärenden, das den Erklärungsempfänger trifft „wie aus heiterem Himmel". Das berechtigte Vertrauen des potentiellen Vertragspartners am Zustandekommen des Vertrags wird zerstört, es kann sogar dadurch ein **„Vertrauensschaden"** entstehen, z. B. durch bereits veranlasste Dispositionen im Vertrauen auf den scheinbar perfekten Vertrag. Der Erklärungsempfänger kann deshalb den Schaden, der dadurch entstanden ist, dass er darauf vertraute, dass die Erklärung gültig sei, nach § 122 Abs. 1 vom Anfechtenden ersetzt verlangen. Dieses sog. **negative Interesse** wird dadurch bestimmt, dass man die Situation des Erklärungsempfängers *nach* der Anfechtung mit der Situation vergleicht, die bestünde, wenn er von der Erklärung *nie etwas* erfahren hätte. Begrenzt ist der Schadensersatzanspruch des Erklärungsempfängers durch das sog. **positive Interesse:** Dieses sog. Erfüllungsinteresse bestimmt sich durch den Vermögensstand des Erklärungsempfängers bei ordnungsgemäßer Abwicklung des Vertrages abzüglich des jetzt vorhandenen Vermögens. Vereinfacht gesagt darf der Anfechtungsgegner nicht besser stehen, als wenn der Vertragsschluss von Anfang an plangemäß verlaufen wäre. Zweckentsprechend ist nach § 122 Abs. 2 die Schadensersatzpflicht ausgeschlossen, wenn der Erklärungsempfänger von der Anfechtbarkeit wusste (Var. 1) oder fahrlässig nicht wusste (Var. 2). Dem arglistig Täuschenden oder widerrechtlich Drohenden kann mangels Schutzwürdigkeit nach Anfechtung natürlich **kein Schadensersatzanspruch** zugebilligt werden. 62

2. Widerruf des Verbrauchers

Der Verbraucherschutz nimmt im BGB immer größeren Raum ein (vgl. § 4 II 3, Rn. 18). Seit dem Jahr 2002 sind die vorher in Spezialgesetzen geregelten besonderen Rechte des Verbrauchers in das BGB integriert worden. Das wichtigste Recht des Verbrauchers ist seine spezielle Möglichkeit, von einmal geschlossenen Verträgen wieder loszukommen. Durch einfache Erklärung kann der Verbraucher in bestimmten Fällen seine einmal abgegebene Willenserklärung widerrufen. Das Widerrufsrecht ergänzt die gesetzlichen **Informationspflichten** des Unternehmers (vgl. § 6 II 1, Rn. 16) in effektiver Weise. Bei bestimmten – nicht allen – Verbrauchergeschäften wird dem Kunden in Durchbrechung des *„pacta-sunt-servanda"*-Grundsatzes eine nicht abdingbare Überlegungsfrist von zwei Wochen zugebilligt, in der er den Vertragsschluss überdenken und etwaige Alternativen am Markt prüfen kann. Vorausgesetzt wird dafür eine spezifische, die freie Entscheidung gefährdende Vertragsschlusssituation (z. B. Haus- 63 türgeschäft, § 312b Abs. 1) oder ein besonderer Vertragstyp, der mit besonderen Risiken verbunden ist (z. B. Fernabsatz, § 312c Abs. 1). Den Begriff des Verbrauchers definiert § 13 (vgl. § 4 II 3, Rn. 19), Regelungen zur Ausübung und den Rechtsfolgen des Widerrufs finden sich in den §§ 355ff.

Fall 13:

64 Der selbstständige Verkäufer Volker vertreibt Staubsauger der Marke „Supersaug", indem er mit den Geräten von Haus zu Haus zieht und auf Interessenten hofft. Als offener und kommunikativer Mensch gelingt es V, einen Staubsauger in der Wohnung des Rentners Roman vorzustellen. R ist von der Leistungsfähigkeit des Produktes überzeugt und erwirbt direkt im Anschluss an die Vorführung das Gerät. Nachdem er jedoch eine Nacht darüber geschlafen hat, ist er sich sicher, dass ihm sein alter Staubsauger vollkommen ausreicht.

Frage: Kann R das Gerät wieder loswerden?

Schaubild 20: Widerruf des Verbrauchers

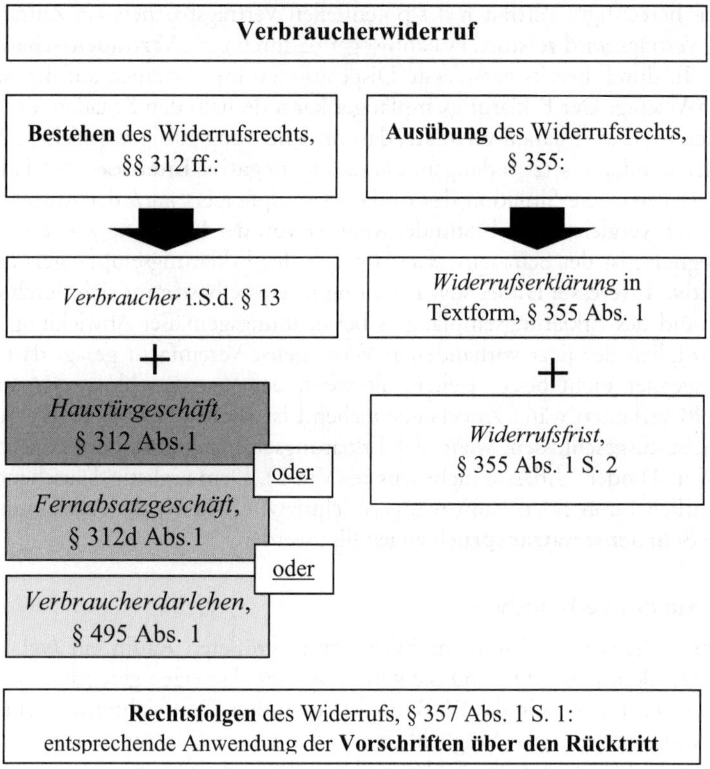

a) Verbraucherbegriff

Verbraucher i. S. d. des § 13 ist jede natürliche Person, die Rechtsgeschäfte zu nicht beruflichen Zwecken abschließt. Das ist z. B. bei unselbstständig tätigen Arbeitnehmern leicht zu beurteilen. Kaufen diese etwas außerhalb ihrer Arbeitszeit ein, so sind sie eigentlich immer Verbraucher. Problematisch wird die Vorschrift hauptsächlich dann, wenn **selbstständig** Tätige Einkäufe vornehmen, die sowohl privat als auch für ihren Beruf genutzt werden können, z. B. ein Notebook. Soll der Gegenstand tatsächlich nur privat genutzt werden, so handelt es sich um ein **„b2c"**-Geschäft (vgl. § 4 II 3, *Schaubild 3* Rn. 20). Ist dies aber nicht so eindeutig und wird der Gegenstand sowohl beruflich als auch privat genutzt, so spricht man von *„dual use"*. Der Gesetzgeber rechnet auch diese Geschäfte noch dem privaten Bereich zu, solange sie nicht „überwiegend" der beruflichen Tätigkeit dienen. Andernfalls kommt eine Anwendung des Verbraucherschutzrechts nicht mehr in Betracht, weil der privat handelnde Unternehmer nicht schutzbedürftig ist. Die Definition des Unternehmerbegriffs in § 14 zeigt, dass juristische Personen nicht Verbraucher sein können. Doch können natürliche Personen Unternehmer sein, wenn sie z. B. als freiberuflicher Anwalt tätig sind oder als Kaufmann ein Gewerbe betreiben (vgl. § 1 HGB). 65

b) Begründung des Widerrufsrechts

Besondere **Vertriebsformen** hatten den deutschen Gesetzgeber schon zur Gewährung von Widerrufsrechten veranlasst, bevor die EU sich des Themas Verbraucherschutz annahm. Die *„außerhalb von Geschäftsräumen geschlossenen Verträge"* (früher sog. „Haustürgeschäfte") in § 312b Abs. 1 stehen prototypisch für jene Vertriebsformen, die eine **Überrumpelungssituation** zulasten der Entscheidungsfreiheit des Verbrauchers befürchten lassen. Nach § 312b Abs. 1 Nr. 4 wird eine ähnliche Situation auch für die sog. „Kaffeefahrten" gesehen. Grund für die Einräumung des Widerrufsrechts ist, dass der Gesetzgeber zu Recht befürchtet, dass ein unvorbereitet zum Vertragsschluss aufgeforderter Verbraucher nicht in der Lage ist, das Geschäft vollumfänglich zu überdenken, und in Gefahr steht, übereilt wegen Bedrängtheitsgefühlen seine Zustimmung zu geben. Deshalb ist das Widerrufsrecht auch z. B. nach § 312g Abs. 2 ausgeschlossen, wenn dringende Reparaturen auf Anforderung des Verbrauchers bei ihm zuhause erfolgen (Nr. 11) oder der Vertrag notariell beurkundet wird (Nr. 13). Hinzu kommen weitere Ausnahmen, die in höchst komplexen Regelungen durch Übernahme der EU-Verbraucherrechte-Richtlinie in das BGB seit dem 13.6.2014 das Widerrufsrecht gem. §§ 312ff. kleinteilig regulieren (dazu näher *Wendehorst,* NJW 2014, 577, 580ff.). 66

Bei **Fernabsatzverträgen** erfolgt der Vertragsschluss *ausschließlich* unter Verwendung von Fernkommunikationsmitteln, vgl. § 312c. Grundsätzlich sind alle Einkäufe im Internet also Fernabsatzverträge, genauso wie die klassische Bestellung per Postkarte im Versandhaus. Hier bezweckt der Gesetzgeber mit dem Widerrufsrecht, die **„Informationsasymmetrie"** des Verbrauchers auszugleichen, der die Ware vor Vertragsschluss nicht zu sehen bekommt und daher nicht über alle erforderlichen Informationen verfügt, um sich gut informiert und aufgeklärt entscheiden zu können („Katze im Sack"). Deshalb soll er seine Entscheidung nach Erhalt der Ware nochmals überdenken können. 67

Fall 14: Widerruf „ohne Grund" (nach BGH NJW 2016, 1951):

Karl bestellt über die Website des Volker, der einen Online-Shop bertrieb und dort mit einer „Tiefpreisgarantie" wirbt, zwei Taschenfederkernmatratzen zum Preis von insgesamt 417,10 Euro. Sie werden am 27. Januar ausgeliefert. In der Zwischenzeit entdeckt K ein günstigeres Angebot eines anderen Anbieters (394,12 Euro). Weil V ihm den Differenzbetrag nicht erstatten will, widerruft Karl den Kaufvertrag mit E-Mail vom 2. Februar.

Hat K einen Anspruch gegen V auf Rückzahlung der 417,10 Euro?

68 Besondere Probleme hat der **Ausschluss des Widerrufsrechts** bei Versteigerungen (§ 312g Abs. 2 Nr. 10) ausgelöst. Da „ebay" und vergleichbare Internetseiten sich in ihrer Werbung als „Auktionshäuser" bezeichnen, ging man zunächst davon aus, dass Verträge auf „ebay", die ja im Wege einer vom Anbieter sog. „Versteigerung" geschlossen werden, nicht widerrufen werden können. Der BGH musste klarstellen, dass es sich nicht um eine Versteigerung im Rechtssinne, also gem. § 156 handelt, obwohl der Vertragsschluss als solche bezeichnet wurde. Deshalb unterliegen auch bei „ebay" geschlossene Verträge dem Widerrufsrecht des § 312g Abs. 1 (BGH NJW 2005, 54).

68a Der Anwendungsbereich des Widerrufsrechts erschöpft sich aber nicht in den in den §§ 312ff. genannten Fällen. Das Gesetz räumt ein Widerrufsrecht darüber hinaus auch – meist aufgrund europäischer Vorgaben – bei **bestimmten Arten von Rechtsgeschäften** ein, die besondere Gefahren für den Verbraucher mit sich bringen: etwa bei entgeltlichen (§ 495) und unentgeltlichen Verbraucherdarlehensverträgen (§ 514 Abs. 2), bei Teilzeit-Wohnrechte-Verträgen (§ 485), bei Finanzierungshilfen (§§ 506ff.) und Ratenlieferungsverträgen (§ 510). So geht es auch hier darum, dem Verbraucher nochmal eine Überlegungsfrist zu gewähren.

c) Ausübung des Widerrufsrechts

69 Nach § 355 Abs. 1 ist der **Widerruf** nach neuer Rechtslage (seit 13.06.2014) dem Unternehmer gegenüber **eindeutig** zu erklären; es genügt eine mündliche bzw. online-Erklärung, die nicht begründet werden muss. Der Gesetzgeber stellt sogar ein Widerrufsformular zur Verfügung. Eine schlichte Rücksendung bestellter Waren reicht nicht mehr aus. Der Widerruf muss innerhalb einer **Frist von 14 Tagen** erfolgen (§ 355 Abs. 2). Schwierigkeiten bereitet häufig die Bestimmung des Beginns der Frist. Nach § 355 Abs. 2 S. 2 beginnt diese mit Vertragsschluss, soweit nichts anderes bestimmt ist; anders ist das z. B. im Haustür- und Fernabsatz, vgl. § 356 Abs. 2 u. 3, wo erst nach Erhalt der Ware und nach ausreichender **Unterrichtung** die Frist beginnt. Diese Belehrung muss deutlich, vollständig und korrekt sein. Alle gesetzlichen Anforderungen an die **Widerrufsbelehrung** zu erfüllen ist äußerst schwierig, wenn nicht gar unmöglich (vgl. *Schürnbrand,* JZ 2015, 974). Durch die Anlage 2 der BGB-Info-VO (*jetzt:* Art. 246a EGBGB samt Anhängen), in der Muster für die Widerrufsbelehrung abgedruckt sind, sollen dem Unternehmer Hilfestellungen an die Hand gegeben werden. Bei fehlender oder unzureichender Belehrung des Verbrauchers beginnt die Widerrufsfrist nicht zu laufen, so dass der Verbraucher auch später als zwei Wochen nach Erhalt der Ware noch seinen Widerruf erklären kann. Nach **zwölf Monaten und 14 Tagen** ist aber endgültig Schluss (§ 356 Abs. 3 S. 2). § 312d statuiert für alle Fernabsatzverträge und „außerhalb von Geschäftsräumen geschlossenen Verträge" eine über die allgemeine Belehrung über das Widerrufsrecht hinausgehende **Informationspflicht** (vgl. Art. 246a, 246b EGBGB).

d) Rechtsfolgen des Widerrufs

Nach § 355 Abs. 1 S. 1 könnte man vermuten, Rechtsfolge des Widerrufs sei die Nichtigkeit der durch den Verbraucher abgegebenen Willenserklärung. Hier heißt es nämlich, dass Verbraucher und Unternehmer „an ihre auf den Abschluss des Vertrags gerichteten Willenserklärungen nicht mehr gebunden" seien. § 355 Abs. 3 und § 357 belehren uns aber eines Besseren. Durch den Widerruf wird der Vertrag nicht beseitigt, sondern in ein **Rückgewährschuldverhältnis** umgewandelt, das eigens in den §§ 357 ff. für die Verbraucherschutzrechte eingehend geregelt wird. Beide Seiten haben das herauszugeben, was sie bereits erhalten haben (§§ 355 Abs. 3, 357 Abs. 1), Rücksendungskosten trägt prinzipiell der Verbraucher, der ggf. auch den Wertverlust zu tragen hat (§ 357 Abs. 7). So bestätigt sich die rechtsdogmatische Einschätzung (Rn. 46), wonach das Widerrufsrecht des Verbrauchers ein Zwitter zwischen Anfechtung und Rücktritt ist. Von seiner dogmatischen Einordnung her müsste es eigentlich zur Nichtigkeit des Vertrages führen, worauf aber zum Schutz des Verbrauchers verzichtet wurde. Die Rückabwicklung nach den §§ 355 Abs. 3, 357 ff. ist die für den Verbraucher vorzugswürdige Lösung. Die dogmatische Unstimmigkeit braucht den Gesetzesanwender in der Regel nicht zu interessieren. 70

IV. Recht der Stellvertretung

Grundsätzlich wirken Rechtsgeschäfte nur für und gegen die Personen, die sie abschließen. Zwar kann man Verträge zu Gunsten anderer Personen abschließen (z. B. Bezugsberechtigte bei Lebensversicherungen), aber **niemals zulasten Dritter.** Ausfluss der Privatautonomie und des Selbstbestimmungsrechts ist es, dass jeder selbst entscheiden kann, welche Verträge er mit wem abschließen will. Es muss sich daher niemand gefallen lassen, dass jemand für ihn Verträge abschließt. Allerdings ist es nicht nur im Geschäftsleben ganz unumgänglich, dass Dritte auftreten und Verträge im Namen anderer abschließen. Geschäftsunfähige oder beschränkt Geschäftsfähige (s. o. Rn. 19 ff.) können eigene Willenserklärungen ja gar nicht wirksam abgeben. Auch eine juristische Person wie die GmbH oder Aktiengesellschaft kann denklogisch nicht selber handeln – dazu braucht sie „organschaftliche" Vertreter. Hier ist ein Vertreter, der Willenserklärungen für andere abgibt, essentiell notwendig. Deshalb sieht das Gesetz in diesen Fällen auch **gesetzliche Vertreter** vor, bei Kindern die Eltern (§ 1629), bei erwachsenen Geschäftsunfähigen den Betreuer (§ 1902) und bei juristischen Personen der Geschäftsführer oder Vorstand (vgl. nur § 35 GmbHG). *Diese gesetzlichen Vertreter können für den Vertretenen Willenserklärungen mit Wirkung für und gegen ihn abgeben.* Aber auch für voll geschäftsfähige Personen kann es sinnvoll sein, sich bei der Abgabe von Willenserklärungen vertreten zu lassen. Man denke nur an Kaufhäuser und andere große Unternehmen, wo nicht der Inhaber selber alle Geschäfte abwickeln kann, sondern eine Vielzahl von Abschlussvertretern braucht, z. B. die Frau an der Kasse. Diese rechtsgeschäftlich begründete, d. h. **„gewillkürte" Stellvertretung** ist aber nur möglich, wenn der Vertretene zustimmt. Der Unternehmer muss z. B. seinen Abteilungsleitern Handlungsvollmacht (§ 54 HGB) erteilen, diese erteilen weitere Kassenvollmachten an entsprechende Mitarbeiter usw. 71

Ermöglicht wird all das durch das Rechtsinstitut der **Stellvertretung,** das im BGB AT (§§ 164 ff.) geregelt ist. Ohne es wäre die Aufrechterhaltung des modernen Wirtschaftslebens gar nicht möglich. Der Inhaber eines Geschäfts ist schon zeitlich gar 72 nicht in der Lage, alle notwendigen Rechtsgeschäfte selbst zu schließen, sondern muss hierbei auf die Hilfe seiner Angestellten zurückgreifen. Deren Handeln muss dem Geschäftsinhaber zugerechnet werden.

1. Voraussetzungen der Stellvertretung

73 Nach § 164 Abs. 1 S. 1 wirkt eine durch den Vertreter mit Vertretungsmacht abgegebene Willenserklärung *unmittelbar* für und gegen den Vertretenen. Daraus lassen sich drei Tatbestandsmerkmale herauslesen:

Schaubild 21: Stellvertretung

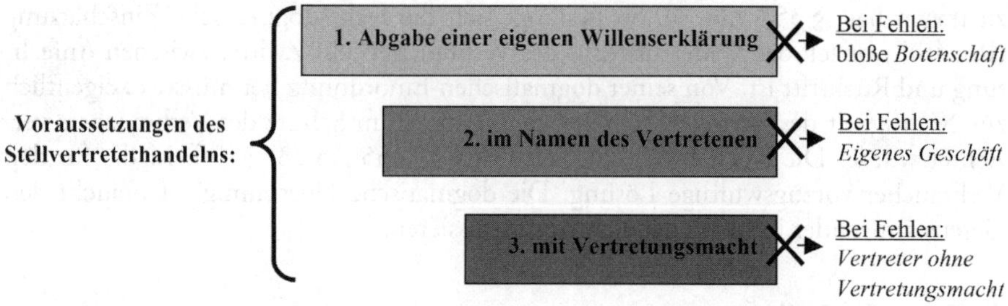

a) Abgabe einer eigenen Willenserklärung

74 Der Vertreter muss eine *eigene* Willenserklärung *abgeben,* nicht etwa nur die *(fremde)* Erklärung des Geschäftsherrn *übermitteln.* So ist es selbstverständlich, dass die Post, die einen Brief mit einer vertraglichen Willenserklärung befördert, nicht Vertreter des Absenders ist. Aber auch wer in einen Laden geschickt wird, um eine genau bezeichnete Flasche Wein zu erwerben, überbringt nur die Erklärung des Auftraggebers und handelt damit als Bote.

> **Merke:** Der **Bote** gibt keine eigene Willenserklärung ab, sondern übermittelt nur eine fremde, auf deren Inhalt er keinen Einfluss nehmen kann.

75 Der Vertreter hingegen gibt eine eigene Willenserklärung ab, was nicht heißt, dass er völlig frei in seiner Entscheidung wäre. Er handelt zwar „im Auftrag" des Geschäftsherrn, gestaltet aber den Inhalt der Willenserklärung selbstständig. Wird er z. B. in den Laden geschickt, um einen zum geplanten Abendessen passenden Wein zu besorgen, ist er Vertreter, wenn er entscheiden kann, welche Flasche Wein er kauft. Die genaue **Unterscheidung** zwischen Botenschaft und Stellvertretung ist oft schwierig. Entscheidend ist nicht, was im Innenverhältnis (Geschäftsherr – Vertreter) gewollt war, sondern was der Verkehr dem *äußeren Auftreten* des Vertreters (Vertreter – Dritter) entnehmen kann. Auch hier spielt also der bei Willenserklärungen maßgebende „objektive Empfängerhorizont" des außenstehenden Dritten die entscheidende Rolle. Spielt sich ein (erwachsener) Bote als Vertreter auf, gelten deshalb die §§ 164ff. (Vertretungsrecht).

b) Handeln in fremdem Namen

76 Damit der außenstehende Vertragspartner weiß, mit wem er den Vertrag abschließt, muss er wissen, ob sein Gegenüber für sich selbst oder für einen anderen handelt.

Man nennt das **„Offenkundigkeitsprinzip".** Bei der schriftlichen Abgabe von Willenserklärungen lässt sich das am Zusatz *„in Vertretung"* („i. V.") ablesen. Beim mündlichen Vertragsschluss hingegen wird dies selten so ausdrücklich geschehen. Doch ist nach § 164 Abs. 1 S. 2 unerheblich, ob die Erklärung ausdrücklich im Namen des Vertretenen erfolgt oder ob nur die **Umstände** ergeben, dass sie in dessen Namen erfolgen soll. So darf man bei einem Verkäufer im Warenhaus ohne weiteres davon ausgehen, dass die von ihm (konkludent) abgeschlossenen Kaufverträge nicht im eigenen Namen, sondern im Namen des Unternehmens (= des Geschäftsherrn) abgeschlossen werden, sog. *unternehmensbezogenes Geschäft.* Dies geht eindeutig aus den „Umständen" hervor, wird im Übrigen durch die schriftliche **Quittung** (Kassenzettel, vgl. § 368) auch nachweisbar bestätigt.

Wichtig ist die Vermutungsregel des § 164 Abs. 2, die zwar schwer zu verstehen, aber leicht zu erklären ist: Wenn der Vertreter nicht ausreichend deutlich macht, dass er in fremdem Namen handelt, muss er sich die Erklärung eben **selbst zurechnen** lassen: Mehrdeutigkeit geht zu Lasten des Erklärenden! Damit wird das Eigengeschäft als Regel und das Vertretergeschäft als Ausnahme gekennzeichnet. Auch wenn er vergessen haben sollte, seinen Gegenüber auf seine Vertreterstellung hinzuweisen, so scheidet eine Anfechtung wegen Inhaltsirrtums nach § 119 Abs. 1 Var. 1 aus, weil der § 164 Abs. 2 auch das regelt: *„der Mangel des Willens, im eigenen Namen zu handeln",* kommt als Anfechtungsgrund also nicht in Betracht (unbeachtlicher Rechtsfolgenirrtum). 77

Das **Offenkundigkeitsprinzip** macht bei vielen Alltagsgeschäften Schwierigkeiten, weil bei konkludent abgeschlossenen Bargeschäften kein Wort fällt und die Klarstellung, für wen man handelt, praktisch unmöglich ist. Das ist aber, wie der BGH klargestellt hat (BGHZ 114, 80), auch **unnötig,** wenn bei den sofort abgewickelten Bargeschäften des Alltags die Person des Vertragspartners keine Rolle spielt. Soweit nicht ohnehin ein „betriebsbezogenes" Geschäft wie im Warenhaus vorliegt, hilft die Figur des **„Geschäfts für den, den es angeht".** Danach kann Stellvertretung auch dann bejaht werden, wenn der Vertreter ohne Offenlegung seiner Vertreterstellung tatsächlich als Bevollmächtigter handelt und handeln will und dem Vertragsgegner die Identität seines Geschäftspartners gleichgültig ist, weil es sich um ein Geschäft des täglichen Lebens handelt (also schon keine große wirtschaftliche Bedeutung hat) und das Geschäft noch dazu bar abgewickelt wird – für ihn besteht dann kein Schutzbedürfnis mehr. 78

Nicht in fremdem Namen handelt, wer nur behauptet, der Vertretene zu sein. Beim sog. **Handeln *unter* fremdem Namen** benutzt der Handelnde also den Namen eines anderen als eigenen. Eine gesetzliche Regelung für solche Fälle gibt es nicht. Auch hier entscheidet der Empfängerhorizont des außenstehenden Dritten. Liegt eine bloße **Namenstäuschung** vor, kommt ein Vertrag mit dem Handelnden als „Eigengeschäft" zustande, weil es für den Dritten auf dessen Identität nicht ankommt (ob der Hotelgast Martin Müller oder Martin Schmidt heißt, kann dem Hotelier egal sein!). Anders ist es bei der **Identitätstäuschung.** Wird für „Oliver Kahn" eine Hotelsuite bestellt, kommt es dem Hotelier durchaus auf die berühmte Persönlichkeit O. K. an, für den er leichten Herzens die teure Suite reservieren wird. Das Recht der Stellvertretung kann hier entsprechend anzuwenden sein, weil der Dritte ja gerade mit dem benannten „Vertretenen" O. K. kontrahieren möchte. Hat sich der Besteller einen Jux gemacht, können dann die Regeln über den Missbrauch der Vertretungsmacht greifen: der echte Namensträger O. K. wird ohne sein Zutun nicht verpflichtet, der falsche Vertreter muss aber haften (*lies* § 179 Abs. 1!). 79

c) Vertretungsmacht

80 Die dem Vertreter erteilte Vertretungsmacht berechtigt ihn, für den Geschäftsherrn aufzutreten und in dessen Namen Geschäfte abzuschließen. Neben der gesetzlichen Vertretungsmacht gibt es auch eine Vertretungsmacht durch Rechtsgeschäft. In diesem Fall spricht man von **Vollmacht** (vgl. *Legaldefinition* in § 166 Abs. 2 S. 1: *„durch Rechtsgeschäft erteilte Vertretungsmacht"*). Damit ist das sog. „Innenverhältnis" zwischen dem Geschäftsherrn und seinem Vertreter angesprochen. Doch kann die Vollmacht nicht nur – wie in der Regel – dem Vertreter selbst erteilt (Innenvollmacht), sondern auch gegenüber dem Vertragspartner erklärt werden (Außenvollmacht, vgl. § 167 Abs. 1). Sie bedarf grundsätzlich keiner Form (§ 167 Abs. 2). Auch wenn das Rechtsgeschäft, zu dessen Vornahme die Vollmacht erteilt wird, formbedürftig ist (z. B. Grundstückskaufvertrag), gilt dies nicht für die Vollmachterteilung. Die Formfreiheit wird aber eingeschränkt, wenn die Erteilung der Vollmacht quasi schon der Vornahme des formbedürftigen Rechtsgeschäfts gleichsteht, so z. B. bei *unwiderruflicher* Bevollmächtigung zur Veräußerung eines bestimmten Grundstücks. Die Vollmacht kann grundsätzlich auf bestimmte Rechtsgeschäfte **beschränkt** werden. Das BGB verpflichtet nicht dazu, dem Vertreter generelle Vollmachten wie im Handelsrecht zu erteilen (vgl. gesetzlich vertypte Vollmachten wie die *Prokura,* § 49 Abs. 1 HGB: Prokurist ist zu *allen* beim Betrieb eines Handelsgeschäfts anfallenden Geschäften bevollmächtigt). Der **Umfang** der Vertretungsmacht nach BGB bestimmt sich je nach Vollmacht, die wie jede Willenserklärung der Auslegung (§§ 133, 157) bedarf.

81 Handelt jemand für einen anderen, ohne von diesem dazu bevollmächtigt worden zu sein, so spricht man vom **Vertreter ohne Vertretungsmacht** (s. Rn. 83 ff.). Da der Vertretene in diesem Fall seine Zustimmung zur Vertretung nicht erteilt hat, kann das Geschäft des Vertreters auch nicht für ihn wirken. Doch gibt es Fälle, wo dennoch das Bestehen von Vertretungsmacht zugunsten des *gutgläubigen* Rechtsverkehrs fingiert wird. Auch wenn der Vertretene keine Vollmacht erteilt hat, wird ihm das Handeln des Vertreters zugerechnet, soweit die Voraussetzungen der Duldungs- oder Anscheinsvollmacht vorliegen.

82 Eine **Duldungsvollmacht** liegt vor, wenn der Vertretene weiß, dass jemand, dem er ausdrücklich keine Vollmacht erteilt hat, für ihn als Vertreter auftritt und dies nicht verhindert, obwohl ihm dies ohne weiteres möglich gewesen wäre. In diesem „Dulden" wird eine konkludente Erteilung von Vertretungsmacht gesehen, was analog § 171 Abs. 1 noch als rechtsgeschäftlicher Tatbestand gewertet werden kann. Von einer **Anscheinsvollmacht** wird dann ausgegangen, wenn der Vertretene zurechenbar einen Rechtsschein dahingehend gesetzt hat, dass er den Vertreter bevollmächtigt habe. Voraussetzung ist, dass der Vertretene das vollmachtlose Handeln erkennen oder voraussehen und durch zumutbare Maßnahmen hätte verhindern können (z. B. wenn nach Ausscheiden weiterhin Firmenpapier benutzt worden ist). Durfte der Geschäftspartner auf das Bestehen der Vertretungsmacht deshalb vertrauen und tut er dies auch, so wirkt das Handeln des Vertreters trotz fehlender Vollmacht zu Lasten des Vertretenen – was einen Fall der sog. Rechtsscheinhaftung darstellt (str., wie hier *Brox/Walker,* AT, Rn. 566; *Wolf/Neuner,* § 50 Rn. 84 ff.; aA aber *Medicus,* AT, Rn. 970 f.; *Flume,* Rechtsgeschäft, § 49, 4).

2. Vertreter ohne Vertretungsmacht

Fall 15:

Ferdinand möchte sich standesgemäß zu Beginn seines Jurastudiums einen Porsche Boxer kaufen. Da er jedoch bereits vor dem Studium fleißig für sein zukünftiges Prädikatsexamen lernt, beauftragt er seinen Freund Konstantin, er solle ihm einen schwarzen Porsche Boxer beim Stuttgarter Porschehändler Müller kaufen. K begibt sich daraufhin nach Stuttgart. Auf der Ausstellungsfläche fällt K jedoch sofort ein roter Porsche Cayenne ins Auge. Da er meint, dass ein roter Porsche Cayenne viel mehr „Rumms" habe und daher viel männlicher sei, kauft er im Namen des F für diesen bei M einen roten Porsche Cayenne. 83
Als M den Porsche Cayenne bei F abliefert und Zahlung für diesen verlangt, verweigert dies F mit dem Hinweis, dass K gar nicht berechtigt gewesen wäre, einen roten Porsche Cayenne zu kaufen, sondern lediglich einen schwarzen Porsche Boxer.
Frage: Muss F Zahlung für den roten Porsche Cayenne leisten?

Handelt jemand *ohne Vertretungsmacht* für einen anderen oder überschreitet er die Grenzen der ihm erteilten Vertretungsmacht, so können die Rechtsfolgen dieser Erklärung den Vertretenen nicht unmittelbar treffen. Es handelt sich dann um ein **„Eigengeschäft"** des vollmachtlosen Vertreters. Doch sind Fälle denkbar, in denen der Vertretene sich trotzdem über die Vornahme des Geschäfts durch den Vertreter freut, etwa weil dieser ein besonders günstiges „Schnäppchen" gemacht hat. Deshalb sieht das Gesetz ein **Wahlrecht** des Vertretenen vor. Nach § 177 Abs. 1 kann der Vertretene das Geschäft seines vollmachtlosen Vertreters *nachträglich* genehmigen (§ 184) – damit wird die fehlende Vertretungsmacht wie im Minderjährigenrecht geheilt (§ 108 Abs. 1, vgl. Rn. 21). Genehmigt der Vertretene das Rechtsgeschäft nicht, so muss sich der düpierte Geschäftspartner am vollmachtlosen Vertreter schadlos zu halten, vgl. § 179 Abs. 1. Er kann entweder darauf bestehen, dass dieser den eigentlich geschlossenen Vertrag erfüllt (Var. 1), oder aber **Schadensersatz** verlangen (Var. 2). Wusste der Vertreter allerdings nicht, dass ihm die Vertretungsmacht fehlt, so geht es wie bei der Anfechtung nur um den Ersatz des **Vertrauensschadens** (§ 179 Abs. 2, vgl. Rn. 62). Der Geschäftspartner ist in diesem Falle so zu stellen, wie er stünde, wenn er von dem Geschäft nie etwas gehört hätte. 84

Lösungshinweise zu den Fällen in § 8

Lösungshinweise Fall 4:

D wäre zur Zahlung des Preises für das erste Fass verpflichtet, wenn er mit dem Verkäufer einen wirksamen Kaufvertrag gem. § 433 Abs. 2 über das Fass Wein abgeschlossen hätte. 85
Ein solcher Kaufvertrag kommt durch zwei übereinstimmende (korrespondierende) Willenserklärungen zustande, nämlich durch Angebot und Annahme gem. §§ 145 ff. Bei Versteigerungen ist zudem § 156 S. 1 zu beachten, wonach das Gebot das Angebot und der Zuschlag die Annahme darstellt.
Fraglich ist, ob D durch sein wildes Gestikulieren während des Sekundenschlafs eine wirksame Willenserklärung zum Abschluss eines Kaufvertrags abgegeben hat. Deren objektiver Tatbestand ist durch das Gestikulieren gegeben, da der Auktionator während einer Versteigerung davon ausgehen kann, dass das Heben der Arme eine Gebots- und damit Angebotsabgabe signalisieren soll. Problematisch ist jedoch, ob dieser objektive Erklärungsinhalt auch vom *Willen* (subjektiver Tatbestand) des D getragen ist. D befand sich bei Abgabe des Angebots im Sekundenschlaf und träumte davon, sich als Tarzan von Baum zu Baum zu schwingen. Dass er zu diesem Zeitpunkt einer Auktion beiwohnte, war ihm nicht bewusst. Es fehlte ihm also der natürliche Handlungswillen, sodass keine wirksame Willens-

erklärung zum Abschluss eines Kaufvertrags über das Fass Wein abgegeben wurde. D ist somit nicht zur Kaufpreiszahlung verpflichtet.

Abwandlung 1:

86 Fraglich ist auch hier, ob D namentlich durch das Winken eine wirksame, auf Abschluss eines Kaufvertrags gerichtete Willenserklärung abgegeben hat. D befindet sich hier *nicht* in einem den Handlungswillen ausschließenden Zustand. Das an seinen Freund M gerichtete Winken geschah bewusst und gewollt. Zweifelhaft könnte hier jedoch das subjektive Tatbestandsmerkmal des *Erklärungsbewusstseins* sein. Durch das Winken wollte D lediglich M auf sich aufmerksam machen und keine „rechtserheblichen" Erklärungen abgeben. Es fehlt ihm folglich das notwendige „Erklärungsbewusstsein". Fraglich ist aber, ob nicht der Auktionator dennoch aufgrund seines *objektiven Empfängerhorizonts (§§ 133, 157)* das Heben der Hand als Angebot verstehen durfte. D hätte die üblichen Gebräuche bei Weinversteigerungen erkennen können. Dann müsste er sich die ungewollte Erklärung zurechnen lassen (BGH NJW 1995, 953; 2006, 3777). Der Sachverhalt weist hier jedoch auf die völlige Unwissenheit des D hin. Insofern wird man dem unwissenden, zumal verschlafenen D wohl entgegen der Lehre vom Empfängerhorizont mangels subjektiver Erkennbarkeit der bei Versteigerungen üblichen Gebräuche die Erklärung nicht zurechnen müssen (vgl. *Rüthers/Stadler,* § 17 Rn. 9ff.; *Medicus,* AT, Rn. 325f.); eine andere Lösung wäre aber durchaus „vertretbar". Nach hier vertretener Auffassung fehlt es mithin an einer Willenserklärung.

Abwandlung 2:

87 Wiederum fragt sich, ob eine wirksame Willenserklärung des D vorliegt. Handlungs- und Erklärungsbewusstsein liegen auf Seiten des D vor, da er den fälschlicherweise für einen „Maserati" gehaltenen „Frascati" erwerben wollte. Das Problem liegt darin, dass es sich dabei nicht um den gewünschten Sportwagen, sondern um ein Fass einer Weinsorte handelt. D mangelt es daher am sog. Geschäftswillen, also dem auf den Abschluss eines ganz konkreten Rechtsgeschäfts zielenden Willen. Doch zeigen die Anfechtungsregeln bei *Irrtum (§ 119 Abs. 1),* dass der konkrete Geschäftswille keine zwingende Voraussetzung für die Wirksamkeit einer Willenserklärung ist. D hat also das Fass „Frascati" erworben, ihm steht jedoch gemäß § 119 Abs. 1 eine Anfechtungsmöglichkeit wegen Inhaltsirrtums offen (D hat sich über den Inhalt seiner Erklärung geirrt). Erklärt D gegenüber dem Versteigerer die Anfechtung (vgl. § 143), wäre der Kaufvertrag rückwirkend nichtig (vgl. § 142 Abs. 1), so dass der Kaufpreiszahlungsanspruch aus § 433 Abs. 2 entfiele.

Lösungshinweise Fall 5:

88 S kann auf eine baldige Entscheidung des B vertrauen, wenn er diesem sein Angebot auf Abschluss eines Kaufvertrags über eine Briefmarke ordnungsgemäß unterbreitet hat. Es handelt sich hier um eine empfangsbedürftige Willenserklärung, die gegenüber einem Abwesenden abgegeben worden ist. Maßgeblich für ihre Wirksamkeit ist daher gem. § 130 Abs. 1 S. 1 der Zugang der Erklärung bei B.

S ließ sein Angebot dem B per Telefax zukommen. Dass B sein Telefax-Gerät nicht in einem empfangsfähigen Zustand bereithielt, kann S *nicht zugerechnet* werden. Denn S hat alles Erforderliche getan, um B das Angebot zukommen zu lassen: Durch Versenden des Telefaxes gelangte das Angebot in den ausschließlichen Machtbereich von B, der auch unter gewöhnlichen Umständen (druckfähige Tintenpatronen im Faxgerät) die Möglichkeit hatte, vom Inhalt der Erklärung des S Kenntnis zu nehmen. Dass letztlich nur weiße Blätter aus dem Gerät des B kamen, betraf nicht mehr den *Risikobereich* des S („Übermittlungsrisiko"), sondern den des B („Empfangsrisiko"), der den Empfangsfehler auch erkennen konnte. Das Angebot des S gilt daher als zugegangen (vgl. *Reichold* in Juris-PK BGB, § 130 Rn. 26).

Ob S das Angebot auch anderweitig erklären darf, lässt sich aus der Regelung des § 147 Abs. 2 schlussfolgern. Danach muss die Annahme des Angebots bis zu dem Zeitpunkt erfolgen, in dem der Antragende den Eingang der Antwort (= die Annahme) unter regelmäßigen Umständen erwarten darf. Wann dieser objektiv zu berechnende Zeitpunkt gekommen ist, ist durch Berücksichtigung aller Umstände zu ermitteln. Angesichts der kurzen Beförderungsdauer per Telefax und dem Umstand, dass es sich bei B um einen Branchenkenner handelt, ist von einer Frist von wenigen Tagen auszugehen, nach der S nicht mehr an den Antrag gebunden ist (§§ 145f.) und ihn anderweitig unterbreiten kann.

Lösungshinweise Fall 6:

Fraglich ist, ob H eine wirksame Willenserklärung abgeben konnte. Grundsätzlich ist jeder Volljährige geschäftsfähig. Wegen seiner Schizophrenie könnte H aber *geschäftsunfähig* und seine Willenserklärung infolgedessen unwirksam sein, vgl. §§ 104 Nr. 2, 105 Abs. 1. H müsste sich nach § 104 Nr. 2 in einem die freie Willensbildung dauerhaft ausschließenden Zustand krankhafter Störung der Geistestätigkeit befunden haben. Bei Schizophrenie handelt es sich um eine krankhafte Störung der Geistestätigkeit, die grundsätzlich auch von Dauer ist. H handelte aber laut SV in einem lichten Moment *(lucidum intervallum)*. Insoweit war er in der Lage, die Bedeutung der von ihm abgegebenen Willenserklärungen zu verstehen. Seine Krankheit schloss in diesem Moment nicht die freie Willensentschließung aus. Die Erklärung von H ist daher nicht nach den §§ 104 Nr. 2, 105 Abs. 1 nichtig. Damit konnte ein Vertrag zwischen H und G wirksam zustande kommen. 89

Lösungshinweise Fall 7:

P kann Bezahlung des Kaufpreises für die Pizza verlangen, wenn ein wirksamer Kaufvertrag zwischen L und P zustande gekommen ist, vgl. § 433 Abs. 2. 90

Fraglich ist jedoch, ob L überhaupt einen rechtlich wirksamen Vertrag abschließen konnte. Er ist aufgrund seines Alters noch nicht voll geschäftsfähig, auf ihn finden daher §§ 106ff. Anwendung, so dass das Rechtsgeschäft mit P zunächst schwebend unwirksam ist. L handelte weder mit der (vorherigen) Einwilligung seiner gesetzlichen Vertreter noch lag ein lediglich vorteilhaftes Geschäft für ihn vor (vgl. § 107). Ein solches ist auszuschließen bei Rechtsgeschäften, die für den Minderjährigen mit dem Eingehen von Verpflichtungen wie z. B. der Pflicht zur Zahlung eines Kaufpreises verbunden sind. § 110 („Taschengeldparagraph") kommt ebenfalls nicht in Betracht, weil L die Zahlung nicht „bewirkt", d. h. noch nicht geleistet hat.

Für die Wirksamkeit des Rechtsgeschäfts kommt es demnach auf die Zustimmung des gesetzlichen Vertreters, also der Eltern des L, an, vgl. § 108 Abs. 1. Diese verweigerten jedoch ihre Zustimmung, so dass der schwebend unwirksame Kaufvertrag zwischen L und P nun endgültig unwirksam ist. P kann also die Bezahlung des Kaufpreises nicht verlangen.

Lösungshinweise Fall 8:

In Betracht kommt zunächst ein Kaufvertrag über 75 000,– Euro. Für die Wirksamkeit von Kaufverträgen über Grundstücke schreibt § 311 b Abs. 1 S. 1 vor, dass sie immer der strengen Formpflicht der *notariellen Beurkundung* (§ 128) unterliegen. I und P gaben ihre Willenserklärungen bei der Beurkundung – Kauf des Grundstücks zu einem Preis von 75 000,– Euro – jedoch nur zum Schein ab, weil sie sich untereinander auf einen Kaufpreis von 100 000,– Euro geeinigt haben. Es handelt sich daher um ein sog. *Scheingeschäft*, das nach § 117 Abs. 1 nichtig ist. 91

Es könnte aber ein Kaufvertrag über 100 000,– Euro vorliegen. Zu beachten ist dann aber § 117 Abs. 2. Hiernach gelten für den *gewollten* Kaufvertrag über 100 000,– Euro ebenfalls die §§ 311 b Abs. 1 S. 1, 125 S. 1. Deshalb ist auch dieses Rechtsgeschäft nichtig, diesmal aber nach § 125 S. 1, weil der Kaufvertrag über das Grundstück zu einem Kaufpreis von 100 000,– Euro nicht notariell beurkundet worden ist und daher ein Formmangel vorliegt. (Ggf. kommt aber noch die Heilung dieses Mangels nach § 311 b Abs. 1 S. 2 in Betracht.)

Lösungshinweise Fall 9:

Zwischen F und M könnte ein rechtswirksamer Vertrag zustande gekommen sein. Ob es sich dabei um einen Dienst-, Werk-, Geschäftsbesorgungs- oder sonstigen Vertragstypus handelt, kann vorliegend offenbleiben. Grund dafür ist § 134, der die Nichtigkeit von Rechtsgeschäften anordnet, die gegen gesetzliche Verbote verstoßen. In Betracht kommen hier gesetzliche Verbotsvorschriften aus dem Strafrecht, insb. §§ 211 (Mord) und 212 (Totschlag) des Strafgesetzbuchs (StGB), die es untersagen, einen anderen Menschen zu töten. Indem F und M also einen Vertrag schließen, der zum Gegenstand 92

die Tötung eines anderen Menschen hat, schließen sie wegen des strafbaren Inhalts dieses Vertrags einen wegen § 134 von Anfang an nichtigen Vertrag, der entsprechend natürlich auch nicht vor Gericht einklagbar ist.
(Vor Gericht müssten sich F und M wohl dennoch verantworten: Sie könnten wegen der geplanten Straftat strafrechtlich verurteilt werden.)

Lösungshinweise Fall 10:

93 Ein wirksamer Darlehensvertrag zwischen K und H ist Voraussetzung dafür, dass H einen Anspruch u. a. auf Zahlung von Zinsen für das überlassene Geld hat, vgl. § 488 Abs. 1 S. 2 Var. 1.
Eine Nichtigkeit des Vertrags könnte sich wegen eines Verstoßes gegen § 138 Abs. 2 ergeben, sog. Kreditwuchergeschäft. Dazu müsste das Rechtsgeschäft zwischen K und H zunächst durch ein „auffälliges Missverhältnis" von Leistung und Gegenleistung geprägt sein. Nach § 488 Abs. 1 S. 1 liegt die Hauptleistungspflicht von H beim Darlehensvertrag in der Überlassung des Darlehensbetrags an K. Deren Hauptleistungspflicht nach § 488 Abs. 1 S. 2 besteht in der Rückzahlung des überlassenen Geldbetrags bei Fälligkeit und zusätzlich in der Zahlung der Zinsen.
Fraglich ist, ob zwischen der Leistung des H und K's Gegenleistung ein auffälliges Missverhältnis i. S. v. § 138 Abs. 2 besteht. Eine absolute Grenze für einen maximal möglichen Zinssatz bei einem Kreditgeschäft ist gesetzlich nicht geregelt. Es sind daher andere Faktoren des Einzelfalls zu berücksichtigen, um die Verhältnismäßigkeit zwischen Leistung und Gegenleistung bestimmen zu können. Bei Darlehensgeschäften wird man besonders die Lage an den Finanzmärkten oder vergleichbare Darlehensverträge mit anderen Kreditgebern (insb. Banken und Sparkassen) berücksichtigen. Der vereinbarte Zinssatz von 32,75 % p. a. erscheint vor diesem Hintergrund als überhöht. Zwar zahlt H den Darlehensbetrag ohne die Stellung von Sicherheiten aus, doch entspricht ein solcher Zinssatz nicht den Konditionen von üblichen Darlehensgeschäften, so dass vorliegend von einem auffälligen Missverhältnis zwischen Leistung und Gegenleistung auszugehen ist. § 138 Abs. 2 erfordert als subjektive Komponente zudem die Ausbeutung einer Zwangslage, der Unerfahrenheit, des Mangels an Urteilsvermögen oder die erhebliche Willensschwäche durch einen Vertragspartner. K befindet sich in einem finanziellen Engpass und wird zudem ausdrücklich als in Geldangelegenheiten unerfahren beschrieben. Mithin beutet H sowohl K's Zwangslage als auch insbesondere ihren Mangel an Erfahrenheit aus. Ein Verstoß gegen § 138 Abs. 2 liegt vor, so dass kein wirksamer Darlehensvertrag zustande gekommen ist.
(Eine andere Ansicht, nach der noch der faktische Zinssatz i. H. v. 32,75 % p. a. kein auffälliges Missverhältnis darstelle, insbesondere vor dem Hintergrund des hohen Risikos für H, der keine Sicherheiten hat, ist mit einigem argumentativen Aufwand ebenso vertretbar. Eine Prüfung der subjektiven Komponente würde dann entfallen.)

Lösungshinweise Fall 11:

94 Fraglich ist, ob L seine auf Verkauf des Ackers gerichtete Willenserklärung anfechten kann. Eine Anfechtung würde gem. § 142 Abs. 1 zur anfänglichen Nichtigkeit des Rechtsgeschäfts führen. Die Anfechtung einer Willenserklärung auf Abschluss eines Kaufvertrages ist grundsätzlich zulässig. Fraglich ist jedoch, ob ein Anfechtungsgrund vorliegt. In Betracht kommt hier nur ein Eigenschaftsirrtum nach § 119 Abs. 2. Hierzu müsste sich L bei der Abgabe seiner Willenserklärung über eine *verkehrswesentliche Eigenschaft* des Ackers geirrt haben. Verkehrswesentliche Eigenschaften einer Sache sind alle physischen bzw. natürlichen Merkmale sowie diejenigen tatsächlichen, wirtschaftlichen, sozialen und rechtlichen Beziehungen einer Sache zu ihrer Umwelt, die für die Brauchbarkeit und den Wert bedeutsam sind (= *wertbildende Faktoren*). Preis und Wert eines Gegenstandes hingegen sind keine Eigenschaften, sondern stellen ein Werturteil des Marktes dar; sie können sich je nach Marktlage auch ändern. L irrte sich also nicht über eine verkehrswesentliche Eigenschaft des Ackers. Damit ist kein Anfechtungsgrund gegeben.
L kann seine Willenserklärung daher nicht anfechten.
Abwandlung:
95 Fraglich ist, ob die Eigenschaft des Ackers als *Bauland* eine verkehrswesentliche Eigenschaft im Sinne des § 119 Abs. 2 darstellt. Die Ausweisung als Bauland betrifft die rechtlichen Beziehungen eines

Grundstücks zu ihrer Umwelt und stellt mithin einen *wertbildenden Faktor* dar. Damit ist die Eigenschaft als Bauland eine Eigenschaft gem. § 119 Abs. 2. Die Verkehrswesentlichkeit einer Eigenschaft beurteilt sich nach dem typischen wirtschaftlichen Zweck des fraglichen Geschäfts. Es sind solche Eigenschaften auszuschließen, die nur subjektiv erheblich sind. Die Eigenschaft eines Grundstücks als Bauland ist objektiv als für den Verkehr wesentlich anzusehen. Damit irrte sich L hier über eine verkehrswesentliche Eigenschaft des Grundstücks. Dieser Irrtum war auch *kausal* für die Abgabe seiner auf Verkauf des Ackers gerichteten Willenserklärung. Bei Kenntnis der Sachlage hätte er keine inhaltlich so gestaltete Willenserklärung abgegeben.
Damit liegt ein Anfechtungsgrund vor. L müsste seine Anfechtung gem. § 143 Abs. 2 gegenüber I ohne schuldhaftes Zögern (unverzüglich, § 121 Abs. 1) erklären.

Lösungshinweise Fall 12:

Als Anfechtungsgrund kommt hier nur die *arglistige Täuschung* nach § 123 Abs. 1 Var. 1 in Betracht. 96
Dazu müsste zunächst eine Täuschungshandlung vorliegen, also ein Verhalten, das darauf abzielt, in einem anderen eine unrichtige Vorstellung hervorzurufen, zu bestärken oder zu unterhalten. G hat hier aber gar nichts gesagt. Hätte er den Kilometerzähler zurückgedreht oder gegenüber K behauptet, der Wagen habe nur 10 000 km Fahrleistung, so läge darin unproblematisch eine Täuschung durch positives Tun. Hier liegt aber ein *bloßes Verschweigen* vor. Ein solches Unterlassen ist nur dann beachtlich, wenn eine Rechtspflicht zur Aufklärung besteht, d. h. wenn die Aufklärung nach Treu und Glauben und den im Verkehr herrschenden Anschauungen geboten ist. Bei einer falschen Kilometeranzeige, auf die der Kunde vertraut, ist der Verkäufer verpflichtet, offen zu legen, welche Laufleistung das Fahrzeug tatsächlich hat, weil es sich dabei um ein die Preisbildung maßgebliches bestimmendes Merkmal handelt.
Damit liegt hier eine Täuschungshandlung durch *Unterlassen der Aufklärung* vor, die auch kausal für die Abgabe der Willenserklärung durch K war. Hätte er gewusst, dass der Wagen einen viel höheren Kilometerstand hat, hätte er den Kaufvertrag gar nicht oder nur zu einem niedrigeren Preis abgeschlossen. G müsste auch *arglistig getäuscht* haben, d. h. er müsste (bedingten) Vorsatz bezüglich der Täuschungshandlung, der Irrtumserregung und der daraus folgenden Willenserklärung gehabt haben. Dies ist unter Beachtung der Sachkunde des G hier eindeutig zu bejahen. Die Anfechtung ist also nach § 123 Abs. 1 möglich.
Abwandlung:
Zwar ist auch in der Abwandlung der Tatbestand des § 123 Abs. 1 Var. 1 erfüllt. Hier täuscht allerdings nicht der Vertragspartner G den K, sondern dessen Angestellter A. Dass der Erklärungsempfänger G bösgläubig war, lässt sich nach dem SV ausschließen (A wusste „allein" von der tatsächlichen Laufleistung). Fraglich ist, ob hier § 123 Abs. 2 Anwendung findet, wonach bei der Täuschung durch einen „Dritten" die Anfechtung nur bei entsprechender Bösgläubigkeit des Erklärungsempfängers möglich ist. K könnte danach nicht anfechten. Doch wäre dieses Ergebnis offenkundig unbillig. Deshalb betont die h. M., dass der Angestellte A „im Lager" des G steht und daher nicht als „Dritter" gelten kann. Auch der gutgläubige G ist also nicht schutzwürdig, weil er sich das Verhalten des täuschenden A als Geschäftsherr zurechnen lassen muss. Vertreter des Erklärungsempfängers und sonstige Verhandlungsgehilfen sind nicht Dritte im Sinne des § 123 Abs. 2 S. 1, ihre Täuschungshandlungen als „Erfüllungsgehilfen" (§ 278) werden G angelastet. 97
K kann also sowohl im Ausgangsfall als auch in der Abwandlung wegen arglistiger Täuschung anfechten.

Lösungshinweise Fall 13:

Vom Kauf des „Supersaug" könnte R sich dadurch lösen, dass er vom Kaufvertrag Abstand nimmt, indem er das *Widerrufsrecht nach §§ 312g, 355* nutzt. 98
Dazu müsste es sich um einen Vertrag zwischen einem Verbraucher und einem Unternehmer handeln, §§ 312 Abs. 1, 310 Abs. 3. Eine Legaldefinition beider Begriffe findet man in den §§ 13, 14. R handelt beim Kauf als Endverbraucher gem. § 13 (kein Bezug zu einem Gewerbe oder einer selbstständigen beruflichen Tätigkeit), während V als Unternehmer gem. § 14 auftritt. Zudem müsste der Vertrag

eine entgeltliche Leistung zum Gegenstand haben, was beim Kaufvertrag typischerweise der Fall ist: Der Verkäufer schuldet Lieferung der Ware gegen Entgelt. Als besonderer Ort für den Vertragsschluss kommt vorliegend § 312b Abs. 1 S. 1 Nr. 1 in Betracht, da V nach der Vorführung des Geräts in der Wohnung des R den Kaufvertrag schließt, so dass alle Tatbestandsmerkmale des § 312b Abs. 1 erfüllt sind.

Als Rechtsfolge eines Haustürgeschäfts wird auf das Widerrufsrecht nach § 355 verwiesen, vgl. § 312g Abs. 1. Hierzu bedarf es einer Widerrufserklärung, fristgebunden zwei Wochen nach Erhalt der Waren, vgl. §§ 355 Abs. 2, 356 Abs. 2 u. 3 Nr. 1a.

R hat also noch die Möglichkeit, entweder gleich oder innerhalb der nächsten zwei Wochen vom Vertrag zurückzutreten und damit das Schuldverhältnis aufzulösen. Nach Ausübung des Widerrufsrechts greifen dann die §§ 355 Abs. 3, 357.

Lösungshinweise Fall 14: Widerruf „ohne Grund" (nach BGH NJW 2016, 1951)

98a K könnte gegen V einen Anspruch auf Rückzahlung der 417,10 Euro aus den §§ 355 Abs. 3 S. 1, 357 Abs. 1 haben.

Durch die Bestellung und den Versand der Ware kam ein Kaufvertrag zwischen K und V zustande. K könnte seine Willenserklärung jedoch wirksam widerrufen haben.

In Betracht kommt ein Widerrufsrecht aus Fernabsatzgeschäft gem. §§ 312g Var. 2, 355. Beim Kauf der Matratzen von V handelt es sich um einen Verbrauchervertrag (vgl. §§ 310 Abs. 3, 13, 14), der eine entgeltliche Leistung des V zum Gegenstand hat, vgl. § 312 Abs. 1. Ein Ausschlussgrund ist nicht ersichtlich. Auch wurden bei der Bestellung ausschließlich Fernkommunikationsmittel verwendet, so dass die Voraussetzungen des § 312c an ein Fernabsatzgeschäft an sich erfüllt sind.

Es fragt sich allerdings, ob die Ausübung des Widerrufsrechts aufgrund seines Sinn und Zwecks ausgeschlossen ist. Das Gesetz räumt ein Widerrufsrecht bei Fernabsatzgeschäften ein, um dem Verbraucher die Möglichkeit zu geben, die Ware zu prüfen und bei Nichtgefallen zurückzusenden („Katze-im-Sack"-Argument). K widerrief indes allein deshalb, weil er dieselbe Ware anderswo günstiger erwerben konnte. Das Gesetz knüpft den Widerruf jedoch nicht an ein berechtigtes Interesse des Verbrauchers, wie schon die fehlende Begründungspflicht zeigt (vgl. § 355 Abs. 1 S. 4). Der Verbraucher soll vielmehr ein einfaches und effektives Recht an die Hand bekommen, um sich ungeachtet der Beweggründe vom Vertrag lösen zu können. Insbesondere kommt ein Ausschluss des Widerrufs wegen Rechtsmissbrauchs (§ 242) vorliegend nicht in Betracht, da dieser eine besondere Schutzbedürftigkeit des Unternehmerss voraussetzte, welche nicht gegeben ist.

K hat den Widerruf auch rechtzeitig und eindeutig gegenüber V erklärt, vgl. §§ 355 Abs. 1 u. 2, 356. Mithin kann K von V aus den §§ 355 Abs. 3 S. 1, 357 Abs. 1 die Rückzahlung der gezahlten 417,10 Euro verlangen.

Lösungshinweise Fall 15:

99 M hat gegen F einen Anspruch auf Zahlung des Kaufpreises gem. § 433 Abs. 2, wenn zwischen ihm und F ein wirksamer Kaufvertrag zustande gekommen wäre.

Ein solcher setzt zwei übereinstimmende Willenserklärungen voraus. F selbst hat jedoch gegenüber M überhaupt keine Erklärung abgegeben. Er könnte aber von K nach § 164 BGB wirksam vertreten worden sein. Dies ist gem. § 164 Abs. 1 der Fall, wenn K eine eigene Willenserklärung im Namen des F mit Vertretungsmacht abgegeben hat. K hat eigenmächtig den Porsche Cayenne bei M bestellt, so dass eine eigene Willenserklärung von ihm vorliegt. Ferner hat er im Namen des F den Pkw gekauft.

Fraglich ist aber, ob er dabei mit Vertretungsmacht gehandelt hat. F hat K dazu „beauftragt", ihm einen schwarzen Porsche Boxer zu kaufen. Damit liegt – zumindest konkludent, zeitgleich mit dem Grundgeschäft (Auftrag i. S. d. § 662) – eine rechtsgeschäftliche Vollmachtserteilung nach § 167 Abs. 1 Var. 1 für den Kauf eines schwarzen Porsche Boxer vor. Indem K jedoch einen roten Porsche Cayenne kaufte, überschritt er die ihm von F erteilte Vertretungsmacht, so dass er hinsichtlich des Kaufs des Porsche Cayennes als vollmachtloser Vertreter *(falsus procuratur)* tätig geworden ist.

Folglich hat K den F nicht wirksam vertreten. Gemäß § 177 Abs. 1 hängt somit die Wirksamkeit des Kaufvertrages von der Genehmigung des F ab. Diese hat F allerdings gegenüber M verweigert, so dass das Rechtsgeschäft, welches K „für" F tätigte, nichtig ist.
F ist damit nicht zur Zahlung nach § 433 Abs. 2 verpflichtet. Die weiteren Rechtsfolgen richten sich nach § 179.

§ 9. Das Schuldverhältnis

1 Das Schuldverhältnis als die übergreifende Kategorie der **„Sonderverbindung"** zwischen mindestens zwei Personen, die dazu führt, dass diese untereinander **Rechte und Pflichten** haben, die sich von den allgemeinen Pflichten z. B. aus §§ 823ff. („Jedermanns-Beziehung") unterscheiden, haben wir schon kennengelernt (vgl. § 4 II, IV, Rn. 11ff., 28ff.). Das Schuldverhältnis im *weiteren* Sinne bezeichnet ein Rechtsverhältnis, aus dem sich eine Vielzahl unterschiedlicher und gegenseitiger Ansprüche ergeben kann. Als Schuldverhältnis im *engeren* Sinne bezeichnet man den jeweiligen Anspruch selbst, also z. B. das Recht auf eine Warenlieferung als Leistung aus Kaufvertrag (vgl. § 5 II 4a, Rn. 22). Der Sprachgebrauch des BGB ist hier uneinheitlich. Mit der Überschrift über das Zweite Buch („Recht der Schuldverhältnisse") ist das Schuldverhältnis im weiteren Sinne gemeint, während z. B. das „Schuldverhältnis" in § 362 Abs. 1 das Schuldverhältnis im engeren Sinne, nämlich den *einzelnen Anspruch,* der durch Erfüllung zum Erlöschen gebracht wird, im Auge hat (zum „Anspruch" vgl. § 6 III 2, Rn. 23f.).

Merke: Das Schuldverhältnis ist eine zwischen (mindestens) zwei bestimmten Personen bestehende **rechtliche Sonderverbindung,** durch die Forderungen (als spezielle „Ansprüche", vgl. § 194 Abs. 1) begründet werden.

I. Entstehung von Schuldverhältnissen

2 Schuldverhältnisse können kraft *Gesetzes* (z. B. § 823 Abs. 1) oder aufgrund einer *vertraglichen* Einigung zustande kommen („Rechtsgeschäft", vgl. § 8 I, Rn. 2). Man unterscheidet also gesetzliche und vertragliche Schuldverhältnisse. **Gesetzliche** Schuldverhältnisse entstehen nur bei Vorliegen des gesetzlichen Tatbestandes, wenn also z. B. eine deliktische Handlung nach § 823 Abs. 1 zu einem Schaden geführt hat. Die Beteiligten sind dann *kraft Gesetzes* einander zu bestimmten Leistungen verpflichtet oder unterliegen besonderen Rücksichtnahmepflichten. Das **vertragliche** Schuldverhältnis entsteht nur, wenn die Beteiligten dies untereinander wollen. **„Vertrag"** kommt von der Wortbedeutung her von *„sich vertragen"*. Darauf beruht die Privatautonomie (vgl. § 5 II, Rn. 10). Jedoch gibt es auch *einseitige* Schuldverhältnisse, z. B. die Auslobung (§ 657) und das Vermächtnis (§ 1939). Hier kann der Auslobende beziehungsweise der Erblasser durch einseitige Erklärung die Entstehung eines Schuldverhältnisses herbeiführen.

1. Vertragliche Schuldverhältnisse

3 Vom Grundsatz her bedarf es also einer **Einigung** zwischen den Beteiligten, um die mit dem Schuldverhältnis bezweckten Rechtsfolgen zu schaffen. Dies bedeutet im Regelfall die Begründung eines **gegenseitigen Vertrags,** bei dem sich ein Vertragsteil zur Leistung verpflichtet, weil der andere Teil eine Gegenleistung verspricht *(„do, ut des")*.

Es stehen sich die Parteien also jeweils als Gläubiger wie auch als Schuldner gegenüber – beide Leistungen bedingen einander, was in den §§ 320 ff. als **synallagmatische Verknüpfung** eine wesentliche Rolle spielt. Zur leichteren Verständigung im Bereich des Schuldrechts AT empfiehlt sich, den Sach- oder Werkschuldner (Verkäufer, Werkunternehmer) als Schuldner der *„Leistung"*, den Geldschuldner (Käufer, Besteller) als Schuldner der *„Gegenleistung"* zu bezeichnen.

4 Es gibt daneben auch **einseitig verpflichtende Verträge** wie z. B. das Schenkungsversprechen (§ 518), wo nur der Schenkende zur Leistung verpflichtet ist. Auch bei anderen *unentgeltlichen* Verträgen – Auftrag (§ 662), Leihe (§ 598) oder Verwahrung (§ 688) – verpflichtet sich nur eine Vertragspartei zur Leistung. Aus diesem Schuldverhältnis können aber dennoch für die andere Seite „Nebenpflichten" entstehen, wenn z. B. dem Auftragnehmer Aufwendungen zu ersetzen sind (§ 670). Man spricht daher von „unvollkommen" zweiseitig verpflichtenden Verträgen.

Schaubild 22: Vertragstypen

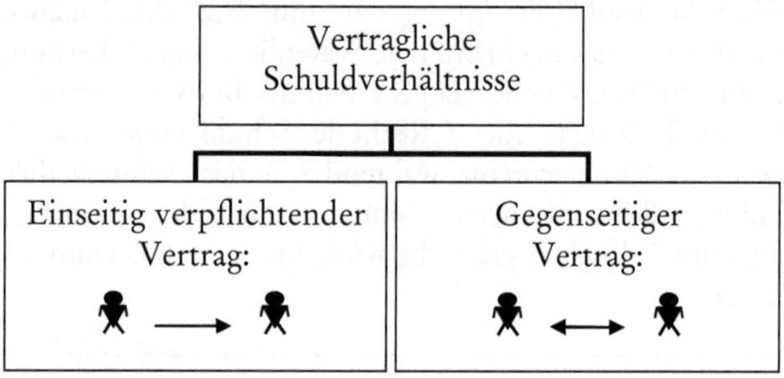

a) Vertragsschluss durch Angebot und Annahme

5 Ein Vertrag kommt durch **zwei übereinstimmende** Willenserklärungen zustande. Die zeitlich erste der beiden Erklärungen bezeichnet man als Antrag oder **Angebot,** auf welches hin der andere Teil dann seine **Annahme** erklärt, vgl. §§ 145 ff.

Schaubild 23: Vertragsschluss

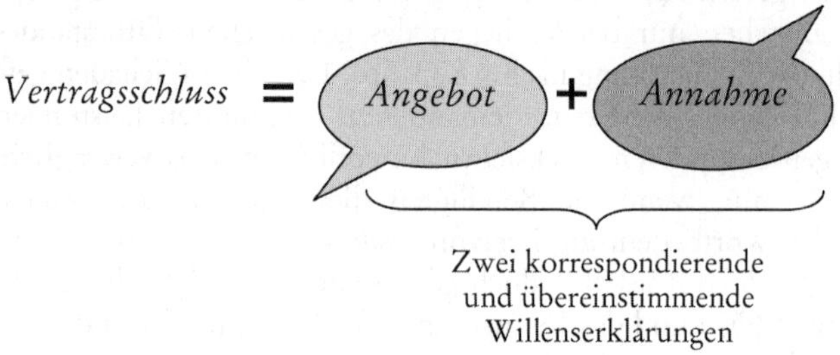

6 Mit dem Angebot erklärt der Anbietende, dass er einen bestimmten Vertrag mit einer bestimmten Person und einem bestimmten Inhalt schließen will. Die das Angebot darstellende Willenserklärung muss zumindest die *„essentialia negotii"* enthalten, d. h. die für den Vertragsschluss wesentlichen Bestandteile. Es muss klar sein, wer die Vertragsparteien sind und was Leistung und Gegenleistung sein sollen **(Hauptleistungspflichten).** Was genau zu den *essentialia* gehört, bestimmt sich nach dem Vertragstyp. Das Angebot muss im Ergebnis so formuliert sein, dass der andere Teil es durch ein

bloßes „Ja" annehmen kann. Das einmal abgegebene Angebot ist für den Anbietenden bindend (§ 145). Von der verbindlichen „Willenserklärung" zum Vertragsschluss (vgl. § 8 I, Rn. 1 ff.) ist die bloße *invitatio ad offerendum* zu unterscheiden. Diese „Einladung zur Abgabe eines Angebots" stellt selbst kein Angebot nach § 145 dar, sondern soll den Vertragsschluss nur „vorbereiten". Wenn z. B. in der Modeboutique die aktuell angesagten Klamotten ins Schaufenster gehängt werden, will die Inhaberin nicht notwendigerweise mit jedem, der die Ware im Schaufenster sieht, einen Vertrag abschließen. Dies hat schon ganz praktische Gründe, weil die Boutique ja nur einen begrenzten Vorrat hat. Wäre das „Zur-Schau-Stellen" ein verbindliches Angebot, so müsste die Inhaberin gegenüber einer Vielzahl von Kundinnen gegebenenfalls vertragsbrüchig werden, wenn ein nicht zu erwartender Ansturm auf ihr Ladengeschäft einsetzte und die Ware nicht für alle reichte. Ähnliches gilt für das Anbieten von Waren in Prospekten, in Katalogen oder im Internet. Auch hier will der Händler sich den Vertragsschluss selbst bis zum **konkreten Geschäft mit konkreten Personen** vorbehalten.

Fall 16:

Nach einer Woche Urlaub kommt Klaus am Montagmorgen in den Supermarkt des Emil. Mit Freude sieht er, dass seine Lieblings-Schokolade statt 0,85 Euro nur 0,55 Euro Aktionspreis kostet. Deshalb packt er sich gleich 10 Tafeln ein. An der Kasse bemerkt er dann, wie die Kassiererin pro Tafel 0,85 Euro berechnet. Erbost verlangt K den Verkauf der Schokolade zum Aktionspreis, was E ihm aber verweigert. 7

Frage: Kann K von E Übergabe und Übereignung der 10 Tafeln zum Aktionspreis von 0,55 Euro pro Tafel verlangen?

Der Empfänger eines Angebots hat grundsätzlich drei Möglichkeiten: er kann das Angebot **ablehnen** (§ 146 Var. 1), es durch bloße Zustimmungserklärung **annehmen** (§ 147 Abs. 1 S. 1) oder **Modifikationen** des Vertrags vorschlagen (§ 150 Abs. 2). Im ersten Fall scheitert der Vertragsschluss, während im zweiten Fall der Vertrag mit dem vorgeschlagenen Inhalt geschlossen wird. Im dritten Fall ist zu beachten, dass eine Annahme unter Erweiterungen, Einschränkungen oder sonstigen Änderungen *nicht* möglich ist, vgl. § 150 Abs. 2. Vielmehr gilt die abändernde Annahme als **neues Angebot,** das nunmehr vom zunächst Anbietenden angenommen oder abgelehnt werden kann. Selbst bei nur geringfügigen Änderungsvorschlägen kommt kein Vertrag zustande. 8

b) Auslegung von Willenserklärungen/Dissens

Fall 17:

Der US-amerikanische Öl-Multimillionär Montgomery möchte eine marode Bohrinsel im Golf von Mexiko an seinen kanadischen Geschäftspartner Williams verkaufen. Zu diesem Zweck trifft sich M auf seinem Anwesen im US-amerikanischen Texas mit W und unterbreitet diesem ein Angebot für die Bohrinsel. W ist von dem Angebot des M überzeugt, so dass ein Kaufvertrag geschlossen wird, in dem der Kaufpreis in „Dollar" angegeben wird. 9

Der Amerikaner verlangt Zahlung in US-Dollars (USD), während der Kanadier den Kaufpreis in kanadischer Währung (CAD) zahlen möchte.

Abwandlung: Der Kaufvertrag wird zwischen beiden Parteien mündlich bei einem gemeinsamen Abenteuerausflug in Australien geschlossen. Auch hierbei ist schlicht von „Dollar" die Rede.

10 Führen die Beteiligten den einmal geschlossenen Vertrag aus und erbringen beiderseits ihre Leistungen, so gibt es für Juristen keinen Handlungsbedarf. Wird ein Vertrag wie beschlossen abgewickelt – und das passiert wohl bei mind. 90 % aller Geschäfte –, entsprach der Leistungsaustausch wohl dem von den Parteien wirklich gewollten Inhalt. Auf den rechtlichen Gehalt der ausgetauschten Erklärungen kommt es dann nicht mehr an. Ganz anders aber ist es dann, wenn nach Vertragsschluss eine oder gar beide Seiten sich **missverstanden** fühlen und der Auffassung sind, das von der anderen Seite Behauptete gar nicht versprochen zu haben (im Handelsrecht gibt es daher auch die gewohnheitsrechtliche Figur des „kaufmännischen Bestätigungsschreibens", vgl. § 6 II 3, Rn. 18). Juristen sind dann gefragt, wenn beide Seiten von einem *unterschiedlichen* Vertragsinhalt ausgehen. Führten diese Differenzen gleich zur Nichtigkeit des Vertrags, wäre der Vertrag kein sehr taugliches Instrument zur Rechtsgestaltung. Jede mit dem Vertragsschluss später unzufriedene Seite würde dann einfach behaupten, etwas ganz anderes gewollt zu haben. Es muss also eine Möglichkeit geben, den für die „rechtliche Beurteilung maßgeblichen Inhalt einer Willenserklärung" festzustellen (näher *Reichold,* Juris-PK BGB, § 133 Rn. 7 ff.). Dies geschieht durch die **Auslegung** von rechtsgeschäftlichen Erklärungen nach §§ 133, 157.

Schaubild 24: Auslegungsregeln

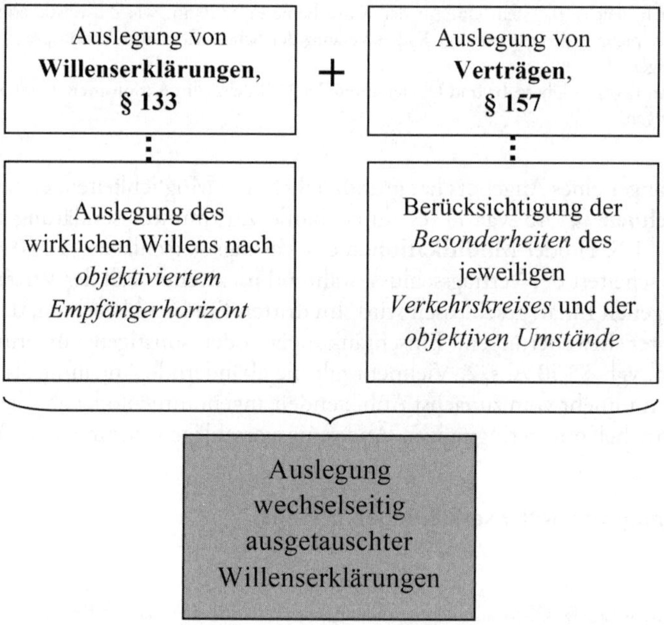

11 Das Gesetz bietet hierzu zwei Hilfestellungen. Zum einen ist in § 133 die Auslegung von **Willenserklärungen** geregelt, zum anderen in § 157 die Auslegung von **Verträgen.** Da die meisten Willenserklärungen auf den Abschluss von Verträgen gerichtet sind, dürfen beide Regeln nicht isoliert, sondern müssen **kombiniert** in Anwendung gebracht werden. Nach § 133 ist bei der Auslegung einer Willenserklärung *„der wirkliche Wille zu erforschen"* und nicht nur am Buchstaben des Ausdrucks zu haften. Doch darf dabei nicht übersehen werden, dass der (innere) Geschäftswille nur in der (äuße-

ren) Gestalt der **Erklärung** erscheint. Es darf also nicht allein der Wille des Erklärenden zählen (subjektive Theorie). Sonst könnte jeder seine Erklärung so formulieren, dass sein Gegenüber sie notwendigerweise falsch verstehen muss, um seinen Willen zum Inhalt eines Vertrages zu machen. Andererseits kann es auch nicht allein darauf ankommen, was der Empfänger tatsächlich verstanden hat. Es ist also ein gerechter Ausgleich zwischen den Interessen beider Seiten herbeizuführen. Dieser wird dadurch erreicht, dass man sich zwar in den Erklärungsempfänger hineinversetzt, für dessen Ohren ja die Erklärung bestimmt war, aber nicht allein darauf abstellt, was er subjektiv „verstanden" hat, sondern auf das, was *Flume* als das *„von Rechts wegen"* Gewollte einer Erklärung bezeichnet hat (Rechtsgeschäft, S. 310): es geht um eine Auslegung anhand des **objektivierten Empfängerhorizonts.** Diesen „objektiven" Empfänger gibt es natürlich in Wirklichkeit nicht. Jeder ist bei seiner Kommunikation durch seine persönlichen, rein subjektiven Wahrnehmungen und Erlebnisse geprägt. §§ 133, 157 verlangen aber als *rechtsverbindliche Auslegungsregeln* vom Empfänger einer Erklärung, dass er diese nicht willkürlich-subjektiv interpretiert, sondern darauf Rücksicht nimmt, was der Erklärende wohl **„objektiv-normativ"** damit gemeint hatte (objektive Theorie).

Merke: Lässt sich nicht feststellen, was die Parteien übereinstimmend gewollt haben, so ist nach den §§ 133, 157 der „objektive" Sinn der Erklärung zu ermitteln. Es gilt die Erklärung so, wie sie zur Zeit ihres Wirksamwerdens (§ 130) nach Treu und Glauben und der Verkehrssitte von denen verstanden werden musste, für die sie bestimmt war. Der Erklärende muss sich an dem festhalten lassen, was der Empfänger vernünftigerweise verstehen konnte (Auslegung nach dem objektiven Empfängerhorizont).

Für die herrschende „objektive Theorie" spricht § 157, der ergänzend zu § 133 für die 12
Auslegung auch **„Treu und Glauben"** (§ 242) sowie **„Rücksicht auf die Verkehrssitte"** als Gesichtspunkte heranzieht. Das bedeutet bei Auslegungszweifeln, dass wirtschaftlicher Sinn und Zweck des Geschäfts sowie die Besonderheiten der jeweiligen Verkehrskreise (Branchenübung, Handelsbräuche) zu einer **interessengerechten Auslegung** vor dem Hintergrund besonderer Begleitumstände des Vertragsschlusses führen sollten. Das meint § 157, wenn er von der Auslegung nach Treu und Glauben mit Rücksicht auf die Verkehrssitte spricht. Eine „allgemeine" Verkehrssitte kann es nicht geben, da in bestimmten Geschäftskreisen unterschiedliche Formulierungen, teils über Jahrhunderte entstandene Tradition und gewisse Konventionen eine wichtige Rolle spielen. Auch diese sind bei der Auslegung zu berücksichtigen. Vor allem gibt es Begriffe, die nur in bestimmten Kreisen verwendet werden und dort eine spezifische Bedeutung haben. Wer einen „halve Hahn" in Köln bestellt, muss wissen, dass er nicht ein halbes Hähnchen, sondern ein Käsebrötchen bekommt (Fall bei *Rüthers/ Stadler,* § 25 Rn. 26). Insbesondere bei Mengen- und Größenangaben haben sich in einigen Branchen altertümliche Maßeinheiten erhalten (z. B. „1 Gros" = 12 Dutzend = 144 Stück). Angehörige dieses Verkehrskreises können nicht darauf bauen, dass ihre Bezeichnungen auch anderswo genauso verstanden werden. Umgekehrt muss aber auch der Außenstehende in solchen Verkehrskreisen sich nötigenfalls kundig machen und diese Bezeichnung nicht eigenwillig nach Gutdünken interpretieren (vgl. *Fall 4* § 8 Rn. 5).

Verwenden beide Seiten einen falschen Begriff, muss das die vertragliche Einigung 13
nicht verhindern *(falsa demonstratio non nocet),* wenn der Empfänger das Gemeinte

trotzdem richtig verstanden hat. Gehen beispielsweise beide Seiten davon aus, *„Haakjöringsköd“* bedeute norwegisch Walfischfleisch, obwohl dieses Wort eigentlich Haifischfleisch meint, so ist dennoch ein Vertrag über Walfischfleisch zustande gekommen. Verwenden beide Seiten den falschen Begriff, meinen aber das Gleiche, so sind sie nicht an der wörtlichen Bezeichnung festzuhalten (RG v. 8.6.1920 – II 549/19, RGZ 99, 147). Widerspricht das Auslegungsergebnis aber der von einer Seite gewollten Erklärung, bleibt diese erstmal an den Vertrag gebunden, hat aber natürlich die Möglichkeit zur **Anfechtung** ihrer Erklärung – wenn es sich um einen „Willensäußerungsirrtum“ handelt (vgl. § 8 III 1, Rn. 46ff.). Haben beide Vertragsparteien zwar ihre gegenseitigen Willenserklärungen *(ohne Irrtümer)* ausgetauscht, jedoch aufgrund fehlender Deckungsgleichheit keine vertragliche Einigung erzielt, so spricht man von **Dissens.** Im Unterschied zur Anfechtung, wo eine Einigung zwar stattfindet, eine Seite sich dabei aber in einem Irrtum befindet, wird beim Dissens der beiderseitige Wille zutreffend zum Ausdruck gebracht – doch beide Erklärungen decken sich nicht. Hier ist die Unterscheidung zwischen offenem (§ 154 Abs. 1 S. 1) und verstecktem Dissens (§ 155) wichtig.

Schaubild 25: Dissens

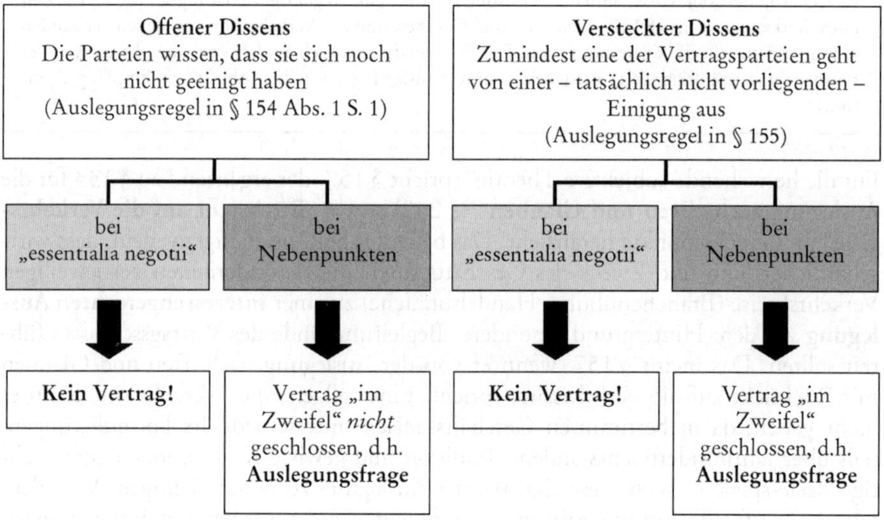

14 Wie oben beschrieben, müssen bei einem Vertragsschluss alle *essentialia negotii* geregelt werden. Besteht über solche wesentlichen Vertragsbestandteile keine Einigkeit (sog. „Totaldissens“), ist schon nach allgemeinen Regeln kein Vertrag zustande gekommen. Dafür braucht es kein Gesetz. Die Regel des § 154 Abs. 1 S. 1 möchte als „Auslegungsregel“ nur klarstellen, dass auch für solche Vertragsbestandteile, die nach dem erklärten Willen einer der Parteien wesentlich für den Vertragsabschluss sind, diese allgemeine Regel gelten soll. Grundsätzlich bedürfen nämlich solche „Nebenkriegsschauplätze“ keiner ausdrücklichen Einigung. Will eine Seite über diesen Punkt eine besondere, ggf. vom Gesetz (falls vorhanden) abweichende Regelung herbeiführen, so soll ohne diese Regelung der Vertrag nicht zustande kommen. Nach § 154 Abs. 1 S. 1 gilt der Vertrag daher „im Zweifel“ als nicht geschlossen. In der Praxis muss dann die an-

dere Seite darlegen und ggf. beweisen, dass die regelungswillige Partei den Vertrag auch geschlossen hätte, wenn eine Regelung über dieses Sonderproblem nicht getroffen worden wäre.

Ein wenig anders sieht es aus, wenn die Parteien zwar eine Einigung über bestimmte Punkte nicht getroffen haben, aber übereinstimmend davon ausgehen, diesbezüglich bestünde eine Einigung. Bezieht sich dieser Einigungsmangel auf *essentialia negotii,* so kann kein Vertrag zustande gekommen sein. Fehlt allerdings nur die Einigung zu einer Randfrage, so geht das Gesetz in § 155 davon aus, dass dies die Wirksamkeit nicht hindert, solange die Parteien weiterhin meinen, sie seien sich gänzlich einig. Der Vertrag bleibt trotzdem wirksam, sofern man davon ausgehen kann, dass die Parteien auch bei Kenntnis des Einigungsmangels den Vertrag trotzdem geschlossen hätten **(versteckter Dissens).** 15

c) Vertragsbeendigung

Wird ein Vertrag vollständig von beiden Seiten durch den Austausch der wechselseitig geschuldeten Leistungen erfüllt, so erlöschen die bestehenden Ansprüche – das meint der Begriff „Erfüllung", vgl. § 362 Abs. 1. Weitere Ansprüche können aus dem Vertrag dann in der Regel nicht mehr entstehen – er ist abgewickelt. Anderes gilt aber bei **Dauerschuldverhältnissen.** Hier sollen über einen langen, oft auch unbestimmten Zeitraum hinweg regelmäßig bestimmte Leistungen ausgetauscht werden. Dieser Vertrag endet also nicht mit der einmaligen Leistungserbringung („spot"-Geschäft), sondern besteht weiter fort und lässt regelmäßig *neue Ansprüche* wie beim Mietvertrag (Zahlung der Miete, vgl. § 535 Abs. 2) oder im Arbeitsverhältnis (Zahlung des Arbeitsentgelts, vgl. §§ 611 f., 614 i. V. m. §§ 107 f. GewO) entstehen. Deshalb muss es hier besondere rechtliche Instrumente zur Vertragsbeendigung geben, insbesondere die **Kündigung** (vgl. §§ 542 ff., 620 ff.). Doch können auch in anderen Schuldverhältnissen vorzeitige Beendigungen z. B. durch eine **auflösende Bedingung** vereinbart werden, bei deren Eintreten das Rechtsgeschäft automatisch endet (§ 158 Abs. 2). Ist ein Rechtsgeschäft befristet abgeschlossen worden, so endet es automatisch mit dem Ablauf der Frist (§ 163). Grundsätzlich steht über solchen und ähnlichen Beendigungsregeln im deutschen Recht der Grundsatz ***„pacta sunt servanda":*** Einmal geschlossene Verträge sind einzuhalten. Eine rein willkürliche Lösung einer Seite vom Vertrag scheidet daher aus. Der Grundsatz der Vertragsfreiheit erlaubt es aber natürlich den Parteien, den einmal geschlossenen Vertrag jederzeit zu ändern oder zu beenden, wenn hierüber **Einigkeit** besteht (§ 311 Abs. 1 regelt auch *Änderungsverträge*). Bei Übereinstimmung beider Seiten ist auch die Aufhebung eines Vertrags nicht weiter schwierig (vgl. § 623, der die Schriftform für den „Auflösungsvertrag" im Arbeitsrecht anordnet). Fordert dagegen nur **eine Partei** die Befreiung von der eingegangenen vertraglichen Bindung, so bedarf es hierfür eines gesetzlich anerkannten Grundes. 16

Schaubild 26: Vertragsbeendigung

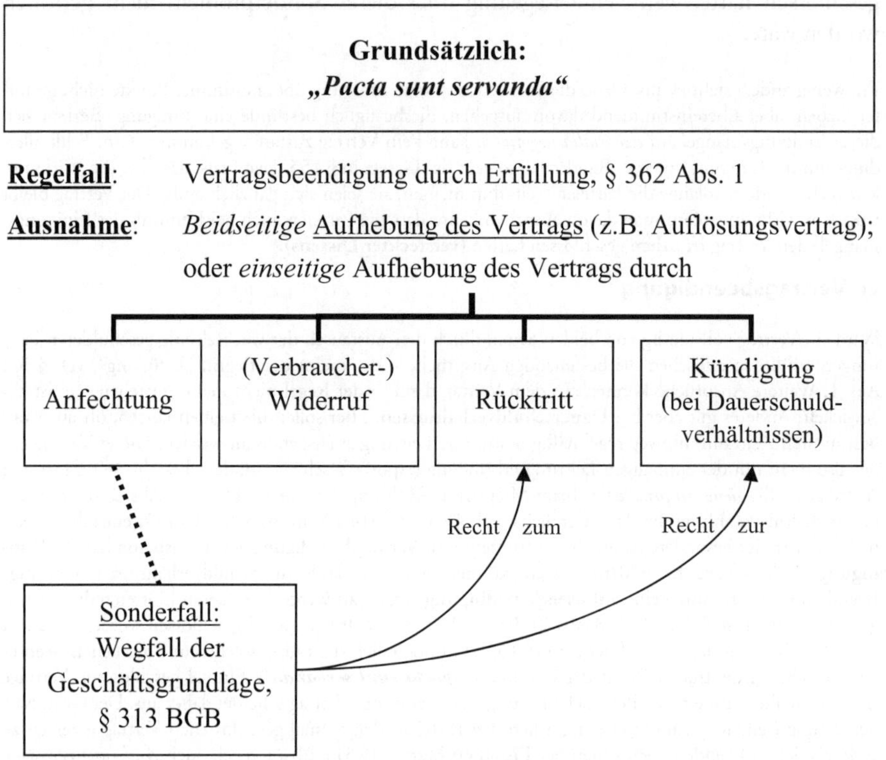

17 Liegt beispielsweise ein **Anfechtungsgrund** vor, so kann sich die Partei durch Anfechtung ihrer Willenserklärung entledigen und damit den Vertragsschluss beseitigen (vgl. § 8 III 1, Rn. 47ff.). Durch die Ausübung eines **Widerrufsrechts** (vgl. § 8 III 2, Rn. 63ff.) oder eines **Rücktrittsrechts** (vgl. Rn. 131ff.) kann eine Partei das Vertragsverhältnis in ein Rückgewährschuldverhältnis überführen, was ebenfalls zum Ende der vertraglichen Bindung führt. Speziell für Dauerschuldverhältnisse ist (wie soeben erwähnt) das Rechtsinstitut der **Kündigung** vorgesehen, bei der es sich ebenfalls um die Ausübung eines einseitigen Gestaltungsrechts handelt (vgl. § 6 III 2b, Rn. 27). Auf das Recht zur ordentlichen Kündigung kann vertraglich verzichtet werden, nicht dagegen auf das Recht zur (außerordentlichen) **Kündigung aus wichtigem Grund.** Laut § 314 Abs. 1 S. 1 kann jede Vertragsseite ein Dauerschuldverhältnis ohne Einhaltung einer Kündigungsfrist kündigen, wenn ein wichtiger Grund vorliegt. Ist also die Fortführung eines Vertrages für eine Seite *unzumutbar,* so steht ihr stets das Kündigungsrecht des § 314 zur Seite.

18 Einen Sonderfall der Vertragsbeendigung stellt die **Störung** bzw. der **Wegfall der Geschäftsgrundlage** dar, vgl. § 313. Regelmäßig gehen bei einem Vertragsschluss beide Parteien von gewissen („selbstverständlichen“) Erwartungen bzw. Vorstellungen aus und bauen darauf auch ihren Geschäftswillen auf, *ohne dass* diese (Hintergrund-)Erwartungen Eingang in den Vertrag selbst finden. Stellt sich bei der **Vertragsdurchführung** dann heraus, dass die erwarteten Umstände nicht vorhanden oder weggefallen

sind, so hat die nachteilig betroffene Partei ein Interesse daran, den Vertrag den veränderten Umständen entweder *anzupassen* oder ihn ganz *aufzulösen.* Doch muss beachtet werden, dass die Lösung über § 313 vom Vertrag ganz **nachrangig** gegenüber allgemeinen Regeln der Anfechtung (insb. § 119 Abs. 2) und der Unmöglichkeit (§ 275) ist. Nachteile, z. B. aufgrund einseitiger Fehlvorstellungen bei Vertragsschluss, werden von der Rechtsordnung häufig **bewusst** einer Partei zugewiesen, so wenn z. B. die Käuferin eines Brautkleids meint, sie könne das Kleid einfach zurückgeben, nur weil die Hochzeit bedauerlicherweise ins Wasser gefallen ist – das „Verwendungsrisiko" der Kaufsache trägt in aller Regel allein der Käufer! Die Bejahung sowohl der „objektiven" (Abs. 1) wie auch die „subjektiven" (Abs. 2) Geschäftsgrundlage erfordert

(1) das Vorhandensein solcher Umstände, auf denen der **Geschäftswille** der Parteien 19
selbst aufbaut, und

(2) so **schwerwiegende** Veränderungen dieser Umstände bzw. so gravierende Verfehlungen der subjektiven Vorstellungen davon, dass **beide Parteien** den Vertrag redlicherweise so nicht geschlossen hätten, wenn sie diese Entwicklung gekannt hätten;

(3) dass dadurch eine **erhebliche Benachteiligung** einer Seite eingetreten ist, die das Festhalten am bisherigen Vertrag **unzumutbar** erscheinen lässt (näher *Schwab/Löhnig,* Rn. 642 ff.).

Ist die Störung der Geschäftsgrundlage festgestellt, so ist zunächst an eine *Anpassung* 20
des Vertrags zu denken (§ 313 Abs. 1). Führt beispielsweise eine hyperinflationäre Geldentwertung zur Unangemessenheit von Leistung und Gegenleistung, so kann der Vertrag richterlich angepasst werden. Falls eine solche Anpassung nicht erfolgen kann, steht der benachteiligten Partei ein *Rücktrittsrecht* (S. 1) bzw. bei Dauerschuldverhältnissen ein *Kündigungsrecht* (S. 2) zu, vgl. § 313 Abs. 3.

d) Vertragsgestaltung durch Allgemeine Geschäftsbedingungen

Heute gibt es kaum einen Händler oder sonstigen Gewerbetreibenden mehr, der auf 21
eigene *„Allgemeine Geschäftsbedingungen"* **(AGB)** verzichtet. Überall wird man mit dem sog. „Kleingedruckten" konfrontiert. Wirklich ganz gelesen wird kaum jemand diese teilweise seitenlangen und wie „Augenpulver" wirkenden Bedingungen haben. Dennoch versichert man überall umstandslos, von den AGB „Kenntnis genommen und diese akzeptiert" zu haben. Dass dies gefahrlos erfolgen kann, ist Verdienst der AGB-Kontrolle, die in den §§ 305 ff. geregelt ist. Die seit 1977 geltenden Kontrollnormen sind Reaktion auf Funktionsstörungen des Vertragsmechanismus. Das deutsche AGB-Recht ist zugeschnitten auf die spezifische Ungleichgewichtslage, die sich durch das einseitige „Stellen" vorformulierter Vertragsbedingungen ergibt – ohne nur für „Verbraucher" gedacht zu sein (vgl. *Coester,* Staudinger/Eckpunkte, E Rn. 5). AGB dienen vor allem der **Rationalisierung** von Geschäftsvorfällen. Für den Unternehmer ist es ein Gebot effizienten Handelns, alle Verträge mit gleichen Bedingungen auszustatten. Durch das Stellen von vorformulierten Bedingungen muss er nicht mehr bei jedem Geschäftsvorgang überprüfen, welche Vereinbarungen geschlossen wurden, sondern kann sich nach seinem allgemeinen Muster richten. Zudem dient die Verwendung von AGB der **Vereinfachung** des Vertragsschlusses. Gerade in Bereichen, in denen gesetzliche Regelungen fehlen, wie z. B. beim Leasingvertrag, wäre es ganz unnütz, bei jedem Vertragsschluss erneut alle Details auszuhandeln und niederzuschreiben. Deshalb greift man hier auf solche Formulare zurück. Das moderne Massengeschäft

wäre ohne den Einsatz von AGB gar nicht mehr sinnvoll regelbar. Gerade bei Geschäftskontakten im elektronischen Verkehr ist es schon technisch gar nicht möglich, sich auf frei ausgehandelte Verträge zu verständigen. Erst die Verwendung von AGB macht hier die rasche und kostengünstige Abwicklung möglich.

22 Damit erweist sich das AGB-Recht als **das** Steuerungsinstrument in einer auf Massenkonsum, Rationalisierung und Internationalisierung sowie Gewinnmaximierung ausgerichteten Marktgesellschaft (*Coester* a. a. O., E Rn. 9). Für den Vertragspartner des Verwenders von AGB stellen diese aber einen **faktischen Verlust** seiner Vertragsfreiheit dar. Es bleibt ihm zwar die Entscheidung überlassen, ob er mit diesem Geschäftspartner überhaupt einen Vertrag schließen will. Hat er diese Entscheidung aber einmal getroffen, so wird es ihm in der Regel nicht möglich sein, zu anderen als in den AGB niedergelegten Modalitäten abzuschließen. Jede Abänderung der AGB würde den Rationalisierungseffekt dieses Rechtsinstituts zunichtemachen. Oft bleibt dem Vertragspartner auch gar keine Wahl, weil viele Branchen heutzutage unternehmensübergreifend dieselben AGB verwenden (z. B. AGB Banken). Will man in Deutschland ein Konto eröffnen, so wird man überall mit gleichen Bedingungen konfrontiert. Ein Abschluss zu selbst ausgehandelten Bedingungen ist zumindest für den Privatkunden nicht möglich. Doch überwölbt gerade deshalb das AGB-Recht als Garant gefährdeter Vertragsgerechtigkeit quasi das gesamte Vertragsrecht als „Überrecht" (*v. Westphalen,* NJW 2009, 2355, 2362).

23 **aa) Begriff.** Nach § 305 Abs. 1 S. 1 sind AGB „alle für eine Vielzahl von Verträgen vorformulierten Vertragsbedingungen, die eine Vertragspartei der anderen Vertragspartei beim Abschluss eines Vertrages stellt". Gemeint sind damit nicht nur gesamte Vertragsentwürfe, sondern auch einzelne Vertragsklauseln oder Formulare, in welche die noch fehlenden Bestandteile einzusetzen sind. Auch der Anschlag *„Für die Garderobe übernehmen wir keine Haftung"* ist AGB – auch hier wird eine Vertragsbedingung für eine *Vielzahl* von Verträgen *vorformuliert* und *gestellt.* Wer die Vertragsbedingungen formuliert hat, ist unerheblich. Auch wenn es ein unkundiger Unternehmer selber macht, bleibt es eine AGB; doch können auch Notare AGB stellen, wenn sie diese von einer Seite übernehmen („mittelbare" Verwendung). **Gestellt** werden die Vertragsbedingungen vom Verwender, wenn er die Einbeziehung einseitig und diskussionslos veranlasst hat: *take it or leave it* (Jauernig/*Stadler,* BGB, § 305 Rn. 6). Nach § 305 Abs. 1 S. 3 liegen AGB dagegen nicht vor, wenn die Vertragsbedingungen *„zwischen den Vertragsparteien im Einzelnen ausgehandelt"* wurden. Dazu muss jede einzelne Klausel nicht nur „verhandelt", sondern **ausgehandelt** worden sein, was bedeutet, dass der Verwender seine AGB *ernsthaft* zur Disposition stellt und dies auch im Text dokumentiert – in der Praxis ein seltener Ausnahmefall!

bb) Einbeziehungskontrolle.

24 AGB gelten nicht wie Gesetze „automatisch". Sie müssen vielmehr Vertragsbestandteil werden. Es muss daher eine vertragliche Einigung über ihre **Einbeziehung** in den Vertrag vorliegen. Nicht ausreichend ist es, wenn der Verwender nach Vertragsschluss auf die angebliche Geltung seiner AGB hinweist, zum Beispiel auf Lieferschein oder Rechnung. Vielmehr muss er seinen Vertragspartner **ausdrücklich** auf die AGB hinweisen (§ 305 Abs. 2 Nr. 1 Var. 1), was regelmäßig durch Textbestätigung beim Auftrag erfolgt, man habe von den AGB Kenntnis genommen. Da der ausdrückliche Hinweis auf AGB bei besonderen Vertriebsformen (z. B. am Automaten) oder Dienstleistungen faktisch nicht möglich ist, gibt es nach § 305 Abs. 2 Nr. 1 Var. 2 in diesen Fällen die Möglichkeit, den ausdrücklichen Hinweis durch einen deutlichen und sichtbaren **Aushang** am Ort des Vertragsschlusses zu ersetzen. Zwar muss die Möglichkeit eingeräumt werden, in zumutbarer Weise **vom Inhalt** der AGB Kenntnis zu nehmen (§ 305 Abs. 2 Nr. 2), doch ist die tatsächliche Kenntnis des Vertragspartners nicht erforderlich. Um die AGB in den Vertrag einzubeziehen, muss schließlich der Vertragspartner mit deren Geltung **einverstanden** sein (§ 305 Abs. 2). Dies wird man regelmäßig annehmen können, wenn dieser nach ausdrücklichem Hinweis auf die AGB

weiterhin am Vertragsschluss festhält. Eine konkludente Zustimmungserklärung ist völlig ausreichend. Selbst wenn diese Voraussetzungen alle erfüllt sind, wird eine Klausel in AGB auch dann nicht Vertragsbestandteil, wenn sie **überraschend** ist (§ 305c Abs. 1), d. h. nach den Umständen, insbesondere nach dem äußeren Erscheinungsbild des Vertrages so ungewöhnlich ist, dass man mit ihr nicht rechnen musste. Auch daran zeigt sich, warum das Lesen von AGB in der Regel *entbehrlich* ist: Inhalte, die ohnehin nicht regelmäßig in AGB verwendet werden, dürften meist überraschende Klauseln sein und damit gar nicht erst Bestandteil des Vertrages werden.

cc) Vorrang der Individualabrede/Auslegung. Wird trotz Einbeziehung von AGB in den Vertrag eine von diesen abweichende Regelung zwischen den Vertragsparteien getroffen, so geht diese den Regelungen in den AGB vor. **Die Individualabrede hat nach § 305b immer Vorrang.** Bei der Auslegung von AGB muss aber der standardisierte, am Empfängerhorizont des *Durchschnittskunden* ausgerichtete Maßstab angelegt werden. Führt diese Auslegung nicht zu einem eindeutigen Ergebnis, so trägt dieses Risiko der Verwender der AGB. Nach § 305c Abs. 2 gehen Zweifel bei der Auslegung von AGB zu Lasten des Verwenders. Kann ein eindeutiges Auslegungsergebnis nicht festgestellt werden, so gilt die kundenfreundlichste Auslegungsvariante. Der Verwender von AGB soll sich durch *unklare Formulierungen* keinen Vorteil verschaffen können. 25

Fall 18:

Kurt bestellt bei Viktor am 7. August eine größere Menge Nägel für ein Bauprojekt. Sie vereinbaren, dass diese am 31. August geliefert werden sollen. In den von V gestellten AGB, die wirksam in den Vertrag einbezogen wurden, findet sich folgende Klausel: 26
„Nebenabreden zu diesem Vertrag sind nicht getroffen. Alle Änderungen dieses Vertrages bedürfen der Schriftform."
Eine Woche später muss K auf Drängen seiner Kunden das Projekt beginnen und benötigt die Nägel deshalb früher. Er ruft bei V an und überredet diesen, die Nägel bereits am 15. August zu liefern. V sagt die pünktliche Lieferung am Telefon zu. Als die Nägel am 16. August immer noch nicht da sind, wendet sich K wieder an V und beschwert sich über die verspätete Lieferung. V behauptet, er sei nicht verpflichtet gewesen, zum 15. August zu liefern, da eine schriftliche Vereinbarung über den neuen Liefertermin nicht getroffen worden sei.
Frage: War V verpflichtet, bereits zum 15. August zu liefern?

dd) Inhaltskontrolle. Sind AGB einmal Bestandteil des Vertrags geworden und hat man im Wege der Auslegung ihren Inhalt ermittelt, so ist dieser Inhalt nach §§ 307ff. einer Kontrolle zu unterziehen. Nach § 307 Abs. 3 S. 1 unterliegen der **Inhaltskontrolle** nur solche Bestimmungen, die von Rechtsvorschriften abweichen oder ergänzende Regelungen vorsehen. Nicht kontrolliert werden können demnach Klauseln, die lediglich den Inhalt des Gesetzes wiedergeben. Das hat auch zur Folge, dass Vereinbarungen über die Hauptleistungspflichten, insb. die **Preisabsprachen, keiner Kontrolle** unterliegen. Da es zum Preis von Waren und Dienstleistungen in der Regel keine Rechtsvorschriften gibt, kann hiervon in AGB auch nicht abgewichen werden. So klar ergibt sich das aber nicht aus dem Gesetz, das seinerseits „intransparent" ist. 27

Die Inhaltskontrolle läuft in **zwei Schritten** ab. Zunächst ist zu untersuchen, ob die verwendete Klausel gegen eines der ausformulierten Klauselverbote in den §§ 308, 309 verstößt. Hierbei sind zunächst die die absoluten Klauselverbote *ohne* Wertungsmöglichkeiten nach § 309 durchzusehen, z. B. wegen verbotener Haftungsausschlüsse (sog. *schwarzer* Bereich), danach die Klauselverbote *mit* Wertungsmöglichkeiten nach § 308, die z. B. Klauseln, die dem Verwender die nachträgliche Änderung des Vertragsgegenstandes erlauben, verbieten (sog. *grauer* Bereich). Verstößt die zu prüfende Klausel nicht gegen diese beiden (sehr 28 detaillierten) Vorschriften, so findet die allgemeine Inhaltskontrolle nach § 307 statt. Hiernach sind Klauseln in AGB unwirksam, wenn sie den Vertragspartner des Verwenders entgegen den Geboten von Treu und Glauben **unangemessen benachteiligen** (§ 307 Abs. 1 S. 1). Damit sind zwei Standardfälle gemeint: die Unvereinbarkeit der Klausel mit Grundgedanken des dispositiven Gesetzesrechts (Nr. 1) sowie die Gefährdung des Vertragszwecks durch Einschränkung der Kundenrechte (Nr. 2). Dass sich zu dieser **Auffangnorm** je nach Vertragstyp und Klauselgestaltung ein ausgreifendes *case law* entwickelt hat, lässt sich denken. Spezielle Vertragshandbücher versuchen die Umsetzung der Rechtsprechung in die AGB-Gestaltungspraxis. Dabei besteht immer die Gefahr, dass langjährig verwendete Klauseln plötzlich vom BGH für unwirksam erklärt werden und sich die Vertragsgestaltung entsprechend neu orientieren muss. Die Unangemessenheit einer Klausel kann sich aber nach § 307 Abs. 1 S. 2 auch allein daraus ergeben, dass die Klausel **nicht klar und verständlich** ist. Die Unverständlichkeit alleine führt noch nicht automatisch zur Unwirksamkeit. Hinzukommen muss eine dadurch begründete Benachteiligung des Vertragspartners. Dieses **Transparenzgebot** soll dazu führen, dass die Rechte und Pflichten der Vertragsparteien so klar und präzise wie möglich umschrieben sein sollen. Dem Verwender dürfen keine ungerechtfertigten Spielräume durch ungenaue Formulierungen (z. B. bei der Voraussetzung von Vertragsstrafen) verbleiben. Das ist zwar schön gedacht, doch muss man sich vor Augen führen, wie unklar und unpräzise häufig der moderne Gesetzgeber selbst seine Normen formuliert. Daher kann der AGB-Formulierer nicht einfacher, verständlicher und klarer formulieren, als es die Gesetze selbst tun.

29 **ee) Unwirksamkeitsfolge.** Hält eine Klausel der Inhaltskontrolle nicht stand, ist sie unwirksam. Dies wirkt sich aber nicht auf die Wirksamkeit des gesamten Vertrages aus. Nach § 306 Abs. 1 bleibt der Vertrag *„im Übrigen wirksam"*. An die Stelle der unwirksamen Klausel tritt die gesetzliche Regelung (falls vorhanden). Die unwirksame Klausel wird also nicht an die gesetzliche Regelung angepasst, sondern ist gänzlich unwirksam. Es findet **keine geltungserhaltende Reduktion** dergestalt statt, dass das gerade noch zulässige Maß als vereinbart gilt. Damit soll verhindert werden, dass die Verwender von AGB versuchen, durch ein „Sich-Entlang-Tasten" am gerade noch rechtlich Zulässigen das Risiko unwirksamer AGB-Klauseln zu umgehen.

Schaubild 27: AGB-Prüfung

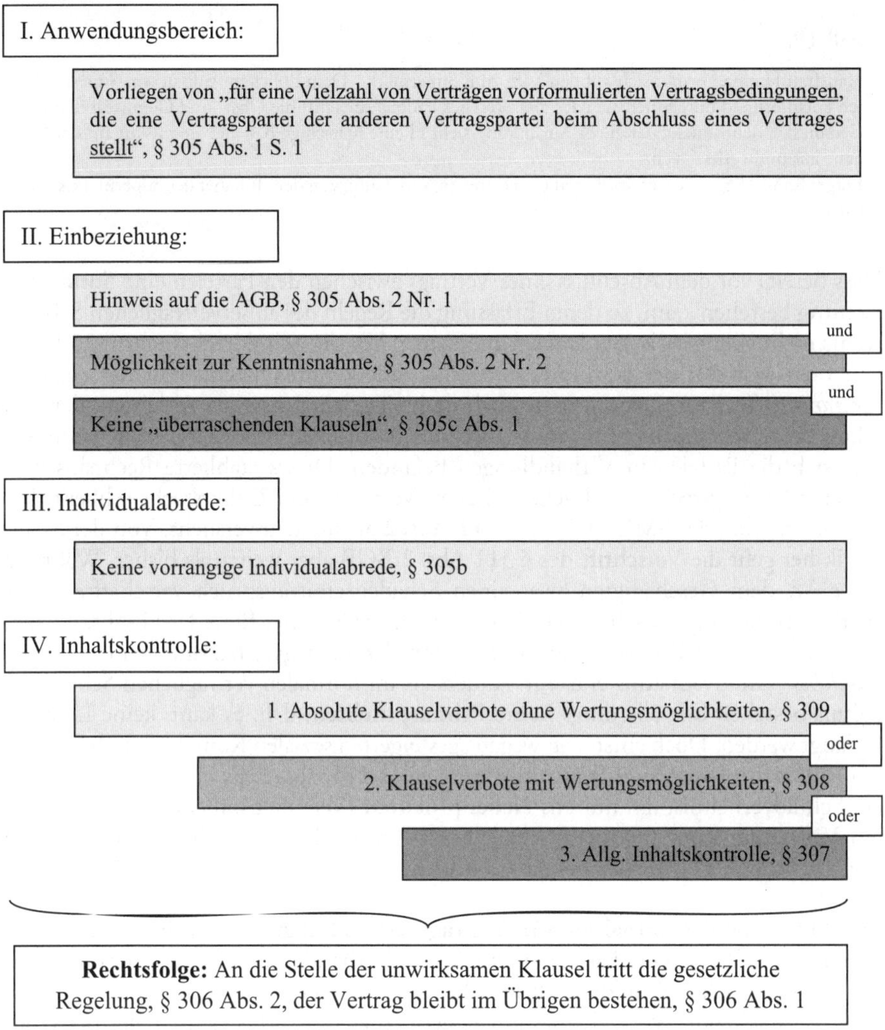

2. Vertragsnahe Schuldverhältnisse

Als quasi-vertraglich oder vertragsnah bezeichnet man solche Schuldverhältnisse, die 30
zwar nicht durch vertragliche Einigung zustande kommen, aber in ihrer inhaltlichen Ausgestaltung den vertraglichen Schuldverhältnissen sehr ähnlich sind und nahestehen. Grundsätzlich gehören sie zwar zu den gesetzlichen Schuldverhältnissen, eine solche Typisierung würde aber ihrer **Nähe zur vertraglichen Sonderverbindung** nicht gerecht. Besonders zu erwähnen sind hier die vorvertraglichen Schuldverhältnisse und die Geschäftsführung ohne Auftrag (GoA).

a) Vorvertragliche Schuldverhältnisse

Fall 19:

31 Hausfrau Hannah begibt sich auf den Weg zum Supermarkt. Dem üblichen Aufbau von Supermärkten entsprechend durchquert sie nach Betreten des Ladens zunächst die Obst- und Gemüseabteilung. Gedanklich den Einkaufszettel vor Augen, übersieht H eine matschige Banane. Sie rutscht auf der Banane aus und verletzt sich.

Frage: Kann H Schadensersatz wegen der erlittenen Verletzung von dem Inhaber des Supermarkts verlangen?

32 Dass bereits vor dem Abschluss eines Vertrags zwischen den Parteien eine **Sonderbeziehung** bestehen kann, zu deren Erfassung die Regeln des außervertraglichen Schuldrechts nicht genügen, ist seit langem anerkannt. Vor der Schuldrechtsreform 2002 behalf man sich mit der gewohnheitsrechtlich anerkannten Rechtsfigur der *culpa in contrahendo* **(c. i. c.).** Danach hatte auch derjenige Schadensersatz zu leisten, der sich schon beim Vertragsabschluss etwas zuschulden kommen ließ. Dafür sollte genügen, dass sich die Parteien in Verhandlungen befanden. Dieses etablierte Rechtsinstitut, das eine haftungsrechtliche Lücke zwischen Vertrags- und Deliktsrecht schließt, hat der Gesetzgeber des SMG 2002 in **§ 311 Abs. 2** abzubilden versucht. Von der Systematik her geht die Vorschrift des § 311 Abs. 2 BGB aber weiter als bisher. Während die *c. i. c.* dem Geschädigten zwar einen Schadensersatzanspruch verschaffte, sonst aber die Beziehung zwischen den Parteien nicht veränderte, führt § 311 Abs. 2 dazu, dass zwischen den Parteien schon mit Beginn der Vertragsverhandlungen ein *vorvertragliches* Schuldverhältnis entsteht. Anders als im normalen vertraglichen Schuldverhältnis bestehen hier allerdings **keine Primärpflichten,** d. h. es kann keine Leistung verlangt werden. Doch entstehen wegen „gesteigerten sozialen Kontakts" für beide Seiten Rücksichtnahme- und Schutzpflichten, vgl. § 241 Abs. 2. Es handelt sich also um ein Schuldverhältnis, das nur aus **Nebenpflichten** (Verhaltenspflichten) besteht. Deren Verletzung kann zu einem Schadensersatzanspruch des Geschädigten aus § 280 Abs. 1 i. V.m §§ 311 Abs. 2, 241 Abs. 2 führen.

33 Der Tatbestand der **Aufnahme von Vertragsverhandlungen** lässt sich am leichtesten fassen (Nr. 1). Stehen die Parteien in konkreten Verhandlungen, besteht für diese Zeit ein vorvertragliches Schuldverhältnis. Dieser Tatbestand ist auch erfüllt bei Bewerbungsgesprächen im Vorfeld eines möglichen Arbeitsverhältnisses. Legt der Bewerber dort persönliche Interna offen, verbietet es die Rücksichtnahmepflicht des potenziellen Arbeitgebers, diese Interna zu verwenden; vielmehr ergibt sich dann eine Geheimhaltungspflicht als vorvertragliche Nebenpflicht aus § 241 Abs. 2. Die von § 311 Abs. 2 verfolgte Schutzrichtung lässt sich am leichtesten am Tatbestand der Nr. 2 erkennen. Er umfasst solche Fälle, in denen sich eine Vertragsseite zum Zwecke der **Vertragsanbahnung** – im Vorfeld einer Vertragsverhandlung! – der anderen Seite gewissermaßen „ausliefert". Das passiert schon beim Betreten eines Warenhauses, denn dadurch setzt sich jeder Kunde bereits der Einwirkung durch den Ladeninhaber aus – auch dann, wenn jener Kunde gar keine konkreten Kaufabsichten hat. Der Ladeninhaber hat dennoch die vorvertragliche Pflicht, für Verkehrssicherheit in seinem Warenhaus zu sorgen, damit den (potenziellen) Kunden dort nichts passiert. Allerdings muss kritisch bemerkt werden, dass bei weiter Auslegung von „Anbahnung" (Nr. 2) letztlich auch Vertragsverhandlungen (Nr. 1) inkludiert sind, so dass man über deren

eigenständige Bedeutung streiten kann (*Busche,* Staudinger/Eckpfeiler, F Rn. 67). Die Nr. 3 fungiert schließlich als **Auffangtatbestand.** Notwendig ist hierfür allein eine **Kontaktaufnahme** zum Zweck des Vertragsabschlusses. Vom Schutzzweck her genügt aber nicht jeder „soziale Kontakt", sondern es muss ein „geschäftlicher", d. h. rechtsgeschäftsnaher Kontakt sein, der erhöhte Schutzpflichten alleine rechtfertigen kann.

Zu **Lasten eines Dritten** kann ein vorvertragliches Schuldverhältnis nur dann entstehen, wenn dieser sich *aktiv* in das Verhandlungsgeschehen einmischt. Nach § 311 Abs. 3 S. 2 ist dies insbesondere der Fall, wenn der Dritte in besonderem Maße **Vertrauen** für sich in Anspruch nimmt und dadurch die Vertragsverhandlungen oder den Vertragsschluss erheblich beeinflusst. Dies kommt z. B. bei Maklern, Vermittlern und Vertretern mit besonderer Sachkunde in Betracht. Fehlt dieser Vertrauenstatbestand, so kann ein Schuldverhältnis dennoch entstehen, wenn der Dritte ein erhebliches **Eigeninteresse** am Vertragsschluss hat. Aber auch grundsätzlich unbeteiligte Dritte wie z. B. Sachverständige können als Verpflichtete in das Schuldverhältnis einbezogen werden, wenn sie durch ihr eigentlich neutral zu fassendes Gutachten oder sonstige Auskünfte einen entscheidenden Beitrag zum Vertragsschluss leisten. 34

b) Geschäftsführung ohne Auftrag

Fall 20:

Der unerfahrene Hobbysegler Siegfried segelt in seinem Übermut ohne Schwimmweste auf einem für seine gefährlichen Unterwasserströmungen bekannten Fluss. So bleibt es nicht aus, dass er zu knapp über einen aus dem Wasser herausragenden Stein hinwegfährt, mit der Folge, dass sein Segelboot beschädigt wird und er kentert. Hilflos treibt S in den Schnellen des Flusses. Der am Ufer stehende Retter Robert beobachtet den Vorfall und bemüht sich um die Rettung. Beim Losbinden seines eigenen Bootes beschädigt er es infolge eigener Unachtsamkeit. Als er S in sein Boot zu ziehen versucht, reißt dieser ihm auch noch die am Arm sitzende „Rolex"-Uhr ab, welche sich auf den Grund des Flusses verflüchtigt. 35
Frage: Nach der Rettung verlangt R von S Ersatz für die Beschädigung seines Bootes sowie für den Verlust der Uhr. Zu Recht?

Zu den quasi-vertraglichen Schuldverhältnissen ebenfalls gerechnet werden kann die „Geschäftsführung ohne Auftrag" **(GoA).** Anders als der Name zunächst vermuten lässt, darf nicht nur kein Auftrag im Sinne des § 662 vorliegen, sondern es besteht zwischen den Beteiligten *überhaupt kein Rechtsgeschäft.* Beteiligte der GoA sind der Geschäftsführer und der Geschäftsherr. Zwischen diesen muss keine Beziehung bestehen, sie müssen sich nicht einmal kennen. Sinn und Zweck der §§ 677 ff. ist es, einen Ausgleich der Interessen in solchen Situationen zu schaffen, in denen jemand im **Geschäftskreis eines anderen** tätig wird, ohne von diesem hierzu beauftragt worden zu sein. Dieses Handeln kann vom Geschäftsherrn einerseits erwünscht sein, beispielsweise in Notsituationen, andererseits muss man sich fremde Hilfe aber nicht aufdrängen lassen. Während im ersten Fall die Entschädigung des in der Not helfenden jedenfalls ein Gebot der Billigkeit ist, so ist im zweiten Fall der Geschäftsherr vor von ihm nicht erwünschten Betätigungen zu schützen. Die Theoriegeschichte schwankt zwischen liberaler „Positivierung" und sozialer „Ethisierung", eine neue Sichtweise stellt auf die schlichte „realgeschäftliche Interessenwahrnehmung" *für* einen anderen ab (näher *Martinek,* Staudinger/Eckpfeiler, S Rn. 73, 76 f.). Nach der wenig aussagestarken Definitionsnorm des § 677 differenzieren die folgenden Paragraphen danach, ob der Geschäftsführende zur Geschäftsführung berechtigt war oder nicht. Man hat also die **berechtigte GoA** von der **unberechtigten GoA** zu unterscheiden. 36

37 **aa) Tatbestand.** Für das Vorliegen einer GoA bedarf es zunächst einer **„Geschäftsbesorgung".** Der in § 677 verwendete Begriff entspricht dem „Auftrag" in § 662. Insoweit entsprechen sich also die rechtsgeschäftliche und die realgeschäftliche Interessenwahrnehmung. Anders als der Begriff „Geschäftsführung" zunächst vermuten lässt, wird hiervon nicht nur der Abschluss von Rechtsgeschäften umfasst; auch rein tatsächliche Handlungen können Geschäftsbesorgung sein. Maßgeblich ist weiter das Fehlen einer rechtsgeschäftlichen Bindung. Notwendig ist ferner, dass es um die Besorgung von **fremden Geschäften** mit einem entsprechenden **Willen** geht. Die Frage, ob man etwas für sich selbst (egoistisch) oder für einen anderen (altruistisch) tut, ist eine innere Tatsache, die dem Beweis nur schwer zugänglich ist. Daher wird der Fremdgeschäftsführungswille bei einem **objektiv fremden** Geschäft vermutet, auch dann, wenn der Geschäftsführer ein eigentlich **neutrales** Geschäft erkennbar **für einen anderen** betreibt, während bei dem **„auch-fremden" Geschäft,** das namentlich sowohl dem Geschäftsführer als auch dem anderen zugutekommt, die Vermutungswirkung in neuerer Zeit deutlich kritischer bejaht wird. Wird also nach außen erkennbar in einem fremden Interessenbereich agiert, wird der **Fremdgeschäftsführungswille** des Geschäftsführers vermutet. Nur wenn er davon ausgeht, das Geschäft sei eigentlich sein eigenes, finden die Vorschriften über die GoA keine Anwendung, vgl. § 687 Abs. 1. Objektiv fremde Geschäfte sind regelmäßig solche, in denen der Geschäftsführer versucht, Schaden von Rechtsgütern oder Rechten des Geschäftsherrn abzuwenden. Besorgt jemand ein objektiv fremdes Geschäft allerdings *auch im eigenen Interesse,* kann die Vermutung bejaht werden, solange sich das Interesse des Geschäftsführers nicht aus einer eigenen Verpflichtung ergibt. Löscht jemand beispielsweise das brennende Haus seines Nachbarn, um dadurch zu verhindern, dass das Feuer auf sein eigenes Haus übergreift, so bestehen trotz des hohen eigenen Interesses keine Bedenken gegen die Annahme, dass er als „Geschäftsführer" **auch im Interesse** seines Nachbarn als „Geschäftsherrn" gehandelt hat. Anders sieht es aber aus, wenn die Feuerwehr ein brennendes Gebäude löscht, weil hier eine eigene *gesetzliche Verpflichtung* besteht. In den Fällen öffentlich-rechtlicher Eingreifpflichten ist der Fremdgeschäftsführungswille daher zu verneinen. Eine Kostenerstattung muss sich dann aus öffentlichem Recht ergeben. Ganz ähnlich sieht es aus, wenn der Geschäftsführer gegenüber einem Dritten *vertraglich* zu einer bestimmten Tätigkeit verpflichtet ist.

38 **bb) Berechtigte Geschäftsbesorgung.** Der Geschäftsführer, der aufgrund einer der Tatbestände der §§ 683 S. 1, 683 S. 2, 684 S. 2 berechtigt ist, wird gegenüber demjenigen bevorzugt, der sich seine Geschäftsführungsbefugnis **nur anmaßt,** vgl. § 687 S. 2. Eine im Interesse des Geschäftsherrn liegende Geschäftsführung, die dessen wirklichen (Var. 1) oder mutmaßlichen Willen (Var. 2) entspricht, ist nach § 683 S. 1 berechtigt. Sie muss zunächst **objektiv** in seinem Interesse liegen, doch kommt es maßgeblich auf seinen **Willen** an, der sich keineswegs mit dem objektiven Interesse decken muss. Das ist einfach bei entsprechenden Willensäußerungen, aber schwierig, wenn eine solche fehlt und es deshalb auf den **mutmaßlichen Willen** ankommt. Da auch dieser nur objektiv bestimmt werden kann, entspricht er in der Regel seinem objektiven Interesse. Hat der Geschäftsherr aber zum Ausdruck gebracht, die konkrete Geschäftsführung nicht zu wollen, ist die Geschäftsführung ungerechtfertigt, unabhängig davon, ob sie dem objektiven Interesse des Geschäftsherrn entspricht. Hiervon gibt es aber eine Ausnahme. Nach § 679 ist ein entgegenstehender Wille des Geschäftsherrn unbeachtlich, wenn ohne das Eingreifen des Geschäftsführers eine im **öffentlichen Interesse** liegende Pflicht des Geschäftsherrn (z. B. Gefahrenbeseitigung) oder eine

gesetzliche Unterhaltspflicht nicht rechtzeitig erfüllt würde. Gemeint sind aber nur rechtliche Pflichten, nicht „anständiges" Verhalten. Weiterhin berechtigt ist die GoA, wenn der Geschäftsherr seinen Willen ändert, dieser also nicht mehr entgegensteht und er dies auch – zumindest konkludent – kundtut. Dann liegt eine Genehmigung der Geschäftsführung im Sinne von § 684 S. 2 vor.

Der berechtigte Geschäftsführer wird im Wesentlichen wie ein **Auftragnehmer** gem. § 662 behandelt. Er ist nach § 677 zur ordnungsgemäßen Geschäftsführung im Interesse des Geschäftsherrn mit Rücksicht auf dessen wirklichen oder mutmaßlichen Willen verpflichtet. Weiterhin muss nach § 681 S. 1 der Geschäftsführer die Übernahme des Geschäfts so bald wie möglich anzeigen. Wie ein Auftragnehmer ist er zur Nachricht, Auskunft und Rechenschaft verpflichtet. Das aus der Geschäftsbesorgung Erlangte hat er herauszugeben. Auch die Schadensersatzpflicht des Geschäftsführers für die Verletzung seiner Pflichten folgt den allgemeinen Regeln. Zu beachten sind die Haftungserleichterungen nach § 680 bei drohender dringender Gefahr und nach § 682 bei Geschäftsunfähigkeit oder beschränkter Geschäftsfähigkeit. Umgekehrt kann er die für die Geschäftsbesorgung erforderlichen Aufwendungen wie ein Auftragnehmer ersetzt verlangen (§ 670). 39

cc) **Unberechtigte Geschäftsbesorgung.** Liegen alle Voraussetzungen der GoA mit Ausnahme eines Berechtigungsgrundes vor, so gelten die Regeln über die unberechtigte GoA. Der Geschäftsführer hat dann dem Geschäftsherrn gemäß § 678 den durch die Geschäftsführung entstandenen **Schaden** zu ersetzen. Es kommt hierbei nicht auf sein Verschulden (§ 276), sondern allein darauf an, ob er hätte erkennen können, dass die Geschäftsführung nicht berechtigt ist. Allein die unberechtigte Übernahme der Geschäftsführung begründet seine Haftung **(Übernahmeverschulden).** 40

3. Überblick über die außervertraglichen Schuldverhältnisse

Für die Entstehung von gesetzlichen Schuldverhältnissen gibt es anders als für die vertraglichen Schuldverhältnisse **keine allgemeinen Vorschriften.** Sie werden nach je eigener Sachgesetzlichkeit des Eigentümer-Besitzer-Verhältnisses, des Bereicherungs- und Deliktsrechts je eigenständig geregelt. Außervertragliche Schuldverhältnisse setzen in der Regel **keine Sonderbeziehung** zwischen den Beteiligten voraus, sondern schaffen eine solche erst. Die dem Schuldverhältnis immanente Sonderbindung entsteht hier durch die Erfüllung der gesetzlichen Tatbestandsvoraussetzungen. Willentliches Handeln ist nicht notwendigerweise erforderlich. So kann ein Anspruch aus ungerechtfertigter Bereicherung allein dadurch entstehen, dass der Wind eine (leichte) Sache von einem Grundstück auf das andere trägt, vgl. näher Kap. 5 § 12. 41

II. Inhalt von Schuldverhältnissen

Die Dynamik des Schuldrechts beruht auf seinem **rechtsgeschäftlichen** Fundament (§ 311 Abs. 1). Im BGB wird selbstverständlich vorausgesetzt, was politisch erst erkämpft werden musste: Der **Vorrang der Privatautonomie** erst ermöglicht eine „civil society", eine Gesellschaft freier und gleicher Bürger, die ihre Markt- und Vermögensbeziehungen im Grundsatz selbstbestimmt und ohne staatliche Bevormundung abwickelt (näher §§ 4, 5). Deshalb gibt es eine Fülle von Vertragstypen, die sich im Geschäftsverkehr entwickelt haben, ohne im BGB verankert zu sein (sog. **„verkehrstypische Verträge"**), z. B. 42

- Behandlungsvertrag (Sonderform des Dienstvertrags, heute geregelt in §§ 630 a ff.),
- Bewirtungsvertrag (gemischter Vertrag mit Elementen aus Kauf- bzw. Werklieferungsvertrag – Herstellung und Lieferung von Speisen –, aus Dienstleistungs- (Service) und Mietvertrag),

- Automatenaufstellvertrag („partiarisches Austauschverhältnis“ eigener Art),
- Bierlieferungsvertrag (Sukzessivlieferungsvertrag, z. T. gekoppelt mit Brauereidarlehen),
- Factoring-Vertrag (echtes Factoring = Forderungskauf, unechtes Factoring = Kreditgewährung, vgl. § 398),
- Franchise-Vertrag (gemischter Vertrag zur Nutzung einer Geschäftsidee),
- Krankenhausaufnahmevertrag (gemischter Vertrag mit dienstvertraglichem Schwerpunkt),
- Leasingvertrag (sog. „Mietkauf“, Mischung aus Kauf- und Mietvertrag),
- Lizenzvertrag (Übertragung gewerblicher Nutzungsrechte),
- Softwarevertrag,
- Unterrichtsvertrag usw.

43 Es ist eine wesentliche Aufgabe von Rechtsprechung und Wissenschaft, die **Typenfreiheit** im Schuldrecht empirisch zu erfassen und in das System des Zivilrechts anhand von gesetzlichen Grundtypen einzufügen, spezifische Leistungs- und Verhaltenspflichten herauszudestillieren und dabei auch dem typischen Parteiwillen Rechnung zu tragen. So besteht der als „Schuldverhältnis“ bezeichnete **Kauf,** wie auch die Normen der §§ 436, 442 Abs. 2, 439 usw. zeigen, aus einem ganzen Bündel von Forderungen bzw. Pflichten, die wechselseitig Käufer bzw. Verkäufer treffen.

Merke: Es gibt keinen „numerus clausus“ vertraglicher Schuldverhältnisse und keinen „Typenzwang“ (anders das Sachenrecht: Dingliche Rechte können *nur in den gesetzlich vorgesehenen Formen* begründet, übertragen und aufgehoben werden, vgl. § 11 I 2, Rn. 14ff.). Gesetzlich vorgesehene Schuldverhältnisse wie Kauf- und Werkvertrag, Miete, Arbeits- oder Dienstverhältnis geben zwar „Forderungs- bzw. Pflichtenprogramme“ vor, die sich aber jeweils der **Gestaltungsfreiheit der Vertragsparteien** im Rahmen der Privatautonomie (§ 311 Abs. 1) unterordnen (sog. „dispositives“ Gesetzesrecht).

1. Hauptleistungspflichten und Nebenpflichten

44 Um beim Beispiel Kaufvertrag zu bleiben, handelt es sich beim Austausch von Geld und Ware um die **Hauptleistungspflichten.** Deren Bestimmung gehört zu den *essentialia negotii* eines Vertrages, ohne deren Regelung kein wirksamer Vertrag zustande kommt (vgl. § 9 I 1 a, Rn. 6). Dem Vertrag muss zumindest zu entnehmen sein, welche Sache zu welchem Preis den Eigentümer wechseln soll. In einem Kaufvertrag können aber noch viele andere Detailfragen geregelt werden, wie etwa Gewährleistung, Garantie, Rückgabe- oder Umtauschrechte usw., die weitere **Nebenpflichten** begründen. Auch bei diesen Vereinbarungen sind die Parteien im Wesentlichen frei, soweit nicht das Gesetz zwingende Normen (vgl. z. B. § 444 zur Grenze von Haftungsausschlussklauseln) zur Begrenzung der Vertragsfreiheit vorsieht. Für den Kaufvertrag, den das BGB aufgrund seiner Fixierung auf den Güterverkehr am genauesten regelt, lassen sich schon dem Gesetz die wichtigsten Haupt- und Nebenleistungspflichten entnehmen:

(1) Hauptleistungspflichten *des Verkäufers beim Sachkauf:*	Besitz- und Eigentumsverschaffung (§ 433 Abs. 1 S. 1) ohne Sach- und Rechtsmangel (§§ 433 Abs. 1 S. 2, 434, 435) zur rechten Zeit und am rechten Ort (§§ 269, 271)
(2) **Nebenleistungspflichten** *des Verkäufers beim Sachkauf:*	Auskunfts- und Urkundenherausgabepflicht (z. B. bei Kfz-Brief), Beratungspflicht bei Sachkunde des Verkäufers (EDV), Offenbarungspflicht bei Unfallwagen

Nebenpflichten können in einem engen Bezug zur Hauptleistungspflicht stehen (dann 45
handelt es sich um Neben*leistungs*pflichten, s. o.) oder ganz allgemein zur Rücksichtnahme verpflichten, wie sich aus der wichtigen Norm des **§ 241 Abs. 2** ergibt: Je nach Inhalt verpflichtet jedes Schuldverhältnis *„zur Rücksicht auf die Rechte, Rechtsgüter und Interessen des anderen Teils"*. Der Gläubiger kann ihre Einhaltung meist nicht „einfordern", weil Rücksichtnahme- und **Schutzpflichten** sich in der Regel erst aktualisieren, wenn sie **verletzt** worden sind: nach eingetretener Verletzung kann der Geschädigte den entstandenen Schaden ersetzt verlangen, vgl. §§ 241 Abs. 2, 280 Abs. 1. Die Verletzung von Nebenpflichten berührt auch das Bestehen des Schuldverhältnisses als solches nicht. Während die Verweigerung der Hauptleistungspflicht den Gläubiger zum *Rücktritt* vom Vertrag berechtigt (unten Rn. 132ff.), kann eine Verletzung von Nebenpflichten nur dann einen Rücktritt rechtfertigen, wenn angesichts der Schwere der Pflichtverletzung dem Gläubiger das Festhalten am Vertrag *nicht mehr zumutbar* ist, vgl. § 324.

2. Erlöschen der Leistungspflichten

Zum Glück endet nicht jedes Vertragsverhältnis mit rechtlichen Auseinandersetzun- 46
gen; im Normalfall befriedigen die Vertragsparteien das Leistungsinteresse des anderen Teils. Die Leistungspflichten **erlöschen** in der Regel durch **Erfüllung** nach § 362 Abs. 1. Das Gesetz nennt darüber hinaus die Aufrechnung, die Hinterlegung und den Erlass als weitere Erlöschensgründe. Auch bestimmte Störungen im Schuldverhältnis (z. B. Unmöglichkeit, § 275) bringen die Leistungspflicht zum Erlöschen, lassen den Gläubiger aber unbefriedigt. Von den den Gläubiger befriedigenden Erlöschensgründen sollen hier nur Erfüllung (§ 362) und Aufrechnung (§§ 387ff.) behandelt werden.

Merke: In schriftlichen Prüfungsarbeiten sind Erlöschensgründe als **rechtsvernichtende** Einwendungen zu prüfen (vgl. § 6 IV, Rn. 35).

a) Erfüllung

Das Erlöschen der Leistungspflicht durch Erfüllung nach § 362 ist der **Normalfall** der 47
von den Parteien bezweckten Beendigung des Vertragsprogramms, sobald *„die geschuldete Leistung an den Gläubiger bewirkt wird"*, § 362 Abs. 1. Was die *geschuldete Leistung* ist, ist dem Inhalt des Schuldverhältnisses zu entnehmen. Wird wie beim Kauf ein **Leistungserfolg** geschuldet, nämlich Besitz- und Eigentumsverschaffung an einer mangelfreien Sache, so tritt Erfüllung erst ein, wenn dieser Erfolg auch eingetreten ist, d. h. wenn der Käufer tatsächlich im Besitz der Sache und auch deren Eigentümer geworden ist. Die geschuldete Leistung ist an den **Gläubiger** zu erbringen. Es genügt daher nicht die Leistung an einen beliebigen Dritten. Etwas anderes kann nur gelten, wenn der Gläubiger nicht „empfangszuständig" ist, z. B. dann, wenn die Forderung gepfändet ist oder über das Vermögen des Gläubigers das Insolvenzverfahren eröffnet wurde. Etwas anderes gilt auch dann, wenn der Gläubiger einen Dritten zur **Entgegennahme** der eigentlich ihm geschuldeten Leistung ermächtigt hat (§ 362 Abs. 2 i. V.m § 185).

48 Die Norm des § 362 enthält keine Aussage darüber, **wer** die geschuldete Leistung zu bewirken hat. Grundsätzlich ist dies natürlich Aufgabe des Schuldners, doch bestätigt die Norm des **§ 267 Abs. 1,** dass in den allermeisten Fällen, in denen es dem Gläubiger egal sein kann, von wem er die Leistung erhält, auch ein **Dritter** anstelle des Schuldners leisten kann. Eine Ausnahme von diesem Grundsatz gilt nur, wenn der Schuldner **in Person** zu leisten hat, vgl. § 267 Abs. 1 S. 1. Wer eine Chefarztbehandlung kraft seines Behandlungsvertrags erwarten kann, muss und kann sich nicht damit zufrieden geben, wenn die Operation nur durch den weniger erfahrenen Oberarzt vorgenommen wird. Hat der Gläubiger die Leistung wie geschuldet erhalten, so kann der Schuldner im Gegenzug nach § 368 S. 1 eine **Quittung** verlangen, die den Empfang der Leistung bescheinigt und als Beweismittel dienen kann. Wird nicht die eigentlich geschuldete Leistung erbracht, tritt grundsätzlich kein Erlöschen der Leistungspflicht ein. Eine Ausnahme hiervon bildet aber die **Annahme an Erfüllungs statt** nach § 364 Abs. 1. Akzeptiert der Gläubiger eine andere als die geschuldete Leistung als Erfüllung, so erfolgt eine „konkludente" vertragliche Einigung dahingehend, dass der Schuldner auch mit dieser anderen Leistung erfüllen kann. Die Leistungspflicht erlischt auch dann, vgl. § 364 Abs. 1. Typische Fallgruppe ist die Inzahlungnahme von gebrauchten Fahrzeugen beim Kauf eines Neuwagens im Kfz-Handel. Der Autohändler hat hier als Gläubiger eigentlich Anspruch auf Zahlung des gesamten Kaufpreises für den Neuwagen, akzeptiert aber für einen Teil dieser Summe das gebrauchte Fahrzeug des Käufers als „Gegenleistung". Dadurch erlischt in Höhe des vereinbarten Anrechnungsbetrages die ursprüngliche Kaufpreisforderung. Problematisch wird diese Vorgehensweise dann, wenn sich nachträglich herausstellt, dass der in Zahlung genommene Gegenstand mit **Mängeln** behaftet ist. § 365 sieht für diesen Fall vor, dass der Schuldner für diese Mängel wie ein Verkäufer zu haften hat. Der Neuwagenkäufer, der sein altes Auto in Zahlung gegeben hat, kann sich also unter Umständen plötzlich in der Rolle eines Gebrauchtwagenhändlers wiederfinden, der für sein altes Auto noch Reparaturen finanzieren muss. Praktisch wird das durch entsprechende vertragliche Regelungen vermieden, wonach dem in Zahlung nehmenden Händler ein **Minderungsrecht** zusteht.

b) Aufrechnung

49 Schulden sich zwei Personen wechselseitig gleichartige Leistungen, so wäre es wenig sinnvoll, sie auf die *Erfüllung* als einzige Möglichkeit zu verweisen, um die Forderungen zum Erlöschen zu bringen. Es wäre sehr seltsam, müssten A und B, die sich gegenseitig jeweils zehn Euro schulden, jeweils der anderen Seite einen Zehn-Euro-Schein übergeben, um im Gegenzug dann einen zurückzuerhalten. Aber auch wenn B dem A nur fünf Euro schuldet, so ist es sehr viel sinnvoller, wenn im Endeffekt nur A die fünf Euro zahlt, anstatt dass beide jeweils ihre Schulden vollständig begleichen. Diese **Möglichkeit der „Verrechnung"** bietet das Gesetz durch das Rechtsinstitut der *Aufrechnung,* das in den §§ 387 ff. geregelt ist. Für den Sprachgebrauch ist es sehr wichtig zu verstehen, dass die Forderung der Person, die die Aufrechnung **erklärt,** als *Gegenforderung,* und dass die Forderung, die ihr gegenübersteht, als *Hauptforderung* bezeichnet wird:

Schaubild 28: Aufrechnungslage

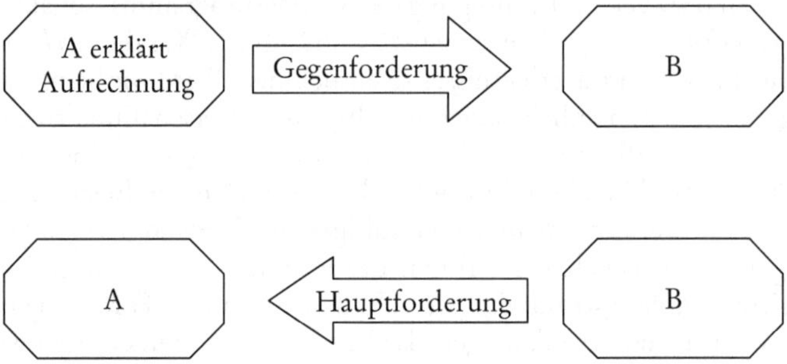

Voraussetzungen der Aufrechnung sind Aufrechnungslage, § 387, Aufrechnungserklärung, § 388, und fehlender Ausschluss der Aufrechnung. 50

aa) Aufrechnungslage. Die einzelnen Elemente der Aufrechnungslage ergeben sich aus § 387: 51

- Gleichseitigkeit der Forderungen: dieselben Personen müssen sich einander etwas schulden (jeder ist gleichzeitig Schuldner und Gläubiger des jeweils anderen).
- Gleichartigkeit der Forderungen: die wechselseitig geschuldeten Forderungen müssen den gleichen Leistungsgegenstand zum Inhalt haben, z. B. Geldschulden. Nicht erforderlich ist aber, dass die Forderungen sich auf die gleiche Höhe belaufen.
- Die Gegenforderung muss wirksam, fällig und durchsetzbar sein. Hinsichtlich der Wirksamkeit und der Fälligkeit ist auf die allgemeinen Vorschriften zu verweisen. Durchsetzbar ist die Forderung, wenn ihr keine Einreden entgegenstehen, vgl. § 390. Diese müssen noch nicht erhoben worden sein, ihr Bestehen allein reicht bereits aus, um die Aufrechnung auszuschließen. Die wichtigsten Einreden sind das Zurückbehaltungsrecht gem. § 273 und die Einrede des nicht erfüllten Vertrags gem. § 320 BGB (vgl. Rn. 59ff.). Eine Sondervorschrift zu § 390 enthält § 215 hinsichtlich der Aufrechnung nach Eintritt der Verjährung (vgl. § 6 III 3b, Rn. 30ff.): Macht der Schuldner die Einrede der Verjährung geltend, kann der Gläubiger die Erfüllung seiner Forderung zwar nicht mehr gerichtlich durchsetzen (vgl. § 214 Abs. 1); er kann mit ihr aber immer noch aufrechnen.
- Schließlich muss die Hauptforderung erfüllbar sein, d. h. die Schuld muss zum Zeitpunkt der Aufrechnung entstanden sein und der Aufrechnende muss auch schon das Recht haben, die Forderung zu erfüllen, vgl. § 271.

bb) Aufrechnungserklärung. Bei der Aufrechnung handelt es sich um ein **Gestaltungsrecht,** so dass die Rechtsfolgen der Aufrechnung nicht automatisch eintreten, sondern erst nach Erklärung der Aufrechnung, vgl. § 388 S. 1. Bei der Aufrechnungserklärung handelt es sich um eine empfangsbedürftige Willenserklärung, die dem Aufrechnungsgegner (Inhaber der Hauptforderung) nach § 130 zugehen muss (vgl. § 8 I 4, Rn. 12ff.). Die Erklärung der Aufrechnung führt zum **Erlöschen** der wechselseitig gegenüberstehenden Forderungen, vgl. § 389. Insoweit unterscheidet sich die Aufrechnung nicht von der Erfüllung. Eine Besonderheit gilt aber hinsichtlich des Erlöschenszeitpunktes. Die Forderungen gelten nämlich zu dem Zeitpunkt als erloschen, zu dem sie sich *erstmalig* in einer Aufrechnungslage gegenüberstanden. Die Aufrechnungserklärung kann also dazu führen, dass eine Forderung *rückwirkend* (für Jahre!) als erloschen gilt. 52

cc) Kein Aufrechnungsausschluss.

In bestimmten Fällen ist die Aufrechnung **kraft Gesetzes** verboten. Täter einer vorsätzlich begangenen unerlaubten Handlung sollen z. B. nicht in den Genuss der Aufrechnungsmöglichkeit gelangen, sondern tatsächlich Schadensersatz leisten müssen. Nach § 393 ist daher die Aufrechnung in diesen Fällen unzulässig. Ebenso soll gegenüber einer beschlagnahmten Forderung (§ 392) oder gegen Forderungen, die der Pfändung nicht unterliegen (§ 394 S. 1), nicht aufgerechnet werden können. Dadurch soll verhindert werden, dass der durch den Pfändungsschutz geschaffene Schuldnerschutz durch die Aufrechnung **umgangen** wird. Auch **vertraglich** kann die Aufrechnung ausgeschlossen sein. Besonders häufig passiert das in AGB, weil der Verwender seinen Zahlungsanspruch voll durchsetzen will, ohne sich dabei mit Gegenforderun- 53 gen auseinandersetzen zu wollen. § 309 Nr. 3 verhindert solche Aufrechnungsverbote in AGB aber für den Fall, dass dem Kunden die Aufrechnung mit unbestrittenen oder rechtskräftig festgestellten Forderungen verboten wird.

Fall 21:

54 Jonas hat seinem Freund Moritz vor einiger Zeit ein Darlehen in Höhe von 1 000,– Euro gewährt, die daraus resultierende Rückzahlungsforderung des J ist nun fällig. M hingegen steht gegen J eine ebenso fällige Forderung aus einem Kaufvertrag in Höhe von 500,– Euro zu.
Frage: Ist eine Aufrechnung des J gegen die Forderung des M möglich?
Abwandlung 1: J ist 14 Jahre alt und möchte a) eigenständig, b) mit Einwilligung bzw. c) mit Genehmigung der Eltern aufrechnen.
Abwandlung 2: Der volljährige J gibt eine wirksame Aufrechnungserklärung ab, jedoch stellt sich der Darlehensvertrag zwischen J und M als nichtiger Wuchervertrag heraus.

3. Einreden im (gegenseitigen) Vertrag

55 Bei gleichartigen, wechselseitigen Ansprüchen ist durch das Rechtsinstitut der Aufrechnung sichergestellt, dass die eine Seite nicht von der anderen Seite Leistung verlangen kann, ohne selbst zu leisten. Der in Anspruch Genommene kann die Aufrechnung erklären und dadurch auch seinem Anspruch zur Geltung verhelfen. Aber auch wenn **nicht gleichartige Forderungen** sich gegenüberstehen, hat jede Seite ein berechtigtes Interesse zu verhindern, dass sie ihre Leistung erbringt, während die andere Seite die Leistung verweigert. Aus diesem Grund hat der Gesetzgeber das **Zurückbehaltungsrecht** nach § 273 bzw. § 320 (gegenseitiger Vertrag) gewährt. Der Schuldner kann damit die Leistung *vorübergehend* verweigern, weil ihm eine rechtshemmende Einrede zusteht; dem entstandenen Anspruch fehlt es damit an der **Durchsetzbarkeit.**

Merke: In schriftlichen Prüfungsarbeiten sind Leistungsverweigerungsrechte als **rechtshemmende** Einreden zu prüfen (vgl. § 6 IV, Rn. 35). Bei der *dilatorischen* Einrede wird die Durchsetzung nur vorübergehend gehemmt (§§ 273, 320), bei der *peremptorischen* Einrede dagegen dauerhaft (z. B. Verjährung, § 214, vgl. § 6 III 3b, Rn. 30ff.).

a) Zurückbehaltungsrecht

56 Nach § 273 Abs. 1 kann der Schuldner eines Anspruchs seine Leistung verweigern, bis die ihm aus demselben rechtlichen Verhältnis zustehende Leistung bewirkt wird.

Fall 22:

57 Die Unternehmer Klaus und Hannes stehen in ständiger Geschäftsbeziehung. K verlangt von H Lieferung von Waren, die er am 1. Juni gekauft hat. H wiederum macht geltend, dass K noch eine bereits geschehene Warenlieferung vom 3. April bezahlen muss.
Frage: Steht H ein Zurückbehaltungsrecht aus § 273 Abs. 1 zu?

58 Voraussetzung sind hierfür zunächst einmal **gegenseitige Ansprüche,** die aber – in Abgrenzung zur Aufrechnung – nicht gleichartig sein müssen: Es können also einerseits ein Anspruch auf Lieferung einer Sache und andererseits ein Geldanspruch gegenübergestellt werden. Ebenfalls unerheblich ist, ob die Ansprüche aus Vertrag oder Gesetz herrühren. Notwendig ist allein, dass jede Seite einen Anspruch gegen die andere Seite hat. Beide Ansprüche müssen fällig, d. h. nach § 271 Abs. 1 zur Zahlung reif

sein, weil ein noch nicht durchsetzbarer Anspruch nicht die Durchsetzung eines bereits fälligen, d. h. durchsetzbaren Anspruchs verhindern darf. Die Norm des § 273 Abs. 1 verlangt aber doch **Konnexität** der Ansprüche, wenn verlangt wird, dass die Gegenansprüche aus *„demselben rechtlichen Verhältnis"* stammen. Die Rechtsprechung lässt dafür aber einen **natürlichen und wirtschaftlichen Zusammenhang** aus einem einheitlichen Lebensverhältnis genügen, z. B. zwei verschiedene offene Forderungen aus einer laufenden Geschäftsverbindung. Grundsätzlich kann demnach bei Bestehen zweier konnexer Ansprüche die Erfüllung solange verweigert werden, bis auch die Gegenseite ihrerseits erfüllt (*„sofern nicht aus dem Schuldverhältnis sich ein anderes ergibt"*, d. h., dass auch hier vertragliche Ausschlüsse möglich sind, nicht aber in AGB, vgl. § 309 Nr. 2 lit. b). Ein bestehendes Zurückbehaltungsrecht muss wie jede Einrede vom Schuldner **geltend gemacht** werden. Der Schuldner ist dann nur gegen Empfang der ihm gebührenden Leistung selbst zur Leistung verpflichtet (Erfüllung **Zug um Zug,** § 274 Abs. 1).

b) Einrede des nicht erfüllten Vertrags

Bei einem gegenseitigen Vertrag sind die wechselseitigen Hauptleistungspflichten besonders eng verknüpft; sie stehen im **Synallagma** nach dem Motto **„do, ut des".** Eine Seite verspricht ihre Leistung nur *deshalb, weil* die andere Seite im Gegenzug ihrerseits die Gegenleistung verspricht. Dieser besonders enge Zusammenhang von Leistung und Gegenleistung rechtfertigt es, beim **gegenseitigen Vertrag** eine besondere Form des Zurückbehaltungsrechts zu installieren. Dies ist die in den §§ 320–322 geregelte Einrede des nicht erfüllten Vertrages. 59

Das Zurückbehaltungsrecht aus § 320 besteht nur in Bezug auf die synallagmatisch aufeinander bezogenen Hauptleistungspflichten. Wegen Nichterfüllung einer Nebenpflicht kann es nicht geltend gemacht werden. Beim Mietvertrag etwa steht die Pflicht, dem Mieter den Gebrauch der Mietsache zu gewähren (§ 535 Abs. 1 S. 1), im Synallagma mit der Pflicht des Mieters, Miete zu zahlen (§ 535 Abs. 2), nicht aber mit dessen Pflicht, die Sache am Ende der Mietzeit wieder zurückzugeben (§ 546). Ausgeschlossen ist es auch bei **Vorleistungspflicht** einer Seite wie beim Arbeits- und Dienstvertrag, vgl. § 614. Der Arbeitnehmer muss zuerst seine Arbeitsleistung erbringen, bevor er am Ende des Monats vom Arbeitgeber dafür sein Entgelt erhält. Das Zurückbehaltungsrecht nach § 320 muss – anders als im Fall des § 273 – nicht ausdrücklich geltend gemacht werden. Der Schuldner muss aber dennoch in einem etwaigen Prozess auf sein Zurückbehaltungsrecht hinweisen. Allerdings kommt er so lange nicht in Verzug, wie das Leistungsverweigerungsrecht besteht. Das für den Verzug notwendige Verschuldensmoment entfällt, solange der Schuldner *berechtigterweise* nicht leistet. 60

III. Leistungsstörungen

Erlischt ein Schuldverhältnis durch Erfüllung, so ist grundsätzlich alles in Ordnung. Beide Seiten haben erhalten, was sie wollten und dürften damit zufrieden sein. Es handelt sich um den erwünschten Normalfall, der auch in den meisten Fällen eintreten wird. Wäre es immer so einfach, bräuchte man eigentlich keine Juristen. Dieser widmet sich als Pathologe rechtlich relevanter Beziehungen vorrangig dem **gestörten** Austausch von Leistungen. Von Leistungsstörungen spricht man, wenn eine geschuldete Leistung **gar nicht,** nur **verzögert** oder **nicht wie geschuldet** erfüllt wird. In der Regel beruht dies auf einer Pflichtverletzung einer Seite. 61

Merke: Leistungsstörungen liegen vor, wenn der Schuldner seiner Leistungspflicht nicht, nicht rechtzeitig oder nicht ordnungsgemäß nachkommt. Ursache und Schlüsselbegriff aller Leistungsstörungen ist die **Pflichtverletzung,** § 280 Abs. 1

1. Nichtleistung

62 Wenn der Schuldner die Leistung überhaupt nicht bekommt, kann es dafür zwei Ursachen geben: Entweder **kann** der Schuldner nicht oder er **will** nicht leisten. Während man im ersten Fall von der „Unmöglichkeit" der Leistung spricht (a), handelt es sich im zweiten Fall um eine „schlichte Nichtleistung" (b), vergleichbar einer reinen Verzögerung der Leistung.

a) Unmöglichkeit

63 Ist dem Schuldner die Leistung unmöglich, so braucht er nicht zu leisten. Diese eigentlich selbstverständliche Feststellung beinhaltet § 275 Abs. 1. Gemeint sind insbesondere solche Fälle, in denen der zu leistende Gegenstand einfach nicht mehr vorhanden ist, beispielsweise die zu übereignende Vase durch ein Unglück unwiederbringlich zerstört wurde. Dass in diesem Fall eine Leistungspflicht nicht mehr bestehen kann, leuchtet unmittelbar ein: sie fällt **automatisch** weg. § 275 sieht aber noch für weitere Fälle den Ausschluss der Leistungspflicht vor, nämlich den Fall der **praktischen** Unmöglichkeit in Abs. 2 und den Fall der **persönlichen** Unmöglichkeit in Abs. 3. In beiden Fällen ist die Leistung zwar tatsächlich möglich, doch entweder faktisch oder persönlich **nicht zumutbar.**

Merke: Unmöglichkeit im Sinne von § 275 Abs. 1 ist – wie auch die Erfüllung – als rechtshindernde bzw. rechtsvernichtende **Einwendung** ausgestaltet, die bei der Frage nach dem Erfüllungsanspruch des Gläubigers von Amts wegen zu beachten ist („Anspruch erloschen", vgl. § 6 IV, Rn. 35). Im Gegensatz dazu sind die Tatbestände der Abs. 2 und 3 des § 275 als rechtsvernichtende **Einreden** ausgestaltet: Der Schuldner muss sich also darauf berufen, wenn er die Befreiung von seiner Leistungspflicht geltend machen will.

Schaubild 29: Unmöglichkeit

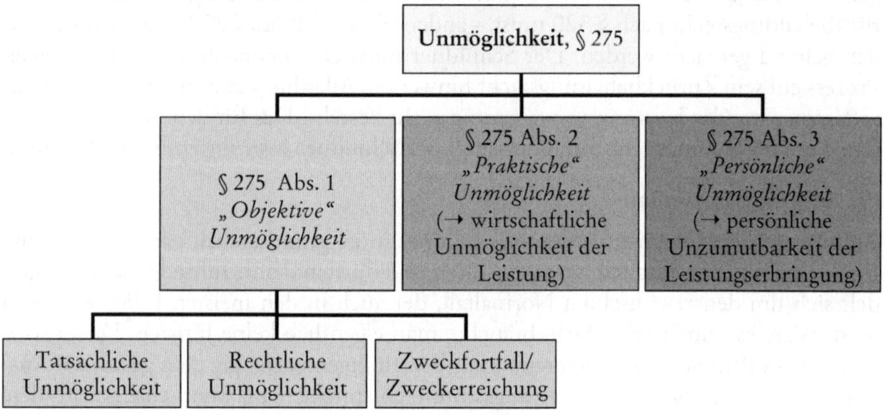

aa) Objektive Unmöglichkeit. Kennzeichen der „echten", d. h. objektiven Unmöglichkeit im Sinne von § 275 Abs. 1 ist es, dass das Unvermögen des Schuldners zur Leistung unüberwindbar sein muss. Dabei ist zwischen der tatsächlichen und der rechtlichen Unmöglichkeit zu unterscheiden. **Tatsächliche Unmöglichkeit** liegt vor, wenn die Leistung naturgesetzlich ausgeschlossen ist. 64

Wenn ein verkaufter Gegenstand wie die bewusste Vase oder ein Auto als die geschuldete Sache *(Speziesschuld)* zerstört worden ist, ist deren Leistung naturgesetzlich ausgeschlossen. Das trifft auch auf Fälle zu, in denen eine *von vornherein* unmögliche Leistung versprochen wird. Zu nennen wäre beispielsweise der Fall, in dem ein Erfinder verspricht, eine Zeitmaschine zu bauen, oder Fälle, in denen dem abergläubischen Kunden „paranormale" Leistungsergebnisse versprochen werden (z. B. Vertrag über „Liebeszauber"). 65

Rechtliche Unmöglichkeit liegt vor, wenn aufgrund von Rechtsvorschriften die Leistung nicht erbracht werden kann. Ist der Vertrag bereits wegen eines Verstoßes gegen ein gesetzliches Verbot (§ 134) nichtig, so bedarf es des § 275 Abs. 1 natürlich nicht. Typischer Fall der rechtlichen Unmöglichkeit ist die versagte *behördliche Genehmigung* für ein bestimmtes Vorhaben, z. B. für den Bau eines Hauses. Der Architekt oder Bauträger kann den Hausbau nicht „leisten", wenn die Behörde die notwendige Baugenehmigung versagt. Die Erfüllung seiner Verbindlichkeit ist ihm also rechtlich unmöglich. 66

Einen weiteren Fall der echten Unmöglichkeit stellen die Fälle der **Zweckerreichung** und des **Zweckfortfalls** dar. Ruft z. B. Bauer B den Tierarzt, weil sich das Reitpferd seiner Kinder im Stall hingelegt hat und nicht wieder aufsteht, kann es passieren, dass der eintreffende Tierarzt das Pferd schon wieder freudig auf der Weide herumlaufen sieht. Der Tierarzt schickt kurz darauf dennoch seine Rechnung. Hier tritt der geschuldete Leistungserfolg zwar ein, doch ohne dass der Schuldner dazu etwas beitragen konnte – auch das ist ein Fall der **objektiven** Unmöglichkeit. Unter die Fälle des **Zweckfortfalls** fasst man Situationen, in denen die Leistung deshalb nicht mehr erbracht werden kann, weil das Objekt der Leistung weggefallen ist, z. B. weil das Reitpferd gestorben ist. In beiden Situationen könnte man darüber streiten, ob die Leistung tatsächlich unmöglich geworden ist, da sie selbst noch erbracht werden könnte. Ihre Vornahme ergäbe aber keinen Sinn mehr. Deshalb wird einhellig angenommen, dass auch in diesen Fällen die Leistungspflicht des Schuldners nach § 275 Abs. 1 entfällt. Diese Fälle sind von den Fällen der sog. **Zweckstörung** abzugrenzen. Hier geht es um Leistungen, die weiterhin objektiv sinnvoll und möglich bleiben, an denen nur das subjektive Interesse des Gläubigers fehlt, z. B. wenn die Überlassung des gebuchten Hotelzimmers weiter möglich ist, der Gast aber wegen Ausfalls seines Fluges nicht in der Lage ist, das Zimmer zu nutzen. Dass er daran kein Interesse mehr hat, ist zwar verständlich, muss den Hotelier aber nicht interessieren: der Ausfall des Flugs fällt allein in den Risikobereich des Gasts. Hier muss jeweils das Vertragsrisiko genau bestimmt werden, und nur in krassen Ausnahmefällen kann die Lehre von der Störung der Geschäftsgrundlage helfen (vgl. Rn. 18 ff.). 67

bb) Praktische Unmöglichkeit. Nach § 275 Abs. 2 S. 1 kann der Schuldner seine Leistung verweigern, wenn sie nur mit einem grob unverhältnismäßigen Aufwand zu erbringen wäre. Es handelt sich um einen Fall der sog. rechtsvernichtenden *Einrede,* d. h. der Schuldner muss sich vor Gericht darauf berufen. 68

Fall 23:

69 Die berühmte Konzertsängerin Katja hat bei dem Nobel-Juwelier Jochen aus Deutschland einen wertvollen Diamanten (Wert 10 000,– Euro) gekauft. Sie vereinbaren eine Bringschuld, wonach J den Kaufgegenstand zu K's Anwesen in die USA bringen muss. Auf dem Weg dahin stürzt jedoch das Flugzeug mit J und dem Diamanten über dem Atlantik ab. Der Absturzort ist bekannt. Eine Bergung des Diamanten würde Kosten in Höhe von 500 000,– Euro verursachen.
Frage: Liegt hier ein Fall der Unmöglichkeit nach § 275 vor?

70 Man erkennt leicht, dass Knackpunkt dieser Vorschrift der Begriff des **groben Missverhältnisses** ist, das zwischen dem Aufwand des Schuldners und dem Leistungsinteresse des Gläubigers bestehen muss. Ab wann der Aufwand für eine Leistung im groben Missverhältnis zum Leistungsinteresse des Gläubigers steht, kann nicht abstrakt „mathematisch" bestimmt werden. Vielmehr muss in jedem Falle eine Interessenabwägung anhand des Inhalts des Schuldverhältnisses und der wirtschaftlich zumutbaren Leistungsanstrengungen anhand von Treu und Glauben vorgenommen werden. Da der Schuldner die Leistung ja zunächst versprochen hatte, muss der Ausschluss der Leistungspflicht die Ausnahme bleiben, doch gibt es eine – jeweils flexible – Opfergrenze zu beachten. Ihm sind mehr Anstrengungen zuzumuten, wie Satz 2 zeigt, wenn er für das Leistungshindernis verantwortlich ist, ebenso, wenn er ein Beschaffungsrisiko übernommen hat. Hat er beispielsweise den erworbenen Gegenstand vertragswidrig an einen Dritten verkauft, so wäre es unbillig, ihn mit der Begründung, eine Ersatzbeschaffung auf dem Markt sei zu teuer, von seiner Leistungspflicht zu entbinden. Zu fragen ist immer, „ob ein vernünftiger Mensch, wenn er selbst in den Genuss der Leistung käme, den erforderlichen erheblichen Aufwand betreiben würde" (*Kaiser,* Staudinger/Eckpfeiler, I Rn. 87). Mit *Kaiser* a. a. O. muss die Norm eine **eng auszulegende** Ausnahmeregel bleiben.

cc) Persönliche Unmöglichkeit.

Fall 24:

71 Der Clown Claudio hat sich bei Eventmanager Emil verpflichtet, am 15.7. einen Auftritt in Tübingen zu geben. An dem Abend des 15.7. hat die Ehefrau von C jedoch einen schweren Unfall. Um bei seiner Frau im Krankenhaus sein zu können, sagt C den Auftritt ab.
Frage: Liegt hier ein Fall von Unmöglichkeit nach § 275 vor?

72 Voraussetzung für die Anwendung des § 275 Abs. 3 ist die Erbringung von **persönlichen Leistungen** durch den Schuldner, was in der Regel bei Dienstleistungen, hauptsächlich bei Dienst- und Arbeitsverträgen, in Betracht kommt. Ist ihm die Erbringung der Leistung unzumutbar, so darf er diese verweigern, woraus aber auch folgt, dass es ihm unbenommen bleibt, die Leistung trotz der Unzumutbarkeit zu erbringen. Es besteht somit ein Wahlrecht. Typischer Beispielsfall, der schon in den Gesetzgebungsmaterialien erwähnt wird, ist die Sängerin, deren Kind lebensgefährlich erkrankt ist und die keine andere Betreuungsperson findet, die für es sorgen kann. Es ist jedermann verständlich, dass diese Sängerin nun nicht auftreten, sondern sich um ihr Kind kümmern will. Der Konzertveranstalter müsste sich um Ersatz kümmern, muss ihr jedenfalls keine Gage zahlen, §§ 275 Abs. 4, 326 Abs. 1. Der Sängerin bleibt es aber unbenommen, ihren Auftritt dennoch zu absolvieren. Auch die Leistungsverwei-

gerung aus Gewissensgründen lässt sich unter die Norm des § 275 Abs. 3 fassen. Beispielsfall ist die Erforschung von Kriegswaffen durch den pazifistisch eingestellten Ingenieur. Konnte dieser bei Vertragsschluss nicht voraussehen, dass seine Tätigkeit sich in diese Richtung entwickeln würde, so kann er nach § 275 Abs. 3 die weitere Arbeitsleistung verweigern, wenn sein Gewissen ihm diese Tätigkeit verbietet (Drittwirkung von Art. 4 GG).

Für den Ausschluss der Leistungspflicht nach § 275 ist es zunächst unerheblich, ob das Leistungshindernis schon bei Vertragsschluss vorlag oder erst nachträglich eintritt. Die Unterscheidung zwischen **anfänglicher und nachträglicher** Unmöglichkeit ist nur im Hinblick auf die Rechtsfolgen der Unmöglichkeit von Bedeutung. Gleiches gilt für die Verantwortlichkeit des Schuldners. Dessen Leistungspflicht ist unabhängig davon ausgeschlossen, ob er das Leistungshindernis nach § 276 *„zu vertreten"* hat oder nicht. Diese Frage spielt erst dann eine Rolle, wenn darüber zu entscheiden ist, welche **Sekundäransprüche** des Gläubigers bestehen; insbesondere der **Schadensersatz** wegen Pflichtverletzung erfordert nach § 280 Abs. 1 S. 2 das „Vertreten-Müssen" im Sinne von §§ 276, 278. 73

b) Schlichte Nichtleistung

Von schlichter Nichtleistung kann man sprechen, wenn der Schuldner zwar ohne weiteres in der Lage ist, seine Leistung zu erbringen und diese Leistung auch nicht verweigern darf, seine geschuldete Leistung aber dennoch nicht erbringt. Dem Gläubiger bleibt in einem solchen Fall nichts anderes übrig, als den Schuldner auf die Leistung **zu verklagen.** Bekommt er ein stattgebendes Urteil, so kann er mit Hilfe des Gerichtsvollziehers die ihm zustehende Leistung vollstrecken und sich so befriedigen. Leistet der Schuldner trotz einer Mahnung des Gläubigers nicht, so kann dieser nach § 323 Abs. 1 vom Vertrag zurücktreten oder nach § 281 Abs. 1 S. 1 Schadensersatz statt der Leistung verlangen. Einen Schaden, der ihm durch die bloße Verzögerung entstanden ist, kann er aber nur unter den besonderen Voraussetzungen des § 286 Abs. 1 (dazu sogleich) verlangen. 74

2. Verzögerung der Leistung (Verzug)

Von einer Verzögerung der Leistung kann man eigentlich nur sprechen, wenn der Schuldner nicht rechtzeitig liefert. Hierbei handelt es sich um den **Schuldnerverzug,** der in §§ 286 ff. geregelt ist. Die Grundnorm des § 280 verweist in Abs. 2 darauf. Aber auch der Gläubiger kann dazu beitragen, dass die Leistung nicht zum geplanten Zeitpunkt erfolgt, indem er sie nämlich nicht oder verspätet annimmt. In diesem Fall spricht man von **Gläubigerverzug,** der in den §§ 293 ff. geregelt ist. Beim Schuldnerverzug handelt es sich aber um eine **Pflichtverletzung** des Schuldners (§ 280 Abs. 2), die den Gläubiger unter Umständen berechtigt, vom Vertrag zurückzutreten, jedenfalls aber einen Anspruch auf Schadensersatz gibt. Der Gläubigerverzug ist dagegen nur Verletzung einer **Obliegenheit** zur Mitwirkung an der Erreichung des Vertragserfolgs, fällt aber nicht unter die Kategorie der „Pflichtverletzung": Es wird keine Hauptleistungspflicht verletzt, sondern nur eine Mitwirkungsobliegenheit, deren Vernachlässigung zwar zu Nachteilen (vgl. z. B. § 615: Annahmeverzug im Dienst- und Arbeitsvertrag löst Zahlungspflicht aus) für den Gläubiger führen kann, nicht aber zu Vertragsauflösung oder Schadensersatz. 75

a) Schuldnerverzug

Nach § 286 Abs. 1 S. 1 kommt der Schuldner in Verzug, wenn er nach Eintritt der Fälligkeit auf eine **Mahnung** des Gläubigers nicht leistet. 76

77 Das Erfordernis einer Mahnung ist von besonderer Bedeutung. Aus § 271 Abs. 1 (Leistungszeit) ergibt sich zwar, dass der Gläubiger – wenn nichts anderes vereinbart ist – die ihm zustehende Leistung **sofort** verlangen kann. Reagiert der Schuldner hierauf aber nicht, so bleibt der Gläubiger zunächst mal darauf beschränkt, weiter die Leistung zu verlangen und ggf. gerichtlich zu verfolgen – doch hat die bloße Verzögerung zunächst keine leistungsstörungsrechtlichen Konsequenzen, es sei denn, der Gläubiger muss z. B. wegen der unpünktlichen Lieferung einer Maschine sich anderweit eindecken und damit einen Schaden in Kauf nehmen, der bei pünktlicher Lieferung nicht entstanden wäre **(Verzögerungsschaden).** Unter Umständen benötigt er die Leistung auch nur zu einem **bestimmten** Termin (sog. Fixschuld), so dass er nach dessen Verstreichen überhaupt kein Interesse mehr an der Leistung hat (z. B. Taxi zum Flugplatz). Die zentrale Norm für Schadensersatz wegen Pflichtverletzung stellt in § 280 Abs. 2 klar, dass **Schadensersatz wegen Verzögerung der Leistung** nur unter den Voraussetzungen des § 286 verlangt werden kann. Notwendig ist also Verzug des Schuldners und damit im Regelfall eine Mahnung (vgl. *Schaubild 30*).

Schaubild 30: Voraussetzungen und Rechtsfolgen des Schuldnerverzugs

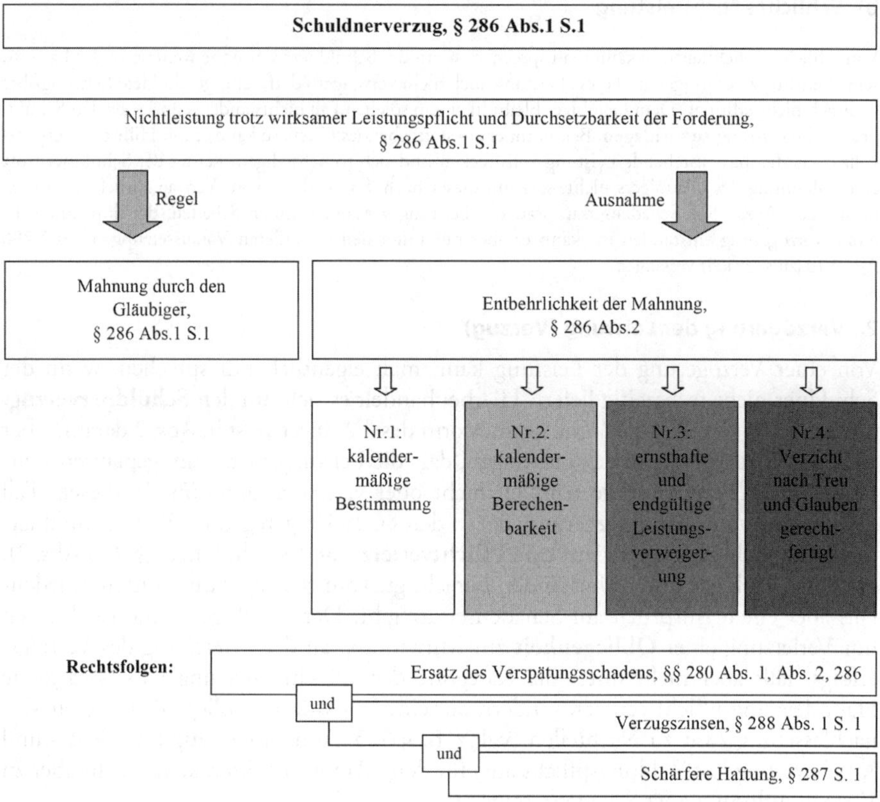

Fall 25:

Professor X möchte den geladenen Gästen nach seiner Antrittsvorlesung am 28. April 2018 einen guten Imbiss servieren. Hierzu beauftragt er den Cateringservice des Nobel. Es wird vereinbart, dass N direkt nach der Vorlesung um 12:00 Uhr den Imbiss serviert. 78
Aufgrund eines Organisationsfehlers des N fährt dieser jedoch zu spät von seinem Laden zur Universität und kann daher den Imbiss erst um 13:00 Uhr servieren. In der Zwischenzeit hat X, um seine hungrigen Gäste vorübergehend zu besänftigen, bei einem örtlichen Lieferdienst zehn Pizzen Margherita als „Aperitif" zu einem Preis von insgesamt 50,– Euro bestellt.
Frage: X möchte nun wissen, ob er von N das Geld für die zehn Pizzen in Höhe von 50,– Euro ersetzt bekommen kann.

Voraussetzung für § 286 Abs. 1 ist eine wirksame Leistungspflicht des Schuldners: Der Schuldner leistet nicht, *obwohl er leisten könnte.* Kann oder braucht er wegen § 275 Abs. 1 nicht zu leisten, kann er auch nicht in Verzug geraten. Das ist immer dann problematisch, wenn nicht eindeutig klar ist, ob die geschuldete Leistung **noch nachholbar** ist. Bei *absoluten Fixgeschäften* führt die Verzögerung der Erfüllung deshalb zur Unmöglichkeit, weil nach Art der vereinbarten Leistung diese *nur zum vereinbarten Zeitpunkt* erbracht werden kann. Dies ist beispielsweise der Fall, wenn durch die Leistung die Teilnahme an einem einmaligen Ereignis ermöglicht werden sollte (vgl. sog. Krönungszug-Fall). Auch bei Arbeitnehmern, die in einen arbeitsteiligen Produktionsprozess eingegliedert sind, wird angenommen, dass die Erbringung der Arbeitsleistung nicht nachholbar ist. Versäumt der Fließbandarbeiter also seine Schicht (z. B. wegen Krankheit), so kann er diese nicht mehr nachholen. 79

Weitere Voraussetzungen sind **Durchsetzbarkeit und Einredefreiheit** der Forderung. 80
Haben die Parteien vereinbart, dass die Schuld erst zu einem bestimmten Zeitpunkt zu erfüllen ist, so kann der Gläubiger nicht durch vorherige Mahnung den Verzug des Schuldners herbeiführen. Notwendig ist also die Fälligkeit der Forderung genauso wie das Nichtbestehen von Leistungsverweigerungsrechten (§§ 273, 320, vgl. Rn. 55ff.). Grundsätzlich setzt § 286 Abs. 1 eine den Verzug des Schuldners begründende Handlung des Gläubigers, die **Mahnung,** voraus. Bei der Mahnung handelt sich um eine einseitige und empfangsbedürftige Aufforderung an den Schuldner, mit welcher diesem klargemacht wird, dass er zu leisten hat und dass das Ausbleiben der Leistung Folgen haben wird (geschäftsähnliche Handlung, vgl. § 8 Rn. 11). Die Mahnung muss nicht notwendigerweise schriftlich erfolgen, eine besondere Form ist nicht vorgeschrieben. Aus Beweisgründen sollte man sich aber nicht auf eine mündliche Mahnung beschränken. Eine interessante Frage stellt sich, wenn der Gläubiger in seinem Anschreiben **mehr verlangt** als geschuldet ist. Bei dieser „Zuviel-Mahnung" ist fraglich, ob der Schuldner die Mahnung so verstehen konnte, dass sie sich tatsächlich auf die geschuldete Leistung bezieht. Ist dies nicht der Fall, so ist die Mahnung unwirksam. Mahnt der Gläubiger hingegen einen **zu niedrigen** Betrag an, so kann auch nur in Bezug auf diesen Teil der Schuld Verzug eintreten.

Vom Grundsatz des Erfordernisses der Mahnung enthält § 286 Abs. 2 einige **Ausnahmen.** Die Ziffern 1–3 regeln besondere Fälle, in denen die Mahnung entbehrlich erscheint, während Ziffer 4 eine Generalklausel darstellt, unter die alle weiteren Fälle gefasst werden können, in denen nach Treu und Glauben ein Verzicht auf die Mahnung gerechtfertigt ist. Den wichtigsten Ausnahmefall regelt § 286 Abs. 2 Nr. 1, wenn nämlich *„für die Leistung eine Zeit nach dem Kalender bestimmt ist"*. Häufig wird die Leis- 81 tung für einen bestimmten Tag vereinbart („Lieferung fix am 1. November 2014"), oft wird auch eine bestimmte Zeitspanne für die Leistung vorgesehen („Lieferung eine Woche nach Vertragsschluss"). Nicht unter Nr. 1 fällt eine Vereinbarung dergestalt, dass *„Zahlung eine Woche nach Lieferung"* zu erfolgen hat. Hier greift Ziffer 2 des § 286 Abs. 2. Hiernach ist die Mahnung entbehrlich, wenn der Leistung ein Ereignis vorauszugehen hat und hiernach eine nach dem Kalender bestimmbare, angemessene Zeit für die Leistung vereinbart ist. Wichtig ist hier aber vor allem, dass es sich um eine *vereinbarte* Zeitbestimmung handeln muss. Es genügt nicht, dass der Gläubiger einseitig einen entsprechenden Passus in seine Rechnung aufnimmt. Grund für die Entbehrlichkeit der Mahnung bei einem kalendermäßig bestimmten Termin nach § 286 Abs. 2 Nr. 1 und 2 ist es, dass der Schuldner weiß, wann er zu leisten hat und nicht erst durch die Mahnung darauf hingewiesen werden muss. Bei den Fällen des § 286 Abs. 2 Nr. 3 ist die Mahnung aber deshalb entbehrlich, weil der Schuldner angekündigt hat, er werde in keinem Fall leisten. Hier müsste eine Mahnung als sinnloser Formalismus erscheinen. Einen für **Verbraucher** wichtigen weiteren Fall des automatischen Verzugseintritts sieht das Gesetz in dem auf der EU-ZahlungsverzugsRL beruhenden § 286 Abs. 3 vor. Danach kommt der Zahlungsschuldner *automatisch* und „spätestens" in Verzug, wenn er bei einer Entgeltforderung nach Zugang einer Rechnung **30 Tage lang** nicht leistet. Gegenüber „Verbrauchern" (§ 13) muss in der Rechnung deutlich auf diese Rechtsfolge hingewiesen werden. Hat der Schuldner die Verzögerung der Leistung nicht zu vertreten, so kommt er nicht in Verzug (§ 286 Abs. 4). Er muss dies aber darlegen und beweisen, andernfalls das Gegenteil vermutet wird: Unaufklärbarkeit schadet also dem Schuldner, weil er die Behauptungs- bzw. Beweislast trägt (*Formulierung* in § 286 Abs. 4 beachten).

82 Befindet sich der Schuldner in Verzug, so hat er den Gläubiger gemäß §§ 280 Abs. 1 u. 2, 286 BGB den durch die Verzögerung der Leistung entstandenen Schaden, den Verzögerungsschaden, zu ersetzen: *Er hat den Gläubiger so zu stellen, wie dieser stehen würde, wenn die Leistung rechtzeitig erbracht worden wäre.* Von besonderer Bedeutung sind hier z. B. der Ersatz von entgangenem Gewinn, wenn durch die Verzögerung ein Folgegeschäft geplatzt ist und der Ersatz von Rechtsverfolgungskosten, wenn zur Eintreibung der ausbleibenden Leistung ein Rechtsanwalt eingeschaltet wurde. Dem **Zahlungsgläubiger** stehen nach § 288 Abs. 1 S. 1 **Verzugszinsen** zu. Diese Zinsen werden so berechnet, dass auf den nach § 247 von der Bundesbank bekannt gemachten Basiszinssatz **fünf** Prozentpunkte (bei reinen Unternehmergeschäften: **neun** Prozentpunkte) aufgeschlagen werden. Beträgt der Basiszinssatz z. B. –0,88 % (vom 1.1.2018 bis zum 30.6.2018), so beträgt der Verzugszinssatz bei Verbrauchergeschäften 4,12 % im Jahr. Der Verzugszinsenanspruch stellt einen vom Gesetz vermuteten **Mindestschaden** dar, der vom Gläubiger nicht im Einzelnen dargelegt und bewiesen werden muss. Erleidet der Gläubiger aber einen höheren Zinsschaden, weil er teurere Bankdarlehen in Anspruch nehmen muss, so kann er auch diesen Schaden ersetzt verlangen (§ 288 Abs. 4). Zudem unterliegt der im Verzug befindliche Schuldner noch einer schärferen Haftung als zuvor, vgl. § 287 S. 2 („Zufallshaftung").

b) Gläubigerverzug

83 Tritt eine Verzögerung der Leistung nicht aufgrund Schuldnerverhaltens, sondern aufgrund Gläubigerverhaltens ein, so hat der Schuldner ein Problem: Er wird sehr oft nicht in der Lage sein, *ohne eine Mitwirkung des Gläubigers seine Leistung zu erbringen.* Eine gesetzliche oder vertragliche Verpflichtung des Gläubigers zur Mitwirkung besteht nur in den seltensten Fällen (z. B. § 433 Abs. 2: Abnahmepflicht). Der Schuldner kann den Gläubiger daher weder durch die Gerichte zwingen, seine Mitwirkungshandlung vorzunehmen, noch kann er bei Unterlassung der Mitwirkungshandlung Schadenersatz verlangen. Die bloße unterlassene Mitwirkungshandlung durch den

Gläubiger führt auch nicht zu einer Leistungsbefreiung des Schuldners. Er bleibt also weiterhin zur Leistung verpflichtet, es sei denn, das Unterlassen der Mitwirkungshandlung führt zur *Unmöglichkeit*. Diesem Dilemma des Schuldners sollen die Regelungen über den Gläubigerverzug in den §§ 293ff. entgegenwirken. Nach § 293 kommt der Gläubiger in Verzug, wenn er die ihm angebotene Leistung *nicht annimmt*. Dazu muss der leistungsbereite Schuldner dem Gläubiger ein tatsächliches oder wörtliches Angebot unterbreiten (soweit ein Angebot nicht ausnahmsweise entbehrlich ist, vgl. § 296) und der Gläubiger dieses nicht annehmen. Der Gläubiger einer unmöglichen Leistung kann nicht in Verzug geraten. Tritt Unmöglichkeit erst nach Beginn des Annahmeverzugszeitraums ein, so endet dieser mit Eintritt der Unmöglichkeit.

Fall 26:

Pascal hat bei Weinhändler Frederik 15 Flaschen Trollinger bestellt. Die beiden hatten vereinbart, dass P die Weinflaschen am 15. Juli um 18 Uhr abholt. F lässt die für die Erfüllung bestimmte Kiste aus dem Weinkeller holen und transportfertig machen. P holt jedoch die Flaschen am 15. Juli nicht ab. In der Nacht auf den 16. Juli bricht ein Dieb in das Weingeschäft von F ein und stiehlt die für P bereit gestellten Flaschen Trollinger. 84
Frage: Kann F trotzdem von P Zahlung des Kaufpreises verlangen?

Nimmt der Gläubiger die richtig angebotene Leistung nicht an, so kommt er automatisch in Gläubigerverzug. Ob er die Nichtannahme zu vertreten hat, ist bei dieser „Obliegenheitsverletzung" ohne jedes Interesse – auf Verschulden kommt es nicht an! Der Gläubigerverzug führt nicht dazu, dass der Schuldner seine Leistung nicht mehr zu erbringen hätte. Ihm kommen aber ab Eintritt des Gläubigerverzugs gewisse **Haftungserleichterungen** zugute: er haftet nur noch für Vorsatz und grobe Fahrlässigkeit (§ 300 Abs. 1). Der Gläubiger trägt auch das Risiko für den zufälligen Untergang des Leistungsgegenstands. Dies zeigt § 300 Abs. 2 für die Leistungsgefahr bei Gattungsschulden. Die Norm bestimmt, dass sich danach die Schuld nur noch auf die *konkret angebotene* Sache beschränkt. Geht die Sache im Annahmeverzug unter, so tritt Unmöglichkeit unabhängig von der Frage ein, ob noch weitere Sachen gleicher Art und Güte vorhanden sind. 85

3. Schlechtleistung

Leistet der Schuldner zwar, erbringt er seine Leistung aber nicht **„ordentlich"**, so bezeichnet man dies als Schlechtleistung. Man kann hier zwischen **quantitativer** und **qualitativer Schlechtleistung** unterscheiden. Hat der Schuldner eine bestimmte Menge zu liefern und liefert er nur die Hälfte, so ist dies ebenso eine Schlechtleistung wie wenn er zwar alles liefert, dies aber nicht den vereinbarten Qualitätsanforderungen entspricht. Regelmäßig dürfte bei der Schlechtleistung eine Verletzung der Hauptleistungspflicht vorliegen. Aber auch eine Verletzung von Nebenpflichten kann eine Schlechtleistung darstellen, wenn es der Schuldner beispielsweise versäumt, seine Lieferung ordnungsgemäß zu verpacken oder seine Instruktionspflichten zu erfüllen. Leistet der Schuldner nicht wie geschuldet, so steht ihm zunächst das **Recht zur Nacherfüllung** zu. Hat er zu wenig geliefert, so muss er die restliche Menge nachliefern; hat er Ware von schlechter Qualität geliefert, so muss er den Qualitätsmangel beheben oder neue, der vereinbarten Qualität entsprechenden Waren liefern. Kommt der Schuldner einem Nacherfüllungsverlangen des Gläubigers nicht nach, so kann die- 86 ser unter den Voraussetzungen des § 281 Schadensersatz verlangen oder nach § 323 vom Vertrag zurücktreten.

87 Der Anteil der Vorschriften über die Schlechtleistung im Schuldrecht AT ist relativ gering. **Schlechterfüllungsregeln** finden sich detaillierter bei den Vertragstypen, bei denen Schlechterfüllung eine wichtige Rolle spielt, insbesondere im **Kauf- und Werkvertrag** (sog. Gewährleistungsregeln für Verkäufer bzw. Unternehmer). Die allgemeinen Regelungen finden daher nur Anwendung auf solche Verträge, die keine eigenen Vorschriften über die Gewährleistung kennen (z. B. im Dienstvertragsrecht, §§ 611 ff.) oder gar nicht im BGB als Typus vertreten sind. Doch verweisen auch die Gewährleistungsvorschriften des Kauf- und Werkvertragsrechts häufig auf die Rechtsfolgen des allgemeinen Schuldrechts. Eine genaue Kenntnis dieser Regelungen ist daher auch für das Verständnis der spezialgesetzlichen Gewährleistungsregeln unentbehrlich.

IV. Rechtsfolgen der Pflichtverletzung

88 Kommt es zu Störungen im Schuldverhältnis, so treten an die Stelle oder neben den primären Leistungsanspruch so genannte **Sekundäransprüche.** Maßgebliches Ziel dieser Ansprüche ist es, trotz Störung bei der eigentlich geschuldeten Erfüllung den Gläubiger zu befriedigen, zunächst und vorrangig im Wege der **Nacherfüllung,** andernfalls kommen Schadensersatzansprüche in Betracht. Weiterhin kann das Schuldverhältnis durch Rücktritt in ein Rückgewährschuldverhältnis umgewandelt werden, was weitere Sekundäransprüche nach sich zieht.

1. Nacherfüllung

89 Der Nacherfüllungsanspruch hat seinen Schwerpunkt im Kaufvertragsrecht. Dort ist er auch sehr detailliert geregelt, was die Darstellung erleichtert; deshalb sei hierzu auf § 10 II verwiesen. An dieser Stelle sollen nur allgemeine, für alle Schuldverhältnisse gültige Ausführungen gemacht werden. Der Nacherfüllungsanspruch ist im allgemeinen Schuldrecht eigentlich gar nicht gesondert normiert. Erwähnung findet er nur in § 281 Abs. 1 S. 1 und § 323 Abs. 1, dort aber nicht als eigener Anspruch, sondern nur als Voraussetzung für einen Schadensersatzanspruch oder den Rücktritt vom gegenseitigen Vertrag. Beide Vorschriften verlangen als Regel, dass der Gläubiger dem Schuldner zunächst erfolglos eine angemessene **Frist zur Nacherfüllung** gesetzt haben muss. Nur dann kann er Schadensersatz verlangen oder vom Vertrag zurücktreten. Schon diese rudimentäre Regelung zeigt, dass es sich beim Anspruch auf Nacherfüllung weniger um ein Recht des Gläubigers als um eine „Nacherfüllungs"-Chance des Schuldners handelt: Der Gläubiger soll sich nicht sofort vom Vertrag lösen können, wenn der Schuldner nicht wie vereinbart erfüllt. Der Gläubiger muss dem Schuldner vielmehr die Chance zur **zweiten Andienung** geben, um das ursprünglich vereinbarte Pflichtenprogramm möglichst zu „retten".

90 Voraussetzung für den Anspruch auf Nacherfüllung ist zunächst eine **Schlechterfüllung** der Verbindlichkeit des Schuldners. Hat dieser gar nicht geleistet, so gibt es keinen Anlass für eine „Nach"-Erfüllung. Es bleibt weiterhin beim ausstehenden Primäranspruch. Ist die Leistung aber unvollständig oder mangelhaft, so hat der Schuldner nachzubessern. Bei Minderleistung, also der Lieferung einer zu geringen Menge, erfolgt dies einfach durch Nachlieferung. Ist die erbrachte Leistung aber qualitativ mangelhaft, so bestehen zwei Alternativen der Nacherfüllung: Der Schuldner kann den Mangel entweder dadurch beseitigen, indem er Reparaturen oder Ausbesserungen vornimmt, oder aber er liefert erneut, diesmal mangelfrei, vgl. § 439. Problematisch im weiteren Verlauf ist dann die Frage, wie lange der Gläubiger bei der Nacherfüllung zuwarten soll, d. h. wie lange er weiteren Nacherfüllungsversuchen zusehen soll, bevor er

endgültig zum Rücktritt und/oder zum Schadensersatz übergeht (vgl. Regelung in § 440 als Orientierung).

2. Schadensersatz

Aufgabe des schuldrechtlichen Schadensersatzanspruches ist es, das „Opfer" einer Pflichtverletzung durch eine Ersatzleistung zu entschädigen. Die **Anspruchsgrundlagen** für den Schadensersatzanspruch finden sich in §§ 280ff., während der **Inhalt** des Schadensersatzanspruchs in den §§ 249ff. geregelt ist. Hier soll zunächst auf die Anspruchsgrundlage eingegangen werden, um dann in einem zweiten Schritt zu thematisieren, was der Schuldner des Schadensersatzanspruches zu leisten hat. Der Verzögerungsschaden nach §§ 280 Abs. 2, 286 wurde bereits oben Rn. 82 behandelt. 91

a) Schadensersatzrechtliche Anspruchsgrundlagen

Die §§ 280ff. enthalten für verschiedene Störungsfälle verschiedene Anspruchsgrundlagen auf Schadensersatz. Ausgangspunkt ist hierbei die **Grundnorm** des § 280 Abs. 1, die einerseits eigenständige Anspruchsgrundlage ist, andererseits aber auch allgemeine, für die folgenden Anspruchsgrundlagen geltende Voraussetzungen aufstellt. 92

Schaubild 31: Schadensersatz

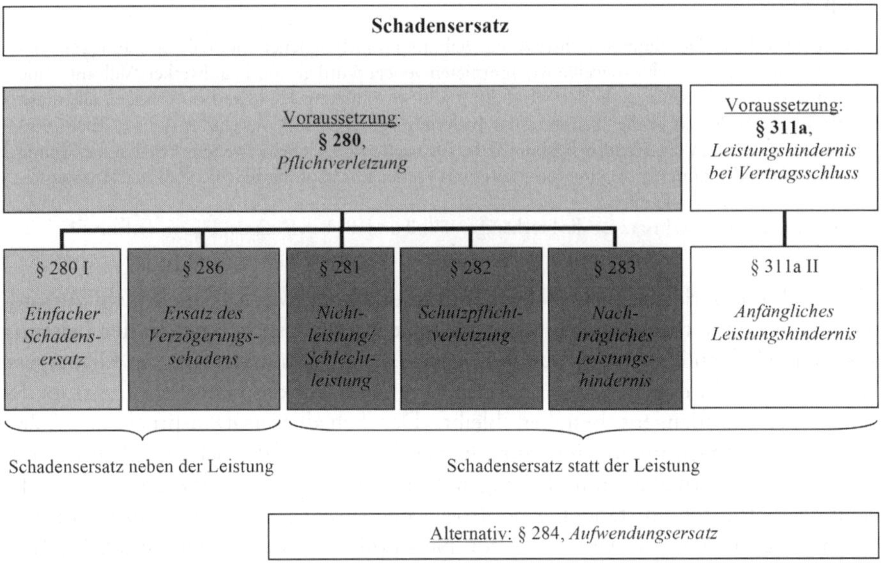

aa) Grundnorm § 280 Abs. 1 BGB. § 280 Abs. 1 S. 1 erweckt den Eindruck, dass allein die Pflichtverletzung des Schuldners einen Schadensersatzanspruch des Gläubigers begründen würde. Diese Vermutung wird jedoch sogleich durch Satz 2 widerlegt, der den Schuldner von diesem Anspruch freistellt, wenn er die Pflichtverletzung nicht zu vertreten hat. Die einzelnen Merkmale des § 280 Abs. 1 sind damit (1) das Vorliegen eines Schuldverhältnisses, (2) die Verletzung einer **Pflicht** aus diesem Schuldverhältnis und (3) das **Vertretenmüssen** des Schuldners. Diese drei Voraussetzungen müssen auch bei allen weiteren Schadensersatzansprüchen der §§ 280ff. erfüllt sein, doch hinzutreten muss natürlich der (zutreffende) **Schaden.** Denn die Vorschrift des § 280 93 baut ihre Anspruchsgrundlagen **nach der Art des Schadens** auf. Danach sind die Absätze (von hinten nach vorne!) zu lesen. Danach sollte auch die Klausur aufgebaut werden: Fraglich ist also (schon im Ausgangspunkt) jeweils, *welche Art von Schaden* ersetzt werden soll – entsprechend ist der Ausgangspunkt in einem der Absätze des § 280 zu wählen, wobei dann weitere Voraussetzungen in den §§ 281 ff. und den Spezialregeln des Kauf- und Werkvertragsrechts zu beachten sind.

94 **(1) Schuldverhältnis.** Voraussetzung schuldrechtlicher Schadensersatzansprüche ist natürlich das Bestehen eines Schuldverhältnisses. Es ist im Sinne des § 280 Abs. 1 S. 1 BGB als Schuldverhältnis **im weiteren Sinne** zu verstehen. Auf den einzelnen Anspruch kommt es daher nicht an. Schuldner ist derjenige, der die konkrete, verletzte Pflicht zu erfüllen hatte.

95 **(2) Anspruch direkt aus § 280 Abs. 1 BGB.** § 280 Abs. 1 selbst gewährt einen Anspruch auf Schadensersatz **neben** der Leistung. Erfasst sind also Fälle, in denen der Schuldner seine Hauptleistung ordnungsgemäß erbringt, aber neben seiner Leistungspflicht bestehende Pflichten verletzt (Begleitpflichten). Hauptanwendungsfall ist damit die **Verletzung von Schutz- und Rücksichtnahmepflichten** gemäß § 241 Abs. 2.

Fall 27:

96 Elisabeth will das Badezimmer in ihrer Altbauwohnung im Münchener Stadtteil Schwabing renovieren. Nachdem bereits schicke weiße Marmorfliesen verlegt wurden, soll Handwerker Willi nun eine edle freistehende Badewanne in der Mitte des Raumes montieren. Handwerker W besitzt allerdings zwei linke Hände: Als er die Wanne in das Badezimmer tragen will, verfehlt er die Tür leicht und rammt eine Delle in die Wand neben der Türe. Als nach erfolgreichem zweitem Versuch die Wanne endlich im Badezimmer ist, lässt er diese aufgrund großer Erschöpfung plötzlich fallen. Darunter leiden einige der Fliesen deutlich.
Frage: Kann E von W Ersatz für die beschädigte Wand und die beschädigten Fliesen verlangen?

97 Aber auch die Verletzung von Nebenleistungspflichten, wie z. B. die Pflicht zur ordnungsgemäßen Verpackung, kann einen Schadensersatzanspruch **neben der Leistung** auslösen. Maßgeblich ist dabei die Verletzung des *Integritätsinteresses* des Gläubigers. Wichtig ist auch, dass der Anspruch des Gläubigers auf die Hauptleistung trotz des Schadensersatzverlangens bestehen bleibt. Der Schadensersatzanspruch aus § 280 Abs. 1 hat demnach im engeren Sinne keinen Einfluss auf das Schuldverhältnis, sondern soll gewissermaßen nur diejenigen Schäden ausgleichen, die bei Vollzug des Schuldverhältnisses entstanden sind (sog. „Begleitschaden"). Eine Ausnahme von dem Grundsatz, dass die Verletzung von Nebenpflichten den Bestand des Schuldverhältnisses nicht beeinträchtigt, bringt aber § 282. Hiernach kann auch die Verletzung von Pflichten im Sinne des § 241 Abs. 2 zu einem Schadensersatzanspruch **statt der Leistung** führen, wenn durch die Verletzung der Nebenpflicht das Schuldverhältnis so gestört ist, dass dem Gläubiger eine weitere Leistung durch den Schuldner wegen grober Vertrauensverletzung nicht mehr zuzumuten ist.

98 **(3) Vertretenmüssen.** Nach § 280 Abs. 1 S. 2 besteht keine Schadensersatzpflicht, wenn der Schuldner seine Pflichtverletzung nicht zu vertreten hat. Diese auf den ersten Blick sprachlich etwas bemüht klingende Formulierung drückt eine **gesetzliche Beweislastverteilung** aus. Grundsätzlich muss derjenige das beweisen, was ihm güns-

tig ist, was also seinen Anspruch begründet. Wäre das Vertretenmüssen positive Voraussetzung des Schadensersatzanspruchs, so müsste der Geschädigte jeweils nachweisen, dass der Schuldner seine Pflichtverletzung zu vertreten hat (so auch die Deliktsnorm des § 823 Abs. 1!). Durch die „negative" Formulierung des § 280 Abs. 1 S. 2 wird aber deutlich, dass nicht der Geschädigte, sondern der Schädiger selbst nachweisen muss, dass er *„die Pflichtverletzung nicht zu vertreten hat"* – **er muss sich also entlasten!** Gelingt das nicht, dann kann der Richter vom Verschulden des Schädigers ausgehen. Zu vertreten hat der Schuldner nach § 276 Abs. 1 S. 1 **Vorsatz und Fahrlässigkeit.** Dieser Grundsatz schließt nicht aus, dass eine mildere oder schärfere Haftung des Schuldners vertraglich vereinbart wird. § 276 Abs. 3 verbietet nur den Ausschluss der Haftung wegen Vorsatzes (in AGB sind auch weniger weitgehende Haftungsausschlüsse untersagt, vgl. § 309 Nr. 7). Auch das Gesetz sieht an verschiedenster Stelle vor allem Haftungserleichterungen vor, z. B. für den Schenker. Dieser hat nach § 521 nur Vorsatz und grobe Fahrlässigkeit zu vertreten.

Vorsatz ist das **Wissen und Wollen** des Erfolgs im Bewusstsein der Pflichtwidrigkeit. Von *direktem Vorsatz* 99
spricht man, wenn der Handelnde weiß oder will, dass die Pflichtverletzung eintritt. Es genügt aber auch *bedingter Vorsatz.* Dieser ist gegeben, wenn der Handelnde mit der Möglichkeit des Erfolgseintritts rechnet und dies billigend in Kauf nimmt. Im Gegensatz zum Vorsatz ist die Fahrlässigkeit gesetzlich definiert. Nach § 276 Abs. 2 handelt fahrlässig, wer die **im Verkehr erforderliche Sorgfalt** außer Acht lässt. Es wird damit ein nach Art und Inhalt des Schuldverhältnisses typisierter Sorgfaltsmaßstab angelegt, den die am Schuldverhältnis Beteiligten einzuhalten haben. Dabei kommt es auf deren persönliche Fähigkeiten nicht an. Wer sich z. B. als Rechtsanwalt wissentlich in einen gewissen Verkehrskreis begibt, muss sich auch den im Anwaltsbereich üblichen Sorgfaltsmaßstäben anpassen.

Die im Zivilrecht wesentlichen Unterformen der Fahrlässigkeit sind die *grobe Fahrlässigkeit* und der *Verstoß* 100
gegen die eigenübliche Sorgfalt. Der Vorwurf der groben Fahrlässigkeit ist zu machen, wenn die im Verkehr erforderliche Sorgfalt in besonders schwerem Maße außer Acht gelassen wird. Dies ist dann zu bejahen, wenn ein Sorgfaltsverstoß vorliegt, dessen schädliche Folgen jedem hätte einleuchten müssen. Einen individuelleren Maßstab legt die Haftung für die Sorgfalt in eigenen Angelegenheiten (§ 277) an. Ist die Verantwortlichkeit des Schuldners auf die eigenübliche Sorgfalt beschränkt (vgl. z. B. § 708 für Gesellschafter einer GbR), so muss er nur so handeln, wie er dies in eigenen Angelegenheiten zu tun pflegt. Eine Befreiung von der Haftung für grobfahrlässiges Verhalten ist damit aber nicht verbunden. Neben seinem eigenen Verschulden hat der Schuldner auch für das Verhalten bestimmter Dritter einzustehen. Nach § 278 S. 1 hat er das Verschulden seines gesetzlichen Vertreters (Var. 1) und von Personen, derer er sich zur Erfüllung seiner Verbindlichkeiten bedient (Var. 2), in gleichem Umfang zu vertreten wie sein eigenes (sog. *Erfüllungsgehilfen*).

bb) Schadensersatz statt der Leistung nach §§ 280 Abs. 3, 281 BGB. § 281 Abs. 1 101
gibt dem Gläubiger einen Anspruch auf Schadensersatz statt der Leistung, wenn der Schuldner die fällige Leistung nicht oder nicht wie geschuldet erbringt. Bei der hier sanktionierten Pflichtverletzung handelt es sich also um die **Nicht- oder Schlechtleistung** des Schuldners.

Fall 28:

Melanie hat bei Autohändler Jens einen Pkw für 9 000,– Euro gekauft. Als Ergebnis einer besonders 102
erfolgreichen Verkaufsverhandlung hat M noch ein Navigationsgerät erstanden, das zusammen mit dem Pkw geliefert werden soll. Am Tag der Lieferung bemerkt M jedoch, dass das Navigationsgerät fehlt. Sie setzt J eine angemessene Frist zur Nachlieferung des Navigationsgeräts, dieser weigert sich jedoch vor Ablauf der Frist endgültig und ernsthaft, die Leistung zu erbringen.
Frage: Kann M Ersatz für das fehlende Navigationsgerät verlangen?

Abwandlung: M, erbost über die Frechheit von J, möchte nun gar nichts mehr mit so einem Gauner zu tun haben. Kann sie bei einem anderen Autohändler einen ähnlichen Pkw kaufen und – unter Rückgabe des von J gelieferten Pkw – Ersatz der Mehrkosten von J verlangen?

103 Voraussetzung ist daher zunächst einmal ein fälliger Anspruch. An Schadensersatz wegen Nichtleistung könnte man auch denken, wenn dem Schuldner die Leistung *unmöglich* ist. Hierfür ist § 281 aber nicht die richtige Anspruchsgrundlage, vielmehr gilt hier § 283. Ist die Leistung unmöglich, so ist der Anspruch ausgeschlossen, ein fälliger Anspruch besteht also nicht mehr. Von § 281 erfasst ist daher nur die **schlichte Nichtleistung,** die einer Verzögerung der Leistung gleichsteht. Nicht notwendig für § 281 Abs. 1 ist allerdings, dass sich der Schuldner in Verzug befindet. Schlechtleistung im Sinne des § 281 Abs. 1 ist zunächst einmal die mangelhafte Lieferung, also alle Leistungsstörungen, die auf der Schlechterfüllung einer Hauptleistungspflicht beruhen.

104 Aber auch die Verletzung von **Neben*leistungs*pflichten** kann eine Schlechtleistung bedingen, so dass die Abgrenzung zur Schutzpflichtverletzung nach § 241 Abs. 2 wichtig ist (vgl. *Fall 27*). Gewisse Nebenpflichten schützen sowohl das Leistungs- als auch das Integritätsinteresse des Gläubigers. Bei Verletzung einer solchen ambivalenten Pflicht (z. B. Verpackungspflicht) stellt sich somit die Frage, ob § 282 Abs. 1 oder § 281 Abs. 1 die richtige Anspruchsgrundlage ist. Entscheidend ist hier das **wirtschaftliche Interesse** des Gläubigers: Geht es ihm nach wie vor um die (Nach-)Erfüllung, so wird er den Weg über § 281 wählen und eine Nachfrist setzen. Geht er dagegen den Weg über § 282, bringt er zum Ausdruck, dass er wegen der Schwere der Schutzpflichtverletzung kein Interesse mehr an der Erfüllung hat und den Nichterfüllungsschaden sogleich liquidieren möchte.

105 Wesentliches Merkmal des § 281 ist die **Notwendigkeit einer Nachfristsetzung.** Dies dient der Sicherung des Vorrangs des Primäranspruchs. Bevor der Gläubiger auf Sekundäransprüche zurückgreifen kann, muss er dem Schuldner zunächst eine „zweite Chance" geben (es sei denn, es liegt ein Fall des § 282 vor). Mit der Fristsetzung muss der Gläubiger den Schuldner eindeutig und bestimmt zu Leistung auffordern und ihm hierfür eine Frist setzen. Möglich ist die Fristsetzung erst nach Fälligkeit des Anspruchs. Wann eine so gesetzte Frist angemessen ist, kann nicht pauschal beantwortet werden. Die Fristsetzung zur Erbringung der eigentlich fälligen Leistung kann in der Regel kürzer ausfallen als die Frist zur Nachbesserung; doch muss auch dann darauf geachtet werden, dass die Zeitspanne genügt, um die notwendigen Nachbesserungshandlungen vorzunehmen. § 281 Abs. 2 erklärt die Fristsetzung in bestimmten Fällen für **entbehrlich.** Dies gilt zum einen, wenn der Schuldner die Leistung ernsthaft und endgültig verweigert (Var. 1). Ebenfalls entbehrlich ist die Fristsetzung, wenn besondere Umstände vorliegen, die unter Abwägung der beiderseitigen Interessen die sofortige Geltendmachung des Schadensersatzanspruchs rechtfertigen (Var. 2). Hiervon erfasst sind insbesondere so schwere Pflichtverletzungen, dass dem Gläubiger ein weiteres Festhalten am Vertrag als nicht zumutbar erscheinen muss. Auch dann, wenn der Gläubiger auf die pünktliche Lieferung absolut angewiesen ist und dies dem Schuldner auch bekannt ist (z. B. bei Just-in-Time-Verträgen), kann vom Gläubiger nicht verlangt werden, dass er zunächst eine angemessene Frist abwartet, bevor er einer Ersatzbeschaffung vornimmt.

§ 281 verpflichtet den Gläubiger nicht, Schadensersatz zu verlangen. Er kann auch nach Ablauf der gesetzten Frist weiter auf seinem Leistungsanspruch beharren und diesen gegebenenfalls gerichtlich geltend machen. Verlangt er aber Schadensersatz, so bestimmt § 281 Abs. 4, dass dann der Anspruch auf die Leistung ausgeschlossen ist. Bei der Rechtsfolge des § 281 Abs. 1 hat man zwischen Schadensersatz statt der Leistung (**„kleiner Schadensersatz"**) und Schadensersatz statt der *ganzen* Leistung (**„großer Schadensersatz"**) zu unterscheiden. Das Gesetz regelt zunächst, dass der Gläubiger Schadensersatz nur insoweit verlangen kann, als der Schuldner nicht oder schlecht erfüllt hat. Dies bedeutet, dass bei einer Teilleistung des Schuldners nur Ersatz für den ausbleibenden Teil verlangt werden kann. Hat der Gläubiger aber an dieser erbrachten Teilleistung kein Interesse, so bestimmt § 281 Abs. 1 S. 2, dass er dann Schadensersatz statt der *ganzen* Leistung verlangen kann, also insgesamt so zu stellen ist, wie er stünde, wenn der Schuldner vollständig erfüllt hätte; das beinhaltet die Rückerstattung der bislang erbrachten Leistungen. 106

Bei der Schlechtleistung durch den Schuldner hat der Gläubiger grundsätzlich ein **Wahlrecht** zwischen kleinem und großem Schadensersatz. Nur wenn die Pflichtverletzung *unerheblich* war, kann er nach § 281 Abs. 1 S. 3 keinen Schadensersatz statt der ganzen Leistung verlangen, d. h. zurücktreten. Damit soll bei Bagatell-Mängeln dem Gläubiger verwehrt werden, den gesamten Vertrag rückabzuwickeln. Hier ist er auf den Ersatz des durch den Mangel entstandenen Nachteils beschränkt. Entscheidet sich der Gläubiger für den Schadensersatz statt der *ganzen* Leistung, so kann es nicht sein, dass ihm die bereits erbrachten Leistungen des Schuldners verbleiben. § 281 Abs. 5 bestimmt daher, dass er in diesem Fall das vom Schuldner bereits Geleistete zurückzugewähren hat. 107

cc) Schadensersatz statt der Leistung bei Ausschluss der Leistungspflicht nach §§ 280 Abs. 3, 283 BGB. Ist die Leistung des Schuldners unmöglich in Sinne des § 275 und braucht der Schuldner deshalb nicht zu leisten, so ist hinsichtlich des Schadensersatzanspruchs zu unterscheiden, *wann* die Unmöglichkeit eingetreten ist. Bei **nach Vertragsschluss** eingetretener Unmöglichkeit ist die Anspruchsgrundlage § 283 (nachträgliche Unmöglichkeit). Bestand die Unmöglichkeit schon **bei Vertragsschluss,** so richtet sich der Schadensersatzanspruch nach § 311a Abs. 2 (anfängliche Unmöglichkeit). Diese Unterscheidung beruht auf der Erwägung, dass bei der Verpflichtung zu einer von vorneherein unmöglichen Leistung keine Pflicht aus dem Schuldverhältnis verletzt werden kann, *weil ein solches bei Vertragsschluss ja noch nicht bestand.* Trotzdem gleichen sich die Vorschriften hinsichtlich ihrer Voraussetzungen. 108

(1) Schadensersatz statt der Leistung bei nachträglicher Unmöglichkeit (§ 283 BGB). Pflichtverletzung bei § 283 ist wie bei § 281 die Nichtleistung durch den Schuldner, wobei diese hier nicht auf einem Willensentschluss des Schuldners beruht, sondern darauf, dass ihm die Leistung entweder unmöglich (§ 275 Abs. 1) oder unzumutbar (§ 275 Abs. 2 u. Abs. 3) ist. 109

Fall 29:

Weinliebhaber Max kauft bei Weinhändler Frederik die letzte Flasche Trollinger des Jahrgangs 2005 aus der berühmten Weinberglage Mundelsheimer Felsengärten, ein wertvolles Sammlerstück. M hat bereits den Kaufpreis bezahlt, will die Flasche jedoch erst am darauffolgenden Tag abholen. In der 110

Nacht davor bricht Dieb D in das Warenlager des F ein und stiehlt die Flasche. F hat fahrlässigerweise vergessen, sein Lager abzuschließen.
Frage: Hat M gegen F einen Anspruch auf Schadensersatz nach §§ 280 Abs. 3, 283?

111 Die Unmöglichkeit im Sinne des § 275 wird somit von § 283 als Pflichtverletzung im Sinne eines Ausbleibens des geschuldeten **Leistungserfolgs** angesehen (*Kaiser,* Staudinger/Eckpfeiler, I Rn. 10). Bei der Frage, ob der Schuldner diese Pflichtverletzung zu vertreten hat, ist darauf abzustellen, ob er für die Herbeiführung des Leistungshindernisses verantwortlich ist. Die schon bei § 281 dargestellte Unterscheidung zwischen großem und kleinem Schadensersatz findet auch hier Anwendung. Hat der Schuldner nicht vertragsgemäß erfüllt, ist ihm aber die Nachbesserung unmöglich, so richtet sich der Schadensersatzanspruch des Gläubigers nach § 283 wegen Unmöglichkeit der Nacherfüllung. Den großen Schadensersatz kann er hier nur verlangen, wenn der irreparable Mangel nicht nur unerheblich war. Wie die Verweisung in § 282 S. 2 zeigt, findet auch § 281 Abs. 5 Anwendung. Verlangt also der Gläubiger Schadensersatz statt der ganzen Leistung, so muss er das bereits Empfangene zurückgewähren.

112 **(2) Schadensersatz statt der Leistung bei anfänglicher Unmöglichkeit (§ 311 a Abs. 2 BGB).** § 311 a Abs. 2 gewährt dem Gläubiger einen Anspruch auf Schadensersatz statt der Leistung, wenn ein Leistungshindernis im Sinne des § 275 bereits *bei Vertragsschluss* vorlag. § 311 a Abs. 1 bestimmt zunächst, dass ein Vertrag, der eine unmögliche Leistung vorsieht, dennoch wirksam ist. Das ist eigentlich nur deshalb ins Gesetz gelangt, da bis 2002 ein auf unmögliche Leistung gerichteter Vertrag nichtig war (§ 306 a. F.). Grund für die Schadensersatzhaftung nach § 311 a Abs. 2 ist nicht die Verletzung der Leistungspflicht, da diese von vornherein ausgeschlossen ist. Vielmehr haftet der Schuldner für die **Nichterfüllung seines wirksamen Leistungsversprechens** (ein Fall der Verletzung *vorvertraglicher* Informationspflichten, vgl. Rn. 32 ff.). Dementsprechend kommt es für das Vertretenmüssen des Schuldners auch nicht darauf an, ob er die Unmöglichkeit der Leistungserfüllung zu vertreten hat, sondern darauf, ob er bei Vertragsschluss wusste oder hätte wissen müssen, dass die von ihm versprochene Leistung unmöglich ist. Entscheidend ist also die **Kenntnis oder schuldhafte Unkenntnis** vom bestehenden Leistungshindernis. Durch die Verweisung in § 311 a Abs. 2 S. 3 finden § 281 Abs. 1 S. 2 und 3 sowie Abs. 5 entsprechende Anwendung. Die Frage nach großem oder kleinem Schadensersatzanspruch beantwortet sich hier genauso wie bei § 283.

113 **dd) Anspruch auf Ersatz vergeblicher Aufwendungen (§ 284 BGB).** Die gerade behandelten Vorschriften setzen allesamt voraus, dass dem Gläubiger ein **Schaden** entstanden ist. Die damit verfolgte Kompensation versagt, wenn der Gläubiger keinen ersatzfähigen materiellen Schaden erlitten hat, aber in Erwartung der Leistung eigene Aufwendungen treffen musste. Bei Verträgen mit wirtschaftlicher Zielsetzung brachte man früher die **Rentabilitätsvermutung** zur Anwendung, die davon ausgeht, dass für die Erreichung eines wirtschaftlichen Ziels getätigte Aufwendungen sich auch rentieren würden und daher solche Kosten einen entsprechenden Schaden darstellen. Diese Vermutung versagte aber dann, wenn die Verträge zur Verwirklichung eines immateriellen Ziels geschlossen wurden. Dieser Lücke im System soll § 284 abhelfen, der dem

Gläubiger anstelle des Anspruchs auf Schadensersatz statt der Leistung einen Anspruch auf Ersatz seiner Aufwendungen gibt.

Fall 30:

Eventmanager Emil mietet das Stadtpalais der Stadt Bielefeld für eine Discoveranstaltung. Für diese Veranstaltung macht E umfassend Werbung, wodurch ihm Kosten in Höhe von 10 000,– Euro entstehen. Kurz vor dem vereinbarten Termin erfährt er, dass das Stadtpalais durch die Stadt doppelt vermietet worden ist und er es deshalb nicht für seine Veranstaltung nutzen kann. 114

Frage: Hat E gegen die Stadt einen Anspruch auf Ersatz seiner Aufwendungen?

Abwandlung:

E mietet jetzt das Stadtpalais von Bielefeld, um seine Hochzeit mit Frauke dort zu feiern. Nachdem er Einladungs- und Tischkarten gedruckt und verschickt und Dekoration bereits gekauft hat, muss er wie oben wieder erfahren, dass er das Stadtpalais nicht für seine Hochzeit nutzen kann.

Frage: Hat E gegen die Stadt einen Anspruch auf Ersatz seiner Aufwendungen?

Notwendig ist damit zunächst einmal, dass grundsätzlich ein Anspruch auf Schadensersatz statt der Leistung bestünde. Ist dies der Fall, dann kann der Gläubiger wählen, ob er diesen Anspruch geltend macht oder Ersatz seiner Aufwendungen verlangt. „Aufwendungen" stellen ein freiwilliges Vermögensopfer im eigenen Interesse dar; sie müssen hier vom Gläubiger im Vertrauen auf den Erhalt der Leistung getätigt worden sein. Der mit der Aufwendung verfolgte Zweck darf wegen der Pflichtverletzung des Schuldners nicht erreichbar gewesen sein. Doch darf der Gläubiger keinen Ersatz für solche Aufwendungen verlangen, die er billigerweise nicht hätte machen dürfen; ausgeschlossen sind daher insbesondere Luxusaufwendungen, die vollumfänglich dem Risikobereich des Gläubigers zuzuordnen sind. 115

b) Inhalt von Schadensersatzansprüchen

Besteht ein Schadensersatzanspruch, so schließt sich die Folgefrage an, was der Schuldner dieses Anspruches nun tatsächlich zu leisten hat. Diese Frage wird in den §§ 249 ff. beantwortet. Sie finden insoweit nicht nur auf den schuldrechtlichen Schadensersatzanspruch aus den §§ 280 ff., sondern auch auf deliktische Schadensersatzansprüche (§ 823 ff.) Anwendung (vgl. § 13). Diese allgemeinen Bestimmungen zum Inhalt des Schadensersatzes haben **keine eigenständige Anspruchsfunktion,** gelten also nicht als **Anspruchsgrundlage,** sondern erfüllen nur eine wichtige **Hilfsfunktion:** die §§ 249 ff. vollstrecken gleichsam die Schadensersatzanordnungen, die an anderer Stelle vom Gesetz getroffen werden. 116

Merke: Die Bestimmungen über den Schadensersatz (§§ 249 ff.) stellen keine eigene Anspruchsgrundlage dar, sondern erfüllen eine „Hilfsfunktion": Sie regeln, soweit es keine Sonderregeln gibt, zentral die Art, den Inhalt und den Umfang der Schadensabwicklung nach dem Prinzip der Wiedergutmachung **(Kompensation).**

Grundsätzliche Funktion des Schadensersatzes ist der Ausgleich des dem Geschädigten entstandenen Schadens **(Kompensation).** Werden dem Schadensersatz daneben noch weitere Funktionen wie etwa die **Präventivfunktion,** d. h. die vorsorgende Steuerung des Verhaltens zur Schadensverhütung, zugesprochen, so handelt es sich dabei um wesentliche Reflexe der Ausgleichsfunktion. Diese sind zwar gesetzgeberisch erwünscht, stellen aber nicht die eigentliche Intention für Schadensersatzansprüche dar. Etwas an- 117 deres gilt für die in § 253 Abs. 2 geregelte *„billige Entschädigung“* (Schmerzensgeld). Hier tritt neben die Ausgleichsfunktion auch noch die **Genugtuungsfunktion.** Maßgeblich bleibt aber auch hier der Ausgleich. Vom Grundsatz her hat der Schädiger den gesamten entstandenen Schaden zu ersetzen. Man spricht daher auch von **Totalreparation.** Für die Höhe des Schadensersatzanspruchs ist es mithin unerheblich, wie groß das Verschulden des Schädigers ist. Ist er einmal für den Schaden zurechenbar verantwortlich, so hat er ihn ganz zu ersetzen. Der das Schadensrecht beherrschende Kompensationsgedanke stellt gleichzeitig auch eine obere Grenze für den Schadensersatzanspruch dar. Es kann nicht mehr ersetzt werden, als der Geschädigte eingebüßt hat. Es gilt das **schadensrechtliche Bereicherungsverbot.** Auch gibt es in Deutschland keinen sog. Strafschadensersatz (vgl. „punitive damages“ in den USA).

118 **aa) Naturalrestitution als Grundsatz.** Grundnorm des Schadensrechts ist § 249 Abs. 1, der den Grundsatz aufstellt, dass der Schädiger den (hypothetischen) Zustand wiederherzustellen hat, der bestehen *würde,* wenn der zum Ersatz verpflichtende Umstand nicht eingetreten wäre. Vom Grundsatz her ist Schadensersatz also nicht in Geld zu leisten, sondern durch **tatsächliche** Wiederherstellung des ursprünglichen Zustands. Hiervon enthält § 249 Abs. 2 aber direkt eine Ausnahme: Ist eine Sache beschädigt oder eine Person verletzt worden, so ist der Geschädigte nicht auf eine Reparatur durch den Schädiger zu verweisen, sondern kann den zur Herstellung *erforderlichen Geldbetrag* verlangen. Der Sinn dieser Vorschrift leuchtet unmittelbar ein, wenn man sich vorstellt, dass das Opfer eines Faustschlages mit peinlichen Folgen für das eigene Gebiss wohl kaum dem Täter dieser Körperverletzung die Behandlung seiner Zähne überantworten dürfte. Hier muss natürlich ein Zahnarzt beauftragt werden dürfen, dessen Kosten dann der Schädiger zu tragen hat.

119 Erhält der Geschädigte den **zur Wiederherstellung notwendigen Geldbetrag,** so muss er diesen nicht notwendigerweise zur Reparatur der beschädigten Sache einsetzen. Vielmehr erlaubt es ihm seine Dispositionsfreiheit, auf Basis der fiktiven Reparaturkosten abzurechnen und danach die beschädigte Sache weiter zu verwenden. Hingegen müssen Körperschäden tatsächlich behandelt werden. Fiktive Arzt- oder Krankenhauskosten können nicht geltend gemacht werden. Insoweit ist die Dispositionsfreiheit des Geschädigten wegen des hohen Rangs der körperlichen Integrität eingeschränkt.

120 **bb) Anspruch auf Entschädigung in Geld.** Schadensersatz in Geld gibt es nach § 251 Abs. 1 nur, wenn die Wiederherstellung nicht möglich oder zur Entschädigung des Gläubigers nicht genügend ist.

Fall 31:

121 Der heißgeliebte Oldtimer „Mustang Shelby 89“ des Marius ist bei einem von Günther verursachten Unfall dermaßen beschädigt worden, dass eine Reparatur technisch nicht mehr möglich ist (sog. technischer Totalschaden).

Frage: Auf welche Art von Entschädigung und in welcher Höhe hat M gegen G einen Anspruch?

Abwandlung:

Der Mustang des M kann für 9 000,– Euro repariert werden. Allerdings gilt der Mustang nun als Unfallwagen und daher verbleibt ein merkantiler Minderwert in Höhe von 4 000,– Euro.

Frage: Auf welche Art von Entschädigung in welcher Höhe hat M nun einen Anspruch?

122 Dann ist der Geschädigte in Geld zu entschädigen. Dabei ist die **Differenz** zwischen dem Vermögen des Geschädigten nach dem schädigenden Ereignis mit dem Wert sei-

nes Vermögens davor zu vergleichen. Diese Differenz hat der Schädiger zu bezahlen. Entscheidend ist aber auch hier, dass der Geschädigte so gestellt wird, wie er ohne das schädigende Ereignis stünde. Ist also beispielsweise eine Sache irreparabel zerstört worden, so ist sie im Anfangsvermögen des Geschädigten mit dem Wiederbeschaffungswert einzusetzen, damit der Geschädigte in der Lage ist, sich mit dem Wertersatz tatsächlich eine vergleichbare Sache anzuschaffen. „Nicht möglich" im Sinne von § 251 Abs. 1 Var. 1 ist die Herstellung, wenn der schadensfreie Zustand nicht wiederhergestellt werden kann. In diesen Fällen spielt ein eventuelles **Affektionsinteresse** des Geschädigten, also beispielsweise eine besondere persönliche Beziehung zur zerstörten Sache, keine Rolle. Nur wenn sich das Affektionsinteresse im **Marktpreis** niederschlägt, etwa bei seltenen Sammlerstücken, fließt dieses auch in die Berechnung der Wertdifferenz ein. Ungenügend im Sinne des § 251 Abs. 1 Var. 1 zur Entschädigung des Geschädigten ist die Herstellung, wenn nach Reparatur ein technischer oder merkantiler Minderwert verbleiben würde oder aber zur Wiederherstellung ein unverhältnismäßig langer Zeitraum gebraucht würde.

Während § 251 Abs. 1 den Schadensersatz in Geld zu Gunsten des Geschädigten vorsieht, gibt § 251 Abs. 2 S. 1 dem Schädiger die Möglichkeit, anstelle der Wiederherstellung Schadensersatz in Geld zu leisten, wenn für ihn die Wiederherstellung **nur mit unverhältnismäßigem Aufwand** möglich wäre. Wichtigster Anwendungsfall dieser Vorschrift ist der wirtschaftliche Totalschaden bei Kraftfahrzeugen. Von diesem spricht man, wenn die Kosten der Reparatur den Wert des Fahrzeugs übersteigen. Hier wäre für den Schädiger die Entschädigung in Geld, deren Höhe dem Wiederbeschaffungswert des Fahrzeugs abzüglich des Restwerts entspricht, günstiger als die Zahlung der Reparaturkosten. Allein dies rechtfertigt es aber noch nicht, ihm die Möglichkeit des Wertersatzes einzuräumen. Der Geschädigte hat nämlich ein schutzwürdiges Interesse am Erhalt seines alten Fahrzeuges, an das er sich gewöhnt hat. Deshalb wird in der Rechtsprechung von einem wirtschaftlichen Totalschaden erst ausgegangen, wenn die Reparaturkosten 130% über dem Wiederbeschaffungswert liegen. Hier geht man von einem unverhältnismäßigen Aufwand für die Wiederherstellung aus, so dass nach § 251 Abs. 2 S. 1 der Schädiger die Wiederherstellung verweigern und den Geschädigten in Geld entschädigen darf. 123

cc) Entgangener Gewinn. § 252 S. 1 hat im wesentlichen *klarstellende* Funktion. Bei konsequenter Berechnung der Differenz zwischen dem Vermögen vor und dem Vermögen nach dem schädigenden Ereignis ist ohnehin klar, dass auch **entgangene Gewinne** zu berücksichtigen sind. Daneben enthält § 252 in S. 2 jedoch noch eine **Beweiserleichterung** für den Geschädigten. Da die Entwicklung von Geschäftsvorgängen und damit des dadurch entstehenden Gewinns nur sehr schwierig darzulegen und zu beweisen ist, gilt nach § 252 S. 2 der Gewinn als entgangen, welcher nach dem gewöhnlichen Lauf der Dinge oder nach den besonderen Umständen mit Wahrscheinlichkeit erwartet werden konnte. Der Geschädigte muss demnach nur darlegen, dass der von ihm behauptete entgangene Gewinn mit Wahrscheinlichkeit eingetreten wäre. Es obliegt dann dem Schädiger nachzuweisen, dass aufgrund besonderer Umstände diese Wahrscheinlichkeit nicht eingetreten wäre. 124

dd) Ersatz immateriellen Schadens. Immaterieller Schaden ist nicht einfach zu berechnen. Ursprünglich hielt man es für anstößig, den Ausgleich immateriellen Scha- 125 dens in Geld zu fordern, sich gleichsam die Ehre abkaufen zu lassen. Bis heute wird ein Schaden, der sich **nicht als Vermögensschaden berechnen** lässt (z. B. Rufschädigung durch Illustriertenbericht, entstellende Narbe im Gesicht), in Deutschland nur sehr zurückhaltend und auch mit vergleichsweise sehr geringen Beträgen ersetzt. **Schmerzensgeld** in Millionenhöhe – wie in den Vereinigten Staaten üblich – gibt es in Deutschland nicht. Nach § 253 Abs. 1 kann Ersatz für immaterielle Schäden nur in den **ausdrücklich** im Gesetz bestimmten Fällen gefordert werden. Die wichtigsten Fälle sind in § 253 Abs. 2 aufgeführt. Ist jemand wegen Verletzung des Körpers, Gesundheit, der Freiheit oder der sexuellen Selbstbestimmung grundsätzlich zum Schadensersatz verpflichtet, so hat er auch für den immateriellen Schaden eine **billige Entschädigung** in Geld zu leisten. Schmerzensgeld gibt es also nur, wenn eines der genannten Rechtsgüter verletzt wurde. Hinzu kommen Verletzungen des allgemeinen Persönlichkeitsrechts (§ 823 Abs. 1) und Diskriminierungen nach dem AGG.

Fall 32 (nach BGHZ 128, 1):

126 Der Verleger Valentin hat in den Zeitschriften „B“ und „G“ fiktive exklusive Interviews sowie verschiedene Fotos aus deren „Familienalbum“ mit Caroline von Monaco ohne deren Wissen und Zustimmung veröffentlicht. C verlangt nun von V eine Geldentschädigung für immaterielle Nachteile der Verletzung ihrer Persönlichkeit durch Veröffentlichungen in den beiden Zeitschriften.
Frage: Wird C Erfolg haben?

127 Diese Fallgruppe findet sich nicht im Gesetz, sondern wurde von der Rechtsprechung aus dem durch Art. 1 Abs. 1 i. V. m. Art. 2 Abs. 1 GG geschützten **Persönlichkeitsrecht** abgeleitet. In der gerichtlichen Praxis geht es hier regelmäßig um die Veröffentlichung von privaten oder kompromittierenden Fotos von Prominenten in den Massenmedien. Die Rechtsprechung ist der Auffassung, dass durch höhere Schmerzensgelder in diesem Bereich dem Schadensersatzanspruch eine **Präventivfunktion** zukommt. Allein durch hohe „Strafgelder“ scheinen die Boulevardblätter in ihrem Eifer gehindert werden zu können, unzulässige Verletzungen der Privatsphäre von Prominenten in Serie zu begehen – das finanzielle Risiko wird immer höher.

128 **ee) Mitverschulden des Geschädigten.** Ist der Schädiger nicht allein für den Schaden verantwortlich, der bei dem Geschädigten eingetreten ist, sondern hat auch dessen Verhalten dazu beigetragen, so wäre es unbillig, den Schädiger allein den gesamten Schaden ersetzen zu lassen. § 254 normiert daher den Grundsatz, dass in diesem Falle der Schaden quotenmäßig zwischen Schädiger und Geschädigtem je nach deren Verschuldensgraden aufzuteilen ist.

Fall 33:

129 Studentin Silke geht in die Diskothek „The legendary robbery“, in der bekanntlich schon mehrere Diebstähle stattgefunden haben. Tatsächlich wird ihr die Handtasche gestohlen.
Frage: Ist S mitverantwortlich für ihren Eigentumsschaden?

130 § 254 regelt zwei verschiedene Fälle. § 254 Abs. 1 erfasst den Fall, dass der Geschädigte an der Entstehung des Schadens selbst mitgewirkt hat, während § 254 Abs. 2 darauf abstellt, dass der Geschädigte es unterlassen hat, den Schaden abzuwenden oder zu mindern. Voraussetzung ist bei allem die **Mitverursachung** des Schadens. Hierfür ist

eine Handlung oder ein Unterlassen des Geschädigten notwendig, die gleichzeitig die Verletzung einer **Obliegenheit** darstellen muss, also eine Verpflichtung „sich selbst gegenüber", die ihn zum Schutz seiner Rechtsgüter und Interessen auferlegt wird. Sie kann nur dann bejaht werden, wenn hierdurch die Handlungsfreiheit des Geschädigten nicht zu sehr eingeschränkt wird. Der Geschädigte muss die **Obliegenheitsverletzung** zu vertreten haben, d. h. sie muss vorwerfbar sein. Maßgeblich ist hier der allgemeine Maßstab des § 276 Abs. 1. In § 254 Abs. 2 S. 2 findet sich eine Verweisung auf § 278, doch ist anerkannt, dass diese Verweisung nicht nur für Abs. 2, sondern auch für Abs. 1 gilt. Der Geschädigte ist also nach Maßgabe des § 278 auch für das Verhalten von Dritten verantwortlich, die als seine Erfüllungsgehilfen tätig sind. Nach § 254 Abs. 2 ist der Geschädigte quotal am Ersatz des ihm entstandenen Schadens zu beteiligen, wenn er die ihm obliegende Schadensabwendung oder Schadensminderung unterlassen hat.

3. Rückabwicklung von Schuldverhältnissen

Kommt es zu Störungen im Schuldverhältnis, so stellt sich für den Betroffenen neben 131
der Frage nach dem Ersatz seines Schadens bei gegenseitigen Verträgen auch die Frage, was mit seiner *eigenen Leistungspflicht* geschieht. Leistet eine Seite nicht oder nur mangelhaft, so ist es verständlich, dass die andere Seite nun ihrerseits ihre Leistung nicht erbringen will oder sie zumindest reduzieren will. Mit dem **Wegfall der Gegenleistungspflicht** beschäftigen sich die §§ 323ff. Ihnen ist vom Grundsatz her gemein, dass die Gegenleistungspflicht nur dann entfällt, wenn der Gläubiger vom Vertrag zurücktritt. Er kann seiner Gegenleistungspflicht daher nur entkommen, indem das gesamte Vertragsverhältnis rückabgewickelt wird. Die Rechtsfolgen eines Rücktritts sind in den §§ 346ff. geregelt. § 346 Abs. 1 normiert dabei auch die Voraussetzungen für einen Rücktritt. Zunächst muss einer Vertragspartei ein Rücktrittsrecht zustehen, die es als „Gestaltungsrecht" sodann ausüben muss.

Schaubild 32: Rücktritt

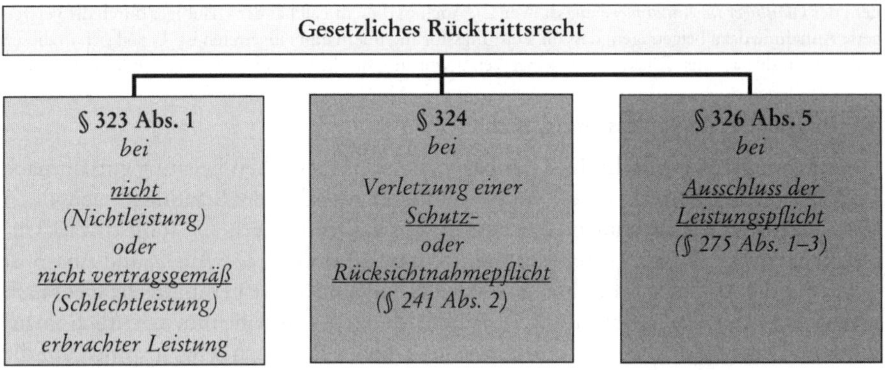

a) Bestehen eines Rücktrittsrechts

Nach § 346 Abs. 1 stehen das **vertraglich** vorbehaltene und das **gesetzliche** Rück- 132
trittsrecht einander gleich. Es ist also ohne weiteres möglich, in einem Vertrag einer oder beider Seiten beim Vorliegen bestimmter Voraussetzungen das Recht zum Rücktritt einzuräumen. Weitaus häufiger in der Praxis ist aber die Ausübung gesetzlicher

Rücktrittsrechte. Eine Grundnorm für das Rücktrittsrecht wie für den Schadensersatzanspruch in § 280 Abs. 1 gibt es nicht. Besonders wichtig sind die Rücktrittsrechte im gegenseitigen Vertrag, die in den §§ 323ff. geregelt sind. Auch das kaufrechtliche Gewährleistungsrecht verweist in § 437 Nr. 2 auf diese Vorschriften. Betrachtet man die Vorschrift des § 323, so fällt sofort ihre Ähnlichkeit mit dem Schadensersatzanspruch des § 281 ins Auge. Das ist kein Zufall. Der Gesetzgeber hat sich ausdrücklich für einen **Gleichlauf zwischen Schadensersatz und Rücktrittsrecht** entschieden. Sowohl bei der Geltendmachung eines Schadensersatzanspruchs statt der Leistung als auch beim Rücktritt entschließt sich der Gläubiger, von der geplanten Durchführung des Vertrages Abstand zu nehmen. Um Wertungswidersprüche zu vermeiden, sollen dafür auch die Voraussetzungen die gleichen sein. Das Verlangen von Schadenersatz statt der Leistung oder der Rücktritt vom Vertrag sind keineswegs alternative Handlungsmöglichkeiten des Gläubigers. Wie **§ 325** zeigt, kann der Gläubiger beide Vorgehensweisen parallel wählen. Er kann also trotz Rücktritts vom Vertrag den ihm entstandenen Schaden geltend machen.

Fall 34:

133 Student Sebastian möchte seine Freundin Julia beeindrucken und für sie kochen. Da allerdings alle seine Kochversuche scheitern, bestellt er schlussendlich beim Lieferdienst Lars eine Pizza Margherita. Als L die Pizza aufgrund Personalmangels zwei Stunden zu spät liefert, stellt S fest, dass es keine Pizza Margherita, sondern eine Pizza Salami ist.
S erklärt L daraufhin, dass er das Geld für die Pizza zurückhaben möchte.
Frage: Zu Recht?

134 Die Voraussetzungen, unter denen dem Gläubiger gemäß § 323 ein Rücktrittsrecht zusteht, entsprechen denen des § 281 für den Schadensersatz statt der Leistung. Der wesentliche Unterschied zwischen Rücktrittsrecht und Schadensersatzanspruch ist der Verzicht auf die Notwendigkeit des Vertretenmüssens nach § 276. Es genügt schon die Pflichtverletzung als solche, um ein legitimes Interesse des Gläubigers an der Lösung vom Vertrag anzuerkennen. Eine Ausnahme von diesem Grundsatz bildet allerdings § 323 Abs. 6. *Ist der Gläubiger für die Leistungsstörung allein oder weit überwiegend verantwortlich,* so ist er nicht zum Rücktritt berechtigt (Var. 1). Dasselbe gilt, wenn die Leistungsstörung zu einem Zeitpunkt eintritt, in dem der *Gläubiger im Annahmeverzug* ist (Var. 2). Auch in diesem Fall hat der Gläubiger durch die verweigerte Annahme dazu beigetragen, dass die Leistungsstörung überhaupt eingetreten ist. Er soll sich in diesen Fällen nicht durch einen Rücktritt aus seiner Verantwortung für die Gegenleistung stehlen können.

b) Wegfall der Gegenleistungspflicht

135 Die **Gegenleistungspflicht des Gläubigers** einer unmöglichen Leistung entfällt nach § 326 Abs. 1 S. 1 kraft Gesetzes. Voraussetzung ist nur, dass der Schuldner nach § 275 Abs. 1 nicht zu leisten braucht. Dies ist in den Fällen der „echten" (objektiven) Unmöglichkeit (§ 275 Abs. 1) stets der Fall. In den Fällen des § 275 Abs. 2 und Abs. 3 ist es notwendig, dass der Schuldner von seinem Leistungsverweigerungsrecht Gebrauch macht. Erbringt er überobligatorische Aufwendungen, um seine ihm eigentlich unzumutbare Leistung dennoch zu erbringen, so verbleibt ihm auch sein Anspruch auf die Gegenleistung. Ist die Leistung nur teilweise unmöglich, so entfällt auch der Gegenleistungsanspruch nur teilweise. Die Berechnung erfolgt nach § 441 Abs. 3, der Vorschrift über die Minderung im Kaufrecht. Es erfolgt also eine verhältnismäßige Herabsetzung der Gegenleistungspflicht. Eine **Ausnahme** vom automatischen Wegfall der Gegenleistungspflicht enthält zunächst § 326 Abs. 1 S. 2. Hiermit sind Fälle gemeint, in denen der Schuldner zwar leisten konnte, diese Leistung aber mangelhaft war und

nun die Nacherfüllung unmöglich ist. Man spricht insoweit von irreparabler Schlechtleistung. Hier wird dem Gläubiger ein Wahlrecht eingeräumt. Seine Gegenleistungspflicht entfällt nicht automatisch, was mit seiner Pflicht zur Rückgabe des an ihn Geleisteten einherginge, sondern er hat die Wahl, ob er am Vertrag festhält oder sein Rücktrittsrecht aus § 326 Abs. 5 ausübt. Weitere Ausnahmen vom Wegfall der Gegenleistungspflicht enthält § 326 Abs. 2. Die Regelungen sollen zwei Fälle erfassen, in denen der Gläubiger für die Unmöglichkeit (mit-)verantwortlich ist. Hier trägt dann der Gläubiger die Gegenleistungsgefahr. Ist der Gläubiger für den Umstand, auf dem das Leistungshindernis beruht, allein oder weit überwiegend verantwortlich (Var. 1), so behält der Schuldner seinen Gegenleistungsanspruch.

Fall 35:

Hilde will ihren 60. Geburtstag groß feiern. Deshalb engagiert sie extra die bekannte Geigerin Gabriele für eine Gage in Höhe von 1 000,– Euro, die während der Geburtstagsfeier ein kleines Konzert für die Festgesellschaft geben soll. Am Vortag des Festes möchte G den Klang im Festzelt ausprobieren. Als sie sich jedoch auf das für sie errichtete Podest begibt, stürzt dieses – mit ihr – zusammen. H hatte das Podest unsachgemäß aufgebaut, da sie lieber Geld für Champagner als für einen Handwerker ausgeben wollte. Beim Sturz bricht sich G ihre linke Hand und kann daher an dem Fest nicht mehr Geige spielen. 136

Frage: Muss H ihr gleichwohl die Gage bezahlen?

Nicht erfasst sind hingegen Fälle, in denen die Unmöglichkeit von beiden Seiten *zu gleichen Teilen* zu vertreten ist oder keine Seite hierfür die Verantwortung trägt. Diese Fälle lassen sich nicht über § 326 Abs. 2 lösen. Vielmehr muss hierfür auf Schadensersatzansprüche zurückgegriffen werden, die ein billiges Ergebnis ermöglichen. In diesen Fällen stellt nämlich die Pflicht zur Gegenleistung einen Schaden des Gläubigers dar, den dieser nach §§ 280 Abs. 1, Abs. 3, 283 ersetzt verlangen kann, wobei er gem. § 254 durch das eigene Verschulden des Gläubigers gemindert wird. 137

Ist die Pflicht zur Gegenleistung ausgeschlossen und hat der Zahlungsschuldner bereits **vorgeleistet,** so hat der Gläubiger dies nach den Vorschriften über den Rücktritt (§§ 346–348) zurückzugewähren, vgl. § 326 Abs. 4. Damit zeigt sich die Parallele des § 326 zum Rücktritt. Der Ausschluss der Gegenleistungspflicht kraft Gesetzes tritt quasi an dessen Stelle und erfüllt dieselbe Funktion. Deshalb ist eine Rückabwicklung bereits empfangener Leistungen über das Rückgewährschuldverhältnis sachgerecht. 138

c) Ausübung des Rücktrittsrechts

Beim Rücktrittsrecht handelt es sich um ein **Gestaltungsrecht** (vgl. § 6 III 2b, Rn. 27). Der zum Rücktritt Berechtigte kann also frei entscheiden, ob er das Rücktrittsrecht ausüben möchte. Genauso gut kann er auch am Vertrag festhalten. Die Ausübung des Rücktrittsrechts erfolgt gemäß § 349 durch Erklärung gegenüber dem anderen Teil. Dabei handelt es sich um eine **Willenserklärung,** so dass hierfür Geschäftsfähigkeit nötig ist. Der Rücktritt kann nicht unter einer Bedingung erklärt werden, da der Empfänger ein berechtigtes Interesse an einer klaren Rechtslage hat. 139

d) Rechtsfolgen des erklärten Rücktritts

Die Ausübung des Rücktrittsrechts führt zunächst einmal zum **Erlöschen** der noch 140
nicht erfüllten Vertragspflichten. Diese Selbstverständlichkeit ist gesetzlich nicht ge-

regelt. Anders als man annehmen könnte, führt der Rücktritt aber nicht zu einem Erlöschen des Schuldverhältnisses, sondern vielmehr nur zu einer **Umwandlung in ein Rückgewährschuldverhältnis.** Dies zeigt § 346 Abs. 1, der den Beteiligten neue Pflichten auferlegt, nämlich die Rückgewähr der empfangenen Leistungen und der daraus gezogenen Nutzungen.

141 Zunächst sind also die empfangenen Leistungen **zurückzugewähren.** Hinzu kommen die tatsächlich gezogenen Nutzungen, was nach § 100 die „Früchte einer Sache" und die gezogenen Gebrauchsvorteile meint. Bei diesen Pflichten handelt es sich um neue Pflichten aus dem Rückgewährschuldverhältnis. Auch jetzt können wieder Leistungsstörungen eintreten. § 346 Abs. 4 stellt klar, dass der Gläubiger einer Rückgewährpflicht aus § 346 Abs. 1 bei deren Verletzung einen Anspruch auf Schadensersatz hat. Die Rückgabe der empfangenen Leistung ist nicht immer so einfach, wie es sich zunächst anhört. Man denke nur an erbrachte Dienstleistungen: diese können schlechterdings nicht zurückgegeben werden. § 346 Abs. 2 S. 1 BGB sieht daher vor, dass in bestimmten Fällen *„statt der Rückgewähr oder Herausgabe"* **Wertersatz** zu leisten ist, z. B. wenn die Rückgabe wie bei Dienstleistungen nicht möglich ist (Ziffer 1). Die nächsten Ziffern erfassen hingegen Fälle, in denen die Rückgabe grundsätzlich einmal möglich war, die empfangene Leistung aber jetzt nicht mehr oder nicht mehr in ihrer ursprünglichen Form zurückgewährt oder herausgegeben werden kann. Nach § 346 Abs. 2 S. 2 berechnet sich der Wertersatz unter Zugrundelegung der im Vertrag bestimmten Gegenleistung; insbesondere bei Dienstleistungen oder Gebrauchsüberlassung wird daher der Wertersatz in der Regel dem dafür vereinbarten Entgelt entsprechen. Die Wertersatzpflicht ist nach § 346 Abs. 3 S. 1 aber ausgeschlossen, wenn dem Schuldner die Verschlechterung oder der Untergang nicht vorzuwerfen ist, vgl. vor allem Ziffer 3 (Sorgfalt nach § 277 reicht aus).

Fall 36:

142 Studentin Simone hat von ihrem ersparten Geld bei dem Autohändler Heiko einen gebrauchten Pkw für 9 000 Euro gekauft. H hat S das Auto gleich übergeben und übereignet. Auf dem Weg zu ihren Eltern, denen sie das neue Auto präsentieren will, erleidet S einen Unfall, bei dem das Auto beschädigt wird. S war jedoch nicht für den Unfall verantwortlich und hat dabei ihre eigenübliche Sorgfalt beachtet. Bei der Untersuchung der an dem Auto entstandenen Schäden wird festgestellt, dass es sich bei dem von H verkauften Auto um einen Unfallwagen handelt. S tritt daraufhin wirksam vom Kaufvertrag nach §§ 434, 437 Nr. 2, 326 Abs. 5 zurück und stellt H das beschädigte Auto zur Verfügung.
Frage: Kann H von S neben der Rückübereignung nach § 346 Abs. 1 auch Wertersatz für die Verschlechterung des Pkw verlangen?

Lösungshinweise zu den Fällen in § 9

Lösungshinweise Fall 16:

143 K könnte einen Anspruch auf Übereignung der 10 Tafeln Schokolade aus dem Kaufvertrag haben, vgl. § 433 Abs. 1. Voraussetzung für den Anspruch des K wäre der Abschluss eines Kaufvertrages über die Schokoladentafeln zum Aktionspreis von 0,55 Euro. Ein Vertrag besteht aus zwei korrespondierenden und übereinstimmenden Willenserklärungen, einem Angebot und dessen Annahme.
Fraglich ist hier, ob E das Angebot dadurch unterbreitet hat, dass er die mit dem Aktionspreis ausgezeichnete Schokolade ins Regal gelegt hat oder ob dies eine bloße Aufforderung zum Angebot *(„invitatio ad offerendum")* war. Dies ist danach zu beurteilen, ob E sich durch das Auszeichnen mit dem Aktionspreis schon gegenüber einer unbestimmten Vielzahl von Kunden binden wollte, was vorliegend zu verneinen ist, da E ja nur einen begrenzten Vorrat an Schokolade hatte und nicht anderen Kunden gegenüber vertragsbrüchig werden wollte, wenn dieser Vorrat erschöpft sein sollte. Die Auszeichnung am Regal stellt damit nur eine „invitatio ad offerendum" dar. „Juristisch" verbindlich war erst das Angebot, das K an der Kasse gegenüber der Kassiererin gemacht hat, die dieses aber nur zu anderen Bedingungen annehmen wollte. Ein Vertrag über den Kauf der Schokolade zum Preis von 0,55 Euro ist damit nicht zustande gekommen. K kann daher auch nicht deren Übergabe und Übereignung zu diesem Preis verlangen. *(Was dieses „Missverständnis" für den Kaufmann E für ökonomische*

Folgen hat, sollte hier ausdrücklich nicht diskutiert werden – die Kunden werden es ihn spüren lassen! Hinzu kommt ggf. ein Ordnungswidrigkeitsverfahren wegen Verstoß gegen die Preisauszeichnungsverordnung.)

Lösungshinweise Fall 17:

Unterstellt man die Geltung des deutschen BGB, so wäre ein Anspruch auf Zahlung (vgl. § 433 Abs. 2) in der US-amerikanischen Währung entstanden, wenn zwischen M und W ein wirksamer, auf US-Dollar (USD) lautender Kaufvertrag geschlossen worden wäre. 144

Problematisch ist hier bereits die Einigung. Antrag und Annahme decken sich nur äußerlich, sind in Wirklichkeit aber *objektiv mehrdeutig,* da beide Parteien von einer unterschiedlichen Währung bei der Kaufpreiszahlung ausgehen. Die Willenserklärungen der beteiligten Parteien sind daher gem. §§ 133, 157 auszulegen. Nach § 133 soll dabei nicht am buchstäblichen Sinne des Ausdrucks festgehalten werden, sondern es ist der wirkliche Wille zu erforschen. Dieser lautet bei M aber Zahlung in USD, bei W hingegen Zahlung in CAD. Die Willenserklärungen sind daher aus der Sicht eines *„objektiv-normativen"* Empfängers auszulegen, wobei nach § 157 auch objektive Gesichtspunkte wie Verkehrsgebräuche oder tatsächliche Hintergründe der Erklärung einzubeziehen sind (näher *Reichold,* Juris-PK BGB, § 133 Rn. 19ff.). Ein solcher Umstand könnte im Ort des Vertragsschlusses zu sehen sein. M und W schließen den Vertrag im US-amerikanischen Texas. Zudem handelt es sich bei M um einen US-Amerikaner, so dass der Schluss naheliegt, dass auch der Kaufpreis auf USD lautet und damit ein wirksamer Vertrag zustande gekommen ist. Sollte sich W bei seiner Annahmeerklärung aber über die Währung geirrt haben, bleibt es ihm unbenommen, seine Willenserklärung nach § 119 Abs. 1 anzufechten.

Abwandlung:

Hier kann der Umstand „Ort des Vertragsschlusses" nicht als Auslegungshilfe dienlich sein, sondern er erschwert die Auslegung durch den Ort des Vertragsschlusses in Australien, weil der Kaufpreis auch auf australische Dollar (AUD) lauten könnte. Somit kann aufgrund der kaum zu behebenden Zweifel bei der Auslegung nicht feststellt werden, welche Währung nun gelten soll, so dass wegen verschieden auszulegender Erklärungen ein Dissens über „essentialia negotii" vorliegt (sog. „Totaldissens"), der – ohne dass auf §§ 154f. zurückgegriffen müsste – die Wirksamkeit des Kaufvertrags verhindert. 145

(Eine andere Auslegung, z. B. durch Berücksichtigung der genauen geographischen Lage der Bohrinsel in unmittelbarer Nähe zur US-amerikanischen Küste oder z. B. durch die Verkehrssitte, Öl-Bohrinseln üblicherweise nur in USD zu verkaufen, wäre mit entsprechenden Argumenten aus dem Sachverhalt aber möglich.)

Lösungshinweise Fall 18:

Fraglich ist, ob K gegen V einen Anspruch auf Lieferung der Nägel aus § 433 Abs. 1 bereits zum 15. August hat. Der Kaufvertrag wurde ursprünglich mit dem 31. August als Liefertermin abgeschlossen. Das Datum könnte aber durch die nachträgliche telefonische Vereinbarung geändert worden sein. Grundsätzlich steht es den Parteien frei, einen Vertrag nach Abschluss noch zu ändern. Selbst wenn der Vertrag schriftlich geschlossen ist, braucht es dafür keine besondere Form. Etwas anderes könnte sich hier jedoch aus der in den AGB befindlichen *Schriftformklausel* ergeben. 146

Die AGB sind hier wirksam Vertragsbestandteil geworden. Allerdings kann auch die wirksam vereinbarte Schriftformklausel durch Vereinbarung der Parteien wieder aufgehoben werden. Dadurch, dass die Parteien sich hier mündlich auf eine Vertragsänderung geeinigt haben, kann man davon ausgehen, dass sie die Schriftformklausel *konkludent abbedingen* wollten. Die mündliche Vereinbarung am Telefon ist eine Individualvereinbarung, da hierbei niemand vorformulierte Klauseln gestellt hat. Nach § 305b hat diese Individualabrede *Vorrang* vor der Vereinbarung in AGB. Damit haben K und V wirksam vereinbart, dass Viktor bereits am 15. August liefern muss. K moniert also zu Recht die verspätete Lieferung.

Lösungshinweise Fall 19:

147 H könnte einen Schadensersatzanspruch zunächst aufgrund eines *vertraglichen* Schuldverhältnisses haben, vgl. § 280 Abs. 1. Dazu hätte ein *Vertrag* zwischen ihr und dem Träger des Supermarkts geschlossen werden müssen. Zum Zeitpunkt des Ausrutschens befand H sich jedoch erst kurze Zeit im Ladenlokal des Supermarkts. Zudem kam es noch zu keiner Situation, die einen wirklichen Vertragsschluss nahelegen könnte; es bestand ja auch die Möglichkeit, dass sie den Supermarkt ohne Waren wieder verlässt. Ein abgeschlossener Vertrag kann daher als Anspruchsgrundlage nicht dienen.
Eine Haftung aus § 280 Abs. 1 kommt jedoch auch in Betracht, wenn ein sog. *vorvertragliches* Schuldverhältnis gem. § 311 Abs. 2 besteht. Solche Schuldverhältnisse entstehen bereits im Vorfeld eines Geschäftsabschlusses. Auf den Fall könnte die Variante des § 311 Abs. 2 Nr. 2 anzuwenden sein, wonach die „Anbahnung eines Vertrags" ausreicht, bei der eine Partei eines möglichen künftigen Rechtsgeschäfts der anderen Partei Einwirkungsmöglichkeiten auf seine Rechte, Rechtsgüter oder Interessen gewährt. Dies ist hier der Fall: Der Supermarkt öffnet das Ladenlokal für Kunden, um mit diesen später (an der Kasse) Kaufverträge abzuschließen. Zu diesem Zweck muss der Supermarkt den Kunden aber die Möglichkeit gewähren, sich über die Produkte zu informieren und zwischen den Produkten auszuwählen. Indem H das Ladenlokal mit der Absicht betrat, dort ihre Einkäufe zu erledigen, war der Anbahnungstatbestand zwischen ihr und dem Supermarkt gem. § 311 Abs. 2 Nr. 2 bereits erfüllt, so dass ein vorvertragliches Schuldverhältnis entstanden war. Sind daneben die weiteren Voraussetzungen erfüllt, ergibt sich für H ein Schadensersatzanspruch wegen Verletzung einer Schutzpflicht aus §§ 280 Abs. 1, 311 Abs. 2 Nr. 2, 241 Abs. 2.

Lösungshinweise Fall 20:

148 Ein Anspruch des R auf Ersatz für die Beschädigung des Bootes und der Uhr könnte sich aus den Vorschriften über die Geschäftsführung ohne Auftrag gem. §§ 677 ff., konkret aus den §§ 677, 683 S. 1, 670, ergeben. Voraussetzung dafür ist, dass eine *berechtigte GoA* vorliegt. Dies setzt zunächst voraus, dass der Geschäftsführer R gem. § 677 ein fremdes Geschäft des Geschäftsherrn S wahrgenommen hat. Diese Wahrnehmung eines fremden Geschäfts ist darin zu sehen, dass R die Rettungshandlung zugunsten des S vorgenommen hat, da es grundsätzlich zu den *eigenen Angelegenheiten* des S zählt, den Untergang seines Bootes sowie die Gefahr seines eigenen Ertrinkens abzuwenden. Die Rettungshandlung des R wurde offenkundig auch mit Fremdgeschäftsführungswillen vorgenommen, weil R um die Fremdheit des Geschäftes wusste und sie dennoch aus altruistischen Motiven unternahm. Auch ein rechtsgeschäftliches Auftragsverhältnis zwischen R und S war nicht ersichtlich. Daran ändert auch nichts, wenn R einer allgemeinen Hilfeleistungspflicht nach § 323c StGB nachkam. Eine solche allgemeine Pflicht wird weder als Auftrag noch als Berechtigung i. S. v. § 677 angesehen, so dass § 323c StGB nicht ausreicht, um das Vorliegen einer GoA zu verneinen. Schließlich musste die Geschäftsübernahme dem Interesse und dem wirklichen oder mutmaßlichen Willen des S entsprechen, vgl. § 683 S. 1. Dass es dem Interesse und dem mutmaßlichen, wenn nicht sogar dem wirklichen Willen des S entsprach, gerettet zu werden, braucht nicht näher betont zu werden.
Da alle Merkmale einer GoA vorliegen, ist ein Ersatzanspruch des Robert für die geäußerten Schadenspositionen grundsätzlich zu bejahen. Jedoch spricht § 683 von *Aufwendungsersatz* wie bei einem Beauftragten. Aufwendungen stellen jedoch nur *freiwillige* Vermögensopfer dar. Nach der ganz h. M. werden im Rahmen der GoA aber auch (unfreiwillig erlittene) *Schäden* vom Aufwendungsbegriff erfasst, soweit sich darin das typische Risiko der Geschäftsführung realisiert. Das Rettungsboot musste aufgrund der Notsituation möglichst schnell zum Unfallort gelangen, so dass Schäden in dieser Phase als typisches Risiko dieses Geschäfts anzusehen sind. Ebenso verhält es sich mit dem Verlust der Uhr bei der tatsächlichen Rettungsaktion auf dem Wasser.
R stehen demzufolge die Aufwendungsersatzansprüche aus §§ 677, 683 S. 1, 670 zu.

Lösungshinweise Fall 21:

Eine Aufrechnung der Forderung des J (Gegenforderung) gegen die Forderung des M (Hauptforderung) ist möglich, wenn alle Voraussetzungen der §§ 387f. vorliegen und kein Aufrechnungsverbot besteht. 149

Zu einer wirksamen Aufrechnung bedarf es zunächst einer *Aufrechnungslage.* Dazu müssten die aufzurechnenden Forderungen zwischen denselben Personen vorliegen, ihrer Art nach gleich sowie wirksam, fällig und durchsetzbar sein. Sowohl die Kaufpreisforderung (Hauptforderung) als auch die Rückzahlungsforderung (Gegenforderung) bestehen zwischen den identischen Personen J und M. Es handelt sich dabei auch jeweils um Forderungen in Geld, so dass Gleichartigkeit vorliegt. Daran ändern auch die unterschiedliche Höhe und die unterschiedliche Herkunft (anders: § 273 BGB) der Forderungen nichts. Wirksamkeit, Fälligkeit sowie Durchsetzbarkeit beider Forderungen liegen vor. Ausschlussgründe sind nicht ersichtlich.

Zu einer wirksamen Aufrechnung bedarf es daher nur noch einer *wirksamen Aufrechnungserklärung* (§ 388) durch J, die nach § 389 die Hauptforderung des M in Höhe von 500,– Euro erlöschen ließe.

Abwandlung 1:

Die Aufrechnungserklärung gem. § 388 ist eine *einseitige* empfangsbedürftige Willenserklärung, durch die der Erklärende über seine Forderung *verfügt.* Sie setzt daher die volle Geschäftsfähigkeit oder – im Falle beschränkter Geschäftsfähigkeit – gem. § 111 S. 1 die Einwilligung des gesetzlichen Vertreters voraus. J kann daher a) nicht eigenständig die Aufrechnungserklärung abgeben, da der Verlust der Forderung einen rechtlichen Nachteil i. S. d. § 107 darstellt. Auch im Fall c) bewirkt die *Genehmigung,* d. h. die nachträgliche Zustimmung der Eltern, nicht die Wirksamkeit der Aufrechnungserklärung. Anders als Verträge sind einseitige Rechtsgeschäfte ohne erforderliche Einwilligung nicht schwebend (vgl. § 108 Abs. 1), sondern direkt unwirksam, vgl. § 111 S. 1. Einzig im Fall b) führt die *Einwilligung,* also die vorherige Zustimmung der Eltern gem. § 111 S. 1, zur Wirksamkeit der Aufrechnungserklärung, so dass nur dann eine wirksame Aufrechnung erfolgen kann. 150

Abwandlung 2:

Problematisch gestaltet sich hier schon die Aufrechnungslage gem. § 387. Diese setzt voraus, dass die Gegenforderung des J rechtlich *voll wirksam* ist. Hier ist der von ihm abgeschlossene Darlehensvertrag aber wegen § 138 Abs. 2 nichtig, so dass keine Darlehens- und somit auch keine Rückzahlungsforderung wirksam entstanden ist. Eine Aufrechnung ist mangels Wirksamkeit der Gegenforderung daher nicht möglich. 151

Lösungshinweise Fall 22:

H könnte gegenüber K ein Zurückbehaltungsrecht aus § 273 Abs. 1 zustehen. Dies setzt zunächst voraus, dass gegenseitige Ansprüche vorliegen, d. h., dass die Ansprüche zwischen Schuldner und Gläubiger in einem Gegenseitigkeitsverhältnis stehen müssen. Der die Leistung zurückhaltende Schuldner H muss somit zugleich Gläubiger der Gegenleistung sein und umgekehrt. Dies ist im vorliegenden Fall gegeben. 152

Weiter müssen die Ansprüche auf *demselben rechtlichen Verhältnis* beruhen. Dieses Merkmal wird vom BGH weit ausgelegt, so dass ein innerlich zusammenhängendes einheitliches Lebensverhältnis ausreichend ist. Es sind somit auch Ansprüche aus verschiedenen Rechtsgeschäften erfasst, welche in einem Zusammenhang stehen. Erst recht sind gegenseitige Ansprüche aus ständigen Geschäftsbeziehungen erfasst. Folglich ist auch die Konnexität der vorliegenden Ansprüche gegeben. Ferner ist der Gegenanspruch des H sowohl durchsetzbar (keine entgegenstehenden Einreden) als auch fällig. Die Parteien haben die Ausübung des Zurückbehaltungsrechts auch nicht ausgeschlossen.

Folglich hat H gegen K ein Zurückbehaltungsrecht aus § 273 Abs. 1.

Lösungshinweise Fall 23:

153 Fraglich ist, ob die von J geschuldete Leistung nach § 275 unmöglich geworden ist (wobei hier einmal unterstellt werden soll, dass J mit dem Leben davongekommen ist). Da der Ort bekannt ist, an dem sich der Diamant momentan befindet, ist eine Leistung nach § 275 Abs. 1 noch nicht aufgrund objektiver Unmöglichkeit ausgeschlossen.
Zu überlegen ist allerdings, ob die Leistungspflicht von J nach § 275 Abs. 2 ausgeschlossen ist. Die *praktische Unmöglichkeit* nach § 275 Abs. 2 setzt voraus, dass der für die Leistung erforderliche Aufwand in einem *groben Missverhältnis* zum Leistungsinteresse des Gläubigers steht. Die Feststellung des Missverhältnisses erfordert also einen Vergleich zwischen den Nachteilen, die der Schuldner für die Erbringung der Leistung auf sich nehmen müsste, und dem Nutzen, den die Leistung für den Gläubiger hätte. Die Bergungsarbeiten würden sich auf 500 000,– Euro belaufen, während der Wert des Diamanten nur 10 000,– Euro beträgt. Der Diamant kann damit nur mit einem Aufwand gehoben werden, welcher den Wert des Diamanten um das 50-fache übersteigt.
Damit liegt ein grobes Missverhältnis im Sinne von § 275 Abs. 2 vor. Folglich ist die Leistungspflicht von J nach § 275 Abs. 2 ausgeschlossen.

Lösungshinweise Fall 24:

154 Fraglich ist, ob hier ein Fall der Unmöglichkeit nach § 275 gegeben ist. Da die Leistungserbringung für C weiterhin möglich ist und auch in keinem groben Missverhältnis zum Leistungsinteresse des Gläubigers steht, ist weder ein Fall von objektiver (§ 275 Abs. 1) noch von praktischer (§ 275 Abs. 2) Unmöglichkeit gegeben. Zu überlegen ist allerdings, ob C seine Leistung wegen *persönlicher Unmöglichkeit* nach § 275 Abs. 3 verweigern kann. Die Norm setzt zunächst eine persönliche Leistungspflicht voraus. C hat mit E ein Dienstvertrag gem. § 611 abgeschlossen. Folglich hatte C die Leistung nach § 613 persönlich zu erbringen. Weiter darf die Erbringung der Leistung dem Schuldner aus persönlichen Gründen nicht zumutbar sein. Hier müsste C seine verunglückte Ehefrau vernachlässigen, wenn er den Auftritt in Tübingen erbringen würde. Somit ist C die Erbringung der Leistung nicht zumutbar.
Damit kann er seine Leistung nach § 275 Abs. 3 verweigern.

Lösungshinweise Fall 25:

155 X könnte gem. §§ 280 Abs. 1 und 2, 286 Abs. 1 gegen N einen Anspruch auf Zahlung von Schadensersatz für die zehn Pizzen Margherita i. H. v. 50,– Euro haben.
Dies setzt zunächst ein wirksames Schuldverhältnis voraus, § 280 Abs. 1 S. 1. Ein solches ist in Form eines Werklieferungsvertrages nach § 650 gegeben. Weiter müsste sich N zum Zeitpunkt der vertraglichen Leistungspflicht im Verzug nach § 286 befunden haben. Nach § 286 Abs. 1 S. 1 setzt der Eintritt des Verzugs einen fälligen und durchsetzbaren Anspruch sowie grundsätzlich eine Mahnung voraus. Nach der Parteivereinbarung zwischen N und X sollte die Leistungshandlung – die Lieferung und das Servieren des Imbisses – um 12:00 Uhr erbracht werden. Damit war der Anspruch des X gegen N um 12 Uhr fällig. Dieser Anspruch des X war (Einreden sind nicht ersichtlich) auch durchsetzbar. Fraglich ist aber, ob eine Mahnung im Sinne des § 286 Abs. 1 S. 1 notwendig ist. Im vorliegenden Fall hat X den N nicht gemahnt. Allerdings könnte die Mahnung nach § 286 Abs. 2 entbehrlich sein, weil nach § 286 Abs. 2 Nr. 1 für die Leistung eine Zeit nach dem Kalender bestimmt sein könnte. Vorliegend haben N und X vertraglich die Lieferungszeit des Imbisses auf den 28.4.2018 um 12:00 Uhr bestimmt. Somit ist für die Leistung des X eine Zeit nach dem Kalender bestimmt und die Mahnung des X entbehrlich.
Ferner hat X die vereinbarte Leistung verspätet erbracht, so dass auch eine Pflichtverletzung nach § 280 Abs. 1 S. 1 gegeben ist. Diese Pflichtverletzung hat N aufgrund seines Organisationsfehlers auch zu vertreten, vgl. § 286 Abs. 4.
Letztlich ist X infolge der verspäteten Leistung des N ein Schaden in Höhe von 50,– Euro entstanden. Folglich hat X gem. §§ 280 Abs. 1 und 2, 286 Abs. 1 gegen N einen Anspruch auf Zahlung der 50,– Euro.

Lösungshinweise Fall 26:

F könnte gegen P einen Anspruch auf Zahlung des Kaufpreises gem. § 433 Abs. 2 haben. Beide hatten einen Kaufvertrag über 15 Flaschen Trollinger geschlossen. Somit hat F grundsätzlich einen Anspruch auf Zahlung des Kaufpreises. 156

Der Zahlungsanspruch des F könnte jedoch gem. § 326 Abs. 1 S. 1 erloschen sein. Es liegt ein gegenseitiger Vertrag i. S. d. § 326 Abs. 1 vor. Fraglich ist allerdings, ob F's Leistungspflicht nach § 275 wegen nachträglicher Unmöglichkeit ausgeschlossen ist. Die 15 Flaschen Trollinger gehörten zu einem nicht näher genannten Jahrgang. Es handelt sich bei den Flaschen damit um eine sog. *„Gattungsschuld"*. Bei einer Gattungsschuld ist Unmöglichkeit nach § 275 Abs. 1 aber erst dann gegeben, wenn die gesamte Gattung untergegangen ist. Dies ist vorliegend nicht der Fall.

Zu überlegen ist aber, ob nicht bereits eine *Konkretisierung* hin zu einer Stückschuld vorliegt. Nach § 243 Abs. 2 wird das Schuldverhältnis konkretisiert, wenn der Schuldner das seinerseits Erforderliche zur Leistung getan hat. Die Parteien haben vereinbart, dass P die Ware am 15. Juli um 18 Uhr bei F abholt. Somit haben die Parteien eine *Holschuld* vereinbart. Bei einer Holschuld setzt die Konkretisierung voraus, dass der Schuldner F gem. § 243 Abs. 1 eine Sache mittlerer Art und Güte aussondert, den Leistungsgegenstand zur Abholung bereitstellt und den Gläubiger hiervon benachrichtigt. F hat durch Bereitstellung der 15 Flaschen Trollinger gem. § 243 Abs. 1 Sachen mittlerer Art und Güte ausgesondert und dabei den Leistungsgegenstand zur Abholung bereitgestellt. Eine Benachrichtigung des Gläubigers P ist nach § 296 S. 1 entbehrlich, da die Parteien für die Handlung eine Zeit nach dem Kalender (15. Juli, 18 Uhr) bestimmt haben. F hat damit die Anforderung an die Konkretisierung einer Gattungsschuld erfüllt. Infolge der Konkretisierung nach § 243 Abs. 2 beschränkt sich die Leistungspflicht auf die von F bereit gestellten 15 Flaschen Trollinger. Diese sind jedoch gestohlen worden. F ist damit die Leistung der 15 Flaschen nach § 275 Abs. 1 unmöglich geworden. Grundsätzlich wäre damit der Anspruch von Frederik auf die Gegenleistung nach § 326 Abs. 1 S. 1 *erloschen.*

Jedoch könnte die *Sonderregelung des § 326 Abs. 2* den Anspruch des F aufrechterhalten. In Betracht kommt § 326 Abs. 2 S. 1 Var. 2. Danach behält der Schuldner F den Anspruch auf die Gegenleistung, wenn der vom Schuldner nicht zu vertretende Umstand zu einer Zeit eintritt, zu welcher der Gläubiger P im *Verzug der Annahme* ist. Der Gläubigerverzug setzt zunächst einen erfüllbaren Anspruch nach § 293 voraus. Nach der Parteivereinbarung sollte F am 15.7. um 18 Uhr die Leistung erbringen. Die Leistung war damit erfüllbar. Weiter muss ein ordnungsgemäßes Angebot nach §§ 293, 294, 295 vorliegen. Ein solches Angebot ist aber entbehrlich, wenn für die Mitwirkungshandlung des Gläubigers eine Zeit nach dem Kalender bestimmt ist, § 296 S. 1. Hier haben die Parteien für die Mitwirkungshandlung von P den 15. Juli um 18 Uhr bestimmt. Folglich war ein Angebot des F an P entbehrlich. F war zum vereinbarten Zeitpunkt auch zur Leistung imstande, § 297. Zuletzt ist erforderlich, dass der Gläubiger die Mitwirkungshandlung nicht vorgenommen hat. P hat die Mitwirkungshandlung – Abholen der Flaschen am 15. Juli um 18 Uhr – nicht vorgenommen. Er befand sich somit ab dem 15. Juli um 18 Uhr im Gläubigerverzug. § 326 Abs. 2 S. 1 Var. 2 setzt ferner voraus, dass der Schuldner den zur Unmöglichkeit führenden Umstand *nicht zu vertreten* hat. Da P sich im Gläubigerverzug befindet, besteht eine Haftungsprivilegierung des F nach § 300 Abs. 1. Demnach haftet F nur für Vorsatz und grobe Fahrlässigkeit. Ihm kann weder Vorsatz noch grobe Fahrlässigkeit vorgeworfen werden. Damit hat F den zur Unmöglichkeit führenden Umstand nicht zu vertreten, die Voraussetzungen der Sonderregelung des § 326 Abs. 2 S. 1 Var. 2 sind zu bejahen. Der Anspruch von F auf die Gegenleistung ist somit nicht erloschen, sondern wegen Gläubigerverzugs nach wie vor begründet. Er hat einen Anspruch auf Zahlung des Kaufpreises gegen P nach § 433 Abs. 2. 157

Lösungshinweise Fall 27:

E könnte gegen W einen Anspruch auf Ersatz der beschädigten Wand und der beschädigten Fliesen gem. §§ 280 Abs. 1, 241 Abs. 2 haben. Dies setzt zunächst ein wirksames Schuldverhältnis zwischen E und W voraus. Ein solches ist in Form eines Werkvertrags nach § 631 gegeben (Montage der Badewanne als werkvertragliche Leistung). Weiter müsste eine Pflichtverletzung durch W gegeben sein. § 280 Abs. 1 i. V. m. § 241 Abs. 2 BGB beinhaltet auch die Schutz- und Rücksichtspflichten des Schuldners in Bezug auf Rechtsgüter des anderen Teils. Indem W die Wand und die Fliesen der E bei Ausführung seiner vertraglichen Leistung zerstörte, hat er seine vertraglichen Nebenpflichten zum 158

Schutz und zur Rücksichtnahme nach § 241 Abs. 2 verletzt. Das Zerstören der Wand und der Fliesen war Folge des fahrlässigen Verhaltens des W. Damit hat er die Pflichtverletzung nach § 276 Abs. 1 S. 1 auch zu vertreten. Ferner entstand E durch W's Pflichtverletzung auch ein Schaden in Form einer beschädigten Wand und beschädigter Fliesen. Somit sind alle Voraussetzungen des § 280 Abs. 1 gegeben. Folglich hat E gegen W einen Anspruch auf Ersatz der beschädigten Wand und der beschädigten Fliesen gem. §§ 280 Abs. 1, 241 Abs. 2.

Lösungshinweise Fall 28:

159 M könnte gegen J einen Anspruch auf die Ersatzbeschaffungskosten für das Navigationsgerät nach §§ 280 Abs. 1 u. 3, 281 Abs. 1 S. 1, 437 Nr. 3 Var. 1, 434 haben. Sie fordert damit einen Schaden *statt* der Leistung, weil der Mangelschaden ersetzt werden soll.

Dies setzt zunächst einen wirksamen Kaufvertrag zwischen beiden Parteien voraus. Ein solcher ist gegeben. Weiterhin muss eine Pflichtverletzung durch J vorliegen. Eine mangelhafte Kaufsache stellt eine nicht vertragsgemäße Leistung im Sinne des § 281 Abs. 1 S. 1 Var. 2 dar. M und J haben sich während ihrer Vertragsverhandlungen ausdrücklich darauf geeinigt, dass der Pkw auch ein Navigationsgerät enthalten soll (Beschaffenheitsvereinbarung, vgl. § 434 Abs. 1 S. 1). Bei Gefahrübergang nach § 446 bei Übergabe des Pkw an M fehlte jedoch das Navigationsgerät. J hat somit die Leistung nicht wie geschuldet erbracht. Da die Sache nicht die vereinbarte Beschaffenheit aufwies, ist ein Sachmangel nach § 434 Abs. 1 S. 1 und damit eine Pflichtverletzung nach § 280 Abs. 1 S. 1 i.V.m. § 281 Abs. 1 S. 1 Var. 2 gegeben. J handelte vorsätzlich bezüglich der Nicht-Lieferung des Navigationsgeräts und hat damit die Pflichtverletzung auch zu vertreten. Weiterhin ist M durch die Pflichtverletzung ein Schaden in Höhe der Ersatzbeschaffungskosten für das Navigationsgerät entstanden. Gem. § 281 Abs. 1 S. 1 müsste M dem J erfolglos eine angemessene Frist gesetzt haben. Hier ist die Fristsetzung aber nach § 281 Abs. 2 Var. 1 entbehrlich, da sich J ernsthaft und endgültig weigert, die Leistung zu erbringen.

Folglich hat M gegen J einen Anspruch auf die Ersatzbeschaffungskosten für das Navigationsgerät (kleiner Schadensersatz) nach §§ 280 Abs. 1 u. 3, 281 Abs. 1 S. 1, 437 Nr. 3 Var. 1, 434.

Abwandlung:

160 Fraglich ist, ob M bei einem anderen Autohändler einen entsprechenden Pkw kaufen und von J Ersatz dieser Kosten gem. §§ 280 Abs. 1 u. 3, 281 Abs. 1 S. 1, 437 Nr. 3 Var. 1, 434 verlangen kann. Alle Tatbestandsvoraussetzungen der §§ 280 Abs. 1 S. 1, § 281 Abs. 1 S. 1 sind gegeben.

Fraglich ist aber, ob M auch *großen Schadensersatz* (Ersatz für den Kauf eines entsprechenden Pkws bei einem anderen Autohändler) verlangen kann. Dies könnte wegen der Unerheblichkeit der Pflichtverletzung nach § 280 Abs. 1 S. 3 abzulehnen sein. Aufgrund des Fehlens des Navigationsgeräts ist der Pkw nur unerheblich in seinem Wert und in seiner Tauglichkeit gemindert. Folglich ist die Pflichtverletzung im vorliegenden Fall nur unerheblich. M hat also keinen Anspruch auf den „großen" Schadensersatz. Folglich kann sie nur den „kleinen" Schadensersatz verlangen.

Lösungshinweise Fall 29:

161 M könnte gegen F einen Anspruch auf Schadensersatz nach §§ 280 Abs. 1 u. 3, 283 haben.

Dies setzt zunächst einen wirksamen Kaufvertrag voraus. Ein solcher ist hier gegeben. Weiterhin muss eine Pflichtverletzung durch F in Form der Nichtleistung aufgrund Unmöglichkeit nach § 275 vorliegen. Die sich im Warenlager von F befindende Flasche Trollinger war die letzte Flasche dieses Jahrgangs aus dem genannten Weinbaugebiet. Aufgrund des Diebstahls ist die Flasche nicht mehr auffindbar und die Übergabe der Flasche daher unmöglich, so dass tatsächliche Unmöglichkeit nach § 275 Abs. 1 vorliegt. Weiterhin hat F die Pflichtverletzung auch zu vertreten, da er fahrlässig (§ 276 Abs. 2) vergessen hat, sein Lager abzuschließen. Ferner entstand M durch die Pflichtverletzung auch ein Schaden, weil ihm über den Kaufpreis hinaus ein wesentlicher Sammelwert entgangen ist. Somit sind alle Voraussetzungen der §§ 280 Abs. 1, 3, 283 gegeben. Folglich hat M gegen F einen Anspruch auf Schadensersatz nach §§ 280 Abs. 1, 3, 283.

Lösungshinweise Fall 30:

E könnte gegen S einen Anspruch auf Ersatz seiner Aufwendungen nach § 284 haben. 162
Dies setzt zunächst voraus, dass E gegen S einen Anspruch auf Schadensersatz statt der Leistung hat. Das ist zu bejahen, weil S die Doppelvermietung als „rechtliche" Unmöglichkeit auch zu vertreten hat und E daher gegen S einen Anspruch auf Schadensersatz statt der Leistung nach §§ 280 Abs. 1 u. 3, 283 zustünde. Weiterhin müsste E die Aufwendungen im Vertrauen auf den Erhalt der Leistung getätigt haben und die Aufwendungen müssten so beschaffen sein, dass er sie bei wertender Betrachtung billigerweise machen durfte. E kann die frustrierten Werbekosten als legitime Aufwendungen im Sinne von § 284 geltend machen, da S anhand des vorliegenden Sachverhalts nicht nachweisen kann, dass die Aufwendungen des E durch die Einnahmen aus der Veranstaltung nicht kompensiert worden wären. Folglich liegen ersatzfähige Aufwendungen nach § 284 vor.
Ferner muss der Zweck der Aufwendungen infolge der Pflichtverletzung verfehlt sein. Hier wäre der Zweck der Aufwendungen – Anwerben von Zuschauern – bei pflichtgemäßen Verhalten der S – keine Doppelvermietung des Stadtpalais – erreicht worden. Damit sind alle Voraussetzungen des § 284 erfüllt. Folglich hat Emil gegen S einen Anspruch auf Ersatz seiner Aufwendungen nach § 284.

Abwandlung:

E könnte gegen S wie oben einen Anspruch auf Ersatz seiner Aufwendungen nach § 284 haben. 163
Dies könnte man zunächst mit der Erwägung verneinen, dass E keinen ersatzfähigen Schaden erlitten hat. Er hätte durch die Feier keine materiellen Vorteile erwirtschaftet, durch welche seine Aufwendungen kompensiert worden wären. Nach der Rentabilitätsvermutung hätte E keinen ersatzfähigen Schaden, da er nur ein ideelles Interesse verfolgte. Dem steht jedoch der Wortlaut des § 284 entgegen. Nach § 284 kann der Gläubiger Ersatz derjenigen Aufwendungen verlangen, die er im Vertrauen auf den Erhalt der Leistung getätigt hat. § 284 schützt damit auch Aufwendungen für immaterielle Zwecke.
E tätigte die Aufwendungen im Vertrauen auf den Erhalt des Stadtpalais und durfte diese auch billigerweise in dieser Höhe machen. Ferner kam es zu einer Zweckverfehlung der Aufwendungen infolge der Pflichtverletzung. Damit sind alle Voraussetzungen des § 284 erfüllt. Folglich hat E gegen S einen Anspruch auf Ersatz seiner Aufwendungen nach § 284.

Lösungshinweise Fall 31:

M könnte gegen G einen Anspruch Entschädigung in Geld nach § 823 Abs. 1 i.V. m. § 251 Abs. 1 Var. 1 haben. 164
Die tatbestandlichen Voraussetzungen des § 823 Abs. 1 sind gegeben. Ferner ist eine Herstellung des Mustangs im Sinne einer Naturalrestitution nach § 249 nicht möglich, da es sich um einen technischen Totalschaden bei dem Mustang handelt.
M hat also Anspruch auf Entschädigung in Geld nach § 823 Abs. 1 i.V. m. § 251 Abs. 1 Var. 1. Die Höhe der Entschädigung bemisst sich nach dem Wert, den der Mustang ohne den Unfall hätte.

Abwandlung:

Hier M könnte gegen G einen Anspruch auf Ersatz der Reparaturkosten nach § 823 Abs. 1 i.V. m. 165
§ 249 Abs. 2 haben. Beschädigung einer Sache im Sinne des § 249 Abs. 2 ist gegeben.
Folglich kann M von G die zur Wiederherstellung des Mustangs erforderlichen 9 000,– Euro verlangen.
Weiter könnte er einen Anspruch auf Ersatz des sog. merkantilen Minderwerts nach § 823 Abs. 1 i.V. m. § 251 Abs. 1 Var. 2 haben.
Es liegt ein merkantiler Minderwert in Höhe von 5 000,– Euro vor, welcher nicht durch die Herstellung des Mustangs beseitigt wird. Somit ist der Schadensersatz nach § 249 Abs. 2 in Höhe der Reparaturkosten nicht zur Entschädigung des M nach § 251 Abs. 1 Var. 2 genügend.
Folglich hat M gegen G auch einen Anspruch auf Ersatz des merkantilen Minderwerts nach § 823 Abs. 1 i.V. m. § 251 Abs. 1 Var. 2.

Lösungshinweise Fall 32 (nach BGHZ 128, 1):

166 C könnte gegen V einen Anspruch auf Ersatz des immateriellen Schadens aus § 823 Abs. 1, Art. 1, 2 Abs. 1 GG i.V.m. § 253 Abs. 1 u. 2 haben. Ein solcher ist gegeben, da das Selbstbestimmungsrecht der C über ihr Erscheinungsbild – als weiteres absolutes Recht im Sinne des § 823 Abs. 1 – „dadurch verletzt wird, dass ihr Äußerungen unterschoben werden, die sie unstreitig nicht getan hat". Die weiteren tatbestandlichen Voraussetzungen des § 823 Abs. 1 sind gegeben.
Fraglich ist allerdings, ob C ein immaterieller Schadensersatz zusteht. „Nach der ständigen Rechtsprechung […] steht dem Opfer einer Verletzung des allgemeinen Persönlichkeitsrechts ein Anspruch auf eine Geldentschädigung zu, wenn es sich um einen schwerwiegenden Eingriff handelt und die Beeinträchtigung nicht in anderer Weise befriedigend ausgeglichen werden kann. Ob eine schwerwiegende Verletzung des Persönlichkeitsrechts vorliegt, die die Zahlung einer Geldentschädigung erfordert, hängt insbesondere von der Bedeutung und Tragweite des Eingriffs, ferner von Anlass und Beweggrund des Handelnden sowie von dem Grad seines Verschuldens ab." (BGHZ 128, 1)
Bei den Persönlichkeitsrechtsverletzungen, um die es hier geht, handelt es sich um schwerwiegende Eingriffe in diesem Sinn. V hat in Kenntnis der Weigerung der C, der Presse ein Interview zu geben, ein Interview über Probleme des Privatlebens und der seelischen Verfassung der C erfunden, er hat C Äußerungen über ihre höchstpersönlichen Verhältnisse in den Mund gelegt, die diese nicht getätigt hat, und er hat ins Blaue hinein über höchstpersönliche Entscheidungen der C berichtet, die sie in Wahrheit nicht getroffen hat.
Folglich hat C gegen V einen Anspruch auf immateriellen Schadensersatz aus § 823 Abs. 1, Art. 1, 2 Abs. 1 GG i.V.m. § 253 Abs. 1 u, 2.

Lösungshinweise Fall 33:

167 Ein verantwortungsbewusster Mensch hätte wohl eine andere Diskothek aufgesucht, die nicht für regelmäßig stattfindende Diebstähle bekannt ist. Allerdings kann man der S kein Mitverschulden gemäß § 254 vorwerfen. Rechtlich betrachtet war S nicht gehalten, der Gefahr in Form eines möglichen Diebstahls durch einen Diskothekenbesuch auszuweichen.
Damit liegt kein Mitverschulden im Sinne des § 254 vor.

Lösungshinweise Fall 34:

168 S könnte gegen L einen Anspruch auf Rückzahlung des Kaufpreises gemäß §§ 346 I, 323, 650 S. 1, 437 Nr. 2 Var. 1 haben.
Dies setzt zunächst voraus, dass die Bestimmungen des Kaufrechts auf den vorliegenden Fall anwendbar sind. Nach § 650 finden auf einen Werklieferungsvertrag die Vorschriften des Kaufrechts Anwendungen. S hat bei L die Lieferung einer herzustellenden beweglichen Sache (Pizza) bestellt. Somit liegt ein Werklieferungsvertrag nach § 650 S. 1 vor. Damit finden die Vorschriften über den Kauf Anwendung.
Ferner muss eine Rücktrittserklärung nach § 349 durch S vorliegen. Eine solche ist durch das Verlangen des S nach Rückzahlung des Kaufpreises konkludent gegeben. Ein ausdrückliches Rücktrittsverlangen ist nicht erforderlich, solange S zum Ausdruck bringt, dass er die beiderseitigen Leistungsversprechen als gegenstandslos betrachtet und das Geleistete rückabgewickelt werden soll. Folglich liegt eine Rücktrittserklärung im Sinne des § 349 vor.
Weiterhin muss S ein Rücktrittsrecht gemäß § 346 Abs. 1 zustehen. Ein solcher Rücktrittsgrund könnte sich hier aus §§ 437 Nr. 1 Var. 1, 323 Abs. 1 ergeben. Nach § 323 Abs. 1 kann der Gläubiger vom Vertrag zurücktreten, wenn der Schuldner eine fällige Leistung nicht vertragsgemäß erbringt. Eine mangelhafte Kaufsache stellt eine nicht vertragsgemäße Leistung im Sinne des § 323 Abs. 1 dar.
Fraglich ist nun, ob ein Sachmangel im Sinne des § 434 vorliegt. Indem S bei L einen Vertrag über die Herstellung und Lieferung einer Pizza Margherita abschloss, haben die Parteien explizit die Beschaffenheit der herzustellenden und zu liefernden Pizza vereinbart. Der Sachmangel bestand auch nach § 446 S. 1 bei Gefahrübergang, bei Übergabe der Pizza durch L an S. Folglich liegt ein Sachmangel nach § 434 vor.

Allerdings hat S dem L keine Frist zur Leistung oder Nacherfüllung gesetzt (§ 323 Abs. 1 2. HS). Die Fristsetzung könnte allerdings gemäß § 323 Abs. 2 S entbehrlich sein. L hat weder die Leistung ernsthaft und endgültig verweigert (Nr. 1), noch haben die Parteien sich auf einen bestimmten Termin oder eine bestimmte Frist für die Lieferung geeinigt, da die Pizza nicht zu einem bestimmten Zeitpunkt, sondern nur so schnell wie möglich geliefert werden soll (Nr. 2). In Betracht kommt allerdings § 323 Abs. 2 Nr. 3. Danach ist eine Fristsetzung entbehrlich, wenn besondere Umstände vorliegen, die unter Abwägung der beiderseitigen Interessen den sofortigen Rücktritt rechtfertigen.
Hier musste S über zwei Stunden auf seine Pizza warten. Würde L nun erneut eine Pizza herstellen und liefern, müsste S erneut auf seine Pizza warten. L wäre gleichzeitig gezwungen, eine neue Pizza herzustellen und diese ausliefern zu lassen. Dies ist aufgrund seines momentan vorherrschenden Personalmangels nicht in seinem Interesse. Damit rechtfertigen die vorliegenden Umstände den sofortigen Rücktritt. Folglich ist eine Fristsetzung nach § 323 Abs. 2 Nr. 3 entbehrlich.
Ferner ist der Rücktritt auch nicht nach § 323 Abs. 6 ausgeschlossen. Damit ist ein Rücktrittsgrund für S nach § 323 Abs. 1 gegeben.
Folglich hat S gegen L einen Anspruch auf Rückzahlung des Kaufpreises gemäß §§ 346 I, 323, 650 S. 1, 437 Nr. 2 Var. 1.

Lösungshinweise Fall 35:

G könnte einen Anspruch auf Zahlung der 1 000,– Euro gemäß § 611 Abs. 1 haben. Zwischen ihr und H ist ein Dienstleistungsvertrag zustande gekommen. Der Auftritt von G kann nicht mehr nachgeholt werden, da die Vertragsparteien ein sog. Fixgeschäft vereinbart haben. Somit ist die Leistungspflicht der G nach § 275 Abs. 1 erloschen. Nach § 326 Abs. 1 S. 1 wäre somit auch die Gegenleistungspflicht der H grundsätzlich entfallen. 169
Allerdings beruhte der Unfall der G darauf, dass H das Podest unsachgemäß aufgebaut hat. Somit ist sie für den Umstand, aufgrund dessen G nach § 275 Abs. 1 nicht zu leisten braucht, allein verantwortlich. Damit behält G nach § 326 Abs. 2 S. 1 Var. 1 den Anspruch auf die Gegenleistung.
Folglich hat G gegen H einen Anspruch auf Zahlung der 1 000,– Euro.

Lösungshinweise Fall 36:

H könnte gegen S wegen der Verschlechterung des Pkw ein Wertersatzanspruch aus § 346 Abs. 2 S. 1 Nr. 3 zustehen. 170
Der empfangene Gegenstand (der Pkw) hat sich aufgrund eines Unfalls verschlechtert. Somit steht H grundsätzlich ein Wertersatzanspruch aus § 346 Abs. 2 S. 1 Nr. 3 zu.
Dieser Anspruch könnte aber durch § 346 Abs. 3 S. 1 Nr. 3 ausgeschlossen sein. S ist aufgrund eines gesetzlichen Rücktrittsrechts zurückgetreten und ferner hat sie die eigenübliche Sorgfalt *(diligentia quam in suis)* eingehalten. Somit ist H's Wertersatzanspruch aus § 346 Abs. 2 S. 1 Nr. 3 BGB durch § 346 Abs. 3 S. 1 Nr. 3 ausgeschlossen.
Folglich hat er gegen S keinen Anspruch auf Wertersatz für den beschädigten Pkw.

§ 10. Ausgewählte vertragliche Schuldverhältnisse

I. Überblick über die im BGB geregelten Vertragstypen

Literatur: *Brox/Walker,* Besonderes Schuldrecht, 42. Auflage 2018; *Looschelders,* Schuldrecht – Besonderer Teil, 13. Auflage 2018; *Medicus/Lorenz,* Schuldrecht II – Besonderer Teil, 17. Auflage 2014; *Reichold,* Arbeitsrecht, 5. Auflage 2016.

Schaubild 33: Überblick über die im BGB geregelten Vertragstypen:

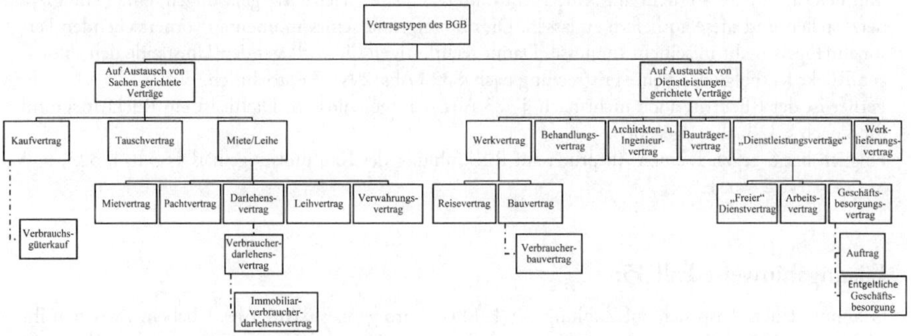

II. Kauf- und Werkvertrag als Prototypen

1. Hauptpflichten des Kaufvertrags

1 Nach **§ 433 Abs. 1 S. 1** wird der **Verkäufer** durch einen Kaufvertrag verpflichtet, dem Käufer die Sache zu übergeben und das **Eigentum** an der Sache zu verschaffen. Der Verkäufer hat dem Käufer zur Erfüllung des Kaufvertrags also nach den sachenrechtlichen Vorschriften (§§ 875, 925, 929ff.) wirksam das Eigentum an der Kaufsache zu verschaffen. Er hat die zur Eigentumsverschaffung notwendigen Handlungen vorzunehmen. Darüber hinaus muss der Verkäufer dem Käufer auch den **Besitz** (die tatsächliche Sachherrschaft) an der Kaufsache verschaffen (§§ 854f., dazu § 11 Rn. 5). Weitere Hauptpflicht des Verkäufers ist die in § 433 Abs. 1 S. 2 statuierte Pflicht, dem Käufer die Sache **frei von Sach- und Rechtsmängeln** zu verschaffen. Die korrespondierende Hauptpflicht des **Käufers** ist die Pflicht zur **Zahlung des Kaufpreises, § 433 Abs. 2.** Er hat also eine Geldschuld zu erfüllen. Die ebenfalls in § 433 Abs. 2 genannte Pflicht des Käufers zur Abnahme der gekauften Sache ist nicht Hauptpflicht, sondern nur Nebenpflicht, da sie in der Regel nicht im Gegenseitigkeitsverhältnis zu den Verkäuferpflichten steht. Abnahme bedeutet in diesem Zusammenhang die körperliche An- bzw. Wegnahme der vom Verkäufer bereitgestellten Kaufsache.

2. Nacherfüllungspflichten des Verkäufers

2 Erfüllt der Verkäufer seine Hauptpflicht zur Leistung der Kaufsache nur mangelhaft, kommt eine Pflicht zur Nacherfüllung in Betracht. Voraussetzung ist aber eine mangelhafte Kaufsache in Sinne von § 434.

3 Nach § 434 Abs. 1 S. 1 ist die Sache frei von **Sachmängeln,** wenn sie bei Gefahrübergang die vereinbarte Beschaffenheit hat. Die Norm regelt die Maßstäbe für die Sachmängelfreiheit der Kaufsache und hat darüber hinaus Bedeutung für den Erfüllungsanspruch nach § 433 Abs. 1 S. 2 sowie für die Rechte des Käufers gemäß § 437. Maßgeblicher Beurteilungszeitpunkt ist der **Gefahrübergang.** Nach § 446 S. 1 ist das

grundsätzlich der Zeitpunkt der Übergabe der verkauften Sache (vgl. aber Besonderheiten beim Versendungskauf, § 447). Ab diesem Zeitpunkt trägt der Käufer das Risiko des zufälligen Untergangs oder Verschlechterung der Kaufsache. Damit ein Sachmangel im Sinne des Gesetzes vorliegen kann, ist also ganz entscheidend, dass der Sachmangel schon zum *Zeitpunkt der Übergabe* in der Sache angelegt war.

Merke: Ein Sachmangel ist eine für den Käufer nachteilige Abweichung der **Ist-Beschaffenheit** der Kaufsache von ihrer **Soll-Beschaffenheit** (vertraglich geschuldete Beschaffenheit).

Vorrangig zu prüfen ist § 434 Abs. 1 S. 1. Danach ist eine Sache mangelfrei, wenn sie 4
bei Gefahrübergang *„die vereinbarte Beschaffenheit hat"*; primär ist also die konkrete Parteivereinbarung über die Beschaffenheit der Kaufsache in den Blick zu nehmen. Diese „subjektiv bestimmte Qualität" ist zur Begründung eines Sachmangels vorrangig heranzuziehen. Liegt eine Beschaffenheitsvereinbarung nicht vor, ist gem. § 434 Abs. 1 S. 2 Nr. 1 die „subjektiv-objektive Qualität" zu prüfen. Danach ist die Sache frei von Sachmängeln, wenn sie sich für die nach dem Vertrag vorausgesetzte Verwendung eignet. Erforderlich ist also, dass die Parteien (Käufer und Verkäufer) gemeinsam eine bestimmte Verwendung der Kaufsache vorausgesetzt haben. Findet sich auch keine vorausgesetzte Verwendung der Kaufsache, bestimmt sich die Frage der Mangelfreiheit nach der „objektiven Qualität", vgl. § 434 Abs. 1 S. 2 Nr. 2. Die Sache ist frei von Sachmängeln, *„wenn sie sich für die gewöhnliche Verwendung eignet und eine Beschaffenheit aufweist, die bei Sachen der gleichen Art üblich ist und die der Käufer nach der Art der Sache erwarten kann"*. Findet sich also keine subjektive Vereinbarung der Parteien, ist die Mangelfreiheit anhand eines objektiven Fehlerbegriffs zu beurteilen. Zudem muss sich der Verkäufer auch an seinen Werbeaussagen und denjenigen des Herstellers der Kaufsache festhalten lassen, § 434 Abs. 1 S. 3. Dies gilt nur dann nicht, wenn der Verkäufer nachweisen kann, dass er die Äußerung nicht kannte und auch nicht kennen musste, dass sie im Zeitpunkt des Vertragsschlusses in gleichwertiger Weise berichtigt war oder dass sie die Kaufentscheidung nicht beeinflussen konnte.

Fall 37:

Vasenliebhaber Kurt kauft im Möbelhaus des Viktor für seine Prachtsammlung an Ming Vasen ein 5
Regal, das zur Montage durch den Käufer bestimmt ist. Basierend auf einem Fehler in der Montageanleitung, die von V erstellt wurde, baut K das Regal unsachgemäß auf. Dies führt dazu, dass, als K die erste Vase in das Regal stellt, das Regal zusammenstürzt.
Frage: Kann K von V Ersatz für die Vase verlangen?

Mangelhaft ist eine Kaufsache auch, wenn die vereinbarte Montage durch den Verkäu- 6
fer oder dessen Erfüllungsgehilfen unsachgemäß durchgeführt worden ist, § 434 Abs. 2 S. 1. Voraussetzung hierfür ist, dass der Kaufvertrag den Verkäufer überhaupt zur Montage der Kaufsache verpflichtet. Unter den Begriff der Montage fällt etwa auch die Installation eines verkauften Computerprogramms. Zuletzt ist auf die sog. „IKEA-Klausel" hinzuweisen. Nach § 434 Abs. 2 S. 2 liegt ein Sachmangel auch vor, wenn bei einer zur Montage bestimmten Sache die Montageanleitung mangelhaft ist. Dabei ist die Anleitung als fehlerhaft zu bezeichnen, wenn sie falsche, lückenhafte oder unklare Handlungsanweisungen gibt, was aus der Sicht eines verständigen Käufers zu beurteilen ist. Eine fehlerhafte Montageanleitung stellt aber dann keinen Mangel dar,

wenn die Sache trotzdem von fitten Hobby-Handwerkern fehlerfrei montiert worden ist.

Fall 38:

7 Führerscheinneuling Klaus will sich sein erstes eigenes Auto kaufen. Hierfür geht er zu dem Autohändler Vladimir und kauft dort für 6 000,– Euro einen gebrauchten Pkw. Nach Übergabe des Pkw zeigt sich während der ersten Fahrt, dass die Blinker defekt sind. Unaufklärbar bleibt, ob dieser Fehler schon bei Übergabe wegen eines Konstruktionsfehlers vorlag.
Abwandlung: Nach Übergabe des Pkw möchte K sein Auto ein bisschen „aufmotzen" und findet dabei heraus, dass es sich bei seinem Wagen um einen Unfallwagen handelt.
Frage: Welche Rechte hat K gegen V?

8 Liegt ein Sachmangel vor, kann der Käufer nach § 439 Abs. 1 **Nacherfüllung** verlangen. Zu unterscheiden ist zwischen zwei Formen der Nacherfüllung: der **Nachbesserung** (§ 439 Abs. 1 Var. 1) und der **Nachlieferung** (§ 439 Abs. 1 Var. 2). Die Nachbesserung bedeutet die Beseitigung des Mangels im Wege der Reparatur der Kaufsache. Im Gegensatz dazu wird bei der Nachlieferung die Kaufsache „ausgetauscht". Bei einem Gattungskauf hat der Verkäufer eine andere Sache aus der vereinbarten Gattung zu liefern. Bei einem Stückkauf ist der Verkäufer grundsätzlich zur Lieferung einer *anderen, vergleichbaren* Sache verpflichtet, soweit es sich nicht um „Unikate" handelt. Dabei hat der **Käufer** grundsätzlich das Recht zu wählen, ob er Nachbesserung oder Nachlieferung möchte. Ausgeschlossen ist die gewählte Art der Nacherfüllung allerdings, wenn sie nach § 275 Abs. 1 unmöglich ist (vgl. § 9 Rn. 64). Dann beschränkt sich die Pflicht des Verkäufers auf die noch mögliche Art der Nacherfüllung. Der Verkäufer kann darüber hinaus die vom Käufer gewählte Art grundsätzlich nur nach § 275 Abs. 2, 3 sowie § 439 Abs. 4 verweigern. Das Verweigerungsrecht ist auch hier für jede Art der Nacherfüllung einzeln zu prüfen. Kann der Verkäufer nach § 439 Abs. 4 etwa die Nachbesserung z. B. bei Billigprodukten verweigern, heißt dies nicht automatisch, dass er auch zu einer Nachlieferung nicht verpflichtet ist. Nach § 439 Abs. 2 hat der Verkäufer die mit der Nacherfüllung im Zusammenhang stehenden Kosten zu tragen. Der zum 1.1.2018 eingefügte § 439 Abs. 3 stellt klar, dass dies auch die früher umstrittenen Kosten für den Ausbau einer mangelhaften und den Einbau einer mangelfreien Sache umfasst (vgl. § 4 Rn. 25). Im Fall der Nachlieferung hat der Käufer dem Verkäufer die mangelhafte Sache zurückzugewähren, § 439 Abs. 5.

Fall 39 (nach EuGH NJW 2008, 1433):

9 Hausfrau Klara kauft beim Elektrohändler Volta ein Bügeleisen für den privaten Gebrauch. Nachdem alle Hemden nach dem Bügeln Brandflecken aufweisen, findet K heraus, dass nicht ihre Bügelkünste, sondern das Bügeleisen schuld daran ist. Da eine Reparatur nicht möglich ist, ersetzt V das Gerät durch ein neues, verlangt aber von K die Zahlung von 30,01 Euro als Ersatz für die Vorteile aus der Nutzung des ursprünglich gelieferten Geräts.
Frage: Verlangt V zu Recht den Ersatz von K?

10 Die Verweisung auf die Rücktrittsregeln (§§ 346–348, vgl. § 9 Rn. 140ff.) hat aber für den Käufer noch eine weitere Bedeutung. Hatte der Käufer die mangelhafte Sache einige Zeit in Benutzung, bevor er seinen Nachlieferungsanspruch geltend macht, kann der Verkäufer vom Käufer für die Zeit der Nutzung der mangelhaften Sache

Nutzungsersatz verlangen. Anders ist dies allerdings beim Verbraucherkauf (sog. Verbrauchsgüterkauf, vgl. § 474 Abs. 1 sowie Rn. 12ff.). Aufgrund europarechtlicher Vorgaben ist das deutsche Recht hier einschränkend zu interpretieren: die in § 439 Abs. 4 in Bezug genommenen Vorschriften über den Rücktritt gelten in diesen Fällen nur für die Rückgewähr der mangelhaften Sache, führen hingegen nicht zu einem Anspruch des Verkäufers gegen den Verbraucher auf Nutzungsersatz (BGH v. 26.11.2008, NJW 2009, 427). Die Rechtsprechung des BGH ist mittlerweile durch § 474 Abs. 2 vom Gesetzgeber umgesetzt (vgl. § 4 III, Rn. 22ff.).

Für **weitere Rechte des Käufers** im Falle einer mangelhaften Leistung wie **Schadens-** 11
oder **Aufwendungsersatz, Rücktritt** oder **Minderung** (vgl. § 437 Nr. 2, Nr. 3) muss grundsätzlich der Nacherfüllungsanspruch erfolglos geltend gemacht worden sein (vgl. Rn. 8). Nach der gesetzgeberischen Konzeption räumt § 439 nicht nur dem Käufer einen Nacherfüllungsanspruch ein, sondern gibt dem Verkäufer auch ein „Recht zur zweiten Andienung", bevor er wegen der Lieferung einer mangelhaften Sache Schadensersatzansprüche befürchten muss. Ist freilich die Nacherfüllung **unmöglich,** weil z. B. weder Nachbesserung noch Nachlieferung den Mangel beheben können, kann der Käufer sogleich seinen Schadensersatzanspruch geltend machen oder vom Kaufvertrag zurücktreten, vgl. §§ 283, 326 Abs. 5. Zu beachten ist aber die Spezialregel des **§ 440,** der bestimmt, dass außer in den Fällen des §§ 281 Abs. 2, 323 Abs. 2 es der Fristsetzung auch dann nicht bedarf, wenn der Verkäufer beide Arten der Nacherfüllung gem. § 439 Abs. 3 verweigert oder wenn die dem Käufer zustehende Art der Nacherfüllung fehlgeschlagen oder ihm unzumutbar ist. Eine Nachbesserung gilt dabei grundsätzlich nach dem erfolglosen zweiten Versuch als fehlgeschlagen.

Schaubild 34: Rechte des Käufers bei einem Mangel

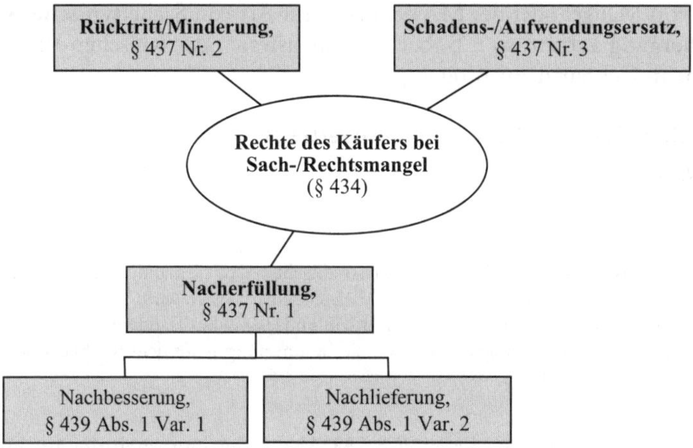

3. Besondere Verbraucherrechte

Besondere Bestimmungen gelten für den sog. Verbrauchsgüterkauf, also den Kauf 12
einer beweglichen Sache durch einen Verbraucher (§ 13) von einem Unternehmer (§ 14, vgl. auch § 4 II 3, Rn. 18ff.), vgl. § 474 Abs. 1 S. 1. Der Verbraucher soll gegenüber professionellen Verkäufern besonders vor Übervorteilung geschützt werden. Ausgeformt wird dieser Grundgedanke maßgeblich in § 476. Dort werden die meisten

kaufrechtlichen Vorschriften zugunsten des Verbrauchers für zwingend erklärt, vgl. insb. § 476 Abs. 1. Gesichert wird dies dadurch, dass § 476 Abs. 1 S. 2 auch **Umgehungskonstruktionen** für unwirksam erklärt. Vertragliche Änderungen sind nach § 475 Abs. 2, 3 lediglich in Bezug auf die Verjährung und auf Schadensersatzansprüche möglich. Zu beachten ist, dass bei formularmäßigen Kaufverträgen Vereinbarungen über Schadensersatzansprüche den Anforderungen der §§ 307 ff. entsprechen müssen.

13 Eine weitere entscheidende Verbesserung für den Verbraucher als Käufer bringt **§ 477.** Diese bestimmt eine weitreichende **Beweislastumkehr.** Zeigt sich nämlich innerhalb von sechs Monaten seit Gefahrübergang, d. h. der Übergabe der Sache (§ 446 S. 1), ein Sachmangel, so wird **vermutet,** dass die Sache bereits bei Gefahrübergang mangelhaft war, es sei denn, diese Vermutung ist mit der Art der Sache oder des Mangels unvereinbar. Grundsätzlich muss in einem Prozess derjenige, dem eine Vorschrift Rechte zuspricht, deren tatsächliche Voraussetzungen darlegen und beweisen. Daraus folgt, dass grundsätzlich der **Käufer** für die Mangelhaftigkeit der Kaufsache *bei Gefahrübergang* beweispflichtig ist (vgl. auch § 363). Die Verbraucherschutznorm des § 477 schafft hier eine wesentliche Erleichterung. Handelt es sich um einen Verbrauchsgüterkauf, muss der Käufer innerhalb der ersten sechs Monaten seit Gefahrübergang *nur beweisen,* dass ein Mangel an der Kaufsache vorliegt. Ist dies der Fall, muss der Verkäufer den Gegenbeweis antreten, dass der Mangel erst nach Gefahrübergang eingetreten ist. Die Konsequenzen dieser Vorschrift illustriert Fall 38.

14 Nicht anwendbar ist die Beweislastumkehr, wenn die Vermutung mit der Art der Sache oder des Mangels unvereinbar ist, z. B. beim Kauf schnell verderblicher Lebensmittel. Diese Ausnahme ist vor dem Hintergrund, dass ansonsten der Schutz des Verbrauchers aufgeweicht würde, eng auszulegen. Der Verkäufer hat darzulegen, dass diese Art von Mangel oder der Mangel bei dieser Art von Sache **typischerweise nach Gefahrübergang** auftritt, so z. B. bei Verbrauchsware oder typischen Verschleißschäden, die beim Gebrauch aufzutreten pflegen.

4. Besonderheiten des Werk- und Reisevertrags

a) Der Werkvertrag

Fall 40:

15 Vor dem Abitur-Ball entscheidet Katrin, um sicher zu gehen, dass niemand anderes das gleiche Kleid tragen wird wie sie, dass sie sich ihr Kleid von Tabea schneidern lassen wird.

Abwandlung: K leiht sich von ihrer Mutter ein Kleid und lässt es bei T ändern.

Frage: Finden bei der Abwicklung des Vertrags die Bestimmungen aus dem Kaufrecht oder aus dem Werkvertragsrecht Anwendung?

16 Durch einen Werkvertrag wird gemäß **§ 631 Abs. 1** der Unternehmer zur Herstellung des versprochenen Werkes, der Besteller zur Entrichtung der vereinbarten Vergütung verpflichtet. Die Bezeichnung „Unternehmer" bezieht sich dabei nicht auf § 14, sondern geht auf die Terminologie des Werkvertragsrechts zurück (sog. Werkunternehmer). Gegenstand des Werkvertrages können sowohl die Herstellung oder die Veränderung einer Sache, insbesondere deren Reparatur, als auch ein anderer durch Arbeit oder Dienstleistung herbeizuführender Erfolg sein. Dies bringt § 631 Abs. 2 zum Ausdruck. Kennzeichnend für einen Werkvertrag ist die **Erfolgsbezogenheit** der

Verpflichtung des Werkunternehmers. Dieser sagt zu, einen bestimmten Erfolg durch seine Tätigkeit zu erreichen, wofür er vom Besteller vergütet wird. Diese Erfolgsorientierung ist auch das maßgebliche Abgrenzungskriterium zu anderen Vertragstypen, insbesondere zum Dienstvertrag. Der Werkunternehmer schuldet einen Erfolg, der Dienstleister schuldet „nur" eine Tätigkeit.

Der Besteller ist verpflichtet, den vereinbarten Werklohn zu bezahlen. Eine Besonder- 17
heit des Werkvertragsrechts ist die gesetzliche Regelung bezüglich der Fälligkeit des Werklohnanspruchs. Nach **§ 641 Abs. 1 S. 1** ist die Vergütung bei der **Abnahme** des Werks durch den Besteller zu entrichten. Die Abnahme ist eine rechtsgeschäftliche Erklärung des Bestellers, mit der dieser erklärt, dass er das Werk als im Wesentlichen vertragsgemäß billigt. Dabei kann die Abnahme sowohl ausdrücklich als auch konkludent erklärt werden.

Den Unternehmer trifft wie den Verkäufer die Pflicht, ein **mangelfreies** Werk zu er- 18
stellen, § 633 Abs. 1. Das Mängelgewährleistungsrecht des Werkvertragsrechts ist deutlich an das des Kaufrechts angelehnt. Es finden sich nahezu deckungsgleiche Regelungen. Nach § 633 Abs. 2 ist ein Werk mangelhaft, wenn es nicht die vereinbarte Beschaffenheit hat (vgl. zu § 434 oben Rn. 4). Soweit die Beschaffenheit nicht vereinbart wurde, ist das Werk mangelhaft, wenn es sich für die nach dem Vertrag vorausgesetzte (Nr. 1), sonst für die gewöhnliche Verwendung nicht eignet und keine Beschaffenheit aufweist, die bei Werken der gleichen Art üblich ist und die der Besteller nach der Art des Werkes erwarten kann (Nr. 2). Maßgeblicher Zeitpunkt für die Beurteilung der Frage, ob das Werk einen Sachmangel aufweist, ist auch hier der **Gefahrübergang** mit Abnahme des Werks durch den Besteller vgl. § 644 Abs. 1 S. 1.

Die **Rechte des Bestellers** bei Mängeln zählt § 634 ähnlich wie § 437 beim Kauf auf. 19
Ist das Werk mangelhaft, muss der Besteller vorrangig nach § 635 Nacherfüllung verlangen, bevor er nach § 637 den Mangel **selbst beseitigen** und Ersatz der erforderlichen Aufwendungen verlangen kann. Dieses „Selbstvornahmerecht" im Werkvertragsrecht kennt keine Parallele im Kaufrecht. Doch kann der Besteller auch nach den §§ 636, 323, 326 Abs. 5 von dem Vertrag zurücktreten oder nach § 638 die Vergütung mindern und nach den §§ 636, 280, 281, 283, 311 a Schadensersatz oder nach § 284 Ersatz vergeblicher Aufwendungen verlangen. Diesbezüglich gilt also grundsätzlich das zum Kaufvertrag Gesagte entsprechend (vgl. Rn. 11).

Auch dem Werkunternehmer ist grundsätzlich zunächst die Gelegenheit zur **Nacher-** 20
füllung zu geben, bevor der Besteller sekundäre Gewährleistungsrechte geltend machen kann. Im Unterschied zum Kaufrecht, wo das Wahlrecht dem Käufer zukommt (vgl. Rn. 8), stellt es **§ 635 Abs. 1** *dem Unternehmer* zur Wahl, ob er das mangelhafte Werk nachbessern oder von Grund auf ein neues, mangelfreies Werk erstellen möchte. Die Kosten der Nacherfüllung hat der Unternehmer zu tragen. Der Nacherfüllungsanspruch des Bestellers ist bei Unmöglichkeit oder Unzumutbarkeit (§ 275 Abs. 1–3, vgl. § 9 Rn. 64 ff.) ausgeschlossen. Daneben kann der Unternehmer die Nacherfüllung verweigern, wenn diese nur mit unverhältnismäßigen Kosten möglich ist, § 635 Abs. 3. Diese Unverhältnismäßigkeit ist durch einen Vergleich des objektiven Wertverlustes des Werks durch den Mangel mit dem objektiven Gesamtwert eines mangelfreien Werks zu ermitteln.

Schaubild 35: Rechte des Bestellers bei einem Mangel

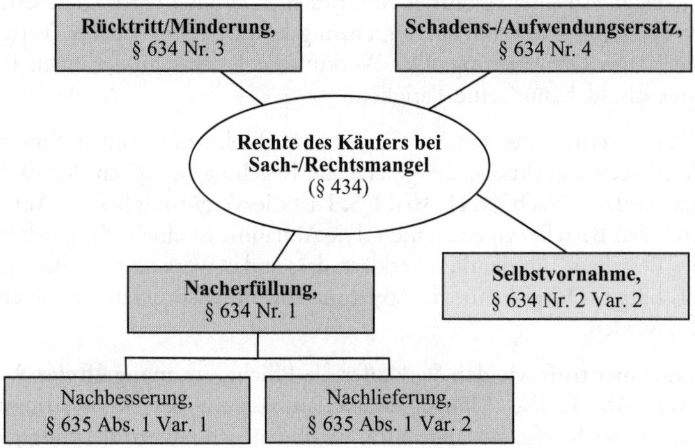

21 Eine weitere Besonderheit des Werkvertragsrechts ist das **Kündigungsrecht des Bestellers** gem. § 648. Bis zur Vollendung des Werkes kann der Besteller jederzeit den Vertrag kündigen. Spricht er eine solche Kündigung allerdings aus, ist der Unternehmer berechtigt, die vereinbarte Vergütung zu verlangen. Jedoch muss er sich auf seinen Vergütungsanspruch dasjenige anrechnen lassen, was er infolge der Aufhebung des Vertrags an Aufwendungen erspart, nachdem er das Werk nicht mehr fertig stellen muss. Hinzuweisen bleibt zuletzt auf **§ 650.** Nach S. 1 der Vorschrift finden auf einen Vertrag, der die Lieferung herzustellender oder zu erzeugender beweglicher Sachen zum Gegenstand hat, die **Vorschriften über den Kauf** Anwendung. Solch ein Vertrag wird als **Werklieferungsvertrag** bezeichnet. Damit werden im Ergebnis ganz wesentliche Bereiche der industriellen Massenfertigung auch bei genormter Maßarbeit dem Kaufrecht zugewiesen. Für den **Werkvertrag** bleiben im Wesentlichen Bauwerke und andere Grundstücksarbeiten, Verträge über geistige und künstlerische Leistungen und vor allem Reparatur- und andere Veränderungsarbeiten an bestellereigenen Sachen übrig.

22 Die **Abgrenzung** zwischen Kaufvertrag, Werklieferungsvertrag und Werkvertrag kann Schwierigkeiten bereiten. Bei einem Werklieferungsvertrag muss Vertragsgegenstand eine herzustellende oder zu erzeugende *bewegliche Sache* sein. Von einem Kaufvertrag unterscheiden sich die Verträge nach § 650 durch die werkvertragsrechtliche Pflicht zur Bewirkung eines **„Erfolgs“.** Von einem nach den §§ 631 ff. zu beurteilenden Werkvertrag unterscheidet sich der Werklieferungsvertrag durch den Schwerpunkt der **Lieferung** des hergestellten Werks. Das ist deshalb wichtig, weil § 650 im Wesentlichen auf das **Kaufrecht** verweist (auch im Hinblick auf die Mängelgewährleistung). So ist beispielsweise auch dann von einem Werklieferungsvertrag auszugehen, wenn der Unternehmer zur Herstellung des Werks (hier: von Haustüren) nach Aufmaß verpflichtet ist und diese Türen dem Besteller zu liefern hat (vgl. OLG Nürnberg v. 11.10.2005, BauR 2007, 122). Soweit es sich bei den herzustellenden oder zu erzeugenden beweglichen Sachen aber um *nicht vertretbare* Sachen (zur Vertretbarkeit einer Sache vgl. § 91) handelt, trifft § 650 S. 3 die Sonderregelung, dass auch die §§ 642, 643, 645, 648, 649 mit der Maßgabe anzuwenden sind, dass an die Stelle der Abnahme der nach den §§ 446, 447 maßgebliche Zeitpunkt tritt.

22a Weiter vom allgemeinen Werkvertrag i. S. d. §§ 631 ff. zu unterscheiden sind die **besonderen Werkvertragsformen** des **Reisevertrags** (§§ 651a–651y; dazu Rn. 23 ff.) und des nun ebenfalls normierten **Bauvertrags** (§§ 650a–650n). Um den besonderen Interessenlagen und Bedürfnissen auch in diesen Fällen gerecht zu werden, statuiert der Gesetzgeber spezielle, d. h. vorrangige Regeln. Noch spezieller sind die ebenfalls neu eingefügten Regeln zum **Verbraucherbauvertrag** (§§ 650i–650n und § 650o).

b) Der Pauschalreisevertrag

23 Der Pauschalreisevertrag ist in den §§ 651a – 651y geregelt und umfasst, was nach der Umsetzung der Pauschalreise-RL zum 1.7.2018 bereits im Wortlaut deutlich wird (zuvor: Reisevertrag), allein den Vertragsschluss im Rahmen einer **Pauschalreise.**

§ 651 a Abs. 1 S. 1 bestimmt, dass durch den Pauschalreisevertrag der Reiseveranstalter verpflichtet wird, dem Reisenden eine Pauschalreise zu verschaffen. D. h. er muss namentlich **mindestens zwei verschiedenen Arten von Reiseleistungen für den Zweck derselben Reise** (Abs. 2 S. 1) bzw. **Reiseleistungen i. S. d. Abs. 2 S. 2** erbringen (zu „Reiseleistungen" vgl. Katalog in § 651 a Abs. 3). Der Reisende ist verpflichtet, dem Reiseveranstalter den vereinbarten Reisepreis zu zahlen, § 651 a Abs. 1 S. 2. Partner des Reisevertrags sind daher nur der Reiseveranstalter und der Reisende. § 651 b Abs. 1 stellt klar, dass der Reiseveranstalter sich durch eine andere Wortwahl einem zwingenden Gesetz nicht entziehen kann. Unabhängig von einem etwaigen Anschein (so noch § 651 a Abs. 2 a. F.) gilt ein Unternehmer, der nach Maßgabe des § 651 b Abs. 1 am Vertragsschluss mitwirkt, als Reiseveranstalter und kann sich somit nicht auf eine bloße „Vermittlerrolle" zurückziehen: so kann sich der Reiseveranstalter einer Haftung nicht entziehen. Der Reisende ist vertraglich **nur** an den Reiseveranstalter gebunden. Ihn muss es nicht interessieren, ob die zugesagten Reiseleistungen am Reiseziel (vor Ort) durch **Dritte** (die sog. Leistungsträger) ausgeführt werden, weil diese i. d. R. Erfüllungsgehilfen des Reiseveranstalters sind, nicht aber in einer vertraglichen Beziehung zum Reisenden stehen. Vertraglich sind die Leistungsträger nur dem Reiseveranstalter verbunden, der sich die Reisemängel vor Ort deshalb auch **zurechnen** lassen muss.

Der Reiseveranstalter ist nach § 651 i Abs. 1 verpflichtet, eine **mangelfreie** Pauschalreise zu leisten. Dabei hat er die Reise so zu erbringen, dass sie die vereinbarte Beschaffenheit hat (Abs. 2 S. 1). Ohne Beschaffenheitsvereinbarung muss sie sich für den vertraglich vorausgesetzten Nutzen (S. 2 Nr. 1) bzw. den gewöhnlichen Nutzen eignen und eine Beschaffenheit aufweisen, die bei Pauschalreisen der gleichen Art üblich ist und erwartet werden kann (S. 2 Nr. 2). Auch eine unangemessene Verspätung stellt einen Reisemangel dar (S. 3). Zu der Frage, ob eine Reise mangelhaft erbracht wurde, hat sich eine umfangreiche Rechtsprechung herausgebildet. Zur Illustration folgender 24

Fall 41:

Robert bucht bei der Lui GmbH eine einwöchige Pauschalreise nach Ibiza für den Zeitraum vom 1. Juli bis zum 7. Juli. Bereits in Stuttgart ergibt sich jedoch das erste Problem: Das Flugzeug Richtung Süden kann erst nach einstündiger Verspätung starten. 25
In Ibiza angekommen, genießt R seine Ferien. Der Urlaub findet jedoch ein jähes Ende, als R am zweiten Tag ein vermeintlich leckeres Vanilleeis im Restaurant seines Hotels isst. Der Koch des Restaurants hatte rohe Eier bei der Herstellung des Speiseeises benutzt, R wird mit einer Salmonellenvergiftung in das örtliche Krankenhaus eingeliefert. Bis zu seinem Rückflug muss er im Krankenhaus bleiben.
Frage: Hat R gegen die L-GmbH gem. §§ 651 i Abs. 3 Nr. 6, 651 m Abs. 2 S. 1 u. 2 i. V. m. § 346 Abs. 1 einen Anspruch auf Rückzahlung des zuviel gezahlten Reiseentgelts i. H. v. 50 %?

Die Mängelrechte des Reisenden katalogisiert § 651 i Abs. 3. Liegt ein Reisemangel vor, hat der Reisende Anspruch auf **Abhilfe,** § 651 k Abs. 1 S. 1. Dies bedeutet, dass der Reiseveranstalter zur Beseitigung des Mangels verpflichtet ist. Er kann die Abhilfe aber verweigern, wenn diese nur mit unverhältnismäßigem Aufwand möglich ist (Abs. 1 S. 2). Kommt er seiner Abhilfeverpflichtung innerhalb einer vom Reisenden gesetzten, angemessenen Frist nicht nach, kann der Reisende gem. § 651 k Abs. 2 S. 1 **selbst Abhilfe schaffen** und Ersatz der erforderlichen Aufwendungen verlangen. Den Reiseveranstalter kann zudem die Pflicht treffen, Abhilfe durch angemessene **Ersatzleistungen** anzubieten (§ 651 k Abs. 3) sowie die Kosten für eine notwendige Beherbergung zu tragen (§ 651 k Abs. 4 u. 5). Bei einem Reisemangel mindert sich zudem **kraft Gesetzes** der Reisepreis, § 651 m Abs. 1 S. 1. Voraussetzung ist aber die **Anzeige** des Mangels beim *Reisever-* 26 *anstalter* (vgl. § 651 o). Für die Berechnung des konkreten Minderungsbetrags ist der Reisepreis in dem Verhältnis zu mindern, in dem die Reise durch den Mangel entwertet wurde. Bei einer *erheblichen* Beeinträchtigung der Reise infolge eines Mangels hat der Reisende nach § 651 l Abs. 1 auch noch das Recht zur **Kündigung** des Pauschalreisevertrags. Eine Kündigung ist ebenfalls erst möglich, wenn zuvor eine vom Reisenden gesetzte Frist zur Abhilfe erfolglos verstrichen ist, § 651 l Abs. 1 S. 2. Die Rechtsfolgen einer Kündigung statuiert § 651 l Abs. 2: Danach verliert der Reiseveranstalter den Anspruch auf den vereinbarten Reisepreis. Er kann grundsätzlich jedoch hinsichtlich der bereits erbrachten oder zur Beendigung der Reise noch zu erbringenden Reiseleistungen den vereinbarten Reisepreis verlangen. Schließlich kann der Reisende im Falle einer mangelhaften Reise vom Reiseveranstalter auch **Schadensersatz** verlangen. Nach § 651 n Abs. 1 kann der Reisende unbeschadet der Minderung oder der Kündigung Schadensersatz wegen Nichterfüllung verlangen. Dabei wird vermutet, dass der Reiseveranstalter den Mangel zu vertreten hat. Dieser kann sich jedoch entlasten, vgl. § 651 n Abs. 1 2. Hs. Nr. 1–3. Die Systematik ist also § 280 Abs. 1 S. 2 nachgebildet (vgl. § 9 Rn. 98). Dieser Schadensersatzanspruch setzt allerdings voraus, dass dem Reisenden infolge der mangelhaften Reiseleistungen ein **Vermögensschaden** entstanden ist. Diesen kann er dann nach Maßgabe der §§ 249 ff. BGB ersetzt verlangen (vgl. § 9 Rn. 116 ff.). Muss der Reisende beispielsweise sofort nach seiner Ankunft wieder zurückreisen, weil das ihm zugewiesene Appartement baulich noch nicht fertig gestellt war, kann er als Schadensersatz Ersatz der Aufwendungen für die Fahrt zum Flughafen, für Parkgebühren, Transferkosten Flughafen-Hotel, zusätzliche Verpflegung, Übernachtung am Heimatflughafen sowie Wechselkursverluste verlangen (vgl. OLG Düsseldorf v. 15. 5. 1997, NJW-RR 1998, 53).

27 Eine Besonderheit des Reisevertragsrechts ist die Norm des § 651 n Abs. 2. Diese gewährt einen Anspruch auf **immateriellen Schadensersatz.** Wird die Reise vereitelt oder erheblich beeinträchtigt, kann der Reisende danach auch wegen *nutzlos aufgewendeter Urlaubszeit* eine angemessene Entschädigung in Geld verlangen. Zusätzlich zu den Voraussetzungen des § 651 n Abs. 1 verlangt Abs. 2 also als zusätzliche Voraussetzung noch die Vereitelung oder die erhebliche Beeinträchtigung der Reise. Dabei liegt eine Vereitelung der Reise vor, wenn die Reise gar nicht angetreten werden kann oder gleich zu Anfang abgebrochen werden muss. Unter einer **erheblichen Beeinträchtigung** der Reise ist zu verstehen, dass eine Gesamtwürdigung aller Umstände des Einzelfalls unter Berücksichtigung der Urlaubsart den Urlaub ganz oder teilweise als vertan erscheinen lässt. Als Faustregel kann gelten, dass eine erhebliche Beeinträchtigung anzunehmen ist, wenn eine Minderungsquote von 50 % angemessen ist.

Lösungshinweise zu den Fällen in § 10

Lösungshinweise Fall 37:

28 K könnte einen Schadensersatzanspruch gegen V aus §§ 437 Nr. 3, 434, 280 Abs. 1 haben. Dies setzt zunächst einen wirksamen Kaufvertrag voraus. Ein solcher liegt vor. Erforderlich ist ferner ein Sachmangel. Zwar weisen die gelieferten Teile des Regals selbst keine Abweichung der Ist- von der Soll-Beschaffenheit auf. Ein Mangel ist aber in Form der fehlerhaften Montageanleitung gegeben, § 434 Abs. 2 S. 2. Insbesondere wurde das Regal gerade infolge der fehlerhaften Montageanleitung falsch montiert. § 437 verweist für Schadensersatzansprüche auf die §§ 280 ff. K verlangt Schadensersatz neben der Leistung und somit ist § 280 Abs. 1 S. 1 BGB zu prüfen. Die von § 280 Abs. 1 S. 1 verlangten Tatbestandsmerkmale Schuldverhältnis und Pflichtverletzung sind aufgrund des Kaufvertrages und aufgrund der Verletzung der Pflicht, die Sache dem Käufer frei von Sachmängeln zu verschaffen, zu bejahen. Das Verschulden des V wird nach § 280 Abs. 1 S. 2 vermutet. Der Schaden des K liegt in der zerbrochenen Vase. Alle in § 280 Abs. 1 genannten Voraussetzungen liegen somit vor. Folglich hat K gegen V einen Schadensersatzanspruch aus §§ 434, 437 Nr. 3, 280 Abs. 1.

Lösungshinweise Fall 38:

K könnte von V Nacherfüllung gemäß § 437 Nr. 1 i. V. m. § 439 verlangen. Dies setzt zunächst voraus, dass ein Mangel im Sinne des § 434 Abs. 1 vorliegt. Defekte Blinker sind grundsätzlich ein Mangel nach § 434 Abs. 1. Dieser müsste bei Übergabe der Sache vorgelegen haben. Hier zeigte sich der Mangel erst später. K müsste also grundsätzlich nachweisen, dass der Mangel bereits bei Übergabe des Pkw angelegt war. Dieser Nachweis kann K hier nicht gelingen, da unaufklärbar ist, ob der Fehler bei der Übergabe schon vorlag. Doch K kann vorliegend nachweisen, dass sich der Mangel innerhalb der ersten sechs Monate nach Gefahrübergang (d. h. nach Übergabe, vgl. § 446) gezeigt hat. Da es sich um einen Verbrauchsgüterkauf handelt (d. h. der Verkäufer einer beweglichen Sache ist Unternehmer, der Käufer ist Verbraucher, vgl. §§ 474 Abs. 1, 13, 14; dazu § 10 Rn. 12ff.), greift die Beweislastumkehr des § 477 ein. Nun muss V beweisen, dass der Mangel bei Gefahrübergang nicht schon vorlag, sondern erst danach aufgetreten ist. Dies kann ihm nach dem vorliegenden Sachverhalt nicht gelingen. Somit ist ein Mangel im Sinne des § 434 Abs. 1 gegeben. 29

Defekte Blinker stellen einen behebbaren Mangel dar, so dass K Nachbesserung durch Reparatur verlangen kann, vgl. §§ 437 Nr. 1, 439 Abs. 1. Rücktritt, Minderung und Schadensersatz statt der Leistung setzen nach §§ 437 Nr. 2 und 3, 323, 441, 280 Abs. 1 und 3, 281 grundsätzlich voraus, dass K dem V erfolglos eine angemessene Frist zur Nacherfüllung gesetzt hat. K muss daher zunächst Nacherfüllung nach §§ 437 Nr. 1, 439 verlangen.

Abwandlung:

K könnte von V Nacherfüllung gemäß §§ 437 Nr. 1, 439 verlangen. Dies setzt voraus, dass ein Mangel im Sinne des § 434 Abs. 1 vorliegt. Mangel ist hier die Eigenschaft als Unfallwagen. Erneut greift die Beweislastumkehr des § 477 ein, so dass im vorliegenden Fall ein Mangel nach § 434 Abs. 1 vorlag. Ein solcher Mangel (Eigenschaft als Unfallwagen) kann aber nicht durch Nachbesserung behoben werden. Eine Nachlieferung eines anderen Fahrzeugs scheidet bei Gebrauchtwagen wegen deren Individualität regelmäßig aus. Nacherfüllung ist damit unmöglich gemäß § 275 Abs. 1. 30

Die Rechte des K bestimmen sich folglich nach §§ 326 Abs. 5, 441, 311 a Abs. 2.

Lösungshinweise Fall 39 (nach EuGH NJW 2008, 1433):

Fraglich ist, ob V von K Ersatz in Höhe von 30,01 Euro verlangen kann. 31

Ein solcher Anspruch könnte sich aus § 439 Abs. 5 ergeben. Der aufgrund der Quelle-Entscheidung des EuGH (NJW 2008, 1433) geänderte § 475 Abs. 3 (ursprünglich, d. h. zum 10. 12. 2008 befand sich diese Regelung in § 474 Abs. 2, ab 13. 6. 2014 in § 474 Abs. 5 und seit 1. 1. 2018 sodann in § 475 Abs. 3) bestimmt aber in Satz 1 ausdrücklich, dass § 439 Abs. 5 auf einen Verbrauchsgüterkauf mit der Maßgabe anzuwenden ist, dass Nutzungen nicht herauszugeben oder durch ihren Wert zu ersetzen sind. Somit kann V von K keinen Ersatz für die Benutzung des Bügeleisens verlangen.

Lösungshinweise Fall 40:

Bei dem Vertrag zwischen K und T handelt es sich nicht um einen originären Kaufvertrag i. S. d. § 433, da T das Ballkleid nicht nur übergeben und übereignen (d. h. liefern), sondern auch erst noch schneidern soll. Auch liegt kein reiner Werkvertrag i. S. d § 631 vor, da es auch nicht nur um die Herstellung geht. 32

Nach § 650 Abs. 1 S. 1 finden die Bestimmungen des Kaufrechts dann Anwendung, wenn der Vertrag die Lieferung neu herzustellender oder zu erzeugender beweglicher Sachen zum Gegenstand hat (sog. Werklieferungsvertrag). Im vorliegenden Fall „beauftragte“ K die T mit der Herstellung des Kleides. Damit finden die Bestimmungen des Kaufrechts Anwendung.

Abwandlung:

In der Abwandlung lässt K ihr Kleid von T ändern. Damit liegt keine „Lieferung“ (d. h. Übergabe und Übereignung) neu herzustellender oder zu erzeugender beweglicher Sachen i. S. d. § 650 Abs. 1 S. 1 vor. Vereinbart wird vielmehr nur eine auf einen bestimmten Erfolg gerichtete Tätigkeit (vgl. § 631 Abs. 2): die Änderung. Damit handelt es sich um einen reinen Werkvertrag im Sinne der §§ 631 ff. und folglich finden auch die Bestimmungen des Werkvertragsrechts Anwendung. 33

Lösungshinweise Fall 41:

34 R könnte gegen die L-GmbH gem. §§ 651 i Abs. 3 Nr. 6, 651 m Abs. 2 S. 1 u. 2 i. V. m. § 346 Abs. 1 einen Anspruch auf Rückzahlung des zuviel gezahlten Reiseentgelts i. H. v. 50 % haben.
Dies setzt zunächst einen wirksamen Pauschalreisevertrag nach § 651 a Abs. 1 S. 1 zwischen R und der L voraus. Zwischen R als Reisendem und der L als Reiseveranstalterin ist ein Vertrag über eine Gesamtheit von mindestens zwei verschiedenen Arten von Reiseleistungen für den Zweck derselben Reise, namentlich die Flug- und die Hotelbuchung, und somit ein Pauschalreisevertrag i. S. d. § 651 a Abs. 1, 2 u. 3 zustande gekommen.
Ferner muss ein Reisemangel nach § 651 i Abs. 1 u. 2 vorliegen, vgl. § 651 m Abs. 1 S. 1. Eine Reise ist danach fehlerhaft, wenn die tatsächliche Ist-Beschaffenheit nachteilig von der vertraglich geschuldeten Soll-Beschaffenheit abweicht und dadurch der Nutzen der Reise entweder aufgehoben oder gemindert wird. Zwar liegt weder eine Beschaffenheitsvereinbarung (Abs. 2 S. 1) noch ein vertraglich vorausgesetzter Nutzen (Abs. 2 S. 2 Nr. 1) vor. Das mit Salmonellen angereicherte Vanilleeis entspricht allerdings nicht dem gewöhnlichen Nutzen und der üblichen, zu erwartenden Beschaffenheit und erreicht somit nicht die vertraglich geschuldete Soll-Beschaffenheit der Reise. Dadurch wurde der Nutzen der Reise des R ab dem zweiten Tag aufgehoben. Somit stellt das Eis mit Salmonellen einen Reisemangel nach § 651 i Abs. 1 u. 2 S. 2 Nr. 2 dar.
Fraglich ist weiter, ob auch die einstündige Flugverspätung einen Reisemangel i. S. d. § 651 i Abs. 1 u. 2. darstellt. Nach dem neuen § 651 i Abs. 2 S. 3 liegt ein Reisemangel u. a. auch dann vor, wenn der Reiseveranstalter Reiseleistungen mit unangemessener Verspätung verschafft. Fraglich ist, ob die vorliegende Verspätung von einer Stunde bereits „unangemessen" ist. Indes soll dieses Tatbestandsmerkmal nur die bereits bestehende Rechtsprechung zur alten Rechtslage aufgreifen. Danach stellt nicht jede Unannehmlichkeit während der Reise einen Reisemangel dar: Unannehmlichkeiten, die im Rahmen des Massentourismus hingenommen werden müssen, sind keine Reisemängel. Aufgrund der gesteigerten Inanspruchnahme des Flugverkehrs ist eine einstündige Flugverspätung heutzutage keine Seltenheit mehr und muss daher vom Reisenden hingenommen werden. Die einstündige Flugverspätung ist mithin kein Reisemangel nach § 651 i Abs. 1 u. 2.
Die Minderung muss (anders als etwa im Kaufrecht) nicht geltend gemacht werden, sondern tritt kraft Gesetzes für die Dauer des Reisemangels ein, vgl. § 651 m Abs. 1 S. 1.
Weiterhin darf der Anspruch nicht gem. § 651 o Abs. 1 u. 2 Nr. 1 ausgeschlossen sein; das heißt, R muss den Mangel gegenüber seinem Vertragspartner angezeigt haben. Das hat er aber nicht getan. Zu überlegen ist somit, ob die Mängelanzeige hier entbehrlich ist. Sinn und Zweck der Mängelanzeige nach § 651 o ist es, den Veranstalter über den Mangel zu informieren und ihm so die Notwendigkeit einer Abhilfe deutlich zu machen. Danach ist aber die Mängelanzeige entbehrlich, wenn dem Mangel auch bei erfolgter Abhilfe nicht abgeholfen werden kann. Vorliegend sind der Mangel und eine daraus resultierende Salmonellenvergiftung schon eingetreten. Folglich ist die Mängelanzeige nach ihrem Sinn und Zweck entbehrlich.
Zuletzt ist auch die zweijährige Verjährungsfrist ab Reiseende noch nicht abgelaufen, vgl. §§ 651 j, 214 Abs. 1. Die einmonatige Ausschlussfrist des § 651 g Abs. 1 a. F. ist indes ersatzlos weggefallen. Somit hat R gegen L gem. den §§ 651 i Abs. 3 Nr. 6, 651 m Abs. 2 S. 1 u. 2 i. V. m. § 346 Abs. 1 einen Anspruch auf Rückzahlung des zuviel gezahlten Reiseentgelts i. H. v. 50 %.

5. Kapitel. Außervertragliche Schuldverhältnisse

§ 11. Besitz und Eigentum

Literatur: *Baur/Stürner,* Sachenrecht, 18. Aufl. 2009; *Gursky,* Klausurenkurs im Sachenrecht, 12. Aufl. 2008; *Lange/Schiemann,* Fälle zum Sachenrecht, 6. Aufl. 2008; *Prütting,* Sachenrecht, 36. Aufl. 2017; *Staudingers* Komm. z. BGB, Eckpfeiler des Zivilrechts, Neubearb. 2018; *Westermann/Staudinger,* BGB-Sachenrecht, 13. Aufl. 2017; *Wolf/Wellenhofer,* Sachenrecht, 32. Auflage 2017.

1 Besitz und Eigentum sind die Grundbegriffe des **Sachenrechts.** Das Dritte Buch des BGB (§§ 854–1296) regelt die „dinglichen Rechte", die eine bewegliche oder un-

bewegliche Sache (vgl. §§ 90ff., dazu § 7 II, Rn. 15ff.) zum Gegenstand haben und eine *unmittelbare* Beziehung zwischen Person (Rechtsinhaber) und Sache begründen. Prototyp des Rechts an einer Sache ist das **Eigentum** als umfassendstes Sachherrschaftsrecht; es wird auch durch die Verfassung geschützt (Art. 14 GG). Als Teil der Privatautonomie wird die **Verfügungsfreiheit** in den Grenzen der Rechtsordnung gewährleistet (vgl. § 5 II 4, Rn. 21). Grundlage für diese „Systementscheidung" ist das Bekenntnis zu einer dezentralen Bürger- und Marktgesellschaft, wie es dem BGB vom liberalen Sozialmodell her noch selbstverständlich erschien (vgl. § 5 I, Rn. 3), wie es sich aber auch ökonomisch bewährt hat. Das 20. Jahrhundert und sozialistische Systeme mit „gesellschaftlich" definierten Eigentumsverhältnissen haben gezeigt, dass eine sachenrechtliche Ordnung wie im BGB nur auf der Basis von **Vertragsfreiheit und Privateigentum** zur Entfaltung gelangt. In einer staatlich gelenkten Planwirtschaft hat das Sachenrecht systembedingt andere Inhalte und andere Funktionen. Regeln über Besitz und Eigentum können aber auch in Marktwirtschaften nie frei von staatlicher und gesellschaftlicher Einflussnahme sein. Eine rein privatrechtliche Sicht auf das Sachenrecht betrifft daher immer nur einen Ausschnitt aus der untrennbar mit **öffentlichem Recht** verwobenen Eigentumsordnung. Das zeigt sich schon an der liberalen „Herrschaftsnorm" des § 903 S. 1, wo das Recht des Eigentümers, *„mit der Sache nach Belieben verfahren und andere von jeder Einwirkung ausschließen"* zu können, nur insoweit gewährleistet wird, *„soweit nicht das Gesetz oder Rechte Dritter entgegenstehen"*. Auch durch Art. 14 Abs. 2 GG *(„Eigentum verpflichtet. Sein Gebrauch soll zugleich dem Wohle der Allgemeinheit dienen")* wird offenkundig, dass der Inhalt des Eigentums stets auch durch die Bedeutung der Sache für die Gesellschaftsordnung bestimmt ist. So leuchtet es ein, wenn nicht beliebig hohe Bauwerke beliebiger Bauweise etwa an malerische Plätze in eine Seenlandschaft gebaut werden dürfen – der Freiheit des Eigentümers werden hier legitimerweise durch öffentliche Interessen und deren rechtliche Umsetzung (Baugesetze) Schranken gesetzt.

I. Gegenstand und Prinzipien des Sachenrechts

1. Grundlagen

a) Die Sache

Fall 42:

Student Simon bestellt die neue Version des Betriebssystems Winzigweich Fenster. Er erhält sie auf einer DVD geliefert. 2
Abwandlung: S lädt sich das Betriebssystem im Internet herunter.
Frage: In welchem Fall hat S eine „Sache" erworben?

Wesentlich für das Verständnis des Sachenrechts im BGB ist der Begriff der Sache: 2a
„Sachen im Sinne dieses Gesetzes sind nur körperliche Gegenstände", sagt uns § 90. Obwohl „Eigentum" prinzipiell alle privat genutzten Güter und Rechte umfasst, wird es im BGB als umfassende Berechtigung **an einer „Sache"** enger gefasst (*Seiler*, Staudinger/Eckpfeiler, U Rn. 8). Eine Sache muss also körperlich fassbar, abgrenzbar und beherrschbar sein. Auf den Aggregatzustand kommt es nicht an, sofern er wie beim Gas in der Flasche beherrschbar ist. Unzweifelhafte Rechtsobjekte wie z. B. Forderungen oder Patentrechte sind damit vom Sachenrecht ausgeschlossen (näher § 7 II,

Rn. 15ff.: *Schaubild 14*). Doch lässt das Gesetz zweckmäßigerweise dennoch den *Nießbrauch* (§§ 1068ff.) und das *Pfandrecht* (§§ 1273ff.) auch an **Rechten** zu (z. B. Nießbrauch an Aktien oder GmbH-Anteilen).

3 Der **Mensch als Rechtssubjekt** (vgl. § 7 I 1 a, Rn. 1 ff.) kann keine Sache sein. Dies verbieten seine Menschenwürde und sein Persönlichkeitsrecht (Art. 1, Art. 2 Abs. 1 GG). Probleme treten jedoch auf, wenn es um die Leiche eines toten Menschen oder Teile seines Körpers, wie z. B. zur Transplantation entnommener Organe (vgl. Sonderregeln des TransplantationsG vom 5. 11. 1997), geht. Grundsätzlich sind nur die betreffende Person zu Lebzeiten und danach die nächsten Angehörigen verfügungsberechtigt. Dingliche Regeln kommen allenfalls bei Mumien, Moorleichen etc. in Betracht, ansonsten besteht keine „Verkehrsfähigkeit" (*Schwab/Löhnig,* Rn. 127f.). Auch **Tiere** sind keine Sachen, werden nach § 90a aber gleichwohl „entsprechend" behandelt. Juristisch **„gelten"** Tiere also im Zivilrechtsverkehr als Sachen, und man mag die „Fiktion" (Tiere sind zwar keine Sachen, gelten aber als Sachen) als einziges Ergebnis der „politisch" motivierten, den Tierschutz ins BGB implantierenden Schaffung des § 90a begrüßen, die ergänzt wird durch die „Banalität" (Jauernig/*Berger,* BGB, § 903 Rn. 1) des § 903 S. 2.

4 Innerhalb des Sachbegriffs werden im Wesentlichen zwei Typen unterschieden: die **beweglichen Sachen (Mobilien)** und die **Grundstücke (Immobilien).** Nur für den Begriff der unbeweglichen Sache, also des Grundstücks, gibt es eine Definition, wenn auch keine gesetzliche: Grundstück ist danach „ein abgegrenzter Teil der Erdoberfläche, der im Grundbuch als selbstständiges Grundstück eingetragen ist" (so Jauernig/*Mansel,* BGB, vor § 90 Rn. 2). Sie ergibt sich letztlich aus der ordnenden Funktion des **Grundbuchs** (vgl. § 3 GBO), der für das Liegenschaftsrecht maßgebenden Einrichtung, das die einzelnen Grundstücke sowie dessen Inhaber und die Inhaber der beschränkten dinglichen Rechte (z. B. Grundschulden) benennt und damit „öffentlichen Glauben" ermöglicht (vgl. §§ 873, 891, 892: sog. Publizitätsgrundsatz, vgl. Rn. 13). Im Umkehrschluss sind alle bewegliche Sachen solche, die keine Grundstücke sind. Wie bereits in § 7 II (Rn. 15f.) erläutert, übernimmt das Sachenrecht die wesentliche **Zuordnungsaufgabe** der Rechtsobjekte zu den Rechtssubjekten, also zu natürlichen bzw. juristischen Personen (vgl. § 7 I), und gewährt hierzu absolute Rechte („Herrschaftsrechte", vgl. § 6 III 2a, Rn. 25f.), mit denen auf ein bestimmtes Objekt eingewirkt und/oder fremde Einwirkung ausgeschlossen wird.

b) Besitz und Eigentum

5 Wesentlich für das Verständnis des Sachenrechts ist die Unterscheidung zwischen **Besitz und Eigentum.** In der Umgangssprache wird hier kaum differenziert. Zwischen einem Hausbesitzer und einem Hauseigentümer sieht der Mensch auf der Straße keinen Unterschied. Für den Juristen ist eine Differenzierung aufgrund der Gesetzeslage **unumgänglich.** Zum Eigentum äußert sich das BGB nur in § 903 und bestimmt, was der Eigentümer mit seinem Eigentum machen kann. Andere Vorschriften regeln den Erwerb des Eigentums (§§ 929ff.) und seinen starken Schutz (§ 823 Abs. 1, §§ 985, 1004). Definiert ist aber, wer Besitzer ist. Nach § 854 Abs. 1 wird derjenige **Besitzer einer Sache,** der die *tatsächliche Gewalt* über sie erlangt. Besitz meint also die Möglichkeit tatsächlichen Zugriffs auf eine Sache. Eine rechtliche Wertung ist zur Beantwortung dieser Frage noch nicht erforderlich. Kurz gesagt: *Besitzer ist derjenige, der die Sache in Händen hält.* Dabei ist unerheblich, ob er damit im Recht ist. Auch der Dieb

ist Besitzer. **Eigentum** hingegen braucht eine **rechtliche „Infrastruktur“** (*Böhmer*, NJW 1988, 2561, 2568), nämlich eine *rechtliche Zuordnung* der Herrschaft an der Sache zu einer bestimmten Person. Es kann somit nur nach rechtlichen Kriterien erworben werden. Ein solcher Erwerb ist auf vielerlei Arten vorstellbar (vgl. Rn. 27ff.). Doch kann Eigentum niemals aufgrund des äußeren Anscheins (wie beim Besitz) einfach „zugesprochen“ werden. Auch wenn es so aussieht als sei jemand Eigentümer und wenn er sich auch so verhält, folgt hieraus noch nicht, dass er es **rechtlich** auch ist. Der äußere Anschein ermöglicht nur den sicheren Schluss auf den Besitz – für das Eigentum ermöglicht Besitz lediglich eine Vermutung: *„Zugunsten des Besitzers einer beweglichen Sache wird vermutet, dass er der Eigentümer der Sache sei“* (§ 1006 Abs. 1 S. 1).

Merke: Besitz ist die *tatsächliche* Herrschaft über eine Sache; das *Recht* zur umfassenden Sachherrschaft gibt nur das Eigentum.

Wäre allein die tatsächliche Sachherrschaft für den Besitz entscheidend, so wäre jeder, 6
der die tatsächliche Gewalt über eine ihm überlassene Sache ausübt, Besitzer. Doch lässt sich auch beim „tatsächlichen“ Besitz „rechtlich“ differenzieren. Wäre auch der Arbeitnehmer Besitzer der ihm zur Arbeit überlassenen Betriebsmittel, könnte er sie auch gegen seinen Chef – notfalls mit Gewalt, vgl. § 859 – verteidigen. Dieses Unterordnungsverhältnis muss auch durch das Sachenrecht dargestellt werden können, und zwar bereits auf Ebene des Besitzes. Das Gesetz trägt dem mit der Figur des **Besitzdieners** in § 855 Rechnung. Wer also in einem sozialen Abhängigkeitsverhältnis die tatsächliche Sachherrschaft ausübt, ist nicht Besitzer; diese Stellung hat nur der Weisungsbefugte („Besitzherr“). Der Besitzdiener darf also gegenüber seinem Chef keine Besitzschutzrechte ausüben, wohl aber gegenüber Dritten, vgl. § 860.

Vom Normalmodell der tatsächlichen Sachherrschaft des Besitzers löst sich auch die 7
Figur des mittelbaren Besitzes. **Mittelbarer Besitzer** ist nach § 868 derjenige, für den ein anderer z. B. als Mieter den Besitz an seiner Sache ausübt. In diesem Fall sind beide Personen Besitzer, der Wohnungsmieter als unmittelbarer und der Vermieter als mittelbarer Besitzer der Wohnung. Zwischen beiden muss ein sog. „Besitzmittlungsverhältnis“ bestehen, also z. B. ein Mietvertrag oder – besonders wichtig – ein Sicherungsvertrag im Fall der sog. **Sicherungsübereignung** (vgl. Rn. 46ff.): Hier wird durch die Übereignung gem. § 930 z. B. einer Maschine zur Sicherung von Bankkrediten ein „besitzloses“ Pfandrecht begründet, weil der Unternehmer (Sicherungsgeber) unmittelbarer Besitzer bleibt, der Sicherungsnehmer (die Bank) aber Sicherungseigentümer und mittelbarer Besitzer wird, §§ 868, 930 (statt der Übergabe, § 929, führt ein Sicherungsvertrag zum Eigentumsübergang, § 930). Das Besitzmittlungsverhältnis wird durch den Sicherungsvertrag als typisches Treuhandgeschäft begründet. Soweit die Forderungen der Bank bedient werden, kann der Unternehmer seine Maschine (als unmittelbarer Besitzer und nur „wirtschaftlicher“ Eigentümer) weiter benutzen. Die Bank wird von ihrem Eigentümerrecht nur Gebrauch machen, wenn der Sicherungsgeber seine Verbindlichkeiten nachhaltig nicht mehr erfüllt.

2. Sachenrechtliche Grundsätze

a) Trennungs- und Abstraktionsprinzip

Fall 43:

8 Rentner Rolf will seinem Nachbarn Norbert seinen Rasentraktor verkaufen. Sie einigen sich über den Kaufpreis und vereinbaren, dass R den Traktor N nach der Heuernte „rüberbringt". Bei der Heuernte fällt R vom Traktor und zieht sich eine gefährliche Gehirnverletzung zu. Trotz Operation ist er danach nicht mehr Herr seiner Sinne. Er erinnert sich aber dennoch an den Vertrag mit N und bringt ihm den Traktor.

Frage: Ist N Eigentümer des Traktors geworden?

8a Wie bereits unter § 5 II 4c (Rn. 24f.) betont, muss im deutschen Zivilrecht das **sachenrechtliche Verfügungsgeschäft** streng vom **schuldrechtlichen Verpflichtungsgeschäft** unterschieden werden. Für die Eigentumslage soll nach *Savignys* Lehre vom „dinglichen Vertrag" (vgl. *Seiler,* Staudinger/Eckpfeiler, U Rn. 25, 50) die Fragwürdigkeit des Kausalgeschäfts keine Rolle spielen. Wird eine bewegliche Sache nach § 929 S. 1 jemandem übereignet, so ist es dafür rechtlich unerheblich, ob sie ihm geschenkt oder verkauft wurde. Der Grund *(„causa")* für die Übereignung liegt zwar im schuldrechtlichen Verpflichtungsgeschäft. Ein Fehler dabei wirkt sich aber nur in seltenen Fällen (z. B. bei Fehleridentität) auf die Wirksamkeit des dinglichen Verfügungsgeschäfts aus. Verfügungsgeschäfte sind aber auch **Rechtsgeschäfte,** so dass die Regeln der Rechtsgeschäftslehre auch hier voll greifen. So kann man sich auch bei einer Übereignung irren, der Übereignende kann geschäftsunfähig sein oder die Übereignung verstößt gegen ein gesetzliches Verbot. Doch muss sich die Prüfung solcher Unwirksamkeitsgründe eben ausschließlich auf die dingliche Einigung konzentrieren.

9 **Schaubild 36:** Trennungs- und Abstraktionsprinzip am Beispiel eines Kaufvertrags

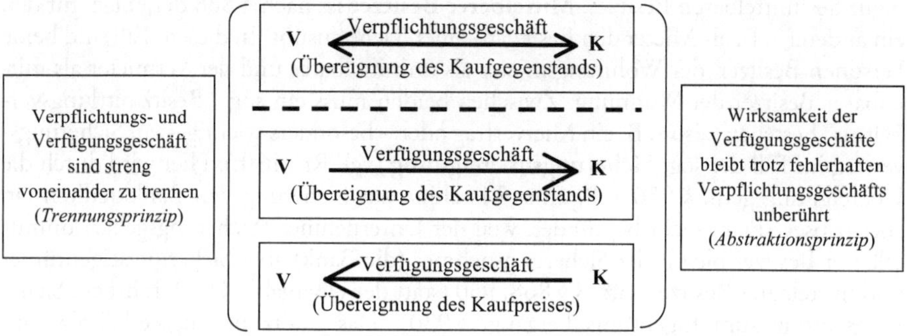

10 Das Trennungs- und Abstraktionsprinzip mag auf den ersten Blick formalistisch und konstruiert erscheinen, insbesondere dann, wenn wie bei vielen Alltagsgeschäften der Abschluss des Kaufvertrags und die Übereignung der Kaufsache zusammenfallen. Nicht nur der obige kleine Beispielsfall, vor allem die aufwändigen Transaktionen im Immobilien- und Unternehmensbereich zeigen, wie häufig der Abschluss eines Vertrags und die darauf folgenden Übereignungsakte sich zeitlich auseinander ziehen. Trennungs- und Abstraktionsdenken ermöglichen es dann, sich zwischenzeitlich verändert habende Umstände juristisch einwandfrei zu erfassen (zur Kritik näher *Rüthers/Stadler,* AT, § 16 IV; *Seiler,* Staudinger/Eckpunkte, U Rn. 51 ff.; *Westermann,* SachenR, § 14 I 3).

b) Bestimmtheits- und Publizitätsprinzip

Fall 44:

Autohändler Albert verkauft ein Auto von seinem Hof und übergibt dem Käufer Klaus die Schlüssel und Fahrzeugpapiere. K lässt das Auto aber noch auf dem Hof stehen. Bei Getränkehändler Gustav kauft er eine Kiste Bier. G sagt, er könne sich einfach eine aus dem Lager nehmen. Erst am nächsten Tag holt K das neue Auto ab und fährt mit diesem zu G, wo er sich eine Kiste Bier aus dem Lager holt und mit ihr unter den Augen des Gustav wegfährt. 11
Frage: Ist K Eigentümer des Autos und der Bierkiste geworden, wenn ja, wann?

Bei einem Kaufvertrag muss die verkaufte Sache zwar *bestimmbar* sein, es ist aber nicht erforderlich, dass schon eine bestimmte Kaufsache vereinbart wird. So genügt z. B. die kaufvertragliche Vereinbarung, dass Kaufgegenstand ein Auto eines *bestimmten Typs* sein soll. Noch krasser ist das beim Unternehmenskauf, wo die Bezeichnung des Unternehmens ausreicht. Damit ist jeweils noch nicht festgelegt, welches konkrete Auto bzw. welche konkreten Gegenstände und Rechte der Sach- und Rechtsgesamtheit „Unternehmen" später dem Käufer gehören sollen. Da eine der Hauptaufgaben des Sachenrechts die **Zuordnung** eines Rechtsobjekts zu einem Rechtssubjekt ist, kann dies beim dinglichen Verfügungsgeschäft nicht mehr genügen. Es muss eindeutig und unmissverständlich klar sein, wem eine Sache gehört. Ein dingliches Rechtsgeschäft ist daher nur wirksam, wenn die betroffene Sache unverwechselbar **bestimmt** bzw. **spezialisiert** ist (näher § 7 II, Rn. 16). 12

Eine weitergehende, auf dem Bestimmtheitsgrundsatz aufbauende Funktion verfolgt das **Publizitätsprinzip.** Danach sollen die sachenrechtlichen Rechtslagen und ihre Änderungen möglichst offengelegt werden. Dies dient der Rechtsklarheit und -sicherheit. Die Erfordernisse des Rechtsverkehrs können wie beim gutgläubigen Erwerb beweglicher Sachen (§ 932) diesem Grundsatz allerdings nicht immer Rechnung tragen. **Publizitätsmittel** bei beweglichen Sachen ist der Besitz (§ 1006), bei Grundstücken ist es die **Eintragung** im Grundbuch (§§ 873, 891, 892). So genügt es für die Übertragung des Eigentums grundsätzlich nicht, wenn beide Seiten darüber einig sind, dass das Eigentum übergehen soll. Vielmehr ist zusätzlich die tatsächliche **Übergabe** der Sache als „Realakt" und damit ein Besitzwechsel erforderlich. Durch diese nach außen tretende Veränderung der tatsächlichen Umstände ist für Dritte erkennbar, dass hier ein Rechtswechsel erfolgt ist. Freilich ist die Publizität von Verfügungen bei beweglichen Sachen in erheblichem Umfang durch Ausnahmen verwässert worden (vgl. §§ 929 S. 2, 930, 931). Darauf wird zurückzukommen sein (vgl. Rn. 29ff.). 13

c) Numerus clausus der Sachenrechte

Fall 45:

Die Sonnenanbeterin Sabine möchte gerne den Garten des Gerhard nutzen, allerdings nur bei gutem Wetter. Deshalb vereinbaren die beiden, dass S immer bei Sonnenschein Eigentümerin des Gartengrundstücks sein soll. 14
Frage: Kann S als Eigentümerin ins Grundbuch eingetragen werden?

15 Der Numerus clausus der Sachenrechte **(Typenzwang)** bedeutet, dass dingliche Rechte nur durch das Gesetz bestimmt werden können und der Rechtsanwender nicht beliebige neue Typen entwickeln kann. Dies unterscheidet das Sachenrecht vom Schuldrecht, wo es die Vertragsfreiheit ermöglicht, neue Vertragsformen zu entwickeln (z. B. Leasingvertrag) und mit einem hierzu bereiten Geschäftspartner auch abzuschließen (vgl. § 9 II, Rn. 42f.). Der Grundsatz leuchtet schnell ein, wenn man bedenkt, dass die dinglichen Rechte **absolut,** d. h. gegenüber jedermann gelten, während schuldrechtliche Verträge nur *inter partes,* d. h. zwischen den Beteiligten gelten.

Schaubild 37: Sachenrechtliche Grundsätze

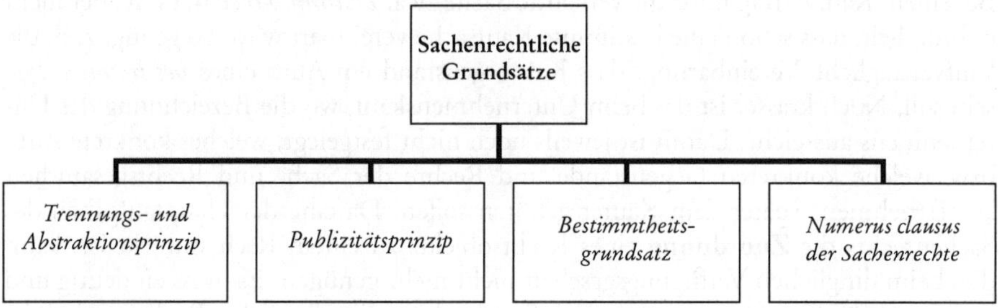

16 Dennoch gibt es in den Grenzen der gegebenen Sachenrechte durchaus „Verfügungsfreiheit" im Sinne von Abschluss- und Gestaltungsfreiheit schon deshalb, weil das Gesetz viele Varianten dinglicher Rechte anbietet (z. B. Nießbrauch oder Dienstbarkeit, näher *Seiler* a. a. O. U Rn. 39ff.). Auch gab es gesetzliche Weiterentwicklungen wie z. B. das Wohnungseigentum (WEG) oder den Teilzeit-Wohnrechtevertrag (vgl. § 481 Abs. 1 S. 2: auch als „dingliches" Recht möglich). Bezeichnend ist aber, dass diese Änderungen vom Gesetzgeber veranlasst werden mussten.

II. Der dingliche Anspruch

17 Die sachenrechtliche eingeräumte Rechtsposition wäre wertlos, wenn sie nicht gegen Dritte verteidigt werden könnte. Das Gesetz stellt daher dem dinglich Berechtigten **absolute Rechte** zur Verfügung, um seine Rechtsposition zu behaupten. Dies gilt insbesondere für den Eigentümer, in geringerem Umfang auch für den Besitzer.

1. Besitzschutzansprüche

18 Die Besitzschutzansprüche sind in §§ 858ff. geregelt. § 858 Abs. 1 definiert zunächst den Begriff der **verbotenen Eigenmacht.** Rechtswidrig handelt hiernach, wer dem Besitzer ohne dessen Willen den Besitz entzieht (Var. 1) oder ihn im Besitz stört (Var. 2). Abs. 2 S. 1 bestimmt, dass der durch verbotene Eigenmacht erlangte Besitz *fehlerhaft* ist.

Fall 46:

19 Franz hat sein Fahrrad unabgeschlossen vor einem Geschäft stehen lassen. Als er wieder herauskommt, sieht er gerade, wie der Dieb Daniel aufsteigen und davon fahren will.
Abwandlung: F hat beim Bezahlen etwas länger gebraucht. Deshalb sieht er D nur noch um die Ecke verschwinden. Er trifft ihn aber am nächsten Tag mit dem Fahrrad in der Stadt wieder.
Frage: Was kann F unternehmen, um wieder an sein Fahrrad zu kommen?

Schaubild 38: Besitzschutzansprüche

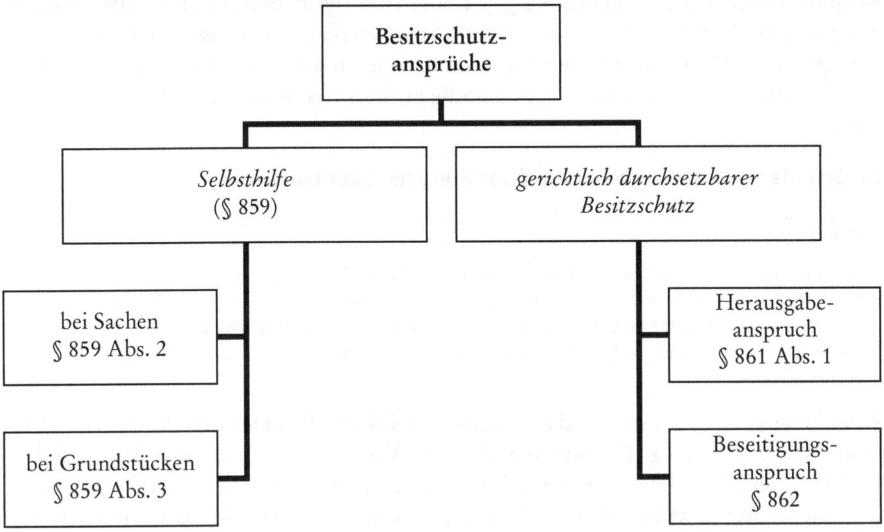

Nach § 859 Abs. 1 kann sich der rechtmäßige Besitzer gegen verbotene Eigenmacht sogar mit Gewalt wehren – eine seltene Ausnahme vom **staatlichen Gewaltmonopol.** Normalerweise muss sich der in seinem Recht gestörte Bürger zur Rechtsdurchsetzung an staatliche Stellen wenden. Bei Besitzbeeinträchtigungen wäre dies aber oft sinnlos, da der Störer dann bereits über alle Berge ist. Derartige Auseinandersetzungen sind meist spontan. Um das staatliche Gewaltmonopol aber nicht zu weit auszuhöhlen, ist der gewalttätige Besitzschutz auf Eilsituationen beschränkt. Gemäß § 859 Abs. 2 darf die Sache nur dem auf **frischer Tat** betroffenen oder verfolgten Täter wieder mit Gewalt weggenommen werden. Auch die Verteidigung eines Grundstücks darf nach Abs. 3 nur sofort nach der Entziehung mit Gewalt erfolgen. Kann der rechtmäßige Besitzer den Störer nicht auf frischer Tat ertappen, so ist er auf die Ansprüche aus §§ 861, 862 verwiesen. Beide Ansprüche kann der rechtmäßige Besitzer aber *nur gerichtlich* – und eben nicht mit Gewalt – durchsetzen. 20

2. Ansprüche aus dem Eigentum

a) Herausgabeanspruch

Fall 47:

Manfred hat von Viktor ein Auto für eine Urlaubsreise gemietet. Als er gerade losfahren will, kommt V und meint, er habe es sich anders überlegt: Er brauche das Auto selbst und M solle es herausgeben. 21
Frage: Kann V die Herausgabe des Autos verlangen?

Der wichtigste Anspruch des Eigentümers ist der auf Herausgabe. Mit der Anspruchsgrundlage des **§ 985** müssen sich schon Studienanfänger vertraut machen. Sie besteht aus dem bekannten Satz: *„Der Eigentümer kann von dem Besitzer die Herausgabe der Sache verlangen“.* Das gilt zwar unabhängig davon, ob der Besitz fehlerhaft ist oder nicht, doch muss **§ 986** gleich dazu gelesen werden. Die Norm zeigt, dass der Herausgabeanspruch nicht grenzenlos gewährt werden kann. 22

23 Deshalb gibt § 986 dem Besitzer die rechtliche Möglichkeit, die Herausgabe zu verweigern, wenn er dem Eigentümer gegenüber zum Besitz berechtigt ist. Als Berechtigungen zum Besitz kommen schuldrechtliche Vertragsverhältnisse in Betracht, am häufigsten die **Miete, § 535.** Der Eigentümer muss in solchen Fällen erst das Vertragsverhältnis wirksam beendigen, z. B. kündigen, bevor er seine Sache herausverlangen kann.

b) Schadens-, Nutzungs- und Aufwendungsersatzansprüche

Fall 48:

24 Die 6-jährige Theresa hat von Ernst einen Hund gekauft. Ihre Eltern wollen davon aber nichts wissen. Schweren Herzens gibt sie deshalb das Tier an E zurück, verlangt aber Ersatz für die Futterkosten. Außerdem war sie mit dem Hund beim Hundefriseur und hat ihm eine Dauerwelle machen lassen.
Frage: Kann T von Ernst die Kosten für das Futter und den Friseur ersetzt verlangen?

25 Zwischen dem Eigentümer und dem **unrechtmäßigen Besitzer** besteht ein Verhältnis besonderer Art, das sog. **Eigentümer-Besitzer-Verhältnis** (*gesetzliches Schuldverhältnis* E-B-V). Dieses Schuldverhältnis regelt Folgeansprüche aus der sog. „Vindikationslage", d. h. die während des bestehenden Herausgabeanspruchs aus § 985 entstandenen weiteren gegenseitigen Ansprüche. Meistens hat der Besitzer die Sache ja benutzt, obwohl er eigentlich nicht zum Besitz berechtigt war. Hierfür hat er unter gewissen Voraussetzungen dem Eigentümer einen **Nutzungsersatz** zu entrichten (§ 987). Auch ist denkbar, dass der Besitzer die Sache beschädigt oder zerstört hat, so dass nach §§ 989, 990 **Schadensersatz** an den Eigentümer zu leisten ist. Voraussetzung für seine Haftung ist, dass er um seine mangelnde Berechtigung zum Besitz auch **weiß** (nach „Rechtshängigkeit", d. h. Klage, muss er spätestens mit Herausgabe rechnen); vorher haftet er nur nach den allgemeinen Vorschriften. Doch kann es auch passieren, dass der Besitzer in die Sache **Aufwendungen** investiert und sie damit verbessert oder zumindest erhalten hat (sog. „Verwendungen", vgl. §§ 994 ff.). Er kann dann Gegenansprüche auf Verwendungsersatz gegen den Eigentümer geltend machen, solange er **gutgläubig** ist (andernfalls gelten GoA-Regeln, vgl. § 994 Abs. 2 und § 9 I 2 b, Rn. 36 ff.).

c) Beseitigungs- und Unterlassungsanspruch

26 Nach § 1004 Abs. 1 S. 1 kann der Eigentümer grundsätzlich die **Beseitigung von Störungen** seines Eigentums verlangen, z. B., dass auf seinem Grundstück unberechtigterweise abgelagerter Müll vom Verursacher wieder entfernt wird. Ist zu befürchten, dass die Beeinträchtigung wiederholt auftreten wird, kann der Eigentümer nach § 1004 Abs. 1 S. 2 gegenüber dem Störer auch ein Urteil erwirken, das diesen verpflichtet, die Störungen auch in Zukunft zu unterlassen.

Beides ist nach § 1004 Abs. 2 nicht möglich, wenn der Eigentümer zur **Duldung** verpflichtet ist. Die wichtigste gesetzlich normierte Duldungspflicht befindet sich in § 906. Hiernach muss der Eigentümer solche Beeinträchtigungen dulden, die die Benutzung seines Grundstücks nicht oder nur unwesentlich beeinträchtigen oder aber ortsüblich sind und nur mit unverhältnismäßig hohem Aufwand vermieden werden könnten. Wichtigster Anwendungsfall dieser Vorschrift sind Emissionen, also schädliche Umwelteinwirkungen wie Abgase oder Lärm. Soweit die gesetzlichen Grenzwerte eingehalten werden, kann der Eigentümer solche Störungen nicht verhindern.

III. Eigentumserwerb

27 Der Eigentumserwerb setzt zweierlei voraus, zum einen die **Einigung** („dinglicher Vertrag") und zum anderen einen **Publizitätstatbestand.** Zu trennen ist auch hier zwischen dem Erwerb von Mobiliareigentum und dem Erwerb von Grundeigentum.

1. Erwerb von Mobiliareigentum

Grundtatbestand für den Übergang von Eigentum an beweglichen Sachen ist **§ 929.** Hiernach ist es erforderlich, dass der Eigentümer die Sache dem Erwerber übergibt und beide darüber einig sind, dass das Eigentum übergehen soll. Die Einigung stellt einen dinglichen Vertrag und die Übergabe als **Realakt** den Publizitätstatbestand dar.

Schaubild 39: Eigentumserwerb

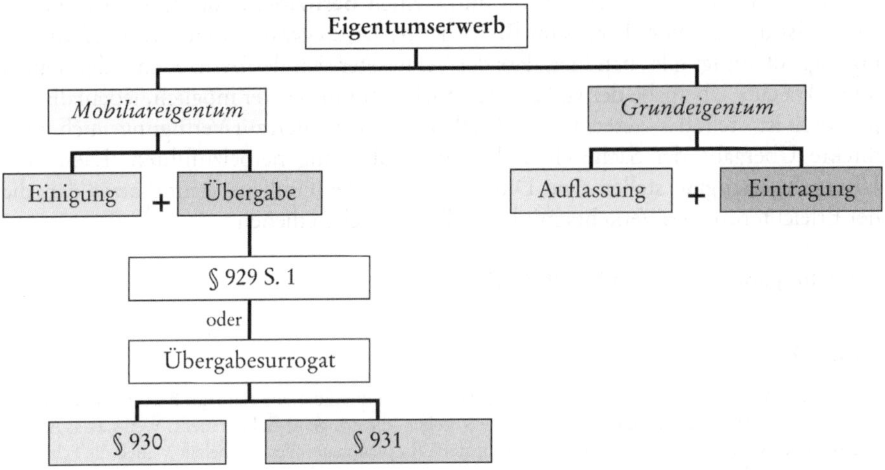

a) Einigung

28 Die dingliche Einigung ist als „Vertrag" den allgemeinen Regeln des BGB unterworfen, besteht also aus zwei übereinstimmenden *Willenserklärungen* (vgl. § 8 I, Rn. 2ff.). Diese müssen darauf gerichtet sein, dass das Eigentum auf den Erwerber übergehen soll. Es muss also klar sein, dass der Erwerbende Eigentümer werden soll. Wie jeder andere Vertrag kann auch die Einigung schon aufgrund schlüssigen Verhaltens **„konkludent"** abgeschlossen werden, was z. B. bei Warenautomaten eine Rolle spielt. Der Einwurf des Geldstücks ist hier als *doppelte* – schuldrechtliche und dingliche – Annahmeerklärung zu werten, die durch Herausnahme der Sache vollzogen wird. Das Trennungsprinzip nötigt auch hier zur Fiktion *zweier* vertraglicher Erklärungen des Automatenbenutzers. Der Automatenaufsteller hat zuvor (doppelte) Einigungsofferten *an jedermann (ad incertas personas)* über Verkauf und Eigentumsübertragung der Ware im Automaten (bedingt durch Vorhandensein von Ware, Funktionieren des Automaten und Einwurf des richtigen Geldbetrags) „konkludent" ausgesprochen (vgl. §§ 433 Abs. 1 S. 1, 929 S. 1, 158 Abs. 1).

b) Übergabe

29 Übergabe i. S. d. § 929 S. 1 ist der einvernehmliche Wechsel der tatsächlichen Sachherrschaft, also der **Übergang des Besitzes,** und als solcher kein Bestandteil der Einigung. Weil es sich um einen **Realakt** handelt, benötigt man hierzu *keine Geschäftsfähigkeit,* wohl aber hinreichenden **Besitzwillen** (*Klinck,* Staudinger/Eckpfeiler, V Rn. 8), so dass auch kleine Kinder bereits ihr Spielzeug „besitzen" können und entsprechend auch als Boten handlungsfähig sind. Der Grundfall der Übergabe ist die Besitzaufgabe des Veräußerers durch den Besitzerwerb des Empfängers. Aufgrund der Norm des § 868 kann der Erwerber aber auch nur **mittelbarer** Besitzer werden, vgl. § 930 (*Fall 49* sowie Rn. 30f.), so dass hier keine „Übergabe" und damit kein Publizitätsakt erfolgt. Für einen Übergang des Besitzes genügt es jedoch nicht, wenn der Veräußerer mittelbarer Besitzer bleibt und für den Erwerber als Besitzmittler auftritt. Hingegen ist der Erwerb des Besitzes durch einen **Besitzdiener** des Erwerbers ausreichend. Ist der Erwerber bereits im Besitz der Sache, so genügt nach § 929 S. 2 die Einigung. Allerdings gilt auch hier, dass der Veräußerer sich des Besitzes entledigt haben muss. Da eine Übergabe der veräußerten Sache oft nur schwer möglich, jedenfalls unpraktisch ist, stellt das Gesetz in **§§ 930, 931** Möglichkeiten zur Verfügung, auch ohne direkte Übergabe der Sache einen Eigentumsübergang herbeizuführen. Diese sog. **Übergabesurrogate** stellen eine Durchbrechung des Publizitätsgrundsatzes dar, die der Erleichterung des Verkehrs mit beweglichen Sachen dienen.

aa) Übergabeersatz nach § 930 BGB.

Fall 49:

30 Karl kauft Vanessa, die sich in finanziellen Schwierigkeiten befindet, ihr Auto ab. Eigentlich benötigt er das Auto erst in einem halben Jahr, will aber V helfen, die dringend Geld braucht. Weil sie das Auto gerne noch weiter nutzen will, verleiht er es ihr noch für 6 Monate. Deshalb behält V auch die Schlüssel und die Fahrzeugpapiere noch.
Frage: Hat K Eigentum an dem Auto erworben?

31 Nach § 930 kann die Übergabe durch die Vereinbarung eines **Besitzkonstituts** ersetzt werden. Dies bedeutet nichts anderes als die Vereinbarung eines Besitzmittlungsverhältnisses nach § 868 zwischen Veräußerer und Erwerber. Dabei bleibt der Veräußerer im Besitz der Sache, doch wird vereinbart, dass er diese ab sofort **für den Erwerber** (mittelbarer Besitzer) unmittelbar besitzen soll. Der Erwerber wird also nur *kraft Vereinbarung* Eigentümer. Die Sache bleibt im Besitz des Veräußerers, der beispielsweise als Entleiher oder Treuhänder (bei Sicherungsübereignung, vgl. Rn. 46ff.) diese nun für den Erwerber besitzt.

32 **bb) Übergabeersatz nach § 931 BGB.** Häufig will der Eigentümer eine Sache veräußern, obwohl er sie gerade nicht im Besitz hat.

Fall 50:

Autovermieter Viktor will sich zur Ruhe setzen und sein Geschäft aufgeben. Deshalb will er alle Autos an seinen Nachfolger Nico verkaufen. Allerdings sind gerade alle Autos an Kunden vermietet. Deshalb sagt V zu N, er solle sich die Autos dann einfach nach Ablauf der Mietzeit von den Kunden geben lassen.
Frage: Ist N Eigentümer der Autos geworden?

Für diese Situation bietet § 931 eine praktische Lösung. Der ursprüngliche Eigentümer ist mittelbarer Besitzer der Sache und hat damit auch einen Herausgabeanspruch gegen den unmittelbaren Besitzer. Die Übergabe kann in diesem Fall dadurch ersetzt werden, dass der Veräußerer den ihm gegen den unmittelbaren Besitzer zustehenden **Herausgabeanspruch** an den Erwerber abtritt. Mit der Abtretung (§ 398) überträgt der Eigentümer den mittelbaren Besitz auf den Erwerber, vgl. § 870. Die Abtretung ist als vom Kausalgeschäft abstraktes *Verfügungsgeschäft* gleichzeitig die Einigung über den Eigentumsübergang, so dass der Erwerber Eigentümer der Sache wird, ohne dass er daran Besitz erlangt haben müsste. 33

c) Erwerb vom Nichtberechtigten

Fall 51:

Marcel hat ein Auto gemietet. Da er in Geldschwierigkeiten steckt, verkauft und übergibt er das Auto an Gustav, der denkt, das Auto gehöre M. 34
Frage: Ist G Eigentümer des Autos geworden?
Abwandlung 1: Wie ist es, wenn auf dem Auto das Firmenlogo des Autovermieters unübersehbar aufgesprüht worden ist?
Abwandlung 2: Ändert sich etwas, wenn M das Auto nicht gemietet, sondern gestohlen hat?

Im Geschäftsleben (und vor allem in juristischen Klausuren!) kommt es nicht ganz selten vor, dass jemand eine Sache verkauft, **ohne deren Eigentümer** zu sein. Das verstößt gegen den Grundsatz, dass niemand ein Mehr an Rechten verschaffen kann, als er selbst besitzt. Für den Käufer hätte das die böse Folge, dass er dann kein Eigentum erworben hätte, obwohl er dafür bezahlt hat und nicht wissen konnte, dass der Verkäufer keine Eigentumsrechte an der Sache hatte. Es müsste sich also jeder Käufer zunächst vergewissern, ob sein Gegenüber tatsächlich Eigentümer der Kaufsache ist. Diese erheblichen praktischen Schwierigkeiten möchte das BGB im Verkehrsinteresse durch die Normen der §§ 932ff. vermeiden, indem der **gutgläubige Erwerb vom Nichteigentümer** ermöglicht wird. 35

Nach der wichtigen Norm des **§ 932 Abs. 1 S. 1** wird der Erwerber kraft § 929 auch dann Eigentümer, *„wenn die Sache nicht dem Veräußerer gehört"*. Dies gilt aber nur, wenn der Erwerber **in gutem Glauben** war. Was dies bedeutet, sagt uns § 932 Abs. 2. Nicht gutgläubig ist demnach derjenige, der *positiv weiß*, dass die Sache nicht dem Veräußerer gehört, oder der dies nur aufgrund *grober Fahrlässigkeit* nicht bemerkt hat. 36

Dogmatisch schützt das Gesetz in § 932 den guten Glauben an das Publizitätsmittel **Besitz.** Wenn jemand eine Sache in Besitz hat, so darf man an dessen Eigentum glauben, vgl. auch § 1006. Dies zeigen ferner die Normen der §§ 933, 934, die den Erwerb vom Nichtberechtigten in den Fällen regeln, in denen die Übergabe durch ein **Über-** 37

gabesurrogat ersetzt wurde. In diesen Fällen kann der Erwerber nur dann Eigentümer werden, wenn er *tatsächlich* in den Besitz der Sache gelangt.

38 Für den **wahren** Eigentümer ist es natürlich ärgerlich, wenn er sein Eigentum ohne seinen Willen und ohne eine Gegenleistung verliert. Das Gesetz verweist ihn auf Schadensersatzansprüche gegen den (unberechtigten) Veräußerer, da er diesem ja den Besitz der Sache eingeräumt hat. Deshalb ist auch ein Erwerb vom Nichtberechtigten dann ausgeschlossen, wenn der Eigentümer dem Veräußerer den Besitz *nicht freiwillig* verschafft hat, sondern ihm die Sache gestohlen wurde, verloren gegangen oder sonst **abhanden** gekommen ist, vgl. § 935 Abs. 1. Die Beachtung dieser Norm ist essenziell und sollte bei der Prüfung der §§ 932ff. nie übersehen werden.

2. Erwerb von Grundeigentum

39 Auch der Eigentumserwerb an Immobilien setzt einen dinglichen Vertrag und einen Publizitätstatbestand voraus. Nach § 873 Abs. 1 ist die Einigung des Berechtigten mit dem Erwerber über den Eigentumsübergang und die Eintragung dieser Tatsache in das Grundbuch erforderlich. Die dingliche Einigung wird als **Auflassung** bezeichnet, während als Publizitätsmittel die **Eintragung im Grundbuch** dient.

a) Auflassung

40 Nach § 925 Abs. 1 muss die zum Eigentumsübergang notwendige Einigung (Auflassung) bei beiderseitiger Anwesenheit vor dem **Notar** erklärt werden. Abgesehen von diesem Formerfordernis unterscheidet sich die Auflassung nicht von der dinglichen Einigung beim Eigentumsübergang von beweglichen Sachen. Da es sich auch hier um einen Vertrag handelt, sind alle allgemeinen Grundsätze der Rechtsgeschäftslehre anwendbar.

41 Die **Auflassung** ist nach § 925 Abs. 2 bedingungsfeindlich, kann also z. B. nicht unter die Bedingung gestellt werden, dass das Eigentum erst dann übergehen soll, wenn der Kaufpreis vollständig bezahlt ist. Ein Verkauf von Grundstücken unter Eigentumsvorbehalt ist daher nicht möglich. Deshalb erfolgt die Übertragung eines Grundstücks in der Regel erst dann, wenn der Kaufpreis vollständig bezahlt ist. Um den Käufer vorher abzusichern, kann eine **Vormerkung** ins Grundbuch eingetragen werden. Diese sichert den Anspruch des Käufers auf Einräumung des Eigentums am Grundstück. Nach § 883 Abs. 2 geschieht das in der Weise, dass eine spätere Verfügung des Eigentümers über das Grundstück insoweit unwirksam ist, als sie den Eigentumsverschaffungsanspruch des Käufers vereitelt. Unwirksam ist daher insbesondere eine spätere Übertragung des Eigentums an einen Dritten.

b) Eintragung

42 Die Eintragung des Eigentumsübergangs ins Grundbuch wird zwar im BGB angeordnet, richtet sich aber nach den Vorschriften der **Grundbuchordnung** (GBO, vgl. Rn. 4). Nach § 13 GBO bedarf es eines Antrags, den beide Seiten stellen können. Nach § 29 GBO nimmt das Grundbuchamt nur öffentlich beglaubigte Urkunden entgegen, also in der Regel solche, die von einem Notar erstellt wurden. Das Grundbuchamt verfährt streng nach dem **Prioritätsprinzip.** Es trägt also die Rechtsänderung zuerst ein, deren Eintragung auch zuerst beantragt wurde. Daneben überprüft das Grundbuchamt vor der Eintragung noch eine Vielzahl anderer Voraussetzungen, so z. B. ob die beim Verkauf eines Grundstücks anfallende Grunderwerbsteuer entrichtet wurde. Sind alle Voraussetzungen erfüllt, so wird der Erwerber als neuer Eigentümer eingetragen. Der vorige Eigentümer wird im Grundbuch nur durchgestrichen,

bleibt also weiterhin erkennbar. Damit übernimmt das Grundbuch nicht nur eine Publizitätsfunktion, sondern auch eine dokumentarische Funktion wahr, die für eventuelle Streitigkeiten Bedeutung haben kann.

c) Der Erwerb vom Nichtberechtigten

Auch Grundstücke können gutgläubig vom Nichtberechtigten erworben werden, vgl. 43
§§ 891, 892. Gutglaubenstatbestand ist hier der **Inhalt des Grundbuchs,** auf dessen Richtigkeit vertraut werden kann. Hierfür spricht eine starke Vermutung, § 891. Die strengen Vorschriften der GBO und ihre Umsetzung durch staatliche Behörden bieten eine hohe Gewähr für die Richtigkeit der Eintragungen im Grundbuch. Dementsprechend kann der Erwerber eines Grundstücks darauf in aller Regel vertrauen. Selbst wenn im Ausnahmefall eine Grundbucheintragung fehlerhaft ist, kann sich der Erwerber deshalb auf diesen **„öffentlichen Glauben"** berufen, ganz unabhängig davon, wie es zu diesem Fehler gekommen ist. Ausnahmen davon regelt § 892 Abs. 1 S. 1. Maßgeblicher Zeitpunkt für die Kenntnis der Unrichtigkeit des Grundbuchs ist nach § 892 Abs. 2 der Zeitpunkt der Antragstellung. Ist das Grundbuch unrichtig, so kann der wahre Eigentümer nach § 894 dessen Berichtigung verlangen. Da dies möglicherweise einen Rechtsstreit voraussetzt und daher etwas länger dauern kann, ist es nach § 899 Abs. 1 möglich, einen Widerspruch gegen die Richtigkeit des Grundbuchs eintragen zu lassen. Ein gutgläubiger Erwerb des Grundstücks ist dann ausgeschlossen.

IV. Sicherungsrechte

Das Eigentumsrecht erlaubt es dem Inhaber nicht nur, die Sache zu nutzen und ggf. zu 44
veräußern, er kann sie auch als **Sicherungsmittel** gebrauchen, um z. B. einen Bankkredit zu günstigen Konditionen zu erhalten („Realkredit", vgl. § 7 II, Rn. 15). Die grundsätzlich hohe Wertbeständigkeit vor allem von Grundstücken, aber auch anderer wertvoller Sachen macht sie deshalb zu einem idealen und beliebten Sicherungsmittel (insb. bei „Realsicherheiten").

Schaubild 40: Sicherungsrechte

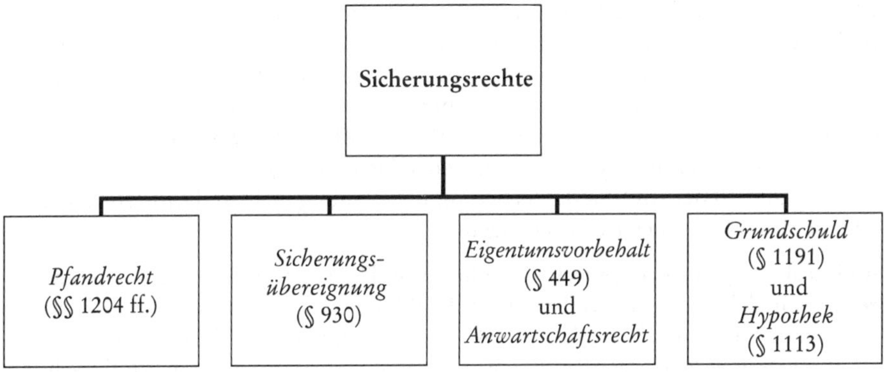

1. Das Pfandrecht

Die einzige Möglichkeit, eine bewegliche Sache als Sicherungsgut zu verwenden, sieht 45
das Gesetz in §§ 1204ff. vor. Der Eigentümer kann zur Sicherung einer Forderung dem Gläubiger ein Pfandrecht an der Sache bestellen. Begleicht er seine Forderung

nicht, so kann der Gläubiger die Sache versteigern und erhält aus dem Erlös seine Forderung bezahlt. Zur **Bestellung des Pfandrechtes** ist es erforderlich, dass der Eigentümer die Sache *dem Gläubiger übergibt.* Deshalb wird dieses Pfandrecht auch als **„Faustpfand"** bezeichnet. Hierin liegt aber auch das Problem dieses Sicherungsmittels in der Wirtschaftspraxis. Wenn der Eigentümer die Sache dem Gläubiger übergibt, kann er sie selber nicht mehr nutzen. Dies mag zwar bei Luxusgegenständen (Schmuck, Pelze) kein Problem sein. Doch wenn ein Pfandrecht an einer Maschine bestellt werden soll, kann deren Weggabe zur Verpfändung den Geschäftsbetrieb des Eigentümers empfindlich beeinträchtigen. Deshalb ist das Pfandrecht heute nicht mehr sehr verbreitet. Man findet es eigentlich nur noch bei gewerblichen Pfandleihern, die kurzfristige Darlehen gewähren und dafür beispielsweise den Familienschmuck als Pfand nehmen (vgl. die Pfandleiherverordnung).

2. Die Sicherungsübereignung

46 Da aber Sicherungsmittel für eine funktionsfähige Kreditvergabe-Praxis unerlässlich sind, hat die Wirtschaft längst andere effektivere Formen entwickelt. Besondere Bedeutung hat hierbei die Sicherungsübereignung, die aus § 930 heraus gewohnheitsrechtlich entwickelt wurde.

Fall 52:

47 Unternehmer Ulrich braucht einen Kredit, um moderne Maschinen für sein Unternehmen zu kaufen. Die Bank will ihm den Kredit nur gegen Bestellung einer Sicherheit einräumen. Deshalb übereignet er der Bank die neu angeschafften Maschinen zur Sicherheit. Die Bank belässt sie ihm zur weiteren Nutzung.
Frage 1: Was passiert, wenn U den Kredit vollständig zurückbezahlt hat?
Frage 2: Kann die Bank die Maschinen während der Laufzeit des Kredits weiterverkaufen?

48 Bei der Sicherungsübereignung bestellt der Eigentümer an der Sache nicht nur ein Pfandrecht, sondern übereignet sie seinem Gläubiger zur Sicherung der Forderung vollständig. Diese Übereignung erfolgt aber nicht nach § 929, weil sonst kein Unterschied zum Pfandrecht bestünde, sondern nach § 930 unter **Vereinbarung eines Besitzkonstituts.** Der Eigentümer übereignet die Sache zwar, erhält sie aber weiter treuhänderisch zur Nutzung und besitzt sie nun für seinen Gläubiger (§ 868, vgl. Rn. 7). Zwischen beiden wird als *causa* eine **Sicherungsvereinbarung** geschlossen, die den Gläubiger (Sicherungsnehmer) schuldrechtlich verpflichtet, die Sachen nach vollständiger Bezahlung der offenen Forderung an den Sicherungsgeber zurück zu übereignen und sie während der Laufzeit der Sicherungsübereignung nicht an Dritte zu veräußern oder sie vom Nutzer heraus zu verlangen.

49 Anders als das gesetzlich geregelte Pfandrecht ist die Sicherungsübereignung **nicht akzessorisch,** d. h., dass nach vollständiger Bezahlung das Sicherungseigentum nicht wie das Pfandrecht von selbst erlischt, vgl. § 1252, sondern der Sicherungsnehmer die Sache zurückübereignen muss. Dazu ist er nicht dinglich, sondern nur schuldrechtlich verpflichtet. Der Sicherungsgeber ist daher weit weniger geschützt als der Pfandschuldner. Dennoch hat das Sicherungseigentum dem Pfandrecht als Sicherungsmittel ganz eindeutig den Rang abgelaufen, weil es als **„besitzloses Pfand"** dem Schuldner in der Wirtschaftspraxis deutlich mehr Vorteile bietet (näher *Herresthal,* Staudinger/Eckpfeiler, K Rn. 231 ff.).

3. Eigentumsvorbehalt und Anwartschaftsrecht

Ein weiteres weit verbreitetes Sicherungsmittel ist der **Verkauf unter Eigentumsvorbehalt.** 50

Fall 53:

Studentin Simone will sich einen neuen Computer kaufen. Allerdings kann sie ihn nicht gleich ganz bezahlen. Sie vereinbart daher mit dem Verkäufer Volker Ratenzahlung. In Vs Allgemeinen Geschäftsbedingungen (AGB) heißt es: „Die Ware bleibt bis zur vollständigen Bezahlung unser Eigentum".
Frage 1: Wann wird S Eigentümerin des Computers?
Frage 2: Kann S den Computer an ihre Freundin Franziska verkaufen, bevor sie alle Raten bezahlt hat?

Käufer einer Sache wollen nicht immer gleich den ganzen Preis bezahlen, sondern den 51 Kaufpreis in Raten „abstottern". Trotzdem soll die Sache gleich ins Eigentum des Käufers übergehen. Der Verkäufer würde in diesem Fall seine dingliche Rechtsposition sofort ganz verlieren und hätte die berechtigte Sorge, den Kaufpreis nicht vollständig zu erlangen. Deshalb verkauft er die Sache nur unter Eigentumsvorbehalt, vgl. § 449. Diese Norm enthält in Abs. 1 eine Legaldefinition und eine Auslegungsregel (was nicht ganz zusammenpasst): Der Eigentumsübergang soll unter der aufschiebenden **Bedingung** (§ 158 Abs. 1) **vollständiger** Zahlung des Kaufpreises stehen. Damit wird dogmatisch die dingliche Einigung bis zur letzten Rate des Kaufpreises aufgeschoben, §§ 929 S. 1, 158 Abs. 1. Solange nicht vollständig bezahlt ist, bleibt der Verkäufer also Eigentümer. Damit ist der Verkäufer gut abgesichert. Dem Käufer hilft dies allerdings wenig. Zwar kann er sofort die gekaufte Sache nutzen, doch ist er nicht Eigentümer, was dann unbillig erscheint, wenn er den Kaufpreis bis auf einen kleinen Rest bezahlt hat. Obwohl der Verkäufer seine Forderung fast vollständig erhalten hat, ist er immer noch Eigentümer der Sache, während der Käufer noch gar keine dingliche Rechtsposition hat. Um dem entgegenzuwirken, wurde in Rechtsprechung und Literatur die Figur des **Anwartschaftsrechts** entwickelt. Es verkörpert die Erwartung des Käufers, nach vollständiger Bezahlung des Kaufpreises Eigentümer der Sache zu werden. Die Rechtsprechung bezeichnet es als „ein dem Vollrecht wesensgleiches Minus". Der Inhaber des Anwartschaftsrechts kann es also wie Eigentum übertragen und es kann bei ihm wie Eigentum gepfändet werden. Wenn der Kaufpreis vollständig bezahlt wird und damit die Bedingung eintritt, erstarkt das Anwartschaftsrecht zum Vollrecht. Derjenige, der nunmehr das Anwartschaftsrecht innehat, wird Eigentümer.

4. Grundschuld und Hypothek

Auch Grundstücke können zur Sicherung einer Forderung verwendet werden. Das 52 Gesetz stellt zwei verschiedene Möglichkeiten zur Verfügung: die Hypothek (§§ 1113ff.) und die Grundschuld (§§ 1191ff.). Beide Formen stellen eine **Belastung des Grundstücks** dar, die im Grundbuch (Abteilung III) einzutragen ist. Diese „Grundpfandrechte" geben ihrem Inhaber das Recht, die **Versteigerung des Grundstücks** zu verlangen, um seine Forderung bezahlt zu erhalten (§ 1147). Der Unterschied zwischen Hypothek und Grundschuld liegt in ihrer **Akzessorietät** zur gesicherten Forderung. Während die Hypothek streng akzessorisch an die Forderung gebunden ist und erlischt, wenn die Forderung zurückgezahlt wird, ist die Grundschuld auch ohne eine Forderung denkbar. Dies hat dazu geführt, dass die Grundschuld bei den Banken sehr viel beliebter ist, da sie im Grundbuch „stehen bleiben" und für neue Forderungen weiterverwendet werden kann. Um den Eigentümer des Grundstücks vor unberechtigter Inanspruchnahme zu schützen, muss er mit dem Inhaber der Grundschuld eine **Sicherungsabrede** schließen, in der sich der Sicherungsnehmer verpflichtet, nach Rückzahlung der Forderung die Grundschuld zurückzugewähren. In diesem Fall spricht man von einer **Sicherungsgrundschuld,** vgl. Definition in § 1192 Abs. 1a. Hierdurch wird gewissermaßen eine schuldrechtliche Akzessorietät erzeugt, die aber nicht vergessen lassen darf, dass diese nur schuldrechtlich und eben nicht wie bei der Hypothek dinglich wirkt.

53 Der Inhaber einer Hypothek oder Grundschuld kann diese auch an einen **Dritten veräußern.** Hierzu bedarf es nicht der Zustimmung des Eigentümers. Da auch bei der Eintragung einer Grundschuld oder Hypothek dem Grundbuchamt Fehler unterlaufen können, ist es auch möglich, eine Grundschuld oder Hypothek gutgläubig vom Nichtberechtigten zu erwerben. Es finden dieselben Regelungen Anwendung wie beim Erwerb des Eigentums an Grundstücken vom Nichtberechtigten.

Lösungshinweise zu den Fällen in § 11

Lösungshinweise Fall 42:

54 Der Urheber eines Computerprogramms (also der Programmierer oder das ihn beschäftigende Unternehmen) hat an dem Programm ein immaterielles Recht, das *Urheberrecht.* Das „Recht" ist aber keine Sache, weil es nicht körperlich fassbar ist, § 90. Der Urheber kann anderen Personen ein Nutzungsrecht an der Sache einräumen. Auch dieses ist nicht körperlich fassbar und demnach ebenfalls keine Sache. Wird allerdings das Programm auf einer DVD *gespeichert,* so handelt es sich wenigstens bei der DVD-Scheibe um eine Sache. Im Grundfall hat S daher mit der DVD eine Sache erworben. An dem Programm hat er allerdings nur ein Nutzungsrecht.
In der **Abwandlung** erhält S aber durch den *„download"* nur das Nutzungsrecht, erwirbt damit also *keine* Sache.

Lösungshinweise Fall 43:

55 Beim Abschluss des Kaufvertrags war R noch geschäftsfähig. Erst durch seinen Unfall befindet er sich in einem die freie Willensbestimmung ausschließenden Zustand krankhafter Störung der Geistestätigkeit (§ 104 Nr. 2). Damit ist er geschäftsunfähig. Nach § 105 Abs. 1 ist die Willenserklärung eines Geschäftsunfähigen nichtig, es sei denn, es liegt ein „lichter Moment" vor („Tatfrage").
Aufgrund des Trennungsgrundsatzes bedurfte es für die *Übereignung* des Traktors einer dinglichen Einigung nach § 929 S. 1, die aus zwei korrespondierenden Willenserklärungen besteht. Diese Willenserklärung kann R nicht mehr wirksam abgeben. Er konnte also den Traktor nicht wirksam an N übereignen. Er bleibt allerdings aufgrund des *wirksamen Kaufvertrags* dazu verpflichtet, N den Traktor zu Eigentum zu verschaffen. Die dazu notwendige Willenserklärung muss allerdings nun sein ihm zu bestellender *gesetzlicher Vertreter* abgeben.

Lösungshinweise Fall 44:

56 A könnte das Auto an K gem. § 929 S. 1 übereignet haben. Voraussetzung ist zunächst eine Einigung über den Eigentumsübergang. A und K einigten sich vorliegend über „ein" Auto. Für die Übereignung nach § 929 S. 1 genügt es, dass der zu übereignende Gegenstand unverwechselbar bestimmt bzw. bestimmbar ist. Das verkaufte Auto ist vorliegend durch die Übergabe der Schlüssel und der Kfz-Papiere unverwechselbar bezeichnet. Sowohl Schlüssel als auch die Papiere passen nur zu einem Fahrzeug. Damit genügt die Übergabe von Fahrzeugpapieren und Schlüssel, um dem sachenrechtlichen Bestimmt-

heitsgrundsatz zu genügen. Damit liegt eine Einigung über den Eigentumsübergang vor. Auch wenn K das Auto nicht sofort mitgenommen hat, liegt auch bereits eine Übergabe des Autos vor, da K mit Erhalt der Schlüssel und Papiere und der Möglichkeit, jederzeit loszufahren, Besitz am Auto erlangte. K ist daher sofort nach Übergabe Eigentümer des Fahrzeugs geworden.
Anders sieht es beim Bierkauf aus. Allein aus der Mitteilung, K könne sich eine Kiste Bier aus dem Lager holen, kann noch nicht entnommen werden, an welcher Kiste er Eigentum erlangen soll. Erst als sich K eine Kiste aussucht und diese mit dem Willen des G vom Hof trägt, ist ausreichend bestimmt, an welcher Kiste er Eigentum erwerben soll. Eigentum an dem Bier hat K daher erst erworben, als er mit der Kiste vom Hof fuhr.

Lösungshinweise Fall 45:

Aufgrund der Vertragsfreiheit nach § 311 Abs. 1 wäre es ohne weiteres denkbar, dass S und G einen Vertrag schließen, wonach S das Grundstück des G immer nur dann nutzen kann, wenn die Sonne scheint. Es steht ihnen frei, ein solches – etwas atypisches – „Nutzungsverhältnis" zu vereinbaren. 57
Allein für sonnige Zeiten kann S aber nicht *Eigentümerin* werden. Einen „Schönwettereigentümer" kennt das Sachenrecht nicht, und dies auch zu Recht. Es würde sich nämlich eine Vielzahl an Folgeproblemen ergeben: Wer hat die Kosten zu tragen, wenn ein über die Grundstücksgrenze wachsender Baum gefällt werden muss? Wer muss die Grundsteuer für das Grundstück bezahlen? Und vor allem: wer kann das Grundstück verkaufen? Eine Eintragung ins Grundbuch *mit diesem Inhalt* ist daher nicht möglich. Und auch die Einigung unter dieser Bedingung wäre unwirksam, vgl. § 925 Abs. 2.
(Auch *dingliche Nutzungsrechte* wie Nießbrauch, § 1030, oder beschränkte persönliche Dienstbarkeiten, z. B. das Wohnungsrecht, § 1093, können nicht „situationsabhängige" Nutzung, sondern nur durchgängige Nutzung ermöglichen; das Teilzeit-Wohnrecht nach § 481 könnte freilich als „schuldrechtliches" Modell für die Gartennutzung dienen, doch auch hier geht es um einen „bestimmten Zeitraum des Jahres").

Lösungshinweise Fall 46:

D will dem F den Besitz am Fahrrad gegen dessen Willen entziehen. Bei der Wegnahme des Fahrrads handelt es sich also um *verbotene Eigenmacht* im Sinne von § 858 Abs. 1. Da F den D auf frischer Tat ertappt, kann er ihm nach § 859 Abs. 2 das Fahrrad *mit Gewalt* wieder wegnehmen. 58
In der **Abwandlung** ist seit der Wegnahme des Fahrrads bereits ein Tag vergangen. Es kann also nicht mehr behauptet werden, F erwische den D auf frischer Tat. Deshalb steht ihm das Selbsthilferecht nach § 859 nicht mehr zu. Er kann nur den Anspruch wegen Besitzentziehung nach § 861 Abs. 1 gegen D geltend machen. Dazu muss er sich aber ggf. gerichtlicher Hilfe bedienen.

Lösungshinweise Fall 47:

V ist Eigentümer des Autos und hat M den Besitz eingeräumt. Damit sind grundsätzlich die Voraussetzungen des § 985 gegeben. V könnte demnach als Eigentümer von M als Besitzer die Herausgabe der Sache verlangen. Allerdings gibt der zwischen beiden bestehende *Mietvertrag* dem M ein Recht zum Besitz. Solange dieses besteht, kann er nach § 986 Abs. 1 die Herausgabe *verweigern*. 59
Um sein Auto wieder zu bekommen, müsste V daher zunächst den Mietvertrag kündigen. Hierfür muss er aber zumindest eine Kündigungsfrist einhalten.

Lösungshinweise Fall 48:

T konnte kein Eigentum am Hund erwerben (vgl. § 929 S. 1), da sie als Geschäftsunfähige (§ 104 Nr. 1) die für die Einigung nötige Willenserklärung nicht wirksam abgeben konnte. E ist also weiterhin Eigentümer des Hundes, während T Besitzerin ist. Zwischen E und T besteht also ein Eigentümer-Besitzer-Verhältnis. Ein Recht zum Besitz hat T nicht, weil auch der Kaufvertrag, der ein solches vermitteln würde, unwirksam ist. Nach § 994 Abs. 1 kann sie Ersatz für *notwendige* Verwendungen 60 verlangen. Die Fütterung eines Tieres ist jedenfalls notwendig, da dieses sonst verhungert. Die Kosten für das Futter kann T daher ersetzt verlangen. Eine Dauerwelle hingegen ist für einen Hund *nicht* notwendig. Es handelt sich bei der Beauftragung des Friseurs daher höchstens um eine „nützliche" Verwendung im Sinne von § 996. Die Kosten hierfür sind nur zu erstatten, wenn sie den Wert der Sache steigern. Dies dürfte bei einer Dauerwelle für einen Hund nicht der Fall sein. Auf den Kosten für den Friseur bleibt T daher sitzen.

Lösungshinweise Fall 49:

61 Für einen Eigentumsübergang nach § 929 S. 1 bedürfte es einer Einigung und der Übergabe der Sache. Eine Einigung liegt hier vor, da sich K und V einig sind, dass K Eigentümer des Autos werden soll. Allerdings fehlt es an einer Übergabe. Die Übergabe kann aber nach § 930 durch die Vereinbarung eines *Besitzkonstituts* ersetzt werden. Hier haben K und V vereinbart, dass V nach der Übereignung das Auto von K leiht. Der Leihvertrag zwischen den beiden stellt ein Besitzmittlungsverhältnis nach § 868 dar und kann daher die Übergabe ersetzen. K ist also gleich nach Vereinbarung des Leihvertrags Eigentümer des Autos geworden.

Lösungshinweise Fall 50:

62 Eine Übereignung nach § 929 S. 1 scheidet aus, da V dem N die Autos nicht übergeben hat. Auch ein Besitzmittlungsverhältnis wurde zwischen den beiden nicht vereinbart, so dass auch eine Übereignung nach § 930 ausscheidet. Allerdings hat V dem N die *Herausgabeansprüche* aus dem Mietvertrag gegen seine Kunden abgetreten. N soll die Herausgabe von den Kunden selbst verlangen können. Eine Einigung über den Eigentumsübergang liegt ebenso vor. Damit sind die Voraussetzungen des § 931 erfüllt. N erwirbt daher auf diesem Wege sofort *mit Abtretung* (§ 398) der Herausgabeansprüche Eigentum.

Lösungshinweise Fall 51:

63 M ist nicht Eigentümer des Autos und kann es daher grundsätzlich auch nicht nach § 929 S. 1 übereignen. Allerdings könnte G gemäß den §§ 929 S. 1, 932 Abs. 1 das Eigentum gutgläubig vom Nichtberechtigten erworben haben. Übergabe und Einigung im Sinne von § 929 S. 1 liegen vor. G denkt auch, dass das Auto im Eigentum des M steht. Er hatte auch keine grob fahrlässige Unkenntnis von der wahren Eigentumslage. Mithin scheitert die Übereignung nicht an Bösgläubigkeit, vgl. § 932 Abs. 1 S. 1, Abs. 2. Er kann daher das Eigentum vom Nichtberechtigten erwerben.

In **Abwandlung 1** müsste es sich G aufdrängen, dass das Auto M nicht gehört, sondern nur gemietet ist. Er wusste daher nur infolge grober Fahrlässigkeit nicht, dass das Auto nicht M gehört. Demnach ist er nicht gutgläubig im Sinne von § 932 Abs. 2. Ein gutgläubiger Erwerb scheidet daher aus.

In **Abwandlung 2** wurde das Auto dem Eigentümer gestohlen. Es handelt sich also um eine abhanden gekommene Sache im Sinne von § 935 Abs. 1. An dieser ist kein gutgläubiger Erwerb möglich. Auch in dieser Abwandlung konnte G daher kein Eigentum an dem Fahrzeug erwerben.

Lösungshinweise Fall 52:

64 **Frage 1:** U hat die Maschinen der Bank übereignet. Diese ist damit Eigentümerin geworden. Daran ändert sich auch nichts dadurch, dass U den Kredit zurückbezahlt. Allerdings besteht zwischen ihm und der Bank eine *Sicherungsabrede,* also ein schuldrechtlicher Vertrag, in dem vereinbart ist, dass die Bank die Maschinen rückübereignen muss, wenn U sein Darlehen vollständig zurückgezahlt hat. Er hat demnach einen schuldrechtlichen Anspruch auf Rückübereignung, wird aber nicht automatisch mit Rückzahlung des Kredits wieder Eigentümer.

Frage 2: Durch die Sicherungsübereignung ist die Bank Eigentümerin der Maschinen geworden. Als solche kann sie diese selbstverständlich auch verkaufen. Allerdings verbietet es ihr die Sicherungsabrede mit U, die Sache anders als zur Sicherung der Forderung zu verwenden. Die Vereinbarung wirkt aber nur schuldrechtlich und würde daher eine Übereignung der Maschinen an einen Dritten nicht verhindern können. U kann dann aber die Bank auf Schadensersatz nach § 280 in Anspruch nehmen.

Lösungshinweise Fall 53:

Frage 1: V hat S den Computer unter Eigentumsvorbehalt verkauft. Dies bedeutet, dass der Eigentumserwerb i. S. d. § 929 S. 1 durch die vollständige Zahlung des Kaufpreises aufschiebend bedingt ist (vgl. § 158 Abs. 1). S wird daher erst Eigentümerin, wenn sie alle Raten bezahlt hat. 65
Frage 2: S erwirbt aber sofort ein Anwartschaftsrecht an dem Computer. Dies ist ein dem Vollrecht wesensgleiches Minus, das sie nun auch veräußern kann. Sie kann daher F zwar nicht das Eigentum an dem Computer, aber das Anwartschaftsrecht daran veräußern (§ 929 S. 1 analog). F wird dann automatisch Eigentümerin, wenn S die letzte Rate bezahlt hat.

§ 12. Ungerechtfertigte Bereicherung

Literatur: *Grigoleit/Auer,* Schuldrecht III, 2. Aufl. 2016; *Gursky,* 20 Probleme aus dem Bereicherungsrecht, 6. Aufl. 2008; *Wieling,* Bereicherungsrecht, 4. Auflage 2007.

I. Grundlagen des Bereicherungsanspruchs

Die §§ 812ff. regeln den so genannten **Bereicherungsanspruch.** Anders als der Name 1 glauben lässt, soll dieser Anspruch nicht zur Bereicherung des Anspruchsinhabers führen, sondern viel mehr dafür sorgen, dass eine **ungerechtfertigte** Bereicherung beim Anspruchsgegner abgeschöpft wird. Ausgangspunkt des Bereicherungsanspruchs ist eine Situation, in denen die Vermögensverhältnisse zweier Personen nicht der rechtlich vorgesehenen Lage entsprechen. Darin gleicht der Bereicherungsanspruch dem Schadensersatzanspruch. Im Unterschied zu diesem geht es bei den Normen der §§ 812ff. aber nicht darum, einen Schaden beim Gläubiger auszugleichen, sondern einen Vorteil beim Schuldner, die ungerechtfertigte Bereicherung, *unabhängig vom Verschulden* abzuschöpfen. Eine so abzuschöpfende Bereicherung kann auf unterschiedliche Art und Weise entstehen. Wie § 812 Abs. 1 S. 1 zeigt, geht das Gesetz von **zwei Grundfällen** aus: zum einen die Bereicherung durch Leistung und zum anderen die Bereicherung in sonstiger Weise. Dementsprechend wird ganz überwiegend zwischen der Leistungs- und der Nichtleistungskondiktion unterschieden. Das entspricht deren unterschiedlichen Funktionen: Die **Leistungskondiktion** dient der Rückabwicklung *fehlgeschlagener Güterbewegungen* und ist notwendiges Korrektiv für die sich aus dem Abstraktionsprinzip ergebenden Güterzuordnungen. Die **Nichtleistungskondiktion** erfüllt heterogene Zwecke, insbesondere aber dem Rechtsgüterschutz bei unzulässigem Eingriff in den Zuweisungsgehalt eines Rechtes **(Eingriffskondiktion)** und damit der Bewährung der Rechtsordnung.

Schaubild 41: Der Bereicherungsanspruch

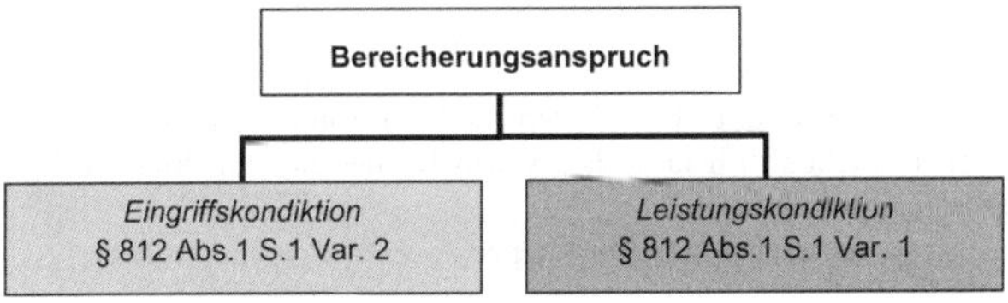

II. Leistungskondiktion

2 Die in § 812 Abs. 1 S. 1 Var. 1 geregelte Leistungskondiktion dient der **Rückabwicklung** einer Leistung, mit der der eigentlich verfolgte Zweck nicht erreicht werden konnte. Der Leistende hat also ein Opfer gebracht, welches durch den Bereicherungsanspruch ausgeglichen werden soll. Maßgebliche Tatbestandsvoraussetzungen der Leistungskondiktion sind der Begriff der **Leistung** und die Notwendigkeit des **Fehlens eines Rechtsgrunds:** *„Wer durch die* ***Leistung*** *eines anderen … etwas* ***ohne rechtlichen Grund*** *erlangt, ist ihm zur Herausgabe verpflichtet"*.

1. Etwas erlangt

2a Der Bereicherungsanspruch setzt zunächst voraus, dass der Gegenüber „etwas" erlangt hat. Dies meint jede **vermögenswerte Rechtsposition.** Dazu gehören etwa das Eigentum und der Besitz an einem Gegenstand.

2. Leistung

3 Leistung ist definiert als die **bewusste und zweckgerichtete Mehrung fremden Vermögens.** Als Grundfall der Leistung kann man die Zahlung von Geld betrachten. Meist soll mit der Leistung eine Verbindlichkeit getilgt werden; sie muss daher bereicherungsrechtlich als gescheiterte **Erfüllung** betrachtet werden. Die Zweckrichtung der Leistung ist also die Befreiung von einer Verbindlichkeit, die festgelegt wird durch die Tilgungs- und Zweckbestimmung des Leistenden (vgl. §§ 267, 366, sehr str.).

3. Ohne Rechtsgrund

4 Zahlt der Leistende zur Tilgung einer bestehenden Forderung, so liegt in dieser Forderung der rechtliche Grund, die **causa** für die Leistung. Nimmt aber der Leistende nur irrtümlich an, der Empfänger seiner Leistung habe eine Forderung gegen ihn, so leistet er ohne rechtlichen Grund. Der Zweck seiner Leistung wird nicht erreicht, da er mit der Leistung keine Schuld tilgen konnte. Das so unnötig erbrachte „Opfer" soll durch den Bereicherungsanspruch ausgeglichen werden. Unbedingt notwendig ist, dass die zu tilgende Forderung „rechtlich" nicht besteht. Es kommt wegen des Abstraktionsprinzips nicht darauf an, ob der mit dem gesamten Geschäft verfolgte Zweck weggefallen ist. Gerade weil eine „Erfüllung" durch wirksame Verfügung (z. B. § 929 S. 1) trotz fehlenden Rechtsgrunds eingetreten sein kann, braucht es die Rückabwicklung nach § 812. Andererseits kann es nicht schon dann zur Rückforderung eines gezahlten Kaufpreises kommen, wenn der Käufer mit der Kaufsache nichts anzufangen weiß („Brautkleid"-Fall): er trägt das Verwendungsrisiko der Kaufsache, die Anfechtung nach § 119 Abs. 2 kommt daher nur ausnahmsweise als Unwirksamkeitsgrund in Betracht: es muss ein **„beachtlicher"** Motivirrtum vorliegen (vgl. § 8 III 1, Rn. 48).

Fall 54:

5 Karl kauft von Veronika ein Auto. Er bezahlt den Kaufpreis sofort in bar und V übereignet ihm daraufhin das Auto. Später stellt sich heraus, dass V den K über die Unfallfreiheit des Autos getäuscht hatte. K ficht deshalb den Kaufvertrag an.
Frage: Auf welche Anspruchsgrundlage kann K einen Anspruch gegen V stützen?

Das **Abstraktionsprinzip** ist für die Ansprüche aus Leistungskondiktion oft entscheidend (vgl. § 5 II 4c Rn. 24f.; § 11 I 2a, Rn. 8ff.). Da die Nichtigkeit des Grundgeschäftes nur ausnahmsweise Auswirkungen auf die Wirksamkeit der Erfüllungsleistung hat, kommt es oft vor, dass auf eine unwirksam begründete Forderung **wirksam geleistet** wird. Grundfall ist hier die nachträgliche Anfechtung eines bereits durchgeführten Vertrages. Da die Anfechtung wegen des Abstraktionsprinzips nicht auf die Erfüllungsleistung **(Verfügung)** durchschlägt, sind die Vertragspartner darauf angewiesen, mittels Leistungskondiktion die von ihnen erbrachten Leistungen zurückzufordern. 6

Nach § 812 Abs. 1 S. 2 **Var. 1** steht der **spätere Wegfall des rechtlichen Grundes** dem ursprünglichen Fehlen gleich *(condictio ob causam finitam).* Hiermit ist aber nach herrschender Meinung nicht der Fall der nachträglichen Anfechtung gemeint, weil diese nach § 142 Abs. 1 zurückwirkt *(ex tunc).* Der rechtliche Grund fehlt hier also von Anfang an. Denkbare Fälle für § 812 Abs. 1 S. 2 Var. 1 sind der Eintritt einer auflösenden Bedingung oder Befristungsfälle. Nach § 812 Abs. 1 S. 2 **Var. 2** *(condictio ob rem)* kann das Geleistete zudem bei **Nichteintritt des bezweckten Erfolges** kondiziert werden. Diese Vorschrift hat nur einen sehr geringen Anwendungsbereich. Hiervon sind Fälle erfasst, in denen in der Erwartung geleistet wird, ein Vertrag werde zustande kommen. 7

4. Ausschluss des Anspruchs

Für den grundsätzlich bestehenden Anspruch aus Leistungskondiktion gibt es eine Anzahl von Ausschlussgründen. Nach § 814 Var. 1 ist die Rückforderung ausgeschlossen, wenn der Leistende **wusste,** dass er zur Leistung nicht verpflichtet war. Ähnliches bestimmt § 815 für die Kondiktion bei fehlendem Erfolgseintritt. Hier ist die Rückforderung ausgeschlossen, wenn der Leistende wusste, dass der Erfolg nicht eintreten kann, oder wenn er den Eintritt des Erfolgs verhindert hat. Beide Ausschlussgründe konkretisieren nur das allgemeine, aus § 242 sich ergebende **Verbot widersprüchlichen Verhaltens** *(venire contra factum propium).* 8

Nach § 814 Var. 2 kann eine Leistung dann nicht zurückgefordert werden, wenn sie einer sittlichen Pflicht oder einer auf den Anstand zu nehmenden Rücksicht entsprach. Anwendungsbereich dieser Vorschrift ist hauptsächlich der rechtsgrundlose Unterhalt zwischen Verwandten. Nach **§ 817 S. 2** ist der Bereicherungsanspruch ausgeschlossen, wenn der Leistende gegen ein gesetzliches Verbot oder gegen die guten Sitten verstoßen hat. Entgegen dem Wortlaut genügt es, wenn dem Leistenden ein solcher Verstoß zur Last fällt. Nicht erforderlich ist es, dass auch der **Empfänger** verbots- oder sittenwidrig gehandelt hat. Diese Norm gehört zu den umstrittensten im deutschen Recht. Nach wohl überwiegender Meinung ist davon auszugehen, dass § 817 S. 2 den Zweck verfolgt, den Akteuren bestimmter Geschäfte den Rechtsschutz zu versagen, z. B. bei bewusster **„Schwarzarbeit"** (vgl. § 8 II 3a, Rn. 40f.). Selbst wenn hierbei „unbillige" Ergebnisse entstehen, müssen sich diejenigen, die sich außerhalb der Rechts- oder Sittenordnung bewegen, entsprechende Konsequenzen selbst zuschreiben. 9

5. Mehrpersonenverhältnisse

Besonders kompliziert wird das Bereicherungsrecht in Fällen, in denen mehr als zwei Personen beteiligt sind. Die hier denkbaren Fälle lassen sich unterteilen in Leistungsketten, Anweisungsfälle und andere – hier nicht explizit behandelte – Drittbeteiligungen. 10

a) Leistungskette

11 Wird eine Leistung von ihrem Empfänger an einen Dritten weitergereicht, so spricht man von einer Leistungskette, etwa dann, wenn ein Hersteller seine Ware an einen Großhändler verkauft, der sie dann an den Einzelhändler weitergibt. Hier liegt ein „Dreipersonenverhältnis" vor. Natürlich lässt sich die Leistungskette auch noch weiterführen, die Anzahl der beteiligten Personen ist nicht beschränkt. Stets muss es sich aber um eine Mehrheit von hintereinander geschalteten Zweipersonenverhältnissen handeln.

Schaubild 42: Leistungskette

Fall 55:

12 Bäcker Bert verkauft eine Wagenladung Toastbrot an den Großhändler Gustav, die G an den Einzelhändler Emil weiterverkauft. Das Brot wird von B an G geliefert, der es in den Laden des E bringt. Später merkt B, dass er sich bei Abgabe seines Vertragsangebots geirrt hat und ficht seine Willenserklärung an.

Frage: Was kann B von G und E verlangen?

Abwandlung: Ändert sich etwas, wenn G bei Abschluss der Verträge mit B und E unerkannt geisteskrank war?

13 In jedem dieser Zweipersonenverhältnisse kann eine Störung auftreten, der hier geschlossene Vertrag also unwirksam sein. Dies hat aber keine Auswirkungen auf die weitere Kette. Kondiziert werden muss immer in dem **gestörten Zweipersonenverhältnis.** Hat hier der Empfänger die empfangene Leistung seinerseits bereits weitergegeben, so muss er nach § 818 Abs. 2 den Wert ersetzen. Der Leistende muss sich immer an seinen Gegenüber halten und kann seinen Anspruch nicht gegen die anderen Beteiligten der Leistungskette geltend machen. Eine Besonderheit gilt, wenn auch die Weiterveräußerung unwirksam ist **(Doppelmangel).** Hier hat der erste Leistende einen Anspruch gegen den zweiten Leistenden, der wiederum einen Anspruch gegen den Empfänger hat. Der erste Leistende kann dann vom zweiten Leistenden die Abtretung seines Bereicherungsanspruchs verlangen. Diesen Anspruch kann er dann gegen den Empfänger geltend machen („Kondiktion der Kondiktion"). Eine Ausnahme stellt **§ 822** dar. Verschenkt der Empfänger einer Leistung diese an einen Dritten weiter, so würde der ursprünglich Leistende leer ausgehen, da er wegen § 818 Abs. 3 vom Empfänger nicht einmal Wertersatz verlangen kann. Deshalb ermöglicht § 822 ausnahmsweise den **Durchgriff** auf den beschenkten Dritten. Da dieser hier die Leistung unentgeltlich erhalten hat, ist er weniger schutzwürdig als in den normalen Fällen der Leistungskette.

b) Anweisungsfälle

14 Bei Anweisungsfällen liegen die Zweipersonenverhältnisse nicht hintereinander, sondern sind miteinander verbunden. Typisch sind solche Fälle, in denen der Zwischenhändler seinen Lieferanten *anweist, direkt* an seinen Kunden zu liefern. Der Hersteller verkauft beispielsweise an den Großhändler, der wiederum an den Einzelhändler ver-

kauft. Die Ware wird aber direkt vom Hersteller an den Einzelhändler geliefert. Die beiden Zweipersonenverhältnisse verbinden sich somit zu einer **Dreiecksbeziehung.**

Schaubild 43: Anweisungsfälle

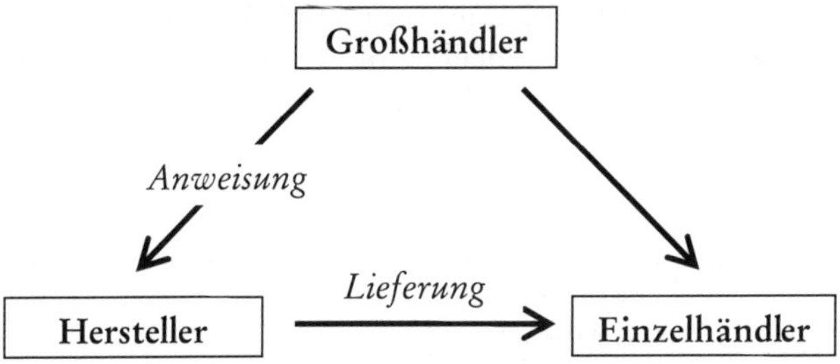

Fall 56:

Wieder verkauft Bäcker Bert eine Wagenladung Toastbrot an den Großhändler Gustav, die G auch diesmal an den Einzelhändler Emil weiterverkauft. Allerdings hat G diesmal keinen passenden Lkw zur Verfügung, so dass er B bittet, das Brot direkt an E zu liefern, was dieser auch tut. Auch diesmal unterlag B einem Irrtum, so dass er den Kaufvertrag anficht. 15

Frage: Was kann B von G und E verlangen?

Abwandlung: Was ändert sich, wenn G B nicht gebeten hat, das Brot an E zu liefern, sondern G diese „Anweisung" telefonisch vom sechsjährigen Karl erhalten hat, der sich einen Scherz erlauben wollte?

Ein weiteres typisches Beispiel sind **Banküberweisungen.** Hier beauftragt der Kontoinhaber seine Bank, seinem Gläubiger einen gewissen Betrag zukommen zu lassen. Dieser betrachtet dies natürlich nicht als die Leistung der Bank, sondern als die Bezahlung der Forderung durch seinen Schuldner. Kondiziert werden kann daher in diesen Fällen nur in den einzelnen Zweierverhältnissen. Erfolgte die Zahlung ohne Rechtsgrund, so kann nicht die Bank das Geld vom Gläubiger zurückverlangen, sondern dies muss der Schuldner tun. Es gilt also grundsätzlich dasselbe wie bei der gerade besprochenen Leistungskette. 16

Ein Durchgriff ist nur möglich, wenn die Anweisung **selbst** unwirksam ist. Hat der Kontoinhaber beispielsweise gar keinen Überweisungsauftrag erteilt, so ist die Bank nicht berechtigt, sein Konto zu belasten. Einen Vermögensverlust hat daher ausschließlich die Bank, so dass es für den Kontoinhaber gar keinen Anlass gibt, sich an den Überweisungsempfänger zu wenden. Der Überweisungsempfänger hat demnach keine Leistung des Kontoinhabers erhalten. Als Leistung der Bank stellt es sich aber trotzdem nicht dar. Deshalb ist in diesen Fällen eine Leistungskondiktion generell ausgeschlossen. Die Bank bleibt aber nicht auf ihrem Schaden sitzen, sondern kann sich ihr Geld mit einer **Nichtleistungskondiktion** (dazu Rn. 18ff.) zurückholen. 17

III. Eingriffskondiktion

1. Die allgemeine Eingriffskondiktion

Im Unterschied zur Leistungskondiktion erfolgt bei der Eingriffskondiktion die Bereicherung des Kondiktionsschuldners nicht durch eine Leistung, sondern durch einen **Eingriff.** Vor allem der Verbrauch, die Veräußerung oder die Belastung einer Sache durch einen Nichtberechtigten können bereichernde Eingriffe darstellen. Anders als beim Schadensersatz ist es für den Bereicherungsanspruch unerheblich, ob der Eingreifende schuldhaft gehandelt hat. Der Eingriff kann möglicherweise auch in einem *zufälligen* Ereignis liegen, beispielsweise wenn ein Geldschein vom Wind in eine fremde 18

Wohnung geweht wird. Notwendig ist es nur, dass der bereichernde Erwerb **auf Kosten eines anderen** geschieht. Dann ist die Bereicherung an ihn herauszugeben.

2. Verfügung eines Nichtberechtigten

19 Einen Sonderfall der Eingriffskondiktion regelt § 816. In Abs. 1 geht es um die Verfügung eines Nichtberechtigten. Grundfall ist die Veräußerung einer Sache durch den Besitzer ohne Wissen und Wollen des Eigentümers.

Fall 57:

20 Michael hat von Vreni ein Auto gemietet und will es zu Geld machen. Deshalb verkauft und übereignet er es an den gutgläubigen Gerd. Er erhält dafür 1 000,– Euro.
Frage. Was kann V von M und G verlangen?
Abwandlung: Ändert sich etwas, wenn M das Auto an G verschenkt?

21 Ist der Erwerber im guten Glauben, so erwirbt er das Eigentum an dieser Sache (§ 932 Abs. 1, vgl. § 11 Rn. 34ff.). Der ursprüngliche Eigentümer verliert sein Eigentum. Damit liegt in der Veräußerung ein **Eingriff** in das Eigentumsrecht des Ex-Eigentümers. Müsste der Erwerber die Sache an den ursprünglichen Eigentümer zurückgeben, so wären die Vorschriften über den gutgläubigen Erwerb vom Nichtberechtigten sinnlos. Deshalb richtet sich der Anspruch des ursprünglichen Eigentümers gegen den unberechtigten Veräußerer. Dieser hat als **Nichtberechtigter** über sie verfügt und muss daher gem. § 816 Abs. 1 S. 1 das Erlangte an den ursprünglichen Eigentümer herausgeben. Hat er die Sache also verkauft, so steht dem ursprünglichen Eigentümer der **Kauferlös** zu.

22 Verkauft der Besitzer die Sache nicht, sondern **verschenkt** sie, so wäre der eben dargestellte Anspruch für den ursprünglichen Eigentümer wertlos, da der veräußernde Nichtberechtigte durch die Veräußerung **nichts** erlangt hat. Da der Beschenkte die Sache unentgeltlich erworben hat und daher kein Opfer für diesen Rechtserwerb erbracht hat, ist er aber weniger schutzwürdig. Deshalb kann sich der ursprüngliche Eigentümer in diesem Fall nach § 816 Abs. 1 S. 2 **direkt** an den Dritten wenden.

23 In § 816 Abs. 2 geht es um den umgekehrten Fall. Hier ist die Situation geregelt, dass ein Nichtberechtigter eine Leistung **entgegennimmt,** die eigentlich einem anderen zusteht und diese Leistung zum Erlöschen der Forderung des anderen führt. Der wichtigste Anwendungsfall ist die **verdeckte Abtretung** einer Geldforderung. Da der Schuldner dieser Forderung nicht weiß, dass sie an einen Dritten abgetreten wurde, kann er nach § 407 Abs. 1 mit befreiender Wirkung auch an den alten Gläubiger der Forderung leisten. Wegen der zwischenzeitlich erfolgten Abtretung ist dieser aber Nichtberechtigter. Das Geld steht eigentlich dem neuen Gläubiger der Forderung zu. Deshalb kann dieser es vom ursprünglichen Gläubiger nach § 816 Abs. 2 herausverlangen.

IV. Verhältnis von Leistungs- und Eingriffskondiktion

24 Ein viel gelehrter Merksatz über das Verhältnis zwischen Eingriffs- und Leistungskondiktion ist, dass die Eingriffskondiktion **subsidiär** zur Leistungskondiktion sei. Diese Behauptung ist allerdings mit Vorsicht zu genießen und höchstens als Faustformel zu gebrauchen. Die Formel wurde aufgrund der Tatsache entwickelt, dass jemand, der et-

was durch *Leistung* erworben hat, es nicht auf sonstige Weise erlangt haben kann. In einem reinen Zweipersonenverhältnis mag dies vielleicht zutreffend sein. Anders sieht es jedoch aus, wenn ein *Dritter* ins Spiel kommt. Hier ist es denkbar, dass der Empfänger einer Leistung diese auf Kosten des Dritten erlangt. Wegen der Regelungen über den gutgläubigen Erwerb vom Nichtberechtigten tritt diese Problematik nur auf, wenn der Eigentumserwerb nicht durch Übereignung geschieht. Es muss sich also um einen Fall des **gesetzlichen Eigentumserwerbs** handeln. Einen solchen gibt es bei Verbindung, Vermischung und Verarbeitung (§§ 946ff.). So wird nach § 946 eine bewegliche Sachen Eigentum des Grundstückseigentümers, wenn sie mit dessen Grundstück dergestalt verbunden wird, dass sie nicht mehr ohne Beschädigung entfernt werden kann. Nach § 951 Abs. 1 ist derjenige, der durch die vorstehenden Regelungen einen Rechtsverlust erleidet, nach den Vorschriften über die ungerechtfertigte Bereicherung hierfür zu entschädigen.

Fall 58:

Handwerker Hans errichtet auf dem Grundstück des Eduard eine Mauer aus Steinen, die ihm sein Lieferant Lars unter Eigentumsvorbehalt verkauft hatte. E bezahlt H für die Steine und seine Arbeit 1 500,– Euro. Kurz darauf wird über H's Vermögen das Insolvenzverfahren eröffnet. Da von H nichts mehr zu holen ist, möchte sich L an E halten. 25
Frage: Kann L von E Herausgabe oder Bezahlung der Steine verlangen?
Abwandlung: Wie wäre es, wenn H die Steine L gestohlen hätte?

Grundsätzlich müsste man hierzu sagen, der Empfänger habe vom Dritten etwas ohne rechtlichen Grund *auf sonstige Weise* erlangt. Damit könnte der Dritte gegen den Empfänger einen Anspruch aus Eingriffskondiktion geltend machen, obwohl der Empfänger die Leistung vom Leistenden mit Rechtsgrund erlangt hat. Da dies unbillig erscheint, behilft man sich mit dem Grundsatz der Subsidiarität der Eingriffskondiktion und dehnt diesen auch auf das Verhältnis zu Dritten aus. *Zutreffender* dürfte aber der Ansatz sein, diese Problematik mit einem Rückgriff auf die Regelungen über den gutgläubigen Erwerb vom Nichtberechtigten zu lösen. Hierbei stellt sich die Frage, ob der Empfänger der Leistung nach diesen Regeln (§§ 932ff.) Eigentum erworben hätte. Ist dies der Fall, so ist sein Erwerb kondiktionsfest. Der Dritte muss sich mit seinem Anspruch an den Leistenden wenden (§ 816 Abs. 1). Andernfalls, also wenn die geleistete Sache abhanden gekommen war (§ 935 Abs. 1), ist der Leistungsempfänger einer Eingriffskondiktion ausgesetzt. Denn der Leistende konnte ihm wegen § 935 Abs. 1 nur den Besitz verschaffen, nicht aber das Eigentum. 26

V. Inhalt des Bereicherungsanspruchs

Der Inhalt des Bereicherungsanspruchs richtet sich nach §§ 818ff. Seiner Natur als **Abschöpfungsanspruch** entsprechend kann mit dem Bereicherungsanspruch nur herausverlangt werden, was der Bereicherte noch in seinem Vermögen „zuviel" hat. 27

Fall 59:

Vladimir hat sein Auto, das nur 5 000,– Euro wert ist, an Karl für 10 000,– Euro verkauft und übereignet. Von dem Geld möchte er sich jetzt richtig etwas gönnen und fährt für 3 Wochen auf Kreuzfahrt in die Südsee. Nach seiner Rückkehr erfährt er, dass K geisteskrank und daher geschäftsunfähig ist. Sein Betreuer verlangt nun von V die 10 000,– Euro zurück. 28

Frage: Zu Recht?
Abwandlung 1: Wie sieht die Rechtslage aus, wenn V für das Geld nicht in Urlaub gefahren ist, sondern eine an seinem Haus dringend benötigte Reparatur vorgenommen hat?
Abwandlung 2: Was ändert sich im Ausgangsfall, wenn V wusste, dass Karl geschäftsunfähig ist?

1. Herausgabe des Erlangten und Wertersatz

29 Zunächst einmal hat der Bereicherte nach § 818 Abs. 1 das Erlangte herauszugeben. Dies ist zum einen die Sache selbst, doch erweitert die Norm den Begriff noch auf die Nutzungen der Sache sowie das aufgrund von Zerstörung oder Beschädigung der Sache Erworbene (z. B. Schadensersatzansprüche oder Forderungen gegen eine Versicherung). Nicht umfasst ist aber der durch eine Weiterveräußerung der Sache erlangte Kaufpreis. Dieser folgt nicht aus der Sache, sondern vielmehr aus dem Kaufvertrag. Aber auch diesen Verkaufserlös kann der Bereicherte nicht vollständig behalten. Nach § 818 Abs. 2 schuldet er in den Fällen, in denen er die Sache nicht mehr herausgeben kann, **Wertersatz.** Hat der Bereicherte die erhaltene Sache also veräußert, so muss er zwar nicht den vollen Veräußerungserlös herausgeben, aber dem Gläubiger des Bereicherungsanspruchs den Wert der Sache ersetzen. Hat er aufgrund seines Verhandlungsgeschicks bei der Veräußerung einen Gewinn erzielt, so kann er diesen behalten.

2. Entreicherung

30 Hat der Bereicherte die Sache hingegen unter Wert verkauft, so müsste er, wenn er ihren Wert zu ersetzen hat, mehr herausgeben, als er erhalten hat. Dies widerspräche dem Charakter des Bereicherungsanspruchs als Abschöpfungsanspruch. Deshalb sieht **§ 818 Abs. 3** vor, dass das Erlangte nur insoweit herauszugeben ist, wie der Empfänger noch bereichert ist. Eine Entreicherung ist auf viele Arten denkbar: so kann ein Genussmittel verzehrt worden sein, eine Sache ohne Aussicht auf Ersatzansprüche zerstört oder das erlangte Geld ausgegeben worden sein. Entreicherung tritt aber nur ein, wenn der Bereicherte durch den Verbrauch des Erlangten nicht **eigene Aufwendungen erspart.** Kauft sich der Bereicherte beispielsweise vom erlangten Geld etwas zu essen, so liegt keine Entreicherung vor, da er andernfalls eigenes Geld hätte ausgeben müssen, um nicht zu verhungern.

31 Bei der **Rückabwicklung von gegenseitigen Verträgen** kann der Entreicherungseinwand nur eingeschränkt zur Geltung kommen. Hier hatte der Bereicherte ja damit gerechnet, für den erlangten Gegenstand auch eine Gegenleistung erbringen zu müssen. Es erscheint unbillig, dass der eine Vertragspartner die von ihm empfangene Leistung zurückgewähren muss, während sein Gegenüber dies verweigern kann, weil er sie bereits verbraucht hat. Dem trägt die **Saldotheorie** Rechnung. Im Wege einer Saldierung wird der Wert der wegen § 818 Abs. 3 nicht mehr rückforderbaren Sache von der noch kondizierbaren Gegenleistung abgezogen. So kann beispielsweise der Käufer, der die Kaufsache zerstört hat, nicht den gesamten Kaufpreis zurückfordern, sondern muss es hinnehmen, dass der Wert der Kaufsache von seinem Anspruch abgezogen wird, er also nur die vom Verkäufer einkalkulierte Gewinnspanne zurückerhält. Allerdings muss auch die Saldotheorie mit Vorsicht angewandt werden. Insbesondere der **Schutzzweck** der Normen, die zur Nichtigkeit des Grundgeschäfts führen, muss berücksichtigt werden. Dies gilt vor allem im Recht der Minderjährigen. Mit dem Schutzzweck des § 104 wäre es beispielsweise nicht vereinbar, wenn der geschäftsunfähige Minderjährige, der eine Tafel Schokolade kauft und diese gleich verzehrt, deren Wert nun über den Umweg eines Bereicherungsanspruchs ersetzen müsste.

3. Sonderfälle

a) Verschärfte Haftung

Die Begünstigung des Empfängers durch die Möglichkeit des Entreicherungseinwands endet, sobald dieser weiß, dass für seinen Erwerb der rechtliche Grund fehlt (§ 819 Abs. 1) oder er auf Herausgabe der Leistung verklagt wird (§ 818 Abs. 4). Ab diesem Zeitpunkt muss er mit der Herausgabe der Sache rechnen. Deshalb muss er sie mit erhöhter Sorgfalt behandeln und darf sie nicht für sich verbrauchen. Er ist daher nicht mehr schutzwürdig. Dies gilt auch in dem Fall, in dem der Empfänger durch die Annahme der Leistung gegen ein gesetzliches Verbot oder die guten Sitten verstößt (§ 819 Abs. 2) oder wenn er wusste, dass mit der Leistung ein ungewisser Erfolg bezweckt wurde (§ 820 Abs. 1 S. 1). 32

b) Unentgeltliche Zuwendung

Entreicherung liegt jedenfalls vor, wenn der Empfänger die Leistung **weiter verschenkt.** Hierdurch kann er keine eigenen Aufwendungen ersparen und erlangt auch nichts. Da das Gesetz den unentgeltlichen Erwerb für weniger schutzwürdig hält, weil der Erwerber ja keine eigenen Opfer dafür erbracht hat, trifft in diesen Fällen der Bereicherungsanspruch nach § 822 den unentgeltlich erwerbenden **Dritten.** 33

Lösungshinweise zu den Fällen in § 12

Lösungshinweise Fall 54:

K könnte einen Anspruch gegen V aus § 812 Abs. 1 S. 1 Var. 1 auf Herausgabe des gezahlten Kaufpreises haben. V hat Eigentum und Besitz an den in bar gezahlten Geldscheinen erlangt. K hat an V auch geleistet, namentlich um die (vermeintliche) Kaufpreisforderung (§ 433 Abs. 2) zu tilgen. Einziger Rechtsgrund hierfür könnte der Kaufvertrag sein. Dieser ist aber aufgrund der späteren Anfechtung gemäß § 142 Abs. 1 von Anfang an *nichtig*. Ein Rechtsgrund für die Leistung lag damit nicht vor. K kann den Kaufpreis von V daher im Wege der Leistungskondiktion gemäß § 812 Abs. 1 S. 1 Var. 1 herausverlangen. 34

Lösungshinweise Fall 55:

Da der Kaufvertrag zwischen B und G aufgrund der Anfechtung nichtig ist, bestand für die Leistung des Brotes an G kein Rechtsgrund. B hat demnach grundsätzlich einen Anspruch aus § 812 Abs. 1 S. 1 Var. 1 gegen G. Dieser kann das Brot allerdings nicht mehr herausgeben, da er es an E weiter veräußert hat. Deshalb kann B *von G* nur *Wertersatz* nach § 818 Abs. 2 verlangen. Ein Bereicherungsanspruch *gegen E* hingegen besteht nicht, da er an diesen nicht geleistet hat. Mit seinem Kondiktionsanspruch muss er sich an seinen Vertragspartner wenden. 35

In der **Abwandlung** ist wegen der Geisteskrankheit des G (§ 104 Nr. 2) auch der Vertrag zwischen diesem und E nichtig. Hieraus folgt, dass auch G einen Bereicherungsanspruch hat, der sich gegen E richtet. Dieser Bereicherungsanspruch ist das aus der Sache Erlangte, so dass sich der Bereicherungsanspruch des B auf die Herausgabe dieses Anspruchs richtet. Er kann demnach von G im Wege der Kondiktion der Kondiktion die Abtretung seines Bereicherungsanspruchs gegen E verlangen. Sobald diese Abtretung erfolgt ist, kann B direkt bei E diesen Anspruch auf Herausgabe des Brotes geltend machen.

Lösungshinweise Fall 56:

36 Der Kaufvertrag zwischen B und G ist nichtig, so dass für die Lieferung des Brotes kein Rechtsgrund bestand. Hieraus folgt aber nicht, dass er die Herausgabe des Brotes vom Empfänger der Lieferung, also E, verlangen kann. Für diesen stellt sich die Lieferung des Brotes durch B nämlich nicht als dessen Leistung, sondern als eine Leistung seines Vertragspartners, des G, dar. Auch B wollte bei der Lieferung an E nicht an diesen leisten, sondern durch die Lieferung seinen Vertrag mit G erfüllen. Hierzu musste er aufgrund der Anweisung des G die Ware an E liefern. Wie im Fall 55 besteht also nur ein Anspruch des B gegen G auf Wertersatz gemäß § 818 Abs. 2.
In der **Abwandlung** liegt keine wirksame Anweisung des G vor. Dieser wusste hiervon ja nichts. Er erwartet also immer noch die Lieferung des Brotes an sich. Durch die Lieferung direkt an E wurde B von seiner Verpflichtung zur Lieferung an G nicht befreit. In diesem Fall stellt die Lieferung an E auch keine Leistung des G an diesen dar. An einer dementsprechenden Zweckbestimmung des G fehlt es nämlich. Somit liegt überhaupt keine Leistung, weder von Bernd noch von Gustav, vor. Es bestehen damit auch keine Ansprüche aus Leistungskondiktion. B kann das Toastbrot von E aber im Wege der Nichtleistungskondiktion herausverlangen. Dieser hat es auf Kosten des B in sonstiger Weise und ohne rechtlichen Grund erlangt.

Lösungshinweise Fall 57:

37 M hatte das Auto von V gemietet und war daher nur Besitzer. Als solcher ist er nicht berechtigt, das Auto zu veräußern. Trotzdem hat er es an G übereignet. Da dieser gutgläubig war, hat er nach § 932 Abs. 1 Eigentum erworben. Dies führt gleichzeitig zum Eigentumsverlust bei V. M hat also als Nichtberechtigter über das Auto verfügt. Wegen der Regelungen über den gutgläubigen Erwerb vom Nichtberechtigten ist diese Verfügung gegenüber V auch wirksam. Gemäß § 816 Abs. 1 S. 1 muss er der V aber das durch die Verfügung Erlangte herausgeben. Sie hat daher gegen M einen Anspruch auf Zahlung von 1 000 Euro. Gegen G hingegen hat V keinen Anspruch. Würde man ihr einen solchen Anspruch zubilligen, so wären die Regelungen über den Erwerb vom Nichtberechtigten vollständig entwertet. Da V das Auto an M vermietet hat, muss sie sich ausschließlich an diesen halten und trägt das Risiko, dass dieser mit ihrer Sache gegen ihren Willen verfährt.
In der **Abwandlung** ist G wegen des unentgeltlichen Erwerbs, für den er kein eigenes finanzielles Opfer erbringen musste, weniger schutzwürdig. § 816 Abs. 1 S. 2 bestimmt daher, dass im Falle der unentgeltlichen Verfügung derjenige zur Herausgabe verpflichtet ist, der durch die Verfügung unmittelbar einen rechtlichen Vorteil erlangt hat. Dies ist hier G, dem das Auto schenkweise überlassen wurde. Hier kann also V direkt von G die Herausgabe des Autos verlangen.

Lösungshinweise Fall 58:

38 Durch die Errichtung der Mauer wurden die Steine wesentlicher Bestandteil des Grundstücks, so dass E als Grundstückseigentümer gemäß § 946 Eigentum an den Steinen erworben hat. Gleichzeitig verliert L sein Eigentum an den Steinen. Für E stellt sich der Einbau der Steine als Leistung des H dar, für die in Form des Werkvertrags auch ein rechtlicher Grund besteht. Dieser Vertrag entfaltet allerdings nur zwischen H und E Wirkung. Zulasten des L kann sich dieser nicht auswirken. Deshalb könnte man davon ausgehen, dass L gegen E einen Anspruch aus Eingriffskondiktion hat. Immerhin hat E die Steine auf Kosten des L erlangt, ohne dass hierfür zwischen den beiden ein rechtlicher Grund bestand. Hätte nun aber H dem E die Steine zunächst übereignet, bevor er sie einbaute, so wäre E keinem Bereicherungsanspruch ausgesetzt, da er gemäß dem Rechtsgedanken des § 816 Abs. 1 als gutgläubiger, entgeltlicher Erwerber keine Herausgabe schuldet. Um eine ungewollte Differenzierung zwischen rechtsgeschäftlichem und gesetzlichem Erwerb zu vermeiden, muss dieser Gedanke auch im vorliegenden Fall angewandt werden. Deshalb hat E das Eigentum an den Steinen kondiktionsfest erworben. L hat demnach keinen Anspruch gegen E. Er muss das Insolvenzrisiko seines Vertragspartners H selber tragen.
Anders sieht es in der **Abwandlung** aus: Hier hatte sich L den H nicht als Vertragspartner ausgesucht, sondern dieser hatte sich die Steine einfach genommen. Ein Eigentumserwerb des E würde hier auch

bei einer Übereignung ausscheiden, da ein Erwerb abhanden gekommener Sachen vom Nichtberechtigten nicht möglich ist (§ 935 Abs. 1). Auch dieser Rechtsgedanke ist auf das Bereicherungsrecht zu übertragen, so dass an abhanden gekommenen Sachen kein kondiktionsfester Erwerb möglich ist.

Lösungshinweise Fall 59:

Für die Leistung des Geldes an V bestand kein Rechtsgrund, da der Kaufvertrag wegen der Geisteskrankheit des K nichtig ist (§§ 104 Nr. 2, 105). Grundsätzlich besteht daher ein Anspruch des K gegen V auf Herausgabe der 10 000 Euro gemäß § 812 Abs. 1 S. 1 Var. 1. Allerdings hat V das Geld für die Urlaubsreise ausgegeben. Er kann es daher nicht mehr herausgeben. Da er die Urlaubsreise ohne den Erhalt des Geldes nicht unternommen hätte, hat er hierdurch auch keine eigenen Aufwendungen erspart (sog. Luxusaufwendung). Er ist demnach entreichert im Sinne des § 818 Abs. 3. Anhaltspunkte dafür, dass V wusste, dass K geisteskrank ist, bestehen nicht. Demnach kommt eine verschärfte Haftung nach § 819 Abs. 1 nicht in Betracht. K hat daher gegen V keinen Anspruch. 39
In **Abwandlung 1** hat V mit dem Geld eine Reparatur durchgeführt, die er auch durchführen hätte müssen, wenn er das Geld von K nicht erhalten hätte. Deshalb hat er durch den Verbrauch des Geldes eigene Aufwendungen erspart. Eine Entreicherung ist damit nicht eingetreten. V bleibt damit weiter zur Herausgabe der 10 000 Euro verpflichtet.
In **Abwandlung 2** wusste V, dass der Vertrag zwischen ihm und K unwirksam ist und er daher das Geld zurück zu geben hätte. Er haftet daher gemäß § 819 Abs. 1 so, als wäre der Anspruch rechtshängig. Nach § 818 Abs. 4 richtet sich daher seine Haftung nach den allgemeinen Vorschriften. V hat also gemäß §§ 292, 989 Schadensersatz zu leisten. Der Schaden des K entspricht hier den ausgegebenen 10 000 Euro, so dass K von V diesen Betrag verlangen kann.

§ 13. Recht der unerlaubten Handlung und Gefährdungshaftung

Literatur: *Brox/Walker,* Besonderes Schuldrecht, 42. Aufl. 2018; *Deutsch/Ahrens,* Deliktsrecht, 6. Aufl. 2014 (geeignet als Einstiegslektüre); *Fuchs/Pauker,* Deliktsrecht, 9. Aufl. 2017 (geeignet als Vertiefungslektüre); *Medicus,* Gesetzliche Schuldverhältnisse, 5. Aufl. 2007.

I. Grundlagen

Gegenstand des Rechts der unerlaubten Handlung **(Deliktsrecht)** und der Gefährdungshaftung ist die Wiedergutmachung eines eingetretenen Schadens. Die Rechtsordnung weist jeder Person Rechte zu, die gegen Beeinträchtigung durch andere geschützt sind. Das Bestehen einer vertraglichen Beziehung ist nicht notwendig. **Gegenüber jedermann gilt das Gebot, diese besonders geschützten Rechte anderer Personen zu achten.** Kommt es dennoch zu einer Rechtsgutverletzung, so kann der Verletzte (das „Opfer") vom Schädiger (dem „Täter") Schadensersatz wegen unerlaubter Handlung verlangen. Hierbei ist klar zwischen den strafrechtlichen (hierzu §§ 30ff.) und den zivilrechtlichen Konsequenzen der Tat zu unterscheiden: 1

Zivilrechtlich wird nicht die Schädigung anderer Personen „verboten" (wie im Strafrecht), vielmehr muss im Falle einer Schädigung der eingetretene Schaden wiedergutgemacht werden. Dabei ist grundsätzlich derjenige Zustand wiederherzustellen, der bestehen würde, wenn es die Schädigung nicht gegeben hätte, vgl. § 249 (dazu § 9 IV 2b, Rn. 116ff.).

II. Haftung aus verschuldetem Unrecht

Gemeinsame Voraussetzung der Ansprüche aus unerlaubter Handlung ist zumeist, 2
dass nur dann Schadensersatz zu leisten ist, wenn der Schädiger den Schaden **verschul-**

det hat. Ist er am Eintritt des Schadens aber nicht „schuld", kann ihm subjektiv auch kein Vorwurf gemacht werden.

1. Haftungsbegründender Tatbestand

3 Erste Voraussetzung jedes Schadensersatzanspruches ist die Verwirklichung eines gesetzlichen Haftungstatbestands. Im Folgenden werden solche Normen im Überblick gezeigt.

a) Verletzung absolut geschützter Rechte

4 Gemäß § 823 Abs. 1 ist jemand, der vorsätzlich oder fahrlässig das Leben, den Körper, die Gesundheit, die Freiheit, das Eigentum oder ein sonstiges Recht eines anderen verletzt, dem anderen zum Ersatz des daraus entstehenden Schadens verpflichtet.

Schaubild 44: Haftungstatbestände

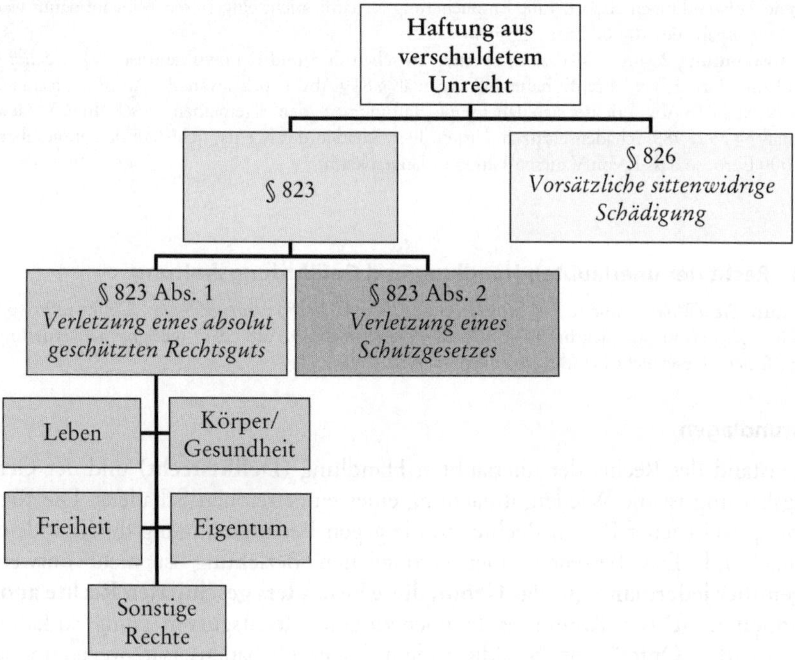

5 **aa) Leben.** Zunächst ist das Leben vor Verletzung geschützt. Eine Verletzung des Lebens bedeutet Tötung eines Menschen. Kommt es nicht zur Tötung, ist nicht das Leben verletzt, sondern es handelt sich (lediglich) um eine Körperverletzung. Da aber ein Getöteter nicht Inhaber des Schadensersatzanspruchs sein kann, stellt sich die Frage, wer in einem solchen Fall den Anspruch geltend machen kann; diese Situation ist geregelt in § 844 (vgl. Rn. 44).

6 **bb) Körper und Gesundheit.** Es entstehen aber schon Ersatzansprüche, wenn es nicht zur Tötung einer Person, sondern „nur" zur Verletzung des Körpers oder der Gesundheit kommt. Eine **Körperverletzung** ist jeder unbefugte Eingriff in die körperliche Integrität eines Menschen, z. B. ein Messerstich. Eine **Gesundheitsverletzung**

liegt vor, wenn eine vom normalen Zustand abweichende Beeinträchtigung der „inneren Funktionen“, etwa durch physische und psychische Erkrankungen hervorgerufen oder gesteigert wird. So stellt eine Infektion mit dem HI-Virus eine Gesundheitsverletzung dar, unabhängig davon, ob es schon zum Ausbruch der Immunschwächekrankheit AIDS gekommen ist (*BGH* NJW 2005, 2614).

cc) Freiheit. Drittens schützt § 823 Abs. 1 eine Beeinträchtigung der Freiheit des Ein- 7
zelnen. Trotz der offenen Formulierung des Gesetzeswortlauts kann nur eine Verletzung der **körperlichen Bewegungsfreiheit** die Schadensersatzpflicht auslösen. Der Schutzumfang ist mit der aus dem Strafrecht bekannten Freiheitsberaubung (§ 239 StGB) vergleichbar. Jedermann soll vor dem Einsperren durch andere geschützt werden. Eine Beeinträchtigung der bloßen Willens- oder Entschlussfreiheit reicht nicht aus.

dd) Eigentum. Weiteres Schutzobjekt ist das **Eigentum.** Gemeint ist dabei das Ei- 8
gentum im Sinne des BGB (vgl. § 11 I 1, Rn. 5). Das Eigentum kann in vielfältiger Weise verletzt werden. Klar ist, dass jedenfalls Beschädigung oder Zerstörung (sog. **Substanzeingriff**) der Sache eines anderen eine Eigentumsverletzung darstellt. Aber auch dann, wenn es sich um Eingriffe in die Herrschafts- oder Verfügungsmacht des Eigentümers handelt, z. B. beim Diebstahl eines Buches, ist die Verletzung zu bejahen. Gleiches gilt für die Veräußerung fremder Sachen. Auch die Befugnis eines Eigentümers, sein Eigentum nach freiem Belieben zu nutzen, ist grundsätzlich geschützt (§ 903). Zur Veranschaulichung des Schutzes vor **Funktionsbeeinträchtigungen** dient der „Fleet-Fall“ (*BGHZ* 55, 153):

Fall 60 (nach BGHZ 55, 153):

Die Bundesrepublik Deutschland (BRD) ist Eigentümerin eines Fleets (= kleine, künstliche Wasser- 9
straße), das eine Mühle mit einem Hafen verbindet. In das Fleet stürzte in der Nacht 21./22.10.1962 ein 3–4 m langes Stück der Ufermauer mit einem Teil der darauf ruhenden Außenwand eines Wohnhauses. Um den weiteren Einsturz des Hauses zu verhindern, wurde dieses auf Anweisung der Baubehörde abgestützt. Dabei wurden zwei Baumstämme so angebracht, dass sie unmittelbar über der Wasseroberfläche von der einen zur anderen Seite des Fleets führten. Damit war das Fleet bis Mitte 1963 für Schiffe unpassierbar. Dies hatte zur Folge, dass das Kathrin gehörende Schiff MS „Christel“ während der Zeit der Sperrung das Fleet nicht verlassen konnte und an der Verladestelle der Mühle festlag.
Frage: Kann K von der BRD Schadensersatz verlangen, weil sie ihr Schiff nicht nutzen konnte?

ee) Sonstige Rechte. Bisher wurden die in § 823 Abs. 1 ausdrücklich *„benannten* 10
Schutzgüter“ erläutert. Die Vorschrift schützt nach ihrem Wortlaut aber auch unbenannte **„sonstige Rechte“.** Fraglich ist, welche Rechte hierunter zu verstehen sind. Nach der Konzeption des § 823 Abs. 1 kann es sich nur um solche Rechte handeln, die gegenüber **jedermann** geschützt sind (sog. *absolute Rechte,* vgl. § 6 III 2a, Rn. 25 f.). Als Beispiele sind der Besitz, das allgemeine Persönlichkeitsrecht und das Recht am eingerichteten und ausgeübten Gewerbebetrieb zu nennen.

(1) Unter **Besitz** ist die tatsächliche Sachherrschaft über eine Sache (vgl. § 11 I 1b, 11
Rn. 5 ff.) zu verstehen. Zwar ist in der Rechtswissenschaft umstritten, inwieweit genau der Besitz als sonstiges Recht i. S. d. § 823 Abs. 1 gelten kann, doch über das **„Ob“** des

deliktsrechtlichen Besitzschutzes ist man sich grundsätzlich einig. Dennoch besteht die Möglichkeit des Besitzers, Schadensersatz wegen einer Besitzstörung zu verlangen, nicht in jedem Fall (vgl. *Medicus/Petersen,* BR, Rn. 607ff.). An dieser Stelle muss genügen, dass derjenige Besitzer, dem das Gesetz eine *eigentümerähnliche* Stellung zuspricht, grundsätzlich den Schutz des § 823 Abs. 1 genießen kann.

12 **(2)** Als weiteres sonstiges Recht im Sinne von § 823 Abs. 1 ist das **allgemeine Persönlichkeitsrecht (APR)** zu nennen. Zwar wird auch diese subjektive Berechtigung wie das verfassungsrechtliche Persönlichkeitsrecht aus Art. 2 Abs. 1 i.V.m. Art. 1 Abs. 1 GG hergeleitet, doch ist der jeweilige Schutzumfang verschieden. Das zivilrechtliche APR schützt das Recht des Einzelnen auf Achtung seiner personalen und sozialen Identität sowie auf Entfaltung seiner individuellen Persönlichkeit. Damit wird ein umfassender **richterrechtlicher** Schutz gewährleistet, der über den spezialgesetzlichen Schutz hinausgeht, vgl. dazu z.B. § 12 (Namensrecht), §§ 185ff. StGB (Recht der persönlichen Ehre) und insbesondere das Allgemeine Gleichbehandlungsgesetz (AGG) für den Schutz vor Diskriminierungen sowie das Bundesdatenschutzgesetz (BDSG) für den Schutz personenbezogener Daten. Darüber hinaus schützt das APR vor allem die Selbstbestimmung des Einzelnen in seiner persönlichen und privaten Lebensführung.

Fall 61:

13 Stefan fotografiert seine Freundin, die freiberufliche Organistin Frieda, „oben ohne" und stellt diese Fotos danach ohne Wissen der F auf seine Homepage. Daraufhin kündigt die St. Bonifatius-Gemeinde der F einen geplanten Auftritt, da dieser Sittenverfall von ihr nicht unterstützt werden könne. **Frage:** Kann F von S Ersatz der ausgebliebenen Einnahmen fordern?

14 Im Allgemeinen wird der Schutzumfang des APR in mehrere Sphären geteilt. Die **Individualsphäre** schützt allgemein das Selbstbestimmungsrecht des Einzelnen. Die **Privatsphäre** umfasst denjenigen Lebensbereich, zu dem andere Menschen nach den sozialen Anschauungen nur mit Zustimmung des Betroffenen Zugang haben (z.B. Bildberichterstattung über das Privatleben einer Person, dazu KunstUrhG). Die **Intimsphäre** umfasst die innere Gedanken- und Gefühlswelt mit ihren zugehörigen Äußerungen, wie etwa Tagebuchaufzeichnungen. Dabei wird der Schutz von der Individualsphäre über die Privatsphäre hin zur Intimsphäre immer intensiver. Als wichtigster Bereich genießt die Intimsphäre **absoluten** Schutz (näher *Schwab/Löhnig,* Rn. 329ff., insb. 343ff.). Das APR ist ein sog. **Rahmenrecht.** Dies bedeutet, dass der Schutzbereich offen für gesellschaftliche Entwicklungen ist und bleiben muss. Bisher haben sich gewisse Fallgruppen herausgebildet, die jedoch einer ständigen Fortentwicklung unterliegen – dadurch kennzeichnet sich ständig im Fluss befindliches Richterrecht (vgl. § 6 II 4, Rn. 19).

15 **(3)** Um ein weiteres solches Rahmenrecht handelt es sich beim **Recht am eingerichteten und ausgeübten Gewerbebetrieb.** Dieses Recht umfasst als Auffangtatbestand nicht nur den Bestand eines wirtschaftlichen Unternehmens, sondern die gesamte unternehmerische Tätigkeit in allen Erscheinungsformen. Der Tatbestand soll eine Lücke schließen für Verletzungen gewerblicher Betätigung, die sich nicht als „Eigentumsverletzungen" darstellen.

16 Äußerst schwierig ist die Frage nach der Eingrenzung des Rechts am eingerichteten und ausgeübten Gewerbetrieb als deliktischer Eingriffstatbestand. Jede „Unternehmensbeeinträchtigung" würde den Tatbestand uferlos ausweiten. Voraussetzungen für einen solchen Eingriff sind (1) die **Betriebsbezogenheit** des Eingriffs, d.h. der Eingriff muss *unmittelbar* die gewerbliche Tätigkeit betreffen, (2) ist nur eine *dauerhafte* Tätigkeit mit Gewinnerzielungsabsicht geschützt, und (3) muss eine Haftung nach

anderen gesetzlichen Vorschriften ausgeschlossen sein **(Subsidiarität).** An der dritten Voraussetzung erkennt man den „Auffangcharakter" des Rechts am eingerichteten und ausgeübten Gewerbebetrieb. Nur wenn Schadensersatz aus anderen Gründen nicht gewährt werden kann, kommt überhaupt eine Haftung wegen Verletzung dieses Rahmenrechts in Betracht.

Zu betonen ist abschließend, dass das **Vermögen als solches** einer Person *kein sonstiges Recht* im Sinne von § 823 Abs. 1 ist. Als Vermögen ist die Zusammenfassung aller geldwerten Güter und Rechte einer Person zu bezeichnen. § 823 Abs. 1 schützt aber nur – anders als die vertragliche Haftung nach § 280 (vgl. § 9 IV 2, Rn. 91 ff.) – einzelne konkrete **(absolute)** Rechte, nicht jedoch die abstrakte Zusammenfassung dieser Rechtsgüter. Zudem ist die Zusammensetzung des Vermögens einer Person natürlichen Schwankungen unterworfen. Erst wenn der **„enge"** Tatbestand des § 823 Abs. 1 erfüllt ist, erklärt der **„weite"** Schadensbegriff des § 249 jeden Vermögensschaden für ersatzfähig. 17

Beispiel: Thorsten schlägt Rainer vorsätzlich „grün und blau", so dass der selbstständig tätige R einige Tage nicht arbeiten kann. R kann nicht nur die Behandlungskosten als Schadensersatz wegen der Körperverletzung nach § 823 Abs. 1 verlangen, sondern auch den Verdienstausfall für die Zeit seiner Arbeitsunfähigkeit (vgl. §§ 249, 252). Der „Vermögensschaden Verdienstausfall" muss nur deshalb ersetzt werden, weil er auf die Verletzung eines von § 823 Abs. 1 geschützten Rechtsguts (Körper und Gesundheit) zurückzuführen ist.

b) Schutzgesetzverletzung

Weitere Möglichkeiten zur Begründung einer Haftung bieten Verletzungen von sog. **Schutzgesetzen** i. S. d. **§ 823 Abs. 2.** Danach ist zum Schadensersatz verpflichtet, wer gegen ein *„den Schutz eines anderen bezweckendes Gesetz"* verstößt. Die Haftung wird also dadurch begründet, dass der Schädiger gegen ein anderes „Schutzgesetz", insb. gegen Normen des **Strafrechts** verstoßen und dadurch einen Schaden verursacht hat. Bei einem von § 823 Abs. 2 in Bezug genommenen „Schutzgesetz" muss feststellbar ein, ob das fragliche Gesetz neben allgemeinen Belangen zumindest auch **konkrete Interessen Einzelner** (mit-)schützt. Als Beispiel dafür können § 223 StGB (Strafbarkeit der Körperverletzung) oder § 2 Abs. 2 StVO (Rechtsfahrgebot im Straßenverkehr) genannt werden. Es reicht aber nicht aus, dass der Schädiger ein Schutzgesetz verletzt hat. Auf diese Verletzung kann sich der Geschädigte nur berufen, wenn das Schutzgesetz ihn gerade *vor solchen Nachteilen* schützen will, wie sie im fraglichen Fall eingetreten sind. So schützt das Rechtsfahrgebot (§ 2 Abs. 2 StVO) nur den – vom Schädiger aus betrachteten – Begegnungs- und Überholverkehr. Nicht geschützt sind etwa Linksabbieger, die mit einem das Rechtsfahrgebot missachtenden Fahrer zusammenstoßen (*BGH* NJW 1983, 2301). Daher muss in jedem Einzelfall geprüft werden, ob der Geschädigte von dem verletzten Schutzgesetz auch geschützt werden „sollte". Kann sich der Geschädigte grundsätzlich darauf berufen, ist das Gesetz mit all seinen Voraussetzungen zu prüfen, es muss also vom Schädiger objektiv und subjektiv vollständig verwirklicht worden sein. 18

Fall 62:

Albert beschädigt fahrlässig das Kfz der Tanja. 19
Frage: Welche Schadensersatzansprüche hat T gegen A?

20 Grundsätzlich sind Ansprüche nach § 823 Abs. 1 und Abs. 2 **nebeneinander** möglich. Ihre Voraussetzungen sind unabhängig voneinander zu prüfen. Natürlich kann ein Schaden aber nur **einmal** ersetzt verlangt werden. Es geht nur um den Ersatz für den eingetretenen Schaden. Der Geschädigte darf dieses Ereignis nicht zur eigenen Bereicherung ausnutzen. Eine weitere Besonderheit des Anspruchs nach § 823 Abs. 2 ist der Schutz des gesamten Vermögens. Wenn ein Schutzgesetz also das Vermögen schützt wie z. B. § 263 StGB bei Betrug, sind bei dessen Verletzung auch reine Vermögensschäden ersatzfähig. Dies unterscheidet den Anspruch aus § 823 Abs. 2 vom Anspruch aus § 823 Abs. 1.

c) Vorsätzliche sittenwidrige Schädigung

21 Ein weiterer haftungsbegründender Tatbestand ist **§ 826.** Danach ist zum Schadensersatz verpflichtet, wer einem anderen in einer gegen die guten Sitten verstoßenden Weise vorsätzlich Schaden zufügt. § 826 stellt damit die Art der Schadenszufügung – **Verstoß gegen die guten Sitten** – in den Mittelpunkt. Es kommt im Gegensatz zu § 823 Abs. 1 nicht auf die Art des verletzten Rechts an. Entscheidende Bedeutung erlangt daher die genaue Klärung des Begriffs der guten Sitten. Der Begriff ist wie in § 138 (vgl. § 8 II 3b, Rn. 42) zu verstehen, wobei die Formel vom *Anstandsgefühl aller billig und gerecht Denkenden* so wie dort eher „dunkel" bleibt. Es geht auch bei § 826 nicht um die Berücksichtigung unscharfer ethisch-moralischer Vorstellungen, sondern um die Herausbildung besonderer **Rechtsregeln für angemessenes gegenseitiges Verhalten** im Rechtsverkehr. Dabei muss der Schutz berechtigter Verhaltenserwartungen im Geschäftsverkehr gegen vorsätzliche Schädigungen im Vordergrund stehen (vgl. *Reichold,* Juris-PK BGB, § 826 Rn. 13). Zur Konkretisierung dieser Formel haben sich **Fallgruppen** als typisches **case law** herausgebildet, die unter § 826 zu fassen sind (vgl. *Reichold* a. a. O. Rn. 16ff.), besonders prägend im Bereich des Kapitalgesellschafts- und Kapitalmarktrechts.

Fall 63:

22 Anlageberater Anton vermittelt diverse riskante Spekulationsgeschäfte für seine Kunden. Über die finanziellen Risiken der Geldanlagen klärt er jedoch bewusst nicht auf. Kuno hat 1 000,– Euro in einem hochriskanten Anlagemodell nach einer Vermittlung durch A angelegt. Leider verliert die Geldanlage binnen kurzer Zeit kräftig an Wert. K verbleiben 100,– Euro.
Frage: Hat K gegen A einen Anspruch auf Schadensersatz in Höhe von 900,– Euro?

23 Da die Vorschrift nicht auf speziell geschützte Rechtsgüter abstellt, sondern die Art der Schadenszufügung in den Blick nimmt, sind auch bloße Vermögensschäden ersatzfähig. Eine weitere Besonderheit des Anspruchs aus § 826 ist das Erfordernis der **vorsätzlichen Schädigung.** Dies bedeutet, dass sowohl die sittenwidrige Schädigungshandlung als auch der Schadenseintritt an sich vom Schädiger zumindest billigend in Kauf genommen werden müssen (vgl. Rn. 30).

2. Rechtswidrigkeit

a) Grundlagen

24 Auch wenn ein haftungsbegründender Tatbestand (z. B. §§ 823 Abs. 1 u. Abs. 2, 826) „gefunden" und grundsätzlich bejaht werden kann, lässt sich noch keine endgültige Aussage darüber treffen, ob auch tatsächlich ein Schadensersatzanspruch besteht. Er-

forderlich ist weiter, dass das schadenstiftende Verhalten auch **rechtswidrig,** d. h. verboten ist. Freilich hat das Gesetz durch die Existenz der §§ 823 ff. schon eine grundsätzliche Wertung vorgenommen. Soweit dadurch gewisse Rechtsgüter vor gewissen Handlungen besonders geschützt werden, ist schon die bloße Verletzung des Tatbestands grundsätzlich als rechtswidrig anzusehen. In der Rechtswissenschaft wird dies auf die Kurzformel **„Die Tatbestandsmäßigkeit indiziert die Rechtswidrigkeit"** gebracht. Insbesondere bei § 823 Abs. 2 und § 826 ist eine positive Feststellung der Rechtswidrigkeit entbehrlich, da die dort verpönten Handlungen (Verstoß gegen ein Schutzgesetz bzw. sittenwidriges Handeln) von der Rechtsordnung zweifellos verboten sind. Aber auch bei einem Anspruch nach § 823 Abs. 1 kann grundsätzlich dieser Faustregel gefolgt werden, so dass die Rechtswidrigkeit vermutet wird, wenn ein geschütztes Rechtsgut verletzt wurde. Eine **Ausnahme** ist jedoch für die **Rahmenrechte** zu machen. Bei den Rahmenrechten handelt es sich um offene Tatbestände (vgl. Rn. 10 ff.). Hier ist die Rechtswidrigkeit positiv festzustellen. Es ist daher zu ermitteln, ob das fragliche Verhalten gegen die Gebote der „gegenseitigen Rücksichtnahme" verstößt. Dies ist im Wege einer Abwägung der gegenseitigen Interessen festzustellen. Ergibt die Abwägung, dass der Eingriff in das geschützte Recht verboten war, ist das Verhalten auch als rechtswidrig zu bewerten.

b) Rechtfertigungsgründe

Fall 64:

Manfred will Sascha einen Faustschlag versetzen. Er holt zum Schlag aus. Der aufmerksame S kommt dem jedoch zuvor, indem er seinerseits dem M einen Faustschlag versetzt. Aufgrund der dabei entstandenen Verletzungen kann Alleinunterhalter M einen Auftritt bei einer Hochzeitsfeier nicht absolvieren. Die entgangene Gage verlangt er nun von S als Schadensersatz. 25
Frage: Zu Recht?

Nicht zu vergessen sind aber die Fälle, in denen rechtswidriges Verhalten ausnahmsweise einmal von der Rechtsordnung erlaubt ist. Kann sich der Schädiger auf einen *Rechtfertigungsgrund* berufen, ist sein Verhalten deshalb nicht rechtswidrig. Solche Rechtfertigungen finden sich im BGB z. B. in § 227 **(Notwehr)** und § 228 **(Notstand).** Andere Gründe sind außerhalb des BGB angesiedelt, z. B. der allgemein anerkannte Rechtfertigungsgrund der **Einwilligung** des Geschädigten. 26

Besondere Bedeutung hat dabei der Rechtfertigungsgrund der **Notwehr.** Nach § 227 ist gerechtfertigt, wer sich *in erforderlicher Weise gegen einen gegenwärtigen und rechtswidrigen Angriff verteidigt.* Ebenfalls gerechtfertigt ist die Verteidigung durch einen Dritten, wenn ein gegenwärtiger und rechtswidriger Angriff vorliegt **(Nothilfe).** Voraussetzung für eine Rechtfertigung wegen Notwehr ist ein nicht gerechtfertigter *gegenwärtiger* Angriff. Das ist der Fall, sobald die Gefährdung des Rechtsguts beginnt und solange sie andauert. In dieser sog. **Notwehrlage** darf sich der Angegriffene (oder ein Dritter den Angegriffen) mit den erforderlichen Mitteln verteidigen. Dazu ist die mildeste zur sofortigen und endgültigen Gefahrenbeseitigung geeignete Abwehr zu wählen, doch ist die Flucht sicher keine „erforderliche" Verteidigung. 27

3. Verschulden

28 Die Verpflichtung zum Schadensersatz ist grundsätzlich davon abhängig, dass ein deliktsfähiger Schädiger schuldhaft gehandelt hat. Zu prüfen sind grundsätzlich also die Deliktsfähigkeit sowie das Verschulden an sich.

a) Deliktsfähigkeit

29 Delikts- oder verschuldensfähig ist jeder, dessen Verantwortlichkeit nicht nach §§ 827, 828 ausgeschlossen ist. Diesen Personen macht die Rechtsordnung keinen individuellen Vorwurf. Nach § 827 ist nicht verschuldensfähig, wer im Zustand der Bewusstlosigkeit oder in einem die freie Willensbestimmung ausschließenden Zustand krankhafter Störung der Geistestätigkeit einem anderen einen Schaden zufügt. Neben Schlaf, Ohnmacht oder krankhaften Bewusstseinsstörungen kann hierunter auch ein **Alkoholrausch** fallen. Im Fall des Alkoholrauschs ist jedoch immer § 827 S. 2 zu prüfen. Danach ist derjenige, der im Rausch eine rechtswidrige, unerlaubte Handlung begeht, für diese verantwortlich, wenn er sich *mindestens fahrlässig* in den Rauschzustand versetzt hat.

Auch die individuelle Verantwortlichkeit von **Kindern** ist ausgeschlossen, vgl. **§ 828** (vgl. dazu bereits § 7 I 1 d, Rn. 11).

b) Verschuldensmaßstab

30 Als schuldhaftes Handeln (sog. *Verschulden*) ist jedes vorsätzliche oder fahrlässige Handeln zu bezeichnen, vgl. § 276. Mit **Vorsatz** handelt, wer die Schädigung herbeiführen will und sich zudem der Rechtswidrigkeit bewusst ist. Dabei muss der Schädiger nicht mit Sicherheit wissen, dass sein Handeln den Schadenseintritt zur Folge hat. Ausreichend ist, dass er den Schadenseintritt als möglich voraussieht und ihn dennoch billigend in Kauf nimmt. **Fahrlässig** handelt derjenige, der zwar keinen Vorsatz hat, dennoch aber bei seiner Handlung die im Verkehr erforderliche Sorgfalt außer Acht gelassen hat, vgl. § 276 Abs. 2. Für Ansprüche nach § 823 Abs. 1 reicht schon einfache Fahrlässigkeit. § 826 verlangt hingegen Vorsatz des Schädigers bezüglich der sittenwidrigen Handlung und des Schadenseintritts.

4. Vorliegen eines Schadens

31 Um einen Anspruch auf Schadensersatz aus unerlaubter Handlung geltend zu machen, muss auch tatsächlich ein Schaden eingetreten sein. Durch einen Schadensersatzanspruch soll nur der eingetretene Schaden **kompensiert** werden. Der Geschädigte soll aus der Schädigung keinen Vorteil ziehen. Zum Umfang des Schadensersatzes vgl. § 9 IV 2 b, Rn. 116 ff.

5. Kausalität

32 Zwischen dem Verhalten des Schädigers (der Verletzungshandlung) und der Rechtsgutsverletzung muss ein ursächlicher Zusammenhang bestehen: die Kausalität.

Beispiel: Anton schlägt Bruno mit der Faust ins Gesicht. Dabei bricht er B's Nase.

33 Die konkret eingetretene Rechtsgutsverletzung (die Körperverletzung des B) muss auf eine konkrete Verletzungshandlung (den Faustschlag des A) zurückzuführen sein. Diesen Zusammenhang bezeichnet man auch als **haftungsbegründende Kausalität.** Dieser Zusammenhang reicht allein jedoch noch nicht aus, um einen Schadensersatz-

anspruch wegen unerlaubter Handlung zu begründen. Es ist ein *zweiter* kausaler Zusammenhang erforderlich. Die Rechtsgutverletzung muss ursächlich für den eingetretenen Schaden sein. Diesen Zusammenhang bezeichnet man als **haftungsausfüllende Kausalität.** Damit ein Schadensersatzanspruch gegeben ist, muss also sowohl die Rechtsgutsverletzung auf der Verletzungshandlung als auch der Schaden seinerseits auf der Rechtsgutsverletzung beruhen.

Schaubild 45: Doppelte Kausalität beim deliktischen Schadensersatz

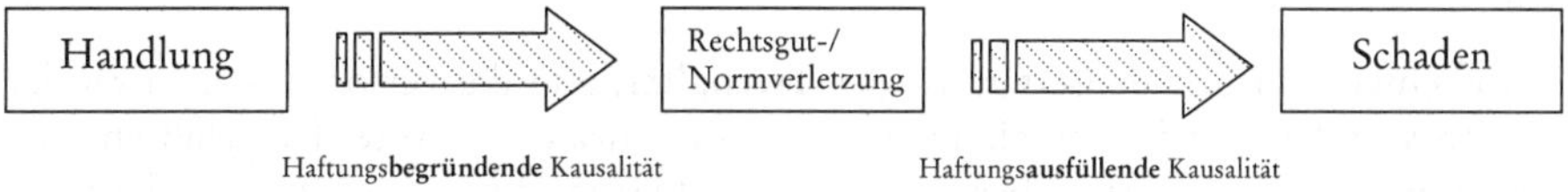

III. Haftung aus unerlaubter Gefährdung

Die bisher vorgestellten Schadensersatzansprüche wegen unerlaubter Handlung setzen ein Verschulden des Schädigers voraus. Liegt kein Verschulden vor, kann grundsätzlich auch kein Schadensersatz verlangt werden. Nur in besonderen Fällen kann Schadensersatz beansprucht werden, obwohl ein Verschulden des Haftenden nicht gegeben ist. Dies sind die Fälle der **Gefährdungshaftung.** Gemeinsamer Grundgedanke dieser Vorschriften ist die Risikohaftung des Betreibers von Gefahrenquellen. Derjenige, der eine Gefahrenquelle wie z. B. ein Atomkraftwerk oder ein Luftfahrzeug betreibt, muss ohne Rücksicht auf sein Verschulden haften, wenn sich eine solche Gefahr realisiert. Dies kann als Ausgleich für den Vorteil aus dem Betrieb der Gefahrenquelle verstanden werden. Die einzige Gefährdungshaftungsnorm im BGB ist die Haftung des Tierhalters nach § 833 (vgl. § 3 III 3b, Rn. 25: *Schaubild* 20 – *„Bienenüberfall"*). 34

1. Haftungsbegründender Tatbestand

Zunächst muss die Gefahrenquelle ausgemacht werden, deren bloßer Betrieb eine verschuldensunabhängige Haftung rechtfertigt. 35

Schaubild 46: Gefährdungshaftung

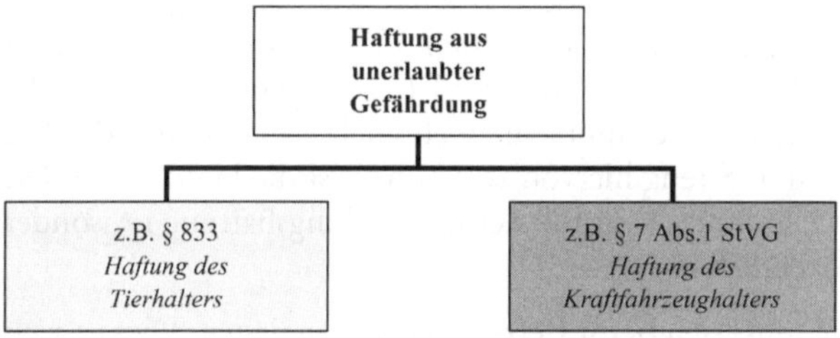

a) Tierhalterhaftung

Fall 65:

Theos Hund beißt Max in die Waden. M ist professioneller Fußballspieler und kann infolge der Verletzung im nächsten Spiel seines Vereins nicht mitwirken. Dadurch entgeht ihm die vom Verein ausgelobte Siegprämie. 36
Frage: Kann M die Siegprämie von T ersetzt bekommen?

37 Nach **§ 833 S. 1** haftet ein Tierhalter auf Schadensersatz, wenn durch ein von ihm gehaltenes Tier ein Mensch getötet oder der Körper oder die Gesundheit eines Menschen verletzt oder eine Sache beschädigt wird. Sinn und Zweck dieser Vorschrift ist, dass grundsätzlich die Risiken, die von einem Tier ausgehen, demjenigen zugeordnet werden, der auch den Nutzen aus dem Tier zieht. Ein Tier kann von seinem Halter nämlich nicht vollständig kontrolliert und beherrscht werden. Daraus ergibt sich aber auch, dass sich die Gefährdungshaftung nur auf realisierte **Tiergefahren** beschränkt. Eine Verletzung muss durch selbstständiges Verhalten des Tieres verursacht worden sein.

38 Verpflichtet zum Schadensersatz ist der **Tierhalter,** also die Person, die es nach der Verkehrsanschauung in der Hand hat, ob und inwieweit Dritte Tiergefahren ausgesetzt werden. Dabei ist zu beachten, wer das Bestimmungsrecht über das Tier hat, wer die Kosten der Unterhaltung des Tieres und wer das Verlustrisiko trägt. Natürlich sind auch Eigentum und Besitz am Tier wesentliche Indizien. In jedem Fall ist die als Tierhalter ermittelte Person Schuldner eines Anspruches aus § 833 S. 1.

Eine Sonderregelung schafft **§ 833 S. 2.** Wird der Schaden durch ein Haustier verursacht, welches als **Nutztier** gehalten wird, so gilt die Gefährdungshaftung des Tierhalters nicht. Hier wird zunächst das Verschulden des Tierhalters für den Schadenseintritt vermutet. Er kann jedoch den Gegenbeweis (sog. *Entlastungsbeweis*) antreten und darlegen, dass ihn an der Schädigung kein Verschulden trifft. Der Grund für diese Besserstellung ist historisch zu erklären. Beabsichtigt war die Entlastung der landwirtschaftlichen Produktion von Haftungsrisiken.

b) Haftung des Kraftfahrzeughalters

Fall 66:

39 Anton ist Halter eines Kfz. Dieses verleiht er für eine einmalige Fahrt an seinen Freund Fridolin. F verursacht schuldhaft einen Unfall, wobei die Fußgängerin Ute eine Körperverletzung erleidet. Da F mittellos ist, verlangt U die Heilungskosten von A.
Frage: Hat U einen Anspruch auf Schadensersatz gegen A?

40 Ein Gefährdungshaftungstatbestand von alltäglicher Bedeutung ist die Haftung des Kfz-Halters nach **§ 7 Abs. 1 StVG.** Danach ist der Halter eines Kfz zum Schadensersatz verpflichtet, wenn beim Betrieb eines Kraftfahrzeugs *„ein Mensch getötet, der Körper oder die Gesundheit eines Menschen verletzt oder eine Sache beschädigt"* wird. Verpflichtet ist als Halter derjenige, der das Kfz im eigenen Namen nicht nur ganz vorübergehend für eigene Rechnung in Gebrauch hat und der die Verfügungsgewalt über das Kfz ausübt. Streng hiervon zu trennen ist die Haftung des **Fahrers** eines Kfz nach § 18 StVG, weil dies kein Fall der Gefährdungshaftung ist, sondern Verschulden des Fahrers erforderlich ist.

41 Die Schädigung muss sich **beim Betrieb des Kfz** ereignen. Dies ist weit zu fassen. Ein Fahrzeug ist solange in Betrieb, wie es sich im Verkehr befindet und andere Verkehrsteilnehmer gefährden kann. Daher unterbricht auch ein vorübergehendes Abstellen des Kfz den Betrieb nicht. Ein an der Straße parkendes Fahrzeug kann sich daher noch in Betrieb befinden, was die Haftung des Kraftfahrzeughalters stark ausweitet. **Ausgeschlossen** ist die Halterhaftung nur in Ausnahmefällen. Nach **§ 7 Abs. 2 StVG** ist die Haftung ausgeschlossen, wenn der Unfall durch **höhere Gewalt,** d. h. bei einem von außen einwirkenden, außergewöhnlichen und unabwendbaren Ereignis verur-

sacht wird, das nicht in ursächlichem Zusammenhang mit dem Betrieb des Kfz stehen darf. Es handelt sich also dabei vor allem um Naturereignisse wie Blitzschlag, Erdrutsch oder Überschwemmung. Weiterer Ausschlusstatbestand ist nach **§ 7 Abs. 3 StVG** die sog. **Schwarzfahrt.** So haftet der Halter nicht, wenn jemand das Kfz ohne Wissen und Wollen des Halters benutzt und dies nicht auf einem Verschulden des Halters beruht.

2. Vorliegen eines Schadens

Auch bei der Gefährdungshaftung kommt ein Anspruch auf Schadensersatz nur in Betracht, wenn tatsächlich ein Schaden entstanden ist. 42

3. Kausalität

Ebenso ist Kausalität erforderlich. Dies bedeutet vor allem, dass sich in der Rechtsgutverletzung (in dem eingetretenen Schaden) die jeweilige Gefahr realisiert haben muss. So muss für § 833 S. 1 eine spezifische Tiergefahr den Schaden verursacht haben und für § 7 Abs. 1 StVG muss der Betrieb des Kfz den Schaden verursacht haben. 43

IV. Inhalt des Schadensersatzanspruches

Der Umfang des Schadensersatzes bemisst sich prinzipiell nach den Vorschriften des allgemeinen Schadensrechts, vgl. §§ 249ff. Deshalb kann hier nach oben (§ 9 IV 2b, Rn. 116ff.) verwiesen werden. Modifizierungen für das Deliktsrecht bringen jedoch die **§§ 842ff.** So bestimmt § 843 Abs. 1, dass bei einer Minderung der Erwerbsfähigkeit durch eine Körperverletzung dem Verletzten Schadensersatz durch Gewährung einer **Geldrente** zu leisten ist. Wird der Geschädigte durch eine unerlaubte Handlung sogar getötet, hat der Schädiger nach **§ 844 Abs. 1** die Bestattungskosten zu tragen. Bestanden für den Getöteten Unterhaltspflichten, so hat der Unterhaltsberechtigte gegen den Schädiger einen Anspruch auf Entrichtung einer Geldrente nach **§ 844 Abs. 2,** wenn diesem der Unterhalt durch die Tötung wegfällt. Solche Unterhaltspflichten bestehen zum Beispiel zwischen Eltern und ihren Kindern (vgl. auch § 1601). 44

Lösungshinweise zu den Fällen in § 13

Lösungshinweise Fall 60 (nach BGHZ 55, 153):

Der *BGH* entschied, dass die BRD als Eigentümerin des Fleets die Pflicht hatte, dieses schiffbar bereit zu halten. Wird ein Schiff durch ein von der BRD verursachtes Hindernis (hier die Sperre durch die umgestürzten Bäume) in einem Teil des Gewässers derart eingeschlossen, dass es jede Bewegungsmöglichkeit verliert, so haftet die BRD der Schiffseigentümerin K nach § 823 Abs. 1 wegen Verletzung des Eigentums für den durch das Festliegen des Schiffes entstandenen Schaden. K konnte ihr Schiff (ihr Eigentum) nicht mehr nutzen. Diese Funktionsbeeinträchtigung stellt eine Eigentumsverletzung dar. 45

Lösungshinweise Fall 61:

Durch das Einstellen der Fotos auf seiner Homepage hat S in das allgemeine Persönlichkeitsrecht der F eingegriffen. Dieses ist hier als Recht am eigenen Bild durch § 22 KunstUrhG spezialgesetzlich ausgeprägt. Grundlage für den Schadensersatzanspruch der F ist dennoch § 823 Abs. 1. Hieraus kann sie von S die wegen der Absage des Auftritts ausgebliebenen Einnahmen als Schadensersatz verlangen, vgl. §§ 249, 252. 46

Lösungshinweise Fall 62:

47 T kann den Schaden gemäß § 823 Abs. 1 von A ersetzt verlangen, da dieser ihr Eigentum verletzt hat. Ein Schadensersatzanspruch nach § 823 Abs. 2 in Verbindung mit dem Schutzgesetz § 303 StGB (Sachbeschädigung) ist dagegen nicht gegeben. Zwar ist § 303 StGB grundsätzlich ein Schutzgesetz, dass auch den einzelnen Eigentümer (hier T) schützen will. Doch handelte A nur fahrlässig. Eine Sachbeschädigung gemäß § 303 StGB kann aber nur vorsätzlich begangen werden. Hier hat A somit nicht alle Voraussetzungen des Schutzgesetzes verwirklicht. Falls die Beschädigung durch ein Kfz erfolgt ist, haftet A zudem als Fahrer aus § 18 StVG und ggf. als Halter aus § 7 StVG.

Lösungshinweise Fall 63:

48 Einen Anspruch aus § 823 Abs. 1 gegen A hat K nicht, da keines seiner absolut geschützten Rechtsgüter oder Rechte verletzt wurde. Insbesondere wurde nicht das Eigentum des K verletzt. Vielmehr handelt es sich um einen *reinen Vermögensschaden.* Ein solcher ist nach § 823 Abs. 1 nicht ersatzfähig. Für einen Anspruch des K gegen A auf Schadensersatz gemäß § 823 Abs. 2 i. V. m. § 263 StGB (Betrug) fehlen weitere Anhaltspunkte im Sachverhalt. Hat A jedoch einen vollendeten Betrug begangen, so ist dieser Anspruch des K gegeben.
In jedem Fall handelt Anton aber *sittenwidrig* und haftet nach § 826 auf Schadensersatz, wenn er für seinen Kunden Spekulationsgeschäfte ohne ausreichende Aufklärung des Kunden abschließt. Dabei muss er den Kunden vor allem über die Risiken der Geldanlage aufklären. Er missbraucht ansonsten seine geschäftliche Überlegenheit in sittenwidriger Weise. Dadurch ist bei K ein Schaden von 900 Euro entstanden. K hat daher gegen A einen Anspruch auf Schadensersatz gemäß § 826 in Höhe von 900 Euro.

Lösungshinweise Fall 64:

49 M könnte gegen S einen Anspruch aus § 823 Abs. 1 haben. Eine Rechtsgutsverletzung (Körperverletzung) durch eine Handlung des S ist gegeben. Jedoch kann sich S hier auf Notwehr (§ 227) berufen, da er mit seinem Schlag nur einen gegenwärtigen und rechtswidrigen Angriff des M abwehrte. Der Angriff war insbesondere gegenwärtig, da M bereits zum Schlag ausholte. Damit war die körperliche Integrität des S bereits unmittelbar gefährdet. Die Verteidigungshandlung war auch erforderlich, da ein milderes, gleich effektives Mittel nicht ersichtlich ist. Das Verhalten von S war daher nicht rechtswidrig. M kann keinen Schadensersatz nach § 823 Abs. 1 von S verlangen. Entsprechendes gilt wegen § 32 StGB für den Anspruch des M aus § 823 Abs. 2 i. V. m. § 223 StGB (Körperverletzung).

Lösungshinweise Fall 65:

50 Im vorliegenden Fall ist T der Tierhalter. Daher haftet er M grundsätzlich auch auf Schadensersatz gemäß § 833 S. 1. Dass der Schadensersatz aber die ausgelobte Siegprämie nicht umfasst, ergibt sich aus dem allgemeinen Schadensrecht, vgl. § 249 (Aussicht auf Prämie ist nicht Bestandteil des Vermögens bei M).

Lösungshinweise Fall 66:

51 U hat zwar Schadensersatzansprüche gegen F gemäß § 823 Abs. 1 und § 18 Abs. 1 StVG. Doch hat F kein Geld, um diese Ansprüche zu erfüllen.
Daher will U gegen A vorgehen. Hier könnte ein Anspruch nach § 7 Abs. 1 StVG bestehen. A ist Halter des Kfz. Bei dessen Betrieb hat eine andere Person eine Körperverletzung erlitten. Dass der Halter A nicht selbst gefahren ist, schadet nicht. Der Unfall wurde nicht durch höhere Gewalt verursacht, da er von F verschuldet war. Auch handelte es sich nicht um eine Schwarzfahrt des F, da er mit Wissen und Wollen des As unterwegs war. Somit haftet A gemäß § 7 Abs. 1 StVG der U auf Schadensersatz.

C. Öffentliches Recht *(Ronellenfitsch)*

6. Kapitel. Allgemeines und Internationales

§ 14. Wesen und Gegenstand des Öffentlichen Rechts

I. Wesen

Insbesondere die kontinentaleuropäischen Rechtsordnungen unterscheiden öffentliches und privates Recht. Schlüsselthema des **Privatrechts** sind dabei die **freien,** keinem Begründungzwang unterliegenden Entscheidungen gleichgeordneter Rechtssubjekte. Die inhaltliche Gestaltung dieser Beziehungen bleibt grundsätzlich der Privatautonomie überlassen und bedarf keiner gesonderten Rechtfertigung. Dem steht das **öffentliche Recht** als Amtsrecht des Staates gegenüber, welches die Befugnisse von Hoheitsträgern begründet und zugleich **begrenzt.** 1

Die Trennung des öffentlichen und privaten Rechts wurde früher mit dem civil-law-Bereich (Kodifikationen) verknüpft, während der vorwiegend angloamerikanisch geprägte common-law Bereich (Richterrecht, Präjudizien) auf das Privatrecht fixiert war. Aber auch im common-law-Bereich breitete sich das public law aus. Seit 1957 werden folgerichtig die Gesetze des US-Kongresses entweder als public oder als private laws klassifiziert. 2

Das deutsche Recht geht eindeutig von einer **strikten** Trennung von Privatrecht und öffentlichem Recht aus. 3

Die Notwendigkeit einer Unterscheidung des öffentlichen und privaten Rechts ergibt sich z. B. aus § 40 VwGO, § 13 GVG, aber auch aus zahlreichen weiteren Vorschriften des positiven Rechts. So geht bereits das GG in verschiedenen Bestimmungen von der Unterscheidung von öffentlichem und privatem Recht aus (der Begriff des öffentlichen Rechts wird in den Art. 12a Abs. 3, 33 Abs. 4, 87 Abs. 2 und 3, 93 Abs. 1 Nr. 4, 96 Abs. 4, 130 Abs. 3, 135 Abs. 2, 5 und 7, 135a Nr. 2, 140 i. V. m. Art. 137 Abs. 5 WRV, der des Privatrechts in Art. 74 Nr. 11 GG erwähnt) und zwingt dazu, die Zweiteilung von Verfassung wegen vorzunehmen.

Rechtswissenschaft und Rechtsprechung bemühen sich seit langem um eine angemessene Lösung der Abgrenzungsproblematik. Die **Abgrenzung** der Rechtsbereiche ist seit jeher umstritten und Gegenstand zahlreicher Theorien. Im Wesentlichen wird heute nur noch über drei Theorien diskutiert, nämlich die Interessen-, die Subordinations- und die Subjektstheorie. 4

- Die **Interessentheorie** unterscheidet öffentliches und privates Recht nach Art der Interessen, die durch einen Rechtssatz geschützt werden. Sie weist diejenigen Rechtssätze, die dem öffentlichen Interesse oder dem Allgemeininteresse dienen, dem öffentlichen Recht zu. Dagegen soll es sich um Privatrecht handeln, wenn die Rechtssätze Privat- oder Individualinteressen im Auge haben.

  (Digesten D 1.1.1: „Huius studii duae sunst specificationes, publicum et privatum. Publicum ius est quod ad statum rei Romanae spectat, privatum quod ad singulorum utilitatem: sunt enim quaedam publice utilia, quaedam privatim"= Für das Studium des Rechts gibt es zwei Kategorien: das öffentliche und das private Recht. Das öffentliche Recht ist das, das sich mit den Verhältnissen des römischen Gemeinwesens befasst, das private Recht das, das sich mit dem Nutzen der Einzelpersonen befasst: Bestimmte Dinge sind nämlich für das Gemeinwesen von Nutzen, andere aber für die Einzelperson.)

- Nach der **Subordinationstheorie** sind Rechtssätze, die das Verhalten von Hoheitsträgern regeln, dann öffentlich-rechtlich, wenn sie ein Über- bzw. Unterordnungsverhältnis betreffen. Normen, die Gleichordnungsverhältnisse regeln, sind solche des Privatrechts (BGHZ 97,312,314; BVerwGE 14,1 4; OVG Münster NVwZ-RR 2006, 842).

- Für die **Subjektstheorie** liegt der Unterschied zwischen öffentlichem und privatem Recht in der Verschiedenheit der Zuordnungssubjekte der die Rechtsordnung bildenden Rechtssätze. Normen, die jedermann berechtigen und verpflichten, gehören dem Privatrecht an. Dagegen sind Rechtssätze, die sich an den Staat wenden, dem öffentlichen Recht zuzurechnen.

5 Die Abgrenzungstheorien schließen sich wechselseitig nicht aus und können miteinander kombiniert werden. Im Einzelfall lassen sich dann in aller Regel brauchbare Ergebnisse erzielen.

6 Die Unterscheidung verliert zunehmend an Konturen. Im Globalisierungszeitalter sind transnationale private Wirtschaftsunternehmen nicht selten finanzkräftiger und faktisch mächtiger als selbst größere Staaten. Versuche, sie in eine öffentliche Weltrechtsordnung einzubinden, sind aber bislang ebenso gescheitert wie die gelegentlichen Bemühungen, eine Konstitutionalisierung des Welthandels zu erreichen. Allein mit den Instrumentarien des Internationalen Privatrechts werden sich die Probleme der Zukunft nicht lösen lassen. Erforderlich ist ein Zugriff auf das Völkerrecht, das eindeutig zum öffentlichen Recht zählt.

II. Gegenstandsbereiche

7 Für die im Rahmen der juristischen Ausbildung maßgebliche grobe Unterscheidung der Rechtsbereiche genügt die Feststellung, dass das **öffentliche Recht** die Rechtsnormen betrifft, die das Verhältnis der **Staaten** und sonstiger Hoheitsträger untereinander und zu Einzelnen betreffen. Damit ist faktisch jeder Lebensbereich angesprochen. („Von der Wiege bis zur Bahre, Formulare, Formulare"). Das vermittelt den angehenden Jura-Studentinnen und -Studenten den Eindruck eines unüberschaubaren Prüfungs- und nicht zu bewältigenden Lernstoffs. Dieser Eindruck täuscht. Zum Verständnis des öffentlichen Rechts sind in unterschiedlicher Tiefe Kenntnisse erforderlich in den Bereichen:

- Allgemeine Staatslehre
- Völkerrecht
- Europarecht/Unionsrecht
- Staats- und Verfassungsrecht
- Verwaltungsrecht.

Der prüfungsrelevante Lernstoff ist deutlich begrenzter. Profunde (klausurtaugliche) Kenntnisse müssen nur in den Kernbereichen des Staats- und Verwaltungsrechts erworben werden. Wenn allerdings der Erwerb solcher Kenntnisse auch Erkenntnisgehalt haben soll, ist ein völliger Verzicht auf die Grundlagenfächer ausgeschlossen. Die vorliegende Einführung soll nicht zuletzt das Fundament abstecken, auf dem die juristische Detailarbeit aufbauen kann.

III. Gegenstand der Darstellung

8 Die **Allgemeine Staatslehre** wird in der juristischen Ausbildung zumeist vernachlässigt, weil sie als „zu abgehoben" und praxisfern gilt. Die Begrifflichkeit insbesondere des Staatsorganisationsrecht setzt aber vielfach ein Vorverständnis voraus, das der Allgemeinen Staatslehre entnommen ist. Sie muss daher wenigstens kursorisch angesprochen werden. Die Bedeutung des **Völkerrechts** in einer globalisierten Welt bedarf kei-

ner Erläuterung. Im juristischen Alltag, der von konkreten individuellen Rechtsstreitigkeiten geprägt ist, spielt das Völkerrecht nur eine geringe Rolle. Wie der verkürzte deutsche Sprachgebrauch zum Ausdruck bringt, geht es um die rechtlichen Beziehungen von Völkern. Das moderne Völkerrecht geht weiter. Die Bezeichnung „droit international public" oder „public international law" ist schon aussagekräftiger. Die Völkerrechtsubjektivität greift zunehmend über den zwischenstaatlichen Bereich hinaus. Das GG ist zudem völkerrechtsfreundlich ausgestaltet (BVerfGE 112,1,28). Die Implikationen des Völkerrechts können somit auch in einer Einführung nicht völlig außer Betracht bleiben. Das **Unionsrecht** („Europarecht") hat eigenständige Bedeutung, ist in seiner Anwendung aber so eng mit dem mitgliedstaatlichen Recht verwoben, dass die unionsrechtlichen Aspekte im jeweiligen Gesamtzusammenhang zu würdigen sind. Die beiden Hauptblöcke des öffentlichen Rechts bilden sodann das **Staats- und Verfassungsrecht** (d. h. das Recht der Staatsorganisation und der Grundrechte) und das **Allgemeine und Besondere Verwaltungsrecht.** Sie machen den Schwerpunkt des öffentlich-rechtlichen Teils dieser Einführung aus. Außerhalb der Darstellung bleiben das Kirchenrecht, das Steuerrecht und das Sozialversicherungsrecht.

Fall 1

Der A möchte sich bei dem Bürgerdienst seiner Heimatgemeinde einen Pass ausstellen lassen. Während der amtlichen Sprechstunde kommt es zu längeren Wartezeiten, die den A so empören, dass er die Sachbearbeiter in übelster Weise beschimpft. Der Behördenleiter spricht daraufhin dem A gegenüber ein Hausverbot aus. In welchem Gerichtszweig kann sich A gegen das Hausverbot zur Wehr setzen? 9

Fall 2

A bezieht von L, einem Leistungsträger gem. § 6 Abs. 2 SGB II (Jobcenter), Leistungen. Unter dem 3.6.2011 erteilte ihm L ein unbefristetes Hausverbot für im Einzelnen bezeichnete Räumlichkeiten des L. Zur Begründung führte er aus, dass sich der A verbal aggressiv gegenüber Mitarbeitern gezeigt habe und zum Schutz der Mitarbeiter sowie zur Aufrechterhaltung des Dienstbetriebs ein Hausverbot erforderlich sei. A erhob Klag gegen das Hausverbot vor dem VG. In seiner Klageerwiderung machte L geltend, dass die Klage mangels Zuständigkeit des VG unzulässig sei. Trifft das zu? 10

Lösung von Fall 1

Das bürgerlich-rechtliche Hausrecht stützt sich auf § 903 i. V. m. § 1004 BGB. Das vorliegende Hausverbot dient demgegenüber der widmungsgemäßen Aufgabenwahrnehmung einer öffentlichen Einrichtung und folgt als Annexkompetenz aus der Wahrnehmungskompetenz. Hierüber haben die Verwaltungsgerichte zu entscheiden (OVG Münster, NJW 2011, 2379; VG Gelsenkirchen, BeckRS 2014,53184). 11

Lösung von Fall 2

Das VG ist zuständig. Die Rechtsnatur des von einem Träger öffentlicher Verwaltung ausgesprochenen Hausverbots bestimmt sich maßgeblich nach dem Zweck der Maßnahme. Vorliegend dient das Hausverbot neben dem Schutz der Beschäftigten der Aufrechterhaltung des Dienstbetriebs einer für die öffentlichen Aufgaben nach SGB II zuständigen Behörde. Liegt der Zweck eines Hausverbots in der Sicherung der widmungsgemäßen Aufgabenwahrnehmung einer öffentlichen Einrichtung, ist die Ausübung des Hausrechts als öffentlich-rechtlich zu qualifizieren. Somit ist von einer hoheitlichen Befugnis auszugehen, deren Bestehen und Rechtmäßigkeit der Kontrolle durch die allgemeinen oder 12 speziellen Verwaltungsgerichte unterliegt. Nach dem BSG ist für Rechtsstreitigkeiten über ein Hausverbot für die Räume des Trägers der Grundsicherung für Arbeitsuchende der Rechtsweg zur Sozialgerichtsbarkeit gegeben, wenn ein enger Sachzusammenhang zu einer vom Träger wahrzunehmenden Sachaufgabe besteht (BSG, BeckRS 2009,62466). Das gegenüber A ergangene Hausverbot hat seine Grundlage weder im Recht der Grundsicherung noch in den einschlägigen Vorschriften über das sozialrechtliche Verwaltungsverfahren. Grundlage für das Hausverbot ist vielmehr die dem Behördenleiter obliegende Ordnungsgewalt. Über diese haben die allgemeinen Verwaltungsgerichte zu entscheiden (OVG Hamburg NJW 2014,1196).

§ 15. Allgemeine Staatslehre

Literatur: *Doehring,* Allgemeine Staatslehre, 3. Aufl., 2004; *Fleiner/Basta Fleiner,* Allgemeine Staatslehre, 3. Aufl. 2004, 2013; *Gamper,* Staat und Verfassung. Einführung in die Allgemeine Staatslehre, 2. Aufl. 2010; *Heller,* Staatslehre, 1934; *Jellinek, Georg,* Allgemeine Staatslehre, 3. Aufl., 1914; *Kelsen,* Allgemeine Staatslehre, 1925, 1975; *Krüger,* Allgemeine Staatslehre, 2. Aufl., 1966; *Rehm,* Allgemeine Staatslehre, 1907; *Schöbener/Knauff,* Allgemeine Staatslehre, 3. Aufl., 2016; *Zippelius,* Allgemeine Staatslehre, 17. Aufl., 2017.

I. Bedeutung

1 Wer ein Gemeinwesen als Staat organisiert, will oder nimmt in Kauf, dass dieses Gemeinwesen die Merkmale eines Staates aufweist. Welche Merkmale das sind, ergibt sich dann nicht allein aus dem Verfassungstext oder aus sonstigen Normen. Die Staatlichkeit weist über das Normative hinaus. Ihre begriffliche Erfassung ist aber Voraussetzung für eine korrekte Normanwendung. Die Staats- und Verfassungsrechtsdogmatik ist somit auf eine **Ergänzung** durch die Allgemeine Staatslehre angewiesen.

II. Gegenstand

2 Gegenstand der Allgemeinen Staatslehre ist „der" **Staat.** Begriffsbestimmungen des Staates versuchen oft dessen „Wesen" allgemeingültig zu erfassen und vermengen Wirklichkeitsbetrachtungen mit Vorstellungen vom idealen Staat. Das Wesen der Staatlichkeit lässt sich jedoch nicht für alle Zeiten verbindlich festlegen. „Staat" ist ein historischer, aus einer bestimmten Lage entstandener, relativer Begriff. Dennoch gibt es typische, rechtlich relevante Wesenmerkmale des Staates in der aktuellen Völkergemeinschaft, die geprüft werden müssen, wenn Rechtfolgen aus der Staatlichkeit zu ziehen sind. So kommt generell dem modernen Staat eigene Rechtspersönlichkeit zu; der Staat ist eine **juristische Person.** Subjektive Rechte wie einer natürlichen Person stehen dem Staat gegenüber seinen Gewaltunterworfenen jedoch nicht zu, sondern nur Eingriffsbefugnisse. Im Außenverhältnis, insbesondere auf der Ebene des Völkerrechts, kann man dagegen von subjektiven Rechten der Staaten sprechen. Als Mitglied der Völkergemeinschaft ist der Staat Völkerrechtssubjekt. Der völkerrechtliche Staatsbegriff erfordert Tatbestandsmerkmale, die die Gesamtheit der Staaten erfassen. Im Völkerrecht ist Raum für die unterschiedlichsten politischen Systeme. Gemeinsamer Nenner ist die Herrschaft. Der moderne Staat ist **souverän.**

3 Die politischen Gebilde der Antike und des Mittelalters waren keine Staaten im Sinne des modernen Staatsverständnisses. Sie wurden von Personen beherrscht, die die militärischen, gerichtlichen und sonstigen Verwaltungsmittel wie Privateigentum besaßen. Private und öffentliche Aufgaben ließen sich nicht trennen. Erst in den konfessionellen Bürgerkriegen des 16. Jahrhunderts entwickelte sich die **Souveränität nach außen und innen** als Element der Staatlichkeit.

Diese staatliche Herrschaftsgewalt erstreckt sich auf eine begrenzte Bevölkerung in einem umgrenzten Gebiet. Ohne ein **Staatsvolk** ist ein Staat nicht vorhanden. Das Staatsvolk ist nicht identisch mit der Bevölkerung, die sich in einem Staatsgebiet aufhält, sondern wird nur von den Staatsangehörigen des jeweiligen Staats gebildet. Die Bestimmung der Staatsangehörigkeit erfolgt formal, d. h. jedem Staat steht es frei, den Kreis seiner Staatsangehörigen zu bestimmen, sofern er dadurch nicht in die Personalhoheit anderer Staaten eingreift. 4

Anknüpfungsgründe für den Erwerb der Staatsangehörigkeit können sein das ius sanguinis (Blut), das ius soli (Boden) oder Mischformen beider Prinzipien. Beim ius sanguinis ist die Abstammung von Eltern mit der betreffenden Staatsangehörigkeit maßgeblich, beim ius soli kommt es auf die Geburt auf dem Territorium des Staats an. Da beide Prinzipien völkerrechtlich anerkannt und von Staat zu Staat unterschiedlich gehandhabt werden, kann es einerseits zu Doppelstaatlichkeit, andererseits zu Staatenlosigkeit kommen. 5

Der Staat ist eine Gebietskörperschaft. Es gilt das **Territorialprinzip,** wonach ein abgegrenztes Territorium die Grundlage für einen einheitlichen Rechts- und Herrschaftsverband bildet. Wer sich im Territorium aufhält, ist dieser Rechtsordnung unterworfen. 6

Das Staatsgebiet wird durch die Land-, See- und Luftgrenzen bestimmt. Mindestvoraussetzung für die Zurechnung eines Gebiets zu einem staatlichen Territorium ist die faktische Beherrschbarkeit. Die Land- und Seegrenzen machen die horizontale Begrenzung des Staatsgebiets aus. Landgrenzen sind gedachte Linien, die durch geographische Beschreibung oder künstliche Abmarkung festgestellt werden. Bilden Flüsse die Grenze, ist, sofern keine abweichenden Vereinbarungen getroffen wurden, Grenzlinie bei nichtschiffbaren Flüssen die Mittellinie zwischen den Ufern, bei schiffbaren Flüssen der Talweg (tiefste zusammenhängende Rinne des Flussbetts), bei Brücken deren Mitte. Entsprechend läuft bei Binnengewässern die Grenze grundsätzlich in der Mitte. Die Seegrenzen bedeuten eine Einschränkung des Grundsatzes der Freiheit der Meere. Im 18. Jahrhundert bestimmte man die Küstenmeeresgrenze danach, welches Meeresgebiet von der Küste aus durch Geschützfeuer beherrscht werden konnte und stellte dieses Gebiet dem Landgebiet gleich. Daraus entwickelte sich die Drei-Meilen-Zone. Diese bildet die äußere Begrenzung der Küstengewässer. Sie kann nach dem Seerechtsübereinkommen der Vereinten Nationen auf eine Breite von 12 Seemeilen ausgeweitet werden. Die innere Begrenzung der Küstengewässer wird durch die Grundlinie (Wasserstandslinie bei Tiefebbe) bestimmt. Erfassen Küstengewässer Meerengen und Archipelgewässer, bestehen im Interesse des internationalen Verkehrs Durchfahrts- und Luftpassageregelungen. Im Übrigen sind die Küstengewässer der vollen Hoheitsgewalt des Anliegerstaats unterworfen. Über die Küstengewässer hinaus hat das Seerechtsübereinkommen den Küstenstaaten eine sog. Wirtschaftszone zugesprochen, in der sie das ausschließliche Recht auf wirtschaftliche Ausbeutung des Meeres einschließlich des Fischfangs haben. Reicht der ihrer Küste vorgelagerte Festlandsockel über die Wirtschaftszone hinaus, wird das Recht auf ausschließliche Ausbeutung der Naturschätze auf und in dem Festladsockel bis auf eine Breite von 350 Seemeilen ausgeweitet. Die **Luftgrenzen** orientieren sich ebenfalls am Prinzip der Beherrschbarkeit. Die meisten Staaten gehen von einer Distanz von 80 oder 100 km aus. 7

8 Merkmale des Staates sind

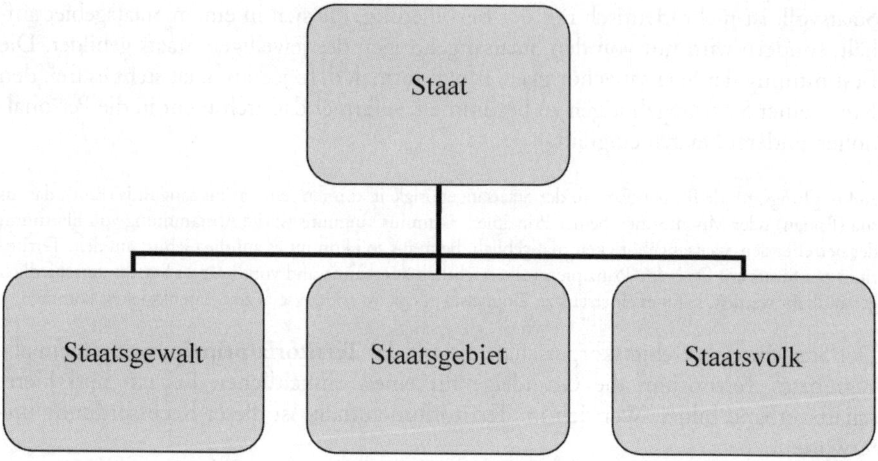

9 Der souveräne Staat wird gekennzeichnet durch das Monopol legitimer Gewaltausübung. Für das Völkerrecht spielt die innere Legitimation der Regierungsform keine Rolle. Ein Staat existiert nach außen auch, wenn er nicht demokratischen oder rechtsstaatlichen Anorderungen genügt. Der Staat definiert sich im Innenverhältnis demgegenüber durch seine **Zwecke.** Hauptzweck etwa des Verfassungsstaats ist die Garantie der individuellen Freiheit und damit der Schutz vor exzessiver Freiheitsausübung anderer. Die Freiheit schließt soziale Bindungen nicht aus. Freiheitseinschränkungen bedürfen zu ihrer Akzeptanz der Legitimation. Staatliche Freiheitsbeschränkungen werden legitimiert, wenn sie zum Zweck der staatlichen Selbstbehauptung und zur Wahrung der kulturellen Identität ausgeübt werden, dem Ausgleich kollidierender individueller Freiheitsrechte dienen und namentlich den individuellen Freiheitsgebrauch aller erst ermöglichen. Die nähere Ausgestaltung ist eine Angelegenheit des individuellen Staats- und Verfassungsrechts.

III. Staatsrechtfertigung, Staatszwecke, Staatsaufgaben

10 In allen Disziplinen, die sich mit dem Staat beschäftigen, vorrangig in der Staatsphilosophie, wurde immer wieder die Frage nach dem Zweck und Nutzen des Staates als organisierte Form des Gemeinschaftslebens gestellt. Dabei steht im Vordergrund der Aspekt der Staatsrechtfertigung.

1. Staatsrechtfertigung

11 *Georg Jellinek* hat der Darstellung der Lehren von der Rechtfertigung des Staates eine Problembeschreibung vorangestellt, die heute immer noch gültig ist. Jede Generation trete mit psychologischer Notwendigkeit dem Staat mit der Frage entgegen: Warum überhaupt der Staat mit seiner Zwangsgewalt? Warum muss sich das Individuum die Beugung seines Willens durch einen Anderen gefallen lassen, warum und in welchem Umfang muss es der Gesamtheit Opfer bringen (AllgStL, S. 184)? *Jellinek* stellte sodann die einzelnen Rechtfertigungstheorien systematisch geordnet dar (religiöse, physische, rechtliche, sittliche, psychologische Theorie) und gelangte zu dem Ergebnis, dass alle Theorien den klaren Zweck verfolgten, die jeweils vorhandene Staatsordnung

zu stützen oder zu verändern. Die Staatsrechtfertigung lässt sich somit von den relevanten Staatszwecken nicht trennen. Da in der Gegenwart Staatszwecke nur noch rational begründet werden können, kommen zur Staatsrechtfertigung allein vernunftrechtliche oder verfassungsstrukturelle Ansätze in Betracht.

Während *Plato* (427–347) und *Aristoteles* (384–322) noch den idealen „Staat" zu konstruieren versuchten, nahm *Cicero* (108-43) mit der Verknüpfung von Gerechtigkeit und Vernunft das Vernunftrecht vorweg. Im christlichen Gottesstaat des *Augustinus* (353–430) galt es dann nur noch, die Gebote Gottes durchzusetzen. Erst *Thomas von Aquin* (1225–1274) stellt wieder auf die menschliche Vernunft ab, indem er die natürliche Vernunft des Menschen als Gottes Produkt ausgab. Eindeutig säkular vernunftrechtlich bestimmt war die Bestimmung der Friedenswahrung als Staatszweck durch *Marsilius von Padua* (1275–1343). Auf das Verhältnis von Souveränität und ratio bei *Bodin* wurde bereits hingewiesen. Damit begann die Begründung des modernen Staates aus den Erfahrungen der Religionskriege, die *Thomas Hobbes* (1588–1679) zu dem Befund veranlassten, der Mensch werde dem Menschen Wolf bleiben (homo homini lupus), wenn nicht ein starker Monarch die Gegensätze bändige. Den Schutz von Leben und Eigentum als Staatszweck propagierte *John Locke* (1639–1677), der aber zugleich vor einer übermächtigen staatlichen Machtkonzentration warnte und ähnlich wie später *Montesquieu* (1683–1755) die Staatsmacht durch eine Teilung der Staatsgewalt kanalisieren wollte. Der Staatszweck der Freiheitsgewährleistung spielt bei *Jean-Jacques Rousseau* (1719–1788) eine zentrale Rolle. Damit rückten wieder ethische Prinzipien in den Vordergrund, die bei *Kant* in den Versuch einmündeten, den Staat als Vollender des Sittlichen zu verstehen. Auch bei *Hegel* konnte der Mensch sich nur im Staat vollenden. Für die Positivisten des späten 19. Jahrhunderts spielten die Staatszwecke kaum noch eine Rolle, zumal die Nation nicht hinterfragt wurde. Für die Nationalsozialisten waren Rasse, Blut und Boden letzte Werte. Demgegenüber wurde nach dem zweiten Weltkrieg das Individuum zum Höchstwert. Staatstheorietisch hat sich im pluralistischen Verfassungsstaat das Verteilungsprinzip durchgesetzt. 12

Ein auf die Freiheit des Individuums ausgerichteter Staat beruht auf dem **Verteilungsprinzip.** Danach wird die Freiheitssphäre des Einzelnen als etwas von dem Staat Gegebenes vorausgesetzt. Die Freiheit des Einzelnen ist prinzipiell unbegrenzt, während die Befugnis des Staates zu Eingriffen in diese Sphäre prinzipiell begrenzt ist. Folge des Verteilungsprinzips ist organisatorisch die Erfassung der Staatsgewalt durch **Freiheitsgrundrechte** in Vorkehrungen der Gewaltenteilung (→ § 22 Rn. 6, § 24 Rn. 3). Damit sind zugleich die Wesenmerkmale des Verfassungsstaates umschrieben. 13

2. Staatszwecke

Der moderne **Verfassungsstaat** garantiert die individuelle Freiheit und setzt sie zugleich voraus. Freiheitsgewährleistung impliziert Sicherheitsverbürgung. Sicherheitsverbürgung erfordert Staatsgewalt nach innen und außen. Sicherheitsverbürgung zieht wiederum Freiheitseingriffe nach sich. Daher werden dem Verfassungsstaat um der Freiheit willen bei der Ausübung der Staatsgewalt Schranken auferlegt. Die Ausübung der Staatsgewalt bedarf der **Legitimation.** Der Verfassungsstaat wird somit gekennzeichnet durch Gewaltmonopol und Zwangsanwendung sowie durch konkrete Zwecksetzungen zur Selbstrechtfertigung. Die Legitimationsgründe ergeben sich aus der jeweiligen Verfassung. Die staatlichen Zwangsbefugnisse werden legitimiert, wenn sie dem Schutz und der Freiheit der Staatsangehörigen dienen. Im Staat der Industriegesellschaft geht es über diesen liberalen Ansatz hinaus ferner um die Gewährleistung sozialer Mindeststandards. Legitimationsgrund der Staatsgewalt ist schließlich die nationale Selbstbehauptung wie generell die Selbsterhaltung. Welcher Zweck auch immer vom jeweiligen Staat zu erfüllen ist: Immer ist die Existenz und Durchsetzungskraft des Staates vorausgesetzt. Der Staat wird damit nicht zum Selbstzweck. Die Existenzerhaltung kann nicht der einzige Staatszweck sein. Aber solange es keine Or- 14 ganisationsform gibt, die die konkreten Staatszwecke besser erfüllt als der Staat selbst, zählt die nationale Selbstbehauptung zu den Staatszwecken. Die nationale Selbstbehauptung ist nach außen gerichtet und mündet ein in ein völkerrechtlich gewährleistetes Selbsterhaltungsrecht. Auch nach innen ist die Selbsterhaltung des Staates Staatszweck. Zur Zweckerfüllung in diese Richtung kommen nicht nur polizeiliche Maßnahmen gegen staatsfeindliche Bestrebungen in Betracht. Vielmehr muss der Staat im Vorfeld Maßnahmen ergreifen, dass sich das Staatsvolk mit dem Staat identifiziert. Der Staat ist zunächst eine Lebens- und Gefahrengemeinschaft. Diese Zweckrichtung entspricht dem Staatsverständnis von *Hobbes,* muss aber nicht notwendig zu einem totalitären Staatsverständnis führen, selbst wenn man den Schutzzweck als einzigen Staatszweck anerkennt. Wenn man unter Verzicht auf die Nichtidentifikation des Staats mit ethischen Zielen, diesen als „Gemeinschaft existentieller Verbundenheit" auf den Schutz seiner Bürger beschränkt, trägt man der Tatsache Rechnung, dass im staatenlosen „Naturzustand" nicht etwa alle Menschen frei sind, sondern dass sie lediglich dem Stärksten unterworfen sind. Zum Schutz der Freiheit aller sind folglich Freiheitsbeschränkungen nötig. Man kann dann darüber streiten, ob die Freiheit aller nur erreichbar ist, wenn der Staat sich nicht mit Wertvorstellungen einzelner identifiziert. Jedenfalls setzt der Staatszweck der Freiheitssicherung den Schutzzweck voraus.

3. Staatsaufgaben

15 In Konkretisierung der Staatszwecke wird der Staat durch unverzichtbare Aufgaben definiert, über die er nicht disponieren kann. Unverzichtbare Staatsaufgaben sind notwendige Staatsaufgaben. Eine notwendige Staatsaufgabe ist etwa seit dem Entstehen der modernen Staatlichkeit die Bereinigung von Konflikten zwischen den Bürgern, die traditionell unter den Begriff der Gefahrenabwehr subsumiert wird. Bei den notwendigen Staatsaufgaben sind originäre Staatsaufgaben und Gewährleistungsaufgaben zu unterscheiden. Bestimmte Staatsaufgaben bedingen eine **bestimmte Art ihrer Erledigung.** Solche Staatsaufgaben muss der Staat selbst erfüllen, d. h. durch Staatsorgane wahrnehmen. Es besteht ein **Staatsvorbehalt.** Der Staatsvorbehalt besagt, dass bestimmte Aufgaben dem Staat verbleiben müssen, weil mit ihnen die Staatlichkeit steht und fällt. Dem Staatsvorbehalt unterliegen Maßnahmen mit Sicherheitsfunktion und Sanktionscharakter. Bei der Erfüllung einer Aufgabe der Sicherheitsgewährleistung folgt aus dem staatlichen Gewaltmonopol und dem damit verbundenen Verbot privater Gewalt die notwendige Wahrnehmung als Hoheitsaufgabe. Um mit den Worten des BVerfG zu sprechen:

> „Die Sicherheit des Staates als verfasster Friedens- und Ordnungsmacht und die von ihm gewährleistete Sicherheit seiner Bevölkerung sind Verfassungswerte, die mit anderen im gleichen Rang stehen und unverzichtbar sind, weil die Institution Staat von ihnen die eigentliche und letzte Rechtfertigung herleitet." BVerfGE 49, 24 (56f.)

16 Der Staatsvorbehalt schließt eine Übertragung der Wahrnehmung von Aufgaben der Gefahrenabwehr auf Private nicht aus („Beleihung"). Der Staatsvorbehalt ist gewahrt, solange der Staat Aufgabenträger bleibt. Bestimmte Aufgaben der Gefahrenwehr erfordern jedoch eine bestimmte Art ihrer Erledigung (z. B. durch unmittelbaren Zwang). Solche Aufgaben muss der Staat durch **eigene** Staatsorgane erfüllen **(Polizeivorbehalt).**

Beispiele: Die Fluggastkontrolle bei Verkehrsflughäfen, die mit körperlichen Durchsuchungen verbunden ist, darf nur durch Staatsorgane erfolgen. Eine Beleihung ist nur unter strengen Voraussetzungen möglich (VGH Bad.-Württ., ESVGH 57,123; die Revision gegen diese Entscheidung wurde nicht zugelassen vgl. BVerwG vom 2. 1. 2008 – 3 B 37.07). Die Polizeigewalt des Flugkapitäns ist immer eine hoheitliche, durch Beleihung übertragene Aufgabe (vgl. *Ronellenfitsch/Gemser,* JuS 2008,888 ff.). Jedenfalls ist die unentgeltliche Beförderungspflicht von staatlichen sog. „Sky-Marschalls" nach §§ 4 a, 62 Abs. 2 Nr. 2 BPolG verfassungs- und völkerrechtlich zulässig (BGH, DVBl. 2018,1413). 17

Fall 3

Am 2. 9. 1967 proklamierte Paddy Roy Bates, ein Ex-Major der British Army, eine verlassene, in internationalen Gewässern gelegene, als Plattform errichtete ehemalige britische Seefestung (Maunsell Fort) von 1.300 m^2 Größe als neuen und eigenständigen Staat „Principality of Seeland". Die Bevölkerung bestand aus der Familie Bates und einigen Freunden, die die Plattform mit Waffengewalt verteidigten. Handelt es sich bei der Plattform um einen Staat? 18

Lösung Fall 3

Nein, weil die Plattform nicht natürlich gewachsen ist (nicht überzeugend) und das Staatsgebiet zu klein ist, so VG Köln, DVBl. 1978, 510. Für derartige Scheingebilde war die Bezeichnung Mikronation gebräuchlich, die aber zunehmend für virtuelle Staaten in Videospielen beansprucht wird. 19

§ 16. Völkerrecht

Literatur: *von Arnauld,* Völkerrecht, 2. Aufl. 2016; *Dahm/Delbrück/Wolfrum,* Völkerrecht, 2. Aufl., 1989, 2002; *Doehring,* Völkerrecht, 2. Aufl., 2004; *Herdegen,* Völkerrecht, 17. Aufl. Aufl., 2018; *Ipsen, Knut,* Völkerrecht, 7. Aufl. 2018; *Kempen,/Hillgruber,* Völkerrecht, 2. Aufl. 2012; *Kokott/Doehring/Buergenthal,* Grundzüge des Völkerrechts, 3. Aufl., 2003; *Schweisfurth,* Völkerrecht, 2006; *Stein/von Butlar,* Völkerrecht, 13 Aufl., 2012; *Vitzthum, Graf* (Hrsg.), Völkerrecht, 7. Aufl., 2016.

I. Allgemeines

1. Universelles Völkerrecht

Das moderne Völkerrecht, beginnend mit *Hugo Grotius'* „De jure belli ac pacis libri tres" (1625), ist eine europäische Erfindung. Das Völkerrecht wurde zunächst als Rechtsordnung der Staatengemeinschaft betrachtet, an der nur die „zivilisierten", d. h. die „Länder christlich-europäischer Gesittungsformen" (*von Martitz,* Völkerrecht, in: Stammler u. A. (Hrsg.), Systematische Rechtswissenschaft, 2. Aufl., 1913, S. 471) teilhatten. Die Europazentriertheit des Völkerrechts ist jedoch überholt. Es hat sich zu einem Weltrecht entwickelt, an dem sämtliche Staaten der Erde gleichberechtigt Anteil haben. Ein weltumspannendes, universelles Völkerrecht muss auf den Rechtsüberzeugungen grundsätzlich aller Völker oder Nationen beruhen. Das ist nur möglich, wenn man sich damit abfindet, dass über den konkreten Inhalt von Völkerrechtsregeln in den verschiedenen Teilen der Welt auch grundlegend verschiedene Auffassungen bestehen können, die freilich nicht so weit auseinander gehen dürfen, dass sie der generellen Geltung des Völkerrechts den Boden entziehen. Das universelle Völkerrecht kann nur dann eine Rechtsordnung sein, wenn die Staaten prinzipiell zu seiner Beachtung bereit sind. Für solche Staaten ist das Merkmal „zivilisiert" reserviert. 1

2. Geltungsgrund

2 Der Geltungsgrund des universellen Völkerrechts liegt in der normativen Kraft des Faktischen. Das Völkerrecht schreibt die nationalen „Rechts"-ordnungen fort. Im Wettbewerb dieser Rechtsordnungen wird das Völkerrecht herausdestilliert.

Fall 4

3 Der Geheimdienst des Staates A zapft ein Datenkabel im Ozean an und zweigt die Daten eines Telekommunikationssatelliten ab, um sich umfassend Kenntnis von der Kommunikation des Staates B zu verschaffen. Frage: Verstößt die Cyber-Spionage gegen Völkerrecht?

3. Rechtsquellen

4 Gespeist wird das Völkerrecht von den Völkerrechtquellen, die etwa in Art. 38 Abs. 1 IGH-Statut aufgelistet sind. Völkerrechtsquellen, die Völkerrechtsregeln hervorbringen sind völkerrechtliche Verträge, Völkergewohnheitsrecht und allgemeine Rechtsgrundsätze des Völkerrechts. **Völkerrechtliche Verträge** sind Vereinbarungen von Völkerrechtssubjekten auf völkerrechtlichem Gebiet. Der gewohnheitsrechtliche Satz „pacta sunt servanda" und weiteres Vertragsgewohnheitsrecht wurden in der Wiener Vertragsrechtskonvention (WVK) niedergelegt.

Fall 5

5 Ein deutsches Steuergesetz sieht entgegen einem international vereinbarten Abkommen eine Doppelbesteuerung vor. Ist ein derartiges Hinwegsetzen des deutschen Gesetzgebers über ein völkerrechtliches Abkommen (sog. treaty override) mit deutschem Verfassungsrecht vereinbar?

6 Entstehungskomponenten des **Völkergewohnheitsrecht** sind objektiv eine allgemeine Übung (consuetudo) und subjektiv eine dieser Übung entsprechende Rechtsüberzeugung (opininio juris). Die **allgemeinen Rechtsgrundsätze** des Völkerrechts sind die von den zivilisierten Nationen anerkannten Rechtsgrundsätze. Das bedeutet, dass das Völkerrecht auch gegen die Wertvorstellungen unzivilisierter Staaten durchgesetzt werden kann. Stehen sich die Wertverständnisse unversöhnlich gegenüber und beansprucht jedes absolute Geltung, bedingt der Fortbestand des Völkerrechts als globale Friedensordnung die Bereitschaft der Beteiligten, den bewaffneten (existenziellen) Konflikt dennoch zu vermeiden. Prämisse eines derartigen Völkerrechts ist die Toleranz gegenüber abweichenden Wertvorstellungen. Toleranz muss in der rechtlich geordneten Staatengemeinschaft notfalls erzwungen werden. Recht grenzt sich auch international vom Unrecht ab. Völkerrechtlich legitimiert sind „Missionen" zur Durchsetzung des materiellen Völkerrechts. Ohne wehr- und werthaften Pluralismus wäre das Völkerrecht zahn- und bedeutungslos. Das Völkerrecht muss daher den Ausnahmezustand miterfassen. Zu unterscheiden sind Friedens- und Kriegsvölkerrecht.

II. Friedensvölkerrecht

7 Das Völkerrecht hat als Friedensordnung nur Bestand, wenn die Bereitschaft der Staaten, seine Regeln zu beachten, von der Überzeugung getragen wird, dass diese Regeln rechtlich akzeptabel sind. Für die Geltung des Völkerrechts kommt es ferner darauf

an, ob internationale Organisationen bestehen, die der Überzeugung von der globalen Richtigkeit völkerrechtlicher Regeln Ausdruck verleihen.

1. Internationale Organisationen

Universellen Charakter haben allein die Vereinten Nationen (VN) mit ihren jeweiligen Untergliederungen und Sonderorganisationen. In den VN sind nahezu alle Staaten der Erde zusammengeschlossen. Die anspruchsvollsten Aufgaben der VN sind die Sicherung des Weltfriedens, die Einhaltung des Völkerrechts, der Schutz der Menschenrechte und die Förderung der internationalen Zusammenarbeit. 8

Die Einflussmöglichkeiten der Mitglieder der VN sind trotz des Grundsatzes der souveränen Gleichheit (Art. 2 Nr. 1 UN-Charta) unterschiedlich. Dies spiegelt sich in der Zusammensetzung der Haupt- und Nebenorgane sowie in der Machtverteilung zwischen den Organen. 9

Das wichtigste Organ der VN, der **Sicherheitsrat,** entspricht den Machtverhältnissen unmittelbar nach dem Zweiten Weltkrieg. Die fünf ständigen Mitglieder China, Frankreich, Russland, das Vereinigte Königreich und die USA sind gegenüber den zehn nichtständigen Mitgliedern in der Weise bevorzugt, dass ihnen in materiellen Fragen ein Vetorecht zusteht. 10

In der **Generalversammlung** sind alle Mitglieder der VN vertreten (Art. 9 Abs. 1 UN-Charta). 11

Zentrales Administrativorgan der VN ist das **Sekretariat** mit Hauptsitz in New York sowie in Außenstellen in Genf, Nairobi und Wien. Seine wichtigste Aufgabe besteht in der organisatorischen Unterstützung der anderen VN-Organe. An der Spitze des Sekretariats steht der Generalsekretär, der auf Vorschlag des Sicherheitsrates von der Generalversammlung für eine Amtszeit von fünf Jahren gewählt wird. Als Repräsentant der VN erfüllt er administrative und politische Funktionen. 12

Der **Wirtschafts- und Sozialrat** der VN ist auf wirtschaftlichen und sozialen Gebieten tätig. Zu seinen Aufgaben zählen etwa die Hebung des allgemeinen Lebensstandards in der Welt und die Förderung der Menschenrechte. 13

Ihm sind z. B. der Internationale Währungsfonds, die Weltbank und die Welthandelsorganisation unterstellt.

Der als Nachfolger des Ständigen Internationalen Gerichtshofs des Völkerbunds 1946 in Den Haag installierte Internationale Gerichtshof (IGH) ist das Hauptrechtsprechungsorgan der VN und damit universelles völkerrechtliches Gericht. Mitglieder des Statuts des IGH sind automatisch die Mitgliedstaaten der VN. Seine Autorität schöpft der IGH freilich erst aus einem besonderen Unterwerfungsakt. Der IGH entscheidet in Rechtsstreitigkeiten zwischen Staaten auf der Grundlage des Völkerrechts (Völkervertragsrecht, Gewohnheitsrecht, von den „zivilisierten" Staaten anerkannte Rechtsgrundsätze). Die Erzwingung der Entscheidungen obliegt dem Sicherheitsrat, ist also praktisch gegen den Willen der unterliegenden Partei kaum durchführbar.

Nach Kap. 4, Art. 22 UN-Charta können von der Generalversammlung Nebenorgane eingesetzt werden, die im Außenverhältnis autonom auftreten, jedoch über keinen eigenen völkerrechtlichen Status verfügen. Größere Aufmerksamkeit zog die Einrich- 14 tung des Menschenrechtsrats auf sich, der mit absoluter Mehrheit die Entsendung von Beobachtern zur Überwachung der Menschenrechtssituation in einem Mitgliedstaat beschließen kann.

15 Internationale „Regierungs-Organisationen" (intergovernmental organizations) sind, soweit sich ihre Ziele und Zwecke erstrecken, Völkerrechtssubjekte im Hinblick auf diejenigen Staaten, die sie anerkannt haben. Nicht nur nationale, sondern auch internationale Nichtregierungsorganisationen (non-governmental organizations) **NGOs** unterliegen jeweils einer staatlichen Rechtsordnung und unterstehen nicht dem Völkerrecht. Sie besitzen grundsätzlich keine Völkerrechtsubjektivität.

16 Lediglich wenn von einzelnen Staaten bestimmte NGOs als Völkerrechtssubjekte anerkannt werden, weil diese NGOs Aufgaben im Interesse der Staatengemeinschaft erfüllen, kann ihnen eine partielle Völkerrechtssubjektivität zugesprochen werden (Beispiel: Internationales Komitee des Roten Kreuzes).

17 **Transnationale Unternehmen** (TUN; englisch: Transnational Corporations, TNC) sind generell Unternehmen, die durch Zweigniederlassungen in mehr als einem Staat wirtschaftlich tätig sind. Kaum ein transnationales Unternehmen ist jedoch staatenlos. Der Stammsitz der Muttergesellschaft befindet sich zumeist in einem bestimmten Staat, der die Rechtspersönlichkeit und sonstigen Rechtsgrundlagen des Unternehmens vorgibt. Jede Einheit der Firma kann zwar eine eigene Nationalität aufweisen. Das hindert das „Stammland" des Unternehmens nicht daran, dieses als Einheit zu behandeln.

18 Gleichwohl ist es schwierig, ein nationales Recht auf den internationalen Konzern in seiner Gesamtheit anzuwenden.

Gänzlich dem Zugriff des Stammlandes entzogen sind die international verstreuten **Zulieferbetriebe** des multinationalen Unternehmens. Ein Staat allein ist kaum in der Lage, transnationale Unternehmen vollständig zu kontrollieren. Bei den transnationalen Unternehmen handelt es sich wie bei den NGOs zwar nicht um Völkerrechtssubjekte, da sie nicht unmittelbar geltenden völkerrechtlichen Regeln unterworfen sind. Einige Unternehmen haben aber bereits universellen Charakter (Global Players). Das zeigt sich schon darin, dass ihre Jahresumsätze das Bruttoinlandsprodukt zahlreicher Staaten um ein Vielfaches übersteigen. Im Einzelfall können solchen Unternehmen auch völkerrechtliche Rechte übertragen und Pflichten auferlegt werden.

2. Friedliche Streitbeilegung

19 Art. 2 Abs. 3 UN-Charta statuiert den Grundsatz der Streitbeilegung mit friedlichen Mitteln. Solche Mittel werden unterteilt in diplomatische und institutionelle Verfahren. Unter den institutionellen Verfahren sind vor allem schiedsgerichtliche und gerichtliche Entscheidungen bedeutsam. Nach verbreiteter Ansicht soll das **ius ad bellum** im Völkerrecht überwunden sein (*Tomuschat,* Völkerrechtliche Aspekte bewaffneter Konflikte, 2004). Die Welt ist jedoch seit 1945 keine allgemeine Friedensordnung geworden. Dass sich das **Verbot des Angriffskriegs** als Dogma entgegen allen Realitäten so lange aufrecht lässt, ist erstaunlich, liegen doch die Epochen, in denen die kriegerische Durchsetzung staatlicher Interessen überhaupt keiner Rechtfertigung bedurfte oder in den jedenfalls eine justa causa ausreichte, nicht allzu lange zurück.

20 Die erste Ächtung des Angriffskriegs enthielt der Briand-Kellog-Pakt von 1928, auf dessen Grundlage sich ein entsprechendes Gewohnheitsrecht herausbildete. Das Gewohnheitsrecht wurde in der UN-Charta konkretisiert. Das Gewaltverbot, d. h. das Verbot des Angriffskrieges, bindet seither als ius cogens die gesamte Staatengemeinschaft. Das Verbot der Androhung und Erstanwendung von Waffengewalt, kodifiziert

in Art. 2 Nr. 4 der UN-Charta, wird als allgemeiner Grundsatz des modernen Völkerrechts gefeiert, der keinen Raum mehr für einen „gerechten Krieg" lasse, sondern nur noch für die kollektive oder individuelle Verteidigung als Reaktion auf einen bewaffneten Angriff. Der Grundsatz kenne in Bezug auf den Staat als Völkerrechtssubjekt allein die rechtmäßige, weil den Voraussetzungen des Art. 51 UN-Charta entsprechende, Verteidigung. Demgegenüber hat nicht einmal nach der UN-Charta die Friedenswahrung Vorrang vor allen anderen Zielen. Gleichberechtigte Ziele sind die Wahrung der staatlichen Selbstbestimmung und der Schutz der Menschenrechte. Dementsprechend konnte die UN-Charta in den Einzelartikeln kriegerische Auseinandersetzungen nicht generell verbieten, sondern musste sich auf ein Verbot des Angriffskriegs beschränken, das Raum lässt für kriegerische Auseinadersetzungen zur Erreichung der anderen Ziele. Dies lässt sich bewerkstelligen durch eine restriktive Interpretation des Begriffs „Angriffskrieg" sowie durch Ausnahmen von seinem Verbot. Die Versuche, katalogartig die Tatbestände des Angriffskriegs zusammenzutragen, können als gescheitert angesehen werden. Das Friedenssicherungssystem der VN behilft sich stattdessen mit einer prozedural zu handhabenden Generalklausel: Der Sicherheitsrat hat auf der Grundlage der Generalklausel zu bestimmen, wann ein Akt der Aggression vorliegt. Fehlt es an einem Handeln des Sicherheitsrats, kann gleichwohl materiell ein Akt der Aggression gegeben sein. „Ausnahmen vom Verbot des ius ad bellum", korrekter: das nicht eingeschränkte ius ad bellum, ergeben sich schon daraus, dass nur ein Angriffskrieg verboten ist. Kriege zur Selbstverteidigung sind folglich von vornherein erlaubt. Die Selbstverteidigung reicht aber weiter als die Reaktion auf Angriffe, sodass sie auch einen Erstschlag rechtfertigen kann, der formal als Angriff gesehen werden könnte. Nach Art. 51 UN-Charta ist das Recht der Staaten zur Selbstverteidigung „naturgegeben". Selbstverteidigung ist per definitionem die Reaktion auf einen Angriff. Da ein Angriff faktisch vorliegen kann, wenn der Sicherheitsrat (noch) nicht entschieden hat, dass ein Akt der Aggression vorliegt, besteht eine Regelungslücke im geschriebenen Völkerrecht. Diese betrifft insbesondere die Frage, ob gegen drohende Angriffe militärische Präventivschläge zulässig sind. Erlaubt das Recht auf Selbstverteidigung Präventivschläge? Und, bejahendenfalls, benötigen diese wenigstens einen entsprechenden Beschluss des Sicherheitsrats? Nach Hugo Grotius kam die naturrechtlich zulässige Selbstverteidigung bei einer gegenwärtigen Gefahr und bei eindeutiger Angriffsabsicht des Gegners in Betracht. Auf diese Linie schwenkte das positive Völkerrecht im Verlauf des 19. und 20. Jahrhunderts ein. Entgegen der unter deutschen Völkerrechtlern verbreiteten Auffassung, die neue amerikanische Sicherheitsdoktrin der „preemptive action" verstoße gegen das Völkerrecht, kommt ein Selbstverteidigungsrecht völkerrechtlich bereits dann zum Entstehen, wenn hinreichende Beweise für die Angriffsabsicht das Gegners bestehen „if uncertainity remains as to the time and place of the enemy's attack". Die Beweislast liegt bei demjenigen Staat, der von seinem Selbstverteidigungsrecht Gebrauch macht. Ein Beschluss des Sicherheitsrats begründet eine unwiderlegliche Vermutung für das Vorliegen einer Selbstverteidigungslage.

Humanitäre Interventionen dienen dem Schutz von Menschenrechten. Humanitäre 21
Interventionen, die vom Sicherheitsrat mandatiert sind, stehen unstreitig im Einklang mit dem Völkerrecht. Werden humanitäre Interventionen vom Sicherheitsrat nicht abgesegnet, kann trotzdem ein Angriff auf die Menschheit als Gattung vorliegen, der humanitäre Einsätze legitimiert (hierzu unter Rn. 34).

3. Menschenrechte

Obwohl die Menschenrechte einen wesentlichen Bestandteil der Völkerrechtsordnung 22
ausmachen sollen, ist es nicht gelungen, eine umfassende, global rechtsverbindliche Charta der Menschenrechte zu verabschieden und ein universelles System zu ihrer Durchsetzung zu installieren. Nur im „Westen" (USA, Europa, Kanada, Australien) besteht ein homogenes individuell-personales Menschenrechtsverständnis. Menschenrechte sind danach Rechte, die unmittelbar mit der Menschennatur zusammenhängen, also angeborene und damit vorstaatliche Rechte.

An diesem Menschenrechtsverständnis orientieren sich auch die Verfassungen, selten aber die Verfassungs- 23
wirklichkeit der meisten lateinamerikanischen Staaten. In den sozialistischen und residualkommunistischen Staaten ist das Menschen- und Grundrechtverständnis kollektivistisch orientiert; Menschenrechte sind danach nicht vorstaatlich, sondern werden vom Staat erst gewährt. Auch in den Nachfolgestaaten der

UdSSR ist die kollektivistische Sicht der Menschenrechte nicht völlig überwunden. Das gilt auch für den afrikanischen und den asiatischen Raum. Die japanische Verfassung folgt freilich formell dem US-amerikanischen Menschenrechtsverständnis. In der Volksrepublik China waren Menschenrechte lange Zeit unvorstellbar, da die chinesische Moral das Beharren auf Rechten verbot und in dem immer noch dem Kommunismus verpflichteten Staat die Interessen des Kollektivs den Individualrechten vorgehen. Ob die kapitalistische Wirtschaftsstruktur auf längere Sicht zu einer Angleichung an westliche Individualrechtsvorstellungen führen wird, erscheint zweifelhaft. Die Intellektuellen im kapitalistischen-kommunistischen-postkonfuzianischen China erscheinen in erster Linie daran interessiert, das imperiale Denken des Westens aufzubrechen. Die arabischen Staaten sind vom Islam geprägt. Rechtlich gilt die Sharia, der ein individualrechtliches Menschenrechtsverständnis fremd ist. Die schwarzafrikanischen Staaten verfügen überwiegend über Verfassungen mit Grundrechtekatalogen nach der Tradition ihrer früheren Kolonialmächte. Die Verfassungswirklichkeit entspricht den Verfassungsverheißungen in aller Regel nicht.

24 Die philosophische „Letztbegründung" der westlichen Menschenrechte beruht auf der Bereitschaft, jeden Menschen als anerkennungswürdigen einzelnen Mitmenschen anzuerkennen. Der individualrechtliche Einzigartigkeitsanspruch kann jedoch in einem weltpolitischen System nicht als unstreitig unterstellt werden. Die europäisch-amerikanische Geistes- und Kulturgeschichte stößt auch insoweit auf anders geartete Traditionen. Nichtsdestoweniger ist eines der Ziele der VN Nationen der völkerrechtliche Schutz der Menschenrechte im weltweitem Rahmen. Das bedeutet, dass der Einzelne zum Völkerrechtssubjekt wird, indem er auf der Ebene des Völkerrechts eigene Rechte gegebenenfalls gegen den eigenen Staat geltend machen kann. Im Übrigen haben die Menschenrechte ihren Niederschlag in einer Vielzahl von Menschenrechtsverträgen mit entweder universellem oder regionalem Geltungsanspruch gefunden.

25 Die von der Generalversammlung der VN am 10.12.1948 angenommene Erklärung der Menschenrechte enthält lediglich programmatische Verheißungen. Die dort verankerten Menschenrechte sind zu umfassend angelegt, um aus ihnen generell subjektive Rechte abzuleiten Das gilt auch für die beiden Menschenrechtspakte, die von der Generalversammlung am 26.12.1966 beschlossen und am 19.12.1966 zur Unterzeichnung ausgelegt wurden, nämlich den Pakt über bürgerliche und politische Rechte (und den Pakt über wirtschaftliche, soziale und kulturelle Rechte). Die Pakte präzisieren die Allgemeine Erklärung der Menschenrechte. Die Staaten verpflichten sich nunmehr, diese Rechte innerstaatlich zu gewähren und darüber hinaus den Organen der VN.

4. Umweltschutz

26 Der Umweltschutz ist zugleich eine regionale wie auch eine globale Aufgabe. Um universelle Lösungen bemüht man sich insbesondere im Zusammenhang mit dem Klimaschutz (Climate Engineering). Universelle Ausrichtung hatte etwa das Kyoto-Protokoll (KP) vom 10.12.1997, das 2005 in Kraft und dem bis Anfang 2011 die EU und 193 Staaten beigetreten waren, dem aber die USA und China fernblieben, was Kanada dazu veranlasste, aus dem Abkommen wieder auszutreten. Die Verlängerung des auslaufenden Abkommens bei der Konferenz in Doha 2012 bis zum Jahr 2020 wurde auch von Russland abgelehnt. Ein ähnliches Schicksal droht dem Pariser Protokoll, das 2021 an die Stelle des KP treten soll. Der Pariser Klimavertrag ist zwar am 4.11.2016 in Kraft getreten, nachdem ihn bis zum Stichtag (5.10.2016) mindestens 55 Staaten, die für mindestens 55 Prozent der globalen Treibhausgase verantwortlich sind, ratifiziert hatten. Das Vertragsziel, die Erderwärmung um 2 Grad Celsius gegenüber der vorindustriellen Zeit zu beschränken, wird aber von den USA unter Präsident Trump nicht anerkannt, so dass mit einem Rückzug der USA zu rechnen ist. Das zeigt, dass die globale Bedeutung des Klimas nichts daran ändert, dass die Umsetzung der universellen Umweltschutzziele immer noch letztlich eine nationale oder regionale Aufgabe ist.

III. Kriegsvölkerrecht

1. Ius in bello

27 Die Grundlagen des Kriegvölkerrechts sind in zahlreichen multilateralen Verträgen enthalten, von denen die Haager Landkriegsordnung weitgehend zu Gewohnheitsrecht erstarkt ist. Der Kriegszustand wird dabei als gegeben vorausgesetzt. Eine förmliche Kriegserklärung ist nicht erforderlich. Das gilt für bewaffnete internationale und interne Konflikte.

28 Im Kriegszustand haben grundsätzlich nur die Kombattanten die Befugnis zu kämpfen. Zu den Kämpfern zählen aber nicht nur die Streitkräfte einer Konfliktpartei und die Milizen und Freiwilligenkorps, die die Bedingungen des Art. 1 HLKO erfüllen, sondern auch die kämpfende Bevölkerung eines vor der Besetzung stehenden Gebiets, die offen zu den Waffen greift und die Gesetze und Gebräuche des Kriegs beachtet (Art. 2 HLKO). Danach sind die Mittel zur Schädigung des Feindes beschränkt (Art. 22 HLKO). Verboten sind nach Art. 23 HLKO die Verwendung von Gift oder vergifteter Waffen, die Anwendung von Heimtücke (Perfidieverbot), die Tötung oder Verwundung eines die Waffen streckenden oder wehrlosen Feindes, die Erklärung, dass ein Pardon gegeben wird, der Gebrauch von Waffen u. dgl., die geeignet sind, unnötiges Leid zu verursachen, der Missbrauch von Flaggen, Hoheitszeichen und Uniformen, Verletzungen feindlichen Eigentums, die nicht militärischen Belangen dient, die Aufhebung oder zeitweilige Außerkraftsetzung der Rechte und Forderungen der Gegenpartei. Den Kriegsführenden ist es untersagt, Angehörige der Gegenpartei zur Teilnahme an Kriegsunternehmungen gegen ihr Land zu pressen.

29 Was die Behandlung der Kriegsgefangenen betrifft, so sichert das III. Genfer Abkommen nicht nur den Mitgliedern der Streitkräfte einer Konfliktpartei, sondern auch weiteren Personen oder Personengruppen den Status von Kriegsgefangnen oder die den Kriegsgefangenen zustehende Behandlung zu (Art. 4 HLKO). Ob kämpfende Personen, die sich nicht an die Gesetze und Gebräuche des Kriegs halten und deshalb keine Kriegsgefangenen sind, sich auf die Genfer-Konventionen berufen können, ist streitig. Richtiger Ansicht nach können sich solche Personen lediglich auf die Menschenrechte berufen. Ein in einem konventionellen Krieg gefangener Soldat darf bis zum Friedensschluss inhaftiert bleiben. Das gilt auch, wenn eine Kriegspartei ihre Kämpfer anweist, keine Uniform zu tragen und im Falle der Gefangennahme ihre Kämpfereigenschaft zu leugnen.

30 Kampfhandlungen dürfen sich nur soweit gegen die Zivilbevölkerung (Nichtkombattanten) und zivile Objekte richten, als diese beim Angriff auf militärische Ziele in Mitleidenschaft gezogen werden (Kollateralschäden). Der Einsatz von Massenvernichtungswaffen ist in jedem Fall verboten. Die Drohung mit dem Einsatz von Nuklearwaffen ist jedoch nicht per se völkerrechtswidrig.

31 Für bewaffnete Konflikte innerhalb eines Staates, in erster Linie für Bürgerkriege, sichert Art. 3 des Vierten Genfer Abkommens einen humanitären Mindeststandard, der durch das Zusatzprotokoll II erweitert wird. Voraussetzung ist, dass die Konfliktparteien über effektive Herrschaftsgewalt des betreffenden Staatsgebiets verfügen und zur Anwendung des humanitären Völkerrechts fähig und willens sind. Die Bestimmungen dienen als Anreiz für die nicht-staatliche Konfliktpartei, humanitäre Standards einzuhalten, um im Gegenzug deren Nutznießer werden zu können. Guerilla-Bewegungen, die zur Einhaltung humanitärer Beschränkungen nicht willens sind, können deswegen – ggf. durch den IStGH – zur Verantwortung gezogen werden.

32 Von „asymmetrischer Kriegsführung" spricht man, wenn man die spezifische Art der gewaltsamen Auseinandersetzungen unterschiedlich gerüsteter Gegner umschreiben will, bei der die schwächer gerüstete Seite der anderen Seite mit minimalem Aufwand einen maximalen Schaden zufügen möchte, um ihn durch Einzelschläge so empfindlich zu treffen, dass er anschließend überwältigt werden kann. Bei dieser Art der Kriegsführung nimmt die unterlegene Partei hohe Opferzahlen unter der Zivilbevölkerung in Kauf, die aber häufig dem überlegenen Gegner angelastet werden. Durch bewusste Verstöße gegen das ius in bello beschwören die asymmetrisch Kriegsführenden die Gefahr einer mit Kollateralschäden verbundenen Eskalation herauf, weil humanitäre Regelungen der Kriegsführung schwer gegen einen Gegner einzuhalten sind, der sich an keinerlei Regeln hält. Zur Bewahrung des humanitären Kriegsvölkerrechts gilt es, Partisanen- und Guerillakrieg regelhafter zu gestalten und vom reinen Terrorismus zu trennen.

Fall 6

33 Zu der vom UN-Sicherheitsrat 2001 für Afghanistan eingerichteten internationalen Sicherheitsunterstützungstruppe (International Security Assistance Force, ISAF) zählt auch ein Kontingent der Bundeswehr, die u. a. das Feldlager Kundus eingerichtet hat. Als dessen Kommandeur K erfuhr, dass zwei von den Taliban entwendete Tanklastwagen in der Nähe des Lagers im Schlamm eines Flussbetts stecken geblieben seien, die möglicherweise als „fahrende Bombe" gegen das Lager eingesetzt werden sollten und um deren Bergung sich momentan eine größere Anzahl von bewaffneten und nichtbewaffneten Personen bemühte. Ob sich und ggf. wie viele nicht zu den Taliban zählende Personen sich bei den Fahrzeugen aufhielten, konnte nicht ermittelt werden. Nach Beurteilung der Lage veranlasste K die US-Luftwaffe, die Tanklastwagen zu zerstören. Dabei wurde der von den Taliban als Geisel genommene A getötet.
Seine Hinterbliebenen halten 1. den Einsatz für rechtwidrig und verlangen 2. Schadensersatz. Zu Recht?

34 Große Teile des ius in bello werden heute unter der Bezeichnung „Humanitäres Völkerrecht" zusammengefasst. Darunter fallen alle völkerrechtlichen Bestimmungen, die im Fall eines Krieges oder eines sonstigen bewaffneten Konflikts den größtmöglichen Schutz von Menschen, Kulturgüter sowie der natürlichen Umwelt vor den Auswirkungen der Kampfhandlungen zum Ziel haben. Kriegshandlungen sind danach nur zulässig in den Grenzen der völkerrechtlichen Vereinbarungen. Verstöße hiergegen können als Kriegsverbrechen geahndet werden. Zu unterscheiden sind internationale und interne bewaffnete Konflikte. Der IGH erklärte im internationalen bewaffneten Konflikt die universellen Menschrechte grundsätzlich für anwendbar, während bei regionalen Konflikten regionale Menschenrechtskonventionen nicht für Kriegshandlungen auf fremdem, nicht von einem Konventionsstaat kontrollierten Gebiet unverbindlich sind. In internen Konflikten gilt wiederum der gewohnheitsrechtliche Menschenrechtsstandard unmittelbar. Das betrifft auch humanitäre Interventionen, die schließlich gerade zur Durchsetzung universeller Menschrechte durchgeführt werden. Die intervenierende Streitmacht muss somit an die Menschenrechte selbst gebunden sein, die die Intervention erst legitimieren. Die menschenrechtlichen Standards begrenzen auch die Pflicht zur Respektierung der Rechtsordnung eines besetzten Staates durch die Besatzungsmacht.

2. Ius post bellum

Der bellum iustum („gerechte Krieg“) lässt sich in der Regel nur legitimieren, wenn er mit der Verantwortung für die Kriegsfolgen einhergeht. Dem ius in bello korrespondiert das ius post bellum. Die Formel Freiheit und Demokratie bringt dies zum Ausdruck. Es genügt nicht, totalitäre Herrschaftsstrukturen zu zerschlagen. Den Siegermächten obliegt als Nachkriegspflicht die Herstellung demokratischer Zustände. 35

Lösung von Fall 4

Das Völkerrecht greift nicht in Gebieten, die keinem Land zugeordnet sind. Nur wenn die ausländischen Geheimdienste in einem fremden Land physisch präsent sind und selbst Cyber-Spionage betreiben, verstoßen sie gegen das Völkerrecht. Wenn daher die NSA in den USA die deutsche E-Mail-Kommunikation der D scannt – die meisten E-Mails gehen über amerikanische Server – dann fehlt der territoriale Bezug zu Deutschland. 36

Lösung von Fall 5

Nach h. L. verstößt das Hinwegsetzen über einen völkerrechtliche Vertag zwar gegen Völkerrecht, bedeute aber noch keinen Verstoß gegen Verfassungsrecht. (*Isomer/Baur,* IStR 2014, 421; *Heinke,* Der Staat 2016, 393ff.). Der BFH sieht dagegen darin einen Verstoß gegen das Rechtstaatsprinzip (DStRE 2012,716; DStR 2014, 306). 37

Lösung von Fall 6

Der Fall beruht auf der gekürzten Darstellung des Kundus-Vorfalls vom 4.9.2009, über den auch der BGH zu entscheiden hatte (BGHZ 212, 173). Die Kritik an der BGH- Entscheidung geht fehl. Dass der Militäreinsatz nach Kriegsvölkerrecht gerechtfertigt war (Frage 1), weil B subjektiv zutreffend davon ausgehen konnte, es gelte, einen ausschließlich von Taliban durchgeführten drohenden Angriff auf das Feldlager abzuwehren, liegt auf der Hand. Die Frage der Zulässigkeit von Kollateralschäden stellte sich nicht. Der BGH hätte allerdings Frage 1 gar nicht beantworten müssen, da er nur über etwaige Schadenersatzansprüche Privater gegen die Bundeswehr zu entscheiden hatte (Frage 2). Diese Frage wird aber nach Völkerrecht einheitlich dahingehend beantwortet, dass Schadensersatzansprüche wegen völkerrechtswidriger Handlungen eines Staates gegenüber fremden Staatsangehörigen grundsätzlich nur dem Heimatstaat zustehen (BGHZ 169, 348). Die zum Ausgleich von einigen Autoren geforderte analoge Anwendung des deutsche Amtshaftungsrecht (§ 839 BGB i.V.m. Art. 34 GG) wurde vom BGH abgelehnt, da sie faktisch zu einer Beeinträchtigung der militärischen Bündnisfähigkeit Deutschlands führen würde. 38

§ 17. Europarecht

Literatur: I. Kommentare: *Calliess/Ruffert* (Hrsg.), EUV/AEUV, 5. Aufl. 2016; *Geiger/Khan/Kotzur,* EUV/AEU, 6. Aufl. 2016; *Grabitz/Hilf/Nettesheim,* Das Recht der Europäischen Union: EUV/AEUV, 64. Aufl., Loseblatt, Stand 2018; *Lenz/Borchardt* (Hrsg.), EU-Verträge, 6. Aufl. 2012; *Streinz* (Hrsg.), EUV/AEUV, 4. Aufl. 2018; *Schwarze*/Becker/Hatje/Schoo (Hrsg.), EU-Komm., 3. Aufl. 2012; *Vedder*/Heintschel v. Heinegg (Hrsg.), Europäisches Unionsrecht, Komm., 2. Aufl. 2018.

II. Lehrbücher: *Ahlt/Dittert,* Europarecht, Examenskurs, 5. Aufl. 2017; *Arndt*/Fischer/Fetzer, Europarecht 11. Aufl., 2016; *Fastenrath/Groh,* Europarecht, 4. Aufl. 2016; *Haratsch/Koenig/Pechstein,* Europarecht, 11. Aufl. 2018; *Herdegen,* Europarecht, 20. Aufl., 2018; *Hobe,* Europarecht, 8. Aufl. 2014; *Lecheler/Gundel/Germelmann,* Europarecht, 4. Aufl. 2019; *Jochum,* Europarecht, 3.. Aufl. 2018; *Oppermann/Classen/Nettesheim,* Europarecht, 8. Aufl., 2018; *Streinz,* Europarecht, 10. Aufl., 2016.

I. Überblick

1 Die europäische Integration ist ein Entwicklungsprozess, der von den geografisch Europa zugehörigen Staaten mit mehr oder weniger ausgeprägtem Enthusiasmus betrieben wird. Dass der Prozess jemals zu einem einheitlichen europäischen Staat führen wird, ist unwahrscheinlich. Auf dem Weg in diese Richtung schreiten die meisten europäischen Staaten aber konstant voran.

Die Bundesrepublik Deutschland hat schon vor Neufassung von Art. 23 GG auf der Grundlage des früheren Art. 24 GG Hoheitsrechte auf die Europäischen Union übertragen. Es waren die Europäische Wirtschaftsgemeinschaft (EWG), die Europäische Atomgemeinschaft (EAG) und die Europäische Gemeinschaft für Kohle und Stahl (EGKS), die durch die einschlägigen Gründungsverträge 1957 ins Leben gerufen worden waren.

1992 erhielt Art. 23 GG aus Anlass des EU-Vertrags seine gegenwärtige Fassung. Seither wirkt die Bundesrepublik zur Verwirklichung eines vereinten Europas bei der Entwicklung der EU mit, die demokratischen, rechtsstaatlichen, sozialen und föderativen Grundsätzen nach dem Grundsatz der Subsidiarität entspricht und einen dem Grundgesetz im wesentlichen vergleichbaren Grundrechtsschutz gewährleistet. Das geht aber nur Zug um Zug, bis die Europäische Union den Strukturvorgaben des Art. 23 I 1 GG entspricht. Der Vertrag von Lissabon vom 13.12.2007 hat zwar das bisherige „Drei-Säulen-Konzept" der EU aufgehoben und die EU an die Stelle der Europäischen Gemeinschaft treten lassen, er hat aber die Rechtsnatur der EU nicht geändert. Das BVerfG hat dies in seinem Urteil vom 30.6.2009 (BVerfGE 123,267) unmissverständlich klargestellt.

II. Rechtsnatur der EU

2 Die EU entspricht weiterhin nicht dem Typ des Völkerrechtssubjekts Staat. Man kann zwar mit guten Gründen behaupten, dass die Kriterien des Staatsgebiets und Staatsvolks bereits auf Unionsebene erfüllt sind. Das rechtfertigt jedoch allenfalls die Annahme von Para-Staatlichkeit, aber eben nicht von souveräner Staatlichkeit. Die für die Staatlichkeit letztlich ausschlaggebende Staatsgewalt muss in ihrer Substanz den Mitgliedstaaten verbleiben. Beim existenziellen Konflikt setzt sich die Hoheitsgewalt der Mitgliedstaaten durch. Der existenzielle Konflikt ist gegeben, wenn die Mitgliedstaaten Rechtsakte der Union befolgen sollen, die sie für unionsrechtswidrig, verfassungswidrig oder existenzgefährdend halten. Dann kommt es auf die Möglichkeit der Nullifikation und Sezession an. Nach der deutschen Terminologie stellt die EU einen Staatenverbund dar. (BVerfGE 89, 155 LS 3a „Verbund demokratischer Staaten", zum Staatenverbund S. 185, 188, 190). Sie ist mehr als ein Staatenbund, aber noch kein Bundesstaat, und auch kein Bundesstaat im Entstehen. Der Traum vom Europäischen Bundesstaat ist mit dem Scheitern des EU-Verfassungsvertrags vom 29. Oktober 2004 ausgeträumt. Die EU ist kein Staat. Ihr kommt bereits keine souveräne Staatsgewalt zu. Die Europäische Gemeinschaft wurde *allein* vertraglich geschaffen. Es fehlt an einem bundesbegründenden *Gesamtakt.* Die fragmentarischen Staatsstrukturbestimmungen des Europäischen Vertragswerks reichen insgesamt nicht aus, um eine Staatlichkeit der EU zu begründen. Der europäische **Grundrechtsschutz** ist das Ergebnis richterlicher Rechtsfortbildung mit negativen Vorzeichen. Der EuGH entwickelte gemeinschaftliche Grundrechte, um zu verhindern, dass das Unionsrecht, am Maßstab nationaler Grundrechte geprüft wird. Das genügt nicht dem nationalen Grundrechts-

standard. Staaten sind allein die Mitgliedstaaten der EU. Deren Staatlichkeit wirkt sich in folgenden Zusammenhängen aus: Die Mitgliedstaaten sind „Herren der Verträge". Eine Kompetenz-Kompetenz steht der EU nicht zu. Daraus folgt das Prinzip der begrenzten Einzelermächtigungen (klarstellend in Art. 5 Abs. 1 EUV verankert). Die Organe der EU dürfen nur auf den in den Verträgen genau beschriebenen Gebieten Regelungen herbeiführen und Entscheidungen treffen.

III. Para-Staatlichkeit

3 Die EU enthält Elemente eines Verfassungsstaats. Hierzu zählen eine Rechts- und namentlich Grundrechteordnung, Organe und eine Kompetenzordnung.

1. Rechtsquellen des Unionsrechts

4 Das Recht der Europäischen Gemeinschaften und der EU wurde üblicherweise als Europarecht i. e. S. bezeichnet. Gebräuchlich war auch die Unterscheidung von Gemeinschaftsrecht und „EU-Recht". Nach Inkrafttreten des Vertrags von Lissabon spricht man vom „Unionsrecht". Das Recht der EU besteht aus Primär- und Sekundärrecht. Das Primärrecht wird gebildet durch die zwischen den Mitgliedstaaten geschlossenen Verträge. Verordnungen, Richtlinien und Beschlüsse bilden das sekundäre Unionsrecht (vgl. Art. 288 AEUV). Empfehlungen und Stellungnahmen der EU-Organe sind nicht verbindlich. Verbindliche Rahmenvorgaben enthalten dagegen die Leitlinien der EU-Kommission nach Art. 172 AEUV.

Beispiel: Mitteilung der Kommission Leitlinien für staatliche Umweltschutz- und Energiebeihilfen 2014–2020 (2014/C200/01).

5 **Verordnungen** sind abstrakt-generelle Regelungen, damit den nationalen materiellen Gesetzen vergleichbar (EuGH, Rs. 64/80, Giufrida/Rat, Slg. 1981, 693), **Richtlinien** finden im nationalen Recht keine Entsprechung, sind aber am ehesten mit den früheren Rahmengesetzen vergleichbar (Zu den Voraussetzungen der unmittelbaren Wirkung EuGH Awoyemi, Rs. C-230/76, Slg. 1998, I-6781), **Entscheidungen** dienen der Regelung von Einzelfällen, bilden somit die Parallele zu den Verwaltungsakten. Empfehlungen und Stellungnahmen sind rechtlich unverbindliche Rechtshandlungen, die alle staatlichen Funktionsbereiche betreffen können. Beim Erlass der Rechtsakte wirken Kommission, Europäisches Parlament und Rat im Mitentscheidungsverfahren (Art. 294 AEUV) zusammen. Eine klare funktionelle oder organisatorische Trennung besteht nicht.

6 Für die **Auslegung des Unionsrechts** bestehen einige Besonderheiten. Der EuGH betrachtete schon zu Beginn seiner Spruchtätigkeit die europäische Staatenverbindung als eigenständige Rechtordnung und propagierte deren autonome Auslegung (EuGH, Corman, Rs. 64/81, Slg. 1982, 12). Dabei kommt es zunächst auf den Wortlaut der streitgegenständlichen Bestimmung an. Zu berücksichtigen und vergleichen sind alle Sprachfassungen (EuGH, CILFIT, Rs. 283/81, Slg. 1982, 3415) was die Wortinterpretation relativiert. Zu berücksichtigen ist daher immer, dass die nationalen Rechtsprechungs- und Rechtanwendungsorgane weniger für den Sprachvergleich geeignet sind als multinational zusammengesetzte Unionsorgane. In Zweifelsfällen ist der EuGH deshalb anzurufen, um eine umfassende Prüfung zu erlangen (EuGH, Bouman, Rs. C-114/13, NZS 2015, 299 bei der folglich auch Historie, Kontext und spezifische Ziele der Regelung zu berücksichtigen sind (EuGH, Egenberger, C -414/16, NJW 2018,1869). Der historischen Auslegung kommt freilich beim Unionsrecht keine maßgebliche Bedeutung zu. Die Begründung für die gesetzliche Regelung findet sich in den Erwägungsgründen, die unmittelbar zur Gesetzesauslegung herangezogen werden können. Die systematische Auslegung stellt auf den Kontext der Einzelnorm innerhalb der Gesamtreglung ab, klärt das Verhältnis der einzelnen Artikel untereinander, zieht Folgerung aus

der Positionierung der Vorschrift und deckt Regelungslücken auf. Die teleologische Auslegung fragt nach Sinn oder Zweck einer Regelung. Zweckgedanke kommt in *zweifacher Hinsicht* zum Tragen: Zum einen spielt bei der Bewertung eines Rechtsakts seine in den Erwägungsgründen begründete konkrete Zwecksetzung eine Rolle. Die Auslegung soll dazu beitragen, die Legitimität, Kompetenz und Verhältnismäßigkeit des Rechtsakts zu gewährleisten. Sie muss darlegen, dass der Rechtsakt geeignet ist, den normativ gesetzten Zielzustand zu erreichen. Zum anderen dient die teleologische Methode dazu, den Integrationsprozess allgemein zu fördern, in Gang zu halten und zu bewahren (integrationssichernde Auslegung).

2. Grundrechteordnung

7 Der europäische **Grundrechtsschutz** ist das Ergebnis richterlicher Rechtsfortbildung mit negativen Vorzeichen. Der EuGH entwickelte gemeinschaftliche Grundrechte, um zu verhindern, dass das Gemeinschaftsrecht, am Maßstab nationaler Grundrechte geprüft wird.

Die Entwicklung setzte 1969 durch die Stauder-Entscheidung (Rs. 29/69 –, Slg. 1969, 419) ein mit der Anerkennung von Gemeinschaftsgrundrechten als ungeschriebene allgemeine Rechtsgrundsätze des Gemeinschaftsrechts, denen der EuGH den Rang von Primärrecht zuerkannte. Zur Konkretisierung bediente sich der EuGH der gemeinsamen Verfassungsüberlieferungen der Mitgliedstaaten und der internationalen Verträge zum Schutz der Menschenrechte. Aus Sicht der Europäischen Gerichte war damit der Grundrechtsschutz mit verdrängender Wirkung für die nationalen Grundrechteordnungen etabliert, zumal auch die Mitgliedstaaten namentlich bei Vollzug des Gemeinschaftsrechts durch nationale Behörden der Bindung an die Gemeinschaftsgrundrechte unterworfen wurden (Rs. 5/88 –, Slg. 1989, 2609 – Wachauf/Bundesamt für Ernährung). Mit der Handelsgesellschafts-Entscheidung behauptete der EuGH, dass das Gemeinschaftsrecht Vorrang selbst gegenüber den in den Verfassungen der Mitgliedstaaten garantierten Grundrechten genieße (Rs. 11/70 –, Slg. 1970, 1125).

8 Art. 6 Abs. 1 EUV erklärt die **Charta der Grundrechte** der EU, die früher nicht Bestandteil des EUV waren, für rechtsverbindlich. Im Vertrag sind die Grundrechte damit immer noch nicht enthalten. Der europäische Grundrechtsschutz bleibt damit hinter dem nationalen zurück. Das ist besonders bei der Bewertung des Europäische Haftbefehls zu beachten (vgl. EuGH NJW 2018, 3161 ff.).

9 **Organe** der Union sind das Europäishe Parlament, der Rat, die Kommission, der Gerichtshof der EU (Gerichtshof = EuGH; Gericht = EuG; Gericht für den öffentlichen Dienst der EU = EuGöD) und der Rechnungshof. Jedes Organ handelt nach Maßgabe der ihm im EUV/AEUV zugewiesenen Befugnisse.

10 Zur Erfüllung ihrer Aufgaben erlassen das Europäische Parlament, der Rat und die Kommission als Unionsorgane, Verordnungen, Richtlinien und Entscheidungen, sprechen Empfehlungen aus oder geben Stellungnahmen ab (Art. 288 Abs. 1 AEUV).

11 Die Organe der EU dürfen nur auf den in den Verträgen genau beschriebenen Gebieten Regelungen herbeiführen und Entscheidungen treffen. Dies gilt auch für die Grundrechte.

3. Kompetenzordnung

12 Staatenverbund bedeutet eine Kompetenzordnung, die eine Verklammerung der Rechtsordnungen zulässt, die Staatlichkeit der Mitgliedstaaten jedoch nicht gefährdet. Bei der Kompetenzordnung der EU ist das der Fall, obwohl die Unionsorgane durch Kompetenzbeanspruchungen immer wieder versuchen, die EU in die Nähe eines Bundesstaates zu rücken. Die Mitgliedstaaten sind „Herren der Verträge". (BVerfGE 89, 155,190) Die europäische Hoheitsgewalt ist von den Kompetenzzuweisungen abhängig. Eine Kompetenz-Kompetenz steht der EU nicht zu. Vielmehr bestehen von

vornherein Kompetenzschranken. An erster Stelle ist hier zu nennen das **Prinzip der begrenzten Einzelermächtigungen** welches in Art. 5 Abs. 1 EUV verankert ist. Es gilt für die gesamte EU. Im EUV n. F. ist es näher ausformuliert:

Das **Subsidiaritätsprinzip** (Art. 5 Abs. 3 EUV) ist eine Kompetenzsausübungsregelung, welche die Inanspruchnahme der der EU zugewiesenen Einzelkompetenzen von zusätzlichen Anforderungen abhängig macht. Diese Anforderungen sind durch die Bezugnahme auf ein konturloses allgemeines gesellschaftspolitisches Prinzip so vage, dass sie mit einigem argumentativen Geschick unterlaufen werden können. Den Zweck, zu verhindern, dass die EU Rechtsbereiche an sich zieht, die auch von den Mitgliedstaaten in eigener Zuständigkeit erledigt werden können, hat das Subsidiaritätprinzip in der Vergangenheit nicht erfüllt. Das Subsidiaritätsprinzip behandelt die Frage, ob die EU *überhaupt* handeln soll. *Art und Umfang* der Kompetenzwahrnehmung richten sich demgegenüber nach dem *Erforderlichkeitsprinzip* des Art. 5 Abs. 4 EUV. Eine Tätigkeit der Union ist danach dann erforderlich, wenn eine Diskrepanz zwischen einem Vertragsziel und seiner Verwirklichung besteht. Da es das Wesen eines Ziels ausmacht, niemals vollständig erfüllt zu sein, ist die Erforderlichkeit ein *relatives Kriterium.* Eine wirksame Schranke gegen Kompetenzanmaßungen stellt auch der Verhältnismäßigkeitsgrundsatz nicht dar. 13

IV. Rangordnung der Rechtsordnungen

Nationales Recht und Unionsrecht bilden eigenständige Rechtsordnungen, die kol- 14
lidieren können. Dann stellt sich die Frage der Rangordnung. Der EuGH vertritt in st. Rspr. einen Vorrang des primären und sekundären Unionsrechts (vgl. Urt. v. 15.7.1964, Rs. 6/64, Costa/ENEL, Slg. 1964, S. 1251 ff., 1269 ff.). Mit nationalem Recht ist nur ein **Anwendungsvorrang** vereinbar. Das bedeutet, dass im Kollisionsfall das nationale Recht bestehen bleibt, aber nicht zur Anwendung kommt. Einen **Geltungsvorrang** des Unionsrechts, der zur Nichtigkeit des nationalen Rechts führt, ist abzulehnen. Der Vorrang des Unionsrechts besteht mittlerweile grundsätzlich auch, soweit Grundrechte betroffen sind. Nach der „Solange-Rechtsprechung" des BVerfG galt das nicht, solange der europäische hinter dem nationalen Grundrechteschutz zurückblieb (BVerfGE 37, 27; 52, 187 [Vielleicht-Beschluss]; 73, 339 [Solange II]). Die Leitentscheidung bildet auch in diesem Kontext das Maastricht-Urteil des BVerfG vom 12.10.1993 (BVerfGE 89, 155), das ein „Kooperationsverhältnis mit dem EuGH annimmt und die Europäische Union als Staatenverbund begreift. Die Übertragung von Hoheitsrechten ist nur im Rahmen von Art. 23 GG zulässig, der wiederum nur im Rahmen von Art. 79 Abs. 3 GG veränderbar ist. Insoweit besteht nach hier vertretener Meinung ein **Geltungsvorrang des nationalen Rechts.** Der Geltungsvorrang nationalen Rechts läuft darauf hinaus, Unionsrecht für nichtig zu erklären. Das erscheint auf den ersten Blick befremdlich. Zum einen ist der Vorrang des Unionsrechts im Ansatz unbestritten. Zum anderen besteht mit dem EuGH eine höchste Instanz zur Streitschlichtung. Jedoch ist der EuGH eine gemeinschaftliche Einrichtung, der es letztlich daran gelegen sein muss, die Unitarisierung voranzutreiben. Er kann zwar zur föderalen Machtbalance beitragen, ist aber nicht zur Entscheidung des existenziellen Konflikts berufen. Seine Rechtsfindungsaufgabe beschränkt sich auf das „richtige Gemeinschaftsrecht". Die authentische Interpretation der nationalen Verfassungen ist allein Aufgabe der nationalen Verfassungsgerichte. Die von John C. Calhoun entwickelte Nullifikationslehre (vgl. *Ronellenfitsch,* FS-Oppermann,

2001, S. 65ff.), vermochte sich nicht durchzusetzen, obwohl sie zeitlos den rechtlichen Weg zur Vermeidung existenzieller Konflikte in Staatenverbindungen aufzeigt.

V. Sezession

15 Den Mitgliedstaten ist das Recht, aus der EU wieder auszutreten, unbenommen. Praktisch lassen sich aber die bis zu diesem Zeitpunkt gewachsenen Bindungen („Ämterstabilität") nur schwer auflösen. „Brexit" ist hierfür das beste Beispiel.

7. Kapitel. Staats- und Verfassungsrecht im Überblick

Literatur: I. Kommentare zum Grundgesetz: *Stein/Denninger/Hoffmann-Riem* (Hrsg.), Kommentar zum Grundgesetz für die Bundesrepublik Deutschland (Loseblatt, sog. „Alternativkommentar", AK-GG), 3. Aufl. seit 2001; *Dreier* (Hrsg.), Grundgesetz-Kommentar, Band I (Art. 1-19), 3. Aufl. 2013; Band II (Art. 20- 82), 2. Aufl. 2006; Band III (Art. 83-146), 2000; *Epping/Hillgruber,* Grundgesetz, 2. Aufl. 2013; *Friauf/Höfling,* Berliner Kommentar zum Grundgesetz, Loseblatt, Stand 2014; *Gröpl/Windthorst/von Coelln,* GG Studienkommentar, 3. Aufl. 2015; *Hömig /Seifert,* Grundgesetz für die Bundesrepublik Deutschland, 12. Aufl. 2018; *Jarass/Pieroth,* Grundgesetz für die Bundesrepublik Deutschland, 15. Aufl. 2018; *Kahl/Waldhof/Walter* (Hrsg.), Bonner Kommentar zum Grundgesetz (Loseblatt), 1950ff. Stand 193, Lfg. 2018; *von Mangoldt/Klein/Starck* (Hrsg.), Kommentar zum Grundgesetz, 3 Bände, 7. Aufl. 2018; *Maunz/Dürig* (Hrsg.), Grundgesetz für die Bundesrepublik Deutschland (Loseblatt), 83. Aufl. 2014; *von Münch/Kunig* (Hrsg.), Grundgesetzkommentar, Band 1 (Art. 1-69): Band 2 (Art. 70-146, 6. 2012) *Sachs* (Hrsg.),Grundgesetz, Kommentar, 8. Aufl. 2018; *Schmidt Bleibtreu/Hofmann/Henneke* (Hrsg.), Kommentar zum Grundgesetz für die Bundesrepublik Deutschland, 14. Aufl. 2018; *Sodan* (Hrsg.), Grundgesetz, 4. Aufl. 2018.

II. Gesamtdarstellungen des Staatsrechts: *Albrecht/Küchenhoff,* Staatsrecht, 3. Aufl. 2015; *Badura,* Staatsrecht, 7. Aufl. 2018; *Battis/Gusy,* Einführung in das Staatsrecht, 5. Aufl. 2011; *Bethge/vonCoelln,* Grundriss Verfassungsrecht, 4. Aufl. 2011; *Hesse,* Grundzüge des Verfassungsrechts der Bundesrepublik Deutschland, 20. Aufl. 1995, Neudruck 1999; *Isensee/Kirchhof* (Hrsg.), Handbuch des Staatsrechts der Bundesrepublik Deutschland, 9 Bände, 1987–1997, 3. Aufl. ab 2003 (bisher: Bände I-V,VII); *Katz,* Staatsrecht, 18. Aufl. 2010; *Mössner,* Staatsrecht, 3. Aufl. 1995; *Schwabe,* Grundkurs Staatsrecht, 5. Aufl. 1995; *Schwacke/Stolz,* Staatsrecht (mit Allgemeiner Verfassungslehre und Verfassungsgeschichte), 4. Aufl. 1999; *Sodan/Ziekow,* Grundkurs Öffentliches Recht, 3. Aufl., 2008; *Stein/Frank,* Staatsrecht, 21. Aufl. 2010;*Stern,* Das Staatsrecht der Bundesrepublik Deutschland, Bd. I, 2. Aufl., 1984; Bd. II, 1980; Bd. III 1, 1988; Bd. III 2, 1994; Bd. IV 1, 2006; Bd. V, 2000; *von Münch/Mager,* Staatsrecht I, 7. Aufl. 2009; *Zippelius/Würtenberger,* Deutsches Staatsrecht, 33. Aufl. 2018.

§ 18. Staat und Verfassung

Literatur : *Schmitt, Carl,* Verfassungslehre 1928, Neudruck 1993; *Heun,* Die Verfassungsordnung der Bundesrepublik Deutschland, 2012.

I. Staatsrecht und Verfassungsrecht

1 Im Verfassungsstaat überschneiden sich Staats- und Verfassungsrecht. Das deutsche Verfassungsrecht ist in der Verfassung – dem Grundgesetz – geregelt, beruht auf einem Akt der verfassunggebenden Gewalt und hat gegenüber einfachen Gesetzen erhöhte Bestandskraft. Das Staatsrecht betrifft den Rechtscharakter des konkreten Staats, Aufbau, Organisation, Aufgaben und Zuständigkeiten der obersten Staatsorgane und die elementaren Rechte und Pflichten der Staatsbürger. Es schließt das Verfassungsrecht ein, geht aber über dieses hinaus, da es auch Normen des einfachen Rechts erfasst. Der Rechtscharakter des Staats ergibt sich aus seiner Verfassung.

II. Verfassung

2 Nach *Carl Schmitt* ist eine Verfassung die „Gesamtentscheidung über Art und Form der politischen Einheit" (Verfassungslehre. S.20ff.). Daraus leitete *Schmitt* die Unterscheidung von Verfassung und Verfassungsgesetz ab. Die Verfassung ist danach förmlich und Inhaltlich zu verstehen. Die Verfassungsform von Regelungen („das, was im GG drinsteht") bedeutet eine erschwerte Abänderbarkeit und den Vorrang in der Normenhierarchie. Auf der inhaltlichen Bestimmung der Verfassung ergeben sich die Wesensmerkmale des Staats, die nach Art. 79 Abs. 3 GG einer Verfassungsänderung entzogen sind. *Schmitt* schoss mit seinen Einzelaussagen über das Ziel hinaus. **Richtig** ist jedoch, dass mit der geschriebenen Verfassung nicht die Verfassung insgesamt abgeändert werden kann. Richtig ist ferner die Unterscheidung von formellem und materiellem Verfassungsbegriff. Verfassung im formellen Sinn bezieht sich auf die Verfassungsurkunde, also auf den Text des Grundgesetzes. Verfassung im materiellen Sinn umfasst sowohl die geschriebenen wie auch ungeschriebene Rechtssätze über Grundlagen, Organisation und Funktion des Staates und seine Beziehungen zu den Staatsbürgern, die insgesamt ein System ergeben und eine **Werteordnung** bilden. Das BVerfG sprach früher von einer **wertgebundenen Ordnung** (BVerfGE 2, 1,12) und im Singular von der **Wertordnung** (zusammenfassend BVerfGE 35, 79,114). Damit war eine Absage an einen exzessiven Pluralismus verbunden (BVerfGE 5,95,191). Das beschwor die Gefahr herauf, dass einzelne Werte verabsolutiert werden und, da Werte auf Verwirklichung angelegt sind, eine „Tyrannei der Werte" entsteht. Die Rspr. des BVerfG stieß daher auf heftige Kritik (vgl. *Forsthoff*, Zur Problematik der Verfassungsauslegung 1961). Das führte dazu, dass das BVerG den Ausdruck „Wertordnung" vermied, an seinen Verständnis vom werthaften Gehalt der Grundrechte jedoch festhielt. In der Tat ist die Beschränkung pluralistischer Vorstellung durch absolute Werte fragwürdig. In einer freiheitlichen Verfassungsordnung ist allerdings der Pluralismus selbst ein zentraler Wert. Das schließt nicht aus, dass einzelnen Werte und ihre grundrechtlichen Verbürgungen unterschiedliche Wertigkeit zugemessen wird. Das macht die jeweilige Grundrechtsordnung zu einem System. Man sollte also getrost am Werteverständnis der Verfassung festhalten, muss dann aber präziser im Plural von einer **Werteordnung** ausgehen. Die Anerkennung und der Schutz dieser Werteordnung ist das Fundament des deutschen Verfassungsstaats.

III. Verfassungsauslegung

3 Der Verfassungsinterpret muss auf dem Boden der Verfassung stehen, soweit diese Lösungen von verfassungsrechtlichen Zweifelsfragen bereithält. Ob das der Fall ist, hängt vom Typus der Verfassung ab. Das Grundgesetz folgt dem **Kodifikationsprinzip.** Danach gelten *alle* verfassungspolitischen Konflikte als aus sich selbst heraus lösbar. Instrumente des Kodifikationsprinzips sind, ausgehend vom das Verständnis der Verfassung als Werteordnung, die Unterscheidung benannter und unbenannter Grundrechte und die Anerkennung ungeschriebener Kompetenzen. Werte können kollidieren.

4 Die wichtigste Methode der Verfassungsinterpretation wird dadurch die **Abwägung.** Abwägen lehrt das Planungsrecht, wo die Abwägungsschritte des Ermittelns, Gewichtens und eigentliches Abwägen zum Standardprogramm gehören. Auf Verfassungsebene behilft man sich mit Chiffren, wie Staatsstrukturprinzipien (der Abwägung ent-

zogen), Staatszielen (Richtungsangabe der Abwägung), Materiellen Aussagen von Verfassungsrang, z. B. Staatsaufgaben (Abwägungsmaterial), praktische Konkordanz (Abwägungsergebnis) usw.

5 Ehe man zur Abwägung als Gesamtvorgang durchstößt, ist die Verfassung, wie jedes Gesetz, nach den klassischen Auslegungsmethoden auszulegen. Die Wortinterpretation ist dabei mangels juristischer Technizität des Verfassungstextes häufig wenig hilfreich. Die historische Auslegung verliert mit längerer Lebensdauer der Verfassung an Bedeutung, wie generell der subjektiven Auslegung bei der Verfassungsauslegung geringes Gewicht zukommt. Die teleologische Auslegung ist das Einfallstor für politische Wunschvorstellungen.

6 Also muss die Verfassung in erster Linie als System verstanden werden. Für die Verfassungsauslegung gelten somit folgende Anforderungen:

- Die Verfassung ist zwar wie jedes Gesetz auszulegen.
- Die Verfassung ist aber aus sich selbst heraus auszulegen.
- Der subjektive Wille des Verfassungsgebers ist von geringem Gewicht und wird mit wachsendem Zeitablauf bedeutungslos.
- Die Verfassung ist als System auf Widerspruchsfreiheit angelegt. Daraus resultiert das Verbot perplexer Auslegungen.

IV. Die allgemeine Bedeutung von Staatsstrukturprinzipien

7 Staatsstrukturprinzipien konkretisieren die Eigenheiten und das Wesen eines Staates. Sie können nicht weggedacht werden, ohne dass das konkrete Gepräge des jeweiligen Staates entfiele. Auf der Grundlage des Grundgesetzes ergeben sich die Strukturprinzipien in erster Linie aus Art. 79 Abs. 3 sowie aus Art. 1, 20 und 28 GG.

V. Gegenstandsbereiche des Staatsrechts

8 Das Staatsrecht erfasst die Gegenstände des Verfassungsrechts und die einfachgesetzlichen Regelungen des Staatsorganisationsrechts. Seine Hauptblöcke bilden die Staatsstrukturprinzipien, das in der Verfassung und einfachgesetzlich geregelte Staatsorganisationsrecht und die Grundrechteordnung. Im Lehrbetrieb und in der Ausbildungsliteratur ist eine Zweiteilung in Organisationsrecht und Grundrechteordnung üblich. Die Staatsstrukturprinzipien werden dabei dem Staatsorganisationsrecht zugerechnet.

8. Kapitel. Staatsorganisationsrecht

Literatur: *Berg,* Staatsrecht, 6. Aufl. 2011; *Degenhart,* Staatsrecht I. Staatsorganisationsrecht. 32. Aufl. 2016; *Gröpl,* Staatsrecht I. Staatsgrundlagen, Staatsorganisation, Verfassungsprozess, 8. Aufl. 2016; *Ipsen, Jörn,* Staatsrecht I. Staatsorganisationsrecht, 28. Aufl. 2016; *Kloepfer,* Verfassungsrecht, Bd. I: Grundlagen, Staatsorganisationsrecht, Bezüge zum Völker- und Europarecht, 2011; *Maurer,* Staatsrecht I. Grundlagen, Verfassungsorgane, Staatsfunktionen, 7. Aufl. 2017; *von Münch/Mager,* Staatsrecht I. Staatsorganisationsrecht unter Berücksichtigung der europarechtlichen Bezüge, 8. Aufl. 2015.

§ 19. Staatsstrukturprinzipien

I. Verfassungsstaat

Die Bundesrepublik Deutschland ist ein Verfassungsstaat. Es wurde bereits ausgeführt, 1
dass der Staat sich durch seine **Zwecke** definiert, die durch Staatsaufgaben konkretisiert werden (Rn. 9). Hauptzweck des Verfassungsstaats ist die Garantie der individuellen Freiheit (unter Wahrung des Gleichbehandlungsgebots) und der Schutz vor exzessiver Freiheitsausübung Anderer. Das erfordert den Ausgleich kollidierender Freiheitsrechte auf Verfassungsebene, erfordert m. a. W. eine Grundrechteordnung. Formell sind Grundrechte alle Rechte, denen eine Verfassung besonderes Gewicht verliehen hat. Das erklärt noch nicht ihre „grund"-sätzliche Bedeutung. Grundsätzlich meint hier **elementar.** Materiell-inhaltlich sind Grundrechte solche Rechte, deren Existenz für die Erreichung des durch die jeweilige Verfassung vorgegebenen Staatszwecks unerlässlich ist. Die Grundrechteordnung des GG wird noch näher behandelt (...). Zweckcharakter hat ferner das Bekenntnis des GG zum sozialen Bundesstaat (Art. 20 Abs. 1 GG) und zum sozialen Rechtsstaat (Art. 28 Abs. 1 GG) als einer spezifischen Form des Verfassungsstaats. Aus dieser Zwecksetzung folgt die Bindung der Staatsgewalt an verfassungskräftige Strukturprinzipien (Konstanten der politischen Ordnung), die aus der Allgemeinen Staatslehre übernommen sind und durch die Ausgestaltung im Grundgesetz überschaubare Konturen erlangt haben.

II. Die einzelnen Strukturprinzipien

1. Republik

Der deutsche Staat trägt nicht nur den Namen „Bundesrepublik Deutschland", son- 2
dern versteht sich auch inhaltlich als Republik. Der in Art. 28 Abs. 1 S. 1 GG erwähnte republikanische Rechtsstaat ist eine Republik im Sinne der überkommenen Staatstheorien. Seit *Machiavelli* (Der Fürst, Kap. 1) gelten alle Staaten, die nicht Monarchien sind, als Republiken. Durch Art. 20 Abs. 1 S.1 GG wird der Bezug zur Volkssouveränität und zum demokratischen Prinzip hergestellt. Die rechtliche Bedeutung der republikanischen Staatsstruktur beschränkt sich damit auf die Aussage, dass das Staatsoberhaupt in Bund und Ländern nicht auf dynastischer Grundlage und nicht auf Lebenszeit berufen werden darf. Einer „republikanischen Einfärbung von Demokratie und Rechtsstaat" (so *Klein,* DÖV 2009, 741 ff.) bedarf es nicht.

2. Parlamentarische Demokratie

„Demokratie" ist ein Allerweltsbegriff. Das Grundgesetz geht nicht von einem vor- 3
gegebenen Begriff der Demokratie aus, sondern formt den demokratischen Bundesstaat und Rechtsstaat selbst aus. Demokratie bedeutet „Herrschaft des Volks". Dieses ist in einem staatlich verfassten Gemeinwesen Träger der Staatsgewalt. Nur das meint

Art. 20 Abs. 2 Satz 1 GG („Alle Staatsgewalt geht vom Volke aus"). Wie und von wem konkret die Staatsgewalt ausgeübt wird, ist damit noch nicht gesagt. Nach Art. 20 Abs. 2 Satz 2 GG handelt das Volk „in Wahlen (Personalentscheidungen) und Abstimmungen (Sachentscheidungen)" durch besondere Organe der Gesetzgebung, der vollziehenden Gewalt und der Rechtsprechung. Die Staatsfunktionen unterliegen dabei bei ihrer Ausübung nicht notwendig dem demokratischen Prinzip im Sinne eines Mehrheitsprinzips bei der Entscheidungsfindung. Eine Ausnahme macht das in der parlamentarischen Demokratie wichtigste Staatsorgan, das Parlament. Im Übrigen erfordert die Demokratie lediglich, dass sich die Staatsorgane bei der Ausübung der Staatsgewalt auf die Legitimation durch das Volk stützen können. Art. 20 Abs. 2 GG enthält eine Staatszielbestimmung und ein Verfassungsprinzip. Als Staatsziel ist die Vorschrift streng auszulegen. Das „Ausgehen der Staatsgewalt" vom Volk erfordert eine lückenlose personelle demokratische Legitimation aller Entscheidungsträger. Dies gilt jedoch nur für die unmittelbare Staatsverwaltung. Soweit Art. 20 Abs. 2 GG nur auf das demokratische Prinzip abhebt, ist das Demokratieprinzip offen für andere Organisationsformen, etwa für Mitentscheidungsrechte Betroffener im Rahmen der Selbstverwaltung.

4 Das Parlament (Volksvertretung) ist das einzige unmittelbar demokratisch legitimierte Staatsorgan. Daher müssen ihm die anderen Staatsorgane verantwortlich sein und seiner Kontrolle unterliegen. Wesentliche Entscheidungen dürfen nicht am Parlament vorbei getroffen werden. (BVerfGE 98, 218, 251 ff.) Daraus ist kein Vorrang des Parlaments gegenüber den anderen Staatsgewalten abzuleiten. Die Wesentlichkeitstheorie bedeutet auch nicht einen zwingenden Gesetzesvorbehalt. Nicht alle wesentlichen Entscheidungen müssen unter Berufung auf die Grundsätze der parlamentarischen Demokratie in Gesetzesform ergehen. Wo aber (namentlich bei Grundrechtseingriffen) von Verfassungs wegen ein Gesetzesvorbehalt besteht, fordert die Wesentlichkeitstheorie, dass das Parlament die wesentlichen Entscheidungen selbst trifft. (BVerfGE 139, 19, 45; BVerwGE 148,1,5).

Die Bundesrepublik ist auch das Beispiel einer Parteiendemokratie. Durch Art. 21 GG wurde den politischen Parteien ein verfassungsrechtlicher Status zuerkannt (Konstitutionalisierung der politischen Parteien). Diese haben den Rang eines Verfassungsorgans bei der Mitwirkung an der politischen Willensbildung (BVerfGE 107, 393). Konsequenz der Konstitutionalisierung der Parteien ist die Möglichkeit eines Pateiverbots (BVerfGE 124, 4,20).

5 Als einzelne normative Gehalte der Strukturentscheidung für die parlamentarische Demokratie sind anerkannt:
- Politische Freiheit und Gleichheit (Auswirkungen auf die Auslegung der Kommunikationsgrundrechte; Parteienfinanzierung),
- Öffentlichkeit der Entscheidungsprozesse,
- Herrschaft auf Zeit,
- Mehrheitsprinzip,
- Recht auf Bildung und Ausübung der Opposition.

3. Rechtsstaat

6 Der Rechtsstaatsbegriff entstand als politisches Programm und spezifisch deutsche Wortprägung an der Wende vom 18. zum 19. Jahrhundert. Er diente der Eingrenzung und Bestimmbarkeit der Staatsgewalt.

Der Ausdruck „Rechtsstaat" wurde von *Robert von Mohl* in das Staatsrecht eingebracht (Das Staatsrecht des Königsreichs Württemberg, 1829, Bd. 1, S. 8.). Die klassische Definition stammt von *Friedrich Julius Stahl* (Rechts- und Staatslehre, 3. Aufl., 1856, Bd. II, S. 137): „Der Staat soll Rechtsstaat sein, das ist die Losung und auch in Wahrheit der Entwicklungstrieb der neueren Zeit. Er soll die Bahnen und Grenzen seiner Wirksamkeit wie die freie Sphäre seiner Bürger in der Weise des Rechts genau bestimmen und unverbrüchlich sichern, und soll die sittlichen Ideen von Staats wegen, als direct, nicht weiter verwirklichen (erzwingen), als es der Rechtssphäre angehört." 7

Der Rechtsstaatsbegriff war danach formal zu sehen. *Otto Mayer* charakterisierte ihn als Staat des „wohlgeordneten Verwaltungsrechts" (Verwaltungsrecht I, 3. Aufl., 1921, S. 93). Der formelle Rechtsstaat hatte bestimmte Elemente aufzuweisen, nämlich die Gewaltenteilung, die Unabhängigkeit der Gerichte, die Gesetzmäßigkeit der Verwaltung, und die Verpflichtung des Staates, Eigentumseingriffe auszugleichen. Er hatte **keine gerechte Rechtsordnung zum Ziel, sondern setzte sie als bestehend voraus.** Er wurde von allen, die sich mit den sozialen Verhältnissen nicht zufrieden geben wollten, als „bürgerlicher" oder „liberaler Rechtsstaat" abgetan, degenerierte nach der Machtergreifung 1933 zum reinen Gesetzesstaat und konnte gesetzliches Unrecht nicht verhindern. Bei der Schaffung des Grundgesetzes wollte man den Rechtsstaat zur scharfen Waffe gegen die Wiederkehr eines Unrechtsstaats machen. Das Rechtsstaatsprinzip wurde „eines der elementaren Prinzipien des Grundgesetzes" (BVerfGE 20, 323, 331). Nach überwiegender Ansicht hat das Grundgesetz eine Wendung zum materiellen Rechtsstaat vollzogen. Nach st. Rspr. des BVerfG ist die Idee der Gerechtigkeit wesentlicher Bestandteil des Grundsatzes der Rechtsstaatlichkeit (BVerfGE 70, 297, 308). Das bedeutet jedoch nicht, dass beliebige überpositive Gerechtigkeitsvorstellungen über das Rechtsstaatsprinzip ein verfassungsrechtliches Einfallstor finden können. Vielmehr müssen die inhaltlichen Elemente des Rechtsstaats **aus der Verfassung selbst** abgeleitetet werden. Inhaltlicher Maßstab ist insbesondere die Grundrechteordnung. Danach erfordern Eingriffsbefugnisse in die Freiheitssphäre im Interesse irgendwelcher Gerechtigkeitsvorstellungen oder aus sonstigen öffentlichen Interessen eine unmittelbare Legitimation durch die Verfassung. Hinzu kommt ein System zur Begrenzung staatlicher Macht. 8

Als übergreifendes Prinzip staatlicher Machtbegrenzung ist der Rechtsstaatsbegriff in der Lage, vergleichbare Rechtsinstitute fremder freiheitlicher Rechtsordnungen zu integrieren, etwa die „rule of law" oder die „due process clause". Die rechtsstaatlichen Grundsätze prägen auch das Unionsrecht (Jarass DVBl. 2018, 1249). 9

Aus dem formellen Rechtsstaatsprinzip lassen sich daher auch ohne Konkretisierung im Grundgesetz, Rechtsfolgen ableiten. 10

Das BVerfG drückt dies wie folgt aus (BVerfGE 90, 69, 86): „Auch das Rechtsstaatsprinzip, wie es in Art. 20 Abs. 3 GG zum Ausdruck kommt, enthält keine in alle Einzelheiten eindeutig bestimmten Gebote und Verbote. Es bedarf vielmehr der Konkretisierung. Dies ist Sache der jeweils zuständigen Organe. Angesichts der Weite und Unbestimmtheit des Rechtsstaatsprinzips ist bei der Ableitung konkreter Bindungen des Gesetzgebers mit Behutsamkeit vorzugehen." 11

Die Elemente des Rechtsstaats ergeben sich in erster Linie aus Art. 1 Abs. 3, Art. 20 Abs. 2 Satz 2, Art. 20 Abs. 3 GG. Ein Element ist zunächst die Gewaltenteilung. Dabei geht es um die Trennung der Staatsfunktionen Legislative, Exekutive und Judikative (funktionelle Gewaltenteilung) und die Zuordnung dieser Funktionen auf bestimmte Staatsorgane (organisatorische Gewaltenteilung). Die Gewaltenteilung dient der 12 wechselseitigen Kontrolle und Mäßigung, so dass die Teilgewalten nicht streng getrennt sind. Der Kernbereich der verschiedenen Gewalten ist jedoch unveränderbar. Den Kernfunktionen der Teilgewalten sind idealtypisch bestimmte Handlungsformen zugeordnet. Die Legislative (Bundestag und Bundesrat; Landesparlamente) handelt typischerweise in der Form des Gesetzes. Der rechtsstaatliche Gesetzesbegriff ist der des Normgesetzes (materielles Gesetz), d. h. der abstrakt generellen Regelung. Das Grundgesetz lässt jedoch auch parlamentarische Entscheidungen zu, die in den für Gesetze vorgesehenen Formen und Verfahren zustande gekommen sind (Art. 19 Abs. 1 Satz 1 GG, Art. 59 Abs. 2, 87 Abs. 3, Art. 110, Art. 115 Satz 1 GG). Die Judikative übt die rechtsprechende Gewalt durch Einzelfallentscheidungen regelmäßig in der Form von Urteilen aus, für die ein Richtervorbehalt nach Art. 92 GG besteht. „Kennzeichen rechtsprechender Tätigkeit ist daher typischerweise die letztverbindliche Klärung der Rechtslage in einem Streitfall im Rahmen besonders geregelter Verfahren" (BVerfGE 103, 111, 138). Unter dem Begriff „Exekutive" oder „vollziehende Gewalt", werden unterschiedliche Staatsfunktionen wie Regierung, Verwaltung und Streitkräfte zusammengefasst. Die Bezeichnung ist irreführend, weil diese Staatsfunktionen sich nicht im Vollzug von Gesetzen oder Gerichtsentscheidungen erschöpfen. Vielmehr umfasst die Bezeichnung grundsätzlich alle Staatsfunktionen, die nicht der Legislative und Rechtsprechung zugeordnet sind. Typische Handlungsformen lassen sich der Exekutive schwer zuordnen. Geht man davon aus, dass jeder Teilgewalt ihr typischer Funktionsbereich zugeordnet ist, ergeben sich daraus Vorbehalte, nämlich der Gesetzesvorbehalt, der Richtervorbehalt und der Verwaltungsvorbehalt.

Zieht allerdings der Gesetzgeber eine Verwaltungsentscheidung an sich, vollzieht das Gesetz gleichsam sich selbst (Maßnahmegesetz), dann bestehen vergleichbare Bindungen hinsichtlich Verfahrenstransparenz und Begründungspflichten, die sonst im Gesetzgebungsverfahren nicht gelten (BVerfGE 146, 71, 113; a. A. *Wiekhorst* DÖV 2018, 845).

Auf Gemeinschaftsebene ist der Gewaltenteilungsgrundsatz weitestgehend verwässert. Die Zuständigkeiten für den Erlass von Verordnungen, Richtlinien, Beschlüsse, Empfehlungen und Stellungnahmen (Art. 288 AEUV) sind den Gemeinschaftsorganen nicht nach Maßgabe der organisatorischen Gewaltenteilung zugewiesen.

13 Nach Art. 20 Abs. 3 GG ist die Gesetzgebung an die verfassungsmäßige Ordnung gebunden. Mit der verfassungsmäßigen Ordnung ist der gesamte Normbestand des Grundgesetzes gemeint, der zu einer Werteordnung systematisiert werden kann. Nicht erfasst werden dagegen überpositive Gerechtigkeitsvorstellungen. Die vollziehende Gewalt und die Rechtsprechung sind ebenfalls nach Art. 20 Abs. 3 GG an Gesetz und Recht gebunden. Daraus folgt zum einen ein Vorrang des Gesetzes, wonach ein Parlamentsgesetz allen Exekutivakten vorgeht und ferner die Verwaltung verpflichtet ist, auf Grund förmlicher Gesetze ergangene untergesetzliche Normen anzuwenden. Zum anderen besteht für staatliche Eingriffsakte („Eingriffe in Eigentum und Freiheit") der Vorbehalt des Gesetzes. Weiteres rechtsstaatliches Element ist die staatliche Justizgewährung, die ihren Niederschlag findet in der Garantie des effektiven Rechtsschutzes nach Art. 19 Abs. 4 GG, der Gewährleistung richterlicher Unabhängigkeit (Art. 97 GG), dem Recht auf den gesetzlichen Richter und das Verbot von Ausnahmegerichten (Art. 101 Abs. 1 GG) und dem Anspruch auf rechtliches Gehör (Art. 103 Abs. 1 GG). Die Justizgewährungen wirken sich in den jeweiligen Verfahrensordnungen aus und beeinflussen namentlich den vorläufigen Rechtsschutz. Ergänzend zu den

spezielleren grundrechtlichen Verfahrensgrundsätzen ist der Anspruch auf ein „faires rechtsstaatliches Verfahren anerkannt (BVerfGE 109, 13, 34; 109, 11, 24, 60, 168, 200). Aus dem Rechtsstaatsprinzip ergeben sich Handlungsmaßstäbe (Bestimmtheit – BVerfGE 131, 268, 306 –, Rechtsklarheit, Rechtssicherheit, Verhältnismäßigkeit, Vertrauensschutz), die sich insbesondere im Verwaltungsrecht auswirken und dort erörtert werden. Eine rechtsstaatliche Dimension haben auch die Haftungsmaßstäbe des Staatshandelns.

Noch nicht ausdiskutiert ist die Bedeutung des **Datenschutzes** für die Gewaltentei- 14
lung. Die Grundsätze der Rechtsstaatlichkeit werden weniger durch eine formale Gewaltentrennung gewährleistet als durch die Aufrechterhaltung eines institutionellen Gleichgewichts der Unionsorgane. In diese Gleichgewichtbeziehung ist die Datenschutzaufsicht eingebunden. Angesichts der Bedrohungslage der informationellen Selbstbestimmung durch staatliche Stellen und Private ist ein effektiver Datenschutz durch eigenständige fachkundige Organe nötig. Die Datenschutzaufsicht erstreckt sich auf jegliche Ausübung der Staatsgewalt mit Ausnahme der Rechtsprechung. Folglich muss die Datenschutzaufsicht von einem Staatsorgan wahrgenommen werden, das von den anderen Staatsorganen funktionell völlig unabhängig ist.

4. Sozialstaat

Das Adjektiv „sozial“ in Art. 28 Abs. 1 Satz 1 GG stellt einen Programmsatz dar, der 15
zum Staatsstrukturprinzip aufgerüstet wurde. Der Sozialstaat ist allerdings nicht mehr als ein **Staatsziel,** auf welches das Staatshandeln ausgerichtet sein soll, aus dem sich aber grundsätzlich keine subjektiven Rechte ableiten lassen. Aufgabe des Staates ist es auch, für soziale Sicherheit und Gerechtigkeit zu sorgen (BVerfGE 97, 169, 185) und soziale Gegensätze auszugleichen (BVerfGE 100, 271, 284). Als Richtschnur dient das Sozialstaatsprinzip vor allem für die Gesetzgebung. Es vermittelt aber in aller Regel keine unmittelbaren Leistungsansprüche der Bürger gegen den Staat. Diese ergeben sich vielmehr aus den Grundrechten, zu deren Bestärkung allerdings des Sozialstaatsprinzip herangezogen wird (BVerfGE 52, 346). Die Sicherung des Existenzminimums dürfte ohnehin auf Art. 1 Abs. 1 GG zu stützen sein. Zum Ausgleich von Armut kann nicht einmal dieser Notbehelf greifen, solange Armut in Relation zum Durchschnittseinkommen definiert wird. Als Legitimation von Grundrechtsbeschränkungen ist das Sozialstaatsprinzip zu vage (vgl. aber BVerfG, NJW 2009, 2033, 2039 zur Gesundheitsreform 2007: „Der Schutz der Bevölkerung vor dem Risiko der Erkrankung ist in der sozialstaatlichen Ordnung des Grundgesetzes eine Kenraufgabe des Staates“).

Lediglich bei eklatant ungleichgewichtigen Grundrechtskollisionen kann das Sozial- 16
staatsprinzip als Eingriffslegitimation zur Machtbegrenzung von kollidierenden Grundrechten dienen (Mitbestimmung: BVerfGE 50, 290). Seine Bedeutung liegt, wenn man die Verfassung beim Wort nimmt, im adjektivischen Sprachgebrauch. Der „soziale Rechtsstaat“ ist ein Rechtsstaat, bei dem der Staat seine Sicherungsfunktion erfüllen kann, indem er für sozialen Ausgleich sorgt. Ein „sozialer Bundesstaat“ ist ein Bundesstaat, in dem die Gleichwertigkeit der Lebensverhältnisse einigermaßen gesichert ist. Im Übrigen realisiert sich der Sozialstaat in erster Linie auf der Verwaltungsebene vor Ort (Daseinsvorsorge).

5. Bundesstaat

17 Die Entwicklung des Bundesstaatsbegriffs ist ähnlich wie die Entwicklung des Staatsbegriffs durch bestimmte historische Situationen bedingt. Die politischen Kontroversen, die zur Herausbildung bündischer Organisationsformen führten reichen weit in die vorstaatlichen Epochen zurück.

18 Schon in der Antike gab es Bündnisse. Aber diese wurden in der Regel zu einem begrenzten Zweck geschlossen. Das römische Staatsrecht kannte nur das römische Universalreich. Soweit das römische Imperium bereits Elemente eines Einheitsstaats auswies, musste die Übertragung der Herrschaftsgewalt (translatio imperii) auf die deutschen Stammeskönige selbst auf deutschem „Reichsgebiet" (regnum teutonicum) scheitern. Zum Gegenspieler der Reichsidee bildeten sich die Nationalstaaten heraus. England, Frankreich und Russland entwickelten sich dabei zu unabhängigen nationalen Einheitsstaaten, während im mitteleuropäischen Raum die Territorien unter dem Dach des Reiches Staatlichkeit erlangten. Vor diesem Hintergrund entstand die Lehre vom Bundesstaat.

19 Der „Bundesstaat" soll verbergen, wo die Entscheidungsgewalt im Konfliktfall liegt. Bei politischen Entscheidungen mit existenzieller Bedeutung für das Selbstverständnis von Bund und Gliedern stellt sich in letzter Konsequenz die Frage der Sezession. Das ist der Ausnahmezustand. Nur wer über den Ausnahmezustand entscheiden kann ist souverän. Damit zeigt sich das bundesstaatliche Dilemma: Wer ist nun im Bundesstaat souverän? Bei einem rechtlichen Verständnis, nach dem im Bundesstaat sowohl Bund wie auch Gliedstaat sein sollen, ist der Bundesstaat als Rechtsbegriff konstruktiv nur möglich, wenn sich die Souveränität zwischen Bund und Gliedern in irgendeiner Form teilen lässt. In der Tat ist dementsprechend die Lehre von der **Teilbarkeit der Souveränität** verbreitet.

20 Die Lehre von der Teilbarkeit der Staatsgewalt beruht auf der Konstruktion des aus Staaten zusammengesetzten Staates, die in der Reichspublizistik des 17. Jahrhunderts entstand. Dadurch wird das Verfahren angedeutet, mit dessen Hilfe man in der Folgezeit den Bundesstaat rechtlich zu bewältigen versuchte: Der Staatsbegriff musste so korrigiert werden, dass er auch auf den Bundesstaat passte. Dies geschah durch eine Trennung von Staat und Souveränität. Die herrschende Lehre war indessen nur auf die Normallage zugeschnitten. Sie versagte in Krisensituationen, wenn der Gesamtstaat auseinander zu brechen drohte. Schon in der Weimarer Zeit deutete sich die konstruktive Lösung des bündischen Problems an. Ein Bundesstaat ist ein Gebilde, bei dem sich im Verhältnis von Gesamtstaat und Gliedstaaten die Frage der Souveränität praktisch nicht stellt, bei der m. a. W. der Ausnahmezustand nur eine theoretische Möglichkeit ist (harmonischer Bundesstaat).

21 Nach dem Zweiten Weltkrieg traf das Grundgesetz die Strukturentscheidung für einen Bundesstaat in Art. 20 Abs. 1 GG. Das Bundesstaatsprinzip wird durch zahlreiche Bestimmungen des Grundgesetzes konkretisiert Art. 29, 30, 31, 50, 70ff., 83ff., 104a GG usw.). Im harmonischen Bundesstaat sind Bund und Glieder selbständige Entscheidungseinheiten, deren politisches Substrat sich in einer Schwebelage befindet. Das politische Substrat, d. h. die jeweiligen Aufgaben und Befugnisse, ermöglicht Entscheidungen von Gewicht bis hin zum existenziellen Konflikt. Dieser Konflikt wird durch rechtliche Vorkehrungen und Konsens in den Grundsatzfragen praktisch ausgeschlossen. Konstruktiv wird das bewerkstelligt, indem die staatlichen Funktionen so zwischen Bund und Gliedern verteilt werden, dass eine homogene Aufgabenerfüllung gewährleistet ist. Dies erfordert eine klare Abgrenzung der Hoheitsräume, aber zugleich wechselseitige Verschränkungen. Bei der Bundesgesetzgebung wirken die Länder über den Bundesrat mit, da sie weitgehend den Gesetzesvollzug zu verantworten haben. Umgekehrt stehen der Bundesverwaltung so genannte Ingerenzrechte, d. h.

Einflussmöglichkeiten auf die Ausführung der Bundesgesetze durch die Länder zu. Die Finanzausstattung von Bund, Ländern und Ländern untereinander erfordert ein kompliziertes System von eigenen Einkünften und Finanzausgleichsmechanismen. Diese wechselseitigen Verschränkungen entwickelten eine Eigendynamik, die dazu führten, dass kaum noch eigenständige politische Entscheidungen getroffen werden konnten. Dies war der Hintergrund für Änderungen des Grundgesetzes, die „Föderalismusreformen **I, II und III**". Die Föderalismusreform I korrigierte Fehlentwicklungen (*Hans-Peter Schneider,* Der neue deutsche Bundesstaat. Bericht über die Umsetzung der Föderalismusreform I, 2013; *Hofmann,* DÖV 2008, 833ff.), sorgte für eine effektivere Gestaltung der Bundeskompetenzen, kam aber auch den Ländern entgegen. Die Föderalismusreform bemühte II sich wenigstens, die unaufhaltsame Aufgabenverlagerung von den Ländern auf den Bund abzubremsen (hierzu *Ipsen,* NJW 2006, 2801ff.; *Häde,* JZ 2006, 930ff.; *Selmer,* JuS 2006; *Papier,* NJW 2007, 2145ff.), zielt die Föderalismusreform III ungehemmt auf eine Aufgabenerweiterung des Bundes ab (vgl. BT-Drucks. 19/3440). Die Regelung des Finanzausgleichs ist hierfür ein Vehikel.

§ 20. Staatsorgane

Ismayr, Der Deutsche Bundestag. 3. Aufl., 2012; *Kunig,* Jura 1994, 217ff.; *Burkiczack,* JuS 2004, 278ff.

I. Allgemeines

Das Staatsorganisationsrecht i. e. S. betrifft den **Aufbau und die Aufgaben** der Staatsorgane (der Verfassungsorgane und sonstigen obersten Staatsorgane) und ihre rechtlichen Beziehungen zueinander. Im der juristischen Fachliteratur, im juristischen Lehrbetrieb und in der den Justizprüfungsordnungen werden zumeist nur die Organe des Bundes behandelt. In sämtlichen Ländern besteht jedoch eine eigene Verfassungs- und Staatsordnung, so dass die dortige Lage nicht völlig übergangen werden darf. 1

II. Staatsorgane des Bundes

1. Bundestag

Der Bundestag ist als Verfassungsorgan **primäres Forum politischer Willensbildung.** 2
Daraus leiten sich bestimmte Funktionen ab, nämlich die

- **Repräsentativfunktion** = (unmittelbar) gewählte Volksvertretung; daraus folgt nach h. L. eine
- **Reservefunktion** für alle Aufgaben, die den anderen Staatsorganen nicht zugewiesen sind.

Richtiger Ansicht nach obliegt die Reservefunktion der Exekutive. Jedoch steht dem Bundestag ein Befassungsrecht mit allen Gegenständen zu, die einer parlamentarischen Debatte zugänglich sind.

- **Gesetzgebungsfunktion** einschließlich **Budgetrecht,**
- **Kontrollfunktion** gegenüber der **Exekutive,**
- **Kontrollfunktion** im Rahmen **der Integrationsverantwortung,**
- im Rahmen der Gewaltenteilung **Kreationsfunktion** bei der Bildung weiterer Verfassungsorgane.

Der Bundestag wird auf vier Jahre **gewählt.** Die Wahlperiode endet mit Zusammentritt des neuen Bundestages (Art. 39 Abs. 1 GG). Ein Selbstauflösungsrecht besteht nicht. Neuwahlen kommen nur in Betracht, wenn sich nach einer Bundestagswahl 3 keine absolute Mehrheit für die Wahl des Bundeskanzlers findet und der Bundespräsident sein nach Art. 63 Abs. 4 S. 3 GG bestehendes Ermessen dahingehend ausübt, dass er den Bundestag auflöst. Die Wahl des Bundestages erfolgt in allgemeiner, unmittelbarer, freier, gleicher und geheimer Wahl (Art. 38 Abs. 1 GG). Aus dem Demokratie- und dem Rechtsstaatsprinzip folgt weiter der Grundsatz der Öffentlichkeit der Wahl, der die Ordnungsgemäßheit und Nachvollziehbarkeit der Wahlvorgänge sicherstellt (BVerfGE 123,39).

4 **Organe** des Bundestags sind das Plenum, das Präsidium der Ältestenrat sowie ständige Ausschüsse. Die Ordnungsbefugnisse des Parlamentspräsidenten umfassen Sachruf, Ordnungsruf, Redeentzug und Sitzungsausschluss (vgl. *Glauben/Breitbach* DÖV 2018,855).

5 Parteipolitisch ist der Bundestag in **Fraktionen** untergliedert. Unter einer Fraktion versteht man den Zusammenschluss der Abgeordneten einer Partei im Parlament. Das Recht, zu Fraktionen zusammenzutreten, folgt aus Art. 38 Abs. 1 S. 1 GG (BVerfGE 84, 304, 322). Fraktionen sind für die Funktionsfähigkeit des Parlaments unabdingbar (BVerfGE 102, 224, 237). Das Fraktionsbildungsrecht der Abgeordneten wird daher durch die Geschäftsordnungsautonomie des Bundestags beschränkt. Geschäftsordnungsrechtliche Voraussetzungen der Fraktionsbildung ergeben sich aus § 10 Abs. 1 GO-BT. Danach müssen sich mindestens 5 % der Mitglieder des Bundestags zusammenschließen, die derselben Partei oder solchen Parteien angehören, die auf Grund gleichgerichteter politscher Ziele in keinem Land zueinander im Wettbewerb stehen. Entfällt eine dieser Voraussetzungen während der laufenden Legislaturperiode, ist der Verlust des Fraktionsstatus durch das Plenum förmlich festzustellen (*Görlitz*, Voraussetzungen und Grenzen des Rechts auf Faktionsbildung im Deutschen Bundestag, DÖV 2009, 261 ff.).

2. Bundesrat

6 Durch den Bundesrat wirken die Länder bei der Gesetzgebung und Verwaltung des Bundes und in Angelegenheiten der EU mit (Art. 50 GG). Es handelt sich um ein föderatives Verfassungsorgan. Obwohl der Bundesrat sich aus den Mitgliedern der Landesregierungen zusammensetzt, ist er Bundesorgan. Der Bundesrat tagt permanent und unterliegt nicht dem Diskontinuitätsgrundsatz des Bundestags. Der Bundesrat ist ein Kollegialorgan, dessen Mitglieder in dem sie entsendenden Land Kabinettsrang haben müssen. Jedes Land hat mindestens drei Stimmen; Länder mit mehr als zwei Millionen Einwohnern haben vier, Länder mit mehr als sechs Millionen Einwohnern fünf, Länder mit mehr als sieben Millionen Einwohnern sechs Stimmen, die einheitlich abgegeben werden müssen (BVerfG 106, 330):

Baden-Württemberg 6, Bayern 6, Berlin 4, Brandenburg 3, Bremen 2, Hamburg 3, Hessen 5, Niedersachsen 6, Nordrhein-Westfalen 6, Rheinland-Pfalz 4, Saarland 3, Sachsen 4, Sachsen-Anhalt 4, Schleswig-Holstein 4, Thüringen.

3. Bundespräsident

7 Der Bundespräsident ist das Staatsoberhaupt der Bundesrepublik Deutschland. Er ist oberstes Verfassungsorgan des Bundes und zählt zur vollziehenden Gewalt i. S. v. Art. 1 Abs. 3, 20 Abs. 2 S. 2 und Abs. 3 GG. Als Reaktion auf die Erfahrungen der Weimarer Republik ist die politische Machtstellung des Bundespräsidenten ab-

geschwächt. Er hat vor allen dem Staat nach außen zu repräsentieren, „staatsnotarielle Funktionen" auszuüben und nur bei geminderter Handlungsfähigkeit anderer Verfassungsorgane Reservefunktionen. Wählbar ist jeder Deutsche, der das aktive und passive Wahlrecht zum Bundestag besitzt (Art. 38 GG i. V. m. §§ 12f. BWahlG) und das 40. Lebensjahr vollendet hat (Art. 54 Abs. 1 S. 2 GG). Das Amt des Bundespräsidenten dauert fünf Jahre. „Anschließende Wiederwahl ist nur einmal zulässig" (Art. 54 Abs. 2 GG).

Der Bundespräsident wird von der **Bundesversammlung** ohne Aussprache gewählt 8 (Art. 54 Abs. 1 S. 1 GG). Die Bundesversammlung ist keine ständige Einrichtung, sondern ein Wahlorgan, das sich mit Annahme der Wahl durch den Gewählten auflöst. Nähere Vorgaben für die Bundesversammlung finden sich im Grundgesetz nicht. Das Bundesgesetz, das „das Nähere regelt" ist das „Gesetz über die Wahl des Bundespräsidenten durch die Bundesversammlung" (BP-WahlG). Mitglieder der Bundesversammlung sind automatisch die Mitglieder des Bundestags („geborene Mitglieder") und in gleicher Anzahl die von den Volksvertretungen der Länder nach den Grundsätzen der Verhältniswahl Gewählten („gekorene Mitglieder").

Die von den Volksvertretungen der Länder bestimmten Mitglieder der Bundesversammlung müssen nicht selbst Abgeordnete der Landesparlamente sein. Das hat dazu geführt, dass die Parteien vielfach parteinahe Prominente in die Bundesversammlung entsenden. Während für die vom Volk gewählten Abgeordneten in der Bundesversammlung das freie Mandat besteht, üben die von den Landtagen gewählten Dritten ähnlich wie die Wahlmänner bei der US-Präsidentenwahl nur ein imperatives Mandat aus (a. A. die h. L.).

Fall 7

Der Bundespräsident äußerte sich in einer öffentlichen Veranstaltung über die AfD „Wir brauchen da 9 Bürger, die auf die Straße gehen, die den Spinnern ihre Grenzen aufweise". Die AfD macht hiergegen im Organstreit vor dem BVerfG geltend, als politische Partei durch das Verhalten des Bundespräsidenten als eines anderen Verfassungsorgans in ihrem Recht auf Chancengleichheit bei Wahlen verletzt zu sein. Hat der Organstreit Aussicht auf Erfolg?

4. Bundesregierung

Der Bundesregierung obliegt die Staatsleitung (vgl. BVerfGE 95, 160). Sie ist in ihrem 10 Bestand vom Vertrauen des Parlaments abhängig. Nach Art. 62 GG besteht die Bundesregierung aus dem Bundeskanzler und den Bundesministern.

Der **Bundeskanzler** (oder die Bundeskanzlerin) wird auf Vorschlag des Bundespräsi- 11 denten gewählt. Gewählt ist, wer im ersten Wahlgang die absolute, im zweiten Wahlgang die relative Mehrheit erreicht.

Die **Minister** werden auf Vorschlag des Bundeskanzlers vom Bundespräsidenten er- 12 nannt. Dem Bundespräsidenten steht dabei ein formelles Prüfungsrecht zu.

Die Amtszeit des Bundeskanzlers ist auf die Dauer der Legislaturperiode des Bundes- 13 tages geknüpft in Ausnahmefällen endet sie durch freiwilligen Rücktritt des Bundeskanzlers, durch Misstrauensvotum (Art. 67 GG) sowie an Scheitern der Vertrauensfrage nach Art. 68 GG. Der Bundeskanzler kann jederzeit die Bundesministerien erlassen.

Bei der **Regierungstätigkeit** sind zu unterscheiden: Die Tätigkeit der Bundesregie- 14 rung als Kollegialorgan, die Tätigkeit des Bundesministers im Rahmen des Ressortprinzips sowie die Richtlinienkompetenz des Bundeskanzlers. Nach Art. 65 S. 1 GG bestimmt der Bundeskanzler die Richtlinien der Politik und trägt hierfür die Verantwortung. Dabei geht es hier um allgemeine und grundlegende praktische Entscheidungen. Wesentliche Funktionen werden zudem durch das Kollegium wahrgenommen. Im Übrigen leitet jeder Bundesminister seinen Geschäftsbereich selbstständig unter eigener Verantwortung, vgl. Art. 65 S. 2 GG.

5. Bundesverfassungsgericht

15 Das Bundesverfassungsgericht ist der authentische Interpret des Grundgesetzes. Nach seinem Selbstverständnis handelt es sich um ein Verfassungsorgan (BVerfGE 65, 152,154). Es ist jedoch ein Gericht, besteht aus zwei Senaten und entscheidet in den in Art. 93 GG enumerativ aufgeführten Streitigkeiten. Sofern ein Rechtsstreit zulässig ist, kann das Bundesverfassungsgericht die Akte aller Staatsorgane aufheben. Es ist keine Superrevisionsinstanz, wohl aber gesetzlicher Richter mit Vorlagepflichten nach Art. 267 AEUV (vgl. aber auch BVerfG vom 3.9.2018 – 1 BvR 552/17).

6. Bundesrechnungshof

16 Nach h. L. kein Verfassungsorgan, wohl aber eine oberste Bundesbehörde ist der Bundesrechnungshof (Art. 114 Abs. 2 GG). Die Einzelheiten sind geregelt in dem Bundesrechnungshofgesetz (BRHG) vom 11.7.1985 (BGBl. I S.1445). Er ist gekennzeichnet durch seine Unabhängigkeit. Diese wird dadurch bestärkt, dass die Mitglieder des Bundesrechtshofs richterliche Unabhängigkeit besitzen (§ 3 Abs. 4 BRHG).

7. Bundesbank

17 Die Deutsche Bundesbank ist als Zentralbank der Bundesrepublik Deutschland integraler Bestandteil des Europäischen Systems der Zentralbanken. Die Bank hat ihren Sitz in Frankfurt am Main. Sie ist eine bundesunmittelbare juristische Person des öffentlichen Rechts; der Vorstand mit der Zentrale am Sitz der Bank hat die Stelle einer obersten Bundesbehörde. Die Einzelheiten sind im Gesetz über die Deutsche Bundesbank idF vom 22.10.1992 (BGBl. I S.1782) geregelt. Wichtigstes Geschäftsfeld ist die Geldpolitik des Eurosystems. Ziel der Geldpolitik ist es, die Preisstabilität im Euro-Raum zu sichern. Die weiteren Geschäftsfelder betreffen den Schutz des Finanz- und Wirtschaftssystems, die Bankenaufsicht und die Bereitstellung von Bargeld.

8. Die oder der Beauftragte für den Datenschutz und die Informationsfreiheit

18 Der oder die Beauftragte für den Datenschutz und die Informationsfreiheit (BfDI) ist eine oberste Bundesbehörde, deren wichtigste Aufgabe die Überwachung und Durchsetzung der DSGVO und des BDSG und sonstiger Vorschriften über den Datenschutz ist (Art. 57 DSGVO; § 14 BDSG). Sie ist nicht Vollzugsorgan der EU, obwohl sie gerade mit dieser Motivation als völlig unabhängige Behörde installiert wurde (Art. 51 DSGVO). Die Unabhängigkeit ergibt sich ohnehin bereits aus der Funktion der Datenverarbeitungsaufsicht im gewaltenteilenden Rechtsstaat. Nach der allgemeinen Meinung ist die BfDI-Behörde nicht nur, oberste Verwaltungs-, sondern zugleich Verfassungsbehörde.

III. Staatsorgane der Länder

1. Föderative Vielfalt

Bund und Länder verfügen über Verfassungshoheit. Ihre Verfassungsräume stehen nebeneinander. Die Bundesländer haben nicht nur eigene Landesverfassungen, sondern auch eigene Parlamente, Regierungen, Behörden und Gerichte. Die Staatsorganisation der Länder unterscheidet sich daher nicht unerheblich. Die Unterschiede dürfen aber die Gemeinsamkeit der Staatszwecke und -ziele nicht in Frage stellen. 19

2. Homogenitätsprinzip

Die Konkordanz der Ziele stellt das Homogenitätsprinzip (Art. 28 Abs. 1 GG) **sicher, das in der Aufzählung von Normativbestimmungen seinen Ausdruck findet.** Vorgegeben sind im Wesentlichen die oben in § 19 behandelten Strukturelemente. 20

Lösung Fall 7

Der Antrag im Organstreitverfahren ist zulässig, aber unbegründet. Der Bundespräsident hat die Aufgabe, im Sinne der Integration des Gemeinwesens zu wirken. Wie der Bundespräsident diese Aufgabe wahrnimmt, entscheidet er grundsätzlich autonom. Kommt dem Bundespräsidenten diesbezüglich ein weiter Gestaltungsspielraum zu, kann er auch weitgehend frei darüber entscheiden, in welcher Form er sich in der jeweiligen Kommunikationssituation äußert. Er ist insbesondere nicht gehindert, sein Anliegen auch in zugespitzter Form anzubringen, wenn er dies für angezeigt hält (BVerfG vom 10.6.2014 – 2BvE 4/13). 21

§ 21. Staatsfunktionen

I. Gesetzgebung

1. Gesetz

Das Gesetz kann formal als beliebiges Produkt des Gesetzgebers oder inhaltlich nach seinem materiellen Regelungsgehalt bestimmt werden. Gesetzgebung bedeutet **inhaltlich** die Setzung genereller (Bezugspunkt ist der angesprochene Personenkreis) und abstrakter (Bezugspunkt sind die geregelten Sachverhalte) **Rechtsnormen.** Dieser materielle Gesetzesbegriff prägt das Wesen der gesetzgebenden Gewalt. 1

Bis zum Aufkommen des Verfassungsstaats bedeutete Gesetzgebung sogar nur die Tätigkeit des Fürsten als Träger oberster Gewalt zu Aufstellung allgemein verbindlicher Regeln. An dieser Gesetzgebung wurde später die Volksvertretung beteiligt. Damit war indessen die Wurzel für eine folgenschwere und heftig umstrittene Abkehr vom nur materiellen Gesetzesbegriff gelegt. Zwar stellte etwa nach *Georg Jellinek* die Gesetzgebung „abstrakte, eine Vielzahl von Fällen oder auch einen individuellen Tatbestand regelnde Rechtsnormen auf". Bezugspunkt sind die geregelten Sachverhalte. Aber bereits *Jellinek* führte im Anschluss an *Paul Laband* (Das Budgetrecht nach den Bestimmungen der preußischen Verfassungsurkunde unter Berücksichtigung der Verfassung des norddeutschen Bundes, Separatabdruck 1871, Nachdruck 1971, S. 6) aus, dass es auch Gesetze ohne normativen Inhalt, Gesetze im formellen Sinn, geben könne. Trotz heftiger Kritik setzte sich diese Ansicht durch. Das mit ihrem verbundenen verfassungspolitischen Anliegen einer ausgewogenen Machtverteilung zwischen Parlament und monarchischer Exekutive ist mit dem Untergang der konstitutionellen Monarchie entfallen. Der parlamentarische Gesetzgeber muss seither nicht mehr auf den Erlass materieller Gesetze beschränkt werden, um das Hausgut der monarchischen Verwaltung zu schützen. Dennoch ist der materielle Gesetzesbegriff nicht überflüssig geworden. Auch im demokratischen Rechtsstaat kann der „Missbrauch des Gesetzeskostums" einen verfassungswidrigen Einbruch in den funktionellen Vorbehaltsbereich der anderen Staatsgewalten bedeuten. Von solchen Missbrauchsfällen ab- 2 gesehen wird man jedoch nicht leugnen können, dass der Gesetzgeber auch Gesetze ohne normativen Inhalt erlassen darf.

3 Soweit sich das Parlament für Hoheitsakte der Gesetzesform bedient, liegt immer noch Gesetzgebung vor. Im formellen Sinn ist Gesetzgebung die Setzung von Staatsakten durch die Legislativgewalt in den dafür verfassungsmäßig vorgeschriebenen Verfahren und Formen.

2. Kompetenzen

4 Im deutschen Bundesstaat besteht eine Zuständigkeitsvermutung zugunsten der Länder (Art. 30 GG). Diese wird bei den einzelnen Staatsfunktionen formal aufrechterhalten. Inhaltlich ist dagegen die Summe der Einzelkompetenzen ausschlaggebend. Bei der Gesetzgebung ist deutlich der Bund bevorzugt. Das gilt auch nach der Föderalismusreform. Die Zuständigkeitsvermutung zu Gunsten der Länder (Art. 70 GG) ändert nichts daran, dass der Katalog der Bundeskompetenzen (Art. 73ff. GG) den Schwerpunkt der Gesetzgebung auf den Bund verlagert. Zu unterscheiden ist zwischen der ausschließlichen und der konkurrierenden Gesetzgebungszuständigkeit des Bundes, die in verschiedenen Varianten auftritt: Der Katalog der ausschließlichen Gesetzgebung des Bundes (Art. 71, 73 GG) wurde gegenüber früher massiv erweitert. Die Rahmengesetzgebung ist als eigener Gesetzgebungstyp entfallen. Dafür gibt es drei Typen der konkurrierenden Zuständigkeit: die Kerngesetzgebung, Bedarfsgesetzgebung und Abweichungsgesetzgebung. Bei der Kerngesetzgebung ist der Bund automatisch zur Gesetzgebung befugt. Die Sperrwirkung für den Landesgesetzgeber tritt anders als bei der ausschließlichen Gesetzgebungszuständigkeit erst ein, sobald und soweit der Bundesgesetzgeber von seiner Gesetzgebungszuständigkeit Gebrauch gemacht hat. Die Bedarfsgesetzgebung ist nur zulässig ist, soweit eine bundesgesetzliche Regelung zur Herstellung gleichwertiger Lebensverhältnisse oder zur Wahrung der Rechts- und Wirtschaftseinheit im gesamtstaatlichen Interesse erforderlich ist. Die Abweichungsgesetzgebung, d. h. die Befugnis der Länder abweichende Regelungen zu treffen, betrifft Materien, die zumeist gemeinschaftsrechtlich geregelt sind.

5 Die Abweichungsgesetzgebung ersetzt die frühere Rahmengesetzgebung. Sie ist ein Novum der Föderalismusreform. Folgende Fallkonstellationen sind zu unterscheiden:

- Der Bund hat von seiner Gesetzgebungszuständigkeit keinen Gebrauch gemacht = Landesrechtliche Regelungen sind ohne weiteres möglich. Der Bund kann neuere abweichende Regelungen treffen, von denen die Länder ihrerseits abweichen können.
- Der Bund hat von seiner Gesetzgebungszuständigkeit Gebrauch gemacht = Landesgesetzgeber kann abweichende Regelungen treffen = Bund kann erneut eine abweichende Regelung treffen. Diese tritt frühestens sechs Monate nach ihrer Verkündung in Kraft. In der Zwischenzeit können die Länder erneut abweichende Gesetze erlassen. Das jeweils neueste Gesetz geht vor (Art. 72 Abs. 1 S. 3 GG). Mit Zustimmung des Bundesrats kann der Bund den Zeitpunkt des Inkrafttretens des Bundesgesetzes modifizieren, nicht jedoch den Geltungsrang.

3. Verfahren

6 Bundesgesetze werden vom Bundestag beschlossen (Art. 77 Abs. 1 GG). Dem Bundesrat stehen im Gesetzgebungsverfahren Mitwirkungsrechte zu. Er kann gegen ein Bundesgesetz Einspruch einlegen oder bei bestimmten Bundesgesetzen die Zustimmung verweigern. Der Vermittlungsausschuss hat dann die Aufgabe, einen Einigungsvorschlag zu formulieren, über den der Bundestag erneut zu beschließen hat (Art. 77 Abs. 2 S. 5 GG). Im Gesetzgebungsverfahren bestehen somit noch begrenzte Gestal-

tungsmöglichkeiten. Der Vermittlungsausschuss verfügt indessen nicht über eine eigene Entscheidungsbefugnis. Der Vermittlungsausschuss darf daher nur Veränderungen des Gesetzesbeschlusses vorschlagen, die sich im Rahmen des Anhörungsbegehrens und des Gesetzgebungsverfahrens bewegen (BVerfGE 120, 56, 75).

Das Verfahren zum Erlass eines formellen Bundesgesetzes beginnt mit der Einbringung der mit einer Begründung versehenen Gesetzesvorlage der Bundesregierung, des Bundesrats oder des Bundestags, d. h. „aus der Mitte des Bundestags". Nach § 76 GO-BT müssen Vorlagen von Mitgliedern des Bundestags entweder von einer Fraktion oder von 5% der Mitglieder des Bundestages unterzeichnet sein. Vorlagen der Bundesregierung sind zunächst dem Bundesrat zuzuleiten und werde mit dessen Stellungnahme an den Bundestag weitergeleitet. Vorlagen des Bundesrats sind dem Bundestag durch die Bundesregierung zuzuleiten, die dabei ihre eigene Auffassung zu der Vorlage darzulegen hat. Im Bundestag finden drei Beratungen des Entwurfs statt. In der ersten Beratung erfolgt noch keine Aussprache. Vielmehr wird nur beschlossen, den Gesetzentwurf an einen oder mehrere Bundestagsausschüsse zu überweisen. Anhand der Ausschussstellungnahmen werden dann, häufig in der gleichen Sitzung, die zweite und dritte Lesung durchgeführt Am Ende der dritten Lesung erfolgt die Abstimmung über die Annahme oder Ablehnung des Gesetzes. Die im Bundestag angenommenen Gesetze werden dem Bundesrat vorgelegt, der innerhalb von drei Wochen den Vermittlungsausschuss anrufen kann. Diese Möglichkeit steht bei zustimmungsbedürftigen Gesetzen auch Bundestag und Bundesregierung offen. Schlägt der Vermittlungsausschuss eine Änderung des Gesetzentwurfs vor, muss der Bundestag darüber beschließen, ob er sich dem Änderungsvorschlag anschließen will. Das weitere Verfahren richtet sich danach, ob es sich bei dem Bundesgesetz um ein Zustimmungs- oder ein Einspruchsgesetz handelt. Bei Zustimmungsgesetzen ist das vom Bundestag beschlossene Gesetz endgültig abgelehnt, wenn der Bundesrat nicht zustimmt. Bei Einspruchsgesetzen kann der Bundesrat nach Beendigung des Vermittlungsverfahrens Einspruch einlegen. Der Einspruch entfaltet nur Suspensivwirkung. Der Bundestag kann den Einspruch nämlich mit derselben (einfachen oder zweidrittel-)Mehrheit zurückweisen, mit der der Bundesrat ihn beschlossen hat. Zur Überstimmung des Bunderates ist aber jedenfalls die Mehrheit der Mitglieder des Bundestags nötig (Art. 76, 77 GG). Die vom Bundestag beschlossenen Gesetze müssen sodann vom Bundespräsidenten nach Gegenzeichnung durch den Bundeskanzler und die zuständigen Bundesminister ausgefertigt werden. Der Bundespräsident prüft, ob das Gesetz formell ordnungsgemäß zustande gekommen ist und ob materiell nicht offensichtlich gegen das GG verstößt. Der Umfang des materiellen Prüfungsrechts ist allerdings umstritten. Voraussetzung für das Inkrafttreten des Gesetzes ist schließlich die Verkündung im Bundesgesetzblatt. Ist der Tag des Inkrafttretens nicht im Gesetz selbst bestimmt, tritt das Gesetz mit dem 14. Tag nach Ausgabe des entsprechenden Bundesgesetzblatts in Kraft. 7

II. Regierung

Regierung ist die vom Politischen her bestimmte Leitung der Verwaltung. Im demokratischen Rechtsstaat hat die Regierung einen Teil ihrer Bedeutung zurückerlangt: „Die selbständige politische Entscheidungsgewalt der Regierung, ihre Funktionsfähigkeit zur Erfüllung ihrer verfassungsmäßigen Aufgaben, ihre Sachverantwortung gegenüber Volk und Parlament sind zwingende Gebote der demokratischen rechtsstaatlichen Verfassung" (BVerfGE 47, 268, 281). Daraus resultiert ein Kernbereich exekutiver Eigenverantwortung auch gegenüber parlamentarischen Untersuchungsausschüssen (BVerfG, DVBl. 2009, 1107 m. Anm. *Hecker*, DVBl. 2009, 1229). 8

III. Verwaltung

Im Rahmen der föderalen Gewaltenteilung sichert die Verwaltungsfunktion den Ländern den notwendigen Raum für eine originäre staatliche Tätigkeit. Im deutschen Bundesstaat ist daher die Verwaltung grundsätzlich Angelegenheit der Länder (Art. 83 GG). Die nur beim Vollzug von Bundesgesetzen statthafte Bundesverwaltung insbesondere mit Verwaltungsunterbau ist die Ausnahme. Die Länder sind auch zuständig für den Vollzug von Bundesgesetzen, jedoch muss der Bund die Möglichkeit haben, 9 den Vollzug seiner Gesetze zu steuern. Das geschieht durch sog. **„Ingerenzrechte“.** Diese betreffen die eigenen Verwaltungsaufgaben des Bundes und die Bundesaufsicht, ohne dass das GG eine klare Trennungslinie gezogen hätte. Gerade in Zusammenhang der Verwaltungsfunktion und der vertikalen Gewaltenteilung sind die Verwaltung i. e. S., die Erledigung **eigener Verwaltungsangelegenheiten,** und die Beaufsichtigung **fremder** Verwaltungsentscheidungen auseinander zu halten. Nur so wird beim Landesvollzug von Bundesgesetzen die typisierende Unterscheidung der eigenen Landesverwaltung von den fremden Aufgaben (Aufgaben des Auftraggebers) wahrzunehmenden Auftragsangelegenheiten durchführbar. Organisatorisch-institutionell besteht nämlich kein Unterschied. In beiden Fällen handelt es sich um Landesverwaltung. Handeln und Verantwortlichkeit nach außen ist allein Landesangelegenheit (BVerfGE 104,249, BVerfG, NVwZ 2002,585). Diese liegt in der vorliegenden einvernehmlichen rechtsgeschäftlichen Vertretung des Bundes durch den Freistaat Bayern nicht.

1. Verwaltungstypen

10 Verwaltungstypen beim Landesvollzug von Bundesgesetzen sind der landeseigene Vollzug von Bundesgesetzen (Art. 84 GG) und der Vollzug von Bundesgesetzen im Auftrag des Bundes (Bundesauftragsangelegenheiten, Art. 85 GG). Den Unterschied machen die Ingerenzrechte und Finanzierungpflichten des Bundes aus.

11 Werden die Bundesgesetze von den Ländern als **eigene Angelegenheit** vollzogen, ist die Einrichtung der Behörden und die Regelung des Verwaltungsverfahrens grundsätzlich Angelegenheit der Länder, sofern nicht der Bundesgesetzgeber als Annex zur materiellen Regelung eine organiatonsrechtliche Reglung trifft. Bis 2006 war hierfür die Zustimmung des Bundesrats erforderlich, seither gelten die Regelungen der Abweichungsgesetzgebung (vgl. BVerfGE 126, 33). Die Länder sind auf jeden Fall gehalten, ihre Verwaltung nach Art, Umfang und Leistungsvermögen entsprechend den Anforderungen sachgerechter Erledigung des sich aus der Bundesgesetzgebung ergebenden Aufgabenbestands einzurichten (BVerwG, NJW 2000,3150,3151).

12 Bei der **Bundesauftragsverwaltung** ist die Verwaltungsaufgabe (Sachkompetenz) selbst eine Aufgabe des Bundes, deren Wahrnehmung als fremde Angelegenheit durch die Länder erfolgt. Die organisationsrechtliche Wahrnehmungskompetenz wiederum ist grundsätzlich eine eigene Angelegenheit der Länder (BVerfGE 63, 1,42). Die Regelung der Verwaltungseinrichtungen geht dagegen auf den Bund über („bleibt nicht“).

13 Die Bundesverwaltung bedarf als Ausnahme der Regelung im GG. Bundesverwaltung ist als Eigenverwaltung und als Bundesingerenzverwaltung möglich. Bei der bundeeigenen Verwaltung ist die unmittelbare Bundesverwaltung mit gegliederten Instanzen sehr selten. Häufiger ist die mittelbare Bundesverwaltung durch Körperschaften und Anstalten des öffentlichen Rechts. Nach den Privatisierungen der Bahn und Post spielt die bundeseigene Verwaltung nur noch bei der Schifffahrtsverwaltung und Finanzverwaltung eine Rolle, wobei nach der gegenwärtigen Föderalismusreform sich die Bundeszuständigkeit auf den ganzen Finanzsektor erstreckt.

14 Von selbst versteht sich der im GG nicht erwähnte Landesvollzug von Landesrecht.

2. Bundesaufsicht

15 Die Bundesaufsicht des GG ist nicht Ausfluss einer Leitungsgewalt des Bundes zur Lenkung und Koordination seiner nachgeordneten Organe. Während die Bundesver-

waltung nach Art. 86, 87, 87e GG für eigene Verwaltungsgeschäfte betrifft, bezieht sich Art. 84 Abs. 3 bis 5 und Art. 85 Abs. 4 GG auf fremde Verwaltungsgeschäfte, nämlich auf Angelegenheiten der Länder. Sofern man eine zusätzliche selbständige Bundesaufsicht auf der Grundlage des Art. 28 Abs. 3 GG anerkennt, gilt das auch für diese Form der Bundesaufsicht. Die Bundesaufsicht dient der Gewährleistung und der Erhaltung der bundesstaatlichen Kohärenz.

IV. Rechtsprechung

Aus dem Rechtsstaatsprinzip folgt die staatliche Justizgewährleistungspflicht, d. h. die Pflicht des Staates, für eine funktionsfähige Rechtspflege zu sorgen. Danach sind Gerichte einzurichten, die in richterlicher Unabhängigkeit alle Rechtspflegeaufgaben mit der gebotenen Sorgfalt bewältigen können. Verfassungsrechtliche Grundlage für die Organisation der Gerichtsbarkeit und die Stellung der Richter sowie das Verhältnis des Einzelnen zur rechtsprechenden Gewalt enthält der IX. Abschnitt des GG, der den Funktionsbereich der rechtsprechenden („Dritten") Gewalt umfassend umschreibt. 16

Rechtsprechung im **materiellen Sinne** ist die von vorausgehenden und nachfolgenden Vollziehungsakten abgetrennte rechtliche Beurteilung von Sachverhalten durch ein unabhängiges Staatsorgan. Im formellen Sinn sind alle Akte der Gerichte Rechtsprechung. Die Tätigkeiten auf dem Gebiet der Justizverwaltung oder der freiwilligen Gerichtsbarkeit werden aber herkömmlich nicht als Rechtsprechung betrachtet. Da es keine materiellen trennscharfen Abgrenzungskriterien zwischen der rechtsprechenden und verwaltenden Funktion gibt – auch Verwaltung ist zumindest teilweise Rechtsanwendung im Einzelfall – gibt es keinen rein materiellen Begriff der Staatsfunktion Rechtsprechung. Die rechtsprechende Funktion kann daher nur unter zusätzlicher Zuhilfenahme **formaler Kriterien** bestimmt werden (gesondertes Verfahren, Unabhängigkeit der Richter). 17

V. Datenschutzkontrolle

Die für eine effektive Gewaltenteilung im Zuge der Digitalisierung auf Dauer unverzichtbare Datenschutzkontrolle als eigenständige Staatsfunktion wurde bislang dogmatisch noch nicht begründet. Eine Erörterung der Thematik fand noch nicht statt. 18

9. Kapitel. Grundrechte

Literatur: *Hufen,* Staatsrecht II Grundrechte, 7. Aufl., 2018; *Ipsen,* Staatsrecht II Grundrechte, 21. Aufl., 2018; *Manssen,* Staatsrecht II Grundrechte, 19. Aufl., 2018; *Kingreen/Poscher,* Grundrechte – Staatsrecht II, 34. Aufl., 2018.

§ 22. Allgemeine Lehren

I. Ausgangslage

Die Grundrechte sind als Fundament unserer Rechts- und Gesellschaftsordnung so formuliert, dass möglichst jedermann ihren Sinngehalt erschließen kann. Die Vorschriften, die die Grundrechte regeln, sind gleichwohl Rechtsvorschriften. Die Anwendung von Rechtsvorschriften erfordert präzise juristische Begriffe. Fehlt es hieran, muss die Rechtswissenschaft im Dialog mit der Rechtspraxis die subsumtionsfähigen Begriffe im Rahmen der verfassungsrechtlich determinierten Rechtsordnung entwi- 1 ckeln. Damit wird es möglich, bislang unbenannte Grundrechte aufzuspüren und sie neu zu benennen.

2 Nach einer (früheren) Formulierung des BVerfG ist das GG eine **wertgebundene Ordnung,** die den Schutz von Freiheit und Menschenwürde als den obersten Zweck allen Rechts erkennt (BVerfGE 12, 45,51; 33,1,10; 37, 57,65). Der Rechtsbegriff der Freiheit hängt mit dem Begriff des **Verfassungsstaates** zusammen. Der Verfassungsstaat erfordert ein austariertes System von Freiheitsgewährleistungen und Freiheitseinschränkungen regelmäßig in Gestalt einer Grundrechteordnung. Dem trägt das GG in Anknüpfung an die deutsche Verfassungstradition Rechnung. Grundrechte sind in formeller Hinsicht Rechte, denen eine Verfassung besonderes Gewicht verliehen hat. Das erklärt noch nicht ihre „grund"-sätzliche Bedeutung. Grundsätzlich meint hier nicht „im Regelfall", sondern **elementar.** Inhaltlich-materiell sind Grundrechte solche Rechte, deren Existenz für die Erreichung des durch die jeweilige Verfassung vorgegebenen Staatszwecks unerlässlich sind.

II. Historische Entwicklung

3 Grundrechte geben Antwort auf bestimmte historische Gefährdungslagen der Freiheit. Ohne historische Kenntnisse bleiben die meisten Regelungen der grundgesetzlichen Grundrechteordnung unverständlich.

Dabei ist es nicht nötig, den historischen Wurzeln der Grundrechte bis in die Antike oder zur Magna Charta von 1215 nachzuspüren. Die Geschichte der Grundrechte beginnt erst mit den Erklärungen der amerikanischen Staaten, die diese bei Begründung ihrer Unabhängigkeit von England aufstellten. Vorbildlich ist insoweit die Virginia Bill of rights vom 12.6.1776. Schon sie verknüpft die private und politische Freiheit, grenzt also nicht nur einen Freiheitsbereich gegen den Zugriff der Staatsgewalt ab, sondern ist selbst „basis and foundation of government". Nichtsdestoweniger werden in den amerikanischen Erklärungen und in den Zusätzen zur Bundesverfassung von 1787 die wesentlichen Grundrechte wie Freiheit, Privateigentum, Sicherheit, Widerstandrecht, Gewissensfreiheit und Religionsfreiheit aufgenommen und deren Sicherung als Staatszweck angegeben. Auf dem europäischen Kontinent war die Erklärung der Menschen- und Bürgerrechte der französischen Revolution vom 26.8.1789 von vergleichbarer Bedeutung. Hier handelte es sich aber nicht um einen unmittelbar verbindlichen Rechtekatalog, sondern um ein Dokument sozialphilosophischer Einsichten. Die Umsetzung der Programmsätze war Aufgabe des Gesetzgebers. In Deutschland war die Resonanz auf die amerikanischen und französischen Erklärungen zurückhaltend. Der süddeutsche Konstitutionalismus orientierte sich eher an der restaurativen Charte Constitutionelle von 1814. Immerhin verpflichteten sich die Fürsten und freien Städte der Deutschen Bundesstaaten in Art. XVIII der Deutschen Bundesakte von 1815, ihren Untertanen bestimmte Rechte zuzusichern. Dementsprechend enthielten die Verfassungen Bayern und Badens von 1818 und Württembergs von 1819 einen Grundrechteteil. Rechtsansprüche gewährten diese Grundrechte nicht. Einen umfassenden Katalog der bürgerlichen Freiheitsrechte enthielt zwar die Paulskirchenverfassung von 1849. Die Grundrechte wurden sogar als eigenes Gesetz verabschiedet und im Reichsgesetzblatt veröffentlicht. Die Verfassung erlangte jedoch keine Rechtsverbindlichkeit. Dennoch ist die ideelle Bedeutung des Grundrechtskonzepts der Paulskirchenverfassung erheblich. Durch sie gelang der Anschluss an die französische und vor allem amerikanische Verfassungstradition. Einzelne Bestimmungen gingen fast wörtlich in das Grundgesetz ein. Die preußische Verfassung vom 30.1.1849 enthielt ebenfalls einen Rechtekatalog, der aber keinen Geltungsvorrang vor einfachem Recht beanspruchen konnte. Die Reichsverfassung von 1871 war grundrechtlos, was mit der Rechtsnatur des Reiches als Bund souveräner Fürsten zusammenhing. Die Grundrechte blieben Sache der Länder. Auf Reichsebene erlangte immerhin der Vorbehalt und Vorrang der Gesetze verfassungsrechtliche Bedeutung, was auf die Entwicklung eines Grundrechts hinauslief, nämlich die Freiheit vor gesetzwidrigem Zwang. Die Weimarer Reichsverfassung von 1919 versuchte die internationale Grundrechteentwicklung einzuholen und nach Möglichkeit zu übertreffen. Ihr zweiter Hauptteil trug die Überschrift „Grundrechte und Grundpflichten der Deutschen" und enthielt ein Sammelsurium klassisch-liberaler Freiheitsrechte sowie sozialer und wirtschaftlicher Verheißungen. Rechtsprechung und Lehre stuften jedoch die Grundrechte zu Programmsätzen herab. (vgl. *Anschütz,* Die Verfassung des Deutschen Reichs vom 11. August 1919, 14. Aufl., 1933, S. 511). Die Grundrechte wurden zudem durch jedes formal legale Gesetz für einschränkbar erklärt. Sie waren insbesondere nicht „polizeifest“ und konnten im Zuge der nationalistischen Machtergreifung leicht außer Kraft gesetzt werden.

Der verfassungsrechtliche Neubeginn nach 1945 stand unter dem Zeichen des „Nie wieder“. Den Grund- 4
rechten wurde schon bei der Beratung des GG überragende Bedeutung zugemessen. Sie wurden nicht nur an die Spitze des GG gestellt, sondern als unmittelbar geltendes Recht ausgestaltet und bekamen durch die Einrichtung der Verfassungsbeschwerde den nötigen Biss. Mit einer Fülle von Verfassungsänderungen bemühte sich in der Folgezeit der Gesetzgeber, die Grundrechte auf dem aktuellen Stand zu halten. Von nicht hoch genug einzuschätzender Bedeutung erwies sich die Übernahme des erwähnten Verteilungsprinzips (→ § 15 Rn. 13) in die Rechtsprechung des BVerfG, das nicht dem Katalogprinzip folgte, sondern die Grundrechte zu einem System verknüpfte.

III. Europäische Grundrechte

Die europäischen Grundrechte wurden bereits angesprochen (§→ § 17 Rn. 7). Der 5
EuGH entwickelte Grundrechte, an die die Organe der Gemeinschaft gebunden waren, als allgemeine Rechtsgrundsätze (EuGH Slg. 194, 491 Rn. 13, Nold). Diese gingen ein in die GrCh, die ebenfalls nur einen begrenzten Personenkreis erfasst und dem Prinzip der begrenzten Einzelermächtigung unterliegt (→ § 17 Rn. 12). Sie haben daher geringere Bedeutung als die mitgliedstaatlichen Grundrechte. Den Rang eines Bundesgesetzes haben ferner die Bestimmungen der EMRK (BVerfGE 120,180,200; 128, 32). Zur Bindung der Gerichte an Gesetz und Recht gehört daher die Berücksichtigung der Gewährleistungen der EMRK und der Entscheidungen des EGMR im Rahmen methodisch vertretbarer Gesetzesauslegung des innerstaatlichen Rechts (BVerfGE 111,307,312; BGHSt 60,276).

IV. Begriff und Einteilung

Das GG geht prozessual von einem **formellen Grundrechtsbegriff** aus: Grundrechte 6
sind die in Art. 93 Abs. 1 Nr. 4a GG genannten Grundrechte und grundrechtsgleichen Rechte. Aus den einzelnen Regelungen lassen sich jedoch allgemeine inhaltliche Aussagen herausdestillieren. In **materieller Hinsicht** sind Grundrechte vor- und überstaatliche Rechte, die der Staat als von ihm gegeben anerkennt und schützt und in die er nur in einem messbaren Umfang und in einem geregelten Verfahren eingreifen darf. („Sphären der Freiheit“). Nach dem BVerfG verkörpert sich in den Grundrechtsbestimmungen des Grundgesetzes auch eine **objektive Wertordnung,** die als verfassungsrechtliche Grundentscheidung für alle Bereiche des Rechts gilt.“ (BVerfGE 7, 194).

Für die systematische Darstellung der Grundrechteordnung von zentraler Bedeutung 7
ist die Unterscheidung von **benannten** und **unbenannten Grundrechten.** Diese Unterscheidung hat sich durchgesetzt, ohne dass daraus die gebotenen Konsequenzen gezogen würden. Darauf wird noch einzugehen sein (→ § 25 Rn. 1). Im vorliegenden Zusammenhang genügt es, die Grundrechte weiter einzuteilen nach

- dem persönlichen Geltungsbereich:
  (1) Menschenrechte und Bürgerrechte (Deutschenrechte)
  (2) Grundrechte ausschließlich natürlicher Personen und Grundrechte, die auch auf juristische Personen und Personengesamtheiten anwendbar sind.
- der Rechtsquelle
  (1) Bundesgrundrechte
  (2) Landesgrundrechte
  (3) Übernationale Grundrechte

- der Zweckrichtung (Inhalt, Funktion)
  Hierauf beruht die Statuslehre (grundlegend: *Georg Jellinek,* System der subjektiven öffentlichen Rechte, 2. Aufl., 1905, S. 87, 94ff.).
  (1) status negativus (Abwehrrechte, Freiheit vom Staat)
  (2) status positivus (Leistungs- und Forderungsrechte gegen den Staat)
  (3) status activus (Staatsbürgerrechte)

V. Grundrechtsträgerschaft; Grundrechtsmündigkeit

8 **Grundrechtsfähigkeit** ist die Fähigkeit, Träger von Grundrechten („Grundrechtssubjekt") zu sein.

9 Die Grundrechtsfähigkeit schneidet sich, ist jedoch nicht identisch mit der Rechtsfähigkeit im Sinne des BGB (vgl. → § 7 Rn. 1). Rechtsfähigkeit besitzen alle Menschen; Grundrechtsfähigkeit für bestimmte Grundrechte steht nur den Deutschen zu. Die Rechtsfähigkeit aller Menschen beginnt mit Vollendung der Geburt und endet mit dem Tod, die Grundrechtsfähigkeit beginnt für bestimmte Grundrechte früher und endet später. Der noch nicht geborene Mensch ist nicht Träger aller Grundrechte, jedoch steht dem nasciturus das Grundrecht auf Leben und körperliche Unversehrtheit zu. (BVerfGE 39, 1 – Abtreibung). Der tote Mensch scheidet ebenfalls als Träger der meisten Grundrechte aus. Er bleibt aber Träger des Grundrechts auf Menschenwürde (BVerfGE 30, 173 – Mephisto).

10 Als **Grundrechtsträger** kommen zum einen alle natürlichen Personen in Betracht. Ferner können auch juristische Personen grundrechtsfähig sein. Der Grundrechtsschutz steht nicht nur echten, d. h. rechtsfähigen juristischen Personen zu, sondern „in besonders gelagerten Fällen" auch nichtrechtsfähigen Personengesamtheiten (BVerfGE 10, 89 – Erftverband). Die Grundrechte müssen aber ihrem Wesen nach auf juristische Personen oder Personengesamtheiten anwendbar sein, wobei alle in Art. 93 Abs. 1 Nr. 4a GG aufgeführten Rechte in Betracht kommen. Verbände können nach dem GG nur eigene Grundrechte geltend machen. Einfachgesetzlich kann ihnen jedoch die Wahrung von Drittrechten übertragen werden.

11 Die **Grundrechtsfähigkeit** juristischer Personen des öffentlichen Rechts wird im Schrifttum entweder generell bejaht, da Art. 19 Abs. 3 GG zwischen juristischen Personen des Privatrechts und des öffentlichen Rechts nicht unterscheide oder generell verneint, da der Staat nicht zugleich Träger und Adressat von Grundrechten sein könne. Das BVerfG folgt im Grundsatz der zuletzt genannten Ansicht. (BVerfGE 21, 362 -Landesversicherungsanstalt Westfalen). Von diesem Grundsatz bestehen aber Ausnahmen: Die prozessualen und Verfahrensgrundrechte stehen auch den juristischen Personen des öffentlichen Rechts zu (BVerfGE 45, 63, 78). Bestimmte Grundrechte sind gerade auf bestimmte juristische Personen des öffentlichen Rechts zugeschnitten, nämlich Art. 5 Abs. 3 S. 1 GG auf die Universitäten (BVerfGE 15, 256, 262) und die Rundfunkfreiheit auf die Rundfunkanstalten (BVerfGE 31, 314, 322). Religionsgesellschaften können sich auf Art. 3 und 4 GG berufen (BVerfGE 19, 129; 24, 236, 246).

12 Nicht-privilegierten Ausländern (alle Personen, die nicht Deutsche im Sinne des Art. 116 Abs. 1 GG und die nicht Bürger eines EU-Staats sind), stehen die Deutschengrundrechte auch nicht in ihrem Kernbestand zu. Dadurch wird das Spezialitätsverhältnis des Art. 2 Abs. 1 GG aufgehoben. Im Rahmen der allgemeinen Rechtsordnung

insbesondere des Aufenthaltsrechts genießen auch Ausländer allgemeine Handlungsfreiheit, die aber hinter dem Gewährleistungsgehalt der einzelnen Deutschengrundrechte zurückbleibt.

Generell nicht als Grundrechtsträger kommen ausländische juristische Personen in Betracht. Ihre Gleichbehandlung ist Gegenstand internationaler Vereinbarungen. 13

Wie im Privatrecht Rechts- und Geschäftsfähigkeit unterschieden werden, sind bei den Grundrechten Grundrechtsträgerschaft und **Grundrechtsmündigkeit** auseinander zu halten. Grundrechtsmündigkeit ist die Fähigkeit, Grundrechte selbständig auszuüben. Nach verbreiteter Ansicht fällt die Grundrechtsmündigkeit mit der Geschäftsfähigkeit (i. d. R. Volljährigkeit) zusammen. Abzustellen ist jedoch auf die Zweckrichtung des jeweiligen Grundrechts. 14

VI. Wirkung

Versteht man Grundrechte nur als Abwehrrechte gegen den Staat, dann sind sie folgerichtig nur für diesen verbindlich. Wie Art. 9 Abs. 3 GG zeigt, kann ein Grundrecht aber auch unmittelbare Wirkungen gegen Dritte entfalten. Fraglich ist, ob diese Vorschrift die einzige Ausnahme darstellt, ob ganz allgemein im privaten Rechtsverkehr eine sog. Drittwirkung der Grundrechte in Betracht kommt bzw. ob es eine Abstufung bei der Drittwirkung gibt. Gegen eine Drittwirkung der Grundrechte spricht deren Entstehungsgeschichte, die Gewährleistung der Privatautonomie und der Gesichtspunkt der Rechtssicherheit. Außerdem könnte die Drittwirkung unter Privaten gegenseitig geltend gemacht werden, so dass sich die Grundrechte im Extremfall aufheben würden. Dennoch wird die Drittwirkung der Grundrechte gegenwärtig wohl nur noch selten pauschal abgelehnt. Eine unmittelbare Drittwirkung nahm zeitweilig das BAG an, das die Grundrechte als Ordnungssätze für das soziale Leben verstand (BAGE 1, 185, 193). Eine lediglich **mittelbare Drittwirkung** der Grundrechte wird demgegenüber vom BVerfG und der h. L. vertreten. Danach strahlen die Grundrechte über die Generalklauseln in das Privatrecht aus. Die Grundrechte kommen dabei umso stärker zur Geltung, je mehr der Einzelne einer einseitigen Regelungsmacht oder dem tatsächlichen Zugriff anderer Privatpersonen oder sozialer Gewalten ausgeliefert ist (BVerfGE 7, 198, 206f.; 34, 269, 279f.). Richtiger Ansicht nach gelten hier – jedenfalls – im Daseinsvorsorgebereich die Grundrechte immer unmittelbar (vgl. auch: BVerfG NJW 2018,1667). 15

VII. Schutzbereich und Eingriff

Wie bei jeder Rechtsnorm ist der Regelungsgehalt des jeweiligen Grundrechts durch Interpretation zu bestimmen. Dabei hilft das Prüfungsraster 16

- „Was ist geschützt?" und
- „Wer ist geschützt?"

Daraus folgen ein sachlicher und personeller Schutzbereich. Der sachliche Schutzbereich erschließt sich mit Hilfe der gängigen Interpretationsmethoden. Der persönliche Schutzbereich ist identisch mit der Grundrechtsträgerschaft. Die Bestimmung des Schutzbereichs lässt sich mit Hilfe der Präjudizien und der zahlreichen Kommentierungen zum Grundgesetz in der Regel abstrakt ohne größere Schwierigkeiten bestimmen. Komplizierter ist die konkret zu beantwortende Frage, ob ein Eingriff in den Schutzbereich vorliegt.

17 Der Eingriffsbegriff wird nach klassischem Verständnis an Hand von vier Kriterien geprüft. Danach muss es sich um Beeinträchtigungen handeln, die
(1) gezielt (final) erfolgen,
(2) auf einem Rechtsakt beruhen,
(3) unmittelbar Folge von Staatshandeln sind und
(4) hoheitlich erfolgen.

18 Durch den **modernen Eingriffsbegriff** wurden diese Kriterien aufgeweicht (BVerfGE 66, 39, 60; 105, 279; 110,177, 113, 63). Es genügt, wenn durch Staatshandeln ein grundrechtlich geschütztes Handeln erschwert oder unmöglich gemacht wird. Der Eingriff muss also nicht notwendig gezielt sein. Er kann **faktisch** erfolgen und mittelbar dem Staat zuzurechnen sein und er kann in jeder staatlichen Betätigung liegen. Das BVerfG forderte in der grundlegenden Glykolentscheidung wenigstens eine vergleichbarere Eingriffsintensität wie bei gezielten Eingriffen („funktionelles Äquivalent"; BVerfGE (105, 252)). Das Schrifttum ließ jeden erheblichen Eingriff genügen (vgl. *Starke,* DVBl. 2018,1469 ff.; auch BVerwGE 160, 169). Diesen Aufweichungen fällt es schwer, Belästigungen und Eingriffe zu unterscheiden. Durch einen inflationären Gebrauch der Aufweichungskriterien droht eine Trivialisierung der Grundrechte, die durch eine Ausweitung der Schranken kompensiert werden muss.

VIII. Begrenzungen und Schranken

19 Grundrechte gelten nicht schrankenlos. Sie würden sich sonst gegeneinander selbst aufheben. Alle Grundrechte stoßen daher auf Schranken. Die Einschränkungen sind unterschiedlich formuliert. Den meisten Grundrechten ist ein Gesetzesvorbehalt beigefügt (grundrechtlicher Gesetzesvorbehalt im Gegensatz zum allgemeinen Vorbehalt des Gesetzes). Beim Gesetzesvorbehalt wird unterschieden:

- einfacher Gesetzesvorbehalt/qualifizierter Gesetzesvorbehalt (Art. 5 Abs. 2, Art. 11 Abs. 2, Art. 13 Abs. 3 GG),
- Ausgestaltungs- (z. B. Art. 14 Abs. 1 S. 2 GG), Regelungs- (Art. 12 Abs. 1 S. 2 GG) und Eingriffsvorbehalt.

20 Neben diesen relativen Grundrechten gibt es nach dem Gesetzeswortlaut uneinschränkbare Grundrechte. Auch solche Grundrechte können nicht völlig schrankenlos sein. Für sie gelten **immanente** (ungeschriebene) Schranken.

Solche Schranken ergeben sich insbesondere bei Grundrechtskollisionen. Bei der Grundrechtskollision widerstreiten die Grundrechte mehrerer Grundrechtsträger. Die Auflösung der Kollision erfolgt durch eine situationsabhängige Güterabwägung (BVerfGE 30, 173,195). Der Konflikt zwischen verfassungsrechtlich geschützten Grundrechten ist unter Rückgriff auf den Grundsatz der praktischen Konkordanz zu bereinigen (BVerfGE 47, 327, 369).

21 Stehen die geschriebenen oder ungeschriebenen Schranken eines Grundrechts fest, kommt eine weitere Begrenzung dadurch in Betracht, dass der Träger des Grundrechts auf die Ausübung seiner Rechtsposition verzichtet oder dass die Verwirkung des Grundrechts ausgesprochen wird.

IX. Schranken-Schranken

22 Für ein übersteigertes Demokratieverständnis ist die Vorstellung abwegig, dass der Gesetzgeber bei der Beschränkung von Grundrechten seinerseits Schranken zu beachten hat. In diese Richtung argumentierte auch die h. L. der Weimarer Zeit. Eine Minder-

meinung wollte dagegen selbst den verfassungsändernden Gesetzgeber Bindungen unterwerfen und machte mit der Lehre von den Einrichtungsgarantien einen ersten Schritt hin zu den „Schrankenschranken". Bei Erlass des GG war es nur folgerichtig, diesen in Art. 79 Abs. 3 GG enthaltenen Gedanken auch für den einfachen Gesetzgeber fortzuentwickeln.

Art. 19 Abs. 1 und 2 GG regelt besondere Voraussetzungen für die gesetzgeberische Einschränkung von Grundrechten. Art. 19 Abs. 1 S. 1 GG sichert die Einhaltung des Gleichheitsgrundsatzes bei der Einschränkung von Grundrechten. 23

Ein konkreter Anlass macht ein Gesetz damit noch nicht zum Einzelfallgesetz. Genau müsste vom Verbot des Einzelpersonengesetzes gesprochen werden. Die generelle Formulierung eines Gesetzes verschleiert gelegentlich, dass faktisch nur eine Person betroffen wird.

Das Zitiergebot des Art. 19 Abs. 1 S. 2 GG hat praktisch nur Erinnerungsfunktion.

Es soll den Gesetzgeber veranlassen, besonders sorgfältig zu prüfen, ob der Grundrechtseingriff wirklich nötig ist (BVerfGE 35, 185, 188f.). Von daher wird das Zitiergebot seit jeher restriktiv ausgelegt.

Art. 19 Abs. 2 GG spielt gegenwärtig praktisch keine Rolle. Das hängt damit zusammen, dass als bedeutsamste weitere Schranke der Grundsatz der Verhältnismäßigkeit von der Rechtsprechung ausgebaut wurde. Dadurch erspart man sich die Entscheidung, ob das Wesen des Grundrechts unflexibel und absolut gesehen werden muss oder relativiert werden kann. Ein abstraktes Verständnis lässt niemals Ausnahmen zu. Auch im Einzelfall ist danach keine Ausnahme möglich. Selbst wenn nur eine Person betroffen ist, ist der Schutz absolut. Die Kombination von abstraktem und individuellem Schutz versagt bereits beim wichtigsten Schutz, dem Lebensschutz. Absoluter Schutz besagt, dass niemand, in keiner Situation in seinem Lebensrecht beschränkt werden darf. Polizei- und Militärdienst wären dann unzulässig. Art. 2 Abs. 2 GG sieht aber Beschränkungen des Lebensschutzes ausdrücklich vor. Die Beschränkungsmöglichkeit wäre nach der herrschenden Kombinationstheorie verfassungswidriges Verfassungsrecht. Dadurch vernichtet die Verfassung sich selbst.

X. Schutz der Grundrechte

Der Schutz gegen innere Aushöhlung durch den Gesetzgeber erfolgt durch die „Schranken-Schranken". Gleichzeitig ist der Staat zum aktiven Schutz der Grundrechte verpflichtet, der vom strafrechtlichen Schutz (BVerfGE 29, 1) über den polizeirechtlichen Schutz über den diplomatischer Schutz (BVerfGE 40, 141, 177f.) bis zum Schutz durch die Rechtsprechung reicht (Art. 19 Abs. 4 GG). Von zentraler Bedeutung für die Wirkkraft der Grundrechte erwies sich dabei die Verfassungsbeschwerde. Nach Art. 93 Abs. 1 Nr. 4a GG kann jedermann Verfassungsbeschwerde mit der Behauptung erheben, er werde durch die öffentliche Gewalt in einem seiner Grundrechte oder in einem seiner in Art. 20 Abs. 4, 33, 38, 101, 103 und 104 GG enthaltenen Rechte verletzt. Die Verfassungsbeschwerde ist ein außerordentliches Rechtschutzmittel, das dem individuellen Grundrechtsschutz dient. Mit der Verfassungsbeschwerde können keine der Allgemeinheit oder anderen zustehenden Rechte verfolgt werden. Trotz der individuellen Rechtsschutzkomponente hat die Verfassungsbeschwerde auch die Funktion, „das objektive Verfassungsrecht zu wahren und seiner Auslegung und Fortbildung zu dienen" (BVerfGE 51, 130, 139). 24

25 **Prüfungsschema Verfassungsbeschwerde**

Voraussetzungen
1. Prozessuale Grundrechtsfähigkeit (Antragsberechtigung)
2. Prozessfähigkeit (Verfahrenfähigkeit)
3. Antragsbefugnis
   Verfassungsbeschwerde kann nur erheben, wer
   – in rechtlich relevanter Weise
   – selbst
   – gegenwärtig und
   – unmittelbar
   in eigenen Grundrechten möglicherweise betroffen ist.
4. Beschwerdegegenstand: öffentliche Gewalt
5. Prüfungsmaßstab
   Seit BVerfG 6,32 alle Vorschriften der Verfassung
6. Frist und Form
7. Rechtsschutzinteresse

26 **Prüfungsschema: Zulässigkeitsvoraussetzungen einer Individualbeschwerde (Art. 34 EMRK) beim EGMR**

I. Vereinbarkeit ratione temporis (zeitliche Vereinbarkeit)
   Maßgeblich ist der Zeitpunkt der Ratifikation durch den Beklagten Mitgliedstaat
II. Vereinbarkeit ratione loci (örtliche Zuständigkeit)
III. Vereinbarkeit ratione materiae ((Beschwerdegegenstand)
IV. Vereinbarkeit ratione personae (Beteiligtenfähigkeit)
   1. Beschwerdegegner
   2. Beschwerdeführer
      a) Parteifähigkeit
      b) Opfereigenschaft: Behauptung des Beschwerdeführers, durch eine Vertragspartei in einem der in der EMRK anerkannten Rechte verletzt zu sein (Art. 34 EMRK). Der Beschwerdeführer muss selbst, gegenwärtig und unmittelbar betroffen sein
V. Erschöpfung des innerstaatlichen Rechtsweges (Art. 35 Abs. 1 EMRK)
VI. Frist und Form
VII. Außergewöhnliche Unzulässigkeitsgründe

XI. Grundrechtskonkurrenzen

27 Häufig sind bei der Beurteilung eines konkreten Sachverhalts mehrere Grundrechte desselben Grundrechtsträgers berührt. Dann ist das Verhältnis dieser Grundrechte zu klären. Das wäre an sich die Aufgabe einer Konkurrenzlehre. Trotz einer Vielzahl literarischer Bemühungen hat sich das BVerfG jedoch, sieht man vom Subsidiaritätsverhältnis der allgemeinen Handlungsfreiheit zu den besonderen Freiheitsrechten ab, aus verständlichen Gründen indessen nicht in das Korsett zwingender Vorgaben für die

Bestimmung des Verhältnisses verschiedener Grundrechte zwängen lassen, sondern nimmt auf der Basis systematischer Erwägungen Zuordnungen des Sachverhalts zu schwerpunktmäßig einschlägigen Grundrechten vor. Wenn Grundrechte nicht in einem Spezialitätsverhältnis stehen, müssen sie parallel und sukzessiv angewandt werden. Dabei erfolgt eine Schutzbereichsverstärkung. Gelegentlich hält das BVerfG bei eindeutig unterscheidbaren Grundrechten eine Schutzbereichsverstärkung für angezeigt. Das ist dann keine Konkurrenzregelung. Die dogmatische Begründung findet sich bei den unbenannten Grundrechten (§ 25).

§ 23. Menschenwürde im System der Grundrechte

I. Allgemeines

Art. 1 GG enthält drei für das Verfassungsrecht grundlegende Prinzipien: 1

(1) Unantastbarkeit der Menschenwürde und die Verpflichtung aller staatlichen Gewalt, sie zu achten und zu schützen,
(2) Bekenntnis zu den Menschenrechten,
(3) Bindung von Gesetzgebung, Rechtsprechung und vollziehender Gewalt an die Grundrechte als unmittelbar geltendes Recht.

II. Bedeutung und Regelungsgehalt der Menschenwürde

Nach dem BVerfG gehören „Achtung und Schutz der Menschenwürde zu den **Konstitutionsprinzipien** des Grundgesetzes (BVerfGE 101,103,149;131,268, 286). Die freie menschliche **Persönlichkeit** und ihre Würde stellen den höchsten Rechtswert innerhalb der verfassungsmäßigen Ordnung dar" (BVerfGE 45, 187, 227). Damit ist die rechtliche Qualität der Menschenwürde noch nicht vollständig geklärt. 2

Nach dem Vorbild von Art. 151 Abs. 1 S. 1 WRV wurde früher die Ansicht vertreten, Art. 1 GG enthalte **kein echtes (subjektives) Grund-„recht"**, sondern nur einen **Programmsatz.** Für diese Ansicht spricht Art. 79 Abs. 3 GG („in den Art. 1 und 20 niedergelegten Grund*sätzen*") und Art. 1 Abs. 3 GG („nachfolgende" Grundrechte). **Dagegen** sprachen aber die Entstehungsgeschichte des GG und die internationale Rechtsentwicklung (Art. 1 Abs. 1 GrCh), die zur Bejahung eines zumindest **objektivrechtlichen** Gehalts der Menschenwürde führte. Umstritten war, ob die Menschenwürde *nur* objektiv-rechtlichen Gehalt hat. Dies vertrat insbesondere *Dürig* in der 1. Auflage des die Rechtsentwicklung der Nachkriegsjahre maßgeblich beeinflussenden GG-Kommentars von *Maunz* und *Dürig* (Art. 1 Abs. 1 Rn. 4). Bei einem Staatsverständnis, das die Einzelperson in den Mittelpunkt stellt, musste der subjektivrechtlichen Komponente der Menschenwürde Rechnung getragen werden. Dürig bezog deshalb die nachfolgenden subjektive Grundreche in den Schutz der Menschenwürde ein, indem er **allen** einen Menschenwürdegehalt zuerkannte. Die Rechtsprechung ging anfänglich noch über diesen Ansatz hinaus. 3

Überwiegend sah und sieht man in der Menschenwürde ein **subjektives öffentliches Recht** und behandelt sie als das identitätsstiftende **Hauptgrundrecht** (BVerfGE 113, 273, 295ff; 123, 267,344, 353f.; 126, 286,302f.; 129, 78,100; 134, 366,384f.). Diese Auffassung hat zu Recht fast schon gewohnheitsrechtlichen Charakter. Die Annahme, die Menschenwürde habe objektiven Gehalt, schließt ein **auch** subjektives 4

Verständnis nicht aus. Viel spricht allerdings dafür, dass der subjektive Gehalt des mit der Garantie der Menschenwürde bezweckte Persönlichkeitsschutzes **über Art. 2 Abs. 1 GG** (i. V. m. Art. 1 Abs. 1 GG) in die Diskussion eingebracht wird. Das ist Praxis, aber theoretisch wird dieser Schritt vermieden, u. a., weil eine Begriffsbestimmung der Menschenwürde bislang nicht gelungen ist.

III. Begriff

5 Es hat nicht an Versuchen gefehlt, die Menschenwürde positiv zu bestimmen. So wurde nach der imago-Dei-Lehre die Forderung erhoben, „die Würde des Menschen zu schützen, der ein Geschöpf Gottes ist und dessen Seele Gott als sein Ebenbild geschaffen hat." Es liegt auf der Hand, dass im weltanschaulich neutralen Staat dieses Verständnis allenfalls auf sektorale Resonanz stieß. Durchgesetzt hat sich dagegen das Verständnis der Menschenwürde als sittliche Autonomie im Anschluss an *Kant.*

Vgl. (Metaphysik der Sitten, Tugendlehre § 38: „der Mensch kann von keinem Menschen (weder von anderen noch sogar von sich selbst) bloß als Mittel, sondern muss jederzeit zugleich als Zweck gebraucht werden, und darin besteht eben seine Würde (die Persönlichkeit)".

6 Dadurch gewann die Menschenwürdedefinition eine negative Ausrichtung. Geprüft wird nur, ob eine **Verletzung** der Menschenwürde vorliegt. Zu diesem Zweck zieht man die sog. **Objektformel** heran (BVerfGE 30, 1): Der Mensch darf nicht zum bloßen Objekt im Staat gemacht werden. Die Objektformel ist eine Auslegungsrichtlinie. Für sie gelten folgende Kriterien:
(1) Maßgeblich ist das Empfinden des Betroffenen
(2) Die Verletzung muss objektiv erheblich sein
(3) Die Verletzung ist Ausdruck einer verächtlichen Gesinnung.

Einzelfälle: Friedhofzwang (BVerfGE 50, 256); Lügendetektor (BVerfG, EuGRZ 1981, 475ff.); Selbstbezichtigung (BVerfGE 56, 37); Transsexuelle (BVerfGE 49, 286) Peepshow (BVerfG NJW 1982, 664); Steuerfreiheit des Existenzminimums (BVerfGE 120, 125,154): Europäischer Haftbefehl (BVerfGE 140,317,341ff.). Einen Sonderfall der Menschenwürdeverletzung stellt die Folter, die völkerrechtlich strikt verboten ist, deren Anwendbarkeit in Sondersituationen aus der staatlichen Schutzpflicht für die Menschwürde anderer nicht von vornherein ausgeschlossen werden kann, dar. Es handelt sich indessen um ein Tabu, das sich einer rechtlichen Diskussion entzieht (vgl. aber *Scheller,* NJW 2009, 705ff.).

IV. Rechtsträger

7 Art. 1 Abs. 1 GG schützt die Würde „des", d. h. jedes Menschen. Art. 1 Abs. 1 GG erfasst nicht die Würde der Menschheit im Sinne der gegenwärtigen Weltpopulation, wohl jedoch die Würde des Menschen als **Gattungswesen.** Geschützt wird aber auch jeder einzelne Mensch.

8 Der Beginn der Menschenwürde ist streitig. Das BVerfG wendet auf das werdende Leben Art. 1 Abs. 1 GG an (BVerfGE 39,1). Art. 1 Abs. 1 GG wirkt auch über den Tod hinaus (BVerfGE 30, 173 – Mephisto; BGH, NJW 2009,751 – „Ehrensache").

Fall 8

9 Organtransplantationen können Leben retten, setzen jedoch die Organspende Verstorbener voraus. Organmangel veranlasst den Gesetzgeber, die Spendenbereitschaft zu unterstellen und dem Organ-

spender nur ein Widerspruchsrecht einzuräumen. Wird dadurch der mutmaßliche Spender in seiner Menschenwürde verletzt?

V. Unantastbarkeit und Rechtsfolgen

Die Unantastbarkeit der Menschenwürde wird gemeinhin als Unverwirkbarkeit und Uneinschränkbarkeit der Menschenwürde verstanden. Das bedeutet, dass es kein Rechtsgut geben kann, das sich im Rahmen einer **Abwägung** gegenüber der Menschenwürde durchsetzt. Das wiederum führt bei einem Konflikt zweier Grundrechtsträger, bei dem sich jeder auf *seine* Menschenwürde berufen kann, zu einem unlösbaren Dilemma: Wie man sich auch entscheidet, in jedem Fall wird *eine* und damit *die* Menschenwürde verletzt. Das BVerfG hält in solchen Fällen eine Abwägung für möglich, rüttelt jedoch nicht am absoluten Unantastbarkeitsdogma. Das Dilemma lässt sich auflösen, wenn man die Würde der Gattung Mensch, einer Abwägung entzieht, die Menschenwürde als Individualgrundrecht in Sondersituationen, namentlich im Interesse der Würde anderer Mitmenschen aber für beschränkbar hält (anders die weitaus überwiegende Meinung vgl. *Classen,* DÖV 2009,689ff.; Bäcker, Der Staat 55 [2016],S.433ff.). 10

Die Menschenwürde **„zu achten"** bedeutet, dass die Staatsgewalt nicht von sich aus die Menschenwürde beeinträchtigen darf, insoweit also eine Unterlassungspflicht hat. Das Gebot zum **Schutz der Menschenwürde** verpflichtet die Staatsgewalt zu positivem Tun, zur Abwehr, wenn die Menschenwürde beeinträchtigt wird. Die Abwehr kann repressiv oder präventiv sein (BVerfGE 49, 89). Sie richtet sich gegen jeden Angriff, somit auch gegen private Dritte. Daraus folgt jedoch keine unmittelbare Drittwirkung von Art. 1 Abs. 1 GG (a. A. *Linke,* JuS 2016,888ff.,893). Verpflichtet wird die (gesamte) inländische Staatsgewalt. 11

VI. System und Methodik

Die Menschenwürde ist Ausgangspunkt für das Grundrechtssystem des GG. Ausfluss der Menschenwürde wiederum ist ein für Dritte unzugänglicher Bereich individueller Privatheit, den das BVerfG als Unterfall des individuellen Persönlichkeitsrechts anerkennt. Das allgemeine Persönlichkeitsrecht ist – jedenfalls in der praktischen Handhabung – die individuell-subjektive Seite der Menschenwürde, die insofern mit Art. 2 Abs. 1 GG verknüpft wird. Das allgemeine Persönlichkeitsrecht ist der Abwägung mit kollidierenden Verfassungsgütern zugänglich, wenn es in einzelne Teilbereiche untergliedert wird. 12

Fall 9

Die A, eine ehemalige Landrätin und Landtagsabgeordnete, posierte für ein Gesellschaftsmagazin in Latex-Kleidung. Dies nahm B zum Anlass auf ihrer Internetseite folgenden Kommentar zu veröffentlichen: „Warum lassen Sie sich so fotografieren? Ich sage es Ihnen: Sie sind die frustrierteste Frau, die ich kenne. Ihre Hormone sind dermaßen durcheinander, dass Sie nicht mehr wissen, was was ist. Liebe, Sehnsucht, Orgasmus, Feminismus, Vernunft. Sie sind eine durchgeknallte Frau, aber schieben Sie Ihren Zustand nicht auf uns Männer." Liegt hierin eine Verletzung des allgemeinen Persönlichkeitsrechts der A? 13

Lösung Fall 8

14 Die Menschenwürde wirkt über den Tod hinaus. Durch die sog. Widerspruchslösung wird der zur Spende Herangezogene verpflichtet, das Ergebnis seiner höchstpersönlichen Entscheidung äußerlich erkennbar zu machen, wenn er die Organspende verweigern will. Insoweit wird er zum Objekt gemacht. Die Widerspruchslösung verstößt gegen die Menschenwürde; *Kadelbach/Müller/Assakkali*, Anfängerhausarbeit – Öffentliches Recht: Grundrechte – Organspende und Widerspruchslösung, JuS 2012, 1093; aA. *Spilker* Postmortale Organspende auf verfassungsrechtlichem Prüfstand, ZRP 2014,112ff.

Lösung Fall 9

15 Das allgemeine Persönlichkeitsrecht schützt vor Schmähkritik. Personen der Zeitgeschichte müssen aber massiv unfreundliche Kritik hinnehmen.

§ 24. Benannte Freiheitsrechte

1 Die Freiheit ist ihrem Wesen nach unbegrenzt. Einzelne Freiheitsrechte werden als Grundrechte besonders geschützt. Sie werden dann vom GG ausdrücklich ausformuliert und benannt. Die Benennung besonderer Freiheitsrechte schließt jedoch die Existenz weiterer Freiheitsrechte nicht aus.

I. Persönlichkeitsrechte und Persönlichkeitsentfaltung, Allgemeine Handlungsfreiheit

1. Persönlichkeitsrechte

2 Im Gegensatz zur Zivilrechtsprechung (BGH, NJW 2018,3506) erkennt das BVerfG das allgemeine Persönlichkeitsrecht nur in einzelnen Erscheinungsformeln an. Das Persönlichkeitsrecht wird in Art. 2 Abs. 1 GG erwähnt, aber nicht benannt. Das bedeutet, dass für seine Ausgestaltung nicht allein Art. 2 Abs. 1 GG, sondern bereits Art. 1 Abs. 1 GG einschlägig ist. Im „Kernbereich" der Persönlichkeitsentfaltung gelten die gleichen Maßstäbe wie bei Art. 1 Abs. 1 GG (vgl. nur BVerfGE 120,180 – Prinzessin von Hannover; BVerfGE 120, 224, 229; 147,1ff. – Recht auf sexuelle Selbstbestimmung).

Art. 2 GG fasst somit mehrere Freiheitsrechte in einer Vorschrift zusammen. Art. 2 Abs. 1 GG behandelt die allgemeine Handlungsfreiheit, Art. 2 Abs. 2 GG spezielle benannte Freiheitsrechte. Weitere benannte Freiheitsrechte sind im Zusammenhang mit typischen Gefährdungslagen geregelt.

2. Allgemeine Handlungsfreiheit

3 Nach dem Verteilungsprinzip ist **jegliches** menschliche Handeln vor staatlichen Eingriffen geschützt. Die Formulierung des Parlamentarischen Rates: „Freiheit zu tun und lassen, was die Rechte anderer nicht verletzt und nicht gegen die verfassungsmäßige Ordnung oder das Sittengesetz verstößt" wurde als zu vulgär empfunden und durch „freie Entfaltung der Persönlichkeit" wegen des „Würdevollen im Klang" ersetzt. Sachlich war keine Änderung bezweckt. Art. 2 Abs. 1 GG schützt daher nicht nur einen Persönlichkeitskern, sondern die **allgemeine Handlungsfreiheit** (BVerfGE 6, 32-„Elfes-Urteil"). Die allgemeine Handlungsfreiheit wurde zwar irreführend benannt. Das ändert aber an ihrer Bedeutung nichts.

Soweit Art. 2 Abs. 1 GG die allgemeine Handlungsfreiheit schützt, ist das Grundrecht gegenüber den speziellen Freiheitsgrundrechten **subsidiär.** Das bedeutet, dass Art. 2 Abs. 1 GG verdrängt wird, wenn in einem konkreten Fall ein spezielles Freiheitsgrundrecht berührt ist. 4

Anwendungsbereiche der allgemeinen Handlungsfreiheit: 5

- Wirtschaftsfreiheiten, Vertragsfreiheit Wettbewerbsfreiheit;
- Teilnahme am Gemeingebrauch;
- Ausreisefreiheit;
- Freiheit vor Belastungen mit Sanktionen und Zwangsmitteln;
- Freiheit gegenüber öffentlich-rechtlichen Zwangsverbänden.

Schranken der allgemeinen Handlungsfreiheit sind die Rechte anderer, die verfassungsmäßige Ordnung und das Sittengesetz. Als **Rechte anderer** kommen nur subjektive Rechte in Frage, nicht jedoch Rechtsreflexe oder bloße Interessen. Die Rechte müssen der individuellen Handlungsfreiheit mindestens gleichwertig sein. Mit der **verfassungsmäßigen Ordnung** ist die formell und materiell mit der Verfassung in Einklang stehende Rechtsordnung gemeint (BVerfGE 113, 88,103). Das **Sittengesetz** läuft als eigenständige Grundrechtsschranke weitgehend leer. 6

Prüfungsschema: Vereinbarkeit einer Regelung mit der allgemeinen Handlungsfreiheit 7

- Eröffnung des Schutzbereichs
- Eingriff
- Rechtfertigung des Eingriffs
  - o Formelle Verfassungsmäßigkeit der Eingriffsgrundlage
  - o Materielle Verfassungsmäßigkeit der Eingriffsgrundlage
    - Legitimes Ziel
    - Erforderlichkeit
    - Angemessenheit
    - Verhältnismäßigkeit im engeren Sinn

Fall 10

Das Landschaftsgesetz von A erlaubt das Reiten im Wald nur auf als Reitwegen gekennzeichneten Wegen. Kann Reiter R, der im Bundesland A wohnt, hiergegen mit Erfolg Verfassungsbeschwerde einlegen? 8

II. Leben und körperliche Unversehrtheit

1. Leben

Das Recht auf Leben als vitale Basis der Menschenwürde, als tragendes Konstitutionsprinzip und oberster Verfassungswert ist bereits durch Art. 1 Abs. 1 GG geschützt (BVerfGE 115,118,152). Art. 2 Abs. 2 GG regelt, wie die systematische Stellung zeigt, das **Leben als Freiheitsposition.** 9

Das Recht auf Leben (biologisch-physische Existenz) wurde als Reaktion auf die Lebensvernichtungen im 3. Reich in das GG aufgenommen. Stoßrichtung der Vorschrift ist somit die Abwehr staatlich legalisierter 10

Tötungshandlungen. Dagegen darf Art. 2 Abs. 2 GG nicht zu dem Trugbild verleiten, das menschliche Zusammenleben sei ohne lebensgefährliche Risiken und Gefahren möglich. Zivilisatorische Entwicklungen können nicht kurzerhand unter Berufung auf Art. 2 Abs. 2 GG unterbunden werden. Art. 2 Abs. 2 GG macht das individuelle Leben **abwägungsfähig.**

11 Das Recht auf Leben ist ein Menschenrecht („jeder"), das nur natürlichen Personen zusteht. Im Hinblick auf das werdende Leben hat das BVerfG offengelassen, ob der nasciturus selbst Grundrechtsträger ist (BVerfGE 39, 1,41). Nahezu einhellig wird bereits dem nasciturus der Schutz des Art. 2 Abs. 2 GG zugebilligt (BVerfGE 88,203, 251f.). Das individuelle Leben beginnt mit der Nidation (str.) und endet mit dem Tod.

12 Art. 2 Abs. 2 Satz 1 ist primär ein Abwehrrecht gegen den Staat. Das BVerfG nimmt auch eine (positive) **Schutzpflicht** des Staates gegenüber Eingriffen privater Dritter an (BVerfGE 85, 191, 212).

13 Nach überwiegender Meinung bedeutet „Recht auf Leben" nicht Verfügung über das eigene Leben. Danach soll niemand ein Recht auf **Selbstmord** haben. Das Argument, freie Entfaltung der Persönlichkeit meine nicht freie Vernichtung der Persönlichkeit, steht jedoch mit dem Verständnis von Art. 2 Abs. 1 GG als allgemeine Handlungsfreiheit in Widerspruch. Die Verfügung über das eigene Leben muss jedenfalls im Rahmen der Schranken von Art. 2 Abs. 1 GG anerkannt werden. Dem Freiheitskonzept des Art. 2 Abs. 2 GG wird obendrein nur ein Verfügungsrecht über die eigne Existenz gerecht (Vgl. BVerwGE 158,142,152ff; EGMR, NJW 2011, 3773).

14 In das Recht auf Leben darf nach Art. 2 Abs. 2 S. 2 GG auf Grund eines Gesetzes eingegriffen werden. Da ein Eingriff in das Leben immer die Vernichtung des Grundrechts bedeutet, besteht eine Kollision zu Art. 19 Abs. 2 GG. Der Widerspruch lässt sich nur auflösen, wenn man davon ausgeht, dass Art. 2 Abs. 2 Satz 2 GG den Art. 19 Abs. 2 GG modifiziert. Gemeint sein kann nur das Leben schlechthin, also das Leben *aller* Menschen. Das Leben ist prinzipiell gleichwertig. Aber es gibt Situationen, in denen Leben nur auf Kosten anderer Leben geschützt werden kann. Wo Leben gegen Leben streitet, muss die Rechtsordnung Maßstäbe entwickeln, welchem Leben der Vorrang gebietet. So ist die Abwehr von Angriffen auf das Leben durch Tötung des Aggressors verfassungsmäßig. Insoweit ist der polizeiliche Rettungsschuss verfassungsrechtlich unbedenklich. Nicht abwägungsfähig ist das Leben Unschuldiger (BVerfGE 115, 152: Flugzeugabschuss).

2. Körperliche Unversehrtheit

15 Die körperliche Unversehrtheit umfasst die Gesundheit im biologisch-physiologischen Sinn (= Freiheit von Krankheit und Gebrechen (BVerfGE 56, 54,75)). Im Einzelnen geht es um die Freiheit von Schmerzen und die Freiheit von Verunstaltungen. Art. 2 Abs. 2 S. 1 GG gewährleistet ein Selbstbestimmungsrecht über die eigene Gesundheit. Ärztliche Heileingriffe gegen den Willen des Patienten sind grundsätzlich unzulässig. In den Schutzbereich fallen nicht geringfügige und zumutbare Eingriffe. Ansonsten darf das Grundrecht durch Gesetz eingeschränkt werden, das selbstverständlich dem Grundsatz der Verhältnismäßigkeit genügen muss.

III. Freiheit der Person, Freizügigkeit, Unverletzlichkeit der Wohnung

1. Freiheit der Person

16 Art. 2 Abs. 2 S. 2 GG meint nur die körperliche Bewegungsfreiheit, nicht dagegen die Freiheit von jeglichem staatlichen Zwang (BVerwGE 6, 354, 355). Die Vorschrift wird durch Art. 104 GG („Habeas-Corpus") präzisiert. Danach darf der Eingriff nur auf Grund eines **förmlichen** Gesetzes erfolgen. Zu unterscheiden ist zwischen der Freiheitsentziehung, für die eine uneingeschränkte Richterzuständigkeit besteht, der Frei-

heitsbeschränkung und Verhaltenspflichten, die sich nur mittelbar auf die Bewegungsfreiheit auswirken. Eine Freiheitsentziehung liegt vor, wenn jemand gegen oder ohne seinen Willen durch die öffentliche Gewalt an einem bestimmten umgrenzten Ort festgehalten wird. Freiheitsbeschränkung bedeutet, dass lediglich bestimmte Orte (z. B. Gaststätten) nicht aufgesucht werden dürfen.

Der wichtigste Fall des Freiheitsentzugs ist die **Zwanghaft.** Der Eingriff in die persönliche Freiheit kann nur hingenommen werden, wenn und soweit der legitime Anspruch der staatlichen Gesellschaft auf Aufklärung einer Straftat und rasche Bestrafung des Täters nicht anders gesichert werden kann. Bei der Anordnung eines Haftbefehls bei Ausbleiben eines Angeklagten zum Termin ist daher den Grundsatz der Verhältnismäßigkeit zu wahren (BVerfG, NJW 2018, 2948). Eine besonders strikte Verhältnismäßigkeitsprüfung fordert das BVerfG bei der Anordnung einer Sicherungsverwahrung, auf die ergänzend Art. 5 und Art. 7 EMRK anwendbar sind (BVerfGE 138,326; 133,40). Besondere Anforderungen bestehen auch für die Unterbringung in einer geschlossenen Anstalt (Fixierung) (hierzu BVerfG, NJW 2018,2619).

2. Freizügigkeit

Freizügigkeit (Art. 11 GG) bedeutet das Recht, an jedem Ort innerhalb des Bundesgebietes Aufenthalt und Wohnsitz zu nehmen. Das Recht, einen Wohnsitz zu nehmen, schließt unmittelbar an das Recht an, an dem gewählten Wohnsitz zu bleiben. Die Möglichkeit des Zugangs zu und des Verbleibens an dem gewählten Wohnort hängt von tatsächlichen und rechtlichen Voraussetzungen ab, die nicht von Art. 11 Abs. 1 GG erfasst werden (BVerwG, NVwZ 2009,331). 17

Das Grundrecht auf Freizügigkeit berechtigt z. B. nicht dazu, an Orten im Bundesgebiet Aufenthalt zu nehmen und zu verbleiben, an denen Regelungen zur Bodenordnung oder Bodennutzung einem Daueraufenthalt entgegenstehen (BVerfGE 134, 242, 325 Garzweiler).

Die Freizügigkeit erfasst den freien Zug von Bundesland zu Bundesland **(interterritoriale Freizügigkeit)** von Gemeinde zu Gemeinde **(interkommunale Freizügigkeit)** von Wohnung zu Wohnung **(interdomestikale Freizügigkeit).** Nicht erfasst sind die internationale Freizügigkeit (freier Zug *aus* dem Bundesgebiet) und die Niederlassungsfreiheit. Die Bewegungsfreiheit als solche wird nicht durch Art. 11 GG geschützt. Erforderlich ist eine Ortsveränderung von gewisser Dauer. Neben der Ortsveränderung wird auch das Nicht-Ziehen-Müssen (= Bleiben-Dürfen) geschützt. Die Freizügigkeit unterliegt einem Gesetzesvorbehalt, der dadurch qualifiziert wird dass die Freizügigkeit nur für die Fälle beschränkt werden darf, in denen eine ausreichende Lebensgrundlage nicht vorhanden ist und der Allgemeinheit daraus besondere Lasten entstehen würden oder in denen es zur Abwehr einer drohenden Gefahr für den Bestand oder die freiheitliche demokratische Grundordnung des Bundes oder eines Landes (Notstandsvorbehalt) zur Bekämpfung von Seuchengefahren, Naturkatastrophen oder besonders schweren Unglücksfällen, zum Schutze der Jugend vor Verwahrlosung- oder um strafbare Handlungen vorzubeugen, erforderlich ist. 18

3. Unverletzlichkeit der Wohnung

Art. 13 GG schützt die **räumliche Privatsphäre.** Die pathetische Fassung von Abs. 1 GG hat historische Gründe. 19

In der Antike waren die Wohnungen zugleich Kultstätten, im germanischen Rechtskreis bildeten sie die Grundlage für das Institut des Hausfriedens, in England enthielt der Satz „My home is my castle" den Rechtssatz: „Der ärmste Mann kann in seiner Hütte alle Streitkräfte der Krone herausfordern". Im Gegensatz zum anglo-amerikanischen Rechtskreis, wo man bis heute den Schutz der Wohnung äußerst ernst nimmt, wurde die Wohnung in Kontinentaleuropa für die Staatsgewalt zunehmend suspekt (Heim „geheim“). Die französischen Menschen- und Bürgerrechte gewährleisteten in den ersten Revolutionsjahren die Wohnungen gerade nicht. Erst die bürgerliche Konterrevolution von 1795 führte zur Formulierung des Grundrechts auf Unverletzlichkeit der Wohnung, das in alle deutschen Verfassungen Eingang fand.

20 **Wohnung** i. S. v. Art. 13 GG ist der Inbegriff der Räume, die ein Mensch der allgemeinen Zugänglichkeit entzogen hat (BVerfGE 32,54). Der Begriff umfasst praktisch jedes befriedete Besitztum. Zur Wohnung zählen auch Flure, Gästezimmer, Gärten, Höfe, Hausboote, Hotelzimmer.

Die Wohnungsfreiheit unterliegt weitreichenden geschriebenen und ungeschriebenen Schranken. Die geschriebenen Schranken finden sich in Art. 13 Abs. 2 bis 5 und Abs. 7 GG. Das GG unterscheidet zwischen Durchsuchungen, sonstigen Eingriffen und Beschränkungen.

Nach BVerwGE 47, 31, 37; 121,345,349 ist für den Begriff der **Durchsuchung** kennzeichnend „das ziel- und zweckgerichtete Suchen staatlicher Organe nach Personen oder Sachen oder zur Ermittlung eines Sachverhalts, um etwas aufzuspüren, was der Inhaber der Wohnung von sich aus nicht offenlegen oder herausgeben will.“ Alle Durchsuchungen bedürfen grundsätzlich der richterlichen Anordnung. Bei Gefahr im Verzug ist auch eine Durchsuchung durch die Exekutive gerechtfertigt. Eingriffe und Beschränkungen sind zulässig zur Abwehr einer gemeinen Gefahr (= Gefahr für eine unbestimmte Menge von Personen oder Sachen) oder einer Lebensgefahr für einzelne Personen, auf Grund eines Gesetzes auch zur Verhütung dringender Gefahren für die öffentliche Sicherheit und Ordnung, insbesondere zur Behebung der Raumnot, zur Bekämpfung von Seuchengefahren, zum Schutz gefährdeter Jugendlicher. Die Aufzählung ist nicht abschließend. Weitere Einschränkungsmöglichkeiten bestehen im Bereich der Bau-, Wirtschafts- und Gewerbeaufsicht. Hier muss aber nach dem Schutzbedürfnis des Grundrechtsträgers unterschieden werden, ob in die unmittelbare räumliche Privatsphäre (Wohnung i. e. S.) oder nur in Geschäftsräume eingedrungen wird.

21 Umstritten ist die Überwachung von Wohnungen mit technischen Mitteln (**„Lauschangriff“**), die nur unter engen Voraussetzungen zulässig ist (BVerfGE 109,309).

IV. Brief-, Post- und Fernmeldegeheimnis

22 Das Brief- Post- und Fernmeldegeheimnis (Art. 10 GG) betrifft Teilelemente eines ungeschriebenen einheitlichen Telekommunikationsgeheimnisses.

23 Das **Briefgeheimnis** schützt den mittels „Brief“ stattfindenden Nachrichtenverkehr vor der Kenntnisnahme durch die öffentliche Gewalt. Der Begriff des „Briefs“ umfasst jede praktisch in Betracht kommende schriftliche Fixierung einer Nachricht (auch Postkarten, Drucksachen, Zahlkarten; BVerwGE 113, 208, 210). Nicht unter den Begriff des „Briefs“ fallen Buchsendungen, Zeitungen und Pakete ohne Begleitschreiben, da sie keine individuellen Nachrichten vermitteln.

24 Das **Postgeheimnis** schützt den gesamten Nachrichtenverkehr im Zusammenhang mit der Benutzung des kommunikativen Transportnetzes, auf das früher die Post ein Monopol hatte. Es erstreckt sich auf sämtliche Umstände der Postbenutzung, d. h. darauf, ob, zwischen welchen Personen und auf welche Art und Weise Postverkehr stattgefunden hat.

25 Das **Fernmeldegeheimnis** dehnt das Postgeheimnis auf das früher durch die staatliche Post vermittelte Fernmeldewesen aus. Geschützt ist der Inhalt der übermittelten Mitteilungen (BVerfG, NJW 2009, 2431, 2432). Das Geheimnis erstreckt sich auch auf die Tatsachen der konkreten Benutzung (BVerfGE 129,208,239f.).

26 Art. 10 GG dient dem Schutz des internen Kommunikationsvorganges und erklärt sich aus den Gefahren, denen der private Nachrichtenverkehr deshalb ausgesetzt ist, weil die Vermittlung in den meisten Fällen durch die Post oder ihre privaten Nachfol-

ger erfolgen muss. Die geschichtliche Betrachtung zeigt, dass der private Nachrichtenverkehr weniger durch Eingriffe der Post selbst gefährdet wurde als durch postfremde Staatsorgane, die das staatliche Postmonopol ausnutzten.

Die postfremde Inspektion des privaten Nachrichtenverkehrs geht auf *Richelieu* zurück („cabinet noir"), der den Postzwang einführte „to discover and prevent many dangerous and wicked designs against the Common-Wealth". Unter Napoleon schließlich dienten die „bureaux de révision des lettres" einer systematischen Überwachung der privaten Korrespondenz. Dementsprechend schützten die ersten postrechtlichen Regelungen des 18. Jahrhundert nur vor Eingriffen durch die Postbediensteten selbst. Erst im Verlauf der französischen Revolution erklärte ein Dekret der verfassungsgebenden Nationalversammlung, „que le secret des lettres est inviolable et que, sans aucun prétexte, il ne peut y être porté atteinte, ni par les individus ni par les corps administratifs". Als Grundrecht wurde das Briefgeheimnis erstmal in der Verfassungsurkunde für das Kurfürstentum Hessen vom 5.1.1831 erwähnt. Seit dieser Zeit ist der Ausdruck „Briefgeheimnis" für das Grundrecht geläufig, das den durch die Post vermittelten Nachrichtenverkehr vor (postfremder) staatlicher Kontrolle schützt. Post- und Briefgeheimnis wurden schließlich als Antwort auf die Entwicklung des Telegraphen und Telefons im 19. Jahrhundert um das Telegraphengeheimnis erweitert und einheitlich in Art. 117 WRV geregelt. Art. 10 GG hat die Formulierung von Art. 117 WRV weitgehend unverändert übernommen. Den neueren Entwicklungen der Telekommunikation trägt die Vorschrift nur unzulänglich Rechnung. Erforderlich ist somit eine zeitgemäße Auslegung. 27

Art. 10 GG ist wie alle Grundrechte staatsgerichtet. Der Grundrechtsschutz richtete sich denn auch ursprünglich gegen staatliche Einrichtungen. Er konnte durch Privatisierungen nicht beseitigt werden und ist auch nicht beseitigt worden. Als Träger der Daseinsvorsorge sind auch die privaten Erbringer von Post- und Telekommunikationsdienstleistungen unmittelbar grundrechtsgebunden. 28

Das Brief-, Post- und Fernmeldegeheimnis darf auf Grund eines (formellen) Gesetzes etwa durch Rechtsverordnung, Satzung oder Verwaltungsakt **beschränkt** werden. Die Ermächtigungsgrundlage muss dann bereichsspezifisch und präzise bestimmt und verhältnismäßig sein. Über die konkreten Maßnahmen sind die Betroffenen grundsätzlich zu benachrichtigen. Unter den Voraussetzungen des Art. 10 Abs. 2 S. 2 GG besteht ein Ausschluss von der Benachrichtigung und eine Beschränkung des gerichtlichen Rechtsschutzes. Die Beschränkung muss verhältnismäßig sein, hängt also von der Eingriffsintensität ab, die bei den einzelnen Telekommunikationsmitteln variiert. Besondere Anforderungen gelten für die Verarbeitung personenbezogener Daten, die durch Eingriffe in das Fernmeldegeheimnis erlangt sind. 29

Hatte schon das BVerfG nationalen Regelungen über die Vorratsspeicherung für verfassungswidrig erklärt (BVerfGE 125, 260), so legte der EuGH durch Urteil vom 8.4.2014, EuZW 2014, 259 (Digital rights) noch nach, indem er die RL 2006/24/EG für ungültig erklärte. Eine prinzipielle Ablehnung der Vorratsdatenspeicherung lässt sich diesen Entscheidungen jedoch nicht entnehmen (vgl. *Priebe,* EuZW 2014, 456ff.; *Roßnagel,* MMR 2014, 372ff.)

V. Familie, Elternrecht, Mutterschutz, uneheliche Kinder

Art. 6 GG enthält unterschiedliche Vorschriften, die sich auf den Familienkreis beziehen: Ehe und Familie (Abs. 1), Eltern-Kind-Verhältnis (Abs. 2 und 3), Mutterschutz (Abs. 4) und uneheliche Kinder (Abs. 5). 30

1. Ehe und Familie

Art. 6 Abs. 1 GG enthält keine Definition der **Ehe.** Einen allgemeingültigen Begriff der Ehe für alle Zeiten und Kulturkreise gibt es nicht. Das GG knüpfte nach ursprünglichem Verständnis an den in Europa überkommenen Begriff der (weltlichen) 31 bürgerlich-rechtlichen Einehe zwischen Mann und Frau an. Ehe bedeutete danach das auf Dauer angelegte Zusammenleben von Mann und Frau in einer umfassenden und grundsätzlich unauflösbaren Lebensgemeinschaft (BVerfGE 53, 224). Maßgeblich war letztlich die Eheschließung in der vorgeschriebenen Form. Lebensgemeinschaften und Lebenspartnerschaften fielen zwar ähnlich wie geschiedene Ehen nicht unter den Schutz des Art. 6 Abs. 1 GG (BVerfGE 105, 313). Über Art. 3 Abs. 1 GG wurden eingetragene Lebenspartnerschaften jedoch im Ergebnis wie Ehen behandelt (BVerfGE 132,179).

32 **Familie** ist die Gemeinschaft von Eltern mit ihren Kindern (BVerfGE 53, 224), unabhängig davon, ob die Eltern in ehelicher oder sonstiger Gemeinschaft leben.

33 Ehe und Familie stehen unter dem **besonderen Schutz** der staatlichen Ordnung. Daraus folgt zunächst, dass Art. 6 Abs. 1 GG eine Institutsgarantie enthält (BVerfGE 6, 55): Die Einrichtungen Ehe und Familie werden garantiert, d. h. bedürfen der Ausgestaltung durch den Gesetzgeber, der die verfassungsrechtlichen Strukturprinzipien von Ehe und Familie nicht antasten darf. Bei der Ausgestaltung des Ehe- und Familienrechts steht dem Gesetzgeber ein weiterer Gestaltungsspielraum zu (BVerfGE 81, 1, 6f.).

Zu den tradierten Strukturprinzipien der Ehe gehört auch die Verschiedengeschlechtlichkeit der Partner. Ob der Ehe mit der eingetragenen Lebenspartnerschaft ein gleichberechtigtes paralleles Modell einer gleichgeschlechtlichen Partnerschaft gegenübergestellt werden darf, ist daher zweifelhaft. Nach der Rspr. verpflichtet die Institutsgarantie des Art. 6 Abs. 1 GG den Gesetzgeber nicht dazu, der Ehe durch ein Abstandsgebot eine Monopolstellung einzuräumen (BVerfGE 82,6; 112,50, 67f.; BGH, NJW 2009, 2062, 2063). Worin dann der „besondere Schutz der Ehe“ liegen soll, bleibt unerfindlich.

34 Der Schutz von Ehe und Familie steht allen Menschen zu. Bei Ehen und Familien von Ausländern oder von Deutschen und Ausländern bedeutet dies eine Beschränkung von Ausweisungsmöglichkeiten. Zwischen dem öffentlichen Interesse an der Ausweisung und dem Schutz der jeweiligen Ehe oder Familie muss daher abgewogen werden. Die Grundrechtsmündigkeit bei der Eheschließung beginnt mit der Vollendung des 16. Lebensjahres (§ 1303 BGB), bei der Familie mit Vollendung des 14. Lebensjahres (vgl. § 1671 Abs. 3 S. 2 BGB).

2. Elternrecht

35 Art. 6 Abs. 2 GG regelt das Verhältnis der Eltern zu ihren Kindern. Mit einem Grundrecht lässt sich dieses Verhältnis nur unzulänglich beschreiben, obwohl von einem „natürlichen Recht“ die Rede ist. Im gleichen Atemzug werden Pflege und Erziehung der Kinder aber als die den Eltern „zuvörderst obliegende Pflicht“ bezeichnet. Art. 6 Abs. 2 GG ist gleichzeitig ein Grundrecht und eine Grundpflicht, wobei die Pflicht das Recht nicht einschränkt. Das Elternrecht wird vielmehr erst durch die mit ihm untrennbar verbundenen Pflichten konkretisiert, so dass es sinnvoller ist, von einer einheitlichen **elterlichen Verantwortung** auszugehen (BVerfGE 24, 119,143). Diese Verantwortung, verstanden als Grundrecht, ist dem Staat vorgegeben. Dem Staat steht nur ein Wächteramt zu (Art. 6 Abs. 2 S. 2, Abs. 3 GG). Dabei hat er das Elternrecht nicht nur zu respektieren, er muss es darüber hinausgehend sogar schützen. Art. 6 Abs. 2 GG enthält nämlich auch eine Institutsgarantie. Das heißt nicht, dass den Eltern die alleinige Erziehungszuständigkeit zukäme. Vielmehr besteht im Rahmen des staatlichen Schulmonopols auch eine (sekundäre) Erziehungszuständigkeit des Staats.

Fall 11

In einer staatlichen Schule wird lehrplankonform die Teilnahme der 7. Klasse an der Vorführung des Spielfilms „Krabar" beschlossen, der sich mit Erscheinungsformen der Magie beschäftigt. Die Eltern des Schülers S (Zeugen Jehovas) lehnen aus religiösen Gründen die Konfrontation des S mit „Zaubereien" ab und verlangen dessen Freistellung vom Unterricht. Zu Recht? 36

Als **Pflege** gilt die Sorge für das körperliche Wohl, als **Erziehung** die Sorge für die „seelisch-geistige" Entwicklung des Kindes. Da sich physische und psychische Entwicklung aber nicht eindeutig trennen lassen, gehören Pflege und Erziehung bereits begrifflich zusammen. Erfasst werden etwa: Ernährung, Kleidung, Unterkunft, Sorge für die Gesundheit und körperliche Entwicklung, Ausbildung und Vermögenssorge. **Eltern** sind: die Eltern ehelich geborener Kinder (auch der Scheinvater, solange er die Ehelichkeit nicht wirksam angefochten hat, die Mutter eines nichtehelichen Kindes, der nichteheliche Vater, jedenfalls solange er mit Mutter und Kind zusammenlebt (BVerfGE 56, 363) und die Adoptiveltern, nicht jedoch Pflegeeltern. Gleichgeschlechtlichkeit schließt die Elterneigenschaft nicht aus (BVerfGE 133, 59, 77). 37

3. Mutterschutz

Art. 6 Abs. 4 GG normiert ein Menschenrecht. „Jede Mutter" ist nicht wörtlich zu verstehen. Gemeint ist „jede arbeitende werdende Mutter". Die Grundrechtsmündigkeit beginnt grundsätzlich mit der Schwangerschaft. Die Privilegierung der Mütter rechtfertigt sich nur, wenn man sie auf die i. d. R. arbeitenden Mütter während der Schwangerschaft und in der Stillzeit bezieht. Art. 6 Abs. 4 GG enthält einen Auftrag an den Gesetzgeber, die erforderlichen Regelungen zu treffen. Die Schutzpflicht beseitigt nicht die Eigenverantwortlichkeit für Risiken im privaten Bereich. Auch sind kollidierende Rechte und Interessen Dritter nicht völlig unbeachtlich. 38

4. Gleichstellung unehelicher Kinder

Art. 6 Abs. 4 GG enthält einen Auftrag an den Gesetzgeber, dem dieser unter Druck des BVerfG (BVerfGE 25, 167) nachgekommen ist. 39

VI. Schulwesen

Das **Allgemeine Schulwesen** fällt überwiegend in die Regelungskompetenz der Länder. Die wichtigsten Bestimmungen finden sich daher in den Landesverfassungen und in den Landesgesetzen. Da Chancengleichheit und Freiheit der Berufswahl das ganze Bundesgebiet einheitlich erfassen, muss sich das Schulwesen in den Ländern in ein Gesamtgefüge einpassen. Daher trifft auch das GG einige Regelungen, die einheitlich gelten. Im Gegensatz zur WRV behandelt Art. 7 GG nur Einzelfragen des Schulwesens. Abs. 1 befasst sich mit der Aufsicht des Staates über das gesamte Schulwesen. Abs. 2 und 3 gehen auf den Religionsunterricht ein. Abs. 4 und 5 betreffen die Privatschulen, und Abs. 6 schließlich verbietet Vorschulen. 40

1. Die Schulaufsicht

Art. 7 Abs. 1 GG normiert die Staatsaufsicht über das gesamte **Schulwesen.** Das Schulwesen als Unterfall des Bildungswesens ist die Gesamtheit der Einrichtungen, die sich mit der Vermittlung von Bildungsgütern in Schulen befassen. 41

42 Für Hochschulen einschließlich Fachhochschulen enthält Art. 5 Abs. 3 GG die speziellere Regelung. Die Schulaufsicht erstreckt sich auf alle Schulformen. Sie ist der Inbegriff der staatlichen Hoheitsrechte über die Schule. Dem Staat steht damit zu: die Schulplanung und die Möglichkeit der Einwirkung auf Einrichtung, Änderung und Aufhebung der einzelnen Schule (BVerfGE 26, 228, 238), die Gestaltung von Schulorganisation, Ausbildungsgängen und Unterrichtszielen (BVerfGE 34, 165) und die Schulbuchzulassung. Das staatliche Aufsichtsrecht kann kollidieren mit der Privatschulfreiheit, dem Elternrecht und der kommunalen Selbstverwaltungsgarantie.

2. Teilnahme am Religionsunterricht

43 Art. 7 Abs. 2 GG behandelt einen Ausschnitt aus den Rechten der Erziehungsberechtigten in der Schule. Dem Wortlaut der Vorschrift nach wird den Erziehungsberechtigten ein Grundrecht zugebilligt, obwohl das Elternrecht als Verantwortung im Kindesinteresse zu verstehen ist. Art. 7 Abs. 2 GG nennt als Rechtsträger die „Erziehungsberechtigten", also diejenigen, denen das Sorgerecht für das Kind zusteht. Rechtsträger des Grundrechts aus Art. 7 Abs. 2 GG ist jedoch das Kind, dessen Grundrecht von den Sorgeberechtigten nur wahrgenommen wird. Die Stoßrichtung der Vorschrift ist nicht das Verhältnis Kind/Erziehungsberechtigter, sondern das Verhältnis Kind/Staat: Art. 7 Abs. 2 GG verbietet dem Staat, die Teilnahme des Kindes am Religionsunterricht zu erzwingen. Da Art. 7 Abs. 2 GG letztlich ein Grundrecht des Kindes gewährleistet, kommt es auf dessen Grundrechtsmündigkeit an. Vom 12. Lebensjahr an ist die Zustimmung des Kindes erforderlich. Nach dem 14. Lebensjahr entscheidet das Kind allein. Mit Religionsunterricht ist der Unterricht gemeint, bei dem es um die Vermittlung von Glaubens- und Bekenntnisinhalten geht. Bei einem materiell verstandenen Religionsunterricht ist das Schulgebet auch außerhalb des Religionsunterrichts immer automatisch Religionsunterricht. Daher wird das Recht vom Religionsunterricht fernzubleiben verletzt, wenn eine Anwesenheitspflicht (keine Teilnahmepflicht!) am Religionsunterricht besteht (anders BVerfGE 59, 322). Die Bestimmung erfolgt durch die Erklärung, am Religionsunterricht teilzunehmen oder nicht teilnehmen zu wollen. Das Bestimmungsrecht nach Art. 7 Abs. 2 GG findet seine Schranke am Selbstbestimmungsrecht der Religionsgemeinschaften, die die konfessionelle Homogenität der Schüler im Religionsunterricht fordern dürfen.

3. Religionsunterricht als ordentliches Lehrfach

44 Art. 7 Abs. 3 S. 1 GG enthält eine institutionelle Garantie der religiösen Unterweisung in der Schule.

45 Öffentliche Schulen sind Schulen, die von juristischen Personen des öffentlichen Rechts betrieben werden und zwar Grund-, Haupt-, Real- und höhere Schulen sowie Berufsschulen. Den Gegensatz bilden Privatschulen. Religionsunterricht ist Unterricht, der in erster Linie der Vermittlung von Glaubens- und Bekenntnisinhalten dient. Der Inhalt des Religionsunterrichts (Lehrstoff, Darstellungsweise) wird von den Religionsgemeinschaften bestimmt. Zur inneren Gestaltung des Religionsunterrichts gehört auch die Entscheidung darüber, ob und in welchem Umfang Schülern anderer Bekenntnisse die Teilnahme am Unterricht gestattet wird. Diese Entscheidung ist gegenüber dem Bestimmungsrecht nach Art. 7 Abs. 2 GG vorrangig.

4. Glaubensfreiheit der Lehrer

46 Nach Art. 7 Abs. 3 S. 3 GG darf kein Lehrer verpflichtet werden, gegen seinen Willen Religionsunterricht zu erteilen. Nach dem systematischen Zusammenhang der Regelung bezieht diese sich nur (aber auch auf alle) öffentlichen Schulen.

5. Die Privatschulfreiheit

47 Art. 7 Abs. 4 S. 1 GG bedeutet eine Absage an ein staatliches Schulmonopol; denn er gewährleistet die Errichtung und Unterhaltung von Privatschulen als Grundrecht und garantiert die Institution Privatschule. Auch Privatschulen sind allerdings von einer Staatsaufsicht nicht völlig freigestellt.

48 Das GG unterscheidet Ersatz- und Ergänzungsschulen. Ergänzungsschulen sind i. d. R. berufsbildende Schulen (Sprach-, Sport-, Gymnastik-, Fachschulen). Bei den Ersatzschulen handelt es sich um solche Privatschulen, die nach dem mit ihrer Errichtung verfolgten Gesamtzweck als Ersatz für eine in dem Land vorhandene oder grundsätzlich vorgesehene öffentliche Schule dienen soll (BVerfGE 27, 201). Ersatzschulen bedürfen der Genehmigung, die zu erteilen ist, wenn Gleichwertigkeit in Lernzielen und Einrichtungen besteht. Das ist gem. Art. 7 Abs. 4 S. 3 GG der Fall, wenn die Ersatzschule in der wissenschaftlichen Ausbildung ihrer Lehrkräfte nicht hinter den öffentlichen Schulen zurücksteht und eine Sonderung der Schüler nach den Besitzverhältnissen der Eltern nicht gefördert wird. Das letzte Kriterium ergibt nur bei restriktiver Auslegung einen Sinn, weil bereits mit der Errichtung der Privatschule eine Sonderung verbunden ist. Die Erhebung von Schulgeld und Aufnahmegebühren ist folglich nicht ausgeschlossen, wenn soziale Ventile (Schulgeldnachlass für begabte minderbemittelte Schüler, Familienrabatt) vorgesehen werden. Die Schüler dürfen (mehr noch) als bei staatlichen Schulen nach dem Bekenntnis ausgesucht werden.

VII. Glauben-, Gewissens-, Bekenntnis- und Kultusfreiheit

49 Art. 4 GG regelt drei Grundrechte, nämlich- die Glaubens-, Gewissens- und Bekenntnisfreiheit (Abs. 1), die Kultusfreiheit (Abs. 2) und das Recht der Kriegsdienstverweigerung (Abs. 3).

50 Die Glaubens- und Gewissensfreiheit zählt zu den ältesten Grundrechten. Als Forderung der Christen ging sie in das Mailänder Religionsedikt Kaiser Konstantin von 313 ein. Bedeutung erlangte sie später v. a. im Zeichen der Reformation und Religionskämpfe. Gingen die Forderungen in dieser Zeit immer von den Religionsgemeinschaften aus, so machten sich in der Aufklärung Ansätze für eine weltanschauliche Freiheit bemerkbar. Aber selbst die Weimarer Reichsverfassung verstand die Glaubens- und Gewissensfreiheit noch als systematischen Bestandteil der Vorschriften über „Religion und Religionsgesellschaften" (Art. 135 bis 141). Das GG hat die weltanschauliche Freiheit dagegen bewusst aus diesem Zusammenhang gelöst. Art. 4 GG schützt einen geistigen Freiraum, der ggf. auch von religiösen Beeinflussungen freigehalten werden muss.

1. Glaubens-, Gewissens- und Bekenntnisfreiheit

51 **Glauben** sind die Überzeugungen, die der einzelne von der Stellung des Menschen in der Welt und seinen Beziehungen „zu höheren Mächten" hat. **Gewissen** manifestiert sich durch „jede ernstliche sittliche, d. h., an den Kategorien von ‚Gut' und ‚Böse' orientierte Entscheidung ..., die der einzelne in einer bestimmten Lage als für sich bindend und unbedingt verpflichtend erfährt, so dass er gegen sie nicht ohne ernste Gewissensnot handeln könnte" (BVerfGE 12, 45, 55). **Bekenntnis** schließlich ist die Kundgabe bzw. das Verschweigen von Überzeugungen. Art. 4 Abs. 1 GG spricht nur von der Freiheit des Glaubens und Gewissens, nicht jedoch von der weltanschaulichen Überzeugung. Das weltanschauliche Bekenntnis wird dagegen im Zusammenhang mit der Bekenntnisfreiheit erwähnt, die wiederum nicht auf die Gewissensbetätigung

Rücksicht nimmt. Der säkularen Bedeutung der Vorschrift wird nur eine weite Auslegung gerecht. Weltanschauliche Überzeugung und Glauben fallen danach zusammen, so dass die Glaubensfreiheit auch darin bestehen kann, nichts zu glauben oder religiösen Glauben für schädlich zu halten. Darüber hinaus wird nicht nur die Gewissensbildung („forum internum"), sondern auch die Gewissensbetätigung gewährleistet.

52 Art. 4 GG sieht expressis verbis keine **Beschränkungsmöglichkeit** vor. Wie bei allen „unbeschränkbaren" Grundrechten gelten aber auch für Art. 4 GG immanente Schranken (BVerfGE 32, 98,107). Die wichtigste Schranke ergibt sich aus der Glaubensfreiheit anderer, insbesondere aus der negativen Glaubensfreiheit anderer.

2. „Kultusfreiheit"

53 Nach Art. 4 Abs. 2 GG wird die „ungestörte Religionsausübung" gewährleistet. Erfasst sind Kulthandlungen im privaten, häuslichen und öffentlichen Bereich. Das BVerfG versteht Art. 4 Abs. 2 GG zu Recht als Hervorhebung der in Art. 4 Abs. 1 GG geschützten Freiheiten (BVerfGE 24, 236). Zur Religionsausübung gehören daher nicht nur kultische oder religiöse Handlungen und Gebräuche, sondern alle weltanschaulich motivierten Betätigungen, wie freireligiöse oder atheistische Feiern. Wie Art. 4 Abs. 1 GG kann auch und erst recht Art. 4 Abs. 2 GG nicht schrankenlos gelten, da sich gerade die Religionsausübung in die soziale Umwelt auswirkt. Die Grenzen der Religionsausübung lassen sich allerdings in einer pluralistischen Gesellschaft nur schwer bestimmen.

54 Art. 4 Abs. 1 und 2 GG vermittelt beamteten Lehrerinnen keinen Anspruch, ihre religiöse oder weltanschauliche Überzeugung durch entsprechende Kleidungsstücke oder Symbole **(Kopftuch)** im Bereich der öffentlichen Schule zum Ausdruck zu bringen (BVerwGE 108, 282; BVerwGE 121, 140; BVerwG, NJW 2009, 1289). Der EGMR erklärte zutreffend am 1.7.2014 das französische Burka-Verbot für rechtmäßig.

VIII. Meinungs-, Pressefreiheit und Freiheit der Berichterstattung

1. Schutzbereich

55 Wesensmerkmal der freiheitlichen Demokratie ist die geistige Auseinandersetzung. Daher regelt Art. 5 GG kumulativ eine Reihe kommunikativer Grundrechte, die selbständig nebeneinander stehen und sich inhaltlich ergänzen.

a) Freie Meinungsäußerung

56 Eine Meinungsäußerung liegt vor, wenn „ein Werturteil, eine Ansicht oder Anschauung bestimmter Art zum Ausdruck kommt" (BVerfGE 30, 336, 352). Ob die Meinung richtig oder gar wertvoll ist, spielt keine Rolle. Jedoch muss die Meinungsäußerung (subjektiv) wahrhaftig sein. Darüber hinaus schützt Art. 5 Abs. 1 GG nicht Verzeichnungen der Wirklichkeit und Verdrehungen von Tatsachen (BVerwGE 55, 232, 241) und auch nicht unrichtige Zitate (BVerfGE 54, 208). Andererseits fällt in den Schutzbereich des Art. 5 Abs. 1 GG auch die Äußerung von Tatsachen, soweit die Dritten zur Meinungsbildung dienen können, sowie auf Äußerungen, in denen auch Tatsachen und Meinungen vermengen und die insgesamt durch die Elemente der Stellungnahme, des Dafürhaltens oder Meinens geprägt werden (BGH, NJW 2009,

1872). Das Grundrecht richtet sich ausschließlich gegen den Staat und bedeutet lediglich die Freiheit von staatlicher Lenkung und Behinderung. Ein Anspruch – auch gegenüber den sozialen Medien – auf Verschaffung von Gelegenheit, die Meinung zu äußern, besteht nicht.

b) Informationsfreiheit

„Informationsquellen" sind alle Träger von Informationen. „Allgemein zugänglich" sind Informationsquellen, wenn sie technisch geeignet und bestimmt sind, einem individuell nicht bestimmbaren Personenkreis Informationen zu beschaffen (BVerfGE 27, 71, 83; BVerwGE 47, 247, 252). *Nicht* allgemein zugänglich sind nach dem GG Mitteilungen aus dem behördlichen Bereich. Die speziellen Informationsfreiheitsgesetze der Länder, soweit sie auf dem Transparenzprinzip beruhen, ändern daran nichts. Etwas anderes gilt, wenn die Informatonsfreiheit der informationellen Selbstbestimmung dient. Die Informaionsfreiheit ist dann funktionell ein Abwehrrecht. Ein Anspruch auf Beschaffung von Informationen durch den Staat besteht nicht. 57

c) Pressefreiheit

Nach einer im Schrifttum gelegentlich vertretenen Ansicht ist Presse nicht einfach jedes Druckerzeugnis, sondern nur ein Druckerzeugnis, das bestimmt und geeignet ist, zu informieren oder meinungsbildend zu wirken (**materieller** Pressebegriff; *Hesse,* Rdnr. 394). Nach zutreffender h. M. ist dagegen für den Begriff der Presse der Inhalt des Druckerzeugnisses unbeachtlich. Der Begriff „Presse" muss weit und **formal** ausgelegt werden. Die Pressefreiheit gilt nicht nur für die „seriöse" Presse (BVerfGE 34, 269, 283). Eine **Legaldefinition** der vom Pressebegriff erfassten Druckwerke findet sich in § 7 PresseG NW. 58

Geschützt sind etwa Zeitungen, Zeitschriften, Periodika, Bücher, Plakate, Handzettel u. ä. unabhängig vom Vervielfältigungsverfahren. Unter den Pressebegriff fallen auch Tonträger, bildliche Darstellungen mit und ohne Schrift, Bildträger und Musikalien. Schwierigkeiten bereitet die Einordnung der neuen Medienverfahren. Stellt man auf die Abgrenzung von körperhafter und körperloser Kommunikation als Faustregel ab, so lassen sich der Bildschirmtext eher der Presse, der Videotext eher dem Rundfunk zuordnen. Leihkassetten dürften wiederum zur Presse gehören. Das Druckwerk muss zur Verbreitung bestimmt sein. Es reicht jedoch aus, wenn nur ein begrenzter Leserkreis angesprochen wird.

Die Pressefreiheit betrifft das gesamte Druckwerk, umfasst also auch Anzeigen (BVerfGE 21, 271,278). Die Pressefreiheit bezieht sich auf alle Tätigkeiten der Presse von der Beschaffung der Information bis zur Verbreitung der Nachricht oder Meinung einschließlich der pressetechnischen Hilfstätigkeiten (BVerfGE 50, 234, 240). Ob auch eine illegale Informationsbeschaffung garantiert wird, erscheint zweifelhaft. Ein Anspruch auf Versorgung der Presse mit sog. Eigeninformationen durch die öffentliche Hand wurde früher abgelehnt (BVerwGE 47, 247, 253).Wohl aber besteht ein notfalls verfassungsunmittelbarer Auskunftssanspruch gegen Behörde (BVerfG, NVwZ 2016, 50; OVG Berlin-Brandenburg, NJW 2016, 1751).

Die Pressefreiheit richtet sich nur gegen den Staat. Demgegenüber wird behauptet, dass sich die Pressefreiheit auch gegen Private richte, dass so etwas wie eine **„innere Pressefreiheit"** bestehen müsse. Die innere Pressefreiheit betrifft die Unabhängigkeit von Journalisten und Redaktionen gegenüber den Verlegern und die Pressekonzentration. Nach dem maßgeblichen formellen Pressebegriff ist die innere Pressefreiheit nicht zu gewähren. Geschützt ist die Presse nur vor privaten Maßnahmen gegen den 59

Verlag schlechthin (Streik, Missbrauch von Marktmacht). Gegen die öffentliche Gewalt kann sich jedoch jeder im Pressewesen tätige auf Art. 5 Abs. 1 S. 2 GG berufen.

d) Rundfunk

60 Rundfunk („Hörfunk" und „Fernsehen") meint die Übertragung der Informationen zur Massenkommunikation unter Benutzung elektromagnetischer Schwingungen. Das Rundfunkrecht wird geprägt durch die Rspr. des BVerfG.

BVerfGE 12, 205 – Bundesrundfunk; BVerfGE 31, 314 (Staatsrundfunk); BVerfGE 57, 295 (Privatfunk im Saarland); BVerfGE 73, 118 (Niedersachsen-Urteil); BVerfGE 74, 297 (Baden-Württemberg-Beschuss); BVerfGE 83, 238 (WDR-Urteil); BVerfGE 87, 181 (Hessen-3-Beschluss); BVerfGE 90, 60 (Gebühren I); BVerfGE 97, 298 (Radio Hof-Beschluss); BVerfGE 119, 181 (Gebühren II), BVerfGE 121, 30 (Parteien); BVerfG, BeckRS 2014, 49057 (ZDF); BVerfG, NJW 2018, 3223 (Gebühren III); *Kämmerer,* NJW 2018, 3209 ff.).

Das BVerfG betrachtet die Rundfunkfreiheit weniger als klassisches Abwehrrecht, denn als „dienende" Freiheit, bei der dem Rundfunk die Aufgabe eine „Mediums und Faktor" zukommt. Als Medium gibt er gesellschaftlichen Gruppen Gelegenheit zu meinungsbildendem Wirken. Als Faktor ist er selbst an der Willensbildung beteiligt. Der Rundfunk „dient" der freien und umfassenden Meinungsbildung. Die Vielfalt der bestehenden Meinungen muss daher im Rundfunk in möglichster Breite und Vollständigkeit ihren Ausdruck finden.

61 Inhaltlich ist die Rundfunkfreiheit vor allem **Programmfreiheit.** Die Programmfreiheit gewährleistet, dass der Rundfunk frei von externer Einflussnahme entscheiden kann, wie er seine publizistische Aufgabe erfüllt. Auf die Programmfreiheit können sich alle natürlichen und juristischen Personen berufen, die in Staatsdistanz Rundfunkprogramme veranstalten und verbreiten. Die hauptsächliche Funktion des Rundfunks wird umschrieben mit dem Begriff der Grundversorgung. Die Grundversorgung hat eine sozialstaatliche (gleichmäßige Versorgung der Allgemeinheit zu erschwinglichen Preisen) und rechtsstaatliche (Gewährleistung der Kommunikationsgrundrechte) Komponente. Für die Gesamtheit der Bevölkerung müssen Programme angeboten werden, die umfassend und in voller Breite die Palette der Rundfunkleistungen abdecken. Erfasst wird nicht nur ein informationeller und kultureller Mindestbestand, sondern auch Unterhaltung und Sport. Das BVerfG geht noch einen Schritt weiter und ordnet auch den Rundfunkanstalten, als juristischen Personen des öffentlichen Rechts das Grundrecht der Rundfunkfreiheit zu. Die Programmfreiheit- und Inhaltsfreiheit stehen unter dem Vorbehalt dieser öffentlichen Aufgabenstellung. Aus der öffentlichen Aufgabenstellung des Rundfunks folgt, dass dieser (jedenfalls der öffentlich-rechtliche Rundfunk) weder dem Staat noch einer anderen gesellschaftlichen Gruppe „ausgeliefert" werden darf. Bei den öffentlich-rechtlichen Rundfunkanstalten der Länder handelt es sich um (gemeinnützige) Anstalten des öffentlichen Rechts mit dem Recht der Selbstverwaltung. Die Kontrolle der privaten Rundfunksender ist Aufgabe der Länder, obwohl die Programme länderübergreifend ausgestrahlt werden. Die Koordination erfolgt durch Rundfunkstaatsverträge. Folgt man der gängigen Auffassung, dann ist auch beim privaten Rundfunk die Rundfunkfreiheit Programmfreiheit. Die Zulassungsentscheidung ist trotz aller technischen Entwicklungen immer noch zugleich eine Vergabeentscheidung, weil Übertragungskapazitäten nicht unbegrenzt zur Verfügung stehen und die Nachfrage größer ist als das Angebot.

e) Filmfreiheit

Art. 5 Abs. 1 S. 2 GG gewährleistet die „Freiheit der Berichterstattung durch Film" (Einzelheiten bei *Lisa Ronellenfitsch,* Der Kinofilm im Welthandelsrecht, 2014, S. 95ff.). Der Begriff des Films wird dabei vorausgesetzt. Begriffsmerkmal des Films ist daher erstens die vom Grundgesetzgeber vorgefundene Technik der Übermittlung von Bild- zumeist mit Tonfolgen und zweitens seine unmittelbare Aufführung vor einem dispersen Publikum. Art. 5 Abs. 1 S. 2 GG meint m. a. W. den herkömmlichen Kinofilm. Gegenständliches Schutzgut ist der chemisch-optische oder elektronische Bild- und i. d. R. Tonträger, der für die Vorführung in der Öffentlichkeit bestimmt ist. Privat hergestellte und abgespielte „Filme", fallen nicht unter die Filmfreiheit. Kaufkassetten und DVDs für den privaten Gebrauch sind Presse. Filme jeglichen Materials, die im Fernsehen oder Internet gesendet werden, zählen zum Rundfunk. Das durch die Filmfreiheit geschützte Verhalten umfasst die Herstellung und Verbreitung der Filme, also etwa die Erschließung der Finanzquellen, die Erstellung des Drehbuchs, die Filmaufnahmen, das Schneiden, die Herstellung von Kopien, den Filmvertrieb einschließlich Filmverleih und Filmimport, die öffentlichen Aufführungen und schließlich die Werbung. Der Inhalt spielt für den Filmbegriff keine Rolle. 62

2. Schranken der Meinungs-, Presse- und Berichterstattungsfreiheit

a) Vorschriften der allgemeinen Gesetze

Nach der Rspr. des BVerfG sind allgemeine Gesetze „alle Gesetze, die nicht eine Meinung als solche verbieten, die sich nicht gegen die Äußerung der Meinung als solche richten, die vielmehr dem Schutz eines schlechthin, ohne Rücksicht auf eine bestimmte Meinung, zu schützenden Rechtsgut dienen, dem Schutz eines Gemeinschaftswertes, der gegenüber der Betätigung der Meinungsfreiheit der Vorrang hat". (BVerfGE 7, 198, 209f.). 63

b) Gesetzliche Bestimmungen zum Schutze der Jugend

Die Maßstäbe der Eignung zur Jugendgefährdung sind in gewissem Umfang zeitgebunden (BVerwGE 39, 197, 206). Nach der stark ideologisch gefärbten Formulierung des BVerfG drohen die Gefahren, die der Jugendschutz abwehren soll, „auf sittlichem Gebiet von allen Druck-, Ton- und Bilderzeugnissen, die Gewalttätigkeiten oder Verbrechen glorifizieren, Rassenhass provozieren, den Krieg verherrlichen oder sexuelle Vorgänge in grob Scham verletzender Weise darstellen und deswegen zu erheblichen, schwer oder gar nicht korrigierbaren Fehlentwicklungen führen können". (BVerfGE 30, 336, 347). 64

c) Recht der persönlichen Ehre

Das Recht der persönlichen Ehre bildet nur insoweit eine die Meinungsfreiheit zulässigerweise einengende Schranke, als es gesetzlich normiert ist (BVerfGE 33, 1,17). Maßgeblich sind v. a. §§ 185ff. StGB i. V. m. §§ 374ff. StPO sowie §§ 823ff. BGB. 65

Der Begriff der persönlichen Ehre lässt sich nur schwer bestimmen, weil er auf unterschiedliche Rechtstraditionen zurückgeht. Nach germanischer Auffassung steht im Vordergrund das (subjektive) Ehrempfinden einer Person, nach romanistischen Anschauungen die (objektive) Wertschätzung der Person. Die Wahrheit liegt – wie so oft – in der Mitte: gemeint ist der soziale Geltungsanspruch einer Person. Die Wahr- 66 nehmung berechtigter Interessen (§ 193 StGB) stellt eine besondere Ausprägung der Meinungsfreiheit dar, gilt also auch für die Presse (LG Göttingen, NJW 1979, 1558, 1559 – Buback-Nachruf).

67 Im Allgemeinen führt die Pflicht zur Rücksichtnahme auf die persönliche Ehre anderer solange nicht zu einer grundrechtswidrigen Beschränkung der freien Rede, als diese durch den Gebrauch einer anderen, nicht kränkenden Form Ausdruck finden kann (BVerfGE 42, 150, 152). An die Zulässigkeit der öffentlichen Kritik dürfen jedoch in Angelegenheiten von Allgemeininteresse keine allzu hohen Anforderungen gestellt werden.

d) Zensurverbot

68 Nach Art. 5 Abs. 1 S. 3 GG findet eine Zensur nicht statt. Bei dem Zensurverbot handelt es sich nicht um ein weiteres Grundrecht, sondern um eine Eingriffsschranke („Schranke der Schranken"). Verboten ist nur die Vorzensur, d. h. der Eingriff vor Herstellung oder Verbreitung eines Geisteswerks (BVerfGE 47, 198, 236).

69 Die öffentlich-rechtliche Ausgestaltung des Rundfunkwesens erfordert eine Rechtsaufsicht durch den Staat (BVerwGE 54, 29), die sich auch auf die Vorauswahl bestimmter Sendungen bezieht. Eine Zensur wird damit jedoch wohl noch nicht ausgeübt.

70 In der Filmwirtschaft besteht eine freiwillige Selbstkontrolle (FSK), die außerordentlich wirksam ist, weil auf Betreiben der Alliieren Produzenten, Verleiher und Filmtheaterbesitzer streng getrennt worden sind. Das ist zulässig, da die (faktische) Zensur nicht vom Staat ausgeübt wird.

IX. Wissenschaftsfreiheit, Forschung und Lehre

71 Wissenschaft ist ein grundsätzlich von Fremdbestimmung freier Bereich autonomer Verantwortung (BVerfG, NJW 2009, 2190). Wissenschaftliche Tätigkeit ist „alles, was nach Inhalt und Form als ernsthafter planmäßiger Versuch zur Ermittlung der Wahrheit anzusehen ist" (BVerfGE 35, 79, 113). Forschung lässt sich von der Wissenschaft nicht trennen. In Verbindung mit dem Kriterium der Wissenschaftlichkeit ist Forschung das (methodisch nachvollziehbare) Streben nach Erkenntnissen. Unter Lehre im Zusammenhang mit Wissenschaft und Forschung versteht man die pädagogisch-didaktische Vermittlung eigener Forschungsergebnisse. Den Gegensatz bildet der Unterricht in der Schule (BVerfGE 35, 79 (112).

72 Die Freiheit von Wissenschaft, Forschung und Lehre richtet sich gegen den Staat als individuelles Freiheitsrecht und als objektive, wertentscheidende Grundsatznorm. Da die Wissenschaftsfreiheit praktisch nur noch in staatlichen Institutionen verwirklicht werden kann, kommt dem letzteren Gesichtspunkt maßgebliche Bedeutung zu. Das BVerfG leitet aus ihm die Verpflichtung ab, funktionsfähige Institutionen für einen freien Wissenschaftsbetrieb zur Verfügung zu stellen und durch geeignete organisatorische Maßnahmen dafür zu sorgen, dass das Grundrecht der freien wissenschaftlichen Betätigung soweit unangetastet bleibt, wie das unter Berücksichtigung der anderen legitimen Aufgaben der Wissenschaftseinrichtungen und der Grundrechte der verschiedenen Beteiligten möglich ist. Aus der objektiven Komponente des Art. 5 Abs. 3 GG folgt, dass die Freiheit von Forschung und Lehre auch die Freiheit der Institution gewährleistet, an der geforscht und gelehrt wird; m. a. W. gewährleistet ist auch die Hochschulautonomie.

Im Verhältnis zum Staat bedeutet Autonomie Weisungsfreiheit. Auf Art. 5 Abs. 3 GG kann sich jeder berufen, „der wissenschaftlich tätig ist oder tätig werden will". Geschützt ist auch die Gründung privater Hochschulen (str.), wobei aber dem Staat vorbehaltene Bezeichnungen („Universität, Wissenschaftliche Hochschule") nicht übernommen werden dürfen. 73

Die Wissenschaftsfreiheit ist schrankenlos gefasst. Sie kann aber auf Grund von kollidierendem Verfassungsrecht beschränkt werden, wobei es grundsätzlich einer gesetzlichen Grundlage bedarf (BVerfGE 107, 104, 120). 74

Prinzipiell gilt, was allgemein zu den immanenten Schranken sowie sinngemäß, was zu den Schranken der Kunstfreiheit ausgeführt wurde. Speziell im Hochschulbereich darf nicht ignoriert werden, dass die Primäraufgabe der modernen Massenhochschule in der Berufsausbildung liegt. Dadurch kann Art. 5 Abs. 3 GG in Konflikt zur freien Berufswahl geraten. Ein vom BVerfG akzeptierter Lösungsversuch findet sich in der Vereinbarung der Ständigen Konferenz der Kultusminister über die Höhe der bei der Kapazitätsberechnung zugrunde zu legenden Lehrverpflichtungen. Ferner sind Art. 5 Abs. 3 GG eingeschränkt, soweit den Hochschulen fremde Aufgaben übertragen werden, wie z. B. die Krankenversorgung. Schließlich betont Art. 5 Abs. 3 S. 2 GG die Selbstverständlichkeit, dass die Freiheit der Lehre nicht von der Treue zur Verfassung entbindet.

X. Versammlungsfreiheit

Die Versammlungsfreiheit nach Art. 8 GG ist ein „demokratisches Grundrecht" und dient darüber hinaus ganz allgemein der Persönlichkeitsverwirklichung (Schutz vor Isolation). Die Versammlung wird gebildet von mindestens drei Personen, zwischen denen bewusst und gewollt eine innere Verbindung besteht und die einen bestimmten gemeinsamen Zweck verfolgen. Zweck kann nach h. L. nur die gemeinsame Meinungsäußerung sein (BVerfG 104, 92, 104) (also nicht „Fuckparade" oder „Loveparade"). 75

Zu unterscheiden sind private und öffentliche Versammlungen, Versammlungen in geschlossenen Räumen und unter freiem Himmel sowie geplante Versammlungen und Spontanversammlungen. Sog. fluide Aktionen sind nicht geschützt. Erfasst werden alle Versammlungen. Für Versammlungen unter freiem Himmel trifft Art. 8 Abs. 2 GG jedoch eine besondere Regelung. Geschützt sind nur **friedliche** Versammlungen. Eine Versammlung ist nicht friedlich, wenn ein gewalttätiger und aufrührerischer Verlauf angestrebt ist oder erfolgt. Gewalttätig ist eine Versammlung, wenn es in ihrem Verlauf zur Ausübung von körperlicher Gewalt gegen Personen und Sachen kommt. Die Gewalttätigkeit muss der gesamten Versammlung ihren Stempel aufprägen. Das ist der Fall, wenn die Gewalt von der Versammlungsleitung ausgeht oder wenn sich die Versammlungsleitung und die Mehrheit der Teilnehmer nicht von Gewalttätern distanzieren und deren Isolierung durch die Ordnungskräfte ermöglichen. An sich sind bewaffnete Versammlungen von Hause aus unfriedlich. Art. 8 Abs. 1 GG hebt dieses Kriterium jedoch noch einmal ausdrücklich hervor. Waffen sind neben den Waffen im technischen Sinn (§ 1 WaffenG) alle Gegenstände, die nach dem Willen ihres Benutzers im Angriff oder in der Verteidigung zur Beibringung von Verletzungen und Sachbeschädigungen bestimmt sind (z. B. Stuhlbeine, Flaschen, Bierkrüge, Regenschirme). Die passive Bewaffnung (Gasmasken, Schutzbrillen, Motorradhelme) fällt nach h. L. nicht unter den Waffenbegriff (vgl. BVerfGE 104, 92, 106). „Ohne Anmeldung" bedeutet, dass Versammlungen grundsätzlich nicht einer Kontrollerlaubnis unterzogen werden dürfen. Für Versammlungen unter freiem Himmel enthält Art. 8 76

Abs. 2 GG eine Sonderregelung. Maßgeblich ist die freie Zugänglichkeit, die die ungestörte Kommunikation mit der Umgebung ermöglicht. Für Versammlungen, die nicht unter die Sonderregelung fallen gelten nur immanente Schranken. Versammlungen unter freiem Himmel konnen durch Gesetz oder aufgrund eines Gesetzes eingeschränkt werden.

Soweit diese Gesetze reichen, gehen sie der polizeilichen Generalklausel vor (Polizeifestigkeit der Versammlungsfreiheit). Verbote und Auflösungen kommen nur zum Schutz hochwertiger Rechtsgüter in Betracht.

XI. Vereinigungs- und Koalitionsfreiheit

1. Vereinigungsfreiheit

77 Die allgemeine Vereinigungsfreiheit ist wie die Versammlungsfreiheit ein Kommunikationsgrundrecht. Sie dient der Persönlichkeitsentwicklung in Gruppenform (BVerfGE 38, 281, 303). Die Vereinigungsfreiheit umfasst vier Freiheiten: Vereinsgründungsfreiheit, Existenzfreiheit, Betätigungsfreiheit und negative Vereinigungsfreiheit.

78 Die negative Vereinigungsfreiheit garantiert, dass niemand in eine Vereinigung gezwungen wird (BVerfGE 38, 281, 298). Gemeint sind aber nur privat-rechtliche Vereinigungen. Die Zwangsmitgliedschaft in öffentlich-rechtlichen Verbänden ist zur Wahrnehmung legitimer öffentlicher Aufgaben im Rahmen des Art. 2 Abs. 1 GG zulässig.

79 Art. 9 Abs. 2 GG enthält ein Verbot bestimmter Vereinigungen. Trotz des eindeutigen Wortlauts („sind verboten“) hält man überwiegend eine besondere Feststellungsverfügung für erforderlich, durch welche die Auflösung der Vereinigung angeordnet wird (BVerwGE 55, 175, 177). Die nähere Regelung trifft das VereinsG. Die Verbotsgründe ergeben sich dagegen unmittelbar aus Art. 9 Abs. 2 GG.

2. Koalitionsfreiheit

80 Die Koalitionsfreiheit ist gegenüber der Vereinigungsfreiheit ein eigenständiges Grundrecht. Wie bei der Vereinigungsfreiheit sind positive und negative Koalitionsfreiheit zu trennen. Der Begriff der Vereinigung in Art. 9 Abs. 3 GG deckt sich mit demjenigen des Art. 9 Abs. 2 GG. Art. 9 Abs. 2 GG bezieht sich wiederum auf Art. 9 Abs. 1 GG, der nicht zwischen bestimmten Vereinigungen differenziert. Folglich kann sich auch die Koalitionsfreiheit nicht auf bestimmte Vereinigungen beziehen. Erfasst werden Vereinigungen zur Wahrung und Förderung der Arbeits- und Wirtschaftsbedingungen. Arbeitsbedingungen betreffen das Arbeitsverhältnis selbst und unmittelbar, Wirtschaftsbedingungen darüber hinausgehend allgemeine wirtschafts- und sozialpolitische Verhältnisse. Die Vereinigung muss kumulativ die Wahrung und Förderung der Arbeits- und Wirtschaftsbedingungen bezwecken. Für solche Vereinigungen hat sich der Begriff „Koalition“ eingebürgert. Wesensmerkmal einer Koalition ist zunächst die Unabhängigkeit. Das bedeutet, dass Mitglieder der Koalition nur jeweils entweder Arbeitnehmer oder Arbeitgeber sein dürfen. Deshalb gilt der Grundsatz der Gegnerfreiheit und Koalitionsfreiheit.

81 Dieser Grundsatz spielte im Streit um das Mitbestimmungsgesetz von 1976 eine wichtige Rolle. Das BVerfG (BVerfGE 50, 290) erklärte das Gesetz für verfassungsmäßig, da der Grundsatz der Gegnerunab-

hängigkeit gewisse Einschränkungen zulasse, sofern er im Prinzip erhalten bleibe. Abgesehen von dieser kaum überzeugenden Aussage, dürfte es sich um eine „gerade-noch"-Entscheidung handeln.

Die paritätische Mitbestimmung außerhalb des Montanbereichs würde gegen Art. 9 Abs. 3 GG verstoßen. Der Koalitionsbegriff erfordert ferner i. d. R. einen überbetrieblichen Zusammenschluss, nicht jedoch Tariffähigkeit und Kampfbereitschaft. Gewährleistet ist auch die Möglichkeit, sich in einer den Koalitionszweck realisierenden Weise zu betätigen (BVerfGE 94, 268, 283). Dieser Freiraum zur privatautonomen Gestaltung erfasst auch die Tarifautonomie (BVerfGE 84, 212, 224). 82

Der von einer Koalition geführte **Arbeitskampf** fällt unter Art. 9 Abs. 3 GG. Der Streik dient ersichtlich zur Wahrung und Förderung der Arbeits- und Wirtschaftsbedingungen. Dies gilt nicht für betriebsverfassungsrechtliche motivierte oder politische Streiks. Die Rechtmäßigkeit des Gegenstücks zum Streik, also der Aussperrung, ist umstritten. Da nicht einzusehen ist, wieso nur die Kampfmittel eines Koalitionspartners geschützt oder gar zulässig sein sollten, wird die Aussperrung ebenfalls durch Art. 9 Abs. 3 GG gewährleistet. Der Schutzbereich der Koalitionsfreiheit ist nicht nur auf die traditionell anerkannten Arbeitskampfmittel Streik und Aussperrung beschränkt (BVerfGE 84, 212, 229f.). Die Wahl der Mittel, die die Koalitionen zur Erreichung der koalitionsspezifischen Zwecke für geeignet halten, überlässt Art. 9 Abs. 3 GG grundsätzlich ihnen selbst, dennoch bedarf das Arbeitskampfrecht der Ausgestaltung der Rechtsordnung wobei ein weiter Gestaltungsspielraum des Gesetzgebers besteht. Umstrittene Arbeitskampfmethoden werden unter dem Gesichtspunkt der Proportionalität überprüft, der sich am Grundsatz der Verhältnismäßigkeit orientiert. Dass alle Arbeitskampfmaßnahmen dem Grundsatz der Verhältnismäßigkeit unterliegen, versteht sich von selbst. Ob eine Angriffsaussperrung von vornherein unverhältnismäßig ist, erscheint daher zweifelhaft, zumal das BAG (NJW 2010, 631), mit Billigung des BVerfG (NJW 2014, 1874), so genannte Flashmobaktionen der Gewerkschaften zugelassen hat (*Bertke,* NJW 2014, 1852ff.). Art. 9 Abs. 3 GG ist das einzige Grundrecht mit unmittelbarer Drittwirkung. Dies folgt aus Art. 9 Abs. 3 S. 2 GG, wonach Abreden, die die Koalitionsfreiheit einschränken oder zu behindern suchen nichtig, hierauf gerichtete Maßnahmen rechtswidrig seien. Diese Bestimmung ist v. a. für die negative Koalitionsfreiheit wichtig; denn sie schützt nichtorganisierte Arbeitnehmer vor Differenzierungsklauseln. Die Schranken des Art. 9 Abs. 2 GG gelten auch für die Koalitionsfreiheit. 83

XII. Berufsfreiheit

Art. 12 GG gewährleistet umfassend die in Berufswahl und Berufsausübung untergliederte Berufsfreiheit. Ein Teilaspekt der Berufsfreiheit, die Freiheit der Wahl des Arbeitsplatzes und der Ausbildungsstätte, wird gesondert aufgeführt. Die negative Seite der Berufsfreiheit liegt in der Freiheit von Arbeitszwang und Zwangsarbeit. Ausnahmen von dieser Freiheit sind die herkömmlichen, allgemeinen, für alle gleichen Dienstleistungspflichten sowie die gegenwärtig ausgesetzte Wehrpflicht und andere Dienstverpflichtungen im Sinn von Art. 12a GG. Art. 12 GG betrifft wie Art. 14 Abs. 1 GG die wirtschaftlichen Freiheiten. Im Normalfall schließen sich beide Grundrechte gegenseitig aus. Art. 12 GG schützt die Betätigung an sich, also den Erwerb. Art. 14 Abs. 1 GG schützt das Erworbene (BVerfG 126, 112, 135; BGHZ 214, 275, 284). 84

1. Berufswahl und -ausübung

85 **Beruf** ist jede erlaubte, auf Dauer berechnete Tätigkeit, die der Schaffung und Erhaltung einer Lebensgrundlage dient.

86 **Erlaubt** ist eine Tätigkeit, die nicht allgemein als gemeinschaftsschädlich betrachtet wird, unabhängig davon, ob die Tätigkeit verboten oder unter Strafe gestellt wurde

Das BVerfG verlangt darüber hinaus, dass der Beruf wirtschaftlich sinnvoll sein und dadurch einen Beitrag zur gesellschaftlichen Gesamtleistung erbringen soll (BVerfGE 7, 377, 397). In einer pluralistischen Gesellschaft sind solche Kriterien fragwürdig, weil sie dazu missbraucht werden können, unerwünschte oder „überflüssige" Berufe zu unerlaubten Berufen zu machen. Sozialwertig neutrale Berufe sind jedoch durch Art. 12 Abs. 1 GG ebenfalls geschützt, weil die Berufsfreiheit lediglich eine Konkretisierung der allgemeinen Handlungsfreiheit darstellt.

87 **Auf Dauer** berechnet ist eine nicht nur vorübergehende gelegentliche Betätigung. **Der Schaffung und Erhaltung einer Lebensgrundlage** dient der Beruf auch dann, wenn er als alleinige Lebensgrundlage nicht ausreicht.

88 Die Gesamtvorstellungen über den Inhalt und die Grenzen der für den Beruf charakteristischen Tätigkeit und die fachlichen, persönlichen, ggf. auch finanziellen Gegebenheiten, die mit ihr verbunden sind, kennzeichnen das **Berufsbild** des jeweiligen Berufs. Berufsbilder können traditionell vorgegeben sein oder sich erst neu entwickeln. Art. 12 Abs. 1 GG erfasst auch neue, noch untypische Berufsbilder. Völlig ohne Typisierung ist aber nicht auszukommen, weil die Zulassungsvoraussetzungen zu bestimmten Berufen vom jeweiligen Berufstyp abhängen.

Art. 12 Abs. 1 GG gilt auch für Berufe in einem öffentlich-rechtlichen Dienstverhältnis (BVerfGE 39, 334, 369). Jedoch geht umfassend die Spezialvorschrift des Art. 33 GG vor (BVerwGE 60, 254). Berufliche Tätigkeiten, die bestimmten öffentlich-rechtlichen Bindungen und Auflagen unterliegen, ohne dass sie in einem öffentlich-rechtlichen Dienstverhältnis ausgeübt werden (halbamtliche Berufe), rechtfertigen „gewisse Einschränkungen der Berufsfreiheit", die um so nachhaltiger sein dürfen, „je mehr der staatlich gebundene Beruf durch öffentlich-rechtliche Bindungen und Auflagen dem Beruf innerhalb eines öffentlich-rechtlichen Dienstverhältnisses angenähert ist" (BVerfGE 16, 6, 22).

89 Das GG unterscheidet Berufswahl und Berufsausübung. Nach der Rspr. des BVerfG beziehen sich Berufswahl und Berufsausübung auf einen einheitlichen Lebensvorgang der Berufsfreiheit (BVerfGE 7, 277, 402; 95, 193, 214). Die Unterscheidung ist lediglich relevant für die Intensität der Beschränkung der Berufsfreiheit durch den Gesetzgeber.

90 Unerlässlich für die Auslegung von Art. 12 Abs. 1 GG ist die Kenntnis des **Apothekenurteils** des BVerfG vom 11.6.1958 (BVerfGE 7, 377). Danach lassen sich Berufswahl und Berufsausübung nicht völlig trennen. Obwohl der Regelungsvorbehalt sich nach dem Gesetzeswortlaut nicht auf die Berufswahl erstreckt, kann auch diese um der Berufsausübung willen, jedoch mit geringerer Intensität geregelt werden. „Statusbildende" Regelungen, die die Freiheit der Berufswahl berühren, muss der Gesetzgeber selbst treffen, Berufsausübungsregelungen kann er den Berufsverbänden überlassen (BVerwGE 148, 344, 348). Inhaltlich ist die Regelungsbefugnis umso freier, je mehr sie reine Ausübungsregelung ist, umso begrenzter, je mehr sie die Berufswahl betrifft. Regelungen nach Art. 12 Abs. 1 Satz 2 müssen stets auf der „Stufe" vorgenommen werden, die den geringsten Eingriff in die Freiheit der Berufswahl mit sich bringt; die

nächste „Stufe" darf der Gesetzgeber erst dann betreten, wenn mit hoher Wahrscheinlichkeit dargetan werden kann, dass die befürchteten Gefahren mit (verfassungsmäßigen) Mitteln der vorausgehenden „Stufe" nicht wirksam bekämpft werden können. Bei subjektiven Zulassungsvoraussetzungen hängt die Aufnahme des Berufs davon ab, dass der Betreffende in seiner Person bestimmten Anforderungen genügt, die für das gewählte Berufsbild allgemein vorgeschrieben sind (Ausbildung, Fachkenntnisse, Fertigkeiten, Prüfungen, Lebensalter, Charaktereigenschaften u. dgl.). Solche Voraussetzungen sind nur zulässig, wenn „wichtige Gemeinschaftsgüter" geschützt werden sollen. Objektive Zulassungsvoraussetzungen liegen i. d. R. außerhalb der Einflussnahme des Bewerbers und sind von seinen persönlichen Eigenschaften und Möglichkeiten unabhängig. Sie sind grundsätzlich mit der Berufsfreiheit unvereinbar und nur zur Abwehr nachweisbarer oder höchstwahrscheinlich schwerer Gefahren für ein überragend wichtiges Gemeinschaftsgut zulässig (BVerfGE 102, 197, 214). Reine Berufsausübungsbeschränkungen können grundsätzlich durch jede vernünftige Erwägung des Gemeinwohls legitimiert werden (BVerfGE 103, 1, 10). Immerhin müssen dann aber Eingriffsintensität und Eingriffszweck in einem angemessenen Verhältnis stehen (BVerfGE 108, 150, 160).

2. Wahl von Arbeitsplatz und Ausbildungsstätte

Arbeitsplatz ist die Stätte, an welcher eine berufliche Tätigkeit konkret ausgeübt wird. 91
Freie Wahl des Arbeitsplatzes bedeutet Freiheit zur Aufnahme, Beibehaltung, Aufgabe oder Wechsel des Platzes in der gesamten Bundesrepublik. Bei freien Berufen fällt sie mit der Niederlassungsfreiheit zusammen. Dem Grundrecht kommt keine Drittwirkung zu. Es gewährt keinen Anspruch auf Beschaffung und Erhaltung von Arbeitsplätzen und schon gar kein Recht auf Arbeit. Die allgemeinen Einschränkungen der Berufsfreiheit gelten auch hier; d. h. der Bewerber muss die Anforderungen erfüllen, die der gewählte Arbeitsplatz voraussetzt. **Ausbildungsstätte** ist jede Einrichtung, die ein Bewerber über die allgemeine Schulbildung hinaus durchlaufen haben muss, um nach Ablegung der nur über diese Einrichtung erreichbaren Prüfung Berufe ergreifen oder öffentliche Ämter bekleiden zu können, welche die durch die Prüfung erlangte Qualifikation voraussetzen (BVerwG, NJW 1978, 2258). Das Recht auf Zulassung zu Ausbildungsstätten wurde früher vorwiegend im Zusammenhang mit dem akademischen Studium (numerus clausus) diskutiert. Die hier entwickelten Grundsätze sind jedoch verallgemeinerungsfähig.

Im Gegensatz zur sonstigen Grundrechtsdoktrin hat das BVerfG ein subjektives-öffentliches Recht auf 92
Aufnahme (Teilhaberrecht) in solche Ausbildungsstätten bejaht, bei denen rechtlich oder faktisch ein staatliches Monopol besteht (BVerfGE 33, 303; 39, 334, 371 ff.; 43, 291). Das Teilhaberecht gilt aber nicht schrankenlos. Der Gesetzgeber ist vielmehr berechtigt, Zulassungsbeschränkungen zu regeln. Die Zulassungsbeschränkung ist im Sinne der Stufentheorie eine objektive Zulassungsvoraussetzung, bedarf also der Rechtfertigung durch ein überragend wichtiges Gemeinschaftsgut. Als derartiges Gemeinschaftsgut erkennt das BVerfG die Funktionsfähigkeit der Hochschuleinrichtungen an. Die Festlegung von Kapazitätsgrenzen ist danach verfassungsmäßig, jedoch müssen: (1) die vorhandenen Ausbildungskapazitäten erschöpfend genutzt werden (Problem der Kapazitätsermittlung) (2) die Auswahl der Studienbewerber und die Verteilung der Studienplätze nach sachgerechten Kriterien erfolgen. Auswahlmaßstäbe sind: Leistungsprinzip (Durchschnittsnote), Jahrgangsprinzip (Wartezeiten), soziale Gesichtspunkte, internationaler Austausch (Ausländer), Lastenausgleich.

3. Arbeitszwang und Zwangsarbeit

93 Nach Art. 12 Abs. 2 GG darf niemand zu einer bestimmten Arbeit **gezwungen** werden, außer im Rahmen einer herkömmlichen, allgemeinen, für alle gleichen, öffentlichen Dienstleistungspflicht. Das Verhältnis von Art. 12 Abs. 2 GG zu Art. 12 Abs. 1 GG ist nicht eindeutig.

Nach der Auffassung des BVerfG betreffen die meisten hoheitlich gegen den Willen einer Person geforderten Tätigkeiten nur die Berufsausübung (BVerfGE 22, 380). Nach BVerfGE 74, 102 fallen jedenfalls folgende Inpflichtnahmen zur Arbeit in den Schutzbereich des Art. 12 Abs. 2 und 3 GG: erzwungene Arbeiten, die in einer die Menschenwürde missachtenden Weise unter gleichzeitigem Verstoß gegen bestimmte Grundrechte gefordert werden, „Unnötig beschwerliche" oder „in gewisser Weise schikanöse" Arbeiten, Zwangs- und Pflichtarbeit als Methode der Rekrutierung und Verwendung von Arbeitskräften für Zwecke der wirtschaftlichen Entwicklung.

94 Für die Schranken ist die Stufentheorie maßgeblich. Arbeitszwang ist nur zulässig im Rahmen einer herkömmlichen, allgemeinen und für alle gleichen öffentlichen Dienstpflicht. **Herkömmlich** ist eine Pflicht, die schon vor der NS-Zeit bestand. Allgemeinheit bedeutet eine nach abstrakt-generellen Maßstäben bestimmten Personenkreis. Das **Merkmal der Gleichheit** schließlich erfordert, dass alle von der Regelung Betroffenen in gleicher Weise belastet werden.

4. Wehrverfassung, Kriegsdienstverweigerung, Ersatzdienst

95 Art. 12a GG enthält Vorschriften über die Wehrverfassung und Notstandsverfassung. Für die Grundrechtsdiskussion ist Art. 12a GG nur relevant als Beschränkung der Grundrechte aus Art. 12 GG und aus Art. 4 Abs. 3 Satz 1 GG. Wichtig für die Grundrechtslehren ist dabei, dass das GG sich als Ergebnis des „Kampfs um den Wehrbeitrag" zur Landesverteidigung bekennt (BVerfGE 48, 127, 159). Aktuell haben die Bestimmungen über Wehrplicht und Ersatzdienst keine praktische Bedeutung.

XIII. Eigentum, Erbrecht, Enteignung, Sozialisierung

96 Art. 14 Abs. 1 GG gewährleistet Eigentum und Erbrecht, deren Inhalt und Schranken durch die Gesetze bestimmt werden. Art. 14 Abs. 2 GG regelt die Sozialpflichtigkeit des Eigentums und den Gebrauch zum Wohle der Allgemeinheit, greift also den Schrankengesichtspunkt auf. Art. 14 Abs. 3 GG befasst sich mit der Enteignung. Für bestimmte Eigentumsobjekte wird Art. 14 Abs. 3 schließlich durch die Sozialisierungsvorschrift des Art. 15 GG erweitert.

1. Eigentum und Erbrecht

97 Art. 14 Abs. 1 GG schützt in erster Linie Grundrechte; er enthält Abwehrrechte gegen Eingriffe der öffentlichen Gewalt in Eigentum und Erbrecht. Daneben garantiert Art. 14 Abs. 1 GG die Rechtsinstitute des Eigentums und Erbrechts („*das* Eigentum und *das* Erbrecht werden gewährleistet"). Auch bei wirtschaftspolitischer Neutralität des Grundgesetzes wäre eine eigentumsfeindliche Wirtschaftsordnung unzulässig.

98 Der **Eigentumsbegriff** des Art. 14 Abs. 1 GG hat verschiedene Inhalte, je nachdem er von der Institutsgarantie oder von der Individualgarantie aus gesehen wird. Die Institutsgarantie schützt das Eigentum im Sinne des bürgerlichen Rechts, die Individualgarantie greift wesentlich weiter.

Der Eigentumsbegriff des BGB bezieht sich nach § 903 BGB nur auf Sachen, d. h. körperliche Gegenstände (§ 90 BGB). Schon in der Weimarer Zeit wurde der verfassungsrechtliche Eigentumsbegriff auf alle Vermögensgegenstände ausgedehnt (*M. Wolff*, Reichsverfassung und Eigentum, in: FS f. Kahl, 1923, S. 2ff.). Der BGH griff diese Lehre auf (BGHZ 6, 270). Ist danach jede vermögenswerte Rechtsposition geschützt, so gilt das nicht für das Vermögen als Ganzes. Das hat zur Folge, dass Geldleistungspflichten grundsätzlich keine Enteignung darstellen. Uferlose Geldleistungen können das Eigentum indessen vernichten, so dass etwa Steuern mit Erdrosselungswirkung unzulässig sind.

Für Mietstreitigkeiten ist es wichtig, dass nicht nur der Vermieter durch Art. 14 Abs. 1 GG geschützt wird, sondern ebenfalls der Mieter (BVerfGE 79, 292, 304; BGHZ 214, 275, 284). 99

Der bürgerlich-rechtliche schöpft den verfassungsrechtlichen Eigentumsbegriff nicht aus. Unter Art. 14 Abs. 1 GG fällt etwa auch das geistige Eigentum, selbst wenn es keinen Vermögenswert haben sollte (BVerfGE 49, 382). Zum Eigentum zählen auch öffentlich-rechtliche Berechtigungen, die durch eigene Leistung erworben sind (Äquivalent eigener Leistung – BVerfGE 53, 257; 58, 81). 100

Noch nicht geklärt ist die Konstruierbarkeit eines nicht als Ausschlussrecht zu verstehenden Dateneigentums. 101

Das **Erbrecht** ist eine spezielle Form des Eigentums, Ausfluss der Verfügungsmacht des Eigentümers. Ohne Erbrecht (Recht zu vererben) wäre das Eigentum nur lebenslanger Nießbrauch. Der Begriff des Erbrechts wird durch das bürgerliche Recht geprägt, setzt indessen den Eigentumsbegriff voraus. Folgerichtig erstreckt sich das Erbrecht auf alles, was Eigentum i. S. v. Art. 14 Abs. 1 GG sein kann. 102

Juristische Personen des öffentlichen Rechts, einschließlich der kommunalen Selbstverwaltungskörperschaften, können sich grundsätzlich nicht auf Art. 14 Abs. 1 GG berufen (BVerfGE 61, 82). Da Art. 14 Abs. 1 S. 2 GG Inhalt und Schranken des Eigentums zusammen nennt, ist eine klare Trennung von Inhalts- und Schrankenbestimmung sehr schwer. Üblicherweise wird beides in einem Atemzug genannt. Hinzu kommt, dass das Verhältnis von Art. 14 Abs. 1 S. 2 zu Abs. 2 GG ungeklärt ist. Art. 14 Abs. 2 richtet sich an jedermann, Art. 14 Abs. 1 S. 2 nur an den Gesetzgeber. Bei der gesetzlichen Regelung bilden beide Absätze eine Einheit. Die Schranken des (inhaltlich feststehenden) Eigentums treffen nur den Eigentumsgebrauch. Für die Inhaltsbestimmung des Eigentums gilt Art. 19 Abs. 1 GG nicht. Es ist aber nicht einzusehen, weshalb beschränkende Gesetze nicht unter Art. 19 Abs. 1 Satz 1 und 2 GG fallen sollten. Eine weitere Schranke der Schranken ergibt sich aus Art. 19 Abs. 2 GG. Der gleiche Gesichtspunkt ist freilich schon bei der Bestimmung des Rechtsinstituts Eigentum zu beachten. 103

2. Enteignung

Die Enteignung ist auf die Entziehung konkreter Rechtspositionen gerichtet, die durch Art. 14 Abs. 1 S. 1 GG geschützt sind (BVerfGE 79, 174, 191). Die Eigentumsgarantie schützt den konkreten Bestand in der Hand des einzelnen Eigentümers. Im Falle einer verfassungsgemäßen Enteignung tritt an die Stelle der Bestandsgarantie eine Wertgarantie. Enteignung ist der **gezielte** Güterbeschaffungsvorgang. 104

Demgegenüber bestimmen die Vorschriften i. S. v. Art. 14 Abs. 1 S. 2 GG generell und abstrakt, wie weit die als Eigentum geschützte Rechtsposition überhaupt reicht (BVerfGE 72, 66, 76). Bei einer Regelung nach Art. 14 Abs. 1 S. 2 GG muss der Gesetzgeber die Interessen der Beteiligten in einen gerechten Ausgleich und in ein ausgewogenes Verhältnis bringen. Nach der Rspr. des BVerfG wird hierbei Eigentumsrechten ein neuer Inhalt gegeben, während das Eigentum offenbar einen verfassungsrechtlichen Begriff darstellt. Es geht aber nicht um ein abstraktes Eigentumsverständnis, sondern um Eigentum an ganz konkreten Sachen, Rechten oder sonstigen Gütern. Die Inhaltsbestimmung des Eigentums kann darauf hinauslaufen, dass bestimmte Sachen, Rechte oder Güter nicht mehr eigentumsfähig sind, obwohl sie nach bisherigem Recht geschützt waren. Das ist dann immer noch eine Inhaltsbestimmung des Eigentums, die dann aber einer Enteignung nahekommt. Daher lässt sich auch die Verhältnismäßigkeit einer rechtsvernichtenden Inhaltsbestimmung durch einen Geldausgleich herstellen. Der Gesetzgeber muss aber die Umgestaltung und Beseitigung eines Rechts nicht durchwegs mit einer Entschädigungs- oder Übergangsregelung abmildern (BVerfGE 83, 201, 212f.).

105 Die mit der Enteignung notwendig verbundene Eigentumsentziehung erfordert nicht nur einen öffentlichen Zweck („Wohl der Allgemeinheit"), sondern auch eine gesetzlich vorgesehene angemessene Entschädigung (Junktimklausel). Entsprechend dem vom BVerfG freilich abgelehnten Verständnis der Enteignung als Zwangskauf, sollte die Entschädigung grundsätzlich dem Verkehrswert entsprechen (BGHZ 59, 250, 258f.; aA BVerfGE 24, 367, 420f.; 46, 268, 284).

106 Die Prüfung der Verfassungsmäßigkeit einer Enteignung erfolgt nach folgenden Gesichtspunkten (vgl. BVerfGE 134, 242, 290):

- Eingriff in das Eigentum
- Legitimation durch ein vom parlamentarischen Gesetzgeber fixiertes Gemeinwohlziel
- Zulässige Enteignung zugunsten Privater, bei denen die Verfolgung des Gemeinwohlziels sichergestellt ist
- Wahrung des Verhältnismäßigkeitsgrundsatzes
- Effektiver Rechtsschutz

3. Sozialisierung

107 Art. 15 GG wirkt als Fremdkörper im Grundrechtsteil. Das ist jedoch nicht der Fall. Da die (gegen Entschädigung) sozialisierungsfähigen Objekte einzeln aufgeführt werden, entfaltet Art. 15 GG Grundrechtsschutz für alle Eigentumsobjekte, die **nicht** sozialisiert werden können, wie Handel, Verkehr, Banken, Kreditwesen, Versicherungen u. dgl.

XIV. Ausbürgerung, Auslieferung, Asylrecht

108 Art. 16 GG vereinigt drei Grundrechte, die in sachlichem Zusammenhang stehen, nämlich: vollen Schutz vor der Entziehung der deutschen Staatsangehörigkeit bzw. beschränkter Schutz vor dem Verlust der deutschen Staatsangehörigkeit (Art. 16 Abs. 1 GG); Verbot der Auslieferung von Deutschen an das Ausland (§ 16 Abs. 2 S. 1 GG) und Asylrecht für politisch Verfolgte (§ 16 Abs. 2 S. 2 GG).

1. Entzug und Verlust der deutschen Staatsangehörigkeit

109 Art. 16 Abs. 1 S. 1 GG ist ein Novum in der deutschen Verfassungsgeschichte und versteht sich als Reaktion auf die nationalsozialistische Praxis, aus politischen, rassischen oder sonstigen Gründen Zwangsausbürgerungen vorzunehmen. Diese sind gegen den Willen des Betroffenen ausgeschlossen.

Art. 16 Abs. 1 S. 1 GG schützt naturgemäß diejenigen, die die deutsche Staatsangehörigkeit besitzen. Der Begriff der Staatsangehörigkeit wird vom GG vorausgesetzt. Die Staatsangehörigkeit ist ein Rechtsverhältnis, bei welchem die Summe der Rechte und Pflichten den Status ergeben. Erwerb und Verlust der Staatsangehörigkeit erfordern einen statusbegründenden Hoheitsakt. Art. 16 Abs. 1 GG meint nur Statusdeutsche. Die Entziehung der deutschen Staatsangehörigkeit ist ein belastender Hoheitsakt, durch den der Betroffene gegen oder ohne seinen Willen die Staatsangehörigkeit verliert. Beruht der Erwerb der deutschen Staatsangehörigkeit auf einer Einbürgerung, dann steht Art. 16 Abs. 1 S. 1 GG einer Aufhebung der Einbürgerung nicht entgegen (BVerfGE 116, 24).

Der von der Entziehung klar zu trennende **Verlust** der deutschen Staatsangehörigkeit 110
kann unter bestimmten Voraussetzungen automatisch oder durch Entlassung auf Antrag eines Beteiligten eintreten.

Automatisch tritt der Verlust ein, wenn ein Deutscher ohne Wohnsitz oder dauerhaften Aufenthalt im Inland eine ausländische Staatsangehörigkeit erwirbt, ferner durch Verzicht oder wenn jemand von einem Ausländer als Kind angenommen wird und keine Staatenlosigkeit eintreten würde.

2. Auslieferung

Auslieferung ist die zwangsweise Entfernung aus dem Hoheitsbereich eines Staates 111
und die Überführung unter die Hoheitsgewalt eines anderen Staates. Sie besteht also aus zwei Akten (Entfernung, Überstellung). Im Gegensatz hierzu stehen die Ausweisung und die Zulieferung. Das Auslieferungsverbot bezieht sich auf Deutsche i. S. v. Art. 116 GG. Auf Unionsbürger ist Art. 16 Abs. 2 S. 1 GG nicht anwendbar (BVerfG, NJW 2014, 1945, 1946).

3. Asylrecht

Im Gegensatz zu den restriktiven Bestimmungen anderer Staaten und des Völker- 112
rechts ist das Asylrecht in der Bundesrepublik als subjektives-öffentliches Recht ausgestaltet. Das Asylrecht ist ein Abwehrrecht (Schutz vor Zurückweisung an der Grenze und Auslieferung). Darüber hinaus hat das Grundrecht auch eine positive Seite. Den aufgenommenen Verfolgten muss nämlich zumindest eine Existenz auf zumutbarem Niveau garantiert werden. Die Bundesrepublik Deutschland ist ferner Signatarstaat des Abkommens über die Rechtsstellung der Flüchtlinge (Genfer Konvention-GK), dessen Vorschriften damit verbindlich sind.

Die GK setzt allerdings die Zuerkennung des Flüchtlingsstatus voraus, die durch Feststellung der Asylberechtigung erfolgt. Anders ausgedrückt: Nur wer bereits als Asylberechtigter anerkannt ist, kann Rechte aus der GK geltend machen.

Asylberechtigt sind politisch verfolgte Ausländer oder Staatenlose. Nach Art. 1 A Nr. 2 113
GK ist politisch verfolgt, wer sich aus begründeter Furcht vor Verfolgung außerhalb des Landes aufhält, dessen Staatsangehörigkeit er besitzt. Der durch Art. 16 Abs. 2 S. 2 GG erfasste Personenkreis reicht noch weiter. Verfolgung ist jede Verhaltensweise, die bei dem Zufluchtsuchenden aufgrund seiner Rasse, Volkszugehörigkeit, Religion, Nationalität, Zugehörigkeit zu einer bestimmten sozialen Gruppe oder seiner politischen Überzeugung zu einer Gefährdung für Leib und Leben oder einer Beschränkung der persönlichen Freiheit (einschließlich der ungehinderten wirtschaftlichen und beruflichen Betätigung) führt. Die politische Verfolgung muss den Zuflucht suchenden individuell betreffen.

Die Verfolgung muss gegenwärtig stattfinden oder in absehbarer Zeit drohen. Eine 114
Fluchtmöglichkeit innerhalb des Herkunftslandes steht der politischen Verfolgung entgegen (BVerwG, Buchholz 402.24 § 28 AuslG Nr. 20). Hat der Ausländer bereits

in einem anderen Staat Schutz vor Verfolgung gefunden, so liegt keine Verfolgungsbetroffenheit mehr vor.

Lösung Fall 10 (im verkürzten Gutachtenstil)

115 Die Verfassungsbeschwerde des R hat Erfolg, wenn sie zulässig und begründet ist.
Die Verfassungsbeschwerde ist zulässig, wenn die Sachentscheidungsvoraussetzungen gem. Art. 93 Abs. 1 Nr. 4a GG, §§ 13 Nr. 8a, 90ff. BVerfGG vorliegen. R kann als natürliche Person Träger von Grundrechten sein. Er ist daher beschwerdefähig. Beschwerdegegenstand ist jeder Akt der öffentlichen Gewalt, damit auch ein Akt der Legislative wie das Landschaftsschutzgesetz. R ist beschwerdebefugt, da zumindest eine Verletzung von Art. 2 Abs. 1 GG möglich erscheint. Als Reiter ist R selbst und gegenwärtig betroffen. Das Verbot, im Wald außerhalb der gekennzeichneten Wege zu reiten, folgt unmittelbar aus dem angefochtenen Gesetz, ohne dass es noch eines Vollzugsakts bedarf. Rechtswegerschöpfung und Subsidiarität spielen bei der Anfechtung eines formellen Gesetzes keine Rolle. Form und Frist sind eingehalten. Die Verfassungsbeschwerde ist zulässig. Sie wäre begründet, wenn das Landschaftsschutzgesetz R in seinen Grundrechten verletzt. In Betracht kommt ein ungerechtfertigter Eingriff in den Schutzbereich des Art. 2 Abs. 1 GG. En spezielleres Grundrecht ist thematisch nicht einschlägig. Die allgemeine Handlungsfreiheit steht jeder natürlichen Person zu. Sie ist umfassend geschützt, weil auch die Schranken umfassend sind. Danach fällt auch das Reiten im Wald in den Schutzbereich des Art. 2 I GG. Durch das Landschaftsschutzgesetz wird das freie Reiten im Wald verboten. Dadurch wird in die allgemeine Handlungsfreiheit eingegriffen. Der Eingriff ist aber verfassungsrechtlich gerechtfertigt. Das Landschaftsschutzgesetz ist nämlich formell und materiell verfassungsgemäß. Es verfolgt den legitimen Zweck, andere Verkehrsteilnehmer und die Reiter selbst vor den mit dem Reiten verbundenen Gefahren zu schützen, ist hierzu geeignet und angemessen (vgl. BVerfGE 80, 137).

Lösung Fall 11

116 Nein. Die Schule soll allen jungen Bürgern ihren Fähigkeiten entsprechende Bildungsmöglichkeiten gewährleisten und einen Grundstein für ihre selbstbestimmte Teilhabe am gesellschaftlichen Leben legen. Zugleich soll sie, unter den von ihr vorgefundenen Bedingungen einer pluralistisch und individualistisch geprägten Gesellschaft, dazu beitragen, die Einzelnen zu dem Ganzen gegenüber verantwortungsbewussten Bürgern heranzubilden, und hierüber eine für das Gemeinwesen unerlässliche Integrationsfunktion erfüllen. Die Entscheidung über Inhalt und Modalitäten des Unterrichts ist dem Staat überantwortet, der im Gegenzug aber Gewähr dafür tragen muss, religiöse Positionen wenigstens nicht absichtsvoll zu konterkarieren. Im vorliegenden Fall hat die Schule mit der Entscheidung über die Filmvorführung nicht gegen das Neutralitäts- und Toleranzgebot verstoßen (vgl. BVerwG NJW 2014, 804).

§ 25. Unbenannte „neue Grundrechte"

I. Methodik

1 Die Grundrechte bilden ein Wertesystem. Dieses besteht im Ausgleich von Freiheiten und Bindungen. Die Freiheitspositionen sind unterschiedlich stark, weil der Staat zur Wahrung gegenläufiger Werte mit Verfassungsrang unterschiedlich intensiv in bestehende Freiheitspositionen eingreifen kann. Das Gewicht der Freiheitspositionen und die Intensität der Eingriffsbefugnisse ergeben sich aus dem jeweiligen Sachzusammenhang unabhängig davon, ob der Verfassungsgeber sie erkannt hat oder nicht. Somit gibt es neben den benannten auch unbenannte – noch nicht benannte, aber noch zu beschränkende – Freiheiten.

Für das Auffinden unbenannter Grundrechte gibt es drei Ansätze: 2

- die analoge Heranziehung bereuts benannter Grundrechte,
- die Platzierung zwischen Menschenwürde und allgemeiner Handlungsfreiheit,
- die Kombination mehrerer Grundrechte.

II. Allgemeines Persönlichkeitsrecht

Die **analoge Heranziehung von Normen für ausdrücklich benannte Grundrechte** 3 zur Erfassung ungeschriebener Grundrechte, erfolgt nach den allgemeinen Regeln. Auf eine derartige Analogie läuft etwa die Subsumtion des allgemeinen Persönlichkeitsrechts unter Art. 1 Abs. 1 GG hinaus. Die Ausführungen → § 3 Rn. 27ff. gelten hier sinngemäß.

III. Informationelle Selbstbestimmung und Vertraulichkeitsschutz

1. Informationelle Selbstbestimmung

Ausfluss der Menschenwürde ist ein für Dritte unzugänglicher Bereich individueller 4 Privatheit, den das BVerfG als Unterfall des Persönlichkeitsrechts anerkannte.

In seiner Mikrozensusentscheidung von 1969 (BVerfGE 27, 1) führte das Gericht aus, dass es mit der Menschenwürde nicht zu vereinbaren sei, wenn der Staat das Recht für sich in Anspruch nehmen könnte, den Menschen zwangsweise in seiner ganzen Persönlichkeit zu registrieren und zu katalogisieren. Die Privatheit sei Teil des Persönlichkeitsrechts des Menschen.

Ebenfalls als Teil des Persönlichkeitsrechts wurde das Recht auf informationelle Selbst- 5 bestimmung kreiert. Die zu Beginn der 1970er Jahre erkennbaren Gefährdungen des Persönlichkeitsrechts durch die Rechnertechnologie riefen Ängste hervor, die bis zum militanten Widerstand gegen die Datenerhebung nach dem Volkszählungsgesetz 1983 ausarteten. Im Zuge des Rechtsstreits um dieses Gesetz trug das Grundsatzurteil des BVerfG von 1983 (BVerfGE 65, 1) zur Befriedung bei, weil das Gericht die verfassungsrechtlichen Grundlagen des Datenschutzes umfassend entwickelte. Mit der Kreation des Rechts auf „informationelle Selbstbestimmung“ (vgl BVerfGE 78, 77, 84; 84, 192, 194; 113, 29, 46; 115, 166, 188; 115, 320, 341 f.; 117, 202; 118, 168; 120, 274, 312; 120, 378, 397ff.; 128, 1, 42;133, 277, 320ff.), das die Befugnis des Einzelnen gewährleistet, grundsätzlich selbst über die Preisgabe und Verwendung seiner persönlichen Daten zu bestimmen, verankerte das Gericht den Datenschutz in der Verfassung. Da ein Grundrecht auf Datenschutz im Grundgesetz nicht ausdrücklich genannt ist, hätte das BVerfG an sich allein auf die allgemeine Handlungsfreiheit zurückgreifen können. Das tat es aber nicht, sondern stützte das „Recht auf informationelle Selbstbestimmung“ – wie zuvor das Recht auf Privatheit – auf Art. 2 Abs. 1 *in Verbindung* mit Art. 1 Abs. 1 GG. Dogmatisch war die Kombination des am weitesten beschränkbaren Grundrechts des Art. 2 Abs. 1 GG mit der nach h. M. unbeschränkbaren Menschenwürde eine fragwürdige Angelegenheit. Eine schematisch-starre Sichtweise wäre hier unangebracht. Die allgemeine Handlungsfreiheit ist flexibler Bestandteil der Grundrechteordnung des Grundgesetzes. Diese nimmt in Art. 2 Abs. 1 GG ihren Ausgang und markiert lediglich den Grundbereich unbenannter Freiheitsrechte, die sich auf einer gleitenden Skala auf Art. 1 Abs. 1 GG zu bewegen. Je näher das Pendel bei Art. 1 Abs. 1 GG ausschlägt, desto strenger sind die Voraussetzungen für die Einschränkung, desto größer wird die Begründungslast für die Beschränkung. Ratio legis ist die Möglichkeit zu differenzieren.

2. Gewährleitung der Vertraulichkeit und Integrität informationstechnischer Systeme

6 Die informationelle Selbstbestimmung i. w. S. betrifft nicht nur einen Bereich unbeobachteter Privatheit, sondern auch die Verbreitung personenbezogener Daten im Internet. Das Internet ist ein elektronischer Verbund von Rechnernetzen. Unabhängig davon, ob man die Nutzung des Internets selbst als Freiheitsrecht oder als Voraussetzung für die Ausübung anderer Freiheitsrechte betrachtet, ist das vom BVerfG neu benannte Grundrecht auf Vertraulichkeit und Integrität (BVerfGE 120, 274, 308) informationstechnischer Systeme ein weiteres Beispiel für ungeschriebene neue Grundrechte, die nicht allein durch die allgemeine Handlungsfreiheit aufgefangen werden. Staatliche Eingriffe in die Nutzung des Internets können im heimlichen Beobachten und sonstigen Aufklären des Internets bestehen. Daneben gibt es den heimlichen Zugriff auf ein informationelles System unter Ausnutzug von Sicherheitslücken des Zielsystems oder durch Installation eines Spähprogramms („Online-Durchsuchung). Solche Maßnahmen greifen in das vom BVerfG neu benannte Grundrecht auf Vertraulichkeit und Integrität informationstechnischer Systeme ein (BVerfGE 120, 274, 308) und sind nur unter engen Voraussetzungen zulässig.

IV. Wertsteigernde Addition von Grundrechten

In verkürzter Form wird Aristoteles die Erkenntnis zugesprochen, dass das Ganze mehr ist als die Summe der Teilelemente. Die durch Addition gewonnenen Grundrechte sind stärker als alle heranziehbaren Grundrechte zusammen. Dies wird durch die Benennung als neues Grundrecht zum Ausdruck gebracht. Im Wege einer solchen Addition gewonnen wurde das **Grundrecht auf Mobilität,** das im GG nicht ausdrücklich erwähnt wird, sich jedoch durch eine systematische Auslegung erschließen und rechtfertigen lässt. Grundrechtskonflikte sind zu lösen, indem ermittelt wird, welche Verfassungsbestimmung für die konkret zu entscheidende Frage das höhere Gewicht hat (BVerfGE 2, 1, 72f.). Welches Gewicht einem Wert konkret zukommt, erweist sich in der Regel erst im Rahmen einer konkreten **Abwägung** mit gegenläufigen Werten (so auch *Alexy,* Theorie der Grundrechte, 5. Aufl., 2006, S. 142ff.). Die Bestimmung der Wertigkeit verfassungsrechtlich geschützter Rechtsgüter ist der konkreten Gewichtung der Abwägungsbelange vorgelagert. Daher ist es wichtig, dass ein eigenständiges Grundrecht auf Mobilität aus dem Grundgesetz abgeleitet werden kann, das in seiner Wertigkeit die bloße Addition der Mobilitätsgehalte einzelner benannter Grundrechte übersteigt. Mit der Anerkennung eines Grundrechts auf Mobilität ist folglich ein **Mehrwert bei der Abwägung** verbunden. Verfassungsdogmatisch kann ein qualitativer Sprung bei den Grundrechten nur angenommen werden, wenn ein unbenanntes Freiheitsgrundrecht ein derart eigenständiges Gewicht angenommen hat, dass der Rückgriff auf die allgemeine Handlungsfreiheit zu kurz greifen würde. Dies ist bei der Verkehrsmobilität der Fall. Dass sie durch die allgemeine Handlungsfreiheit erfasst wird, ist unstreitig. Ebenso unstreitig ist, dass weitgehende Begrenzungsmöglichkeiten der allgemeinen Handlungsfreiheit bestehen. Schranken-Schranke bildet praktisch lediglich der Verhältnismäßigkeitsgrundsatz. Bei der Mobilität schlägt jedoch **Quantität in Qualität** um. Die Mobilität ist nicht nur Voraussetzung des Grundrechtsgebrauchs, sondern im Schutzbereich zahlreicher Grundrechte verankert. Verkehrsmobilität ist nicht nur die Fähigkeit, sich von Punkt A zu Punkt B zu bewegen. Vielmehr begründet die Mobilität ein **interaktives System** von Verkehrsbeziehungen, an dem grundsätzlich **alle** partizipieren.

§ 26. Gleichheitsrechte und politische Teilhaberechte

I. Überblick

Gleichheit tritt seit der Antike im Zusammenhang mit der Freiheit auf. Gleichheit ist 1
Tragpfeiler der Demokratie. Damit ist aber nur die politische Gleichheit gemeint. Daran, dass Menschen sich real unterscheiden und dass die Unterschiede vielfach auf dem unterschiedlichen Freiheitsgebrauch beruhen, lässt sich nur etwas ändern, wenn der Staat vorgegebene Ungleichheiten nivelliert und damit selbst gegen das formale Gleichbehandlungspostulat verstößt. Als Rechtsprinzip meint der Gleichheitssatz in der Regel nicht Gleichmacherei, sondern Rechtsgleichheit. Rechtliche Gleichbehandlung, verstanden als Diskriminierungsverbot ist die Grundidee des allgemeinen Gleichheitssatzes. Die Rechtsgleichheit fordert indessen vielfach Ungleichbehandlungen, um jedenfalls eine Chancengleichheit herzustellen. Der Gleichheitsgrundsatz muss daher Gestaltungsmöglichkeiten offenlassen, die nicht unbeschränkt bestehen können. Daher sehen besondere Gleichheitsvorschriften in bestimmten Lebensbereichen Tabu-Kriterien vor, Kriterien, die zur Begründung der Ungleichbehandlung nicht herangezogen werden dürfen. Die demokratische Legitimation des Gleichheitsgrundsatzes findet ihren Niederschlag in wahlspezifischen Gleichheitsnormierungen.

II. Allgemeiner Gleichheitssatz

Nach Art. 3 Abs. 1 GG sind alle Menschen vor dem Gesetz gleich. Diese Regelung 2
wird als allgemeiner Gleichheitsgrundsatz verstanden. Die Vorschrift verbietet die grundlose Ungleichbehandlung. Der Gleichheitsgrundsatz kennt keinen Schutzbereich wie die Freiheitsgrundrechte. Zu prüfen ist nicht, ob ein „Eingriff" in eine vorgegebene Gleichheit vorliegt, sondern ob es bei der Rechtssetzung oder Rechtsanwendung zu Ungleichbehandlungen kommt und ob die Ungleichbehandlung verfassungsrechtlich gerechtfertigt ist. Da Art. 3 Abs. 1 GG nicht konkret besagt, was der Gesetzgeber gleich behandeln muss, waren Rechtsprechung und Wissenschaft zur inhaltlichen Bestimmung aufgerufen. Dabei entwickelten sich Formeln, die gerade wegen ihrer mangelnden Konturenschärfe flexible Lösungen gesellschaftspolitischer Konflikte ermöglichen. Zu unterscheiden ist zunächst zwischen der Rechtsanwendungsgleichheit („Gleichheit vor dem Gesetz"), die sich an die rechtsprechende und vollziehende Gewalt richtet und die Rechtssetzungsgleichheit (Gleichheit des Gesetzes), die den Gesetzgeber bindet. Insbesondere die Bindung des Gesetzgebers ist eine dem Gesetzeswortlaut nicht zwingend entnehmbare Besonderheit des Grundgesetzes. Sie wurde durch die Grundsatzentscheidung BVerfGE 1, 14, 52 propagiert als Gebot an den Gesetzgeber, wesentlich Gleiches gleich und wesentlich Ungleiches ungleich zu behandeln. Daraus entwickelte sich ein von *Leibholz* (Die Gleichheit vor dem Gesetz, 2. Aufl., 1959, S. 95 f.) übernommenes allgemeines **Willkürverbot** (BVerfGE 23, 98, 106; 78, 232, 248). Willkür liegt dann vor, wenn für die Ungleichbehandlung kein sachlicher Differenzierungsgrund vorgetragen werden kann. Das Willkürverbot überließ dem Gesetzgeber einen weiten Gestaltungsspielraum, den der Erste Senat des BVerfG durch die sog. neue Formel reduzierte. Ein Verstoß gegen Art. 3 Abs. 1 GG liegt danach vor, wenn eine Gruppe von Normadressaten im Vergleich zu anderen

Normadressaten anders behandelt wird, obwohl zwischen beiden Gruppen keine Unterschiede von solcher Art und solchem Gewicht bestehen, dass sie die ungleiche Behandlung rechtfertigen könnten (BVerfGE 55, 72, 88; 110, 412, 32; 126, 29, 47; 129, 49, 68f., 132, 372, 378). Praktisch bedeutet das, dass es auf die Verhältnismäßigkeit der Ungleichbehandlungen ankommt (BVerfGE 88, 87, 96; 91, 389, 401; NJW 2015, 303). Werden Sachverhalte ungleich behandelt bleibt es bei dem großzügigen Prüfungsmaßstabspielraum des Willkürverbots. Wo Personengruppen nach personengebundenen Merkmalen ungleich behandelt werden, gilt der strenge Prüfungsmaßstab des **Verhältnismäßigkeitsgrundsatzes.** Im Schrifttum wird die neue Fromel gelegentlich kritisiert (*Schwarz,* JuS 2009, 315ff., 318). Die Angleichung des Gleichheitsgrundsatzes an die Dogmatik der Freiheitsrechte ist aber in der Tendenz zu begrüßen.

Fall 12

3 Der Erwerb eines Grundstücks ist nach dem Grunderwerbssteuergesetz steuerpflichtig. Ehegatten waren von der Steuerpflicht ausgenommen. Für eingetragene Lebenspartnerschaften galt dies nicht. War diese Ungleichbehandlung gerechtfertigt?

III. Besondere Gleichheitssätze

4 Besondere Gleichheitssätze finden sich in Art. 3 Abs. 2 und 3, Art. 6, Art. 33 Abs. 1 bis 3 und Art. 38 Abs. 1 GG. Genauer gesehen begründen Art. 3 Abs. 2 und 3 besondere Differenzierungsverbote, die bestimmte Rechtfertigungen für Ungleichbehandlungen ausschließen und so die Brücke zu den Abwehrrechten herstellen. Die Unterscheidungsverbote des Art. 3 Abs. 3 GG begegnen in der Regel keinen Auslegungsschwierigkeiten, Das Merkmal „Geschlecht" wiederholt die Gleichberechtigung von Mann und Frau und hat mit der sexuellen Orientierung nichts zu tun: Die „Abstammung" betrifft die natürliche Beziehung eines Menschen zu seinen Vorfahren, „Rasse" die Zugehörigkeit zu einer genetisch bestimmten Gruppe.

IV. Wahlrechte

5 Der Grundsatz der gleichen Wahl besagt, dass jedermann sein Wahlrecht in formal möglichst gleicher Weise ausüben können soll (BVerfGE 12, 73, 77). Er verlangt, dass jeder nach den allgemeinen Vorschriften Wahlberechtigte seine Stimme wie jeder andere abgeben darf und dass die gültig abgegebene Stimme ebenso bewertet wird wie die anderen Stimmen; alle Wähler sollen mit den Stimmen, die sie abgeben, den **gleichen Einfluss** auf das Wahlergebnis haben (BVerfGE 1, 208, 246; 7, 63, 70).

6 Kriterien des Einflusses auf das Wahlergebnis sind damit der **Zählwert** und der **Erfolgswert** der Stimmen. Genauer: Der Grundsatz der gleichen Wahl verlangt, dass alle Stimmen bei der Mehrheitswahl den gleichen Zählwert, bei der Verhältniswahl auch den gleichen Erfolgswert haben. Der reale Wert der Stimmabgabe hängt also von der Ausgestaltung des konkreten Wahlsystems ab. Zur Vermeidung von Willkür muss das Wahlsystem ferner in sich stimmig sein.

V. Wahlsysteme

7 Idealtypisch zu unterscheiden sind das Verhältniswahlrecht und das Mehrheitswahlrecht.

- Das Mehrheitswahlrecht erfordert die Einteilung des Wahlgebiets in Wahlkreise. Gewählt ist, wer dort mehr als die Hälfte der abgegebenen Stimmen erreicht (absolute Mehrheitswahl) oder wer mehr Stimmen als jeder andere Bewerber auf sich vereinigt (relative Mehrheitswahl).
- Das Verhältniswahlrecht erfordert lediglich die Umrechnung der im Wahlgebiet für die kandidierenden Parteien abgegebenen Stimmen auf die Anzahl der zu vergebenden Mandate.

Beide Systeme haben hinsichtlich der Umsetzung der Wahlgrundsätze **Vor- und Nachteile.** Das Mehrheitswahlrecht führt zwangsläufig zu Ungleichheiten, wenn es nicht gelingt, Wahlkreise mit exakt gleicher Zahl von Wahlberechtigten zu bilden. Das Verhältniswahlrecht bringt u. a. Schwierigkeiten bei der politischen Meinungsbildung mit sich, weil es Splitterparteien begünstigt. 8

Um solche Fehlentwicklungen zu vermeiden, werden beide Wahlsysteme in der deutschen Staatspraxis **kombiniert.** Die Kombination darf aber nicht dazu führen, dass die jeweiligen charakteristischen Wahlrechtsgrundsätze unterlaufen werden. Der Gestaltungsspielraum des Wahlrechtsgesetzgebers ist insoweit begrenzt. 9

Die Bundestagswahl ist traditionell als **personalisierte Verhältniswahl** ausgestaltet. 10 Maßgeblich ist daher der Erfolgswert der Stimmen. Zu beachten sind aber auch die Beziehungen der Abgeordneten zu „ihrem“ Wahlkreis. Zu bewerkstelligen ist das nur durch Abstriche in beiden Richtungen („praktische Konkordanz“). Dem Gebot des grundsätzlich gleichen Erfolgswertes jeder Wählerstimme als der spezifischen Ausprägung der Wahlrechtsgleichheit unter dem Verhältniswahlsystem ist auch dann Genüge getan, wenn die Verhältniswahl in der Weise mit Elementen der Mehrheitswahl verbunden wird, wie dies im Bundeswahlgesetz vorgesehen ist. Durch die in § 6 Abs. 2 Satz 1 BWG vorgeschriebene Verrechnung der Wahlkreismandate mit den Sitzen, die jeder Partei auf Grund der Zweitstimmen in einem Bundesland zustehen, wird die Gesamtzahl der Sitze – unbeschadet der vorgeschalteten Mehrheitswahl – so auf die Parteien verteilt, wie es dem Verhältnis der Zweitstimmen entspricht. Die Auslese der Wahlkreiskandidaten nach dem Prinzip der relativen Mehrheit im Wahlkreis hebt den grundsätzlichen Charakter der Bundestagswahl als einer Verhältniswahl nicht auf (BVerfGE 6, 84, 90; 13, 127, 129).

Demnach ist, wenn die Wahlkreismandate im Rahmen des Verhältnisausgleichs von 11 der proportionalen Sitzzuteilung auf Grund der Zweitstimmen aufgezehrt werden, die verschiedene Größe der Wahlkreise und demgemäß das verschiedene Gewicht, dass die einzelnen Wahlstimmen bei der Feststellung haben, welcher der von den Parteien benannten Wahlbewerber im Wahlkreis zum Zuge kommt, für die Frage, ob der Grundsatz der Gleichheit der Wahl verletzt worden ist, nicht ausschlaggebend (BVerfGE 13, 127, 129).

Der Zuschnitt des Wahlkreises richtet sich insoweit nach der Zwecksetzung der Per- 12 sönlichkeitswahl. Für die Wahlkreiseinteilung kommt es mithin auf die Systemgerechtigkeit des Kombinationsmodells an. Bei der personalisierten Verhältniswahl muss die Wahlkreiseinteilung auf einen gleichen Erfolgswert im Wahlgebiet ausgerichtet sein. Zugleich muss aber der personelle Bezug zum jeweiligen Abgeordneten erhalten bleiben. Daraus ergibt sich eine komplizierte Wahlkreisgeometrie, die man mit dem Institut der Überhangsmandate auf Bundes- und Landesebene in unterschiedlicher Weise zu steuern versucht. Schon daraus folgt, dass die aus Art. 28 Abs. 1 Satz 2 GG folgende Vorgabe einer strengen und formalen Wahlrechtsgleichheit den gleichen Erfolgswert jeder Wählerstimme für den Landesgesetzgeber nicht zum Dogma macht.

Lösung Fall 12

13 Das BVerfG sieht in Art. 6 Abs. 1 GG keinen rechtfertigenden Differenzierungsgrund; vgl. BVerfGE 132, 179, 191.

10. Kapitel. Verwaltungsrecht

Literatur: I. Kommentare zum VwVfG *Bader/Ronellenfitsch* (Hrsg.), VwVfG, Beck-Online; *Kugele,* Online-Kommentar, *Bauer/Heckmann/Ruge/Schallbruch/Schulz* (Hrsg.), VwVfG und E-Government, 2. Aufl. 2014; *Fehling/Kastner/Störmer,* VwVfG-VwGO-Nebengesetze, 4. Aufl. 2014; *Huck/Müller,* VwVfG, 2. Aufl. 2016; *Knack/Henneke,* VwVfG, 10. Aufl. 2014; *Kopp/Ramsauer,* VwVfG, 18. Aufl. 2018; *Obermayer/Funke-Kaiser,* VwVfG, 5. Aufl. 2016; *Pautsch/Hoffmann,* VwVfG, 2015; *Mann/Sennekmap/Uechtritz,* VwVfG, 2014, *Stelkens/Bonk/Sachs,* VwVfG, 9. Aufl. 2018; *Wolff/Decker,* VwGO/VwVfG, 3. Aufl. 2013, *Ziekow,* VwVfG, 4. Aufl. 2019.

II. Lehrbücher zum Allgemeinen Verwaltungsrecht *Bull/Mehde,* Allgemeines Verwaltungsrecht mit Verwaltungslehre, 9. Aufl. 2015; *Detterbeck,* Allgemeines Verwaltungsrecht mit Verwaltungsprozessrecht,16. Aufl. 2018; Erichsen/Pünder (Hrsg.), Allgemeines Verwaltungsrecht, 15. Aufl. 2015; *Hendler,* Allgemeines Verwaltungsrecht, 3. Aufl. 2001; *Hoffmann-Riem/Schmidt-Aßmann/ Vosskuhle,* Grundlagen des Verwaltungsrechts, 2. Aufl., Bd. I – 3, 2006–2008; *Ipsen,* Allgemeines Verwaltungsrecht, 8. Aufl. 2012; *Maurer,* Allgemeines Verwaltungsrecht, 18. Aufl. 2011; *Peine*; Allgemeines Verwaltungsrecht, 10. Aufl. 2011; *Pietzner/Ronellenfitsch,* Das Assessorexamen im Öffentlichen Recht, 13. Aufl. 2014; *Wolff/Bachof/Stober/Kluth,* Verwaltungsrecht 1, 13. Aufl. 2014.

§ 27. Grundlagen

I. Begriff und Gegenstandsbereich des Verwaltungsrecht

1 Verwaltungsrecht ist das Sonderrecht der öffentlichen Verwaltung. Die Rechtsvorschriften, die in diesem Sinn für alle Bereiche der Verwaltung maßgeblich sind, bilden das **allgemeine Verwaltungsrecht.** Es ist zum Teil in den Verwaltungsverfahrensgesetzen des Bundes und der Länder kodifiziert. Das **besondere Verwaltungsrecht** ist demgegenüber das Recht der verschiedenen Verwaltungsbereiche, die speziell in verschiedenen Fachgesetzen geregelt sind.

2 Gegenstand des Verwaltungsrechts ist die **„öffentliche Verwaltung".** Mit „Verwaltung" kann eine **Einrichtung** gemeint sein: *die* „öffentliche Verwaltung" wird von den Einrichtungen der unmittelbaren und mittelbaren Staatsverwaltung (Bund, Ländern, Gemeinden, Gemeindeverbänden und sonstigen Körperschaften, Anstalten und Stiftungen des öffentlichen Rechts) gebildet **(institutioneller Begriff).** „Verwaltung" kann aber auch eine **Tätigkeit,** *das* Verwalten, bezeichnen **(funktioneller Begriff).** Verwaltende Tätigkeiten werden nicht nur vom Staat, sondern auch von Privaten ausgeübt. Mit dem privaten Verwalten beschäftigt sich das Verwaltungsrecht nicht. Auch bei der Verwaltung im funktionellen Sinn müssen daher öffentliche und private Verwaltung klar auseinandergehalten werden. Funktional gesehen kommt es nicht darauf an, *wer* handelt, sondern, *welche Aufgabe* erfüllt wird. Staatliche Einrichtungen erfüllen nicht ausschließlich öffentliche Aufgaben. Die Begriffe der öffentlichen Verwal-

tung im institutionellen und funktionellen Sinn sind nicht deckungsgleich. Dies zwingt dazu, zwei weitere Begriffe einzuführen, nämlich Verwaltung im materiellen und formellen Sinn. Ergibt sich das Öffentliche der öffentlichen Verwaltung im funktionellen Sinn daraus, dass eine öffentliche Aufgabe erfüllt wird, ist der **Inhalt** der Aufgabe ausschlaggebend **(öffentliche Verwaltung im materiellen Sinn).**

Da öffentliche Aufgaben auch von Privaten erfüllt werden können, erfordert die Verwal- 3
tung im materiellen Sinne nicht, dass die Verwaltung im institutionellen Sinn handelt. Auf der anderen Seite erfüllt die Verwaltung im institutionellen Sinn nicht nur öffentliche Aufgaben. Sie kann auch tätig werden wie Private, jedoch nicht leugnen, *dass* die öffentliche Verwaltung handelt. Handelt die öffentliche Verwaltung institutionell als Verwaltung, ohne zugleich funktionell öffentliche Aufgaben zu erfüllen (ohne materiell zu verwalten), ist diese Tätigkeit lediglich **öffentliche Verwaltung im formellen Sinn.**

Gegenüber gekünstelten Versuchen einer positiven Definition der Verwaltung im ma- 4
teriellen Sinn hat sich die **Subtraktionsmethode** durchgesetzt: Verwaltung ist die Tätigkeit des Staates zur Verwirklichung seiner Zwecke, die nicht den anderen Staatsgewalten zugeordnet ist: Konkreter: Öffentliche Verwaltung ist die planmäßige und dauerhafte Tätigkeit des Staates zur Erreichung seiner Zwecke mit Ausnahme der Gesetzgebung, Rechtsprechung und Regierung. Die Unterscheidung der öffentlichen Verwaltung von der Verwaltung privater Angelegenheiten durch Privatpersonen kann regelmäßig an die **Rechtsnatur des Verwaltungsträgers** anknüpfen. Das Verwaltungsrecht beschäftigt sich mit der Verwaltung des Staates, der Gemeinden und der sonstigen Körperschaften, Anstalten und Stiftungen des öffentlichen Rechts. Ausnahmsweise können Verwaltungsträger allerdings auch Privatpersonen für die Erfüllung öffentlicher Aufgaben heranziehen. In diesem Fall gibt die **Natur der Aufgabe** den Ausschlag. In großem Umfang nimmt die **Verwaltung** öffentliche Aufgaben in **privatrechtlichen Formen** wahr.

Das gilt insbesondere für die wirtschaftliche Betätigung im Gemeinwohl. Hier kommt 5
grundsätzlich Privatrecht zur Anwendung, das aber durch öffentlich-rechtliche Bindungen überlagert wird.

Gegenstück zur privaten Aufgabenerfüllung durch die Verwaltung ist die Erfüllung 6
von Verwaltungsaufgaben durch Private. Um Verwaltung im materiellen Sinn handelt es sich eindeutig, wenn Verwaltungsbehörden Private in ihre Aufgabenstellung einbinden, diesen also Verwaltungsaufgaben übertragen.

Wie die öffentliche Verwaltung ihre spezifischen Aufgaben erfüllt, obrigkeitlich-ho- 7
heitlich, schlicht-hoheitlich, konsensual oder auf der Ebene des Verwaltungsprivatrechts, ist insofern gleichgültig, als es sich immer um Ausübung von „Staatsgewalt" handelt. Verwaltungsrechtliche Bindungen bestehen unabhängig von der Rechtsform des Verwaltungshandelns.

II. Rechtsformen des Verwaltungshandelns

Die Verwaltung kann in öffentlich-rechtlicher und privatrechtlicher Rechtsform han- 8
deln. Eine „Privatisierung" der Rechtsform des Verwaltungshandelns scheidet jedoch bei der hoheitlichen Verwaltung prinzipiell aus, die öffentlich-rechtliche **Eingriffsbefugnisse** voraussetzt. Als Gegenbegriff zur hoheitlichen Verwaltung betrachtete man früher allein das privatrechtlich geregelte **fiskalische** Verwaltungshandeln. Die

neueren Auffassungen trennen zwischen der obrigkeitlichen Hoheitsverwaltung, der schlichten Hoheitsverwaltung und den verwaltungsprivatrechtlichen Tätigkeiten, die der „Staatsgewalt" zugeordnet sind und der demokratischen Legitimation bedürfen (vgl. BVerfGE 47, 253, 272). Auch die in den Rechtsformen des Privatrecht ausgeübte Tätigkeit gehört dann zum Funktionsbereich öffentlicher Verwaltung, wenn sie durch öffentlichrechtlich organisierte Rechtsträger des Staates oder der ihm ein- oder angegliederten Institutionen in Erfüllung unmittelbar oder mittelbar vorgegebener öffentlicher Aufgaben wahrgenommen wird.

9 Nach h. M. besteht für die Verwaltung eine **Wahlfreiheit der Rechtsformen,** sofern nicht die Verwendung bestimmter Handlungsformen durch die Rechtsordnung vorgeschrieben ist. Die Wahlfreiheit betrifft idR nur die Leistungsverwaltung und erstreckt sich auf die Organisationsform der Einrichtung, die die Leistungen erbringt, sowie auf das Leistungs- und Benutzungsverhältnis. Die Wahlfreiheit betrifft aber nur die Nutzung privatrechtlicher Rechtsformen. Da es um die Erfüllung von Verwaltungsaufgaben geht, bleibt der Zweck der Tätigkeit unberührt. Das bedeutet, dass sich die Verwaltung öffentlich-rechtlichen Bindungen (Grundrechte, Zuständigkeiten, Verfahrensgrundsätze) nicht durch die „Flucht in das Privatrecht" entziehen kann.

10 Im Normalfall handelt die Verwaltung öffentlich-rechtlich.

III. Rechtsquellen

1. Begriff

11 Eine Rechtquelle ist ein „Erkenntnisgrund von etwas als Recht" (*Ross,* Theorie der Rechtsquellen, 1929, S. 291 ff.). Rechtsquellen schreiben Verhaltensweisen vor, bringen Rechte und Pflichten zum Entstehen und Erlöschen, legen Ziele und Mittel des Verwaltungshandelns fest, stellen Maßstäbe für die Entscheidung von rechtlichen Konflikten auf und fügen sich in ihrer Summe zu einer einheitlichen Rechtsordnung zusammen. Ob das Recht niedergeschrieben wurde oder nicht, spielt keine Rolle. Rechtsquelle ist der Oberbegriff für geschriebene und ungeschriebene Rechtssätze.

2. Unterscheidungen

12 Wo die Rechtssetzungsmacht nicht bei einer Instanz monopolisiert ist, gibt es eine Vielzahl von Rechtsquellen. Neben das staatliche tritt autonomes Recht, neben das Bundesrecht tritt Landesrecht. Hinzu kommen internationale Rechtsquellen und namentlich die Rechtsquellen der EU (hierzu *Böhm,* JA 2008, 838 ff.). Ferner sind originäre Rechtsquellen und abgeleitete Rechtsquellen zu unterscheiden.

13 Die erste Unterscheidung betrifft das Verfassungsrecht und das „einfache Recht". Verfassungsrecht ist die Summe der in den Verfassungen von Bund und Ländern enthaltenen Rechtsnormen. Alle übrigen Rechtsnormen bilden das einfache Recht.

14 Auf EU Ebene sind zu unterscheiden das durch die europäischen Verträge gebildete Primärrecht und das von den Organen der EU gesetzte Sekundärrecht.

15 Auf nationaler Ebene ist das einfache Gesetz die wichtigste Rechtsquelle im Verwaltungsrecht. Es fehlen zwar **Kodifikationen** von überragender Bedeutung wie das BGB oder das StGB. Dafür zeichnet sich das Verwaltungsrecht durch eine Vielzahl weitgreifender bereichsspezifischer Gesetze aus, auch wenn verfahrensrechtlich die meisten Verwaltungszweige durch die Verwaltungsverfahrensgesetze von Bund und

Ländern erfasst werden. Die bereichsspezifischen Gesetze können von den verschiedensten Normgebern erlassen sein und den unterschiedlichsten Inhalt haben.

3. Ungeschriebene Rechtsquellen

Neben den geschriebenen gibt es ungeschriebene Rechtsquellen. An erster Stelle zu nennen ist hier das **Gewohnheitsrecht.** Gewohnheitsrecht ist der "Inbegriff der im Volksbewusstsein lebenden Rechtsnormen, die von der Staatsgewalt nicht fixiert und ausgesprochen worden sind" *(Laband).* Das Recht wird nicht durch das Wort, sondern durch die Tat (rebus ipsis et factis) geschaffen. Zum Nachweis einer solchen Gewohnheit gehört die gleichmäßige Übung in einer Mehrzahl von Fällen während einer längeren Dauer (PrOVG 7, 139, 146). Seinen Inhalt erhält das Gewohnheitsrecht durch die Rechtsprechung. Geltungsgrund des Gewohnheitsrechts ist der Staatswille. Weil Gesetz und Gewohnheitsrecht auf dieselbe Staatsgewalt zurückgehen, sind sie von gleicher Kraft. Das Gewohnheitsrecht setzt schon begrifflich eine "**langandauernde** Übung" (per longum tempus) voraus (BVerwGE 2, 22, 24; BVerfGE 22, 114, 121; 28, 21, 28f.; 34, 293, 303f.). Eine bestimmte Zeitdauer ist jedoch nicht notwendig. Unter Umständen genügen auch wenige Handlungen. Umgekehrt brauchen einzelne oder mehrere Abweichungen von der bestehenden Übung das Gewohnheitsrecht nicht zum Erlöschen zu bringen. Die Übung muss weiter **allgemein** sein. Die Allgemeinheit bezieht sich auf den Adressatenkreis der rechtlich Betroffenen. Das Gewohnheitsrecht kann daher parallel zu den Gesetzgebungskompetenzen entstehen als Bundes- und Landesgewohnheitsrecht, als regionales oder kommunales Gewohnheitsrecht und auch als Verbandsgewohnheitsrecht. Schließlich erfordert das Gewohnheitsrecht die **gemeinsame Überzeugung der Beteiligten** von der rechtlichen Notwendigkeit der fortgesetzten Übung (communis opinio necessitatis). 16

Nur eine Variante der Entstehungsbedingungen von Gewohnheitsrecht ist das **Richterrecht („ständige Rechtspechung").** 17

Die Allgemeinheit der Übung ist auch in Abstufungen gegeben. Regionale Unterschiede schließen Gewohnheitsrecht nicht aus. Das örtliche Gewohnheitsrecht heißt **Observanz.** 18

Die Rechtsordnung ist kein System **gleichgeordneter** Rechtsnormen, die Rechtsquellen stehen vielmehr in einer **Rang- und Stufenordnung.** Die Rangordnung lässt es nicht zu, dass ein Rechtssatz niederer Ordnung in Kraft tritt oder bestehen bleibt, der einem Rechtssatz höherer Ordnung widerspricht. Andernfalls würde die Einheit der Rechtsordnung gesprengt. **Regeln für die Rangordnung** sind der Grundsatz des Vorrangs der Verfassung, der Grundsatz des Vorrangs des Gesetzes und Art. 31 GG. Die Zuordnung des Gewohnheitsrechts ist auf allen Stufen der Rangordnung möglich (BVerfGE 61, 149, 203f.). 19

Vorrang der Verfassung bedeutet Nachrang des Gesetzgebers. Die Verfassung steht nicht zu seiner Disposition. 20

Der **Vorrang des Gesetzes** besagt, dass der in Form eines Gesetzes geäußerte Staatswille rechtlich jeder anderen Willensäußerung vorgeht. Jegliches Bundesrecht „bricht" nach Art. 31 GG jegliches Landesrecht. Landesrecht im Sinne der Stufenordnung umfasst alle Rechtssätze, die von Landesorganen erlassen wurden sind, wie auch örtliches Gewohnheitsrecht. 21

IV. Gebundenheit und Freiheit der Verwaltung

22 Die Eigenständigkeit der Verwaltung hängt davon ab, inwieweit die Verwaltungsorgane an Vorgaben durch die Verfassung und Gesetze gebunden sind und in welchem Umfang ihre Maßnahmen durch die Gerichte kontrolliert werden können. Am größten ist die Freiheit der Verwaltung, wo keine Gesetze zu vollziehen sind (sog. gesetzesfreie Verwaltung). Die wichtigsten Materien sind jedoch gesetzlich geregelt. Hier kommt es darauf an, wie weit die Gesetzesbindung und als deren Folge die Möglichkeit richterlicher Kontrolle des Verwaltungshandelns reichen.

23 Dabei entspricht der striktesten Gesetzesbindung bei **bestimmten** Rechtsbegriffen die intensivste richterliche Kontrolldichte. Nun verstehen sich Rechtsbegriffe normalerweise nicht von selbst, sondern erfordern eine Klärung ihres Bedeutungsgehalts. Bestimmte Rechtsbegriffe sind Rechtsbegriffe, die zwar der Auslegung bedürfen, bei denen aber keine Wertungen erforderlich sind.

Beispiel: „gelegentlich" (OVG Hamburg, NJW 2014, 3260).

Unbestimmte Rechtsbegriffe sind demgegenüber wertausfüllungsbedürftige Rechtsbegriffe (z. B. „öffentliches Wohl", „Bedürfnis", „Eignung", „Zuverlässigkeit"). Die Wertung ist nur schwer, wenn überhaupt nachvollziehbar. Trotzdem nehmen Literatur und Rechtsprechung an, dass auch unbestimmte Rechtsbegriffe nur eine einzige, gerichtlich nachprüfbare richtige Entscheidung zulassen. Immerhin räumen Literatur und Rechtsprechung (BVerwGE 129, 27) bei einigen Fallgruppen unbestimmter Rechtsbegriffe den Behörden einen Beurteilungsspielraum ein (Beispiele: waffenrechtliche Bedürfnis, Besorgnis der Beeinträchtigung dienstlicher Belange). Weil die Auslegung unbestimmter Rechtsbegriffe Rechtsanwendung darstellt, gilt das Dogma, dass nur eine Auslegung richtig sein kann. Folglich wird davon ausgegangen, dass die Gerichte ebenso oder besser zu einer derartigen Auslegung in der Lage seien. Auch solche unbestimmten Begriffe unterliegen der uneingeschränkten gerichtlichen Nachprüfung.

24 Von den Rechtsbegriffen zu unterscheiden ist das **Ermessen.** Ermessen bedeutet die **Wahl zwischen mehreren (gleichwertigen) Möglichkeiten des Verhaltens.** Es besteht ein **Ermessensspielraum.** Regelmäßig betrifft das Ermessen die **Rechtsfolge,** die eintritt, wenn die Voraussetzungen eines gesetzlichen Tatbestands erfüllt sind. Die Besonderheit des Ermessens besteht darin, dass zwei oder mehrere Rechtsfolgen in Betracht kommen, von denen die Verwaltung eine – im Rahmen der Ermessensbindungen – frei bestimmen kann.

25 Das Ermessen kann sich auf das Verwaltungshandeln selbst **(Entschließungsermessen – „ob"),** auf die Auswahl des Adressaten sowie auf die Art der zu treffenden Maßnahme **(Auswahlermessen – „auf welche Weise")** beziehen. Der Entscheidungsspielraum der Verwaltungsbehörden ist unterschiedlich ausgestaltet. Regelmäßig wird das Ermessen durch den Gesetzgeber eingeräumt. Gesetzestechnisch geschieht das auf unterschiedliche Weise. Die Bandbreite reicht von Vorschriften, die ausdrücklich „Ermessen" erwähnen bis zu Vorschriften, bei denen das Ermessen aus dem Regelungszusammenhang abgeleitet werden muss. Am verbreitetesten ist die Verwendung von Verknüpfungsworten zwischen Tatbestand und Rechtsfolge („kann", „darf", „ist befugt", „ist berechtigt", „soll"). Als Hauptgruppen werden „Kann-" und „Soll-Vorschriften" unterschieden.

Bisweilen räumt der Gesetzgeber auch Ermessen ein, das aus verfassungsrechtlichen Gründen gar nicht bestehen kann. In solchen Fällen muss im Wege der Umdeutung die Ermessenentscheidung zu einer gebundenen Entscheidung gemacht werden. 26

Schon die Formulierung der Ermessensvorschriften bietet erste Anhaltspunkte für den Grad der Entscheidungsfreiheit bei der Ermessensbetätigung. Im Regelfall wird sog. **freies Ermessen** eingeräumt. Die Verwaltung hat die Wahl zwischen mehreren Alternativen. Gegenbegriff ist das **gebundene Ermessen.** Im Normalfall (typischer Fall) muss die Entscheidung in der vorgesehenen Weise getroffen werden. Nur in Ausnahmefällen darf von der Entscheidung abgewichen werden. Dazwischen liegt das **„intendierte"** Ermessen (*Schoch,* Jura 2010, 358ff.). Die Entscheidung ist hier vom Gesetz vorgezeichnet. Eine behördliche Abwägung des „Für und Wider" erübrigt sich (BVerwGE 91, 82, 90; 105, 55, 57). Ist eine ermessenseinräumende Vorschrift dahin auszulegen, dass sie für den Regelfall von einer Ermessensausübung in einem bestimmten Sinn ausgeht, müssen für eine gegenteilige Entscheidung besondere Gründe vorliegen. Nur diese bedürfen der Rechtfertigung und Begründung. Weicht der Sachverhalt nicht vom Regelfall ab, kommt nur eine gebundene Ermessensentscheidung in Betracht, die sich von selbst versteht und keiner näheren Begründung bedarf. 27

V. Übermaß- und Untermaßverbot

1. Übermaßverbot

Der mittlerweile in alle Rechtsgebiete ausstrahlende (*Klatt/Meister,* JuS 2014, 193) Grundsatz der Verhältnismäßigkeit hat eine längere Karriere hinter sich. 28

Entstanden im Polizeirecht (PrOVG 1, 324; 106, 65, 71) wurde er zum ungeschriebenen Verfassungsgrundsatz (Grundlegend von *Krauss,* Der Grundsatz der Verhältnismäßigkeit, 1955 und vor allem *Lerche,* Übermaß und Verfassungsrecht, 1961); und wird bei **allen** Grundrechten geprüft:

Der Grundsatz der Verhältnismäßigkeit zählt zur verfassungsmäßigen Ordnung i. S. v. Art. 2 Abs. 1 GG. Bei seiner Missachtung entfällt die Rechtfertigung von Ungleichbehandlungen.

Der Grundsatz der Verhältnismäßigkeit besteht aus drei Teilgeboten: 29

- Gebot der Geeignetheit
- Gebot der Erforderlichkeit
- Gebot der Angemessenheit

Geeignet ist eine Maßnahme, wenn – in polizeirechtlichen Kategorien gesprochen – mit ihrer Hilfe der gewünschte Erfolg näherrückt. Es kommt darauf an, ob mit Hilfe des gewählten Mittels der gewünschte Erfolg gefördert werden kann. **Erforderlichkeit** bedeutet, dass nur solche Mittel eingesetzt werden dürfen, die die am geringsten einschneidenden Folgen hervorrufen. **Angemessenheit** verlangt, dass bei einer **Gesamtabwägung** zwischen der Schwere des Eingriffs und dem Gewicht und der Dringlichkeit der ihn rechfertigenden Gründe die **Grenze der Zumutbarkeit** gewahrt bleibt. Alle drei Teilgebote setzen voraus, dass überhaupt **legitime Gemeinwohlzwecke** verfolgt werden. 30

2. Untermaßverbot

Das Untermaßverbot ist ein verhältnismäßig junger Rechtsbegriff mit geringer Verbreitung. Es wird in der Rechtsprechung und im Schrifttum nur gelegentlich erwähnt 31

(*Tempos, Vasileios,* Das Untermaßverbot, 2004). Nach BVerfGE 88, 203, 254 ist das Untermaßverbot gewahrt, wenn

(1) der Gesetzgeber die tatsächliche Lage sorgfältig ermittelt,
(2) er die widerstreitenden Interessen in vertretbarer Weise gegeneinander abgewogen hat und
(3) die ergriffenen Schutzmaßnahmen wirksam sind, d. h. einen effektiven Schutz gewährleisten.

Entsprechendes gilt für Maßnahmen der Verwaltung.

§ 28. Handlungsformen der Verwaltung

I. Einteilung

1 Die Verwaltung bedient sich einer Vielzahl von Handlungsformen, für die unterschiedliche Rechtmäßigkeitsanforderungen bestehen. Erforderlich ist daher eine **Typisierung der Handlungsformen,** von der auch Zulässigkeit und Begründetheit des (Verwaltungs-)Rechtsschutzes abhängen.

2 Die Handlungsformen der Verwaltung unterscheiden sich danach, ob sie im Verhältnis zum Bürger „Außenwirkung" entfalten oder ob sie sich nur auf den innerstaatlichen „Binnenbereich" auswirken, ferner ob sie einen konkreten Fall bzw. eine individuelle Person betreffen oder abstrakte bzw. generelle Regelungen enthalten.

II. Exekutive Rechtsnormen

3 Abstrakt-generelle Regelungen mit Außenwirkung begründen keine auf den Einzelfall bezogenen Rechtsverhältnisse. Sie sind vielmehr zugleich Rechtsnormen. Als Handlungsformen der Verwaltung stehen sie im Rang unter dem förmlichen Gesetz. Sie tragen deshalb die von Gesetz abweichende Bezeichnung Rechtsverordnung und Satzung.

1. Rechtsverordnungen

4 Rechtsverordnungen sind als abgeleiteten Rechtsquellen Ausdruck einer vom Parlament delegierten Gesetzgebungsgewalt. Sie betreffen eine Vielzahl von Fällen, richten sich an einen unbestimmten Personenkreis und sind für Bürger, Exekutive und Rechtsprechung verbindlich.

5 Zur Verhinderung einer Verschiebung der Gesetzgebungsgewalt vom Parlament auf die Exekutive fordert Art. 80 Abs. 1 S. 2 GG, dass im delegierenden Gesetz Inhalt, Zweck und Ausmaß der erteilten Ermächtigung bestimmt sein müssen.

Zur Auslegung dieser Bestimmung hat die Rechtsprechung als Elemente einer einheitlichen Prüfung mehrere Formeln entwickelt:

- Nach der **„Selbstentscheidungsformel"** muss der Gesetzgeber selbst die Entscheidung treffen, welche Fragen geregelt werden sollen; er hat die Grenzen einer solchen Regelung festzusetzen und das Ziel der Regelung anzugeben (BVerfGE 23, 62, 72).
- Nach der **„Programm- und Tendenzformel"** müssen sich aus der Ermächtigungsnorm „Tendenz" und Programm" umreißen lassen, die durch die zu erlassende Rechtsverordnung nach dem Willen des Gesetzgebers verwirklicht werden sollen, so dass feststellbar ist, welchem Zweck die Verordnung zu dienen bestimmt ist (BVerfGE 68, 319, 339).

- Nach der **„Vorhersehbarkeitsformel"** müssen die Normadressaten aus dem Gesetz ersehen können, welchen Inhalt die auf Grund der Ermächtigung erlassenen Rechtsverordnungen haben können (BVerwGE 111, 143, 150).

2. Satzungen

Satzungen sind Rechtsvorschriften, die von einer dem Staat eingeordneten juristischen Personen des öffentlichen Rechts im Rahmen der ihr gesetzlich verliehenen Autonomie mit Wirksamkeit für die ihr angehörigen und unterworfenen Personen erlassen werden (BVerfGE 33, 125, 156). Auf diese Weise wird der parlamentarische Gesetzgeber davon entlastet, sachliche oder örtliche Verschiedenheiten berücksichtigen zu müssen, die für ihn oft schwer erkennbar sind und auf deren Veränderungen er nicht rasch genug reagieren kann. Alle grundrechtsrelevanten Regelungen muss der parlamentarische Gesetzgeber selbst treffen (BVerfGE 98, 218, 251f.; 148, 1). Sie sind dem Autonomiebereich entzogen. 6

III. Allgemeine Verwaltungsvorschriften

Allgemeine Verwaltungsvorschriften sind solche Regelungen, die innerhalb der Verwaltungsorganisation von übergeordneten Verwaltungsinstanzen oder vorgesetzten an nachgeordnete Behörden, Stellen oder Bedienstete ergehen und die Organisation und Handeln der Verwaltung näher bestimmen. (Erlasse, Verfügungen, Dienstanweisungen, Richtlinien, Anordnungen u.dgl.; vgl. *Saurer,* VerwArch 2006, 249ff.). 7

Organisatorische Vorschriften regeln Aufbau und innere Organisation sowie Zuständigkeiten und Verfahren der Behörden (Beispiel: Geschäftsordnungen). Bei den **verhaltenslenkenden Verwaltungsvorschriften** sind norminterpretierende (BVerwGE 34, 278, 281), normkonkretisierende (BVerwGE 114, 342, 344) und normergänzende (BVerwGE 99, 355, 359) Verwaltungsvorschriften sowie Ermessenrichtlinien (BVerwGE 71, 342) zu unterscheiden. 8

Über die **Rechtsnatur** der allgemeinen Verwaltungsvorschriften herrscht schon lange Streit, bei dem die Extrempositionen: „keine Rechtsnormen" sowie „zweifellos Rechtsnormen" als überwunden gelten können. **Nicht alle** allgemeinen Verwaltungsvorschriften erstrecken sich über den Binnenbereich hinaus und erzeugen allgemeinverbindliches Recht. Die norminterpretierenden Verwaltungsvorschriften haben etwa für die Gerichte keinen Beweis- und Bindungswert. Soweit die allgemeinen Verwaltungsvorschriften hingegen Zuständigkeitsregelungen enthalten und eine vom Gesetzgeber bewusst offen gelassene Regelungslücke schließen, ferner soweit sie die Ermessensbetätigung der Verwaltung steuern, sind sie auch im Außenverhältnis rechtlich relevant. 9

Unmittelbare rechtliche Außenwirkung billigt die Rechtsprechung allerdings nur den normkonkretisierenden und normergänzenden Verwaltungsvorschriften zu (BVerwGE 122, 264, 269). Daraus folgt, dass jedenfalls normkonkretisierende, normergänzende, nach einer im Schrifttum Fuß fassenden (*Leisner,* Verwaltungsgesetzgebung durch Erlasse, JZ 2002, 219ff., 227) Ansicht auch ermessenssteuernde allgemeine Verwaltungsvorschriften Rechtsvorschriften sein können (zum Streitstand *Remmert,* Jura 2004, 728ff.; *Sauerland,* Die Verwaltungsvorschriften im System der Rechtsquellen, 2005, S.191ff., 274ff.; *Saurer,* VerwArch 2006, 249ff.). Für sie gilt jedoch ebenfalls der Gesetzesvorbehalt (BVerwGE 121, 103, 108; *Saurer,* DÖV 2005 S. 587ff.). 10

IV. Verwaltungsakt

1. Bedeutung

11 Herzstück des Verwaltungsrechts ist noch immer der Verwaltungsakt.

12 Der Begriff des Verwaltungsakts ist eine Zweckschöpfung der Wissenschaft. Vorbild war der französische acte administratif, unter dem jede Maßnahme der Verwaltung subsumiert wurde. In der Begrenzung durch *Otto Mayer* (Verwaltungsrecht, 1. Aufl. 1895, S. 64: Verwaltungsakt „ein der Verwaltung zugehöriger obrigkeitlicher Ausspruch, der dem Unterthanen gegenüber im Einzelfall bestimmt, was für ihn Rechtens sein soll") wurde der Verwaltungsakt durch die Praxis über einen längeren Zeitraum hinweg ausgeformt und ging erst spät in die Gesetzessprache ein. Die Begrenzung nahm *Otto Mayer* vor, um dem objektiven Rechtsschutzsystem des preußischen Rechtskreises eine subjektive Komponente zu verleihen. Der Verwaltungsakt ist somit vorwiegend ein prozessrechtliches Institut. Seine erste verbindliche Legaldefinition findet sich folgerichtig in einer Prozessordnung. § 25 VO Nr. 165 der Brit. Militärregierung lautete: „Verwaltungsakt im Sinne dieser Verordnung ist jede Verfügung, Anordnung, Entscheidung oder sonstige Maßnahme, die von einer Verwaltungsbehörde zur Regelung eines Einzelfalles auf dem Gebiete des öffentlichen Rechts getroffen wird".

13 Der Verwaltungsakt hat seine zentrale Bedeutung im Verwaltungsrecht eingebüßt, weil mit Einführung der verwaltungsgerichtlichen Generalklausel seine **rechtsschutzeröffnende Funktion** entfallen ist. Nach wie vor kommen ihm aber noch zahlreiche wichtige **Funktionen** zu, von denen die wichtigste die mit dem Normvollzug verbundene **Individualisierungsfunktion** ist. Ähnlich bedeutsam ist die **Titelfunktion** für Vollstreckungsmaßnahmen. Beide Funktionen setzen voraus, daß der Verwaltungsakt die Rechtslage auch mit Wirkung für Dritte verbindlich klärt (Bindungswirkung).

2. Begriffsmerkmale

14 Die Begriffsmerkmale des Verwaltungsaktes ergeben sich aus § 35 S. 1 VwVfG, der sich in verschiedene Merkmalgruppen gliedern lässt.

15 **(1)** Die erste Gruppe der Begriffsmerkmale betrifft die **„Verfügung, Entscheidung oder andere hoheitliche Maßnahme".** Wie schon aus der Formulierung „oder" folgt, ist nicht die Bezeichnung einer Maßnahme maßgebend, sondern ihr Regelungsgehalt. Wenn allerdings eine Behörde förmlich einen Verwaltungsakt erlässt und diesen ausdrücklich etwa als Verfügung bezeichnet, liegt unabhängig vom Regelungsinhalt ein Verwaltungsakt vor. Oberbegriff ist der der **Maßnahme.** Damit ist jedes zweckgerichtete Verhalten gemeint, das Personen zurechenbar ist. Möglich sind auch schlüssige Verhaltensweisen und elektronische Verwaltungsakte. Eine **hoheitliche** Maßnahme ist eine Maßnahme im Über- und Unterordnungsverhältnis.

16 **(2)** Eine **Behörde** ist „jede Stelle, die Aufgaben der öffentlichen Verwaltung wahrnimmt" (§ 1 Abs. 4 VwVfG). § 1 Abs. 4 VwVfG stellt nicht auf die Institution der Behörden ab, sondern auf die **Behördenfunktionen,** die als „Wahrnehmung von Aufgaben der öffentlichen Verwaltung" umschrieben ist. Möglich sind daher auch Verwaltungsakte durch Private, sofern diese, wie die Beliehenen, Behördenfunktionen wahrnehmen. Die Verwaltungsbehörden sind abzugrenzen von staatlichen Organen (Verfassungsorganen), die ebenfalls hoheitliche Maßnahmen treffen, deren Maßnahmen aber auf der Ebene des Verfassungsrechts angesiedelt sind („verfassungsrechtliche Akte"; ungenau: Verfassungsakte). Erforderlich ist aber eine doppelte Verfassungsqualifikation, d. h. die Staatsorgane müssen funktionell als Verfassungsorgane handeln und ihre Maßnahmen müssen materiell in Anwendung von Verfassungsrecht ergehen.

(3) Die Gebietsklausel **„auf dem Gebiet des öffentlichen Rechts"** wird zumeist sogleich für die Abgrenzung von öffentlichem Recht und Privatrecht herangezogen. Das ist in der Tat ihre Hauptbedeutung. Vorab muss aber geklärt werden, ob die Maßnahme überhaupt rechtlich relevant ist. 17

Ob **Gnadenentscheidungen** dem Rechtsbereich angehören, ist zweifelhaft (BVerfGE 25, 352). Ein subjektives Recht auf Gnade im Sinne einer durchsetzbaren Berechtigung ist abzulehnen.

Der Theorienstreit zur Abgrenzung von öffentlichem und privatem Recht wurde bereits oben dargestellt.

(4) Eine **Regelung** ist eine „Anordnung, die feststellend oder gestaltend bestimmt, was rechtens sein soll". Hier kommt die Verwandtschaft des Verwaltungsakts mit der Willenserklärung deutlich zum Ausdruck. Wie bei der Willenserklärung kommt es auf das aus der Sicht des Adressaten wirklich Gewollte an. Bei konkludenten Regelungen sind Erklärungen, die im Widerspruch zur Handlung stehen, nach den Grundsätzen der protestatio facto contraria zu behandeln, d. h. die Verwaltung muss den objektiven Bedeutungsgehalt der Regelung gegen sich gelten lassen (BVerwGE 147, 81, 89). Ein Regelungsgehalt ist dann zu bejahen, wenn durch die Maßnahme eine Verwaltungsrechtssache bestandskräftig abgeschlossen werden kann. 18

Beispiel: Verwarnungen, da ihnen gegenüber schlichten „Missbilligungen" oder „Abmahnungen" ein Mehrwert zukommt.

(5) **Unmittelbare Rechtswirkung nach außen** betreffen das objektive Recht und das durch eine Maßnahme begründete Verwaltungsrechtsverhältnis. 19

Dementsprechend lässt sich das Kriterium der Rechtswirkung stärker objektiv oder subjektiv bestimmen. Bei einem subjektiven Ansatz könnte man einmal vorrangig auf den **Betroffenen** abstellen. Dann würde es genügen, dass bei diesem infolge einer behördlichen Maßnahme beabsichtigt oder unbeabsichtigt eine rechtliche Wirkung eingetreten ist. Das ältere (rechtsschutzorientierte) Verständnis des Verwaltungsakts tendierte in der Tat in diese Richtung. Man könnte aber auch auf den Regelungswillen der **Behörde** abstellen und als Verwaltungsakte nur solche Regelungen anerkennen, die Rechtswirkungen entfalten **sollen.** Bei einer objektiven Sichtweise wird darauf abgestellt, ob abstrakt Maßnahmen der vorliegenden Art darauf gerichtet sind, Rechtswirkungen zu entfalten. Dem VwVfG liegt das zuletzt genannte Regelungsmodell zugrunde. Zunächst muss überhaupt eine Rechtswirkung eintreten können. Die Rechtswirkung folgt zum einen aus der Bejahung des Rechtsbereichs. Hinzukommen muss ferner, dass in der Regel Rechtswirkungen gegenüber einem Adressaten eintreten können. Die Gerichtetheit auf unmittelbare Außenwirkung ist an sich ein subjektives Kriterium, da auf die Intention des Regelnden abgestellt wird. Im Interesse des Rechtsverkehrs darf aber der Subjektivismus nicht zu weit getrieben werden.

Abzustellen ist auf den **objektiven Sinngehalt** einer Anordnung. Wie sich die Maßnahme im Einzelfall auswirkt, ist unerheblich.

(6) **Das Merkmal des Einzelfalls** dient zur Abgrenzung zu Normen, die zusätzlich dadurch erschwert wird, dass Verwaltungsakte auch in genereller Form ergehen können, nämlich als **Allgemeinverfügung** (Leitentscheidung: BVerwGE 12, 87 – Endiviensalat). Merkmale nach § 35 S. 2 VwVfG: (a) der Verwaltungsakt richtet sich an einen im Zeitpunkt seines Erlasses nach allgemeinen Merkmalen bestimmten oder bestimmbaren Personenkreis oder (b) betrifft die öffentlich-rechtliche Eigenschaft einer Sache oder (c) betrifft die Benutzung einer Sache durch die Allgemeinheit. 20

3. Arten

21 Je nach Regelungsgehalt, Entscheidungsumfang, Wirkung und Regelungsgegenstand lassen sich verschiedene Arten von Verwaltungsakten unterscheiden.

22 Im Regelungsgehalt (nach den **Rechtswirkungen**) zu trennen sind: befehlende, gestaltende, feststellende und entscheidende Verwaltungsakte. Die richterliche Kontrolldichte variiert bei gebundenen Verwaltungsakten und Ermessensakten. Für den Adressaten ist es wichtig, ob ihm begünstigende oder belastende Verwaltungsakte oder gar Verwaltungsakte mit Doppel- und Drittwirkung ergehen. Ein begünstigender Verwaltungsakt ist ein Verwaltungsakt, der ein Recht oder einen rechtlich erheblichen Vorteil begründet oder bestätigt hat (§ 48 Abs. 1 S. 2 VwVfG).

23 Beim **Regelungsgegenstand** macht es einen Unterscheid, ob der Verwaltungsakt personen- oder sachbezogen ist.

4. Nebenbestimmungen

24 Nach gängiger Formulierung sind Nebenbestimmungen Ergänzungen zum „Hauptinhalt des Verwaltungsakts“ (BVerwG, DÖV 1974, 563, 564). Zahlreiche Nebenbestimmungen lassen sich jedoch nicht vom Hauptinhalt des Verwaltungsakts trennen. § 36 VwVfG unterscheidet daher Nebenbestimmungen, mit denen ein Verwaltungsakt **erlassen** wird (Befristung, Bedingung, Widerrufsvorbehalt), und andere Nebenbestimmungen (Auflage und Auflagenvorbehalt), mit denen ein Verwaltungsakt **verbunden** wird. Allen Nebenbestimmungen ist die Wirkung gemeinsam, dass die im Verwaltungsakt getroffene Regelung hinter der begehrten Regelung zurückbleibt. Nebenbestimmungen sind damit unselbständige belastende Anordnungen, die von einem Verwaltungsakt abhängen oder zum Bestand des Verwaltungsakts selbst gehören. Das „neben“ heißt nur, daß die Bestimmung von der im Verwaltungsakt getroffenen Regelung in der Hauptsache, dem verfügenden Teil des Verwaltungsakts, zu trennen ist.

25 Zu unterscheiden sind demnach folgende Erscheinungsformen:

- Nach § 36 Abs. 2 Nr. 1 VwVfG ist die **Befristung** eine Bestimmung, nach der eine Begünstigung oder Belastung zu einem bestimmten Zeitpunkt beginnt, endet oder für einen bestimmten Zeitraum gilt. Zeitpunkt oder Zeitraum sind i. d. R. kalendermäßig bestimmt. Möglich ist auch der Hinweis auf den Eintritt konkret bezeichneter Ereignisse. Der Eintritt eines derartigen Ereignisses muss dann aber hinreichend gewiss sein, lediglich der Zeitpunkt des Eintritts darf ungewiss bleiben.

Beispiel: Bewilligung zum Ableiten von Kühlwasser in einen Fluss vom November bis Februar.

- **Bedingung** ist die Bestimmung, nach der der Eintritt oder der Wegfall einer Begünstigung oder Belästigung von dem ungewissen Eintritt eines zukünftigen Ereignisses abhängt (§ 36 Abs. 2 Nr. 2 VwVfG).

Beispiel: Bewilligung zum Ableiten von Kühlwasser in einen Fluss bis dieser sich auf 20° erwärmt hat.

- **Widerrufsvorbehalt** ist die Bestimmung, nach der der Verwaltungsakt bei Ausübung des Widerrufs wegfällt (§ 36 Abs. 2 Nr. 3 VwVfG).

- Eine **(einfache) Auflage** ist eine Bestimmung, durch die dem Begünstigten ein Tun, Dulden oder Unterlassen vorgeschrieben wird (§ 36 Abs. 2 Nr. 4 VwVfG).

Beispiel: Bewilligung zum Ableiten von Kühlwasser in einen Fluss verbunden mit der Verpflichtung zur Errichtung einer Messstation zur Ermittlung der Flusstemperatur.

- **Auflagenvorbehalt** schließlich ist der Vorbehalt, einen Verwaltungsakt nachträglich durch eine Auflage zu ergänzen (§ 32 Abs. 2 Nr. 5 VwVfG).

Keine Nebenbestimmungen sind solche Bestandteile der Regelung, die deren Inhalt näher bezeichnen **(Inhaltsbestimmungen der Hauptregelung).** Inhaltsbestimmungen zeigen, wie weit eine Regelung reicht. Nicht unter die Nebenbestimmungen fallen ferner **Erläuterungen,** zu der im Verwaltungsakt getroffenen Regelung und darüber hinausgehende weitere Hinweise. Beiden fehlt der Regelungsgehalt. Sie sind deshalb nicht rechtmäßig oder rechtswidrig, sondern richtig oder falsch. 26

Die von *Weyreuther* (DVBl. 1969, 297 ff.) entwickelte sog. modifizierende Auflage ist noch immer umstritten. 27

Beispiel: Bewilligung zum Ableiten von Kühlwasser in einen Fluss statt wie beantragt in einen See.

Entgegen aller Kritik (vgl. *Detterbeck,* Verwaltungsrecht Rn. 657 f.) lässt sich die modifizierende Auflage weder kurzerhand der modifizierten Inhaltsbestimmung, noch den sonstigen Nebenbestimmungen zuschlagen. Vielmehr handelt es sich um eine Auflage, die die beantragte Begünstigung so sehr abwandelt, dass der Antrag im Ergebnis abgelehnt wird. *Weyreuther* sprach zutreffend von einer Entscheidung „Nein, aber". Genauer müsste es heißen: „So nicht, dafür aber so". Dem Antragsteller wird die abgewandelte Erlaubnis gewissermaßen aufgedrängt. Bezogen auf den beantragten Verwaltungsakt bewirkt die Auflage, dass insgesamt eine ablehnende Entscheidung ergeht. Der verbleibende positive Entscheidungsrest ergibt für sich keinen Sinn mehr. 28

Wird etwa ein Haus statt mit einem Flachdach nur mit einem Giebeldach genehmigt, so wäre es sinnlos, das Haus ohne Dach zu bauen. Der isolierte Angriff auf die modifizierende Auflage nützt dem Antragsteller somit nichts.

5. Gültigkeit

Die Gültigkeit eines Verwaltungsakts setzt seine Wirksamkeit voraus. Bei de Wirksamkeit sind die äußere Wirksamkeit **(Existenz)** und innere Wirksamkeit **(Verbindlichkeit)** zu unterscheiden. Äußere Wirksamkeit erlangt der Verwaltungsakt gem. § 43 Abs. 1 VwVfG durch seine Bekanntgabe an den ersten Adressaten. Verbindlich wird der Verwaltungsakt mit der Bekanntgabe gegenüber demjenigen, für den er bestimmt ist oder dem vom Verwaltungsakt Betroffenen (§ 41 VwVfG). Auch rechtswidrige Verwaltungsakte sind grundsätzlich verbindlich. Sie können jedoch aufgehoben werden, sofern keine Bestandskraft eingetreten ist. 29

6. Fehlerhaftigkeit

Die mit dem Verwaltungsakt getroffene Regelung kann auf fehlerhafte Weise zustande gekommen sein, inhaltlich auf einer falschen Rechtsanwendung beruhen oder gegen geltendes Recht verstoßen. Ein fehlerhafter Verwaltungsakt ist rechtswidrig, wenn er einer erforderlichen gesetzlichen Grundlage entbehrt (sog. gesetzloser Verwaltungsakt) oder wenn die Fehlerhaftigkeit darauf beruht, dass er durch **unrichtige Anwendung** 30

bestehender Rechtssätze zustande gekommen ist. Auch fehlerhafte Verwaltungsakte entfalten Rechtswirkungen und sind bis zu ihrer Beseitigung verbindlich. Manche Fehler sind jedoch so gravierend, dass die Verwaltungsakte rechtlich ins Leere stoßen, d. h. nichtig sind.

31 Die **Nichtigkeit** ist die (seltene) **Ausnahme.** Alle fehlerhaften Verwaltungsakte, die nicht nichtig sind, sind **grundsätzlich** aufhebbar. Wiederum **ausnahmsweise** sind manche fehlerhaften Verwaltungsakte nicht einmal aufhebbar, wenn die Fehlerhaftigkeit so geringfügig ist, dass sie die Rechtmäßigkeit des Verwaltungsakts unberührt lässt. Solche Fehler sind schlicht unbeachtlich. Ohne Rücksicht auf Schwere und Offenkundigkeit des Fehlers ist ein Verwaltungsakt in den in § 44 Abs. 2 VwVfG abschließend aufgeführten Fällen nichtig. Die Fälle bezeichnen absolute Nichtigkeitsgründe. Absolut nichtig ist ein Verwaltungsakt, der schriftlich erlassen worden ist, die erlassende Behörde aber nicht erkennen lässt (Verstoß gegen § 37 Abs. 3 VwVfG); nach einer Rechtsvorschrift nur durch Aushändigung einer Urkunde erlassen werden kann, dieser Form aber nicht genügt (z. B. Beamtenernennung), von einer Behörde außerhalb ihrer durch die Belegenheit der Sache (§ 3 Abs. 1 Nr. 1 VwVfG), aus tatsächlichen Gründen von niemandem ausgeführt werden kann (Beispiel: Abbruchverfügung hinsichtlich eines bereits beseitigten Bauwerks); die Begehung einer rechtswidrigen Tat verlangt, die einen Straf- oder Bußgeldtatbestand verwirklicht (nicht jede Aufforderung zu gesetzwidrigem Verhalten macht also den Verwaltungsakt nichtig); gegen die guten Sitten verstößt. Nach § 44 Abs. 1 VwVfG ist ein Verwaltungsakt nur nichtig, soweit er an einem besonders schwerwiegenden Fehler leidet *und* dies bei Würdigung aller in Betracht kommenden Umstände offenkundig ist. Die Offenkundigkeit relativiert die Fehlerintensität.

32 **Besonders schwerwiegend** sind nur solche Rechtsfehler, die deshalb mit der Rechtsordnung unter keinen Umständen vereinbar sein können („schlechterdings unerträglich"), weil sie tragenden Verfassungsprinzipien oder den der Rechtsordnung immanenten Wertvorstellungen widersprechen. Die Verletzung selbst einer wichtigen Rechtsbestimmung lässt den Fehler allein noch nicht als besonders schwerwiegend erscheinen. Der Fehler muss ferner **offenkundig** sein. Maßgeblich ist das Erkenntnisvermögen eines verständigen Durchschnittsbetrachters. Nichtigkeit eines Verwaltungsakts ist nur dann anzunehmen, wenn die an eine ordnungsgemäße Verwaltung zu stellenden Anforderungen in so erheblichem Maß verletzt sind, dass von niemandem erwartet werden kann, den Verwaltungsakt als verbindlich anzuerkennen. Fehlerhafte Verwaltungsakte können grundsätzlich nur aufgehoben werden. Aufhebung ist jede Beseitigung des Verwaltungsakts (vgl. § 43 Abs. 2, §§ 46, 60, § 51 Abs. 1 VwVfG, § 42 Abs. 1, § 113 Abs. 1 VwGO). Da auch rechtswidrige Verwaltungsakte verbindlich sind, bleibt jeder Verwaltungsakt wirksam, solange und soweit er nicht aufgehoben oder auf andere Weise erledigt ist (§ 43 Abs. 2 VwVfG). Fehler, die zur Aufhebbarkeit führen können, sind regelmäßig alle Fehler, die den Verwaltungsakt nicht nichtig machen. Zur Klarstellung führt § 44 Abs. 3 VwVfG einzelne Fehler auf, die nicht die Nichtigkeit bewirken. Die Aufhebbarkeit ist ausgeschlossen bei unbeachtlichen Fehlern.

7. Aufhebbarkeit

33 Die Aufhebbarkeit des Verwaltungsakts hängt davon ab, ob der Verwaltungsakt **rechtmäßig** oder **rechtswidrig** sowie **begünstigend** oder nichtbegünstigend **(belastend)**

ist. Die Aufhebung bedeutet eine Durchbrechung der Bestandskraft und beeinträchtigt den Rechtsfrieden. Andererseits verleiht sie bei rechtswidrigen Verwaltungsakten dem Grundsatz der gesetzmäßigen Verwaltung Gewicht. Dies schreit nach einer Kompromisslösung, die in den §§ 48 bis 51 VwVfG enthalten ist.

Für die Aufhebung rechtswidriger Verwaltungsakte hat sich die Bezeichnung **„Rücknahme"** eingebürgert. Rücknahme ist die vollständige oder teilweise Beseitigung eines Verwaltungsakts außerhalb eines Rechtsbehelfsverfahrens mit Wirkung für die Zukunft – ex nunc – oder die Vergangenheit – ex tunc – (§ 48 Abs. 1 VwVfG). 34

Belastende rechtswidrige Verwaltungsakte können jederzeit aufgehoben werden. Die formelle Bestandskraft steht der Rücknahme nicht entgegen. Die Rücknahme unterliegt dem freien Ermessen de Behörde. 35

Bei der Rücknahme **rechtswidriger begünstigender** Verwaltungsakte sind der Grundsatz der Gesetzmäßigkeit der Verwaltung und der Vertrauensschutz abzuwägen, die beide auf Art. 20 Abs. 1 GG beruhen. Maßgeblich ist die Art der Begünstigung. 36

Verwaltungsakte, die eine **Geld- oder Sachleistung** gewähren oder hierfür Voraussetzung sind, dürfen nicht zurückgenommen werde, wenn der Begünstigte auf den Bestand des Verwaltungsakts vertraut hat und sein Vertrauen unter Abwägung mit dem öffentlichen Interesse schutzwürdig ist. Erforderlich ist nach § 48 Abs. 2 S. 2 VwVfG eine Manifestation des Vertrauens. 37

Beispiel: Ausrichtung der Lebensführung auf die gewährte Leistung.

Bei der Interessenabwägung überwiegt das öffentliche Interesse, wenn Erfordernisse der Gefahrenabwehr vorliegen, der Begünstige sich einem Rücknahmevorbehalt unterworfen hat, den Begünstigten ein Verschulden an der Fehlerhaftigkeit des Verwaltungsakts trifft oder der fehlerhafte Verwaltungsakt dem objektiven Verantwortungsbereich des Begünstigten zuzurechnen ist. Auf Vertrauen kann sich der Begünstigte nicht berufen, wenn er den Verwaltungsakt durch arglistige Täuschung oder durch Angaben erwirkt hat, die in wesentlicher Beziehung unrichtig oder unvollständig waren, die Rechtswidrigkeit des Verwaltungsakts kannte oder infolge grober Fahrlässigkeit nicht kannte. In der Regel ist eine Rücknahme ex tunc nicht möglich. Sie ist jedoch ausnahmsweise zulässig, wenn dem öffentlichen Interesse überragendes Gewicht zukommt.

Sonstige rechtswidrige begünstigende Verwaltungsakte können stets unter Wahrung der Jahresfrist nach § 48 Abs. 4 VwVfG zurückgenommen werden. Die Frist beginnt erst dann zu laufen, wenn der nach der behördeninternen Geschäftsverteilung zuständige Sachbearbeiter die Rechtswidrigkeit des Verwaltungsakts tatsächlich erkannt hat (BVerwG 143, 161, 163). Der Vertrauensschutz wandelt sich von einem Bestandsschutz in einen Vermögensschutz um. 38

Beim Vollzug von **Unionsrecht** gilt der Vertrauensschutz allenfalls eingeschränkt, wenn die Begünstigung gegen Unionsrecht verstößt (Beispiel: Nicht notifizierte Subvention; EuGH NVwZ 1990, 1161 – Alcan I –; EuZW 1997, 276 – Alcan II –). 39

Die Aufhebung rechtmäßiger Verwaltungsakte heißt **Widerruf.** Widerruf ist die vollständige oder teilweise Aufhebung eines rechtmäßigen Verwaltungsakts außerhalb eines Rechtsbehelfsverfahrens mit Wirkung für die Zukunft (§ 49 Abs. 1 und 2 VwVfG). 40

41 Ein **belastender** Verwaltungsakt, der noch Wirkungen äußert, kann grundsätzlich jederzeit widerrufen werden, es sei denn, die Behörde müsste einen Verwaltungsakt gleichen Inhalts erlassen oder der Widerruf ist aus anderen Gründen unzulässig.

42 Der Widerruf **begünstigender** Verwaltungsakte ist nur zulässig, wenn eine der in § 49 Abs. 2 VwVfG abschließend aufgeführten Voraussetzungen erfüllt ist, nämlich

1. wenn der Widerruf durch Rechtsvorschrift (z. B. § 15 Abs. 3 GastG) **zugelassen** oder im Verwaltungsakt **vorbehalten** ist (vgl.→ Rn. 26),
2. wenn mit dem Verwaltungsakt eine **Auflage** verbunden ist und der Begünstigte diese nicht oder nicht fristgerecht erfüllt hat,
3. wenn die Behörde auf Grund nachträglich eingetretener **Tatsachen** berechtigt wäre, den Verwaltungsakt nicht zu erlassen und ohne den Widerruf das öffentliche Interesse gefährdet wäre,
4. wenn die Behörde auf Grund einer geänderten Rechtsvorschrift **(Änderung der Rechtslage)** berechtigt wäre, den Verwaltungsakt nicht zu erlassen, soweit der Begünstigte von der Vergünstigung noch keinen Gebrauch gemacht oder auf Grund des Verwaltungsakts noch keine Leistungen empfangen hat und wenn ohne den Widerruf das öffentliche Interesse gefährdet würde,
5. um schwere Nachteile für das Gemeinwohl zu verhüten oder zu beseitigen.

43 Wird ein Verwaltungsakt mit Wirkung für die Vergangenheit zurückgenommen oder widerrufen, sind gem. § 49a VwVfG die bereits erbrachten Leistungen zu erstatten.

V. Öffentlich-rechtlicher Vertrag

1. Zulässigkeit der Handlungsform

44 Der Vertrag ist die typische Gestaltungsform des Privatrechts. Er beruht auf dem Gedanken der autonomen Rechtsgestaltung durch die Vertragspartner und setzt insoweit deren **rechtliche Gleichordnung** voraus. Aber auch im öffentlichen Recht gibt es Gleichordnungsverhältnisse. Die prinzipielle Zulässigkeit öffentlich-rechtlicher Verträge im Koordinationsverhältnis ist unbestritten. Anders verhält es sich mit Verträgen zwischen Staat und Bürgern, die verwaltungsrechtliche Materien zum Gegenstand haben. Der Gesetzgeber hat mit ihrer Kodifikation in den §§ 54ff. VwVfG ein Machtwort gesprochen und sich über die Bedenken gegen die Zulässigkeit (subordinationsrechtlicher) öffentlich-rechtlicher Verträge hinweggesetzt. Dies geschah durch § 54 S. 1 VwVfG in der Form einer Erlaubnis mit Verbotsvorbehalt: Ein Rechtsverhältnis auf dem Gebiet des öffentlichen Rechts kann danach durch öffentlich-rechtlichen Vertrag begründet, geändert oder aufgehoben werden, soweit Rechtsvorschriften nicht entgegenstehen. Damit findet auch im Verwaltungsrecht die **Vertragsfreiheit** ihren Platz. Der verwaltungsrechtliche Vertrag ist auch ohne spezialgesetzliche Zulassung grundsätzlich statthaft. **Ausgeschlossen** ist die **Handlungsform** des öffentlich-rechtlichen Vertrags nur, „soweit Rechtsvorschriften […] entgegenstehen" (§ 54 S. 1 VwVfG). Dies ist der Fall, wenn ein Gesetz, eine Rechtsverordnung oder Satzung ausdrücklich oder sinngemäß anordnen, dass eine bestimmte Maßnahme ausschließlich durch Verwaltungsakt getroffen werden muss oder wenn sich diese Konsequenz aus allgemeinen Rechtsgrundsätzen oder Gewohnheitsrecht ergibt. Ein ausdrückliches Verbot der vertraglichen Handlungsform ist nicht erforderlich. Es genügt, wenn exklusiv eine andere Handlungsform vorgeschrieben oder aus dem Sinn einer Regelung ableitbar ist. So folgt aus § 2 Abs. 3 Nr. 2 VwVfG, dass öffentlich-rechtliche Verträge

bei Leistungs-, Eignungs- und ähnlichen Prüfungen unzulässig sind. Nicht möglich sind auch Beamtenernennungen und Einbürgerungen durch Vertrag. Ein allgemeines Verbot für Normsetzungsverträge besteht dagegen nicht.

2. Begriff

§ 54 S. 1 VwVfG enthält auf den ersten Blick eine Definition des öffentlich-rechtlichen Vertrags schlechthin. Ein öffentlich-rechtlicher Vertrag ist danach ein Vertrag, durch den ein Rechtsverhältnis auf dem Gebiet des öffentlichen Rechts begründet, geändert oder aufgehoben wird. Für eine Definition, die über den Anwendungsbereich des Verwaltungsverfahrensgesetzes hinausgeht, fehlte dem Gesetzgeber indessen die Kompetenz. Die Legaldefinition erfasst daher nur das Verwaltungsrecht, d. h. die Begriffsmerkmale des § 54 S. 1 VwVfG müssen einschränkend interpretiert werden. Erfasst wird nur der **verwaltungsrechtliche Vertrag.** Der öffentlich-rechtliche Vertrag nach § 54 S. 1 VwVfG ist ein **Vertrag** im Sinne der §§ 145 bis 157 BGB. Erforderlich sind somit übereinstimmende Willenserklärungen zweier oder mehrerer sich gegenüberstehender Parteien über die Herbeiführung eines einheitlichen Rechtserfolgs. Die allgemeinen Regeln über Antrag und Annahme gelten auch bei öffentlich-rechtlichen Verträgen. Es muss sich um Willenserklärungen handeln, die auf den Vertragsabschluss gerichtet sind. Erfasst wird dabei nicht nur der Vertragsinhalt, sondern auch überhaupt die Vertragsform. Gerade bei öffentlich-rechtlichen Verträgen bedeutet Vertragswille die Übereinstimmung der Beteiligten, sich der vertraglichen Handlungsform zu bedienen. Im Verhältnis zwischen Verwaltung und Bürgern besteht in aller Regel für die Verwaltung die Möglichkeit, den vertraglich vereinbarten Rechtserfolg auch hoheitlich herbeizuführen. Ein Vertrag setzt dann den Verzicht auf die Vornahme einseitiger Regelungsakte voraus. Auf dem „Gebiet des öffentlichen Rechts" meint, wie sich aus § 1 Abs. 1 VwVfG ergibt, präziser „auf dem Gebiet des Verwaltungsrechts". Gerade hier kommt es darauf an, den **Anwendungsbereich des Verwaltungsrechts** genau zu bestimmen. Hierzu sind die verwaltungsrechtlichen Verträge von den privatrechtlichen Verträgen und den sonstigen öffentlich-rechtlichen Verträgen abzugrenzen. **Substrat der Abgrenzung** ist der Vertrag selbst. Da die Unterscheidung der Teilrechtsgebiete eine Frage des objektiven Rechts darstellt, kommt es darauf an, ob der Vertrag objektiv eine öffentlich-rechtliche Materie betrifft. Maßgeblich ist allein der **Vertragsgegenstand** (BVerwGE 74, 368, 370). Im Zweifel ermöglicht er eine klare Zuordnung. Schwierigkeiten ergeben sich allerdings bei umfangreichen Verträgen mit disparaten Regelungen und bei Verträgen, deren Gegenstand in verschiedenen Teilrechtsgebieten eine Rolle spielt. Der BGH stellt auf den Schwerpunkt der Vereinbarung ab (NJW 1992, 1237, 1238), die Verwaltungsgerichte differenzieren demgegenüber nach den Vertragsteilen (BVerwG, NVwZ 1994, 1012). 45

3. Arten

Trotz Erlasses des VwVfG wurden subordinationsrechtliche und koordinationsrechtliche Verträge unterschieden. Die Unterscheidung ging in die Begründung des Entwurfs 1973 ein: „Erste liegen vor, wenn die Vertragspartner normalerweise im Verhältnis der Über- und Unterordnung zueinander stehen. Als koordinationsrechtlich wird ein Vertrag angesehen, dessen Partner gleich geordnet sind, also z. B. mehrere Verwaltungsträger." (BT-Drucks 7/910, S. 78). Der Gesetzgeber folgte dem Wortlaut der Vorschrift nach dieser Unterscheidung nicht. 46

47 Das ist verständlich, abgesehen davon, dass die Zulässigkeit des Verwaltungsvertrags kurzweilig heftig umstritten war, ist die Unterscheidung von Koordinations- und Subordinationsrecht nicht sonderlich glücklich. Ersichtlich kann sich die Unterscheidung nicht auf den Vertragsgegenstand beziehen. Von diesem hängt es ab, ob überhaupt ein öffentlich-rechtlicher Vertrag vorliegt. Auch zwischen Trägern öffentlicher Verwaltung werden vielfach Verträge geschlossen, die Gegenstände des Subordinationsverhältnisses betreffen. Somit stellt die Unterscheidung auf die Rechtsbeziehung der Vertragspartner ab. Hier gibt es in der Tat Subordinations- und Koordinationsverhältnisse, nur kommt es auf diese nicht an, weil gerade durch die Vertragsform vom generellen Subordinationsverhältnis abgewichen werden soll.

48 § 54 VwVfG unterscheidet dementsprechend zwischen Verwaltungsakt ersetzenden und sonstigen öffentlich-rechtlichen Verträgen, oder in der Sprache des Gesetzes Verträge i. S. d. § 54 S. 2 VwVfG. Die h. L. und Rechtsprechung setzt subordinationsrechtliche Verträge mit substituierten Verträgen gleich und geht davon aus, dass § 54 S. 2 VwVfG für alle Verträge zwischen einer Privatperson und einem Träger der öffentlichen Verwaltung auf einem Gebiet gilt, auf dem ein hoheitliches Verhältnis der Über-/Unterordnung besteht, und dass es nicht darauf ankommt, ob der konkrete Gegenstand der vertraglichen Vereinbarung sonst durch Verwaltungsakte geregelt werden könnte (BVerwG, DVBl. 2003, 1550). Die beiden wichtigsten subordinationsrechtlichen Verträge regelt das Verwaltungsverfahrensgesetz selbst, § 55 (Vergleichsvertrag) und § 56 (Austauschvertrag).

4. Materielle und formelle Rechtmäßigkeit

49 Auf Seiten der Behörde erfordert der öffentlich-rechtliche Vertrag ein Verfügungsrecht über den Vertragsgegenstand. Das bedeutet, dass eine Behörde nur für ihren Kompetenzbereich Verträge abschließen darf. Materiell muss das Vertragshandeln zulässig sein, d. h. es dürfen keine Rechtsvorschriften entgegenstehen. Der Abschluss des Vertrags richtet sich nach § 62 VwVfG i. V. m. den §§ 116ff. BGB. Grundsätzlich ist Schriftform erforderlich (§ 57 VwVfG), inhaltlich darf der Vertrag nicht gegen das Koppelungsverbot verstoßen, ist an das Missbrauchsverbot gebunden und unterliegt dem Konkretisierungsgebot.

5. Leistungsstörungen

50 Die vom BGB bekannten Leistungsstörungen erfassen auch den öffentlich-rechtlichen Vertrag. Bei einem öffentlich-rechtlichen Vertrag (§ 59 VwVfG) wird Nichtigkeit und Fehlerhaftigkeit unterschieden. Ein öffentlich-rechtlicher Vertrag ist fehlerhaft, wenn er durch unrichtige Anwendung bestehender Rechtsätze zustande gekommen ist. Ein fehlerhafter und damit rechtswidriger öffentlich-rechtlicher Vertrag ist nach der Regelung des VwVfG wirksam. Dies ist verfassungsrechtlich äußerst problematisch, da ein Verstoß gegen den Grundsatz der Gesetzmäßigkeit der Verwaltung vorliegt. Jeder öffentlich-rechtliche Vertrag ist nichtig, wenn sich die Nichtigkeit aus der Anwendung der Vorschriften des BGB ergibt (§ 59 Abs. 1 VwVfG). Substituierende Verträge sind außerdem nichtig, wenn einer der vier speziellen Nichtigkeitsgründe des § 59 Abs. 2 VwVfG gegeben ist, nämlich ein Verwaltungsakt mit entsprechendem Inhalt nichtig wäre, ein entsprechender Verwaltungsakt nicht nur wegen eines Verfahrens- oder Formfehlers nach § 46 VwVfG rechtswidrig wäre, und die Vertragsschließenden dies bei Vertragsabschluss gewusst haben, bei einem Vergleichsvertrag die Vergleichslage

nicht bestanden hat, und der entsprechende Verwaltungsakt rechtswidrig wäre, bei einem Austauschvertrag eine unzulässige Gegenleistung versprochen wurde. Der Verstoß gegen den Grundsatz der Gesetzmäßigkeit der Verwaltung lässt sich durch eine extensive Interpretation von § 134 BGB reparieren.

§ 29. Verwaltungsverfahren, -organisation, -rechtsschutz

I. Verwaltungsrechtsverhältnis

1. Begriff und Begründung

Ein Verwaltungsrechtsverhältnis ist die öffentlich-rechtliche **Sonderverbindung** zwischen Behörden und dem Einzelnen. Es umschreibt die rechtlichen Beziehungen, die sich aus einem konkreten Sachverhalt auf Grund einer Rechtsnorm des Verwaltungsrechts ergeben. In der Regel besteht ein Verwaltungsrechtsverhältnis aus wechselseitigen subjektiven öffentlichen Rechten und Pflichten. Verwaltungsrechtsverhältnisse können auch im Verhältnis mehrerer Verwaltungsträger untereinander bestehen. Nur ausnahmsweise geht es dort aber um subjektive öffentliche Rechte und Pflichten. Begründet wird ein Verwaltungsrechtsverhältnis durch Rechtsakt oder durch gewillkürtes Verhalten der Beteiligten. 1

2. Unterscheidungen

Zu unterscheiden sind das allgemeine und besondere Verwaltungsverfahren. 2

Die besonderen Verwaltungsverfahren sind in Spezialgesetzen geregelt. 3

II. Verwaltungsverfahren

In einem unfassenden Sinn kann man als Verwaltungsverfahren alle Verfahren bezeichnen, die auf ein im Verhältnis zum Bürger rechtlich bedeutsames Handeln der Verwaltung abzielen. Das Verwaltungsverfahrensgesetz definiert in § 9 den Begriff des Verwaltungsverfahrens enger: i. S. d. Gesetzes ist das Verwaltungsverfahren „die nach außen wirkende Behördentätigkeit, die auf die Prüfung der Voraussetzungen, die Vorbereitungen und den Erlass eines Verwaltungsakts oder den Abschluss eines öffentlich-rechtlichen Vertrags gerichtet ist.“ 4

Begriffsmerkmale sind somit:
1. die Tätigkeit einer Behörde,
2. die Außenwirksamkeit der Tätigkeit und
3. die Zielrichtung auf Erlass bestimmter Hoheitsakte.

Das Verwaltungsverfahrensgesetz unterscheidet weiter vier Arten des Verwaltungsverfahrens: 5
1. allgemeine Verwaltungsverfahren,
2. besondere Verwaltungsverfahren,
3. Rechtsbehelfsverfahren,
4. Verfahren vor Ausschüssen.

Für das nicht förmliche allgemeine Verwaltungsverfahren gelten folgende Grundsätze: 6
Die Einleitung des Verfahrens und die Herrschaft über den Verfahrensgegenstand unterliegen Verfahrensmaximen, die mit den Beweismaximen nicht verwechselt werden dürfen. Nach der Offizialmaxime bestimmt die Behörde Gegenstand und Umfang des

Verwaltungsverfahrens. Die Dispositionsmaxime ist demgegenüber durch die Verfahrensherrschaft der Beteiligten gekennzeichnet, man spricht daher auch vom Verfügungsgrundsatz. Die Offizialmaxime hat nicht nur zur Folge, dass die Einleitung des Verfahrens von Amts wegen geschieht, sondern auch, dass der weitere Fortgang von Amts wegen veranlasst wird (Amtsbetrieb). Beweismaximen sind der Untersuchungs- und Beibringungsgrundsatz. Im Regelfall liegt die Entscheidung über die Einleitung des Verfahrens bei den Behörden; der Verfügungsgrundsatz gilt allein in den Fällen, in denen die Behörde auf Antrag tätig werden muss oder nur auf Antrag tätig werden darf. Ob und wann sie das Verfahren durchführt, entscheidet die Behörde nach pflichtgemäßem Ermessen (§ 22 Abs. 1 S. 1 VwVfG). Grundsätzlich gilt das Opportunitätsprinzip. Der Grundsatz wird freilich durch zahlreiche Ausnahmen relativiert. So gilt nach § 22 Abs. 1 S. 2 VwVfG ausnahmsweise das Legalitätsprinzip, wenn die Behörde aufgrund von Rechtsvorschriften von Amts wegen tätig werden muss, die Behörde auf Antrag tätig werden muss und ein solcher Antrag vorliegt oder die Behörde nur auf Antrag tätig werden darf und ein Antrag nicht vorliegt. Die Amtssprache ist grundsätzlich Deutsch (§ 23 VwVfG). Im Gegensatz zum zivilen Beibringungsgrundsatz besagt der Untersuchungsgrundsatz, dass die Behörde den entscheidungsrelevanten Sachverhalt von Amts wegen ermittelt, ohne an das Vorbringen und die Beweisanträge der Beteiligten gebunden zu sein. Hierbei ist die Behörde verpflichtet, die für den Einzelfall bedeutsamen, auch für die Beteiligten günstigen Umstände zu berücksichtigen. Das Ermittlungsgebot ist auch bei Ermessensentscheidungen eine strikte Rechtspflicht.

7 Mit Beginn des Verwaltungsverfahrens entsteht ein durch wechselseitige Rechte und Pflichten gekennzeichnetes Verwaltungsrechtsverhältnis (vgl. oben). Daraus erwachsen besondere behördliche Fürsorgepflichten gegenüber dem Bürger. Nach § 25 VwVfG soll der Bürger darauf hingewiesen werden, wie er sich sachgerecht im betreffenden Verfahren verhält. Ferner soll er über die maßgebliche Rechtslage ebenfalls nur für das jeweilige Verfahren informiert werden. Da das Verwaltungsrechtsverhältnis zugleich ein Vertrauensverhältnis darstellt, darf die Behörde schutzwürdige Geheimnisse der beteiligten Bürger nicht unbefugt offenbaren. Bei dem in Art. 103 Abs. 1 GG für das gerichtliche Verfahren niedergelegten Grundsatz des rechtlichen Gehörs handelt es sich um einen allgemeinen Verfassungsgrundsatz, der auch im Verwaltungsverfahren gilt. Ausdruck des Fürsorgegedankens ist auch das Akteneinsichtsrecht.

8 Den gesetzlich nicht geregelten Abschluss des Verfahrens bilden normalerweise der Verwaltungsakt oder der öffentlich-rechtliche Vertrag, auf die das Verfahren gerichtet waren.

III. Verwaltungsorganisation

9 Die Verwaltung handelt durch Verwaltungsträger, durch Organisationseinheiten, die Rechtsfähigkeit besitzen und damit Zurechnungssubjekt der Verwaltungsrechte und -pflichten sind. Die Einordnung der Verwaltungsträger in den Verwaltungsapparat erfordert eine Verwaltungsorganisation. Die Ausgestaltung der Organisation wird durch das Organisationsrecht bestimmt, das im Bundesverfassungsrecht, Landesverfassungsrecht, in einfachem Gesetzesrecht und in einer Vielzahl von Rechtsverordnungen enthalten ist. Bei organisationsrechtlichen Betrachtungen werden häufig Begriffe wie „Aufgabe“, „Kompetenz“, „Zuständigkeit“ und „Befugnis“ vermengt. Auszugehen ist vom Alltagsbegriff der Zuständigkeit: Jemandem „steht etwas zu“, etwas wird zugeord-

net. Im Organisationsrecht umschreibt die *Aufgabe* ein Zuordnungsziel. Sodann kommt es auf die Zuordnung einer Verwaltungsaufgabe zu einem Träger dieser Aufgabe an. Dabei muss man unterscheiden:

- um welche Aufgabe es geht,
- wer Träger dieser Aufgabe ist und
- wie sich die Beziehung des Trägers der Aufgabe zur Aufgabe darstellt.

Daraus folgen die Rechtsbegriffe der Kompetenz und der Zuständigkeit. Die *Kompe-* 10
tenz bezeichnet das Objekt der Beziehung, das, was zusteht (Frage: Woran besteht die Kompetenz?). Objekt der Verwaltungsaufgaben können Gegenstände des Öffentlichen und des Privaten Rechts sein. Die Zuständigkeit bezeichnet die Beziehung subjektiver Berechtigungen und Verpflichtungen zu ihrem Subjekt (Frage: Wer ist zuständig?). Fallen Kompetenz und Zuständigkeit auseinander, besteht eine Zuständigkeitswahrnehmung einer fremden Kompetenz, aus der Zuständigkeit wird nur eine „Wahrnehmungszuständigkeit". Die Zuständigkeitsordnung ist normativ vorgegeben. Die Zuständigkeitsregelungen sind unter dem Gesichtspunkt des rechtsstaatlichen Gebots klarer und fester Zuständigkeitsabgrenzung auszulegen. Verwaltungsträger sind der Staat, Körperschaften, Anstalten und Stiftungen des öffentlichen Rechts, teilrechtsfähige Verwaltungseinheiten und Beliehene.

Die Aufgabenerfüllung hängt davon ab, dass die Aufgabenzuweisung durch *Befugnis-* 11
normen ergänzt wird, da nur diese zu Eingriffen in Rechte der Bürger ermächtigen.

Sonderbehörden verfügen über die Kompetenz zur Erfüllung besonderer Aufgaben. 12
Diese fächern sich regelmäßig in Einzelaufgaben auf. Das Gepräge der Sonderbehörden wird jedoch durch eine *spezifische generelle Aufgabenzuweisung* bestimmt.

IV. Verwaltungsprozess

Im Verfassungsstaat ist der Rechtsschutz eine Ausprägung des allgemeinen *Justiz-* 13
gewährleistungsanspruchs. Er hat damit eine funktionelle und institutionelle Komponente. Funktionell besteht er in der **autoritativen Entscheidung** von Rechtsfällen in Anwendung rechtlicher Normen, institutionell in der Entscheidung **durch hierfür besonders eingerichtete Organe** (=unabhängige Gerichte).

Funktionelle Schlichtung von Rechtsstreitigkeiten gab es schon in der Antike. Spezifi- 14
sche, unabhängige Rechtschutzorgane bildeten sich erst zu Zeiten des aufgeklärten Absolutismus heraus. Richterliche Unabhängigkeit setzte die Konstruktion der „Justiz" als Staatsgewalt voraus, deren dogmatisches Gerüst *Montesquieu* lieferte. Politisch durchsetzbar war aber nur eine „Justiz" mit beschränkter sachlicher Zuständigkeit. Die Beschränkung erfolgte auf der Grundlage der Unterscheidung zwischen öffentlichem und privatem Recht und der Sonderbehandlung der Strafrechtspflege. Die Justiz wurde auf die Entscheidung der Streitigkeiten zwischen Privatpersonen und auf die Strafrechtspflege reduziert. Die Entscheidung oblag den „ordentlichen" Gerichten und diese wiederum bedeuteten unabhängige Richter. Eine Verwaltungsgerichtsbarkeit in Gestalt der Einrichtung und Zuständigkeit besonderer mit der Verwaltung verbundener richterlicher Behörden setzte sich erst in der zweiten Hälfte des 19. Jahrhunderts durch. Die Verwaltungsrechtspflege war zunächst für die interne Kontrolle des objektiven Rechts vorgesehen, entwickelte sich aber allmählich zur subjektivrechtlichen Administrativjustiz: Auf Beschwerde der Bürger fand eine verwaltungsinterne Kontrolle durch weisungsabhängige Beamte statt. Die Abhängigkeit wurde von Ver-

fechtern des liberalen Rechtsstaats zu Recht für unzulänglich gehalten. Im Streit um die Zuordnung des Verwaltungsrechtsschutzes an die ordentlichen Gerichte oder Schaffung einer unabhängigen Verwaltungsgerichtsbarkeit setzte sich die Verwaltungsgerichtslösung durch. Während die Zivilgerichte auf der Grundlage des Aktionendenkens seit jeher Individualrechtsschutz gewähren, diente die deutsche Verwaltungsgerichtsbarkeit in ihrer historischen Entwicklung **verschiedenen** Zwecken.

Funktionen der Verwaltungsgerichtsbarkeit waren und sind

- Rechtsschutzfunktion
- Kontrolle der Verwaltung
- Rechtsfortbildungs- und Rechtskonkretisierungsfunktion
- Rechtsfriedensfunktion

15 Objektive Rechtskontrolle und subjektiver Rechtsschutz lassen sich in verwaltungsprozessualen Auseinandersetzungen nur schwer trennen. Bei der objektiven Rechtskontrolle wird umfassend geprüft, ob die Verwaltung gegen den Grundsatz der **Gesetzmäßigkeit der Verwaltung** verstoßen hat. Welche Rechtsnormen verletzt sein könnten, ist dabei unerheblich. Anders beim Individualrechtsschutz: Relevant ist nur der Verstoß gegen Rechtsnormen, die dem Individualschutz dienen **(Schutznormen).** Individuelle Rechte sind einem Rechtssubjekt zugeordnet, wobei auch ein Kollektiv das Rechtssubjekt sein kann. Das Rechtssubjekt hat die Verletzung eigener („seiner“), nicht jedoch fremder Rechte zu rügen. Die VwGO ist auf den Individualrechtsschutz zugeschnitten. Die aktuelle Entwicklung bewegt sich auf eine objektive Rechtskontrolle zu (Vereinsklagen).

D. Strafrecht *(Kühl)*

11. Kapitel. Einführung

§ 30. Erste Begegnung mit dem Strafrecht

I. Verzerrte öffentliche Wahrnehmung

1 Das Strafrecht begegnet einem normalerweise nicht erst mit dem Studienbeginn im Fach Rechtswissenschaft. Die erste Begegnung mit diesem besonders **spektakulären** Teil-Rechtsgebiet erfolgt schon über die Massenmedien. Keine Tageszeitung kann es sich „verkneifen", dem Leser schon zur Frühstückslektüre Berichte über laufende Strafverfahren zu servieren. Neben den Verbrechen Mord und Totschlag sind es vor allem Sexualstraftaten wie Kindesmisshandlung oder Vergewaltigung, die auf das (nicht zu Unrecht vermutete) Interesse der Leser stoßen. Dabei wird oft genug eine **Prangerwirkung** für die einer Straftat Verdächtigen erzeugt, denn wer im Zusammenhang mit einer detailliert geschilderten Tat namentlich oder mit Foto in der Presse erscheint, wird vom eiligen Leser als Täter wahrgenommen, auch wenn im Text der Nachricht vom „mutmaßlichen" Täter die Rede ist. (Näher zu dieser Prangerwirkung *Kühl,* Unschuldsvermutung und Resozialisierungsinteresse als Grenzen der Kriminalberichterstattung, in: Festschrift für H. Müller-Dietz, 2001, S. 401 ff.).

2 Weitere Bekanntschaft mit Verbrechen macht man beim „Konsumieren" von zahlreichen Krimiserien im Fernsehen und Kriminalfilmen im Kino. Auch hier stehen die oben genannten **Kapitalverbrechen** eindeutig im Vordergrund. Immerhin kann man als Jura-Studierender in diesen Serien und Filmen schon Unterschiede zwischen dem deutschen und dem amerikanischen Strafverfahren erkennen, so etwa, wenn sich in amerikanischen Verfahren Staatsanwalt und Verteidiger vor Gericht als Parteien gegenübertreten und den zu verhandelnden Prozessgegenstand bestimmen, während der neutrale Richter weitgehend passiv bleibt und nur gelegentlich Fragen für unzulässig erklärt. Dass das in deutschen Strafverfahren ganz anders ist – der Richter leitet die Hauptverhandlung und insbesondere die Beweisaufnahme –, kann man in den letzten Jahren zunehmend in den zahlreichen **Strafgerichtsshows** wie „Richterin Barbara Salesch" oder „Richter Alexander Hold" sehen, die z. T. ins Nachtprogramm verlegt sind. Dennoch haben auch die Verhandlungen Showcharakter, denn sie verhandeln unter Einsatz von Schauspielern erfundene Fälle, die durchweg die Sensationsgier befriedigen wollen. Eine Liveübertragung von realen (Straf-)Gerichtsverhandlungen, wie sie etwa in den USA stattfindet, ist freilich bislang in Deutschland verboten (§ 169 S. 2 Gerichtsverfassungsgesetz = GVG); – ein Verbot, das zwar gelockert werden kann, aber nicht völlig aufgehoben werden sollte. (Näher zur „Darstellungsweise der Kriminalität in den [Massen-]Medien" *Schwind,* Kriminologie, 23. Aufl. 2016, § 14 Rn. 2–5). Mit dem Gesetz zur Erweiterung der Medienöffentlichkeit vom 18.9.2013 kann der Bundesgerichtshof Ton- und Filmaufnahmen zulassen (§ 169 Abs. 3 GVG).

3 Damit ist die **öffentliche Wahrnehmung** des Strafrechts **verzerrt.** Das Strafrecht besteht zum wenigsten aus Mord und Totschlag oder sonst die Sensationsgier ansprechenden Verbrechen. Das Gros der Straftaten bilden wenig spektakuläre Vergehen wie der Diebstahl oder der Betrug. Wer die Wirklichkeit des Strafrechts realistischer kennenlernen will, muss sich an die empirisch arbeitende Schwesterwissenschaft der

Strafrechtswissenschaft – die **Kriminologie** – wenden. Sie baut aus (Kriminal- und Justiz-)Statistiken ein tatsächliches Bild der sog. **registrierten Kriminalität** und ergänzt dieses Bild durch die Aufhellung des sog. **Dunkelfeldes,** d. h. von Straftaten, die nicht entdeckt oder angezeigt werden (näher zur Kriminalstatistik und ihrer Aussagekraft sowie zur Dunkelfeldforschung *Kaiser,* Kriminologie – Eine Einführung in die Grundlagen, 10. Aufl. 1997, § 20).

II. Das Wesen des Strafrechts

4 Das Wesen des Strafrechts ist freilich mit sozialwissenschaftlichen empirischen Methoden nicht voll zu erfassen. Eine treffendere Kennzeichnung des Strafrechts ergibt sich erst aus einem Vergleich dieses Teil-Rechtsgebiets mit den beiden anderen Teil-Rechtsgebieten des öffentlichen Rechts und des Zivilrechts. Diese beiden Teil-Rechtsgebiete sind zwar umfangreicher als das Strafrecht; sie haben auch im alltäglichen Leben eine größere Bedeutung und bilden deshalb gerade für Jurastudierende interessante Gebiete mit mannigfaltigen Berufschancen. Dennoch ist das Strafrecht insofern **das zentrale Rechtsgebiet,** als es in letzter Linie die gesamte übrige Rechtsordnung verteidigt. Wenn hinter zivilrechtlichen und verwaltungsrechtlichen Regelungen nicht bei Verletzung dieser Vorschriften die Androhung staatlichen Zwangs in Form der Strafe stünde, wären sie weit weniger wirksam und durchsetzungskräftig. An der Wirksamkeit dieser letzten Verteidigungslinie durch Strafrecht ändert es auch nichts, dass nicht jede Verletzung einer Rechtsvorschrift (Verbot oder Gebot) durch das Strafrecht sanktioniert wird; das Strafrecht hat **ultima-ratio-Charakter** und greift nur – **subsidiär** – ein, wenn die zivil- und verwaltungsrechtlichen Instrumentarien die Rechtsverstöße nicht bewältigen können.

5 So sieht das auch *Roxin,* Der Allgemeine Teil des materiellen Strafrechts, in: Roxin/Arzt/Tiedemann, Einführung in das Strafrecht und Strafprozessrecht, 6. Aufl. 2014, S. 4:

> „Der Grund, warum das Strafrecht erst eingesetzt werden sollte, wenn alle anderen sozialpolitischen Mittel zur Abstellung eines sozialen Fehlverhaltens versagen, liegt darin, dass die Bestrafung die soziale Existenz des Betroffenen gefährden, ihn an den Rand der Gesellschaft treiben und dadurch selbst sozial schädigend wirken kann. Deshalb sind der Bestrafung alle Maßnahmen vorzuziehen, die eine soziale Störung beseitigen können, für den Betroffenen aber weniger einschneidende Folgen haben. Man pflegt das so auszudrücken, dass das Strafrecht die ultima ratio (das äußerste Mittel) der Sozialpolitik sei. Das Strafrecht ist im Verhältnis zu anderen Regelungsmöglichkeiten subsidiär, d. h. es greift nur ersatzweise ein, wenn kein anderes Mittel mehr hilft."

(Näher zur Subsidiarität des Strafrechts *Kühl,* in: Festschrift für K. Tiedemann, 2008, S. 29 ff. – Zum „ultima-ratio-Prinzip" *Walter,* JA 2013, 727, 728 f.)

6 Das Wesen des Strafrechts ergibt sich also – zumindest auf den ersten Blick und bei äußerer Betrachtung – aus seinem ersten Wortteil: der **Strafe.** Diese Sanktion hebt das Strafrecht vom Zivilrecht und vom öffentlichen Recht ab. Gemeinsam ist allen Teilrechtsgebieten zwar, dass sie Regelungen für die Ausübung der Freiheit darstellen. Und insofern ist der Rechtscharakter auch beim Strafrecht das Primäre und Fundamentale; – die Sanktionierung von Rechtsverletzungen ist demgegenüber nachrangig, weil sie der Rechtsverletzung folgt, d. h. auf sie reagiert. Dennoch ist die besondere Sanktion ‚Strafe' charakteristisch für das Teil-Rechtsgebiet ‚Strafrecht', weil sie dieses durch ihre Außergewöhnlichkeit spezifisch kennzeichnet. (Näher zum Primat des Rechts *Kühl,* in: Festschrift für E.-J. Lampe, 2003, S. 439 ff.)

Die Strafe ist die **schärfste Sanktion,** die der Staat gegenüber seinen Bürgern bereithält und bei nachgewiesenen Rechtsverletzungen auch einsetzt. Dies gilt auch dann, wenn in Deutschland die weltweit, vor allem von den größten Staaten der Welt, wie China und USA, noch praktizierte Todesstrafe durch Art. 102 Grundgesetz (= GG) „abgeschafft" ist. Auch zeitige Freiheitsstrafen und insbesondere die lebenslange Freiheitsstrafe (vgl. § 38 Strafgesetzbuch = StGB) enthalten empfindliche Einschränkungen der Fortbewegungsfreiheit. Und selbst Geldstrafen erlegen dem Bestraften eine spürbare Geldzahlungsverpflichtung auf, die bei Nichterfüllung vollstreckt werden kann. 7

Diese mit der Strafe verbundenen Übel – der Verlust der Fortbewegungsfreiheit und die Geldzahlungsverpflichtung – machen aber noch nicht das Spezifische der Strafe aus, denn vergleichbaren Übelscharakter haben auch andere staatliche Maßnahmen. Die Fortbewegungsfreiheit etwa verliert auch der Untersuchungshäftling oder der Sicherungsverwahrte; beide aber sind durch die Anordnung der Untersuchungshaft nach § 114 Abs. 1 Strafprozessordnung (= StPO) oder der Sicherungsverwahrung nach § 66 Abs. 1 StGB nicht vorbestraft, sie erleiden auch keine Freiheitsstrafe, denn sie sind zur Sicherung des Strafverfahrens oder der Gesellschaft vor gefährlichen Tätern inhaftiert (näher unter § 43). Und eine Geldzahlungsverpflichtung trifft auch denjenigen, gegen den aus Gründen der Opportunität z. B. in Bagatellsachen nicht weiter „prozessiert" wird, weil er sich nach § 153a Abs. 1 S. 2 Nr. 3 StPO mit der Auflage einverstanden erklärt hat, „einen Geldbetrag zugunsten einer gemeinnützigen Einrichtung oder der Staatskasse zu zahlen" (näher unter § 44 Rn. 15f.); auch er ist nicht vorbestraft. 8

Was die Strafe von anderen staatlichen Maßnahmen mit Übelscharakter abhebt, ist die mit ihr verbundene **sozialethische Missbilligung** des Verhaltens des Täters. Dem Täter wird „im Namen des Volkes" durch den Schuldspruch gesagt, dass er gegen elementare und notwendige Regeln zwischenmenschlichen Zusammenlebens verstoßen hat und dass die Rechtsgemeinschaft nicht bereit und gewillt ist, dies hinzunehmen. Dieser Tadel, diese Missbilligung kommt zum Übelscharakter hinzu und macht die Strafe erst zu einer besonders scharfen Sanktion (näher unter § 43 Rn. 35). 9

Die besondere Schärfe der Sanktion ‚Strafe' zeitigt für das Strafrecht mannigfaltige Folgen. Sie ist nur dann angebracht und verhältnismäßig, wenn es um die Sanktionierung von gravierenden Rechts- bzw. Rechtsgutsverletzungen geht (dazu mehr in § 31 Rn. 11ff.). Die Straftat muss dem Täter objektiv, subjektiv und individuell, d. h. als schuldhaft begangenes Unrecht zugerechnet werden können (dazu mehr in §§ 34–36). Der Nachweis der Tat bzw. die Widerlegung der Unschuldsvermutung des Art. 6 Abs. 2 Europäische Menschenrechtskonvention (= EMRK) muss in einem förmlichen und fairen Verfahren erfolgen, das den Beschuldigten nicht zum Verfahrensobjekt degradiert, sondern als Prozeßsubjekt anerkennt (dazu mehr in § 44). Schließlich muss auch die Strafe selbst als repressive und/oder präventive Sanktion gerechtfertigt und begrenzt werden (näher dazu unter § 43; zum Vorstehenden vgl. *Kühl,* Die Bedeutung der Rechtsphilosophie für das Strafrecht, 2001, S. 9f., zur „sozialethischen Missbilligung" *Kühl,* in: Festschrift für A. Eser, 2005, S. 149ff.). 10

III. Das gesamte Strafrecht und seine Rechtsquellen

11 Die Kerngebiete des Strafrechts sind das materielle und das formelle Strafrecht. Das materielle Strafrecht hat seinen „Kern" im **Strafgesetzbuch** (dem sog. **Kernstrafrecht**). Hier werden die wichtigsten Verbrechen wie Mord und Totschlag gem. §§ 211, 212 StGB, aber auch die häufigsten Vergehen wie der Diebstahl gem. § 242 StGB gesetzlich bestimmt (vgl. § 1 StGB). Die Auflistung der einzelnen Delikte, seien sie Verbrechen oder Vergehen (vgl. § 12 StGB), erfolgt im Besonderen Teil (= BT) des Strafgesetzbuches (§§ 80–358 StGB); ergänzt und vervollständigt werden diese einzelnen Delikte durch allgemeine AT-Vorschriften (§§ 1–79b StGB). Auf die BT-Vorschriften wird näher in §§ 31, 32 dieser Einführung eingegangen, auf die AT-Vorschriften in §§ 33–42.

12 Straftaten enthält aber nicht nur das StGB, sondern sie finden sich verstreut in zahlreichen anderen Gesetzen. Sie bilden das sog. **Nebenstrafrecht,** d. h. das Strafrecht neben dem StGB. Dazu gehört etwa § 21 Straßenverkehrsgesetz (= StVG), der das „Führen eines Kraftfahrzeugs ohne Fahrerlaubnis oder trotz Fahrverbots" bei Strafe untersagt, oder auch § 29 Betäubungsmittelgesetz (= BtMG), der u. a. den unerlaubten Anbau von und das Handeltreiben mit Betäubungsmitteln unter Strafandrohung verbietet. Auf dieses „weite Feld" des Nebenstrafrechts wird in dieser Einführung nicht gesondert eingegangen; – es gehört auch nicht zum Prüfungsstoff im Hauptfach Strafrecht (näher zur Bedeutung des „zu Unrecht so genannten Nebenstrafrechts" mit seinen schätzungsweise 300 strafrechtlichen Nebengesetzen *Naucke,* Strafrecht – Eine Einführung, 10. Aufl. 2002, § 4 Rn. 8–25. – Zum nicht „nebensächlichen" Nebenstrafrecht vgl. auch *Arzt,* Der Besondere Teil des materiellen Strafrechts, in: Roxin u. a., Einführung, S. 56 ff.).

13 Seit dem 1. 1. 2002 gibt es ein weiteres Spezial-Strafgesetzbuch, das **Völkerstrafgesetzbuch** (VStGB), das trotz seines Namens ein nationales Gesetz ist. Es enthält im Wesentlichen materielles Strafrecht, insbesondere Verbrechen gegen die Menschlichkeit und Kriegsverbrechen. Die Strafvorschrift über den sog. Völkermord, die früher in § 220a StGB enthalten war, ist jetzt systemgerecht – es handelte sich bei den von § 220a StGB a. F. verbotenen Taten nur zu einem kleinen Teil um Tötungen – ins Völkerstrafgesetzbuch als § 6 VStGB eingestellt worden (näher zum neuen Völkerstrafgesetzbuch und allgemein zum Völkerstrafrecht *Werle,* Völkerstrafrecht, 4. Aufl. 2016).

14 Die praktische Umsetzung des materiellen Strafrechts erfolgt durch das **Strafprozessrecht.** Die Verurteilung wegen der Begehung einer Straftat kann nur durch ein richterliches Urteil erfolgen, dem ein mehr oder weniger aufwendiger Strafprozess vorausgegangen sein muss. Seinen Verlauf regelt die **Strafprozessordnung** (= StPO) ergänzt durch das **Gerichtsverfassungsgesetz** (= GVG), das u. a. die Zuständigkeit der Gerichte in Strafsachen festlegt (z. B. der Amtsgerichte in §§ 24–26 GVG). Das Strafprozessrecht ist außerdem durch zahlreiche verfassungs- und menschenrechtliche Vorgaben geprägt. So bestimmt etwa Art. 104 Abs. 3 S. 1 GG: „Jeder wegen des Verdachtes einer strafbaren Handlung vorläufig Festgenommene ist spätestens am Tage nach der Festnahme dem Richter vorzuführen …". Und Art. 6 Abs. 2 EMRK bestimmt: „Bis zum gesetzlichen Nachweis seiner Schuld wird vermutet, dass der wegen einer strafbaren Handlung Angeklagte unschuldig ist." Man bezeichnet deshalb das Strafprozess-

recht als **konkretisiertes Verfassungsrecht.** Auf die Vorschriften der StPO und des GVG sowie auf die Vorgaben des GG und der EMRK wird in dieser Einführung näher in § 44 eingegangen (zur „Abhängigkeit des Strafprozessrechts vom Verfassungsrecht" vgl. *Tiedemann,* Das Strafprozessrecht, in: Roxin u. a., Einführung, S. 90ff; zur intensiven Beeinflussung des Strafprozessrechts durch das Verfassungsrecht und die Verfassungsrechtsprechung vgl. *Tiedemann,* Verfassungsrecht und Strafrecht, 1991, S. 24, 56 und 59).

Zu Spezialmaterien des Strafrechts haben sich inzwischen das **Jugendstrafrecht** und das **Strafvollzugsrecht** entwickelt. Das schlägt sich deutlich in den entsprechenden Spezialgesetzen nieder: dem **Jugendgerichtsgesetz** (= JGG) und dem **Strafvollzugsgesetz** (= StVollzG). Nachdem mit Gesetz vom 28.8.2006 (BGBl I S. 2034) die Gesetzgebungskompetenz für den Strafvollzug auf die Länder übertragen wurde, galt das StVollzG als partikulares Bundesrecht fort (Art. 125a GG). Inzwischen haben alle Bundesländer eigene Strafvollzugsgesetze erlassen. Es kommt aber auch darin zum Ausdruck, dass beide Materien im Studium nicht mehr zum Hauptfach Strafrecht gehören, sondern in strafrechtlich geprägte Schwerpunktbereiche gewandert sind. Auf sie wird deshalb in dieser Einführung nicht eingegangen werden, obwohl das Jugendstrafrecht gerade im Bereich der Sanktionen immer schon eine „Vorreiterrolle" für das allgemeine Strafrecht gespielt hat und das Strafvollzugsrecht im Hinblick auf die Rechte, die auch einem zu Freiheitsstrafe Verurteilten bleiben, eine besondere rechtsstaatliche Bedeutung hat. Inzwischen gibt es sogar eine Kombination dieser Rechtsgebiete, denn für Jugendstrafen sind nach einer Entscheidung des Bundesverfassungsgerichts vom 31.3.2006 – BVerfGE 116, 69ff. – durch die Bundesländer Landesgesetze geschaffen worden (z. B. in Baden-Württemberg im o. g. JVollzGB als viertes Buch: Jugendstrafvollzug). 15

Nicht gesondert behandelt wird in dieser Einführung in das Strafrecht ein Rechtsgebiet, das durch „Entkriminalisierung" aus dem eigentlichen Strafrecht – dem Kriminalstrafrecht – ausgegliedert wurde: das **Ordnungswidrigkeitenrecht.** Trotz dieser Ausgliederung ist das Ordnungswidrigkeitenrecht insofern mit dem Kriminalstrafrecht verwandt, als es wie dieses mit Sanktionen auf Taten reagiert. Die Hauptsanktion ist im Ordnungswidrigkeitenrecht die **Geldbuße;** an ihrer Androhung kann man auch erkennen, dass es sich bei dem in dieser Vorschrift verbotenen Verhalten um eine Ordnungswidrigkeit handelt. Dies bestätigt § 1 Abs. 1 Ordnungswidrigkeitengesetz (= OWiG): „Eine Ordnungswidrigkeit ist eine rechtswidrige und vorwerfbare Handlung, die den Tatbestand eines Gesetzes verwirklicht, das die Ahndung mit einer Geldbuße zulässt." Während § 316 StGB eine Straftat ist, weil in dieser Vorschrift die „Trunkenheit im Verkehr" „mit Freiheitsstrafe bis zu einem Jahr oder mit Geldstrafe" bedroht ist, ist die Trunkenheit im Verkehr nach § 24a StVG eine „Ordnungswidrigkeit", die „mit einer Geldbuße bis zu dreitausend Euro geahndet werden" kann; – nur nebenbei: § 24a StVG greift bei einer Blutalkoholkonzentration über „0,5 Promille" ein, § 316 StGB erst ab 1,1 Promille (näher in § 32 Rn. 78). Auch dieses Beispiel belegt die enge Verwandtschaft der beiden Rechtsgebiete. Ordnungswidrigkeiten finden sich – außer im Straßenverkehrsgesetz – in zahlreichen Gesetzen, so etwa in § 32 Betäubungsmittelgesetz. 16

Einige Ordnungswidrigkeiten finden sich auch im Dritten Teil des **Ordnungswidrigkeitengesetzes,** so etwa die „Falsche Namensangabe" in § 111 OWiG und „Grob an- 17 stößige und belästigende Handlungen" in § 119 OWiG. Ansonsten aber ist das OWiG im Wesentlichen (§§ 35–109a OWiG) ein Verfahrensgesetz und kann deshalb als Pendant zur Strafprozessordnung bezeichnet werden, wobei § 46 OWiG die Vorschriften über das Strafverfahren, „namentlich der Strafprozessordnung" und des „Gerichtsverfassungsgesetzes" für „sinngemäß" anwendbar erklärt. Für die „Verfolgung und Ahndung" ist aber nicht die Staatsanwaltschaft und das Strafgericht, sondern im Regelfall „die Verwaltungsbehörde" zuständig. Ist man mit Alkohol im Straßenverkehr „erwischt" worden, so hat man Glück, wenn man von einer Verwaltungsbehörde wie dem Landratsamt Post bekommt, denn dann wird es sich „nur" um einen Bußgeldbescheid wegen Verstoßes gegen § 24a StVG handeln. Kommt die Post von einer Justizbehörde wie der Staatsanwaltschaft, so wird es sich um einen Strafbefehl wegen Verstoßes gegen § 316 StGB handeln. Der Unterschied hinsichtlich der Sanktion – Geldbuße oder Geldstrafe – verflüchtigt sich, wenn gegen den Bußgeldbescheid oder den Strafbefehl „Einspruch" nach § 67 Abs. 1 OWiG oder nach § 410 StPO eingelegt wird, denn dann kommt die Sache vor Gericht zur Verhandlung.

18 Der Erste Teil des OWiG enthält „Allgemeine Vorschriften", die dem AT des StGB vergleichbar sind. Während etwa für den Versuchsbeginn in § 13 Abs. 1 OWiG und § 22 StGB identisch auf das unmittelbare Ansetzen zur Tatbestandsverwirklichung abgestellt wird, regelt § 14 OWiG die „Beteiligung", ohne nach Täterschaft und Teilnahme zu differenzieren, wie das die §§ 25–27 StGB tun (zu den Ordnungswidrigkeiten als einer praktisch außerordentlich wichtigen „Stufe unterhalb des Strafrechts" vgl. *Arzt,* oben Rn. 12, S. 56f. – Zur Abspaltung des Ordnungswidrigkeitenrechts vom Strafrecht und seiner Verselbständigung vgl. *Naucke,* oben Rn. 12, § 4 Rn. 68–80).

IV. Strafrechtsliteratur

19 Die wichtigste „Literatur" für Studierende der Rechtswissenschaft sind die Gesetzestexte. Für das Strafrecht wurden die wichtigsten Gesetze, vor allem das Strafgesetzbuch und die Strafprozessordnung bereits oben unter III. kurz angesprochen; – sie werden in den folgenden §§ 31–44 noch näher vorgestellt. Die **Gesetzestexte** sind die maßgeblichen Vorgaben für jede (straf-)rechtswissenschaftliche Diskussion und für jede (Straf-)Rechtsanwendung, auch schon für die erste Falllösung in der Anfängerübung im Strafrecht (und den anderen beiden Hauptfächern).

20 Leider sind die Gesetzestexte nicht so einfach auf Sachverhalte anzuwenden. Der Studierende muss deshalb weitere Literatur und auch Rechtsprechung heranziehen, die ihm den Gesetzestext verständlicher machen und seine Anwendung auf den Fall beispielhaft vorführen. Die wichtigsten Entscheidungen des Bundesgerichtshofs in Strafsachen – dem höchsten nationalen Gericht in Strafsachen – sind in der amtlichen Sammlung – BGHSt – enthalten, die nach Bänden (nicht nach Jahrgängen) zitiert wird. Weitere **Strafrechtsprechung** des BGH, aber auch der Oberlandesgerichte, Landgerichte und Amtsgerichte ist in Zeitschriften abgedruckt, die nach Jahrgängen zitiert werden; in diesen Zeitschriften werden die Gerichtsentscheidungen oft mit **Anmerkungen** oder Besprechungen versehen, die die Entscheidung erläutern (für Studierende besonders hilfreich sind die Entscheidungsbesprechungen in den Ausbildungszeitschriften JA [Juristische Arbeitsblätter], Jura [Juristische Ausbildung] und JuS [Juristische Schulung] sowie in der Onlinezeitschrift ZJS [Zeitschrift für das juristische Studium]). Auch in der Online-Datenbank „Beck Online" und „Juris" sind die Entscheidungen abrufbar. Strafrechtlich relevante Entscheidungen fällen nicht nur die

Strafgerichte, sondern auch das Bundesverfassungsgericht, z. B. bei der Nichtigerklärung von § 43a StGB (Vermögensstrafe; vgl. § 43), und der Europäische Gerichtshof für Menschenrechte, z. B. bei Verurteilungen der Bundesrepublik Deutschland wegen der Verletzung der Strafverfahrensgarantien des Art. 6 EMRK durch deutsche Strafgerichte (vgl. *Kühl,* Zeitschrift für die gesamte Strafrechtswissenschaft = ZStW 100 [1988], S. 406, 421).

Die eigentliche **Strafrechts-Literatur** präsentiert sich in vielfältiger Form. Am nächs- 21
ten stehen dem Gesetzestext die **Kommentare,** die vom Kurzkommentar bis zum mehrbändigen Großkommentar (auch in Loseblattform) reichen, und das Gesetz – z. B. das Strafgesetzbuch – in der Reihenfolge seiner Paragraphen erläutern. Systematisch dagegen vermitteln die **Lehrbücher** den Stoff, z. B. das Strafrecht. Schon für das materielle Strafrecht benötigt man – bei Verzicht auf ein Lehrbuch „Einführung in das Strafrecht" – mindestens zwei Lehrbücher, wenn man den ganzen Stoff aufbereitet haben will: eines zum Allgemeinen Teil und eines zum Besonderen Teil, wobei letzteres meist zweibändig daherkommt. Die praktische Umsetzung des durch Lehrbücher vermittelten Stoffes in die Fallbearbeitung wird durch eine im Strafrecht anschwellende Literaturgattung angestrebt, die man als **Übungsfall-Literatur** bezeichnen kann. Sie umfasst Fallsammlungen, fallbezogene Problemsammlungen und übungsbegleitende Anleitungen mit Fällen und Lösungen; strafrechtliche Übungsfälle bis hin zu Examensklausuren mit Musterlösungen findet man fast jeden Monat auch in den o. g. Ausbildungszeitschriften. Die Integration dieser Übungsfall-Literatur in die Lehrbuch-Literatur unternimmt etwa das Lehrbuch von *Kühl,* Strafrecht Allgemeiner Teil, 8. Aufl. 2016 (vgl. dort § 1 Rn. 1, 2).

Strafrechts-Literatur findet sich außerdem in **Aufsätzen** und Beiträgen zu einzelnen 22
Themen. Um an sie heranzukommen, muss man Zeitschriften, Fest- und Gedächtnisschriften und andere Sammelwerke heranziehen. Bei der Suche nach Aufsätzen zu bestimmten Themen wie etwa der mittelbaren Täterschaft i. S. des § 25 Abs. 1 Var. 2 StGB oder der Zueignungsabsicht i. S. des § 242 StGB helfen einem vor allem die Kommentare, die bei den genannten Paragraphen die einschlägige Literatur, auch in Aufsatzform, auflisten (vgl. etwa zur mittelbaren Täterschaft *Lackner/Kühl,* Strafgesetzbuch-Kommentar, 29. Aufl. 2018, § 25 Rn. 2–5). Speziell für das Strafrecht gibt es mehrere Zeitschriften, die wie die NStZ (Neue Zeitschrift für Strafrecht), den StV (Strafverteidiger) und die wistra (Zeitschrift für Wirtschafts- und Steuerstrafrecht) neben Aufsätzen auch Strafrechtsprechung enthalten. Dagegen beschränken sich die beiden traditionsreichen Strafrechts-Zeitschriften auf Aufsätze und Buchbesprechungen: die ZStW (Zeitschrift für die gesamte Strafrechtswissenschaft) und das GA (Goltdammer's Archiv für Strafrecht).

Ebenfalls zu einzelnen Themen gibt es Bücher, sog. **Monographien** (z. B. *Kühl,* Die 23
Beendigung des vorsätzlichen Begehungsdelikts, 1974). Auf sie wird der Studierende – anders als der Wissenschaftler – eher selten zurückgreifen, etwa bei Hausarbeiten oder Seminarreferaten.

Auf eine vollständige Dokumentation der Strafrechtsliteratur muss hier verzichtet wer- 24
den, weil dafür – selbst bei einer Beschränkung auf Kommentare und Lehrbücher zum StGB und zur StPO bzw. zum Strafrecht und Strafprozessrecht – für eine ‚Einführung' zu viel Platz in Anspruch genommen werden müsste; – außerdem würde sich der Studien-Anfänger angesichts des Literaturberges „erschlagen" fühlen. Literatur wird des-

halb im Folgenden nur selektiv zitiert, und zwar konkret bei den jeweils behandelten Themen. Dabei wird darauf geachtet, dass möglichst alle Literaturgattungen – Kommentare, Lehrbücher, Übungsfall-Literatur, Entscheidungsanmerkungen und -besprechungen, Aufsätze, Beiträge und Monographien – wenigstens einmal und möglichst gleichmäßig berücksichtigt werden.

12. Kapitel. Der Besondere Teil des materiellen Strafrechts

§ 31. Grundlagen des Besonderen Teils

I. Zur Behandlung des BT vor dem AT

1 Die Behandlung des Besonderen Teils (BT) vor dem Allgemeinen Teil (AT) widerspricht zunächst der Gliederung des StGB, das den Allgemeinen Teil in den §§ 1–79b StGB vor dem Besonderen Teil in den §§ 80–358 StGB regelt. Das erklärt sich im Wesentlichen aber daraus, dass im Allgemeinen Teil des StGB aus praktischen Gründen die Regelungen „vor die Klammer gezogen“ werden, die für viele Delikte des Besonderen Teils des StGB gelten (zu dieser „AT-Technik“ näher in § 33).

2 Die **Vorabbehandlung des BT** widerspricht aber auch den meisten Studienplänen der juristischen Fakultäten, nach denen die beiden Hauptvorlesungen im Strafrecht in der Reihenfolge AT und (danach) BT zu hören sind. Das hat **gute Gründe** für sich. Bevor man sich in den Einzelheiten der vielen einzelnen Delikte, die im BT behandelt werden, verliert und vor lauter Bäumen den Wald nicht mehr sieht, ist es für den Durchblick hilfreich, das Grundmodell aller Delikte und den Aufbau der Straftat vorgestellt zu bekommen (dazu näher in § 33 II).

3 Diese Reihenfolge von AT und BT hat aber **Nachteile,** denn die allgemeinen Regelungen z. B. des Versuchs hängen ohne Bezug zu einem Delikt des BT in der Luft; – **den** Versuch gibt es nicht, es gibt den Mordversuch gem. §§ 211, 22/23 StGB, den Diebstahlsversuch gem. §§ 242, 22/23 StGB usw. Hinzu kommt der angesichts der wenigen Vorschriften des dogmatischen AT (im Kern: §§ 13–35 StGB) hohe Abstraktionsgrad der AT-Vorlesung, der nur durch Fallbeispiele, die aber notwendig wieder mit einem Delikt des BT beginnen müssen, für Anfänger verdaubar gemacht werden kann.

4 Für eine der AT-Vorlesung vorgeschaltete Einführung in das Strafrecht können diese Nachteile dadurch vermieden werden, dass man der AT-Behandlung eine kurze Vorstellung des BT mit wenigen ausgewählten Delikten voranstellt. Diese Auswahl von wenigen Delikten verhindert, dass man sich in den Einzelheiten vieler Delikte des BT verliert. Dann aber überwiegt der **Vorteil einer Vorabbehandlung von Delikten des BT,** denn sie enthalten die für die Regelungen des AT erforderlichen Bezugspunkte. Man weiß dann schon, was den Mord (§ 211 StGB) und den Totschlag (§ 212 StGB) oder was den Diebstahl (§ 242 StGB) und den Betrug (§ 263 StGB) ausmacht und kann deshalb besser verstehen, was ein Mordversuch (§§ 211, 22/23 StGB) oder ein Diebstahlsversuch (§§ 242, 22/23 StGB) ist.

II. Die Rechtsgüterordnung des BT

1. Rechtsgüter als Einteilungsprinzip im StGB und BT-Lehrbüchern

Die einzelnen Delikte sind im BT des StGB auf dreißig Abschnitte verteilt. Schon den 5
im Inhaltsverzeichnis des StGB auf einen Blick erfassbaren Überschriften dieser Abschnitte lässt sich – wenn auch nicht durchgängig – entnehmen, dass dem BT des StGB eine Rechtsgüterordnung zugrunde liegt. Besonders deutlich wird dies im Kernbereich der **höchstpersönlichen Individual-Rechtsgüter,** die in den Abschnitten 16–18 geschützt werden. Sie enthalten Straftaten gegen das Leben (§§ 211–222 StGB), gegen die körperliche Unversehrtheit (§§ 223–231 StGB) und gegen die persönliche Freiheit (§§ 234–241 a StGB). Dagegen ist der zweite, für die Ausbildung sogar noch wichtigere BT-Bereich, der dem Schutz **materieller Individual-Rechtsgüter** dient, nicht mit den Rechtsgütern, sondern mit den typischen Straftaten, die sich gegen diese Rechtsgüter richten, überschrieben. So verfahren die Überschriften der besonders wichtigen Abschnitte 19–22. In diesen Abschnitten werden bei Strafe verboten: Diebstahl und Unterschlagung (§§ 242–248 c StGB), Raub und Erpressung (§§ 249–256 StGB), Begünstigung und Hehlerei (§§ 257–262 StGB) sowie Betrug und Untreue (§§ 263–266 b StGB; zur historischen Entwicklung der „Legalordnung als Rechtsgüterordnung" vgl. *Maurach/Schroeder/Maiwald,* Strafrecht Besonderer Teil, Teilband 1, 10. Aufl. 2009, Einleitung II, Rn. 7–14. Es ist eine Spezialität dieses zweibändigen Groß-Lehrbuchs, auch auf die Geschichte der einzelnen Delikte und Deliktsgruppen einzugehen. Außerdem versteht es sich laut Vorwort als „Handbuch zur Geschichte der deutschen Strafgesetzgebung" und bietet ein „Register historischer Gesetze" [S. 684–690]).

Diese unterschiedliche Gestaltung der Abschnittsüberschriften ist zwar unsyste- 6
matisch, ändert aber nichts an der obigen Ausgangsthese von der Rechtsgüterordnung des BT. Das zeigt schon ein Blick in die meist **zweibändigen Lehrbücher** zum Strafrecht Besonderer Teil. Bei diesen zweibändigen Lehrbüchern ist – mit Ausnahme des o. g. Lehrbuchs von *Maurach/Schroeder/Maiwald,* das in Teilband 1 Straftaten gegen Persönlichkeits- und Vermögenswerte zusammen behandelt, – ein ganzer Band den „Vermögensdelikten" gewidmet. So verfahren etwa *Krey/Hellmann/Heinrich,* Strafrecht Besonderer Teil, Band 2, 17. Aufl. 2015 und *Rengier,* Strafrecht Besonderer Teil I, 20. Aufl. 2018, sowie – kaum abweichend – *Wessels/Hillenkamp,* Strafrecht Besonderer Teil/2, 40. Aufl. 2017: „Straftaten gegen Vermögenswerte" und *Kindhäuser,* Strafrecht Besonderer Teil II, 9. Aufl. 2016: „Straftaten gegen Vermögensrechte", etwas gegliederter *Eisele,* Strafrecht – Besonderer Teil II, 4. Aufl. 2017: „Eigentumsdelikte und Vermögensdelikte". Dass es in diesen Bänden nicht nur um Straftaten gegen das persönliche Rechtsgut ‚Vermögen' geht, zeigt ein Blick in deren Inhaltsverzeichnisse, denn dort findet man auch Straftaten gegen das Rechtsgut ‚Eigentum', in denen neben den auch in den oben beispielhaft genannten Abschnittsüberschriften enthaltenen Delikten Diebstahl und Unterschlagung sowie Raub auch die Sachbeschädigungsdelikte (§§ 303–305 a StGB) auftauchen. Davon geschieden werden die Delikte gegen das Rechtsgut ‚Vermögen als Ganzes'. Hier werden die in den oben beispielhaft genannten Abschnittsüberschriften enthaltenen Delikte Erpressung, Betrug und Untreue, aber auch Begünstigung und Hehlerei abgehandelt. So verfahren zumindest die Lehrbücher von *Krey/Hellmann/Heinrich* und *Wessels/Hillenkamp,* die als dritte Gruppe noch die hier nicht weiter interessierenden „Straftaten gegen sonstige spezialisierte Vermö-

genswerte“ bilden. Damit hat sich zumindest in den BT-Lehrbüchern die Gliederung nach den geschützten Rechtsgütern durchgesetzt. Das gilt nicht nur für die genannten, sondern auch für die hier bisher nicht genannten BT-Lehrbücher, selbst für die **einbändigen** von *Arzt/Weber/Heinrich/Hilgendorf,* Strafrecht Besonderer Teil, 3. Aufl. 2015, oder von *Otto,* Grundkurs Strafrecht, Die einzelnen Delikte, 7. Aufl. 2005, der die „Vermögensdelikte“ als „Delikte gegen übertragbare Rechtsgüter“ definiert und nach den Angriffsweisen in „die Vermögensentziehungs- und die Perpetuierungsdelikte“ aufteilt (§ 38 I. und II.). Noch weiter differenzieren *Maurach/Schroeder/Maiwald,* BT 1, § 31 Rn. 11: 1. Zueignung und Beschädigung fremder Sachen, 2. Sonstige Vereitelung sachgebundener Rechte, 3. Veranlassung von Vermögensverfügungen, 4. Vermögensschädigung durch Pflichtverletzung und 5. Gefährdung der Gläubigerbefriedigung; damit wird die Begehungsweise verbunden mit dem Tatobjekt zum Gliederungsprinzip.

7 Mit den bisher angesprochenen Rechtsgütern der Person und des Vermögens sind aber nur die vom StGB geschützten Individual-Rechtsgüter erfasst. Im Besonderen Teil des StGB finden sich aber auch noch Straftaten, die sich nicht gegen Individual-Rechtsgüter richten. Deutlich wird das schon an der Überschrift des 7. Abschnitts, der vorgibt, „Straftaten gegen die **öffentliche Ordnung**“ (§§ 123–145 d StGB) zu erfassen, was aber nur zum Teil stimmt, und jedenfalls für den – auch ausbildungsmäßig nicht unwichtigen – Hausfriedensbruch (§ 123 StGB) nicht richtig ist, denn der schützt das Individual-Rechtsgut ‚Hausrecht‘ und nicht die ‚öffentliche Ordnung‘ oder den ‚öffentlichen Frieden‘ (*Lackner/Kühl-Heger,* § 123 Rn. 1).

8 Häufiger aber als nach dem geschützten Rechtsgut finden sich – wie bei den Eigentums- und Vermögensdelikten – Überschriften, die **typische Straftaten** herausgreifen. So verfährt der Gesetzgeber etwa bei den Überschriften der Abschnitte 9: Falsche uneidliche Aussage und Meineid (§§ 153–163 StGB), oder 23: Urkundenfälschung (§§ 267–282 StGB). Dass sich diese allgemein bekannten und für die Ausbildung nicht unwichtigen Straftaten nicht gegen Individual-Rechtsgüter richten, ahnt man zwar schon als Studienanfänger, doch um genauer zu wissen, gegen welche Rechtsgüter sie sich richten, muss man schon einen Blick in die Kommentar- oder Lehrbuch-Literatur werfen. Dann erfährt man, dass sich „Falsche uneidliche Aussage und Meineid“ gegen die „staatliche Rechtspflege“ (*Lackner/Kühl-Heger,* Vor § 153 Rn. 1) richten und dass die „Urkundenfälschung die Sicherheit und Zuverlässigkeit des Beweisverkehrs mit Urkunden“ (*Lackner/Kühl-Heger,* § 267 Rn. 1) schützen will; – letzteres hätte man auch durch die genauere Lektüre von § 267 Abs. 1 StGB erfahren können, denn danach muss der Urkundenfälscher in allen drei Varianten des § 267 Abs. 1 StGB „zur Täuschung im Rechtsverkehr“ handeln.

9 Der Oberbegriff für diese beispielhaft herausgegriffenen und viele andere Delikte wird in der Lehrbuch-Literatur zum BT wieder im Hinblick auf das geschützte Rechtsgut gebildet. In Abgrenzung zu den Delikten bzw. Straftaten gegen Individual-Rechtsgüter wird von „Delikten gegen die Allgemeinheit“ (so von *Rengier,* Strafrecht Besonderer Teil II, 19. Aufl. 2018) oder von „Straftaten gegen Gemeinschaftswerte“ (so von *Wessels/Hettinger/Engländer,* Strafrecht Besonderer Teil/1, 41. Aufl. 2017) gesprochen; nach *Otto* (oben Rn. 6, 3. Teil) geht es um „Delikte gegen Rechtsgüter der Allgemeinheit“. Trotz dieser terminologischen Schwankungen ist der Gegensatz zu den Delikten, die Individual-Rechtsgüter schützen, klar: es geht um den Schutz von **Rechtsgütern der Allgemeinheit.**

Dass die Straftaten gegen Allgemeinheits-Rechtsgüter in den zweibändigen BT-Lehrbüchern den Bänden zugeschlagen werden, die vor allem die gegen höchstpersönliche Rechtgüter gerichteten Straftaten behandeln, hat keinen sachlichen oder systematischen Grund, sondern ist von dem Bestreben getragen, die beiden Bände möglichst gleich „dick" bzw. mit ähnlicher Seitenzahl zu gestalten. Da aber die Delikte gegen die Person nicht den Umfang einnehmen müssen, wie die von der BT-Materie her schwieriger zu erklärenden Eigentums- und Vermögensdelikte, ist bei den Delikten gegen die Person eben noch Platz, um die Delikte gegen Rechtsgüter der Allgemeinheit unterzubringen. Sie nehmen in diesen Bänden in etwa die Hälfte des vorhandenen Platzes ein, woran sich schon ablesen lässt, dass sie für die Juristenausbildung im Strafrecht von in etwa gleicher Wichtigkeit sind wie die gegen höchstpersönliche Rechtsgüter gerichteten Straftaten. 10

2. Rechtsgüterordnung als Freiheitsordnung

Bisher wurde nur den Abschnittsüberschriften des BT des StGB und den Einteilungen der BT-Lehrbücher entnommen, dass die einzelnen Delikte des StGB nach Rechtsgütern geordnet sind. Dies konnte noch beschreibend erfolgen. Deskriptives Vorgehen reicht aber nicht mehr, wenn es um die Beantwortung der normativen Frage geht, ob nur Strafvorschriften legitim sind, die Rechtsgüter schützen. Das behauptet das sog. **Rechtsgutskonzept.** Es hat seine Bewährungsprobe mit besonderer Deutlichkeit bestanden, als der 13. Abschnitt des BT durch das 4. Strafrechtsreformgesetz vom 23.11.1973 völlig neu gestaltet wurde und – vor allem – eine neue Überschrift erhielt: Aus den „Verbrechen und Vergehen wider die Sittlichkeit" wurden „Straftaten gegen die sexuelle Selbstbestimmung". 11

Darin kommt zum einen die Ausrichtung der **Sexualdelikte** auf ein Rechtsgut – die sexuelle Selbstbestimmung – zum Ausdruck. Zum anderen wird die bisherige enge Anbindung des Sexualstrafrechts an die Moral in Form der **Sittlichkeit** gelöst. Trotz der Weite des Rechtsguts ‚sexuelle Selbstbestimmung' ist dessen Kern doch nahe genug an anerkannten Rechtsgütern wie insbesondere der persönlichen Freiheit, die das Rechtsgut des 18. BT-Abschnitts ausmacht. Diese persönliche Freiheit soll auch im sexuellen Bereich gelten und strafrechtlich geschützt werden. Während die Nötigung gem. § 240 StGB allgemein den Angriff auf die persönliche Freiheit mittels Gewalt und Drohung unter Strafe stellt, sanktioniert die sexuelle Nötigung gem. § 177 Abs. 1 StGB den Angriff auf die Freiheit der sexuellen Selbstbestimmung mittels Gewalt und Drohung (sowie unter Ausnutzung einer schutzlosen Lage). 12

Keinen Platz mehr haben in einem solchen, die **sexuelle Selbstbestimmung** als Freiheit schützenden Abschnitt Taten, die zwar als unsittlich oder unmoralisch gelten, aber die Freiheit in sexuellem Bereich unberührt lassen. Das gilt für die einverständlich ausgeübte Homosexualität; der sie strafbewehrende berüchtigte § 175 StGB a. F. ist deshalb inzwischen eine Leerstelle im StGB und wird es wohl auch bleiben, weil man keine Erinnerung mehr an seinen früheren Inhalt aufkommen lassen will. Dass im StGB auch heute noch Strafvorschriften wie der Beischlaf zwischen Verwandten (§ 173 StGB) enthalten sind, der von vielen als reine Moralwidrigkeit eingeordnet wird, zeigt die Unsicherheit im Zwischenbereich von Recht und Moral. Zum „Spruch" des Bundesverfassungsgerichts kam es, als ein Geschwisterpaar, das wegen sog. „Geschwisterinzests" nach § 173 Abs. 2 S. 2 von Strafgerichten verurteilt worden war, Verfassungsbeschwerde in Karlsruhe, wo ja nicht nur der Bundesgerichtshof als 13 oberstes Gericht in Straf- und Zivilsachen seinen Sitz hat, einlegte (Karlsruhe als „Residenz des Rechts"; zur „Ausgrenzung bloßer Moralwidrigkeiten", u. a. mit diesem Beispielsfall, *Pawlik,* Das Unrecht des Bürgers, 2012, S. 133 ff.). Das Bundesverfassungsgericht erklärte die Vorschrift vor allem deshalb für verfassungsgemäß, weil im Verfahren von Sachverständigen „plausibel" gemacht worden war, dass der Inzest familienschädliche Wirkungen habe (BVerfGE 120, 224 = NJW 2008, 1135). Dass man sich mit der Plausibilität begnügte, fordert natürlich Kritik heraus, doch sollte man bedenken, dass sich solche Schädigungen nur selten ganz handfest nachweisen lassen. Dem Strafgesetzgeber steht es aber auch nach dieser Entscheidung frei, strengere Maßstäbe anzulegen und daraufhin die Strafvorschrift einzuschränken oder abzuschaffen (*Kühl,* JA 2009, 833, 837–839; weitere Literaturhinweise bei *Lackner/Kühl,* § 173 Rn. 1).

14 Verallgemeinert man das sog. Rechtsgutskonzept – über den Bereich der Sexualstraftaten hinausgehend –, so besagt es positiv: nur **Rechtsgutsverletzungen** dürfen bei Strafe verboten werden. Negativ formuliert heißt das: **bloße Moralwidrigkeiten** sind kein legitimer Anknüpfungspunkt für Straftaten.

15 Dieses Rechtsgutskonzept hat einen stets mitzudenkenden **rechtsphilosophischen Hintergrund.** Die von ihm geforderte Abgrenzung des (Straf-)Rechts von der Moral ist sogar das zentrale Thema der normativ arbeitenden Rechtsphilosophie als Grundlagenfach der Rechtswissenschaft und der neuen philosophischen Teildisziplin der Rechtsethik. Die „Rechtsethik" hat erst 2001 eine umfassende Darstellung durch *Dietmar von der Pfordten* erfahren, in der die Frage nach dem Verhältnis von Recht und Moral breiten Raum einnimmt. Die normative Rechtsphilosophie bemüht sich schon länger um die richtige Bestimmung dieses Verhältnisses. Die Rechtsphilosophie ist außerdem schon seit langem auch ein Lehrbuchfach, so dass man sich einfacher über die Fragen von Recht und Moral orientieren kann.

16 Besondere Hervorhebungen verdienen in einer Einführung in das Strafrecht **rechtsphilosophische Lehrbücher von Strafrechtswissenschaftlern.** An erster Stelle ist hierbei die Rechtsphilosophie von *Gustav Radbruch* zu nennen; sie liegt auch in einer von *Dreier* und *Paulson* (2. Aufl. 2003) herausgegebenen praktischen Studienausgabe vor, die auf der 2. Auflage von *Radbruchs* Rechtsphilosophie aus dem Jahr 1932 basiert. Dort ist § 5 dem Thema „Recht und Moral" gewidmet. „Berühmt" wurde Radbruch aber erst durch die nach ihm benannte „Radbruchsche Formel", die er nach den Erfahrungen mit dem pervertierten Recht in der nationalsozialistischen Diktatur 1947 formulierte. Nach ihr ist „der Konflikt zwischen der Gerechtigkeit und der Rechtssicherheit" dahin zu lösen, dass das positive, durch Satzung und Macht gesicherte Recht auch dann Vorrang hat, wenn es inhaltlich ungerecht und unzweckmäßig ist, es sei denn, dass der Widerspruch des positiven Gesetzes zur Gerechtigkeit ein so unerträgliches Maß erreicht, dass das Gesetz als ‚unrichtiges Recht' zu weichen hat". Es gibt also Unrecht in Gesetzesform, das keine Verbindlichkeit beanspruchen kann. Das ist in einem auf positive Gesetze fixierten Rechtssystem schon ein „Hammer", doch leuchtet diese Konstruktion unmittelbar ein, wenn man sich die NS-Rassegesetze, die Juden nicht mehr als Menschen anerkannten, vergegenwärtigt. Deshalb ist auch verständlich, dass sich die Rechtsprechung der Strafgerichte dieser Formel bediente, um das NS-Unrecht strafrechtlich zu bewältigen. Auf sie griff die Rechtsprechung auch zurück (BGHSt 39, 1, 11 und 168; gebilligt von BVerfGE 95, 96; die

dazu erschienene Literatur findet man bei *Lackner/Kühl,* § 2 Rn. 16), als es um die strafrechtliche Bewältigung des DDR-Unrechts nach dem „Mauerfall" ging. Rechtstechnisch geschah dies dadurch, dass etwa den sog. „Mauerschützen" zur Rechtfertigung (dazu § 35) die Berufung auf das DDR-Grenzgesetz abgeschnitten wurde, denn dieses war (nach Ansicht der Rechtsprechung) in Verbindung mit dem sog. „Schießbefehl" hinsichtlich sog. „Republikflüchtlinge" von Anfang an kein geltendes Recht, sondern Unrecht in Gesetzesform. Abgesehen von Bestimmtheitsbedenken und rechtsphilosophischen Einwänden handelt es sich um einen einmaligen Einfluss eines Rechtsphilosophen und Strafrechtlers auf die praktische Umsetzung des Strafrechts durch die Strafgerichte (*Kühl,* Die Bedeutung der Rechtsphilosophie für das Strafrecht, 2001, S. 11–18; näher *Kühl,* Freiheitliche Rechtsphilosophie, 2008, S. 112, 121–154).

Doch zurück zu weiteren Rechtsphilosophien von Strafrechtlern. An zweiter Stelle ist 17 die „Rechtsphilosophie" des *Radbruch*-Schülers *Arthur Kaufmann* zu nennen, die 1997 in 2. Auflage erschienen ist. In ihr wird „Recht und Moral" neben verwandten Themen im 14. Kapitel behandelt. Schließlich thematisiert *Kurt Seelmann* in der 2014 erschienenen 6. Auflage seiner „Rechtsphilosophie" „Recht und Moral als klassische Unterscheidung der Rechtsphilosophie" in § 3, 2. Die Klassizität der Unterscheidung von Recht und Moral belegt *Seelmann* (a. a. O. § 3 Rn. 13–15) mit Klassikern der Rechtsphilosophie und das ist für den Themenbereich ‚Recht und Moral' neben *Christian Thomasius* (1655–1725) – berühmt als aufgeklärter Kämpfer gegen die frühzeitlichen Hexenprozesse – vor allem *Immanuel Kant* (1724–1804). Auf *Kants* „Metaphysische Anfangsgründe der Rechtslehre" in der „Metaphysik der Sitten" von 1797 rekurrieren auch *Radbruch* (a. a. O. S. 47 f.) und *Kaufmann* (a. a. O. S. 214 ff.).

Der Autor dieser Einführung muss also nicht mit der „Abstempelung" als „Kantianer" 18 rechnen, wenn er zur rechtsphilosophischen Begründung des Rechtsgutskonzepts bei der **Rechtsphilosophie *Kants*** ansetzt (*Kühl,* oben Rn. 16, 2001, S. 34; *Kühl,* ebenda, 2008, S. 258). Am Ende von § B der „Einleitung in die Rechtslehre" definiert *Kant* das Recht als „Inbegriff der Bedingungen, unter denen die Willkür des einen mit der Willkür des anderen nach einem allgemeinen Gesetz zusammen vereinigt werden kann". Danach ist das Recht darauf beschränkt, die Handlungsspielräume oder Freiheitssphären der einzelnen, wenn sie durch „äußere Handlungen" in Konflikt geraten, durch „allgemeine Gesetze der Freiheit" kompatibel zu machen. In der „Einteilung der Rechtslehre B" wird als einziges angeborenes Recht herausgestellt: „Freiheit (Unabhängigkeit von eines anderen nötigender Willkür), sofern sie mit jedes anderen Freiheit nach einem allgemeinen Gesetz zusammen bestehen kann." Mit dem allgemeinen Gesetz ist das Vernunftsprinzip der Allgemeinheit gemeint, das im Rechtsbereich die Universalisierung bzw. Verallgemeinerbarkeit jener Regeln verlangt, die das äußere Verhältnis frei handelnder Menschen betreffen. Dasselbe Vernunftsprinzip verlangt im Bereich der Moral die Verallgemeinerbarkeit unserer Maximen, unserer Lebensgrundsätze (sog. kategorischer Imperativ). Dieses eine Prinzip der Universalisierung ist auch der tiefere Grund für die weitgehende Deckung von Recht und Moral, die wir tatsächlich bei Verhaltensweisen, die wie die Tötung oder der Diebstahl in der Freiheitssphäre anderer eingreifen, feststellen können. Eine solche Rechtsordnung kann man Freiheitsordnung nennen. Der Grundbaustein dieser Ordnung ist die äußere Freiheit von jedermann. Um ihren Schutz geht es auch dem Strafrecht als einem Teilgebiet des Rechts. Dieser Schutz der Freiheit durch Strafrecht erfolgt – wie auch im

Zivilrecht oder öffentlichen Recht – dadurch, dass bestimmte äußere Ausübungen der Freiheit beschränkt werden: **Freiheitsschutz durch Freiheitsbeschränkung.** Genauer geht es um die wechselseitige Einschränkung der Freiheit von jedermann.

19 Die geschützten **Freiheiten** schlagen sich im Strafgesetzbuch in den dort geschützten **Rechtsgütern** nieder. Das ist bei der persönlichen Freiheit und der Freiheit der sexuellen Selbstbestimmung offensichtlich. Es ist aber ebenso klar für die Basis-Rechtsgüter Leben und körperliche Unversehrtheit, die erst die Ausübung der äußeren Freiheit ermöglichen. All diese höchstpersönlichen Rechtsgüter sind nicht nur strafrechtlich geschützte Rechtsgüter, sondern haben in unserer Rechtsordnung auch den Rang von Grundrechten (Art. 2 GG). Aber auch die materiellen Rechtsgüter wie Eigentum und Vermögen sind für die Ausübung der Freiheit auf wirtschaftlichem Gebiet unverzichtbar und deshalb freiheitsrechtlich legitimiert und z. T. ausdrücklich grundrechtlich geschützt (z. B. das Eigentum von Art. 14 GG).

20 Freiheitsausübung bedarf aber nicht nur individueller, sondern auch **allgemeiner Bedingungen.** Zu solchen Bedingungen gehören sicher eine das Recht schützende Strafrechtsprechung und die Sicherheit im Rechtsverkehr mit Urkunden, so dass die von §§ 153ff. und 267ff. StGB geschützten Rechtsgüter ebenfalls freiheitsrechtlich legitimiert sind. Das ist nicht ganz so eindeutig bei neueren Allgemeinheits-Rechtsgütern im Bereich der Wirtschaft. In der Kritik stehen etwa das vom Subventionsbetrug gem. § 264 StGB geschützte „Allgemeininteresse an einer wirksamen staatlichen Wirtschaftsförderungen (vgl. *Lackner/Kühl-Heger,* § 264 Rn. 1 mit Hinweisen auf kritische Stimmen), das vom Kapitalanlagebetrug gem. § 264a StGB geschützte Allgemeininteresse an der Funktionsfähigkeit des Kapitalmarktes (vgl. *Lackner/Kühl-Heger,* § 264a Rn. 1 mit Hinweisen auf kritische Stimmen) und der ganze neue 26. BT-Abschnitt, der laut seiner Überschrift „Straftaten gegen den Wettbewerb" enthält (kritische Stimmen zum Rechtsgut ‚Wettbewerb' bei *Lackner/Kühl-Heger,* § 298 Rn. 1 und § 299 Rn. 1). Diesen Allgemeinheits-Rechtsgütern fehlt zwar die konkrete Gegenständlichkeit der Individual-Rechtsgüter ‚Eigentum und Vermögen', doch sind sie für eine auf der wirtschaftlichen Betätigungsfreiheit aufbauende Wirtschaftsordnung wichtige Bedingungen, was für den freien Wettbewerb auf der Hand liegt. Ob allerdings das Strafrecht der richtige Ort für den Schutz dieser wirtschaftlichen „Zwischen-Rechtsgüter" ist, kann man bezweifeln. Damit ist der für legitime Strafvorschriften erforderliche Freiheits-Bezug der geschützten Rechtsgüter für weite Bereiche des StGB gesichert.

21 Die Unterscheidung von Strafrecht und Moral gebietet aber noch weitere Beschränkungen des Bereichs legitimer Strafvorschriften. Da ist zunächst die vom Strafrecht zu beachtende sog. „Innerlichkeits-Grenze". Sie ist auch wieder von *Kant* durch die **Unterscheidung von Legalität und Moralität** besonders klar herausgearbeitet worden. Das Recht und damit auch das Strafrecht hat sich mit der legalen Erfüllung seiner Vorschriften zufrieden zu geben; ob diese Vorschriften auch „aus Pflicht" erfüllt werden, muss ihm gleichgültig sein. Wer auf die Umsetzung seiner Diebesgedanken verzichtet und die geplante Wegnahme fremder beweglicher Sachen in Zueignungsabsicht (vgl. § 242 StGB) unterlässt, verhält sich legal, so dass es für das Strafrecht nicht mehr darauf ankommt, ob er dies aus Furcht vor Strafe oder moralisch pflichtgemäß aus Einsicht in die Notwendigkeit des Schutzes fremder Sachen und damit des Eigentums tut. Wie *Kant* in der „Einleitung in die Rechtslehre" es „klassisch" formuliert: „Das

Rechthandeln mir zur Maxime zu machen, ist eine Forderung, die die Ethik an mich tut." (näher zum Theorem von „Legalität und Moralität" Kühl, in: Festschrift für J. Schapp, 2010, S. 329ff. und in: Festschrift für I. Puppe, 2011, S. 653, 654ff.).

Der Grund für diese Beschränkung des Rechts auf die Forderung nach **legalem Verhalten** liegt schon im oben zitierten allgemeinen Rechtsgesetz begründet. Mit der Bewertung und Sanktionierung von inneren Einstellungen zum Recht, kurz: von Gesinnungen, würde entgegen dem allgemeinen Rechtsgesetz ein innerliches Phänomen zum Gegenstand einer Rechtsregelung gemacht, ohne dass dies im Interesse des Schutzes der äußeren Freiheitssphäre einer Person erforderlich ist. Meine äußere Freiheit wird nicht schon dadurch tangiert, dass andere eine bestimmte Gesinnung haben, und regelmäßig auch noch nicht dadurch, dass sie diese Gesinnung äußern. Dies bestätigt wiederum das geltende Verfassungsrecht mit der Garantie der Meinungsäußerungsfreiheit (Art. 5 Abs. 1 GG), die ihre wesentliche Schranke auch erst in den allgemeinen (freiheitschützenden) Gesetzen findet. 22

Der problematische Bereich eines unzulässigen **Gesinnungsstrafrechts** beginnt freilich meist erst bei Strafvorschriften, die Gesinnungsäußerungen unter Strafe stellen. Bei diesen Strafvorschriften muss genau gefragt werden, ob sie zum Schutze der äußeren Freiheit von anderen erforderlich sind. Ins Visier der Kritik kommen dabei Strafvorschriften, die schon weit im Vorfeld von Freiheitsverletzungen ansetzen. Dies gilt etwa für die Bildung krimineller oder terroristischer Vereinigungen gem. §§ 129, 129a, b StGB, soweit schon die Gründung einer solchen Vereinigung erfasst wird. Für nicht organisierte potentielle terroristische Einzel-Gewalttäter ist der Gesetzgeber 2009 noch einen Schritt weiter ins Vorfeld der sog. „staatsgefährdenden Gewalttaten" gegangen, als er im sog. „Terrorcamp"-Gesetz die „Vorbereitung" solcher Taten, z. B. sich Unterweisenlassen in der Herstellung von oder im Umgang mit Schusswaffen, Sprengstoffen usw., unter Strafe stellte (§ 89a Abs. 2 Nr. 1 StGB; zur Kritik m. N. Lackner/Kühl, § 89a Rn. 1). Die Kritik gilt auch für die Volksverhetzung gem. § 130 StGB, soweit sie – wie in Abs. 3 – das sog. Auschwitzleugnen erfasst; diese Vorverlagerung der Strafbarkeit stellt nicht nur – fast einzig in der Rechtsgeschichte – eine Lüge unter Strafe, sondern ist ein sog. Klimaschutzdelikt, das bereits die Schaffung eines Klimas, das rechtsextremistische Gewalttaten begünstigen soll, unter Strafe stellt; die Gefahr solcher Ausschreitungen geht zwar von Handlungen, die zum Hass aufstacheln (§ 130 Abs. 1 Nr. 1 StGB), aus, nicht aber vom sog. einfachen Auschwitzleugnen ohne Agitationscharakter (näher *Kühl,* in: Symposium für G. Geilen, 2003, S. 103). 23

Die Gefahr der Einsickerung von Gesinnungsstrafrecht besteht nicht nur bei Vorverlagerungen der Strafbarkeit und bei der Erfassung bloßer Meinungsäußerungen, sondern auch bei der strafschärfenden Verwendung von **Gesinnungs- und Motivmerkmalen,** wie sie etwa bei manchen Mordmerkmalen des § 211 Abs. 2 StGB vorkommen. Die Gesinnung des Straftäters wird aber auch allgemein bei der Strafzumessung verwertet (vgl. § 46 StGB). Dabei ist allerdings hervorzuheben, dass in beiden Fällen schon ein illegales, strafrechtswidriges Verhalten des Täters vorliegt, und dass hier nicht das Fehlen der moralisch guten Gesinnung, sondern das Haben einer schlechten Gesinnung strafschärfend verwertet wird. In einem auf den Schutz der äußeren Freiheit ausgerichteten Tatstrafrecht müssen sich aber auch diese Formen des Gesinnungsstrafrechts legitimieren (näher *Kühl,* JA 2009, 833ff.). 24

25 Gegen Gesinnungsstrafrecht wendet sich auch *Baumann* in seiner „Einführung in die Rechtswissenschaft aus dem Jahr 1967 (§ 16 I 1 a).

„Die einzelnen Tatbestände des BT zeigen uns auch, dass unser Strafrecht ein **Tatstrafrecht** und nicht ein Täterstrafrecht ist. Gewiss haben hieran die Reformbestrebungen, die mit dem Marburger Programm des Strafrechtslehrers *v. Liszt* (1882) begonnen hatten, bereits einiges geändert. Die von v. Liszt begründete ‚soziologische' oder ‚moderne Schule' hatte sich die Aufgabe gestellt, den **Straftäter** mehr in den Vordergrund der Betrachtung zu rücken. Das war sr.Zt. gewiss richtig und auch wir vertreten nicht die Auffassung, dass man (etwa bei der Strafzumessung) allein nach der Tat zu schauen habe. Es gibt keine Straftat ohne einen Straftäter (dessen persönliche Verhältnisse wir berücksichtigen müssen) – es gibt aber andererseits auch keinen Straftäter ohne eine Straftat.
Die heute h. L. schwankt zwischen Tatstrafrecht und Täterstrafrecht. Man ist sich jedoch darüber einig, dass man ein **extremes Täterstrafrecht** oder gar ein **Gesinnungsstrafrecht** nicht für wünschenswert halten kann. Das extreme Täterstrafrecht bestraft nicht mehr wegen der Tat, den Täter nicht mehr, weil er diese Tat begangen hat, sondern den Täter, weil er ‚so ist.' Die Straftat ist lediglich Anknüpfungspunkt und hat für die Frage der Strafzumessung keine Bedeutung mehr. – Noch weiter geht das Gesinnungsstrafrecht, welches konsequent auch auf die Tat als Strafanknüpfungspunkt verzichtet. Ein extremes Gesinnungsstrafrecht muss schon denjenigen bestrafen, der gefährlich ist, ohne dass man es zu einer Straftat erst kommen zu lassen brauchte."

26 Dem auf den wechselseitigen Schutz der äußeren Freiheit beschränkten Bereich des Strafrechts sind auch die moralischen **Pflichten** als Regelungsgegenstand entzogen, die der Mensch **gegen sich selbst** hat. Zu einer solchen „Pflicht des Menschen gegen sich selbst als ein animalisches Wesen" zählt *Kant* in § 5 der „Tugendlehre" (nicht der „Rechtslehre") in der „Metaphysik der Sitten" die „Selbsterhaltung". Der Verstoß gegen diese moralische Pflicht durch einen **Selbsttötungsversuch** ist deshalb nur eine moralische Pflichtverletzung und keine Straftat, weil er die äußere Freiheit anderer nicht beeinträchtigt. Dem entspricht unser geltendes Strafrecht insofern, als es den Selbsttötungsversuch straflos lässt. Die von einem anderen verlangte Selbsttötung ist dagegen nach § 216 StGB strafbar. Auf beides wird sogleich bei der Behandlung der Tötungsdelikte zurückzukommen sein (unter § 32 Rn. 18 ff.).

27 Als eine ebenfalls der Moral vorbehaltene „Pflicht des Menschen gegen sich selbst, bloß als moralisches Wesen betrachtet" nennt *Kant* in § 9 der „Tugendlehre" die **„Lüge".** Auch dem entspricht – mit der oben erwähnten – Ausnahme des Auschwitzleugnens gem. § 130 Abs. 3 StGB unser geltendes Strafrecht. In Konsequenz des Rechtsgutskonzepts wird für die Strafbarkeit der Lüge bzw. Täuschung beim Betrug gem. § 263 StGB noch ein Vermögensschaden des Opfers, d. h. eine Verletzung des von dieser Vorschrift geschützten Rechtsguts ‚Vermögen', verlangt. Dies wurde auch schon zu Zeiten *Kants* von der Lüge „im rechtlichen Sinne" verlangt, nämlich, dass sie „einem anderen unmittelbar an seinem Rechte Abbruch tut, z. B. das falsche Vorgeben eines mit jemandem geschlossenen Vertrags, um ihn um das Seine zu bringen (falsiloquium dolosum)." *Kant* nennt dies in der Sternchenfußnote von B. in der „Einleitung in die Rechtslehre": „nicht ungegründet".

3. An den Grenzen einer freiheitlichen Rechtsgüterordnung im Strafrecht

28 Schwierigkeiten bereiten einer auf dem Schutz der äußeren Freiheit basierenden strafrechtlichen Rechtsgüterordnung die Integration von Rechtsgütern wie Solidarität und Umwelt. Dass diese Rechtsgüter im StGB tatsächlich enthalten sind, zeigt sich zumindest hinsichtlich der **Umwelt** schon in der Überschrift des 29. BT-Abschnitts: „Straftaten gegen die Umwelt". Trotz dieser gesetzgeberischen Festlegung ist es nach wie vor

umstritten, wie dieses Rechtsgut näher zu verstehen ist, insbesondere, ob es einen Bezug zum Menschen und seiner Freiheit aufweisen muss (dazu sogleich unter 3. b). Die **Solidarität** ist der bestimmende Grund für die Strafbarkeit der unterlassenen Hilfeleistung gem. § 323c StGB. Ob die Solidarität aber überhaupt vom Strafrecht gefordert werden darf, erscheint trotz der Entscheidung des deutschen Gesetzgebers bis heute zweifelhaft, schon weil zahlreiche Staaten die Solidarität in den Bereich der Moral verweisen und auf Vorschriften wie § 323c StGB verzichten.

a) Solidarität als strafbewehrte Forderung

Mit dem schillernden Begriff der Solidarität könnte ein der äußeren Freiheit gleich- 29 berechtigter Grundbaustein für eine gerechte Rechtsordnung benannt sein. Naturrechtlich könnte man dafür anführen, dass dem Menschen „von Natur" aus Mitmenschlichkeit genauso ursprünglich gegeben sei wie die äußere Freiheit. Dennoch hat es eine lange Tradition, die **Mitmenschlichkeit** oder die Solidarität der Moral vorzubehalten. So behandelt etwa *Kant* die „Pflicht der Nächstenliebe" in § 25 seiner Tugendlehre, der im Abschnitt „Von der Liebespflicht gegen andere Menschen" steht.

Es stellt sich aber die Frage, ob die Pflicht zur Nächstenliebe, zur Mitmenschlichkeit 30 und zur Solidarität nicht doch zu einer strafbewehrten Rechtspflicht erstarken kann. Die Voraussetzung dafür ist in einer primär von der äußeren Freiheit bestimmten Strafrechtsordnung, wie sie der Rechtsgüterordnung unseres Strafgesetzbuches zu entnehmen ist, dass die Solidarität mit der Freiheit kompatibel gemacht wird. Die Solidarität muss auf den Schutz der äußeren Freiheit bezogen werden, d. h. eine **freiheitsfunktionale Solidarität** sein.

Diese Voraussetzung ist von der Strafvorschrift des § 323c StGB, der unterlassenen 31 Hilfeleistung, erfüllt. Von dieser Vorschrift wird z. B. nicht moralischer Beistand gegenüber einem unrettbar Sterbenden verlangt; – das wäre moralische Nächstenliebe. Von § 323c StGB wird nur verlangt, dass man die Hilfe leistet, die erforderlich ist, um Leib und Leben eines von einem Unglücksfall Betroffenen zu retten; – das aber ist eine auf höchstpersönliche Individual-Rechtsgüter bezogene mitmenschliche Mindestsolidarität. Man kann deshalb, auch wenn man – wie oben – den Strafgrund der unterlassenen Hilfeleistung in der Pflicht zur Solidarität sieht, die von § 323c StGB geschützten Rechtsgüter in den bedrohten Individual-Rechtsgütern des in Not Geratenen sehen (so *Lackner/Kühl,* § 323c Rn. 1 m.w. N.). Die von § 323c StGB geforderte Hilfeleistung ist damit freiheitsfunktional legitimiert.

Ansonsten muss es aber dabei bleiben, dass die strafrechtliche Rechtsgüterordnung 32 eine Freiheitsordnung ist. Vorschriften wie § 323c StGB müssen die **Ausnahme** bleiben. Betrachtet man den BT des StGB, so sind die darin enthaltenen Straftaten nach dem auch schon von *Kant* unter A. der „Einteilung der Rechtslehre" vorgegebenen Muster der 2. Rechtspflicht gestaltet: „Tue niemanden Unrecht (neminem laede)". Das bedeutet, dass das Strafrecht aktive Übergriffe in die äußere Freiheit anderer Menschen verbietet. Damit wird ein Unterlassen verlangt: Töte, verletze oder schädige keinen anderen. Ganz selten verlangt das Strafrecht, dass man – wie bei der unterlassenen Hilfeleistung gem. § 323c StGB –, aus seiner Freiheitssphäre heraustritt, um durch aktive Hilfeleistung einen in Not Geratenen zu retten. Wer die zur Rettung der fast verlorenen Freiheitsbasis ‚Leib und Leben' erforderliche Hilfeleistung nicht erbringt, wird wegen seines Unterlassens nach § 323c StGB bestraft.

33 Diese Unterlassungsstrafbarkeit für Jedermann bei Unglücksfällen ist – wie gesagt – die Ausnahme und von der regelmäßigen **Strafbarkeit des Unterlassens** zu unterscheiden, für die § 13 StGB die allgemeinen Voraussetzungen regelt. Aufgrund dieser Vorschrift kann selbst ein Totschlag gem. § 212 StGB, bei dem man sich als Laie vorstellt, dass der Täter zuschlagen und das Opfer tot umfallen muss, durch Unterlassen begangen werden, wenn – wie es § 13 StGB u. a. verlangt – der Unterlassende „rechtlich dafür einzustehen hat, dass der Erfolg nicht eintritt", im Beispielsfall also der Tod nicht eintritt. In der strafrechtlichen Fachterminologie geht es in den § 13 StGB-Fällen um Unterlassungen von rechtlich verpflichteten Garanten und nicht von Jedermann wie bei § 323c StGB (näher dazu im Allgemeinen Teil, § 40 Rn. 2ff. und in *Kühl,* in: Festschrift für W. Frisch, 2013, S. 785ff.).

b) Die Umwelt als strafrechtliches Rechtsgut

34 Das Umweltstrafrecht ist älter als die erst durch das 18. Strafrechtsänderungsgesetz 1980 in das Strafgesetzbuch aufgenommenen „Straftaten gegen die Umwelt". Die §§ 324–330d StGB bilden heute den 29. BT-Abschnitt. Vor 1980 fanden sich jedoch schon etliche Umweltstraftaten im sog. Nebenstrafrecht, d. h. in Gesetzen, die einen bestimmten Lebensbereich öffentlich-rechtlich regeln und nur am Ende Bußgeld- und Strafvorschriften für diesen Lebensbereich enthalten. Die in Gesetzen wie dem Abfallgesetz, dem Atomgesetz, dem Bundesimmisionsschutzgesetz oder dem Wasserhaushaltsgesetz bis 1980 enthaltenen Strafvorschriften sind in das Kernstrafrecht – das Strafgesetzbuch – überführt worden. Man versprach sich – was auch unter dem Aspekt ‚Recht und Moral' diskutiert werden könnte – dadurch eine **„sittenbildende Kraft"** zugunsten des Schutzes der Umwelt, weil die im StGB stehenden Straftaten nicht mehr als „Kavaliersdelikte" abgetan werden könnten.

35 Dieser Aspekt soll hier aber nicht weiter verfolgt werden, denn im vorliegenden Zusammenhang der Grenzen der strafrechtlichen Rechtsgüterordnung des StGB interessiert vor allem die nähere Bestimmung des Rechtsguts ‚Umwelt'. In dem anhaltenden Streit um die richtige Bestimmung dieses Rechtsguts hat sich zwischen der alten anthropozentrischen Rechtsgutsauffassung, die zumindest Gefährdungen der körperlichen Unversehrtheit von Menschen verlangt, und der neuen ökologischen Rechtsgutsauffassung, die die Umwelt um ihrer selbst willen, d. h. ohne Bezug zum Menschen, schützen will, eine vermittelnde Position durchgesetzt, die entsprechend dem Staatsziel des Art. 20a GG die natürlichen Lebensgrundlagen des Menschen zum Rechtsgut erhebt (*Lackner/Kühl-Heger,* Vor § 324 Rn. 7 m. w. N.). Dieses **ökologisch-anthropozentrische Rechtsgutskonzept** ist deshalb vorzugswürdig, weil es schon die Umweltmedien Wasser, Boden und Luft (ökologisch) schützt, aber den Bezug oder zumindest die Letztbezüglichkeit auf den Menschen einschließlich künftiger Generationen nicht verliert. Damit sind zugleich die Legitimationsbedingungen von Umweltstrafvorschriften vorgezeichnet: Sie dürfen nur Verhaltensweisen pönalisieren, die geeignet sind – über die Beeinträchtigung von Umweltmedien –, Menschen in ihrer Gesundheit zu schädigen. Nicht bei Strafe verboten werden dürfen etwa vorübergehende Veränderungen von Umweltmedien; – erst recht kommt eine Strafvorschrift nicht in Betracht, wenn negative Folgen für die Entfaltung von Personen praktisch nicht aufweisbar oder ganz spekulativ sind. Generell ist festzuhalten, dass es für die Legitimation einer Umweltstrafvorschrift nicht ausreicht, dass das zu verbietende Verhalten (möglicherweise) zu einer aufweisbaren Veränderung der Umwelt oder eines Um-

weltmediums führt. Vielmehr muss das zu verbietende Verhalten – zusätzlich zur Umweltveränderung – geeignet sein, Güter- und Freiheitsbeeinträchtigungen von jetzt und in Zukunft lebenden Menschen herbeizuführen. Damit ist die Pönalisierung der „Gefährdung schutzbedürftiger Gebiete“ in § 329 StGB nicht ohne weiteres vereinbar.

III. Die gesetzliche Bestimmtheit der Strafbarkeit

Von den die gesamte Strafrechtspflege prägenden Verfassungs- und Konventionsgarantien ist das **Gesetzlichkeitsprinzip** die für den BT des StGB wichtigste Garantie. Deshalb wiederholt auch § 1 StGB wortgleich Art. 103 Abs. 2 GG und verlangt: „Eine Tat kann nur bestraft werden, wenn die Strafbarkeit gesetzlich bestimmt war, bevor die Tat begangen wurde.“ Für die einzelnen Delikte des BT ist der entscheidende Punkt, dass sie „gesetzlich“, d. h. vom **Gesetzgeber** und nicht erst vom Richter, **bestimmt** sein müssen. Das gilt freilich nur „im Prinzip“. Tatsächlich ist eine so eindeutige Bestimmung der Straftaten, dass sie ohne Auslegung durch den Richter von diesem schlicht auf den zu entscheidenden Fall angewendet werden könnten, nicht erreichbar und – angesichts der dann erforderlichen zahlreichen Delikte – auch nicht erstrebenswert. 36

Dennoch sollte eine **möglichst hohe Bestimmtheit der Strafbarkeit** angestrebt werden. Dies nicht so sehr im Hinblick auf den juristisch ausgebildeten Richter, sondern vor allem im Interesse des potentiellen Straftäters, damit auch dieser juristische Laie (= der normale Bürger) einschätzen kann, wann er den Bereich des Strafbaren betritt bzw. betreten würde, wenn er davor nicht zurückschreckt. 37

Der **Grad der Bestimmtheit** ist bei den Straftaten des StGB recht **unterschiedlich.** Eine anschauliche Beschreibung des Strafbaren leistet etwa § 242 StGB für den Diebstahl, denn unter der Wegnahme einer fremden beweglichen Sache in Zueignungsabsicht kann man sich schon etwas vorstellen und einfach gelagerte Fälle als Diebstahl erkennen. So liegt etwa ein klarer Fall eines Diebstahls vor, wenn der Täter dem Opfer die Geldbörse aus der Gesäßtasche zieht und in die eigene Jackentasche steckt. Es gibt aber auch kompliziertere Fälle, für deren Einordnung als Diebstahl man die einzelnen Tatbestandsmerkmale, insbesondere die schwierigen Merkmale der Fremdheit, der Wegnahme und deren Zueignungsabsicht auslegen bzw. „Kleinarbeiten“ muss, bevor sie so in die Nähe des zu entscheidenden Falles rücken, dass sie auf ihn angewendet werden können (näher dazu bei der Behandlung des Diebstahls unter § 32 Rn. 66). 38

Weniger Mühe hat sich der Gesetzgeber bei den Beleidigungsdelikten des 14. BT-Abschnitts gegeben. Während die üble Nachrede in § 186 StGB noch mit anschaulichen Begriffen wie dem der Tatsachenbehauptung und des – schon schwieriger zu bestimmenden – Verächtlichmachens umschrieben wird, kommt die **Beleidigung** i. S. des § 185 StGB ohne Umschreibungen aus; sie wiederholt nur die Überschrift des 14. BT-Abschnitts und des § 185 StGB: Bestraft wird die „Beleidigung“. Von einer Bestimmung der Strafbarkeit durch den Gesetzgeber kann hier keine Rede sein. Dass die Vorschrift dem Verdikt der Verfassungswidrigkeit wegen fehlender gesetzlicher Bestimmtheit der Strafbarkeit (= Verstoß gegen Art. 103 Abs. 2 GG) bisher entgangen ist, liegt vor allem daran, dass sie durch eine jahrhundertlange Rechtsprechung fassbare Konturen erfahren hat, die es auch dem potentiellen Täter ermöglichen zu sehen, wann er einen anderen beleidigt. Der von Art. 103 Abs. 2 GG vorgesehenen Arbeitsteilung zwischen Gesetzgeber und Richter entspricht dies allerdings nicht. 39

40 Der Bestimmtheitsgrundsatz verlangt vom Gesetzgeber, dass er das verbotene Verhalten (und die angedrohte Strafe) so konkret umschreibt, „dass Strafbarkeit und Anwendungsbereich der Tatbestände zu erkennen sind und sich durch Auslegung ermitteln lassen" (*Lackner/Kühl,* § 1 Rn. 2). Für den Strafrichter, aber auch schon für den studentischen Strafrechtsanwender bedeutet dies, dass die anzuwendenden Strafgesetze ausgelegt werden dürfen. Die gebräuchlichen Methoden sind die grammatische, historische, systematische und teleologische Auslegung (näher *Reichold* oben § 1 Rn. 72ff.). Alle Auslegung findet aber ihre Grenze an der sog. **Wortlautschranke,** „die durch den äußerst möglichen ... umgangssprachlichen Wortsinn gebildet wird" (*Lackner/Kühl* a. a. O. § 1 Rn. 6 m. w. N.; zur Wortlaut-„Grenze" mit Beispielen *Walter,* JA 2013, 727, 731f.). Außerdem ist es dem Strafrechtsanwender verboten, Gesetzeslücken durch Analogie zu Ungunsten des Täters zu schließen (sog. **Analogieverbot;** vgl. *Lackner/Kühl,* § 1 Rn. 5 m. w. N.).

41 Ein praktisches Beispiel für die Begrenzung aller Auslegung durch die Wortlautschranke bietet der sog. Nierenfall (BGHSt 28, 100–102, mit Fragen und Antworten aufbereitet bei *Kühl,* Höchstrichterliche Rechtsprechung zum Besonderen Teil des Strafrechts, 2002, Nr. 29), in dem es um die Frage ging, ob ein inneres Organ wie eine Niere ohne Überschreitung der Wortlautgrenze als wichtiges Glied i. S. des § 226 Abs. 1 Nr. 2 StGB bezeichnet werden kann. – Ein aktuelles Beispiel für die Abgrenzung von zulässiger Auslegung und verbotener Analogie bildet die Frage, ob Fotokopien als Urkunden i. S. des § 267 Abs. 1 StGB verstanden werden können (vgl. *Arzt,* Die Strafrechtsklausur, 7. Aufl. 2006, § 4 II 1 = S. 36 m. w. N.). Das Bundesverfassungsgericht hat es als vom möglichen Wortsinn nicht mehr für erfasst gehalten, ein Kraftfahrzeug als Waffe zu verstehen (NJW 2008, 3627 zu § 113 Abs. 2 Nr. 1 StGB).

42 Für das in §§ 33, 34 herausgearbeitete „Wesen" des Strafrechts sollen – bevor es ins Einzelne geht – noch einmal folgende Prinzipien mit mehr oder weniger verfassungsrechtlichem und rechtsphilosophischem Hintergrund hervorgehoben werden:

- Die Subsidiarität, die das Strafrecht zur „ultima ratio" erklärt, das erst zum Einsatz kommt, wenn andere (z. B. zivilrechtliche) Regelungen mit weniger scharfen Sanktionen nicht ausreichen
- Die Fragmentarietät, nach der Lücken zum Strafrecht gehören bzw. flächendeckender Rechtsgüterschutz ihm fremd ist
- Das Rechtsgutskonzept, weil gegen Moralwidrigkeiten und Gesinnungen nicht mittels der Strafe vorgegangen werden soll
- Das Verhältnismäßigkeitsprinzip, weil auf Bagatellen nicht mit Strafen geantwortet werden sollte
- Die Gesetzbestimmtheit, weil schon der Gesetzgeber den Bereich des Strafbaren festlegen soll
- Das Analogieverbot, das der Auslegung durch die Gerichte einen Riegel vorschiebt, wenn die Wortlautgrenze überschritten wird.

43 Zur Vertiefung *Kühl,* in: Festschrift für M. Seebode, 2008, S. 61ff. und speziell zur Fragmentarität in: Festschrift für H. Schöch, 2010, S. 419, 432: „Lücken gehören zum Strafrecht. Nicht jeder Aufweis einer Lücke ist deshalb schon eine berechtigte Forderung für ihre Schließung. Das bedeutet allerdings nicht, dass Lücken bestehen bleiben müssen, sondern nur, dass deren Schließung nicht schon mit dem Argument begründet ist, dass sonst eine Lücke bliebe. Lücken hält das Strafrecht aus." – Näher

zur Fragmentarität und zur Subsidiarität *Kühl,* in: Festschrift für K. Tiedemann, 2008, S. 29 ff.; dazu auch *Walter,* JA 2013, 727 f.; zum japanischen Strafrecht *Asada,* in: Festschrift für K. Kühl, 2014, S. 753 ff.

§ 32. Einzelne ausgewählte Deliktsgruppen

Vorbemerkung zur Auswahl: Die hier vorgenommene Auswahl orientiert sich an der 1
Bedeutung einzelner Deliktsgruppen für die strafrechtliche Rechtsgüterordnung, die Praxis der Strafrechtspflege und die universitäre Lehre. Die Auswahl nur einiger weniger Deliktsgruppen ist schon deshalb geboten, weil diese Einführung übersichtlich bleiben und nicht ein Mini-BT-Lehrbuch sein will.

Noch wichtiger für die Leser dieser Einführung ist aber die **Auswahl,** die die Bundes- 2
länder **in** ihren **Juristenausbildungs- und Prüfungsordnungen** getroffen haben. Schon sie „entschlacken" den für die erste juristische Staatsprüfung zu kennenden BT-Stoff erheblich. Bei allen Unterschieden zwischen den einzelnen Bundesländern sind etwa – so in Baden-Württemberg – die Abschnitte 1–5, 8, 11–13, 15, 24–26, 29, 30 und damit etwa die hier schon angesprochenen Straftaten gegen die sexuelle Selbstbestimmung vom Prüfungsstoff ganz herausgenommen. Nur noch als Wahlfach im Schwerpunktstudium von Bedeutung sind die im 29. BT-Abschnitt geregelten Straftaten gegen die Umwelt.

I. Die Tötungsdelikte oder die „Straftaten gegen das Leben"

1. Die Deliktsgruppe des 16. BT-Abschnitts

Die Tötungsdelikte nehmen in der Rechtsgüterordnung des StGB eine herausragende 3
Rolle ein (zur Aufgabe des Rechtsguts bei der systematischen Einteilung des BT's *Rönnau,* JuS 2009, 209, 211). Das liegt daran, dass sie das von der Verfassung (vgl. Art. 2 Abs. 1 S. 1 GG) höchst bewertete Rechtsgut – das Leben – schützen (*Kühl,* in: Festschrift für H.-J. Kerner, 2013, S. 621, 628). Der **Höchstrang** des Rechtsguts ‚Leben' spiegelt sich in den hohen Strafdrohungen wider, die bei Mord gem. § 211 StGB „lebenslange Freiheitsstrafe" und bei Totschlag gem. § 212 StGB „Freiheitsstrafe nicht unter fünf Jahren" sind.

„Das große öffentliche Interesse an Mord und Totschlag … mag dazu beitragen, dass 4
die Bedeutung dieser Delikte absolut und in Relation zur Gesamtkriminalität bei weitem überschätzt wird. Mord, Totschlag und Tötung auf Verlangen (§§ 211–216) sind **seltene Verbrechen.**"

Diese beiden Sätze zum „Umfang der Kriminalität" stammen aus dem BT-Lehrbuch 5
von *Arzt/Weber/Heinrich/Hilgendorf,* § 2 Rn. 8. Es ist eine Spezialität dieses Lehrbuchs, das es bei den einzelnen BT-Deliktsgruppen auf den „Umfang der Kriminalität" eingeht und außerdem kriminalpolitische Fragen diskutiert.

Ein erster Überblick über den 16. BT-Abschnitt zeigt, dass hier nicht nur das **gebo-** 6
rene Leben gegen Tötungen, sondern auch das **ungeborene Leben** gegen Abtreibung geschützt ist. Die langjährige kriminalpolitische Diskussion um den sog. Schwangerschaftsabbruch – der Sache nach: Abtötung der Leibesfrucht – ist inzwischen zur Ruhe gekommen, auch wenn die Straflosigkeit des sog. beratenen Schwangerschaftsabbruchs nach § 218 a Abs. 1 StGB vielen im Hinblick auf den Schutz ungeborenen

Lebens zu weit geht, weil er – anders als die von § 218a Abs. 2 und 3 StGB gerechtfertigten Abbrüche (vgl. *Lackner/Kühl,* § 218a Rn. 7) – keine Indikation voraussetzt. Im Bereich der Tötungsdelikte spielt der sog. Schwangerschaftsabbruch in der Praxis, aber auch in der Lehre eine untergeordnete Rolle, so dass er in dieser Einführung nur kurz beim Beginn des Lebens (sogleich unter 3. a)) angesprochen werden wird.

7 Konzentriert man den Überblick dementsprechend auf die Tötungsdelikte, die sich gegen das **geborene Leben** richten, so bekommt man dennoch eine Menge unterschiedlicher Delikte geboten. Das sind zunächst die vorsätzlichen Tötungsdelikte der §§ 211–216 StGB. Ergänzt wird dieser Schutz gegen vorsätzliche Angriffe auf das Leben durch den von § 222 StGB gewährten Schutz gegen **fahrlässige Angriffe** auf das Leben. Diese Erstreckung des Schutzes auf fahrlässige Rechtsgutsangriffe ist übrigens nicht die Regel im Strafrecht. Er findet sich zwar auch im nächsten, dem 17. Abschnitt, in dem § 229 StGB die fahrlässige Körperverletzung unter Strafe stellt, doch fehlt er im großen Bereich der Eigentums- und Vermögensdelikte weitgehend, d. h. es gibt weder einen fahrlässigen Diebstahl noch einen fahrlässigen Betrug. In dieser Zurückhaltung unterscheidet sich das Strafrecht vom Zivilrecht, das in § 823 Abs. 1 BGB alle vorsätzlichen und fahrlässigen Verletzungen des Eigentums mit Schadensersatz sanktioniert. Die strafrechtliche Fahrlässigkeitshaftung erstreckt sich demgegenüber im Wesentlichen auf Verletzungen höchstpersönlicher Rechtsgüter wie Leib und Leben.

8 Eine weitere Ergänzung des strafrechtlichen Lebensschutzes enthält die Aussetzung gem. § 221 StGB, die das Leben (aber auch die Gesundheit) gegen bestimmte **Gefährdungen** – Versetzen in eine hilflose Lage und Imstichlassen in hilfloser Lage – schützt. Von einem allgemeinen Lebensgefährdungsdelikt hat der Gesetzgeber bisher abgesehen, obwohl § 221 StGB wegen seiner tatbestandlichen Weite schon in diese Richtung geht. Der Verzicht auf ein allgemeines Lebens-(Gesundheits-)Gefährdungsdelikt entspricht ebenso wie die Beschränkung der Fahrlässigkeitsstrafbarkeit auf Straftaten gegen (Leib und) Leben dem **fragmentarischen Charakter** des Strafrechts (dazu *Kühl,* in: Festschrift für K. Tiedemann, 2008, S. 29 ff.), das den von ihm geschützten Rechtsgütern selbst beim höchsten Rechtsgut ‚Leben' keine „Rundumverteidigung" gewährt.

9 Ein Fremdkörper unter systematischen Gesichtspunkten war bis zum 27.6.2002 der Völkermord gem. § 220a StGB a. F., denn er enthielt nur in Abs. 1 Nr. 1 ein Tötungsdelikt, sonst aber Verbrechen gegen die Menschlichkeit; – **Völkermord** ist nun adäquat in § 6 des deutschen Völkerstrafgesetzbuches eingestellt worden.

10 Konzentriert man sich im Rahmen dieser Einführung auf die verbleibenden vorsätzlichen Tötungsdelikte, so bleiben – nachdem die durch den gesellschaftlichen Wandel im Umgang mit nichtehelichen Kindern überholte Privilegierung der Kindstötung gem. § 217 StGB durch das 6. Strafrechtsreformgesetz vom 29.1.1998 aufgehoben wurde – die §§ 211, 212, 213, 216 StGB übrig. Das erscheint wenig, doch müssen auch diese 4 Strafvorschriften systematisch geordnet werden. Diese Ordnung geschieht – wie auch in anderen Deliktsgruppen des BT – dadurch, dass man einen **Grundtatbestand** ausmacht und diesen durch Strafschärfungsvorschriften (Qualifikationen) und Strafmilderungsvorschriften (Privilegierungen) „umrankt". „Geschichte und Aufbau der vorsätzlichen Tötung" behandeln *Maurach/Schroeder/Maiwald,* BT 1, Rn. 1–5; dort findet sich u. a. der Hinweis, dass in der Geschichte „regelmäßig

zwei Erscheinungsformen" der vorsätzlichen Tötung auftreten: „das qualifizierte, besonders verwerfliche, und das minderqualifizierte Verbrechen am Leben" (Rn. 1).

Das Grunddelikt der vorsätzlichen Tötungsdelikte, die sich gegen das geborene Leben richten, ist der **Totschlag** gem. § 212 StGB. Das wird freilich von der Rechtsprechung beharrlich bestritten. Danach sollen Mord gem. § 211 StGB und Totschlag gem. § 212 StGB zwei selbständige Delikte sein. Die dafür angeführten Gründe – wäre § 212 StGB das Grunddelikt, so müsste er vor § 211 StGB, d. h. am Anfang des 16. BT-Abschnitts stehen; die im Wortlaut der beiden Vorschriften gebrauchten Begriffe des „Mörders" und „Totschlägers" zeigen einen unterschiedlichen Unrechtsgehalt von Mord und Totschlag an – überzeugen nicht, weil sie formal sind bzw. auf funktionslose Begriffe, die der Gesetzgeber schon lange hätte streichen sollen, abheben. Entscheidend für die Einordnung des Totschlags gem. § 212 StGB als Grunddelikt spricht, dass § 212 StGB die Mindestvoraussetzungen einer vorsätzlichen Tötung eines geborenen Menschen enthält. Aus einem Totschlag gem. § 212 StGB wird ein Mord gem. § 211 StGB, wenn die Tötungstat zusätzlich eines der in § 211 Abs. 2 StGB aufgezählten Mordmerkmale aufweist. Mit anderen Worten: Mord gem. § 211 StGB enthält den Totschlag gem. § 212 StGB vollumfänglich, verlangt aber ein Merkmal mehr. 11

Da das Vorliegen eines Mordmerkmals den Totschlag zum **Mord** macht, wirken die Mordmerkmale strafschärfend, denn sie führen nach § 211 Abs. 1 StGB zu lebenslanger Freiheitsstrafe, wohingegen der „normale" Totschlag in einem Strafrahmen von fünf bis fünfzehn Jahren (= die Obergrenze der zeitigen Freiheitsstrafe, § 38 Abs. 2 StGB) geahndet wird und nur „in besonders schweren Fällen" zu lebenslanger Freiheitsstrafe führt. Relevant wird der strafschärfende Charakter der Mordmerkmale im Bereich von Täterschaft und Teilnahme (§§ 25–31 StGB), allerdings nur bei Mordmerkmalen, die zugleich besondere persönliche Merkmale i. S. des § 28 StGB sind. Besondere persönliche Merkmale sind Merkmale, die den Täter näher kennzeichnen; davon sind Merkmale abzuheben, die die Tat (-ausführung) näher umschreiben. Auf die Mordmerkmale des § 211 Abs. 2 StGB angewendet, führt dies zur Einstufung der 1. und 3. Merkmalsgruppe als besondere persönliche Merkmale, während die 2. Merkmalsgruppe tatbezogene Merkmale enthält. 12

Folgt man nun der Auffassung, dass Mordmerkmale strafschärfende Merkmale sind, und nimmt hinzu, dass die **Mordmerkmale** der 1. und 3. Merkmalsgruppe besondere persönliche Merkmale i. S. des § 28 StGB sind, so führt dies bei Vorliegen eines solchen besonderen persönlichen Merkmals strafschärfender Art bei mehreren an der vorsätzlichen Tötung „Beteiligten (Täter oder Teilnehmer)" zur Anwendung von § 28 Abs. 2 StGB. Dessen Anwendung hat zur Folge, dass beispielsweise derjenige, der – ohne selbst ein Mordmerkmal aufzuweisen – einen „Killer" durch Zahlung von 20 000 Euro zu einer vorsätzlichen Tötung eines Dritten bestimmt, „nur" wegen Anstiftung zum Totschlag gem. §§ 212, 26 StGB bestraft wird, obwohl der „Killer" einen Habgier-Mord gem. § 211 StGB begeht. Denn § 28 Abs. 2 StGB ordnet an, dass besondere persönliche Merkmale, die die Strafe schärfen, nur auf den Beteiligten mit strafschärfender Wirkung angewendet werden dürfen, „bei dem sie vorliegen"; – das strafschärfende besondere persönliche Merkmal der Habgier liegt aber im Beispielsfall nur beim „Killer", nicht hingegen auch beim Anstifter vor, so dass er nicht als Anstifter aus der Strafschärfungsvorschrift des § 211 StGB, sondern aus dem Grunddelikt des § 212 StGB bestraft wird. Dies ist eine weitgehende Lockerung der grundsätzlich im 13

Strafrecht geltenden Akzessorietät der Teilnahme zur Haupttat, die normalerweise verlangt, dass auch der Teilnehmer, z. B. der Anstifter, aus dem Delikt bestraft wird, das der Haupttäter verwirklicht hat.

14 Dieser Grundsatz der **Akzessorietät der Teilnahme** (näher in § 41 Rn. 12ff.) wird weniger weitgehend gelockert, wenn man auf den Beispielsfall nicht § 28 Abs. 2 StGB, sondern § 28 Abs. 1 StGB anwendet. So verfährt die Rechtsprechung, weil sie in Konsequenz der behaupteten Selbständigkeit von Mord und Totschlag alle besonderen persönlichen Mordmerkmale als strafbegründende Merkmale – sie begründen die Strafbarkeit aus dem selbständigen Delikt ‚Mord' – einstuft. Für diese Merkmale sieht § 28 Abs. 1 StGB eine den Beispielsfall genau treffende Regelung vor: „Fehlen besondere persönliche Merkmale …, welche die Strafbarkeit des Täters begründen, beim Teilnehmer (Anstifter oder Gehilfe), so ist dessen Strafe nach § 49 Abs. 1 StGB zu mildern." Im Beispielsfall fehlt das beim Haupttäter vorliegende Mordmerkmal der Habgier beim Anstifter, so dass dessen Strafe nach § 49 Abs. 1 StGB zu mildern ist; bestraft aber wird der Anstifter wegen Anstiftung zum Mord gem. §§ 211, 26 StGB und nicht nur – wie hier mit der einheitlichen Rechtslehre vertreten – wegen Anstiftung zum Totschlag gem. §§ 212, 26 StGB.

15 Ist also der Mord eine Qualifikation des Grunddelikts Totschlag gem. § 212 StGB, so handelt es sich bei dem minder schweren Fall des Totschlags gem. § 213 StGB und der Tötung auf Verlangen gem. § 216 StGB um **Privilegierungen** des Totschlags. Die weitergehende Privilegierung ist § 216 StGB, denn diese Strafmilderungsvorschrift wandelt ein Verbrechen, das nach § 12 Abs. 1 StGB eine Mindeststrafandrohung von einem Jahr Freiheitsstrafe voraussetzt, in ein Vergehen um; – konkreter: aus dem mit sogar fünf Jahren Freiheitsstrafe bedrohten Verbrechen des Totschlags gem. § 212 StGB wird das Vergehen der Tötung auf Verlangen gem. § 216 StGB. Die Begründung für den Vergehenscharakter der Tötung auf Verlangen kann zum einen auf die Strafandrohung in § 216 StGB verweisen, denn danach kann die Freiheitsstrafe auch unter einem Jahr liegen, ihr Mindestmaß ist nur sechs Monate.

16 Diese Begründung ist aber noch nicht vollständig, denn der Deliktscharakter könnte sich nach dem des Grunddelikts ‚Totschlag' richten und dann wäre § 216 StGB wie § 212 StGB ein Verbrechen. Dafür ließe sich anführen, dass Strafmilderungsvorschriften – wie auch Strafschärfungsvorschriften – sich laut § 12 Abs. 3 StGB nach dem Deliktscharakter des Grunddelikts zu richten haben. Schaut man aber § 12 Abs. 3 StGB genauer an, so gilt das nur für solche Strafmilderungen – und Strafschärfungen – die mit den Worten „für besonders schwere oder minder schwere Fälle" erfolgen. So verfährt der Gesetzgeber aber in § 216 StGB nicht; er umschreibt tatbestandlich, unter welchen Voraussetzungen die Strafmilderung gewährt wird, nämlich dann, wenn jemand durch das ausdrückliche und ernstliche Verlangen des Getöteten zur Tötung bestimmt worden ist. Solche Fälle der Strafmilderung nennt man **„benannte Strafmilderungsgründe".** Und bei diesen benannten Strafmilderungsgründen kommt es – ebenso wie bei benannten Strafschärfungsgründen – für die Einteilung in die Kategorien ‚Verbrechen – Vergehen' auf die Strafandrohung in der Privilegierungs- oder Qualifikations-Vorschrift an; im Umkehrschluss zu § 12 Abs. 3 StGB ist diese Strafandrohung für diese Einteilung nicht „außer Betracht" zu lassen, sondern in Betracht zu ziehen. Dann aber bleibt es dabei: § 216 StGB ist ein Vergehen, weil er keine Freiheitsstrafe von mindestens einem Jahr androht. Deshalb musste der Gesetzgeber den

Versuch der Tötung auf Verlangen, so er ihn für strafwürdig hält, ausdrücklich für strafbar erklären – darauf kann er nur bei Verbrechen verzichten, weil bei diesen der Versuch nach § 23 Abs. 1 S. 1 StGB immer strafbar ist –, und dies hat er in § 216 Abs. 2 StGB auch getan. Relevant könnte der Vergehenscharakter des § 216 StGB in dem allerdings schwer vorstellbaren Fall werden, in dem sich zwei Personen verabreden, einen Menschen auf dessen Verlangen hin gemeinschaftlich zu töten. Das wäre keine strafbare Verabredung eines Tötungsdelikts nach § 30 Abs. 2 StGB in Verbindung mit § 216 StGB, denn strafbar sind Verabredungen nur, wenn sie sich auf ein Verbrechen (z. B. Totschlag gem. § 212 StGB), nicht aber, wenn sie sich auf ein Vergehen (wie die Tötung auf Verlangen gem. § 216 StGB) beziehen.

§ 213 StGB wird überwiegend als eine unbenannte Strafmilderungsvorschrift für „minder schwere Fälle" verstanden, für die der tatbestandlich ausformulierte sog. **Provokationstotschlag** nur ein Beispiel bildet. Nachdem der Gesetzgeber im 6. Strafrechtsreformgesetz vom 29. 1. 1998 die Strafdrohung des § 213 StGB auf „Freiheitsstrafe von einem Jahr bis zu zehn Jahren" heraufgesetzt hat, ist § 213 StGB schon wegen dieser Strafandrohung ein Verbrechen und nicht erst weil sich sein Deliktscharakter wegen § 12 Abs. 3 StGB nach dem des Grunddelikts (§ 212 StGB) richtet. 17

2. Tötung eines anderen Menschen

Die Tötungsdelikte setzen immer die Tötung eines **anderen Menschen** voraus. Das ist anscheinend so selbstverständlich, dass es der Gesetzgeber gar nicht ausdrücklich in den Gesetzestext hineingeschrieben hat. § 212 Abs. 1 StGB verlangt nach seinem Wortlaut nur, dass der „Totschläger" „einen Menschen tötet". Dennoch ist es ganz unbestritten, dass dieser Mensch ein anderer Mensch als der Täter des Totschlags sein muss. 18

Damit ist die **Selbsttötung** straflos. Dies hat für die „gelungene" Selbsttötung keine praktische Bedeutung, da es Strafverfahren und Strafen für Tote seit langem nicht mehr gibt. Für den die Selbsttötung Überlebenden aber ist es auch praktisch wichtig, dass er sich wegen des Selbsttötungsversuchs nicht strafbar gemacht hat. Weil die Selbsttötung keinen Straftatbestand der §§ 211 ff. StGB, die alle die Tötung eines anderen Menschen voraussetzen, erfüllt, ist auch die **Teilnahme** (Anstiftung gem. § 26 StGB oder Beihilfe gem. § 27 StGB) **straflos.** Das liegt an der von den §§ 26, 27 StGB geforderten Abhängigkeit der Teilnahme vom Vorliegen einer vorsätzlich begangenen rechtswidrigen (Haupt-)Tat. Dass diese Haupttat auch eine tatbestandsmäßige Haupttat sein muss, ergibt sich aus dem Erfordernis der „rechtswidrigen Tat", denn die muss nach § 11 Abs. 1 Nr. 5 StGB „eine solche" sein, „die den Tatbestand eines Strafgesetzes verwirklicht". 19

Mit der Straflosigkeit, genauer: der **Tatbestandslosigkeit der Selbsttötung** entspricht das Strafrecht der allgemeinen strafrechtlichen Rechtsgüterordnung, die – abstrahiert von den einzelnen Rechtsgütern – die äußere Freiheit von jedermann gegen Übergriffe seitens anderer schützt. Recht und damit auch Strafrecht ist erst dann „auf den Plan gerufen", wenn die Ausübung der Handlungsfreiheit des einen die anderer beeinträchtigt (gefährdet oder verletzt). In den Worten *Kants:* „Der Begriff des Rechts … betrifft … nur das äußere und zwar praktische Verhältnis einer Person gegen eine andere, sofern ihre Handlungen als Fakta aufeinander … Einfluss haben können" (§ B. der Einleitung in die Rechtslehre). Konsequent behandelt *Kant* deshalb die „Pflichten gegen 20 sich selbst“ erst in §§ 1 ff. der **Tugendlehre.** Zu diesen Pflichten zählt er u. a. die **Pflicht zur Selbsterhaltung** (§ 5 Tugendlehre), gegen die durch die Selbsttötung verstoßen wird. Aber dieser Verstoß ist ein Verstoß gegen eine Tugendpflicht, der allenfalls von der Moral sanktioniert werden kann, nicht aber ein Verstoß gegen eine Rechtspflicht, der bestraft werden könnte (vgl. schon oben unter § 31 Rn. 26).

21 Aus dieser rechtsphilosophischen Sicht der Dinge ist die Bewertung der Selbsttötung durch den **Bundesgerichtshof** in Strafsachen zu kritisieren. Zwar entspricht es verbreiteter Auffassung, dass der Wille des Selbstmörders zu seinem eigenen Tod „sittlich“ zu missbilligen sei, doch geht es zu weit, wenn der BGH diesen Willen auch „für das Recht nicht anerkennen“ will (BGHSt 6, 147, 153). Neuerdings behauptet der BGH sogar, dass die Rechtsordnung die Selbsttötung als **„rechtswidrig“** bewerte und „die Selbsttötung sowie die Teilnahme hieran lediglich straflos“ stelle (BGHSt 46, 279, 284). Gegen wessen Recht sich die Selbsttötung richten soll, sagt der BGH nicht. Der Schutz des Menschen vor sich selbst ist kein tragfähiger Grund in einer freiheitlichen Strafrechtsordnung, die auch die Freiheit zu unvernünftigen Entscheidungen gewähren muss.

22 Anders liegt die Situation, wenn jemand von demjenigen getötet wird, von dem er dies verlangt hat, denn dann liegt keine Selbsttötung, sondern eine Fremdtötung vor: derjenige, der auf dieses Verlangen hin tötet, tötet einen anderen, nämlich denjenigen, der dies von ihm verlangt. Von der Verletzung einer „Pflicht gegen sich selbst“ kann bei diesem Täter keine Rede sein, denn er greift mit seiner Tötungshandlung in die Freiheitssphäre des getöteten Opfers ein; kürzer: er tötet einen anderen Menschen, wie es die Tötungsdelikte verlangen. Dem entspricht im geltenden Strafrecht § 216 StGB, der die **Tötung auf Verlangen** bei Strafe verbietet, zwar nicht als Verbrechen, aber immerhin als Vergehen, was auch eine Straftat ist.

23 Dennoch erscheint es zweifelhaft, ob man von einem Übergriff in die Freiheitssphäre eines anderen und damit von einer dessen Rechtsbereich missachtenden rechtswidrigen Tat sprechen kann, denn der Getötete hat ja seine Tötung verlangt und damit in seine Tötung eingewilligt. Eine solche Einwilligung in die Rechtsgutsverletzung rechtfertigt normalerweise die tatbestandsmäßige Tat, nach einer im Vordringen befindlichen Lehre schließt sie sogar die Tatbestandsmäßigkeit der Tat aus. Bei § 216 StGB ist dies anders, denn er bewertet die Tötung auf Verlangen **trotz Einwilligung des Opfers** als rechtswidrige Tötungstat. Gegen wessen Recht sich diese Tat aber richtet, wird nicht gesagt. Wie bei der Selbsttötung gilt deshalb auch hier: eine Bevormundung des seinen Tod Verlangenden, der vor sich selbst und seiner möglichen Unvernunft geschützt werden muss, passt nicht in eine freiheitliche Strafrechtsordnung. Der Grund für das Beharren des Gesetzgebers auf der Strafvorschrift dürfte ein pragmatischer sein; man befürchtet Missbrauch und eine schlechte Beweislage dafür, wenn der einzige „Zeuge“ der auf angebliches Verlangen hin Getötete ist. Doch ließe sich dem dadurch abhelfen, dass man die Entscheidung von Zeugen protokollieren lässt und die Tötung Ärzten vorbehält. Auch könnte man Indikationen wie eine schwere schmerzhafte Krankheit mit irreversiblem tödlichem Verlauf verlangen. Entsprechende Gesetzesvorschläge gibt es, so z. B. der Alternativentwurf Sterbehilfe aus dem Jahr 1970, der eine fakultative Möglichkeit eines Absehens von Strafe vorschlägt. Der deutsche Gesetzgeber ist dem bisher nicht näher getreten und ist dazu auch nicht gezwungen, weil erst kürzlich der Europäische Gerichtshof für Menschenrechte ent-

schieden hat, dass weder das Recht auf Leben gem. Art. 2 EMRK noch das Recht auf Achtung des Privatlebens gem. Art. 8 EMRK selbst unter Einschluss des Schutzes der Autonomie bzw. des Selbstbestimmungsrechts dagegen sprechen, dass Staaten mittels Strafrecht verhindern, dass Menschen auf ihr Verlangen hin getötet werden (Urteil vom 29.4.2002 = NJW 2002, 2851 ff.); die dafür angeführten Gründe der öffentlichen Gesundheit und Sicherheit, die das Selbstbestimmungsrecht überwiegen sollen, sind aber keine tragfähige Begründung für eine Pönalisierung.

Schon nach geltendem Recht ist nicht jede Form der Sterbehilfe nach § 216 StGB 24
strafbar. Selbst bei der direkten aktiven Sterbehilfe werden für Extremsituationen – der hinter dem Lenkrad festgeklemmte Fahrer – als straflos bewertet. Das gilt – meist auf den rechtfertigenden Notstand gem. § 34 StGB gestützt – erst recht für die indirekte aktive Sterbehilfe, bei der die Schmerzlinderung bei geringer Lebensverkürzung dominiert. Unsicherheiten auf dem Gebiet der passiven Sterbehilfe sind durch das neue „Patientenverfügungsgesetz" vom 1.9.2009 reduziert worden. Die Verfügung eines Patienten, im Falle seiner Entscheidungsunfähigkeit keinen lebenserhaltenden Maßnahmen unterworfen zu werden, gilt als verbindliches „Patientenveto", auch wenn die eigentliche Sterbephase noch nicht begonnen hat (§ 1901 a Abs. 3 BGB). – Zusätzliche Klarheit hat der BGH geschaffen, als er den tätigen Behandlungsabbruch, z. B. durch Zerschneiden des Schlauchs einer Magensonde durch einen Angehörigen, für straflos erklärt hat, wenn dies dem früher geäußerten Willen des inzwischen nicht mehr ansprechbaren Patienten entspricht (BGHSt 53, 191 = NJW 2010, 2963 mit Anm. *Gaede* 2925 ff.; dazu *Fischer,* Strafgesetzbuch, 61. Aufl. 2014, Rn. 61 ff. vor § 211; krit. *Lackner/Kühl,* Vor § 211 Rn. 8 a). Einen guten ersten Überblick über das unübersichtliche Problemfeld „Beteiligung am Suizid und Sterbehilfe" gibt *Achenbach* in der Ausbildungszeitschrift Jura 2002, 542 ff.; s. auch *Kühl,* JuS 2009, 919 ff. und Jura 2010, 81 ff.

3. Beginn und Ende des Lebens

a) Der Beginn des Lebens

Das Leben beginnt für das Gebiet des Strafrechts nach überwiegender Auffassung mit 25
dem **Anfang der Geburt.** Das konnte bis zur Aufhebung der Kindstötung gem. § 217 StGB positivrechtlich durch diese Vorschrift belegt werden, denn dort war von der Tötung „in der Geburt" die Rede. Nach Wegfall dieser Vorschrift wurde versucht, das dadurch entstandene Vakuum im Strafrecht durch Übernahme der Regelung des Zivilrechts zu füllen. Nach § 1 BGB beginnt das Leben mit der Vollendung der Geburt; – dies soll jetzt nach noch vereinzelten Stimmen auch für das Strafrecht gelten. Dies erscheint aber nicht sachgerecht, denn das Kind ist gerade im Geburtsvorgang besonders schutzbedürftig. Diesen Schutz können bei den typischerweise fahrlässigen (Verletzungen oder) Tötungen z. B. durch Ärzte oder Hebammen nur die (Körperverletzungs- und) Tötungsdelikte der §§ 222, 229 StGB gewährleisten, weil die Vorschriften über den Schwangerschaftsabbruch nur vorsätzliche Angriffe auf die Leibesfrucht unter Strafe stellen (zur neu entflammten Diskussion über den Beginn des Menschseins im Strafrecht vgl. die Zeitschriftenaufsätze von *Herzberg/Herzberg,* JZ 2001, 1106 ff. und *Küper,* GA 2001, 515 ff. sowie *Kühl,* JA 2009, 321–323).

Vor dem geborenen Leben ist das ungeborene Leben nach den §§ 218 ff. StGB straf- 26
rechtlich geschützt. Dieser Schutz beginnt nach § 218 Abs. 1 StGB mit der „**Einnis-**

tung des befruchteten Eies in der Gebärmutter" (Nidation). Dieser strafrechtliche Schutz ist nicht nur deshalb schwächer als der Schutz des geborenen Lebens, weil er nur Schutz gegen vorsätzliche Taten gewährt. Er ist auch sonst schwächer, vor allem gegenüber der Schwangeren selbst (vgl. §§ 218 Abs. 3, 4 S. 2 StGB und § 218a Abs. 4 S. 1, 2 StGB). Das Wort ‚Mensch' kommt in den §§ 218ff. StGB übrigens gar nicht vor.

27 Keinen strafrechtlichen Schutz durch das StGB genießt der **frühe menschliche Embryo** vor der „Nidation". Die Verwendung von Mitteln, die die Einnistung durch Abtötung der befruchteten Eizelle verhindern, wird von den §§ 218ff. StGB nicht erfasst. Der Einsatz etwa einer „Pille danach" zur Verhinderung einer Schwangerschaft ist daher nicht strafbar. Diese Straffreiheit der Abtötung menschlicher Embryonen vor der Einnistung betrifft allerdings nur durch Geschlechtsverkehr gezeugte und im Mutterleib befindliche Embryonen. Dagegen ist nach § 2 des **Embryonenschutzgesetzes** vom 13.12.1990 die Abtötung von im Labor durch künstliche Befruchtung des Eies mit einer Samenzelle (in-vitro-Fertilisation) gewonnenen menschlichen Embryonen strafbar. Die kriminalpolitische und (rechts)ethische Diskussion der vergangenen Jahre kreiste um die Frage, ob zu Forschungszwecken ein Import von im Ausland rechtmäßig gewonnenen embryonalen Stammzellen trotz des im Inland bestehenden strafbewehrten Verbots der dafür notwendigen Abtötung des Embryos zulässig sein soll. Dass der Gesetzgeber im **Stammzellengesetz** vom 28.6.2002 – verlängert am 14.8.2008 – ein Importverbot mit restriktiv ausgestaltetem Genehmigungsvorbehalt erlassen hat, zeigt, dass menschliche Embryonen und deren Bestandteile zwar nicht für beliebige Zwecke, wohl aber ausnahmsweise zur Erforschung neuer Heilverfahren „geopfert" werden können, während die Hinnahme des Sterbens eines geborenen Menschen zu Forschungszwecken immer und uneingeschränkt unzulässig und strafbar wäre. Angesichts des kategorialen Unterschieds zwischen geborenem menschlichen Leben einerseits und vorgeburtlichem Leben andererseits ist eine Herabstufung des vorgeburtlichen Lebensschutzes sachgerecht, doch verbietet sich jede Übertragung einer solchen Relativierung des menschlichen Lebensrechts in seinen frühen embryonalen und fetalen Stadien auf das Lebensende bei geborenen Menschen. So hat etwa der BGH die „Vernichtung" eines Embryos bei der Präimplantationsdiagnostik für straflos erklärt, wenn es um die Verhinderung der Geburt Schwerstgeschädigter geht (BGHSt 55, 206 = NJW 2010, 2672 mit Anm. Schroth; dementsprechend ist die inzwischen erfolgte gesetzliche Regelung im PräimplantationsdiagnostikG vom 7.7.2011 (BGBl I S. 2228) ausgefallen). – Näher zu den „Stufungen des vorgeburtlichen Lebensschutzes" *Dreier,* Zeitschrift für Rechtspolitik = ZRP 2002, 377ff., der die „fundamentale Zäsur der Geburt" betont; ähnlich *Schulze-Fielitz,* in H. Dreier (Hrsg.), Grundgesetz-Kommentar, Bd. 1, 2. Aufl. 2004, Art. 2 II GG Rn. 66ff. – Eine Gegenposition, die es u. a. verbietet „Embryonen für Zwecke der Forschung oder Heilung anderer Menschen zu erzeugen und zu verbrauchen", entwirft – in zweifelhafter Anlehnung an *Kants* Rechtsphilosophie – *Starck,* JZ 2002, 1065–1072. – „Aktuelle Fragen des pränatalen Lebensschutz" behandelt *Schlink* in einer gleichnamigen kleinen Monographie aus dem Jahr 2002).

b) Das Ende des Lebens

28 Ebenso wie beim Beginn des geborenen Lebens hat der Strafgesetzgeber darauf verzichtet, das Ende des menschlichen Lebens festzulegen. Nach zuletzt heftigem Streit

endet das Leben nicht mehr wie früher mit dem endgültigen Stillstand von Kreislauf und Atmung, sondern – nach den Fortschritten der modernen Medizin, insbesondere bei der Organverpflanzung – mit dem sog. **Hirntod.** Diesen Hirntod hat der Gesetzgeber in § 3 Transplantationsgesetz zwar nur als Voraussetzung der zulässigen Organentnahme vom Toten festgeschrieben, doch ist er auch allgemein für die Tötungsdelikte der richtige Zeitpunkt. Der Hirntod tritt mit dem irreversiblen Erlöschen der gesamten Hirntätigkeit, also namentlich auch des Stammhirns ein. Damit ist die den Menschen ausmachende körperlich-geistige Einheit unwiderruflich aufgelöst, so dass man von einem toten Menschen sprechen kann (zur neuesten Diskussion um den Begriff des Todes vgl. *Kühl,* JA 2009, 321, 323–325).

4. Mord und lebenslange Freiheitsstrafe

Die lebenslange Freiheitsstrafe ist fast so umstritten wie die Todesstrafe. Die verfassungsrechtlichen Bedenken hat das Bundesverfassungsgericht in einer Entscheidung vom 21.6.1977 ausführlich und eingehend gewürdigt (BVerfGE 45, 187ff.). Soweit das Gericht anmahnte, dass auch den zu lebenslanger Freiheitsstrafe Verurteilten eine Wiedereingliederungschance eingeräumt werden müsste, hat der Strafgesetzgeber am 8.12.1981 mit der Vorschrift des § 57a StGB reagiert, in der eine **Strafrestaussetzung zur Bewährung** nach frühestens 15 Jahren vorgesehen ist (dazu näher beim AT und dessen Rechtsfolgensystem unter § 43). 29

Hier interessiert mehr die Kritik des Bundesverfassungsgerichts an einzelnen Mordmerkmalen, die nicht ohne weiteres die schwerste Strafe rechtfertigen. Kritisiert wurde neben der Verdeckungsabsicht, bei der auch verständliche Selbstbegünstigungsabsichten eine Rolle spielen, vor allem die **Heimtücke.** Heimtückisch handelt nämlich nach der Rechtsprechung des Bundesgerichtshofs schon derjenige, der die Arg- und Wehrlosigkeit des Opfers bewusst ausnutzt (*Lackner/Kühl,* § 211 Rn. 6 mit Nachweisen aus der Rechtsprechung). Danach ist fast jede Tötung, die dem Opfer vorher nicht angekündigt wurde, heimtückisch und damit Mord gem. § 211 StGB. Das aber führt in bestimmten Fällen zu einer unverhältnismäßigen hohen, lebenslangen Freiheitsstrafe. 30

Dieser Kritik des Bundesverfassungsgerichts hat der Bundesgerichtshof in einer Entscheidung vom 19.5.1981 durch die **sog. Rechtsfolgenlösung** beim Heimtückemord Rechnung getragen (zu dieser „Lösung" *Kühl,* in: Festschrift für H.-J. Kerner, 2013, S. 621, 630ff.). Danach führt das Ausnutzen der Arg- und Wehrlosigkeit immer noch zu einer Verurteilung wegen (Heimtücke-)Mordes, aber die Strafe muss bei Vorliegen außergewöhnlicher Umstände wie etwa bei Tötungen in großer Verzweiflung, aus tiefem Mitleid, aus gerechtem Zorn über grundlos erlittene Kränkungen, in lebensgefährlichen Zwangssituationen oder in einem vom Opfer verursachten zermürbenden und ausweglosen Konflikt nicht – wie in § 211 Abs. 1 StGB vorgesehen – auf lebenslange Freiheitsstrafe lauten. Diese im Gesetz an sich zwingende Rechtsfolge soll – so der BGH – durch eine von ihm kreierte übergesetzliche Strafmilderung nach dem Maßstab des § 49 Abs. 1 Nr. 1 StGB aufgebrochen werden. 31

Damit verschafft sich die Rechtsprechung einen Strafrahmen, der nach § 49 Abs. 1 Nr. 1 StGB bis zu drei Jahren Freiheitsstrafe „hinuntergehen" kann – weniger als die Mindeststrafe von 5 Jahren für einen einfachen Totschlag i. S. des § 212 StGB –, und missachtet die vom Gesetzgeber festgelegte absolute Strafandrohung von „lebenslänglich" bei Mord. Dass „an die Stelle von lebenslanger Freiheitsstrafe … Freiheitsstrafe 32 nicht unter drei Jahren" treten kann, sieht § 49 StGB zwar vor. Doch ist dies nur für Fälle vorgesehen, in denen eine Vorschrift zur Anwendung kommt, die ausdrücklich auf § 49 StGB **verweist.** Dies ist etwa bei § 23 Abs. 2 StGB für den Versuch und also auch für den Mordversuch gem. §§ 211, 22/23 StGB der Fall; ebenso bei § 27 Abs. 2 Satz 2 StGB für die Beihilfe und also auch für die Beihilfe zum Mord gem. §§ 211, 27 StGB. Für den vollendeten Mord eines (Allein-)Täters wird aber in § 211 StGB nicht auf § 49 StGB verwiesen.

33 Mit dieser Rechtsfolgenlösung kann die Rechtsprechung sicher bestimmten außergewöhnlichen Heimtückemord-Fällen besser gerecht werden als mit der starren Rechtsfolge des § 211 Abs. 1 StGB. Dies rechtfertigt es aber nicht, durch Rechtsfortbildung die **Grenzen richterlicher Rechtsschöpfung** zu überschreiten. Eine solche Rechtsschöpfung ist in unserem Rechtssystem gerade im Strafrecht dem Gesetzgeber vorbehalten, auch wenn sie zugunsten der Straftäter geht.

34 Diese Kritik gilt vor allem deshalb, weil die Rechtsprechung Alternativen gehabt hätte (und noch hat), z. B. durch Restriktion des Heimtückebegriffs eine **tatbestandsinterne Lösung** zu suchen. Dafür gibt es seit langem Vorschläge in der Rechtslehre, die etwa einen Missbrauch von Vertrauen oder ein tückisches Vorgehen verlangen (zu weiteren Vorschlägen vgl. *Lackner/Kühl,* § 211 Rn. 6).

35 Vielleicht sollte aber auch eine solche tatbestandsinterne Lösung dem **Gesetzgeber** überlassen bleiben, der dann die Freiheit hat, einen weniger moralisierenden Mordtatbestand zu schaffen, der sich statt an der Verwerflichkeit an der Gefährlichkeit als Leitprinzip orientieren könnte. Denn dass die Tötungsdelikte reformbedürftig sind, ist nahezu einhellige Auffassung, und an schon intensiv diskutierten Reformvorschlägen fehlt es nicht (vgl. *Lackner/Kühl,* Vor § 211 Rn. 25 m. w. N.).

II. Die Körperverletzungsdelikte oder die „Straftaten gegen die körperliche Unversehrtheit"

1. Die Deliktsgruppe des 17. BT-Abschnitts

36 Die Frage nach dem **Grunddelikt** des 17. BT-Abschnitts ist – anders als bei den Tötungsdelikten – klar durch den Gesetzgeber entschieden worden, der die sog. einfache „Körperverletzung" gem. **§ 223 Abs. 1 StGB** an die Spitze dieser Deliktsgruppe gestellt hat. Es folgen die Qualifikationen. Zunächst die „Gefährliche Körperverletzung" gem. § 224 Abs. 1 StGB, bei der die in den Nummern 1–5 beschriebene, besonders gefährliche Art der Tatausführung der Qualifikationsgrund ist. Von herausragender Bedeutung ist dabei die in Nr. 2 geregelte Körperverletzung mittels eines **„gefährlichen Werkzeugs"**, die immer schon dann anzunehmen ist, wenn zur Körperverletzung ein Werkzeug benutzt wird, das nach objektiver Beschaffenheit und nach Art der Benutzung im konkreten Fall erhebliche Verletzungen herbeizuführen geeignet ist (vgl. *Lackner/Kühl,* § 223 Rn. 5 m. w. N.). Es muss also nicht ein Messer zum Stich benutzt werden, sondern es reicht auch der Wurf einer Glasvase gegen den Kopf des Opfers. Schon am Werkzeug fehlt es nach überwiegender Meinung, wenn bloß die Fäuste oder sonstige eigene Körperteile vom Täter eingesetzt werden, obwohl die Faust des Boxprofis oder die Handkante des Karatekämpfers durchaus geeignet sind, beim Opfer erhebliche Verletzungen herbeizuführen. Ein Werkzeug und normalerweise auch ein gefährliches Werkzeug liegen dagegen vor, wenn der beschuhte Fuß zum Tritt ins Gesicht des Opfers eingesetzt wird.

Es folgen – bei Überspringen der Besonderheiten aufweisenden „Misshandlung von Schutzbefohlenen" gem. § 225 StGB (näher dazu unten Rn. 44) – zwei Vorschriften, bei denen die Schwere der ausgelösten Folgen den Qualifikationsgrund abgibt. Da ist zunächst die **„Schwere Körperverletzung"** gem. § 226 StGB, deren spezieller Erschwerungsgrund das Ausmaß der schuldhaft verursachten Körperschäden ist; diese Schäden werden in Abs. 1 Nr. 1–3 abschließend aufgezählt. Noch schwerer als diese Körperverletzung wiegt die **„Körperverletzung mit Todesfolge"** gem. § 227 StGB; sie nimmt den „durch die Körperverletzung" verursachten „Tod der verletzten Person" zum Anlass für eine Strafschärfung, welche das Vergehen der Körperverletzung nicht nur – wie auch schon § 226 StGB – zu einem Verbrechen werden lässt, sondern sogar eine Mindest-Freiheitsstrafe von drei Jahren vorsieht. Neu hinzugekommen ist § 226a StGB, der die Verstümmelung weiblicher Genitalien als Verbrechen mit Freiheitsstrafe nicht unter einem Jahr bedroht. Die – harmlosere – Beschneidung von Knaben ist eine Körperverletzung, die – wie § 1631 d BGB klarstellt – durch Einwilligung gerechtfertigt sein kann (*Fischer,* § 223 Rn. 43 ff.; *Lackner/Kühl,* § 223 Rn. 12 a). 37

Die Qualifikationen in §§ 226 Abs. 1, 227 StGB sind keine normale Qualifikationen wie etwa § 224 StGB, die wie jedes Delikt, das kein Fahrlässigkeitsdelikt ist, hinsichtlich aller Merkmale des objektiven Tatbestandes nach § 15 StGB vorsätzlich verwirklicht werden müssen. Es handelt sich vielmehr um **sog. Erfolgsqualifikationen.** Bei diesen erfolgsqualifizierten Delikten muss die besondere Folge – bei § 227 StGB die Todesfolge – nach § 18 StGB fahrlässig verursacht werden. Das bedeutet, dass § 227 StGB eine Vorsatz-Fahrlässigkeits-Kombination ist, bei der die Körperverletzung vorsätzlich, die Todesfolge dagegen fahrlässig verwirklicht werden muss. Das wird von Anfängern deshalb leicht übersehen, weil von Vorsatz und Fahrlässigkeit nichts in § 227 StGB steht. Aber das liegt an der noch im AT-Teil dieser Einführung zu behandelnden „AT-Technik" (§ 33 I), die solche Erfordernisse „vor die Klammer" zieht, die für viele Delikte des BT Geltung haben. Bei § 227 StGB erfolgt die Vorsatz-Ergänzung durch § 15 StGB, die Fahrlässigkeitsergänzung durch § 18 StGB. 38

Die besondere Problematik der erfolgsqualifizierten Delikte besteht in der Verknüpfung des Vorsatzteils mit der besonderen (Todes-)Folge. Einigkeit besteht bei § 227 StGB nur darin, dass der **Zusammenhang** zwischen der **Körperverletzung** und der **Todesfolge** ein engerer sein muss als der Kausalzusammenhang. Es muss sich in der Todesfolge eine typische Gefahr der Körperverletzung verwirklichen. Daran bestehen Zweifel, wenn die Todesfolge durch eigenes Verhalten des Opfers oder durch Eingreifen Dritter mit-herbeigeführt wurde. Ist aber z. B. das Verhalten des Opfers kein frei verantwortliches, weil das Opfer vom aggressiven Täter zu einem selbstschädigenden Panikverhalten und dadurch zu einem sich „wortlos aus dem Fenster fallen lassen" gebracht wurde, so ist der erforderliche Gefahrzusammenhang – auch Unmittelbarkeitszusammenhang genannt – trotz des Verhaltens des Opfers zu bejahen (so auch BGH NJW 1992, 1708: sog. „Fenstersturzfall"; näher besprochen bei *Kühl,* HRR BT, 2002, Fall Nr. 33). Ebenso entschied der BGH im sog. „Gubener-Verfolgungsjagd-Fall", in dem die rechtsradikalen Verfolger den gejagten Ausländer dazu brachten, „Hals über Kopf zu fliehen" und Zuflucht in einem Haus zu suchen; beim Öffnen der Glastür zog sich das Opfer tödliche Verletzungen zu; dies wertete der BGH zu Recht als „naheliegende und nachvollziehbare Reaktion auf den massiven Angriff" der Verfolger (BGHSt 48, 34, 39 mit Anm. *Kühl,* JZ 2003, 637). 39

40 Ein weiterer Streitpunkt bei § 227 StGB wird in der Frage gesehen, ob die Todesfolge aus einer todesgefährlichen **Verletzung** des Opfers hervorgehen muss, oder ob es ausreicht, dass sie infolge einer todesgefährlichen Körperverletzungs**handlung** eintritt. Letzteres nimmt die Rechtsprechung an, so dass das Herunterrütteln von einem 3.50 m hohen Hochsitz eine ausreichende Körperverletzungshandlung auch dann für § 227 StGB ist, wenn es unmittelbar nur zu einem nicht lebensgefährlichen Knöchelbruch führt und der Tod des Opfers erst durch eine Lungenembolie nach dem verletzungsbedingt längeren Krankenlager eintritt (BGHSt 31, 96: sog. „Hochsitzfall"; näher dazu *Kühl,* HRR BT, Fall Nr. 31).

41 Auf § 227 StGB folgt – nach Überspringen des sogleich gesondert zu behandelnden § 228 StGB – die „Fahrlässige Körperverletzung" gem. § 229 StGB, das Pendant zur „Fahrlässigen Tötung" gem. § 222 StGB bei den Tötungsdelikten. Gemeinsam für das Grunddelikt der sog. einfachen Körperverletzung gem. § 223 StGB und die fahrlässige Körperverletzung gem. § 229 StGB regelt § 230 StGB die grundsätzliche Notwendigkeit eines **Strafantrags** und die Berechtigung zum Stellen eines solchen. Die Verfolgung dieses Delikts wird damit weitgehend von der Entscheidung der Opfer abhängig gemacht; allerdings ist ein Einschreiten „von Amts wegen" auch ohne Strafantrag möglich, wenn die Strafverfolgungsbehörde dies „wegen des besonderen öffentlichen Interesses an der Strafverfolgung … für geboten hält." Dies kommt etwa in Betracht, wenn ein Arzt durch einen groben Behandlungsfehler eine Körperverletzung verursacht, oder bei Körperverletzungen im Straßenverkehr, die unter Alkohol- oder Rauschmitteleinfluss begangen wurden (vgl. *Lackner/Kühl,* § 230 Rn. 4 m. w. N.).

42 Am Ende des 17. BT-Abschnitts steht mit der „Beteiligung an einer Schlägerei" gem. § 231 StGB ein **abstraktes Gefährdungsdelikt,** das weder eine Verletzung noch eine konkrete Gefährdung (wie z. B. die Aussetzung gem. § 221 StGB bei den Tötungsdelikten) der körperlichen Unversehrtheit eines Opfers voraussetzt. Der Gesetzgeber sieht schon die Beteiligung an einer Schlägerei für strafwürdig an, weil sich dabei immer Verletzungen oder der Tod von Menschen ergeben können; Schlägereien sind eben generell gefährlich für Leib und Leben von – auch unbeteiligten – Menschen.

43 Strafbar wird die Beteiligung an einer Schlägerei aber erst, wenn wirklich etwas Schlimmes passiert ist, d. h. genauer: „wenn durch die Schlägerei … der Tod eines Menschen oder eine schwere Körperverletzung (§ 226 StGB) verursacht worden ist" (§ 231 Abs. 1 StGB). Diese sog. **objektive Bedingung der Strafbarkeit** löst erst die Strafbarkeit aus; sie ist deshalb keine besondere Folge wie die Todesfolge gem. § 227 StGB, an die nach § 18 StGB das Gesetz nur „eine schwerere Strafe" knüpft. Objektiv heißt die Strafbedingung in § 231 StGB, weil sie – was nicht unbestritten ist – nur durch die Schlägerei verursacht sein muss, aber weder vorsätzlich noch fahrlässig herbeigeführt werden muss.

44 Es verbleibt noch – neben dem sogleich – Rn. 45 ff. – zu behandelnden § 228 StGB – die übersprungene „Misshandlung von Schutzbefohlenen" gem. **§ 225 StGB.** Sie normiert zwar auch im Wesentlichen eine qualifizierte Körperverletzung, weist aber die Besonderheit auf, dass beim Quälen und Misshandeln auch **Leiden seelischer Art** und seelische Misshandlungen erfasst werden. Insofern handelt es sich bei § 225 StGB um ein gegenüber der Körperverletzung selbständiges Delikt, denn die Körperverletzung gem. § 223 StGB setzt einen körperlichen Bezug voraus. Das ist bei der Gesundheitsschädigung weniger problematisch als bei der körperlichen Misshandlung,

bei der oft Grenzfälle auftreten, in denen die Misshandlung seelischer Art ist, aber sich auch körperlich auswirkt. So etwa bei nächtlichen Störanrufen über einen längeren Zeitraum, die zu schweren Schlafstörungen führen (vgl. *Lackner/Kühl,* § 223 Rn. 4 m. w. N.).

2. Die sittenwidrige Körperverletzung gem. § 228 StGB

§ 228 StGB ist kein Straftatbestand, sondern regelt die „Einwilligung" in eine Körperverletzung. Anders als bei den Tötungsdelikten, bei denen § 216 StGB die Tötung auf Verlangen unter Strafe stellt und damit das **Verfügungsrecht des Opfers** über sein Leben **ausschließt,** wirkt die Einwilligung des Opfers bei den Körperverletzungsdelikten jedenfalls rechtfertigend, nach Ansicht mancher sogar schon tatbestandsausschließend. Damit wird die Verfügungsbefugnis des Opfers über seine körperliche Unversehrtheit grundsätzlich anerkannt. 45

Ausgenommen ist aber der von § 228 StGB geregelte Fall, dass „die Tat trotz der Einwilligung gegen die guten Sitten verstößt." Schon dieser Wortlaut stellt klar, dass es nicht um den Ausschluss der sittenwidrigen Einwilligung, z. B. der erkauften Einwilligung in eine Körperverletzung, geht, sondern um eine **sittenwidrige Körperverletzungs-„Tat",** die „rechtswidrig" bleibt, auch wenn der Täter „eine Körperverletzung mit Einwilligung der verletzten Person vornimmt." Eine sittenwidrige Körperverletzung wurde streitig diskutiert etwa bei der „Bestimmungsmensur mit Schlägern" und bei sado-masochistischen Handlungen; sie wird zurzeit vor allem beim gesundheitsschädlichen Fremd-Doping (das Eigen-Doping des Sportlers ist tatbestandslos; s. unten § 34 Rn. 29), erwogen (vgl. *Lackner/Kühl,* § 228 Rn. 10 m. w. N.). 46

Dass diese Fälle streitig diskutiert wurden und werden liegt an der Unbestimmtheit des Kriteriums der **„guten Sitten".** Die Vorschrift wird deshalb in letzter Zeit vermehrt für verfassungswidrig gehalten, weil sie gegen die von Art. 103 Abs. 2 GG geforderte gesetzliche Bestimmtheit der Strafbarkeit verstoße. Das ändert aber nichts daran, dass der Gesetzgeber 1998 im 6. Strafrechtsreformgesetz, durch das auch die Körperverletzungsdelikte umgestaltet wurden, inhaltlich an der Vorschrift festgehalten hat; er hat sie nur von § 226a StGB a. F. zu § 228 StGB umnummeriert. Außerdem verweist nicht nur der Strafgesetzgeber auf die „guten Sitten", sondern auch der Zivilgesetzgeber, der etwa in § 138 Abs. 1 BGB bestimmt, dass ein „Rechtsgeschäft, das gegen die guten Sitten verstößt, … nichtig" ist. 47

Damit wird deutlich, dass der Gesetzgeber in bestimmten Fällen die richtige Entscheidung der Moral in Gestalt der „guten Sitten" überlässt. Darin zeigt sich, dass nicht nur in bestimmten Hinsichten und Bereichen das Recht von der Moral (in Form der guten Sitten) getrennt werden muss, sondern dass es auch **Verbindendes zwischen Recht und Moral** gibt; – solche Verbindungen sind vom staatlichen Gesetzgeber in den beispielhaft hervorgehobenen § 228 StGB und § 138 BGB sogar bewusst hergestellt worden. Die Frage ist aber, ob der das Recht setzende Gesetzgeber in beliebigem Umfang rechtliche Entscheidungen an die Moral delegieren kann. 48

Bedenken ergeben sich schon daraus, dass die „guten Sitten" ja nicht für sich sprechen können. Auch sind sie in einer pluralistischen Gesellschaft nicht mehr so eindeutig und offensichtlich, dass sie schlicht angewendet werden könnten. Es bedarf vielmehr einer wertenden Ausfüllung des Begriffs der „guten Sitten" durch den **Richter,** wenn er die Nichtigkeit eines Rechtsgeschäfts nach § 138 Abs. 1 BGB oder die Rechtswid- 49 rigkeit einer Körperverletzung nach § 228 StGB feststellen will. Da der in Rechtsfragen ausgebildete und kompetente Richter kein Fachmann in Sachen Moral ist, böte es sich an, per demoskopischer Umfrage die Sittenwidrigkeit bestimmter Rechtsgeschäfte oder Straftaten zu erfragen. Doch hat dies noch kein Zivil- oder Strafgericht versucht.

50 Die „guten Sitten" sollen nach der Rechtsprechung am Maßstab des „Anstandsgefühl aller billig und gerecht Denkenden" gemessen werden. Aber auch das ist heutzutage **kein sicherer Maßstab** mehr; das strikte Recht braucht aber neben der möglicherweise durch die „guten Sitten" vermittelten Gerechtigkeit auch (Rechts-)Sicherheit. Das überholte Kriterium würde sich auch gegen die gerade angesprochenen Umfragen sperren, denn es wäre den Demoskopen wohl nicht möglich, die allein interessierenden und zu befragenden „billig und gerecht Denkenden" aus der Bevölkerung herauszufiltern.

51 Noch gravierendere Bedenken ergeben sich bei § 228 StGB aus dem Umstand, dass hier der Verstoß gegen die „guten Sitten" die **Verfügbarkeit** des Rechtsguts der körperlichen Unversehrtheit **beschränkt,** ohne dass dies durch den Schutz der äußeren Freiheit anderer gerechtfertigt wäre. Dass der von dem Körpereingriff Betroffene vor sich selbst geschützt werden müsse, ist hier ebenso wenig wie bei der Tötung auf Verlangen gem. § 216 StGB eine tragfähige Begründung, weil in einer freiheitlichen Strafrechtsordnung über das Rechtsgut der Freiheit und ihrer Ausübungsbedingung der körperlichen Unversehrtheit nur ihr Träger entscheiden sollte.

52 Auch wenn das in Strafsachen sehr aktive Bundesverfassungsgericht bisher zu der in der Strafrechtswissenschaft behaupteten Verfassungswidrigkeit des § 228 StGB (noch) nichts entschieden hat, so scheint sich doch ein „Abschied des Strafrechts von den guten Sitten" abzuzeichnen. In zwei neueren Entscheidungen des Bundesgerichtshofs in Strafsachen sah sich der jeweils zuständige Strafsenat außerstande ein eindeutiges Sittenwidrigkeitsurteil zu fällen. Das betraf zum einen einen Sado-Maso-Fall, bei dem man auf die gewandelten Anschauungen in der heutigen pluralistischen Gesellschaft hinweisen konnte (BGHSt 49, 166ff.). Zum anderen ging es um einen gemeinschaftlichen Heroinkonsum, bei dem ein Beteiligter dem zitterernden anderen Beteiligten das Heroin aufkochte und injizierte (BGHSt 49, 34ff. [kaum verständlich, weil nach dem Betäubungsmittelgesetz sogar strafbar]). Trotz (angeblich) fehlender Sittenwidrigkeit verurteilte der BGH in beiden Fällen die Täter, weil sie ihr jeweiliges Opfer in Lebensgefahr (die dann auch zum Tod führte) gebracht hatten. Wenn man diesen Umstand für entscheidend hält, dann sollte man die Herbeiführung der konkreten Lebensgefahr auch in § 228 StGB hineinschreiben und den Verstoß gegen die guten Sitten dafür streichen (näher zur Problematik *Kühl,* JA 2009, 833, 836f.; vertiefend *Kühl,* in: Festschrift für F.-C. Schroeder, 2006, S. 521, in: Festschrift für G. Jakobs, 2007, S. 293ff. und in: Festschrift für I. Puppe, 2011, S. 653, 658).

53 Dass auch der Gesetzgeber mit der Delegierung von Entscheidungen über Rechtsfragen an die Moral nicht immer zufrieden ist, zeigt sich dann, wenn er sich die Entscheidung von der Moral zurückholt. Das ist etwa im Bereich der **Prostitution** geschehen, die lange Zeit vom Sittenwidrigkeits- und Nichtigkeitsverdikt des § 138 Abs. 1 BGB überzogen war. Hier hat § 1 Prostitutionsgesetz mit Geltung vom 1.1.2002 angeordnet, dass eine „rechtswirksame Forderung" vorliegt, „wenn sexuelle Handlungen gegen ein vorher vereinbartes Entgelt vorgenommen worden" sind. Für das Strafrecht hat

dies Auswirkungen beim Vermögensschutz, denn wenn die Prostituierte eine „rechtswirksame Forderung" hat, so kann sie darum auch nach § 263 StGB betrügerisch gebracht werden. Vor 2002 war die sog. „geprellte Dirne" strafrechtlich nicht geschützt, weil ihre Forderung gegen den sie täuschenden „Freier" wegen Sittenwidrigkeit nach § 138 Abs. 1 BGB nichtig war, und sie ihre Arbeitskraft zu sittenwidrigen Zwecken eingesetzt hat.

Der Bereich des Strafbaren könnte auch durch eine gesetzgeberische Entscheidung bei der **Dopingbekämpfung** für die Körperverletzung nach §§ 223ff. StGB erweitert worden sein. Die Strafbarkeit der Anwendung gesundheitsschädlicher Dopingmittel mit Einwilligung des gedopten Sportlers ist nur dann nach § 228 StGB „rechtswidrig, wenn die Tat trotz der Einwilligung gegen die guten Sitten verstößt." Fraglich war dabei bisher, ob allein der Verstoß gegen das sportethische Prinzip der Chancengleichheit im sportlichen Wettbewerb diesen Sittenverstoß begründen konnte. Die Begründung eines Sittenverstoßes scheint nun leichter, weil der Gesetzgeber in §§ 6a, 95 Abs. 1 Nr. 2a, Abs. 3 Nr. 4 Arzneimittelgesetz zum Ausdruck gebracht hat, dass er bestimmte Formen des Dopings nicht nur für sittenwidrig, sondern für rechtswidrig, ja sogar für strafbar hält. Auch dies könnte als Zurückeroberung eines Lebensbereichs verstanden werden, den das (Straf-)Recht bisher der Moral zur (unsicheren) Entscheidung überlassen hatte. 54

Beide Beispiele einer Verrechtlichung der Moral sind dann vom Gesetzgeber richtig entschieden worden, wenn die neuen Rechtsvorschriften zum Schutze der äußeren Freiheit der Prostituierten und der Gesundheit der Sportler erforderlich sind. Daran wird man beim Freiheitsschutz der Prostituierten keinesfalls, aber auch beim Gesundheitsschutz des Sportlers kaum zweifeln können. 55

III. Die Eigentumsdelikte, insbesondere der Diebstahl

1. Die Deliktsgruppe der Eigentumsdelikte

Anders als die Tötungs- und Körperverletzungsdelikte sind die Eigentumsdelikte über mehrere BT-Abschnitte verteilt. Von einem Grunddelikt kann man deshalb nicht sprechen. Von der praktischen und ausbildungsmäßigen Bedeutung her ist aber der Diebstahl an erster Stelle zu nennen. Von ihrer Allgemeinheit her hingegen ist die **Unterschlagung** gem. § 246 StGB die **weiteste Vorschrift,** denn sie erfasst jegliche Form der Zueignung, während der Diebstahl gem. § 242 StGB nur die (Absicht der) Zueignung durch Wegnahme unter Strafe stellt. 56

Wichtig ist außerdem der **Raub** gem. § 249 StGB, der zwar auf dem Diebstahl aufbaut, aber dennoch keine Qualifikation des Diebstahls ist, weil er den Einsatz der Nötigungsmittel Gewalt oder Drohung so funktional mit dem Diebstahl verbindet, dass ein **eigenständiges Delikt** (sog. delictum sui generis) herauskommt. Dieser Raub ist im Gegensatz zu seinen Bestandteilen – Nötigung und Diebstahl – ein Verbrechen, auch im minder schweren Fall des § 249 Abs. 2 StGB, weil eine solch unbenannte Strafmilderung für die Deliktseinteilung in die Kategorien Verbrechen – Vergehen nach § 12 Abs. 3 StGB „außer Betracht" bleibt. Der Einsatz von Nötigungsmitteln zur Sicherung der Diebstahls- oder Raubbeute wird vom räuberischen Diebstahl gem. § 252 StGB erfasst. Beide Delikte – Raub und räuberischer Diebstahl – werden durch den schweren Raub gem. § 250 StGB und den Raub mit Todesfolge gem. § 251 StGB qualifiziert. Das ergibt sich für den Raub schon aus dem Wortlaut dieser Qualifikatio- 57 nen, für den räuberischen Diebstahl aber erst aus dem letzten Halbsatz des § 252 StGB, wonach der Täter eines räuberischen Diebstahls „gleich einem Räuber zu bestrafen" ist, d. h. auch nach den für den Räuber geltenden Qualifikationsvorschriften der §§ 250, 251 StGB.

58 Bei der normalen, nach § 15 StGB nur vorsätzlich zu verwirklichenden Qualifikationsvorschrift des § 250 StGB bereitet vor allem Abs. 1 Nr. 1 a Schwierigkeiten, denn die oben bei der Körperverletzung gem. § 224 Abs. 1 Nr. 2 StGB genannte Definition des **„gefährlichen Werkzeugs"** passt hier nicht, weil bei § 250 Abs. 1 Nr. 1 a StGB nicht das Verwenden, sondern schon das „Beisichführen" ausreicht, so dass ein Rückschluss aus der „Art der Benutzung des Werkzeugs im konkreten Fall" (s. o. Rn. 36) auf dessen Gefährlichkeit nicht möglich ist. Der langjährige Streit um die Mindestanzahl der Mitglieder einer „Bande" i. S. der §§ 244 Abs. 1 Nr. 2, 250 Abs. 1 Nr. 2 StGB ist inzwischen vom Großen Senat des BGH in Strafsachen entschieden worden: es müssen drei Personen sein (BGHSt [GS] 46, 321; näher dazu *Kühl,* HRR BT, Fall Nr. 51).

59 Der Raub mit Todesfolge ist dagegen eine sog. **Erfolgsqualifikation.** Anders als bei der Körperverletzung mit Todesfolge gem. § 227 StGB muss § 251 StGB nicht durch § 18 StGB um das Fahrlässigkeitserfordernis ergänzt werden, denn dieses enthält er in Form der Leichtfertigkeit, d. h. einer groben Fahrlässigkeit, selbst. Anders als bei § 227 StGB ist hier auch unbestritten, dass ein Zusammenhang zwischen den Raubhandlungen, insbesondere der Gewalt, und der Todesfolge ausreicht.

60 Schließlich ist als **selbständiges Eigentumsdelikt** noch die **Sachbeschädigung** gem. § 303 StGB zu erwähnen. Während Grafitti-Sprayer früher oft mangels Verletzung der Substanz der besprayten Sache nicht wegen Sachbeschädigung bestraft werden konnten, werden solche Taten inzwischen von Abs. 2 erfasst, der das Verändern des Erscheinungsbildes einer fremden Sache genügen lässt (näher zum 39. Strafrechtsänderungsgesetz vom 1. 9. 2005 *Hillenkamp,* in: Festschrift für H.-D. Schwind, 2006, S. 927). Auf die Nennung weiterer Eigentumsdelikte kann in dieser Einführung verzichtet werden. Sie sind teilweise in BT-Abschnitten versteckt, in denen man sie nicht vermuten würde; so z. B. die Brandstiftung gem. § 306 StGB bei den gemeingefährlichen Straftaten des 28. BT-Abschnitts.

2. Der Diebstahl und seine Strafschärfungen

61 Grunddelikt ist der Diebstahl gem. § 242 StGB vor allem hinsichtlich der Strafschärfungsvorschriften der §§ 243, 244 StGB. Dabei ist § 244 StGB eine normale Qualifikation wie der schon oben bei den Körperverletzungsdelikten angesprochene § 224 StGB. Eine bisher noch nicht aufgetretene Strafschärfung enthält § 243 StGB, der Regelbeispiele für besonders schwere Fälle aufweist. Vom Deliktscharakter her handelt es sich bei **§ 243 StGB** um eine **Strafzumessungsvorschrift.** Strafzumessungsvorschriften für minder schwere oder besonders schwere Fälle sind in strafrechtlichen Übungs- und Examensarbeiten normalerweise nicht zu prüfen, denn in solchen Arbeiten ist immer nur die Frage des „Ob", nicht des „Wie" der Strafbarkeit zu prüfen. Anders ist dies bei § 243 StGB, weil die Regelbeispiele des Abs. 1 S. 2 Nr. 1–7 tatbestandlich ausformuliert sind, so dass eine Subsumtion des Sachverhalts unter die Merkmale dieser Nummern möglich ist. Insoweit ist § 243 StGB nicht anders zu prüfen als die normale Qualifikationsvorschrift des § 244 StGB.

62 Sachlich aber bestehen Unterschiede. So ist etwa umstritten, ob es einen Versuch bei § 243 StGB gibt, obwohl es sich nicht um einen (Qualifikations-)Tatbestand, sondern bloß um eine Strafzumessungsvorschrift handelt. Praktisch wichtig ist auch die aus der **Regelbeispieltechnik** resultierende Forderung, dass – im Gegensatz zur abschließenden Beschreibung der qualifizierenden Merkmale in § 244 Abs. 1 StGB – einerseits ein besonders schwerer Fall auch dann nicht zwingend angenommen werden muss, wenn ein Regelbeispiel vorliegt; – ein Regelbeispiel führt eben nur in der Regel und nicht immer zu einem besonders schweren Fall. Andererseits kann auch ohne Vorliegen eines Regelbeispiels ein besonders schwerer Fall bejaht werden.

63 Auf die einzelnen Regelbeispiele des § 243 StGB und die Qualifikationsmerkmale des § 244 StGB kann hier nicht eingegangen werden. Immerhin soll auf die sachliche Nähe von Regelbeispielen und Qualifikationsmerkmalen beim sog. **Einbruchsdiebstahl** kurz hingewiesen werden. Bezieht sich der Einbruchsdiebstahl auf ein Gebäude, so liegt „nur" das Regelbeispiel Nr. 1 des § 243 Abs. 1 S. 2 StGB vor. Bezieht sich der Einbruchsdiebstahl hingegen auf eine Wohnung, so ist ein Wohnungseinbruchsdiebstahl gem. § 244 Abs. 1 Nr. 3 StGB gegeben. Die im letzteren Fall höhere Strafdrohung erklärt sich daraus, dass die Wohnung nicht nur Teil eines Gebäudes ist, sondern den Mittelpunkt des Privatlebens bildet; der Angriff erfolgt also nicht nur auf das Eigentum, sondern auch auf ein höchstpersönliches Rechtsgut („Eindringen in die Intimsphäre"), das nachhaltig verletzt wird.

64 Bei diesen Vorschriften über den Einbruchsdiebstahl kann schon – überleitend zum Grunddelikt des Diebstahls gem. § 242 StGB – auf die „Schwierigkeit" der einzelnen BT-Delikte hingewiesen werden: Sie enthalten viele einzelne Tatbestandsmerkmale, deren (oft standardisierte) **Definition** man für die Prüfung von einzelnen Delikten kennen muss. Das bedeutet, dass man sie lernen muss, damit sie auch in Klausursituationen ohne Hilfsmittel abrufbar sind. Deshalb macht es im BT auch Sinn, neben Kommentaren und systematischen Lehrbüchern ein Buch „Strafrecht Besonderer Teil – Definitionen mit Erläuterungen", wie dies *Küper/Zopfs* (10. Aufl. 2018) erfolgreich getan hat, zu schreiben. Beim verkürzt so genannten Einbruchsdiebstahl sind dies u. a. das Einbrechen, das Einsteigen und das Eindringen:

- Einbrechen ist das gewaltsame Öffnen einer den Zutritt verwehrenden Umschließung von außen (*Lackner/Kühl*, § 243 Rn. 10; vgl. auch die angereicherte Definition von *Küper* a. a. O. S. 124);
- Einsteigen setzt voraus, dass der Täter in den Raum unter Überwindung von Hindernissen, die den Zugang nicht unerheblich erschweren, auf außergewöhnliche Weise eindringt (*Lackner/Kühl*, § 243 Rn. 11; vgl. auch die angereicherte Definition von *Küper* a. a. O. S. 134);
- Eindringen ist das Betreten des geschützten Bereiches gegen den erklärten oder aus den Umständen erkennbaren (mutmaßlichen) Willen des Berechtigten (*Küper* a. a. O. S. 125; vgl. auch *Lackner/Kühl-Heger*, § 123 Rn. 5).

65 Es gibt aber auch komplexere Tatbestandsmerkmale, bei denen so einfache Definitionen nicht ausreichen, um bestimmte Sachverhalte darunter subsumieren zu können. Ein solches Tatbestandsmerkmal ist beim Diebstahl gem. § 242 StGB etwa die **Wegnahme.** Ob jemand eine Zigarettenschachtel, die er bei seinem Einkauf im Supermarkt nicht in den Einkaufswagen legt, sondern in seine Jacketttasche steckt,

wegnimmt, kann erst entschieden werden, wenn man den Begriff der Wegnahme „kleinarbeitet" und damit in die Nähe des Sachverhalts bringt.

66 In einem ersten Schritt wird die Wegnahme **(standard-)definiert** als: Bruch fremden und Begründung neuen Gewahrsams. In einem zweiten Schritt muss der Begriff ‚Gewahrsam' in seine Bestandteile **„zerlegt" werden:** vom Herrschaftswillen getragene tatsächliche Sachherrschaft, die von den Anschauungen des täglichen Lebens mitbestimmt wird. Eine solche Sachherrschaft über alle in den Regalen liegenden Verkaufsgegenstände hatte der Inhaber des Ladens. Nach dem Einstecken der Zigarettenschachtel könnte diese Sachherrschaft beim Jacketträger liegen. Dies könnte zwar deshalb zweifelhaft sein, weil der Täter die Zigaretten noch nicht durch die Kasse gebracht hat. Nach der sozialen Zuordnung von Sachen zu Personen bzw. den Anschauungen des täglichen Lebens darüber werden jedoch kleine, leicht bewegliche Sachen den Personen zugerechnet, die sie in ihrer Kleidung tragen. Demzufolge hat der Täter bereits im Selbstbedienungsladen Sachherrschaft und damit neuen Gewahrsam begründet. Diese Gewahrsamsbegründung geschah auch durch Bruch des bisherigen Gewahrsams des Inhabers des Selbstbedienungsladens, so dass die Zigaretten weggenommen worden sind. Eine Folgerung daraus ist, dass der Täter durch Zurücklegen der Zigaretten vor Passieren der Kasse nicht mehr i. S. des § 24 StGB strafbefreiend vom Versuch zurücktreten kann, weil er den Diebstahl schon vollendet hat (unten § 38 Rn. 22ff.).

IV. Die Vermögensdelikte, insbesondere der Betrug

1. Die Deliktsgruppe der Vermögensdelikte

67 Die Vermögensdelikte sind – ähnlich wie die Eigentumsdelikte – **über mehrere BT-Abschnitte verteilt.** Neben dem sogleich gesondert anzusprechenden Betrug gem. § 263 StGB sind vor allem die Erpressung gem. § 253 StGB und die Untreue gem. § 266 StGB zu nennen. Daneben gibt es zahlreiche Delikte, die neben dem Vermögen noch andere Rechtsgüter schützen. Das ist beim Computerbetrug gem. § 263a StGB noch bestritten, beim Subventions-, Kapitalanlage- und Kreditbetrug gem. §§ 264, 264a und 265b StGB aber allgemein anerkannt, auch wenn die zusätzlich geschützten Allgemeininteressen an einer wirksamen staatlichen Wirtschaftsförderung, an der Funktionsfähigkeit des Kapitalmarktes und an der Verhütung von Gefahren, die der Wirtschaft im ganzen infolge der vielfältigen Abhängigkeiten von Gläubigern, Schuldnern und Arbeitnehmern durch ungerechtfertigte Vergabe von Wirtschaftskrediten erwachsen können, wegen ihrer Weite durchaus Kritik auf sich ziehen (s. o. § 31 Rn. 20).

68 Die **Erpressung** gem. § 253 StGB wird qualifiziert durch die räuberische Erpressung gem. § 255 StGB; hinzukommt der erpresserische Menschenraub gem. § 239a StGB. Die **Untreue** gem. § 266 StGB wird ergänzt durch das Vorenthalten und Veruntreuen von Arbeitsentgelt gem. § 266a StGB und den Missbrauch von Scheck- und Kreditkarten gem. § 266b StGB. Die Liste der Vermögensdelikte im BT ist damit keineswegs vollständig. Wie bei den Eigentumsdelikten sind manche Vermögensdelikte auch „versteckt"; so das unerlaubte **Entfernen vom Unfallort** gem. § 142 StGB, der das private Interesse der Unfallbeteiligten und Geschädigten, insbesondere die Sicherung ihrer Schadensersatzansprüche, schützt, aber im 7. BT-Abschnitt platziert ist, der „Straftaten gegen die öffentliche Ordnung" enthält bzw. enthalten sollte.

2. Der Betrug

Beim Betrug gem. § 263 StGB wird besonders deutlich, dass Eigentum und Vermögen vom Strafrecht nicht „rundum", sondern nur gegen bestimmte Angriffe geschützt werden (sog. fragmentarischer Charakter des Strafrechts [dazu schon § 31 Rn. 42 und § 32 Rn. 8]). Der Betrug schützt das Vermögen nur gegen Angriffe, die mittels Täuschung vorgetragen werden. Die Täuschung bzw. die Lüge an sich führt im Normalfall (zur Ausnahme der sog. Auschwitzlüge vgl. oben § 31 Rn. 23 und 27) noch nicht zur Strafbarkeit; strafbar ist die Lüge erst, wenn sie über den Irrtum eine schädigende Vermögensverfügung verursacht. Die Lüge selbst ist aber schon eine sozialethisch negativ bewertete Handlung, die den **Handlungsunwert** des Betrugs mitbestimmt, dessen **Erfolgsunwert** im Vermögensschaden liegt. Beide zusammen (und der Betrugsvorsatz sowie die Vermögensvorteilsabsicht) ergeben erst das spezifische Unrecht des Betrugs. 69

Die **Täuschung** kann durch aktives Tun oder durch Unterlassen in Garantenstellung (sog. Betrug durch Schweigen) begangen werden. Letzteres kommt selten vor und muss die zweifache Gleichstellungsvoraussetzung des § 13 Abs. 1 StGB erfüllen. Diese Gleichstellungsvoraussetzungen müssen aber nicht vorliegen, wenn eine Tatsache nur nicht ausdrücklich, sondern konkludent/stillschweigend mit einer anderen Handlung mit-erklärt wird. So etwa vom „Zechpreller", der mit der Bestellung von Speisen und Getränken zugleich mit-erklärt, dass er diese nach Lieferung bezahlen wird; hat er dies nicht vor, so täuscht er aktiv und konkludent über die innere Tatsache seine Zahlungsbereitschaft. Wird einem aber nach Bezahlung zu viel Geld herausgegeben, so kann man dies einstecken, ohne sich wegen Betrugs strafbar zu machen. Denn mit der Entgegennahme des „Rausgeldes" erklärt man nicht etwa, dass der richtige Betrag herausgegeben wurde, und eine Täuschung durch Unterlassen liegt mangels Garantenstellung des Gastes gegenüber dem Vermögen von Bedienung bzw. Wirt nicht vor. 70

Die Täuschung muss zu einem **Irrtum** des Getäuschten führen. Dass die Täuschung für einen erfahrenen Teilnehmer am Wirtschaftsleben leicht durchschaubar gewesen wäre, führt nach überwiegender Ansicht nicht zur Verneinung eines Irrtums, weil der Betrug gerade auch die Unerfahrenen und Leichtgläubigen schützen wolle. Dagegen kann man freilich – viktimodogmatisch – einwenden, dass staatlicher Vermögensschutz dort nicht notwendig ist, wo sich das Opfer durch die gebotene Vorsicht selbst schützen kann. 71

Das dritte geschriebene Tatbestandsmerkmal des § 263 StGB ist die Vermögensbeschädigung bzw. der Vermögensschaden. Da aber ein Vermögensschaden allein durch einen Irrtum nicht bewirkt werden kann, muss als drittes, **ungeschriebenes Tatbestandsmerkmal** die **Vermögensverfügung** „dazwischengeschoben" werden. Dabei muss der Verfügende zwar mit dem getäuschten Irrenden identisch sein, aber der Verfügende und der an seinem Vermögen Geschädigte können verschiedene Personen sein. Die dadurch ermöglichte Form des Dreieckbetrugs liegt etwa vor, wenn der zahlungsunfähige Kunde die Herausgabe seines reparierten Fernsehgeräts dadurch erreicht, dass er dem Lehrling in der Werkstatt einen Herausgabezettel vorlegt, der so aussieht, als habe der Inhaber des Fernsehgeschäftes die Herausgabe angewiesen, der in Wahrheit aber vom „fremden Kunden" stammt (so im Übungsfall von *Kühl/Brutscher*, JuS 2011, 335 ff.). 72

Besonders schwierige Probleme wirft das letzte objektive Tatbestandsmerkmal – der **Vermögensschaden** – auf. Das hängt vor allem damit zusammen, dass schon der Be- 73 griff des Vermögens umstritten ist. Vergröbernd stehen sich ein wirtschaftlicher Vermögensbegriff und ein juristisch-ökonomischer Vermögensbegriff gegenüber (vgl. *Hillenkamp,* 40 Probleme aus dem Strafrecht Besonderer Teil, 12. Aufl. 2013, 31. Problem, S. 166–174, der die Argumente pro und contra für diese Vermögensbegriffe zusammenstellt und weitere Vermögensbegriffe wie den „juristischen" und den „personalen" Vermögensbegriff behandelt). Der wirtschaftliche Vermögensbegriff betrachtet als Vermögen die Summe aller wirtschaftlichen (geldwerten) Güter nach Abzug der Verbindlichkeiten; demgegenüber beschränkt der juristisch-ökonomische Vermögensbegriff das Vermögen auf die Güter, über welche eine Person rechtliche Verfügungsmacht hat oder die ihr unter dem Schutz der Rechtsordnung oder wenigstens ohne deren Missbilligung zustehen (*Lackner/Kühl,* § 263 Rn. 33 m.w.N.).

74 Ein Fall, an dem sich diese **Vermögensbegriffe** „scheiden", ist der durch Diebstahl erlangte unrechtmäßige Besitz an einer Sache, den die Vertreter des wirtschaftlichen Vermögensbegriffs wegen seines wirtschaftlichen Wertes für den Besitzer zum Vermögen zählen, um das der Besitzer durch Täuschung durch einen zahlungsunfähigen „Käufer" gebracht wird, der vorgibt, die „gekaufte" Sache alsbald zu bezahlen (vgl. das Ausgangsbeispiel bei *Hillenkamp* a. a. O. S. 166 mit Lösung S. 172). Die juristisch-ökonomische Vermögenslehre lehnt dagegen den Schutz des unrechtmäßigen Besitzes ab.

75 Zu unterschiedlichen Ergebnissen kommen die beiden Begriffe auch bei wegen **Sittenwidrigkeit** nichtigen Ansprüchen (vgl. § 138 Abs. 1 BGB), die nur die wirtschaftliche Vermögenslehre dann strafrechtlich schützt, wenn sie trotz ihrer Nichtigkeit faktisch durchsetzbar sind. Zu beachten ist aber – worauf schon oben (§ 32 Rn. 53) bei der Behandlung der sittenwidrigen Körperverletzung gem. § 228 StGB hingewiesen wurde –, dass der Anspruch der Prostituierten auf das vereinbarte Entgelt durch § 1 Prostitutionsgesetz 2002 rechtliche Anerkennung gefunden hat, so dass die Prostituierte nun auch um diesen Anspruch betrügerisch vom „faulen" Kunden gebracht werden kann. Vertreter des juristisch-ökonomischen Vermögensbegriffs lehnen – wie das Zivilrecht – den strafrechtlichen Schutz nichtiger Ansprüche ab. Ein Teil dieser Vertreter stimmt aber den Vertretern des wirtschaftlichen Vermögensbegriffs für den Fall zu, dass „wohl erworbenes, gutes Geld" zu rechts- oder sittenwidrigen Zwecken eingesetzt wird. Deshalb wird der gegen Geld „gedungene Killer" zum Betrüger, wenn er den Vorschuss annimmt, ohne zur Durchführung des Tötungsauftrags bereit zu sein (vgl. den Fall des Kammergerichts Berlin, NJW 2001, 86; näher dazu und zu weiteren Sittenwidrigkeitsfällen *Kühl,* JuS 1989, 505ff. sowie *Kühl,* HRR BT, Fall Nr. 65, insbesondere Frage und Antwort 5).

76 Eine Auswirkung der rein wirtschaftlichen Betrachtungsweise ist die **Vorverlegung des Vollendungszeitpunkts.** Der Betrug gem. § 263 StGB ist vollendet, sobald der Vermögensschaden eingetreten ist. Als Vermögensschaden erscheint bei einer wirtschaftlichen Betrachtung aber auch schon die konkrete messbare Vermögensgefährdung. Deshalb liegt ein sog. Eingehungsbetrug schon bei Abschluss von Verträgen vor, wenn sich beim Vergleich der durch den Vertragsabschluß entstandenen Ansprüche ein wirtschaftliches Ungleichgewicht ergibt. So etwa, wenn der zahlungsunwillige Kunde seinen Fernsehapparat zur Reparatur bringt: dann ist der Reparaturwerkstattinhaber mit einem Werkerbringungsanspruch belastet, hat dafür aber nur einen „windigen", nicht durchsetzbaren Zahlungsanspruch erworben. Freilich könnte diese schadensgleiche Vermögensgefährdung dadurch kompensiert sein, dass der Geschädigte

ein Werkunternehmerpfandrecht gem. § 647 BGB an der reparierten Sache erlangt, durch dessen Zwangsversteigerung er sich letztlich schadlos halten kann. Von einer fehlenden Gefährdung des Vermögens des Werkunternehmers kann aber nur dann die Rede sein, wenn die Versteigerung aller Wahrscheinlichkeit nach einen ausreichenden Erlös erbringen wird (näher im Übungsfall von *Kühl/Brutscher,* JuS 2011, 335 ff.).

V. Delikte gegen Rechtsgüter der Allgemeinheit

Die bisherige Auswahl von Deliktsgruppen betraf Straftaten, die sich gegen Individual-Rechtsgüter richten. Diese Auswahl ist schon hinsichtlich dieser Rechtsgüter sehr streng gewesen, damit der Überblick über die einzelnen Delikte des BT nicht verloren geht. Bei den jetzt noch ausstehenden Straftaten gegen **Universal-Rechtsgüter** muss die Auswahl noch strenger ausfallen, um dieses Ziel nicht doch noch zu verfehlen. Auf eine Aufzählung der einzelnen Deliktsgruppen wird deshalb verzichtet, weil sich eine solche Aufzählung leicht in der BT-Gliederung des StGB und den systematischen Gliederungen der o. g. BT-Lehrbücher (§ 31 Rn. 9) finden lässt. Das Herausgreifen einzelner Deliktsgruppen und einzelner Delikte ist deshalb zugestandenermaßen fast schon willkürlich, immerhin aber durch eine lange Lehrerfahrung geprägt. 77

Für die Praxis stehen die **Straßenverkehrsdelikte** eindeutig im Vordergrund. Sie ergänzen die im Straßenverkehr leider auch häufig vorkommenden Verletzungsdelikte der fahrlässigen Tötung und Körperverletzung gem. §§ 222, 229 StGB durch abstrakte und konkrete Gefährdungsdelikte. Ein abstraktes Gefährdungsdelikt ist die „Trunkenheit im Verkehr" gem. § 316 StGB. Nach dieser Vorschrift wird etwa bestraft, wer mit über 1,1 ‰ Blutalkoholkonzentration (BAK) im Verkehr ein Fahrzeug führt. Diese erstaunlicherweise vom Bundesgerichtshof und nicht vom Gesetzgeber festgelegte sog. absolute Fahruntüchtigkeit (vgl. *Lackner/Kühl-Heger,* § 315c Rn. 6a) kann nicht z. B. durch die (wahre) Behauptung widerlegt werden, man sei fehlerfrei gefahren und habe niemanden gefährdet. Der Gesetzgeber hält eben das Führen eines Fahrzeugs unter Alkoholeinfluss im Verkehr generell für gefährlich hinsichtlich von Leib und Leben anderer. Deshalb bedroht er auch das Führen eines Fahrzeugs im Straßenverkehr bei einer BAK über 0,5 ‰ in § 24a Straßenverkehrsgesetz mit einer Geldbuße und in der Regel auch mit einem Fahrverbot gem. § 25 StVG; – in § 24a StVG hat übrigens der Gesetzgeber die absolute Fahruntüchtigkeit festgelegt. Schon ab einem BAK von 0,3 ‰ kann man sich nach § 316 StGB strafbar machen, wenn weitere Beweisanzeichen für die Fahruntüchtigkeit vorliegen wie z. B. Schlangenlinienfahren (sog. relative Fahruntüchtigkeit; vgl. *Lackner/Kühl-Heger,* § 315c Rn. 7). – Aus dem abstrakten Gefährdungsdelikt des § 316 StGB wird ein konkretes Gefährdungsdelikt etwa dann, wenn der fahruntüchtige Fahrer durch das Führen des Fahrzeugs im Verkehr „Leib und Leben eines anderen Menschen" gefährdet. Die hier verlangte konkrete Gefahr setzt die Wahrscheinlichkeit eines Schadenseintritts voraus, die der BGH anschaulich damit umschreibt, dass es zu einem „Beinaheunfall" gekommen sein müsse (näher zum Gefahrbegriff BGH NJW 1996, 329 zu §§ 315b, 315c StGB; mit Fragen und Antworten aufbereitet von *Kühl,* HRR BT, Fall Nr. 81). 78

Abstrakte und konkrete Gefährdungsdelikte sind auch bei den „Gemeingefährlichen Straftaten" des 28. BT-Abschnitts, insbesondere bei den **Brandstiftungsdelikten,** zu finden. Während § 306 StGB – wie bereits bei den Eigentumsdelikten erwähnt (§ 32 Rn. 60) – hauptsächlich das Eigentum schützt und als Spezialfall der Sachbeschädigung gem. § 303 StGB betrachtet werden kann, schützt § 306a Abs. 1 StGB be- 79 stimmte menschliche Aufenthaltsstätten ohne Rücksicht darauf, ob im Einzelfall eine konkrete Gefahr für Menschen entstanden ist oder sogar nach den Umständen ausgeschlossen war (vgl. *Lackner/Kühl-Heger,* § 306a Rn. 1). Letzteres wird bestritten für die Inbrandsetzung kleinerer, ohne weiteres überschaubarer Wohnstätten, wenn die Gefährdung durch absolut zuverlässige lückenlose Maßnahmen objektiv und nach dem Wissen des Täters mit Sicherheit ausgeschlossen war (offengelassen von BGHSt 29, 121; näher zu diesem „Hotelbrand-Fall" *Kühl,* HRR BT, Fall Nr. 77). – § 306a Abs. 2 StGB enthält dagegen ein konkretes Gefährdungsdelikt zum Schutze der Gesundheit. – Ein erfolgsqualifiziertes Delikt, das schon bei den Körperverletzungsdelikten mit § 227 StGB und bei den Eigentumsdelikten mit § 251 StGB angesprochen worden ist, enthält § 306c StGB; die besondere Folge ist wie bei § 227 StGB der „Tod", aber nicht – wie bei § 227 StGB – der „verletzten Person", sondern allgemein „eines anderen Menschen". Außerdem muss im Unterschied zu § 227 StGB nicht auf § 18 StGB zurückgegriffen werden, denn § 306c StGB enthält – wie § 251 StGB – das in § 18 StGB enthaltene Fahrlässigkeitserfordernis selbst: der Tod muss durch die Brandstiftung „leichtfertig" verursacht worden sein, womit eine grobe Fahrlässigkeit gemeint ist (vgl. *Lackner/Kühl-Heger,* § 306e Rn. 1 mit Verweisung auf Rn. 55 zu § 15). „Die Brandstiftung ist" übrigens „eines der ältesten Delikte." Dieser Satz stammt aus dem zweibändigen BT-Lehrbuch von *Maurach/Schroeder/Maiwald,* Teilband 2, 10. Aufl. 2012, § 51 Rn. 1. Es ist – wie bereits oben zu Teilband 1 gesagt – eine Spezialität dieses Lehrbuchs, dass zu Beginn der Darstellung der einzelnen BT-Deliktsgruppen auch auf die „Geschichte" der Delikte eingegangen wird.

80 Wegen ihrer nicht unerheblichen Ausbildungs- und Examensrelevanz seien noch kurz die Rechtspflegedelikte und die Delikte gegen die Sicherheit des Rechtsverkehrs erwähnt. Von den Rechtspflegedelikten sind entsprechend der Überschrift des 9. Abschnitts „**Falsche uneidliche Aussage** und **Meineid**" gem. §§ 153, 154 StGB zu beachten. Sie sind sog. eigenhändige Delikte, die täterschaftlich nur von dem falsch Aussagenden und dem falsch Schwörenden begangen werden können. Sie sind außerdem reine Tätigkeitsdelikte, die für ihre Verwirklichung nicht den Eintritt eines von dieser Tätigkeit abzuhebenden Erfolgs – z. B. in Form eines durch die falsche Aussage verursachten Fehlurteils – verlangen.

81 Die **Urkundsdelikte** sind eine besonders schwierige Deliktgruppe, deren Probleme hier nicht annähernd umschrieben werden können. Anders als die „Fälschung technischer Aufzeichnungen" gem. § 268 StGB, der in Abs. 2 den Schutzgegenstand (legal-) definiert, ist der wichtigere Urkundsbegriff in der „Urkundenfälschung" gem. § 267 StGB nicht definiert. Als Standard-Definition muss man deshalb wissen, dass die Urkunde eine verkörperte Gedankenerklärung ist, die allgemein oder für Eingeweihte verständlich ist, einen Aussteller erkennen lässt und zum Beweis einer rechtlich erheblichen Tatsache geeignet und bestimmt ist (*Lackner/Kühl-Heger,* § 267 Rn. 2; vgl. auch die angereicherte Definition von *Küper,* BT, S. 312). Durch diese Definition werden etwa von der Rechtsprechung Fotokopien ausgeschieden, weil sie keinen Aussteller erkennen lassen. Dagegen kann man zwar einwenden, dass Fotokopien im Rechtsverkehr immer mehr an die Stelle von Originalurkunden getreten sind, doch kann man diesen Einwand damit replizieren, dass man auf die Möglichkeit der Beglaubigung der Kopie hinweist, die die Kopie mit Beglaubigungsvermerk zu einer (zusammengesetzten) Urkunde macht, auf die man sich dann im Rechtsverkehr verlassen kann. – Neben dem komplizieren Urkundsbegriff macht vor allem die Beschränkung des

§ 267 StGB auf unechte Urkunden Probleme. Unecht ist eine Urkunde, die nicht von demjenigen herrührt, der aus ihr als Aussteller hervorgeht (*Küper,* BT, S. 331); scheinbarer Aussteller und wirklicher Aussteller müssen divergieren, während es auf die Wahrheit des Urkundeninhalts nicht ankommt (sog. straflose schriftliche Lüge). Wer ein Testament zu seinen Gunsten mit dem Namen des Erblassers unterschreibt, stellt eine unechte Urkunde i. S. des § 267 Abs. 1 Var. 1 StGB her. Wer dagegen einen Kaufvertrag mit eigenem Namen unterschreibt, begeht nur eine straflose schriftliche Lüge, wenn er den Kaufpreis falsch angibt.

VI. Delikte zum Schutz des Persönlichkeitsrechts

Keinen eigenen BT-Abschnitt haben die Delikte, die das (allgemeine) Persönlichkeitsrecht schützen. Bei ihnen tritt schon beim Rechtsgut die Offenheit und Unbestimmtheit hervor. Dem entspricht es, dass in der Strafrechtswissenschaft bis heute kein System für solche Delikte entwickelt wurde. In dieser prekären Situation bleibt dem Strafgesetzgeber nichts anderes übrig, als den strafrechtlichen Schutz des Persönlichkeitsrechts aus aktuellem und konkretem Anlass punktuell fortzuentwickeln und – hoffentlich – zu verbessern (*Kühl,* in: Festschrift für H. Schöch, 2010, S. 419 ff.). Das ist in den letzten zehn Jahren zwei Mal in spektakulären, die öffentliche Diskussion herausfordernden Fällen geschehen. Das 36. Strafrechtsänderungsgesetz vom 30.7.2004 schuf den sog. „Papparazzi-Paragraphen" = § 201 a StGB, der unbefugte Bildaufnahmen unter bestimmten Voraussetzungen verbietet. Das 40. Strafrechtsänderungsgesetz vom 22.3.2007 kreierte die neue Vorschrift des § 238 StGB, der das gesellschaftliche Phänomen des „Stalking" unter der wenig aussagekräftigen Überschrift der „Nachstellung" strafrechtlich erfasst. 82

Diese punktuellen Ergänzungen waren bei den unbefugten Bildaufnahmen (§ 201 a StGB) leicht zu begründen, denn die unbefugten Tonaufnahmen waren nach § 201 StGB schon lange strafbar. Da aber erstere das Persönlichkeitsrecht durch das Festhalten eines augenblicklichen Erscheinungsbildes ebenso dauerhaft beeinträchtigen wie das auf „Tonkonserve" festgehaltene flüchtig gesprochene Wort, „musste" diese Lücke geschlossen werden. Die Lückenschließung verstößt nicht gegen den fragmentarischen Charakter des Strafrechts (oben § 31 Rn. 42 und § 32 Rn. 8 und 69), denn dieser wendet sich gegen Lückenschließungen nur dann, wenn die Lücke geschlossen wird, damit keine Lücke besteht. Geht es aber – wie bei § 201 a StGB – darum, gleich gewichtige Angriffe auf ein Rechtsgut auch gleich zu behandeln, d. h. unter Strafe zu stellen, so ist die Fragmentarietät des Strafrechts nicht tangiert. Kritisieren kann am neuen § 201 a StGB aber, dass er nur Bildaufnahmen von einer Person erfasst, „die sich in einer Wohnung oder in einem gegen Einblick besonders geschützten Raum befindet". Damit bleiben Bildaufnahmen von einem schwer verletzten Unfallopfer auf der Straße ebenso straffrei wie Aufnahmen von den am Grab ihres Kindes trauernden Eltern (*Lackner/Kühl,* § 201 a Rn. 2 m. w. N.). Probleme könnte auch die sich breit machende Gesetzestechnik, das Rechtsgut – den höchstpersönlichen Lebensbereich – auch noch zum Tatobjekt zu machen, bereiten, denn dieses muss bei einem Erfolgsdelikt wie § 201 a StGB verletzt sein. 83

Schwieriger war bei § 238 StGB schon die Notwendigkeit einer Strafvorschrift gegen „Stalking" zu begründen, denn „harte" Formen des „Stalking" waren schon bisher als Beleidigung oder Körperverletzung strafbar. Dennoch gibt es schwerwiegende Beeinträchtigungen der Lebensgestaltung wie etwa seelische Beeinträchtigungen, die 84 einen Schutz durch Strafrecht fordern. Den gab es zwar bisher auch schon durch § 4 Gewaltschutzgesetz, aber da muss das Opfer erst eine Anordnung eines Zivilrichters erstreiten und dann kann der Täter sich dieser leicht dadurch entziehen, dass er die „Stalking"-Vorgehensweise so ändert, dass sie nicht mehr von der Anordnung erfasst ist. Probleme sind auch hier – wie bei § 201 a StGB – deshalb zu befürchten, weil das geschützte Rechtsgut – die individuelle Lebensgestaltung – zum tatbestandsmäßigen Erfolg (schwerwiegende Beeinträchtigung der „Lebensgestaltung") gemacht wurde. Ein weiterer Kritikpunkt ist in der Nr. 5 des § 238 Abs. 1 StGB zu sehen, denn dort wird – nachdem in den Nummern 1–4 konkrete Tathandlungen wie das Aufsuchen räumlicher Nähe, die Herstellung von Kontakten, die Bedrohung anschaulich umschrieben werden – die Vornahme einer anderen vergleichbaren Handlung ebenfalls unter Strafe gestellt. Das liest sich wie eine unverhohlene Aufforderung an den Richter, die im Strafrecht zu Lasten des Beschuldigten verbotene Analogie zu praktizieren (zum Analogieverbot oben § 31 Rn. 40). Selbst der Bundesgerichtshof, der sich oft die Fähigkeit zuschreibt, aus unbestimmten Gesetzen bestimmte zu machen, hat hier Bedenken, denn die Nr. 5 öffne „das Spektrum möglicher Tathandlungen in kaum überschaubarer Weise, indem er ohne nähere Eingrenzung jegliches Tätigwerden in die Strafbarkeit einbezieht, das den von § 238 Abs. 1 Nr. 1 bis 4 StGB erfassten Handlungen vergleichbar ist" (BGHSt 54, 189, 193; krit. auch *Kühl,* in: Festschrift für K. Geppert, 2011, S. 311, 316f.).

85 Trotz dieser Kritikpunkte kann man wohl sagen, dass insgesamt der strafrechtliche Schutz des Persönlichkeitsrechts durch die punktuellen Ergänzungen der §§ 201 a, 238 StGB verbessert wurde.

13. Kapitel. Der Allgemeine Teil des materiellen Strafrechts

§ 33. Einführung

I. Überblick über den AT und Vorstellung der „AT-Technik"

1 Im AT des StGB sind vor allem der Zweite und Dritte Abschnitt von Bedeutung, für das Jura-Studium ist diese Bedeutung aber deutlich abgestuft. Der für die Strafrechtspraxis, insbesondere für den Strafrichter und den Staatsanwalt, aber auch für den Strafverteidiger, besonders wichtige Dritte Abschnitt – die „Rechtsfolgen der Tat" – fristet in der Universitätsausbildung ein eher bescheidenes Dasein und kommt aus dieser Rolle nur für Studierende heraus, die sich für einen auf das Strafrecht bezogenen Schwerpunkt entscheiden. Über die Rechtsfolgen der Tat wird deshalb auch in dieser Einführung für alle Jura-Studierenden nur ein kurzer Überblick gegeben (unten § 43). So verfahren etwa die AT-Lehrbücher von *Ebert,* 3. Aufl. 2001, S. 230–251, *Frister,* 6. Aufl. 2013, S. 73–87, *Gropp,* 3. Aufl. 2005, S. 547–562 und *Krey/Esser,* 5. Aufl. 2012, S. 67–81. – Ausführlich dagegen werden die Rechtsfolgen der Tat einschließlich der Strafzumessung in den Lehrbüchern von *Jescheck/Weigend,* 5. Aufl. 1996, S. 755–906, und von *Köhler,* 1997, S. 575–684, behandelt. – Wie sehr die Rechtsfolgen im Hintergrund der AT-Dogmatik stehen, zeigen die AT-Lehrbücher von *Otto,* 7. Aufl. 2004, *Wessels/Beulke/Satzger,* 43. Aufl. 2013, *Heinrich,* 3. Aufl. 2012, *Hilgendorf/Valerius,* 2013, *Kindhäuser,* 6. Aufl. 2013, *Rengier,* 5. Aufl. 2013 und *Kühl,* 7. Aufl. 2012, die auf die Behandlung der Rechtsfolgen ganz verzichten.

Kernstück des AT ist dessen Zweiter Abschnitt: „Die Tat". Dieses Kernstück kommt erstaunlicherweise mit ganzen 25 Paragraphen, den §§ 13–37, aus; – das ist auch dann wenig, wenn man die §§ 11, 12 und §§ 52, 53 noch wie üblich zum sog. dogmatischen Teil des AT hinzunimmt. Die Beschränkung auf wenige Vorschriften führt zu einem – im Vergleich mit den Vorschriften des BT – erhöhten Abstraktionsgrad. Schon dies macht den AT zu einer – wieder im Vergleich mit dem BT – schwierigen Materie. Hinzukommt, dass den AT-Vorschriften ein System der Straftat zugrunde liegt, das zu vielen wechselseitigen Verbindungen führt. 2

Die „AT-Technik" zieht alles das vor die Klammer, was sich für alle oder doch die meisten Delikte des BT gleichermaßen sagen lässt. Wann etwa ein Versuch beginnt, lässt sich sowohl für den Totschlag (§ 212 StGB) als auch für den Diebstahl (§ 242 StGB) allgemein sagen, nämlich dann, wenn der Täter „nach seiner Vorstellung von der Tat zur Verwirklichung des Tatbestandes unmittelbar ansetzt" (§ 22 StGB). 3

Anschaulich zu dieser „AT-Technik" *Arzt,* Der Besondere Teil des materiellen Strafrechts, in: Roxin/Arzt/Tiedemann, Einführung, S. 45:

> „Im Allgemeinen Teil befassen wir uns (u. a.) mit Problemen, die im ganzen Bereich des Besonderen Teils auftreten können und deshalb gewissermaßen ‚vor die Klammer' gezogen werden können. In der Klammer hat man sich die einzelnen Straftaten (Mord, Diebstahl, Vergewaltigung usw.) vorzustellen. Die Abgrenzung der straflosen Vorbereitung zum strafbaren Versuch ist in diesem Sinne ein allgemeines Problem, das bei der Vergewaltigung wie beim Diebstahl auftreten kann und deshalb als ‚Versuchslehre' in den Allgemeinen Teil gehört."

Durch diese „AT-Technik" erhalten die vor die Klammer gezogenen AT-Vorschriften die Funktion, die BT-Vorschriften zu komplettieren. Das lässt sich etwa am Totschlag zeigen, der nach dem Wortlaut des § 212 StGB nur voraussetzt, dass der Täter „einen Menschen tötet". Vollständig wird dieser objektiv formulierte Tatbestand erst, wenn man in ihm – der Anweisung des § 15 StGB folgend – das Erfordernis „vorsätzliches Handeln" hineinliest. Entsprechendes gilt für die Körperverletzung mit Todesfolge, die nach dem Wortlaut des § 227 StGB nur verlangt, dass der Täter durch die Körperverletzung den Tod der verletzten Person „verursacht". Komplett wird der Tatbestand aber erst, wenn man in ihn – der Anweisung des § 18 StGB entsprechend – das Erfordernis der „Fahrlässigkeit" hinsichtlich der Todesverursachung hineinliest. 4

Dieses Hineinlesen von AT-Vorschriften in BT-Vorschriften macht dem Anfänger schon bei geschriebenen AT-Vorschriften wie den beispielhaft genannten §§ 15, 18 StGB Schwierigkeiten. Diese Schwierigkeiten nehmen zu, wenn es um die Komplettierung von BT-Vorschriften durch ungeschriebene AT-Vorschriften, d. h. allgemeine, von Rechtsprechung und Rechtslehre entwickelte Strafbarkeitsvoraussetzungen, geht. Auch das lässt sich am Totschlag zeigen, der – wie gesagt – „nur" die Tötung eines Menschen voraussetzt. Damit ist schon nicht eindeutig verlangt, dass dies ein anderer Mensch sein muss; – das ist allerdings so selbstverständlich, dass es darüber keinen Streit gibt. Was aber mit dem Töten näher gemeint ist, ergibt sich nur durch den Einbau von ungeschriebenen AT-Vorschriften wie der Kausalität und der objektiven Zurechnung. Töten meint dann: den Tod eines anderen Menschen in objektiv zurechenbarer Weise verursachen. 5

II. Das Grunddelikt, seine Abwandlungen und Anknüpfungen

6 Als Grunddelikt wird hier das Delikt bezeichnet, das den meisten einzelnen Delikten des BT zugrunde liegt, wenn man von deren Besonderheiten absieht. Man könnte zur Unterscheidung von dem Grunddelikt, das in einer Deliktsgruppe des BT Ausgangsvorschrift für strafschärfende und/oder strafmildernde Vorschriften ist, auch von der Grundform, dem Grundmodell oder dem Modellfall der Straftat sprechen. Dieses Delikt ist das:

vollendete vorsätzliche Begehungs-Delikt.

7 Als vollendetes vorsätzliches Begehungs-Delikt sind im BT sowohl die einfach strukturierten Delikte wie Totschlag gem. § 212 StGB oder Körperverletzung gem. § 223 StGB als auch die komplizierteren Delikte wie Diebstahl gem. § 242 StGB oder Betrug gem. § 263 StGB gefasst. All diese Delikte, seien sie nun Verbrechen (wie Totschlag gem. § 212 StGB) oder Vergehen (wie Körperverletzung, Diebstahl und Betrug gem. §§ 223, 242, 263 StGB), sind als durch Aktivität zu begehende (Begehungs-)Delikte umschrieben („töten", „körperlich misshandeln"). Sie sind in zeitlicher Hinsicht als vollendete (nicht bloß versuchte) Taten gefasst und verlangen in subjektiver Hinsicht vorsätzliches (nicht bloß fahrlässiges) Handeln (§ 15 StGB).

8 Im Einzelnen: **Delikt.** Delikte nach dem StGB können Verbrechen oder Vergehen sein. Wann ein Verbrechen vorliegt, sagt § 12 Abs. 1 StGB. Liegt die Strafdrohung des jeweiligen Delikts des BT „im Mindestmaß" bei einer „Freiheitsstrafe von einem Jahr oder darüber", so handelt es sich um ein Verbrechen. Häufiger aber sind die **Vergehen** (§ 12 Abs. 2 StGB), deren Strafdrohung durchaus über ein Jahr Freiheitsstrafe hinausgehen darf, aber auch darunter liegen kann, z. B. § 242 StGB: „bis zu fünf Jahren", aber nicht mindestens ein Jahr, sondern ein Monat (= „Mindestmaß" der zeitigen Freiheitsstrafe gem. § 38 Abs. 2 StGB).

9 Diese einfache Zweiteilung verkompliziert sich bei Delikten des BT, die gegenüber einem Grunddelikt „Schärfungen oder Milderungen" enthalten (§ 12 Abs. 3 StGB). Eine solche Schärfung enthält z. B. die Erpressung „in besonders schweren Fällen" gem. § 253 Abs. 4 StGB gegenüber der einfachen Erpressung gem. § 253 Abs. 1 StGB. Eine solche Milderung enthält § 249 Abs. 2 StGB („minder schwerer Fall" des Raubes) gegenüber dem einfachen Raub gem. § 249 Abs. 1 StGB. Jeweils entscheidet nicht die Strafdrohung der „schärferen" oder „milderen" Vorschrift (sonst wäre § 253 Abs. 4 StGB ein Verbrechen und § 249 Abs. 2 StGB ein Vergehen): sie hat für die Deliktseinteilung nach § 12 Abs. 3 StGB „außer Betracht" zu bleiben. Es kommt auf den Deliktscharakter des Grunddelikts an: § 253 Vergehen, § 249 Verbrechen.

10 Erfolgt die Schärfung bzw. Milderung allerdings nicht durch die Formulierung „in besonders schweren Fällen" (§ 253 Abs. 4 StGB) oder „in minder schweren Fällen" (§ 249 Abs. 2 StGB), sondern durch tatbestandliche Ausformulierung der Situation, die zur Schärfung bzw. Milderung führt (sog. **benannte Strafschärfungsgründe bzw. Strafmilderungsgründe**), so kann sich der Deliktscharakter ändern, denn für sie gilt § 12 Abs. 3 StGB nicht. Es kommt dann auf die Strafdrohung der Schärfungs- bzw. Milderungsvorschrift an. Ein Beispiel für einen benannten Strafschärfungsgrund ist die schwere Freiheitsberaubung gem. § 239 Abs. 3 Nr. 1 StGB (wenn der Täter „das Opfer länger als eine Woche der Freiheit beraubt"). Da die Strafdrohung hier im Min-

destmaß „Freiheitsstrafe von einem Jahr" vorsieht, handelt es sich bei der schweren Freiheitsberaubung um ein Verbrechen, obwohl die einfache Freiheitsberaubung gem. § 239 Abs. 1 StGB ein Vergehen ist. – Ein Beispiel für einen benannten Strafmilderungsgrund ist die Tötung auf Verlangen gem. § 216 StGB. Da die Strafdrohung im Mindestmaß unter einem Jahr Freiheitsstrafe liegt, ist § 216 StGB ein Vergehen.

Bedeutung hat die Frage, ob ein Delikt Verbrechen oder Vergehen ist, insbesondere für die AT-Problematik der Strafbarkeit des Versuchs. Nach § 23 Abs. 1 StGB ist der Versuch bei Vergehen nur dann strafbar, wenn das Gesetz (= das jeweilige Delikt im BT) es ausdrücklich bestimmt, dagegen bei Verbrechen immer, d. h. auch ohne ausdrückliche Anordnung im Gesetz. Entscheidend auf den Verbrechenscharakter muss für die Versuchsstrafbarkeit z. B. bei der benannten Strafschärfung des § 221 Abs. 2 Nr. 1 StGB – „Tat gegen sein Kind" – abgestellt werden, weil der Gesetzgeber für das Vergehen des Grunddelikts gem. § 221 Abs. 1 StGB keine Versuchsstrafbarkeit angeordnet hat. – Auf den Verbrechenscharakter der schweren Freiheitsberaubung gem. § 239 Abs. 3 Nr. 1 StGB kommt es schon für die Versuchsstrafbarkeit an, denn die Versuchsstrafbarkeit, die inzwischen in § 239 Abs. 2 StGB ausdrücklich angeordnet ist, gilt nur für den davor stehenden Absatz; sie ist außerdem von Bedeutung, wenn es z. B. um deren Verabredung i. S. von § 30 Abs. 2 Var. 3 StGB oder z. B. um eine Bedrohung gem. § 241 StGB mit ihrer Begehung geht. 11

Begehungsdelikt: der unschöne Begriff der Begehung soll das aktive Verhalten vom Unterlassen als einer weiteren Form menschlichen Verhaltens scheiden. Obwohl die Delikte des BT in ihrer großen Mehrzahl so formuliert sind, dass man meinen könnte, sie würden ein aktives Verhalten des Täters voraussetzen, sind sie doch auch (unter bestimmten Voraussetzungen) durch **Unterlassen** zu verwirklichen. Die knappe Anordnung dieser Möglichkeit, ein Delikt durch Unterlassen begehen zu können, enthält § 13 Abs. 1 StGB, der zugleich einschränkende Voraussetzungen enthält, insbesondere das Erfordernis der sog. Garantenstellung, die vorliegt, wenn der Unterlassende „rechtlich dafür einzustehen hat, dass der Erfolg nicht eintritt". So kann etwa die Mutter ihr Kind aktiv durch die Fütterung mit vergiftetem Brei töten (§ 212 StGB), sie kann es aber auch verhungern lassen(= ebenfalls § 212 StGB durch Unterlassen einer Garantin für das Leben des Kindes). 12

Diese sog. **unechten Unterlassungsdelikte,** die durch Unterlassen begangenen Begehungsdelikte, sind AT-Materie, BT-Materie dagegen sind die wenigen **echten Unterlassungsdelikte,** die wie die unterlasse Hilfeleistung gem. § 323c StGB in einer besonderen Vorschrift des BT erfasst sind. Bei ihnen unterlässt kein Garant die von ihm geforderte Rettung des gefährdeten Rechtsguts, sondern es erfüllt ein Jedermann, der auf einen Unglücksfall trifft, seine mitmenschliche **Mindestsolidaritätspflicht** nicht. So z. B. der Fußgänger, der den Unfall und die Unfallflucht des Pkw-Fahrers beobachtet hat und den angefahrenen Radfahrer verbluten lässt (= § 323c StGB). Der Fahrer hingegen, der den Unfall fahrlässig verursacht hat, macht sich nicht nur wegen fahrlässiger (aktiver) Tötung gem. § 222 StGB strafbar, sondern möglicherweise auch wegen vorsätzlicher Tötung gem. § 212 StGB, begangen durch Unterlassen, wenn er infolge seines gefahrbegründenden Vorverhaltens als Garant für die Gefahrbeseitigung zuständig ist (sog. Ingerenz). 13

Vorsätzliches Begehungsdelikt: alle Delikte, die nicht ausdrücklich fahrlässiges Handeln mit Strafe bedrohen, sind nur durch „vorsätzliches Handeln" auf strafbare Weise zu begehen (§ 15 StGB). Das StGB definiert weder das „vorsätzliche Handeln" noch das „fahrlässige Handeln". Immerhin ergibt sich im Umkehrschluss aus § 16 Abs. 1 StGB, dass zum Vorsatz mindestens die Kenntnis der Tatumstände gehört. In einer gebräuchlichen, aber verkürzenden Formel wird der Vorsatz als Wissen und Wollen der Tatbestandsverwirklichung umschrieben (näher zum Vorsatz unter § 34 Rn. 36). Was **Fahrlässigkeit** im Kern ist, lässt sich § 276 BGB entnehmen, wo von der Außerachtlassung der im Verkehr erforderlichen Sorgfalt die Rede ist. Vorsatz-Fahrlässigkeits-Kombinationen enthalten vor allem, aber nicht ausschließlich die erfolgsqualifizierten Delikte wie § 227 StGB i. V. mit § 18 StGB, bei dem durch die vorsätzliche Körperverletzung der Tod der verletzten Person fahrlässig verursacht worden sein muss.

Vollendetes vorsätzliches Begehungsdelikt: die Delikte des BT sind als vollendete umschrieben. Diese **formelle Vollendung** ist gegeben, wenn der Täter alle Tatumstände verwirklicht hat, die das jeweilige Delikt von seinem Täter zu verwirklichen verlangt. Für die Vollendung eines Totschlags gem. § 212 StGB ist der Tod eines anderen Menschen Voraussetzung. Für die Vollendung des Diebstahls gem. § 242 StGB ist die Wegnahme einer fremden beweglichen Sache erforderlich (nicht deren Zueignung, denn die muss nach dem klaren Wortlaut des § 242 StGB nur beabsichtigt sein).

14 Die Strafbarkeit beginnt aber beim vorsätzlichen Begehungsdelikt meist schon früher, nämlich beim **Versuch** (näher unter § 38), es sei denn, es handelt sich um den Versuch eines Vergehens, bei dem die Anordnung der Versuchsstrafbarkeit fehlt (§ 23 Abs. 1 StGB), z. B. der nicht strafbare Versuch der Aussetzung gem. § 221 Abs. 1 StGB. Solange der Täter den Vollendungszeitpunkt des jeweiligen Delikts noch nicht erreicht hat, kann er Strafbefreiung vom Versuch unter den Voraussetzungen der **Rücktrittsvorschrift** des § 24 StGB erlangen (näher unter § 38 Rn. 22ff.). Wer z. B. die im Selbstbedienungsladen in die Jacketttasche gesteckte Zigarettenpackung doch wieder ins Regal zurücklegt, bevor er an die Kasse kommt, kann Strafbefreiung wegen Rücktritts nur erlangen, wenn er den Zigaretten-Diebstahl nicht schon durch Wegnahme vollendet hat (diese liegt nach fast allgemeiner Ansicht schon im Einstecken der Schachtel in die Jacketttasche).

15 Vor dem Versuchsstadium liegt das sog. **Vorbereitungsstadium,** das grundsätzlich straflos ist. Ausnahmen sind nur in § 30 StGB für Fälle vorgesehen, in denen sich mehrere auf eine Deliktsbegehung vorbereiten (z. B. durch Verabredung eines Bankraubs). Das vorbereitete Delikt muss – einschränkend – ein Verbrechen sein, so dass wieder § 12 StGB heranzuziehen ist; – dies ist beim Bankraub gem. § 249 StGB kein Problem, da dieser nach der Strafandrohung ein Verbrechen ist. Wie § 24 StGB enthält § 31 StGB eine Rücktrittsvorschrift für die ausnahmsweise strafbaren Vorbereitungstäter, die aber dann nicht mehr zur Strafbefreiung führt, wenn die Täter das Versuchsstadium erreicht haben.

16 Von der der Vollendung nachfolgenden sog. **Beendigungsphase** ist im dogmatischen Teil des AT – anders als vom Versuch – nicht die Rede. Dennoch wird eine solche Beendigungsphase in unterschiedlichem Umfang anerkannt und hat mehrere Auswirkungen. Unproblematisch ist die Beendigungsphase bei den Dauerdelikten, wie etwa der Freiheitsberaubung, denn deren Unrecht erhöht sich – wie § 239 Abs. 3 Nr. 1 StGB zeigt – bei längerer Dauer sogar. Problematisch ist aber, ob die Beutesicherungsphase nach der Wegnahme noch zum Diebstahl gem. § 242 StGB zu rechnen ist. Davon hängt u. a. ab, ob jemand, der dem Dieb erst beim Abtransport der vom Dieb al-

lein weggenommenen Beute hilft, noch Beihilfe zum Diebstahl leistet (§§ 242, 27 StGB – die Alternative wäre: Begünstigung gem. § 257 StGB). – Näher zu den Stufen der Deliktsentwicklung unter § 37.

Damit sind die Abwandlungen des Grunddelikts in einer ersten Übersicht veranschau- 17
licht. Es fehlen noch die **Anknüpfungen** an dieses Grunddelikt. Damit ist „untechnisch" gemeint, dass ein Delikt auch von mehreren Personen begangen werden kann und dass eine Person durch ihr Verhalten auch mehrere Delikte begehen kann. Im ersten Fall geht es um die AT-Materie von Täterschaft und Teilnahme (näher unter § 41), im zweiten Fall um die der sog. Konkurrenzen (näher unter § 42).

Als mögliche Beteiligte an einer vorsätzlichen Deliktsbegehung kommen bei **Beteiligung mehrerer** als Täter insbesondere der mittelbare Täter, der die Tat nach § 25 Abs. 1 2. Alt. StGB. durch einen anderen (das sog. Werkzeug) begeht, und die Mittäter in Betracht, die nach § 25 Abs. 2 StGB die Tat gemeinschaftlich begehen. Ein (Haupt-)Täter kann aber auch durch Teilnehmer zur Tat gebracht (= Anstifter gem. § 26 StGB) oder bei der Tat unterstützt (= Gehilfe gem. § 27 StGB) werden. 18

Mittelbarer Täter ist z. B. derjenige, der einen anderen durch das lebensbedrohliche Vorhalten einer Pistole dazu bringt, eine Straftat (z. B. eine Sachbeschädigung durch Einwerfen einer Scheibe) zu begehen.

Mittäter sind z. B. die verabredungsgemäß arbeitsteilig vorgehenden Bankräuber: der eine hält mit einer Waffe den Kassierer in Schach, der andere steckt das Geld ein.

Anstifter ist z. B. derjenige, der einen anderen durch einen „heißen Tip" dazu bringt, eine „günstig gelegene" Sparkasse zu überfallen.

Gehilfe ist z. B. der Lieferant des Giftes, mit dem der belieferte Täter einen anderen Menschen tötet.

Begeht der Täter mehrere **Delikte,** stehen diese, wenn er sie durch eine Handlung verwirklicht (z. B. der Schlag mit der Vase, der diese zerstört und den Getroffenen verletzt), in sog. Tateinheit zueinander (= § 52 StGB, im Beispiel: §§ 303, 223, 52 StGB). Brauchte der Täter dagegen mehrere Handlungen (z. B. nach Wegnahme der fremden Pistole erschießt er mit dieser seinen Nebenbuhler), so stehen die von ihm verwirklichten Taten im Konkurrenzverhältnis der sog. Tatmehrheit (§ 53 StGB, im Beispiel: §§ 242, 212, 53 StGB). Diese **Konkurrenzverhältnisse** stehen aber unter dem „es sei denn"-Vorbehalt, dass nicht nur ein scheinbares Konkurrenzverhältnis zwischen den verwirklichten Delikten besteht (sog. Gesetzeskonkurrenz). Sie liegt z. B. vor, wenn ein Delikt gar nicht angewendet werden will, weil das Verhalten, durch das es der Täter verwirklicht, zugleich von einem anderen Delikt mit höherer Strafandrohung erfasst wird (sog. Subsidiarität, z. T. ausdrücklich angeordnet wie in § 265a StGB: bei der Zutrittserschleichung kann eine Täuschung des Kontrollpersonals zur Strafbarkeit wegen Betrugs gem. § 263 StGB führen, demgegenüber dann § 265a StGB subsidiär ist). 19

Damit ergibt sich folgendes **Schaubild:** 20

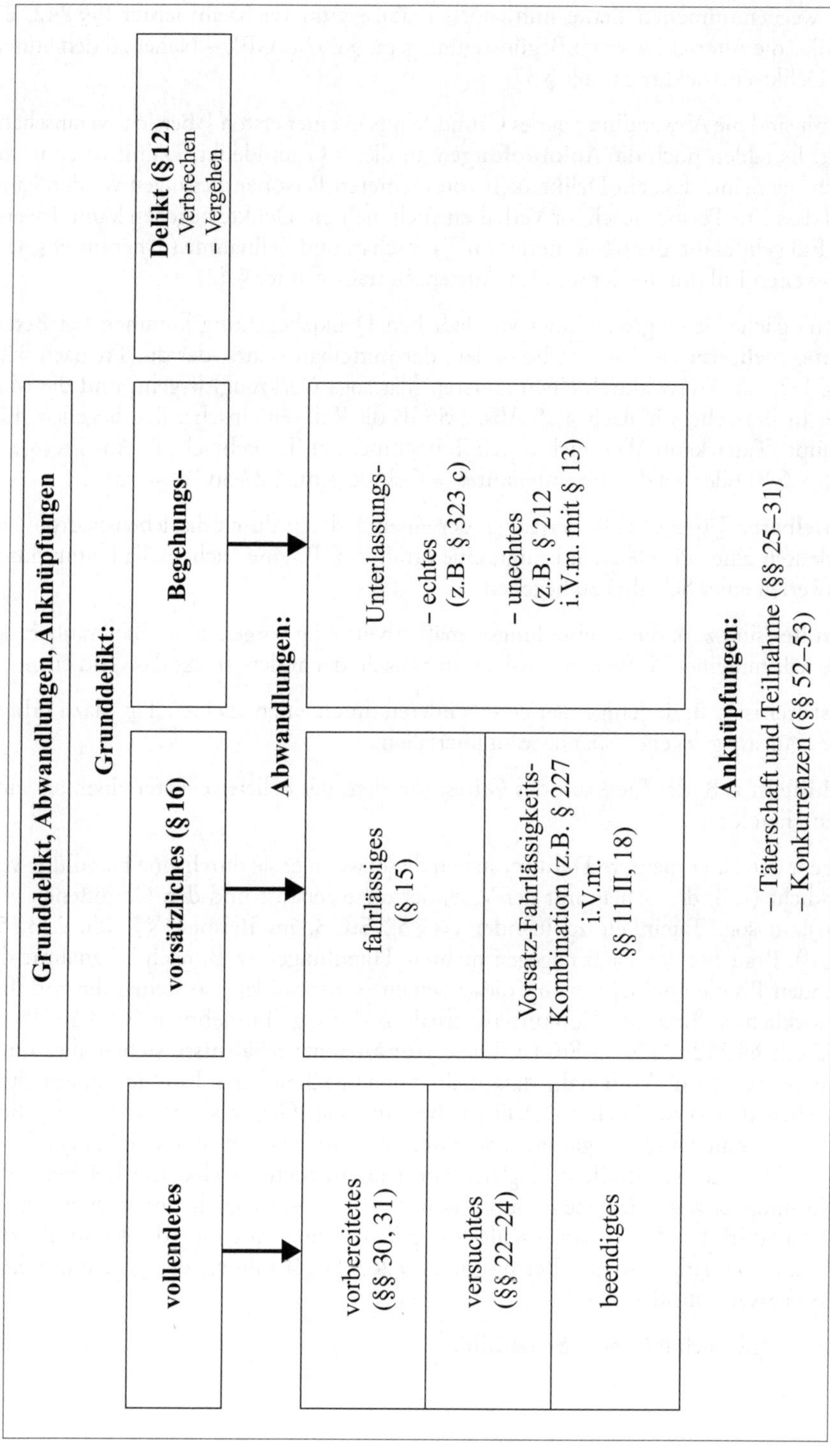
Grunddelikt, Abwandlungen, Anknüpfungen
Grunddelikt:
vollendetes
vorsätzliches (§ 16)
Begehungs-
Delikt (§ 12)
– Verbrechen
– Vergehen
Abwandlungen:
vorbereitetes (§§ 30, 31)
versuchtes (§§ 22–24)
beendigtes
fahrlässiges (§ 15)
Vorsatz-Fahrlässigkeits-Kombination (z.B. § 227 i.V.m. §§ 11 II, 18)
Unterlassungs-
- echtes (z.B. § 323 c)
- unechtes (z.B. § 212 i.V.m. mit § 13)
Anknüpfungen:
– Täterschaft und Teilnahme (§§ 25–31)
– Konkurrenzen (§§ 52–53)

III. Der Aufbau des vollendeten vorsätzlichen Begehungsdelikts

Der Aufbau der (Straf-)**Tat** (= Überschrift des Zweiten Abschnitts des AT) ist durch das StGB in seinen wesentlichen Elementen vorgegeben, wenn auch nicht in der Deutlichkeit, dass man dem Gesetz ein Aufbauschema entnehmen könnte. Die beiden wesentlichen **Aufbauelemente** aber sind deutlich voneinander geschieden. Es gibt Taten, die gerechtfertigt sind (z. B. durch Notwehr gem. § 32 StGB oder z. B. durch rechtfertigenden Notstand gem. § 34 StGB). Es gibt aber auch Taten, die entschuldigt sind (z. B. durch entschuldigenden Notstand gem. § 35 StGB). Wendet man diese Regelungen ins Positive, so kommt man zu den Aufbauelementen der Rechtswidrigkeit bzw. des Unrechts (die bzw. das bei Vorliegen eines Rechtfertigungsgrundes fehlt) und zum Aufbauelement der Schuld (die beim Vorliegen eines Entschuldigungsgrundes fehlt). **Unrecht** und **Schuld** sind also die beiden wesentlichen Aufbauelemente der Straftat. 21

Das Aufbauelement des Unrechts kann in zwei Elemente aufgegliedert werden. Eine solche Aufgliederung ist deshalb sinnvoll, weil zunächst das Unrecht positiv begründet werden muss, bevor man sich der Frage zuwendet, ob das Unrecht nicht vielleicht doch wegen des Vorliegens eines Rechtfertigungsgrundes zu verneinen ist. Das Aufbauelement, das der Rechtfertigungsstufe innerhalb des Unrechts vorgeschaltet ist, heißt **Tatbestand.** Diesem Tatbestand kommt die Aufgabe zu, das typische Unrecht einer Tat zu begründen. Für die **Unrechtsbegründung** bedarf es beim Vorsatzdelikt nicht nur der Verwirklichung äußerer Tatumstände, sondern auch deren Kenntnis (§ 16 Abs. 1 StGB) durch den Vorsatztäter sowie dessen Willen, die Tat zu verwirklichen. Zum Unrecht als Kern der Straftat *Kühl,* in Festschrift für H.-H. Kühne, 2013, S. 15ff. 22

Damit ergibt sich ein **dreistufiger Aufbau** des vollendeten vorsätzlichen Begehungsdelikts, der auf Stufe eins noch objektive und subjektive Teilstufen enthält; dies ergibt folgendes **Prüfungsschema:** 23

1. Tatbestand
   a) objektiver:
      - BT-Merkmale des jeweiligen Delikts
      - AT-Materien: Kausalität und objektive Zurechnung
   b) subjektiver:
      - AT-Materie: Vorsatz
      - gegebenenfalls sonstige subjektive Unrechtsmerkmale des BT wie z. B. die Zueignungsabsicht i. S. des § 242 StGB
2. Rechtswidrigkeit:
   - Rechtfertigungsgrund (z. B. §§ 32, 34 StGB)?
     • objektive Voraussetzungen
     • subjektives Rechtfertigungselement
3. Schuld:
   - Schuldunfähigkeit (§ 20 StGB)?
   - Unrechtsbewusstsein: Verbotsirrtum (§ 17 StGB)?
   - Entschuldigungsgrund (z. B. § 35 StGB)?

24 **Zu Prüfungsstufe 1 a):** Auf dieser Stufe **dominiert** der **BT**, denn hier sind zunächst die geschriebenen Merkmale des jeweiligen Delikts zu prüfen. Bei einer § 212 StGB-Prüfung kommt es also darauf an, ob bei einem anderen Menschen der Tod eingetreten ist, bei einer § 242 StGB-Prüfung, ob eine fremde bewegliche Sache weggenommen wurde. Bei manchen Delikten müssen auch ungeschriebene Merkmale geprüft werden; so muss in der Prüfung eines Betrugs gem. § 263 StGB zwischen den geschriebenen Merkmalen Täuschung/Irrtum und Vermögensschaden das ungeschriebene Tatbestandsmerkmal der Vermögensverfügung untersucht werden, weil allein aus einem Irrtum kein Vermögensschaden entstehen kann (oben § 32 Rn. 72). AT-Materie kommt aber auch schon im objektiven Tatbestand zum Zuge, insbesondere wenn es um die Prüfung der Frage geht, ob der eingetretene tatbestandsmäßige Erfolg kausal und objektiv zurechenbar auf das Verhalten des Täters zurückzuführen ist (näher unter § 34 Rn. 11 ff.).

25 **Zu Prüfungsstufe 1b):** Hier **dominiert** sofort die **AT**-Materie, denn es ist gleich nach Bejahung des objektiven Tatbestandes im subjektiven Tatbestand zu prüfen, ob der Täter vorsätzlich gehandelt hat (näher unter § 34 Rn. 31 ff.). Dabei ist zumindest die Kenntnis der objektiven Tatumstände (§ 16 Abs. 1 StGB) zu prüfen. Fehlt es daran, so ist ein Tatumstandsirrtum gegeben, der nach § 16 Abs. 1 S. 2 StGB die „Strafbarkeit wegen fahrlässiger Begehung … unberührt“ lässt. BT-Materie kommt nur bei einigen Delikten, wie z. B. bei den sog. Absichtsdelikten, hinzu. So ist etwa beim Diebstahl gem. § 242 StGB nach der Bejahung des Vorsatzes hinsichtlich der Wegnahme zu prüfen, ob der Täter auch in Zueignungsabsicht weggenommen hat.

26 **Zu Prüfungsstufe 2:** Hier ist nahezu ausschließlich **AT**-Materie einzubringen (mögliche Ausnahme: die § 240 Abs. 2 StGB-Verwerflichkeitsprüfung, die als positive Rechtswidrigkeitsprüfung verstanden werden kann). Gesucht werden hier **Rechtfertigungsgründe** (näher unter § 35), die das durch die Bejahung der Tatbestandsmäßigkeit des Verhaltens indizierte Unrecht ausnahmsweise widerlegen können. Rechtfertigungsgründe können in der gesamten Rechtsordnung gefunden werden, also nicht nur im AT des StGB (z. B. § 127 StPO, der jedermann ein Festnahmerecht einräumt, denjenigen, den er „auf frischer Tat betroffen“ hat, „vorläufig festzunehmen“). Es gibt sogar ungeschriebene, gewohnheitsrechtlich geltende Rechtfertigungsgründe wie die Einwilligung und die mutmaßliche Einwilligung.

Allgemein gilt für alle Rechtfertigungsgründe (mögliche Ausnahme: die Einwilligung), dass sie neben objektiven **subjektive Voraussetzungen** enthalten, so dass auch die Prüfung des jeweiligen Rechtfertigungsgrundes in eine objektive und in eine subjektive Teilstufe zu untergliedern ist. Wie der Vorsatz mindestens Kenntnis der objektiven Tatumstände voraussetzt, so verlangt das subjektive Rechtfertigungselement mindestens Kenntnis der objektiven Rechtfertigungsvoraussetzungen, z. B. bei der Notwehr u. a. die Kenntnis der Notwehrlage (= gegenwärtiger rechtswidriger Angriff).

27 **Zu Prüfungsstufe 3:** Auch hier ist reine **AT**-Materie einzubringen. Auf eine positive Prüfung der **Schuld** kann (anders als beim Unrecht) verzichtet werden, da der Gesetzgeber die Schuld des Normal-Täters für das von ihm begangene Unrecht dann annimmt, wenn keine Schuldausschließungsgründe (§§ 20, 17 StGB) und keine Entschuldigungsgründe (§§ 33, 35 StGB) vorliegen. Die Prüfung auf dieser Stufe erfolgt also negativ: fehlt die Schuld wegen eines Schuldausschließungs- oder Entschuldigungsgrundes?

Näheres zu dieser Prüfungsstufe unter § 36.

Zu weiteren „Prüfungsstufen“: Mit den Prüfungsstufen 1–3 sind die wesentlichen Elemente der Straftat erfasst. Es gibt aber noch eine **Vorprüfungsstufe,** auf der u. a. nach der **Handlungsqualität** des Täterverhaltens gefragt wird, wenn es zweifelhaft erscheint, ob überhaupt eine menschliche Handlung vorliegt, die auf ihre Tatbestandsmäßigkeit, Rechtswidrigkeit und Schuld hin geprüft werden kann. Diese nicht obligatorische Vorprüfungsstufe ist etwa bei Bewegungen im Schlaf, bei Reflexbewegungen oder bei mit unwiderstehlicher Gewalt erzwungenen Handlungen anzusprechen. 28

Es gibt schließlich noch weitere Strafbarkeitsvoraussetzungen außerhalb von Unrecht und Schuld, wie etwa **objektive Strafbarkeitsbedingungen** (z. B. „Tod eines Menschen“ in § 231 StGB) oder **persönliche Strafbefreiungsgründe** (z. B. „zugunsten eines Angehörigen“ in § 258 Abs. 6 StGB). Diese sind aber **BT**-Materie und sind dort schon zum Teil angesprochen worden (s. o. § 32 Rn. 43); sie werden deshalb im AT-Teil dieser Einführung nicht gesondert behandelt. Eine Ausnahme bildet freilich der persönliche Strafaufhebungsgrund des Rücktritts vom Versuch gem. § 24 StGB, der – wie bereits gesagt – eine wichtige **AT**-Materie darstellt (näher unter § 38 Rn. 22 ff.). 29

IV. Der Übergang vom Grunddelikt zu dessen Abwandlungen

Als Abwandlungen vom Grunddelikt (= vollendetes vorsätzliches Begehungsdelikt) sind schon kurz vorgestellt worden: 30

- das Versuchsdelikt
- das Fahrlässigkeitsdelikt
- das Unterlassungsdelikt

Zur Prüfung des **Versuchs** kommt man, wenn die Prüfung der objektiven Tatbestandsmäßigkeit zu einem negativen Ergebnis geführt hat. Fehlt ein erforderlicher objektiver Tatumstand des jeweiligen Delikts (z. B. das angeschossene Opfer hat überlebt = der Tod des anderen Menschen, wie er in § 212 StGB für den Totschlag vorausgesetzt wird, ist nicht eingetreten), so ist die Prüfung des **vollendeten** Delikts abzubrechen. Ist jedoch bei diesem Delikt der Versuch strafbar, so ist weiter zu prüfen, ob der Täter das von ihm nicht vollendete Delikt immerhin zu begehen versucht hat. Erste Tatbestands-Voraussetzung ist hier der Entschluss zur Tat, der im Wesentlichen die Prüfung des Vorsatzes verlangt. Erst danach ist die objektive Mindestvoraussetzung des Versuchs (§ 22 StGB: unmittelbares Ansetzen zur Tatbestandsverwirklichung) zu prüfen. Also: **umgekehrte Prüfung** des Tatbestandes beim versuchten im Vergleich zum vollendeten Delikt (näher unter § 38 Rn. 6). 31

Zur Prüfung des **Fahrlässigkeitsdelikts** kommt man, wenn die Prüfung des subjektiven Tatbestands zu einem negativen Ergebnis geführt hat. Hat der Täter die objektiven Tatumstände des jeweiligen Delikts nicht vorsätzlich verwirklicht (z. B. er hat den getöteten Jagdfreund für einen Rehbock gehalten), so ist die Prüfung des **vorsätzlichen** Delikts abzubrechen. Es darf nun aber **nicht** innerhalb desselben Delikts (z. B. § 212 StGB) die Prüfung der Fahrlässigkeit erfolgen, sondern es ist nach einem Fahrlässigkeitsdelikt zu suchen, welches das Rechtsgut des abgelehnten Vorsatzdelikts auch gegen fahrlässige Verletzungen schützt (so z. B. § 222 StGB das Rechtsgut Leben, das auch von § 212 StGB geschützt ist). Die Prüfung des gefundenen Fahrlässigkeitsdelikts hat neu bei dessen Tatbestandsmäßigkeit anzusetzen (näher unter § 39), wobei 32 im Unterschied zum Vorsatzdelikt keine Unterteilung in einen objektiven und in einen subjektiven Tatbestand vorzunehmen ist (nicht ganz unbestritten).

33 Zur Prüfung des **Unterlassungsdelikts** (näher unter § 40) kommt man, wenn man kein aktives Verhalten finden kann, das auf seine Tatbestandsmäßigkeit, Rechtswidrigkeit und Schuld hin geprüft werden könnte. Die Weichenstellung zwischen Begehungs- und Unterlassungsdelikt erfolgt also vor der Prüfungsstufe 1 des Grunddelikts, so dass eine **weitere „Vorprüfungsstufe"** sinnvoll ist (neben derjenigen, auf der die Handlungsqualität geprüft wird). Auf dieser Vorprüfungsstufe ist insbesondere bei Zweifelsfällen, in denen das Täterverhalten sowohl aktive wie passive Elemente aufweist (z. B. Abschalten der Herz-Lungen-Maschine durch Knopfdruck), zu entscheiden, woran die nachfolgende dreistufige Prüfung anknüpft: an ein aktives Verhalten (= Begehungsdelikt, z. B. Knopfdruck) oder an ein Unterlassen der geforderten Handlung (= Unterlassungsdelikt, z. B. Nicht-Weiterbehandeln durch die Herz-Lungen-Maschine).

Dies ergibt folgendes erweitertes Prüfungsschema:

Vom Grunddelikt zu dessen Abwandlungen

Vorprüfungsstufen: (nichtobligatorische)	- Handlungsqualität: Nichthandlung? - Tun oder Unterlassen?	
Normalprüfung:		
1. Tatbestand		
a) objektiver	→ (–)	→ Versuch?
b) subjektiver	→ (–), (kein Vorsatz)	→ Fahrlässigkeitsdelikt?
2. Rechtswidrigkeit		
3. Schuld		

§ 34. Das Unrecht des vorsätzlichen Begehungsdelikts

I. Die Unrechtsbegründung: Tatbestandsmäßigkeit

1 Die Prüfung des aktiven Verhaltens (= Begehung) eines möglichen Täters muss mehrere Bewertungsstufen bzw. Prüfungsschritte durchlaufen, bevor das Urteil gefällt werden kann, dass sich dieser wegen einer bestimmten Straftat strafbar gemacht hat oder nicht. Liegen die Mindestvoraussetzungen einer menschlichen Handlung vor, so besteht die **erste** reguläre **Wertungsstufe** in der Prüfung der **Tatbestandsmäßigkeit** des Verhaltens. Schon auf dieser Prüfungsstufe kann ein Verhalten als (objektiv oder subjektiv) tatbestandsloses Verhalten von der weiteren Strafbarkeitsprüfung ausgeschieden werden.

Der Sache nach geht es bei der Prüfung der Tatbestandsmäßigkeit eines Verhaltens um die **Unrechtsbegründung.** Hat sich der Täter tatbestandsmäßig verhalten, so hat er typischerweise Unrecht begangen, denn die einzelnen Delikte greifen mit gegenständlichen Umschreibungen Verhaltensweisen heraus, die typischerweise Unrecht sind. Wer z. B. einen anderen Menschen vorsätzlich tötet, verwirklicht das in § 212 StGB umschriebene Unrecht. Dieses Unrechts-Urteil ist aber kein endgültiges Urteil über die Rechtswidrigkeit der Tat. Für dieses endgültige Urteil über die Tat bedarf es vielmehr noch eines **weiteren Prüfungsschritts,** in dem untersucht wird, ob das tatbestandsmäßige Verhalten nicht ausnahmsweise von einem (auch außerhalb des Strafrechts in der Gesamtrechtsordnung existierenden) **Rechtsfertigungsgrund** gedeckt ist. Bevor aber über den Unrechtsausschluß durch Rechtfertigung nachgedacht werden kann, muss erst ein rechtfertigungsbedürftiges Unrecht begründet worden sein. 2

Als „Ergänzungsverhältnis" sieht *Baumann,* Vorauflage, § 15 I 2, das Verhältnis von „Tatbestandsnormen und Rechtfertigungsnormen": 3

„Tatbestandsnormen und Rechtfertigungsnormen (die sich nicht nur im StGB, sondern ... über alle Teilrechtsgebiete verteilt finden), stehen ... in einer Art **Ergänzungsverhältnis.** Nicht schon die Tatbestandsnormen zeigen den Bereich des strafrechtlichen Schutzes an. Sie sagen nur, welche Rechtsgüter oder Rechtswerte **überhaupt** für den Strafrechtsschutz in Betracht kommen. Der **Schutzumfang** dieser Rechtswerte bestimmt sich vielmehr aus beiden Normengruppen. Die Rechtfertigungsnormen schneiden den durch die Tatbestandsnormen zu weit gespannten Schutz wieder auf das sozial Erträgliche zurück und gestatten oder befehlen sogar, in diese Rechtsgüter einzugreifen, wenn es zur Wahrung anderer gleich wichtiger Rechtswerte erforderlich ist."

II. Wesen und Elemente des Unrechts

Das durch die Prüfung der Tatbestandsmäßigkeit zu begründende Unrecht des Verhaltens des Täters besteht materiell zunächst in der Verletzung des Rechtsguts eines anderen (auch der Allgemeinheit). Der Totschläger i. S. des § 212 StGB verletzt durch die Verursachung des Todes eines anderen Menschen das Rechtsgut ‚Leben' dieses anderen. Die **Rechtsgutsverletzung** erfasst den (mehr oder weniger) handgreiflichen Übergriff in die vom Recht geschützte Freiheitssphäre eines anderen. Schon durch diese Rechtsgutsverletzung verwirklicht der Täter ein sog. Erfolgsunrecht (auch Erfolgsunwert oder Sachverhaltsunwert genannt). Erfolg ist dabei der Schaden, den der verletzte Rechtsgutsträger erleidet. Dass der Erfolg noch zum Unrecht gehört, ist wegen seines angeblichen „Zufallscharakters" nicht ganz unbestritten, aber zutreffend, wenn er objektiv zurechenbar ist (unten Rn. 22ff.). Außerdem gehört zu jedem Mord doch wohl eine Leiche (von Welzel überliefert). 4

Das Unrecht erschöpft sich aber nicht in dem durch die Rechtsgutsverletzung verwirklichten **Erfolgsunrecht.** Zusätzlich ist die Verwirklichung eines sog. **Handlungsunrechts** (auch Handlungsunwert genannt) erforderlich. Mit diesem Handlungsunrecht ist **äußerlich** die Art und Weise der Herbeiführung des Erfolges (= Rechtsgutsverletzung) gemeint. Bestimmte Rechtsgüter schützt das Strafrecht kraft gesetzgeberischer Entscheidung nicht wie § 823 BGB „rundum", sondern nur gegen bestimmte (besonders gefährliche [Gewalt] oder sozialethisch verwerfliche [Täuschung]) Angriffe. So wird etwa das Vermögen nicht gegen jede Schädigung geschützt, sondern nur gegen besondere Angriffe durch Täuschung, Zwang, Treuverletzung und Ausbeutung (§§ 263, 253, 266, 291 StGB). 5

6 Das Handlungsunrecht wird aber auch durch subjektive Elemente mitkonstituiert. Insbesondere der **Vorsatz** des Täters ist der Kern des **personalen Handlungsunrechts** (auch Intentionsunwert genannt). Hinter dieser nicht ganz unumstrittenen, aber weitgehend anerkannten Auffassung steht ein Verständnis der Verbotsnorm als **Bestimmungsnorm** (auch: Verhaltensnorm). Sie will den Täter durch die Angabe des verbotenen Verhaltens davon abhalten, Unrecht zu begehen. Durch die vorsätzliche (wissentliche und willentliche) Missachtung der Verbotsnorm verwirklicht der Täter personal verstandenes Handlungsunrecht, das wegen der bewussten Auflehnung gegen das Recht schwerer wiegt als das Unrecht, das ein leichtsinniger Fahrlässigkeitstäter verwirklicht. Außer dem Vorsatz sind auch die sonstigen subjektiven Tatbestandsmerkmale wie insbesondere die Absichten (z. B. die Zueignungsabsicht beim Diebstahl gem. § 242 StGB) unstreitige Elemente des subjektiven Handlungsunrechts.

7 Dass sich das Unrecht der Vorsatztat nicht in dem personalen bzw. subjektiven Handlungsunrecht erschöpft, sondern auch ein Erfolgsunrecht ist, kann damit erklärt werden, dass die in den Unrechtstatbeständen vertypten Verbotsnormen des Strafrechts nicht nur als Bestimmungsnormen, sondern auch als **Schutznormen** zu verstehen sind. Sie gewährleisten die Freiheitssphäre des von ihnen geschützten Rechtsgutsträgers gegen Übergriffe durch Täter. Strafrechtliche Normen verbieten bestimmte Handlungen in erster Linie deshalb, weil diese zu Rechtsgutsverletzungen bei anderen führen können. Diese Normen enthalten in sich eine bewertende Abgrenzung von Freiheitsräumen („Bewertungsnormen"), sie teilen dem Einzelnen Freiheitsräume zu. Wer in diese geschützte Freiheitssphäre übergreift, verletzt die Schutznorm und verwirklicht damit Erfolgsunrecht (Hinweise zur Vertiefung bei *Kühl,* AT, § 3 Rn. 6; s. auch *Schönke/Schröder-Eisele,* StGB, 29. Aufl. 2014, Vorbem. §§ 13ff. Rn. 48, 49).

III. Objektiver und subjektiver (Unrechts-)Tatbestand

8 Als Folgerung aus der oben skizzierten **dualistischen Unrechtskonzeption** (Handlungs- und Erfolgsunrecht) ergibt sich zum einen, dass der im Tatbestand umschriebene Erfolg unrechtskonstituierend ist, zum anderen, dass der Vorsatz als personaler Unrechtsbestandteil im (subjektiven) Tatbestand und nicht erst bei der Schuld zu prüfen ist.

a) Objektiver Tatbestand

9 Die einzelnen Delikte des BT enthalten objektive Tatumstände in sehr unterschiedlichem Umfang. Oft wird nur der Erfolg angegeben, vielfach auch eine bestimmte Handlung. Hinzu kommen bei einigen Delikten Angaben zur Person des Täters, gelegentlich wird auch die Tatsituation beschrieben. Genuine **AT-Materie** ist aber die bei den zahlreichen Erfolgsdelikten des BT auftretende Frage nach der **Kausalität** des Verhaltens für den Erfolgseintritt. Im Falle der Bejahung dieser Kausalitätsfrage ist – haftungseinschränkend – zu prüfen, ob der Erfolg dem Täter als sein Werk **objektiv zugerechnet** werden kann. Eine solche Erfolgszurechnung setzt außer einer engen Verbindung zwischen tatbestandsmäßiger Handlung und tatbestandsmäßigem Erfolg auch bei nicht verhaltensgebundenen Delikten ein **tatbestandsmäßiges Verhalten** von bestimmter Qualität voraus: Schaffung einer rechtlich relevanten, unerlaubten Gefahr für das Rechtsgut.

b) Subjektiver Tatbestand

Hier ist gem. § 15 StGB „vorsätzliches Handeln" festzustellen. Der **Vorsatz** ist genuine AT-Materie, auf den sich die folgende Darstellung deshalb weitgehend im subjektiven Tatbestand beschränkt. Einzelne Delikte des BT enthalten zusätzlich subjektive Merkmale, die der Täter, will er den Tatbestand verwirklichen, aufweisen muss. So muss z. B. der Dieb gem. § 242 StGB in Zueignungsabsicht wegnehmen. Diese **besonderen subjektiven Unrechtsmerkmale** finden im objektiven Tatbestand keine Entsprechung (näher zum objektiven und subjektiven Tatbestand *Roxin,* Strafrecht Allgemeiner Teil, Bd. I, 4. Aufl. 2006, § 10 Rn. 54–87). 10

IV. Objektiver Tatbestand: Kausalität und objektive Zurechnung

Viele Delikte des BT drohen Strafe nur für den Fall an, dass der potentielle Täter durch sein Verhalten eine Verletzung oder Schädigung des potentiellen Opfers herbeiführt. So muss etwa der von § 212 StGB angesprochene „Totschläger" durch sein Verhalten einen anderen Menschen getötet haben. Zum Kernstück des objektiven Tatbestands wird damit die Verbindung zwischen der tatbestandsmäßigen Handlung des Täters und dem tatbestandsmäßigen Erfolg, also die Verbindung zwischen der Tötungs-**Handlung** und dem Todes-**Erfolg.** 11

Mit dem Erfordernis einer solchen **Verbindung** ist klargestellt, dass allein die Feststellung einer tatbestandsmäßigen Handlung und eines tatbestandsmäßigen Erfolges noch nicht für die Bejahung des objektiven Tatbestandes ausreicht. Ist etwa der Tod des Opfers O, dem A ein langsam wirkendes Gift eingegeben hat, vor Eintritt der tödlichen Wirkung des Giftes durch den Schuss des B herbeigeführt worden, so ist eine Verbindung zwischen der Tötungshandlung des A (dem Vergiften) und dem Tod des O nicht so einfach zu begründen. Ähnliche Begründungsprobleme wirft der Fall auf, in dem das durch einen Messerstich todesgefährlich verletzte Opfer durch einen Unfall auf dem Krankentransport oder deshalb ums Leben kommt, weil es die lebensrettende Operation verweigert: Können diese Todeseintritte noch dem Messerstecher angelastet werden? 12

Die Zweifel, die in diesen Fällen an der Verbindung zwischen der Tötungs-Handlung (Vergiften bzw. Messerstich) und dem beim Opfer eingetretenen Todes-Erfolg bestehen, rühren daher, dass die tatbestandsmäßigen Handlungen nicht so ohne weiteres zum Tod des Opfers geführt haben. Im Vergiftungsfall ist angesichts des Todesschusses schon die Ursächlichkeit der Giftgabe für den Tod zweifelhaft; beim Messerstecherfall kann man in der Krankentransport-Variante daran zweifeln, ob sich im Unfall-Tod die durch den Messerstich für den Verletzten begründete Todesgefahr realisiert hat, in der Operationsverweigerungs-Variante könnte das verletzte Opfer durch seine Weigerung dem Messerstecher die Verantwortung für den Tod abgenommen haben. 13

Bringt man die angedeuteten Zweifel auf den Begriff, so kann man von Zweifeln an der **Kausalität** (im Vergiftungsfall) und von Zweifeln an der **objektiven Zurechnung** (im Messerstecherfall) sprechen. Damit sind die Stichworte gefallen, die die oben so genannte „Verbindung" präzisieren. Es besteht heute in der Strafrechtslehre die weit verbreitete Auffassung, dass die von den Erfolgsdelikten geforderte **„Verbindung"** zwischen Handlung und Erfolg **zweistufig** zu prüfen ist; auf der Stufe 1 ist stets die Ursächlichkeit des Verhaltens für den Erfolg zu prüfen, auf Stufe 2 ist bei gegebenem 14

Anlass die Frage zu erörtern, ob der Erfolg dem Täterverhalten objektiv zugerechnet werden kann. Während man von der Ursächlichkeit auch als strafrechtlicher Laie eine ungefähre Vorstellung hat, bedarf der Begriff der objektiven Zurechnung einer ersten groben Erläuterung: es geht darum, ob der vom Täter durch sein Verhalten verursachte **Erfolg** auch wertungsmäßig gerade als **„sein Werk"**, d. h. als Unrecht, nicht als Unglück, erscheint (zur geschichtlichen Entwicklung der Lehre von der objektiven Zurechnung und ihrer „historischen und logischen Keimzelle", der Lehre von der Kausalität, vgl. *Ebert,* Kausalität im Strafrecht, in: *Ulsamer* (Hrsg.), Lexikon des Rechts – Strafrecht, Strafverfahrensrecht, 2. Aufl. 1996 (= LdR), S. 503f. und *Hübner,* Die Entwicklung der objektiven Zurechnung, 2004 mit Besprechung Seher GA 2006, 715).

1. Kausalität

15 Auch wenn man als juristischer Laie eine ungefähre Vorstellung vom Begriff der Kausalität bzw. der Ursächlichkeit hat, bedarf doch dieser Begriff einer näheren Bestimmung, um die zuverlässige Beantwortung der **Frage** zu ermöglichen, **ob ein bestimmtes Verhalten für einen bestimmten Erfolg kausal war.** Die Kausalität, auf die die strafrechtliche Beurteilung der Verbindung eines Verhaltens mit einem Erfolg abzielt, ist die im naturwissenschaftlichen Sinne: zwischen dem Verhalten des potentiellen Täters und dem beim Opfer eingetretenen Erfolg muss eine nach **Naturgesetzen** zu erklärende Verbindung bestehen. Ob eine solche Erklärung anhand von Naturgesetzen gelingt, liegt damit letztlich in der Hand des empirisch arbeitenden Naturwissenschaftlers oder sonstigen Fachmanns; er muss beispielsweise als Sachverständiger vor Gericht die tödliche oder körperverletzende Wirkung eines Medikaments nachweisen. Solche Nachweise sind jedoch nur in seltenen Zweifelsfällen erforderlich, denn **normalerweise** reicht unser **Erfahrungswissen** aus, um die Beziehung von Ursache und Wirkung bei menschlichem Verhalten beurteilen zu können: Wenn A mit einer Pistole auf B schießt und dieser nach dem Einschlag der Kugel in der linken oberen Brusthälfte tot umfällt, so weiß jeder, auch wenn er den naturgesetzlichen Verlauf nicht exakt beschreiben kann, dass der Tod des B die Wirkung ist, welche die Handlung des A als Ursache gehabt hat.

16 Auf der **Zurechnungsstufe 1** – der **Kausalität** – soll noch keine wertende Auswahl der strafrechtlich relevanten Ursachen erfolgen. Dementsprechend besteht weitgehend Einigkeit darüber, dass die sog. **Äquivalenztheorie** (auch Bedingstheorie genannt) die für das Strafrecht passende Kausalitätstheorie ist. Nach dieser Theorie ist **jeder Umstand, der zum Eintritt des Erfolges mit-beigetragen hat,** eine **Ursache.** Auch entfernteste und unwesentliche Umstände fallen deshalb zunächst in die strafrechtliche Beurteilung: nicht nur der Todesschütze und derjenige, der ihm die Pistole besorgt hat, sondern auch der Waffenverkäufer, der Waffenhersteller, letztlich sogar die Eltern des Todesschützen kommen als mögliche Todesverursacher in Betracht. Schon wegen dieser **Uferlosigkeit** der Äquivalenztheorie kann dem Kausalzusammenhang nur ein begrenzter Wert für die Feststellung der strafrechtlichen Haftung einer Person zuerkannt werden. Dennoch sollte zumindest im Bereich der menschlichen Aktivität, also bei den sog. Begehungsdelikten (Gegenbegriff: Unterlassungsdelikte), auf die Feststellung des Kausalzusammenhangs nicht verzichtet werden. Das Gesetz fordert ihn (wenn auch nicht oft ausdrücklich, vgl. aber z. B. bei Fahrlässigkeitsdelikten wie §§ 222, 229 StGB, und bei den erfolgsqualifizierten Delikten wie §§ 227, 251

StGB), und es entspricht auch unseren alltäglichen Vorstellungen, einer Person nur dann einen Erfolg anzulasten, wenn ihr Verhalten wenigstens eine Ursache für dessen Eintritt war. Mit dem Verzicht auf eine Gewichtung der möglichen Ursachen hinsichtlich ihrer Bedeutung für den Erfolg bzw. mit der Anerkennung aller Ursachen eines Erfolgs als **gleichwertig** („äquivalent") geht die Äquivalenztheorie zugleich davon aus, dass ein Erfolg nicht nur eine einzige Ursache haben kann. Es kommen also auch mehrere Handlungen als Kausalfaktoren für einen Erfolg in Betracht, und es reicht die **„Mit-Ursächlichkeit"** einer Handlung neben anderen für die Kausalität aus.

Wie aber prüft man, ob ein bestimmtes Verhalten einer Person nach der Äquivalenztheorie ursächlich für einen bestimmten Erfolg war? Als **methodische Hilfsmittel** zur Feststellung des Kausalzusammenhangs konkurrieren heute zwei Formeln: die **condicio-sine-qua-non-Formel** und **die Formel von der gesetzmäßigen Bedingung.** Beide Formeln haben zahlreiche Anhänger, sind also allemal „vertretbare" Hilfsmittel zur Kausalitäts-Prüfung. 17

a) Die condicio-Formel und ihre richtige Anwendung

In der Rechtsprechung fest verankert und auch in weiten Teilen der Literatur für praktikabel gehalten wird die **condicio-Formel.** Selbst Kritiker dieser Formel empfehlen, bei der Prüfung eines konkreten Falles von ihr auszugehen, da sie in der überwiegenden Zahl der Fälle zu richtigen Ergebnissen führe. **Ursache im Sinne des Strafrechts ist danach jede Bedingung eines Erfolges, die nicht hinweggedacht werden kann, ohne dass der Erfolg entfiele.** Die Formel fordert den Rechtsanwender also zu einem hypothetischen Eliminationsverfahren auf: würde der eingetretene Erfolg entfallen, wenn man sich die Handlung als nicht geschehen (weg-)denkt, so ist die Handlung kausal für den Erfolg; bliebe es hingegen trotz Wegdenkens der Handlung beim eingetretenen Erfolg, so ist die Handlung nicht kausal für den Erfolg, da dieser auch ohne jene eingetreten wäre. So kompliziert sich dieses Verfahren auch zunächst anhört, so bekannt ist einem doch die geforderte Überlegung in den Worten: hättest Du das nicht getan, wäre jenes nicht passiert. Auch die Rechtsprechung greift oft auf solch einfache und gängige Formulierungen zurück, wenn sie die Kausalität prüft: „ohne den Brand wäre es zu diesen Folgen nicht gekommen … ohne das Feuer wäre sie nicht zu Tode gekommen" (BGH NStZ 1989, 431). 18

Die Feststellung: hätte A dem B nicht mit der Faust auf die Nase geschlagen, so wäre das Nasenbein des B nicht gebrochen, hat strafrechtlich die Bedeutung, dass der Schlag des A kausal für die Gesundheitsbeschädigung des B i. S. des § 223 StGB war. Die Feststellung hingegen: hätte A dem O das langsam wirkende Gift nicht gegeben, wäre O trotzdem, d. h. wie tatsächlich geschehen, an dem Schuss aus der Pistole des B gestorben, führt dazu, dass die Ursächlichkeit der Handlung des A für den Tod des O verneint werden muss. Gerade wegen der **Ausscheidung** solcher Handlungen, die so wenig mit bestimmten Erfolgen zu tun haben, dass sie hinweggedacht (= vernachlässigt) werden können, leuchtet die condicio-Formel intuitiv ein. 19

b) Die Formel von der gesetzmäßigen Bedingung

Die Formel von der gesetzmäßigen Bedingung hat inzwischen einen großen Teil der Lehrbuch- und Kommentarliteratur erobert und kann deshalb bei der Lösung strafrechtlicher Übungsfälle mit Kausalitätsproblematik verwendet werden. Diese Formel steht wie die condicio-Formel insofern auf dem Boden der Äquivalenztheorie, als 20 auch sie die Gleichwertigkeit aller Erfolgsbedingungen betont. Es genügt also auch hier, dass die Handlung irgendwie zum Erfolg beigetragen hat, dass sie eine von mehreren Ursachen des Erfolges war. Sie lautet: **Ein Verhalten ist dann Ursache eines Erfolges, wenn dieser Erfolg mit dem Verhalten durch eine Reihe von Veränderungen gesetzmäßig verbunden ist.** Unter Verzicht auf hypothetische Überlegungen wird nach dieser Formel direkt und positiv danach gefragt, ob die konkrete Handlung im konkreten Erfolg wirksam geworden ist.

21 Ein Vorteil dieser Formel gegenüber der condicio-Formel besteht darin, dass sie das Erfordernis eines **naturgesetzlichen** Zusammenhangs deutlich anspricht. Freilich muss auch sie den Nachweis dieses Zusammenhangs letztlich dem Fachmann in Naturgesetzen überlassen. Dass sie als methodisches Hilfsmittel taugt, liegt wie bei der condicio-Formel daran, dass uns unser Erfahrungswissen in den meisten Fällen die Überzeugung von einer gesetzmäßigen Verbindung zwischen Handlung und Erfolg verschafft. Die Verwendung der Formel von der gesetzmäßigen Bedingung läuft deshalb häufig auf eine bloße Bekräftigung des immer schon gewussten Kausalzusammenhanges hinaus („… liegt zweifellos eine gesetzmäßige Verbindung vor"). Erscheint uns ein bestimmter Zusammenhang zwischen Handlung und Erfolg ziemlich sicher, lässt er sich aber in der Form einer Gesetzmäßigkeit nur schwer darstellen (z. B. beim tödlichen Schuss in die Brust des Nebenbuhlers wären physikalische, ballistische und „medizinische" Naturgesetze anzuführen, die kein Laie parat hat), so kommt die Gesetzmäßigkeitsformel eher in Begründungsschwierigkeiten als die pragmatische condicio-Formel.

2. Objektive Zurechnung

22 Die Kausalität stellt innerhalb des objektiven Tatbestands lediglich die erste Stufe zur Begründung strafrechtlicher Verantwortlichkeit dar. Vor der Bejahung der Strafbarkeit liegt noch ein weiter Weg, auf dem das die **Kausalität** bejahende **Zwischenergebnis** „korrigiert" werden kann. Genauer formuliert: das Kausalitätsergebnis kann als positives bestehen bleiben und dennoch kann die Strafbarkeitsfrage schon im objektiven Tatbestand zu verneinen sein. Das **Bedürfnis für** solche **„Korrekturen"** des Kausalitätsergebnisses ist allgemein anerkannt. Es hat inzwischen auch eine Art Grundformel der objektiven Zurechnung herausgebildet: **Eine Gefahr qualifizierter Art muss geschaffen bzw. erhöht worden sein, und gerade diese Gefahr muss sich im tatbestandsmäßigen Erfolg realisiert haben.**

a) Die Schaffung der Gefahr bzw. deren Erhöhung

23 Das Fehlen einer rechtlich relevanten Gefahrschaffung/-erhöhung wird zunächst in Fällen **ganz entfernter,** rechtlich offensichtlich nicht einschlägiger **Verursachungen** von tatbestandsmäßigen Erfolgen zu deren Ausscheidung eingesetzt. Nicht zurechenbar sind danach z. B. Todeseintritte zum Zeugungsakt der Eltern des Todesschützen oder zum Waffenhersteller bzw. -verkäufer, nur weil der Todesschütze diese Waffe zur Tötung eingesetzt hat. Rechtlich relevant sind also nicht alle Bedingungen im Sinne der Äquivalenztheorie; von welcher Nähe an freilich die rechtliche Relevanz beginnt, lässt sich allgemein nur schwer sagen.

24 Mit demselben (und ebenso unbestrittenen) Ergebnis wird die rechtlich relevante Gefahrschaffung auch in Fällen verneint, in denen der vom Neffen ins heraufziehende Gewitter geschickte Erbonkel tatsächlich vom Blitz erschlagen wird, oder in denen

der Empfänger einer unwahren Todesmeldung einen Herzschlag erleidet. So einleuchtend die Ablehnung der Zurechnung der Todesfolge zum Veranlasser des Gewitterspaziergangs bzw. zum „Todesmelder" auch ist, so blass ist die Begründung mit der fehlenden rechtlich relevanten Gefahrschaffung. Gemeint ist wohl die **geringe Wahrscheinlichkeit** solcher Erfolgseintritte.

b) Die Gefahrrealisierung

Die objektive Zurechnung eines Erfolges zu einer Person als deren „Werk" setzt nicht nur voraus, dass diese Person durch ihr Verhalten die Gefahr für den Erfolgseintritt in rechtlich relevanter Weise geschaffen/erhöht hat, sondern auch, dass sich gerade dieses gefahrschaffende/-erhöhende Täterverhalten im Erfolg niedergeschlagen hat. Eine **rechtlich relevante Gefahrschaffung/-erhöhung** reicht zur objektiven Zurechnung eines Erfolges auch nicht schon dann aus, wenn dieser Erfolg vom Gefahrschaffenden/-erhöhenden verursacht wurde. Das Erfordernis der Gefahrrealisierung verlangt vielmehr eine engere Verbindung zwischen Verhalten und Erfolg als den Ursachenzusammenhang im Sinne der Äquivalenztheorie. 25

Besonders anschaulich und überzeugend wird dieses Kriterium bei **atypischen Kausalverläufen** zur Ablehnung der Erfolgszurechnung eingesetzt, also in Fällen, in denen z. B. das durch einen Messerstich in die linke Brusthälfte bereits in Todesgefahr gebrachte Opfer durch einen Unfall auf dem Krankentransport oder bei einem Zimmerbrand im Krankenhaus getötet wird. Hier hat sich nicht die durch den Messerstich geschaffene Todesgefahr, sondern eine ganz andere Gefahr realisiert, die man als allgemeines Lebensrisiko, Unfallopfer im Straßenverkehr oder Brandopfer im Krankenhaus zu werden, bezeichnen kann. Die Auswirkungen solch allgemeiner Lebensrisiken hat jeder selbst zu tragen, sie können deshalb nicht anderen als ihr Werk zugerechnet werden. 26

c) Prinzip der Eigenverantwortlichkeit

Das Prinzip der Eigenverantwortlichkeit hat sich zunehmend zu einem selbständigen Prinzip der Lehre von der objektiven Zurechnung entwickelt; zumindest gilt es als eine notwendige Ergänzung der Grundformel (Gefahrschaffung und Gefahrrealisierung) im Bereich der erst durch ein Dritt- bzw. Opferverhalten vermittelten Kausalität. Das Verantwortungsprinzip strebt eine Art Zuständigkeitsregelung an, durch welche die Verantwortungsbereiche verschiedener kausal in ein Geschehen verstrickter Personen abgegrenzt werden sollen. 27

Das Prinzip geht von der These aus, dass jeder **grundsätzlich nur für sein eigenes Verhalten verantwortlich** ist. Damit ist zugleich gesagt, dass man für das eigenverantwortliche Verhalten anderer Personen grundsätzlich nicht verantwortlich ist. Das bringt vor allem in Fällen, in denen der Erstverursacher nur eine Bedingung dafür gesetzt hat, dass ein Zweitverursacher eine gegen einen Dritten gerichtete vorsätzliche Straftat begehen kann, eine Entlastung des Erstverursachers (z. B. des Gifts im Arzneimittelschrank verwahrenden Arztes von der vorsätzlichen Tötung, die die Sprechstundenhilfe mit dem Gift begeht). 28

Ein zum Regelfall zu zählender Teilbereich des Verantwortungsprinzips – die **eigenverantwortliche Selbstgefährdung** – ist inzwischen zu einem auch von der Rechtsprechung anerkannten gesicherten Anwendungsbereich des Prinzips der Eigenverant- 29 wortlichkeit geworden. Mit der eigenverantwortlichen Selbstgefährdung sind Fälle gemeint, in denen sich das spätere Opfer frei für Handlungen (z. B. das Setzen einer Heroinspritze) entscheidet, deren Gefährlichkeit es kennt (vgl. BGHSt 32, 363; näher zu diesem „Heroinspritzen-Fall" *Roxin,* Höchstrichterliche Rechtsprechung zum Strafrecht Allgemeiner Teil, 1998, Fall 3, S. 3f. u. 158). Durch die Verwirklichung dieser frei verantwortlichen, selbst gefährdenden Handlung nimmt das **Opfer** dem eine Bedingung für diese Handlung Setzenden (z. B. dem Heroinspritzenlieferanten) die **Verantwortung** für die (tödlichen) Folgen dieser Handlung ab. Der Tod ist ausschließlich das Werk des Opfers, er kann dem dafür nur eine Bedingung Setzenden nicht objektiv zugerechnet werden.

30 Das gilt auch für das Doping, bei dem zwischen dem tatbestandslosen Eigen-Doping des Sportlers und dem rechtfertigungsbedürftigen Fremd-Doping durch den Trainer oder Arzt zu unterscheiden ist (s. schon oben § 32 Rn. 46). Umstritten ist die Einordnung der HIV-Infizierung bei aufgeklärtem Partner (*Kühl,* AT, § 4 Rn. 88a). Überwiegend als Fremdgefährdung wird die tödliche Verletzung des Beifahrers durch den Fahrer in einem verbotenen Straßenrennen gewertet (BGHSt 53, 55ff.); dafür spricht, dass er fährt (= Gas gibt und das Lenkrad in der Hand hat); dagegen, dass auch der Beifahrer Einfluss auf das Rennverhalten des Täters hat und nimmt (*Kühl,* NJW 2009, 1158; zum Fall auch *Eisele,* in: Festschrift für K. Kühl, 2014, S. 159ff.).

V. Subjektiver Tatbestand: Vorsatz und sonstige subjektive Tatbestandsmerkmale

31 Der Gesetzgeber begnügt sich bei der Umschreibung der einzelnen Delikte des BT nicht immer mit der Angabe objektiver, äußerer Umstände wie z. B. der des Erfolgseintritts (Tod eines Menschen in §§ 212, 222 StGB). Er verwendet vielmehr auch **subjektive** (innere, täterpsychische) **Merkmale** zur Kennzeichnung von einzelnen Delikten. So beispielsweise die „Absicht", sich oder einem Dritten die fremde bewegliche Sache rechtswidrig zuzueignen, zur Kennzeichnung des Diebstahls in § 242 StGB.

32 Wie schon der objektive Tatbestand vom Gesetzgeber nicht durchgehend ausdrücklich festgeschrieben wurde, so verzichtet der Gesetzgeber auch bei der Beschreibung des subjektiven Tatbestandes auf die ausdrückliche Nennung aller subjektiven Merkmale. War es im objektiven Tatbestand das nur selten ausdrücklich in einzelnen Delikten genannte Kausalitäts-(und objektive Zurechnungs-)Erfordernis, das vom Rechtsanwender als allgemeines (= AT-Materie) Erfordernis für alle Erfolgsdelikte zusätzlich eingebracht werden musste, so ist es im subjektiven Tatbestand das **allgemeine Vorsatz-Erfordernis.** Dieses Erfordernis wird zwar vom Gesetzgeber – weitergehend als das nur gelegentlich bei einzelnen Delikten genannte Verursachungserfordernis – in den einzelnen Delikten des BT völlig unterschlagen, doch wird es ausdrücklich – insofern klarer als das Kausalitätserfordernis – in einer Vorschrift des AT genannt: nach **§ 15 StGB** ist „strafbar ... nur vorsätzliches Handeln, wenn nicht das Gesetz fahrlässiges Handeln ausdrücklich mit Strafe bedroht." Mit dieser Vorschrift ist klargestellt, dass alle Delikte des BT, die nicht ausdrücklich auf fahrlässiges Handeln abstellen (so z. B. die fahrlässige Tötung gem. § 222 StGB), den Vorsatz des Täters als Strafbarkeitsvoraussetzung verlangen. Der Tatbestand dieser Nicht-Fahrlässigkeitsdelikte wird also erst vollständig, wenn das Vorsatzerfordernis in ihn hineingelesen wird; dann lautet z. B. der Totschlag gem. § 212 StGB nicht mehr: „Wer einen Menschen tötet ...", sondern: „Wer einen Menschen vorsätzlich tötet ...".

Die Hauptfunktion der in § 15 StGB oder in einzelnen Deliktsumschreibungen des BT geforderten subjektiven Tatbestandsmerkmale besteht in der **(Unrechts-)Typisierung** der einzelnen Delikte. Eine solche Typisierung gelingt dem Gesetzgeber allein durch die Verwendung objektiver Merkmale nicht. Steht etwa nur fest, dass A den B getötet bzw. dessen Tod verursacht hat, so ist das keine ausreichende Entscheidungsgrundlage für die Einordnung des Verhaltens des A in § 212 StGB (Totschlag) oder in § 222 StGB (fahrlässige Tötung). Steht etwa nur fest, dass A dem B eine fremde bewegliche Sache, z. B. ein Kraftfahrzeug, weggenommen hat, so ist das keine ausreichende Entscheidungsgrundlage für die Einordnung des Verhaltens des A als Diebstahl gem. § 242 StGB (nur bei Zueignungsabsicht), als straflos (wenn ohne Zueignungsabsicht, sog. straflose Gebrauchsentwendung) oder als „unbefugter Gebrauch eines Fahrzeugs" gem. § 248 b StGB (ausnahmsweise strafrechtliche Erfassung der Gebrauchsentwendung hinsichtlich von Kraftfahrzeugen und Fahrrädern trotz fehlender Zueignungsabsicht). 33

Vorsatz und sonstige subjektive Tatbestandsmerkmale wie die Zueignungsabsicht prägen nicht nur allgemein den „Deliktstypus", sondern vor allem den **„Unrechtstypus"** des jeweiligen Delikts. Es ist heute kaum noch streitig, dass sich das strafrechtlich bedeutsame Unrecht nicht zulänglich kennzeichnen lässt, wenn man von der subjektiven Seite des Verhaltens absieht. Die Überzeugungskraft dieser fast allgemeinen Auffassung ergibt sich schon aus „schlagenden" Beispielen: Mord und fahrlässige Tötung unterscheiden sich nicht erst in der Schuldhöhe, sondern stellen schon verschieden gewichtiges Unrecht dar – obwohl die Unterschiede allein im subjektiven Bereich gefunden werden können. Diese durch den Vorsatz bewirkte Steigerung des Unrechts von Tötungshandlungen wird durch die Überlegung begründet, dass die strafrechtlich sanktionierte Norm krasser verletzt wird, wenn der Täter das durch sie geschützte Rechtsgut bewusst oder gewollt angreift, als wenn er es versehentlich beeinträchtigt. Für eine **personale Unrechtslehre** ist es ohnehin zwingend, dass die persönliche Entscheidung des Täters für die Rechtsgutsverletzung, also der **Vorsatz** im Sinne eines Entschlusses zur Handlung, als **Kern des Handlungsunrechts,** den Unrechtstatbestand prägt. 34

Für die **sonstigen subjektiven Tatbestandsmerkmale** ist es zum Teil sogar unmittelbar evident, dass sie als subjektive Elemente der Handlungsbeschreibung, als nähere Charakterisierung des Handlungswillens des Täters das **Unrecht** der Tat **mit-bestimmen.** So ist die Zueignungsabsicht des vorsätzlich eine fremde bewegliche Sache Wegnehmenden unrechtssteigernd, wenn es sich bei der Sache um ein Kraftfahrzeug oder Fahrrad handelt (vgl. die Strafrahmen der §§ 242, 248 b StGB), und sogar unrechtsbegründend bei der Wegnahme aller sonstigen Sachen. Nur die Zueignungsabsicht belegt, dass sich der Täter die eigentumsähnliche Position durch den dauernden Ausschluss des bisherigen Eigentümers von dessen rechtlich geschützten Position verschaffen will; das Verhalten des ohne Zueignungsabsicht Wegnehmenden (erfasst in § 248 b StGB) entspricht überhaupt nicht dem Unrechtstyp „Diebstahl". 35

Das StGB enthält keine Begriffsbestimmung des von § 15 StGB geforderten „vorsätzlichen Handelns"; sie wurde bewusst Rechtsprechung und Lehre überlassen. Als eine freilich „unpräzise **Kurzformel**" hat sich die vom Vorsatz als **„Wissen und Wollen** der Tatbestandsverwirklichung" durchgesetzt. Sie ist vor allem für den Einstieg in die Prüfung des subjektiven Tatbestandes bei Fallbeurteilungen hilfreich. 36

37 Das **Wissenselement** des Vorsatzes ist **abstufbar** und erfasst nicht nur sicheres Wissen – dann ist **Wissentlichkeit** als Vorsatzform gegeben –, sondern auch das Wahrscheinlichkeitsurteil bis hin zur bloßen Möglichkeitsvorstellung hinsichtlich der Tatbestandsverwirklichung.

38 Auch hinsichtlich des **voluntativen** bzw. **emotionalen Elements** des Wollens gibt es **Abstufungen** und Verdünnungen, die z. B. hinsichtlich des Erfolgseintritts vom Anstreben – dann ist **Absicht** als Vorsatzform gegeben – über das Billigen bis hin zur Gleichgültigkeit oder gar Unerwünschtheit gehen können.

39 Das **„Wesen"** des Vorsatzes als Kernstück des Handlungsunrechts ist nur unzulänglich erfasst, wenn man es auf die bloße passive Kenntnisnahme der Tatumstände beschränkt. Zwar muss der Vorsatztäter die Tatsituation kennen und den Erfolg zumindest als mögliche Folge seines Handelns voraussehen. Doch enthält der Vorsatz auch – schon umgangssprachlich – ein aktives Moment, nämlich die **Entscheidung** für die Handlung samt ihrer Folgen trotz Kenntnis der Tatumstände und Voraussicht der Folgen. Der Vorsatztäter trifft eine ihm infolge seiner Informiertheit persönlich zurechenbare Fehlentscheidung gegen das vom jeweiligen Straftatbestand geschützte Rechtsgut bzw. eine Entscheidung für die tatbestandlich umschriebene Rechtsgutsverletzung. Nur dieses Entscheidungsmoment hebt den Vorsatztäter als intensiveren Rechtsgutsverletzer vom Fahrlässigkeitstäter ab, der selbst bei Bewusstsein der Möglichkeit der Tatbestandsverwirklichung auf den „guten Ausgang" seines Handelns „vertraut" und damit gerade keine Entscheidung gegen das Rechtsgut des möglichen Opfers getroffen hat.

Dieser Unterschied zwischen vorsätzlicher und fahrlässiger Tatbegehung schlägt sich in der Abgrenzung der schwächsten Vorsatzform – dem **Eventualvorsatz** – von der bewussten Fahrlässigkeit nieder:

40 **Eventualvorsatz liegt vor, wenn sich der Täter für die Ausführung einer Handlung entscheidet, obwohl er die von dieser Handlung ausgehende Gefahr für den Eintritt des tatbestandsmäßigen Erfolges erkannt, ernst genommen und sich mit ihr abgefunden hat.**

Bewusste Fahrlässigkeit liegt vor, wenn der Täter beim Entschluss zur Tat ernsthaft darauf vertraut, dass es nicht zur Rechtsgutsverletzung kommen werde, in bestimmten Fällen auch, wenn er ernsthafte Vermeidungsbemühungen betätigt.

41 Die Rechtsprechung verlangt für das Wollenselement des Eventualvorsatzes, dass der Täter die Tatbestandsverwirklichung „billigend in Kauf nimmt" (BGHSt 7, 369), doch ist damit nicht gemeint, dass dem Täter der Erfolg erwünscht sein muss. Ein billigendes Inkaufnehmen im Rechtssinne liegt vielmehr auch dann vor, wenn sich der Täter mit der unerwünschten Folge seines Handelns abfindet (vgl. BGHSt 39, 1, 9).

42 Wann das eine – Eventualvorsatz – und wann das andere – bewusste Fahrlässigkeit – vorliegt, ist für den Strafrichter nicht immer leicht herauszufinden, so dass er sich objektiver **Indikatoren** bedienen muss, so etwa der besonderen Gefährlichkeit der Handlung (z. B. Wurf eines Beiles in Richtung Kopf des Opfers), die aber auch kein sicheres Indiz für einen Tötungsvorsatz ist. Selbst in feststehenden Sachverhalten, wie sie in Übungs- und Examensarbeiten verwendet werden, bedarf es oft einer „verständigen" Auslegung des Sachverhalts. So etwa, wenn der Räuber auf der Flucht mit der

Beute aus einer Entfernung von 50 m auf Verfolger schießt und es – laut Sachverhalt – dabei „für möglich hält, dass er einen der Verfolger tödlich trifft." Die Möglichkeitsvorstellung allein führt nicht zum Eventualvorsatz, weil sie auch das Wissenselement der bewussten Fahrlässigkeit ausmacht. Die Schwierigkeit, aus 50 m Entfernung mit einer Pistole einen Menschen zu treffen, spricht dafür, dass der Räuber darauf vertrauen konnte, dass er keinen Verfolger trifft. Entscheidend für einen Tötungs-Eventualvorsatz aber spricht der durch Sachverhaltsauslegung gewonnene Umstand, dass es dem Räuber in erster Linie auf das Entkommen mit der Beute ging, und dass er sich deshalb mit dem ihm an sich unerwünschten Tod eines Verfolgers abfand (näher im Übungsfall von *Kühl/Schramm* JuS 2003, 681, 683 f.).

§ 35. Rechtfertigung tatbestandsmäßigen Verhaltens

Ein Verhalten, mit dem der Täter vorsätzlich alle objektiven Tatumstände eines Delikts (z. B. Tötung eines anderen Menschen gem. § 212 StGB) verwirklicht hat, ist typischerweise Unrecht. Vor dem Urteil: „es ist rechtswidrig!" kann er nur dadurch bewahrt werden, dass der Täter auf Umstände verweisen kann, die sein unrechtes Verhalten **ausnahmsweise** rechtfertigen (z. B., wenn er einen gegenwärtig rechtswidrig Angreifenden mit einer erforderlichen Verteidigungshandlung gem. § 32 Abs. 2 StGB getötet hat). 1

Dieser Feststellung liegt eine bestimmte, weitgehend anerkannte Auffassung zum Verhältnis von Unrechts-Tatbestand und Rechtswidrigkeit zugrunde. Verhaltensweisen, die der Gesetzgeber als strafwürdig und strafbedürftig angesehen und deshalb unter Strafandrohung verboten hat, sind in den Delikten des Besonderen Teils des StGB (und denen des sog. Nebenstrafrechts) tatbestandsmäßig umschrieben. Eine Handlung, die sämtliche Merkmale einer solchen Deliktsumschreibung erfüllt, ist „tatbestandsmäßig". Tatbestandsmäßige Handlungen sind, da die gesetzlichen Tatbestände (= Delikte des BT) aus dem großen Bereich rechtswidriger Verhaltensweisen lediglich bestimmte (strafwürdige, strafbedürftige) herausheben, in aller Regel (– typischerweise –) auch rechtswidrig. Man sagt: Die **Tatbestandsmäßigkeit indiziert** die **Rechtswidrigkeit.** 2

Dieses Indiz kann aber widerlegt werden. Aus besonderen Gründen können tatbestandsmäßige Handlungen gerechtfertigt sein. Rechtfertigungsgründe sieht sowohl das StGB (z. B. § 32 StGB: Notwehr) als auch die übrige Rechtsordnung (z. B. § 127 Abs. 1 S. 1 StPO: Festnahmerecht von jedermann) vor. Ein tatbestandsmäßiges Verhalten, das nicht durch einen solchen Rechtfertigungsgrund „gedeckt" ist, ist strafbares Unrecht. Damit steht zugleich die **Rechtswidrigkeit** dieses Verhaltens endgültig fest. Das **Urteil über die Tat** ist gefallen. Auf der weiteren Delikts-Prüfungsstufe der Schuld kann der Täter, der sich rechtswidrig verhalten hat, freilich noch vor Strafe bewahrt werden, wenn seine Schuld fehlt oder ein Entschuldigungsgrund zu seinen Gunsten eingreift. 3

Zur Unterscheidung von Rechtswidrigkeit und Schuld vgl. *Lenckner*, in: *Schönke/Schröder*, Strafgesetzbuch-Kommentar, 26. Aufl. 2001, Vorbem §§ 13 ff. Rn. 48 (auch in der aktuellen 29. Aufl. 2014 in Rn. 47 von *Eisele* übernommen und im Wesentlichen beibehalten worden): 4

> „Die durch den Unrechtstatbestand begründete und nicht durch einen Rechtfertigungsgrund ausgeschlossene **Rechtswidrigkeit** bedeutet, dass das fragliche Tun oder Unterlassen im Widerspruch zum Recht als einer menschlichen Verhaltensordnung steht. Darin, dass die Handlung den für jedermann geltenden rechtlichen Sollens-Anforderungen nicht entspricht, erschöpft sich das Rechtswidrigkeitsurteil; ob dem Täter die rechtswidrige Tat auch persönlich zum Vorwurf gemacht werden kann, ist dagegen eine Frage der Schuld."

5 Vor der endgültigen Feststellung der Rechtswidrigkeit des Verhaltens stehen also zwei Stufen der Bewertung:

(1) Prüfung der **Tatbestandsmäßigkeit** durch Subsumtion des Verhaltens unter den objektiven und subjektiven (Unrechts-)Tatbestand des jeweiligen Delikts.

(2) Prüfung der **Rechtswidrigkeit** durch Subsumtion unter eventuell eingreifende Rechtfertigungsgründe.

6 Bei der Prüfung der Strafbarkeit sind beide Wertungsstufen bzw. **Prüfungsschritte auseinanderzuhalten.** Das Prüfen eines Rechtfertigungsgrundes, ohne zuvor die Tatbestandsmäßigkeit bejaht zu haben, ist deshalb nicht sinnvoll, weil im Falle seiner Verneinung das Rechtswidrigkeitsurteil für eine Strafbarkeitsprüfung nicht aussagekräftig genug ist. Es könnte sich nämlich um ein zwar rechtswidriges, aber mangels Strafwürdigkeit durch keinen Straftatbestand erfasstes Verhalten handeln (z. B. Verletzungen des allgemeinen Persönlichkeitsrechts außerhalb der §§ 201, 203 StGB). Ohne Tatbestandsverwirklichung gibt es aber kein strafbares Unrecht. Dementsprechend heißt es in der Legaldefinition des § 11 Abs. 1 Nr. 5 StGB zum Begriff „rechtswidrige Tag", dass sie „eine solche" sein muss, „die den Tatbestand eines Strafgesetzes verwirklicht".

7 Andererseits kann man sich nicht mit der Feststellung zufrieden geben, dass das Verhalten des Täters Unrecht ist, weil es unter einen bestimmten (Unrechts-)Tatbestand subsumiert werden konnte. Die Verwirklichung des (Unrechts-)Tatbestandes kann nicht mehr aussagen, als dass die Tat deshalb in der Regel – **typischerweise** – rechtswidrig ist. In **atypischen** Situationen (wie z. B. in Notsituationen) können bestimmte Umstände die Tat rechtfertigen. Auf der Rechtfertigungsebene wird also das tatbestandsmäßige Verhalten in einer besonderen Wertungsstufe bzw. in einem zweiten Prüfungsschritt einer zusätzlichen Kontrolle unterzogen, bevor man das endgültige Rechtswidrigkeitsurteil fällt.

8 Diese beiden Prüfungsschritte, die zum endgültigen Rechtswidrigkeitsurteil führen, können zwar auch in einer (Gesamtunrechts-)Tatbestandsprüfung zusammengezogen werden. Die einzelnen Voraussetzungen eines Rechtfertigungsgrundes wären dann sog. **negative Tatbestandsmerkmale.** Doch müssten die Umstände eines Rechtfertigungsgrundes (z. B. bei der Notwehr gem. § 32 Abs. 2 StGB der gegenwärtige rechtswidrige Angriff und die erforderliche Verteidigung) auch bei dieser einstufigen Prüfung auf ihr Nicht-Vorliegen hin untersucht werden, und diese Prüfung müsste zusätzlich zu der Prüfung der objektiven und subjektiven Tatbestandsmerkmale erfolgen. Dann aber sollte schon aus Gründen der Übersichtlichkeit eine gesonderte Prüfungsstufe gewählt werden. Sachlich spricht dafür das freilich nicht unbestrittene Regel-Ausnahme-Verhältnis von Tatbestand und Rechtfertigungsgrund.

9 Das Eingreifen eines Rechtfertigungsgrundes ändert nichts mehr daran, dass der Täter deshalb insofern **Unrecht** verwirklicht hat, weil er in eine fremde Rechtssphäre eingegriffen hat (zum Kern des Unrechts *Kühl,* in: Festschrift für H.-H. Kühne, 2013,

S. 15, 22). Dieser **Übergriff in den Freiheitsbereich einer anderen Person** kann jedoch vom rechtlichen Standpunkt aus als richtig bewertet werden. So ist die Körperverletzung des Angreifers – bei Einhaltung bestimmter Voraussetzungen (§ 32 Abs. 2 StGB) – die richtige Antwort auf den rechtswidrigen Angriff gegen das Leben des Täters. Selbst die Körperverletzung eines Unbeteiligten kann vom Rechtsstandpunkt aus richtig sein, wenn nur dadurch das Leben eines in Not geratenen Täters gerettet werden kann (§ 34 StGB). Für jeden, der in solche Angriffs- oder sonstige Notsituationen gerät, ist es generell richtig, in die Rechtsgüter eines anderen einzugreifen. Dennoch bleibt es dabei: das richtige, gerechtfertigte Verhalten ist insofern Unrecht, als es einen Eingriff in die körperliche Unversehrtheit darstellt; der Angreifer bzw. der Unbeteiligte ist verletzt. Dieser Verstoß gegen § 223 StGB, der solche Verletzungen generell verbietet, ist nur wegen besonderer Umstände erlaubt. Das Verbot aber ist der Regelfall, und die Ausnahme muss als Ausnahme ernst genommen werden, wenn das Verbot nicht seine präventive Kraft verlieren soll.

Zur „Unterschiedlichkeit von Tatbestands- und Rechtswidrigkeitsebene" anschaulich 10
Hassemer, Einführung in die Grundlagen des Strafrechts, 2. Aufl. 1990, S. 212:

> „Darüber hinaus muss durch die Unterscheidung zweier Ebenen des Verbrechensaufbaus festgehalten werden, dass ein Verhalten, das ‚lediglich' den Tatbestand erfüllt, aber nicht auch rechtswidrig ist, nicht dasselbe ist wie das strafrechtsirrelevante Verhalten, das schon der Tatbestandsebene nicht genügt. Tötung in Notwehr ist nicht dasselbe wie Kaffeetrinken, obwohl beides im Ergebnis kein strafrechtliches Unrecht ist. Tötung in Notwehr ist die Verletzung eines Menschen, ist der Einbruch in verbotenes Gebiet (wenn auch mit Sondererlaubnis), ist eine Überschreitung der *Tabuschranke,* die unsere Rechtskultur mitbestimmt. Freiheitsstrafe ist Freiheitsberaubung, wenn auch erlaubte oder gebotene, und die klare und konsequente Unterscheidung der Rechtswidrigkeits- und der Tatbestandsebene ist eines der Mittel, die Sensibilität der strafjuristischen Profession dafür zu erhalten, dass auch die rechtmäßige Verletzung eine Verletzung ist – auch die rechtmäßigen Verletzungen, welche diese Profession selber zufügt."

Einzelne ausgewählte Rechtfertigungsgründe

I. Die Notwehr gem. § 32 StGB

1. Einführung und allgemeine Kennzeichnung

Die Notwehr gilt – oft auch unter dem Namen der Selbstverteidigung – als ein zu allen 11
Zeiten und in allen Rechtsordnungen anerkanntes Rechtsinstitut, dem in seinem Kernbereich sogar **naturrechtlicher** Charakter zugesprochen wird. Das Notwehrrecht gründet in der allgemeinen Überzeugung, dass man Übergriffen (= rechtswidrigen Angriffen) seitens anderer Menschen wehrhaft entgegentreten darf.

Im geltenden Recht ist die Notwehr übereinstimmend in den §§ 227 Abs. 2 BGB, 15 12
Abs. 2 OWiG und 32 Abs. 2 StGB definiert. Klargestellt ist in der für das Strafrecht einschlägigen Vorschrift des § 32 StGB, dass die Notwehr-Verteidigungshandlung nicht nur straflos, auch nicht nur entschuldigt, sondern **gerechtfertigt** ist („handelt nicht rechtswidrig"). Der Verteidiger erhält damit ein echtes **Eingriffsrecht** in die Rechtsgüter des Angreifers, dem Angreifer wird damit zugleich die entsprechende **Duldungspflicht** auferlegt: es gibt keine Notwehr gegen Notwehr, und ebenso wenig kann sich der Angreifer auf rechtfertigenden Notstand gem. § 34 StGB berufen, wenn er gegen das durch Notwehr gerechtfertigte Handeln des Verteidigers „vorgeht".

Die inhaltliche **Definition** der Notwehrregelung ist – seit dem 19. Jahrhundert unver- 13
ändert – in **Abs. 2** des § 32 StGB enthalten. Aus dieser knappen und klaren Definition

lassen sich die **Eckpfeiler** des Notwehrrechts zwanglos entnehmen. Auslöser des Notwehrrechts ist der gegenwärtige rechtswidrige Angriff. Gegen diesen Angriff ist Verteidigung erlaubt. Ausweichen wird also auch dann nicht verlangt, wenn dadurch dem Angriff zu entkommen wäre und damit die angegriffenen Rechtsgüter optimal geschützt wären. Die Notwehr ist auch nicht subsidiär, d. h. sie verlangt nicht wie das zivilrechtliche Selbsthilferecht gem. § 229 BGB, dass „obrigkeitliche Hilfe nicht rechtzeitig zu erlangen ist".

14 Die Verteidigung ist nur durch das Merkmal der Erforderlichkeit eingeschränkt. Verhältnismäßigkeitsüberlegungen muss der Verteidiger nicht anstellen, d. h. er muss nicht darauf achten, dass er mit seiner Verteidigungshandlung beim Angreifer nicht höherwertige Rechtsgüter (z. B. das Leben des Diebes) verletzt als die, welche er mit ihr schützt (z. B. Eigentum an Sachen). Gerade dieser Eckpfeiler verleiht der Notwehr ihre **Schärfe,** ja ihre „Rigorosität" gegenüber dem Angreifer, die freilich durch die sog. „sozialethischen" Einschränkungen des Notwehrrechts abgemildert wird.

15 Eine weitere **Einschränkung** erfährt die Notwehr dadurch, dass sie nur Eingriffe in die Rechtsgüter des Angreifers rechtfertigt. Werden durch die Verteidigungshandlung Rechtsgüter von Dritten (= Nicht-Angreifer) verletzt, so kommt keine Notwehrrechtfertigung in Betracht (möglich ist aber eine Rechtfertigung wegen Notstands gem. § 34 StGB). Auf der Verteidigungsseite ist hingegen nicht nur der Angegriffene gerechtfertigt, sondern auch derjenige, der dem Angegriffenen bei der Angriffs-Abwehr hilft (sog. Nothilfe).

2. Die Grundgedanken der Notwehr

a) Dualistische Notwehrlehre

16 Die Grundgedanken der Notwehr müssen, soweit sie in der gesetzlichen Regel Niederschlag gefunden haben, zum einen deshalb herausgearbeitet werden, weil sie häufig erst eine begründete Entscheidung zwischen unterschiedlichen Auslegungsmöglichkeiten einzelner Notwehrmerkmale (z. B. Rechtswidrigkeit des Angriffs) ermöglichen. Zum anderen können nur die Grundgedanken die sog. „sozialethischen" Einschränkungen der Notwehr legitimieren (teleologische Reduktion).

17 Zur Erklärung der gesetzlichen Notwehrregelung wird überwiegend auf **zwei** Grundgedanken zurückgegriffen: auf das individualrechtliche (Rechtsgüter-)Schutzprinzip und auf das überindividuelle oder sozialrechtliche Rechtsbewährungsprinzip.

18 Zum Schutzprinzip: Der erste Grundgedanke meint in seinem Kern als **Selbstschutzgedanke** die Berechtigung von jedermann, sich und seine Individualrechtsgüter verteidigen zu dürfen. Dieses „Urrecht" des Menschen auf Selbstverteidigung muss auch dem Staatsbürger in einem Rechtszustand mit staatlichem Gewaltmonopol erhalten bleiben, wenn der Staat seiner ihn erst legitimierenden Aufgabe – Schutz der Freiheit seiner Bürger gegen Übergriffe anderer Bürger – faktisch in bestimmten Situationen (plötzliche rechtswidrige Angriffe) nicht nachkommen kann. Niemand braucht sich durch rechtswidrige Angreifer verletzen zu lassen.

19 Das legitime Interesse des Angegriffenen an der **Erhaltung** seiner **Rechtsgüter** setzt sich bei der Notwehr deshalb nahezu optimal durch, weil es sich nur bei demjenigen schädigend auswirkt, der durch seinen rechtswidrigen Angriff die Notwehrlage überhaupt erst heraufbeschworen hat.

Zum Rechtsbewährungsprinzip: Der zweite Grundgedanke besagt, dass der sich oder andere Verteidigende zugleich das Recht in dem Sinne bewährt, dass er die Rechtsordnung verteidigt. In einer eingängigen, aber verkürzenden Formel heißt dies: **Das Recht braucht dem Unrecht nicht zu weichen.** Damit wird der Notwehrübende zum Statthalter des Rechts in Situationen, in denen der Staat das Recht nicht selbst schützen kann. 20

Das Verhältnis der beiden Grundgedanken der Notwehr ist nicht befriedigend geklärt, doch kann es so umschrieben werden: Das Rechtsbewährungsprinzip ist zwar eine notwendige Ergänzung des Schutzprinzips, ihm kommt deshalb auch selbständige Bedeutung zu, das **Fundament** der Notwehr aber bildet der **Individualschutzgedanke.** Mit dieser Betonung des Individualschutzgedankens soll die im Rechtsbewährungsgedanken angelegte Gefahr gebannt werden, dass sich der Notwehrübende als ein für die öffentliche Sicherheit und Ordnung zuständiger privater Hilfspolizist versteht und bei Ausübung dieser angemaßten Rolle mehr Schaden als Nutzen für die Rechtsordnung bewirkt. Notwehr ist auch kein allgemeines Unrechtsverhinderungsrecht, sondern erlaubt nur die Abwehr rechtswidriger Angriffe. 21

Überzeugungskraft hat die **dualistische Notwehrlehre** vor allem deshalb, weil sie die in der gesetzlichen Regelung des § 32 Abs. 2 StGB enthaltene Schärfe des Notwehrrechts am besten erklärt. Da das Nutzen einer Ausweichmöglichkeit die Rechtsgüter des Angegriffenen häufig sicherer schützt als ein Zurückschlagen des Angreifers, kann das Fehlen der Ausweichpflicht in der Notwehrregelung gut mit dem als Ausdruck des Rechtsbewährungsprinzips verstandenen Satz begründet werden, dass das Recht dem Unrecht nicht zu weichen braucht. 22

Schutzprinzip und Rechtsbewährungsprinzip gemeinsam erklären plausibel den **Verzicht auf Güterproportionalität:** Dass auch der Dieb verletzt werden darf, obwohl die körperliche Unversehrtheit schwerer wiegt als das Sacheigentum, beruht zum einen darauf, dass gegenüber einem rechtswidrigen Angreifer ein optimaler, d. h. ein mit allen erforderlichen Mitteln durchsetzbarer Rechtsgüterschutz legitim ist (geringere Schutzwürdigkeit des Angreifers, Bevorzugung der Interessen des Angegriffenen). Zum anderen schlägt zugunsten des Verteidigers noch zusätzlich der Umstand zu Buche, dass er auch Allgemeininteressen verteidigt, nämlich das angegriffene Recht gegen das angreifende Unrecht bewährt. 23

b) Monistische Notwehrlehren

Selten wird die Notwehr **rein überindividualistisch** begründet. Es ist zwar richtig, dass durch die Notwehrhandlung das Gemeininteresse an der **Selbstbehauptung des Rechts** befriedigt wird, doch ist der von der Notwehr intendierte und geleistete Schutz des einzelnen und seiner Rechtsgüter nicht nur als Reflex der Selbstbehauptung des Rechts zu sehen. 24

Rein individualistische Notwehrbegründungen nehmen hingegen zu. Sie leisten zunächst – **negativ** – eine z. T. berechtigte Kritik am Rechtsbewährungsprinzip. So wird u. a. kritisiert, dass der Notwehrübende trotz der angeblichen Wahrnehmung öffentlicher Aufgaben nicht (wie die Rechtsschutz bietenden Staatsorgane) an den Verhältnismäßigkeitsgrundsatz gebunden ist. 25

Eine **positive** Begründung des nun einmal scharf ausgestalteten geltenden Notwehrrechts ist den individualistischen Theorien noch nicht überzeugend gelungen. Bei un- 26 terstelltem Wegfall des Rechtsbewährungsprinzips muss das Fehlen einer Ausweichpflicht, die fehlende Subsidiarität des Notwehrrechts und der Verzicht auf Güterproportionalität erklärt werden. Dafür bieten sich zwei Wege an.

27 Zum einen kann man auf der **Seite des Angegriffenen** nach Gründen für dessen Bevorzugung suchen: man wird dann auf die Brisanz der Notwehrsituation (Bedrängnissituation, Entscheidung über die Verteidigungsmittel in Sekundenschnelle, Ungeübtheit des Angegriffenen in der Verteidigung) abheben und/oder darauf verweisen, dass beim Angegriffenen nicht nur Güter auf dem Spiel stehen, sondern auch seine Handlungsfreiheit und seine Persönlichkeit. Ob damit die normative Überlegenheit des Verteidigers gegenüber dem Angreifer in der scharfen Form, wie von § 32 StGB angeordnet, erklärt werden kann, ist zu bezweifeln, weil die brisante Situation und der zusätzliche Rechtsgutsangriff auch bei weniger scharfen Rechtfertigungsgründen (z. B. dem defensiven Notstand gem. § 34 StGB) vorkommen.

28 Zum anderen kann „viktimodogmatisch" auf der **Seite des Angreifers** „als Opfer der Verteidigung" angesetzt werden: man wird dann darauf abstellen, dass die weitgehende Schutzlosigkeit des Angreifers darauf beruhe, dass es ihm ja freistehe, auf seinen Angriff gänzlich zu verzichten und sich damit vollständig selbst zu schützen. Aber auch die so begründete mangelnde Schutzbedürftigkeit und/oder Schutzwürdigkeit des Angreifers, die ja auch von Vertretern der dualistischen Notwehrlehre als individualrechtliches Element anerkannt wird, erklärt zwar die Gleichbehandlung von Notwehr und Nothilfe, die Freistellung des Verteidigers von Verhältnismäßigkeitsüberlegungen aber nicht hinreichend, das Fehlen der Ausweichpflicht wohl gar nicht.

c) Ergänzung der dualistischen Notwehrlehre durch das Prinzip der Verantwortung

29 Die vorzugswürdige dualistische Notwehrlehre kann zur besseren Erklärung bestimmter Teile der Notwehrregelung durch das Prinzip der **Verantwortung des Angreifers** für sein Angriffsverhalten und die Gefahrenlage ergänzt werden. Dieses Prinzip erklärt z. B. die eingeschränkte Rechtfertigungskraft der Notwehr: nur Rechtsgüter des verantwortlichen Angreifers dürfen verletzt werden. Auch im Bereich der sog. „sozialethischen" Einschränkungen der Notwehr leistet dieses Prinzip erklärende Dienste, z. B. bei mangelnder Verantwortlichkeit des Angreifers (einem Geisteskranken gegenüber darf nicht sogleich das scharfe Notwehrrecht eingesetzt werden) oder z. B. bei Mitverantwortlichkeit des Angegriffenen (der den Angriff Provozierende muss sich Einschränkungen seines Notwehrrechts gefallen lassen; zu den Notwehrtheorien ergänzend und mit Nachweisen *Kühl,* JuS 1993, 178–183 und in: AT, § 7 Rn. 19; für eine dualistische Notwehrbegründung *Roxin,* in: Festschrift für K. Kühl, 2014, S. 391 ff., der diese aber nur bei den sozialethischen Einschränkungen heranziehen will).

II. Rechtfertigender Notstand gem. § 34 StGB

30 Anders als die für jedermann selbstverständliche Rechtfertigung wegen Notwehr ist eine Rechtfertigung wegen Notstands problematisch. Der Gesetzgeber hat diese Problematik zwar durch die Schaffung von § 34 StGB für das geltende Strafrecht „gelöst", doch kommt man bei der Anwendung dieses nicht gerade präzis formulierten Rechtfertigungsgrundes („wesentliches" Interessenübergewicht, „angemessenes" Gefahrabwendungsmittel) häufig nicht umhin, auf die dieser Vorschrift zugrundeliegenden

Gedanken zurückzugreifen. Dabei zeigt sich die Problematik der Notstandsrechtfertigung. Sie rührt daher, dass der Notstandstäter nicht wie der Notwehr übende Täter einen rechtswidrigen Angreifer zurückschlägt, sondern – jedenfalls beim aggressiven Notstand – einen **unbeteiligten Dritten** zur Beseitigung der Notstandslage heranzieht. Zu seiner Rechtfertigung kann der Notstandstäter zwar die Erhaltung des gefährdeten Individualrechtsguts (= Erhaltungsguts) anführen, nicht aber die die Notwehr prägende Rechtsbewährung, denn diese setzt ein angreifendes Unrecht voraus. Gegen die Rechtfertigung kann das unbeteiligte Notstandsopfer anführen, dass die Rettung des Erhaltungsguts zu einem Rechtsgutsverlust bei ihm (= Eingriffsgut) führt, obwohl er mit der Notlage des in Not Befindlichen nichts zu tun hat.

31 Diesen fundamentalen Unterschied der beiden „Notrechte" Notwehr und Notstand hat *Kant* 1797 in den „Metaphysischen Anfangsgründen der Rechtslehre" (genauer: im „Anhang zur Einleitung in die Rechtslehre") mit aller Schärfe herausgestellt. Beim „Notrecht" (= Notstand) geht es nicht wie bei der Notwehr („ius inculpatae tutelae") um einen „ungerechten Angreifer auf mein Leben, dem ich durch Beraubung des seinen zuvorkomme." Vielmehr ist die „Befugnis ..., im Fall der Gefahr des Verlustes meines eigenen Lebens, einem Anderen, der mir nichts zuleide tat, das Leben zu nehmen", zu begründen. Konkreter handelt es sich um das von *Pufendorf* wieder in die Diskussion eingeführte **„Brett des Karneades"**, das *Fichte* als das „Wunderbrett der Schule" bezeichnet: es geht um den Täter, „der im Schiffbruche mit einem anderen in gleicher Lebensgefahr schwebend, diesen von dem Brette, worauf er sich gerettet hat, wegstieße, um sich selbst zu retten."

32 Diesem Täter versagt *Kant* die Rechtfertigung, indem er das Notrecht (ebenso wie die „Billigkeit") unter Bruch mit der alten **naturrechtlichen** Tradition als ein nur „vermeintes Recht" aus der eigentlichen Rechtslehre aussondert. Das Argument für diese Aussonderung lautet: ein solches **„Notrecht"** enthalte einen „Widerspruch der Rechtslehre mit sich selbst", denn es könne „keine Not geben, welche, was Unrecht ist, gesetzmäßig macht"; ein „Recht, in der höchsten (physischen) Not Unrecht zu tun", sei ein Unding.

33 Die Ablehnung der Rechtfertigung für die notbedingte Tötung eines anderen ist heute **geltendes Recht.** Der Fall des „Brett des Karneades" ist heute zwar ein rechtlich geregelter Notstandsfall, aber „nur" ein Fall des entschuldigenden Notstands gem. § 35 StGB. Auch heute denkt im Grundsatz niemand daran, der Lebensgefahr rechtfertigende Kraft zuzusprechen, wenn sie nur durch die Vernichtung des Lebens eines anderen gebannt werden kann (näher unten § 36 Rn. 27 und 30).

34 Zur Vertiefung: *Küper,* Immanuel Kant und das Brett des Karneades, 1999.

Den Anstoß, über die Rechtfertigung des Notstandstäters nachzudenken, gab ein nicht minder berühmter Philosoph. *Hegel* wendet sich 1821 in den „Grundlinien der Philosophie des Rechts" (genauer: in § 127) gegen die Aussonderung des „Notrechts" aus der Rechtslehre. Es geht ihm bei der Behauptung des „Notrechts" als **wirkliches Recht** freilich um einen anderen Fall, nämlich um den Täter, dessen **Leben** „in der letzten Gefahr und in der **Kollision** mit dem rechtlichen **Eigentum** eines anderen" steht. Zur Eigentumsverletzung hat dieser in Lebensgefahr befindliche Täter ein „Notrecht (nicht als Billigkeit, sondern als Recht)". Das Argument für die Rechtfertigung lautet, dass „auf der einen Seite die unendliche Verletzung des Daseins und darin die totale Rechtlosigkeit, auf der anderen Seite nur die Verletzung eines einzelnen beschränkten Daseins der Freiheit steht."

35 Die Rechtfertigung von strafbaren Eigentumsverletzungen (z. B. Diebstahl gem. § 242 StGB, Sachbeschädigung gem. § 303 StGB), die zur Beseitigung einer Lebensgefahr erforderlich sind, ermöglichen **heute** § 34 StGB und § 904 BGB. § 34 StGB abstrahiert dabei von der Kollision Leben – Eigentum und rechtfertigt all die Rettungshandlungen, bei denen „das geschützte Interesse das beeinträchtigte wesentlich überwiegt." Not kann also doch unter bestimmten Voraussetzungen aus Unrecht Recht machen bzw. (in moderner strafrechtlicher Terminologie) bewirken, dass das in der tatbestandsmäßigen Handlung liegende typische Unrecht ausnahmsweise gerechtfertigt wird. Wie aber lässt sich diese gesetzgeberische Entscheidung begründen?

36 Dass Handlungen in Not Nachsicht verdienen und zur Entschuldigung des Täters führen können, ist für jedermann einsichtig. Der Verzicht auf Strafe gegenüber demjenigen, der sich in einer Notlage nicht anders zu helfen weiß, als sich durch Zugriff auf fremde Rechtsgüter zu retten, ist eine vernünftige Regelung im Verhältnis von staatlicher Strafgewalt und in Not befindlichem Bürger. Bei der Anerkennung des Notstands als Rechtfertigungsgrund geht es aber um mehr, denn hier wird einem unbeteiligten Bürger eine Belastung auferlegt: er muss die gerechtfertigte Notstandshandlung **dulden,** d. h. seine Rechtsgüter dem Zugriff des Notstandstäters preisgeben. Für die Begründung dieses **„Sonderopfers"** reicht der Hinweis auf die anders nicht zu behebende Notlage und die Bedrängnissituation des Notstandstäters nicht: warum soll ein an der Notstandslage **Unbeteiligter** seine Rechtsgüter freigeben, nur weil ein anderer sie zur Rettung seiner Rechtsgüter benötigt?

37 Eine **utilitaristische** Begründung, die auf die positive Güterbilanz nach Rettung des höherwertigen Rechtsguts verweist, überzeugt nicht. Solange die „nur gesetzmäßig beschränkte" äußere Freiheit von jedermann essentieller Bestandteil der Idee der Gerechtigkeit ist, darf der Handlungsspielraum des einen nicht nur deshalb zu Lasten der Freiheitssphäre des anderen ausgedehnt werden, weil so dem Gesamtnutzen, dem maximalen Wohlergehen aller, am besten gedient ist.

38 Wenn § 34 StGB dennoch dem **„Mehr-Nutzen-als-Schaden"-Prinzip** folgt, so muss dafür eine einsichtige Begründung gefunden werden. Sie ist im Prinzip der **Solidarität** zu sehen. Zwar ist unsere Rechtsordnung eine Freiheitsordnung, die gerade im Strafrecht durch das allgemeine Verletzungsverbot („neminem laedere") gekennzeichnet ist. Doch schließt das die Anerkennung der in der Ethik fest etablierten Solidarität als Rechtsprinzip nicht völlig aus. Solidarität ist im Rechtsbereich dann gefragt, wenn es um die Behebung einer Notlage geht. Zur Wiederherstellung des notfreien Zustands oder: zum Schutz der schon fast verlorenen Freiheit und ihrer Ausübungsbedingung – des Lebens – darf in die Rechtssphäre eines anderen eingegriffen werden, allerdings nur, wenn dieser Eingriff dem davon Betroffenen so erklärt werden kann, dass auch er ihm eigentlich zustimmen müsste. Dies ist wohl nur dann möglich, wenn sein Opfer kleiner ist als der Nutzen, den die Tat dem in Not Befindlichen bringt. Die **Belastungsgrenze** ist bei Unbeteiligten schneller erreicht als bei Personen, die die Notlage geschaffen haben oder die dem in Not Befindlichen nahe stehen. Im Fall der Aufopferung von Sachgütern zur Lebenserhaltung – der Fall *Hegels* – ist die Belastungsgrenze sicher noch nicht erreicht, aber schon bei einer geringfügigen Körperverletzung zur Lebensrettung kann sie erreicht sein (z. B. durch eine zwangsweise Blutspende).

§ 34 StGB baut also auf der begrenzten Solidaritätspflicht des Unbeteiligten auf. Er rechtfertigt die Inanspruchnahme der Solidarität nur dann, wenn das gefährdete Gut nicht anders zu erhalten ist und für seine Erhaltung ein wesentliches Interessenübergewicht spricht (zur Solidaritätsbegründung der Duldungspflicht im Notstand vgl. *Kühl,* in: Festschrift für H. J. Hirsch, 1999, S. 259ff.; kritisch *Pawlik,* Der rechtfertigende Notstand, 2002, S. 58ff., 126; dazu auch *Otto,* in: Festschrift für K. Kühl, 2014, S. 341, 358ff.). 39

§ 36. Die Schuld als Strafbarkeitsvoraussetzung

Mit dem Betreten der Schuldstufe hat die Prüfung der möglichen Vorsatz-Strafbarkeit eines Täters schon die **Rechtswidrigkeit** von dessen **Tat** ergeben. Damit ist über die äußere Tat und die subjektive Beteiligung des Täters an dieser Tat endgültig entschieden: der Täter hat mit seiner Tat gegen eine Verbotsnorm verstoßen, sich für die Rechtsgutsverletzung entschieden, und sein Verhalten war durch keine Erlaubnisnorm (= Rechtfertigungsgrund) „gedeckt". Die Endgültigkeit dieses generellen Urteils zeigt sich „handfest" darin, dass der rechtswidrig handelnde Täter unter bestimmten Voraussetzungen (z. B. seine Gefährlichkeit) mit Maßregeln der Besserung und Sicherung (§§ 61 ff. StGB) belegt werden kann. Strafen (Freiheits- und Geldstrafen) hingegen setzen zusätzlich zur Rechtswidrigkeit der Tat die Schuld des Täters voraus. Dieses Schulderfordernis ergibt sich schon aus dem **Grundgesetz** (Art. 1 u. 20) und ist auch deshalb unverzichtbar, weil die Strafe außer dem Grundrechtseingriff in die Freiheit oder in das Vermögen des Betroffenen auch eine sozialethische Missbilligung (s. o. § 30 Rn. 9) enthält. Im **Schuldspruch** wird dem Täter gegenüber eine **Missbilligung** seines Verhaltens zum Ausdruck gebracht. Eine solche Missbilligung setzt aber voraus, dass der Täter für die Tat verantwortlich ist. Dies ist nur möglich, wenn man dem Täter die von ihm begangene rechtswidrige Tat als eine vorwerfbare zurechnen kann. Um die **individuelle Zurechnung** = Vorwerfbarkeit geht es bei der Strafbegründungsschuld. 1

Vorgeworfen wird dem Täter, dass er eine rechtswidrige Tat begangen hat, obwohl er sich anders, nämlich normgerecht hätte entscheiden können (BGHSt 2, 200f.). Dieses **Andersentscheidenkönnen** und das dadurch mögliche **Andershandelnkönnen** wird dem Täter im Schuldvorwurf vorgehalten: er hätte sich rechtmäßig, d. h. in Einklang mit den die Freiheit anderer schützenden Rechtsnormen, verhalten können. 2

Eine sog. Charakterschuld reicht als Tatschuld nicht aus, denn sie besagt, dass die Tat durch den Charakter des Täters determiniert ist (näher *Ebert,* in: Festschrift für K. Kühl, 2014, S. 137, 155). 3

Zur „Differenzierung von Unrecht und Schuld" vgl. zusammenfassend *Otto,* AT, § 12 Rn. 9: 4

> „In der Prüfung des Unrechtstatbestandes wird festgestellt, ob der Täter sich sozialschädlich verhalten hat. Die Schuldprüfung geht dahin, ob das sozialschädliche Verhalten vom Täter zu verantworten ist, weil er die Möglichkeit hatte, sich für ein rechtmäßiges Verhalten zu entscheiden. Kurz: Mit dem Unrecht wird dem Täter das sozialschädliche Verhalten vorgeworfen, mit der Schuld die Willensbildung, die zu diesem Verhalten führte."

Dabei geht das StGB davon aus, dass sich jeder Bürger mit normaler Motivierbarkeit für den dem Recht gemäßen Weg entscheiden kann. Es befindet sich damit in Über- 5 einstimmung mit der subjektiven Freiheitserfahrung von jedermann (subjektives Bewusstsein des Andershandelnkönnens), und stellt keine anderen Erwartungen an den Bürger als sie auch die Bürger untereinander an sich stellen. Die allgemeine **Erwartung** des Rechtmäßighandelnkönnens ist zwar nicht ausdrücklich im StGB geregelt, doch lässt sie sich der Regelung der Schuldausschließungsgründe (§§ 17, 20 StGB) entnehmen, denn dort werden die Voraussetzungen angegeben, bei denen ausnahmsweise nicht von der Unrechtseinsicht des Täters ausgegangen werden kann. Damit wird im Bereich der individuellen Schuld eine sinnvolle, weil allein praktikable Standardisierung vorgenommen.

6 Das hebt auch *Baumann* in der Vorauflage, § 15 I 3a, hervor:

„Ein Gesetz muss praktikabel sein, es kann nicht die Frage der Verantwortlichkeit oder Nichtverantwortlichkeit, die Frage nach der Willensfreiheit oder Willensunfreiheit der Entscheidung des jeweiligen Richters überlassen. Es muss (sowohl im Zivilrecht als auch) im Strafrecht den Bereich fehlender Verantwortlichkeit gesetzlich umreißen, dabei freilich so großzügig verfahren, dass zwar ein wirklich Verantwortlicher mitunter straffrei bleiben kann, aber sichergestellt ist, dass ein Nichtverantwortlicher nicht strafrechtlich verantwortlich gemacht = mit strafrechtlicher Rechtsfolge belegt wird. Das ist der Sinn der StGB-Vorschriften über die Schuldfähigkeit."

7 Solche **Standardisierungen** sind auch für die Entschuldigungsgründe wie z. B. § 35 StGB (entschuldigender Notstand) typisch (näher unten Rn. 31–35). Sie zeigen außerdem, dass trotz der Möglichkeit des Andershandelnkönnens ein Schuldvorwurf nicht immer erhoben, sondern in bestimmten Situationen Nachsicht durch Entschuldigung geübt wird. Dafür kann nicht nur die erhebliche Erschwerung normgemäßen Verhaltens in Notlagen, die den Täter unter abnormen psychischen Druck setzen, geltend gemacht werden. Es spielen hier auch schon **präventive** Überlegungen – keine präventive Notwendigkeit des Einsatzes der Strafe – eine Rolle, die sonst erst bei der Strafzumessung Einfluss gewinnen (innerhalb der Strafzumessungsschuld gem. § 46 StGB).

8 Zum negativen Vorgehen bei der Feststellung der Schuld vgl. *Hassemer,* Einführung, 1990, S. 216:

„Obwohl die drei Voraussetzungen subjektiver Zurechnung [Schuldfähigkeit, Verbotskenntnis, Zumutbarkeit], ebenso wie Vorsatz oder Fahrlässigkeit, positiver Natur sind, werden sie vom Gesetz in *negativer* Form formuliert; es spricht von Schuldunfähigkeit, Verbotsirrtum und Unzumutbarkeit normgemäßen Verhaltens. Die Praxis richtet sich danach. Sie stellt nicht die Schuldfähigkeit und die Kenntnis (bzw. das Kennenmüssen) der Verbotsnorm fest, sondern fragt nach Umständen, welche die Schuldfähigkeit bzw. die Verbotskenntnis ausschließen. Liegen solche (negativen) Umstände nicht vor (leidet der Angeklagte beispielsweise nicht an einer krankhaften seelischen Störung, § 20 StGB), so sieht die Praxis sich gesetzlich berechtigt, von Schuldfähigkeit oder Verbotskenntnis auszugehen: eine Bejahung aus doppelter Verneinung. Warum dieser komplizierte Umweg?
Der Umweg ist nur scheinbar kompliziert, und er hat überdies einen tiefen Sinn. Das Gesetz verlangt, als Voraussetzung subjektiver Zurechnung, vom Richter nicht den positiven Nachweis etwa der Schuldfähigkeit, sondern den negativen Nachweis des Nichtvorliegens von Schuldausschluss. Es bringt damit zum Ausdruck, dass eine ‚wirkliche', ‚positive' Schuldbegründung im Strafverfahren nicht erwartet werden kann; man muss sich mit Geringerem zufrieden geben, das überdies handgreiflicher ist: mit Indikatoren von Defekt."

I. Schuldunfähigkeit

9 Die Schuldunfähigkeit kann, wie sich § 20 StGB entnehmen lässt, zum einen deshalb anzunehmen sein, weil dem Täter die **Einsichtsfähigkeit** fehlt: er ist nicht in der Lage,

das Unrecht seines Verhaltens zu erkennen. Zum anderen kann sich die Schuldunfähigkeit aus der fehlenden **Steuerungsfähigkeit** ergeben: der Täter hat zwar Unrechtsbewusstsein, doch ist er nicht in der Lage, die rechtswidrige Handlung dieser Einsicht gemäß zu unterlassen.

Die Schuldunfähigkeit wird bei **Kindern,** die bei Begehung der Tat noch nicht 14 Jahre alt sind, unwiderleglich durch § 19 StGB vermutet. Ansonsten regelt allgemein § 20 StGB die zusätzlichen Voraussetzungen der Schuldunfähigkeit. Sowohl die fehlende Einsichtsfähigkeit als auch die fehlende Steuerungsfähigkeit (sog. psychologisch-normative Komponenten der Schuldunfähigkeit) müssen nach § 20 StGB auf den dort aufgezählten **anormalen seelischen Zuständen** beruhen (sog. biologisch-psychologische Komponente der Schuldunfähigkeit; krit. *Frister,* AT, § 18 Rn. 9 ff.: Untauglichkeit der gesetzlichen Beschreibung der Schuldunfähigkeit). 10

Schon die Beurteilung, ob einer der in § 20 StGB genannten anomalen Zustände vorliegt, ist in einer **Übungsarbeit** aufgrund normaler Sachverhalte nicht zu bewerkstelligen. Noch weniger ist die Beurteilung möglich, ob diese Zustände entweder zum Verlust der Einsichtsfähigkeit oder zum Verlust der Steuerungsfähigkeit beim Täter geführt haben. Praktisch muss die Schuldunfähigkeit vom Aufgabensteller mehr oder weniger deutlich vorgegeben werden, z. B. der schuldunfähige X oder z. B. der geisteskranke X. Man sollte sich jedenfalls davor hüten, Sachverhaltsangaben wie „im Zorn", „aus Angst", „in großer Verwirrung" oder „in alkoholisiertem Zustand" unter § 20 StGB zu subsumieren. Wenn diese Angaben unter Normen subsumiert werden sollen, dann kommen eher die §§ 33, 213 StGB (möglicherweise auch: §§ 316, 323 a StGB) in Betracht. 11

Ist der Täter „bei der Begehung der Tat" schuldunfähig gem. § 20 StGB, so fehlt eine **Strafbarkeitsvoraussetzung.** Die Strafbarkeitsprüfung muss aber in diesem Fall nicht immer mit diesem negativen Ergebnis enden, denn trotz fehlender Schuldfähigkeit bei Tatbegehung kann in bestimmten Fällen durch die Konstruktion der **actio libera in causa** eine Strafbarkeit des Täters wegen der Tat begründet werden, die er im schuldunfähigen Zustand verwirklicht. 12

Unter der actio libera in causa (alic) versteht man ein **mehraktiges Geschehen,** bei welchem der schuldfähige Täter in der ersten Phase eine Ursache für die eigentliche Tathandlung setzt, die er dann in der zweiten Phase als inzwischen Schuldunfähiger ausführt. So etwa, wenn sich der Ehemann in der Bar Mut antrinkt, um seine Ehefrau zu verprügeln und zu diesem Prügeln erst schreitet, als er infolge Rauschzustandes schuldunfähig i. S. des § 20 StGB ist. Mit der im Gesetz nicht ausdrücklich vorgesehenen Konstruktion der **alic** will man erreichen, dass der Täter (z. B. der Ehemann) aus dem Delikt heraus bestraft werden kann, welches er im Zustand der Schuldunfähigkeit begangen hat (z. B. § 223 StGB durch die Prügel). Das Herbeiführen des Zustandes der Schuldunfähigkeit könnte sonst strafrechtlich nur wegen Vollrausches nach § 323 a StGB erfasst werden, und auch dies nur, wenn es durch ein „Sichberauschen" geschieht. 13

II. Entschuldigungsgründe

1. Die Prinzipien der Entschuldigung

14 An die Möglichkeit, die Tat des Täters zu entschuldigen, ist erst zu denken, wenn die Frage nach der möglichen Rechtfertigung dieser Tat negativ beantwortet ist. Hat der Täter in einer Notsituation Rechtsgüter des Angreifers oder eines Unbeteiligten auf tatbestandsmäßige Weise verletzt, so stößt einen schon das Gesetz von der verneinten Rechtfertigungsfrage (weder Notwehr gem. § 32 StGB noch rechtfertigender Notstand gem. § 34 StGB rechtfertigen die Tat) zur jetzt zu prüfenden Entschuldigungsfrage: hat der in einer Notwehrsituation handelnde Täter Entschuldigung für seinen Notwehrexzeß gem. § 33 StGB verdient bzw. hat der in einer Notstandslage handelnde Täter Entschuldigung gem. § 35 StGB für seine Rettungshandlung verdient? Diese äußerliche Anknüpfung der im StGB ausdrücklich geregelten Entschuldigungsgründe an die ebenfalls dort geregelten Rechtfertigungsgründe hat auch eine innere Berechtigung. Die Nähe der Entschuldigungs- zur Rechtfertigungssituation zeigt, dass es bei der Entschuldigung nicht nur um die Berücksichtigung von Interna beim Täter, sondern auch um **gemindertes Unrecht** seiner rechtswidrigen Tat geht.

15 Wer in einer Notsituation zur Verteidigung/zur Rettung eines angegriffenen/gefährdeten Rechtsguts handelt, verwirklicht zwar tatbestandsmäßig erfasstes Unrecht (z. B. einen Totschlag gem. § 212 StGB), wenn er sich nicht an die (Erforderlichkeits-) Grenze der Notwehr/die (Interessenübergewichts-)Voraussetzung des rechtfertigenden Notstands hält. Doch erscheint dieses Unrecht im Vergleich zur entsprechenden tatbestandsmäßigen Handlung (z. B. Totschlag gem. § 212 StGB) eines Täters, der nicht **rechtsgutsbewahrend** in einer Notsituation tätig wird, deutlich gemindert.

16 Kommt zu dieser (die unrechtsbezogene Schuld schon reduzierenden) Unrechtsminderung hinzu, dass sich der Täter – wie bei Notsituationen – in einer **außergewöhnlichen Motivationslage** befindet, die ihm die Entscheidung zum rechtgemäßen Verhalten erschwert, so ist seine Schuld dadurch weiter gemindert. Diese durch zwei Umstände – Handlung zur Rechtsgutserhaltung und außergewöhnlicher Motivationsdruck – bewirkte „doppelte" Schuldminderung erlaubt es dem Gesetzgeber, diesem Täter gegenüber Nachsicht zu üben: seine Tat wird (unter den näheren Voraussetzungen der §§ 33, 35 StGB) entschuldigt, weil die verbleibende Schuld unterhalb der Strafwürdigkeitsgrenze liegt. Aus strafzweckorientierter Sicht heißt das, dass aus Präventionsgründen keine Bestrafungsnotwendigkeit besteht. Jedermann kann Verständnis für den so Bedrängten aufbringen, obwohl er die Rechtsgüter anderer ohne rechtfertigenden Grund verletzt hat.

2. Die besondere Rolle der Entschuldigungsgründe innerhalb der „Straflosigkeitsgründe"

17 Die Straflosigkeit eines Täters, der wie z. B. der Totschläger einen Straftatbestand (§ 212 StGB) erfüllt, kann verschiedene Gründe haben. Innerhalb dieser Gründe ist die **besondere** Rolle der Entschuldigungsgründe herauszustellen.

18 In Abgrenzung zu den ebenfalls zu Straflosigkeit führenden Rechtfertigungsgründen handelt der nur entschuldigte Täter nicht gerechtfertigt, also rechtswidrig. Er entscheidet sich in einer Konfliktsituation (am häufigsten sind Notsituationen) falsch und verletzt ein fremdes Rechtsgut, ohne dass ihm dieser Eingriff in die fremde Rechtssphäre

ausnahmsweise durch einen Rechtfertigungsgrund erlaubt worden ist. Er hat damit den Konflikt anders als die Rechtsordnung entschieden und sich damit rechtswidrig verhalten. Seine Handlung steht **nicht mit** dem **Recht** und dessen grundlegenden Prinzipien **in Einklang,** er hat die für jedermann geltenden Grenzen der Freiheit überschritten. Das generelle Urteil über die Tat ist damit endgültig gefallen: sie ist nicht nur typischerweise unrecht (= tatbestandsmäßig), sondern konkret rechtswidrig (= kein Rechtfertigungsgrund widerlegt das indizierte Unrecht). Der von dieser Tat Betroffene darf sich gegenüber diesem rechtswidrigen Angriff nach § 32 StGB (Notwehr) verteidigen, d. h. den Angreifer in die Schranken der Freiheit zurückstoßen.

Entscheidet und handelt der sich tatbestandsmäßig verhaltende Täter dagegen **in Übereinstimmung mit** den Regeln, die die **Rechtsordnung** für Ausnahmesituationen (z. B. Notsituationen) aufstellt (z. B. §§ 32, 34 StGB), so verhält er sich dem Recht entsprechend. Seine Handlung ist gemessen an den Grundprinzipien der Rechtsordnung richtig, weil z. B. der ein Individualrechtsgut und das Recht bedrohende Angriff zurückgewiesen wird (§ 32 StGB) oder weil z. B. der tatbestandsmäßige Eingriff in Rechtsgüter eines unbeteiligten Dritten einem wesentlich überwiegenden Interesse dient (§ 34 StGB). Gegen dieses gerechtfertigte Verhalten hat z. B. weder der Angreifer i. S. von § 32 StGB noch z. B. das unbeteiligte Notstandsopfer i. S. von § 34 StGB ein Notwehr-Verteidigungsrecht. Beide haben vielmehr die Verteidigungs-/ Rettungshandlung zu dulden. 19

Diese Konsequenz für den betroffenen Bürger zeigt, dass der Gesetzgeber mit der Einräumung von Rechtfertigungsgründen vorsichtig sein muss, denn mit ihnen regelt er für Ausnahmesituationen die Rechtsverhältnisse der **Bürger untereinander.** Demgegenüber kann der Gesetzgeber mit der Einräumung von Entschuldigungsgründen **großzügiger** sein, solange er durch den **Verzicht** auf Strafe nicht die Präventivwirkung des Strafrechts allzu sehr schwächt. Freilich nimmt er durch den mit einem Entschuldigungsgrund verbundenen Verzicht auf Strafe dem Eingriffsgut den präventiven Strafrechtsschutz. 20

In Abgrenzung zu den sonstigen **Strafausschließungs-/Strafaufhebungsgründen** außerhalb von Unrecht und Schuld (z. B. die Indemnität des Abgeordneten gem. Art. 46 Abs. 1 GG, § 36 StGB oder z. B. der Rücktritt vom Versuch gem. § 24 StGB) beruhen Entschuldigungsgründe nicht erst auf staats- oder kriminalpolitischen, sondern auf unrechts- und schuldbezogenen Erwägungen. 21

Innerhalb der Deliktsstufe ‚Schuld' sind die **Entschuldigungsgründe** von den **Schuldausschließungsgründen** (Schuldunfähigkeit gem. § 20 StGB und unvermeidbarer Verbotsirrtum gem. § 17 StGB) abzugrenzen. Der Unterschied wird schon durch die Terminologie angedeutet: Bei Entschuldigungsgründen ist die Schuld nicht ausgeschlossen. Zwar ist die Rechtsfolge ‚Straffreiheit' dieselbe, und sie ergibt sich auch auf derselben Deliktsstufe ‚Schuld', doch könnte dem „nur" entschuldigten Täter im Gegensatz zum schuldunfähigen (oder sich unvermeidbar über das Unrecht irrenden) Täter ein Schuldvorwurf gemacht werden. 22

Er hat die Möglichkeit, sich dem als Recht Erkannten gemäß zu verhalten, nur wird ihm die rechtgemäße Entscheidung durch die Notsituation und den außergewöhnlichen Motivationsdruck sehr erschwert. Es handelt sich um auch sog. **Unzumutbarkeitsfälle.** Darauf nimmt der Gesetzgeber Rücksicht und übt Nachsicht, zumindest 23 beim Normalbürger. Bei erhöht gefahrtragungspflichtigen Personen, wie z. B. Feuerwehrleuten ist das, wie § 35 Abs. 1 Satz 2 StGB (sie stehen in einem „besonderen Rechtsverhältnis“) zeigt, anders. Ihnen wird der an sich auch gegenüber dem Normalbürger mögliche Schuldvorwurf tatsächlich gemacht. Was für den Normalbürger unzumutbar ist, wird dem in besonderem Rechtsverhältnis Stehenden zugemutet. Eine solche Zumutung wäre auch beim erhöht Gefahrtragungspflichtigen nicht möglich, wenn bei ihm die Fähigkeit zum Andershandelnkönnen (= zum Aushalten der Gefahr) fehlen würde.

3. Übersicht über die Entschuldigungsgründe

24 Der hinsichtlich der Einräumung von Entschuldigungsgründen „freiere“ Gesetzgeber hat von dieser „Freiheit“ nur sehr **wenig** Gebrauch gemacht: im StGB nur in §§ 33, 35 StGB, wobei die Entschuldigungsmöglichkeit bei § 35 StGB möglicherweise zu großzügig ausgefallen ist (z. B. bei Tötung eines Unbeteiligten zur Errettung aus einer Leibesgefahr).

25 Der **Gesetzgeber** hat dabei objektiv außergewöhnliche Situationen, die typischerweise auch zu außergewöhnlichen Motivationslagen bei der in dieser Situation stehenden Person führen, herausgegriffen und **standardisiert.** Er hat damit den Richter von der ohnehin kaum lösbaren Aufgabe befreit, beim Täter im Einzelfall festzustellen, ob er sich in der konkreten Situation nicht doch hätte anders (= richtig) verhalten können.

26 Mit der gesetzgeberischen Entscheidung für nur zwei Entschuldigungsgründe ist aber der Kreis der Entschuldigungsgründe nicht hermetisch abgeriegelt. Der Rechtsanwender muss sich freilich bei der **Erweiterung** des Kreises der Entschuldigungsgründe an die Prinzipien halten, die den ausdrücklich geregelten Entschuldigungsgründen zugrunde liegen. Auch muss er die entschuldigenden Voraussetzungen wie ein Gesetzgeber einzeln ausprägen, so dass die **Unzumutbarkeit** als allgemeiner **Entschuldigungsgrund** ausscheidet (zumindest beim hier zu behandelnden vorsätzlichen Begehungsdelikt). Die Unzumutbarkeit hat keinen benennbaren sachlichen Gehalt, ihr fehlen die Konturen eines standardisierten Entschuldigungsgrundes und sie würde den Rechtsanwender zum freien Rechtsschöpfer machen.

4. Entschuldigender Notstand gem. § 35 StGB

a) Allgemeine Kennzeichnung des Notstands als Entschuldigungsgrund

27 Die allgemeine Kennzeichnung des Notstandes als Entschuldigungsgrund (§ 35 StGB) gelingt am besten durch den Vergleich mit dem Notstand als Rechtfertigungsgrund (§ 34 StGB). Bei jedem Notstand geht es um die Beseitigung einer **Notlage,** die in §§ 34, 35 StGB übereinstimmend als gegenwärtige, nicht anders abwendbare Gefahr(enlage) umschrieben wird. Aus dieser Notlage darf man sich oder andere mit **rechtfertigender** Wirkung nur dann befreien, wenn für die Notstandshandlung ein wesentliches Interessenübergewicht spricht (z. B. Lebenserhaltung durch Zugriff auf Vermögenswerte). Fehlt ein solches Interessenübergewicht, weil das gefährdete Leben nur durch Tötung eines anderen Menschen (z. B. im berühmten Fall des „Brett des Karneades“ durch den Stoß von dem nur einen Menschen tragenden Brett) erhalten werden kann, so kann der Notstandstäter immerhin nach § 35 StGB **entschuldigt** sein, denn dort wird kein wesentlich überwiegendes Interesse für die Rettungshandlung verlangt (s. schon oben § 35 Rn. 33).

Notstandshandlungen erhalten somit das Prädikat „gerechtfertigt" nur unter strengeren Voraussetzungen als § 35 StGB das Prädikat „ohne Schuld" (= ‚entschuldigt') erteilt. Der entschuldigende Notstand enthält aber im Vergleich zum rechtfertigenden Notstand **auch strengere** Voraussetzungen. Das gilt vor allem für die Einschränkung der notstandsfähigen Rechtsgüter auf „Leben, Leib oder Freiheit" und für die Notstandshilfe, die nur „einem Angehörigen oder einer anderen ihm [dem Täter = Notstandshelfer) nahestehenden Person" geleistet werden darf. 28

Zur Prüfung dieser strengeren Voraussetzungen sowie aller weiteren § 35 StGB-Merkmale kommt man erst, wenn die tatbestandsmäßige Rettungshandlung des Täters (z. B. ein Totschlag nach § 212 StGB) nicht unter § 34 StGB subsumiert werden konnte. Für diese „**subsidiäre** Anwendung" des § 35 StGB spricht schon die Reihenfolge der Vorschriften, vor allem aber die allgemeine Verbrechenssystematik. Danach kann die Schuld des Täters erst dann thematisiert werden, wenn feststeht, dass er eine rechtswidrige Tat begangen hat. Diese Voraussetzung fehlt aber, wenn die Rettungshandlung des Täters durch Notstand (§ 34 StGB, aber auch §§ 228, 904 BGB) bereits gerechtfertigt ist. 29

Das **Opfer** der Notstandshandlungen hat unterschiedliche Rechte bzw. Pflichten je nachdem, ob es Opfer einer gerechtfertigten oder entschuldigten Rettungshandlung ist. Ist die Rettungshandlung (z. B. der Stoß vom „Brett des Karneades") nur entschuldigt, so ist sie immerhin rechtswidrig, und damit auch ein rechtswidriger Angriff, der das vom Täter anvisierte „Opfer" zur Notwehr gem. § 32 StGB berechtigt. Schlechter ist es um das Opfer einer nach § 34 StGB gerechtfertigten Notstandshandlung bestellt, denn es muss den Zugriff des Täters (z. B. auf seine Vermögenswerte zur Lebensrettung) dulden, wenn dieser sich (sein Leben) nur so aus der Notstandslage befreien kann. 30

b) Die „Erklärung" des entschuldigenden Notstands

Die in § 35 StGB mit den Worten „... handelt ohne Schuld" angeordnete Entschuldigung des Täters (so sachlich zutreffend auch die Überschrift des § 35 StGB) wird durch verschiedene „Notstandstheorien" zu erklären versucht. Überwiegend werden zwei Gründe für eine solche Erklärung für erforderlich gehalten. Nach dieser Lehre anerkennt der Gesetzgeber zum einen die **seelische Zwangslage** (auch: den gesteigerten Motivationsdruck, oder: die beeinträchtigte Fähigkeit zu sinnhafter Selbstbestimmung) desjenigen, der um sein Leben (oder um vergleichbare existentielle Güter wie „Leib und Freiheit") fürchten muss. Zum anderen berücksichtigt der Gesetzgeber die **Unrechtsminderung** (s. schon oben Rn. 14, 15), die einer Rettungshandlung deshalb zukomme, weil sie das hochrangige Erhaltungsgut bewahre (dadurch: geminderter Erfolgsunwert) und dies auch zum Ziel habe (dadurch: geminderter Handlungsunwert). 31

In ihrem **Zusammenwirken** erklären diese beiden Gründe § 35 StGB zumindest plausibel. Allein die seelische Zwangslage reicht zur Erklärung nicht aus, weil sie u. a. nicht verständlich macht, warum die in Satz 2 von § 35 Abs. 1 StGB genannten Personen wie z. B. Feuerwehrleute diesen psychischen Druck in einer Notstandslage aushalten müssen. Diese (aus einem besonderen Rechtsverhältnis hervorgehende) Gefahrtragungspflicht kann aber mit dem ergänzenden Grund der Unrechtsminderung erklärt werden: das durch die Verfolgung des Rettungszwecks geminderte Unrecht der Rettungshandlung erfährt durch die Verletzung der Gefahrtragungspflicht seitens des 32 pflichtengebundenen Notstandstäters eine solche Erhöhung, dass eine Entschuldigung wegen geminderten Unrechts nicht mehr in Betracht kommt. Aus der Zumutbarkeitsregelung des § 35 Abs. 1 S. 2 StGB lässt sich außerdem entnehmen, dass ein Schuldvorwurf auch gegenüber Personen erhoben werden kann, die sich in einer seelischen Zwangslage befinden. Nur mutet der Gesetzgeber eine solche Gefahrtragung dem Normalbürger nicht zu, er zeigt vielmehr Nachsicht und verzichtet auf den Einsatz der Strafe zur Durchsetzung seiner Verbote. Selbst dem in einem besonderen Rechtsverhältnis stehenden Feuerwehrmann wird nicht alles zugemutet; seinen sicheren oder höchstwahrscheinlichen Tod muss auch er nicht hinnehmen.

33 Zur Erklärung dieses Strafverzichts trägt auch die präventive Notstandstheorie bei. Danach besteht in § 35 StGB-Situationen **keine „präventive Bestrafungsnotwendigkeit".** Dass auch diese Überlegung den Gesetzgeber mitbestimmt hat, lässt sich an der Reduzierung des Kreises der notstandsfähigen Rechtsgüter auf existentielle Rechtsgüter ablesen: bei weniger bedeutsamen Rechtsgütern bejaht der Gesetzgeber die „präventive Bestrafungsnotwendigkeit", obwohl auch deren bevorstehende Verletzung (z. B. der Verlust hoher Vermögenswerte als Lebensgrundlage) einen vergleichbar schweren psychischen Druck erzeugen kann.

34 Die differenzierte Regelung des entschuldigenden Notstands kann somit nicht durch einen Gesichtspunkt vollständig erklärt werden. Die genannten Gründe (seelische Zwangslage, Unrechtsminderung, kein Mangel an Rechtsgesinnung, keine präventive Bestrafungsnotwendigkeit) **ergänzen und begrenzen sich** zwar, sie schließen sich aber nicht gegenseitig aus.

35 Zur Erklärung von § 35 StGB unter „Berücksichtigung des Strafzwecks" vgl. *Jakobs,* Strafrecht Allgemeiner Teil, 2. Aufl. 1991, 20. Abschnitt Rn. 4:

> „Im Einklang mit dem funktionalen Schuldbegriff ist eine Erklärung der Entschuldigung durch die Berücksichtigung des Strafzwecks zu gewinnen. Die Tätermotivation kann als angebrachte Reaktion auf die Situation definiert werden, wenn der Konflikt als Zufall erledigt oder Dritten zugeschoben werden kann. Mit diesem Ansatz lassen sich die Ausnahmen der Entschuldigung bei ‚Verursachung' und beim besonderen Rechtsverhältnis erklären: Diese Lagen lassen eine Verschiebung des Konflikts und seine Erledigung als Zufall nicht zu. Der Ansatz erklärt auch die Beschränkung der Güter auf Leben, Leib und Freiheit: Der Verlust anderer Güter, insbesondere des gesamten Vermögens, muss geläufig ohne besondere Pflicht oder ‚Verursachung' toleriert werden, wenn diese Güter überhaupt rechtlich geordnet verwahrt werden sollen. So kann sich z. B. bei einem – auch unverschuldeten – Bankrott niemand an des Nachbarn Vermögen ohne Schuld schadlos halten."

III. Irrtumslehre

36 Die Regelung der strafrechtlich relevanten Irrtümer und ihrer Rechtsfolgen im AT des StGB ist zwar nicht vollständig, doch enthalten § 16 StGB einerseits und die §§ 17, 35 Abs. 2 StGB andererseits wesentliche Vorgaben für eine **systematische Irrtumslehre.** Zwar betreffen nur letztere die Schuld, doch sollte der schon den subjektiven Tatbestand betreffende des § 16 StGB nicht isoliert schon dort, sondern im System aller Irrtümer, auch der gesetzlich nicht geregelten, behandelt werden, und das geht erst bei der Schuld (so hier) oder gleich danach (so etwa *Kühl,* AT, § 13).

37 § 16 StGB regelt laut Überschrift den „Irrtum über Tatumstände". Ein solcher **Tatumstandsirrtum** liegt nach § 16 Abs. 1 S. 1 StGB vor, wenn der Täter bei der Tatbegehung „einen Umstand nicht kennt, der zum gesetzlichen Tatbestand gehört." Es geht also um einen Irrtum auf der **Sachverhaltsebene,** Gegenstand des Irrtums ist ein

Tatumstand. Die Rechtsfolge dieses Irrtums ist, dass der Täter „nicht vorsätzlich“ handelt. Für die Fallprüfung bedeutet dies, dass im subjektiven Tatbestand des Vorsatzdelikts das Ergebnis lautet: keine Strafbarkeit wegen **vorsatzausschließenden** Tatumstandsirrtums gem. § 16 Abs. 1 Satz 1 StGB bzw. umgekehrt formuliert: keine Strafbarkeit wegen des Fehlens „vorsätzlichen Handelns“ i. S. von § 15 StGB. Wer z. B. durch einen Schuss einen Menschen tötet, weil er ihn für einen Rehbock gehalten hat, begeht kein vorsätzliches Tötungsdelikt i. S. von § 212 StGB, weil er beim Schuss nicht weiß, dass er einen Menschen vor sich hat. War diese Nichtkenntnis (= Tatumstandsirrtum) vermeidbar, so kommt eine Strafbarkeit wegen fahrlässiger Tötung in Betracht (§ 16 Abs. 1 S. 2 StGB: § 222 StGB).

Von dieser Nichtkenntnis von Tatumständen (§ 16 Abs. 1 S. 1) ist das Fehlen der 38
„Einsicht, Unrecht zu tun“, zu unterscheiden. Diese fehlende Unrechtseinsicht bzw. das fehlende Unrechtsbewußtsein regelt § 17 StGB unter der Überschrift **„Verbotsirrtum“.** Bei diesem Irrtum geht es im Unterschied zum Tatumstandsirrtum gem. § 16 StGB nicht um einen Irrtum auf der Sachverhaltsebene, sondern um einen Irrtum auf der **Normebene.** Der Gegenstand dieses Irrtums ist das Unrecht der Tat, direkt also: Die Verbotsnorm („Du sollst nicht töten“ bei § 212 StGB). Die Rechtsfolge dieses Verbotsirrtums betrifft nur die Schuld. Sie ist dann ausgeschlossen, wenn der Täter „diesen Irrtum nicht vermeiden konnte“ (§ 17 S. 1 StGB). Für die Fallprüfung bedeutet dies, dass auf der Prüfungsstufe der **Schuld** beim Vorsatzdelikt das Ergebnis lautet: keine Strafbarkeit wegen unvermeidbaren Verbotsirrtums gem. § 17 S. 1 StGB bzw. umgekehrt formuliert: keine Strafbarkeit wegen des Fehlens der „Einsicht, Unrecht zu tun.“ Ein solcher Verbotsirrtum ist im Kernbereich des Strafrechts, dem StGB, kaum vorstellbar, doch könnte man sich bei einem in einem fremden Rechtskreis aufgewachsenen Täter vorstellen, dass er das § 182 StGB-Verbot des sexuellen Missbrauchs von Personen unter sechzehn Jahren (inzwischen auf achtzehn Jahre heraufgesetzt) nicht kennt. Mit dem Vorsatz hat diese fehlende Unrechtseinsicht nichts zu tun; der Vorsatz würde etwa bei einem Täter, der den objektiven Tatbestand des § 182 StGB verwirklicht, fehlen, wenn er das Opfer irrtümlich für achtzehn Jahre alt hält (nach neuem Recht: für neunzehn Jahre alt hält).

Kritisch zum „Bezug des Unrechtsbewusstseins auf den Gesetzesverstoß schlechthin“ 39
durch die h. M. *Otto,* AT, § 13 Rn. 41–43, der mehr verlangt:

> „Unrechtsbewußtsein i. S. des § 17 ist daher mehr. Es ist Rechtswidrigkeitsbewusstsein, d. h. das Bewusstsein, die sozialethischen Grundlagen der Rechtsgesellschaft zu verletzen und damit gegen eine Rechtsvorschrift im Sinne des Art. 103 Abs. 2 GG zu verstoßen. *Unrechtsbewußtsein im Sinne des Rechtswidrigkeitsbewusstseins ist Kenntnis der Sanktionierbarkeit des Verhaltens durch eine positivgesetzliche Strafnorm.* Die genaue Kenntnis des Gesetzesparagraphen ist nicht erforderlich, wohl aber die Kenntnis, dass gegen eine Strafvorschrift verstoßen wird. Das Bewusstsein des Verstoßes gegen irgendwelche Normen des bürgerlichen oder öffentlichen Rechts ist irrelevant.“

Im Hinblick auf den Aufbau des vorsätzlichen Begehungsdelikts sind also die **Prü- 40
fungsstufen** der **Tatbestandsmäßigkeit** und der **Schuld** die Orte, an denen Irrtümer zu prüfen sind. Es gibt **aber auch** Irrtümer, die die Prüfungsstufe der Rechtswidrigkeit, genauer: die die dort zu prüfenden **Rechtfertigungsgründe** betreffen. Soweit der Täter irrtümlich einen Rechtfertigungsgrund für sich „reklamiert“, den die Rechtsordnung (zumindest so) nicht kennt, hält er aufgrund falscher Wertung sein Verhalten für erlaubt (z. B. Selbstjustiz durch Einsperren des auf frischer Tat Ertappten). Diesen

sog. **Erlaubnisirrtum** kann man als von § 17 StGB mitgeregelt ansehen, denn dem Täter fehlt hier die geforderte Unrechtseinsicht, weil er sein Verhalten zwar für generell verboten, aber konkret für erlaubt hält. Der Irrtum betrifft also wie der Verbotsirrtum die Normebene.

41 Versäumt aber hat der Gesetzgeber die Regelung eines praktisch wichtigen Irrtumsfalles, der deliktssystematisch auf der Ebene der Rechtswidrigkeit angesiedelt ist: gesetzlich nicht ausdrücklich geregelt ist der Fall, dass sich der Täter irrig das Vorliegen eines Sachverhalts vorstellt, der sein Handeln gerechtfertigt haben würde, wenn er vorgelegen hätte, sog. **Erlaubnistatumstandsirrtum,** der oft auch Erlaubnistatbestandsirrtum genannt wird. Ein solcher Irrtum liegt in folgendem Fall vor: R läuft nachts in einer dunklen Seitengasse plötzlich von der Seite auf den rauchenden B zu; er will B nur um Feuer bitten, doch dieser meint, R wolle ihn tätlich attackieren; deshalb schlägt B den R nieder, um von diesem nicht verletzt zu werden.

42 Für die Zuordnung dieses Irrtums zu § 17 StGB spricht, dass es sich um eine Fehlvorstellung über die Rechtswidrigkeit handelt. Für die Zuordnung zu § 16 StGB (durch Analogie oder durch Übernahme von dessen Rechtsfolge) spricht, dass der Irrtum nicht auf der Normebene, sondern auf der **Sachverhaltsebene** liegt. Der Täter wertet nicht zu seinen Gunsten anders als der Gesetzgeber, sondern er verkennt die Situation, in der er steht und handelt.

§ 37. Die Stufen der Deliktsentwicklung

I. Verfassungsrechtliche Ausgangslage

1 Die Straftatbestände des BT des StGB umschreiben einen bestimmten Ausschnitt aus einem tatsächlichen Geschehensablauf. Der leitende Gesichtspunkt, unter dem der Strafgesetzgeber tatsächliches Geschehen für Deliktsumschreibungen auswählt, ist der des (strafwürdigen/strafbedürftigen) Unrechts. Straftatbestände enthalten **vertyptes Unrecht.**

2 Die vom Gesetzgeber getroffene Auswahl kann vom Rechtsanwender nicht korrigiert werden. Auch nicht unter zeitlichen Aspekten, etwa mit der Begründung, der Gesetzgeber habe die strafrechtliche Verteidigungslinie zu weit nach vorne verlagert bzw. setze mit dem Schutz durch das Strafrecht zu spät ein. Eine so begründete Korrektur würde zu **außertatbestandlichen,** materiellen **Unrechtszentren** an Stelle der formellen, vom Gesetzgeber festgelegten Unrechtstatbestände führen, was nur kriminalpolitisch, nicht aber strafrechtsdogmatisch legitim wäre.

3 Die Hoffnung, durch eine natürliche Auffassung den eigentlichen Unrechtskern bestimmen zu können, wäre trügerisch, da die natürliche Auffassung keine gesicherten und festen Grenzen strafbaren Verhaltens produziert. Auch deshalb kommt der gesetzgeberischen Entscheidung im Strafrecht besondere Bedeutung zu: die Festlegung in den einzelnen Strafgesetzen erfüllt eine **Garantiefunktion** für den möglichen Straftäter, denn er kann nur bestraft werden, wenn das strafbare Verhalten gesetzlich bestimmt ist (Art. 103 Abs. 2 GG, § 1 StGB).

4 Ist ein bestimmter Geschehensabschnitt in einem Tatbestand erfasst, so beschränkt sich die strafrechtliche Betrachtung des Rechtsanwenders freilich nicht strikt auf diesen Ausschnitt. **Erweiterungen** dieses Ausschnitts sind z. T. vom Gesetzgeber selbst,

nämlich im AT, angeordnet worden. Wie die Versuchsregelung der §§ 22ff. StGB zeigt, haben auch solche Geschehensabschnitte strafrechtliche Relevanz, die dem durch die Deliktstatbestände des BT ausgewählten Geschehen unmittelbar vorgelagert sind. Eine noch weitere Vorverlagerung könnte mit dem Begriff der **Vorbereitung** begründet werden. Eine Ausweitung des Geschehens über den vom Deliktstatbestand erfassten Abschnitt nach hinten könnte durch den Begriff der **Beendigung** begründet werden. Beide Begriffe – Vorbereitung und Beendigung – sind freilich dem der „Tat" gewidmeten Abschnitt des AT (§§ 13–37 StGB) fremd, so dass ihrer Verwendung mit Skepsis begegnet werden muss, wenn sie Straffolgen zu Lasten des Bürgers begründen sollen.

II. Die Relevanz der Deliktsstufen im Überblick

1. Vorbereitung und Versuch

Die Abgrenzung der Deliktsstufen **Vorbereitung und Versuch** entscheidet über die Strafbarkeit. Während die Vorbereitung eines Delikts durch einen Alleintäter straflos ist, ist der Versuch eines Verbrechens sowie der Versuch von Vergehen, deren Versuchsstrafbarkeit in den jeweiligen Deliktstatbeständen ausdrücklich angeordnet ist, strafbar: § 23 Abs. 1 StGB. 5

2. Versuch und Vollendung

Bei Vergehen, für die keine Versuchsstrafbarkeit angeordnet ist, liegt die Strafbarkeitsgrenze bei der Vollendung. Die Abgrenzung der Deliktsstufen **Versuch und Vollendung** (dazu schon § 33 Rn. 13) entscheidet außerdem über die Strafhöhe, denn gem. § 23 Abs. 2 StGB kann die Versuchsstrafe gegenüber der Vollendungsstrafe gemildert werden. Schließlich entscheidet die Vollendung auch über die Strafbarkeit/Straflosigkeit insofern, als bis zu ihrem Eintritt der Täter durch einen Rücktritt gem. § 24 StGB Straffreiheit vom Versuch erlangen kann. Die Durchführungsphase des Delikts kann deshalb als **„Gnadenfrist"** bezeichnet werden, da den Täter die Vollendungsstrafe trifft, wenn er diese Frist ohne Rücktritt verstreichen lässt. 6

3. Vollendung und Beendigung

Die Unterscheidung von **Vollendung** und **Beendigung** hat bezüglich des Eintritts der Vollendungsstrafe keine Relevanz: mehr als die Vollendungsstrafe kann den Täter an Strafe nicht treffen, auch wenn er das Delikt über die Vollendung hinaus bis zur Beendigung fortführt. Dennoch soll die Phase bis zur Beendigung (zur problematischen Einbeziehung der Beendigungsphase in die Straftat s. § 33 Rn. 16) auch für den Alleintäter nach der Rechtsprechung und einem (kleiner werdenden) Teil der Rechtslehre Bedeutung haben: 7

- zunächst strafschärfende: Bis zum Eintritt der Beendigung soll die Erfüllung bzw. das Eintreten qualifizierender Umstände die schon vollendete Straftat (z. B. § 242 StGB) zu einer qualifizierten Tat (z. B. §§ 242, 244 Abs. 1 StGB) machen können,
- sodann verfolgungsverlängernde: Erst mit dem Eintritt der Beendigung soll die Verfolgungsverjährung zu laufen beginnen, § 78a StGB.

Für Beteiligte (Gehilfen und Mittäter) hat die Vollendungsphase sogar **strafbegründende** Bedeutung: Bis zur Beendigung sollen Gehilfen- und Mittäterschaftsbeiträge noch möglich sein, sog. sukzessive Beihilfe bzw. sukzessive Mittäterschaft. 8

9 **Strafmildernde** Bedeutung hat der Beendigungsbegriff dagegen in der Konkurrenzlehre: Bis zur Beendigung soll ein teilweises Überschneiden des vollendeten Delikts mit der Tatbestandsausführungshandlung eines anderen Delikts zur Tateinheit gem. § 52 StGB statt zur Tatmehrheit gem. § 53 StGB führen (z. B. der vom Räuber auf der Flucht mit Tötungsvorsatz abgegebene Schuss, der den Verfolger tötet: §§ 249, 250 Abs. 2 Nr. 1, 212, 52 StGB). Günstige Folgen für den Täter zeitigt der Beendigungsbegriff auch bei der Notwehr, wenn unter einem gegenwärtigen Angriff i. S. des § 32 Abs. 2 StGB auch ein noch nicht beendeter Angriff verstanden wird und deshalb ein Schuss auf den mit der Beute fliehenden Dieb, der § 242 StGB zwar vollendet, aber noch nicht beendet hat, durch Notwehr gerechtfertigt sein kann (zur Vertiefung *Kühl,* in: Festschrift für C. Roxin, 2001, S. 665ff. Zu den Konsequenzen des Beendigungsbegriffs bei den Eigentums- und Vermögensdelikten näher *Kühl,* JuS 2002, 729ff.).

§ 38. Der Versuch

I. Überblick über die gesetzliche Regelung des Versuchs in den §§ 22, 23 StGB

1 Auffallend an der gesetzlichen Regelung der §§ 22, 23 StGB ist das Fehlen einer Definition des Versuchsbegriffs. § 22 StGB enthält nur die Formel für die Abgrenzung von Vorbereitung und Versuch, die nicht mehr als eine **Leitlinie** für die Lösung dieses Abgrenzungsproblems darstellt. Indem § 22 StGB auf die „Vorstellungen" des Täters von der Tat abhebt, bestätigt er die subjektive Theorie, die als einzig sinnvolle Grundlage für die Beurteilung des Versuchsgeschehens den Täterplan erkannt hatte. Durch das Erfordernis eines unmittelbaren Ansetzens zur Tatbestandsverwirklichung wird der Versuch dicht an die Grenze der Tatbestandsausführungshandlung herangerückt.

2 § 23 StGB nimmt die aus rechtsstaatlichen Gründen (Art. 103 Abs. 2 GG: nulla poena sine lege) notwendige **Ausdehnung der Strafbarkeit** über die Delikte des Besonderen Teils hinaus vor. Die Rechtswidrigkeit des Versuchs wird dagegen vorausgesetzt, sie ergibt sich jedoch zwanglos aus dem Vorliegen des **Handlungsunwerts** beim Versuch. Schon der Versuchstäter handelt der im strafrechtlichen Verbot enthaltenen Verhaltensnorm zuwider, wenn er in Ausführung seines Deliktsentschlusses zur Tatbestandsausführungshandlung unmittelbar ansetzt.

3 Die in § 23 Abs. 2 StGB vorgesehene **fakultative,** also nicht-obligatorische **Strafmilderung** für den Versuchstäter erlaubt einmal, dem Umstand Rechnung zu tragen, dass der Erfolgsunwert beim Versuch im Gegensatz zur vollendeten Tat fehlt, zum anderen zwingt sie deswegen nicht zur Strafmilderung, weil Fälle des Versuchs denkbar sind, die in ihrem Unrechts- und Schuldgehalt dem vollendeten Delikt gleichkommen.

4 § 23 Abs. 3 StGB bestätigt – neben § 22 StGB, der auf die „Vorstellungen" des Täters von der Tat abstellt – die grundsätzliche Strafbarkeit des **untauglichen** Versuchs, indem er den **grob unverständigen** Versuch aus den untauglichen Versuchen heraushebt und für ihn eine zusätzliche Milderbestrafung bis hin zum Absehen von Strafe vorsieht; fehlt dieser Milderungsgrund, so greift die „normale" Versuchsstrafbarkeit ein. Ob auch der sog. irreale, **abergläubische** Versuch, z. B. das „Totbeten", von dieser Vorschrift erfasst wird, oder ob es sich dabei um gar keinen Versuch handelt, ist dem Gesetz nicht zu entnehmen und muss deshalb aus dem **Strafgrund** des Versuchs abgeleitet werden.

5 Die Regelung der §§ 22, 23 StGB wird in der neueren Literatur überwiegend durch die sog. **Eindruckstheorie** erklärt (zu dieser Theorie s. unten Rn. 9). Diese Theorie leugnet zwar nicht ihren subjektiven Ausgangspunkt in der Betätigung des verbrecherischen Willens, aber sie berücksichtigt zusätzlich den kriminalpolitischen Gedanken der Generalprävention, indem sie auf die „sozial-psychologische Wirkung, den ‚Eindruck' der Tat auf die Allgemeinheit abstellt." Da diese Wirkung beim soeben angesprochenen abergläubischen Versuch kein rechtserschütternder Eindruck ist, sondern nur Kopfschütteln oder Mitleid hervorruft, fehlt es am Strafgrund des Versuchs, sodass Straflosigkeit anzunehmen ist (*Kühl*, AT, § 15 Rn. 93). – Zu ihrer Kritik unten Rn. 10f.

Abweichend vom geltenden Recht und der „herrschenden Meinung" spricht sich *Köhler*, AT, 1997, S. 459, gegen die Strafbarkeit des untauglichen Versuchs aus:

> „Zusammengefasst muss also der entschlossene Deliktswille, soll er Versuchsunrecht erfüllen, sich auf ein nach Subjekt und Objekt wirkliches – und nicht nur vorgestelltes – Rechtsverhältnis beziehen (Tauglichkeit von Subjekt und Objekt). Ebenso muss er in einer realmöglich wirkmächtigen Weise die Negation des konkreten Rechtsverhältnisses intendieren (taugliches Mittel). Dagegen begründen der nach Subjekt und Objekt untaugliche ‚Versuch' oder eine Mitteltätigkeit, die – auch unter Einrechnung des dem anderen rechtlich gewährleisteten Freiheitsspielraums – nicht wirkmächtig sein kann (untaugliches Mittel), kein Versuchsunrecht."

II. Der Aufbau des Versuchsdelikts

6 Das Versuchsdelikt macht auf der Prüfungsstufe der **Tatbestandsmäßigkeit** wegen der Unvollständigkeit des objektiven Tatbestandes und der Vollständigkeit des subjektiven Tatbestandes eine **umgekehrte Prüfungsreihenfolge** wie das vollendete Delikt erforderlich: der vollständige subjektive Tatbestand ist vor dem unvollständigen objektiven Tatbestand zu prüfen. Die Prüfungsstufen der Rechtswidrigkeit und Schuld weisen keine großen Abweichungen gegenüber dem vollendeten Delikt auf, doch ist beim Versuchsdelikt **nach** der **Schuld**prüfung der **Strafaufhebungsgrund** des Rücktritts besonders zu beachten. Vor der umgekehrten Prüfung des Versuchstatbestandes hat außerdem eine zweiteilige sog. „Vorprüfung" stattzufinden, in der die Nicht-Vollendung der Tat und die Strafbarkeit des Versuchs des jeweiligen Delikts geprüft werden.

Aufbau des Versuchsdelikts

Vorprüfung:
- Nichtvollendung des Delikts
- Strafbarkeit des Versuchs bei diesem Delikt

1. Tatbestand:
   a) subjektiv: Entschluss
   b) objektiv: (mindestens) unmittelbares Ansetzen i. S. von § 22 StGB
2. Rechtswidrigkeit
3. Schuld

Nachprüfung: Rücktritt vom Versuch gem. § 24 StGB

III. Das unmittelbare Ansetzen zur Verwirklichung des Tatbestandes gem. § 22 StGB

1. Der Einfluss des Strafgrundes des Versuchs auf die Abgrenzung von Vorbereitung und Versuch

7 Die Abgrenzung des Versuchs von der Vorbereitung hängt entscheidend davon ab, wie man den Strafgrund des Versuchs bestimmt. Ein sehr weiter Versuchsbereich ergibt sich, wenn man diesen Strafgrund in der **rechtsfeindlichen Gesinnung** des Täters sieht, ein erheblich engerer, wenn man ihn erst in der **objektiven Gefährlichkeit** der Tat erblickt. Diese beiden extremen Positionen scheiden jedoch schon wegen § 22 StGB für das geltende Recht aus. Die subjektive, auf die Gesinnung des Täters abstellende Begründung ist nicht mit dem unserem Tatstrafrecht entsprechenden objektiven Kriterium des unmittelbaren Ansetzens zur Tatbestandsverwirklichung vereinbar; die objektive, auf die Gefährlichkeit der Tat abstellende Begründung scheitert daran, dass § 22 StGB die Berücksichtigung der Vorstellungen des Täters von seiner Tat fordert. Der gesetzlichen Regelung entsprechen nur Begründungen, die erklären, dass und warum **objektive** und **subjektive** Komponenten den Versuchsbegriff ausmachen.

8 Eine solche Begründung enthält die subjektive Versuchstheorie, die den Handlungsunwert ins Zentrum des Unrechts stellt, aber die **Betätigung des rechtsfeindlichen Willens** verlangt. Damit sind nicht irgendwelche Manifestationen einer rechtsfeindlichen Gesinnung gemeint, sondern Handlungen, die sich als Teilverwirklichungen eines auf die Verwirklichung tatbestandsmäßigen Unrechts gerichteten Willens qualifizieren lassen. Ohne Rückgriff auf den Inhalt dieses Verwirklichungswillens (= Deliktsvorsatzes) lässt sich das tatbestandsmäßige Unrecht des Versuchs überhaupt nicht begründen, denn nur er gibt Auskunft, welcher Straftatbestand verwirklicht werden sollte, z. B. ob fremdes Vermögen durch Täuschung (§ 263 StGB) oder Drohung (§ 253 StGB) geschädigt werden sollte. Eine **objektive,** allein auf die **Gefährlichkeit** der Handlung für das geschützte Rechtsgut abstellende Betrachtung würde nur die Rechtswidrigkeit überhaupt begründen, z. B. dass fremdes Vermögen gefährdet wurde. Durch die Ausrichtung der subjektiven Theorie auf die Tatbestandsverwirklichung wird erklärt, dass als objektive Komponente des Versuchs nur ein Bewertungsmaßstab tauglich ist, der wie das Ansetzen zur Tatbestandsverwirklichung in § 22 StGB an der Verwirklichung des formellen, gesetzlichen Tatbestandes orientiert ist.

9 Eine weitere Begründung für die Strafbarkeit des Versuchs gibt die häufig vertretene sog. **„Eindruckstheorie“,** die teilweise nur als eine um Strafwürdigkeitsüberlegungen ergänzte subjektive Theorie, teilweise aber auch als Alternative zur subjektiven Theorie verstanden wird. Nach dieser Theorie ist der Versuch strafbar, wenn und soweit er geeignet ist, in der Allgemeinheit einen rechtserschütternden Eindruck hervorzurufen; er gefährdet dann den Rechtsfrieden und bedarf deshalb einer dem Maße dieser Beeinträchtigung entsprechenden Sanktion. Als Erklärung dafür, dass § 22 StGB den Versuch erst mit dem unmittelbaren Ansetzen zur Tatbestandsverwirklichung beginnen lässt, soll diese Theorie deshalb taugen, weil bloße Vorbereitungen leicht im Verborgenen blieben, verschiedenen Deutungen Raum ließen und den Rechtsfrieden in der Regel nicht oder nicht so sehr beeinträchtigten, dass Strafe erforderlich wäre (s. oben Rn. 5).

10 Soweit sich die Eindruckstheorie darauf beschränkt, die Notwendigkeit objektiver – eindruckmachender – Kriterien für die Abgrenzung von Vorbereitung und Versuch

zu unterstreichen, kann man ihr auf den ersten Blick eine gewisse Überzeugungskraft nicht absprechen. Doch bleiben bei genauerem Zusehen viele Zweifel. Zunächst ist bemerkenswert, wie **direkt** nach dieser Theorie kriminalpolitische, genauer generalpräventive Zweckmäßigkeitsüberlegungen auf die dogmatischen Fragen der Begründung der Versuchsstrafbarkeit und der Abgrenzung von Vorbereitung und Versuch Einfluss nehmen. Eine Anbindung des Versuchs an die Tatbestandsverwirklichung wird damit nicht geleistet, so dass Bedenken aus dem Grundsatz **nullum crimen sine lege** nicht fernliegen.

Neben diesen grundsätzlichen Bedenken bestehen Zweifel an der **Leistungsfähigkeit** 11
dieser Theorie auch als bloß ergänzender Theorie. Wie lange ein normaler, neutraler Vorgang vorliegt und von wann an er so rechtserschütternd wirkt, dass eine Sanktionslosigkeit als unerträglich erscheint, lässt sich nur bei eindeutigen Fällen des Versuchs oder der Vorbereitung sagen. Gerade solche **Vorbereitungen,** die sich – wie die Fahrt voll ausgerüsteter Einbrecher zum Tatort – in eindeutigen Handlungen manifestieren, werden bei vielen einen **rechtserschütternden Eindruck** hinterlassen und den Ruf nach Strafe aufkommen lassen. An diesem Eindruck fehlt es bei sog. abergläubischen Veruch (s. oben Rn. 4, 5).

2. Die Methode zur Prüfung des Versuchsbeginns

Vorab ist auf die von der Abgrenzungsformel vorgeschriebene **Methode** zur Prüfung 12
des Versuchsbeginns hinzuweisen. Es ist eine subjektiv-objektive Methode, bei der die subjektive „Vorstellung" des Täters am objektiven Unmittelbarkeitserfordernis zu messen ist. **Beurteilungsgrundlage** bildet der Plan des Täters: wie wollte er die Tat verwirklichen? Dieser Plan des Täters (seine „Vorstellung von der Tat") ist mit einem objektiven **Bewertungsmaßstab** daraufhin zu untersuchen, ob er schon so weit in die Tat umgesetzt wurde, dass von einem unmittelbaren Ansetzen zur Tatbestandsverwirklichung gesprochen werden kann. Nach dieser Methode verfährt auch der BGH: „Der konkrete Tatplan bildet die Beurteilungsgrundlage und auf dieser Grundlage ist nach objektivem Bewertungsmaßstab zu entscheiden, ob die Tatbestandsverwirklichung bis zu einem ‚unmittelbaren Ansetzen' gediehen war" (BGH NStZ 1997, 83).

3. Die Handlungs-Unmittelbarkeit

Mit dem Kriterium des unmittelbaren Ansetzens zur Tatbestandsverwirklichung hat 13
der Gesetzgeber den Versuch zwar nahe an den Bereich der eigentlichen Tatbestandsausführung herangerückt, aber nicht darauf bestanden, dass der in Aussicht genommene Tatbestand bereits zum Teil verwirklicht wurde. Dass im Fall einer **Teilverwirklichung** des Tatbestandes (z. B. wenn sich das Opfer eines Betrugsversuches durch die Täuschung nicht hat irreführen lassen) ein Versuch vorliegt, steht zwar nicht ausdrücklich im Gesetz, ergibt sich aber eindeutig daraus, dass in solchen Fällen mehr als von § 22 StGB gefordert verwirklicht ist (näher *Kühl,* in: Festschrift für W. Küper, 2007, S. 289, 301 f.); – das sieht auch die Rspr. so (vgl. BGH NJW 2002, 1057). Es muss sich freilich bei der Teilverwirklichung eines Handlungsmerkmals des Tatbestandes um eine **tatbestandsspezifische** Teilverwirklichung handeln (z. B. eine zur irrtumsbedingten, schädigenden Vermögensverfügung führende Täuschung, nicht um eine Täuschung, mit der sich der Täter erst das Vertrauen des späteren Betrugsopfers erschleicht; BGHSt 37, 294).

14 Ist es in der Deliktsentwicklung jedoch noch nicht zu einer Teilverwirklichung in dem Sinne gekommen, dass die Tatbestandsausführungshandlung erfolglos vorgenommen wurde, kommt es entscheidend auf die **Unmittelbarkeit** des Ansetzens zur Tatbestandsverwirklichung an. Diese Unmittelbarkeit wird sich am ehesten in Fällen bejahen lassen, in denen der Täter schon Handlungen vorgenommen hat, die sich als Beginn der Tatbestandsausführungshandlung bewerten lassen, denn auch hier könnte man noch von einer „Teilverwirklichung" des Tatbestandes sprechen. So liegt ein Versuch der Urkundenfälschung gem. § 267 StGB vor, wenn die Führerscheinformulare schon soweit vorbereitet sind, dass nur noch die Personalien eingetragen und die Lichtbilder eingefügt werden müssen (BGH bei Holtz MDR 1978, 625f.).

15 Auch der „Beginn der Ausführungshandlung" wird jedoch von § 22 StGB nicht gefordert. Wer also verlangt, dass die versuchsbegründende Handlung bei natürlicher Auffassung als Bestandteil der Tatbestandsausführungshandlung erscheinen muss, fordert mehr als das Gesetz. Dies gilt erst recht für das Erfordernis einer tatbestandsspezifischen Ausführungshandlung, wonach nur mit solchen Handlungen der Versuch beginnt, die sich durch zulässige Interpretation sprachlich und sachlich in den jeweiligen **Tatbestand einbeziehen** lassen.

16 Das Unmittelbarkeitserfordernis des § 22 StGB verlangt, dass der Täter **unmittelbar vor Beginn der Tatbestandsausführungshandlung** steht. Hat er noch einen oder gar mehrere Schritte zurückzulegen, um in die Ausführungssituation zu gelangen, so befindet er sich noch im Vorbereitungsstadium. Ausführungssituation ist die Lage, in der in die Tatbestandsausführungshandlung übergegangen werden kann. Versuchsbegründend sind also Handlungen, die in ungestörtem Fortgang ohne **Zwischenakte** in die Tatbestandsverwirklichung einmünden sollen.

17 Eine so verstandene Unmittelbarkeit ist vom natürlichen Wortsinn des „unmittelbaren Ansetzens" in § 22 StGB gedeckt und widerspricht nicht der vom Gesetzgeber mit dieser Vorschrift angestrebten engen Bindung des Versuchs an die Tatbestandsausführungshandlung, denn zwischen deren Beginn und der den Versuchsbeginn begründenden Handlung des Täters darf ja keine weitere Handlung mehr liegen. Der nächste Teilakt des Gesamtverhaltens des Täters muss die Tatbestandsausführungshandlung sein. Dies ist etwa dann der Fall, wenn der Bankräuber die Schalterhalle betreten hat und im nächsten Schritt der Verwirklichung seines Planes die Pistole zur Drohung (= Tathandlung des § 249 StGB) zücken könnte, nicht aber schon dann, wenn er sich auf der Anfahrt zum Tatort befindet (näher zur Handlungsunmittelbarkeit *Kühl,* AT, § 15 Rn. 55–67).

4. Die unmittelbare Gefährdung des Rechtsguts

18 Mit der Ausscheidung des Kriteriums der objektiven Gefährdung des Tatopfers bzw. Tatobjekts ist die Frage, ob nicht doch Gefährdungskriterien in die Ansatzformel des § 22 StGB Eingang gefunden haben, noch nicht abschließend beantwortet. Denn einmal könnte – bei Anerkennung der Tätervorstellungen als Beurteilungsgrundlage – auf die unmittelbare Gefährdung des Rechtsguts abgestellt werden, zum anderen kommt – ebenfalls auf der Grundlage der Tätervorstellungen – eine tatbestandsnahe oder **tatbestandsrelevante Gefährdung** des Rechtsguts als Kriterium in Betracht.

19 Gegen das erste dieser beiden Gefährdungskriterien bestehen jedoch erhebliche **Bedenken.** Der Wortlaut des § 22 StGB enthält für diese Auslegung keinen Hinweis, da in

§ 22 StGB das Ansetzen zur Tatbestandsausführungshandlung, nicht aber die Gefährdung des Tatobjekts bzw. Rechtsguts angesprochen ist. Der mit § 22 StGB verfolgte Zweck ist die Bindung des Versuchsbeginns an den formellen, gesetzlichen Tatbestand und dieser Bindung wird durch das ebenfalls weitgehend formale Kriterium der Handlungsunmittelbarkeit am ehesten entsprochen. Mit dieser **formalen Abgrenzung** bleibt man keineswegs im „Vordergründigen" stecken, sondern respektiert aus rechtsstaatlichen Gründen die Entscheidung des Gesetzgebers bei der Schaffung gesetzlicher Tatbestände auch für den Versuch. Der Rückgriff auf ein **materiales Kriterium** wie das der Rechtsgutsgefährdung erwächst zwar aus dem verständlichen Bestreben, die Zufälligkeiten einer formellen Abgrenzung zu überwinden, ist dieser gegenüber aber keine vorzugswürdige Alternative, da mit Hilfe des materialen Gefährdungskriteriums die gesetzgeberische Entscheidung für bestimmte Typen tatbestandsmäßigen Verhaltens unterlaufen wird. Zwar wertet auch der Gesetzgeber nach Gefährdungskriterien, wenn er etwa speziell durch Täuschung hervorgerufene Vermögensschädigungen in § 263 StGB unter Strafe stellt, doch muss ihm diese Bewertung auch vorbehalten bleiben. § 22 StGB erlaubt lediglich die Vorverlegung der Strafbarkeitsgrenze um einen Schritt nach vorne und legt damit eine äußerste Grenze fest, so dass materiale, bewertende Kriterien allenfalls innerhalb des so festgelegten Versuchstatbestandes Anwendung finden können.

Das Kriterium der **Rechtsgutsgefährdung** kann dazu dienen, auch solche Handlun- 20
gen mit in den Versuchsbereich einzubeziehen, die nach der Ansatzformel des § 22 StGB noch keinen Versuch darstellen. Soweit eine tatbestandsrelevante oder tatbestandsnahe Gefährdung verlangt wird, ist das oben genannte Bedenken gegen den Gefährdungsgedanken weitgehend entkräftet. Die mit diesem Kriterium erzielten Ergebnisse dürften der richtig gehandhabten Teilaktstheorie weitgehend entsprechen, doch wird der Weg zu diesem Ergebnis durch dieses tatbestandsorientierte Gefährdungskriterium nicht erleichtert.

Inzwischen hat auch der **BGH,** der sich nach Einführung des § 22 StGB lange an die 21
formale Teilaktstheorie gehalten hatte, das Gefährdungskriterium wieder aufgegriffen und es neben die hier sog. Handlungsunmittelbarkeit gestellt. Neuerdings soll die „Rechtsgutsgefährdung ... aus der Sicht des Täters" zur „wertenden Konkretisierung" der Teilaktstheorie herangezogen werden (BGH NJW 2002, 1057). Unterschiedliche Fallbeurteilungen haben sich daraus aber bisher nicht ergeben. Das gilt auch für das methodisch fragwürdige, weil subjektiv klingende Merkmal des **„Jetzt geht's los"** (u. a. verwendet von BGHSt 48, 34, 36 mit kritischer Besprechung *Kühl,* JZ 2003, 639), das sich zu Falllösungen in Übungsarbeiten durchaus anbietet, wenn man es so anwendet, dass man fragt, ob sich der Täter vernünftigerweise (= objektiv) sagen konnte, dass „es jetzt losgeht" (so *Küper,* JZ 1979, 781).

IV. Der Rücktritt vom Versuch

1. Einführung und Überblick

Hat ein Täter ein bestimmtes Delikt, bei dem der Versuch strafbar ist, zu begehen ver- 22
sucht, ohne dass zu seinen Gunsten Rechtfertigungs- oder Schuldausschließungs-/Entschuldigungsgründe eingreifen, so hat er sich wegen einer versuchten Tat strafbar gemacht. Anders aber als bei der vollendeten Tat kann er sich durch ein **bestimmtes Nachtatverhalten** noch Straffreiheit verschaffen. Nachtatverhalten wie z. B. das „Bemühen, den Schaden wiedergutzumachen" (§ 46 Abs. 2 StGB), kann normalerweise

nur bei der Strafzumessung zugunsten des Täters berücksichtigt werden. Ist die Tat aber noch im Versuchsstadium, so kann nach § 24 StGB ein bestimmtes Rücktrittsverhalten zur „Straflosigkeit" des Versuchstäters führen.

23 Sieht man einmal von der Sonderregelung des Beteiligtenrücktritts gem. § 24 Abs. 2 StGB ab und stellt man den selten vorkommenden Fall des Rücktritts vom untauglichen oder objektiv fehlgeschlagenen Versuch gem. § 24 Abs. 1 S. 2 StGB zurück, so erscheinen in § 24 Abs. 1 S. 1 StGB die beiden **Grundformen** des strafbefreienden Rücktrittsverhaltens: die freiwillige Aufgabe der weiteren Ausführung der Tat und die freiwillige Verhinderung der Vollendung der Tat. Aus dieser Differenzierung ergibt sich die **Grundunterscheidung** von unbeendetem und beendetem Versuch. Diese Versuchsbegriffe stehen zwar nicht ausdrücklich im Gesetz, doch sind sie einprägsame Begriffe für die Umschreibung der unterschiedlichen Situationen, für die § 24 StGB unterschiedliche Anforderungen an ein strafbefreiendes Rücktrittsverhalten stellt.

24 Die bloße Aufgabe der weiteren Ausführung der Tat (= schlichtes Nichtweiterhandeln) kann nur dann zur Strafbefreiung führen, wenn der Täter nach seiner Vorstellung schon dadurch verhindern kann, dass das Opfer zu Schaden kommt. Dies ist die Situation des **unbeendeten** Versuchs, bei dem der Täter davon ausgeht, dass er noch weitere Aktivitäten entfalten muss und kann (Fortsetzungsbewusstsein), damit der Erfolg der Tat (= der Schaden beim Opfer) eintritt. Will etwa die Ehefrau ihren Ehemann durch mehrere Giftgaben töten, verzichtet sie aber schon nach der zweiten Giftgabe wegen der bei ihrem Ehemann auftretenden Schmerzen auf weitere Giftgaben, so gibt sie die weitere Ausführung der Tat auf, wenn sie davon ausgeht, dass für die Tötung ihres Ehemannes noch weitere Giftgaben erforderlich wären (sog. Rücktritt vom unbeendeten Versuch). Hat der Täter hingegen die Vorstellung, seinerseits bereits alles für den Erfolgseintritt getan zu haben (Gefahrbewusstsein), so muss von ihm, da er sich in der Situation des **beendeten** Versuchs befindet, verlangt werden, dass er den noch ausstehenden Erfolgseintritt (= die Vollendung der Tat) durch Gegenaktivitäten verhindert. Will die Ehefrau ihren Ehemann mit einer tödlich wirkenden Giftgabe töten und hat sie ihm deshalb das Gift auch schon verabreicht, so muss sie durch Gegenaktivitäten (z. B. Veranlassen des Auspumpens des Magens) die Vollendung (= den Tod) ihres Ehemannes verhindern, wenn sie vom beendeten Versuch mit strafbefreiender Wirkung zurücktreten will.

25 In beiden Fällen muss der Rücktritt nach § 24 Abs. 1 S. 1 StGB **freiwillig,** d. h. aus autonomen Motiven wie z. B. Reue, erfolgen. Die Frage der Freiwilligkeit des Rücktritts sollte aber erst gestellt werden, wenn man die Frage beantwortet hat, ob ein unbeendeter oder ein beendeter Versuch vorliegt. Dies ist aber nicht in jeder Rücktrittsprüfung der erste Schritt, denn es gibt auch rücktrittsunfähige Versuche, von denen insbesondere der sog. fehlgeschlagene Versuch anerkannt ist, z. B. wenn die Tasche, in die der „Dieb" greift, leer ist und der „Dieb" seinen Fehlgriff sofort erkennt. Ist ein solcher (subjektiv vom Täter erkannter) Fehlschlag nicht auszuschließen, so ergibt sich folgende Prüfungsreihenfolge beim Alleintäter:

(1) Fehlgeschlagener Versuch?
wenn nein:
(2) Unbeendeter oder beendeter Versuch?
und wenn unbeendet: Aufgeben der weiteren Ausführung der Tat?
wenn beendet: Verhinderung der Vollendung?
(3) Freiwilligkeit des Rücktritts?

2. Erklärung und systematische Einordnung der Strafbefreiung wegen Rücktritts

a) Die Erklärung der § 24 StGB-Regelung

Zur Erklärung der Entscheidung des Gesetzgebers, den Versuch bei bestimmtem Rücktrittsverhalten für straflos zu erklären, werden **zahlreiche** „Theorien" angeboten. Die „Theorie", welche die § 24 StGB-Regelung allein und vollständig erklärt, ist aber noch nicht gefunden worden. Je nachdem, welche Rücktrittskonstellation man vor Augen hat, überzeugt die eine oder andere „Theorie" mehr oder weniger. 26

Angesichts der Rechtsfolge ‚Straflosigkeit' erscheint es naheliegend, diesen Verzicht auf Strafe durch den **Wegfall der Notwendigkeit** zu erklären, den rechtswidrigen und schuldhaft begangenen Versuch auch wirklich **zu bestrafen.** Das Bedürfnis zu strafen entfällt, wenn der Täter, der durch seinen in die Tat umgesetzten rechtsfeindlichen Willen einen rechtserschütternden Eindruck hervorgerufen hat, durch seinen freiwilligen Rücktritt zeigt, dass er diesen rechtserschütternden Eindruck, soweit möglich, zurücknehmen will. Das **Vertrauen der Bevölkerung** in die Geltungskraft des Rechts ist durch die freiwillige Rückkehr des Versuchstäters in die Legalität **wieder gestärkt,** ohne dass es dazu noch einer Bestrafung dieses Täters bedürfte. 27

Zu diesem weitgehenden **Wegfall des Strafzwecks** der (positiven) Generalprävention (auch sog. Integrationsprävention) kommt hinzu, dass auch der Strafzweck der Spezialprävention keine Einwirkung auf den freiwillig zurücktretenden Versuchstäter verlangt, weil dieser sich zumindest typischerweise als **mindergefährlich** erwiesen hat. Diese Zusatzerklärung stellt die Rechtsprechung ganz in den Vordergrund: „In den Fällen des § 24 StGB entfällt nach gesetzgeberischer Entscheidung das Strafbedürfnis wegen der geringeren Gefährlichkeit und Strafwürdigkeit des (zurückgetretenen) Täters (vgl. BGHSt 9, 52), dem zudem die Möglichkeit des Abstandnehmens von einer noch nicht vollendeten Straftat eingeräumt werden soll" (BGHSt 37, 346f.) 28

Weitere „plausible Erklärungen" ergeben sich, wenn man das Rücktrittsverhalten als eine durch Straflosigkeit zu honorierende **Umkehrleistung** des Täters bewertet oder wenn man an den **Schutz des Opfers** denkt, der nicht dadurch herabgemindert werden sollte, dass man dem Täter schon vor Erfolgseintritt jede Chance zum Rückzug in die Straffreiheit versperrt. Damit sind die „Theorien" zur Erklärung der § 24 StGB-Regelung keineswegs vollständig referiert, doch dürfte der Sinn einer Strafbefreiung bei bestimmtem Rücktrittsverhalten schon hinreichend deutlich geworden sein. Ihre Bewährungsprobe haben diese Erklärungen z. B. bei der Bestimmung der Reichweite des noch rücktrittsfähigen Versuchs zu bestehen. Bei solchen Einzelfragen der Auslegung des § 24 StGB (z. B.: Wann kann die Tat noch aufgegeben werden?) ist auch in strafrechtlichen Fallbearbeitungen auf diese Erklärungen des § 24 StGB einzugehen (zum „Rechtsgrund der Straflosigkeit bei freiwilligem Rücktritt vom Versuch" mit Nachweisen: *Jescheck/Weigend,* AT, S. 538–540). 29

b) Systematische Einordnung des Rücktritts

Überwiegend wird der Rücktritt als **persönlicher Strafaufhebungsgrund** eingeordnet; er ist deshalb erst nach der Bejahung von Tatbestand, Rechtswidrigkeit und Schuld der Versuchstat zu prüfen. Damit wird zutreffend zum Ausdruck gebracht, dass sich am Vorliegen einer rechtswidrigen, schuldhaften Versuchstat durch den Rücktritt nichts ändert. Der Rücktritt ist ein Nachtatverhalten, mit dem die Versuchs- 30 tat zwar abbricht, mit dem aber Unrecht und Schuld nicht beseitigt werden. Versteht man freilich die Schuld schon präventiv als Notwendigkeit, durch Strafe einzugreifen, so entfällt diese strafzweckorientierte Schuld natürlich dann, wenn die präventiven Strafzwecke wegen des freiwilligen Rücktritts keine Strafe mehr verlangen. Behält man präventive Überlegungen dagegen der Strafzumessung vor, so rückt der Rücktritt in die Nähe einer Rechtsfolgenbestimmung. Auf jeden Fall bleibt eine strafbare Teilnahme an der Tat, von der der Haupttäter strafbefreiend zurückgetreten ist, möglich, weil Anstiftung (§ 26 StGB) und Beihilfe (§ 27 StGB) hinsichtlich der Haupttat nur eine vorsätzlich begangene rechtswidrige Tat verlangen; auf die Schuld oder die Strafbarkeit des Haupttäters kommt es nicht an.

§ 39. Das fahrlässige Begehungsdelikt

1 „Fahrlässiges Handeln" bzw. „fahrlässige Begehung" wird im AT des StGB in den §§ 15, 16 Abs. 1 S. 2 StGB ausdrücklich angesprochen. Aus § 15 StGB ergibt sich, dass für den Fall, dass „vorsätzliches Handeln" durch eine bestimmte Person nicht festgestellt werden kann, ein **„Gesetz"** gesucht werden muss, das „fahrlässiges Handeln ausdrücklich mit Strafe bedroht". Es kann also nicht innerhalb der Prüfung eines Totschlags gem. § 212 StGB nach Ablehnung des Vorsatzes die Frage aufgeworfen werden, ob der nicht vorsätzlich Handelnde den Tod des Opfers möglicherweise durch Fahrlässigkeit verursacht hat. Es ist vielmehr nach einem „Gesetz", d. h. nach einem Delikt bzw. nach einem gesetzlichen Tatbestand im BT (oder im Nebenstrafrecht, das die Straftaten außerhalb des StGB enthält) Ausschau zu halten, das bzw. der die fahrlässige Tötung eines Menschen unter Strafe stellt. Einen solchen Tatbestand enthalten z. B. die „Straftaten gegen das Leben" (§§ 211ff. StGB) in der Vorschrift des § 222 StGB, der denjenigen mit Strafe bedroht, der „durch Fahrlässigkeit den Tod eines Menschen verursacht hat". Ebenso erfolgreich würde die Suche nach einem Fahrlässigkeitsdelikt im Bereich der „Körperverletzung" (§§ 223ff. StGB) ausfallen, denn man würde auf den, § 222 StGB entsprechend formulierten, § 229 StGB stoßen. Dagegen würde man im großen Bereich der Eigentums- und Vermögensdelikte weitgehend – Ausnahme: die leichtfertige Geldwäsche nach § 261 Abs. 5 – vergeblich nach Fahrlässigkeitstatbeständen fahnden, denn hier ist im Gegensatz zu § 823 BGB die fahrlässige Verletzung dieser materiellen Rechtsgüter nicht unter Strafe gestellt, so dass etwa das unvorsichtige Umstoßen von Sektgläsern an der Bar nicht als (fahrlässige) Sachbeschädigung erfasst werden kann (§ 303 StGB verbietet nur die vorsätzliche Sachbeschädigung). Durch das Erfordernis der ausdrücklichen gesetzgeberischen Entscheidung für oder gegen eine Fahrlässigkeitsstrafbarkeit ist der Gesetzesanwender der Notwendigkeit enthoben, durch **Auslegung** zu ermitteln, ob ein Tatbestand etwa auch fahrlässiges Handeln erfassen will.

2 Aus § 16 StGB ergibt sich, dass eine Fahrlässigkeitsstrafbarkeit nicht schon deshalb ausgeschlossen ist, weil der in Frage kommende Täter sich in einem vorsatzausschließenden Irrtum über Tatumstände befunden hat. Die Formulierung „bleibt unberührt" in **§ 16 Abs. 1 S. 2 StGB** bedeutet zugleich, dass das Vorliegen von Fahrlässigkeit sich nicht schon aus dem Fehlen des Vorsatzes ergibt. Die Fahrlässigkeit bedarf vielmehr einer gesonderten Prüfung nach einem besonderen Fahrlässigkeitstatbestand. Diese Prüfung wird im Falle des Vorliegens eines Tatumstandsirrtums in der Regel nur dann positiv verlaufen, wenn dieser vorwerfbar ist. Im Falle des Vorliegens eines Erlaubnistatumstandsirrtums, bei dem nach der h. M. ebenfalls eine Strafbarkeit nach einem

Vorsatzdelikt ausscheidet (oben § 36 Rn. 41), ist zu fragen, ob das Nichtvorliegen der tatsächlichen Voraussetzungen eines Rechtfertigungsgrundes objektiv und individuell erkennbar war. Doch sind das nur besondere Prüfungsrichtungen der Fahrlässigkeitsprüfung bei Annahme eines Tatumstandsirrtums bzw. eines Erlaubnistatumstandsirrtums.

Was eine „normale" Fahrlässigkeitsprüfung ausmacht, ist damit aber noch nicht gesagt. Leider gibt auch das StGB – im Gegensatz zum BGB (vgl. § 276 Abs. 2 BGB: fahrlässig handelt, wer die im Verkehr erforderliche Sorgfalt außer acht lässt) – darüber keine Auskunft. Es ist deshalb nicht verwunderlich, dass weder der genaue **Inhalt des Fahrlässigkeitsbegriffs** noch der Aufbau des Fahrlässigkeitsdelikts „endgültig" gesichert ist. Immerhin kann man vermuten, dass sich der strafrechtliche Fahrlässigkeitsbegriff nicht völlig von der zivilrechtlichen Legaldefinition unterscheidet, weshalb § 276 Abs. 2 BGB durchaus als „Eselsbrücke" für den Einstieg in strafrechtliche Fahrlässigkeitsprüfungen verwendet werden kann. 3

Weiter ist dem Gesetz, und zwar jetzt dem StGB, zu entnehmen, dass fahrlässiges Handeln von vorsätzlicher Deliktsbegehung zu unterscheiden ist. Damit ist – negativ bestimmt – die **willentliche** Begehung eines Delikts kein fahrlässiges Handeln. Selbst wer „bewusst fahrlässig" den Erfolg eines fahrlässigen Erfolgsdelikts herbeiführt, vertraut leichtsinnigerweise trotz der Erkenntnis, dass der Erfolg mögliche Folge seines Verhaltens sein könnte, darauf, dass es nicht zu diesem Erfolg kommen werde. Erst recht kann natürlich derjenige die Tatbestandsverwirklichung nicht wollen, der diese Möglichkeit gar nicht erkannt hat, sondern nur hätte erkennen können (sog. unbewusste Fahrlässigkeit = der typische Fall von „Tatfahrlässigkeit"). 4

Eine erste positive Kennzeichnung wird sich – wie gesagt – am **Außerachtlassen der** im Verkehr erforderlichen **Sorgfalt** orientieren können. Doch ist damit noch nicht viel gewonnen, denn diese Formulierung ist trotz ihrer Tradition weder für eine genaue Begriffsbestimmung der Fahrlässigkeit ausreichend, noch besagt sie etwas darüber, an welcher Stelle des Deliktsaufbaus mit dieser Formel gearbeitet werden soll. 5

Hinsichtlich der genauen Begriffsbestimmung soll in dieser Einführung nur gesagt werden, dass es weitgehend dem Rechtsanwender überlassen bleibt, die vom (zu?) sehr zurückhaltenden Gesetzgeber vorgegebene Generalklausel der Fahrlässigkeit bzw. die Formel vom Außerachtlassen der im Verkehr erforderlichen **Sorgfalt** zu **konkretisieren.** Da „Rechtsanwender" auch der Bearbeiter strafrechtlicher Übungs- und Examensarbeiten ist, wird von ihm erwartet, dass er die eigentlichen Fahrlässigkeitstatbestände selbst bildet. Um dabei die Orientierung an den „dünnen" gesetzlichen Vorgaben nicht zu verlieren, werden ihm als Kriterien zur inhaltlichen Ausfüllung des Fahrlässigkeitsbegriffs die „objektive Sorgfaltspflichtverletzung" und/oder die „Erkennbarkeit der Tatbestandsverwirklichung" angeboten. 6

Was den Aufbau des Fahrlässigkeitsdelikts betrifft, sieht man sich leider mit einer schwer überschaubaren Vielfalt von Aufbaumodellen konfrontiert. Die systematische Einordnung sowohl der „objektiven Sorgfaltspflichtverletzung" als auch der (statt ihrer oder zusätzlich zu ihr zu fordernden) „Erkennbarkeit der Tatbestandsverwirklichung" in den Deliktsaufbau ist nach wie vor umstritten. Dennoch hat sich weitgehend ein Aufbaumodell durchgesetzt, das diese Merkmale dem Unrechts-**Tatbestand** des Fahrlässigkeitsdelikts zuordnet. 7

Grobaufbau des fahrlässigen Erfolgsdelikts

(1) Tatbestand
   a) Verursachung des tatbestandsmäßigen Erfolges
   b) Objektive Sorgfaltspflichtverletzung
      bei objektiver Voraussehbarkeit des tatbestandsmäßigen Erfolges
   c) Objektive Zurechnung des tatbestandsmäßigen Erfolges, insb.:
      (aa) Pflichtwidrigkeitszusammenhang
      (bb) Schutzzweckzusammenhang

(2) Rechtswidrigkeit: Rechtfertigungsgrund?

(3) Schuld, insb.:
   a) Nichterfüllung der objektiven Sorgfaltspflicht trotz ausreichender persönlicher Fähigkeiten
   b) bei subjektiver Voraussehbarkeit des tatbestandsmäßigen Erfolges

8 Eine erste knappe Begründung für die Anziehungskraft dieses Modells ergibt sich aus der personalen Unrechtslehre. Der Tatbestand des Fahrlässigkeitsdelikts würde keine ausreichende **Vertypung** strafwürdigen **Unrechts** darstellen, wenn er sich in der kausalen Herbeiführung des tatbestandsmäßigen Erfolges erschöpfen würde. Es bedarf deshalb einer „Komplettierung" durch die Sorgfaltspflichtverletzung bzw. die Erkennbarkeit der Tatbestandsverwirklichung, also durch einen Verhaltensfehler, der den Handlungsunwert des Fahrlässigkeitsdelikts ausmacht. Da bloße Verursachungsverbote von Menschen nicht eingehalten werden können, kann der Bereich des unrechten Verhaltens sinnvollerweise erst dort beginnen, wo einer Person ein **vermeidbarer Fehler** (eine Fahrlässigkeit, eine Nachlässigkeit) unterlief. Dabei kann hier offen bleiben, ob über das Unrecht des Fahrlässigkeitsdelikts nach einem generellen oder einem individuellen Sorgfaltsmaßstab zu urteilen ist; denn auch die Vertreter der „Theorie von der individuellen Sorgfaltswidrigkeit" prüfen den Sorgfaltsverstoß im Tatbestand.

9 Ausgeschlossen ist vielmehr nur die Zuordnung der gesamten Sorgfaltspflichtverletzungs- bzw. Erkennbarkeitsproblematik zur Schuldebene, wie sie noch bis in die 50er Jahre des 20. Jahrhunderts herrschende Lehre war. Der Umfang der Prüfung auf dieser Ebene hängt freilich davon ab, wie viel an individueller Sorgfaltswidrigkeit bzw. Erkennbarkeit man schon im Rahmen der der Tatbestandsprüfung erledigt hat (Zur Kritik der „herrschenden Lehre" und für eine individuelle Bestimmung der Sorgfalt bereits im Tatbestand: *Stratenwerth/Kuhlen,* Strafrecht Allgemeiner Teil, Bd. I, 6. Aufl. 2011, § 15 Rn. 12–15.).

10 Der **Pflichtwidrigkeitszusammenhang** und der Schutzzweckzusammenhang sind besondere Kriterien der objektiven Zurechnung, die beim Vorsatzdelikt noch nicht angesprochen wurden, weil sie typischerweise beim Fahrlässigkeitsdelikt auftreten. Der Pflichtwidrigkeitszusammenhang verlangt, dass sich gerade das Pflichtwidrige der Täterhandlung im Erfolg niedergeschlagen hat. Daran fehlt es, wenn der Erfolg auch bei pflichtgemäßem Verhalten eingetreten wäre. Kann also der Lkw-Fahrer, der einen Radfahrer mit zu geringem Abstand überholt und dadurch dessen Tod verursacht hat, sagen, dass dies auch bei Einhaltung des von der Straßenverkehrsordnung geforderten, richtigen Seitenabstandes passiert wäre, so hat sich im Tod des Radfahrers nicht der Sorgfaltsverstoß des Lkw-Fahrers niedergeschlagen (vgl. BGHSt 11, 1; näher zu die-

sem „Lastwagen-Fall" *Roxin,* HRR AT, Fall 6, S. 6f. u. 159). Wie allerdings zu entscheiden ist, wenn es nur mehr oder weniger wahrscheinlich ist, dass es bei Einhaltung des richtigen Seitenabstandes zum Tod des Radfahrers gekommen wäre, ist umstritten. Eine objektive Zurechnung wird von der Rspr. schon dann verneint, wenn sich – in dubio pro reo – nicht ausschließen lässt, dass derselbe Erfolg auch bei (alternativ gedachtem) sorgfältigem Verhalten eingetreten wäre. Demgegenüber lässt es die Risikoerhöhungslehre für den Pflichtwidrigkeitszusammenhang ausreichen, dass das pflichtwidrige Verhalten des Täters das Risiko für das Opfer zu sterben, erhöht hat. Dafür spricht, dass in diesem Fall dem Opfer vom Täter echte Überlebenschancen genommen wurden.

Der **Schutzzweckzusammenhang** verlangt, dass der vom Täter verursachte Erfolg 11
von der verletzten Sorgfaltsnorm verhindert werden sollte. Daran fehlt es etwa, wenn der Sorgfaltsverstoß (z. B. bei Rot in die Kreuzung einfahren) sich nicht im geregelten Bereich (Kreuzung), sondern später und an anderer Stelle auswirkt (der „Rotsünder" erfasst ohne Sorgfaltsverstoß ein plötzlich auf die Straße stürmendes Kind); solche Wirkungen will das Haltegebot bei Rot vor Kreuzungen nicht verhindern.

§ 40. Das vorsätzliche Unterlassungsdelikt

I. Einführung in die Problematik des Unterlassungsdelikts

Die meisten Tatbestände des BT sind so formuliert, dass man annehmen könnte, sie 1
seien **nur** durch aktives Verhalten (= **durch Tun**) zu verwirklichen. Eine Ausnahme bilden die sog. echten Unterlassungsdelikte wie §§ 138, 323c StGB (Unterlassen einer Verbrechensanzeige, unterlassene Hilfeleistung), sowie die nicht seltenen Tatbestände, die in erster Linie ein strafbares Tun beschreiben, aber nebenbei auch ein Unterlassen der Erfolgsabwendung als Tatbestandsverwirklichungsmöglichkeit einstreuen (z. B. in § 94 Abs. 1 Nr. 2 StGB „gelangen lässt", oder in § 184 Abs. 1 Nr. 1 StGB „überlässt"). Zu den Regelfällen gehören etwa der Totschlag gem. § 212 StGB, der ein „Töten" verlangt, und die Sachbeschädigung gem. § 303 StGB, die ein „Beschädigen oder Zerstören" verlangt.

Trotz dieser tatbestandlichen Umschreibungen, die ein aktives Verhalten zu verlangen 2
scheinen, ist man sich einig, dass diese Tatbestände **auch durch Unterlassen** verwirklicht werden können. Nicht nur derjenige tötet, der den Tod eines anderen Menschen durch aktives Verhalten (wie z. B. durch Erschlagen) verursacht, sondern auch derjenige, der den drohenden Tod eines anderen Menschen nicht verhindert (wie z. B. die Mutter, die ihr Kleinkind verhungern lässt). Allerdings trifft eine solche **Erfolgsabwendungspflicht** nicht jedermann, sondern nur eine solche Person, die wie die Mutter „rechtlich dafür einzustehen hat, dass der Erfolg nicht eintritt" (§ 13 Abs. 1 StGB). Dieses Erfordernis der sog. **Garantenstellung** soll die Gleichstellung des Unterlassens der Erfolgsabwendung mit der aktiven Erfolgsverursachung legitimieren. Deshalb steht die Garantenstellung, also die Bestimmung des Personenkreises, der als Unterlassungstäter in Betracht kommt, im Mittelpunkt der Problematik des unechten Unterlassungsdelikts.

Die Berechtigung einer solchen **Gleichstellung** des Erschlagens durch jedermann mit 3
dem Unterlassen der lebensnotwendigen Ernährung des Kleinkindes durch die Mutter unter dem Begriff des Tötens wird von niemand bestritten. Ob man wegen dieser

möglichen Subsumtion des Tuns und des Unterlassens unter das Tatbestandsmerkmal des Tötens schon von einer gemeinsamen Wurzel von Tun und Unterlassen sprechen kann, erscheint aber eher zweifelhaft. Wichtiger ist, sich – vor der genauen Behandlung der einzelnen Garantenstellungen – klarzumachen, weshalb und unter welchen **Voraussetzungen** eine solche Gleichstellung von Tun und Unterlassen berechtigt sein kann.

4 Im Beispielsfall der Mutter, die ihr Kleinkind verhungern lässt, zeigt sich, dass das Unterlassen der Mutter für das Kind genauso gefährlich ist wie ein tätlicher Angriff auf sein Leben (z. B. durch Fütterung mit vergiftetem Brei). Dies liegt daran, dass die Mutter die Unfähigkeit des Kindes zur Selbsternährung ausnutzen kann; sie weiß, dass das Kind auch sterben wird, wenn sie es nur nicht füttert. Tun muss sie dafür nichts, denn das Weiterleben des Kindes setzt eben das Ergreifen von positiven Maßnahmen durch die Mutter voraus. Unterlässt die Mutter diese positiven, lebensnotwendigen Maßnahmen, so **wendet** sie es dem Kind **zum Schlechten.**

5 Von der Mutter erwartet man eben nicht nur, dass sie wie jedermann aktive Tötungshandlungen unterlässt, sondern zusätzlich, dass sie eingreift, um ihr Kind vor dem sonst eintretenden Tod zu bewahren. Wie der Fußballtorwart zur Verhinderung von Toren „auf Posten" gestellt ist, so die Mutter zur Verhinderung des Todes ihres Kindes. Sie **verhält** sich durch ihr Unterlassen ebenso wie durch Tun, wenn sie die Situation erkennt, die zum Tode ihres Kindes führt. Greift sie in dieser Situation nicht ein, so gibt sie eine „Antwort", so trifft sie eine „Entscheidung", die ihr als ein Fehlverhalten angelastet werden kann. Der infolge dieses Fehlverhaltens eingetretene Erfolg ist damit auch ihr Werk.

6 So anerkannt die Gleichstellung des Unterlassens der Erfolgsabwendung mit dem erfolgsverursachenden Tun auch in solch klaren Fällen ist, so sehr muss man sich davor hüten, immer neue Garantenstellungen zu kreieren. Denn dadurch entfernt man sich möglicherweise aus dem Bereich des **Rechts** und begibt sich in den Bereich, der der **moralischen** Bewertung eines Fehlverhaltens vorbehalten ist. Ob dies schon dann der Fall ist, wenn man einen Ehegatten verpflichtet, den anderen Ehegatten vor Schaden zu bewahren, erscheint zweifelhaft, eher werden moralische Pflichten zu Rechtspflichten erhoben, wenn alle Angehörigen zu gegenseitigem Schutz verpflichtet werden (zur Gefahr einer zu weitgehenden Verrechtlichung moralischer Pflichten durch die Postulierung von Garantenpflichten vgl. *Gallas,* Studien zum Unterlassungsdelikt, 1989, S. 91 ff. – Nach *Naucke,* Einführung, § 7 Rn. 242 f. zeigt sich in der Bestrafung der Unterlassungsdelikte „das Strafrecht als in hohem Maße moralisierendes Instrument." – Zum Thema „Recht und Moral" bei den Garantenpflichten vgl. auch *Kühl,* JuS 2007, S. 199 ff. und in: Festschrift für R.D. Herzberg, 2008, S. 177 ff.).

II. Der Aufbau des vorsätzlichen Unterlassungsdelikts

7 Nach den bisherigen Ausführungen nimmt die **Garantenstellung** die **zentrale Rolle bei der Unrechtsbegründung** des Unterlassens ein. Der unrechtsbegründende Tatbestand des vorsätzlichen Unterlassungsdelikts ist damit aber noch nicht erschöpft. Er enthält – wie beim vorsätzlichen Begehungsdelikt – eine objektive und eines subjektive Teilprüfungsstufe.

8 Die Garantenstellung gehört ebenso wie die sog. Entsprechungsklausel (auch in § 13 Abs. 1 StGB ausdrücklich genannt) in den objektiven Tatbestand. Bei Erfolgsdelikten

wie z. B. Totschlag gem. § 212 StGB gehört außerdem der Eintritt des tatbestandsmäßigen **Erfolgs** zum objektiven Tatbestand. Dem Unterlassungstäter muss die Verhinderung dieses Erfolges auch möglich gewesen sein, denn wer keine **Eingreifmöglichkeit** hat, unterlässt auch nicht die Abwendung des Erfolgs. Außer der Handlungsfähigkeit des Unterlassenden muss auch noch die **„Kausalität"** seines Unterlassens für die Erfolgszurechnung vorliegen; diese „Kausalität" ist dann gegeben, wenn die Vornahme der dem Unterlassenden möglichen Rettungshandlung den Erfolg mit an Sicherheit grenzender Wahrscheinlichkeit verhindert hätte. Diese Kausalitätsprüfung ist zwar nur bei Garanten sinnvoll, doch kann sie vor die Prüfung der Garantenstellung gezogen werden, wenn man sie nur für Personen vornimmt, die ernsthaft als Garanten in Betracht kommen.

Im subjektiven Tatbestand ist der **Vorsatz** auf alle objektiven Tatumstände zu beziehen, d. h. auch die tatsächlichen Voraussetzungen, die eine Garantenstellung begründen, müssen dem Täter bekannt sein (z. B. der Vater muss erkennen, dass der im Wasser Zappelnde sein Sohn ist). 9

Mit der Bejahung der objektiven und subjektiven Tatbestandsmäßigkeit ist aber erst das typische Unrecht des vorsätzlichen Unterlassungsdelikts begründet. Wie beim vorsätzlichen Begehungsdelikt sind noch zwei weitere Prüfungsschritte mit positivem Ergebnis zu durchlaufen, bevor man sich zur Strafbarkeit des Unterlassenden abschließend äußern kann. Auf der Prüfungsstufe der Rechtswidrigkeit ist auch hier nach **Rechtfertigungsgründen** Ausschau zu halten. Dabei ist besonders an die beim rechtfertigenden Notstand noch nicht behandelte Pflichtenkollision zu denken (z. B. der Arzt wird von zwei Patienten zur Lebensrettung herbeigerufen, kann aber nur zu einem Patienten eilen). Auf der Prüfungsstufe der **Schuld** ist – ähnlich wie beim Fahrlässigkeitsdelikt und anders als beim vorsätzlichen Begehungsdelikt – zu erwägen, ob nicht die **Unzumutbarkeit** als Entschuldigungsgrund anzuerkennen ist (z. B. wenn sich der Unterlassende durch die Rettungshandlung der Strafverfolgung ausliefern würde). 10

In manchen Fällen ist vor dem Beginn der dreistufigen Prüfung in einer **Vorprüfungsstufe** zu klären, ob überhaupt ein Unterlassen vorliegt. Dies ist etwa dann erforderlich, wenn zweifelhaft ist, **ob** dem Täter vielleicht ein strafbares **Tun** angelastet werden kann. So etwa beim sog. Abbruch rettender Kausalverläufe, bei denen der potentielle Retter vom Täter niedergeschlagen wird, bevor er sich in den Fluss werfen kann, um das Opfer, das zu ertrinken droht, zu retten. 11

In dieser Vorprüfungsstufe können – wie beim vorsätzlichen Begehungsdelikt – auch schon Fälle ausgeschieden werden, in denen es an einem menschlichen Verhalten überhaupt fehlt. Spätestens sind solche Fälle – Bewusstlosigkeit, unwiderstehlicher Zwang – bei der im objektiven Tatbestand zu prüfenden Handlungsfähigkeit des Täters auszuscheiden. Wie beim Begehungsdelikt gilt der Grundsatz, dass nur **„willkürliches"** Unterlassen einen tauglichen Anknüpfungspunkt für eine Strafbarkeitsprüfung bildet. Eine körperliche Untätigkeit, die auf bloßen Reflexbewegungen, epileptischen Anfällen oder unwiderstehlichem Zwang beruht, bietet keinen Anlass, die Tatbestandsmäßigkeit, Rechtswidrigkeit und Schuld dieser Untätigkeit zu prüfen. Der Ohnmächtige z. B. kann nicht nur nichts begehen, er kann auch nichts unterlassen. Ist der akut Unterlassungsunfähige für seine Unfähigkeit verantwortlich (z. B. durch Sichbetrinken macht der Schrankenwärter sich unfähig zum Herablassen der 12

Schranke), so kann er sich nach den Grundsätzen der **omissio libera in causa** doch wegen seines Unterlassens strafbar machen.

13 **Grobaufbau des vorsätzlichen unechten Unterlassungs(erfolgs)delikts (z. B. §§ 212, 13 StGB)**

Vorprüfung:
- Tun oder Unterlassen
- „Handlungsqualität" des Untätigbleibens

(1) Tatbestand
- a) objektiver Tatbestand
  - aa) Eintritt des tatbestandsmäßigen Erfolges
  - bb) Nichtvornahme einer bestimmten, geeigneten/erforderlichen Rettungshandlung
  - cc) physisch-reale Handlungsmöglichkeit
  - dd) „Quasikausalität" des Unterlassens für den Erfolgseintritt
  - ee) Garantenstellung = Einstehensklausel des § 13 StGB
  - ff) (bei verhaltensgebundenen Erfolgsdelikten:) Gleichwertigkeit des Unterlassens mit einem Tun = Entsprechungsklausel des § 13 StGB
- b) subjektiver Tatbestand; insb. Vorsatz

(2) Rechtswidrigkeit
spezieller Rechtfertigungsgrund: rechtfertigende Pflichtenkollision

(3) Schuld
spezieller Entschuldigungsgrund: Unzumutbarkeit normgemäßen Verhaltens

§ 41. Täterschaft und Teilnahme

I. Überblick über die Grundformen der Beteiligung

1 Das Thema Täterschaft und Teilnahme stellt sich immer dann, wenn an der Verwirklichung eines Tatbestandes wie z. B. eines Totschlags gem. § 212 StGB oder eines Diebstahls gem. § 242 StGB mehrere Personen beteiligt sind. Die gesetzliche Regelung dieses Themas erfolgt im 3. Titel des 2. Abschnitts des AT: „Täterschaft und Teilnahme", §§ 25–31 StGB. Die Grundformen der Beteiligung mehrerer an einer Tatbestandsverwirklichung sind danach Täterschaft und Teilnahme. Unter den Oberbegriff der **Beteiligung** (s. zur Terminologie § 28 Abs. 2 StGB: „Beteiligten [Täter oder Teilnehmer]") fallen die in § 25 StGB geregelten Formen der Täterschaft und die in §§ 26, 27 StGB geregelten Formen der Teilnahme (s. zur Terminologie § 28 Abs. 1 StGB: „Teilnehmer [Anstifter oder Gehilfe]").

2 **Täterschaft** meint die eigene Verwirklichung eines Tatbestands, die nicht nur durch eigenhändige Tatbegehung (§ 25 Abs. 1 Alt. 1 StGB: „wer die Tat selbst … begeht") als unmittelbarer Täter erfolgen kann. Die Straftat kann der dann sog. mittelbare Täter auch „durch einen anderen" begehen lassen (§ 25 Abs. 1 Alt. 2 StGB); „begehen mehrere die Straftat gemeinschaftlich", so sind sie nach § 25 Abs. 2 StGB „Mittäter".

3 **Teilnahme** ist die Beteiligung an der Begehung einer Straftat eines anderen, den sog. Haupttäter. Teilnahmeformen sind die Anstiftung gem. § 26 StGB und die Beihilfe

gem. § 27 StGB. Nach dem Wortlaut beider Vorschriften muss der Beitrag des Teilnehmers (Anstifters oder Gehilfen) „zu dessen [des Haupttäters] vorsätzlich begangener rechtswidriger Tat" geleistet werden **(sog. limitierte Akzessorietät der Teilnahme);** auf die schuldhafte Begehung der Haupttat durch den Haupttäter kommt es für die Strafbarkeit des Teilnehmers nicht an. Es kann also auch ein Geisteskranker angestiftet werden.

Während die Regelungen der mittelbaren Täterschaft, der Mittäterschaft, der Anstiftung und der Beihilfe notwendige Regelungen in einem System mit verschiedenen Beteiligungsrollen sind, bringt § 25 Abs. 1 Alt. 1 StGB nur etwas zum Ausdruck, das sich schon aus den Straftatbeständen des BT ergibt. Denn selbstverständlich kann derjenige als Täter bestraft werden, der den jeweiligen Tatbestand „selbst" (= **eigenhändig**) verwirklicht. Wer einen anderen durch einen Schuss tötet, ist „Totschläger" i. S. des § 212 StGB, wer eine fremde bewegliche Sache durch einen Hammerschlag beschädigt, ist Täter einer Sachbeschädigung i. S. des § 303 StGB. Wer also die Tat **selbst** in allen Einzelakten begeht, ist immer Täter. In Übungsarbeiten erübrigt sich in solchen Fällen jede besondere Feststellung, dass derjenige, der den Tatbestand verwirklicht hat, auch Täter ist, denn das folgt schon aus der Verwirklichung sämtlicher (objektiver und subjektiver) Tatbestandsmerkmale. 4

Täterschaft ist damit im Kern tatbestandsbezogen, die Erörterung von Beteiligungsformen gehört deshalb in den das Unrecht begründenden (Unrechts-)Tatbestand. Die **Tatbestandsbezogenheit** der Täterschaft bedeutet, dass nicht jede Tatverursachung zur Täterschaft führt. Ein solch extensiver Täterbegriff würde jede kausale Herbeiführung eines tatbestandsmäßigen Erfolges (z. B. durch Herstellung einer Pistole, mit der der Täter das Opfer erschießt) als Täterschaft erfassen; Anstiftung und Beihilfe wären dann Strafeinschränkungsgründe. Die Tatbestandsbezogenheit der Täterschaft verlangt vielmehr die „Vornahme der tatbestandsmäßigen Handlung". Der **Täterbegriff** ist also **restriktiv** und verlangt nach § 25 Abs. 1 Alt. 1 StGB die „Begehung" der Straftat. 5

Freilich erweitert der Gesetzgeber schon die Täterschaft und erst recht die sonstige Beteiligung über die eigenhändige Tatbestandsverwirklichung hinaus auf „Außenstehende". Eine **erste Erweiterung** der Täterstrafbarkeit ordnet § 25 Abs. 1 Alt. 2 StGB dadurch an, dass er die Begehung der Tat „durch einen anderen" als **(mittelbare) Täterschaft** erfasst. „Totschläger" i. S. von § 212 StGB ist nicht nur der Todesschütze, sondern z. B. auch der Arzt, der den Patienten durch eine ahnungslose Krankenschwester mittels einer „Giftspritze" töten lässt. Eine **zweite Erweiterung** der Täterstrafbarkeit ordnet § 25 Abs. 2 StGB dadurch an, dass er auch die „gemeinschaftliche" Tatbegehung als **(Mit-)Täterschaft** erfasst. Zum (Mit)„Totschläger" i. S. von §§ 212, 25 Abs. 2 StGB wird damit z. B. auch derjenige, der das Opfer nach gemeinsamen Plan mit dem Todesschützen so zusammenschlägt, dass der Schütze es sicher treffen kann. Zu Mittätern eines Raubes gem. § 249 StGB werden auch die nach gemeinsamen Plan arbeitsteilig vorgehenden Komplizen, wenn der eine nur droht und der andere nur wegnimmt (jeweils i. S. des § 249 StGB). Die **Notwendigkeit** von Täterschaft erweiternden Vorschriften (§§ 25 Abs. 1 Alt. 2, 25 Abs. 2 StGB) ist damit deutlich: sie gestatten die Zurechnung des Verhaltens einer anderen Person (z. B. des Werkzeugs Krankenschwester oder z. B. des Komplizen bei Tötung oder Raub), als hätte es der unmittelbare Täter oder der Mittäter selbst vollzogen. 6

7 **Strafbarkeitsausdehnungsgründe** auf Personen, die mit der Ausführung der Tat unmittelbar nichts mehr zu tun haben, enthalten die **Teilnahmevorschriften** des § 26 StGB (Anstiftung) und des § 27 StGB (Beihilfe). Auch wer selbst nichts wegnimmt, ist Teilnehmer eines Diebstahls gem. §§ 242, 26 StGB (Anstiftung), wenn er nur den Dieb durch einen heißen Tipp zur Wegnahme gebracht hat. Auch wer, ohne selbst etwas wegzunehmen, dem Dieb nur das Einbruchswerkzeug besorgt, ist Teilnehmer an einem Diebstahl gem. §§ 242, 243 Abs. 1 1, 27 StGB (Gehilfe). Vom Tatbestand des § 242 StGB ist das geschilderte Verhalten des Anstifters und des Gehilfen nicht mehr erfasst: beide nehmen nichts weg. Diese Entfernung vom tatbestandsmäßigen Verhalten ist nur deshalb zu rechtfertigen, weil Anstifter und Gehilfe „zu" einer Haupttat (einem Diebstahl) einen Beitrag leisten, deren Tatbestand der Haupttäter verwirklicht. Durch diese Anlehnung an die Haupttat **(Akzessorietät der Teilnahme)** erhält die Teilnahme einen festen gesetzlichen Bezugspunkt, der Rechtsunsicherheit verhindert.

8 Das geltende Recht hat sich damit im Strafrecht gegen den im Ordnungswidrigkeitenrecht (§ 14 OWiG) geltenden **Einheitstäter** entschieden. Nach dem Einheitstäterbegriff ist jeder Täter, der zur Tatbestandsverwirklichung ursächlich beiträgt, sei es auch nur durch Veranlassung und Förderung der Tat eines anderen. Dieser extensive Täterbegriff lässt Art und Bedeutung des Tatbeitrags erst bei der Strafzumessung zur Geltung kommen. Demgegenüber unterscheiden die §§ 25–27 StGB verschiedene Beteiligtenrollen nach der Qualität des Tatbeitrags. Diesem **differenzierenden System** liegt ein restriktiver Täterbegriff zugrunde, der Erweiterungen auf nicht selbst den Tatbestand verwirklichende Täter und Ausdehnungen auf Teilnehmer nur bei einer entsprechenden gesetzlichen Anordnung zulässt.

9 Die Vorteile dieser Differenzierung liegen zunächst darin, dass das spezifische Handlungsunrecht der einzelnen Delikte in Richtung auf den Täter erhalten bleibt. Die **plastischen Figuren** der mittelbaren Täterschaft, Mittäterschaft, Anstiftung und Beihilfe steuern zudem der Gefahr einer Ausuferung der Strafbarkeit (z. B. durch Erfassung sonstiger kausaler Tatbeiträge) entgegen. Schließlich werden die verschiedenen Tatbeiträge ihrem sachlichen Gewicht (insb. ihrem besonderen Handlungsunwert) nach erfasst. Der Nachteil dieser Differenzierung liegt darin, dass sie zur Entwicklung von Abgrenzungskriterien zwischen Täterschaft und Teilnahme zwingt (zu den Vorteilen der Differenzierungen des geltenden Rechts vgl. *Frisch,* Täterschaft und Teilnahme, in: LdR (=Lexikon des Rechts), 2. Aufl. 1996, S. 972f.).

10 Die Abgrenzung von Täterschaft und Teilnahme erfolgt bei Delikten, welche die Täterschaft auf bestimmte Personen beschränken, nach **tatbestandsspezifischen** Kriterien. Täter eines echten Sonderdelikts wie z. B. der Bestechlichkeit gem. § 332 StGB kann nur ein Amtsträger usw. sein, Täter eines eigenhändigen Delikts wie z. B. der uneidlichen Falschaussage gem. § 153 StGB kann nur derjenige sein, der selbst die falsche Aussage macht. **Allgemeine** Kriterien zur Abgrenzung von Täterschaft und Teilnahme müssen für diejenigen Delikte entwickelt werden, die von jedermann begangen werden können. Diese sog. Allgemeindelikte bezeichnen den Täter meist nur mit „wer", z. B. § 212 StGB: „wer einen Menschen tötet ...".

11 In der Strafrechtslehre dominiert die materiell-objektive Theorie, die auf die Tatherrschaft als Täterkriterium abstellt. **Tatherrschaft** wird anschaulich umschrieben als das vom Vorsatz umfasste „In-den-Händen-Halten" des Tatgeschehens. Sie hat, wer die Tat nach seinem Willen hemmen oder ablaufen lassen kann. Wer solchermaßen die

Tat beherrscht, ist die Zentralfigur des Geschehens und damit Täter. Die Strafrechtsprechung grenzt dagegen im Ansatz nach subjektiven Kriterien, insbesondere nach der **Willensrichtung** der Beteiligten ab: Wer die Tat als eigene will (animus auctoris), ist Täter; Teilnehmer dagegen ist, wer die Tat als fremde will (animus socii). Doch ermittelt diese subjektive Theorie den Täter-/Teilnehmerwillen inzwischen auf objektiv-tatbestandlicher Grundlage. Wesentliche Anhaltspunkte für den Täter-/Teilnehmerwillen sind der Grad des eigenen Interesses am Taterfolg, der Umfang der Tatbeteiligung, die Tatherrschaft oder doch der Wille zur Tatherrschaft (BGHSt 37, 289, 291; 53, 145, 154). Deshalb ist es kein Wunder, dass die Ergebnisse beider Theorien selten voneinander abweichen. Wer gegen ein festes Entgelt bei einem Einbruchsdiebstahl gem. § 244 Abs. 1 Nr. 2 StGB Schmiere steht, hat weder Tatherrschaft noch – mangels eigenen Interesses am Taterfolg – Täterwillen. Wer dagegen das Opfer so festhält, dass der Täter es ohne Gegenwehr zusammenschlagen kann, hat wegen seiner für das Gelingen der Tat wesentlichen Beitrags Tatherrschaft und Täterwillen und ist deshalb auch Täter, genauer: Mittäter (zur Abgrenzung von Täterschaft und Teilnahme vgl. *Frisch,* a. a. O. S. 974 ff.).

II. Wesen und Strafgrund der Teilnahme

12 Ist die Täterschaft als eigene, nicht notwendig eigenhändige Tatbegehung gekennzeichnet worden, so ist im Gegensatz dazu das Charakteristikum der Teilnahme die Beteiligung an einer **fremden** Tat, die Haupttat genannt wird. Nur über diese Haupttat wird die Teilnahme an den Tatbestand des jeweiligen Delikts angebunden. Der Teilnehmer ist noch weiter als der mittelbare Täter und der nur einen Teilakt selbst ausführende Mittäter von der Tatbestandsverwirklichung entfernt. Während diese, obwohl sie das Werkzeug bzw. den/die anderen Mittäter (mit-)agieren lassen, die Tat als „Zentralgestalten" (mit-)beherrschen, erscheinen die Teilnehmer eher als **„Randfiguren"** des Tatgeschehens, die nur untergeordnete Beiträge zur Tat beisteuern (Terminologie von *Roxin,* Strafrecht AT II, 2003, § 25 Rn. 10).

13 Diese Tatbeiträge werden in den Formen der Anstiftung gem. § 26 StGB und der Beihilfe gem. § 27 StGB, d. h. in anschaulichen Typen, strafrechtlich erfasst. Während der Anstifter durch Hervorrufen des Tatentschlusses (= „Bestimmen" i. S. des § 26) die Tatbegehung durch den Haupttäter veranlasst, fördert der Gehilfe die Haupttatbegehung auf unterstützende Weise. Beide Formen der Teilnahme verlangen, dass die jeweiligen Tatbeiträge **vorsätzlich** erbracht werden. Anders als bei der Täterschaft, bei der es den Fahrlässigkeits-Täter gibt, ist eine fahrlässige Veranlassung oder Förderung einer Haupttat nicht über die Teilnahmeformen der Anstiftung und der Beihilfe zu erfassen. In Betracht kommt allenfalls eine Strafbarkeit des fahrlässigen Veranlassers/Förderers als Täter eines Fahrlässigkeitsdelikts.

14 Der Strafgrund der Teilnahme, der die Teilnahmeregelung des geltenden Rechts am besten, wenn auch nicht vollständig erklärt, ist die Verursachung der rechtswidrigen Haupttat i. S. der §§ 26, 27 StGB, an die sich der Teilnehmer anbindet (sog. **„akzessorietätsorientierte Verursachungstheorie"**). Danach ist der Unrechtsgehalt der Teilnahme aus dem Unrecht der Haupttat abzuleiten und zugleich von ihm abhängig. Der Anstifter bindet sich dadurch an die Haupttat, dass er sie durch Veranlassen des Haupttäters zur Tatbegehung mit-verursacht; der Gehilfe bindet sich dadurch an die Haupttat, dass er die Tatbegehung des Haupttäters durch fördernde Unterstützungshandlungen mit-verursacht (auch sog. „Förderungs- und Verursachungstheorie").

Den vom Täter ausgeführten **Rechtsgutsangriff** muss sich der Teilnehmer als Mit-Verursacher **zurechnen lassen.** Daneben soll die Teilnahme aber auch einen **selbständigen** (mittelbaren) Rechtsgutsangriff (Erfolgsunrecht) enthalten (dann sog. „gemischte Verursachungstheorie"). Daran überzeugt jedenfalls, dass das vom Täter angegriffene Rechtsgut auch dem Teilnehmer gegenüber geschützt sein muss, woran es fehlt, wenn der Anstifter zur Zerstörung seiner eigenen Sache anstiftet (= keine Anstiftung zur Sachbeschädigung, die der Täter begeht). Als (ergänzendes) Element wird auch der Solidarisierungsgedanke in die Strafgrunddiskussion einbezogen: der Teilnehmer, der sich mit dem Täter solidarisiere, gebe ein für die Rechtsgemeinschaft „unerträgliches Beispiel" und verwirkliche schon damit einen besonderen Aktunwert (Handlungsunrecht). Schließlich wird die gemeinsame Organisation als Voraussetzung der Akzessorietät angesehen: das erforderliche Teilnahmeverhalten bestehe in einem mit dem ausführenden Haupttäter objektiv gemeinschaftlichen Verhalten, das den Grund für die Zurechnung der durch den Haupttäter vollzogenen Ausführung zum Teilnehmer abgebe (zu „Wesen, Strafgrund und Akzessorietät der Teilnahme" vgl. *Frisch,* oben Rn. 9, S. 980f.).

§ 42. Die Konkurrenzen

1 Das von Studenten oft als „leidig" empfundene Thema der Konkurrenzen ist in strafrechtlichen Fallbearbeitungen immer, aber auch nur dann zu behandeln, wenn ein Täter mehrere Tatbestände oder denselben Tatbestand mehrmals verwirklicht hat. Das festgestellte Konkurrenzverhältnis bildet dabei die Grundlage für den Rechtsfolgenausspruch.

2 Entsprechend der in den §§ 52, 53 StGB vorgenommenen Differenzierung bildet die Unterscheidung von **Handlungseinheit** und **Handlungsmehrheit** den Ausgangspunkt der Konkurrenzlehre, wobei das Gesetz (§ 52 StGB) bei der Verletzung mehrerer Strafgesetze bzw. bei der mehrmaligen Verletzung desselben Strafgesetzes durch eine Handlung von **Tateinheit** spricht, während die „mehrfache Gesetzesverletzung durch mehrere Handlungen" als **Tatmehrheit** (§ 53 StGB) bezeichnet wird.

3 Diese letztere **Rechtsfolge** ist die für den Täter ungünstigere, denn nach den §§ 53 bis 55 StGB werden zwar die verwirkten Strafen nicht addiert (§ 54 Abs. 2 StGB), doch muss aus ihnen eine Gesamtstrafe durch Erhöhung der verwirkten höchstens bzw. schwersten Strafe gebildet werden (§ 54 Abs. 1 StGB). Dies bedeutet z. B. in einem Fall, in dem der Täter durch mehrere Handlungen Strafen wegen Raubes (§ 249 StGB) und Urkundenfälschung (§ 267 StGB) verwirkt hat, dass zwei Einzelstrafen festgesetzt werden müssen und dass dann die wegen Raubes an sich angemessene Strafe erhöht werden muss.

4 Bei Tateinheit gem. § 52 StGB hingegen ist nur auf eine Strafe zu erkennen, die aus dem schärfsten der verletzten Gesetze bestimmt wird, z. B. aus § 224 StGB (gefährliche Körperverletzung), wenn durch dieselbe Handlung auch eine Nötigung gem. § 240 StGB verwirklicht wurde, oder z. B. aus § 223 StGB (Körperverletzung, wenn dieselbe Handlung, z. B. eine Ohrfeige, auch eine Beleidigung gem. § 185 StGB darstellt).

5 Keine dieser beiden Rechtsfolgen tritt jedoch ein, wenn sich herausstellt, dass die im strafrechtlichen Gutachten bejahten Tatbestände nur **scheinbar** miteinander **konkur-**

rieren, in Wirklichkeit jedoch ein Tatbestand den oder die anderen Tatbestände verdrängt. Dies ist bei der gesetzlich nicht geregelten sog. **Gesetzeskonkurrenz** der Fall, die deshalb auch scheinbare oder unechte Konkurrenz genannt wird. Hier verdrängt ein Gesetz ein anderes oder andere, so dass letztlich **Gesetzeseinheit** vorliegt, weshalb sich eine Anwendung der §§ 52ff. StGB, die nur bei **Gesetzesmehrheit** (vgl. insoweit auch den dritten Titel des dritten Abschnitts des AT des Strafgesetzbuches) greifen, verbietet.

Das ist etwa der Fall, wenn ein Gesetz spezieller als das andere ist, z. B. die gefährliche Körperverletzung gem. § 224 StGB im Vergleich zur sog. einfachen Körperverletzung gem. § 223 StGB; da letztere bei Verwirklichung des § 224 StGB notwendig auch erfüllt ist und § 224 StGB mindestens ein Merkmal mehr verlangt als § 223 StGB, wird nur aus dem **speziellen** § 224 StGB bestraft. Gesetzeskonkurrenz liegt auch vor, wenn bei einem Totschlag gem. § 212 StGB als notwendiges Durchgangsstadium eine Körperverletzung gem. §§ 223, 224 StGB mit-verwirklicht wird, denn dann tritt der weniger schwere Eingriff (§§ 223, 224 StGB) hinter dem schwereren Eingriff (§ 212 StGB) als **subsidiär** zurück. Das gilt allerdings dann nicht, wenn das schwerere Delikt nur versucht, das weniger schwere dagegen vollendet ist, denn dann muss aus Gründen der Klarstellung Tateinheit angenommen werden, weil andernfalls nicht klar wäre, dass der Totschlagversuch zu einer vollendeten Körperverletzung beim Opfer geführt hat (BGHSt 44, 196); – würde man nur wegen versuchten Totschlags bestrafen, so würde das auch den Fall decken, in dem der mit Tötungsvorsatz abgegebene Schuss das Opfer völlig verfehlt und nicht verletzt. 6

14. Kapitel. Sanktionensystem, Strafprozessrecht

§ 43. Die Rechtsfolgen der Straftat

Die Rechtsfolgen der Tat spielen in der **Praxis** der Strafrechtspflege eine bedeutende Rolle für den Strafrichter, den Staatsanwalt und den Strafverteidiger. Wie bereits oben (§ 33 Rn. 1) im „Überblick über den AT" gesagt, fristen die „Rechtsfolgen der Tat" im Vergleich zur Straftat in der **Universitätsausbildung** im Pflichtfachbereich – anders als in den von vielen Universitäten angebotenen Schwerpunktbereichen zur Strafrechtspflege – ein eher bescheidenes Dasein. Zur Ergänzung der nachfolgenden knappen Erläuterungen herangezogen werden können folgende **Lehrbücher:** 1

Meier, Strafrechtliche Sanktionen, 3. Aufl. 2009,

Streng, Strafrechtliche Sanktionen, 3. Aufl. 2012.

I. Die gesetzliche Regelung im StGB

Die „Rechtsfolgen der Tat" sind im 3. Abschnitt des Allgemeinen Teils des Strafgesetzbuches geregelt, und zwar in den §§ 38–76a StGB. Die im 3. Titel geregelte „Strafbemessung bei mehreren Gesetzesverletzungen" ist im Wesentlichen schon in „§ 42. Die Konkurrenzen" erläutert worden. Noch zu behandeln sind aber die im StGB vorgesehenen Sanktionen für Straftaten. 2

Die gesetzliche Regelung des 3. AT-Abschnitts enthält ein sog. **zweispuriges Sanktionensystem.** Neben den eigentlichen Strafen wie Freiheits- und Geldstrafe gibt es noch 3

„Maßregeln der Besserung und Sicherung" (§§ 61–72 StGB), die auch „Freiheitsentziehende Maßregeln" umfassen (§§ 63, 64 und 66 StGB). Diese freiheitsentziehenden Maßregeln wie die „Unterbringung in der Sicherungsverwahrung" gem. § 66 StGB schränken die Fortbewegungsfreiheit wie die Freiheitsstrafe ein. Diese Identität im Übelscharakter macht aber beide Sanktionen noch nicht zu identischen Sanktionen, denn nur die Freiheitsstrafe enthält eine sozialethische Missbilligung (s. oben § 30 Rn. 9), die freiheitsentziehende Maßregel der Sicherungsverwahrung ist dagegen – wie alle Maßregeln der Besserung und Sicherung – wertneutral. Die Maßregeln gehören deshalb – streng genommen – gar nicht zum Strafrecht, sie sind aber vom Gesetzgeber als eine Sanktionsart ins StGB aufgenommen worden.

4 Die Notwendigkeit der Ergänzung der Strafe durch die Maßregeln zeigt sich besonders deutlich bei besonders gefährlichen Tätern, die aber wegen einer nicht besonders schweren Tat nicht lange genug durch eine Freiheitsstrafe sicher „hinter Gittern" gehalten werden können.

5 Die **Maßregeln** der Besserung und Sicherung sind deshalb auch in einer Einführung in das Strafrecht zu behandeln. Diese Behandlung erfolgt hier allerdings im Hinblick auf die geringe Ausbildungsrelevanz sehr knapp. Die einzelnen Maßregeln sind der „Übersicht" des § 61 StGB zu entnehmen. Im Gegensatz zu den Strafen sind die Maßregeln schuld**un**abhängige Sanktionen, die an die Gefährlichkeit des Täters anknüpfen. So verlangen etwa die Unterbringung in einem psychiatrischen Krankenhaus oder in der Sicherungsverwahrung jeweils, dass der Täter „für die Allgemeinheit gefährlich ist" (§§ 63, 66 Abs. 1 Nr. 3 StGB). Sie werden aber – wie die Strafen – aus Anlass einer begangenen Straftat verhängt, die aber – anders als für die Strafe – nicht schuldhaft, sondern nur „rechtswidrig" begangen sein muss. So erfolgt etwa die Unterbringung in einem psychiatrischen Krankenhaus gem. § 63 Abs. 1 StGB, wenn „jemand eine rechtswidrige Tat im Zustand der Schuldunfähigkeit (§ 20 StGB) oder der verminderten Schuldfähigkeit (§ 21 StGB) begangen" hat. Diese Regelung des § 63 Abs. 1 StGB verlangt deshalb zum einen, dass die Tat tatbestandsmäßig und rechtswidrig begangen worden ist; – dies ergibt sich aus § 11 Abs. 1 Nr. 5 StGB, wonach eine „rechtswidrige Tat" nur eine solche ist, „die den Tatbestand eines Strafgesetzes verwirklicht." Zum andern darf die Schuld des Täters nur wegen Schuldunfähigkeit oder verminderter Schuldfähigkeit fehlen oder eingeschränkt sein; bei Taten, die etwa wegen unvermeidbaren Verbotsirrtums gem. § 17 StGB oder wegen entschuldigenden Notstands gem. § 35 Abs. 1 StGB jeweils „ohne Schuld" begangen worden sind, greift § 63 StGB nicht ein, so dass die dort vorgesehene Maßregel nicht angeordnet werden darf. Der typische Fall des § 63 StGB ist der von einem Geisteskranken tatbestandsmäßig und rechtswidrig, aber „ohne Schuld" begangene Mord.

6 Weitere Beispiele, die die Notwendigkeit der Maßregeln belegen, finden sich bei *Baumann* in der Vorauflage, § 15 IV 4.

7 Zur quantitativen Bedeutung der Unterbringung nach §§ 63, 64 StGB vgl. MK – *van Gemmeren,* § 63 Rn. 2 und § 69 Rn. 9. Nach dem jüngsten Bericht des Statistischen Bundesamtes zur Strafverfolgung erfolgten im Jahr 2016 805 Anordnungen nach § 69 StGB und 2565 nach § 64 StGB. Zur Anzahl der jährlichen Anordnungen und der Untergebrachten in der Sicherungsverwahrung seit 1965 MK – *Ullenbruch/Drenkhahn/Morgenstern,* § 66 Rn. 10. Im Jahr 2016 erfolgten 51 Anordnungen zur rechtstatsächlichen Entwicklung vgl. auch *Schönke/Schröder-Stree/Kinzig,* StGB, 29. Aufl. 2014, § 66 Rn. 5.

Als schuldunabhängige Sanktionen können die Maßregeln auch nicht durch die Schuld des Täters begrenzt werden. Die erforderliche Begrenzung übernimmt deshalb der „Grundsatz der **Verhältnismäßigkeit**“ gem. § 62 StGB (näher und kritisch *Meier,* Sanktionen, S. 237–239). Hinzu kommen differenzierte Regelungen über die Dauer und die Überprüfung von Unterbringungen und deren Vollstreckung (vgl. etwa §§ 67d und e StGB). – Der **Besserung** dienen die Unterbringungen nach §§ 63, 64 StGB, die Sicherung bezwecken hingegen die auch sog. Sicherungsverwahrung gem. § 66 StGB sowie die „Entziehung der Fahrerlaubnis“ gem. § 69 StGB und das „Berufsverbot“ gem. § 70 StGB. 8

Zur Rechtfertigung und Begrenzung der Maßregeln vgl. *Roxin,* in: Roxin/Arzt/Tiedemann, Einführung, S. 37: 9

> „Einer besonderen Rechtfertigung bedarf der Umstand, dass Maßregeln (anders als Strafen) auch ohne Verschulden bzw. über das Maß der Schuld hinaus verhängt werden dürfen; denn hier wird der einzelne in seiner Freiheit beschränkt für ein Verhalten, das er nicht oder doch nicht in dem der Sanktion entsprechenden Maße zu verantworten hat. Die staatliche Befugnis dazu wird man durch eine Güter- und Interessenabwägung begründen müssen, wie sie auch dem rechtfertigenden Notstand (§ 34) zugrunde liegt. Wo die gesellschaftliche Sicherheit es unabweisbar verlangt, muss der einzelne die notwendigen Maßnahmen auch unabhängig von seinem Verschulden hinnehmen. Daraus erklärt es sich aber auch, dass über das unbedingt Notwendige hinaus Maßregeln nicht verhängt werden dürfen, wie dies § 62 jetzt ausdrücklich ausspricht …“

Außer den „Maßregeln“ kennt das StGB als weitere Rechtsfolgen noch weitere „Maßnahmen“ wie der Einziehung von Taterträgen gem. § 73 StGB, also die Abschöpfung unrechtmäßig erlangter Vermögensvorteile (sehr weitgehend: § 73d StGB), und die Einziehung von sog. Verbrechensgegenständen gem. § 74 StGB. In beiden Fällen handelt es sich um Sanktionen gegen das Eigentum (näher zu den Maßregeln der Besserung und Sicherung *Meier,* Sanktionen, S. 233ff.). 10

Im Zentrum der „Rechtsfolgen der Tat“ steht aber die **Strafe.** Sie gibt nicht nur einem Teil-Rechtsgebiet den Namen, sondern sie ist auch die schärfste Sanktion, die der Staat gegenüber seinen Bürgern bereithält und bei der nachgewiesenen Begehung von Straftaten auch einsetzt (näher oben in § 30 Rn. 4–10). Im Gegensatz zur Maßregel setzt die Strafe Schuld voraus, so dass der oben als Beispiel für die Anordnung einer Maßregel angeführte geisteskranke Mörder wegen seiner Schuldunfähigkeit (§ 20 StGB) nicht wegen Mordes gem. § 211 StGB bestraft werden kann. „Die Schuld des Täters“ ist außerdem die „Grundlage für die Zumessung der Strafe“ (§ 46 Abs. 1 S. 1 StGB). 11

Nachdem die „Todesstrafe“ schon seit 1949 durch Art. 102 GG „abgeschafft ist“, und seit das Bundesverfassungsgericht die „Vermögensstrafe“ durch Urteil vom 20.3.2002 für nichtig erklärt und daraufhin der Gesetzgeber am 9.4.2002 § 43a StGB durch Veröffentlichung der Entscheidungsformel aufgehoben hat, gibt es als Strafarten nur noch die Freiheitsstrafe und die Geldstrafe. Hinzu kommen noch die „Nebenstrafe“ des „Fahrverbots“ gem. § 44 StGB, für das die zu Grunde liegende Straftat seit 2017 nicht mehr in Zusammenhang mit dem Führen eines Kfz stehen darf, und „Nebenfolgen“ wie der „Verlust der Amtsfähigkeit, der Wählbarkeit und des Stimmrechts“ gem. § 45 StGB. 12

Für die schwere Kriminalität ist die **„zeitige Freiheitsstrafe“** (§ 38 Abs. 1 StGB) vorgesehen, für Kapitalverbrechen wie etwa den Mord gem. § 211 StGB ist die **lebens-** 13

lange Freiheitsstrafe angedroht (nicht nur in § 211 StGB, sondern z. B. auch für den Raub mit Todesfolge gem. § 251 StGB, dort allerdings mit der Alternative: „oder Freiheitsstrafe nicht unter zehn Jahren“). Die besondere Problematik von Mord und lebenslanger Freiheitsstrafe ist bereits bei den Tötungsdelikten (in § 32 Rn. 29–35) angesprochen worden. An dieser Stelle muss deshalb nur noch darauf hingewiesen werden, dass der Gesetzgeber den Streit um die Verfassungsmäßigkeit der lebenslangen Freiheitsstrafe dadurch entschärft hat, dass er auch für diese perspektivlose Strafe neben der Begnadigung eine Aussetzung des Strafrestes – frühestens nach fünfzehnjähriger Verbüßung – vorgesehen hat (§ 57a StGB).

14 Die zeitige Freiheitsstrafe reicht von einem Monat bis zu fünfzehn Jahren (§ 38 Abs. 2 StGB). Auch für die zeitige Freiheitsstrafe ist in § 57 StGB eine „Aussetzung des Strafrestes“ vorgesehen, in der Regel nach Verbüßung von „zwei Drittel der verhängten Strafe“ (§ 57 Abs. 1 Nr. 1 StGB). Eine Freiheitsstrafe kann, wenn sie nicht zwei Jahre übersteigt, auch schon bei ihrer Verhängung zur Bewährung ausgesetzt werden (§ 56 Abs. 2 StGB). Mit dieser Aussetzung zur Bewährung bleibt der zu Freiheitsstrafe Verurteilte in seinem sozialen Umfeld, womit ihm die kriminalitätsfördernden Einflüsse des Vollzugs der Strafe erspart bleiben. Aus diesem Grund sind auch nach § 47 StGB „kurze Freiheitsstrafen nur in Ausnahmefällen“ zu verhängen (näher zur Strafaussetzung zur Bewährung und zur Aussetzung des Strafrestes *Streng,* Rn. 168–227 und 271–309).

15 Zeitbedingt, aber nicht überholt, ist die engagierte Stellungnahme von *Baumann,* Vorauflage, § 15 IV 3, einem Mitautor des Alternativentwurfs (= AE):

> „Der Kampf gegen die kurzfristige und später auch gegen die mittel- und langfristige Freiheitsstrafe ist **das** Reformanliegen unserer Zeit. Mit dem Inkrafttreten des Zweiten Gesetzes zur Reform des Strafrechts (BGBl. I 717) am 1. 1. 1975 ist zwar das Mindestmaß der Freiheitsstrafe auf 1 Monat angehoben. Daneben soll nach § 47 StGB die Freiheitsstrafe unter 6 Monaten nur „ultima ratio“ sein. Zu fordern ist aber mit dem AE ein grundsätzlicher Ausschluss der Freiheitsstrafe unter 6 Monaten. Die Vollziehung von Strafen von kürzerer Dauer entsozialisiert vielfach eher als sie resozialisiert. Schon bisher suchte man diesem Ergebnis durch großzügige Anwendung der Strafaussetzung zur Bewährung (§§ 56ff. StGB) auszuweichen, hat damit aber m. E. nur an den Symptomen kuriert. Es gilt, sich nicht mit den bisherigen kleinen Fortschritten zu bescheiden, sondern nach dem Vorbild des AE die Freiheitsstrafe weiter zurückzudrängen und sie durch eine entsprechende Aktivierung der Geldstrafe zu ersetzen.“

16 Für die leichte bis mittlere Kriminalität ist die **„Geldstrafe“** (so die Überschrift vor § 40 StGB) vorgesehen. Sie ist die mit 80% am häufigsten verhängte Strafe (*Streng,* Rn. 122). Verhängt wird sie „in Tagessätzen“, so dass sie sich bei der gleichen Verhängung der Anzahl von Tagessätzen für denjenigen in Euro belastender auswirkt, für den „unter Berücksichtigung“ seiner „persönlichen und wirtschaftlichen Verhältnisse“ (§ 40 Abs. 2 S. 1 StGB) ein höherer einzelner Tagessatz angesetzt wird (zur Bestimmung der Tagessatzhöhe näher *Streng,* Rn. 129–131); – aber das ist aus „Gerechtigkeitsgründen“ so gewollt. Ist die Geldstrafe uneinbringlich, z. B. weil der Verurteilte sie nicht bezahlen kann, so tritt an ihre Stelle gem. § 43 StGB die **Ersatzfreiheitsstrafe,** die maßgeblich zur Überfüllung der Strafvollzugsanstalten beiträgt und deshalb ein aktuelles Problem darstellt, dem man durch die Weiterentwicklung der Sanktion „gemeinnützige Arbeit“ beikommen will (vgl. *Streng,* Rn. 139f.; zur Problematik der Ersatzfreiheitsstrafe vgl. auch *Heinz,* ZStW 111 [1999], S. 461, 500).

Noch mildere Strafen sind im 5. Titel des 3. AT-Abschnitts vorgesehen. Nach § 59 StGB wird der Täter nur **mit Strafvorbehalt verwarnt,** wenn u. a. „zu erwarten ist, dass der Täter künftig auch ohne Verurteilung zu Strafe keine Straftaten mehr begehen wird" (§ 59 Abs. 1 Nr. 1 StGB). Mit der Verwarnung soll vor allem dem Ersttäter im unteren Bereich der Kriminalität die Bestrafung erspart bleiben (*Meier,* Sanktionen, S. 48 m. w. N.). Diese auch als unvollkommene Geldstrafe bezeichnete Sanktion hat nur einen kleinen Anwendungsbereich zwischen der Einstellung unter Auflagen (§ 153a StPO) und der Geldstrafe; ihre Praxisrelevanz ist gering (vgl. *Meier,* Sanktionen, S. 54f.; *Streng,* Rn. 151 u. 155). Nach § 60 StGB kann sogar **von Strafe** ganz **abgesehen** werden, „wenn die Folgen der Tat, die den Täter getroffen haben, so schwer sind, dass die Verhängung einer Strafe offensichtlich verfehlt wäre" (§ 60 S. 1 StGB), z. B. wenn er einen Angehörigen im Zusammenhang mit der Tat verloren hat. In beiden Fällen ist der Täter allerdings schuldig zu sprechen, so dass ihm zwar das Strafübel unter Vorbehalt oder ganz erspart bleibt. Die sozialethische Missbilligung seines Verhaltens wird aber durch den „Schuldspruch" (vgl. § 59 Abs. 1 StGB) zum Ausdruck gebracht, womit die Bedeutung der Missbilligung oder des Tadels für die Strafe vom Gesetzgeber bestätigt wird. 17

Neueren Datums und doch schon von manchen als „dritte Spur" des Sanktionensystems gehandelt ist der sog. **Täter-Opfer-Ausgleich** (= TOA). Unabhängig von seiner systematischen Einordnung ist der TOA bereits in etlichen Vorschriften des StGB-Sanktionensystems verankert. So ist er schon bei den Grundsätzen der Strafzumessung als ein Faktor in § 46 Abs. 2 S. 2 StGB aufgeführt; zu berücksichtigen ist danach zugunsten des Täters „sein Bemühen, den Schaden wiedergutzumachen, sowie das Bemühen ..., einen Ausgleich mit dem Verletzten zu erreichen." Dasselbe Bemühen führt nach der besonderen Regelung des § 46a StGB dazu, dass „das Gericht die Strafe nach § 49 Abs. 1 StGB mildern oder ... von Strafe absehen kann." (Näher zur Frage „Wiedergutmachung als ‚dritte Spur'?" *Meier,* Sanktionen, S. 338.). 18

Ebenfalls jüngeren Datums ist die allgemeine, d. h. für alle Straftaten geltende, sog. **„Kronzeugenregelung"** des § 46b StGB. Sie hat in der jüngeren Vergangenheit der Bundesrepublik eine wechselvolle Geschichte. Von 1989–1999 gab es eine eher „versteckte" Regelung im sog. „Kronzeugengesetz" für terroristische Straftaten, ab 1994 auch für Taten krimineller Vereinigungen. Nach Auslaufen dieser befristeten Regelung wurde diese nicht mehr verlängert. Übrig blieben sektorale Regelungen – sog. „kleine Kronzeugenregelungen" – für kriminelle und terroristische Vereinigungen, für die Geldwäsche und die Betäubungsmittelkriminalität (§ 31 BtMG, der auch heute noch gilt). Im Gesetzgebungsverfahren war der neue § 46b StGB umstritten, es setzte sich aber die Überzeugung durch, dass es in bestimmten Kriminalitätsfeldern nicht ohne das „Herausbrechen" von Tätern „geht", weil selbst das Einschleusen von verdeckten Ermittlern und sog. „V-Leuten" keinen Erfolg verspricht. Für die Aufklärungs- und Präventionshilfe gewährt deshalb § 46b StGB einen „Bonus" bis hin zum gänzlichen Absehen von Strafe; rechtstechnisch bietet er einen fakultativen Strafmilderungsgrund (*Lackner/Kühl-Heger,* § 46b Rn. 1). Wegen der offensichtlichen Missbrauchsgefahren ist die Vorschrift von weiteren neuen bzw. erweiterten Strafvorschriften zum „Vortäuschen einer Straftat" (§ 145d Abs. 3 StGB) und zur „Falschverdächtigung (§ 164 Abs. 3 StGB) flankiert. Der Erfolg der Kronzeugenregelung ist ungewiss, was aber nicht dagegen spricht, es mit ihr dort zu versuchen, wo anderes nicht hilft. Die befürchteten negativen Auswirkungen auf das Strafverfahren, z. B. ein Machtzuwachs 19 der Verfolgungsbehörden, müssen nicht eintreten; eine besonders vorsichtige Beweiswürdigung der Aussagen von „Kronzeugen“ ist selbstverständlich (scharfe Kritik bei *Fischer,* StGB-Kommentar, 65. Aufl. 2018, § 46b Rn. 4–4b, der einen engen Zusammenhang mit dem Absprachеverfahren nach § 257c StPO sieht; scharfe Kritik bei *Roxin/Schünemann,* Strafverfahrensrecht, 29. Aufl. 2017, § 14 Rn. 19: „Rubikon der Rechtsstaatlichkeit“ überschritten, Erscheinungsformen des „Feindstrafrechts“).

II. Grund und Zweck der Strafe

1. Abgrenzung zur Maßregel

20 Die Vorstellung der gesetzlichen Regelung des strafrechtlichen Sanktionssystems im StGB hat u. a. ergeben, dass es Sanktionen gibt, die die Besserung des Täters und die Sicherung der Gesellschaft vor ihm bezwecken. Beide Zwecke werden auch der Strafe, vor allem ihrem Vollzug (vgl. etwa § 2 Strafvollzugsgesetz BW), zugeschrieben. Freiheitsstrafen müssen aber von freiheitsentziehenden Maßregeln unterschieden werden können, denn andernfalls wäre kein zweispuriges Sanktionssystem erforderlich. Ein schon mehrfach betontes Unterscheidungskriterium ist die mit der Strafe, nicht aber mit der wertneutralen Maßregel, verbundene sozialethische Missbilligung des Verhaltens des Täters (s. schon § 30 Rn. 9). Diese **Missbilligung** steckt schon im Wort ‚Strafe‘, das ursprünglich „sittlicher Tadel der Bosheit, Schelte, Zurechtweisung“ bedeutet (*Ebert,* Strafrecht AT, 3. Aufl. 2001, S. 230). Im Begriff der Strafe ist außerdem der Rückbezug der Strafe auf die begangene Straftat angelegt. Bestraft wird **wegen** eines Verbrechens, gemaßregelt wird aus Anlass einer begangenen Tat, die nur eine rechtswidrige, aber nicht eine schuldhafte Tat, die allein Strafe rechtfertigt, sein muss. Während die Strafe also den Blick auf die in der Vergangenheit begangene Straftat lenkt, verfolgt die Maßregel ausschließlich zukünftige Zwecke. Von solcher Zweckverfolgung ist aber auch die Strafe nicht frei, wie der obige Hinweis auf § 2 StVollzG BW zeigt, der sowohl die Resozialisierung des Täters bzw. des „Gefangenen“ als auch den Schutz der Allgemeinheit vor weiteren Straftaten als Aufgaben des Strafvollzugs herausstellt. Wenn die Strafe aber nur zukünftige Zwecke erreichen wollte, so könnte sie in einem einspurigen Maßregelsystem als altmodische Sanktion aufgehen.

2. Überblick über die Straftheorien mit Abgrenzung zu den Kriminalitätstheorien

21 Straftheorien versuchen, die Strafe zu legitimieren. Der Legitimationsbedarf ergibt sich schon aus der Schärfe dieser Sanktion, die in Grundrechte wie Freiheit und Eigentum eingreift. Im Ansatz sind dabei zwei Theorien bzw. Theoriegruppen zu unterscheiden. Die eine Theorie blickt – **retrospektiv** – auf die schuldhaft begangene Straftat zurück; die andere Theoriengruppe blickt – **prospektiv** – in die Zukunft, in der sich durch Strafe etwas positiv bewirken soll (das Begriffspaar: retrospektiv – prospektiv, ist dem o. g. AT-Lehrbuch von *Ebert,* S. 231, entnommen). Die retrospektiv vorgehende Theorie straft wegen der Straftat („punitur, quia peccatum est“), die prospektiv vorgehenden Theorien strafen, um künftige Taten zu verhindern („punitur, ne peccetur“).

22 Die retrospektiv vorgehende Theorie wird **repressive** oder absolute Theorie genannt. Repressiv wird sie genannt, weil sie die Schuld, die der Täter durch das begangene Unrecht „auf sich geladen“ hat, durch Auferlegung des Strafübels ausgleichen will. Der der Tat entsprechende, gerechte **Schuldausgleich** wird pejorativ auch als Vergeltung (oder gar Rache) bezeichnet. Als eine Spielart dieser Theorie kann die sog. Sühnetheorie ver-

standen werden; sie begreift die Strafe als ein Angebot an den Täter, sich durch freiwillige Annahme eines Übels mit dem Opfer und der Gesellschaft auszusöhnen. **Absolute Theorie** wird die Schuldausgleichstheorie deshalb genannt, weil sie die Strafe – ohne Blick auf zukünftig zu erreichende Zwecke – schon an sich für ein sinnvolles Gebot der Gerechtigkeit betrachtet (absolut = losgelöst von Zwecken = zweckfrei).

23 Die prospektiv vorgehenden Theorien werden **präventive** oder relative Theorien genannt. Präventiv werden sie genannt, weil sie zukünftige Straftaten durch Einwirkung auf den Täter (Spezialprävention) oder auf die Gesellschaft (Generalprävention) verhindern wollen. Die spezialpräventive Einwirkung auf den Täter kann in den Formen der Besserung („Resozialisierung"), der Abschreckung („Denkzettel") oder Sicherung („Einschließung") geschehen. Die generalpräventive Einwirkung kann in den Formen der Abschreckung potentieller Straftäter („Furcht vor Strafe" = negative Generalprävention) oder der Bestärkung der Rechtstreue der Bevölkerung bzw. der Stabilisierung der durch die Tat verletzten Strafnorm (positive Generalprävention oder „Integrationsprävention") erfolgen. **Relativ** heißen diese Theorien, weil sie die Strafe in Beziehung auf einen zukünftig zu erreichenden Zweck verstehen (relativ = zweckbezogen).

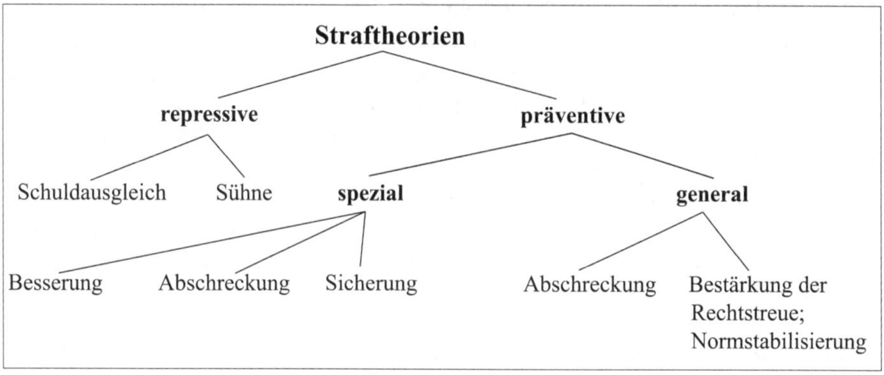

24 Dass das Wort ‚Abschreckung' sowohl bei den spezial- als auch bei den generalpräventiven Theorien auftaucht, rührt daher, dass durch die Strafe mittels Abschreckung sowohl auf den Täter – er wird eingeschlossen – als auch auf die Gesellschaft bzw. auf die Gesellschaftsmitglieder – sie sollen von der Begehung von Straftaten abgehalten werden – eingewirkt werden soll.

25 Im Gegensatz zu den Straftheorien, die die Strafe als Sanktion rechtfertigen wollen, beanspruchen **Kriminalitätstheorien,** die Entstehung von kriminellem Verhalten erklären zu können. In den Worten eines Kriminologen heißt dies: „Kriminalitätstheorien sind Aussagesysteme, die sich aus Hypothesen und im Falle ihrer Bestätigung aus Gesetzen zusammensetzen, in denen mindestens eine Bedingung für kriminelles Verhalten angegeben wird. Sie sollen dazu dienen, Ursachen der Kriminalität aufzudecken und durch Anwendung dieser ‚Erklärung' für die Zukunft Prognosen und rationale Bekämpfung und Behandlung zu ermöglichen" (*Schöch,* in: Kaiser/Schöch/Kinzig, Kriminologie, Jugendstrafrecht, Strafvollzug, 8. Aufl. 2015, Fall 1 Rn. 16).

26 Auf diese Kriminalitätstheorien ist an dieser Stelle nur einzugehen, damit der unterschiedliche Erklärungsanspruch im Vergleich mit den Straftheorien deutlich wird.

Wer im Jura-Studium einen Schwerpunkt mit **Kriminologie** wählt, muss sich mit den Kriminalitätstheorien näher beschäftigen. In der üblichen Einteilung unterscheidet man – mit *Schöch* a. a. O. Rn. 16ff. –:

- Täterorientierte Theorien (biologische, persönlichkeitsorientierte, sozial-psychologische);
- Gesellschaftsorientierte Theorien;
- Kombinationsansätze (multifaktorielle Theorien).

27 Von den sog. **ätiologischen** Theorien, die Verbrechensursachen mit der alten, inzwischen aber weit ausdifferenzierten Formel von Anlage und Umwelt erklären (wollen), sind die auch so genannten **Kriminalisierungstheorien** zu unterscheiden, die kriminelles (und sonst abweichendes) Verhalten als Ergebnis von gesellschaftlichen Definitions- und Zuschreibungsprozessen begreifen (vgl. *Schöch* a. a. O. Rn. 63).

Näher zu den einzelnen Kriminalitätstheorien *Kunz/Singelstein,* Kriminologie, 7. Aufl. 2016, §§ 6–14; *Meier,* Kriminologie, 2016, § 3 III; *Schwind,* Kriminologie, 23. Aufl. 2016, §§ 5–8.

3. Der Beitrag der Rechtsphilosophie zur Rechtfertigung der Strafe

28 Um die Rechtfertigung der Strafe bemühen sich die schon mehrfach angesprochenen Straftheorien, die nicht nur Gegenstand der Strafrechtswissenschaft, sondern auch eine Domäne der Rechtsphilosophie sind und neuerdings auch unter dem Namen „Strafphilosophie" firmieren (so der Titel des Buches von *Lampe,* 1999). **Moderner** scheinen dabei Theorien, die mit der Strafe – ihrer Androhung, Verhängung und Vollstreckung – einen positiven Effekt in der Zukunft herbeiführen wollen. Sie verbinden mit der Strafe unterschiedliche präventive Zwecke. Man erwartet etwa vom Strafvollzug eine Besserung des Straftäters oder von der Strafbewehrung einer Verbotsnorm durch den Gesetzgeber eine Abschreckungswirkung auf potentielle Straftäter. Rechtsphilosophisch wurden diese präventiven Theorien maßgeblich vom Utilitarismus entwickelt. **Utilitaristische Straftheorien** sehen in der Strafe ein Übel, jedoch ein notwendiges Übel, welches durch seine positiven Konsequenzen zu rechtfertigen ist. Die traditionelle utilitaristische Straftheorie, die man mit *Bentham,* aber auch *Beccaria, Feuerbach* und *von Liszt* verbinden kann, versucht die **Abschreckungswirkung** durch entscheidungstheoretische Erwägungen nachzuweisen (näher zum Folgenden *Koller,* ZStW 91 [1979], S. 45ff., 77). Der von ihr ins Auge gefasste Täter wägt den durch die Straftat erwarteten Nutzen mit dem Risiko, erwischt oder bestraft zu werden, ab und unterlässt die Tat, wenn die Kosten zu hoch sind. Darin mag ein richtiger Kern stecken, obwohl sicher nicht alle Straftaten so kalkuliert begangen werden. Ein erster Nachteil dieser generalpräventiven Abschreckungstheorie ist aber, dass sie hohe Strafen auch – ungerechterweise – für mittlere Taten ansetzen muss. Wer durch die Strafe andere von der Begehung von Straftaten abhalten will, kann darüber hinaus weder die Verhängung von exemplarischen Einzelstrafen noch die Bestrafung schuldlos Handelnder ausschließen; – ja sogar die Bestrafung von Unschuldigen kommt dann in Betracht, wenn von deren Bestrafung ein besonderer Präventionseffekt erwartet werden könnte.

29 Nicht weniger bedenklich sind die denkbaren **Konsequenzen** der spezialpräventiven **Besserungstheorie.** Nach ihr ist es ebenfalls nicht auszuschließen, dass bestimmte Unschuldige zu bestrafen sind, denn ihr müsste es „vernünftig erscheinen, jene Personen, die aufgrund ihrer erkennbaren Dispositionen Normverletzungen befürchten las-

sen, zu bestrafen, bevor sie ein Delikt begehen" (*Koller* a. a. O. S. 52). Des Weiteren müsste sie bei voll sozialisierten Tätern auf Strafe verzichten, selbst wenn diese schwere Straftaten begangen haben. Schließlich erscheint schon im Ansatz fraglich, ob man Besserung durch Strafe, die ja immer auch ein Übel mit „Leidzufügung und Statusdegradierung" (*Koller* a. a. O. S. 60) ist, erreichen kann.

Alle auf bestimmte Zwecke in der Zukunft ausgerichteten Straftheorien müssen die 30
Eignung der Strafe zur Erreichung dieser Zwecke behaupten, und diese Behauptung müsste eigentlich mit **empirischen Daten** belegt werden. Im letzteren Punkt sieht es freilich schlecht aus, sowohl was die Belege für die Verringerung der Wiederholungsgefahr durch Besserung, als auch was die Belege für die Abschreckungswirkung auf andere oder die Normstabilisierung durch Strafe anbetrifft. Doch soll dies nicht der Ansatzpunkt für eine grundlegende Kritik der Präventionstheorien sein (näher zu den Ergebnissen der kriminologischen Sanktionsforschung hinsichtlich spezial- und generalpräventiven Wirkungen der Strafe *Kaiser,* Kriminologie – Ein Lehrbuch, 3. Aufl. 1996, § 31 Rn. 32ff., 51ff.; *Meier,* Sanktionen, S. 27–32, und *Streng,* Rn. 58–74.).

Angesetzt werden soll vielmehr bei der bereits von *Kant* und *Hegel* formulierten Kritik, 31
dass diese Theorien den Menschen, „sei es zur Konditionierung seiner selbst, sei es zur Motivierung anderer" unter die „Gegenstände des Sachenrechts" mengen – so *Kant* – oder „wie einen Hund" behandeln, „gegen den man den Stock erhebt" – so *Hegel* –. Es geht um die Rehabilitierung der verpönten **Straftheorie *Kants,*** die bis heute in der Wirkungsgeschichte nur Bedeutung als „Negativfolie" hat (*Höffe,* Vom Straf- und Begnadigungsrecht, in: Höffe [Hrsg.], Immanuel Kant – Metaphysische Anfangsgründe der Rechtslehre, 1999, S. 213).

Nach *Kants* Allgemeiner Anmerkung E in der Rechtslehre der Metaphysik der Sitten 32
ist das Strafrecht „das Recht des Befehlshabers gegen den Unterwürfigen, ihn wegen seines Verbrechens mit Schmerz zu belegen." Entscheidend dabei ist, dass die Strafe als Übel vom Staat nur „**wegen** eines Verbrechens" verhängt werden darf. Strafe wartet also ab, bis das Verbrechen begangen ist, und die „richterliche Strafe" trifft nur denjenigen, der dieses Verbrechen schuldhaft begangen hat. Schon damit entzieht sich die repressive Strafe den Einwänden, die gegen die präventiven Straftheorien erhoben wurden. Prävention ist dennoch auch nach *Kant* als sekundärer Strafzweck nicht ausgeschlossen; nur darf die Strafe darauf nicht reduziert werden; – in den Worten *Kants:* sie „kann niemals **bloß** ein Mittel" sein, „ein anderes Gutes zu befördern, für den Verbrecher selbst oder für die bürgerliche Gesellschaft"; der Angeklagte „muss vorher strafbar befunden sein, ehe noch daran gedacht wird, aus dieser Strafe einigen Nutzen für ihn selbst oder seine Mitbürger zu ziehen."

Dass **Strafe sein muss,** bezeichnet *Kant* in der Allgemeinen Anmerkung E als katego- 33
rischen Imperativ, begründet dies aber an dieser Stelle nicht. Seiner Rechtslehre lässt sich aber entnehmen, dass Recht seine Aufgabe als Freiheitsschutz durch Freiheitsbeschränkung nur erfüllen kann, wenn es mit Zwang verbunden ist. Dieser Zwang wird im Staat zur Strafe, wenn es sich um gravierende Verletzungen elementarer Rechte handelt. Verbrechen fordern Strafe, weil sonst das Recht nur „provisorisch" und die von ihm geschützte Freiheit ungesichert wäre.

Das ist sicher nicht provozierend; provozierend hingegen sind *Kants* Ausführungen zur 34
speziellen Vergeltung, vor allem, wenn auf die Beispiele mit Todesstrafe und Kastra-

tion abgestellt wird. Stellt man aber auf das Prinzip ab, so kann man *Kant* folgen, denn es ist „kein anderes als das **Prinzip der Gleichheit**“, ein Prinzip, das man mit *Höffe* (a. a. O. S. 228) als „unstrittiges Gerechtigkeitsprinzip“ ansehen kann, und das sich gegen willkürliches und schuldgelöstes Strafen richtet.

35 Mehr kann und sollte die Rechtsphilosophie zur Strafzumessung nicht sagen. Wie man auf der von *Kant* ins Spiel gebrachten **„Waage der Gerechtigkeit“** die Waagschalen belegt, kann die Rechtsphilosophie nur mit den Worten Verbrechen und Strafe festlegen. Bei der Frage, wie man die Schwere des Verbrechens und die zugehörige Strafe bestimmen kann, hilft sie dem Strafgesetzgeber und Strafrichter nur mit dem Prinzip „Gleichheit“, weiter nicht.

Wenn ich mir selbst die Notwendigkeit, die Legitimität und das Maß der Strafe klar machen will, so denke ich, dass wenn das Recht nicht nur auf dem Papier stehen soll, eine Rechtsverletzung jedenfalls in dem Sinne festgestellt werden muss, dass dem Rechtsverletzer gesagt wird, dass es „so nicht geht“. Dieser **sozialethischen Missbilligung** wiederum muss Nachdruck durch die Verhängung eines Übels verliehen werden, denn der Rechtsverletzer hat das Recht ja nicht nur in Frage gestellt, sondern durch sein Verhalten verletzt und damit ein Opfer geschädigt oder zumindest gefährdet. Das Maß des auferlegten Übels muss im Prinzip der Größe des schuldhaft begangenen Unrechts entsprechen. Vorausgesetzt ist dabei, dass es sich bei der Rechtsverletzung um einen gravierenden Eingriff in die Freiheit anderer handelt. Ein solches Strafrechtssystem muss sich um seine Abschreckungswirkung ebenso wenig Sorgen machen wie um die Bestärkung der Rechtstreue der Bevölkerung oder die Normstabilisierung. Es kann auch mit der gerechten Strafe Besserungsziele verfolgen, etwa in der inhaltlichen Ausgestaltung des Strafvollzugs.

4. Die Umsetzung der Straftheorien im geltenden Strafrecht

36 Die Umsetzung der Straftheorien geschieht auch im geltenden Strafrecht und seinem Sanktionensystem in einem durchaus differenzierten Gemisch von repressiven und präventiven Elementen. Dass Strafe – anders als die zweite Spur des Sanktionensystems: die Maßregeln der Besserung und Sicherung – Schuld voraussetzt, ergibt sich mittelbar aus § 20 StGB. Dass „die Schuld des Täters … Grundlage für die Zumessung der Strafe“ ist, sagt § 46 Abs. 1 S. 1 StGB, womit das Schuldprinzip hinreichenden Ausdruck erlangt hat (*Schönke/Schröder-Eisele,* StGB, 29. Aufl. 2014, Vorbem §§ 13 ff. Rn. 103/104). Dass Strafe Schuld voraussetzt, leitet das Bundesverfassungsgericht aus dem Rechtsstaatsprinzip und aus Art. 1 GG ab (vgl. BVerfGE 20, 323, 331). In der Praxis garantiert die sog. **Spielraumtheorie,** dass der durch die Schuld des Täters bestimmte Spielraum von der schon schuldangemessenen bis zur noch schuldangemessenen Strafe durch präventive Gesichtspunkte nicht über-, aber auch nicht unterschritten werden darf (vgl. *Lackner/Kühl,* § 46 Rn. 24 mit Nachweisen aus der Rechtsprechung). Insoweit dominiert also die sog. Schuldausgleichstheorie, die nichts mit Vergeltung nach dem Muster von „Auge um Auge und Zahn um Zahn“ zu tun hat.

37 Näher zur Spielraumtheorie und weiteren **Strafzumessungstheorien** *Streng,* Rn. 625–653, der in einem Schaubild die Phasen der Strafzumessungsentscheidung beschreibt (Rn. 653: Schaubild 4). – Zum „Vorteil größerer Flexibilität“ der Spielraumtheorie vgl. den Praktiker *Schäfer* (ehemals Vorsitzender Richter am Bundes-

gerichtshof), in: *Schäfer/Sander/van Gemmeren,* Praxis der Strafzumessung, 6. Aufl. 2017, Rn. 463, der noch hervorhebt, dass die Spielraumtheorie dem Strafzumessungsvorgang „wie er sich in der Beratung tagtäglich bei den Kollegialgerichten abspielt, entspricht.“

Ein Schattendasein führte lange Zeit die auch repressive **Sühnetheorie.** Nach dieser 38
Theorie geht es bei der Strafe um die Versöhnung des Schuldigen mit sich selbst, dem Opfer, der Gemeinschaft oder einer personalen Transzendenz (*Neumann/Schroth,* Neuere Theorien von Kriminalität und Strafe, 1980, S. 17). Lässt man den letzten metaphysischen Aspekt beiseite und verweist man die Versöhnung des Täters mit sich selbst in den Bereich der Moral, so erweist sich der Gedanke der Versöhnung mit dem Opfer und der Gesellschaft durchaus als aktuell wirkungsmächtig, wenn man die Berücksichtigung des Täter-Opfer-Ausgleichs bei der Strafzumessung in § 46 Abs. 2 S. 2 letzter Halbsatz StGB und für die Strafmilderungsmöglichkeit in § 46a StGB sieht; – dass der Täter-Opfer-Ausgleich auch mit Spezial- und Generalprävention zu tun hat und zusammen mit der Schadenswiedergutmachung sogar als dritte Spur des strafrechtlichen Sanktionensystems ausgebaut werden könnte, soll damit nicht bestritten werden.

Die Spezialprävention im Sinne der **Besserung** oder **Resozialisierung** des Täters ist 39
schon in der allgemeinen Strafzumessungsvorschrift des § 46 StGB angesprochen, wenn es in dessen Absatz 1 Satz 2 heißt: „Die Wirkungen, die von der Strafe für das künftige Leben des Täters in der Gesellschaft zu erwarten sind, sind zu berücksichtigen.“ Dass die kurze Freiheitsstrafe nach § 47 StGB nur in Ausnahmefällen verhängt werden darf, verdankt sich ebenso dem Besserungsgedanken wie die von § 56 StGB eingeräumte Möglichkeit, Freiheitsstrafen bis zu 2 Jahren zur Bewährung auszusetzen; jeweils sollen die negativen Wirkungen des Vollzugs der kurzen Freiheitsstrafe vermieden werden. Das Spektrum erweitert sich noch, wenn man die „Verwarnung mit Strafvorbehalt“ nach § 59 StGB als mildeste Sanktion des Strafgesetzbuches einbezieht – auf eine Feststellung der Schuld des Täters wird freilich auch hier ebenso wenig verzichtet wie beim Absehen von Strafe nach § 60 StGB (oben Rn. 17), woran sich wieder einmal zeigt, dass die Strafe eine Missbilligung enthält, auf die im Gegensatz zu dem mit ihr verbundenem Übel nicht verzichtet werden kann. Dominant wird der Besserungszweck im Jugendgerichtsgesetz und im Strafvollzugsgesetz, in dessen § 2 S. 1 als Vollzugsziel genannt wird, dass „der Gefangene fähig werden“ soll, „künftig in sozialer Verantwortung ein Leben ohne Straftaten zu führen.“

Dieselbe Vorschrift berücksichtigt aber auch einen weiteren spezialpräventiven Straf- 40
zweck, wenn es etwa in § 2 S. 2 StVollzG BW heißt: „Der Vollzug der Freiheitsstrafe dient auch dem Schutz der Allgemeinheit vor weiteren Straftaten.“ Spezialpräventiv ist dieser Schutz der Allgemeinheit, weil er durch Einwirkung auf den Täter oder genauer: durch dessen Einschließung erreicht werden soll. Der **Sicherungszweck** taucht auch in § 57 Abs. 1 Nr. 2 StGB auf, der die Aussetzung des Strafrestes bei zeitiger Freiheitsstrafe an die Voraussetzung knüpft, dass „dies unter Berücksichtigung des Sicherheitsinteresses der Allgemeinheit verantwortet werden kann.“

Auch der dritte spezialpräventive Zweck der **Individual-Abschreckung** von Erst- 41
tätern, denen mit der Strafe nur ein „Schuss vor den Bug“ verpasst werden soll, findet sich im Strafgesetzbuch: nach § 47 Abs. 1 StGB darf die an sich schädliche kurze Freiheitsstrafe doch verhängt werden, wenn dies „zur Einwirkung auf den Täter … un-

erlässlich" ist, und nach § 56 Abs. 1 S. 1 StGB ist die Strafaussetzung zur Bewährung nur möglich, wenn „zu erwarten ist, dass der Verurteilte sich schon die Verurteilung zur Warnung dienen lassen … wird." Wenn dies nicht zu erwarten ist, muss die Strafe vollzogen werden. In diesen Fällen ist die Strafe und ihr Vollzug als „Denkzettel" unverzichtbar.

42 Denselben Bremseffekt hinsichtlich einer zu weitgehenden Durchsetzung des Besserungszwecks enthält auch die ebenfalls in §§ 47 Abs. 1, 56 Abs. 3 und § 59 Abs. 1 Nr. 3 StGB angesprochene **„Verteidigung der Rechtsordnung".** Mit dieser Formulierung verschafft sich der generalpräventive Strafzweck sowohl in seiner negativen (auf Abschreckung abzielenden) Form als auch in seiner positiven, auf Bestärkung der Rechtstreuen und Stabilisierung der Strafnorm abzielenden Variante Geltung. Wenn es die Verteidigung der Rechtsordnung verlangt, werden auch kurze Freiheitsstrafen verhängt, Strafaussetzungen zur Bewährung versagt und bloße Verwarnungen für nicht ausreichend erachtet. Dominant freilich ist die Generalprävention bei der Aufstellung von Strafnormen, denn dabei verspricht sich der Gesetzgeber, dass das inkriminierte Verhalten wegen der Strafdrohung zurückgeht und die Verbotsnorm ins Bewusstsein der Bevölkerung quasi „sittenbildend" eingeht.

§ 44. Das Strafprozessrecht

I. Funktion, Ziele und allgemeine Verfahrensgrundsätze

1 Im Verhältnis zu dem in §§ 31–43 behandelten materiellen Strafrecht hat das formelle Strafrecht = Strafprozessrecht (so der Titel der Lehrbücher von *Beulke,* 14. Aufl. 2018, *Kühne,* 9. Aufl. 2015 und *Schroeder/Verrel,* 7. Aufl. 2017) oder Strafverfahrensrecht (so der Titel des Lehrbuchs von *Roxin/Schünemann,* 29. Aufl. 2017) eine **dienende Funktion.** Es verhilft dem materiellen Strafrecht zur Durchsetzung. Diese Durchsetzung muss anders als im Zivilrecht, das auch ohne Zivilprozessrecht – z. B. durch freiwillige Vertragserfüllung oder Schadensersatzzahlung wegen unerlaubter Handlung – verwirklicht werden kann, im Wege eines Strafprozesses erfolgen. Diesen Prozess führt der Staat zur Sicherung der freiheitsschützenden Normen des materiellen Strafrechts. Beide Teile des Strafrechts – das materielle wie das formelle Strafrecht – sind Teile des öffentlichen Rechts. Der Strafprozess ist deshalb grundsätzlich nicht Sache des Opfers, auch wenn diesem im Prozess Rechte eingeräumt werden (z. B. bei der Privat- und Nebenklage; vgl. §§ 374 ff., 395 ff. Strafprozeßordnung = StPO). Grundsätzlich ist das Opfer „nur" Zeuge, hat aber – wie sogleich unter Rn. 11 gezeigt werden wird – tatsächlich großen Einfluss darauf, ob es durch seine Anzeige zu einem Strafverfahren kommt.

2 Die Funktion des Strafprozessrechts sieht auch *Baumann* in der Vorauflage, § 19 I 2 a, ganz ähnlich:

> „Das Strafprozessrecht ist schließlich **Rechtsdurchsetzungsrecht.** Es geht um die Durchsetzung des staatlichen Strafanspruchs. Ob der staatliche Strafanspruch besteht, wird durch das materielle Strafrecht geregelt. Er besteht nur, wenn eine tatbestandsmäßige, rechtswidrige und schuldhafte menschliche Handlung vorliegt. Das Strafprozessrecht hat eine Hilfsfunktion gegenüber dem materiellen Strafrecht. Frühere Gesetze enthielten materielles und Prozessrecht in einem einzigen Codex. So enthielt das erste deutsche Reichsstrafgesetzbuch, die CCC von 1532, sowohl materielles als auch formelles Strafrecht."

Die CCC ist die „Peinliche Gerichtsordnung Kaiser Karls V."; sie ist seit 2000 in einem kleinen, von *F.-C. Schroeder* herausgegebenen und erläuterten Reclam-Bändchen leicht zugänglich. – Näher zu diesem Gesetzeswerk *Rüping/Jerouschek,* Grundriss der Strafrechtsgeschichte, 6. Aufl. 2011, Rn. 94–112.

Ziel des Strafprozesses ist die Wiederherstellung des durch die Straftat gestörten **Rechtsfriedens.** Damit ist nicht die Schaffung einer „Friedhofsruhe" gemeint. Echter Rechtsfrieden, bei dem man vernünftigerweise eine Beruhigung der Gemeinschaft über den Verdacht einer Straftat erwarten kann, ist nur zu erreichen, wenn im Strafprozess nach einem gerechten, auf wahrer Tatsachengrundlage beruhenden Urteil gestrebt wurde. Im Strafprozess muss deshalb versucht werden, der **Wahrheit** hinsichtlich der Beteiligung des oder der Beschuldigten an bestimmten Straftaten möglichst nahezukommen. Darauf sind sowohl die Ermittlungen von Staatsanwaltschaft und Polizei als auch die Beweiserhebungen durch das Gericht in der Hauptverhandlung ausgerichtet. 3

So sieht das auch *Weigend* in dem Aufsatz „Unverzichtbares im Strafverfahrensrecht" in der Zeitschrift für die gesamte Strafrechtswissenschaft = ZStW 113 (2001), S. 277: 4

„Der durch den Verdacht einer Straftat gestörte Rechtsfriede wird dadurch wiederhergestellt, dass die Umstände der Tat und die Verantwortlichkeit des Täters aufgeklärt und durch den überzeugenden Spruch des Gerichts in Übereinstimmung mit den inhaltlichen Vorgaben des Rechts in angemessenen Konsequenzen aus dieser Sachverhaltsaufklärung gezogen werden. Legt man diese Zielsetzung zugrunde, so tendiert das Strafverfahren zur inhaltlichen und zeitlichen Expansion: Befriedigende Sachverhaltsaufklärung setzt das *Streben* nach der ‚ganzen' historischen Wahrheit, nach optimaler Annäherung an die ‚wirkliche' (nicht bloß eine ‚formelle', prozessförmige, auf die Mindestvoraussetzungen eines Urteils bezogene) Realität voraus, einschließlich der subjektiven Handlungsbedingungen und der Motivation des Täters, der Konsequenzen der Tat für das Opfer und nicht zuletzt der Frage nach der angemessenen (gerechten und präventiv wirksamen) Reaktion der Rechtsgemeinschaft auf die Tat. Vollständige Tatbewältigung und Wiederherstellung des Rechtsfriedens in der Gesellschaft können ohne eine solch umfassende Aufklärung des relevanten Sachverhalts schwerlich gelingen."

Gerechtigkeit soll dem in seiner Freiheit verletzten Opfer durch die schuldausgleichende Strafe geschehen. In prozessualer Hinsicht setzt die Gerechtigkeit der Wahrheitserforschung jedoch Grenzen; sie darf nicht „um jeden Preis" betrieben werden. Ein Strafurteil – sei es eine Verurteilung oder ein Freispruch – findet nur dann Akzeptanz, wenn ihm ein **faires Verfahren** (Gebot des „fair trial"; vgl. Art. 6 Abs. 1 EMRK und Art. 14 Abs. 1 S. 2 IPBPR) vorausging. Zu einem fairen Verfahren gehört vor allem, dass der Beschuldigte nicht als Verfahrensobjekt mit dem Strafverfahren „überzogen" wird, sondern dass er **Prozesssubjekt** mit eigenen Rechten ist. Ihm muss **„rechtliches Gehör"** gewährt werden (vgl. Art. 103 Abs. 1 GG und Art. 6 Abs. 1 EMRK), was auch in zahlreichen Einzelvorschriften der StPO zum Ausdruck kommt (vgl. §§ 230, 239 und 258 StPO). Er muss einerseits die Möglichkeit haben, sich – auch über seinen Verteidiger (vgl. Art. 6 Abs. 3c und d EMRK) – aktiv in das Strafverfahren, z. B. durch Stellung von Beweisanträgen (vgl. §§ 244–246 StPO), einzuschalten; ihm ist aber andererseits die Aussagefreiheit zu belassen, so dass er ein Schweigerecht hat, aus dessen Wahrnehmung keine nachteiligen Schlüsse gezogen werden dürfen (vgl. BGHSt 25, 365, 368 und 34, 324, 326). Schließlich ist das gesamte Strafverfahren an der **Unschuldsvermutung** des Art. 6 Abs. 2 EMRK auszurichten, d. h. so auszugestalten, dass das Vorgehen der Strafverfolgungsorgane auch gegenüber einem Tatverdächtigen, dessen Schuld letztlich nicht nachgewiesen werden kann, vertretbar 5 erscheint. Das ist bei einschneidenden und irreversiblen Grundrechtseingriffen wie der mit Freiheitsentziehung verbundenen Untersuchungshaft schwierig, weshalb sie an strenge Voraussetzungen gebunden ist (vgl. § 112 StPO; dazu näher unter Rn. 28–30 und nur durch einen Richter angeordnet werden darf (vgl. Art. 104 Abs. 2 S. 1 GG).

6 Zum „Wesen des Strafprozesses" empfiehlt sich die Lektüre des Kommentars von *Meyer-Goßner/Schmitt,* StPO, 61. Aufl. 2018, Einleitung Rn. 1–57e, in der auch die Unschuldsvermutung (Rn. 3), das faire Verfahren (Rn. 19) und das rechtliche Gehör (Rn. 23–36) hervorgehoben werden.

7 Nicht ohne Widerspruch ist die Aufwertung der Stellung des **Opfers** durch das sog. Opferschutzgesetz und das Zeugenschutzgesetz, die eine „Abschirmung" des Opferzeugen erlauben, geblieben. So stellt etwa *Schünemann* in dem Aufsatz „Wohin treibt der deutsche Strafprozess" in der ZStW 114 (2002), S. 32f. fest:

> „Es geriet deshalb aus dem Blick, dass die staatliche Strafrechtspflege, so wie sie sich über nahezu 1000 Jahre herausgebildet hat, ein im öffentlichen Interesse durchgeführtes Verfahren ist, das jedenfalls bei gravierenderen Straftaten früher die Auslöschung der physischen, heute jedenfalls der sozialen Existenz des Beschuldigten zum Ziel hat und deshalb mit strengen Kautelen zum Schutz vor einem Fehlurteil ausgestattet werden musste, an ihrer Spitze die bestmöglichen Garantien zur Ermittlung der materiellen Wahrheit, von der jedenfalls nicht zu Lasten des Beschuldigten abgewichen werden sollte. Weil der Verletzte typischerweise die Anzeige erstattet und ein besonders wichtiger Zeuge ist (bei ganzen Deliktsgruppen wie etwa vielen Sexualdelikten sogar der einzige Zeuge), dessen Glaubwürdigkeit wegen seines eigenen Interesses am Ausgang des Verfahrens zugleich besondere Probleme aufwirft, muss die maximal mögliche Konservierung der Glaubwürdigkeit dieses heute sog. ‚Opferzeugen' unter dem Aspekt der materiellen Wahrheit höchste Priorität genießen, und das Gleiche gilt unter dem Aspekt der Verfahrensfairness in einem Prozess, der für die Verurteilung nicht mehr die Aussage zweier glaubwürdiger Zeugen voraussetzt, sondern sich prinzipiell mit der Aussage des (angeblichen) Verletzten auch dann begnügt, wenn der Beschuldigte die Tat bestreitet."

8 Der Aufsatz von *Schünemann* geht auf S. 1–29 auf die Entwicklung des Strafprozessrechts in den „letzten 125 Jahren" ein und nimmt auf S. 29–62 zur „gegenwärtigen Reformsituation" kritisch Stellung; zur „Zukunft des deutschen Strafverfahrens" *Roxin/Schünemann,* Strafverfahrensrecht, § 69.

II. Der Gang des Strafverfahrens in der ersten Instanz (sog. Erkenntnisverfahren)

1. Überblick

9 Das Strafverfahren durchläuft, wenn es nicht zwischendurch durch eine Einstellung des Verfahrens abgebrochen wird, **drei Stadien:**

Ermittlungsverfahren ⟶ **Zwischenverfahren** ⟶ **Hauptverfahren**
§§ 151–177 StPO — §§ 199–211 StPO

Hauptverfahren:
- Vorbereitung der Hauptverhandlung §§ 213–225a StPO
- Hauptverhandlung §§ 216–275 StPO

Bei diesem Verlauf sind die **Punkte** besonders herauszustellen, die das Strafverfahren in Gang setzen, weiter voranbringen und abschließen: 10

- Strafanzeige (vgl. §§ 158, 160 StPO)
- Bejahung des Anfangsverdachts i. S. des § 152 Abs. 2 StPO
- Erforschung des Sachverhalts (§ 160 StPO)
- Anklageerhebung (§ 170 Abs. 1 StPO)
- Eröffnungsbeschluss (§§ 203, 207 StPO)
- Terminanberaumung zur Hauptverhandlung (§ 213 StPO)
- Beginn der Hauptverhandlung durch Aufruf der Sache (§ 243 Abs. 1 StPO)
- Schluss der Hauptverhandlung durch Verkündung des Urteils (§ 260 Abs. 1 StPO)

2. Die drei Verfahrensstadien

a) Das Ermittlungsverfahren

Das deutsche Strafverfahren ist zwar ein staatliches Verfahren, doch kommt es auf den Gebieten der Eigentums- und Vermögenskriminalität zu einem solchen Verfahren in über 90 Prozent der Fälle erst durch die „**Anzeige** einer Straftat" i. S. des § 158 StPO seitens einer Privatperson. Dementsprechend selten erhält die Staatsanwaltschaft „auf anderem Wege von dem Verdacht einer Straftat Kenntnis" (§ 160 Abs. 1 StPO), z. B. durch Mitteilung seitens der Polizei. Damit hängt die Einleitung eines Strafverfahrens – rein tatsächlich betrachtet – von der Anzeigebereitschaft (meist) des Opfers ab. In der Kriminologie spricht man deshalb von der „Selektionsmacht des Opfers", das darüber entscheidet, ob die mögliche Straftat von den Strafverfolgungsbehörden registriert wird oder im sog. Dunkelfeld verbleibt. Die **Gründe für** die **Nichtanzeige** sind vielfältig und haben mit der wünschenswerten Strafgerechtigkeit oft nicht viel zu tun. So etwa, wenn deshalb nicht angezeigt wird, weil „kein Interesse" am Strafverfahren besteht, weil der „Zeitaufwand" für die Anzeige zu groß ist oder weil man „mit der Polizei nichts zu tun haben" will. Dagegen kann die Strafgerechtigkeit mit dem Hauptgrund der Nichtanzeige – „Schaden zu gering" – leben, denn diese Fälle würden auch nach erfolgter Anzeige schon früh aus dem Verfahren ausgeschieden werden, z. B. durch das Absehen von der Verfolgung in „Bagatellsachen" seitens der Staatsanwaltschaft nach § 153 Abs. 1 StPO (zur Konstitution der Verbrechensrealität durch Strafanzeige vgl. *Kaiser,* Kriminologie – Eine Einführung in die Grundlagen, 10. Aufl. 1997, § 19, 2; Motivanalysen des Anzeigeverhaltens finden sich bei *Schwind,* Kriminologie, 23. Aufl. 2016, § 20 Rn. 3–10a). 11

Geht eine Strafanzeige bei den in § 158 Abs. 1 S. 1 StPO genannten Behörden ein, so prüft der Staatsanwalt nach § 152 Abs. 2 StPO, ob „zureichende tatsächliche Anhaltspunkte" für eine verfolgbare Straftat „vorliegen" (sog. **Anfangsverdacht**). Bei dieser Prüfung werden haltlose Anzeigen – z. B.: mein Nachbar ist ein Gauner – ausgeschieden. Wird der Anfangsverdacht von der Staatsanwaltschaft bejaht, so ist es deren Aufgabe, von Amts wegen „den Sachverhalt zu erforschen" (§ 160 Abs. 1 StPO). 12

Der Einfluss des Opfers gewinnt in diesem staatlichen Verfahren nur dann noch an Bedeutung, wenn es sich bei der zu erforschenden Tat um ein sog. **Antragsdelikt** handelt. Bei diesen Delikten ist die Strafverfolgung von der Stellung eines Strafantrags abhängig. Welche Delikte einen solchen Strafantrag zu ihrer Verfolgung voraussetzen, ergibt sich aus dem Strafgesetzbuch, und zwar aus dessen Besonderen Teil, so etwa beim „Haus- und Familiendiebstahl" gem. § 247 StGB. Bei vielen Antragsdelikten kann je- 13 doch das Antragserfordernis dadurch ersetzt werden, dass die „Strafverfolgungsbehörde wegen des besonderen öffentlichen Interesses an der Strafverfolgung ein Einschreiten von Amts wegen für geboten hält" (so etwa § 230 Abs. 1 S. 1 StGB für die „vorsätzliche Körperverletzung nach § 223 StGB und die fahrlässige Körperverletzung nach § 229 StGB". Damit wird die freie Entscheidung des Verletzten durch das freie Ermessen des Staatsanwalts ersetzt (*Jescheck/Weigend,* Lehrbuch des Strafrechts AT, 5. Aufl. 1996, S. 908); zumindest dessen positive Entscheidung kann nicht mehr nachgeprüft werden (*Lackner/Kühl,* StGB, 29. Aufl. 2018, § 230 Rn. 5). Regelungen über „Antragsberechtigte", die „Antragsfrist" u. ä. finden sich im StGB, und zwar in dessen Allgemeinen Teil: §§ 77–77 e StGB.

14 Handelt es sich nicht um ein Antragsdelikt (bzw. wurde das „besondere öffentliche Interesse" bejaht), so ist die Staatsanwaltschaft nach Bejahung des Anfangsverdachts zum Einschreiten „verpflichtet" (sog. **Legalitätsprinzip** gem. § 152 Abs. 2 StPO). Mit dem Legalitätsprinzip wird die Staatsanwaltschaft, von deren Anklage das weitere Verfahren vor dem Strafgericht abhängt, verpflichtet, jedem Anfangsverdacht nachzugehen und gegen jeden tatverdächtigen Beschuldigten ohne Ansehen seiner Person gleichermaßen vorzugehen. Prozessual wird der Schutz des Legalitätsprinzips durch das **Klageerzwingungsverfahren** nach §§ 172 ff. StPO sichergestellt. Der durch die Tat Verletzte hat damit die Möglichkeit, die Staatsanwaltschaft zur Anklage zu zwingen. Materiell-rechtlichen Schutz erhält das Legalitätsprinzip durch die Strafbarkeit der „Strafvereitelung im Amt" gem. § 258 a StGB, wegen der ein Staatsanwalt – ein „Amtsträger", der „zur Mitwirkung bei dem Strafverfahren … berufen" ist – angezeigt und verurteilt werden kann, wenn er seiner Verfolgungsaufgabe nicht nachkommt.

15 Den Gegensatz zum Legalitätsprinzip bildet das sog. **Opportunitätsprinzip,** das es erlaubt, aus Zweckmäßigkeitsgesichtspunkten auf die Verfolgung bestimmter Straftaten zu verzichten. Sein Hauptanwendungsgebiet hat dieses Prinzip in einem Bereich, der zum großen Teil durch Entkriminalisierung aus dem Bereich des Strafrechts ins Recht der Ordnungswidrigkeiten abgedrängt wurde. Nach § 47 Abs. 1 S. 1 OWiG liegt die „Verfolgung von Ordnungswidrigkeiten … im pflichtgemäßen Ermessen der Verfolgungsbehörde". Aber auch im Strafrecht gilt als Ausnahme vom Legalitätsprinzip das Opportunitätsprinzip. Sehr weitgehend ist dessen Geltung im Jugendstrafverfahren: nach § 45 Abs. 1 JGG „kann der Staatsanwalt … ohne Zustimmung des Richters von der Verfolgung absehen, wenn die Voraussetzungen des § 153 der Strafprozessordnung vorliegen".

16 Mit dieser Verweisung ist zugleich auch der wichtigste Anwendungsbereich des Opportunitätsprinzips im normalen Strafverfahren angesprochen. Es geht um die Bewältigung von **„Bagatellsachen"** (die seit 2015 amtliche Überschrift des § 153 StPO spricht von „Geringfügigkeit"). Die Staatsanwaltschaft „kann" – „mit Zustimmung des … Gerichts" – von der Strafverfolgung eines Vergehens (nicht eines Verbrechens; vgl. § 33 Rn. 8) absehen, „wenn die Schuld des Täters als gering anzusehen wäre und kein öffentliches Interesse an der Verfolgung besteht" (§ 153 Abs. 1 S. 1 StPO); bei bestimmten Vergehen kann auf die Zustimmung des Gerichts sogar verzichtet werden (§ 153 Abs. 1 S. 2 StPO). Das Gesetz verwendet hinsichtlich der (geringen) Schuld des Beschuldigten zu Recht den Konjunktiv („wäre"), denn die Schuld des Beschuldigten kann nicht von der Staatsanwaltschaft, sondern nur vom Gericht (und von diesem auch nicht in diesem frühen Verfahrensstadium) festgestellt werden; § 153 Abs. 1

S. 1 StPO entspricht deshalb der Unschuldsvermutung des Art. 6 Abs. 2 EMRK. Weniger vorsichtig formuliert § 153a Abs. 1 S. 1 StPO: „wenn ... die Schwere der Schuld nicht entgegensteht"; in Befolgung der Unschuldsvermutung müsste auch hier im Konjunktiv formuliert werden: „und die Schwere der Schuld nicht entgegenstünde". § 153a StPO ist außerdem problematisch, weil er – anders als § 153 StPO – keine folgenlose Einstellung enthält, sondern zusätzlich noch die Erteilung von „Auflagen und Weisungen" durch die Staatsanwaltschaft vorsieht, die wie die Zahlung eines Geldbetrages „zugunsten einer gemeinnützigen Einrichtung oder der Staatskasse" (§ 153a Abs. 1 S. 2 Nr. 2 StPO) zumindest strafähnlichen Charakter haben; – immerhin muss der Beschuldigte zustimmen, aber wer stimmt schon nicht zu, wenn ihm durch seine Zustimmung ein weiteres Strafverfahren mit ungewissem Ausgang erspart bleibt.

Trotz dieser Bedenken muss man die Möglichkeit, bei Vergehen das Strafverfahren 17
frühzeitig aus Gründen der Opportunität beenden zu können, begrüßen. Denn – so *Baumann* in der Vorauflage (§ 19 II 3) – eine „strenge Durchführung" des Legalitätsprinzips „wäre aus prozeßökonomischen Gründen nicht opportun". **Minima non curat praetor,** eine Verfolgung jeder Kleinigkeit würde u. U. die Kräfte der Justiz abziehen von der Verfolgung der wichtigen Dinge. *Baumann* fährt fort:

> „Das Verhältnis von Legalitätsprinzip und Opportunitätsprinzip macht ein weiteres Spannungsverhältnis deutlich: der Gesichtspunkt der Gerechtigkeit und Gleichbehandlung würde freilich gebieten, daß jede Straftat auch verfolgt und bestraft werden muss. Die Vernunft dagegen rät dazu, nur dort eine Strafverfolgung einzusetzen, wo das einen Nutzen für die Rechtsgemeinschaft verspricht. Die Regelung der StPO (Grundsatz Legalitätsprinzip, aber Ausnahmen nach dem Opportunitätsprinzip) weist der Staatsanwaltschaft einen weiten Ermessensspielraum zu. Deshalb ist auch die Sonderstellung der Staatsanwaltschaft berechtigt. Würde sie eine reine Parteirolle erhalten, so könnte sie diese ihr von der Strafprozessordnung zugewiesene Aufgabe wohl nicht wahrnehmen. Ist sie dagegen, wie im deutschen Strafprozessrecht, selbst Rechtspflegeorgan, so kann man die Staatsanwaltschaft zu einem ‚groben Sieb' ausgestalten, welches der Gerichtstätigkeit vorgeschaltet ist. Auf diese Weise wird dem Gericht viel unnützige Arbeit erspart."

Ganz ähnlich sieht das *Schünemann,* ZStW 114 (2002), S. 59f.: 18

> „Die StPO von 1877 hat die aus dem generalpräventiven Modell des Strafrechts fließenden Gerechtigkeitsanforderungen, den schuldigen Täter zu der angedrohten Strafe zu verurteilen und den unschuldig in Verdacht Geratenen von Strafe zu verschonen, durch das Prozessmodell der materiellen Wahrheitsfindung in einer optimalen kontradiktorischen Hauptverhandlung realisiert. Wenn sich dieses Modell angesichts des gewaltigen Kriminalitätsaufkommens der entwickelten Industriegesellschaft in den zahllosen Fällen der absoluten oder relativen Geringfügigkeit nicht mehr ohne Verstopfung des Strafjustizapparates durchführen lässt, so erscheint an Stelle der eigentlich die erste Wahl bildenden materiellrechtlichen Entkriminalisierung auch eine Entkriminalisierung der Sanktionen und ein entsprechend vereinfachtes Sanktionierungsverfahren rechtsstaatlich vertretbar, wenn an Stelle der im summarischen Verfahren nicht mehr garantierbaren materiellen Wahrheitsfindung ein anderes Legitimationsprinzip eingreift. Das ist im Fall des § 153a StPO das Einverständnis des Beschuldigten, das wegen der Zwangslage, in der sich der Beschuldigte befindet, zwar keinen echten, sozusagen unvermischten Konsens herstellt, aber einerseits wegen der nicht unzumutbaren Alternative, sich einer gerichtlichen Entscheidung der Schuldfrage zu stellen, und andererseits wegen der nicht-strafrechtlichen Natur der als Sanktion akzeptierten Auflage sowie schließlich wegen des staatlichen Verzichts auf eine Schuldfeststellung vor den berechtigten Interessen des Beschuldigten legitimiert werden kann. Die eigentlichen Probleme liegen hier an einer anderen Stelle, nämlich bei der Notwendigkeit einer effektiven Kontrolle der Staatsanwaltschaft, die einen enormen Machtzuwachs erfährt und durch das (von den echten Bagatellfällen abgesehen) bestehende Zustimmungserfordernis des Gerichts nicht ausreichend in Schranken gehalten wird, weil nach dem geltenden Recht das sonst für das Hauptverfahren zuständige Gericht

auch die Zustimmung zu erteilen hat und deshalb im Interesse der eigenen Entlastung ein starkes Motiv besitzt, die Zustimmung möglichst großzügig zu erklären."

19 Das **Ermittlungsverfahren** wird von der **Staatsanwaltschaft** geführt; sie ist die „Herrin des Ermittlungsverfahrens". Dies entspricht dem Grundsatz der Strafverfolgung von Amts wegen (auch sog. **Offizialprinzip**). Den Gegensatz zu diesem Grundsatz bildet die sog. Dispositionsmaxime, die etwa das Zivilprozessrecht prägt, und die auch in historischer Perspektive dem „Strafverfahren" nicht fremd war; so musste etwa im germanischen Recht der Verletzte die „Straf"-Klage erheben.

20 Auch das Offizialprinzip gilt nur „im Prinzip", kennt aber Ausnahmen. Neben den bereits angesprochenen Antragsdelikten gibt es die „noch stärkere Ausnahme" (*Baumann,* Vorauflage, § 19 II 1) der sog. **Privatklagedelikte.** Anders als die Antragsdelikte findet man die Privatklagedelikte nicht im StGB, sondern in der StPO, und zwar in § 374. Es handelt sich um weniger gravierende Delikte wie etwa den „Hausfriedensbruch" gem. § 123 StGB oder die „Beleidigung" gem. §§ 185–189 StGB, die normalerweise kein öffentliches Interesse an ihrer staatlichen Verfolgung auslösen. Sie können deshalb vom Verletzten als Ankläger verfolgt werden. Liegt jedoch ausnahmsweise ein öffentliches Interesse an der staatlichen Verfolgung vor, so kann die Staatsanwaltschaft öffentliche Klage erheben (vgl. §§ 376, 377 Abs. 2 S. 1 StPO).

21 Die Aufgaben der Staatsanwaltschaft legt allgemein § 160 StPO fest. Sie hat nach § 160 Abs. 1 StPO „den Sachverhalt zu erforschen" und dabei „nicht nur die zur Belastung, sondern auch die zur Entlastung dienenden Umstände zu ermitteln" (§ 160 Abs. 2 StPO). Durch diese Verpflichtung zur Objektivität wird die Staatsanwaltschaft neben einem weisungsgebundenen Organ der Exekutive (vgl. § 146 GVG) auch zu einem **Organ der Rechtspflege,** das zwischen Justiz und Verwaltung steht. Ob sie die „objektivste Behörde der Welt" (vgl. *Volk/Engländer,* Grundkurs StPO, 8. Aufl. 2013, § 6 Rn. 10) ist, muss die Praxis erweisen. Jedenfalls gibt es immer mal wieder Forderungen nach einem – dem Richter vergleichbaren – unabhängigen Staatsanwalt (vgl. *Rüping,* Das Strafverfahren, 3. Aufl. 1997, Rn. 61). Aber auch schon nach geltendem Recht ist die Staatsanwaltschaft keine „Partei" (vgl. *Roxin/Schünemann,* § 9 Rn. 11) und kein Gegenspieler der Verteidigung wie im anglo-amerikanischen Strafverfahrensrecht.

22 Den Unterschied zwischen dem deutschen und dem anglo-amerikanischen Strafprozess hat *Baumann* in der Vorauflage (§ 19 I 2b) gerade im Hinblick auf die Stellung der Staatsanwaltschaft deutlich herausgearbeitet:

> „Den deutschen Strafprozess kann man nämlich nicht als reinen Parteiprozess begreifen. Von einem **Parteiprozeß** im echten Sinne kann man nur dann sprechen, wenn die Prozessparteien die gleichen Rechte und auch die gleichen Pflichten haben. Der deutsche Zivilprozeß ist etwa in diesem Sinne ein Parteiprozess. Der Kläger hat nicht mehr Rechte als der Beklagte.
> Im Strafprozess sind die Prozessbeteiligten einander nicht gleichgestellt. Die Staatsanwaltschaft ist eine öffentliche Behörde, mit allen Zwangsmitteln der StPO ausgestattet – der Beschuldigte ist eine Privatperson, ohne diese Mittel und zumeist sehr viel schwächer. Die Staatsanwaltschaft ist ein Organ der Rechtspflege, sie darf nicht einseitig nur zuungunsten des Beschuldigten tätig werden (§ 160 Abs. 2 StPO!) – der Beschuldigte ist nicht Organ der Rechtspflege, er hat vielmehr lediglich seine eigenen Verteidigungsinteressen wahrzunehmen. Für ihn besteht keinerlei erzwingbare Pflicht zur Objektivität und zur Wahrheit.
> Bei dieser unterschiedlichen Stellung der Prozessbeteiligten wäre es eine Verdunkelung der tatsächlichen Verhältnisse, wollte man von einem Parteiprozess sprechen. Die Staatsanwaltschaft ist nicht Par-

tei, sondern Rechtspflegeorgan. Anders ist es im anglo-amerikanischen Strafprozess. Dieser Prozess ist in der Tat mehr als Parteiprozess ausgestaltet, Anklagebehörde und Verteidigung liefern sich vor dem unbeteiligten und in den Verfahrensablauf nur selten eingreifenden Richter gewissermaßen eine Art Duell.
Man übersehe dabei nicht, dass der anglo-amerikanische Prozess gewiss Vorteile (stärkere Rechtsstellung des Beschuldigten), aber auch erhebliche Nachteile besitzt! Der Beschuldigte, der sich keinen guten Verteidiger leisten kann und nicht den gewaltigen Ermittlungsapparat der Polizei an der Hand hat, gerät nur allzu leicht in eine hoffnungslose Position gegenüber einem Ankläger, dessen beruflicher Werdegang oder dessen Wiederwahl von einem ‚Erfolg' in diesem Verfahren abhängig ist.
Demgegenüber ist es einfach eine Tatsache, dass die deutsche Staatsanwaltschaft die meisten Verfahren nicht zur Anklage, sondern gem. § 170 Abs. 2 StPO zur Einstellung bringt."

Die Befugnisse der Staatsanwaltschaft, insbesondere bei der Vernehmung von Zeugen, sind in §§ 161, 161 a StPO geregelt.

Die Kapazität der Staatsanwaltschaft erlaubt es nicht, dass der Staatsanwalt alle erforderlichen Ermittlungen selbst vornimmt. Wenn man die Staatsanwaltschaft als „Herrin des Ermittlungsverfahrens" bezeichnet, so ist das „nur" eine normative, der StPO zu entnehmende Feststellung, rein tatsächlich aber liegen die Ermittlungen weitgehend in der Hand der **Polizei** „als Helfer der Staatsanwaltschaft" (*Beulke/Swoboda*, § 6 – Überschrift). Das geht nicht selten so weit, dass die Polizei die gesamten Ermittlungen selbständig durchführt und erst nach deren Abschluss die Akten an die Staatsanwaltschaft weiterleitet. Dem Staatsanwalt bleibt dann nur noch die Entscheidung zwischen der Einstellung oder der Fortführung des Strafverfahrens; – das entspricht nicht der Konzeption des Gesetzes! 23

Das Gesetz (= die StPO) sieht aber immerhin vor, dass die Staatsanwaltschaft „befugt" ist, „Ermittlungen jeder Art entweder selbst vorzunehmen oder durch die Behörden oder Beamten des Polizeidienstes vornehmen zu lassen" (§ 161 Abs. 1 S. 1 StPO). Im „Auftrag der Staatsanwaltschaft" (§ 161 Abs. 1 S. 2 StPO) werden die lange Zeit so genannten **Hilfsbeamten der Staatsanwaltschaft** tätig; inzwischen heißen sie „Ermittlungspersonen der Staatsanwaltschaft". Sie sind „in dieser Eigenschaft verpflichtet, den Anordnungen der Staatsanwaltschaft ... Folge zu leisten" (§ 152 Abs. 1 GVG). Hilfsbeamte der Staatsanwaltschaft sind nicht nur die Beamten der Kriminalpolizei, sondern auch nach Landesrecht bestimmte Beamte ab einem bestimmten Dienstgrad. Sie haben weiterreichende Befugnisse als die übrigen Polizeibeamten, die aber ebenfalls „verpflichtet" sind, „dem Ersuchen ... der Staatsanwaltschaft zu genügen" (§ 161 Abs. 1 Satz 2 StPO). Während der Hilfsbeamte der Staatsanwaltschaft körperliche Untersuchungen und Eingriffe wie die Blutprobenentnahme beim Beschuldigten anordnen darf (§ 81 a Abs. 2 StPO), ist der „normale" Polizeibeamte u. a. „nur" zur Vornahme erkennungsdienstlicher Maßnahmen befugt (§§ 81 b, 163 b Abs. 1 S. 3 StPO). 24

Ausnahmsweise dürfen die „Behörden und Beamten des Polizeidienstes" auch ohne Auftrag oder Ersuchen der Staatsanwaltschaft aus eigenem Recht Straftaten erforschen; sie haben insbesondere das Recht, „alle keinen Aufschub gestattenden Anordnungen zu treffen, um die Verdunkelung der Sache zu verhüten" (§ 163 Abs. 1 S. 1 StPO). Dieses Recht wird das **„Recht des ersten Zugriffs"** genannt, womit zugleich klargestellt ist, daß die Polizei nach Vornahme dieses Zugriffs „ihre Verhandlungen ohne Verzug der Staatsanwaltschaft" zu übersenden hat (§ 163 Abs. 2 S. 1 StPO). 25

Auf staatlicher Seite agieren im Ermittlungsverfahren aber nicht nur Staatsanwaltschaft und Polizei. Zur „Vorbereitung der öffentlichen Klage" (= Überschrift des Zwei- 26 ten Abschnitts des Zweiten Buches der StPO) sind in § 162 StPO auch „Richterliche Untersuchungshandlungen" vorgesehen. Der sog. **Ermittlungsrichter** muss etwa dann eingeschaltet werden, wenn die Staatsanwaltschaft vor Erhebung der öffentlichen Klage eine Untersuchungshaft für erforderlich hält. Den dafür erforderlichen Haftbefehl nach § 125 Abs. 1 StPO „erlässt der Richter" beim Amtsgericht. Dass nur ein Richter einen solchen Haftbefehl erlassen darf, ergibt sich schon aus Art. 104 Abs. 2 Satz 1 GG, denn dieser Haftbefehl entscheidet über die „Zulässigkeit und Fortdauer einer Freiheitsentziehung". Von dieser „Freiheitsentziehung" durch die Untersuchungshaft ist die in Art. 104 Abs. 2 S. 2, 3 GG angesprochene vorläufige Festnahme nach § 127 StPO zu unterscheiden, die von jedermann bei „frischer Tat" (Abs. 1 S. 1), von Staatsanwaltschaft und Polizei auch „bei Gefahr in Verzug" (Abs. 2) vorgenommen werden darf. „Der Festgenommene ist ... unverzüglich, spätestens am Tage nach der Festnahme, dem Richter ... vorzuführen" (§ 128 Abs. 1 S. 1 StPO in Umsetzung von Art. 104 Abs. 3 S. 1 GG).

27 Während die Verhängung von Untersuchungshaft zwingend dem Richter vorbehalten ist, ist der Ermittlungsrichter bei anderen Grundrechtsbegriffen oder Zwangsmaßnahmen nur grundsätzlich einzuschalten; die Staatsanwaltschaft und ihre Hilfsbeamten haben dann – wie z. B. bei der Beschlagnahme nach § 98 Abs. 1 StPO – eine Befugnis zur Anordnung „bei Gefahr im Verzug" (sog. Eilkompetenz). Manchmal ist es aber auch nur sinnvoll oder zweckmäßig, den Richter Untersuchungshandlungen im Ermittlungsverfahren vornehmen zu lassen; – so etwa die richterliche **Vernehmung des Beschuldigten,** weil „Erklärungen des Beschuldigten, die in einem richterlichen Protokoll enthalten sind", in der späteren Hauptverhandlung „zum Zwecke der Beweisaufnahme über ein Geständnis verlesen werden" können (§ 254 Abs. 1 StPO).

28 Um noch einmal kurz auf die **Untersuchungshaft** zurückzukommen: Sie muss nicht nur wegen der mit ihr verbundenen Entziehung der Fortbewegungsfreiheit durch einen Richter verhängt werden, sondern sie darf auch nur beim Vorliegen weiterer drei Voraussetzungen angeordnet werden. Nach § 112 Abs. 1 S. 1 StPO darf sie nur angeordnet werden, wenn der Beschuldigte „der Tat dringend verdächtig ist und ein Haftgrund besteht". Anders als beim oben angesprochenen Anfangsverdacht gem. § 152 Abs. 2 StPO setzt der **dringende Tatverdacht** die hohe Wahrscheinlichkeit voraus, dass der Beschuldigte Täter oder Teilnehmer einer Straftat ist. Die häufigsten und unproblematischsten Haftgründe sind die Flucht bzw. Fluchtgefahr (§ 112 Abs. 2 Nr. 1, 2 StPO) und die Verdunkelungsgefahr (§ 112 Abs. 2 Nr. 3 StPO).

Seltener, aber problematisch ist der Verzicht auf einen Haftgrund bei Kapitalverbrechen (§ 112 Abs. 3 StPO; sog. Haftgrund der **„Schwere der Tat"**), denn wenn weder Flucht- noch Verdunkelungsgefahr vorliegt, ist die Anordnung der Untersuchungshaft zur Sicherung der Strafverfolgung nicht erforderlich. Deshalb hat das Bundesverfassungsgericht den Wortlaut des § 112 Abs. 3 StPO im Wege der verfassungskonformen Auslegung dahin korrigiert, dass auf Flucht- oder Verdunkelungsgefahr nicht verzichtet werden kann, an ihren Nachweis aber nicht so hohe Anforderungen wie bei § 112 Abs. 2 StPO gestellt werden müssen: ihr Vorliegen darf nur nicht auszuschließen sein (BVerfGE 19, 342ff., 350).

29 Nicht unproblematisch ist auch der Haftgrund der **Wiederholungsgefahr** nach § 112a StPO, denn Sicherungshaft dient nicht dem Schutz der Strafverfolgung, sondern ist eine präventive Maßnahme zum Schutz der Allgemeinheit vor weiteren Straf-

taten des Beschuldigten. Außerdem wird dem Beschuldigten entgegen der Unschuldsvermutung nach Art. 6 Abs. 2 EMRK unterstellt, er habe die jetzt zu untersuchende Straftat begangen; – freilich lässt Art. 5 Abs. 1 S. 2 c EMRK die Anordnung von Untersuchungshaft zu, wenn es „notwendig ist, den Betreffenden an der Begehung einer strafbaren Handlung ... zu hindern" (vgl. dazu *Kühne,* Rn. 421 und *Meyer-Goßner/ Schmitt,* Anh. 4, Art. 5 MRK Rn. 4).

Als dritte Voraussetzung verlangt der deutsche Gesetzgeber in Umsetzung von Art. 5 Abs. 3 S. 2, 3 EMRK in § 112 Abs. 1 S. 2 StPO, dass Untersuchungshaft „nicht angeordnet werden" darf, „wenn sie zu der Bedeutung der Sache und der zu erwartenden Strafe ... außer Verhältnis steht". Eine konkrete Folgerung aus diesem Grundsatz der **Verhältnismäßigkeit** enthält § 113 StPO, der bei Kleinkriminalität die Anordnung von Untersuchungshaft wegen Verdunkelungsgefahr nicht zulässt. 30

Doch zurück zum Gang des Verfahrens. Das Ermittlungsverfahren muss – ohne oder mit Untersuchungshaft – weitergehen und seinem Ende zugeführt werden. Das **Beschleunigungsgebot,** das sich aus Art. 2 Abs. 2 GG in Verbindung mit dem Rechtsstaatsprinzip (Art. 20 Abs. 3 GG) sowie aus Art. 6 Abs. 1 S. 1 EMRK ergibt, gilt zwar nicht nur, aber auch im Ermittlungsverfahren, vor allem wenn Untersuchungshaft angeordnet ist (vgl. Art. 5 Abs. 4 EMRK). Verstöße gegen das Beschleunigungsgebot werden bei der Strafzumessung zugunsten des Verurteilten berücksichtigt. Liegt zugleich ein Verstoß gegen Art. 6 Abs. 1 EMRK vor, so bildet das neben dem Gesichtspunkt des Zeitablaufs einen eigenständigen Milderungsgrund. In sog. „Extremfällen" kommt sogar die Einstellung des Verfahrens wegen eines Verfahrenshindernisses in Betracht (näher zu diesen „Sanktionen" *Lackner/Kühl,* § 46 Rn. 44). 31

Für das **Ende des Ermittlungsverfahrens** gibt § 170 StPO schon in der Überschrift die Alternative „Anklageerhebung – Verfahrenseinstellung" vor. Diese Alternative ist aber nicht vollständig, denn die Staatsanwaltschaft kann bei hinreichendem Tatverdacht statt der „Anklageerhebung" durch „Einreichung einer Anklageschrift" (§ 170 Abs. 1 StPO) auch einen Strafbefehl beantragen, „wenn sie nach dem Ergebnis der Ermittlungen eine Hauptverhandlung nicht für erforderlich erachtet" (§ 407 Abs. 1 S. 2 StPO). Mit diesem schriftlichen Verfahren werden Fälle minder schwerer Kriminalität schnell und unkompliziert erledigt. Für den Beschuldigten hat dieses Verfahren den Vorteil, dass ihm eine öffentliche Hauptverhandlung mit ihren negativen Begleiterscheinungen erspart bleibt, wenn er nicht innerhalb von zwei Wochen Einspruch einlegt (§ 410 Abs. 1 StPO). Allerdings ist er dann vorbestraft, wie wenn eine Hauptverhandlung mit seiner Verurteilung geendet hätte. Die durch Strafbefehl verhängbaren Strafen sind aber durch § 407 Abs. 2 StPO begrenzt; dennoch sind es echte Strafen, weshalb auch nur der Richter den Strafbefehl erlassen darf. Letzteres wird schon von Art. 104 GG gefordert, wenn nach § 407 Abs. 2 S. 2 StPO eine „Freiheitsstrafe" festgesetzt wird. – Eine weitere Alternative ist der Antrag auf Aburteilung im beschleunigten Verfahren (vgl. §§ 417, 418 Abs. 3 StPO). 32

Werden diese alternativen Klageerhebungen – auch durch den Strafbefehl „wird die öffentliche Klage erhoben" (§ 407 Abs. 1 S. 4 StPO) – nicht gewählt, so ist eine Anklageschrift beim zuständigen Gericht einzureichen, wenn „die Ermittlungen genügenden Anlass" dazu bieten (§ 170 Abs. 1 StPO). Dieser sog. **hinreichende Tatverdacht** liegt vor, wenn es – hypothetisch gedacht – nach Durchführung einer Hauptverhandlung wahrscheinlich zu einer Verurteilung des Angeklagten kommen wird. 33

34 Hat sich der Anfangsverdacht nicht zu einem hinreichenden Tatverdacht verdichtet, so „stellt die Staatsanwaltschaft das Verfahren ein" (§ 170 Abs. 2 S. 1 StPO). Diese **Einstellung** des Verfahrens ist von der oben angesprochenen Einstellung aus Gründen der Opportunität (§ 153 StPO) zu unterscheiden. Letztere ist eine „Einstellungsmöglichkeit trotz Tatverdachts" (*Schroeder/Verrel,* Rn. 54) und kommt auch am Ende des Ermittlungsverfahrens bei hinreichendem Tatverdacht, aber z. B. – hypothetisch gedacht – geringer Schuld des Beschuldigten in Betracht. Erstere muss gewählt werden, wenn sich kein genügender Anlass zur Erhebung der öffentlichen Klage ergeben hat. Dies ist nicht nur dann der Fall, wenn die Tat dem Beschuldigten nicht nachgewiesen werden konnte oder sich gar dessen Unschuld herausgestellt hat, sondern auch dann, wenn ein Verfahrenshindernis eingetreten ist bzw. eine Prozessvoraussetzung fehlt, z. B. der erforderliche Strafantrag bei einem Antragsdelikt fehlt.

35 Unzureichend ausgestaltet ist die Rolle der **Verteidigung** im Ermittlungsverfahren. Das betrifft sowohl das Recht auf Gewährung von Akteneinsicht als auch das Recht auf eigene Ermittlungen (näher und kritisch *Schünemann,* ZStW 114 [2002], S. 38 ff.).

b) Das Zwischenverfahren

36 Die Anklageschrift der Staatsanwaltschaft „enthält den Antrag, das Strafverfahren zu eröffnen" (§ 199 Abs. 2 S. 1 StPO). Über diesen Antrag entscheidet das für die Hauptverhandlung zuständige Gericht (§ 199 Abs. 1 StPO) im sog. **Zwischenverfahren** (§ 199–211 StPO).

37 Das deutsche Strafverfahrensrecht folgt damit dem sog. Akkusationsprinzip bzw. dem sog. **Anklagegrundsatz** (so die Überschrift von § 151 StPO). Danach ist die „Eröffnung einer gerichtlichen Untersuchung … durch die Erhebung einer Klage" (§ 151 StPO) durch die „Anklagebehörde" = die Staatsanwaltschaft (vgl. § 152 Abs. 1 StPO) bedingt. Das bedeutet zunächst, dass das Strafgericht erst aktiv werden kann, wenn bei ihm von der Staatsanwaltschaft die Eröffnung des Hauptverfahrens beantragt wurde. Dann bedeutet es aber auch, dass das Strafgericht nur über die von der Staatsanwaltschaft angeklagten Taten und Tatkomplexe urteilen darf. Stellt sich während des gerichtlichen Verfahrens, z. B. in der Hauptverhandlung, eine weitere, nicht angeklagte Tat des Angeklagten heraus, so darf über sie nur geurteilt werden, wenn mit Zustimmung des Angeklagten eine Nachtragsanklage erhoben worden ist (vgl. § 266 StPO).

38 Der Gegensatz zum Anklagegrundsatz bildet das sog. **Inquisitionsprinzip,** das über Jahrhunderte auch das deutsche Strafverfahrensrecht prägte. Der Gegensatz ist von *Baumann* in der Vorauflage, § 19 II 2, deutlich herausgestellt worden:

> „Im sog. Inquisitionsprinzip war der Richter zugleich Untersuchungsführer und Urteilender. Aus dieser Doppelrolle des Richters entstand vielfach die Gefahr, daß der Richter schon bei der Untersuchung der Straftat voreingenommen wurde, in eine psychische Situation geriet, in der es ihm später unmöglich war, unbefangen über die Sache zu urteilen.
> Das Anklageprinzip oder Akkusationsprinzip enthält demgegenüber den Grundsatz, dass nicht die gleiche Person Untersuchungsführer und Richter sein darf. Wer ermittelt hat, sieht nicht mehr objektiv, ist befangen. Wer selbst die Verdachtsgründe aufgesucht hat, kann sie nicht mehr unvoreingenommen prüfen. Das deutsche Prozessrecht hat daher aus dem französischen Prozessrecht die Trennung der Verfolgungsorgane übernommen: den Richter, der nur urteilt – und die Anklagebehörde, die ermittelt und dann anklagt. Nur durch Trennung von Anklage und Urteilsfindung wird dem Beschuldigten auch die Möglichkeit einer zweckentsprechenden Verteidigung gegeben. Der Beschuldigte erhält in der Staats-

anwaltschaft einen Gegner, der nicht über den Prozess zu entscheiden hat und den er getrost einmal attackieren darf, ohne für sich (z. B. bei der Würdigung der Beweise oder bei der Strafzumessung) Nachteile befürchten zu müssen." Zur Ablösung des Inquisitionsprozesses durch den reformierten Strafprozess in der Mitte des 19. Jahrhunderts vgl. *Rüping/Jerouschek,* Rn. 243–247).

Zu einem Hauptverfahren kommt es nur, wenn die **Staatsanwaltschaft** öffentliche Klage erhoben hat **und** das **Gericht** dem darin enthaltenen Antrag auf Eröffnung des Hauptverfahrens durch einen Eröffnungsbeschluss nach § 203 StPO stattgegeben hat. Zu diesem Beschluss „lässt das Gericht die Anklage zur Hauptverhandlung zu und bezeichnet das Gericht, vor dem die Hauptverhandlung stattfinden soll" (§ 207 Abs. 1 StPO). In dem dieser Entscheidung vorhergehenden Zwischenverfahren kann der Angeklagte „Beweiserhebungen" beantragen und „Einwände gegen die Eröffnung des Hauptverfahrens vorbringen" (§ 201 Abs. 1 StPO). Über diese „Anträge und Einwendungen beschließt das Gericht" (§ 201 Abs. 2 StPO); es kann „zur besseren Aufklärung der Sache" einzelne Beweiserhebungen anordnen. 39

Damit wird der von der Staatsanwaltschaft mit Hilfe der Polizei ermittelte Sachverhalt einschließlich der angeklagten Taten auch von einem Gericht überprüft, bevor es zu einem Hauptverfahren kommt. Das hat für den Beschuldigten und Angeschuldigten (zu dieser Terminologie vgl. § 157 StPO) den **Vorteil,** dass er einem Hauptverfahren und vor allem einer öffentlichen Hauptverhandlung mit eminenter psychischer Belastung und möglicher „Prangerwirkung" erst „ausgesetzt" wird, wenn ihn zwei voneinander unabhängige „Instanzen" einer Straftat für „hinreichend verdächtig" halten (vgl. § 203 StPO für das Gericht und § 170 Abs. 1 StPO für die Staatsanwaltschaft): die zur Objektivität verpflichtete Staatsanwaltschaft und das unabhängige Gericht (vgl. Art. 97 Abs. 1 GG). Dies ist auch dann noch ein Vorteil für den Beschuldigten, wenn man nach rechtstatsächlicher Aufklärung sieht, dass es in der Praxis selten zu der in § 204 StPO vorgesehenen „Ablehnung der Eröffnung des Hauptverfahrens" kommt. Demgegenüber wiegt der **Nachteil,** dass das Gericht mit dem hinreichenden Verdacht die Wahrscheinlichkeit einer Verurteilung zum Ausdruck gebracht hat und sich davon möglicherweise nicht lösen kann, weniger schwer, denn einem Berufsrichter – und nur der ist mit dem Eröffnungsbeschluss als einer Entscheidung des Gerichts außerhalb der Hauptverhandlung befasst (vgl. §§ 30 Abs. 2, 76 Abs. 1 S. 2 GVG) – kann man schon zutrauen, dass er von seiner vorläufigen Beurteilung Abstand nimmt, wenn im Hauptverfahren Zweifel an ihrer Richtigkeit aufkommen. Eine bessere Lösung, die Vorbelastung des Gerichts auch in den Augen des Beschuldigten zu vermeiden, wäre es, die Eröffnung nicht dem später auch urteilenden Richter des „erkennenden Gerichts", sondern einem anderen Gericht, z. B. dem „Eröffnungsgericht" oder einem „Eröffnungsrichter" zu überantworten (so *Roxin/Schünemann,* § 42 Rn. 3; ähnlich *Wohlers,* in: Festschrift für C. Roxin II, 2011, S. 1313; nach *Volk/Engländer,* § 16 Rn. 1: „sympathisch, aber illusorisch"). 40

c) Das Hauptverfahren

Bevor es zur „Hauptverhandlung" (§§ 226–275 StPO) kommt, müssen für diese **„Vorbereitungen"** getroffen werden (§§ 213–225a StPO). Dazu zählen etwa die Bestimmung eines Termins für die Hauptverhandlung (vgl. § 213 StPO) und die Anordnung der erforderlichen Ladungen (vgl. § 214 StPO). Dem Angeklagten ist spätestens mit seiner Ladung der Eröffnungsbeschluss zuzustellen (vgl. § 215 S. 1 StPO). Der Angeklagte (zur Terminologie vgl. wieder § 157 StPO) kann – wie schon im Zwi- 41 schenverfahren – Beweisanträge stellen (vgl. § 219 StPO) und damit aktiv Einfluss auf die kommende Hauptverhandlung nehmen.

42 Knapp, aber treffend kennzeichnet *Baumann* (Vorauflage § 18 I 2b) Hauptverfahren und Hauptverhandlung:

> „Das **Hauptverfahren** ist das Kernstück des Verfahrens. In der Hauptverhandlung ist die Rechtsstellung des Angeklagten am stärksten. Hier geht es um seine Strafbarkeit oder Nichtstrafbarkeit und hier muss unter allen Umständen sichergestellt sein, dass er seine Rechte und Verteidigungsmöglichkeiten wahrnehmen kann."

43 Der Ablauf der Hauptverhandlung ergibt sich namentlich aus §§ 243, 244 StPO. Die wesentlichen Stadien sind auch Studienanfängern schon aus den Gerichtsshows wie „Richterin Barbara Salesch" oder „Richter Alexander Hold" bekannt; – immerhin ein positiver Effekt der ansonsten effekthascherischen Sendungen, in denen unter Einsatz von Schauspielern erfundene Fälle mit besonderer Brisanz abgehandelt werden. Im Überblick nimmt die Hauptverhandlung in der Regel folgenden **formalisierten Gang:**

- Aufruf der Sache (§ 243 Abs. 1 S. 1 StPO)
- Feststellung der Präsenz von Beteiligten und Beweismitteln (§ 243 Abs. 1 S. 2 StPO)
- Gemeinsame Belehrung der Zeugen und Sachverständigen
- Verweisung der Zeugen in den sog. „Abstand" (§ 243 Abs. 2 S. 1 StPO)
- Vernehmung des Angeklagten über seine persönlichen Verhältnisse (§ 243 Abs. 2 S. 2 StPO)
- Verlesung des Anklagesatzes durch den Staatsanwalt (§ 243 Abs. 3 StPO)
- Belehrung des Angeklagten über seine Aussagefreiheit bzw. sein Schweigerecht (§ 243 Abs. 4 S. 1 StPO)
- Vernehmung des aussagewilligen Angeklagten zur Sache (§ 243 Abs. 4 S. 2 StPO)
- Beweisaufnahme (§ 243 Abs. 1 StPO)
- Schlussvorträge von Staatsanwaltschaft und Verteidigung (§ 258 StPO)
- Letztes Wort des Angeklagten (§ 258 Abs. 2, 3 StPO)
- Urteilsberatung und Urteilsverkündung (§§ 261–264 StPO und §§ 260, 268 StPO)

44 Schon bei äußerlicher Betrachtung fällt auf, dass in der Hauptverhandlung – anders als im Ermittlungsverfahren, in dem die Staatsanwaltschaft „Herrin des Verfahrens" war – das Gericht in das Zentrum des Verfahrens rückt: „Die Leitung der Verhandlung, die Vernehmung des Angeklagten und die Aufnahme des Beweises erfolgt durch den Vorsitzenden" (§ 238 Abs. 1 StPO). Hierin kann man einen „Rest des Inquisitionsprozesses" erhalten sehen (vgl. *Schroeder/Verrel,* Rn. 195). Nach dem sog. **Untersuchungsgrundsatz** (auch Ermittlungsgrundsatz genannt) ist das Gericht – wie schon die Staatsanwaltschaft (vgl. § 160 Abs. 1 StPO) – zur bestmöglichen Erforschung des wahren Sachverhalts verpflichtet (vgl. §§ 155 Abs. 2, 244 Abs. 2, 264 Abs. 2 StPO).

45 Den sachlichen Gehalt dieses Untersuchungsgrundsatzes hat *Baumann* in der Vorauflage, § 19 II 4, präzis formuliert:

> „Der Untersuchungsgrundsatz hat zum Inhalt, dass das Gericht **von sich aus** zu untersuchen hat, was wirklich geschehen ist. Das Gericht beschränkt sich nicht auf die Kenntnisnahme dessen, was Staatsanwaltschaft und Beschuldigter vortragen."

Den Gegensatz zum Untersuchungsgrundsatz bildet der sog. Verhandlungsgrundsatz. 46
Danach bestimmen die Parteien darüber, welchen Sachverhalt sie dem Gericht zur Entscheidung vorlegen. Dies geschieht nicht nur im Zivilprozess, sondern ist auch aus dem anglo-amerikanischen Strafprozessrecht bekannt. Selbst im deutschen Strafverfahrensrecht ist der Untersuchungsgrundsatz durch „Absprachen“ zwischen dem Beschuldigten und den Strafverfolgungsorganen (sog. **Deal**) gefährdet, denn durch eine solche „Absprache“ kann der Richter in die Versuchung kommen, dem Wahrheitsgehalt eines Geständnisses zur Vermeidung eines langen Prozesses nicht näher nachzugehen. Dennoch hat sich die Praxis angesichts drückender Lasten in großen Wirtschaftsstrafverfahren dem prozeßverkürzenden Mittel der Absprache nicht entziehen können. Der Bundesgerichtshof hat dafür sogar Regeln für die Strafgerichte entwickelt (BGHSt 43, 195; 50, 40), die – nicht ohne z. T. problematische Abweichungen – 2009 u. a. zu einem neuen § 257c StPO geführt haben, der die „Verständigung zwischen Gericht und Verfahrensbeteiligten“ regelt (*Lackner/Kühl,* § 46 Rn. 43). Das „Geständnis“ „soll“ zwar Bestandteil jeder Verständigung sein, doch ist schon unklar, ob auch sog. „schlanke“ Geständnisse reichen oder ein glaubhaftes Geständnis gefordert ist; nur letzteres entspricht dem Amtsermittlungsgrundsatz und garantiert ein gerechtes, d. h. auch: einem wahren Sachverhalt entsprechendes Urteil. Ein „Handeln mit der Gerechtigkeit“ sollte nicht „losgetreten“ werden, an „Klassenjustiz“ mit Bevorzugung der Reichen mag man gar nicht denken. Dennoch wird kritisch eingewandt, dass die Struktur des deutschen Strafprozesses – „Akkusationsprozess mit inquisitorischer Hauptverhandlung“ – durch die Urteilsabsprachen gesprengt werde (*Roxin/Schünemann,* § 17 Überschrift).

Die einzelnen Schritte im Gang des Hauptverfahrens können und müssen in dieser 47
Einführung nicht näher behandelt werden. Kurz angesprochen aber sollen die Belehrung und Vernehmung des Angeklagten werden, denn sie haben eine besondere rechtsstaatliche, grundrechtssichernde Bedeutung. Da ist zunächst die **Aussagefreiheit** des Beschuldigten bzw. Angeklagten:

„Nur wenn der Beschuldigte als Beteiligter des Strafverfahrens ernst genommen wird, wird er das ihn betreffende Verfahren als fair empfinden, so dass eine Akzeptierung des Urteils durch ihn erwartet werden kann. Um echter Beteiligter zu werden, muss er aus der Stellung eines Objekts der Wahrheitserforschung entlassen werden. Es müssen ihm Rechte eingeräumt werden, damit er auf den Verlauf des Verfahrens Einfluss nehmen und seine Sicht der Dinge zur Geltung bringen kann. Aktive Verteidigungsrechte und das Recht auf rechtliches Gehör sind für das Prozesssubjekt ‚Beschuldigter‘ unerlässlich. Da aber niemand für den Beschuldigten ohne Eingriff in dessen Freiheit entscheiden kann, wie dieser im Strafverfahren Stellung nehmen soll, muss es dem Beschuldigten freistehen, durch Schweigen eine Stellungnahme zur Sache zu verweigern. Diese Freiheit muss auch dann respektiert werden, wenn in einem Verfahren das Schweigen für andere ersichtlich, z. B. angesichts einer erdrückenden Beweislage, nicht zu seinen Gunsten ausschlagen kann.

Die Aussage- oder Einlassungsfreiheit des Beschuldigten im Strafverfahren ist deshalb zu Recht auf das Grundrecht der allgemeinen Handlungsfreiheit in Art. 2 Abs. 1 GG zurückgeführt worden. Jeder Zwang zur aktiven Förderung des Strafverfahrens durch Einlassung zur Sache, die ein Beitrag zu seiner Überführung und Verurteilung sein *kann,* würde gegen dieses als Abwehrrecht gegen staatliche Eingriffe zu verstehende Grundrecht verstoßen und wäre – zumindest hinsichtlich des Zwanges zur Selbstbelastung – zugleich mit der Würde des Gezwungenen schwerlich zu vereinbaren. Die ‚Nötigung, durch eigene Äußerungen strafbare Handlungen offenbaren zu müssen‘ greift nach der Rechtsprechung des Bundesverfassungsgerichts in die personale Freiheit der Willensentscheidung ein: Da dem Genötigten im Strafverfahren schwerwiegende Eingriffe durch die mögliche Strafe drohen, sei das Schweigerecht des Beschuldigten, der Grundsatz ‚nemo tenetur se ipsum accusare‘ verfassungsrechtlich geboten. Ausdrücklich ist das von der Aussagefreiheit umfasste Schweigerecht zwar in der StPO nicht verankert, seine *vorausgesetzte* Geltung lässt sich aber mehreren Vorschriften dieses Gesetzes entnehmen: den Belehrungsvorschriften der §§ 115 Abs. 3, 136 Abs. 1 S. 2, 243 Abs. 4 S. 2, aber etwa auch § 55 Abs. 1 Alt. 1. Als einfaches strafprozessuales Gesetzesrecht ist die Aussagefreiheit deshalb im Prinzip unbestritten" (*Kühl,* JuS 1986, 115, 117).

48 Von besonderer Bedeutung sind auch die Regeln der **Vernehmung.** Die Vernehmung wird hier nur bei der Hauptverhandlung angesprochen, sie findet aber auch im Ermittlungsverfahren statt; spätestens ist der Beschuldigte vor dem Abschluss der Ermittlungen zu vernehmen (vgl. § 163a Abs. 1 StPO). Die richterliche Vernehmung des Beschuldigten ist deshalb auch im 10. Abschnitt der „Allgemeinen Vorschriften" in den §§ 133–136a StPO geregelt. Diese gelten kraft Verweisung in §§ 163a Abs. 3, 4 StPO auch für Vernehmungen durch Staatsanwaltschaft und Polizei.

49 Dass die **Folter** verboten ist, ergibt sich schon aus Art. 1 EMRK (zur Geschichte der und zum Kampf gegen die Folter im Strafprozess vgl. *Rüping/Jerouschek,* Rn. 79–84, 106, 127f., 130f., 146f. und 172–178 sowie *Schroeder/Verrel,* Rn. 395). Den **„Schutz der Willensfreiheit"** übernimmt § 136a StPO, der u. a. Misshandlung, Quälerei und Täuschung als Vernehmungsmethoden verbietet. Trotz dieses Schutzes des Beschuldigten ist die Grenze zwischen noch erlaubter und schon verbotener Vernehmungsmethode nicht immer klar zu ziehen, wie sich an der umstrittenen Abgrenzung von verbotener Täuschung und erlaubter List z. B. bei sog. Fangfragen zeigt. Der von § 136a StPO vorgesehene Schutz der Willensfreiheit bei „Versprechen eines gesetzlich nicht vorgesehenen Vorteils" könnte zudem durch „Absprachen" (Deals) gefährdet sein, die über den Druck zur Kooperationsbereitschaft zu einem Geständnis führen (vgl. *Beulke,* Rn. 140 und 395a).

50 Der Angeklagte ist aber nicht nur gegen Beeinträchtigungen seiner Willensfreiheit zu schützen, sondern hat in der Hauptverhandlung – wie schon im Zwischenverfahren – das Recht, die Beweisaufnahme aktiv durch **Beweisanträge** mitzugestalten (näher zum „Beweisantrag in der Hauptverhandlung" *Beulke,* § 22). Im Hinblick auf seine bereits angesprochene Stellung als Prozesssubjekt (oben Rn. 5) besonders wichtig ist sein Recht, die Beweisaufnahme auf von ihm bestimmte, sog. „präsente Beweismittel" wie z. B. Zeugen „erstrecken" zu lassen (§ 245 Abs. 2 StPO). Die Bedeutung dieser Vorschrift für die – rechtsphilosophisch betrachtet – „subjekthafte Mitkonstitution" des Ergebnisses eines fairen Strafprozesses macht *Köhler,* Inquisitionsprinzip und autonome Beweisführung (§ 245 StPO), 1979, so deutlich:

„Denn im Strafprozess stellt sich die Frage des Rechtsfriedens, gerade auch mit dem Verbrecher, in äußerster Zuspitzung. In diesem Prozessziel begründet, behält daher eine autonome Beweisführung ihren guten ergänzenden Sinn, der vom Instruktionsermessen des Gerichts nicht vollständig eingeholt werden kann, folglich auch nicht aufgelöst werden darf. Es soll nicht nur gefragt werden: ‚Worauf kommt es uns, dem Gericht, an?', sondern auch: ‚Kann er, der Angeklagte, sich damit noch verteidigen wollen?'" (S. 79f.).

51 Zur Vervollständigung des Bildes von der Hauptverhandlung müssen wenigstens die Verfahrensgrundsätze kurz angesprochen werden, die die Hauptverhandlung prägen. Da ist zunächst der Grundsatz der **Öffentlichkeit.** Für den Angeklagten ist die Öffentlichkeit der Hauptverhandlung zwar oft mit einer Bloßstellung verbunden, insbesondere wenn die Medien die Öffentlichkeit der Hauptverhandlung zu einer personenbezogenen Berichterstattung mit häufig vorverurteilendem Charakter – der Angeklagte erscheint durch die Verbindung von einer Straftat mit seinem Bild und

Namen für den Zeitungsleser als der Täter, auch wenn er formell korrekt als „mutmaßlicher Täter" bezeichnet wird – missbrauchen (sog. Prangerwirkung). Dem kann auch nur unzureichend über den Ausschluss der Öffentlichkeit, z. B. zum Schutz der Privatsphäre (vgl. § 171 b Abs. 1 GVG), gegengesteuert werden. Erfolgsversprechender erscheinen zivilrechtliche Sanktionen wie Schmerzensgeld, die auf die Verletzung des besonderen Persönlichkeitsrechts der Unschuldsvermutung gem. § 6 Abs. 2 EMRK gestützt sind (vgl. *Kühl,* Unschuldsvermutung und Resozialisierungsinteresse als Grenzen der Kriminalberichterstattung, in: Festschrift für H. Müller-Dietz, 2001, S. 401 ff., 418). Sinnvoll ist u. a. auch aus Gründen des Persönlichkeitsschutzes die Unzulässigkeit von Rundfunk-, Ton- und Filmaufnahmen in der Hauptverhandlung und zum Zwecke der Veröffentlichung (vgl. § 169 S. 2 GVG). Mit diesen Beschränkungen der Öffentlichkeit sollte es aber auch genug sein, denn:

> „Die Öffentlichkeit kontrolliert in ganz besonderer Weise die Strafgerichte. Das war eine wichtige politische Forderung" (*Baumann,* Vorauflage, § 19 II 9).

Und: Wer will schon zurück zum Gegen-Grundsatz der Heimlichkeit, der im gemeinen, i. S. von allgemeinem Prozessrecht lange genug herrschte (vgl. *Roxin,* Strafverfahrensrecht, 25. Aufl. 1998, § 69 Rn. 8). 52

In diesem gemeinen Prozessrecht herrschte auch der Grundsatz der Schriftlichkeit des Verfahrens: „Quod non est in actis, non est in mundo"; die Beseitigung dieses Grundsatzes war eine „allgemeine politische (nicht nur rechtspolitische) Forderung" (*Baumann,* Vorauflage, § 19 II 5). Die heutige Strafprozessordnung wird dagegen vom Grundsatz der **Mündlichkeit** beherrscht. Danach ist Urteilsgrundlage nur das, was mündlich in der Hauptverhandlung vorgetragen wurde (vgl. § 264 Abs. 1 StPO). Daraus folgt, dass die Akten verlesen werden müssen, wenn sie im Urteil verwertet werden sollen (vgl. §§ 249, 251, 254 StPO mit gewissen Auflockerungen in den §§ 249 Abs. 2, 251 Abs. 2 StPO). Das Mündlichkeitsprinzip birgt zwar Gefahren – man überhört und vergisst mündlich Vorgetragenes leicht –, hat aber den Vorteil der Frische und Lebendigkeit. 53

Das gilt auch für den mit der Mündlichkeit verwandten Grundsatz der **Unmittelbarkeit.** Danach soll der Richter „aus dem frischen Eindruck der Hauptverhandlung (und nicht aus früherer Aktenkenntnis) sein Urteil fällen" (*Baumann,* Vorauflage, § 19 II 6). Dies erfordert etwa, dass die Hauptverhandlung „in ununterbrochener Gegenwart der zur Urteilsfindung berufenen Personen sowie der Staatsanwaltschaft und eines Urkundsbeamten der Geschäftsstelle" erfolgt (§ 226 StPO). Während „die Staatsanwaltschaft" durch wechselnde Vertreter gegenwärtig ist, muss die gesamte Hauptverhandlung wiederholt werden, wenn ein Richter z. B. durch Krankheit ausfällt. Eine weitere Konsequenz der Unmittelbarkeit ist es, dass auf die unmittelbaren (= tatnächsten) Beweismittel zurückgegriffen werden soll. Das schließt den Rückgriff auf „Zeugen vom Hörensagen" aber nur dann aus, wenn direkte Zeugen zur Verfügung stehen. – Mit der Unmittelbarkeit eng verbunden ist vor allem das für den anglo-amerikanischen Strafprozess essentielle **Konfrontationsrecht** des Angeklagten, das ihm nach Art. 6 Abs. 3 d EMRK das Recht gibt, „Fragen an die Belastungszeugen zu stellen oder stellen zu lassen" (vgl. *Weigend,* ZStW 113 [2001], S. 281). 54

Wenn sich die Hauptverhandlung ihrem Ende nähert, wird der Grundsatz der **freien richterlichen Beweiswürdigung** relevant: „Über das Ergebnis der Beweisaufnahme 55 entscheidet das Gericht nach seiner freien, aus dem Inbegriff der Verhandlung geschöpften Überzeugung" (§ 261 StPO). Dies bedeutet vor allem, dass der Richter nicht mehr an starre Beweisregeln gebunden ist, wie es sie noch in der Carolina von 1532 gab, nach deren Regelung das fehlende Geständnis nur durch zwei Zeugen ersetzt werden konnte (vgl. Art. 67 CCC; zum Beweisrecht der CCC näher *Rüping/Jerouschek,* Rn. 105). Freie Beweiswürdigung bedeutet aber nicht willkürliche Beweiswürdigung, denn an die Regeln der Logik und an allgemeingültige Erfahrungssätze ist selbst der Richter gebunden; auch muss er das in der Hauptverhandlung ermittelte Material erschöpfend würdigen. Besonders eindrucksvoll ist das Plädoyer für die Objektivierung der richterlichen Überzeugungsbildung von *Karl Peters,* in seinem Lehrbuch „Strafprozeß", 3. Aufl. 1981, S. 283 (in der 4. Aufl. 1985, S. 300, verkürzt):

> „Ausgangspunkt für die hier aufgeworfene Problematik ist § 261 StPO. Er lautet: ‚Über das Ergebnis der Beweisaufnahme entscheidet das Gericht nach seiner freien, aus dem Inbegriff der Verhandlung geschöpften Überzeugung.' Das Wort ‚frei' bedeutet nur ‚nicht gebunden an gesetzliche Beweisregeln'. Es bedeutet aber nicht Freistellung von kriminalistischen Erkenntnissen und Erfahrungen, von rechtsstaatlicher Absicherung. Das ergibt sich aus dem Wesen richterlicher Aufgabe: Gewährleistung der Wahrheitsfindung und der Rechtssicherheit sowie aus dem durch das Grundgesetz und die Menschenrechtskonvention gewährleisteten Freiheitsraum. Diese Einschränkung des § 261 StPO ergibt sich aus den allgemeinen Auslegungsregeln, zum mindesten aus der verfassungskonformen und menschenrechtskonformen Auslegung. § 261 StPO kann nur im Zusammenhang mit Grundgesetz und Menschenrechtskonvention verstanden werden. Rechtsstaatlichkeit ist nur bei der Verpflichtung des Richters, nicht nur objektiv und unvoreingenommen den Sachverhalt zu ermitteln und zu würdigen, sondern ihn unter Anwendung objektiver Maßstäbe zu beurteilen. Diese Maßstäbe sind aus der Erkenntnis und den Erfahrungen der Kriminalistik und den ihr zugrundeliegenden Einzelwissenschaften zu gewinnen. Sie sind auch grundlegend dafür, was als rechtsstaatlich gesichert oder ungesichert anzusehen ist."

56 Bei der Urteilsfällung ist schließlich der Grundsatz **„in dubio pro reo"** = „im Zweifel für den Angeklagten" zu beachten. Ist das Gericht von der Schuld des Angeklagten nicht überzeugt, so muss er freigesprochen werden. Und dieser Freispruch darf einen etwa fortbestehenden Verdacht gegen den Angeklagten nicht mehr im Tenor dergestalt zum Ausdruck bringen, dass der Angeklagte nicht „wegen erwiesener Unschuld" = „erstklassig", sondern nur „mangels Beweisen" = „zweitklassig" freigesprochen wird; – dies folgt aus der **Unschuldsvermutung** des Art. 6 Abs. 2 EMRK, die eine fortdauernde Diskriminierung des Freigesprochenen verhindern will, weshalb ihr auch die Äußerung fortbestehenden Verdachts in den Urteilsgründen – entgegen der Rechtsprechung (vgl. BGH NJW 1991, 2094) und herrschenden Rechtslehre (vgl. *Volk/Engländer,* § 31 Rn. 16) – widerspricht: „Die Ausführungen in den Urteilsgründen eines Freispruchs, die das Fortbestehen eines Tatverdachts gegen den Freigesprochenen zum Ausdruck bringen, belasten diesen ... strafähnlich und verstoßen deshalb gegen die Unschuldsvermutung" (*Kühl,* Unschuldsvermutung, Freispruch und Einstellung, 1983, S. 57).

57 Rein tatsächlich gelangen nur wenige Straftaten zur Aburteilung durch ein Strafgericht. Viele Straftaten werden nicht entdeckt oder angezeigt, bei manchen wird der erforderliche Anfangsverdacht (§ 152 Abs. 2 StPO) verneint; häufig wird das Ermittlungsverfahren mangels hinreichenden Tatverdachts (vgl. § 170 Abs. 2 StPO) oder aus Gründen der Opportunität (vgl. §§ 153ff. StPO) eingestellt, seltener wird die Eröffnung des Hauptverfahrens abgelehnt (§ 204 StPO) und schließlich kann auch noch das Hauptverfahren durch Einstellung beendet werden (vgl. §§ 206a Abs. 1, 260

Abs. 3 StPO). Dieser Prozess wird in der Kriminologie mit dem sog. **Trichtermodell** anschaulich dargestellt, nach dem strafbares Verhalten in einen sich ständig verengenden Trichter eingegeben wird, bis die von einem Strafgericht Abgeurteilten übrig bleiben. Von diesen Abgeurteilten wird noch eine gewisse Anzahl freigesprochen und vom verurteilten Rest gelangen nur die Wenigsten in den Vollzug der Freiheitsstrafe.

Bei Diebstahlsdelikten als den **häufigsten Delikten** überhaupt schätzt man das Gesamtvorkommen einschließlich des Dunkelfeldes auf 12,5 Millionen, von denen 3 Millionen entdeckt (in 90% durch Anzeige des Opfers) und 1 Million aufgeklärt werden; dabei ergeben sich ungefähr 750 000 Tatverdächtige. Von diesen Tatverdächtigen werden kaum mehr als 200 000 von Strafgerichten abgeurteilt, verurteilt etwas mehr als 160 000, zu Freiheitsstrafe nur knapp 37 000, die nur von rund 9% „abgesessen" werden muss (vgl. *Schwind,* § 2 Rn. 83; näher zu diesem „Trichtermodell" *Kaiser,* Kriminologie-Einführung, § 19 mit Schaubild 6 auf S. 141; mit Schaubild veranschaulicht auch *Kerner,* Artikel „Kriminalstatistik", in: Kaiser/Kerner u. a. [Hrsg.], Kleines kriminologisches Wörterbuch, 3. Aufl. 1993, S. 296ff., diesen „Ausfilterungsprozess"; ein Schaubild von *Heinz/Spieß* verwendet *Streng,* Strafrechtliche Sanktionen, 3. Aufl. 2011, Rn. 111 zur Veranschaulichung des „Trichtermodells" der Strafverfolgung). 58

Genaue Zahlen zu diesem „Ausfilterungsprozess" im Jahre 1998 enthält auch ein **„Erster Periodischer Sicherheitsbericht",** S. 345, der von der Bundesregierung am 11. Juli 2001 verabschiedet und von den Bundesministerien des Innern und der Justiz herausgegeben wurde (in Kurz- oder Langfassung über das Internet abrufbar unter: http://www.bmi.bund.de oder http://www.bmj.bund.de): 59

Polizeilich bekannt gewordene Fälle (Straftaten ohne Straßenverkehr)	5.149.955
Aufgeklärte Fälle	2.707.835
Ermittelte strafmündige Tatverdächtige	1.717.251 = 100%
Angeklagte (Abgeurteilte)	706.230 = 41%
Verurteilte	554.127 = 32,3%
Verurteilte zu stationären Sanktionen	58.460 = 3,4%

Dieser Bericht enthält außerdem interessante Zahlen zu den oben (Rn. 15–18) behandelten Einstellungen aus Opportunitätsgründen. Diese auch so genannten informellen Sanktionen nach §§ 153ff. StPO, §§ 45, 47 JGG – die „Sanktion" liegt allein in der Einleitung und Durchführung eines Ermittlungsverfahrens oder in Auflagen und Weisungen bei Einstellung des Verfahrens – nehmen inzwischen die Hälfte aller Sanktionen ein (S. 385). Bei Opportunitätseinstellungen dominieren mit 78% diejenigen ohne Auflagen (S. 352). 60

Der Anteil der oben (Rn. 32) angesprochenen Verfahrensfortführung durch Strafbefehlsantrag an allen Verfahren, in denen die Staatsanwaltschaft entweder Anklage erhoben oder Antrag auf Erlass eines Strafbefehls gestellt hat, stieg von 42% (1981) auf 52% (1998) an (S. 353). Im hier nicht näher ausgewerteten **„Zweiten Periodischen Sicherheitsbericht"** von 2006 heißt es dementsprechend: „Mehr als jedes zweite anklagefähige Strafverfahren wird inzwischen informell durch Einstellungen gem. §§ 153, 153a StPO oder §§ 45, 47 JGG erledigt" (so in der Kurzfassung, S. 84). 61

III. Rechtsmittel und Instanzenzüge

62 Die wichtigsten Rechtsmittel der StPO sind die Berufung (§§ 312–332 StPO) und die Revision (§§ 333–358 StPO). Sie richten sich – anders als die hier nicht zu behandelnde Beschwerde (§§ 304–311a StPO) – gegen Urteile. Die **Berufung** ist „gegen die Urteile des Strafrichters und des Schöffengerichts" (§ 312 StPO) möglich; – beides Spruchkörper des Amtsgerichts (vgl. §§ 25, 28 GVG), das für besonders umfangreiche Strafsachen auch noch ein sog. erweitertes Schöffengericht (vgl. § 29 Abs. 2 GVG) bilden kann. Über die Berufung entscheidet die kleine Strafkammer als Spruchkörper des Landgerichts (vgl. § 74 Abs. 3 GVG). Die Berufung führt zu einer erneuten Hauptverhandlung (vgl. §§ 323, 324 StPO), ist also eine zweite Tatsacheninstanz. Gegen das Urteil der Strafkammer in der Berufungsinstanz ist dann noch die **Revision** zulässig (vgl. § 333 StPO), die zu einem Strafsenat des Oberlandesgerichts führt (vgl. § 121 GVG). Dieses Gericht kann auch – unter Überspringen des Landgerichts – direkt mit der sog. **Sprungrevision** nach § 335 StPO erreicht werden. Ein solches Vorgehen bietet sich dann an, wenn der Sachverhalt in der ersten Instanz korrekt festgestellt worden ist, so dass eine zweite Tatsacheninstanz nichts „Besseres" ergeben könnte. Die in diesem Fall noch möglichen Rechtsfehler bei der Anwendung des formellen und materiellen „Gesetzes"-Rechts (vgl. § 337 StPO) können mit der Revision gerügt werden.

63 Sind also gegen Urteile des Amtsgerichts zwei verschiedene, hintereinander geschaltete Rechtsmittel gegeben und steht damit ein dreistufiger Instanzenzug zur Verfügung, so ist gegen erstinstanzliche Urteile der großen Strafkammer – und das ist auch das sog. Schwurgericht, das vor allem Kapitalverbrechen verhandelt (vgl. § 74 Abs. 2 S. 1 GVG) – als Spruchkörper des Landgerichts (vgl. § 74 Abs. 1, 2 GVG) nur die Revision zulässig, die zu einem Strafsenat des Bundesgerichtshofs führt (vgl. §§ 130, 139 GVG).

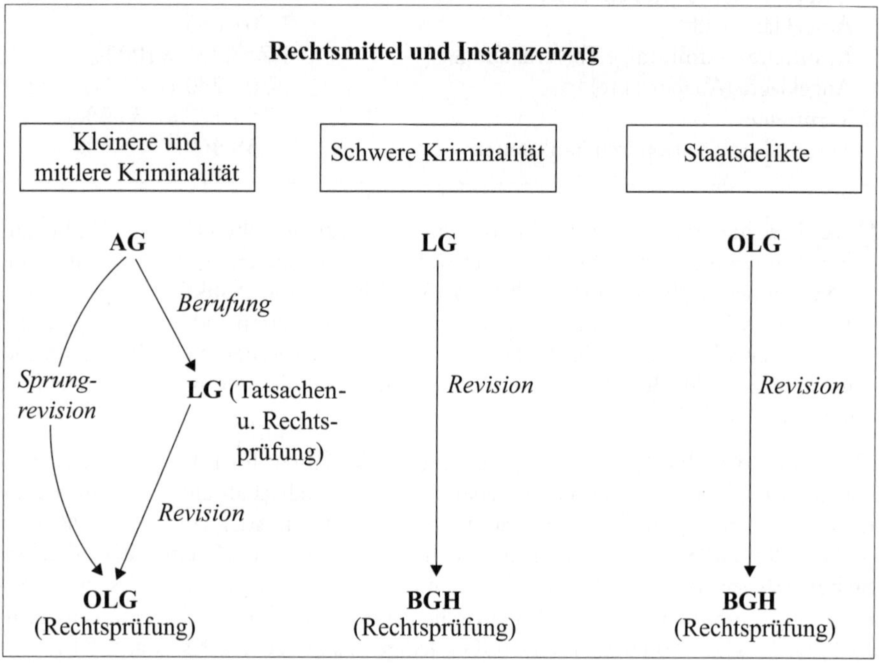

Auf die Einzelheiten der **Zuständigkeit** der verschiedenen Spruchkörper bei den verschiedenen Gerichten kann in dieser Einführung verzichtet werden. Vergröbernd kann man sagen, dass erstinstanzlich die kleinere und mittlere Kriminalität vom Amtsgericht, die schwere Kriminalität bis hin zu den Kapitalverbrechen wie Mord gem. § 211 StGB dagegen vom Landgericht verhandelt wird. Für Staatsschutzdelikte und damit vor allem gegenüber Terroristen sind Senate der Oberlandesgerichte erstinstanzlich zuständig (§ 120 GVG); auch dagegen besteht die Möglichkeit einer Revision zum BGH. Dabei fällt auf, dass es bei den schweren Straftaten **keine zweite Tatsacheninstanz** gibt, denn Urteile der großen Strafkammern können nur einer Rechtsprüfung durch den BGH mittels Revision zugeführt werden. Die „offizielle" Begründung für diesen nur zweistufigen Instanzenzug wird darin gesehen, dass die mit zwei bis drei Berufsrichtern und zwei Schöffen besetzten großen Strafkammern eine besonders gründliche Sachverhaltsfeststellung gewährleisteten (vgl. *Beulke,* Rn. 54), zumal bei Hauptverhandlungen „im ersten Rechtszug vor … dem Landgericht" die „Mitwirkung eines Verteidigers … notwendig" ist (§ 140 Abs. 1 Nr. 1 StPO). Rechtstatsächlich ist auch darauf hinzuweisen, dass 70 % aller Revisionen zum BGH auf Antrag der Staatsanwaltschaft durch Beschluss gem. § 349 Abs. 2 StPO als offensichtlich unbegründet verworfen werden (kritisch *Kühne,* Rn. 1088). 64

Hinsichtlich der Zuständigkeit der Strafgerichte ist noch die verfassungsrechtliche Vorgabe des **„gesetzlichen Richters"** in Art. 101 Abs. 1 S. 1 GG zu beachten, die einen allgemein und im voraus bestimmten Richter verlangt und „Ausnahmegerichte" für unzulässig erklärt (Art. 101 Abs. 1 S. 2 GG). 65

Während Berufung und Revision gegen noch nicht rechtskräftige Urteile möglich sind, richtet sich die **„Wiederaufnahme"** gegen ein „durch rechtskräftiges Urteil" abgeschlossenes Verfahren (vgl. die Überschrift des Vierten Buches der StPO vor § 359). Es handelt sich dabei nach der Systematik der StPO nicht um ein Rechtsmittel, denn diese sind im Dritten Buch enthalten, sondern um einen außerordentlichen Rechtsbehelf. Die Wiederaufnahme ist nur in abschließend aufgezählten Fallgruppen (vgl. §§ 359, 362 StPO) ausnahmsweise möglich, da normalerweise mit der Rechtskraft des Urteils der durch die Straftat gestörte **Rechtsfrieden** wiederhergestellt ist. Bei unerträglichen Fehlern des rechtskräftigen Urteils setzt sich aber die **Gerechtigkeit** gegenüber dem Rechtsfrieden durch und verlangt eine Durchbrechung der Rechtskraft. So etwa, wenn neue Tatsachen oder Beweismittel zugunsten der Verurteilten sprechen (vgl. § 359 Nr. 5 StPO), aber auch wenn von dem Freigesprochenen ein glaubwürdiges Geständnis der Tat abgelegt wird (vgl. § 362 Nr. 4 StPO). 66

Neben der strafrechtsinternen Durchbrechung der Rechtskraft können rechtskräftige Urteile auch durch strafrechtsexterne Rechtsbehelfe angefochten werden. National durch die **Verfassungsbeschwerde** beim Bundesverfassungsgericht (vgl. Art. 93 Abs. 1 Nr. 4 a GG), die bei Erfolg zur Aufhebung des Urteils durch das Bundesverfassungsgericht führt (vgl. § 95 Abs. 2 Bundesverfassungsgerichtsgesetz = BVerfGG); in bestimmten Fällen ist dann „die Wiederaufnahme des Verfahrens zulässig" (§ 79 Abs. 1 BVerfGG). – International kann gegen rechtskräftige Urteile deutscher Strafgerichte mit der **Individualbeschwerde** zum Europäischen Gerichtshof für Menschenrechte in Straßburg vorgegangen werden (vgl. Art. 34 EMRK); auch sie führt bei Erfolg in bestimmten Fällen zur Wiederaufnahme des Verfahrens zugunsten des Verurteilten (vgl. § 359 Nr. 6 StPO). – Sowohl bei der Verfassungsbeschwerde als 67 auch bei der Individualbeschwerde müssen Verletzungen von Grund- oder Menschenrechten behauptet werden, z. B. die Verletzung der Unschuldsvermutung, die national aus dem Rechtsstaatsprinzip des Art. 20 Abs. 3 GG hergeleitet wird, ausdrücklich aber in Art. 6 Abs. 2 EMRK angeführt ist. In einem solchen Fall muss die Verletzung des Grundrechts zuerst vor dem Bundesverfassungsgericht gerügt werden, weil erst dann die „Erschöpfung aller innerstaatlichen Rechtsbehelfe" als Zulässigkeitsvoraussetzung der Individualbeschwerde zum Europäischen Gerichtshof vorliegt (vgl. Art. 35 Abs. 1 EMRK; dazu näher *Meyer-Goßner/Schmitt,* Anh 4, Art. 35 MRK Rn. 2).

§ 45. Die Europäisierung des Strafrechts

1 Zum Schluss soll noch ein kurzer Ausblick auf die Europäisierung des Strafrechts geworfen werden. Eine erste „Welle" betraf die Umsetzungsgesetzgebung bezüglich der Europäischen Konvention zum Schutze der Menschenrechte und Grundfreiheiten vom 4.11.1952 **(EMRK),** die schon in den Sechziger/Siebziger Jahren des 20. Jahrhunderts einsetzte und vor allem das Strafprozessrecht betraf (*Kühl,* ZStW 100 [1988], S. 610ff.), so etwa die oben schon erwähnte Abschaffung des sog. „Freispruchs zweiter Klasse" (oben Rn. 56). Der **Einfluss von EG- und EU-Recht** setzte erst später ein. Da dieser Einfluss nicht über eine Kodifikation wie die EMRK (umgesetzt auch durch den Europäischen Gerichtshof für Menschenrechte in Straßburg) erfolgen konnte, sind es vor allem Rahmenbeschlüsse des Rates und Richtlinien der Kommission, die nach Umsetzung verlangten. – Überblick zum „EU-Strafrecht" und zum Einfluss der EMRK auf das deutsche Strafrecht bei *Lackner/Kühl,* Vor § 1 Rn. 19.

2 Eine Kompetenz zur Strafrechtssetzung fehlt der EU bis heute, allerdings sind mehrere Strafrechtsänderungen, z. B. das 34. Strafrechtsänderungsgesetz (§ 129b StGB), das 35. StÄG (§§ 152a, b, 263a StGB) und das 37. StÄG (Menschenhandel, § 232ff. StGB) auf **EU-Rahmenbeschlüsse** zurückzuführen. Das hat dem deutschen Strafrecht nicht immer gut getan; ein abschreckendes Beispiel ist der Rahmenbeschluss zur Bekämpfung der sexuellen Ausbeutung von Kindern, der die Altersgrenzen der §§ 174ff. StGB weitgehend schematisch einebnete; vom Rahmenbeschluss über den Europäischen Haftbefehl ganz zu schweigen. Auch durch **Richtlinien** der Kommission kann eine Beeinflussung des nationalen Strafrechts betrieben werden, doch kann aus ihnen keine Pflicht zur Strafbewehrung hergeleitet werden. Weiteren Einfluss gewinnt das EU-Recht durch die inzwischen weitgehend akzeptierte rahmenbeschlusskonforme/richtlinienkonforme Auslegung, die die schon ältere verfassungskonforme Auslegung des Strafrechts ergänzt. Neuer Wind in die Diskussion um die strafrechtliche Kompetenz, insbesondere die sog. Annexkompetenz, der Union ist durch die Entscheidung des Bundesverfassungsgerichts zum Vertrag von Lissabon gekommen (BVerfGE 123, 267ff.); das Vertragsgesetz vom 8.10.2008 sieht u. a. eine Rahmengesetzgebungskompetenz der EU für das Umweltstrafrecht vor (zum „europäischen Umweltstrafrecht" *Lackner/Kühl-Heger,* Vor § 324 Rn. 16).

3 Auch die **Wissenschaft** leistet ihren Beitrag zur Europäisierung (näher *Kühl* ZStW 109 [1997], S. 777ff. und in: Festschrift für A. Söllner, 2000, S. 613ff.). Ein beachtliches Ergebnis findet sich in dem von *K. Tiedemann* herausgegebenen Sammelband „Wirtschaftsstrafrecht in der Europäischen Union", 2002. Selbst die Lehrbuch-Literatur hat sich schon – etwas voreilig, weil es ein europäisches Strafrecht oder ein europäisches Strafgesetzbuch (anders als das Völkerstrafgesetzbuch) ja noch gar nicht gibt – etabliert:

- *Ambos,* Internationales Strafrecht (Strafanwendungsrecht, Völkerstrafrecht, Europäisches Strafrecht), 3. Aufl. 2011,
- *Esser,* Europäisches und Internationales Strafrecht, 2014,
- *Hecker,* Europäisches Strafrecht, 4. Aufl. 2012,
- *Satzger,* Internationales und Europäisches Strafrecht, 6. Aufl. 2013,
- *Schramm,* Internationales Strafrecht, 2011.

Die eifrig bis hektisch betriebene, angeblich unausweichliche Umsetzung europäischer 4
Vorgaben sollte im Strafrecht mit **Vorsicht** betrieben werden. Die Vorgaben werden weitgehend ohne Transparenz ihrer Entstehung und mit formelhafter, meist ausschließlich generalpräventiver Begründung gemacht. Blind sollte man ihnen nicht folgen, denn immerhin hat das deutsche Strafrecht eine gewisse bewahrungswerte Solidität und freiheitsschützende Rechtsstaatlichkeit. Hinzukommen kompetente Strafrichter und Strafrechtswissenschaftler, deren Qualität man fast in der ganzen Welt bestätigt bekommt.

Sachverzeichnis

Die **fett** gesetzten Zahlen verweisen auf die Paragraphen des Buches, die mageren auf deren Randnummern.